Dictionnaire *amoureux* du Japon

Du même auteur

La Trace, Le Seuil, 2007.
Saya, Le Seuil, 2009.
L'Océan dans la rizière, Le Seuil, 2012.
Seppuku, Le Seuil, 2015.
Le Pavillon de thé, Le Seuil, 2017.

Richard Collasse

Dictionnaire *amoureux* du Japon

Dessins d'Alain Bouldouyre
et de 愛 (Mei) Amélie Collasse (la fille de l'auteur)

PLON
www.plon.fr

Collection fondée par
Jean-Claude Simoën

92, avenue de France
75013 Paris
Tél. : 01 44 16 09 00
Fax : 01 44 16 09 01
www.plon.fr
www.lisez.com

Mise en pages : Nord Compo (Villeneuve-d'Ascq)
Dépôt légal : novembre 2021
ISBN : 978-2-259-24344-5

MIXTE
Papier issu de sources responsables
FSC® C003309
Plon est un éditeur qui s'engage pour la préservation de son environnement et qui utilise du papier fabriqué à partir de bois provenant de forêts gérées de manière responsable.

« Celui qui sait se tait »

Dans ses *Lettres du Japon* publiées en 1888, Rudyard Kipling s'exclamait : « Le Japon, ce pays trop délicieux pour qu'on le salisse de sa plume ! » Longtemps ai-je fait mien cet adage, de même que cette citation de Lao Tseu : « Celui qui sait ne parle pas. Celui qui parle ne sait pas. »

Mon ultime vanité était donc de suivre modestement la voie de la discrétion, de l'humilité voire de l'effacement des maîtres japonais qui ont l'élégance de se taire, de ne pas parler, de ne pas enseigner et se contentent de montrer.

J'ai entendu sur le Japon tant de péroraisons, lu tant d'ouvrages pédants publiés dans la hâte ou l'illumination par des visiteurs d'un moment, dont la seule expertise se limitait à un court séjour professionnel ou à la fréquentation d'une petite amie japonaise, que je m'étais toujours promis de ne jamais ajouter mes propres sottises à l'extraordinaire somme d'inepties publiées par des étrangers. D'autant plus que, au fil des années, malgré mes progrès dans la maîtrise de la langue, mes expériences professionnelles, mes échecs personnels et mes déconvenues intimes, je découvrais que si celui qui sait se tait, alors celui qui sait qu'il n'en sait pas suffisamment doit se taire deux fois.

Sans compter que j'avais du ridicule une notion suffisamment affûtée pour ne pas courir le risque de me mesurer aux rares voyageurs au pinacle de mon panthéon personnel qui ont laissé des témoignages exceptionnels sur le Japon : Émile Guimet, Albert Londres, Ruth Benedict, Nicolas Bouvier, Fosco Maraini, Roland Barthes, Marcel Giuglaris ou Philippe Pons, pour ne citer que les plus remarquables. Il n'est d'ailleurs pas anodin de noter que tous ces personnages ont approché leur sujet sur la pointe des pieds, avec une extrême déférence, et au bout de recherches et d'études portant sur plusieurs dizaines d'années.

C'est dire à quel point l'idée de travailler un jour à un *Dictionnaire amoureux du Japon* ne m'avait jamais effleuré. De quelle expertise aurais-je pu me faire prévaloir, moi, modeste homme d'affaires, vendeur de parfums et de fanfreluches de luxe, pour prétendre décoder au fil d'un fastidieux abécédaire ce pays si complexe et complet ?

Certes, j'avais fini il y a une quinzaine d'années par céder au chant de la déesse égyptienne de l'écriture Seshat en commettant un premier ouvrage, *La Trace*, suivi de quatre autres en France et de six au Japon, tous sous la forme quelque peu hypocrite du roman, qui permet de tricher en mettant entre soi et la réalité le confortable coussin de l'imagination.

Mais de là à sauter le pas pour un dictionnaire sur le Japon, il y avait un fleuve aussi dangereux à franchir que le Rubicon…

Il aura fallu un déjeuner dans un hôtel parisien avec deux compères en amitié, l'écrivain, journaliste et directeur adjoint de l'hebdomadaire *Le Point* Christophe Ono-dit-Biot et l'entrepreneur et essayiste Mathieu Laine, lui-même auteur d'un étonnant *Dictionnaire amoureux de la liberté*, pour que l'idée soit jetée sur la table entre la poire et le fromage. Je continue de penser que le flacon de rauzan-ségla (margaux) posé entre nous ne fut pas innocent dans l'élucubration enthousiaste de mes amis.

Malgré mes réticences, tant je subodorais un refus qui me paraîtrait inévitable quoique vexant, ils contactèrent le redoutable fondateur de la collection des *Dictionnaires amoureux* chez Plon, statue du Commandeur du microcosme de l'édition française, Jean-Claude Simoën. Celui-ci eut la réaction de bon sens à laquelle je m'attendais : il n'allait pas laisser sa prestigieuse collection polluer par un quelconque « businessman » vendeur de senteurs éphémères et de frivolités, fussent-elles griffées Chanel.

Mes amis insistèrent. Ils exigèrent de Simoën qu'il lise mes quatre premiers romans. Celui-ci accepta alors du bout des lèvres une rencontre lors d'un de mes passages en France. Encadré de mes deux tuteurs, je me retrouvai assis en face du Faune des Belles-Lettres. Quelques nectars plus tard, je signai, non pas un contrat avec Plon, mais un pacte d'amour avec Jean-Claude Simoën.

Car c'est l'affection qui l'a emporté sur la raison, immédiatement suivie de l'énoncé suivant : « Un *Dictionnaire amoureux* est l'exact contraire d'un dictionnaire classique. Il est surtout un ouvrage personnel, un panégyrique de la passion que l'auteur porte à son sujet. »

Alors, après avoir vécu près d'un demi-siècle au Japon en état d'apesanteur, a-t-il fallu que je sorte de ma lévitation pour me confronter à mes maigres expériences et mes pauvres connaissances, que je les ravive, en fasse respirer le terreau trop tassé, soumette à la question mes préjugés et mes convictions, tout cela pour découvrir que j'en savais en fait encore moins que ce que je savais ne pas savoir.

Aborder le Japon, c'est accepter de trébucher de paradoxe en paradoxe en découvrant un peuple tout à la fois ordonné et foutraque, harmonieux et discordant, brut de décoffrage et d'un raffinement extrême, brutal et courtois, respectueux et effronté, discret quoique maladivement « comméreux », indifférent et attentionné, terne et bigarré, pudique et égrillard, sobre et follement épicurien, impassible mais soudain dévoré par la passion, paisible et cependant sujet à des crises de furie.

Pourtant, si on l'approche avec un cœur candide, on y rencontre une culture dense et voluptueuse, une étoffe à la fois souple et rêche, un parfum complexe où s'entrechoquent des senteurs improbables qui finissent néanmoins par s'accorder.

Le Japon, c'est la ligne sublime du mont Fuji sculpté aux vents des divinités, la magie un peu inquiétante d'une forêt millénaire de cryptomères encharpés de brumes, la sérénité grave de la cloche d'un temple, le froissement voluptueux d'un kimono dans la pénombre d'une maison de thé. Alors, une indicible nostalgie vous engourdit dans l'air ambiant du *wabi-sabi*, cet état de douce mélancolie spécifique à l'âme japonaise.

Mais, le Japon, c'est aussi la projection brutale dans le monde de *Blade Runner*, un *Kill Bill* au rythme furieux, une modernité qui s'emballe, l'électronique encastrée dans le quotidien, un métal hurlant en fusion permanente. Demain sera différent, aujourd'hui est déjà loin d'hier, la tribu en vogue ce matin sera défunte ce soir, punk, funk, néo-ceci et rétro-cela, ganguro ou gang à moto à la *Black Rain* ; Astro Boy et Carlos Ghosn sont successivement adulés puis rejetés ; l'*otaku*, renfermé comme une huître, bien qu'encore vivant est déjà poussière ; les herbivores énucléés éjaculent leur solitude dans un robot-poupée d'amour…

Mais peu importe, ils existent, donc ils sont !

Les Japonais inventent, jettent ce qu'ils ont inventé, ils inventent encore, tant pis si *Tamagotchi* et *Aibo* ont disparu, ils imaginent des JO sans public voire sans athlètes, ils vont fêter pour la cinquantième fois le retour du bon vieux Goldorak sur les écrans des cinémas, continuer de célébrer l'univers éthéré de Miyazaki Hayao, se réjouir des pluies de poissons que fait tomber l'écrivain Murakami Haruki sur le lecteur énamouré et s'extasier des « kawaïries » nunuches de l'autre Murakami, Takashi.

Le Japon, c'est encore le 11 mars 2011 avec le réveil du terrible poisson-chat qui a tiré l'archipel comme la peau d'une vieille beauté fanée, déclenchant l'ire de l'océan dont la Vague démente a englouti une des plus belles côtes du pays, balayant ports, cités, rizières et avec eux les 23 000 mémoires des êtres humains qui les habitaient et y travaillaient, avant de libérer la sournoise apocalypse de Fukushima, la malédiction du dieu Atome qu'aucun *manga* n'est parvenu à amadouer.

Ce tremblement dévastateur ramena en son temps la lumière sur un pays que la comptabilité mondiale avait un peu trop vite fait de passer par perte au profit d'un voisin tonitruant. L'Occident découvrit stupéfait que, le Japon, c'est également un peuple courageux, digne, pudique, d'une infinie patience teintée de fatalisme, formidablement résilient, qui a démontré sa capacité à rebondir et surmonter l'adversité.

Un *Dictionnaire amoureux* devrait être accompagné d'un glossaire des regrets des occurrences non écrites. Je vis les miens comme la cloche du temple qui la nuit du 31 décembre égrène en 108 coups les 108 classes des 821 000 désirs charnels.

Je sais... Il y a dans ce dictionnaire tant d'omissions, d'oublis, d'ingratitudes qui ne me seront pas pardonnés.

Je certifie toutefois formellement l'authenticité des situations les plus farfelues, les plus absurdes, les plus improbables ou les plus incohérentes énumérées dans cet ouvrage. La plupart sont vérifiables auprès de témoins irréprochables, et, quand ce ne serait pas le cas, je remercie l'honorable lecteur de bien vouloir m'accorder son bienveillant bénéfice du doute.

Richard Collasse
Séguret, Haut-Vaucluse, 30 juillet 2021.

Note de l'éditeur

L'auteur a délibérément choisi d'ignorer pour la transposition de certains noms, mots et expressions japonais la méthode de romanisation du japonais « Hepburn » d'usage qui repose sur une transcription phonétique de la langue ainsi que les plus récentes normes ANSI Z39.11-1972 et ISO 3602:1989 pour faciliter la lecture de cet ouvrage et par commodité personnelle. Il espère que les puristes ne s'en offusqueront pas.

A

Abe Kõbõ (安部公房) – Écrivain (1924-1993)

Abe Kõbõ est un auteur incontournable de la littérature japonaise.

Son roman *La Femme des sables* paru en 1962 est d'ailleurs classé par l'UNESCO parmi les œuvres représentatives du patrimoine littéraire universel.

Médecin de formation mais qui ne pratiqua jamais – il disait volontiers qu'on lui avait accordé son diplôme à la condition expresse qu'il n'exerçât pas ! –, passionné d'entomologie et de mathématiques, Abe, malgré sa formation scientifique, était irrépressiblement attiré par la littérature et commença à écrire tout en terminant ses études médicales. Il connut rapidement la notoriété avec une nouvelle, *Le Crime de Monsieur S. Karma*, qui fut en 1951 couronnée par le prestigieux prix Akutagawa. Il fut également récompensé des deux autres prix majeurs au Japon, le prix Yomiuri en 1962 pour *La Femme des sables* et le prix Tanizaki en 1967 pour sa pièce de théâtre *Les Amis*.

En 1964, le magnifique film en noir et blanc tiré de son roman *La Femme des sables* réalisé par le cinéaste

Teshigahara Hiroshi reçoit le prix du jury au Festival de Cannes, qui assoit la notoriété de l'auteur à l'étranger avant même que son roman ne soit traduit.

J'avoue humblement avoir rencontré des difficultés à aborder la littérature d'Abe Kōbō. Sa lecture demande en effet un effort particulier.

De ses livres émane une angoisse feutrée qui provoque une sorte d'engourdissement. On s'enlise avec ses personnages dans d'interminables soliloques et toute la complexité de leurs pensées, de leurs interrogations, de leurs confusions.

Leurs pertes de repères créent une ambiance, un climat délétère qui donnent l'impression d'assister à une destruction des personnages alors que c'est paradoxalement de leur reconstruction que le lecteur est le témoin.

Lire les textes d'Abe demande beaucoup de persévérance, un peu comme un malvoyant serait guidé par la canne blanche du romancier qui vous aiderait à retrouver la lumière et l'entière possession de votre vision du monde. Un effort extraordinaire est nécessaire pour tirer de cette musique lancinante la substance profonde du message de l'écrivain. Le simple exemple de la phrase suivante trouvée dans son roman *L'Homme-boîte*[1] donnera une idée de la complexité de sa prose particulièrement dense mais absconse :

> « Les deux jambes qui sortent du kimono ouvert ont quelques poils épars et sont humides comme des calamars dont on vient de retirer la peau. La bouche fermée, j'essaye d'expulser l'air que je respire par le nez et mes lèvres palpitent comme d'épaisses valves en caoutchouc sur lesquelles se rassemblent des bulles de méthane et d'ammoniac qui scintillent comme des collants de danseur. »

1. Traduction du japonais par Suzanne Rosset, Stock, 1979.

Bref, il est préférable d'être en parfaite santé mentale pour aborder la littérature d'Abe Kōbō !

On a comparé Abe Kōbō à Kafka, Beckett, Sartre ou encore Camus, pour, pêle-mêle, son art de l'abstraction et de l'absurde, son engagement au parti communiste, son goût pour la symbolique existentielle, sa vision désabusée de la société, l'incapacité de l'individu à y trouver sa place.

S'il fallait résumer son univers, on pourrait dire, en parodiant justement Sartre, que « le salut, c'est les autres », ainsi que le souligne l'éditeur de la traduction française de *La Femme des sables*. En effet, l'homme emprisonné dans la maison ensablée qu'habite une femme n'aura de cesse de tenter de s'échapper jusqu'à ce qu'on lui donne enfin le choix, alors il décidera de ne pas retourner vers le monde extérieur.

Le malade mental de *L'Homme-boîte* sera sauvé par la femme aimée qui parvient à le convaincre de sortir de la caisse dans laquelle il s'est volontairement isolé.

Le monde dans lequel les personnages d'Abe évoluent a beau être totalement déréglé et sembler les enfermer dans une gangue inextricable, leur libre arbitre, l'affection ou l'amitié qu'ils finissent par ressentir pour leur entourage parviennent cependant à les tirer d'affaire.

La notion d'absence de vérité absolue qu'accompagne la possibilité d'une renaissance est bien évidemment issue de la pensée bouddhique. C'est par nos actes que nous nous façonnons et que nous pouvons accompagner, sinon corriger, notre destin. La rédemption ne vient pas d'un Dieu unique tout-puissant mais de la propre volonté des individus qui peuvent choisir de se libérer et être ainsi sauvés d'eux-mêmes.

L'œuvre d'Abe pose également de manière prégnante la question de l'identité. « Que sommes-nous ? », semble-t-il en permanence s'interroger au travers de ses personnages : Le Jumpeï de *La Femme des sables* est déclaré manquant par l'office d'état civil ; le héros du *Visage d'un autre* qui recouvre son visage accidenté d'un masque en perd son identité ; le photographe psychopathe de *L'Homme-boîte* pratique une meurtrière dans la boîte qui le coiffe pour rester en contact avec le monde sans se dévoiler ; l'employé de bureau falot de la nouvelle *Les Envahisseurs* se laisse petit à petit envahir par une famille qui squatte son appartement jusqu'à le dépouiller de sa personnalité.

Le malaise se dissipe pourtant peu à peu au fil de toutes ces histoires alors que les héros s'extirpent des situations apparemment désespérées, dans lesquelles on imagine qu'ils vont finir engloutis, grâce aux mains qui leur sont tendues par ceux-là mêmes qui ont été la cause de leurs tourments.

On referme les livres d'Abe Kõbõ soulagé, bien que le malaise qu'ils ont suscité perdure un assez long temps.

Abe, qu'on l'aime ou qu'on l'exècre, ne laissera aucun lecteur indifférent.

Abe Sada (阿部定) – Impératrice de la passion

Le 20 mai 1936 en fin d'après-midi, la traque de trois jours pour une femme qui avait étranglé puis émasculé son amant prit fin. Ce meurtre, révélé par la presse la veille sous un titre sensationnel, avait enflammé le Japon.

Quand les détectives entrèrent dans la chambre de l'auberge d'un quartier de Tokyo où la meurtrière s'était réfugiée sous un pseudonyme, elle leur dit simplement : « Ne soyez pas si procéduriers ! Vous recherchez Abe Sada, n'est-ce pas ? Eh bien, c'est moi, je suis Abe Sada[1] ! »

Et devant leur scepticisme, elle sortit de la manche de son kimono le pénis de son amant.

Née en 1905, Abe Sada traînait derrière elle un passé agité de *geisha*, commencé dès l'âge de 17 ans dans une maison de Yokohama, mais, n'ayant que peu étudié, elle était demeurée au niveau le plus bas de la hiérarchie. Elle décida alors de prendre une licence de prostituée, profession infiniment plus lucrative, et rejoignit à Osaka une maison de passe réputée ; établissement dont elle fut expulsée pour comportement instable.

Revenue à Tokyo après le décès de sa mère, elle rencontra le premier homme qui fit d'elle sa maîtresse attitrée, mais leur relation ne dura guère plus d'une année.

Son nouvel amant, un banquier du nom de Ōmiya, rencontré dans un restaurant de Nagoya où elle travaillait, lui conseilla de s'établir à son compte après avoir acquis les rudiments de la profession dans un établissement de

1. Les citations sont puisées dans les écrits sur Abe Sada du professeur William Johnston (*Geisha, Harlot, Strangler, Star : A Woman, Sex, and Morality in Modern Japan*, 2004) et du journaliste Mark Schreiber (*The Dark Side : Infamous Japanese Crimes and Criminals*, 2001).

Tokyo ; c'est ainsi qu'elle fut engagée le 1er février 1936 comme apprentie au restaurant Yoshidaya. Le propriétaire, un homme de 42 ans du nom de Ishida Kichizō, ne tarda pas à lui faire des avances et ils eurent leur première relation sexuelle dans une des salles du restaurant.

Le 23 avril, les deux amants se retrouvèrent dans une maison de thé pour ce qui ne devait être qu'un court moment. Ils ne se quittèrent pas jusqu'au 8 mai, passant le plus clair de leur temps à faire l'amour et boire du saké, dévorés d'une passion fusionnelle portée au paroxysme par la sexualité incandescente de la jeune femme.

Abe Sada ne supporta pas qu'il rejoigne son domicile et retrouve son épouse.

Elle venait de découvrir l'amour et sa sœur jumelle, la jalousie.

Le 14 mai, elle acheta un couteau qu'elle emporta lorsqu'elle retrouva de nouveau son amant dans une maison de thé du quartier d'Arakawa. Ils se vautrèrent dans une nouvelle orgie de sexe exacerbée cette fois par des jeux sadomasochistes : afin d'amplifier leurs jouissances, ils s'étranglèrent tour à tour ; et, dans la nuit du 16 mai, au moyen du cordon de son *obi*, elle serra si fort le cou d'Ishida qu'il mit un temps considérable à reprendre ses sens et dut même absorber une quantité de sédatifs pour calmer sa douleur.

Enfin, au milieu de la nuit du 18 mai, Abe Sada étrangla vraiment son amant durant son sommeil. Elle dira à la police après son arrestation : « Je me suis sentie bien après avoir tué Ishida, comme si mes épaules avaient été délivrées d'un poids immense, et tout est devenu limpide. »

Plus tard, au bout de la nuit, elle trancha le pénis et les testicules d'Ishida. Elle grava ensuite de la pointe de son couteau sur le bras du cadavre le caractère de son nom « 定 » et calligraphia sur le drap de leur couche avec son sang la phrase suivante :

Sada, Kichi futarikiri

(« Sada et Kichi enfin seuls ensemble »)

Finalement, elle se rhabilla, enfilant les sous-vêtements d'Ishida, et, après avoir recommandé qu'on laissât son compagnon dormir, elle quitta l'auberge à 8 heures du matin. Elle se rendit directement chez le banquier Ōmiya pour lui présenter à profusion ses excuses, courtoisie dont il ne comprit évidemment pas la raison. La carrière de cet éphémère amant sera irrémédiablement ruinée lorsque le crime sera révélé.

Puis elle alla voir un film avant de s'installer sous une fausse identité dans l'auberge où elle serait arrêtée le lendemain. Elle s'y fit faire un massage, but quelques bières et écrivit des lettres d'adieu car elle avait l'intention de se suicider, non sans avoir eu des penchants pour la nécrophilie en tentant une fellation puis une pénétration avec le pénis d'Ishida.

Quand, lors de l'interrogatoire, un inspecteur lui demanda pourquoi elle avait tué son amant, elle répondit : « Je l'aimais tant ! Je le voulais pour moi seule. Mais comme nous n'étions pas époux, d'autres femmes pourraient l'étreindre tant qu'il vivrait. Je savais que si je le tuais, aucune femme ne pourrait plus le toucher. C'est pourquoi je l'ai fait. »

À la question suivante sur la raison qui l'avait poussée à émasculer son amant et à emporter ses organes génitaux, elle dit : « Parce que je ne pouvais emmener avec moi sa tête ou son corps. Je voulais garder de lui ce qui était le plus cher à ma mémoire. »

À la fin de son procès avant la proclamation de la sentence, elle fit la déclaration suivante : « Ce que je regrette le plus est que j'ai été dépeinte comme une sorte de perverse sexuelle. Il n'y a jamais eu un homme aussi important qu'Ishida dans ma vie. Il y en a eu que j'aimais bien, avec lesquels j'ai couché sans accepter d'argent de leur part, mais jamais aucun ne m'a fait ressentir ce que j'ai éprouvé pour lui. »

Condamnée à six ans de prison contre sa propre demande d'être condamnée à mort et celle des procureurs de l'incarcérer dix années, elle fut graciée au bout de cinq ans.

Si, avant la guerre, elle avait été citée comme un exemple des dangers que représentait pour la société patriarcale une sexualité féminine assumée, elle devint plus tard le symbole de la libération des femmes des idéologies politiques oppressives. De nombreux livres à charge et à décharge ont été consacrés à cette histoire. L'interrogatoire de police et la confession d'Abe Sada devint un best-seller dès sa sortie en 1936. Elle-même écrivit son autobiographie, publiée en 1948.

À partir de 1952, elle travailla dans un pub dans un quartier populaire de Tokyo, le Hoshikikusui, où le critique de cinéma Donald Richie la rencontra plusieurs fois. Dans son ouvrage *Japanese Portraits*, il fait d'elle une description émouvante. Plus tard, elle ouvrit un premier bar à Shinjuku, puis un second à Asakusa, le Queen.

Elle disparut en 1970 pour ne plus être jamais aperçue en public. Il semblerait que le réalisateur Oshima Nagisa[1], dont le film *L'Empire des sens* la fit connaître mondialement, ait retrouvé sa trace dans un couvent de nonnes dans l'ouest du Japon. Tête rasée, elle y vivait recluse dans un monde de silence.

À la question que lui avait un jour posée Donald Richie, « Regrettez-vous ce que vous avez fait ? », elle avait eu cette réponse déchirante : « Bien sûr, que je le regrette. Mais ce que je ne regrette pas, c'est d'avoir connu grâce à Ishida le véritable amour une fois dans ma vie[2]. »

Dans ce Japon d'autrefois où peu importait l'amour et où l'expression des sentiments reste encore aride de nos jours, Abe Sada fut et demeure l'impératrice d'une passion véritable et sincère qui ne pouvait se conclure que dans le sang et la mort.

J'avoue ressentir pour cette femme une certaine tendresse non dénuée d'admiration.

---

1. Voir l'entrée « Oshima Nagisa ».
2. Anecdote citée par Philippe Pons, journaliste de renom au *Monde* et auteur de nombreux ouvrages sur le Japon qui font autorité.

Aizome (藍染) – Indigo

L'aizome est cette teinture d'un bleu profond violacé que nous connaissons mieux en Occident chez les Touaregs, autrement appelés « Hommes bleus », car elle déteint sur leur peau. On prétend que c'est le colorant le plus ancien de l'humanité.

Il est arrivé au Japon il y a mille cinq cents ans par la Chine comme tant de choses, techniques, métiers, procédés, arts. Mais, si elles ont été négligées, oubliées, voire carrément détruites par les dynasties successives dans l'empire du Milieu, en revanche au Japon elles ont perduré, prospéré, été améliorées au fil des siècles.

L'aizome est obtenu à partir de l'indican, glucoside extrait des feuilles de l'indigotier (nom scientifique : *Persicaria tinctoria*), plante qui pousse dans les régions tropicales. Elle s'est parfaitement adaptée au climat humide et chaud du pays au printemps et en été.

De nos jours, on produit dans le monde une version synthétique du colorant inventée au XIXe siècle en Allemagne, industriellement utilisée notamment pour les jeans. Le Japon est un des rares pays au monde où l'indigo est encore produit de manière artisanale.

Pour la beauté du geste.

Car le processus est long et fastidieux.

Ce qui plaît aux Japonais, qui aiment ce qui est long et fastidieux à réaliser.

Une fois la plante arrivée à maturité vers la fin du mois de juin, les feuilles sont cueillies et hachées en fragments qui sont posés à sécher pendant trois mois sur des claies, favorisant l'apparition de bactéries. On les tourne, les retourne et les retourne encore de nombreuses fois. Ensuite, humectées d'eau, elles sont mises dans des cuves creusées dans la pierre ou des jarres peu profondes recouvertes de couvercles en bois dans lesquelles elles fermentent. On ajoute de l'eau à intervalles réguliers. Le processus dure environ cent jours, de septembre à décembre. Afin qu'il ne s'interrompe pas, il est essentiel de conserver un certain degré de chaleur. On recouvre donc les cuves de paille lorsque la température baisse dans les ateliers qui ne sont pas chauffés. On malaxe cette préparation délicatement de temps à autre. Au bout de quatre mois sous haute vigilance, la teinture est prête à l'usage.

On dit de l'aizome que c'est une teinture vivante. Certes bleue, elle garde des reflets rougeâtres plusieurs années, pour atteindre un bleu soutenu au bout de la cinquième. Elle imprègne en profondeur les fibres des tissus – coton, lin, soie – qu'elle a la réputation de fortifier. Vers la dixième année, elle se stabilise. On dit qu'elle rend sa plus belle couleur au bout de vingt ans.

À l'époque de Heian (794-1185), les étoffes teintes d'aizome étaient fort prisées par la noblesse de cour. Durant la période de Kamakura, les *samouraïs* portaient sous les coques laquées de leur armure des gilets de couleur indigo dont on disait qu'elle protégeait les combattants pour ses vertus thérapeutiques, désinfectantes, anti-irritantes, voire permettant de stopper une hémorragie.

Le colorant commença également à être utilisé pour le maquillage des rôles de fantômes et autres ectoplasmes au théâtre *kabuki*. Encore de nos jours, les acteurs en mettent sous les yeux pour accentuer l'aspect cadavérique du personnage qu'ils incarnent.

Plus tard, son usage se propagea jusqu'au peuple, vêtu de pied en cap de *sagyōgi*, l'équivalent de nos bleus de travail fortement teints, notamment pour les labeurs champêtres. En effet, on avait constaté que porter un vêtement de couleur indigo éloignait les insectes et les serpents qui pullulaient dans les rizières à la saison du repiquage.

Cette connaissance empirique avait un fondement scientifique dont on ne connut les raisons que récemment grâce à un universitaire de la région d'Okayama dont je fis la connaissance dans des circonstances peu banales.

Il y a une vingtaine d'années, je fus approché par une productrice de la chaîne de télévision nationale NHK. Elle m'expliqua qu'elle souhaitait réaliser une émission d'une heure autour d'un codex de couleurs vieux de plus de mille ans, cité dans le *Dit du Genji* de Murasaki Shikibu[1]. Elle baserait son film sur le travail d'un artisan révéré de Kyoto qui fabriquait, selon des méthodes traditionnelles et uniquement avec des matières naturelles, toutes sortes de teintures dont l'aizome et le rouge de carthame, maître Yoshioka[2]. Par ailleurs, elle entraînerait le téléspectateur dans le laboratoire d'un professeur qui venait de découvrir une méthode non invasive pour analyser les pigments utilisés dans les estampes et peintures anciennes – avant sa découverte, on était obligé d'utiliser des procédés intrusifs en grattant les œuvres pour recueillir des échantillonnages des couleurs qu'on souhaitait étudier.

Elle avait besoin de ce qui s'appelle dans le jargon un « navigateur », une personne que l'on suit au fil de l'émission, et elle souhaitait que je sois cette personne.

---

1. Voir l'entrée « Murasaki Shikibu ».
2. Voir l'entrée « Yoshioka Sachio ».

Peu soucieux de jouer le rôle d'un de ces faire-valoir étrangers, singes savants, idiots utiles dont l'audiovisuel était à l'époque friand, je déclinai à regret cette opportunité unique d'approcher un pan de la culture japonaise que je connaissais peu sinon au travers des écrits anciens.

Mais cela déclencha une étincelle… Je me dis que je tenais peut-être une formidable occasion de présenter de manière prestigieuse le savoir-faire de notre entreprise en matière de couleurs. Je la soumis à la productrice bien que doutant qu'elle pût fonctionner, sachant que la NHK avait interdiction par ses statuts de diffuser de la publicité et que l'apologie d'entreprises privées lui était strictement défendue : le « navigateur » serait le directeur artistique du studio de maquillage de Chanel à Paris, Dominique Moncourtois. Il viendrait au Japon pour étudier les couleurs traditionnelles et percer le secret de ce fameux rouge vermillon unique. Le scénario de l'émission prendrait ainsi encore plus d'épaisseur.

À ma grande surprise, après consultation avec le gouverneur de la chaîne nationale et son conseil d'administration, la NHK accepta. Bien entendu, Dominique fut heureux d'être le fil conducteur de l'émission qui fut un grand succès, au point que notre concurrence se plaignit vivement de l'anicroche aux principes de neutralité absolue de la NHK.

Elle est d'ailleurs rediffusée assez souvent sur le canal haute définition « BS » de la NHK.

Pour le tournage, nous rendîmes visite à maître Yoshioka à Kyoto puis au professeur Shimoyama de l'université internationale de Kibi à Okayama, en charge du département des Études des biens culturels. Pour ses recherches sur les méthodes non intrusives d'analyse, il avait développé un spectrophotomètre utilisant des fibres optiques mesurant le spectre des ondes de réflexion quasi infrarouges renvoyées par les pigments des œuvres examinées.

Dans le cadre de ses investigations, il se pencha sur l'identification des trois pigments bleus utilisés dans les estampes, celui tiré du tournesol, l'indigo et le bleu de Prusse.

La différence d'échelle spectrale mesurée, outre le fait qu'elle lui permit d'identifier infailliblement ces trois couleurs, l'amena à comprendre la cause pour laquelle les vêtements indigo repoussent insectes et serpents : ils émettent un spectre infrarouge particulièrement intense qui perturbe leur vision !

Pour la petite histoire, un des concurrents de Chanel qui avait protesté de la manière la plus véhémente après la diffusion de l'émission, le plus grand groupe de cosmétiques au monde, a décerné un prix au professeur Shimoyama en 2003 pour ses travaux. Nous avons probablement et bien indépendamment de notre volonté attiré son attention sur les recherches de ce brillant universitaire qui méritait bien cette distinction !

Pour sa part, Dominique Moncourtois développa pour le marché japonais, au terme de notre visite, trois rouges à lèvres utilisant le fameux rouge de carthame qu'il avait découvert chez maître Yoshioka. Ses « Rouge de Kyoto », « Rouge de Nara » et « Aka » firent fureur.

Nous étions ainsi passés de la fiction du rôle interprété à l'authenticité du personnage dans l'émission !

Akihabara (秋葉原) – Le champ des feuilles d'automne

Si on traduisait littéralement le nom de ce quartier, aucun étranger ne serait capable de reconnaître en Akihabara la bien moins poétique « Electric City », patrie du groupe de chanteuses AKB48 et sanctuaire des *otaku*[1] dont il n'a pu manquer d'entendre parler s'il s'intéresse au Japon.

Situé au nord-est de Tokyo, Akihabara était autrefois le point de départ des voyageurs vers le nord de l'île. Un des nombreux incendies qui ravagea Edo en 1869 décida les autorités à laisser cette zone en friche dans une tentative de contrôler le départ de futurs feux et surtout d'en protéger le palais impérial situé un peu plus loin au sud-est. Elle fut rapidement envahie par une forêt fort dense dont les feuilles mortes recouvraient le sol à l'automne, d'où son nom.

Dans les années 1890, grâce à l'ouverture d'une importante gare de fret, Akihabara accueillit un vaste marché alimentant la ville en légumes et en fruits. À partir des années 1920, le quartier prit un nouvel essor quand la station fut ouverte au public.

Après la Seconde Guerre mondiale, un commerce au marché noir d'appareils électriques bricolés à partir de composants récupérés dans les surplus de l'armée d'occupation se développa le long de l'avenue principale. L'esprit de débrouille développa une dynamique d'entrepreneuriat que l'on ressent encore de nos jours dans le foisonnement de boutiques qui rivalisent d'imagination.

Dans le même temps, la halle aux légumes et aux fruits reprit ses activités derrière les échoppes et les petits

1. Voir l'entrée « *Otaku* ».

immeubles qui se construisaient pour abriter les activités électroniques.

Cette cohabitation entre marchands de choux-fleurs et livreurs de composants durera jusqu'à la fin des années 1980. Quand on se rendait en voiture à Akihabara, on accédait aux tours de parking situées à l'arrière des magasins Yodobashi Camera ou Laox afin de se procurer les articles électroniques dernier cri de Sony, Akai, Teac ou Technics par une étroite ruelle sillonnée de plateaux surchargés de cageots de salades attelés à de petits tracteurs, et des charrettes à bras tirées par des marchands de quatre-saisons coiffés d'une casquette sur la visière de laquelle était épinglée leur licence de grossiste. Le contraste était détonnant.

Petit à petit, ordinateurs, téléphones mobiles et consoles de jeux se sont substitués aux magnétophones, magnétoscopes, chaînes stéréo sophistiquées et autres baladeurs Walkman. La population a changé : de la génération des passionnés de décibels et d'ohms, elle est passée à celle des *nerds*, des *geeks* puis des fondus de jeux vidéo. Le roi des jeux vidéo de l'époque, Sega, ouvrit l'immense Game Center « GIGO » au coin du carrefour principal.

La troisième métamorphose s'est produite au tournant des années 2000 quand les magasins de *mangas* et d'animés ont envahi la place. Akihabara est alors devenu la capitale mondiale de tous les *otaku*, voire la terre sacrée de leur culture. De nouveaux immeubles ont été conçus de manière à satisfaire leur désir de s'enfermer dans leur tour d'ivoire sans la moindre interférence du monde réel.

Dans la foulée, les Maid Cafe et les cafés Cosplay ont pullulé, attirant une foule d'extraterrestres débarqués directement des navires spatiaux de *Star Wars* ou de chevaliers et de princesses « D&D ». On s'est senti un peu déplacé à déambuler dans les rues d'Akihabara en jeans et simple perfecto sans un sabre laser ou sans tenir la main de la noble Éowyn imaginée par Tolkien.

Bien que principalement fréquenté depuis des lustres par une population mâle, Akihabara a attiré dans les années 1990 quelques jeunes filles qui ont participé de la culture underground du quartier. Certaines se sont distinguées dans la sous-culture d'Akihabara sous l'appellation « idoles Akiba-kei ». La première d'entre elles fut Momoi Haruko (1977-), chanteuse, voix de doublage de films d'animation et de jeux vidéo, supplantée depuis par Nakagawa Shoko « Shokotan » (1985-) qui ressemble un peu à la princesse Leia de *Star Wars* quand elle coiffe ses cheveux en écouteurs. Son blog « Shokotan Blog » aurait été visité plus d'un milliard de fois entre 2004 et 2008.

Je ressens encore aujourd'hui une profonde nostalgie pour l'originale « Electric City ». J'y passais le plus clair de mes dimanches dans les années 1975-1976, comparant les mérites de tel ou tel amplificateur, hésitant entre un magnétophone japonais Nakamichi ou un Nagra suisse que je n'avais cependant pas les moyens de m'offrir, tentant de distinguer la différence acoustique entre une cellule de lecture de disques américaine Shure, sa rivale danoise Ortofon et leur challenger japonaise Audio Technica en écoutant des heures durant la *Neuvième* de Beethoven dans un auditorium capitonné.

Je suis d'ailleurs tenté de revendiquer le titre de tout premier *otaku* de l'histoire de l'humanité !

Fort heureusement, dans ma vie j'ai rapidement eu d'autres priorités. Je ne suis pas retourné à Akihabara pendant une vingtaine d'années jusqu'au jour où j'ai souhaité acquérir une paire de haut-parleurs d'une marque haut de gamme anglaise assez rare au Japon. Je n'ai pas reconnu le quartier. Mon magasin préféré de matériel haute-fidélité avait laissé la place à un *anime shop* et la sympathique halle aux légumes avait déménagé, remplacée par un immense terrain vague qui serait bientôt repris par des promoteurs immobiliers. En revanche, le dédale de ruelles dans lequel se trouvent des micro-échoppes tenant debout par miracle, où on peut se procurer toutes les pièces détachées de matériel électrique et électronique imaginables, existait toujours et semblait prospérer, à voir la foule qui s'y bousculait. Dans la minuscule boutique spécialisée à peine plus large qu'un couloir que m'avait indiquée un ami, j'ai trouvé mon modeste bonheur à un prix défiant toute concurrence.

En 2015, mon fils de 11 ans voulant fabriquer un ordinateur de puissance supérieure aux machines disponibles sur le marché, afin de pouvoir télécharger des jeux consommant un nombre d'octets dépassant l'entendement, m'entraîna une nouvelle fois à Akihabara. Il avait au préalable fait son travail d'investigation sur les moteurs de recherche, génération « Z » oblige. Nous nous sommes rendus dans un immense magasin spécialisé en pièces détachées informatiques. Là, il interpella un vendeur avec lequel il entra dans une conversation sur les mérites comparés du refroidissement du CPU par liquide réfrigérant ou par ventilateur, les données techniques de deux GCU (Graphical Card Unit) entre lesquelles il hésitait et d'autres questions auxquelles je ne compris rien. À un moment donné, le vendeur se tourna vers moi et me dit : « Quel âge a-t-il, votre fils ? Il en sait plus que moi sur certains sujets ! »

Je haussai les épaules et je répondis : « Il faut croire que le phénomène *otaku* d'Akihabara est héréditaire… »

Akutagawa Ryūnosuke (芥川龍之介) – Écrivain (1892-1927)

Un faux air d'Arthur Rimbaud, voire, comparaison tout juste osée, de Mick Jagger, avec son visage allongé, son abondante chevelure tombant sous les oreilles et séparée d'une raie en son milieu, voici l'impression que laissent les quelques photos d'Akutagawa Ryūnosuke.

Aucune d'elles ne le montre souriant.

Après une première tentative manquée, son suicide le 24 juillet 1927 par absorption d'une grande quantité de barbituriques eut un immense retentissement. La simple explication écrite qu'il laissa à son geste, « une vague inquiétude », reflétait l'angoisse existentielle qui avait saisi confusément la société japonaise alors que le pays sombrait dans la dépression économique qui déboucherait sur une dictature militaire. Paradoxalement, les journaux n'accordant habituellement que peu d'importance aux nouvelles littéraires consacrèrent de nombreux articles à sa mort, y décelant la fin d'une époque et pressentant une inéluctable catastrophe. S'ensuivit une vague de suicides de jeunes gens angoissés par l'avenir.

En fait, depuis plusieurs mois, Akutagawa, en proie à de graves crises d'anxiété et à des hallucinations de plus en plus fréquentes, se rendant compte que sa santé mentale mais également physique se détériorait, avait décidé de se donner la mort. Le grand écrivain Shiga Naoya, son aîné de dix ans, fit d'ailleurs cette réflexion quand il apprit son suicide : « Il ne pouvait faire autrement. »

Akutagawa fut prénommé *Ryūnosuke*, « Fils du Dragon », car il était né le 1er mars 1892 à l'heure du Dragon, le jour du Dragon, le mois du Dragon de l'année du Dragon. Sa mère ayant été internée pour de sévères désordres mentaux alors qu'il n'avait que 9 mois, il fut adopté par la famille Akutagawa. Ses parents adoptifs étaient les descendants d'une vieille maison d'Edo vivant dans l'ambiance de la fin de l'époque féodale Tokugawa. La famille comptait plusieurs serviteurs du shogunat qui avaient occupé des charges honorifiques et protocolaires. Le milieu dans lequel l'enfant fut élevé n'était donc pas touché par la vague d'occidentalisation qui ébranlait sérieusement les fondations du Japon traditionnel. Ryūnosuke baigna au contraire dès son plus jeune âge dans une atmosphère feutrée de distingués lettrés dont il nourrit son goût pour les œuvres chinoises et japonaises classiques.

C'est donc tout naturellement qu'il montra des dispositions pour les études classiques sino-japonaises *kanbun*. Dans le même temps, il développa un vif intérêt pour la littérature contemporaine japonaise comme étrangère et s'intéressa plus particulièrement à Prosper Mérimée, Anatole France, Baudelaire, Strindberg et Ibsen, qu'on retrouvera plus tard cités abondamment dans ses propres écrits. Il entra dans le département de littérature anglaise de la faculté des lettres de l'université impériale de Tokyo en 1914, année durant laquelle ses activités littéraires se multiplièrent : traductions de Yeats et d'Anatole France (il avait une excellente pratique du français), participation à la revue littéraire *Shinshichō* où il publia immédiatement sa première nouvelle *Vieillesse*.

Sa production littéraire s'accéléra l'année suivante avec la publication de la fameuse nouvelle *Rashōmon*, suivie du célèbre *Le Nez*, puis *Un enfer de solitude*, *Gruau d'ignames* et *Le Mouchoir*. En 1921, il publia *Dans le fourré* qui, trente-cinq ans plus tard, fournira l'intrigue du film *Rashōmon* au cinéaste Kurosawa Akira[1].

Akutagawa est le maître incontesté de la nouvelle, maniant le suspense et la narration avec un art consommé. Le déroulé du récit est quasi cinématographique. Les descriptions sont ciselées, dans un style limpide et enlevé. Le texte est enluminé de dialogues savoureux dont l'humour et l'espièglerie ne sont jamais absents, ainsi que d'interpellations adressées au lecteur. Les personnages croqués sont truculents, dévorés de passions brûlantes au point de se laisser piéger aux jeux cruels qui leur sont proposés, comme le peintre de *L'Illumination créatrice* puni de sa vanité ou l'officier de cinquième rang Goi du *Gruau d'ignames* que sa gourmandise mène au bord d'une catastrophe. Le fantastique n'est jamais bien loin, auquel Akutagawa fait volontiers appel afin de mieux muscler son intrigue.

Toute la première partie de l'œuvre de l'auteur fait référence aux temps anciens. Pour l'essentiel, il puise ses sources dans le *Konjaku*, un monumental recueil de contes *monogatari* de la fin du XIe siècle. Mais s'il situe bon nombre de ses narrations dans un lointain passé, comme *Gruau d'ignames* qui se déroule à l'époque de Heian, ces histoires de l'an mille demeurent bien ancrées dans le Japon des années 1920.

À dater de 1923, le ton de son écriture changea radicalement, devenant plus autobiographique. Akutagawa se mit à calquer son inspiration sur sa propre existence, les sourdes et « vagues » inquiétudes qui le traversaient. Comment par exemple ne pas voir sa hantise de la folie dans la narration hallucinée du voyage au

1. Voir l'entrée « Kurosawa Akira ».

pays des *kappas*[1] par un homme interné dans un hôpital psychiatrique ?

Une évidente nostalgie de tous les autrefois, de ce qui fut et qui ne se reproduira plus affleure dans chacune de ses nouvelles. Il met en scène de grands artistes classiques tels que le romancier Bakin qu'il fait dialoguer avec le peintre Watanabe Kazan. « L'âme des anciens » est ici mélancoliquement sublimée. L'héroïne Ogin, chrétienne du XVIIe siècle, abjure sa foi nouvelle non par crainte du bûcher mais pour retrouver après la mort ses ancêtres païens, allégorie à peine voilée de ce retour aux valeurs ancestrales qui séduisent tant ses personnages et donc Akutagawa.

Bien entendu, toute civilisation a connu le regret des choses anciennes, mais le Japon d'Akutagawa, confronté à la collision sans précédent de ses épousailles avec l'Ouest, vivait douloureusement cet écartèlement. Pour un lettré pétri de culture ancienne comme lui, le « Grand Déménagement » provoqué à l'ère Meiji et qui s'accentua durant l'époque de Taishō fut un déchirement. Il ressentait au plus profond de son âme la difficulté de rester japonais.

C'est en fait une troisième voie qu'il finit par choisir, sorte de compromis assumant les contradictions résultant du choc des civilisations confronté à l'époque de toutes les modernités. Il le laisse entendre lorsqu'il écrit « cette époque qui ne faisait qu'un du jour et de la nuit, ni tout à fait Edo ni encore vraiment Tokyo », quand il cite le peintre Goseda Hōryû (1827-1892) qui peignait des portraits de facture occidentale *yōga* en utilisant des matières, des couleurs et des techniques empruntées à la peinture traditionnelle *nihonga* ou lorsque le héros de l'histoire

1. Voir l'entrée « *Obake* ».

s'exclame : « Moi naturellement, en bon élève qui revient d'Europe, je tenais en horreur tout ce qui reflétait les coutumes désuètes qu'on mettait à l'honneur autrefois... » dans sa nouvelle *Un mari moderne* qu'il clôture d'ailleurs d'un mélancolique : « Comme si nous étions nous-mêmes des fantômes du passé surgi des vitrines ».

Si l'œuvre d'Akutagawa nous apparaît toujours d'actualité, c'est qu'elle est le miroir de nos propres déchirements, du douloureux questionnement sur notre devenir et de cette « vague inquiétude » universelle qui nous saisit devant le déferlement d'une modernité dont nous sommes incapables de prévoir les conséquences qu'elle aura sur nos vies et celles de nos enfants.

Alien (エイリアン) – Extraterrestre

Petit homme vert visqueux avec des tentacules à la place des bras ; un œil au milieu du front ou au bout d'une antenne plantée au sommet du crâne ; une gueule en forme de ventouse au niveau du nombril, et *vice versa* ; pas de sexe, ou alors il est bien caché ; communique par borborygmes dissonants ou par télépathie, ce qui n'est guère plus compréhensible ; vient rarement en messager de la paix ; peut d'ailleurs être extrêmement méchant s'il rencontre l'actrice Sigourney Weaver dans le film éponyme *Alien* ; n'est en aucun cas digne de confiance.

Cependant, à la différence des autochtones qui n'en ont, semble-t-il, pas, notre Alien a des empreintes digitales. Elles sont systématiquement appliquées sur son *Alien Card* qu'il doit toujours porter sur lui au cas où on ne pourrait l'identifier comme tel. Les Japonais n'ont pas de carte d'identité, et par conséquent on ne prend pas leurs empreintes. Elles ne sont enregistrées que s'ils ont commis un forfait. L'Alien est donc, par défaut, un criminel en puissance. CQFD.

« Alien », c'est sous ce peu ragoûtant vocable que sont étiquetés les étrangers arrivant au Japon dès leur descente d'avion : ils doivent faire la queue sous une pancarte « Alien » pour passer aux guichets des services d'immigration. De nos jours, grâce aux progrès de la reconnaissance faciale, les Japonais passent devant des machines biométriques qui les identifient en trente secondes. Le résident étranger, lui, doit toujours se plier à la lecture de ses deux index sur un appareil antédiluvien qui n'est capable de les lire que dans 30 à 40 % des cas. Si la lecture ne se fait pas, retour à la case départ. Un étranger qui a obtenu un visa de résidence devra sans tarder se rendre à la mairie de son quartier au guichet « Alien » pour se faire enregistrer et se procurer la fameuse *Alien Card*...

Tout au long des années 1970 et 1980, le grand combat des étrangers résidant au Japon était d'obtenir que leurs empreintes digitales ne soient plus apposées sur leur carte d'identité. Ils considéraient, à juste titre, que ce traitement de quasi-délinquants qui leur était imposé était humiliant. Avec leur habituelle courtoisie, les services d'immigration écoutaient poliment ces doléances, mais ne changeaient rien.

Rien ? Pas tout à fait ! Ils fournirent avec l'*Alien Card* un étui transparent sur lequel était apposé un autocollant rond aux armes du ministère de la Justice, judicieusement placé au coin inférieur droit pour cacher l'emplacement des empreintes. La face était sauve, estimèrent-ils sans doute. Sinon que ces insupportables étrangers continuèrent de se plaindre. Alors les services japonais inventèrent une encre invisible, moins offensante de leur avis que le gras tampon noir sur lequel on devait auparavant presser les doigts. Cela ne régla nullement la question. Un Alien reste un Alien, quoi qu'on en dise !

Soyons justes, les choses ont évolué depuis l'époque maudite lorsque les Japonais considéraient qu'ils étaient les seuls véritables Terriens et que le reste de l'humanité était un ramassis d'extraterrestres aux mœurs absconses. Les pancartes « Alien » ont disparu des aéroports, des guichets d'immigration, des mairies et des autres administrations. L'*Alien Card* s'appelle dorénavant *Residence Card*. On a beau la retourner dans tous les sens, les infamantes empreintes digitales ne sont apparentes nulle part. Mais la machine à les lire (mal) est toujours le passage obligé à l'arrivée sur le sol japonais.

Incorrigible mélancolique des choses du passé, je glisse toujours ma *Residence Card* dans l'étui en plastique transparent d'autrefois avec le *sticker* du ministère de la Justice, bien qu'il ait perdu sa raison d'être. Un jour, un officier des services d'immigration auquel je présentai ma carte dans son étui me dit :

« Vous devriez la jeter, elle n'a plus d'utilité ! »

Il s'est rembruni quand je lui ai répondu :

« C'est un souvenir du bon vieux temps auquel je tiens, quand les petits enfants dans la rue s'écartaient de moi en criant : "Ces yeux bleus me font mal au cœur !" Vous savez, l'époque où nous étions des "Aliens" ? »

Avouons que la mauvaise foi des étrangers était patente. Il suffit d'ouvrir un dictionnaire pour y lire la définition « Alien », ce que je viens de faire en compulsant mon vieil Harrap's Shorter.

On y trouve la traduction suivante :

« **Alien** *[´eilian]*. **1.** *a. & s.* Étranger (non naturalisé). **2.** a. **A. from sth.**, étranger à qch., éloigné de qch. **A. to sth.**, contraire, opposé à qch. ; qui répugne à qch. »

Nul petit homme vert à l'horizon ! On voudrait croire que le mot a été choisi pour son sens premier, mais l'éternel soupçon du second degré, « qui répugne à quelque chose », plane tout de même.

Et puis, il est tellement agréable de taquiner les Japonais qui, eux, prennent tout au premier degré !

Amados (雨戸) – Volets

L'*amado* est un volet de bois de la taille d'un tatami, 180 × 90 centimètres, unité de surface de référence de l'architecture japonaise, qui permet de fermer les maisons et les protège des intempéries comme son nom, « porte de pluie », l'indique.

Alors que, installé dans mon pavillon de thé, je m'apprêtais à m'atteler à la rédaction d'une tout autre entrée que celle-ci, il s'est mis à pleuvoir. Alors, je me suis hâté d'aller tirer les *amados* comme je le fais chaque soir afin que les chats errants, les écureuils et les blaireaux qui batifolent dans le jardin, une fois la nuit tombée, ne viennent pas souiller les superbes planches blondes en *hinoki*, le cyprès du Japon de l'*engawa,* la coursive qui borde les maisons traditionnelles.

En eux-mêmes, les *amados* n'offrent pas grand intérêt ni ne méritent qu'on les cite dans un dictionnaire, mais, alors que je procédais à cette opération, une évidence fulgurante m'est apparue, qui schématise parfaitement mon niveau d'absorption de la culture de ce pays : moi qui suis un impatient compulsif, qui chasse le gaspi des gestes inutiles dont j'ai l'impression qu'ils dévorent mon quotidien, moi qui suis toujours à la recherche d'un temps dont je ne veux perdre une seconde, j'ai constaté que je prenais un plaisir intense, presque une jouissance, aux près de vingt minutes qui ont été nécessaires pour faire coulisser ces fichus panneaux de bois sur leurs rails le long de la galerie du pavillon de thé !

Tout Japonais qui a vécu dans une maison traditionnelle vous dira à quel point en tirer les volets est fastidieux ! Autrefois, pour punir un enfant, on lui assignait cette tâche ingrate. Les volets japonais n'ont ni charnières ni gonds sur lesquels les faire simplement pivoter, pas de crémone pour les verrouiller. Les fermer réclame une immense maîtrise de ses pulsions, une patience infinie, une abnégation de soi proche d'un état de méditation transcendantale !

Jugez plutôt :

Tout d'abord, il faut les sortir de la remise au bout de la véranda où ils sont rangés et les engager dans les gorges, la supérieure et l'inférieure, dans lesquelles on va les faire glisser.

Il y a deux types de remises : celles où les panneaux sont accessibles de face en ouvrant une porte qui fait la largeur et la hauteur des volets, et celles où ils ne peuvent être manipulés que par la tranche après qu'on aura ouvert un battant de la largeur correspondant à l'empilage du nombre de volets nécessaires à la fermeture (j'espère que vous me suivez…).

Aucun des deux types de rangement n'est prévu pour vous faciliter la vie.

Dans le premier cas, alors que vous vous escrimez à engager le premier volet que vous avez tant bien que mal réussi à faire riper en vous cassant les ongles dans la gorge inférieure sans rater le rail supérieur, les suivants ont tendance à basculer vers vous, coinçant l'ensemble.

Dans le second cas, il faut réaliser la même manœuvre en manipulant le lourd panneau par la tranche. La hauteur des volets étant ajustée au millimètre près afin qu'ils ne se déboîtent pas une fois engagés, la moindre incidence verticale ou horizontale par rapport aux rails bloque le tout !

Une fois que le panneau est correctement engagé, il suffit de le pousser pour qu'il glisse, en principe facilement, sur toute la longueur de la coursive. En principe seulement. Car la température de l'air et son humidité ont leur mot à dire ! Devinez ce qui se passe quand l'air est saturé à la saison des pluies ou, à l'inverse, quand il fait très sec comme c'est le cas en hiver ? Dans un cas, cela coince, dans l'autre cela se déboîte.

Les bons vieux principes physiques de la dilatation ou de la contraction des corps s'appliquent au Japon comme partout ailleurs, et ils affectionnent particulièrement les matériaux tels que le bois. Quand TOUT est en bois, c'est patent…

Là où cela se complique à nouveau, c'est aux nombreux angles à 90 degrés des galeries en zigzag ! Un système de galets est censé permettre de faire pivoter les panneaux et de les enclencher sur les gorges de la longueur suivante de l'*engawa*. Si on pousse le volet avec trop de vigueur, on court le risque qu'il bascule dans le vide et se fracasse au pied du pavillon. Par ailleurs, il y a un moment critique lorsqu'il est à l'angle de l'*engawa* : il se trouve pratiquement libre de toute contrainte, en une sorte d'apesanteur béate ! Il faut alors le faire pivoter exactement en son centre, sinon il se retrouve de nouveau coincé de guingois !

Enfin, il reste à verrouiller les volets par un système ingénieux de targettes (de bois, bien sûr) qui viennent se loger dans un trou pratiqué dans la gorge inférieure et la supérieure. Ces targettes sont elles-mêmes immobilisées par un taquet coulissant horizontalement… Quand tout va bien, la chevillette choit facilement dans son logement. Mais cela ne se passe jamais comme prévu ! Soit la cheville n'est pas en face de son trou parce que vous avez mal joint les volets les uns aux autres lorsque vous les avez positionnés, soit les trous sont encombrés de débris de feuilles mortes qui ne permettent pas de l'enfoncer jusqu'au fond et alors le taquet horizontal ne peut faire son office, rendant le verrouillage parfaitement inopérant. De toute façon, l'humidité en été ou la sécheresse en hiver, déjà citées plus haut, font en sorte que les différentes pièces de bois se dilatent ou se contractent, contribuant à coincer le mécanisme d'une manière ou d'une autre !

Malgré tous ces inconvénients, je procède à cette opération matin et soir dans un état de jubilation intense ! Il m'arrive même de tirer les *amados* du pavillon de thé en plein jour afin de ne pas être distrait par la beauté des mousses du jardin ou la clarté du ciel lorsque j'écris.

C'est vous dire à quel point je suis immergé dans ce pays dont la culture est rétive à toute approche simpliste, qui ploie mais ne se rend pas, qui ne s'apprivoise que de haute lutte et se mérite au quotidien ! Ces *amados* de notre pavillon de thé sont l'illustration de la lutte permanente pour mériter le Japon et des efforts colossaux qu'il faut faire pour y parvenir !

Ah ! J'oubliais une chose : les échardes. Les *amados* ont souvent des échardes…

Amakusa (天草) – Les îles…

Ce chapelet d'îles est situé sur la côte ouest de l'île de Kyushu : il en est séparé par la mer de Yatsushiro, rendue tristement célèbre par la pollution mercurielle de la baie de Minamata.

Jusqu'à la fin des années 1960, on ne pouvait accéder à Amakusa que par ferry. Depuis, cinq ponts relient les îles principales entre elles et aussi l'île de Kyushu.

Le relief passablement tourmenté a forcé les habitants à cultiver le riz à flanc de coteau en créant un système de rizières en terrasses autant efficace que spectaculaire. Le paysage est magnifique, surtout lorsque, au mois de mai, elles sont inondées, donnant l'illusion d'une multitude de miroirs bordés de digues verdoyantes dans lesquels le soleil couchant se reflète.

Ce fut également un bastion de la chrétienté, et ce malgré la sévère répression qui suivit la rébellion de Shimabara au XVIIe siècle.

Il reste de la foi inébranlable des martyrs japonais de touchants témoignages, magistralement évoqués dans le film du cinéaste Martin Scorsese, *Silence*[1].

Au milieu des années 1970, visitant Amakusa pour la première fois en voiture avec mes parents, nous arrivâmes en fin de journée dans un petit village situé dans la partie méridionale de l'île principale de Shimoshima. À l'entrée de la bourgade, nous passâmes devant un sanctuaire *shintô*[2]

1. Voir l'entrée « Endō Shûsaku ».
2. Voir l'entrée « Shintoïsme ».

enfoui au milieu de cryptomères ombrageux. Il était en déshérence, fait rarissime au Japon. La garance du portique *torii* était par endroits écaillée. Du lierre s'enroulait autour de ses poteaux. Les mauvaises herbes envahissaient l'allée qui menait au bâtiment lui-même. Des vantaux à demi crevés en fermaient l'accès. La corde tressée du grelot destiné à appeler l'attention des dieux était effilochée. Le grelot était cabossé, des plaques de rouille le marbraient. Un pied du réceptacle des offrandes était cassé, le faisant pencher sur un côté.

Décontenancés, nous continuâmes notre route lorsque, au détour d'un virage, devant une pimpante placette fleurie, nous découvrîmes une église de dimensions modestes, chaulée de frais, surmontée d'un fier clocher au faîte duquel brillait à la lumière rougeoyante du crépuscule un crucifix. La toiture était en tuiles vernissées semblables à celles des habitations alentour, donnant une touche irrésistiblement japonaise à cette construction par ailleurs semblable aux humbles lieux de culte catholiques qu'on trouve au Portugal. À gauche du porche de l'église, il y avait une réplique de la grotte de Lourdes en pierre et stuc d'où sourdait un filet d'eau claire. L'eau tombait avec un petit bruit cristallin dans une vasque en forme de coquille Saint-Jacques. Devant le monument était agenouillée une sainte Bernadette en plâtre peint. Une cape bleu roi se déployait en corolle autour d'elle. Elle avait de bonnes joues roses, des yeux bleus mais bridés levés en extase vers le ciel. Un sourire de béatitude affleurait à ses lèvres. Ses mains jointes enlaçaient un rosaire de buis.

Ma mère, que mon grand-père avait appelée Bernadette parce que, de retour de la Grande Guerre, et plus précisément de la campagne des Dardanelles où il avait été gazé, il avait survécu contre tout pronostic en buvant de l'eau de Lourdes, fut particulièrement émue par le hasard qui la mettait, à 10 000 kilomètres de sa terre natale, en présence de la petite bergère dont elle avait hérité le nom.

Les vantaux de l'église étaient grands ouverts. Nous approchâmes de l'entrée. Le sol était recouvert de nattes de tatamis au lieu de dalles. Il n'y avait aucun banc ni prie-Dieu, encore moins de chaire ou de confessionnal. L'intérieur de l'église était dépouillé comme la pièce d'une maison japonaise traditionnelle. Sur les murs blancs n'était accrochée aucune représentation du chemin de croix. Aucun ex-voto n'encombrait les piliers de simple bois brut. De dorures, nulle part. L'autel était composé d'un plateau de bois finement poli posé sur deux pieds également en bois. Le transept était à peine ébauché, sans doute à cause du manque de place. Le chœur était illuminé par les rayons du soleil couchant traversant deux simples vitraux d'ébauche naïve. Un Christ en croix sculpté dans le bois *hinoki* reconnaissable à son parfum délicat dominait le chevet. Il se dégageait de cette petite église dépouillée de toute ostentation une sérénité douce que l'odeur typiquement japonaise des tatamis et des boiseries utilisées pour la charpente exaltait.

Nous retirâmes nos chaussures, les posâmes dans les casiers destinés à cet effet sur les deux côtés du narthex et avançâmes dans la nef au milieu de laquelle nous nous agenouillâmes sur les nattes. Se retrouver dans cette position si près du sol fortifiait le sentiment de béatitude. Nous sommes restés un bon moment à savourer le silence de cette fin d'automne à la lumière déclinante.

Comme nous nous étions relevés et nous dirigions vers la sortie arriva un homme d'une cinquantaine d'années, un étranger. C'était le prêtre du village. Il était polonais, et comme il ne parlait ni le français ni l'anglais, nous conversâmes en japonais et je traduisis pour mes parents. Il vivait au milieu de ses ouailles depuis plus de vingt-cinq ans, arrivé au Japon juste après ses études dans un séminaire de Szczecin, proche de la frontière allemande. Il nous apprit que la totalité de la population du village, quelque cinq cents âmes, était composée de catholiques fervents. La plupart descendaient de familles qui comptaient parmi leurs ancêtres un ou plusieurs martyrs. Leur foi était pure et intense. Aucun d'eux ne sacrifiait aux rites bouddhiques ou shintoïstes. Cela expliquait pourquoi le sanctuaire que nous avions dépassé avant d'arriver au village était dans un tel état de délabrement.

Comme nous devions passer la nuit dans un *minshuku* (maison d'hôte) du village, il nous offrit de nous emmener le lendemain visiter les tombes des chrétiens clandestins du XVIIIe siècle, nichées au fond des replis d'une falaise battue par la mer. Quand il sut que ma mère se prénommait Bernadette, il s'enflamma et nous invita à assister à la messe du matin, ce que bien évidemment nous acceptâmes.

Il nous accompagna jusqu'à notre hébergement où il fut naturellement retenu à dîner. Assis sur les tatamis devant nos plateaux d'un succulent repas japonais, nous participâmes aux actions de grâces récitées par le maître des lieux.

Je ne me souvenais pas de l'avoir jamais fait...

Anchorage

Non, Anchorage n'est pas une ville du Japon. Il y a cinquante ans, personne n'aurait été capable de la situer sur une carte. Mais pendant vingt ans, elle a été l'axe central entre 90 % des grandes villes occidentales et Tokyo, et son positionnement équidistant entre l'archipel et le continent européen, par 61° 13' N et 149° 54' W, autrement dit la partie ouest de l'Alaska, au fond de la crique de Cook, à neuf heures et demie de vol des métropoles européennes et sept heures et demie de la capitale nippone.

À la fin des années 1960, les avions, y compris les gros-porteurs Boeing 747 qui venaient d'entrer en exploitation, n'avaient pas suffisamment d'autonomie pour relier Tokyo à l'Europe d'une traite. Une escale pour le ravitaillement en kérosène s'imposait. On avait le choix entre trois routes pour se rendre de Tokyo vers l'Europe :

— La route des Indes, plus de 15 000 kilomètres ponctués d'au minimum trois sauts de puce. Elle avait son charme mais il ne fallait pas être pressé car elle demandait vingt-six heures.

— La voie sibérienne, ouverte en avril 1970. Celle-ci était la plus courte, ne faisant que 10 000 kilomètres. Elle reliait Tokyo à Paris en treize heures et quarante-cinq minutes, escale comprise à l'aéroport de Moscou-Sheremetievo, peu rassurante dans le contexte de la guerre froide qui battait encore son plein. L'aérogare était lugubre, elle ressemblait à un hôpital mal entretenu avec son sol en carreaux de faïence grise, et était chichement éclairée. On distribuait aux passagers à la sortie de l'avion une carte de transit plastifiée qu'il ne fallait surtout pas égarer au risque, imaginait-on, de se retrouver au goulag. Des soldats peu amènes patrouillaient. La boutique hors taxes, tenue par des matrones incroyablement moustachues et particulièrement revêches, ne proposait guère que de la vodka, du caviar, des poupées matryoshka et quelques parfums français couverts de poussière ; le tout exposé dans des vitrines rivalisant avec des étals de boucherie de l'époque !

— La voie passant par le pôle Nord avec une escale de deux heures à l'aéroport international d'Anchorage était certes plus longue de 3 000 kilomètres et demandait dix-sept heures de vol, mais elle était autrement attractive précisément grâce à cette halte.

À l'automne, l'approche vers Anchorage était féerique car il faisait souvent très beau sur l'Alaska. Dans le sens Europe-Asie, on dépassait sur la gauche le fier mont McKinley[1] qui culmine solitaire à 6 200 mètres, puis on survolait d'immenses forêts rousses marbrées d'un patchwork de lacs desquels décollaient ou sur lesquels atterrissaient des hydravions au fuselage argenté qui traçaient un sillage scintillant à leur surface couleur émeraude.

Aussitôt les portes de l'avion ouvertes, des hordes de passagers japonais hébétés par le décalage horaire se déversaient dans l'immense hall de transit où les attendaient quatre « attractions » que nos stakhanovistes consciencieux, boulimiques d'exotisme après des années de « confinement » imposé par le contrôle des changes, ne voulaient en aucun cas manquer.

L'ordre de la tournée était immuable :

— On se précipitait d'abord dans l'immense boutique hors taxes gérée par une société fondée en 1960 par deux compères américains astucieux, Bob Warren et Charles Feeney, *Duty Free Shoppers* (DFS). À Anchorage, elle offrait un inimaginable assortiment de produits destinés à satisfaire la fringale d'achat des Japonais. Elle croulait sous une extraordinaire profusion d'alcools, principalement du whisky et du cognac dans des bouteilles en forme de tour Eiffel, de cartouches de cigarettes américaines, de pyramides de parfums, dont une fameuse petite boîte

1. Le Denali.

jaune contenant un flacon au bouchon en forme de tourterelles enlacées que les Japonais appelaient « *Lé-ru* » pour *L'Air du temps* de la maison Nina Ricci.

Les vendeuses d'un âge certain, agressives Japonaises *nissei* de deuxième génération ayant perdu le raffinement de leurs origines et ne parlant plus que très approximativement leur propre langue, harponnaient les passagers et ne les relâchaient pas avant qu'ils ne soient lestés de sacs débordants de marchandises, qui seraient alors entassés tant bien que mal dans les racks de l'avion.

— La deuxième attraction était un immense ours blanc empaillé. Il se tenait debout et devait bien mesurer 3 mètres. Il était primordial de se faire photographier devant. C'était, comme le certificat de passage de la ligne de changement de date qu'on vous délivrait, la preuve qu'on avait fait un long voyage vers la Vieille Europe.

— Le troisième point de passage obligé se trouvait au fond du hall. C'était une enfilade de gargotes servant des nouilles japonaises *rãmen* devant lesquelles on faisait la queue. Dans le sens Japon-Europe, c'était le plat japonais de la dernière chance, au retour, une sorte de désintoxication du trop-plein de nourriture occidentale. On dégustait son bol à la va-vite, debout, en soufflant sur le bouillon trop chaud afin de pouvoir le finir avant d'être appelé pour l'embarquement.

— Le dernier endroit où on passait si on en avait encore un peu de temps était la terrasse de l'aérogare où se retrouvaient les fumeurs compulsifs. En hiver, par des températures de – 30 °C, on avait l'impression en inspirant de se remplir les poumons d'un iceberg. C'était roboratif et cela permettait d'envisager la seconde partie du vol avec sérénité.

De nos jours, les biréacteurs modernes ne mettent plus que onze à douze heures d'un seul coup d'ailes pour relier le Japon à l'Europe en survolant la Sibérie. C'est efficace, pratique et moins fatigant.

Je garde cependant la nostalgie de ces vols entrecoupés par l'escale d'Anchorage. On avait réellement le sentiment qu'on partait pour le bout du monde, vers cet Extrême-Orient encore un peu mystérieux d'avant la mondialisation sauvage, et qu'on faisait vraiment le tour de la Terre. Le passage de la Ligne renforçait cette impression.

Lorsqu'on entrait dans l'aérogare, l'odeur grasse de fonds de porc composant le bouillon des *rãmens* qui saisissait les narines donnait l'impression qu'on était déjà arrivé au Japon ou qu'on ne l'avait pas encore quitté.

L'excitation de la foule de voyageurs japonais, dont c'était pour la plupart le premier voyage à l'étranger, était communicative.

La bolée d'air glacé qu'on inspirait sur la plate-forme de l'aéroport enivrait autant qu'une bouffée de chanvre.

On avait beau tenter de dormir pendant la première partie du voyage ou s'y résoudre pendant la seconde, on arrivait toujours à la destination finale dans un état d'apesanteur qui demandait quelques jours pour se résorber.

Bref, on VOYAGEAIT.

Araki Nobuyoshi (荒木経惟) dit Arãki – Photographe (1940-)

Il nous ferait presque penser à un faune avec les épis de ses cheveux relevés en cornes de chaque côté de son crâne, sa petite moustache barrant sa lèvre supérieure et ses grosses lunettes rondes dont un verre opaque cache un œil mort depuis 2013.

Arãki cultive à loisir sa sulfureuse réputation, assumant pleinement une œuvre où Éros et Thanatos sont intimement liés, d'un érotisme torride, le morbide le disputant à la désespérance. Allant à la rencontre de prostituées et de leur clientèle dans des bars louches, des boîtes de strip-tease, des salons spécialisés ou des hôtels *soap lands*[1], il ne craint pas, avec des photos d'une rare obscénité, de franchir la ligne ténue qui sinue entre l'art et la pornographie.

Son album *Tokyo Lucky Hole* sur les lieux glauques de divertissement de Tokyo, du nom d'un célèbre « *no-pan kissa* », café de serveuses sans petite culotte au plancher en miroir, est un reportage sur 800 photos qui provoquera

1. Voir l'entrée « *Soap land* ».

un joli scandale. Condensé d'obscénités pour les uns, documentaire de l'érotisme des années 1980 pour les autres, il dépeint un Japon déstabilisé par une surchauffe économique en mettant en scène les *salarymen* en quête d'un exutoire érotique.

Quelques années plus tard, ses photos sadomasochistes *shibari* contribuent à asseoir sa célébrité mondiale. Il y met en scène des femmes nues ligotées dans des postures humiliantes, enchaînées voire pendues au plafond, et n'accédant au plaisir que dans la douleur et la provocation. Faut-il préciser que sa relation avec ses modèles demeure pour le moins ambiguë, ce qui lui a valu quelques soucis ?

Mais toute cette production côtoie un travail plus secret, plus poétique également, de voyageurs dans le métro, du monde de l'enfance, de natures mortes que d'insolites dinosaures en plastique viennent égayer, enfin plus personnel, comme sa relation avec son chat Chiro. Les reportages concernant sa vie privée sont émouvants quoique impudiques. Dans *Sentimental Journey*, reportage sur son voyage de noces, il n'élude rien des moments les plus intimes avec son épouse Yōko. Ce premier volet de la vie du couple sera complété plus tard par la poignante série sur la maladie de sa femme photographiée jour après jour jusqu'à l'ultime instant de sa mort. À l'époque, ce travail d'une noirceur désespérée, publié sous le titre *Winter Journey*, avait choqué le public, notamment la photo de la jeune femme dans son cercueil.

Avec ce travail et ceux qui ont suivi, Arãki a inauguré le style d'autofiction qui documente la vie privée de l'artiste dans les plus infimes détails.

Une grande rétrospective des cinquante années de son œuvre a été présentée au musée Guimet en 2016. Un long corridor menant à l'exposition exposait les quelque 500 albums qu'il a publiés. Elle a connu un énorme succès.

En juin 2017, nous avons exposé sous le titre « *Tokyo* Tombeau » un travail largement inédit du photographe dans l'espace culturel de l'immeuble de Chanel à Tokyo, le NeXus Hall, accompagné d'une sélection faite par Arãki lui-même de photos du Japon de l'ère Meiji de la collection du musée Guimet.

C'est ainsi que j'ai pu un temps côtoyer ce rebelle attachant dont le nom sonne un peu en japonais comme « anarchie » (*anãki)*.

Asanuma Inejiro (浅沼稲次郎) – Homme politique (1898-1960)

C'est une de ces photos qu'on ne peut oublier, tout comme celle de Phan Thị Kim Phúc, cette petite fille vietnamienne de 9 ans brûlée au napalm, courant dénudée sur une route après un bombardement. Il s'agit du cliché du premier secrétaire général du Parti socialiste japonais, Asanuma Inejiro, à l'instant précis où il vient de recevoir le coup mortel porté au moyen d'un sabre *wakizashi* par un étudiant ultranationaliste, Yamaguchi Otoya.

Ce 12 octobre 1960, Asanuma participait à un débat durant la campagne pour les élections parlementaires au Hibiya Hall, en plein centre de Tokyo. Il était au pupitre, discourant sur l'estrade, dont le fond était décoré d'étroits calicots de toile blanche sur lesquels étaient calligraphiés à l'encre de Chine les noms des partis politiques et de leurs chefs présents au rassemblement.

Comme le cliché du photographe vietnamien Nick Ut, celui-ci valut à son auteur, Nagao Yasushi, le prix Pulitzer ainsi que celui de la meilleure photo de presse du monde (Press Photo of the Year).

Il faut bien reconnaître que la photo est à la fois spectaculaire et incroyablement révélatrice du climat d'instabilité de cette époque.

Asanuma d'abord : il se trouve sur la droite de l'instantané. Il se tient de profil. C'est un homme corpulent, assez grand. Il porte un costume gris foncé ; sur la poche de poitrine de son vêtement, la fleur blanche en ruban que les officiels portent épinglée à la poche de poitrine paraît animée d'une vie propre, comme si une main invisible tentait de l'arracher. Asanuma semble amorcer un geste pour se protéger, genoux fléchis, ventre en retrait, buste penché en avant. À hauteur de sa poitrine, on voit quatre mains, comme on remarque deux paires de souliers vernis au bas du cliché. En y regardant mieux, on comprend qu'il y a une seconde personne derrière Asanuma, qui tente de le protéger. La main droite du politicien tient un mouchoir, à moins que ce ne soit un bout de feuille de la liasse de son discours qu'il vient de lâcher et qui s'éparpille devant lui. Sous ses cheveux gominés coiffés en arrière, son front est plissé, son regard fixe son agresseur, mais il ne doit pas bien l'apercevoir car ses lunettes sont en train de chuter, déjà sous son nez au niveau de ses lèvres crispées en un rictus de douleur. En fait, c'est la violence du choc qui l'a fait se plier en deux. Il est en train de mourir, le coup porté deux secondes plus tôt sur son côté gauche par le lycéen a été fatal : la courte lame « perce-armure » d'une vingtaine de centimètres de long a traversé sa cage thoracique et transpercé son cœur. Étonnamment, on ne remarque pas d'écoulement de sang.

Yamaguchi, maintenant :

L'assassin est de face sur l'estrade. Il se tient devant sa victime, à moins d'un mètre d'elle. Il n'est pas très grand et plutôt svelte, un corps d'adolescent encore en croissance. Il n'a que 17 ans ! Son visage légèrement prognathe sous une coupe de cheveux coupés court est juvénile, dénué de toute émotion malgré ses sourcils froncés, son regard concentré et ses dents serrées. Sous un blouson matelassé gris, il porte la veste noire typique des étudiants japonais, col droit et cinq boutons dorés, un pantalon de serge également noir, des bottines lacées paramilitaires. Il tient son sabre des deux mains à hauteur de son torse, la lame parallèle à son buste. Solidement campé sur ses jambes écartées, le corps tendu, il s'apprête à porter l'estocade. On devine deux hommes derrière lui qui vont tenter de l'arrêter et quelqu'un tout à gauche derrière un micro sur pied s'apprête à bloquer son bras.

Yamaguchi n'aura pas le temps de porter un second coup. Il sera maîtrisé avant et emprisonné immédiatement dans un centre de détention pour mineurs.

Il se suicidera trois semaines plus tard dans sa cellule, laissant pour tout testament un slogan inspiré des derniers mots d'un célèbre *samouraï* du XIVe siècle. L'étudiant, tout comme l'écrivain Mishima Yukio[1], est l'archétype de cette frange d'ultranationalistes japonais nostalgiques du Japon impérial.

Asanuma, quant à lui, est le parangon de la gauche activiste japonaise de l'après-guerre, intransigeante, violemment anti-américaine au point de se rapprocher du Parti communiste chinois. Il avait effectué un voyage à Pékin en 1959 au cours duquel il avait prononcé un discours où il traitait les États-Unis « d'ennemi commun de la Chine et du Japon ». Il avait même poussé la provocation jusqu'à revenir de ce voyage vêtu d'un costume Mao.

La photo du meurtre d'Asanuma démontre bien le climat de tension politique qui prévalait dans le Japon des

1. Voir l'entrée « Mishima Yukio ».

années 1960 et culminera avec les manifestations particulièrement agressives du début des années 1970, qui se sont terminées dans le carnage déclenché par la Seki Gun, l'Armée rouge japonaise.

Elle demeure pour moi formidablement « exotique » car représentative de la théâtralité de la violence au Japon et de son jusqu'au-boutisme teinté d'héroïsme hérité de la geste du *bushido,* le code de la chevalerie des *samouraïs* qui reposait sur la loyauté et la bravoure jusqu'à l'acte suprême du *seppuku*, cette mort volontaire ritualisée à l'extrême et à l'esthétisme millimétré.

Et il faut bien reconnaître que le meurtre ou le suicide au sabre, cela a un autre panache qu'un vulgaire coup de pistolet !

B

Ban Shigeru (坂茂) – Architecte (1957-)

Avec son visage tout rond encadré d'une abondante chevelure, Ban Shigeru ressemble un peu à un gentil *daruma*[1], n'étaient-ce sa moustache clairsemée et son bouc minimaliste.

D'une nature généreuse, il est respecté pour son engagement humaniste partout dans le monde où une catastrophe naturelle réclame des solutions de relogement d'urgence. Il a ainsi apporté son aide en Turquie après le tremblement de terre de 1999, au Rwanda lors de la crise des réfugiés en 1994, ou bien encore en Inde et, bien sûr, au Japon, à plusieurs reprises.

Ban Shigeru a été récompensé du prestigieux prix Pritzker en 2014.

Éduqué en Californie sous la houlette de John Hejduk, membre de l'école des « Cinq de New York », il tire de l'enseignement de son maître à la Cooper Union's School of Architecture son intérêt pour les systèmes de structure architecturale et la construction à partir de formes

1. Voir l'entrée « *Daruma* ».

géométriques élémentaires. Sa formation occidentale s'accompagne d'un minimalisme naturellement inspiré de l'architecture traditionnelle japonaise, dans laquelle il puise de nombreux thèmes et méthodes, comme la rigueur rythmique des parois *shōjis*, le plancher universel créant la fluidité entre les différentes pièces de l'habitat, sans omettre la transparence ni la gestion ultramoderne des espaces.

Sa signature architecturale consiste à incorporer les éléments structurels des bâtiments qu'il crée dans son design et à les exprimer au moyen d'impressionnantes ossatures en bois.

Il est par ailleurs connu pour son utilisation innovante de matériaux tels que le papier et les tubes de carton recyclés de l'industrie textile, d'abord dans la construction d'habitations temporaires pour les victimes de désastres naturels, comme ce fut le cas après le séisme de Kobe en 1995 ou le tsunami du Tohoku en 2011, puis pour des bâtiments plus importants comme la « cathédrale de carton » de Christchurch en Nouvelle-Zélande. En 2015, pour le Festival de photographie Kyotographie, il fit construire par des étudiants un pavillon temporaire composé uniquement de tubes de carton[1]. Sa prédilection pour des matériaux recyclés, d'un coût modeste, produisant peu de déchets, le classe d'évidence dans la catégorie des architectes écologiques, étiquette qu'il ne renie point en insistant toutefois sur une vision délibérément moderniste, expérimentale et néanmoins rationnelle de son travail.

Parmi ses nombreuses réalisations, les plus remarquables à mon humble avis sont les suivantes :

— le Centre Pompidou-Metz inauguré en 2010 : le bâtiment lui-même est un parallélépipède semi-transparent de 10 000 mètres carrés abritant trois galeries muséales, un

1. Voir l'entrée « Kyotographie ».

théâtre et un auditorium. L'immeuble est recouvert d'une élégante mantille de toile reposant sur une structure tressée en bois blond, dont le mouvement évoque les ailes d'une raie manta. En fait, Ban dit s'être inspiré d'un chapeau chinois en paille chiné il y a belle lurette aux puces de Paris ;

— le Mount Fuji Heritage Center réalisé en 2017 : situé dans la ville de Fujinomiya dans la province de Shizuoka, au pied du mont Fuji, ce bâtiment dont les murs sont recouverts d'un treillis de bois est une image inversée du mont Fuji. Sa base étroite va en s'évasant sur cinq étages en une réplique parfaite de la forme du volcan. Ce cône repose sur une pièce d'eau à la surface de laquelle il se reflète « à l'endroit ». Une dalle de béton posée comme un couvercle abrite un observatoire duquel on peut admirer le véritable mont Fuji dont l'image à son tour se reflète dans le bassin. Le soir, un éclairage circulaire à la base du cône l'illumine. En même temps qu'une prouesse architecturale indéniable, c'est une merveille de réussite esthétique ;

— la scène musicale de l'île Seguin ouverte en 2017 : cette île de Boulogne-Billancourt qui a fait couler beaucoup d'encre alors que l'entrepreneur François Pinault envisageait d'y construire son musée d'art moderne (dessiné par un autre architecte japonais talentueux, Ando Tadao) est occupée par une réalisation de Ban Shigeru imaginée en collaboration avec Jean de Gastines. Ce bâtiment est intéressant en ce que l'architecte japonais utilise d'autres matériaux que ceux qu'il choisit habituellement. Sur un vaisseau de béton brut repose un dôme de métal et de verre aux facettes en œil de mouche surmonté d'une voile mobile composée de panneaux voltaïques qui suit la course du Soleil. On retrouve dans l'auditorium principal sa signature architecturale en forme de nid en bois tressé ;

— le quartier général du groupe Swatch à Bienne, en Suisse : inauguré en 2017, cet ensemble étonnant demeure l'une des plus grandes structures en bois au monde. Long de 240 mètres, large de 35 et atteignant 27 mètres en son point culminant, c'est un serpent aux formes sinusoïdales dont le corps enjambe une avenue et dont la tête vient reposer sur le toit de l'usine des montres Omega. Sa coque est composée de 4 600 poutres et sa façade de 2 800 panneaux en nid d'abeille. Le volume de bois utilisé est de 4 600 mètres cubes représentant dix heures de croissance de tous les arbres recouvrant la Suisse, ainsi que le souligne le site de l'architecte.

J'ai fait la connaissance de Ban Shigeru en 2011 dans les cités dévastées par le tsunami le long des côtes du Tohoku. Nous nous croisions dans les centres d'hébergement et nous avions sympathisé. Par la suite, il avait consenti à écrire la postface de la traduction japonaise de mon recueil de nouvelles *Les voyageurs ne meurent jamais*[1]. Nous sommes depuis lors restés amis.

1. Publié uniquement en japonais sous le titre 旅人は死なない.

En 2014, Chanel se vit offrir par la veuve du fameux designer de mobilier Pierre Paulin une exposition de ses réalisations les plus significatives. La difficulté consistait à éviter une banale exposition de meubles et à parvenir à faire comprendre au public sans trop de *verbatim* le déroulé créatif et l'inspiration des formes imaginées par Paulin. Je partageai cette préoccupation lors d'un dîner en tête à tête avec Shigeru ; il me confia qu'il nourrissait une réelle admiration pour tout le travail de cet artiste et m'offrit donc son aide pour la réalisation scénographique de l'exposition ; il réalisa une synthèse des différents volumes des créations du designer au moyen de fines trames de fils et de chaînes du haut desquels tombait un éclairage, évoquant ainsi par un subtil sillage de lumière les formes sensuelles des fauteuils de Paulin.

Ban Shigeru est difficile à joindre car, voyageur impénitent, il dort plus souvent dans un avion que sous un toit.

C'est la juste et contraignante rançon d'une renommée internationale.

Bars (バー)

Les bars japonais se distinguent de nos cafés du commerce – où nous pérorons autour d'un petit blanc ou d'un café crème et alignons ces fameuses « Brèves de comptoir » gouailleuses, dignes d'un dialogue de Michel Audiard ou d'un pub anglais peuplé de braillards exaltés devant un écran de télévision diffusant le dernier match Barça-Liverpool – par le fait qu'ils sont rarement ouverts à tous les vents et au premier passant. On s'y retrouve plutôt entre habitués, parce qu'on a une relation privilégiée avec le propriétaire, parfois un ancien camarade de lycée ou d'université original ou quelque peu rebelle qui, après un voyage initiatique hors de l'archipel, a décidé de ne pas suivre la voie impériale des salariés et préféré consacrer sa vie de manière un peu végétative à une lubie, du bon vieux jazz, les bières de Basse-Saxe, une collection de Daum, l'univers de Proust ou les albums et figurines de Tintin.

Car le bar, au Japon, est avant tout l'expression la plus profonde de la personnalité de son propriétaire, le *Master*. C'est sa tanière, son biotope. On y est tout juste admis, et on doit se plier aux règles draconiennes édictées par le maître de céans.

Assez souvent, le *Master* est UNE *Master*. La tenancière, avec son charme, son sens de l'humour, de la dérision, son propre passé, sa patience à écouter les épanchements de ses clients, est alors plus une mère de substitution qu'une grande sœur.

Un bar japonais qui se respecte se doit d'être parfaitement confidentiel, blotti au fond d'une venelle ou au 4e étage d'un invraisemblable immeuble de guingois dont on se demande comment il tient debout, au bout d'un couloir encombré de caisses d'alcools vides qu'il faut enjamber, d'avoir une entrée glauque et quasi invisible, d'être équipé d'un comptoir en bois, de chaises bancales et de tabourets branlants en nombre limité, d'avoir au moins un vitrail, d'être éclairé chichement, de diffuser en sourdine la musique de prédilection du tenancier (jazz de La Nouvelle-Orléans des années 1950, ballades du Grand Orchestre de Paul Mauriat, musique allemande du XIVe siècle, tout le répertoire de Juliette Greco), et uniquement celle-ci, et d'encourager le tabagisme – pipe et cigare bienvenus.

Le barman sera de préférence taiseux voire bourru. Il est hautement recommandé aux clients de respecter son état contemplatif et de rester silencieux ou méditatifs, plongés dans les volutes de leur cigarette ou la buée de leur verre dont le plus grand volume est encombré par un glaçon à la forme parfaitement sphérique. On passe sa commande par onomatopées, mais bien souvent ce n'est même pas nécessaire, le *bar tender* connaissant parfaitement les goûts et désirs de ses paroissiens. D'ailleurs, la plupart du temps on y a sa bouteille à son nom.

On peut se sustenter dans un bar, pas seulement grignoter les traditionnels amuse-bouches de *sembei* enrobés d'algues ou au *wasabi* servis avec le *highball*[1]. Un œuf mollet, un minuscule médaillon de bœuf, un riz blanc nappé d'une sauce au curry, une soupe au *miso* ou trois fraises nappées de lait concentré peuvent être servis au client tardif affamé qui vient de rater le dernier train.

Un *Dictionnaire amoureux des bars japonais* ne suffirait pas à tous les citer. Il y en a 80 000 au Japon, dont 25 000 rien qu'à Tokyo. Je me contenterai donc de n'en citer que trois ou quatre pour leur originalité, leur histoire, ou parce qu'ils ont une place particulière dans mon cœur.

— Commençons par celui appartenant au plus célèbre écrivain japonais vivant, Murakami Haruki [2]. Murakami découvrit le jazz adolescent en allant écouter un concert d'Art Blakey et ses Jazz Messengers. Sa passion le conduisit, en 1974, alors qu'il était encore étudiant, à ouvrir un café et jazz bar à Tokyo, le Peter Cat, baptisé du nom de son chat, qu'il géra avec son épouse Yoko jusqu'en 1981. Le premier emplacement du bar se situait dans le sous-sol

1. 1/5ᵉ de whisky, 4/5ᵉ d'eau gazeuse.
2. Voir l'entrée « Murakami Haruki ».

d'un banal immeuble du quartier populaire de Kokubunji, le second à partir de 1977 à Sendagaya. Comme on peut s'en douter, le café (de jour) et live jazz bar (le soir) était décoré de figurines et de photos de chats, ainsi que les boîtes d'allumettes et les dessous de verre. C'est là que Murakami écrivit ses deux premiers romans. Le bar de Murakami Haruki a disparu depuis longtemps, mais il se dit que l'écrivain possède toujours la collection de 10 000 disques de jazz qu'il s'était constituée à l'époque.

— Dans la même veine des jazz bars se trouve à Tokyo le piano-bar Tropic of Cancer, tenu par une femme, Hoki Tokuda. La particularité de Mme Tokuda est d'avoir été, entre 1967 et la fin des années 1970, la dernière épouse de l'écrivain Henri Miller. D'où le nom de son établissement. Elle l'avait rencontré en 1965 alors qu'elle était jeune pianiste et chanteuse à l'Imperial Gardens Club sur Sunset Boulevard à Los Angeles. La décoration du bar est banale et ne se distingue vraiment que par un poster du Maître marchant sur une plage de Big Sur, divers portraits de lui et deux ou trois aquarelles plutôt enfantines de Miller sur les murs. Hoki se tient la plupart du temps derrière son piano sans perdre de vue le manège des hôtesses qu'elle emploie. Outre les quelque 300 lettres d'amour dont certaines jamais ouvertes que l'écrivain lui avait envoyées, il se dit qu'elle possède des textes inédits, des dessins, voire certains manuscrits de son mari…

— Dans l'ancien quartier de plaisirs d'Edo se trouvait un bar fréquenté par des travestis, qui a fermé au début des années 1980. C'est un de mes amis, grand journaliste français, qui m'en a parlé. Il s'y était rendu avec Donald Richie, célèbre auteur américain prolifique sur le Japon et grand spécialiste de son cinéma dont il fut un promoteur enthousiaste, qui y vécut du début des années 1950 jusqu'à son décès en 2013. Dans le bar était encadrée au mur une petite culotte en dentelle noire. Mon ami demanda de quoi il s'agissait. Donald Richie lui expliqua qu'il avait accompagné Ava Gardner lors de son premier voyage à Tokyo en 1954 dans ce bar après une tournée quelque peu arrosée dans le quartier des plaisirs du Yoshiwara (fermé en 1958). Là, elle avait demandé à Donald, dans des termes les plus crus (« *I want to fuck a Jap* »), de lui trouver un Japonais qui accepterait de coucher avec elle, immédiatement, sur place. Il y avait urgence, elle ne pouvait attendre. Grand émoi dans le bar ! On se mit en quête d'un garçon qui accepterait de se plier à la « corvée », et c'est Donald qui finit par trouver un passant bien fait de sa personne qui, bien que n'ayant jamais entendu le nom de l'actrice – aux innocents la verge pleine ! –, accepta l'affaire. Après tout, il n'était à l'époque pas très courant de se voir offrir une partie de jambes en l'air avec une étrangère. On prêta au couple une piaule au-dessus du bar. Ava redescendit apparemment enchantée de son expérience, et, pour remercier l'aimable tenancier du bar, elle lui offrit… sa petite culotte qui devint la relique du lieu.

— Lorsque je travaillais à l'ambassade de France au Japon dans les années 1970, un de mes amis m'emmena, après un dîner déjà relativement bien arrosé, dans un bar situé dans le Kabukicho, la partie « lanterne rouge » un peu louche du quartier de Shinjuku. Ce bar n'offrait rien de particulier et ressemblait aux autres établissements de la ruelle dans laquelle il se trouvait (j'en ai d'ailleurs oublié le nom), si ce n'était qu'il était tenu par un vieux prêtre catholique français, le père Neyraud (1920-2011), qui officiait la journée dans une église de Tokyo. Pour toute décoration, il y avait un crucifix accroché à un mur. La particularité de cet établissement était qu'on y entrait mécréant et qu'on en ressortait chrétien. Quand ses clients étaient bien éméchés, le père Neyraud les baptisait sur un coin de son comptoir. Plus tard, il les relançait pour qu'ils viennent assister à la messe de sa paroisse. Il y avait affluence dans l'église du père Neyraud le dimanche : peu de ses convertis de fraîche date auraient osé encourir ses foudres en ne s'y rendant pas !

— Dans le même quartier de Shinjuku se trouve au 2e étage d'un étroit immeuble un bar de 4 mètres sur 2 ou 3 de large, appelé La jetée. Il tire son nom du film culte de Chris Marker, la patronne francophone, Kawai Tomoyo, étant passionnée de cinéma. Chaque année, elle se rend au Festival de Cannes. Aux murs sont punaisées des affiches de film et des photos dédicacées de stars. Wim Wenders y a tourné une séquence de son film *Tokyo-Ga*. La plupart des cinéastes et acteurs étrangers de passage à Tokyo s'y sont rendus : Quentin Tarantino, Francis Ford Coppola, Juliette Binoche, Jean Reno...

— C'est dans le quartier des affaires de Marunouchi, au sous-sol de sa boutique phare, qu'une noble et célèbre maison de l'Art de vivre français a ouvert au Japon son premier bar, suivi d'un deuxième à Osaka et d'un troisième dans le quartier de Roppongi, au pied des tours de Roppongi Hills où habite le gotha de la finance américaine et britannique et des GAFA. D'un décor élégant, comptoirs de bois blond, murs couleur chamois, banquettes et sièges dans la couleur rouge du logo et des emballages de la marque, il se distingue des autres bars par la qualité des lustres au plafond et des appliques murales, des photophores et des cendriers posés sur les tables basses, et le raffinement des récipients dans lesquels les alcools sont conservés ou servis, décanteurs, carafes, brocs, seaux à glace, gobelets, flûtes, coupes, chopes, verres à vin, le tout en cristal. Vous l'aurez compris, il s'agit des « B Bars » de Baccarat dont le premier ouvrit à Tokyo en 2003 sous l'impulsion de son dynamique président japonais pendant plus de trente ans à la barre de la filiale à Tokyo de la vénérable manufacture des cristalleries Baccarat. C'est le rendez-vous préféré des aficionados fumeurs de cigares. Les barmen sont courtois, compétents, discrets, ils choisissent toujours le bon verre pour le bon alcool et en font miroiter les facettes à l'éclairage directionnel astucieux qui les met en valeur.

Car c'est aussi un show-room de l'innombrable collection de Baccarat.

— Le dernier bar que je citerai est situé au pied de la gare bohème de Shimokitazawa dans le quartier de Setagaya-ku, en face du théâtre d'art et d'essai Honda. Il est perché au 4e étage d'un immeuble improbable qui semble tenir debout par miracle. On y accède par un étroit escalier extérieur en colimaçon. Il est signalé par un panneau lumineux posé à même le trottoir dans la rue, parallèle à l'immeuble, ce qui fait que, si on ne sait pas où on va, on ne peut le repérer. Le panneau est composé d'un transparent représentant les armoiries d'un village français et du nom de ce village, nous y viendrons. Il est recroquevillé et noirci sous l'effet de la chaleur des néons qui éclairent la boîte lumineuse dans laquelle il est enchâssé. D'ailleurs, un des deux néons ne fonctionne plus. Au bout d'une ascension périlleuse car les marches sont étroites et ses carreaux mal scellés, on arrive sur un palier flanqué d'une porte aveugle. Une fois poussée la porte, on se trouve dans une pièce peu éclairée, moirée des reflets d'un écran de télévision qui passe en boucle, son coupé, des vieux films. Sur la droite, il y a une table basse, sur la gauche, un portemanteau sur roulettes où on accroche soi-même son manteau en hiver. 2 mètres plus avant se trouve, à côté d'une minicave à vin, un comptoir flanqué de quatre ou cinq tabourets. En face du comptoir, un coin salon avec une table en Formica entourée d'un sofa avachi dont on ne peut s'extirper une fois qu'on y est englouti et de deux fauteuils dont les ressorts titillent le postérieur.

Le bar est décoré de tours Eiffel dans tous leurs états. Des photos et des caricatures punaisées aux murs, des tours en métal argenté, en plastique, posées sur le comptoir, des flacons au contenu douteux en forme de tour Eiffel, des autocollants vantant la Dame de fer, une boîte contenant un puzzle de 2 000 pièces de la tour Eiffel. S'il est bien luné, le tenancier vous expliquera que, né à Paris, ses parents habitant avenue de Suffren, il a passé la première année de sa vie, promené par sa mère dans son berceau entre les pieds de la Noble Dame.

Pourtant, le nom de ce bar est celui d'un petit village de Haute-Provence accroché au flanc d'une colline dominant la vallée du Rhône, Séguret. En y regardant de plus près, on trouve sur une étagère une minicrèche, un santon de 30 centimètres de haut, le fameux « Coup de mistral® » du santonnier Fouque, un rameau d'olivier desséché, une touffe poussiéreuse de thym, des cartes postales vantant un des « plus beaux villages de France ».

Le propriétaire des lieux est franco-japonais. Il ouvre son bar vers 17 heures. La plupart des clients sont des copains et des copines du quartier, qu'il a connus quand il était enfant. Ils y passent une heure ou deux, sirotant un côtes-du-rhône du village, il y en a de très bons, ou un pastis dont les Japonais sont d'ordinaire peu friands. Il peut leur en servir toutes les déclinaisons, une mauresque, un perroquet, une tomate, voire un rourou, décoctions qu'on ne connaît pas au-dessus de Montélimar. Bien entendu, il sert aussi les boissons traditionnelles japonaises, *shochu*, saké, *highball*, et tous les cocktails qu'on veut.

Il nourrit ses amis quand ils ont faim d'une daube agrémentée d'un bol de riz, d'une tomate farcie, tous plats réchauffés au four à micro-ondes. Les recettes viennent de sa grand-mère arlésienne, un cordon-bleu comme on n'en croisera plus.

Il ne le ferme jamais avant 5 heures du matin, quand les clients qui ont raté le dernier train pour rentrer chez eux, à demi endormis, quittent le Séguret pour aller attraper le premier métro du matin.

Je m'y rends assez souvent. C'est mon fils aîné qui le tient…

Bata Kusai (バタ臭い) – Pue le Beurre

Contrairement à ce qu'on pourrait penser, ce terme ne désigne pas les étrangers qui ont pourtant, au nez délicat des Japonais, une odeur différente, décrite comme fade voire écœurante dans les descriptions des premières rencontres avec les *Hakujin*, les « Blancs ».

C'est une expression pas forcément péjorative utilisée à l'origine pour décrire une ambiance occidentale dans une ville, un goût ou une odeur d'ailleurs. Elle s'est quelque peu dévoyée pour étiqueter les Japonais qui se donnent un vernis d'Occident ou ont tendance à se prétendre occidentalisés, adoptant des tics, des expressions, des attitudes qui ne collent pas à ce qu'ils sont en réalité.

Un peu l'effet miroir pour les Japonais des Occidentaux tatamisés, en quelque sorte.

Un de mes amis français qui venait de passer sa première nuit avec une petite amie japonaise, surpris qu'elle le renifle, plongea dans le contresens de cette locution qu'il avait entendue. Il lui demanda s'il était *Bata Kusai*.

L'ingénue lui répondit tranquillement en continuant à le humer : « Tu ne sens pas très bon mais tu ne pues pas le beurre ! »

Il est rentré chez lui rassuré… Après tout, des goûts et des couleurs…

Benedict, Ruth – Anthropologue américaine (1887-1948)

Quand on me demande de recommander une lecture pour tenter de comprendre l'âme japonaise, je cite sans hésitation *Le Chrysanthème et le Sabre*, de l'anthropologue américaine Ruth Benedict, publié en 1946.

Ce livre écrit par la présidente de l'Association américaine d'anthropologie est le fruit d'une étude commandée par le gouvernement américain qui, à la veille d'envahir le Japon, souhaitait appréhender la mentalité japonaise. Comme il était hors de question de se rendre sur place, Ruth Benedict réalisa son enquête en s'immergeant dans la littérature, le cinéma, les coupures de presse, les enregistrements et autres documents pluriculturels mis à sa disposition. Elle visita également les camps d'internement où étaient enfermés les familles descendant des immigrants japonais, qu'on appelait *Nisei*, « la seconde génération », afin de les interviewer. Ce fut donc un travail « à distance ».

Dans son étude, elle analyse ce qu'elle appelle la « Culture de la Honte », en opposition à la « Culture de la Culpabilité » de l'Amérique chrétienne. Elle souligne également les multiples contradictions de la société japonaise, « à la fois agressive et pacifique, militariste et esthétique, insolente et courtoise, rigide et flexible, soumise et irritable, loyale et perfide, courageuse et craintive, conservatrice et ouverte à la nouveauté… ».

Son travail mit aussi en évidence la place centrale de l'empereur dans l'imaginaire du peuple japonais. Parmi ses recommandations qu'elle fit au président Roosevelt, celle de préserver l'institution impériale après la capitulation du Japon fut capitale.

Étonnamment, lors de sa publication aux États-Unis, l'ouvrage ne rencontra qu'un succès d'estime, mais il devint un best-seller dans sa traduction japonaise où il se vendit à plus de 2 millions d'exemplaires. Il apportait en effet une tentative de réponse à l'introspection des Japonais et à leur quête d'identité après la guerre, au point d'être considéré comme l'assise du *Nihonjinron*, ce discours de la « japonitude » élaboré entre les années 1950 et 1990.

La traduction chinoise publiée en 1974 connu un curieux regain d'intérêt en Chine dans les années 2000, lors des tensions entre les deux pays.

Même si le livre de Ruth Benedict n'est pas exempt de faiblesses et a été sévèrement critiqué, notamment pour avoir considéré comme pérenne l'idéologie dominante au Japon imposée au peuple par la classe militaire durant la guerre, ou bien encore pour ses analyses jugées trop moralistes voire impérialistes, il reste incontournable.

On pourrait également penser qu'il commence à dater, la société japonaise ayant passablement évolué depuis sa parution il y a plus de soixante-dix ans. De fait, il ne faut pas oublier qu'elle *change* moins qu'elle ne *s'adapte*, ajoutant au mille-feuilles de sa civilisation multimillénaire une strate supplémentaire qui n'efface pas les précédentes.

C'est la raison pour laquelle *Le Chrysanthème et le Sabre* reste une référence pour qui souhaite comprendre la société japonaise. En complément, je conseille de lire l'essai de la sociologue japonaise Nakane Chie *La Société japonaise*, publié en 1970.

Bento (お弁当) – *Lunch box*

Formidable moyen d'expression de l'amour maternel (et parfois conjugal).

C'est de l'amour en boîte.

Le *bento* est une des manifestations du génie pratique et du pragmatisme du peuple japonais. On peut affirmer sans se tromper que tout citoyen japonais, à un moment ou un autre de sa vie d'écolier, d'étudiant, de salarié, au travail, en villégiature ou au spectacle, s'est sustenté par ce moyen. Un des secrets du succès du *bento* tient au fait que le riz qui entre pour au moins 50 % dans sa composition reste bon, même froid.

Les mères se lèvent aux aurores pour préparer le *bento* des enfants, faisant preuve d'une ingéniosité stupéfiante dans la variété et la décoration du contenu. Cela commence dès le jardin d'enfants et peut se poursuivre bien au-delà des années d'université lorsque la jeune femme ou le jeune homme qui vit encore sous le toit familial débute dans la vie professionnelle et que son salaire ne lui permet pas de déjeuner dehors. C'est alors une forme de subvention dont certains abusent sans vergogne sous le prétexte qu'il n'y a rien de meilleur que le *Ofukuro no aji*, le goût de la cuisine maternelle. Une façon aussi, pour les garçons, de perpétuer leur dépendance et de se vautrer dans le confort matriciel qui glisse parfois vers le *Mazacon* (*Mother Complex*), complexe d'Œdipe à peine dissimulé.

Une jeune épouse encore enamourée préparera le *bento* de son mari, pratique qui disparaîtra assez rapidement quand ce dernier, gêné d'avoir ouvert devant des collègues goguenards sa boîte de repas sur le riz duquel étaient disposées en forme de cœur des prunes salées ou le caractère « Amour » découpé dans une feuille d'algues, lui dira sans trop de tact qu'il préfère acheter son *bento* au *konbini*[1] du coin. De toute façon, dès la naissance du premier enfant, la jeune mère se désintéressera de son mari, le transfert de ses tendresses s'opérant instantanément. Il faut reconnaître à sa décharge que la cuisine japonaise prend du temps à préparer, que ce soit en boîtes à emporter ou en plats servis à table.

Les sources du *bento* remontent à deux mille ans, durant l'ère Yayoi où on le croise sous la forme de

1. Voir l'entrée « *Konbini* ».

onigiri[1]. Il est décrit pour la première fois dans le *Kojiki*, « Chronique des faits anciens » de l'époque de Nara (VIIIe siècle), comme un mets de riz séché qu'on faisait fondre dans la bouche. Il faut attendre la période Sengoku Jidai (entre 1467 et 1600) de guerres incessantes entre les provinces pour que le *bento*, jusqu'alors uniquement composé de riz sous une forme ou une autre, commence à être accompagné d'aliments salés pour augmenter l'énergie des combattants. Le mot *bento* lui-même ne fait son apparition qu'à la période Azuchi Momoyama, à la fin du Sengoku Jidai, quand le seigneur Oda Nabunaga[2], au moment de la construction de son château, fait servir aux ouvriers des repas consistants. Il est transcrit avec un premier idéogramme différent de l'actuel, « 便 » de « 便利 » *ben* de *benri*, signifiant « pratique », « fonctionnel ». Il faudra attendre l'époque d'Edo (1603-1868) pour que le *bento* ne soit plus un repas uniquement réservé aux travailleurs manuels et se popularise, accompagnant des divertissements comme le *Hanami* (contemplation des cerisiers en fleur), le *Tsukimi* (contemplation de la Lune), ou pour les voyages sous forme de boîtes qu'on accrochait à la ceinture du kimono, les *koshi bento*. Les boîtes à *bento* ingénieuses, à étages ou compartiments, plus ou moins volumineuses, font alors leur apparition. Ce sont souvent de magnifiques objets de laque décorés d'incrustations de nacre ou autres matériaux précieux. À partir des années 1950, les boîtes sont en aluminium. Ma femme se souvient qu'en hiver les enfants les posaient sur les poêles de la salle de classe pour les réchauffer.

De nos jours, le *bento* rythme le quotidien de tous et de chacun. Autrefois uniquement préparé à la maison, on

1. Voir l'entrée « *Onigiri* ».
2. Voir l'entrée « Sandai Bushõ ».

le trouve maintenant partout, dans les supermarchés, les *konbinis*, les grands magasins où ils sont plus luxueux, les échoppes au coin des gares voire devant les gratte-ciel de bureaux des centres d'affaires où des vendeurs ambulants garent leur camionnette à midi. La mode a été lancée en 1976 par une chaîne de magasins en franchise, les Hokka Hokka Tei, qui ont été les premiers à faire descendre le *bento* dans la rue, permettant aux célibataires habitant seuls de s'acheter au retour du bureau un repas chaud, plutôt bon et pas cher, 360 yens (environ 3 euros), encore de nos jours l'étalon-prix de la boîte repas de base.

On prétend qu'à trop manger de *bentos* achetés dans les supérettes, à la mort le cadavre ne parvient pas à se décomposer tant il est bourré des conservateurs utilisés à profusion pour les garder aussi longtemps que possible en rayons.

Le *bento* n'a donc pas que des vertus !

Il y a des modes, comme celle des *Bento Danshi*, jeunes hommes passionnés de cuisine qui préparent eux-mêmes des casse-croûte créatifs qu'ils comparent, à la pause du déjeuner, avec d'autres *freaks* de leur entreprise.

La télévision nationale japonaise a lancé il y a quelques années une émission très suivie appelée « *Sara Meshi* », « Le déjeuner des salariés », sous-titrée « Savoir quel *bento* mange quelqu'un, c'est comprendre toute sa vie ! ». Elle présente le *bento* de diverses personnes, celui du simple employé d'une entreprise jusqu'à celui du président, celui d'un chauffeur de bus, d'un policier ou d'un pompier, d'un homme politique, d'un chirurgien renommé, etc. C'est ainsi qu'on a appris que Suzuki Toshifumi, fondateur au Japon de la chaîne de *konbinis* 7-Eleven, 86 ans, mangeait chaque jour de la semaine un *bento* acheté dans un de ses magasins pour en vérifier la qualité !

On trouve autant de sortes de *bentos* que d'occasions de les manger. Citons-en quelques-unes :

— Le *Maku no uchi bento* : repas d'entracte servi à l'origine dans les théâtres de *kabuki* dont les pièces duraient de 6 heures du matin à 5 heures du soir. Il est composé des *nigiris* de riz inévitables accompagnés de divers mets disposés dans des alvéoles, *tempuras* de crevettes, coquilles Saint-Jacques bouillies, fritures de pilons de poulet, pâte de requin *kamaboko*, pâtés chinois *shumai*, tranches de saumon ou de morue, chair de crabe, légumes comme le taro, une ou deux rondelles de carotte, *tōfu* frit, un carré d'omelette, sans oublier des condiments variés.

— L'*ekiben*, le *bento* de gare. Autrefois, des vendeurs ambulants parcouraient les quais le long des rames de trains, portant en bandoulière un panier en osier chargé de boîtes de repas et de bouteilles de thé vert, un peu comme dans les cinémas les vendeurs d'Esquimaux. Chaque gare rivalise d'ingéniosité pour proposer un *bento* original réalisé avec les ingrédients du terroir. Il y a des *ekiben* célèbres comme le *Kamameshi* de Yokokawa de la préfecture de Gunma, le *Daruma Bento* de Maebashi, présenté sous forme de *Daruma*, les poupées culbuto, ou le *Ikameshi* du Hokkaido, composé de seiches farcies. Il existe toute une population de fanatiques qui ne voyage que pour aller déguster tel ou tel *ekiben* qu'on ne trouve que dans une gare particulière.

— Le *Hi no Maru Bento*, un simple lit de riz de bonne qualité avec une simple prune salée *umeboshi* rouge carmin posée en son milieu, qui rappelle le drapeau japonais.

— Le *Shōkadō Bento*, composé de *osechi ryōri*, mets souvent onéreux servi pendant les fêtes de fin d'année ou à base de plats de la cuisine chinoise bien sûr aménagés pour convenir au goût des Japonais et pouvoir être consommés froids. Pour être franc, ce ne sont pas mes préférés.

— À partir de 2003, coïncidant avec l'expansion de l'Internet et des blogs, apparaît la vague des *kyaraben*, les « *bento* de caractères », entendez par là des boîtes repas décorées au moyen des ingrédients les composant, de personnages de *manga*, porteuses de décorations diverses comme un joueur de golf stylisé pour un passionné de ce sport ou de messages divers à l'intention du destinataire.

Une jeune femme est devenue célèbre après être passée à la télévision pour parler des *Iyagarase Bento*, des *bentos* « harcèlement » qu'elle avait préparés durant plusieurs années pour sa fille.

Mère célibataire, chaque jour avant de partir travailler, elle s'est levée aux aurores durant les trois années de lycée de sa cadette pour réaliser un *bento* porteur d'un message. Elle n'avait trouvé que ce moyen pour dialoguer avec sa fille qui traversait une sévère crise d'adolescence et refusait obstinément de communiquer avec elle.

Elle commença son blog en juin 2012 en postant la photo d'un premier *kyaraben* dont la boule de riz représentait le Petit Chaperon rouge, à côté d'une saucisse découpée en tête de loup gueule ouverte avec de grandes dents, accompagné d'un message en lettres réalisées avec des lamelles d'algues *nori* : « Oui, Maman a une grande bouche pour te crier dessus ! »

Puis elle s'est mise à poster les photos de chacun des quelque 600 *bentos* réalisés. Certains mois, son site enregistrait plus de 3 500 000 suiveurs !

Une promenade sur son blog est un bonheur des yeux et force l'admiration. Chaque *kyaraben* est une véritable œuvre d'art. Les personnages sont façonnés avec dextérité et imagination.

— Il y a des découpes savantes de feuilles d'algues compressées, par exemple pour représenter une canette de café « Boss » criante de vérité sous le message « Bois un café pour te tenir éveillée ».

— Les aliments sont utilisés, comme une omelette pour réaliser le flacon jaune d'une marque célèbre de colle à bois et une carotte pelée fine pour son bouchon rouge, ceci afin de rappeler à la lycéenne de ne pas oublier d'en acheter.

— Le lendemain de la fête des Mères que sa fille ne lui avait pas souhaitée, elle écrase une prune salée qui forme les pétales d'un œillet, fleur que les enfants offrent traditionnellement au Japon ce jour-là à leur mère, accompagnée d'une phrase vengeresse : « J'accepte les fleurs à tout moment ! »

Les derniers jours de la scolarité de sa fille, elle réalisa trois *kyaraben* « Compte à rebours », chacun porteur du message suivant :

- « Ne crois pas que tout arrive comme tu l'entends ! »
- « Fais toujours tout ton possible ! »
- « Poursuis tes rêves ! »

Enfin, le 27 janvier 2015, elle utilisa une grande boîte à *bento* de trois étages, le dernier comportant un Certificat d'accomplissement orné d'oiseaux phœnix comme les diplômes d'université, sur lequel était écrit en fines lamelles d'algues :

« Tu as mangé durant trois ans chacun de mes *bentos* harcèlement sans en laisser une miette. Je te félicite pour ta patience ! Maman. »

Ce jour-là, elle accompagna la photo sur son blog du mot suivant :

> « Chaque matin je me suis levée aux aurores pour préparer le *bento*, à en avoir envie de m'échapper.
>
> Préparer un simple *bento* est fastidieux, mais un *kyaraben* demande deux fois plus de temps et de travail.

J'avais décidé que je pourrais arrêter le jour où ma fille me dirait joyeusement : "Maman, j'attends avec impatience le *kyaraben* de demain !"

Mais ce jour n'est jamais venu.

C'est ainsi que préparer les *kyaraben* est devenu un combat, un combat entre toi et moi.

Mais en fait, c'était un combat contre moi-même.

Alors je me suis mise à trouver du plaisir à poursuivre ce combat.

J'ai donc continué à préparer mes *bentos* en imaginant ton visage lorsque tu en ouvrirais le couvercle à midi. Voilà ce qui me rendait heureuse.

C'est ce qui m'a donné la force de continuer jour après jour pendant trois ans à préparer mes *bentos* alors que je ne pouvais rien d'autre pour toi. C'était ma façon de te manifester mon amour de mère.

Je te remercie du fond du cœur pour tout ce que j'ai appris et tout ce dont je garderai le souvenir grâce à ces *bentos*.

Aujourd'hui, c'était le dernier…

Et cela me rend toute triste. »

Oui, vraiment, le *bento*, quel formidable moyen d'expression de l'amour maternel !

Mon épouse sacrifia à la mode des *kyaraben* pour notre fils né en 2003. Elle façonnait les personnages de ses *mangas* préférés, surtout ceux du Studio Ghibli comme Totoro, ou le chat bleu espiègle Doraemon en se cassant la tête pour trouver un colorant cobalt naturel. Un jour qu'elle avait réalisé celui du champignon *Nameko* en mélangeant de la sauce brune au riz pour en obtenir la teinte, notre fils la supplia de ne pas recommencer car cela avait rendu le repas immangeable. Fier des *kyaraben* que sa mère préparait pour lui, il en posta des photos sur Twitter. Cela donna l'idée au principal de son école, la British School à Tokyo, de lancer une compétition interclasses de *kyaraben*. On devinera l'enthousiasme avec lequel les mamans s'acharnèrent à créer les *kyaraben* les plus beaux, les plus originaux, les plus fous.

J'eus pendant un temps des velléités de me sustenter avec des *bentos* maison dans le but de perdre du poids. Nous avions un jour trouvé chez un antiquaire une magnifique boîte à *bento* ancienne en laque de trois étages. Souhaitant joindre le souci d'authenticité à l'agréable, je décidai de l'utiliser pour mes repas. Docilement, mon épouse se plia à la préparation de mes déjeuners. Je partais fièrement au bureau, à la main ma boîte à *bento* enveloppée dans un *furoshiki*[1] de couleur cramoisie que les passagers du métro regardaient avec curiosité. Au bureau, la première fois que je la déballai, je fis sensation. Ma secrétaire me suggéra avec ironie de me vêtir d'un kimono pour faire plus vrai. Cela fit le tour de l'entreprise et acheva d'accréditer ma réputation d'original farfelu. Ma femme, fatiguée d'avoir à se lever encore plus tôt pour préparer deux *bentos*, sollicita l'autorisation de se concentrer sur

1. Voir l'entrée « *Furoshiki* ».

celui de notre fils. Nous avons posé la jolie boîte sur une étagère où elle fait l'admiration de nos invités.

Elle est sans doute aussi triste que moi de ne plus servir à autre chose que d'objet de décoration…

Bonsaï (盆栽) – Arbres nains

Manière élégante de torturer les végétaux.

Emprunté à la Chine mais magnifié au Japon comme beaucoup de choses importées de l'empire du Milieu, l'art du *bonsaï* est de mettre en pot la nature en la domestiquant par miniaturisation dans le but avoué d'en exprimer la quintessence.

Différentes techniques sont utilisées : taille des branches et des racines, ligature, gestion des éléments nutritifs.

Le *bonsaï* a été introduit au Japon à l'époque de Heian[1] mais s'est vraiment développé avec le bouddhisme zen à partir du XIe siècle et durant la période dite de Kamakura au XIIe siècle. Culture de luxe et de raffinement, symbole de l'harmonie entre l'homme et la nature, son entretien réclamant beaucoup de patience, il était fort prisé par l'aristocratie. Il s'est popularisé à dater de l'ère d'Edo essentiellement dans la caste des marchands. Avec leur enrichissement, les commerçants avaient dorénavant les moyens d'accéder à ces symboles de la nature qui n'avaient jusqu'alors été réservés qu'aux classes féodales et religieuses. On se mit à développer de nouveaux styles et à sélectionner des variétés de plus en plus nombreuses, notamment des conifères et des arbrisseaux. Les *bonsaïs* centenaires étaient fort recherchés

1. 794-1185, âge d'or de de l'art japonais.

mais difficiles à trouver car ils étaient jalousement gardés dans les familles qui se les transmettaient de génération en génération. Leur prix était extravagant – et l'est toujours.

Les *bonsaïs* d'autrefois étaient d'une taille assez respectable, plus de 1 mètre. C'est à partir de l'ère Meiji que l'art de les miniaturiser se développa.

De nos jours, de nombreux Japonais se livrent à la passion des *bonsaïs*, surtout les hommes. Ils gèrent amoureusement leurs arbustes, les émondent, coupent au moyen de minuscules sécateurs les bourgeons des branches sommitales, taillent ou déterrent les racines pour empêcher la croissance de la plante, incisent les troncs, placent des tuteurs ou tendent des fils pour diriger un rameau dans la direction choisie, arrachent avec une pince à épiler les aiguilles de pin en surnombre, s'assurent que la mousse recouvre de manière égale la surface de la terre dans le pot, pèsent les engrais dont ils saupoudrent le substrat, humectent le feuillage d'eau distillée au moyen de diffuseurs. C'est un véritable travail de moine qui requiert une infinie patience et une minutie d'horloger.

Près de chez nous en plein centre de Tokyo, au fond d'une ruelle étroite, se trouve la maison d'un Japonais qui collectionne les *bonsaïs*. Il y en a bien une cinquantaine alignés sur un espalier de planches qui ploie sous leur poids fixé côté rue à même le mur de séparation de sa demeure. Ils ne sont protégés que par un filet contre les oiseaux. Ils sont donc à portée de main des passants, mais il ne viendrait à personne l'idée d'en subtiliser un.

Il y a dans sa collection plusieurs sortes d'érables, un pommier couronné de fleurs blanches au moment de la floraison, un bosquet d'ormes miniature, un ginkgo biloba, un arbousier, un cèdre du Japon, un cerisier, un prunier, un orme à petites feuilles, un chêne vert, un épicéa et même un olivier, sans compter un large échantillon des principales variétés de pins japonais. Est-il nécessaire de préciser que je suis dans l'incapacité de reconnaître toutes ces espèces et que je ne dois de les avoir identifiées qu'aux étiquettes qui sont attachées au tronc des arbustes ou plantées dans le terreau ?

J'ai souvent regardé ce vieux monsieur soigner ses précieux arbustes. Il porte une ceinture dans laquelle sont enfilés tous les instruments dont il a besoin, ciseaux et sécateurs lilliputiens, pincettes, pipettes, petits pinceaux pour épousseter les feuilles, et d'autres ustensiles à la fonction plus obscure. Il est déjà à l'ouvrage lorsque je quitte mon domicile. Il est toujours en train de soigner ses *bonsaïs* lorsqu'il m'arrive de revenir en fin d'après-midi.

Affable, il partage volontiers son savoir avec les voisins. Ainsi plusieurs fois ai-je eu le privilège d'engager la conversation avec lui. Il m'apprit par exemple qu'il existe trois catégories de *bonsaïs*, classées en fonction du nombre de mains nécessaires à les transporter :

— Les plus petits sont les *Mame* ou *Shōhin* qui tiennent dans une main. Leur taille va de 12 centimètres à 25. Ils sont particulièrement fragiles et difficiles à élever.

— La deuxième catégorie est celle qui demande deux mains pour les porter, appelée *Kotate-mochi* ou *Komono*. Ils mesurent de 25 centimètres à 60. Ce sont les plus répandus car ils permettent un véritable travail sur leur forme générale, la direction du tronc et des branches, la foison des feuilles.

— La dernière catégorie s'appelle *Õmono*. Il faut deux personnes pour déplacer les *bonsaïs Õmono*. Ces objets mesurent entre 60 centimètres et 1,20 mètre, voire plus. C'est souvent dans cette catégorie qu'on trouve des *bonsaïs* centenaires. Il n'y a pas de *Õmono* chez mon voisin car ils réclament trop de place pour l'espace relativement exigu dont il dispose.

Il y a au moins une vingtaine de styles dans l'art du *bonsaï*.

Mon voisin tire une grande fierté de sa capacité à créer des *bonsaïs* de formes variées. Il m'a expliqué les subtiles différences de celles qu'il a choisies pour ses propres réalisations. Il a une prédilection pour les *Fukinagashi*, « emporté par le vent », dont le tronc est fortement incliné comme ces pins au bord du rivage de l'océan, leurs branches également penchées dans la même direction. En revanche, il travaille les arbustes feuillus dans le style *Hōkidachi* selon lequel le feuillage taillé en boule ou de forme ovale s'étale à partir d'un seul point du tronc. Il aime particulièrement l'orme taillé de cette manière, dont il dit qu'il est parvenu à obtenir un nombre d'or parfait, un tiers de la hauteur pour le tronc bien droit, les deux autres tiers pour les branches et le feuillage qui s'étalent en une sphère quasi parfaite qui rappelle les massifs de chrysanthèmes *Õzukuri*[1] par la perfection de sa forme, en dix fois plus petit. Il a également quelques *bankan*, « dix mille enroulements », des arbres au tronc particulièrement tortueux qui s'enroulent sur eux-mêmes comme un tronc de glycine. Un ou deux conifères *chokkan* au tronc très droit dont la raideur est paraît-il difficile à obtenir, avec leurs branches taillées en pyramide, parachèvent l'honorable collection de mon voisin.

Je lui ai posé un jour la question de la finalité de son passe-temps.

« Avec un *bonsaï*, me répondit-il, il n'y a pas deux solutions : il faut atteindre la perfection. La vie d'un homme n'est jamais parfaite mais il peut en appréhender la substance en réussissant à élever un *bonsaï*. »

En écoutant ses paroles, je me suis rappelé ma visite en Chine accompagné de mon fils aîné alors âgé de 10 ans, il y a près de trente-cinq ans. Nous effectuions ce voyage à la recherche des racines culturelles du Japon. À quelques kilomètres de la ville de Hangzhou, en haut d'une colline, nous visitâmes un temple bouddhiste dont j'ai oublié le nom. Notre guide nous expliqua fièrement que c'était de cet endroit que les Japonais venus étudier le bouddhisme au VIe siècle avaient rapporté dans leur pays les premiers *penjing*, terme chinois pour les *bonsaïs*. Le prieur de ce temple était en effet féru de l'art d'élever des arbres en pot. Il nous entraîna dans l'arrière-cour du temple où de misérables bouts de bois difformes surmontés de toupets de feuillages poussiéreux tentaient de survivre dans des pots ébréchés.

En regardant ces tristes clones des splendides *bonsaïs* japonais, je ne pus m'empêcher de penser que la

1. Voir l'entrée « *Kiku* ».

propagande officielle avait bien du mal à effacer l'infamie de la Révolution culturelle hélas passée par là.

À cet instant, mon fils me tira par la manche et murmura à mon oreille : « Papa, si les *bonsaïs* viennent vraiment d'ici, alors le Japon a beaucoup travaillé pour inventer la perfection ! »

Nous savons bien que la vérité sort de la bouche des enfants.

Bouvier, Nicolas
– Écrivain voyageur suisse (1929-1998)

Quand on referme la *Chronique japonaise* de Nicolas Bouvier, on pourrait s'interroger sur la vanité d'écrire un *Dictionnaire amoureux du Japon* car tout ce qu'il faut dire sur ce pays ou presque est contenu dans cet ouvrage de moins de 300 pages avec une sémillante élégance, une justesse de ton et un choix des mots rigoureux impossibles à égaler.

Et pourtant, je vais continuer à m'atteler à la tâche de cette rédaction, pour toutes les raisons, mauvaises ou saugrenues, du monde : parce que je me suis laissé embarquer dans cette aventure par des amis proches ; que j'ai eu l'étourderie de signer un contrat dont j'ai touché l'à-valoir et qu'il faut bien l'honorer ; parce qu'on a trop raconté autour de moi que j'étais plongé dans cette ébouriffante aventure ; parce que mon éditeur, devenu un ami, commence à afficher une courtoise impatience. Enfin, s'il n'y avait qu'une seule bonne raison, ce serait, en m'inspirant de Nicolas Bouvier, celle de revisiter plus de quarante ans de souvenirs, de découvertes, d'émois, d'un peuple, d'une civilisation et d'une culture qui m'ont tant donné, tant appris, y compris sur moi-même.

Nicolas Bouvier est suisse, ce qui n'est pas un hasard. Il voyage comme seuls les Suisses savent le faire.

En effet, contrairement à ce qu'on imagine, les Suisses ne sont historiquement pas restés engoncés dans leurs belles et austères montagnes. Le besoin d'aller voir ce qui se passe sous d'autres cieux vous démange les neurones, et vous aspirez à élargir vos propres horizons de curiosité quand vous n'avez pour toute perspective que l'étroite vallée menant au Cervin ou les combes encaissées d'Interlaken inondées de lacs, d'où il faut diablement se tordre le cou pour apercevoir les pics dentelés de l'Eiger, de la Jungfrau, du Mittelhorn ou du Drättehorn. Et si on peut en profiter pour monnayer astucieusement cette fringale d'ailleurs, comme le firent les spadassins et les mercenaires d'autrefois, alors on serait bien stupide de ne pas profiter de toutes les aubaines.

Bien qu'ils n'aient jamais conquis de nouvelles terres, possédé de colonies ni soumis de peuplades, sans doute parce qu'ils sont eux-mêmes fort aises de leur isolement, des Suisses égarés un peu partout, on en trouve dans les recoins les plus inattendus de la planète : depuis le Saint-Siège à Rome jusqu'au fin fond de l'Afrique pour diriger par exemple un grand magasin suisse improbable. Ou encore, comme ce petit homme gris et sans prétention, un certain Johann Waelchli, débarqué à Yokohama à l'orée de l'ouverture au monde du Japon de l'ère Meiji, pour voir s'il pouvait vendre les boutons en corne de bouquetin dont sa valise débordait à ces Japonais qui découvraient le costume occidental et la queue-de-pie. Du moins, c'est ce que la légende raconte. Ce qui est sûr, c'est qu'il fut le cofondateur avec son compère Ernst Liebermann d'une des toutes premières entreprises étrangères implantées au Japon, la société de commerce Liebermann Waelchli qui essaimera plus tard dans les principaux pays de l'Asie du Nord. Dans les années 1960, ils monopolisèrent la distribution de quelques-unes des marques les plus prestigieuses au monde, Cartier, Chanel, Hermès et Rolex, pas moins.

Il n'est donc pas étonnant que cette soif du « loin » ait chatouillé Nicolas Bouvier depuis son plus tendre âge. Fils d'un bibliothécaire et universitaire qui l'encouragera à aiguiser sa personnalité sur les chemins caillouteux de pays reculés après avoir appréhendé son appétit d'ailleurs dans les encyclopédies qui lui tombaient sous les yeux, Nicolas usera du prétexte du journalisme pour étancher sa soif de voyages. La Finlande en 1948 pour *La Tribune de Genève*, le Sahara en 1950 pour *Le Courrier* seront ses terrains d'entraînement après s'être mis en bouche à l'âge de 17 ans avec une balade en solitaire en Bourgogne.

Il est alors prêt pour le grand saut : un premier périple en voiture de Venise à Istanbul en 1951 pour s'échauffer, puis un deuxième, plus ambitieux, de Belgrade à Kaboul, entre juin 1953 et décembre 1954, avec un compagnon aussi exalté que lui, Thierry Vernet, en Fiat Topolino, un petit tas de ferraille têtu et dur à la tâche. Ces deux voyages seront à l'origine de son premier chef-d'œuvre, *L'Usage du monde*, devenu la bible des globe-trotteurs des années 1960 et 1970. Plus qu'une nouvelle manière de raconter une périlleuse aventure, ce livre est un manuel sur l'art d'observer son prochain et de se chercher, sinon se trouver, ainsi que Bouvier l'écrit :

« Un voyage se passe de motifs. Il ne tarde pas à prouver qu'il se suffit à lui-même. On croit qu'on va faire un voyage, mais bientôt c'est le voyage qui vous fait, ou vous défait. »

Défait, Bouvier va l'être sérieusement au bout de ce périple lors de son séjour de sept mois à Ceylan où il tombe malade. Accablé par la chaleur, encalminé dans la solitude, il est fortement déprimé, frôle la folie. Il décrira plus tard le récit de cette descente aux Enfers tropicaux dans *Le Poisson-scorpion*, ouvrage qui ne sera publié qu'en 1982.

Il s'échappe finalement de « l'île des démons » en embarquant pour le Japon en octobre 1955 sur le navire des Messageries maritimes *MM Cambodge*. Il y passera une première année durant laquelle il sillonnera le pays en long et en large. Pour vivre, il rédigera des piges dans des journaux et des magazines japonais.

Il rentrera en Europe fin 1956 pour mieux repartir une vers le Japon, marié et père de deux enfants, entre 1964 et 1966. Il effectuera un dernier voyage avec la délégation suisse dans le cadre de l'Exposition universelle d'Osaka en 1970.

De ces trois bourlingues il tirera cette *Chronique japonaise* publiée en 1975.

C'est peu dire que Nicolas Bouvier s'est pris de passion pour le Japon. Il a sans doute retrouvé dans le peuple japonais bien des traits des montagnards de son propre pays, taiseux, durs à la tâche, humbles, discrets et frugaux, ainsi que cet art du consensus que les esprits chagrins confondent trop souvent avec le compromis. En dix-neuf chapitres musclés, il jette pêle-mêle dans cette merveilleuse malle aux souvenirs tout un bric-à-brac d'images puissantes servies par une précision d'entomologiste où la phrase d'une rare élégance ne garde que le mot juste.

Dans la première partie intitulée « La lanterne magique », il trousse avec verve et espièglerie l'histoire compliquée et mouvementée du Japon. Il la déplie et la défroisse au point de rendre limpide l'imbroglio tissé de mensonges originels pour asseoir l'ascendance divine de l'archipel, de traîtrises insensées des seigneurs féodaux pour s'emparer du pouvoir et de va-et-vient étourdissants d'un clan l'autre pour le garder.

Sa narration de l'histoire du Japon est hilarante parce que cette histoire est elle-même proprement inénarrable !

Il commence ainsi par un croquis désopilant de la mythologie fondatrice du Japon, laquelle, il faut bien le reconnaître, est parfaitement burlesque et incohérente avec ces *kamis* indolents qu'un frère et une sœur, Izanagi et Izanami, bousculent de leurs espiègleries et de leurs copulations incestueuses pour finir par créer l'archipel et engendrer la déesse de la Lumière, *Amaterasu O-mi Kami*, l'ancêtre du clan impérial et figure vénérée du shintoïsme[1].

Nicolas Bouvier est beaucoup plus grave, cependant, quand il évoque certains épisodes tragiques de cette histoire. Pour parler du bombardement nucléaire d'Hiroshima, il emprunte avec sobriété et une pudeur infinie le récit déchirant que lui fait le traducteur de ses articles, Yuji, seul rescapé de l'abominable holocauste de toute sa famille.

Et cela suffit, car tout est dit, simplement et avec toute la décence qu'exige la narration d'une indicible souffrance. On *sait*, bien qu'il ne le dise pas, que Nicolas a pleuré dans la minuscule maison de son ami quand celui-ci a clos son récit par cette émouvante confidence à propos de son épouse, rencontrée dans les décombres fumants de la Seconde Guerre mondiale :

---

1. Voir l'entrée « Shintoïsme ».

« Nous sommes aujourd'hui comme de l'air l'un pour l'autre, aussi légers et transparents, aussi indispensables. »

Et on s'émeut avec lui.

Dans la deuxième partie de son livre, Bouvier se promène dans cette année 1956, celle du Singe, faite de petits boulots et de nombreuses errances nez en l'air dans les rues de Tokyo. Il y traque au coin de chaque ruelle l'âme japonaise avec une acuité étonnante pour quelqu'un qui n'est sur place que depuis si peu de temps et qui ne parle pas la langue. Il la décortique avec gourmandise, la dissèque, la reconstitue avec son vocabulaire d'une précision chirurgicale et tellement poétique dans le même temps !

Il découvre pêle-mêle les tremblements de terre, le poste de police *koban*[1], le prix du riz, son quartier de vie Araki chō dans la ville basse, le bain public *sento*[2] qui fait office de café du commerce, les bistrots que fréquente une intelligentsia assoiffée des poèmes de Maïakovski ou de la musique sacrée de Palestrina, les bordels pas encore interdits au mur de l'entrée desquels on aperçoit une reproduction de l'*Olympia* de Manet ou de *L'Origine du monde* de Courbet.

Ainsi Bouvier traverse-t-il nez en l'air et tous sens en éveil le Japon de l'après-guerre, élimé et rapiécé comme un vieux costume, d'une pauvreté effrayante mais d'une dignité extrême tout en demeurant madré et débrouillard.

C'est à cette époque que son verbe s'accompagnera du « Vu ». Il a découvert un mur lépreux en face duquel il se pose et il se met à photographier tous ceux qui longent ce studio improvisé. Il en sortira une magnifique série quasi anthropomorphique des passants qui défilent le long de ce décor naturel. Il vendra son « mur-théâtre » à

1. Voir l'entrée « *Koban* ».
2. Voir l'entrée « *Sento* ».

un magazine de Tokyo, ce qui lui permettra de payer le billet de son premier retour vers l'Europe et de partager au passage avec le lecteur l'émouvante missive envoyée d'un hôpital par un étudiant qui a aimé son reportage.

La troisième partie, le retour au Japon au bout de huit longues années, voit Nicolas Bouvier s'installer à Kyoto en famille. Son épouse Éliane vivra relativement mal ce séjour. Elle n'aura la nostalgie du Japon que longtemps après son retour en Suisse. Car le Japon est comme un venin, qui peut foudroyer instantanément ou instiller lentement son poison, et quand on s'en rend compte, il est déjà trop tard. Ayant trouvé l'hébergement pour les siens dans l'enceinte du temple bouddhique Daitoku-ji, Bouvier va étudier le zen comme tout ce qu'il fait, avec minutie et un humour jamais dépourvu d'un immense humanisme.

Dans la quatrième partie, il nous entraîne vers un village perdu dans la montagne, figé dans le froid de l'hiver au milieu du mois de décembre, Tsukimura, le « hameau de la lune ». Il tombe en plein milieu de la « fête des Fleurs » dont l'appellation sibylline cache une de ces bacchanales dont seul le Japon shintoïste a le secret.

Tsukimura est un misérable village de paysans démunis où pourtant la colonne vertébrale de la stricte hiérarchie qui tient le Japon debout s'applique, sauf le temps de cette fête qui dure quarante-huit heures alors que toutes les barrières s'écroulent, les masques tombent en une sorte de cataplexie de toute la communauté pour une catharsis salutaire à la bonne santé du groupe.

On y croisera durant une longue nuit décrite en six séquences, entre 21 heures et 6 heures d'un petit matin frileux accompagné d'une sérieuse gueule de bois, des personnages truculents ou pathétiques : une sorte de cicérone mal embouché sous ses oripeaux de pompier de service du village, un chauffeur de taxi superbement ignoré, finalement plus étranger que les deux *gaijins* égarés ici-haut, un jeune couple surpris involontairement en plein marivaudage, un citadin en costume croisé anachronique revenu au pays le temps de la fête, qui exhibe un flacon de Chanel *N° 5* sous le nez de notre Suisse ébahi de trouver un tel symbole du raffinement français dans un lieu tant râpé par le dénuement.

Ce récit est prétexte à décortiquer magistralement les mécanismes subtils qui régissent la société japonaise, clanique et restée féodale jusque dans sa modernité.

La cinquième et dernière partie, « L'île sans mémoire », nous emmène dans Hokkaido, territoire septentrional du pays, longtemps ignoré des *shõguns*, peuplé des « êtres les plus velus » de la Terre, les *Aïnous*. C'est une sorte de Cayenne extrême-orientale où se regroupent les clans bannis ou défaits comme celui des Fujiwara qui se blottissent frileusement sur la partie méridionale en face du détroit de Tsugaru.

Bouvier la parcourt en bus, un bus qui parfois se renverse et l'envoie à l'hôpital avec un beau traumatisme, à moins que ce ne soit un songe qu'un cahot interrompt, l'écrivain ne sait plus trop et, se perdant, égare le lecteur avec lui. Il y a pourtant bien eu cet article dans le journal local titrant « Destin tragique d'un visiteur étranger ».

Cette dernière flânerie est ponctuée d'extraits d'un « Cahier gris », sans doute le carnet de bord du capitaine sans navire Bouvier, comme feuilleté nonchalamment, qui vous trimbale de Shikoku à Kyushu en passant par Tokyo avant de revenir à Kyoto qu'entre-temps sa famille a quittée, et on devine l'écrivain voyageur fourbu, étourdi par le trop-plein d'images enregistrées, les humanités brinquebalées, les joies et les chagrins qu'il a côtoyés.

Alors, se dit-il, « il est temps que je reprenne mon sac pour aller vivre ailleurs », et on est prêt à le suivre…

Mon amie Marie-Christine de Navacelle, directrice de l'Institut franco-japonais, eut le privilège d'accueillir Nicolas Bouvier à Tokyo en 1997. Ce qu'elle dit de lui résume merveilleusement qui il était : « Il n'étalait pas son savoir, pourtant immense. Il était à la fois modeste et d'une grande générosité… Un homme formidable. »

Nicolas Bouvier prenait les gens comme ils étaient. Il les aimait, tout simplement. Cet amour transpire dans chaque goutte de l'encre de sa plume. Son biographe François Laut rapporte ce propos admirable de générosité de *L'Œil qui écrit* :

« Ce que je désire… c'est la sincérité : rendre aux choses dont on parle la place qui leur est due. »

Soyez rassuré, cher Nicolas : votre *Chronique japonaise* rend largement au peuple japonais toute la place qui lui est due et qu'il mérite.

Bruits et sons

Ma madeleine de Proust du Japon, ce sont les bruits et les sons que l'on n'entend que dans ce pays, et nulle part ailleurs. J'ai composé au fil de ma vie au Japon mon herbier personnel de sons, mon bestiaire de cacophonies, mon journal intime de bruissements glanés dans la nature, en ville, au détour d'une rue, en société ou chez moi.

Les partager, c'est un peu dévoiler le jardin secret de mes émotions, mes instants d'équanimité, mes moments de douceur, de sautes d'humeur, peut-être aussi, mais ce sera au lecteur de les détecter, de chagrins, de regrets, de remords.

Comme un collectionneur ordonne les objets de sa passion d'une manière qui lui est propre, j'ai classé à ma façon parfaitement aléatoire, ni rigoureuse ni mathématique et encore moins thématique, ma moisson de bruits et de sons selon les lieux où je les ai récoltés. Coucher un bruit ou un son sur le papier est sans doute plus compliqué qu'évoquer une odeur, une saveur ou un toucher. C'est par conséquent d'une oreille très imparfaite et volontairement distraite exigeant du lecteur mansuétude et sans doute effort d'imagination que je décrirai ceux que j'ai choisi de partager ici.

Dans la nature

— Ah ! C'est la fournaise moite de l'été ! Bienvenue au tintamarre des hémiptères et orthoptères de tout acabit et de tous gabarits qui craquettent, crépitent, vibrent, crissent, moulinent leur complainte sur des tempos variés, de la longue stridence au grésillement haletant.

Cigales, grillons, criquets et autres *kutsuwamushi* (sauterelles) s'interpellent, s'apostrophent, se hèlent, soucieux de marquer de leur empreinte sonore leur bref séjour. Leur chant est si différent de celui de nos contrées méridionales… Mais bien sûr, c'est parce qu'ils bruissent en japonais !

On maudit cette symphonie pourtant peu dissonante, et puis, lorsqu'elle s'évanouit, on a l'impression de contempler l'été qui s'enfuit, et le cœur se serre d'une langueur inexplicable.

— Croassez, dodus corbeaux qui nous effleurez de vos tires d'ailes diaboliques en meutes dans les villes comme à la campagne, nous faisant rentrer la tête dans les épaules et ressentir le long de l'échine un frisson hitchcockien ! On dit que vous êtes fidèles toute votre vie à votre compagne, et on vous admire pour cela. On vous craint cependant tout de même un peu, car vous entendre, dit-on, est présage de mort. Moi, quand adolescent je me baladais sac à dos dans les campagnes automnales du pays, je croyais que les écoliers qui passaient à vélo sur le chemin étaient casqués pour éviter que vous ne veniez leur blesser le crâne. Le syndrome d'Hitchcock, vous dis-je !

Mais que seraient les ciels japonais sans la virgule de vos virevoltes et sans l'écho de vos cris qui se répercutent entre les parois de verre des immeubles et au fond des vallées étroites ?

La cité

Tant au Japon est histoire de cloche qu'on ne sait plus trop où donner de l'oreille ! Chaque type de cloche a sa fonction. Il ne viendrait pas à l'idée d'un carillon d'aller vagabonder ailleurs pour annoncer autre chose que ce à quoi l'éternité l'a destiné, à une heure autre que celle à laquelle il est autorisé à donner de la voix.

— C'est de bronze qu'est l'invitation à méditer des moines du sanctuaire. On entend de loin la note grave, sans doute parce que le tumulte de la ville n'a pas encore pris le dessus. Mais elle ne remplit pas le silence, elle l'accompagne. Il est 5 heures. Ce n'est pas elle qui nous a réveillé, ou alors si peu. On l'écoute s'évanouir dans l'air qu'on imagine ténu et on se dit en enfouissant le nez dans l'oreiller : « Allons, encore une petite heure de bonheur ! »

— Le matin à 8 heures, la cloche des écoles entonne son « mi do ré sol-sol ré mi do » pour annoncer le début des cours et signifier accessoirement aux employés de bureau qui ont traînassé qu'ils sont en retard. C'est pendant les vacances qu'on se rend compte de sa présence à cause de son absence, et on se prend à soupirer : « Vivement la rentrée des classes ! »

— « Kan ! Kan ! » disait mon fils du haut de ses 2 ans pour demander à aller regarder passer les trains au passage à niveau, au bout de la rue où nous habitions. Les deux tons métalliques du signal sonore accompagnent la vie des quartiers, des villages, des campagnes. Il annonce le vacarme et la trépidation des rames, il chantonne encore quelques secondes pour signifier sa victoire sur la vitesse et le chahut, puis le silence retombe. « Kan ! Kan ! » redemandait mon petit bonhomme. Alors les barrières du passage à niveau s'abaissaient docilement et le signal sonore s'enclenchait en faisant cligner ses gros yeux rouges.

— À 17 heures précises, réglés aux battements de cœur des dix-huit horloges au césium du NICT (National Institute of Information & Communications Technology), les haut-parleurs juchés au sommet des poteaux de ciment de toutes les agglomérations du pays diffusent la mélodie « *Yûyake, koyake* » (Coucher de soleil) qui enjoint aux citoyens de rentrer chez eux « avec les corbeaux », « *karasu to issho ni kaerimashõ* ». Il y a belle lurette que plus personne ne rentre au bercail avant le coucher du soleil, mais nul ne songerait à suggérer un changement d'heure.

— N'oublions pas la clochette à vent *fũrin*[1] du voisin qui éparpille son tintement rafraîchissant mais parfois donne des envies de lui couper le sifflet quand l'humeur tourne à l'aigre en même temps que le vent...

La rue

Attendez toujours le pépiement de coucou des feux rouges avant de traverser, vous risqueriez, en ne le faisant pas, d'entraîner dans votre sillage les piétons étourdis qui vous suivraient sans regarder si un véhicule arrive. Les aveugles, eux, ne risquent pas de se laisser piéger. Autrefois, une charmante comptine appelée « *Tõryanse* » annonçait que le feu était passé au vert pour les passants, mais un haut fonctionnaire grotesque décida que ses paroles n'étaient pas politiquement correctes, alors on l'a supprimée. Oui, le Japon aussi a ses idiots inutiles...

— Si soudain en passant dans une rue commerçante vous entendez un déversement de métal hurlant accompagné de sirènes, ne croyez pas que c'est Mad Max qui débarque. Il s'agit tout simplement du déferlement des billes de *pachinko* dans les tubes d'approvisionnement des billards, du cliquetis de ces mêmes billes contre les clous de leurs labyrinthes et leurs vitres, de leur chargement dans les paniers des gagnants et les machines de comptage qui les engloutissent quand on va les échanger

1. Voir l'entrée « *Fũrin* ».

contre un paquet de cigarettes. Abrutissant, avez-vous dit ? Il suffit d'être japonais pour ne pas s'en rendre compte…

— Puisque nous parlons de tintamarre, arrêtons-nous sur le quai d'un train super express Shinkansen deux minutes avant son départ. La voix impersonnelle d'un robot annonce le numéro du train, sa destination finale et ses arrêts intermédiaires, ce qui est parfaitement inutile puisque des panneaux d'affichage suspendus tous les dix mètres au-dessus de vos têtes donnent toutes ces informations. Le chef de quai s'empresse de renchérir pour le cas où vous n'auriez pas bien entendu. Un premier avertisseur bourdonne pour indiquer la fermeture des portillons de sécurité du quai pendant que la sonnerie stridente du train signale celle des wagons. Le chef de quai aboie dans son micro l'ordre parfaitement superflu de reculer. Puis il prend son sifflet et vous en vrille les oreilles tandis qu'un autre « buzzer » annonçant que le train s'ébranle achève de vous percer les tympans. Et vous, qui comme tout un chacun n'entendez plus cet infernal branle-bas de combat pour préserver votre santé mentale, vous restez tristement sur le quai en vous demandant pourquoi vous n'avez pas sauté dans le wagon qui emporte la femme que vous aimez…

— Retrouvons un peu de sérénité en nous promenant dans la ruelle commerçante près de chez nous. Les haut-parleurs de l'association des boutiques diffusent la ritournelle lancinante d'une flûte ponctuée des battements aigrelets d'un tambour qui provoque une douce langueur car elle annonce l'automne, la douceur de sa lumière, d'autres saveurs et d'autres senteurs.

— D'ailleurs, puisque c'est l'automne, on va croiser la procession de la fête, la *matsuri*[1] du sanctuaire voisin. La

1. Voir l'entrée « *Matsuri* ».

police bloque soudain la circulation afin que les palanquins puissent passer, portés sur les épaules des costauds du quartier qui ponctuent leur marche chaloupée d'un viril « *wasshoi ! wasshoi !* » beuglé à tout vent.

— Quel bonheur que celui d'aller titiller les dieux dans leur repos en secouant la corde pendue à l'entrée d'un sanctuaire *shintô* à laquelle est accrochée une grappe de grelots frétillante ! Et, pour faire bonne mesure, claquons deux fois les paumes de nos mains l'une contre l'autre pour nous assurer qu'ils sont bien réveillés et qu'ils écouteront nos doléances !

— Dans les quartiers résidentiels où se serrent frileusement de fragiles maisons de bois, il arrive en rentrant le soir que l'oreille soit attirée par un bruit d'ablutions dans une salle de bains : bassine de bois heurtée contre le carrelage, soudaine gifle de l'eau sur une épaule, ruissellement d'un robinet, clapotis à la surface de la baignoire. Voyeurisme pour voyeurisme, le regard suit l'ouïe afin de repérer l'origine du son. Si l'on aperçoit, estompée par la buée d'une vitre, les vagues courbes et déliés d'une silhouette féminine, alors surgit dans la mémoire tel un coup de poignard cette nuit magique où une jeune femme longiligne à l'élégance fragile d'un lis vous a offert l'extase de partager son bain avec vous…

— C'est un simple raclement de bois sur du bitume, une sonorité râpeuse « *karan ! koron !* » décidée ou hésitante, régulière ou chaotique, mais ce bruit des socques *getas* évoque instantanément le moment suave où, l'étoffe du *yukata*[1] collant sur le dos encore moite, on rentre du bain public, le corps et l'esprit heureux.

1. Voir l'entrée « *Yukata* ».

Je classe ainsi ces sons qui parviennent chez vous par une fenêtre ouverte. Ils stimulent une rêverie, un vagabondage, distraient d'une tâche et offrent un prétexte à l'échappée belle d'une corvée ou d'un pensum.

— J'aimais par-dessus tout le coup de trompette aigrelette du marchand de pâtés de soja *tōfu* qui passait autrefois chaque matin sous la fenêtre de mon bureau à l'ambassade de France. Je tendais le cou pour apercevoir la gracieuse jeune voisine qui présentait au marchand une bassine dans laquelle il déposait son achat du jour. Je devinais par l'échancrure du col de son kimono une nuque fragile qui m'émouvait.

— Quelle ne fut pas ma surprise le premier jour où, tout juste arrivé au Japon, j'entendis dans la rue un appel qui me rappela furieusement mon enfance au Maroc ! En écoutant mieux, je réalisai qu'il s'agissait d'un chiffonnier qui proposait d'échanger de vieux journaux ou des vêtements usagés contre du papier toilette, tout comme ce vieillard chenu qui passait à Casablanca en poussant sa bicyclette, et chantonnait « Vieux habits ! Vieux habits ! ». Son homologue japonais allongeait la fin de sa phrase « *Chirigami kōkan !* » (littéralement : « Échange papier toilette ! ») de l'exacte même manière. La seule différence résidait dans la modernité du Japonais : il conduisait une minuscule camionnette sur le toit de laquelle était fixé un petit haut-parleur qui diffusait son message enregistré à l'avance, lui permettant de fumer sa cigarette en toute quiétude.

— Identique marchand de rue, ce vendeur de perches de bambou pour faire sécher le linge, qui annonçait son passage au moyen de l'enregistrement d'un boniment déclamé par une voix de femme délicieusement sirupeuse : « *Takeyā, Saodakê !* », et cela déclenchait invariablement de lascives images.

— C'est une autre sorte de réflexe pavlovien que suscitait la voix mâle du vendeur de patates douces qui passait la nuit en entonnant sur fond de vapeur échappée du sifflet de la cheminée de son four à bois sa mélopée « *Yaki Imõ ! Yaki Imõ !* ». Irrésistiblement, une petite faim vous saisissait, que l'arôme des patates grillées et le parfum du bois brûlant dans le four excitaient, et vous partiez en courant au cul de la fourgonnette, les pans de votre *yukata* de nuit volant sur vos jambes nues au froid de l'hiver, pour acheter deux ou trois de ces friandises que vous rentriez déguster en vous brûlant les doigts.

— Quand enfin rassasié vous vous couchiez, vous vous endormiez bercé par le claquement des taquets de bois et l'ordre des veilleurs de nuit, « *Hi no yõjin*[1] *!* », rassuré et le ventre plein.

Toutes ces voix, tous ces bruits se sont peu à peu évanouis et ne subsistent plus que dans ma mémoire. Mes nuits sont devenues mornes et mes insomnies habitées de la tristesse des jolies choses de ce monde qui ne sont plus.

Et ceci, et cela

Ma symphonie intime resterait inachevée si j'omettais dans ma liste des délices phoniques dont mon oreille s'est repue et dont elle continue à s'émerveiller lorsque je les entends :

— Le choc caverneux du tube de bambou du *shishi odoshi*, ce poétique moyen qu'ont inventé les Japonais pour effrayer les biches qui saccagent les jardins de mousse, quand son cul vient heurter la pierre après qu'il s'est vidé de son eau. L'enchaînement du soyeux bruissement du filet d'eau remplissant le tuyau avec le brusque déversement dans la mare

1. Voir l'entrée « *Hi no yõjin !* ».

à la rupture du point d'équilibre puis le « *toc !* » sonore sur le rocher quand le tube revient à sa position initiale distille une sensation de quiétude quasi mystique.

— En longeant un temple bouddhiste, écouter jusqu'à l'hypnose le bourdonnement monotone d'un chœur de moines récitant des sutras au fond d'un temple.

— Sursauter, dans le silence de l'allée d'un autre temple, au bruit de la brève claque sèche de la latte de bambou assenée sur l'épaule de l'élève en méditation zen.

— Entendre, en passant à la nuit tombante devant un *dojõ*, l'éclair d'un assaut de combat de *kendo* : la vibration créée par le choc des talons sur le parquet, le cri rauque de l'assaillant, le choc brutal des lames de bambou.

— Être toujours surpris par le tonitruant « *Irasshaimase !* » d'accueil hurlé à l'unisson par tous les serveurs d'une gargote lorsqu'on passe la tête sous l'enseigne *Noren*.

— Dans un grand magasin, se surprendre à rester planté devant l'ascenseur pour savourer la voix céleste de la liftière qui égrène comme les stances d'un poème épique la liste des articles que vous trouverez à chaque étage. Alors on se prend à rêver de ramener la jeune fille à la maison pour voir si elle énumérerait de la même voix énamourée la liste des courses.

— S'arrêter devant une cour d'école au moment de la fête des Sports pour écouter les fillettes qui ont raté la passe d'un jeu clamer d'une voix perchée « *Don Maï ! Don Maï !* ». Vous vous êtes longtemps demandé ce que cette expression voulait dire jusqu'à ce qu'une âme charitable la décode pour vous : c'est en fait un encouragement accompagné d'une consolation venu de l'anglais : « *Don't mind !* » – Ce n'est pas grave !

— Que serait le goût d'une soupe de nouilles si on ne les aspirait pas dans un bruit de succion gourmande qui interpelle l'étranger de passage se rappelant la chaleur des claques sur sa joue quand il mangeait bruyamment ? Et surtout, combien de langues et de palais seraient cloqués, la soupe dans laquelle les *sobas* et *rãmens* trempent étant bouillante ?

Aux sons feutrés de la cérémonie du thé je réserve une tendresse particulière. Plus particulièrement à tous ceux qui accompagnent les gestes autour de l'eau. L'eau, qui devient si précieuse et si noble quand elle chuchote, discrète, dans la bouilloire ; puis qui semble avoir pris de la densité quand elle coule, bouillant velours, de la louche dans le bol ; qui a un mouvement d'humeur et grogne et siffle quand on ajoute de l'eau froide ; mais qui se laisse vite apprivoiser par la chaleur des braises et se remet à ronronner paisiblement.

En hiver, dans la pièce à tatamis, engoncé dans ma veste molletonnée, les pieds dans la fosse du *kotatsu*[1], sur les genoux la couverture ouatée qui empêche la chaleur de s'échapper, je pose sur le trépied du brasero de porcelaine une bouilloire remplie d'eau. Elle a tôt fait de réagir aux braises incandescentes du charbon de bois. Elle se met à frissonner, elle minaude, elle murmure, vaporeuse, et ce son apaise mes tourments.

Il m'arrive, au profond de la nuit, de m'éveiller. Alors j'entends un imperceptible bruit, venu de l'intérieur de mon âme : le bruissement de soie d'un kimono, accompagné du chuchotement d'un pied chaussé de tabis de coton effleurant la natte d'un tatami, suivi du murmure d'un *fusuma* sur son rail.

Si les traits de celle que j'avais tant aimée s'estompent avec le temps qui passe, cette mélodie sans partition ni instrument est gravée dans mon cœur. Elle l'envahit d'un chagrin infini…

Voir : *Kawaii*.

1. Voir l'entrée « *Kotatsu* ».

C

Chanoyu (茶の湯) ou *sadõ* (茶道) – La cérémonie du thé, la Voie du thé

« Ce mot de thé m'accabla. Il n'y a pas, en notre monde, d'hommes plus prétentieux que les amateurs de la cérémonie du thé. Ils délimitent leur territoire exigu dans le vaste univers poétique et s'y recroquevillent avec une extrême vanité, avec une extrême componction, avec une extrême mesquinerie, sans autre nécessité que de boire de l'écume et de se congratuler. Si ces règles vétilleuses contenaient un certain raffinement, ces amateurs suffoqueraient de raffinement dans les régiments de corps d'élite. Toute cette piétaille qui avance à coups de "Demi-tour, droite !" et de "En avant, marche !" ferait une excellente troupe de grands maîtres du thé[1]. »

Ces propos de Natsume Sôseki[2] tenus par le peintre de son roman doivent faire se retourner dans sa tombe le codificateur de la cérémonie du thé, Sen Sôeki (1522-1591), plus simplement appelé Rikyû[3].

1. Natsume Sôseki, *Oreiller d'herbes*, chap. 4, traduction René de Ceccatty et Ryôji Nakamura, Rivages, 1987.
2. Voir l'entrée « Natsume Sôseki ».
3. Voir l'entrée « Sen no Rikyû ».

Il est vrai qu'il fallait toute la subtilité et le goût de la minutie des Japonais pour élever le simple geste de boire du thé au niveau d'un art, le *Chanoyu*, et d'une philosophie, le *sadõ* ou *chadõ*, codifié dans ses plus infimes détails. Il est hors de question pour les puristes de s'en éloigner d'un millimètre, ce qui peut paraître vain, voire d'une mesquinerie tatillonne insupportable quand on ne l'a pas, ne serait-ce un tant soit peu, pratiqué soi-même.

Pour ma part, je trouve ridicule d'imposer aux touristes de passage une cérémonie du thé dont il leur est impossible d'appréhender tout le raffinement. J'exècre tout particulièrement les simulacres minutés organisés dans de grandes salles sans caractère où un public nombreux serré sur des bancs regarde sur une estrade une digne matrone touiller à la va-vite le thé dans un bol tandis qu'un essaim de jeunes filles empaquetées dans des kimonos trop voyants distribuent à la chaîne le breuvage ainsi désacralisé. C'est autant éloigné de l'essence de la Voie du thé que la pêche à la grenade l'est de la pêche à la mouche. Assister dans ces conditions à une cérémonie du thé sans pouvoir en apprécier les us et coutumes revient à se trouver dans la situation d'une vache dans un pré qui regarde passer un train.

L'office premier de la Voie du thé est certes de servir un thé vert dans un bol de thé, mais derrière ce simple geste « sans hâte ni lenteur » se cache l'absolue maîtrise de l'esprit déroulant chacune des séquences qui y aboutit. Le *Chanoyu* est en fait une ambiance cérémoniale dont le moindre détail participe du succès. C'est un délicat exercice d'équilibre. Le vacillement de la flamme d'une bougie ou le cheminement de la lumière sur la natte, l'ombre portée de la silhouette d'un invité sur un mur d'adobe dont la surface est irrégulière, le son mat du manche de la louche retombant sur le tatami, le chuintement de l'eau dans la bouilloire surnommé « le vent dans les pins » sont autant de pièces indépendantes les unes des autres qui participent de la magie de l'ensemble.

On ne saurait pas non plus faire abstraction de la relation entre l'officiant et ses invités. Les participants ayant une connaissance parfaite de ce que l'hôte souhaite narrer au travers de son choix des objets et des ustensiles, l'action s'efface au bénéfice d'une communication spirituelle.

Cette entente fusionnelle s'appelle le *Ichiza Konryû.*

L'intention est donc de créer une atmosphère suscitant un émoi paisible chez les participants, lorsque les cinq sens convergent vers cet instant précis, sans être distraits par une pensée extérieure. Ce moment fragile réclame donc que sa dimension éphémère soit chérie. C'est le *Ichi-go Ichi-e*[1] (一期一会 – Une fois, Une rencontre) formalisé en fait au XIXe siècle, capital car ce qui doit demeurer essentiel dans la Voie du thé, c'est la « conscience de l'instant ». Son esthétique minimaliste, son humilité, son respect de la nature et son attention à l'évanescence des choses plutôt qu'à leur apparence conduisirent à de nouveaux développements dans des domaines aussi variés que l'architecture, la composition des jardins, la calligraphie et les arts du Japon en général.

Pour parvenir à cet état de transformation de soi, la cérémonie du thé suggère un principe qui s'énonce ainsi : « *Wa, Kei, Sei, Jaku* » (和敬清寂).

— le « *Wa* » (和), l'harmonie,
— le « *Kei* » (敬), le respect,
— le « *Sei* » (清), la pureté du corps et de l'esprit,
— le « *Jaku* » (寂), la tranquillité.

1. Voir l'entrée « *Ichi-go Ichi-e* ».

Tous ces sentiments doivent être réunis dans le cœur de chacun. Cet état de sérénité est un exercice complexe qui requiert une discipline spirituelle intransigeante.

Sacraliser à l'extrême la cérémonie du thé serait sans doute prétentieux, mais j'estime pour ma part que la Voie du thé est un instrument de purification et d'élévation de l'âme. Cela devient une évidence quand on sait que cet art s'est largement inspiré des pratiques de l'école zen du bouddhisme. Les racines du *Chanoyu* se trouvent en Chine par le fait que le thé fut importé au IXe siècle par des moines ayant étudié le bouddhisme[1] dans l'empire du Milieu, même si la finalité se révèle exclusivement japonaise. C'est au XIIe siècle, avec le développement de la culture du thé au Japon, que le *matcha*, le thé vert réduit en poudre, est apparu. L'art de boire le thé s'est d'abord développé dans les monastères bouddhistes pour ses propriétés à tenir les moines éveillés durant les séances de méditation. Il est certain que la décoction *koicha* contient un taux de caféine élevé et qu'il n'est pas recommandé d'en boire trop tard dans la journée si on veut passer une nuit paisible.

Les nobles qui patronnaient les temples s'intéressèrent à ce breuvage un peu plus tard. Leur pratique était volontiers exubérante. Ils utilisaient des bols et des ustensiles importés de la Chine des Song, dits *karamono*[2], rares et chers, dont les lois somptuaires interdisaient l'achat et la possession aux castes inférieures. À l'époque des *shōguns* Ashikaga, les cérémonies étaient devenues si coûteuses par la somptuosité des présents offerts aux participants qu'elles furent finalement interdites. Cette mode

1. Les branches ésotériques Tendai et Shingon, le zen arrivant plus tard.

2. Voir l'entrée « *Chawan* ».

clinquante fut ressuscitée sous la domination du seigneur Oda Nobunaga puis de Toyotomi Hideyoshi[1].

L'avènement du féodalisme et la naissance de la caste des guerriers *samouraïs* à l'époque de Kamakura[2] à la fin du XIIe siècle assurèrent un nouvel essor au *Chanoyu*. Rapidement, les *samouraïs* s'emparèrent du thé vert *matcha*, pour suppléer aux nombreux arts de la noblesse auxquels ils n'avaient pas accès, mais on laisse entendre que le cérémonial avait la vertu de calmer leurs ardeurs guerrières. Leurs *chakai* exubérantes avaient cependant peu à voir avec la sobriété de la cérémonie du thé telle qu'elle s'est développée précisément en réaction à ces banquets orgiaques où le saké coulait à flots.

C'est un personnage clef, le maître Murata Shukõ, qui pose vers 1488 les bases d'une Voie du thé plus dépouillée, le *Wabi-cha*, dans un document connu sous le titre de *Kokoro no tebun*, l'« Écrit du cœur ». Il édicte les quatre valeurs fondamentales « *Wa, Kei, Sei, Jaku* » imposant les règles de frugalité et de simplicité qui vont désormais prévaloir. Son thé était souvent appelé *Sõan cha*, « le thé dans une simple chaumière ». Son héritage sera consolidé par son disciple Takeno Jouõ, lui-même maître de Rikyû dont l'enseignement est perpétué par des dizaines d'écoles dont trois principales créées par ses descendants et dont la plus populaire est la branche *Urasenke*.

La caste des marchands située tout au bas de la sévère classe sociale féodale « *Shi, Nõ, Kõ, Shõ* » (guerriers, agriculteurs, artisans, marchands), à laquelle les lois somptuaires interdisent l'accès aux objets chinois réservés aux nobles, va s'emparer du *Wabi-cha* qui prône une

1. Voir l'entrée « Sandai Bushõ ».
2. Voir l'entrée « Kamakura ».

esthétique sobre empreinte d'humilité et se rapprochant de la nature. Les objets sont simples, utilisés dans la vie quotidienne. Ils sont souvent imparfaits. L'asymétrie est de mise. Je me souviens de ma visite à la somptueuse propriété du président d'une importante entreprise dans l'alimentaire. Me faisant admirer son pavillon de thé, il attira mon attention sur un pilier fait d'un tronc grossièrement élagué posé visiblement à l'envers.

« Ce n'est pas une erreur, me dit-il. C'est l'esprit du *Wabi*. »

La pratique du *Chanoyu* va rapidement se répandre dans la bourgeoise marchande au XVIe siècle. Natsume Sôseki, toujours lui, brocardera ces « commerçants et bourgeois qui, n'ayant pas reçu d'éducation et manquant de goût, n'avaient pas la moindre idée du moyen d'acquérir du raffinement et s'étaient contentés d'appliquer au pied de la lettre des règles en vigueur depuis Rikyû, en se disant que c'était en elles que consistait le raffinement[1] ».

L'étude du *sadō* débute comme toutes les autres « Voies », Kend*o*, Jud*o*, Kyud*o*, Kōd*o*, Shod*o*[2], par une observation patiente de la pratique des aînés et du *Sensei*[3], suivie d'une répétition *ad nauseam* des gestes décomposés en autant de séquences jusqu'à ce que l'esprit de chacun d'eux vous imprègne au point de les oublier.

C'est un apprentissage fastidieux car on ne sait jamais quand la fusion du geste à l'esprit se produit. Seul le Maître peut la déceler.

Quand j'étudiais le *Chanoyu*, je devais pour ma part me débrouiller avec cette seule recommandation de mon *Sensei* : « Rappelez-vous le précepte de Sen no Rikyû :

---

1. Natsume Sôseki, *Oreillers d'herbes*, *op. cit.*
2. Voie du sabre, Judo, Archerie, Encens, Calligraphie.
3. Le Maître.

“Moins, c’est davantage.” La Voie du thé n’est pas dans l’apparat. Tout ce qu’elle exige, c’est la retenue des sentiments. »

Deux choses sont certaines :

— Il faut s’attendre à passer de longues années de cours, douloureusement agenouillé sur une natte, pour gravir un à un les six échelons eux-mêmes divisés en plusieurs sections au bout desquels on obtiendra enfin à son tour son nom de maître de thé *Chamei* et la qualification de *Sennin Kõshi*, approximativement traduit par « Titulaire ».

— Il vaut mieux avoir un portefeuille bien garni, surtout si on suit l’enseignement d’un maître réputé. Il est en effet de bon ton à la fin de chaque cours de poser devant le *Sensei* une enveloppe dans laquelle on aura glissé des billets de 10 000 yens (80 euros). La somme est laissée à la discrétion de l’élève, mais il serait inconvenant d’être avare. Un minimum de trois billets est discrètement suggéré au novice par l’entourage du Maître. Lors des réceptions de début d’année ou de celles qui rythment les changements de saison auxquelles il est vivement recommandé d’assister, une autre enveloppe, plus conséquente, est de rigueur.

De nos jours, l’étude du *chadõ* reste incontournable pour toute jeune fille qui se respecte, au même titre que l’art floral *ikebana*. C’est un business particulièrement lucratif dont les trois écoles principales, les « *san-Senke* » *Urasenke, Omotesenke* et *Mushanokõji-Senke* descendantes de Sen no Rikyû se partagent la part du lion. Déceler les différences entre ces trois enseignements réclame un sens de l’observation particulièrement aigu. Par exemple, les disciples de l’école *Omotesenke* battent moins le thé que leurs confrères de l'*Urasenke* afin qu'il ait moins de mousse à sa surface.

Je me suis moi-même imprudemment lancé dans cet apprentissage à un moment de ma vie.

J'avais rejoint un cercle de thé prestigieux tenu par la nièce du *Dai Sōshō* Hansō Sōshitsu (Sen Genshitsu), V^e^ du nom, de l'école *Urasenke, kamikaze*[1] durant la guerre, maître Sakurai Yukiko.

J'assistais à ses cours une fois par semaine, le lundi soir de 18 à 21 heures, voire plus tard. Mon groupe était constitué d'une vingtaine de jeunes femmes qui venaient faire leur apprentissage après les heures de bureau. J'étais le seul homme, outre un Japonais égaré là il ne savait trop lui-même pourquoi. J'étais bien entendu le seul étranger. Nous étions tous en civil tandis que maître Sakurai et ses assistantes étaient en kimono.

Il fallait apporter son propre éventail ; le papier *kaishi* pour essuyer la spatule utilisée pour découper et porter à sa bouche les friandises servies avec le thé ; le carré de soie *fukusa* servant à nettoyer symboliquement certains ustensiles utilisés lors de la cérémonie.

Lorsqu'on arrivait, on enfilait une paire de socquettes blanches puis on allait saluer maître Sakurai postée en bout de la vaste salle devant l'alcôve *tokonoma*.

Ma première leçon consista à apprendre sous l'œil gentiment goguenard des étudiantes plus avancées comment ouvrir et fermer le panneau coulissant *fusuma* en plaçant la main dans le bon sens, à poser les pieds dans le bon ordre en les faisant glisser lors de l'entrée dans la pièce, comment s'asseoir dans la douloureuse position agenouillée pieds sous les fesses *seiza* et la manière correcte

1. Voir l'entrée « *Kamikaze* ».

de saluer. Une fois cette séquence maîtrisée, ce qui me prit tout de même quatre ou cinq séances à 240 euros, j'appris à nettoyer et ranger correctement les ustensiles, ce qui me prit moins de temps car je fais plutôt bien la vaisselle.

J'avais au préalable retenu le nom de chacun des précieux objets que j'allais apprendre par la suite à disposer et manier correctement :

— Le *chakin*, rectangle de lin pour le nettoyage du bol.

— Le *fukusa*, petit carré de soie sur l'utilisation duquel je reviendrai.

— Le *hishaku*, louche en bambou pour passer l'eau du récipient d'eau fraîche vers la bouilloire, avec son nodule *fushi*, si important dans le maniement de la louche.

— Le *natsume*, boîte à thé, et l'appellation de ses différentes variantes en fonction de la forme, la taille, la matière et la couleur.

— Le *chashaku*, écope taillée dans le bambou pour recueillir la poudre de thé dans le *natsume* et le transférer dans le bol.

— Le *chasen*, fouet servant à battre le thé dans le bol.

— Le *futa oki*, cylindre de bambou ou de céramique sur lequel on pose le couvercle de la bouilloire.

— Le *chawan*, bol dans lequel le thé est servi.

— Le *kama*, bouilloire, et le nom de ses différentes parties.

— Le *mizusashi*, récipient généralement en céramique qui contient l'eau fraîche versée dans la bouilloire.

— Le *kensui*, récipient pour les eaux usées.

— Le *furo*, foyer et toutes les formes d'arrangement du charbon de bois *sumi* et de ratissage des cendres *haigata* dans le brasero.

Et tant d'autres appellations et expressions.

L'apprentissage de la manière de prendre le *fukusa* glissé dans la ceinture, comment le déplier, l'utiliser pour essuyer le *chashaku* et le couvercle du *natsume*, le replier et l'enfiler de nouveau dans l'*obi* me causa d'innombrables insomnies. Encore maintenant, je suis obligé de répéter mentalement toute la gestuelle du *chashaku* avant de procéder à une cérémonie du thé, son déploiement étant un moment crucial, car le premier de la longue série de gestes se succédant pour la réaliser.

L'enchaînement de tous les gestes de la cérémonie du thé est un exercice de calligraphie tridimensionnelle dans l'espace, une séquence fluide, sans à-coups, comme une volute invisible de fumée qui se déroule et se dilue dans l'air. Sa maîtrise demande une patiente observation silencieuse des exercices réalisés par les élèves plus avancés. On apprend en fait autant avec le cœur qu'avec le regard. C'est quand la mémoire s'efface qu'enfin on domine le sujet.

Comme je suis de nature impatiente et peu contemplative, rien ne semblait moins me convenir que la majestueuse lenteur qui enveloppe le déroulement de la cérémonie du thé, la gestuelle millimétrée qu'elle impose, la retenue impassible qu'elle exige et l'ésotérique détachement du corps qu'elle requiert. Pourtant, je suivais les cours de maître Sakurai avec dévotion, l'esprit étrangement détaché de mon corps plié sur le tatami qui s'ankylosait au bout de quelques minutes. Jamais, par ailleurs, n'ai-je eu autant que lors de ces cours le sentiment de creuser aussi profond dans l'âme du Japon.

Le *chadō* est un puits sans fond dans lequel on puise chaque fois une eau fraîche.

Je ne suis pas allé plus loin que le niveau élémentaire *konarai* de l'étude de la Voie du thé. Mes occupations professionnelles, consulaires et d'écriture m'ont empêché de continuer de me livrer à cette passionnante occupation trop chronophage. J'en sais suffisamment pour pouvoir me livrer à une honorable cérémonie devant des néophytes ou en famille, mais pas assez pour réaliser la cérémonie d'inauguration *Kama-ire* (« pose de la bouilloire ») de notre pavillon de thé dans notre demeure de Kamakura. Mon épouse elle-même, petite-fille d'un maître de cérémonie du thé qu'elle a apprise par osmose auprès de sa grand-mère depuis sa plus tendre enfance, a refusé d'envisager de le faire, ce qui, dans ma grande naïveté, m'incita à prendre des cours pour l'exécuter à sa place. Futile espoir ! Elle avait parfaitement raison : j'aurais dû me lancer dans cette étude quarante ans plus tôt, sitôt arrivé au Japon.

Bien entendu, nous avons depuis effectué plusieurs événements *chanoyu* dans notre pavillon, mais sans le cérémonial affecté encadré par des règles en principe inviolables.

Décrire le déroulement du *Chanoyu* sommairement serait une insulte à cet art. Le faire méticuleusement serait fastidieux et risquerait de lasser.

Aussi voudra-t-on bien me pardonner la vanité d'illustrer cette ambiance si particulière en partageant quelques souvenirs d'une cérémonie du thé dont je fus un soir l'officiant bien malhabile, rapportés dans mon modeste ouvrage *Le Pavillon de thé*[1].

Commençons par le son et les odeurs :

> « L'eau chuinte doucement dans la bouilloire.
>
> Une volute s'en échappe, juste un souffle dans l'air glacé. Elle s'enroule et se déroule en formes compliquées jusqu'au plafond, formant d'éphémères sutras. Le tintement du petit lingot de fonte dans la bouilloire est imperceptible. Des braises palpitent au fond de l'âtre. La senteur poudreuse des pétales fanés de *neriko* flotte dans la pièce. »

L'histoire des objets, fondamentale, doit être narrée :

> « La pièce est chichement éclairée par la flamme des bougies fichées dans le cône de papier huilé de trois bougeoirs. Les aspérités de la bouilloire, une magnifique *chanoyugama* fondue au XVIIe siècle par maître Onishi Jônyu, cinquième du nom, accrochent leur lumière qui effleure également les pétales pourpres d'une pivoine dans le vase fixé au pilier du *tokonoma*. La lueur mordorée souligne la rugosité du récipient posé sur le tatami devant ses genoux, à sa gauche. C'est un bol couleur anthracite façonné en 1733 par le célèbre potier Sanyû de la sixième génération. »

La valeur de ces objets peut, au-delà de la rareté et du prix, être purement sentimentale. Ainsi, mon épouse et moi-même faisons-nous sensation lorsque nous expliquons que les spatules *chashaku* servant à puiser la poudre de thé que nous utilisons ont été façonnées par nos soins à partir d'une ébauche de bambou chez un fabricant de Kyoto qui nous en a enseigné la taille.

1. *Le Pavillon de thé,* Le Seuil, 2017.

Le respect qu'on porte aux ustensiles se manifeste jusque dans leur agencement autour de l'officiant :

« Le positionnement de chaque objet correspond à une minutieuse cosmographie dont le ciel serait l'espace du tatami à portée de l'officiant. Le corps n'a pas à s'incliner ou à se pencher pour se saisir des ustensiles ni pour accomplir le moindre geste. L'immobilité du tronc fait partie de l'harmonie de la cérémonie, participe de l'élégance de la gestuelle. »

De cette gestuelle naît l'envoûtement :

« Il connaît tous les gestes de la cérémonie, millimètre par millimètre, instant après instant. Leur enchaînement ressemble à un exercice de calligraphie qui n'hésite ni ne suspend son mouvement. “La fluidité est la clef du mystère”, disait son premier Maître. »

Pour que la cérémonie soit parfaite, ce qui est invisible aux invités demande un soin identique :

« Au début de la nuit, il a fait chauffer les morceaux de charbon de bois [...]. Il les a disposés en étoile sur les cendres du foyer qu'il avait au préalable ratissé, créant un monticule au centre duquel les deux boules d'encens reposent. Il a achevé son ouvrage en arrangeant un faisceau de branches enduites de stuc blanc qui ne servent à rien, sinon à créer un contraste plaisant à l'œil. C'est cela aussi, l'esthétique de la Voie du thé : la perfection jusque dans ce qui paraît inutile. »

L'étude de la Voie du thé réclame l'attention de toute une vie. Il ne suffit pas de maîtriser parfaitement le déroulement d'une cérémonie du thé. Il demeure essentiel d'avoir une connaissance approfondie des différentes sortes de thé et de leur mode de production, de l'historique des objets utilisés et de leurs créateurs, des infinies différences dans leur choix en fonction des saisons, des différentes variétés de charbon de bois, de leur agencement dans le foyer et de la méthode pour les allumer. De même, il est important de connaître les fondamentaux des arts périphériques au *Chanoyu*, la calligraphie, la peinture, la poésie, la religion, l'arrangement floral, les céramiques, les kimonos, les jardins, l'architecture des pavillons de thé *chashitsu*, l'utilisation de l'encens, la préparation des mets servis pendant les collations et des laques qu'il est opportun d'utiliser pour chacun d'eux.

La cérémonie du thé inclut tous les arts japonais à l'exception de la musique, du théâtre et de la danse.

On peut avoir l'impression d'une monotonie répétitive dans le déroulement de la cérémonie du thé. C'est faire abstraction de la palette inouïe des différences qu'offre l'utilisation d'une spatule *chashaku* plutôt qu'une autre, d'un bol préféré à un autre.

L'éventail de possibilités, la résonance d'un objet sur un autre sont tels qu'éviter les fautes de goût est quasi insurmontable.

La superficialité n'a pas sa place dans la cérémonie du thé où les bévues sont impardonnables.

J'en ai fait l'amère expérience quand, très fier de moi, j'apportai un soir à mon cours d'obédience *Urasenke* un fouet *chasen* pour battre le thé. Je l'avais acheté chez un antiquaire de Kyoto. Il m'avait paru, patiné par les âges avec sa couleur caramel et ses taches de rousseur, plus authentique qu'un autre, d'un ton uni, plus fade. Mon maître, une femme placée haut dans la hiérarchie *Urasenke*, à laquelle je le présentai fièrement, le prit avec répulsion du bout des doigts avant de le reposer sur la natte devant elle en sifflant dédaigneusement : « Ça, c'est pour l'école *Omotesenke*, ce ne devrait même pas passer le seuil de ma classe ! »

J'ai pieusement gardé ce *chasen* que je n'ai pourtant plus jamais osé utiliser, afin qu'il me rappelle l'humilité avec laquelle il faut aborder le *chadõ*.

Il serait pourtant réducteur de penser que, pour être réussi, un *Chanoyu* se doit d'être compassé, d'une rigidité insupportable et d'une pesanteur étouffante. Il m'est arrivé au contraire d'assister à des cérémonies intimes d'une gaieté légère qu'accompagnait une conversation primesautière.

Il ne faut pas croire non plus que la magie ne peut opérer que dans un minuscule pavillon enveloppé de pénombre dans lequel on est religieusement agenouillé sur la natte devant un officiant taciturne. J'ai eu ainsi l'insigne privilège d'assister à une cérémonie d'un raffinement rare dirigée par le Grand Maître Sen Genshitsu. Elle se déroulait pourtant en plein air sur l'esplanade du Grand Bouddha de Kamakura, par un matin clair de mai sous un ciel immaculé. Nous devions être une centaine d'invités. Le maître était assis sur un tabouret devant une crédence sur laquelle la bouilloire et tous les ustensiles étaient disposés. Dans mon souvenir, cela reste un moment *Ichi-go Ichi-e* de pure grâce.

En revanche, je me suis heurté à une fin de non-recevoir ferme et définitive de mon épouse lorsque le pavillon de thé que j'avais fait construire dans notre jardin à Kamakura fut achevé et que je lui proposai d'organiser le rituel dit *Kama ire*. Elle opposa divers arguments tels que son manque d'expérience et aussi le fait qu'elle n'était pas titulaire. Enfin, elle ajouta que nous n'avions pas assez d'ustensiles, de bols, de rouleaux *kakemono* prestigieux, que ses kimonos n'étaient pas de saison, et d'autres subtilités que je ne pouvais comprendre.

La fantaisie dans la rigueur offre en fait des moments inoubliables. J'ai un souvenir ébloui de l'accueil que me réserva un ami français vivant à New York. Il habitait un de ces immeubles « Town House » de la fin du XIXe siècle sur la 76e Rue proche de la 5e Avenue, presque en face du MET. Il avait fait construire par des artisans japonais sur la terrasse de son immeuble un pavillon de thé posé au centre d'un délicat jardin japonais. Au lieu des collines boisées de Kyoto, on était entourés de ces réservoirs cylindriques surmontés d'un chapeau chinois typiques posés sur les toits des immeubles voisins et de ces échelles de secours collées aux façades telles des partitions musicales.

Il me reçut en kimono. J'assistai à la cérémonie du thé qu'il avait organisée en mon honneur, dans cet espace improbable suspendu au milieu des gratte-ciel entre ciel et terre. Étrangement, la rumeur incomparable de New York, mélange de sirènes tonitruantes des ambulances, des coups de klaxon irrités des chauffeurs de taxi et des compresseurs des bâtiments, ne dérangeait pas. Ce fut, comme on peut l'imaginer, un *Ichi-go Ichi-e* parfaitement baroque que ce télescopage de l'art multicentenaire du *Chanoyu* paisible exécuté dans les plus parfaites règles de l'art et de la tension bariolée de la Grosse Pomme !

Cet ami original et volontiers espiègle est allé plus loin dans un usage inattendu de la Voie du thé en inventant ce qu'il appelle le « Thé Guérilla », afin, est-il écrit sur son site, « d'explorer les contrastes et les similarités qu'on trouve au-delà des nationalités, des ethnicités, des systèmes de croyance et des modes de vie, et de démontrer que des cultures et des styles de vie apparemment incompatibles peuvent cohabiter en parfaite harmonie ».

Il a ainsi créé un cube symbolisé par une natte, quatre hampes télescopiques reliées entre elles délimitant un espace virtuel qu'il trimbale dans un grand sac avec un *furo* (brasero) électrique, une bouilloire et tous les ustensiles du *Chanoyu*.

Voyageant dans le monde entier, il plante son cube dans des paysages emblématiques, la plage de Copacabana à Rio de Janeiro, le Machu Picchu au Pérou, devant la baie d'Ha Long au Vietnam. Là, il procède au *Chanoyu* et invite les passants à partager ce moment avec lui. N'hésitant pas à choisir des lieux insolites ou farfelus, il a ainsi réalisé un jour une séance de « Thé Guérilla » en plein aéroport Charles-de-Gaulle. Une alerte à la bombe fut déclenchée. Imperturbable, alors que l'aéroport était rapidement vidé, il réalisa la cérémonie au milieu d'une cohorte fascinée de gendarmes armés jusqu'aux dents ! On peut imaginer qu'un d'entre eux céda à la tentation, posa son arme, retira son casque et s'agenouilla en face de mon ami pour déguster un bol de thé vert et un instant de quiétude avant de repartir à la chasse à la bombe !

J'ai baptisé cet ami le « Che du Cha » en hommage à sa manière pourtant paisible de révolutionner l'art du thé…

Il est impossible d'atteindre le fond du puits qu'est la Voie du thé. La lecture de *chadõ, La Voie du thé, almanach d'un maître de la cérémonie du thé*, rédigé par le Grand Maître Sasaki Sanmi (1893-1969), en 1960, finira sans doute d'en convaincre les sceptiques.

Je laisserai donc cette entrée ouverte à l'imagination du lecteur, me contentant de reproduire la phrase du noble poète Karasumaru Mitsuhiro (1579-1638) qui transcrit ainsi les préceptes de Rikyû : « Si vous restez calme et que rien dans la création ne vous trouble, si vous entretenez de l'amitié avec les fleurs du printemps et les teintes de l'automne, buvant une gorgée de thé quand l'envie vous en prend, ce monde ne vous paraîtra pas trop détestable. »

Chawan (茶碗) – Bols dans tous leurs états

Le 20 décembre 2016, lors de l'émission vedette de la chaîne de télévision TV Tokyo, « *Nandemo kanteidan* » (« Les experts de tout et de rien ») qui évalue en temps réel la valeur d'objets apportés par des auditeurs, un certain Hashimoto Kōji, propriétaire d'un restaurant de nouilles *rãmen* dans l'île de Shikoku, apporta un bol sauvé d'un bombardement pendant la Seconde Guerre mondiale qui prenait la poussière depuis des décennies sur une étagère. C'était une jolie céramique de 12 centimètres de diamètre au motif un peu étrange, comme une sorte d'explosion cosmique ou un pelage noir de léopard moucheté de taches opalines irisées d'un halo bleu par endroits.

Les experts en céramiques assemblés sur le plateau s'accordèrent immédiatement à reconnaître dans cet humble bol un *Yõhen Tenmoku* dont seuls trois exemplaires existent au monde, exclusivement dans des musées japonais. Le bol fut estimé à 250 000 euros, prix dérisoire qui déclencha un tollé parmi les spécialistes : s'il s'agissait bien d'un *Yōhen Tenmoku*, en se basant sur la vente par Christie's en 2016 d'un autre bol extrêmement rare *Yuteki Tenmoku* adjugé pour 12 millions de dollars que les anciens de l'époque Muromachi jugeaient d'une valeur quatre fois moindre que ce rarissime récipient, il vaudrait au bas mot 50 millions d'euros.

Des recherches ont été et sont toujours effectuées dans la province chinoise méridionale du Fujian en face de l'île de Taïwan, sur le site où les bols *Yōhen Tenmoku* étaient fabriqués dans des fours qui pouvaient cuire jusque 100 000 pièces en une fournée. On n'a pas retrouvé à ce jour le moindre fragment de poterie rappelant le fameux motif galactique.

Plusieurs céramistes au Japon et en Chine se sont essayés à reproduire cet objet en utilisant diverses techniques sans jamais parvenir à percer le secret de fabrication des originaux. Les spécialistes en ont conclu qu'il aurait pu s'agir d'un miraculeux accident de cuisson.

On peut donc penser que le bol du restaurateur serait le quatrième bol *Yōhen Tenmoku*.

Toujours est-il qu'on ignore ce qu'il est devenu. Son propriétaire, lassé d'être sollicité par des chercheurs de tout acabit, les antiquaires les plus célèbres de la place, des acheteurs potentiels, des musées, des aigrefins, a tout simplement décidé de disparaître de la circulation.

Le *chawan* est arrivé au VIIIe siècle au Japon en même temps que le thé, rapporté par les moines partis étudier le bouddhisme ou par les missions envoyées en Chine. Le troisième genre fort prisé à cette époque était le *Kensan Tenmoku*.

C'est la catégorie dite *Karamono*, en référence à la dynastie des Tang.

Elle sera supplantée au XVe siècle par une nouvelle catégorie de céramiques dites *Kōrai jawan* venue de Corée. Ces bols sont de facture plus simple ; ils sont plus épais, plus rugueux, moins colorés, plus naturels. Le Grand Maître de thé Murata Kōji[1] affectionnait particulièrement cette famille de récipients fabriqués par les Coréens spécialement pour les Japonais. En effet, il n'y avait pas à cette époque, au Pays du Matin calme, de tradition de la cérémonie du thé.

Cette catégorie a en quelque sorte précédé celle purement japonaise, plus austère, du *Wamono*, dont le fondateur de la Voie du thé[2] Sen no Rikyû[3] sera le promoteur au XVIe siècle, notamment avec les fameux bols noirs ou rouges de la famille Raku de Kyoto.

La poterie japonaise, dynamisée par l'expansion de l'art de boire le thé, s'est alors répandue dans tout le pays, chaque région développant un style propre en rivalisant d'originalité.

Le *chawan* utilisé pour la cérémonie du thé est le seigneur des bols. Tout potier qui se respecte se prête à l'exercice de réaliser des bols destinés au *Chanoyu*.

Il y en a de toutes les formes, ronde ou ovale, mais pas carrée, car y battre le thé serait impossible, plates et évasées qui seront plutôt utilisées en saison chaude, ou au contraire hautes et de section étroite préférées en hiver pour éviter un refroidissement trop rapide du breuvage. La dissymétrie, voire la difformité, ne sont pas un défaut, tout au contraire.

Le verre, la porcelaine et la céramique ont droit de cité, y compris mélangés, comme dans la catégorie dite

1. Voir l'entrée « Sen no Rikyû ».
2. Voir l'entrée « *Chanoyu* ou *sadō* ».
3. Voir l'entrée « Sen no Rikyû ».

Yobitsugi. Le métal ou le bois, en revanche, sont proscrits car ces matières peuvent altérer le goût du thé.

Les parois peuvent être épaisses ou très fines, régulières ou au contraire inégales, rugueuses ou lisses. Une crevasse ou une fissure voulue par l'artiste sera appréciée. La palette de couleurs est vaste, de la blancheur fragile des céladons d'inspiration coréenne Hakuji aux bleus intenses de la porcelaine Ming, en passant par des verts profonds, avec une préférence cependant pour tous les tons terreux.

Le choix des motifs est infini. La cuisson peut les définir, comme ces cloques blanchâtres d'un *Koido jawan* de la catégorie *Kōrai jawan* du XVe siècle ou les craquelures qui parsèment un *Wamono* du XVIIe siècle baptisé *Honte Setogaratsu.* Les motifs peuvent être gravés, incrustés, ou tout simplement peints. Les dessins peuvent être abstraits, de simples striures, des fresques répétitives ou aléatoires, des formes géométriques, des insectes stylisés comme la libellule. Ils peuvent au contraire être parfaitement figuratifs, comme ces aiguilles de pin ou ces herbes folles *susuki* détaillées avec une minutie d'herboriste. S'il y a de nombreuses représentations de fleurs, il y a en revanche peu d'animaux, sauf quelques espèces mythiques comme la grue ou la tortue, une absence presque totale de visages ou de silhouettes humains. Les calligraphies, enfin, ne sont pas rares.

J'ai pour ma part une prédilection pour les bols *Kōrai* ou *Wamono* de facture simple qui expriment l'esprit *wabi-sabi*[1] du Japon au travers de leur beauté dépouillée. Leur matière brute, sans artifice, ombrageuse, convient à mon tempérament mélancolique. Ils respirent le terroir d'où la terre pour les façonner a été extraite. On peut y percevoir la patte de leur auteur au travers de l'empreinte d'un

1. Voir l'entrée « *Wabi-sabi* ».

coup de pouce, d'une irrégularité qui dévoile son impatience. L'âme du créateur s'y lit à « bol ouvert » !

J'ai le bonheur de posséder une vingtaine de bols que nous utilisons en fonction de la saison, de notre humeur, des hôtes que nous recevons.

Ils ne sont pas forcément précieux.

En effet, le prix des *chawan* est souvent étonnamment raisonnable, même s'ils ont été façonnés par un maître reconnu « Trésor vivant » (*Ningen Kokuho*). On trouve par exemple, sur un site de ventes aux enchères japonais, un *Raku Kichizaemon* de la quatorzième génération en parfait état, dont la boîte est annotée par le treizième maître de thé de l'école *Omotesenke Sokuchûsai*, au prix de départ de 100 euros. Ils peuvent aussi atteindre des sommes faramineuses, à condition d'être accompagnés de leur boîte originale signée de l'artiste. Je prendrai l'exemple du maître potier Shimizu Uichi, décédé en 2004, dont certains bols de couleur laiteuse à la surface craquelée sont estimés à plus de 20 000 euros.

Lorsqu'on acquiert un *chawan*, on achète avec lui son histoire, que l'on contera aux invités pendant la cérémonie du thé. Il est donc essentiel de s'assurer, au moment de votre acquisition, que la part intangible de l'objet vous est bien transmise. Vous deviendrez vous-même un composant de cette histoire si vous vous en séparez un jour.

Il serait injuste de ne citer dans la fratrie des *chawan* que les aristocrates utilisés pour le *Chanoyu*.

La famille des *chawan* inclut en effet le bol *gohan chawan* utilisé pour servir le riz, généralement en porcelaine. Celui que les femmes utilisent est de taille un peu plus petite que celui pour les hommes. Voici une bataille que les féministes n'ont pas encore engagée !

Il ne faudrait pas non plus oublier le *yunomi*, ce cylindre haut et de circonférence plus ou moins étroite, en porcelaine ou en céramique, dans lequel on sert le thé quotidien. Chaque membre de la famille a le sien. Il ne viendrait à personne l'idée de boire le thé vert dans une tasse avec une anse, comme cela se pratique en Occident. Sentir dans la paume la chaleur du breuvage fait partie du cérémonial.

Autrefois, dans les sociétés japonaises, du directeur général à l'employé fraîchement émoulu, chacun avait son propre *yunomi.* Toutes les jeunes employées les collectaient à tour de rôle selon un « roster » précis afin de les rincer avant de verser le thé. Dans les kitchenettes des immenses salles communes typiques des grandes entreprises se trouvait un tableau indiquant la préférence des uns et des autres, la température souhaitée, le type de thé *sencha*, *hōjicha*, *genmaicha*, ainsi que l'heure désirée des trois services, celui du matin, celui de l'après-midi et celui de fin de journée.

Les Japonaises ont fait tomber cette pratique en désuétude sans « hashtags » vengeurs, vociférations tapageuses ni gesticulations spectaculaires.

Elle a disparu en douceur et ne suscite plus de tremblement ni de stupeur…

Chindonya (チンドン屋) – Hommes et femmes-sandwichs

Autrefois passaient dans les rues des hommes et des femmes-sandwichs déguisés en *samouraïs* miteux et en *geishas* de pacotille, en seigneurs arabes sortis de *Mille et Une Nuits* fantaisistes ou encore en cow-boys et squaws indiennes.

Le déguisement des hommes était fait de guenilles disparates, leurs mollets étaient serrés dans des guêtres noires, leurs pieds chaussés de sandales de paille plutôt que de *getas*[1] afin que leurs longues déambulations soient moins pénibles. Ils étaient coiffés de postiches répliquant la coupe typique des *samouraïs*, crâne rasé et chignon ramassé sur le haut du crâne, dont le caoutchouc craquelé rebiquait sur les tempes. Les femmes étaient vêtues de patchworks de kimonos chamarrés tenus par des nœuds d'*obi* démesurés. Elles portaient la perruque compliquée des *geishas* surmontée de breloques scintillant au soleil. Des chapeaux coniques de colporteur dont la paille était crevée par endroits complétaient parfois leur accoutrement. Les guerriers portaient un sabre de pacotille, les cow-boys arboraient des pistolets en plastique écaillé.

Leur visage était outrageusement maquillé d'un emplâtre blanc qui craquelait sur les joues et sur lequel la sueur creusait des sillons. Le tour des yeux était souligné de grands cernes noirs ; le menton était piqueté d'une barbe bleue inquiétante ; le rouge écarlate soulignant leurs lèvres bavait un peu aux commissures.

Ils faisaient peur aux enfants qui suivaient cependant leur procession à distance respectueuse.

Ils n'étaient pourtant pas bien méchants, ces pauvres saltimbanques qui se louaient à la journée pour faire la publicité du *pachinko* voisin ou pour vanter les vertus curatives des poudres de perlimpinpin *kampõ* vendues dans la pharmacie traditionnelle de la rue commerçante.

Ils allaient par trois mais on en comptait quatre lorsque l'un d'eux donnait l'impression de porter un enfant sur le dos. En fait, un lourd mannequin au squelette de bambou

1. Chaussures au corps de bois monté sur deux taquets également en bois, les « *ha* » ou dents, équipées de lanières de tissu pour tenir le pied.

avec une tête d'adulte était arrimé à sa poitrine au moyen d'un baudrier qui lui sciait les épaules. Le visage du saltimbanque était maquillé et coiffé de telle manière qu'il ressemblait à un jeune enfant. Une paire de jambes artificielles était attachée à ses hanches. Ses bras enfilés dans les manches du kimono du mannequin donnaient l'illusion que c'était lui, l'être vivant. Derrière la poupée, l'adulte lui faisait tourner la tête en se balançant de droite à gauche et bouger les jambes en se déhanchant. Par moments, il suçait son pouce, dodelinait ou faisait semblant de s'être endormi, sa tête reposant sur l'épaule du mannequin. Ils étaient tellement fusionnels et faisaient corps avec tant de naturel que l'illusion était parfaite. On ne savait plus lequel des deux était l'être humain ou la poupée.

Il arrivait que la petite troupe soit accompagnée d'un petit singe qui, juché sur l'épaule du leader, soulevait son chapeau conique pour saluer les passants.

Le saltimbanque de tête portait harnachée sur sa poitrine une accumulation d'instruments de percussion, petites cymbales de fer-blanc, timbales et clochettes qui émettaient des bruits de casserole distinctifs, « *tchin !* » et « *don !* », d'où l'appellation de ces groupes est tirée. Le deuxième dans la procession rythmait sur une caisse sourde la mélodie aigrelette que celui qui clôturait la marche tirait d'une trompette à piston.

Dans les années 1950, les *Chindonya* étaient encore nombreux. Des entreprises comptaient jusque 120 personnes qui vivaient en communauté. Quand je suis arrivé au Japon, on en croisait assez souvent dans les passages couverts des rues commerçantes ou aux abords des gares. Puis ils se sont raréfiés. Ils ont reflué vers les quartiers populaires.

Il y a vingt ans, un couple de *Chindonya* s'égarait parfois dans les ruelles du quartier résidentiel où nous habitions. Ils étaient plus pathétiques qu'anachroniques. Ils me serraient le cœur, avec leur regard triste et leur pas traînant. Ils savaient, et les passants qu'ils croisaient ne pouvaient l'ignorer, qu'ils étaient les derniers représentants d'une espèce en voie de disparition.

Ils faisaient l'article du bain public qui fonctionnait encore près de chez nous.

Le bain public a été remplacé par un immeuble de rapport avec une laverie automatique au rez-de-chaussée.

Ils ne sont plus venus.

Je n'ai plus en mémoire que l'émouvante silhouette de ce vieux couple en perdition et quelques bribes de la mélodie lancinante qu'ils jouaient.

Chirac, Jacques (1932-2019)

Quarante-six voyages en cinquante ans.

S'il n'y avait qu'une seule raison pour justifier la présence du vingt-deuxième président de la République française dans un ouvrage sur le Japon, ce chiffre serait amplement suffisant.

Jacques Chirac a 21 ans lorsqu'il se rend pour la première fois, dans les années 1950, à Tokyo dans le cadre d'une mission du musée Guimet. Il a le coup de foudre pour ce pays, qu'il résumera ainsi lors d'une visite officielle en 1996 devant un parterre d'étudiants de la prestigieuse université Keio :

« J'ai étudié avec passion les mythes fondateurs de l'archipel et ses grandes épopées. J'ai été séduit par la virtuosité de vos potiers, par l'élégance de votre architecture, par l'harmonie de vos jardins, par le raffinement de votre théâtre, par la finesse de votre cuisine, par le rituel de vos lutteurs de *sumo*... »

Tout est déjà dit.

L'amour du président Chirac pour ce pays ne peut se résumer à son intérêt dévorant pour les tournois des lutteurs de *sumo*. Jacques Chirac avait compris, au-delà de l'aspect spectaculaire de ces tournois, leur dimension spirituelle et cette quintessence de l'esprit japonais qu'ils représentent.

L'ambassadeur de France au Japon Maurice Gourdault-Montagne eut pendant ses quatre années et demie de séjour dans ce pays l'ardente obligation de lui faire parvenir quotidiennement les résultats de tous les tournois de *sumo* en cours, que ce fût à Tokyo, Osaka, Nagoya ou Fukuoka. Le Président voulait non seulement savoir qui avait gagné, mais par quel *kimete* (« prise ») le champion avait terrassé son adversaire. Le 14 octobre 1995, alors qu'il a été élu président de la République quelques mois plus tôt, il remettra lui-même la coupe du gagnant au lutteur d'origine hawaïenne Akebono Tarō. En 2000, une « Coupe Jacques-Chirac », dont l'idée lui avait été soufflée par Gourdault-Montagne, sera créée. Dessinée par Soulages, réalisée par manufacture de Sèvres, elle sera remise chaque année le jour de clôture des tournois, jusqu'à ce qu'elle disparaisse peu après la fin du quinquennat de Jacques Chirac.

Jacques Chirac aimait tant cette discipline qu'il appela le chien bichon de la famille « *Sumo* » et qu'il avoua un jour, dans une interview à un journal sportif, qu'avec sa taille, s'il s'était entraîné dès son jeune âge, il aurait pu devenir lutteur de *sumo* car « le poids, cela peut s'acquérir » !

Jacques Chirac avait une connaissance encyclopédique du Japon. Épris des arts premiers en général, qui sont l'expression fondamentale de l'éveil du génie humain, il ne pouvait rester indifférent aux périodes fondatrices de l'archipel, les ères Jōmon (-14000/-300) et Yayoi (-300/250). Sa profonde érudition sur ces deux époques terrorisait les journalistes ou les hommes politiques japonais qui commettaient l'imprudence de s'aventurer à débattre sur ces territoires ethnographiques, artistiques et culturels. Il corrigeait implacablement l'impudent qui avait commis une erreur. L'interprète qui un jour utilisa le terme *dogu* pour parler d'une figure d'argile de la période Kofun (300/538) qu'on appelle *haniwa*, se vit rappeler à l'ordre par le Président. Il doit en garder le souvenir cuisant.

J'ai moi-même assisté à l'un de ces incidents. C'était, si ma mémoire est bonne, lors du voyage officiel du Président au Japon en juillet 2000. J'avais été invité au dîner offert à sa résidence par le Premier ministre Mori Yoshirō en ma qualité de *chairman* de la CCIFJ, la Chambre de commerce et d'industrie française au Japon.

Le Premier ministre avait fait venir du Musée national de Tokyo quelques pièces rares des périodes préférées de Jacques Chirac, principalement des poteries à motifs cordés, d'autres ornées de flammèches, un ou deux *dogu* de l'ère Jōmon, quelques splendides *haniwa* de l'ère suivante. L'époque Jōmon s'étalant sur six périodes, la classification des poteries en fonction des décors et de l'évolution des techniques de fabrication est subtile et complexe.

Pendant le cocktail précédant le dîner, ces trésors furent présentés par le conservateur en chef en charge, qui les commentait brièvement au Président en s'aidant de fiches. À un moment donné, devant une poterie, il commença une explication quand le Président lui coupa courtoisement la parole pour lui demander si l'objet que le conservateur situait à la période *sōki* (Jōmon archaïque) n'était pas plutôt de la suivante, dite *zenki* (Jōmon ancien). Le pauvre archéologue rougit et en perdit la parole. Il avait consulté la fiche de la pièce suivante qui était bien, celle-là, de la période archaïque. Le Premier ministre japonais détendit l'atmosphère en soulignant qu'il ne connaissait pas lui-même les subdivisions qu'on n'enseignait pas à l'école primaire !

La première de mes trois « rencontres du troisième type » avec Jacques Chirac remonte à l'été 1976. J'étais depuis l'automne 1975 VSNA[1] à l'ambassade de France. À l'origine attaché de presse adjoint, j'avais depuis peu pris du galon. L'ambassadeur m'avait nommé responsable du Protocole. À ce titre, je m'occupais de tous les événements de l'ambassade, depuis les dîners à la résidence

1. Volontaire au service national actif.

jusqu'à l'organisation des voyages de personnalités en visite au Japon.

J'eus donc l'insigne responsabilité de gérer le voyage du chef du gouvernement, le premier depuis de longues années. Des discussions avec la police japonaise pour la sécurité à l'orchestration des réceptions à l'ambassade, je suivais les nombreux dossiers en prise directe avec l'ambassadeur. Dans le même temps, je continuais de jouer mon modeste rôle au service de presse. Comme je vivais sur le périmètre de l'ambassade, on m'avait chargé de porter à l'aide de camp du Premier ministre, chaque matin vers 6 heures, pendant son séjour au palais d'Akasaka, les dépêches gouvernementales reçues dans la nuit par le service du Chiffre. Le premier matin, l'aide de camp m'attendait sur le seuil de la résidence et je lui remis l'enveloppe scellée. La deuxième fois, je ne le trouvai pas. Un garde en faction, sur présentation de mon badge, m'indiqua une porte au fond d'un long couloir que j'empruntai. Alors que je le suivais, une porte s'ouvrit et je me retrouvai nez à nez avec Jacques Chirac en tenue décontractée, sweat-shirt et boxer short.

M'ayant vu la veille m'activer lors de la réception à l'ambassade de France, il me reconnut.

« Mais qu'est-ce que vous fichez là de si bonne heure ? » m'interrogea-t-il.

Passablement embarrassé, je lui expliquai que je cherchais son aide de camp et je lui tendis l'enveloppe. Il me prit par le bras et m'entraîna dans l'antichambre de sa suite.

« Vous vous êtes levé bien tôt ! Venez boire un café, mon vieux ! »

Je restai dix minutes avec lui pendant lesquelles il me posa mille questions sur le Japon. Quand je lui dis que j'avais fait les Langues orientales, il me dit en soupirant :

« Ah ! Voilà une chose que j'aimerais faire : apprendre le japonais ! On passe à côté de choses essentielles quand on ne possède pas la langue d'un pays ! Et celui-ci est tellement fascinant ! »

Il me secoua vigoureusement la main quand je le quittai, m'exhortant à persévérer dans mon apprentissage du Japon sur un « On a besoin de types comme vous pour renforcer nos liens avec un pays aussi incontournable, mon vieux ! ».

Inutile de dire que je repartis vers l'ambassade sur un petit nuage...

Le surlendemain, la délégation se rendit à Kyoto pour une matinée de visite avant une démonstration d'arts martiaux dans un *dojo* d'Osaka. J'ai retrouvé une photo en noir et blanc prise par un ami auquel j'avais confié momentanément mon Nikon[1] pour qu'il me photographie aux côtés de Jacques Chirac.

Nous sommes dans une ruelle étroite du quartier de Gion. Jacques Chirac marche en tête, avec à sa droite notre ambassadeur, Jean-Pierre Brunet. Je suis en peu en retrait à sa gauche. Derrière nous suit Mme Chirac, accompagnée de l'épouse de l'ambassadeur, Geneviève.

Soudain, le Premier ministre avisa dans une ruelle perpendiculaire une ravissante jeune femme en kimono qui tenait dans ses bras un bébé. Il se retourna vers moi et il m'ordonna de l'accompagner pour jouer les traducteurs. En deux de ses pas altiers, nous fûmes devant la jeune mère interloquée à laquelle j'expliquai qui était ce grand étranger qui s'intéressait à son enfant (en fait, plutôt, en esthète de la gent féminine qu'il était, à la très jolie maman !). Devant cet immense escogriffe au long nez avec les larges hublots des lunettes qu'il portait, le bébé se mit à hurler.

1. Voir l'entrée « Nikon ».

Cette brève rencontre durant laquelle nous échangeâmes deux ou trois banalités, pendant lesquelles les services de sécurité japonais, affolés par cette entorse au protocole, hurlaient à mon oreille, reste pour moi le cliché le plus vivace de la chaleureuse passion que Jacques Chirac ressentait pour le Japon et le contact humain.

Plus tard, lors de la visite du palais Nijõ-jõ, devant la salle d'audience où est représentée une audience du shogunat sous la forme de mannequins, le *shõgun* étant assis sur une estrade dominant son gouvernement, ses ministres docilement alignés inclinés tête baissée en signe d'allégeance, Jacques Chirac s'exclama : « Ce n'est pas très différent de ce qui se passe en ce moment au gouvernement français ! »

La horde de journalistes qui le suivait s'empressa de spéculer sur l'imminence d'une crise ministérielle qui se concrétisa avec sa démission à son retour en France le 26 juillet 1976. Il fut remplacé par Raymond Barre, du voyage au Japon en qualité de ministre du Commerce extérieur, quasiment inconnu du public, au point qu'un membre important de l'ambassade m'avait enjoint, lors de la réception officielle à l'ambassade, de « faire bouger ce monsieur qui bloque l'entrée ! » au moment où la voiture du Premier ministre japonais s'arrêtait devant l'entrée de la résidence…

En 1996, pendant sa visite officielle entre le 18 et le 20 novembre, le président Chirac fit un passage éclair à l'exposition organisée par le Comité Colbert dans le grand magasin Mistukoshi pour honorer les métiers d'arts de nos maisons. J'étais devant le stand de confection des camélias de Chanel. Il me reconnut et, me faisant un clin d'œil, il me dit : « Je crois que nous nous sommes rencontrés en 1976 ? Je vois que vous avez suivi mon conseil. Bravo ! »

C'est la plus belle décoration que j'aie jamais reçue de la France…

On a tout dit de la relation de Jacques Chirac au Japon, qui est en fait hautement intellectuelle et spirituelle, à la mesure de son personnage, pudique et secret. Il a trouvé dans la fréquentation de ce pays et de son peuple la simplicité, la sobriété, l'humilité, le souci du respect de l'autre, le sens civique et collectif, l'harmonie des rapports sociaux et la relativité à la chose politique, toutes qualités qu'il vénère.

Le Japon lui a bien rendu son affection. Il a été plusieurs années de suite un des membres du jury du *Praemium Imperiale*, ce prix Nobel des arts et de la culture japonais. Le journal conservateur *Sankei*, connu pour ses positions peu amènes envers les étrangers, a un jour écrit à son sujet : « Aucun Européen n'a une connaissance aussi parfaite du Japon. »

Certes, il a été entouré de conseillers érudits qui l'ont accompagné pour décrypter l'âme japonaise, comme Valérie Terranova, sa conseillère spéciale entre 1999 et 2007, ou son sherpa pour les affaires diplomatiques Maurice Gourdault-Montagne, remarquable ambassadeur de la France au Japon entre 1998 et 2002.

Mais il a su, grâce à sa formidable connaissance du Japon et son amour sincère pour sa civilisation, forger d'inébranlables amitiés avec des Japonais considérables comme le fondateur du groupe de presse et de télévision Fujisankei, Shikanai Nobutaka, le mythique créateur de Sony, Akio Morita, ou l'ancien Premier ministre Hashimoto Ryûtarõ.

En ce qui me concerne, je lui dois, grâce à l'encouragement qu'il avait prodigué à l'homme en devenir que j'étais, d'avoir persévéré dans ma propre connaissance du Japon et d'avoir creusé patiemment mon modeste sillon dans ce pays.

D

Daibutsu (大仏) – Le Grand Bouddha

Au milieu de la débauche de vie végétale exubérante typique des paysages japonais, apparaît soudain une tête à l'impassibilité du bronze. Le visage est carré, franc, surmonté de 656 petits pois, les volutes de la chevelure ; l'un d'eux est tombé au milieu du front, magnétique. L'arche harmonieuse des sourcils souligne le regard baissé dans la pudeur modeste de la méditation ; il suit la déambulation dévote des pèlerins. Le nez à peine épaté recueille les volutes d'encens d'un récipient au pied de la statue. Les oreilles aux lobes percés sont allongées pour mieux écouter le murmure des voix célestes. Le sourire est énigmatique, l'indulgence baigne le front. Les trois replis du cou symbolisent les trois étapes permettant d'atteindre l'illumination. Le corps est massif, pourtant il paraît léviter au-dessus de son socle de pierre. Le vêtement qui le recouvre a l'apparente douceur de la soie ; il le drape de vagues de plis nonchalants. Son décolleté laisse apparaître une poitrine vaste et généreuse sur un ventre replet. Les épaules légèrement tombantes, pas de lassitude mais d'abandon, sont de douces courbes accueillantes. On devine sous la tunique les jambes croisées, les genoux aux rondeurs voluptueuses : la posture des trois points d'équilibre parfait de la position du lotus. Jamais il ne vacillera ni ne tombera. Les mains sont posées sur le giron, paumes vers le haut, doigts repliés se touchant, les pouces joints ; elles forment le triangle d'or de la sagesse.

Qu'importe qu'il soit là depuis plus de sept cent soixante ans ; qu'il mesure plus de 13 mètres et pèse 120 tonnes ; que le temple qui l'abritait, déjà détruit par deux fois, soit emporté par un tsunami, lequel à la fin du XVe siècle le déplaça de 40 centimètres, éparpillant les 32 pétales du lotus sur lequel il flottait, laissant son visage et son poitrail exposés aux intempéries mais dévoilant toute sa majesté sous le ciel azuréen de l'hiver ou celui, tempétueux, des typhons d'automne.

Peu importe donc que 2 millions de visiteurs, dont l'ancien président des États-Unis Barack Obama, venu en 2010 sucer une glace au thé vert lui rappelant son enfance, foulent les dalles de l'allée qui mènent à lui ; qu'il soit célébré par Mishima Yukio[1] dans sa tétralogie

---

1. Voir l'entrée « Mishima Yukio ».

testament *La Mer de la fertilité* ou par Rudyard Kipling dans la préface de son roman *Kim*. Et qu'importe enfin qu'il soit la propriété, depuis la fondation du temple qui l'abrite, le Kōtoku-in, d'une seule et même famille, les Sato, et qu'il rapporte à cette famille plus de 8 millions d'euros non imposables par an…

C'est le Grand Bouddha, que je vais saluer et remercier de sa longanimité chaque matin lorsque je suis dans notre maison blottie au fond du val étroit qu'il protège de ses larges épaules et baigne des ondes de sa douceur.

C'est le Grand Bouddha, indifférent aux tumultes du monde mais indulgent à l'égard des fautes des humains, qui domine de sa haute taille les saisons qui s'écoulent et les remous de l'Histoire en regardant, âme pure et cœur paisible, passer les péchés des hommes.

C'est le Grand Bouddha, qui saisit le visiteur de sa douceur bienveillante et du rayonnement de sa compassion, de sa mansuétude et de sa vertu. Et si celui-ci était vraiment attentif, il comprendrait que la Sérénité et sa sœur l'Éternité ont élu domicile à l'orée de cette petite vallée de Kamakura[1], bercée au silence des montagnes et au ressac de l'océan.

Daruma (達磨) – Culbuto

Boule de papier mâché vermillon, une trogne plutôt qu'un corps, un culbuto qui refuse obstinément de se renverser et reprend sa position initiale quand on le bouscule.

Le visage ressemble à un écran de télévision sur lequel un plaisantin aurait peint d'un coup de pinceau de

1. Voir l'entrée « Kamakura ».

calligraphe d'épais sourcils en forme de grue, oiseau de bon présage, et de gros favoris schématisant des écailles de tortue, reptile symbole de longévité. Un trait rouge dessine les lèvres pincées bien qu'il ne soit pas en colère, mais c'est tout de même un peu l'impression qu'il donne, d'être en rogne, surtout qu'il vous regarde fixement dans le blanc des yeux du blanc de ses yeux tout ronds auxquels manquent les pupilles. En dessous de son visage, deux idéogrammes en lettres dorées, *Fuku* (福) et *Iri* (入) pour *Fukuiri* (福入), « amène la bonne fortune ».

Le modèle du *daruma* serait ce moine bouddhiste d'origine indienne qui vivait entre le Vᵉ et le VIᵉ siècle, Bodhidharma. Il est célèbre pour avoir passé neuf années sans bouger assis face à un mur, ce qui aurait atrophié ses bras et ses jambes au point de les perdre. Une autre légende raconte que, après s'être endormi pendant ces années de méditation, irrité de sa faiblesse, il se serait coupé les paupières pour éviter que cela ne lui arrive une nouvelle fois.

On comprend donc mieux la raison pour laquelle notre *daruma* n'a pas de membres et pourquoi ses yeux sont d'immenses globes blancs.

On l'achète quand on a un objectif à atteindre, examen pour un étudiant, élection pour un homme politique, médaille pour un sportif, peu importe le dessein pourvu qu'on ait un *daruma* pour veiller à son accomplissement.

On écrit sur son flanc à l'encre de Chine l'objectif désiré puis on peint d'un point noir la pupille gauche. C'est par conséquent un borgne qui veille sur notre ambition, auquel on rendra toute sa vue quand on l'aura réalisée en peignant la seconde pupille. Il nous culpabilise subrepticement chaque fois qu'on le regarde, car s'il ne recouvre pas complètement la vue, ce sera parce que nous ne nous sommes pas assez acharnés, nous n'avons pas été suffisamment opiniâtres et pas suffisamment obstinés pour réussir.

Mais attention : sa durée de vie n'est que d'une année, au bout de laquelle on le rapporte au sanctuaire où on l'a acheté pour qu'il soit mis à brûler sur un grand bûcher. Il est par conséquent préférable d'atteindre son but en moins de douze mois, sinon c'est un *daruma* borgne et inconsolable que les flammes dévoreront, et avec lui s'envolera en fumée notre rêve inachevé.

Ne croyez pas que notre bon *daruma* rondouillard soit une vulgaire amulette. Il en serait vexé.

De l'étagère sur laquelle nous l'avons posé, il diffuse ses bonnes ondes. Il assume les immenses responsabilités que nous lui avons confiées. Dans le même temps, il nous encourage à la persévérance ; il nous engage à toujours nous tendre vers le but que nous nous sommes fixé ; il nous rappelle de sa bienveillante sévérité l'impérieuse nécessité de ne pas nous détourner de notre tâche ; il est un peu la conscience qu'il nous arrive de refuser d'écouter ; il est le bon génie qui chasse le découragement, la procrastination, la paresse ; il susurre inlassablement à nos oreilles le proverbe « *Nanakorobi, Yaoki* » (« Tombe sept fois, mais relève-toi la huitième »).

Un soir d'août que nous avions organisé une fête de la bière à la maison, une amie nous apporta un *daruma* de beau diamètre qu'elle avait acheté au sanctuaire Shōrin-zan de la ville de Takasaki, dans la préfecture de Gunma, au nord-est de Tokyo, d'où provient 80 % de la production de ces poupées au Japon. Devant tous nos hôtes, mon épouse et moi-même tenant de nos mains jointes un pinceau, nous écrivîmes sur le flanc du culbuto *Un enfant dans l'année*. Pour finir, nous ponctuâmes la partie centrale du blanc de son œil gauche d'un gros point noir sous les applaudissements nourris de l'assemblée.

Notre objectif, aussi agréables que puissent être toutes les tentatives pour réaliser notre vœu, n'apparaissait pas aisé à atteindre. Effectivement, déjà mariés depuis quelques années, nous avions d'énormes difficultés à avoir un enfant, et comme nous avions subi plusieurs échecs décourageants, nous étions sur le point d'abandonner.

Neuf mois plus tard, au mois de mai, un beau garçon naquit de notre union. La première chose que je fis lorsque je quittai la clinique fut d'aller peindre la pupille du second œil de notre *daruma* qui attendait sagement la bonne nouvelle à la maison.

Croyez-moi si vous le voulez, mais il me fit un clin d'œil malicieux…

Dazai Osamu (太宰治) – Écrivain (1909-1948)

Dazai Osamu est l'écrivain maudit par excellence, immergé dans la trilogie alcool, drogue et sexe, univers auquel il est nécessaire d'ajouter la maladie car tuberculeux, sans omettre une prédilection pour le suicide.

Qu'on en juge plutôt :

— Il fait une première tentative le 10 décembre 1929 en ingurgitant une overdose de somnifères, prétextant qu'il n'avait aucune chance de réussir les examens universitaires de fin d'année. Il avait pourtant été un brillant élève avec un don évident pour l'écriture. Mais après le suicide de son idole, l'écrivain Akutagawa Ryūnosuke, deux ans plus tôt, il avait pris les chemins de l'école buissonnière et s'était mis à boire et à fréquenter des prostituées.

— Il réitère un an plus tard, le 28 novembre 1930, quelques semaines à peine après avoir rencontré une *geisha* du nom de Oyama Hatsuyo avec laquelle il s'est enfui, provoquant le courroux de son frère aîné qui le répudie et lui coupe les vivres. Il entraîne alors dans une tentative de double suicide « *shinjû* » Tanabe Shimeko, jeune serveuse de 18 ans rencontrée quelques jours plus tôt dans un bar de Ginza. Après avoir ingurgité des barbituriques, ils se jettent tous deux dans l'océan sur la plage de Koshigoe près de Kamakura[1]. La jeune fille se noie, mais lui est sauvé et recueilli par des pêcheurs. Sa famille devra intervenir pour stopper une enquête policière qui aurait pu conclure à une complicité de meurtre. À peine remis, il épouse en décembre la *geisha* Hatsuyo mais ne fait pas enregistrer cette union.

— Une troisième tentative le 19 mars 1935, cette fois par pendaison, échoue également. Il a pourtant, encouragé par le romancier Ibuse Masuji, commencé sa brillante carrière d'écrivain et publié un nombre impressionnant de nouvelles dont *Le Train* en 1933, la première œuvre signée sous son nom de plume. Il s'est essayé avec succès au style autobiographique dit « *Shishôsetsu* » qui devient rapidement sa marque de fabrique.

— Une quatrième tentative en 1937 suit deux années de misère. Il a échoué trois fois de suite à décrocher le prestigieux prix Akutagawa. Une dispute médiatique avec l'un des membres du jury, l'écrivain Kawabata Yasunari[2], qui lui reproche sa vie dissolue, le blesse profondément. Hospitalisé en avril 1935 pour une péritonite à la suite d'une appendicite aiguë, il développe une addiction à un puissant analgésique dérivé de la morphine. Il lui arrivera de s'administrer jusqu'à cinquante injections de Pabinal par jour. On l'interne en octobre 1936 pour un sevrage brutal. Quand il sort finalement de

1. Voir l'entrée « Kamakura ».
2. Voir l'entrée « Kawabata Yasunari ».

l'établissement psychiatrique, il apprend que son épouse l'a trompé avec son meilleur ami. Il la convainc de l'accompagner pour un nouveau *shinjû* aux somnifères lors d'un séjour dans une station d'eaux thermales, Murakami Onsen, fin mars 1937. Ils échouent et finissent par se séparer en juin de cette année-là.

— Enfin, une dernière tentative.

Dazai s'est remarié en janvier 1939 avec la fille d'un géologue qui lui a été présentée par son mentor Ibuse, Ishihara Michiko. Durant quelques années au cours desquelles il publie ses meilleurs romans, *Jyoseito* (*Écolière*), *Fugaku Hyakkei* (*Cent Vues du mont Fuji*), *Hashire Merosu* (*Cours, Melos !*), ou encore *Pandora no hako* (*La Boîte de Pandore*), il semble avoir surmonté ses problèmes et mène une vie apaisée auprès de son épouse et de leurs trois enfants. Mais ses démons intérieurs le rattrapent. Il sombre de nouveau dans l'alcoolisme. Il revoit une admiratrice qu'il avait brièvement croisée en 1941, Ôta Shizuko. Il lui fait un enfant qui naîtra en novembre 1947. Contraint et forcé, il reconnaîtra la petite fille et consentira à lui allouer une pension maigrichonne. En mars 1947, il a rencontré une autre femme, une ravissante veuve de guerre au beau visage mélancolique du nom de Yamazaki Tomie, esthéticienne de son état. Il abandonne son épouse et ses enfants pour se mettre en ménage avec elle. Au milieu de tout ce désordre, il publie en juillet 1947 son roman le plus célèbre, *Shayo* (*Soleil couchant*), puis il écrit *Ningen Shikkaku* (*La Déchéance d'un homme*) qui sera publié juste après sa mort en juillet 1948.

Le 13 juin 1948, Dazai et sa maîtresse Tomie se jettent dans le canal de dérivation de la rivière Tamagawa. Le lendemain, la police est informée de leur disparition. Un témoin assure avoir vu un homme et une femme se précipiter dans le canal. Deux *getas* sont retrouvées un peu plus tard sur les berges à l'endroit qu'il a indiqué. Dans la boue, à demi effacées par la pluie battante en cette saison, subsistent des traces laissées par les taquets des chausses, comme si on avait tiré quelqu'un contre son gré ou qu'une personne avait glissé. À environ 1 kilomètre de l'endroit où le couple s'était lancé dans l'eau, six jours plus tard, le 19 juin vers 6 h 50 du matin, on finira par retrouver les deux corps enlacés, noués ensemble par une cordelette rouge.

Ironiquement, ce 19 juin était le jour du trente-neuvième anniversaire de l'écrivain. Tomie, elle, avait 29 ans.

Le rapport de police établi signale que le visage de Tomie était déformé par la terrible grimace d'agonie de la noyade et que ses poumons étaient remplis d'eau. Celui de Dazai, en revanche, était paisible et il semblait avoir absorbé peu d'eau. On en déduisit qu'il était peut-être déjà dans un état semi-inconscient dû à l'absorption de médicaments au moment du suicide. Un enquêteur se fendit d'un commentaire laconique : « Je ne peux croire à un pur *shinjû*. »

Le commissaire de Kamata déclara également plus tard : « Comme le suicide par *shinjû* a été annoncé, dire autre chose ne servirait à rien. Mais pour la police il y a beaucoup trop de points restés inexplicables pour conclure à un simple suicide. »

Dazai Osamu, de son véritable nom Tsushima Shûji, est né le 19 juin 1909 dans la préfecture d'Aomori, tout au nord de l'île principale du Japon, au sein d'une famille prospère et puissante – son père, un des propriétaires terriens les plus aisés de la province, était un membre de la Chambre des pairs. Il se sent rapidement en décalage à la fois avec son entourage et son époque, « seul bien vêtu au milieu de la plèbe et qui aurai[t] mérité la guillotine réservée aux aristocrates ». Sa crise d'identité le conduit à des sentiments pseudo-marxistes, plutôt esthétisants que franchement militants. Alors que le Japon de cette époque est enclin à être séduit par les idées d'extrême droite, son engagement au parti communiste conduira sa famille à le rejeter.

L'écrivain n'en demeure pas moins prolifique. Son style est original. Il traite de thèmes majeurs, la crise d'identité du pays, la déliquescence de ses valeurs fondamentales, le déclin de l'aristocratie, au travers de protagonistes qui sont comme lui irresponsables, amoraux, débauchés, sans autre but que l'autodestruction. Leur style de vie, plutôt qu'une critique structurée de la société, est le résultat de leur désinvolture poussée au paroxysme. Dazai est l'anti-héros qui ne cherche rien d'autre que la fuite. Il est son propre modèle et tout à la fois le propre spectateur de ses personnages.

Il est assimilé à la mouvance d'écrivains dite *burai* (« non fiables ») du Japon de l'immédiat après-guerre, sans pour autant y revendiquer une quelconque appartenance. Il avance, solitaire, vers une destruction inéluctable, au travers de l'alcool, des stupéfiants, des femmes. De fort belle prestance avec pour l'époque sa grande taille d'homme du Nord (1,75 mètre), ses pommettes saillantes et sa chevelure abondante, sans compter son aura d'écrivain maudit, il attirait irrésistiblement ces dernières. De promesses en reniements et de serments en rejets, il ne les traitera pas bien, abandonnant l'une du jour au lendemain pour une autre, délaissant froidement la maîtresse à laquelle il a fait un enfant une fois qu'il a obtenu d'elle ce qu'il souhaitait, dans un superbe égoïsme et une indifférence dédaigneuse. Peut-être est-il incapable d'amour ou de simple reconnaissance. Peut-être ne se rend-il simplement pas compte de la monstruosité de son comportement.

Ainsi de sa relation avec Ôta Shizuko, cette jeune femme d'une excellente famille qui, particulièrement progressiste pour son époque, a étudié la littérature contre l'avis de ses parents. Elle écrit des *tankas* et des *wakas*, ces poèmes de trente et une syllabes. Mariée toute jeune, elle perd son enfant un mois à peine après la naissance. Elle a décrit dans un journal intime son désarroi. Son frère, fou de l'écrivain Dazai, lui recommande de lui envoyer ses écrits pour connaître son opinion. Celui-ci lui en accuse réception en l'invitant à venir le voir, ce qu'elle fait en septembre 1941. Il lui envoie le 15 décembre un télégramme lui enjoignant de le rejoindre. Elle tombe amoureuse de lui, même si elle rejette l'idée de fréquenter un homme qui n'a pas l'intention de l'épouser. Leur relation connaît alors plus de bas que de hauts.

Le 6 janvier 1947, elle rend visite à Dazai qui lui demande de prendre connaissance du journal dont elle a continué la rédaction. Il aimerait s'en inspirer comme modèle d'un prochain roman. Elle accepte à la condition qu'il se rende chez elle. C'est durant les trois jours de février qu'il passe en sa compagnie tout en s'imprégnant du journal que leur fille a été conçue.

Dazai s'est donc largement inspiré du journal d'Ôta pour son roman *Shayo* paru en juillet 1947, cette histoire d'une femme de l'aristocratie qui quitte pendant la guerre sa spacieuse résidence de Tokyo pour vivre accompagnée de sa fille dans un chalet de montagne.

Dazai y décrit l'effondrement de la haute société japonaise, qui tente de préserver les traditions en dépit d'une vie bousculée par les événements, et l'évolution brutale de la société par le prisme des « gens du Soleil couchant », expression passée dans le langage courant pour qualifier les membres déchus de l'aristocratie.

Shayo est un roman puissant dans lequel apparaissent les premières bribes autobiographiques de l'écrivain.

Mais c'est dans *La Déchéance d'un homme* publié un mois après son suicide que l'écrivain se met à nu par le biais de son personnage Yozo.

Né comme lui dans une famille riche au nord du Japon, enfant chétif et maladif, trop protégé et gâté par les siens, Yozo se retrouve seul à Tokyo où il abandonne ses études et s'initie au saké, au tabac et fréquente les prostituées, pour se retrouver aspiré dans une spirale de vice et de déchéance.

Comme Dazai, Yozo est alors rejeté par sa famille qui lui coupe les vivres. Il est entretenu par une serveuse de café et il tente de se suicider avec elle.

Malgré la sollicitude de femmes qui successivement tentent de le tirer d'affaire, de l'aider à se désintoxiquer, parfois le trompent avec un autre, il retombe dans la boisson et la drogue. On reconnaît au travers de la journaliste qui le sauve une première fois avant qu'il ne la quitte la *geisha* Hastuyo, chez la patronne d'un bar qui le recueille probablement son épouse Michiko, chez la jeune vendeuse qui l'aide à entrevoir la rédemption sans doute Tomie, à moins que ce ne soit l'injustement bafouée Shizuko.

Comme lui, enfin, le narrateur a trois enfants. Il emprunte les carnets laissés par Yozo à une femme qui l'a connu comme Dazai à Shizuko pour écrire son roman.

Qui sait si, comme la famille de Yozo le fait dans le roman, Dazai n'a pas rêvé que la sienne lui accorde son pardon, lui permettant de vivre une vie simple éloignée des poisons qui l'ont détruit ?

Et certainement peut-on deviner dans les derniers propos de Yozo une sorte de confession de l'état d'âme de l'écrivain Dazai :

> « À l'heure actuelle je ne connais ni le bonheur ni le malheur. La vie passe.

Jusqu'ici, j'ai vécu dans l'enfer. Dans le monde des humains, c'est la seule chose qui me semble vraie.

La vie passe, rien d'autre. »

Dazai Osamu a écrit et publié plus de soixante ouvrages. C'est un écrivain incontournable de la littérature japonaise et un être humain dont le profond désespoir ne peut laisser personne indifférent.

Deguchi nashi (出口なし) – *Huis clos* (Sartre)

Début 2006, je reçus un appel de mon ami le journaliste Régis Arnaud. Il me demanda si je connaissais un jeune sociétaire fort prometteur de la Comédie-Française du nom de Guillaume Gallienne. J'avouai mon ignorance. Il m'expliqua alors que celui-ci s'était mis en tête de monter la pièce *Huis clos* de Jean-Paul Sartre dans l'esthétique du théâtre *nô*[1] au Japon.

Cette idée me parut excentrique mais elle faisait sens : *Huis clos* est une des rares œuvres dramatiques occidentales qui se passe dans l'au-delà, ce qui est le cas de nombreuses pièces du répertoire du *nô*. Voir Garcin, Inès et Estelle en costumes traditionnels, portant des masques et évoluant au pas glissé et au rythme du *nô* traditionnel était une idée irrésistible.

J'étais par ailleurs curieux de voir quelle serait la réaction de notre clientèle sophistiquée à ce « twist » de la pièce maîtresse du pape de l'existentialisme, revêtue des atours et jouée selon les canons d'un art millénaire dont l'ésotérisme ne souffrait aucune déviance.

1. Voir l'entrée « *Hagoromo* ».

Le pari était d'autant plus hasardeux qu'il s'agissait de la toute première création théâtrale de Gallienne encore peu connu hors de France. Mais il avait un atout de taille dans sa manche, le danseur Nicolas Le Riche, qui faisait l'objet d'un véritable culte au Japon.

Grâce aux efforts conjugués du metteur en scène et de Régis Arnaud, ils étaient parvenus à convaincre le grand spécialiste de Paul Claudel et du théâtre *nô*, le professeur Watanabe Moriaki, de les aider. Celui-ci obtint le soutien du prestigieux théâtre de Nô Tessenkai situé dans le quartier résidentiel de Tokyo, Omote Sandô, siège d'une branche cadette de la famille Kanze, une des plus célèbres troupes de *nô* en activité depuis l'année 1333.

Je décidai moi aussi d'entrer dans cette aventure quelque peu hétéroclite. Nous apportâmes donc à la réalisation de ce projet la caution prestigieuse de notre entreprise dont la fondatrice Gabrielle Chanel avait été un pygmalion éclairé d'expériences artistiques novatrices dans la première moitié du XXe siècle.

La pièce fut jouée à guichets fermés à l'automne 2006 pour cinq représentations et reçut un accueil enthousiaste, démontrant s'il était nécessaire que le *nô* renferme sous son apparence rigide et conventionnelle des trésors d'adaptabilité.

Encore avait-il fallu tout l'incontournable talent et la volonté farouche d'un Guillaume Gallienne pour que cela ne tourne pas au ridicule de potache ou à la farce surréaliste.

Démographie

Le Japon est un cas d'école en matière d'évolution démographique qui mérite qu'on s'y attarde.

Parler de démographie nécessite qu'on aligne des chiffres, exercice peu enthousiasmant et austère mais nécessaire.

Lorsque je m'adresse à un auditoire n'ayant pas une grande connaissance du Japon, je débute toujours ma présentation par une comparaison simpliste avec notre pays :

— La France métropolitaine couvre une surface de 550 000 km^2 pour une population de 67 millions d'habitants ; 70 % du territoire est habitable. Nous avons donc 385 000 km^2 pour batifoler.

— L'archipel japonais couvre une superficie de 378 000 km^2 dont 75 % sont composés de montagnes fortement escarpées inutilisables, pour une population de 127 millions d'habitants. Leur espace vital n'est par conséquent que de 94 500 km^2.

— Donc, les Japonais qui sont deux fois plus nombreux que nous ne disposent que de 25 % de notre superficie viable. En fait, 50 % des Japonais, à peu près l'équivalent du nombre de Français, vivent sur 2 % de leur territoire, 7 500 km^2, moins que la dimension de la Corse (8 700 km^2) !

Cela donne une idée de la densité de population plus imagée que le nombre de personnes au kilomètre carré.

Historiquement, démographiquement, le Japon a connu dans les deux sens des fluctuations fulgurantes. À l'orée du XVIIe siècle, au moment de l'instauration du shogunat Tokugawa, on estime que la population s'élevait à 12 millions d'âmes. Peu après son ouverture au monde, en 1873, ce chiffre passe à 35 millions pour atteindre 73 millions à la veille de la Seconde Guerre mondiale. En 1955, il se situe à 90 millions de sujets, pour dépasser les 100 millions dès 1970, avec un pic de 128 millions en 2010. Depuis, la courbe décroît pour retomber à 127 millions en 2019, soit une chute de 3 millions d'habitants en moins de dix ans !

Les statisticiens estiment que la population va continuer de baisser de 0,8 % par an avec une perte de 1 million d'individus chaque année pour se stabiliser autour de 85 millions d'habitants en 2060.

Le taux de fertilité est bien entendu responsable de cette dégringolade ahurissante, la plus rapide au monde. Là également les chiffres sont impressionnants :

En 1900, celui-ci était de 6,25 par femme en âge de procréer. Il est monté à 6,45 en 1920. Après le baby-boom des années 1947-1950 (4,4), il a continuellement baissé, passant plusieurs fois en dessous du taux de renouvellement de 2,1 dès la fin des années 1950. Une chute spectaculaire fut enregistrée en 1966 avec moins de 14 naissances pour 1 000 habitants, un taux de 1,58, due aux auspices néfastes du calendrier lunaire chinois selon lesquels les filles nées durant cette année du Cheval *Hinoe Uma* se reproduisant cycliquement tous les soixante ans « mangent les mâles » !

Ou de l'influence des superstitions sur les grands mouvements de l'humanité !

Le taux enregistré en 2019 est de 1,37, ou 7 naissances pour 1 000 habitants.

Cet effondrement impressionnant peut s'expliquer de plusieurs manières :

— Le taux de non-mariage est de plus en plus élevé : plus de 70 % des hommes de 25 à 29 ans, 47 % de ceux de la tranche de 30 à 34 ans et encore 30 % de celle de 35 à 39 ans. Bien que moindre chez les filles, il est tout de même de 59 %, 32 % et près de 20 % pour les mêmes tranches d'âge.

— Plus de 70 % des trentenaires célibataires continuent de vivre chez leurs parents, ce qui ne favorise guère l'intimité.

— Relation de cause à effet, une sexualité en berne, 50 % des Japonais déclarant qu'ils ne sont pas intéressés par le sexe, dont 25 % de la tranche des 25-29 ans le trouvant carrément ennuyeux. Une étude a étayé cette indifférence en montrant que 36 % de la population âgée entre 18 et 34 ans n'avait même jamais eu de relations sexuelles, ce chiffre atteignant la proportion ahurissante de plus de 40 % chez les jeunes hommes entre 20 et 24 ans !

— Enfin, les infrastructures d'accueil des enfants en bas âge, crèches et autres, sont fort peu développées, et l'État n'accorde qu'une part infime de son PIB, autour de 1 %, aux aides à la natalité. Une expérience alors menée depuis plusieurs années dans une préfecture de l'île de Shikoku montre pourtant qu'il n'y a pas de fatalité. En ne consacrant que 800 millions de yens (6 millions d'euros) par an aux aides postnatales, elle a enregistré une hausse spectaculaire du nombre de naissances, faisant de cette région celle au taux de fécondité le plus élevé du pays.

À l'opposé, le Japon enregistre un autre record du monde : c'est le pays où la population vieillit le plus rapidement avec une espérance de vie insolente, passée en 1865 de 36,4 ans à 59,2 ans en 1950, 81,8 ans en 2000 et à 84,4 ans en 2020. La part de population âgée de plus de 65 ans est passée de 7 % en 1970 à 26 % en 2014. Elle devrait alors atteindre 40 % en 2060.

La pyramide des âges a ainsi vu sa base rétrécir depuis 1975 et enfler irrésistiblement comme une montgolfière sans que cela semble émouvoir outre mesure les autorités japonaises, lesquelles n'encouragent pas non plus l'immigration afin de pallier le déficit inquiétant de sa population.

En effet, le Japon ne recensait en 2018 que 2 635 000 étrangers sur son sol, soit environ 2 % de la population, dont moins de 800 000 résidents de longue durée. En 1970, les « *aliens*[1] » étaient moins de 1 million.

S'il y a une discipline dans laquelle les gouvernements peuvent exercer une influence positive, c'est bien la natalité. La France reste un exemple pour sa politique nataliste réussie. Le système d'accompagnement des familles, les allocations familiales, le maillage serré sur tout le territoire de crèches font que les parents peuvent tout en travaillant élever des enfants. J'ai toujours trouvé étrange, bien que connaissant l'aversion des autorités à s'immiscer dans les sphères privées, leur apathie face à une catastrophe démographique annoncée.

La réponse m'a été formulée lors d'un dîner privé auquel un de mes vieux camarades m'avait convié. Il avait invité

1. Voir l'entrée « Alien ».

chez lui un de ses amis, avec lequel il avait partagé dans sa jeunesse un bureau dans la salle de *trading* d'une *shōsha*, une des grandes sociétés de commerce du Japon. Ce personnage, député du PLD, le Parti libéral démocrate, était le fils d'une longue lignée d'hommes d'État japonais. Son père avait été Premier ministre, poste qu'il occupera lui-même dans les six mois qui suivirent notre rencontre. On peut donc imaginer, bien que notre conversation ne fût qu'officieuse, que sa voix représentait la ligne générale du parti au pouvoir.

Le repas arrosé de vins français dont nous n'avions pourtant pas abusé aida sans doute à rendre la conversation plus fluide quand j'abordai le sujet du déséquilibre démographique dans lequel le Japon s'enfonçait. La réponse fut édifiante :

« Il faut que vous compreniez, dit le député, que le Japon ne peut se permettre indéfiniment une population de 130 millions d'habitants. Ce n'est pas viable. Nous ne savons pas quel est le chiffre idéal, 100, 90 ou 80 millions, mais une chose est sûre, c'est que notre pays n'a pas les moyens de supporter le nombre actuel d'habitants.

— Si vous ne réagissez pas, la pyramide des âges va atteindre un point de déséquilibre dangereux ! hasardai-je.

— Certes, et c'est déjà le cas, mais dans trois ou quatre générations, elle retrouvera un nouvel équilibre. Elle sera plus petite, voilà tout.

— Peut-être, mais comment comptez-vous faire entretemps pour compenser le déficit de main-d'œuvre et pour lisser l'impact sur l'économie du pays ?

— Nous n'avons pas encore toutes les réponses. Il nous faudra augmenter notre productivité qui n'est pas la meilleure au monde – je crois que les Français nous devancent sur ce chapitre ! L'âge de la retraite va être repoussé progressivement. Nous ferons appel de plus en plus à la robotique. Je vous concède que tout cela ne suffira sans doute pas. Une chose, cependant, est sûre, nous n'aurons pas recours à une immigration massive et sauvage... »

Cet échange me fit comprendre que le Japon, *a contrario* de toute théorie enseignée dans les classes d'économie, semble avoir adopté une politique volontairement *dénataliste*. Cela peut sembler absurde, mais il faut en mesurer le raisonnement à l'aune de la saga contemporaine du Japon :

— Lorsqu'il découvrit au tournant du XXe siècle que pour la première fois de sa longue histoire il ne pouvait s'autosuffire et dut laisser partir des vagues d'immigrés pour l'Amérique latine, principalement le Brésil et le Pérou.

— Lorsque ses besoins insuffisants le précipitèrent dans la désastreuse occupation de la Chine dont il souhaitait faire son grenier à riz et à toutes les matières premières dont il avait besoin, et qui le conduisit à la catastrophe de la guerre du Pacifique.

C'est bien entendu une interprétation personnelle des propos peu équivoques émanant de ce politicien. Et dans un monde qui se dirige allègrement vers les 10 milliards d'habitants, on peut se laisser aller à penser... Et s'ils avaient raison ?

Dogeza (土下座) – Prosternation ou le *kowtow* japonais

Pratique de l'étiquette japonaise largement tombée en désuétude consistant à s'agenouiller et à s'incliner profondément jusqu'à toucher le sol de son front, mains et avant-bras posés à plat devant soi, afin de montrer sa déférence envers un supérieur, requérir une faveur, faire acte de contrition ou solliciter la clémence d'une personne qu'on a offensée.

Autrefois, omettre de faire *dogeza* devant un *samouraï* qui s'estimait offusqué vous exposait à perdre la tête.

Chez les *yakuzas*, le meilleur des *dogezas* ne suffisait pas. Il convenait de le compléter en sectionnant la phalange de son petit doigt pour la présenter enveloppée dans une pièce de gaze blanche à la personne dont on implorait le pardon.

Les hommes politiques ou les dirigeants d'entreprise qui se sont fait prendre la main dans le sac procèdent à une forme de *dogeza* simplifiée debout en s'inclinant à 90 degrés lors de conférences de presse organisées pour présenter leurs excuses. C'est un spectacle habituel au journal télévisé.

Après l'accident de la centrale nucléaire de Fukushima, le président de Tepco[1] et son aréopage, responsables des négligences ayant conduit à la catastrophe, se sont livrés à un impeccable simulacre de *dogeza* qui, semble-t-il, a satisfait l'establishment puisque aucun d'eux n'a été puni.

Au Japon en effet, on pourrait dire : « *Dogeza* effectué, faute pardonnée. »

J'ai échappé à une grosse amende et un possible retrait de permis de conduire il y a une quarantaine d'années grâce à un impeccable *dogeza*.

Je roulais à une vingtaine de kilomètres/heure au-dessus de la vitesse autorisée quand une voiture de police me prit en chasse et m'intima l'ordre de m'arrêter sur le bas-côté. C'était une époque où les étrangers parlant japonais étaient encore rares.

Deux options s'offraient à moi :

1. Tokyo Electric Power Company.

— Prétendre que je ne comprenais pas la langue et courir le risque d'être emmené au poste de police pour un interrogatoire assisté d'un interprète.

— Parlementer, ce qui avait peu de chances d'aboutir à une issue favorable.

Je sortis de la voiture. Les deux policiers s'étant rendu compte qu'ils avaient affaire à un étranger avaient l'air bien ennuyés.

Je pris alors le parti de m'adresser à eux en japonais et, tout en proférant des excuses dans le langage de politesse le plus déférent possible, je me prosternai à leurs pieds, frappant mon front à plusieurs reprises sur l'asphalte de la route si violemment que je me blessai au contact du gravier.

Ils furent tellement surpris et embarrassés qu'ils m'aidèrent à me relever, me tendirent un mouchoir en papier pour m'essuyer le front et se contentèrent de m'infliger une amende au demeurant fort raisonnable.

Je ne suis pas certain qu'un *dogeza* aussi emphatique serait toujours aussi efficace de nos jours. Même au Japon, les bonnes traditions se perdent...

ごめんなさい！もうしません[1]！

1. « *Gomennasai ! mō shimasen !* » (Pardon ! Je ne le ferai plus !)

E

Écriture – un casse-tête chinois… à la japonaise

La manie japonaise de réaliser les choses les plus simples avec une extrême complication est sans doute à l'origine de la sophistication inégalée de tout ce que ce peuple touche et réalise. Je me plais à croire que la façon dont le Japon a inventé son écriture pourrait être à l'origine de cette obsession.

La langue japonaise n'a pas connu d'écriture jusqu'au VIe siècle. Les caractères chinois *kanjis* (漢字) étaient parvenus sur le sol japonais vers le IVe siècle mais n'étaient pas utilisés pour transcrire l'idiome du pays. Seuls quelques lettrés lisaient et écrivaient le chinois classique.

Dans un premier temps, les Japonais tentèrent d'adopter les idéogrammes pour transcrire leur propre langue. Ils les utilisèrent non pour leur valeur phonétique mais pour leur sens. Par exemple, il suffisait d'accoler à l'idéogramme chinois de la montagne 山 le mot japonais existant *yama*, et le tour était joué.

Pour les objets qui n'existaient pas, comme le mot « livre », puisqu'il n'y avait pas d'écriture, ils adoptèrent à la fois l'idéogramme et la prononciation chinoise : 本 et *hon*.

Jusque-là, rien de bien compliqué.

Mais ils ne se sont pas arrêtés à cette approche pragmatique et de bon sens. Ils décidèrent d'utiliser la lecture chinoise pour les mots composés. Ainsi, par exemple, le caractère montagne pour « chaîne de montagnes » ou accolé au nom d'un mont ne se lira-t-il plus *yama* mais *san* dans sa lecture chinoise :

— Chaîne de montagnes = *Sanmyaku* (山脈)

— Mont Fuji = *Fuji san* (富士山) et jamais *Fuji yama*, qui est une erreur grossière.

C'est ainsi qu'on distingue la lecture japonaise dite *Kun'yomi* de la chinoise *On'yomi*.

Un *kanji* peut se lire de différentes manières suivant le contexte ou s'il entre en composition avec un confrère. Les caractères 生 (« vie ») et 下 (« sous ») ont tous deux le plus grand nombre de lectures : 12 chacun. Sans compter les lectures dites coutumières de caractères composés qui subissent des déformations dues à des amuïssements de sons ou des prononciations dialectales ou populaires.

En outre, il existe de nombreuses homonymies à cause de la pauvreté des sons. Par exemple, 112 *kanjis* se lisent *san*. Aucun, bien évidemment, n'a le même sens. Le *san* de 山 (*yama*) par exemple ne doit pas être confondu avec « *san* » (さん) qui n'est pas un idéogramme (l'équivalent de notre « monsieur » ou « madame ») et s'accole à un nom de personne, d'où le contresens de *Fuji san* faussement traduit par « l'honorable mont Fuji » par les étrangers.

Les idéogrammes peuvent être fort simples comme 一 (*ichi*, « un »), faciles à se rappeler par leur symbolisme tels que 川 (*kawa*, « rivière ») ou les associations d'idées de leur composition, par exemple 男 (*otoko*, « homme » = « la force 力 dans la rizière 田 »). D'autres sont fort difficiles à mémoriser car aucun moyen mnémotechnique ne permet de les visualiser (厳, *gen*, « strict ») ou parce que le nombre de traits est particulièrement élevé, 29 pour le *kanji* suivant : 鬱 (*utsu*, « dépression »). Cela peut aller jusque 52 traits !

Pour comble de tout, contrairement à la Chine qui a adopté une calligraphie simplifiée, le Japon a conservé la forme ancienne. Enfin, si la plupart des caractères empruntés ont gardé leur sens originel, ceux qui étaient utilisés pour leur prononciation ont souvent complètement perdu leur signification.

Les Japonais utilisent 1 945 idéogrammes, dont 1 000 sont courants. Ce sont les *Jōyō kanjis*, les *kanjis* usuels. Au sortir de l'école obligatoire, tout élève en a assimilé l'intégralité. Lorsque je faisais mes études, il y en avait 1 852. On a donc trouvé depuis le moyen d'en ajouter une bonne centaine !

Qu'ils soient 1 945, 1 852 ou 1 000, ce n'est pas une mince affaire que de se les rappeler tous avec leurs lectures *kun* et *on*. Sans compter que les calligraphier proprement demande un fameux coup de pinceau !

C'est pourtant nécessaire car les *kanjis* servent à transcrire les mots porteurs de sémantique tels que le radical des verbes (食, radical de « manger ») ou des adjectifs (赤, radical de « rouge »), les noms (月, « la lune ») et les noms propres (田中, « Tanaka ») ou de lieu (京都, « Kyoto »).

Mais ce n'est pas tout…

Le japonais a une structure grammaticale radicalement différente du chinois. C'est une langue dite ouralo-altaïque avec une syntaxe agglutinante utilisant des particules signifiantes ajoutées par exemple à un verbe ou à un mot pour en définir le temps ou le rôle dans une phrase, et une typologie ordonnant celle-ci en SOV (sujet-objet-verbe). Le turc, le mandchou, le coréen sont rangés dans cette même classification. Il fallait donc trouver un moyen d'exprimer ces particularités grammaticales, les *kanjis* seuls ne pouvant le faire.

Un dispositif appelé *kanbun* (漢文) fut alors imaginé et utilisé à l'époque de Heian (794-1185). Des signes diacritiques accolés aux caractères chinois permettaient de restructurer les phrases en indiquant l'inversion des mots et la terminaison des verbes. La toute première chronique historique du Japon, le *Kojiki*, aurait été rédigée vers l'an 700 en *kanbun*.

Un premier système véritable d'écriture de la langue japonaise appelé *manyōgana* fut créé vers le milieu du VIIe siècle à partir de *kanjis* utilisés non plus pour leur valeur sémantique mais pour leurs propriétés phoniques. Les signes étaient cependant trop nombreux pour transcrire efficacement la langue. Au fil du temps, ils diminuèrent jusqu'à se limiter à un par son, amenant la création des *hiraganas* dans un nouveau système appelé *gojûon*, les « cinquante sons ».

Ces signes purement phonétiques écrits en style cursif, souple et arrondi, dérivés de la simplification extrême des *kanjis* adoptés en tant que phonèmes, étaient fort simples à écrire et accessibles à la population, notamment aux femmes, d'où leur appellation de *onnate* – la main des femmes. On vit ainsi fleurir durant toute la période de Heian une abondante littérature féminine écrite en *hiraganas* dont les plus célèbres sont incontestablement le *Dit du Genji*[1] de dame Murasaki Shikibu et *Les Notes de chevet* de Sei Shônagon[2].

Les *hiraganas* étaient à l'origine nombreux, près de 300, car plusieurs signes pouvaient être utilisés pour une syllabe donnée. Il faudra attendre huit siècles et la réforme de 1900 pour que leur nombre soit ramené à 51 signes, un par syllabe.

Parallèlement à l'avènement des *hiraganas*, un second syllabaire identique dans sa finalité fut mis en place au IXe siècle pour que les élèves des monastères apprennent plus rapidement les sutras. Ce sont les *katakanas* (片仮名 – *kata*, 片, signifiant « fragment »), raides et angulaires, plus simples à tracer que les *hiraganas*.

Ces deux alphabets permettent en théorie d'écrire le japonais phonétiquement, mais la lecture en deviendrait extrêmement fastidieuse.

Prenons un exemple avec une phrase simple :

« Monsieur Hasegawa a mangé un poisson dans une auberge de Kamakura. »

「長谷川様は鎌倉の旅館で魚を食べました.」

1. Voir l'entrée « Murasaki Shikibu ».
2. Voir l'entrée « Sei Shônagon ».

Pourrait s'écrire uniquement en *hiraganas* ainsi :

「はせがわさまはかまくらのりょかんでさかなをたべました.」

Cette phrase devient un galimatias visuel quasi impossible à déchiffrer.

Les *hiraganas* servent à exprimer la syntaxe avec deux axes :

— Les *okuriganas* qui sont les suffixes des adjectifs et des verbes permettant d'exprimer la conjugaison, par exemple :

- 送る (*okuru* – « envoyer »), 送りました (*okurimashita* – « j'ai envoyé »)
- 高い (*takai* – « haut, cher »), 高すぎる (*takasugiru* – « c'est trop cher »).

— Les *joshi*, qui sont des particules grammaticales définissant le sujet, l'objet, ou indiquant les prépositions. Ainsi, pour reprendre la phrase de monsieur Hasegawa :

「長谷川様は鎌倉の旅館で魚を食べました.」

Les *hiraganas* s'utilisent également pour écrire des mots qui n'ont pas de *kanji*, en lecture phonétique *furigana* placée au-dessus d'idéogrammes rares, ou dans les livres d'enfants à la place des *kanjis* pour leur faciliter la lecture.

Quant aux *katakanas*, ils sont utilisés pour les mots empruntés aux langues étrangères (クリーニング = *Cleaning*, « blanchisserie », アルバイト = *Arbeit*, « petit boulot »), les noms de pays ou de villes (フランス, « la France » ; パリ, « Paris ») ou la transcription des onomatopées (ニャーニャー, *nya nya*, notre « miaou »).

Enfin, il ne faudrait pas oublier le *rōmaji*, tout simplement notre alphabet latin, peu usité sinon pour la transcription d'acronymes, de noms d'entreprises, de certaines expressions venues de l'étranger (Tシャツ, « T-shirt »).

Toutes ces graphies, *kanjis*, *hiraganas*, *katakanas* et *rōmajis*, coexistent paisiblement dans un méli-mélo pas très harmonieux à l'œil mais très efficace. Dans un article sur l'écriture japonaise, Wikipédia indique que, sur les 55,6 millions de glyphes composant le contenu du journal *Asahi* sur une année, 41,4 % étaient des *kanjis*, 33,6 % des *hiraganas*, 6,4 % des *katakanas*, 13,1 % de la ponctuation, 2,1 % des chiffres et 0,5 % du *rōmaji*.

Wikipédia illustre la simultanéité d'utilisation des quatre formes d'écriture en citant approximativement cette manchette de l'*Asahi* :

「ラドクリフ、マラソン五輪代表に、1万m出場にも含み」

(Radcliffe, participant au marathon olympique, concourra aussi pour le 10 000 mètres.)

Il convient pour finir d'indiquer que le japonais s'écrit indifféremment verticalement de la droite vers la gauche (*tategaki*) ou horizontalement de gauche à droite (*yokogaki*), les journaux et les romans ainsi que le courrier dans la première direction, les documents plutôt dans la seconde.

Apprendre à lire et écrire le japonais est amusant au début, devient vite insupportable et finit par être décourageant car on s'aperçoit, alors qu'on croit avoir retenu les 1 945 idéogrammes et toutes leurs lectures, qu'il faut tout reprendre de zéro car on a (presque) tout oublié.

La seule consolation pour l'étranger désespéré est que les Japonais eux-mêmes se trompent dans la calligraphie des *kanjis*, oublient ceux qu'ils utilisent rarement, ou ne savent tout simplement pas en lire certains.

En voici un petit florilège que je vous suggère de soumettre au premier Japonais que vous croiserez pour vous offrir la joie de le mettre dans l'embarras :

- 丁髷 *chonmage* (« chignon de *samouraï* »)
- 轆 轤 *rokuro* (« tour de potier) »
- 靄 *moya* (« brume »)
- 黴菌 *baikin* (« moisissure »)
- 嬲る *naburu* (« taquiner »)
- 混凝土 *konkurito* (« ciment », s'écrit souvent en *katakanas* コンクリート)
- 鰆 *sawara* (« maquereau »)
- 齷齪 *akuseku* (« d'arrache-pied »)
- 姦しい *kashimashii* (« bruyant »)

Enfin, un idéogramme impossible à lire car il n'est pas dans les *Jōyō kanjis*. Il s'agit d'un prénom rare dont seulement une vingtaine de Japonais seraient affublés, qui se lit *Taito*, composé de trois dragons (龍 – *ryû*) et de trois nuages (雲 – *kumo*) et s'écrit en 84 traits !

Empire des signes (L') de Roland Barthes

En 1970, le sémiologue Roland Barthes entreprend un court voyage au Japon. Il méconnaît tout à la fois le pays et la langue ; il va donc déambuler au gré de ses impressions et recenser tout ce qu'il côtoie, parfois même sans trop chercher à analyser ; il laisse une curiosité innocente prendre possession de son intellect en faisant de l'ignorance de l'histoire et des mœurs du pays le socle d'un futur ouvrage.

C'est ainsi que s'élabore *L'Empire des signes* qui projette un regard original, inattendu, personnel et remarquablement juste sur un Japon que son opacité historique protège sans pour autant lui éviter les nombreuses ratiocinations de presque tous les voyageurs qui font appel à leur rationalisme d'Occidentaux pour le mettre en équation.

Il ne se laisse pas non plus influencer par une quelconque tentation d'orientalisme. Il est au contraire imperméable à l'exotisme dans son propos.

Certes, son texte est parfois abscons, par exemple sur le théâtre de marionnettes *bunraku,* mais il est lumineux sur de nombreux autres sujets ; s'il commet quelques contresens et procède parfois à des raccourcis hasardeux, la plupart de ses observations touche à l'essence du Japon et ses intuitions se révèlent étonnantes.

C'est donc progressivement que Barthes définit cet empire où tout n'est que signes et dont il tente d'expliquer toute la complexité et la richesse.

Ainsi, lorsqu'il pose sa réflexion sur la structure de la langue japonaise dont il explique que « la prolifération des suffixes fonctionnels et la complexité des enclitiques supposent que le sujet s'avance dans l'énonciation à travers des précautions », met-il le doigt sur la capacité phénoménale d'esquive qu'elle offre et dont j'ai l'habitude de dire plus crûment et cyniquement qu'elle est la seule au monde qui ait été inventée pour éviter de se comprendre. Barthes souligne ainsi que, grâce à ces multiples contorsions du langage, il y a dans la phrase japonaise une « hémorragie du sujet », qui devient la « grande enveloppe vide de la parole ».

Rejetant l'axiome selon lequel il n'est de communication que par la parole, il suggère que la richesse des signes, cet « empire des signifiants » rencontré tout au long de son périple, se substitue largement à l'opacité de la langue, la compense voire s'en nourrit. En me permettant d'extrapoler sa pensée, je dirais que la rigidité des conventions et l'automatisme des usages créent un cadre quasi sémantique proposant une panoplie d'outils propres à offrir un schéma de décodage en « prêt-à-porter », correspondant à toutes les situations que la parole seule ne pourrait exprimer à cause de son imperfection structurelle. Autrement dit, le geste (ou le non-geste), l'attitude (ou la non-attitude) seraient au Japon plus importants que le verbe, chose vérifiée quotidiennement quand on côtoie les Japonais, travaillant et vivant avec eux.

L'approche anthropologique de Roland Barthes avec les baguettes dont se servent les Japonais pour manger transcende la simple notion d'outil pour prendre les aliments. Il en découvre une fonction déictique qui, avant de saisir, désigne ce qu'on va ingérer. Il oppose à la fourchette et au couteau, instruments de torture médiévaux qui, selon ses propres termes, *coupent*, *fendent*, *blessent*, ces baguettes dont la matière même, bois, bambou, laque, invoque une douceur maternelle, ces baguettes qui refusent de *couper*, *agripper*, *mutiler* ou *percer* mais au contraire *prélèvent*, *retournent*, *transportent* sans les *violenter* les aliments et, quand il est nécessaire de les scinder, les *séparent*, *écartent*, les *défont* au lieu de les trancher.

Par la suite, Roland Barthes s'interroge longuement sur le *signifiant* de la nourriture japonaise, car, ainsi que l'adage populaire l'exprime : « Montre-moi ce que tu manges et je te dirai qui tu es. » Le *sukiyaki* et les *tempuras* sont les plates-formes à partir desquelles il construit son discours. Le respect quasi religieux des ingrédients dont la fraîcheur, le naturel sont célébrés, la crudité élevée en « divinité ». Sa conceptualisation de la présentation des plats peut apparaître quelque peu hyperbolique mais n'est jamais dénuée de poésie. La substance des aliments jusqu'à la manière dont ils sont transformés puis agencés pour mieux être savourés, rien n'échappe à la justesse de ses observations.

La ville et son organisation, ou plutôt l'absence d'urbanisme qui la caractérise, sont le prochain champ d'investigation du philosophe-observateur. Il s'extasie devant « l'idée évaporée » qu'est le centre de Tokyo où se situe le palais impérial entouré de larges douves, caché derrière de hautes murailles, invisible au commun des mortels. Il se heurte comme tout nouvel arrivant au Japon à l'absence de logique des adresses, qui fait que dans une rue le n° 2 ne suit pratiquement jamais le n° 1 et peut se trouver à son autre extrémité. Il pousse la minutie à illustrer son propos au moyen de croquis qui lui ont de toute évidence été donnés afin qu'il trouve l'endroit où il doit donner une conférence ou bien encore le salon de thé où l'attend un rendez-vous.

Ainsi, en lisant *L'Empire des signes*, on suit l'auteur tout au long de ses pérégrinations. On déambule en sa compagnie de-ci dans une gare, de-là dans un établissement de machines à sous *pachinko* ; on savoure ses émerveillements devant la perfection d'un emballage, la précision d'une courbette ou la beauté de la papeterie japonaise ; on ressent une émotion semblable à la sienne devant ces visages impassibles et l'énigmatique placidité de leur regard ; tout comme lui, on s'interroge devant la photo du général Nogi et de son épouse prise peu avant qu'ils ne se suicident rituellement, alors qu'ils « vont mourir, le savent et [que] cela ne se voit pas ».

En refermant *L'Empire des signes*, on se remémore ses propres étonnements et découvertes, et l'on comprend mieux qu'on n'a pas compris grand-chose.

Endõ Shûsaku (遠藤周作) – Écrivain (1923-1996)

« Silence ».

Le silence obstiné du dieu des chrétiens, mais aussi celui du Prophète, de Jéhovah, de Bouddha, de Shiva, de tous les dieux de l'univers devant la souffrance des hommes, la cruauté du sort qui les frappe et de l'acharnement du destin.

« Silence », ou l'indifférence du ciel qui fait douter le croyant le plus endurci de la présence de ces dieux auxquels il confie son âme, qui ébranle la foi ancrée au plus profond de son cœur.

Cette question du silence divin, c'est bien celle qu'affronte l'écrivain catholique Endõ Shûsaku dans son magnifique roman éponyme *Chinmoku* (*Silence*) publié en 1966. S'appuyant sur un épisode historique réel de la lutte du pouvoir central pour éradiquer le christianisme florissant au Japon entre la fin du XVIe siècle et la fermeture du Japon *Sakoku*[1] décrétée dès 1635, l'auteur s'interroge sur les raisons de l'échec de l'implantation de la religion chrétienne dans son pays et ce faisant pose la dérangeante question qui taraude tout croyant soudainement confronté aux épreuves les plus terribles : pourquoi Dieu garde-t-Il le silence ?

En 1633, l'Église de Rome apprend qu'un de ses plus fervents missionnaires, le provincial portugais Cristóvão Ferreira, aurait apostasié après avoir subi l'atroce supplice

---

1. Isolement total du Japon par la stricte interdiction d'entrer dans l'archipel ou d'en sortir sous peine de mort, décrété par le *shõgun* Tokugawa Iemitsu en 1635 afin d'empêcher toute intrusion étrangère. La persécution des chrétiens jusqu'alors sporadique devint systématique. Le *sakoku* ne prendra fin que le 29 juillet 1858 avec le traité d'ouverture imposé par les Américains.

ana-tsurushi, dit de la fosse. Il paraissait improbable qu'un serviteur de la foi aussi fervent, zélé, courageux et indomptable que Ferreira, évangélisateur en poste au Japon depuis trente-trois ans, eût pu abjurer. Trois jeunes prêtres portugais qui avaient suivi l'enseignement de ce maître, ne pouvant croire à son reniement, persuadèrent leur hiérarchie de les autoriser à se rendre clandestinement au Japon pour enquêter. Après avoir essuyé une épouvantable tempête, ils abordèrent le 7 mai 1639 les côtes interdites de l'archipel, plus précisément sur l'île de Kyushu, et ce qu'ils allaient subir relève de l'effroyable ; la répression impitoyable à l'encontre du christianisme était menée d'une poigne de fer par le commissaire Inoue Masashige, seigneur de Chikugo.

Silence offre un aperçu des terribles persécutions subies par les *Kakure Kirishitan*, les chrétiens cachés, la plupart du temps de pauvres paysans ou pêcheurs. Endō décrit avec une précision d'entomologiste l'impitoyable chasse ordonnée par le troisième *shōgun* de l'ère Tokugawa, le névropathe Iemitsu. Les méthodes de mise à mort employées, comme le supplice de la « cuisson » ou les tortures infligées aux fidèles pour les obliger à apostasier en foulant du pied des images pieuses, notamment celle de la Vierge Marie lors de cérémonies publiques appelées *efumi*, sont minutieusement décrites.

Endō nous permet ainsi d'aborder la question de la cruauté raffinée des autorités mais également l'héroïsme des croyants, deux facettes du tempérament japonais qui se retrouvent tout au long de l'histoire tumultueuse du Japon jusqu'à l'ère contemporaine.

Le roman pose par ailleurs la question fondamentale de l'incapacité d'adaptation du christianisme dans un pays aux traditions culturelles différentes. La longue histoire du Japon est pourtant jalonnée d'absorptions d'idéologies étrangères de toutes sortes, mais en les transformant, les dénaturant, les digérant, en quelque sorte, à son identité propre.

Endō, sans toutefois tomber dans une analyse théologique, propose une explication liée au dogmatisme inflexible du christianisme ancré dans son héritage occidental et ses traditions européennes, qui ne permet pas un enracinement dans ce qu'il appelle « le marais boueux du Japon ». Ce marécage ne peut accepter la religion telle qu'elle a été propagée sans concession par les missionnaires. L'écrivain s'interroge sur le problème bien plus universel du christianisme, suggérant que la notion de Dieu nécessite sans doute d'être repensée non seulement pour le Japon mais également pour l'Occident moderne.

Cela étant, *Silence* se colore d'une connotation autobiographique au travers du conflit interne ressenti par Endō, qu'il explicite un jour ainsi lors d'une interview accordée à une revue japonaise[1] :

> « J'ai reçu le baptême alors que j'étais enfant... en d'autres termes, mon catholicisme ressemblait à un vêtement de confection... J'avais le choix entre rendre cet habit seyant ou m'en débarrasser et en trouver un qui me convînt mieux... Plusieurs fois, j'ai éprouvé le désir de me décharger de mon catholicisme sans en être finalement capable. [...] Pourtant, je conservais le sentiment qu'il était d'emprunt et commençai à me demander ce qu'était mon vrai moi. C'est là, je crois, "le marais boueux" japonais en moi. »

En 2016, le cinéaste Martin Scorsese, fervent catholique tenté dans sa jeunesse par la robe de bure, a réalisé une adaptation magnifique tirée du roman en suivant

1. Cité dans l'introduction au roman par William Johnston de l'université de Sophia, Calmann-Lévy, 1971.

fidèlement les principaux développements historiques. L'acteur Liam Neeson dans le rôle de l'apostat Cristóvão Ferreira, Adam Driver dans celui d'un des jeunes prêtres jésuites, Francisco Garupe et Ogata Issey, étourdissant dans sa prestation de l'*Ōmetsuke* (Grand Conseiller) cynique et cauteleux, offrent aux protagonistes du roman des visages et des caractères inoubliables.

Publié au Japon en 1957, *Umi to dokuyaku* (*La Mer et le Poison*) traite des vivisections réalisées dans un hôpital de Fukuoka vers la fin de la Seconde Guerre mondiale sur six pilotes américains faits prisonniers. Bien que l'auteur ait toujours affirmé que les faits exposés dans son roman étaient de pure fiction, d'évidence il y eut des expériences menées sur des cobayes américains qui étaient « de toute façon » condamnés à mort pour avoir bombardé les villes japonaises en 1945, causant de nombreuses victimes civiles, femmes, enfants et vieillards. Ces crimes furent d'ailleurs jugés en 1948 par les tribunaux américains, et certains des chirurgiens ayant procédé à ces opérations furent condamnés à mort, d'autres à de lourdes peines de prison.

Il est cependant remarquable qu'un auteur japonais ait eu le courage d'aborder un de ces épisodes peu glorieux de l'histoire du Japon. Le risque encouru de représailles sérieuses par les groupuscules d'extrême droite entretenant le mythe d'un Japon sans reproche était alors loin d'être anodin.

Mais ce qui intéresse l'écrivain est le conflit de conscience des deux protagonistes, un jeune médecin et une infirmière, qui les mène progressivement vers l'asservissement face à l'indicible horreur ; leur simple subordination à l'autorité les a rendus complices tant par apathie que par couardise.

Il fait ainsi conclure l'un des assistants du chirurgien en chef après l'opération : « La conscience humaine dépend de la façon dont on envisage les choses : c'est une chose très changeante. »

L'auteur en profite également pour approcher la question du « marécage » du Japon qui le hante sous les traits du narrateur, un employé de bureau ayant besoin d'un pneumothorax hebdomadaire. Il se fait soigner par un médecin du voisinage et découvre par hasard que ce dernier a été un des participants aux exactions commises dans cet hôpital à la fin de la guerre. Le bourbier de ce personnage est le « bonheur médiocre » auquel il aspire : avoir un enfant, être propriétaire d'un modeste pavillon, avoir un travail peu contraignant et être en bonne santé. Ce « bonheur médiocre », suggère Endõ, est également ce à quoi aspiraient les médecins et les infirmières de Fukuoka. Seules les circonstances font que le narrateur et ses millions de semblables piétinant dans le « marécage » sont différents des assassins de l'hôpital. Le sanatorium – dans lequel malades et soignants semblent vivre en marge de la tragédie que le Japon vit à la veille de son écrasement, jusqu'à ce que les militaires amènent les prisonniers américains – est lui-même un marais dans lequel s'enlisent les personnages.

La Mer et le Poison est un roman puissant et dérangeant sur un dilemme moral confronté à des situations incontrôlables où les secousses de la conscience sont anéanties sous le poids de la culpabilité.

C'est sur un ton presque primesautier qui contraste avec son œuvre généralement sombre et tourmentée qu'Endõ a écrit *Obakasan* (*Un admirable idiot*) publié en 1959. Il nous raconte l'histoire d'un jeune homme français, Gaston, qui débarque un beau jour au Japon dans une famille banale dont le fils était son *pen friend*, son correspondant. Il est quelque peu simple d'esprit, pas très soigné de sa personne et d'un physique ingrat, à l'opposé du cliché communément acquis au Japon du Français élégant, vif et charmeur. En revanche, il est généreux, charitable, confiant dans la beauté du monde, et voue un amour irrépressible à tout son entourage, humains comme animaux. Sous son influence maladroite, les êtres qu'il rencontre prennent peu à peu conscience d'eux-mêmes jusqu'à corriger leurs petites faiblesses.

Sous l'angle d'une fable humoristique et gentiment simpliste, l'auteur aborde de nouveau ce qui constitue la colonne vertébrale de l'ensemble de son œuvre, le thème du « bourbier », cette tiédeur molle du Japon dans laquelle il est si tentant de se laisser aller. Il caricature ses personnages avec cynisme : le fils de la famille d'accueil est un jeune employé de banque dolent qui n'attend pas grand-chose de la vie ; sa sœur, au contraire, est une jeune arriviste sans scrupule. Le romancier-satiriste excelle dans *Un admirable idiot* à croquer toutes ces personnalités d'un coup de plume féroce dans une critique à peine voilée de la société.

Bien que ce roman ait reçu un excellent accueil tant à l'étranger qu'au Japon, j'avoue avoir été moins convaincu par ces personnages qui me paraissent un peu trop caricaturaux et avoir trouvé les situations dans lesquelles se fourre Gaston outrancières et peu crédibles. Je préfère des écrits comme *Shiroi hito* (« L'homme blanc ») ou *Kiiroi hito* (« L'homme jaune »), non traduits en français, traitant pareillement de ce dilemme du trou noir du Japon qui aspire dans son vortex des concepts non assimilables comme la notion de péché, d'un Dieu rédempteur, ou la morale au sens occidental du terme.

Que ce soit en empruntant une dimension éthique ou religieuse, Endō Shûsaku détonne parmi ses contemporains en ce qu'il efface la part exotique de son pays qui a fait le succès hors du Japon de l'œuvre d'un Kawabata, d'un Tanizaki ou d'un Mishima, ce qui fait, me semble-t-il, ressortir bien plus l'universalité de son propos.

Lauréat du prix Akutagawa en 1955 pour son roman *Shiroi hito*, Endō a manqué de peu en 1994 le Nobel de littérature qui a récompensé son compatriote Ôe Kenzaburô[1].

Comme Ôe, il avait une passion pour la France où il avait fait des études de littérature française à Lyon et où il continua souvent à se rendre tout au cours de sa vie.

Graham Greene, auquel on le compare parfois, estimait qu'il était l'un des écrivains majeurs du XXe siècle.

1. Voir l'entrée « Ôe Kenzaburô ».

Engawa (縁側) – Coursive

L'*engawa* est la coursive d'un mètre à un mètre trente de largeur protégée par un avant-toit en cuivre qui ceinture les bâtiments traditionnels. Ceux-ci étant construits en surélévation de trente à cinquante centimètres par rapport au sol, il y a donc une sorte de vide sanitaire sous l'*engawa* qui est soutenu ainsi que le reste de la construction par des piliers posés sur un socle de pierre. Les chats, comme dans le roman de l'écrivain Natsume Sôseki[1] *Je suis un chat*, adorent se glisser dessous. Dans les campagnes, les serpents s'y lovent. On dit qu'il ne faut jamais tuer un serpent qui vit sous l'*engawa* d'une demeure car il la protège.

L'*engawa* est entouré d'un sol en terre battue ou d'une bande de gravier contenu par une bordure faite de tuiles plantées verticalement dans la terre pour faciliter l'écoulement des eaux de pluie. On y accède par une marche, généralement une pierre plate ou un roc à demi enterré.

Le plancher de l'*engawa* est en bois ou en bambou. Dans les palais d'antan comme le Nijō-jō à Kyoto, un dispositif ingénieux de fixation des planches permettait d'alerter en cas d'intrusion inopportune : la pression la plus légère les faisait chantonner. Ce sont les « planchers rossignol ». Autrefois, on faisait briller le plancher de l'*engawa* en le frottant vigoureusement au moyen d'une poche de coton remplie de son de riz. C'était un exercice fatigant auquel on se résignait une fois par an au moment du grand nettoyage de fin d'année.

Séparé des pièces à vivre en tatami par les *shōjis*, ces parois coulissantes de papier opaque tendu sur une trame

1. Voir l'entrée « Natsume Sôseki ».

en bois, l'*engawa* forme donc un sas naturel entre l'extérieur et l'intérieur. Quand il fait beau, on fait coulisser les parois, escamotant ainsi la barrière entre la maison et le jardin qui pénètre alors jusqu'au cœur des pièces, devenant partie intégrante de leur décor.

On peut garder les *shōjis* tirés pour préserver l'intimité de la maisonnée et tout de même recevoir de manière décontractée un visiteur auquel on présente un coussin. Celui-ci pourra rester chaussé en s'asseyant sur sa bordure, les jambes pendant hors de l'*engawa*.

Les enfants adorent y jouer, les personnes âgées profiter d'un rayon de soleil, deux amis deviser ou jouer au *go* en dégustant un thé vert. C'est par excellence le lieu convivial de toute demeure japonaise. On y est à l'abri sans être tout à fait dehors ni dedans. C'est un entre-deux mondes rassurant.

L'*engawa* traditionnel est donc souvent à l'air libre mais, pour protéger la bâtisse des intempéries, un système ingénieux de volets de bois, les *amados*[1], normalement rangés dans un caisson sur ses côtés, glissent sur des rails le bordant pour l'enclore. Il peut également être fermé par un jeu de parois vitrées l'isolant de l'extérieur. On le transforme alors souvent en avatar de petit salon de style occidental en posant un tapis sur son plancher et en le meublant d'un ou deux fauteuils et d'une table basse. C'est l'endroit secret idéal de la maison pour s'isoler quand on ferme les *shōjis* de la pièce attenante.

Le pavillon de thé de notre maison à Kamakura est ceint d'un très joli *engawa* en zigzag, un peu sur le modèle de la villa Katsura Rikyû. Le pavillon étant surélevé d'environ 2 mètres, il est bordé d'un garde-corps discret afin de ne pas gêner la vue sur le jardin de mousse en contrebas.

1. Voir l'entrée « *Amados* ».

Son plancher est composé de larges planches blondes de hêtre du Japon doux au toucher. Nous le protégeons en gardant les *amados* tirés lorsque nous sommes absents ou si le temps est mauvais.

En automne, j'aime m'y installer au crépuscule. Vêtu d'un kimono, je m'assieds sur un coussin. S'il fait trop frais, je pose près de moi un *hibachi*[1] dont les braises me donnent un ersatz de chaleur. Appuyé à la balustrade, en écoutant la stridulation des derniers grillons et le tintinnabulement de la clochette pendue au coin de la toiture, je lis un livre ou je m'abandonne tout simplement à la contemplation des ombres qui envahissent le jardin japonais. Parfois, mon épouse m'y rejoint.

C'est toujours un moment de félicité. On est suspendu dans le temps comme l'*engawa* l'est dans l'espace.

Enjo-kõsai (援助交際) – Rapport subventionné

La traduction que j'ai choisie de ce terme est un doux euphémisme pour décrire cette forme de prostitution à laquelle se livraient dans les années 1980 et 1990 de très jeunes filles pour gagner de l'argent de poche. Il s'agissait la plupart du temps de lycéennes. Le principe était en effet largement associé à l'image de ces gamines délurées portant une version dénaturée de l'uniforme typique des écolières, une jupe écossaise plissée ultracourte, des socquettes blanches en accordéon sur les mollets, un col marin, le tout accompagné d'une chevelure abondante

1. Voir l'entrée « *Hibachi* ».

laissée libre. Elles abusaient du fameux *Lolicon* que je traduirais par le syndrome de Lolita dont souffrait une proportion non négligeable de la population japonaise mâle.

Avant le déferlement des téléphones portables et l'accessibilité aux sites de rencontres, les contacts s'établissaient par l'intermédiaire des cabines téléphoniques : leurs parois étaient constellées de *purikura*[1] permettant de se mettre en rapport avec les jeunes filles qui monnayaient leurs services. Les rendez-vous s'organisaient la plupart du temps dans un *love hotel*[2].

Certaines personnes prétendent que l'*enjo-kōsai* ne doit pas être systématiquement assimilé à la prostitution

1. Voir l'entrée « *Purikura* ».
2. Voir l'entrée « *Love hotels* ».

juvénile car dans certains cas il ne peut s'agir que d'un simple moment de compagnie innocente quoique rémunéré.

Une façon comme une autre de se donner bonne conscience ou de minimiser l'aspect sordide de ces rapports fondamentalement malsains.

Un pesant silence enveloppait généralement cette dérive d'envergure cependant suffisamment répandue pour qu'y fût apposé un « label ». Quand la presse s'emparait du problème, c'était plutôt pour dénoncer les marques de luxe européennes, accusées d'être responsables en excitant la convoitise des jeunes filles avec leurs produits qui les faisaient rêver, que pour aborder sérieusement la question sous son angle sociétal.

On estime que presque 10 % des lycéennes japonaises auraient ainsi vendu leur corps, un chiffre proprement ahurissant. La loi antiprostitution comme celle sur la protection de l'enfance étaient trop vagues pour assurer une protection légale efficace et être dissuasives. Il faudra attendre 1999 pour que, enfin, notamment sous la pression extérieure dite *gaiatsu*[1], une loi soit enfin promulguée interdisant aux adultes de rémunérer les enfants en dessous de l'âge de 18 ans pour des actes sexuels.

Ayant décidé d'écrire un roman dans lequel le personnage principal, employé modèle et bon père de famille, se livrerait à l'*enjo-kōsai*, j'ai essayé d'en savoir plus sur les désordres internes que pouvait causer chez un homme apparemment honorable la décision de braver les interdits en faisant fi de la moralité. Par ailleurs, je voulais comprendre comment de telles rencontres se déroulaient.

---

1. Voir l'entrée « *Gaiatsu* ».

Comme je suis peu porté sur le fantasme des jupes plissées et des socquettes blanches, il était hors de question que je me livre à des travaux pratiques.

La loi de l'omerta prévalant, je n'avais pas grand-chose à me mettre sous la plume. Par ailleurs, prédateurs comme victimes ne se vantent nullement de leurs ébats, trouver des acteurs, enfin des participants, capables de me parler de leurs rencontres tarifées relevait de la quadrature du... sexe ! Je finis pourtant, par l'entremise d'un ami, par en trouver un.

« Je connais quelqu'un qui se livre une fois par mois à cet exercice. Il accepte de te parler. »

Rendez-vous fut pris dans un restaurant *izakaya* (équivalent du bistrot) éloigné des quartiers centraux de la ville. Arrivés les premiers, nous nous installâmes dans un box tranquille à l'écart des oreilles indiscrètes. Notre invité arriva un peu plus tard, un masque antipollution cachant la moitié de son visage. Il avait été convenu que nous n'échangerions pas nos cartes de visite et que nous préserverions scrupuleusement notre anonymat, bien que ce fût quasi impossible pour moi, étranger pouvant difficilement se fondre dans la foule.

Une quarantaine bien sonnée, plutôt grand, des cheveux poivre et sel, le regard vif derrière ses lunettes à fine monture dorée, il était élégant. C'était un bel homme sans ostentation, un de ces cadres en pleine ascension à la carrière impeccable comme on en croise dans le quartier des affaires de Marunouchi, diplômés d'une excellente université, de bonne famille. Son langage était posé et distingué. Mon ami m'avait dit qu'il était marié et père de deux adolescents.

Le profil idéal pour cadrer le personnage de mon roman.

La conversation fut plus franche et ouverte que je ne l'avais espéré, sans doute aidée par les flacons de saké que nous bûmes ce soir-là. D'entrée de jeu, mon interlocuteur avait fixé les limites du jeu : « On n'entre pas dans la chambre ! »

En revanche, il répondit de bonne grâce à toutes mes questions.

À mon « Pourquoi ? » un peu agressif par exemple, il répondit platement : « Pour courir après ma jeunesse.

— Pas d'états d'âme ?

— Aucun. Elles sont consentantes, je paie. »

J'étais suffoqué par son cynisme. Sans doute le sentit-il car il ajouta : « Je m'assure toujours de leur âge. J'exige qu'elles me montrent leur carte de lycéenne. Si elles refusent, j'annule. Ma limite, c'est 17 ans. »

Puis il m'expliqua en détail ce qu'il appela la procédure pour entrer en contact avec une jeune fille. Le *purikura* collé sur les vitres des cabines était son médium de prédilection. « Ceux sur lesquels les heures d'appel sont indiquées. »

Intrigué, je demandai où aboutissaient les numéros indiqués sur les affichettes.

« Évidemment pas chez les parents ! s'esclaffa-t-il. Parfois c'est un bureau, mais alors je raccroche car ce sont des réseaux organisés de pure prostitution. En général, c'est un café où il faut les faire demander. Parfois, il suffit de traîner dans les quartiers de *love hotels* où il est facile de repérer les candidates. »

Une question taraudait ma fibre romantique. Je la posai à mon interlocuteur : « Vous est-il arrivé de tomber amoureux ?

— Jamais. Il ne faut surtout pas aller au-delà de la transaction. C'est la base du *enjo-kōsai*. La tentation de revoir une partenaire arrive ; parfois c'est elle qui le suggère. Mais il ne faut en aucun cas y céder. »

La dernière partie de notre conversation porta sur les précautions à prendre : « Je ne vais jamais deux fois dans le même hôtel ; je ne prends jamais un taxi ; je vide mes poches de tout ce qui pourrait permettre de m'identifier dans une consigne automatique d'une gare éloignée, surtout pas dans la gare d'où je me rends à mon rendez-vous à pied ; je ne garde sur moi que la somme convenue avec la partenaire et pour la chambre, ainsi que de la monnaie pour prendre le train ou le métro du retour. Pour le reste, l'instinct et la pratique permettent de sentir les filles à problèmes. Mais, bien sûr, le risque zéro n'existe pas. »

Après un silence, il conclut : « C'est peut-être surtout pour cela que je le fais : le petit goût de risque qui accompagne ces quelques moments. »

Ne pouvant me résoudre à la triste et sordide banalité d'une relation sexuelle scandaleuse, j'ai imaginé que le *enjo-kōsai* du héros de mon roman[1] et de sa partenaire se transforme en une merveilleuse et tragique histoire d'amour.

Enka (演歌) – Blues japonais

L'*enka* est un genre de musique populaire japonais qui a connu ses heures de gloire entre les années 1950 et 1980. C'est une sorte de blues local.

Tout Japonais qui se respecte se doit de chanter au moins une de ces ballades sentimentales lors des virées entre collègues qui trouvent la plupart du temps leur conclusion dans un bar *karaoké*.

1. *Saya*, Le Seuil, 2009.

Chacun a sa préférée qui sera réclamée avec force harangues par ses compagnons (de beuverie), dont le refrain sera repris en chœur par l'audience, couvrant souvent la voix éraillée du chanteur en une harmonique douteuse, puis acclamée de démonstrations d'enthousiasme outrancières, applaudissements et vociférations à la proportion du niveau d'alcool ingurgité. Peu importe si l'on chante avec une voix de fausset, à contre-rythme ou à octave contrariée, foin de bémols biaisés, c'est la sincérité qui compte.

Sur les trilles désolés d'une trompette et les sanglots des violons, on beugle une de ces innombrables goualantes décrivant un sinistre univers de pénombres, de sanglots refoulés et de désespérances sadiquement savourées par des protagonistes empêtrés dans des amours interdites à l'issue prévisible.

Solitude, chagrin d'amour, perte de l'être aimé, terre natale abandonnée, maisons ruinées, familles dispersées, trahisons, honneur bafoué, péripéties de préférence sans issue, fuites en catimini, à bord d'un train dont les sifflements lugubres de la locomotive forcément à vapeur accompagnent le voyageur vers son implacable destin, au plus profond de la nuit dans un bar glauque, en battant la semelle dans une venelle obscure, figé sur la digue d'un port du Grand Nord battu par la tempête, sous un réverbère blafard, en attente de celle (celui) qui ne viendra pas ou plus, sous la bourrasque, la neige, le vent, dans le froid mordant de l'hiver, bref l'*enka* fait feu de tout le bois de l'affliction, la détresse, la désolation humaines. On sort d'un *enka* rasséréné, rassuré, comme lavé de ses angoisses, somme toute guilleret. Comment ne pourrait-on apprécier la relative clémence de son propre sort après avoir chanté tant de détresse sur de si déchirants accents ?

Le malheur des autres, c'est bien connu, est le meilleur remède à la mélancolie.

La musique est basée sur le système pentatonique. Le mélisme, cette figure mélodique de plusieurs notes qui portent la syllabe d'un mot, est utilisé à profusion, particulièrement sur la fin d'un refrain, produisant de pathétiques bêlements d'agneau égorgé. Il est de bon ton d'accentuer le mélisme en allant puiser les vibrations au plus profond de la poitrine, de les propulser au travers de la gorge, comme si on la raclait, en les faisant rouler dans la voûte du palais afin d'en tirer une nasalité déchirante pendant que la glotte frétille. Bref, un superbe pathos musical. Émotion garantie.

L'orchestration est particulièrement ample, avec de nombreux instruments : violons en sanglots, vibraphone en clair-obscur, basson ténébreux, guitare électrique égrenant à regret la mélodie qu'appuient en contrepoint les accords d'une austère contrebasse, clameur tourmentée des cuivres, caresse soupirée des balais sur la peau de la caisse sourde de la batterie, crescendo dramatique des cloches tubulaires en point d'orgue des paroles les plus tragiques, percussion opportune des cymbales.

Parfois, la note d'un *shakuhachi*, flûte de bambou à cinq trous, apporte son souffle cacochyme au drame, suggérant qu'on est bien au cœur d'une tragédie japonaise.

Un court refrain étant plus évocateur que le plus long des discours, voici la traduction approximative d'un des « tubes » de la chanson *enka*, « *Hisame* ».

Pluie gelée

Je vous en prie, laissez-moi boire encore un peu,
Ce soir, je ne rentre pas chez moi, je ne veux pas rentrer.
Dans ma pauvre chambre nue,

Qui pourrait bien m'attendre ?
Hélas il n'y a personne.

Je vous en prie, ne chantez pas cette chanson,
Elle me rappelle trop celle qui m'a quitté.
À boire de désespoir,
Mes larmes ne tarissent pas !
Je vous en prie, pardonnez mon état.

Dehors, cette petite pluie d'hiver,
Qui vous imprègne le cœur
N'arrête pas de tomber.
Oui, bien sûr j'ai un parapluie,
Mais je ne veux pas rentrer chez moi !
Alors je vais boire jusqu'à l'ivresse,
Car je voudrais tant oublier cette femme,
Car je voudrais oublier cette femme…

Si de nos jours le type de chanson *enka* a un peu perdu de son lustre au profit de styles musicaux plus modernes, il fait partie de la geste romanesque du Japon sans laquelle ce pays perdrait son charme désuet si attachant.

J'écoute toujours avec une pointe de nostalgie les plus célèbres *enka*, dont les mélodies, aussi mièvres soient les paroles, sont souvent magnifiques. Je pense à cette chanson écrite dans les années 1980 par le fameux compositeur Akimoto Yasushi, par ailleurs producteur du groupe AKB48, la dernière chantée avant sa disparition par la « Reine de l'*enka* », Misora Hibari (1937-1989). « *Kawa no nagare no youni* » (« Comme dans le courant d'une rivière ») fut consacrée meilleure chanson japonaise de tous les temps. Ou encore aux nombreux hits de la ravissante « Princesse de l'*enka* » dans les années 1960 et 1970 dont j'étais amoureux, Fuji Keiko, tragiquement rattrapée par le désespoir de ses chansons puisqu'elle se suicida le 22 août 2013 en se jetant du 13e étage d'un immeuble.

Et vous avouerais-je que les larmes me montent aux yeux lorsque j'entends Ishikawa Sayuri chanter « *Tsugaru kaikyo fuyugeshiki* » (« Le détroit de Tsugaru, paysage d'hiver ») ou Mikawa Kenichi entonner de sa voix profonde « *Niigata blues* », les deux chansons préférées d'un de mes proches collaborateurs, originaire de la région, décédé trop jeune d'une maladie foudroyante, que son épouse suivit vingt-quatre heures plus tard en se suicidant, laissant derrière elle deux enfants trop jeunes ?

Parfois, notre monde se montre plus cruel que celui de l'*enka*.

Enyûkai (園遊会) – Fête de jardin

L'*Enyûkai*, littéralement « Fête de jardin », est la réception offerte deux fois par an par l'empereur aux élus, aux membres du gouvernement, aux corps constitués et diplomatique, et à des personnalités de la société civile qui se sont distinguées au cours de l'année précédente telles que des femmes et hommes de science ou des universitaires ayant obtenu de hautes récompenses comme le prix Nobel, des sportifs médaillés ou encore des artistes. Deux mille personnes au maximum sont invitées.

Cette réception se déroule autour de l'étang du parc du palais d'Akasaka. Elle a lieu au milieu du mois d'avril et au début de novembre.

Toute la famille impériale est présente.

Elle existe sous sa forme actuelle depuis 1953, d'abord uniquement à l'automne, mais depuis 1965 également au printemps. Il ne faut pas la confondre avec un autre couple printemps/automne de réceptions, la *Sakura wo Miru Kai* – la « réception de contemplation des cerisiers » tenue sous l'égide du Premier ministre en avril – et la *Kiku wo Miru Kai* – la « réception d'observation des chrysanthèmes », organisée moins régulièrement par le ministre de l'Environnement en novembre –, qui se tiennent toutes deux au parc de Shinjuku Gyo-en, avec une audience bien plus large, environ 18 000 personnes.

L'ancêtre de l'*Enyûkai*, la *Kangikukai* (« réunion pour célébrer les chrysanthèmes »), fut inaugurée en 1880, dans la treizième année du régime de l'empereur Meiji. L'année suivante fut mise en place la *Kanôkai* (« réunion pour célébrer les cerisiers »). Ces deux réceptions étaient principalement réservées aux étrangers. Le prince Édouard, Albert Einstein ou Helen Keller y ont été conviés.

Elles furent arrêtées avant la Seconde Guerre mondiale, en 1937 et 1938.

Mon épouse et moi-même avons eu le privilège d'être invités par deux fois à l'*Enyûkai*, au mois d'avril 2003 puis au printemps 2010, la première en ma qualité de *chairman* de l'EBC[1], la seconde après la remise de ma décoration dans l'ordre du Soleil levant.

L'invitation me fut apportée chaque fois en grande pompe par le *Kunaichō*, le cabinet des Affaires impériales, dans une enveloppe aux armes de l'empereur, le chrysanthème d'or de seize pétales. Le fonctionnaire qui me la tendit portait des gants d'un blanc immaculé.

1. European Business Council, Chambre de commerce européenne au Japon.

Outre l'invitation elle-même, l'enveloppe contenait un plan du palais, les différents accès selon que l'on venait en voiture avec ou sans chauffeur, en taxi ou à pied. Un macaron violet à coller sur le pare-brise me fut remis quand je répondis que nous viendrions avec notre propre véhicule. Deux badges à nos noms et qualités à épingler sur notre poitrine complétaient l'ensemble. Tout cela me fut expliqué à profusion dans le langage respectueux et la raideur protocolaire de rigueur.

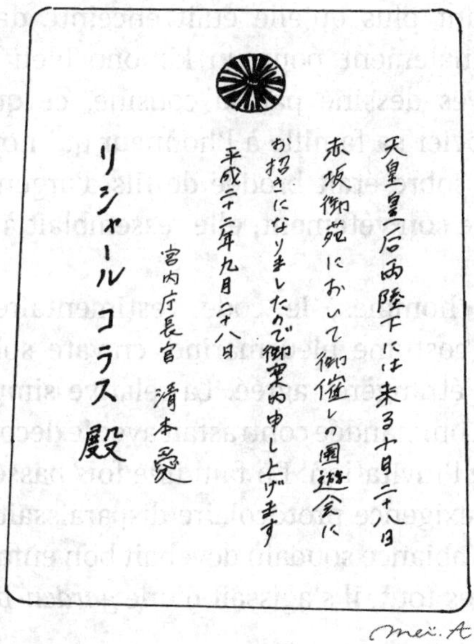

Ma grande affaire fut de savoir comment on s'adresse à l'empereur. J'étais tétanisé à cette perspective. Le japonais étant une langue particulièrement complexe avec différents niveaux suivant la personne à laquelle on s'adresse, je ne voulais pas commettre le moindre impair en utilisant la mauvaise formule, paraître grossier avec un mot déplacé ou risquer de perdre la face en ne suivant pas les indispensables formules alambiquées dans la construction grammaticale dite « agglutinante » de la langue.

Quand je m'ouvrai de mon anxiété à mon épouse qui a l'art de replacer les choses à leur juste mesure, elle s'esclaffa en me répondant que je n'étais pas assez important pour que l'empereur daigne m'adresser la parole, ce qui me vexa certes un peu mais me fit rabattre de plusieurs crans ma vanité et me ramena à la raison.

Sa grande affaire à elle fut de trouver le kimono adéquat, d'autant plus qu'elle était enceinte de huit mois. Elle opta finalement pour un kimono bleu parsemé de fleurs mauves dessiné par sa cousine, ce qui était une façon d'associer sa famille à l'honneur qui nous était fait. La ceinture sobre était brodée de fils d'argent. Malgré la discrétion de son vêtement, elle ressemblait à une tour de Babel…

Pour les hommes, le code vestimentaire était plutôt simple, costume bleu marine, cravate sobre, port de décorations étrangères agréé. La relative simplicité vestimentaire recommandée contrastait avec le décorum raide de la remise de l'invitation. En fait, une fois passée l'enceinte du palais, l'exigence protocolaire disparaissait comme par miracle. L'ambiance soudain devenait bon enfant et décontractée. Après tout, il s'agissait d'une *garden-party* !

Une fois que nous eûmes garé notre véhicule, guidés par une cohorte de placeurs en uniforme, nous parcourûmes une allée au bord de laquelle se trouvaient des stands qui offraient des sandwichs, des brochettes de poulet *yakitori*, d'autres de barbecue de mouton appelés au Japon *Gengis Khan.* La fumée bleutée des cuissons s'élevait dans les ramures des arbres ou nous enveloppait au gré de la brise. On nous expliqua que la viande venait des élevages impériaux. Un amiral de la flotte japonaise en grand uniforme se débattait avec une brochette, pendant que le supérieur du temple Tõdai-ji de Nara dégustait une bière dans un bock givré. Un bar servait du vin, de l'excellent whisky japonais et du saké portant une étiquette qui arborait fièrement le chrysanthème impérial. Plus loin, on nous offrit des cigarettes et des allumettes aux armes de l'empereur que nous nous empressâmes d'accepter bien que ne fumant pas. Il y avait aussi des friandises, *manju* et autres délicatesses également frappées du chrysanthème impérial. Nous repérâmes une digne duègne qui en cachait dans la manche de son kimono.

Ensuite nous empruntâmes le sentier qui faisait le tour de l'étang. Nous arrivâmes devant une série de tentes sous lesquelles des personnalités et des célébrités du monde des arts que nous reconnûmes commençaient à se regrouper. Notre place n'était visiblement pas là bien que personne ne vînt nous dire où nous rendre. Voyant que les invités moins connus se plaçaient petit à petit sur toute la circonférence de la pièce d'eau, nous remontâmes le chemin jusqu'à une butte qui surplombait le parc, à l'ombre du feuillage d'un majestueux cèdre du Japon (*sic*), refuge inespéré pour ma femme car la chaleur en cette belle matinée ensoleillée commençait à se faire sérieusement sentir. Nous étions à environ deux cents mètres du centre névralgique de la réception mais l'emplacement était stratégique car nous avions une vue imprenable sur l'ensemble. À ma droite, par le plus grand des hasards, se trouvait le président de Shiseido, un vieil ami. À la gauche de mon épouse, le chef d'état-major de la *Jieitai*, les forces d'autodéfense du Japon.

Me tournant vers elle, je lui murmurai discrètement que, si les invités s'alignaient tout au long du chemin, il devait bien y avoir une raison. Elle eut un mouvement agacé de l'éventail avec lequel elle se rafraîchissait, équivalent pour une femme en kimono à un haussement d'épaules. Elle répliqua : « Tu ne crois tout de même pas que l'empereur et sa suite vont monter jusqu'ici par cette canicule ! », ce dont je dus convenir. Moi-même, je commençais à transpirer.

Soudain, un mouvement de foule, un peu comme une *ola* dans un stade de football, anima la foule égrenée tout le long du chemin. Tout en bas, au niveau des célébrités et des tentes qui les abritaient, l'empereur, l'impératrice, le prince héritier, son épouse et le reste de la famille venaient d'arriver. L'empereur portait un frac, veste queue-de-pie et pantalon gris rayé, des gants beurre frais, et il tenait un haut-de-forme. Il en était de même pour les deux princes. Leurs épouses étaient vêtues à l'occidentale, coiffées de larges capelines, ou tenaient de frêles ombrelles. L'impératrice portait un kimono.

La chaleur de cette fin de matinée commençait à se faire pesante, le chemin de fin gravier était relativement poussiéreux, certainement impropre à être foulé par les pieds d'origine divine de l'empereur. Il était effectivement absurde de penser que la noble famille l'emprunterait sur toute la circonférence de l'étang.

L'empereur et son épouse passèrent un long moment à converser avec les deux prix Nobel de physique et de chimie Tanaka Kōichi et Koshiba Masatoshi, et d'autres éminentes personnalités. Je pensai qu'ils n'iraient guère plus loin et qu'ils se réfugieraient sous une des tentes.

Mais ils commencèrent à emprunter le sentier en contrebas de la butte, s'arrêtant ici et là pour converser quelques courtes minutes avec certaines des personnes alignées, dont quelques étrangers, probablement des ambassadeurs nouvellement arrivés. Comme ils continuaient à progresser, je demandai à mon ami de Shiseido : « Ils ne vont tout de même pas monter jusqu'ici ? »

Il me répondit : « Bien sûr que si, Sa Majesté fait le grand tour de l'étang ! »

Je me tournai vers ma femme avec un triomphant : « Tu vois ? J'avais raison ! »

Elle me répliqua de nouveau qu'entre le président de Shiseido et le chef de l'état-major il n'y avait aucune chance pour que l'empereur s'intéresse à notre modeste couple, ce dont je convins de mauvaise grâce.

Au fur et à mesure que l'empereur et sa suite s'approchaient de nous, je constatai qu'il s'arrêtait souvent pour converser avec un invité ou un autre, mais je me forçai à me rendre au bon sens de ma femme : tout *chairman* de l'EBC, respecté et ayant accès au Premier ministre Koizumi que je fusse, je n'étais que poussière pour le descendant d'essence divine, lequel se rapprochait inexorablement de notre groupe.

Mon taux d'adrénaline augmenta cependant au fur et à mesure que l'empereur et sa famille avançaient. L'empereur arriva finalement au niveau du président de Shiseido auquel je l'entendis s'adresser dans une sorte de brouillard cotonneux. Inutile de dire que je n'osais pas regarder à ma droite, statufié dans une tétanie dépassant l'entendement. Soudain, mon sang se figea quand j'entendis mon ami Ikeda dire à l'empereur : « Votre Majesté, permettez-moi de vous présenter mon grand ami président d'une société française de notre industrie que nous respectons énormément. Il est dans notre pays qu'il aime profondément depuis fort longtemps. Il anime par ailleurs la communauté d'affaires européenne avec beaucoup de brio dans le respect de nos intérêts mutuels ! »

J'entendis l'empereur répondre de sa voix un peu nasale si reconnaissable : « Mais bien sûr, c'est le *chairman* de l'EBC, n'est-ce pas ? »

Et je vis son ombre s'approcher de moi.

Je m'inclinai profondément comme il se doit, persuadé malgré cet intermède inattendu qu'il allait passer son chemin pour saluer le plus haut personnage de l'armée japonaise qui se tenait à la gauche de ma femme.

Quand je relevai enfin la tête après un nombre de secondes que j'estimai suffisant pour respecter le protocole, je vis à moins de cinquante centimètres de mon visage celui du descendant d'une lignée de règne ininterrompu de deux mille ans qui me fixait avec bonhomie. Il s'adressa alors à moi : « Je vous remercie de l'aide que vous apportez à notre pays. Nous avons besoin d'amis étrangers qui comme vous comprennent le Japon. Où habitez-vous ? »

Je répondis par un bêlement quasi inaudible en lui donnant notre adresse :

« Mejiro 3-8-14, Votre Majesté ! », pas certain d'avoir utilisé le terme adéquat de politesse, maudissant intérieurement mon insouciante épouse.

Il me regarda avec surprise puis répondit : « Ah ! Vous voulez dire Tokyo, n'est-ce pas ? »

S'ensuivit un court échange dont j'avoue ne pas me rappeler grand-chose, si ce n'est qu'il me remercia pour les efforts que je faisais pour le rapprochement de l'Europe avec le Japon. En conclusion, je lui présentai ma femme nonobstant ma furieuse envie de la traiter de tous les noms d'oiseau ! Il la pria avec une exquise courtoisie de bien vouloir le pardonner de l'avoir fait attendre par cette insoutenable chaleur. Puis, remarquant son état, il ajouta : « Seriez-vous en attente d'un heureux événement ? »

À la réponse positive de ma femme, il conclut son échange avec elle ainsi : « Je vous souhaite une heureuse naissance et que votre enfant soit en bonne santé ! »

La famille impériale suivait quelques pas derrière l'empereur. Je saluai l'impératrice, charmante et diaphane sous une ombrelle que tenait une dame de compagnie, puis le prince héritier, sa femme la princesse Masako (dont ce fut la dernière apparition publique ; pour raisons de santé, elle n'assistera plus aux *Enyûkai* jusqu'en 2018), le prince cadet Akishino, et sa gracieuse épouse. Chacun eut un mot aimable à notre égard. La princesse Takamado dont nous sommes proches suivait. Elle s'adressa à nous deux affectueusement en nous appelant par nos prénoms, à la grande surprise des personnes qui nous entouraient.

Lorsque nous fûmes de nouveau invités en 2010, fort de ma première expérience et bien moins stressé, je préparai mon échange avec l'empereur. Lorsqu'il passa devant nous, il se contenta de me faire un petit signe de connivence car il m'avait reconnu. Il ne m'avait pourtant vu que de loin en novembre de l'année précédente au palais impérial depuis l'estrade sur laquelle il se tenait pour son discours de félicitations aux quelque cinquante récipiendaires de l'ordre du Soleil levant alignés devant lui, alors que j'étais tout au bout de la ligne aux côtés du doyen de l'université de Moscou, Viktor Antonovich Sadovnichiy, de l'ancien président d'Air Liquide (la première entreprise française implantée au Japon), Alain Joly, et du président du groupe d'amitié France-Japon de l'Assemblée nationale, Didier Quentin, les trois autres étrangers décorés cette année-là présents au Japon.

L'*Enyûkai* est un parfait résumé du Japon : engoncé dans un formalisme effrayant, coincé dans le carcan et la sévérité des conventions, où la componction et le contrôle de soi sont impératifs, mais dans le même temps paradoxalement débonnaire et jovial, attendrissant d'humanité et de simplicité, y compris au niveau des plus hautes sphères de l'État.

F

Fabre, Jean-Henri Casimir (1823-1915)

Il peut paraître étrange qu'un obscur professeur de province, inconnu de la majorité des Français, qui évolua toute sa vie dans un périmètre plutôt restreint entre Carpentras, Ajaccio et Avignon, apparaisse dans un ouvrage consacré au Japon.

Il est pourtant une célébrité acclamée au pays du Soleil-Levant, où tout enfant passé par l'école primaire, donc l'ensemble de la population japonaise, lit des passages de son livre *Scènes de la vie des insectes* dans les manuels scolaires d'histoire naturelle des classes équivalentes à nos CM1 et CM2.

Car il est un des précurseurs de l'éthologie, la science du comportement animal, et considéré le père de l'entomologie moderne, l'étude des insectes.

Et parce que les insectes font intrinsèquement partie de la vie au Japon. Il est impossible en effet de ne pas côtoyer dans les maisons japonaises enfouies au milieu d'une végétation luxuriante, qui n'a rien à envier aux forêts de l'Amazonie par sa vitalité et où l'humidité est reine, un insecte rampant, sautant ou volant. Avec leurs planchers approximativement jointoyés, leurs larges ouvertures aux huisseries moyennement hermétiques, leurs nattes de paille, leurs profonds placards où on range les *futons*, leurs toits recouverts de lourdes tuiles quand ils ne sont pas en chaume, elles sont un véritable vivarium à bestioles de toutes sortes. Ajoutons que, dans le bouillon de culture de la verdure gorgée d'eau, les insectes prospèrent et sont plus gros, plus forts, plus résistants et plus résilients que ceux de nos contrées tempérées. C'est sans doute grâce à cette promiscuité permanente que les Japonais adorent les insectes.

C'est un pacifiste chrétien, Kagawa Toyohiko, qui introduisit Fabre dans son pays en 1919. En 1922, un anarchiste (!) du nom d'Ōsugi Sakae réalisa la première traduction de son livre de référence qu'on appelle en japonais le *Konchûki* (昆虫記). Je n'ai pas trouvé à partir de quand il a été mis au programme des enseignements de l'école primaire japonaise, mais ce fut sûrement bien avant la Seconde Guerre mondiale car ma propre belle-mère, relativement âgée, se rappelle l'avoir étudié quand elle était enfant.

J'ai une grande affection pour Fabre, mon berceau familial étant le Vaucluse dont il fut également le félibre passionné. Parmi les santons de notre vieille crèche, il y a une figurine le représentant, son chapeau noir à large bord vissé sur la tête, une loupe à la main. Quand je dis au Japon que je suis originaire du Comtat venaissin, on me répond : « Ah ! Le pays de Fabre ! » et on me considère avec respect, comme si j'avais moi-même écrit le *Konchûki*.

Je dois cependant avouer que je n'avais jamais lu ses ouvrages ni visité son musée, l'Harmas, pourtant situé à Sérignan-du-Comtat à moins de 15 kilomètres de mon village. Il a fallu la visite d'un couple d'amis japonais, il y a une trentaine d'années, pour que je m'y rende enfin. Rien d'autre dans la région ne les intéressait que l'Harmas où ils m'ont supplié de les emmener.

C'était bien avant que le ministère de la Culture ne le restaure et qu'il ne soit déclaré Monument historique.

La bâtisse était en médiocre état, mais le jardin botanique était bien entretenu, et la demeure où Fabre vécut les dernières années de sa vie, maintenue comme s'il allait y revenir dans la journée, particulièrement émouvante.

Un vieux monsieur bénévole dont le mimétisme avec l'illustre occupant des lieux nous frappa nous accueillit. Il nous fit faire la visite dans un japonais très correct épicé d'une charmante pointe d'accent provençal.

Quand nous lui fîmes part de notre surprise, il avoua que les seuls visiteurs qu'il recevait depuis vingt ans qu'il officiait étaient japonais.

C'est bien connu, nul n'est prophète en son pays…

Fugu (河豚)
– Poisson-globe ou poisson-ballon

Le fugu est un poisson de rivière mais qui n’hésite pas à s’aventurer en mer, de la famille des Tétraodontidés, ou plus familièrement tétrodons. Il présente plusieurs particularités dont celle d’avoir une peau assez épaisse sans écailles, très élastique, qui lui permet de gonfler, triplant aisément de volume, en se remplissant d’eau en quelques secondes quand il se sent menacé (il ressemble alors étonnamment à l’avion-cargo Super Guppy ou au Beluga d’Airbus). C’est un mets d’exception dont les Japonais raffolent en raison de la délicatesse de son goût et de la texture de sa chair. Ils ne sont d’ailleurs pas les seuls à le consommer. On le trouve dans les plats à Taïwan et jusqu’en Polynésie.

Au Japon, il est surtout pêché à l’extrémité de l’île de Honshu, où les forts courants du détroit de Kanmon qui la séparent de Kyushu, dont les eaux froides de la mer du Japon, favorisent sa prolifération. C’est principalement au port de Shimonoseki, ville située à la pointe de Honshu, qu'on le ramène et d'où il est expédié dans tout le pays.

Dans cette région, on prononce aussi son nom *fuku*, qui signifie également en japonais « bonne fortune ». Sans doute parce qu'il est rare donc cher et qu'il apporte la prospérité à ceux qui en font commerce…

Il se mange principalement en hiver, lorsqu'il a engraissé pour se protéger du froid. C'est à ce moment-là qu'il est le meilleur.

On le consomme de diverses manières :

— pour commencer, sous la forme de *nikogori*, petits cubes de gélatine transparente obtenus en faisant bouillir la peau du fugu quelques minutes puis en refroidissant la décoction dans laquelle on a inséré des fragments de peau crue. Les femmes adorent cette préparation qui contient une forte concentration de collagène excellent pour la santé de l'épiderme ;

— ensuite cru, en sashimi. Sa chair est émincée en pétales extrêmement fins au point qu'ils sont translucides. Ils sont arrangés en corolle dans un large plat rond. Au centre sont disposés, telles des étamines, des lambeaux de la peau du poisson. On enroule ces lacets de peau avec des tiges de ciboulette dans les lamelles de chair que l'on trempe dans une décoction de sauce de soja citronnée saupoudrée de ciboulette hachée, le *ponzu* ;

— puis en friture dite *karaage*. On utilise des morceaux tranchés épais du poisson qu'on trempe dans une décoction de maïzena avant de les faire frire. On les asperge de citron pressé avant de les manger. Le *Kentucky Fried Chicken* local, en quelque sorte ;

— le plat suivant est un *nabe*, autrement dit un pot-au-feu. D'autres morceaux du poisson découpés en blocs encore attachés à l'ossature sont plongés dans une marmite remplie d'un bouillon préparé avec les arêtes et le crâne. Y sont ajoutés divers légumes, généralement des poireaux, du chou chinois, ainsi que des champignons *shiitake* et des blocs de *tõfu.* On déguste l'ensemble trempé dans du *ponzu.* La chasse aux plus petits bouts de chair dans le squelette anfractueux du fugu au moyen des baguettes relève de la spéléologie ;

— à la saison adéquate, en plein hiver, ce pot-au-feu pourra être agrémenté de *shirako*, la laitance du poisson, mets d'un raffinement suprême, d'une grande onctuosité sous la langue une fois qu'on a percé la membrane qui la protège. On mange également le *shirako* à part, juste saisi sur un feu de charbon de bois *sumibiyaki* ;

— on finira par un *zõsui*, sorte de risotto préparé directement dans la marmite du *nabe* en y versant du riz et des œufs au préalable battus, arrosé de *ponzu* et saupoudré de ciboulette hachée. Un délice qui réchauffe jusqu'aux os.

On accompagne ces agapes d'un *hirezake*, un grand verre de saké chaud dans lequel marine une nageoire du fugu fumée, que l'on fait préalablement flamber en craquant une allumette à la surface du breuvage. Le goût de cette décoction jaunâtre est un peu âcre, amer. C'est une sorte de fiel qui exalte la part sauvage et un peu canaille, voire vénéneuse, du poisson.

Donc, tout est bon dans le fugu comme dans le cochon, serez-vous tenté de conclure. D'ailleurs, les deux caractères qui composent son nom, 河豚, ne signifient-ils pas « cochon de rivière » ?

Tout ? Vraiment ?

Non. Pas tout à fait, car il vaut mieux éviter d'ingurgiter certaines parties du fugu qui vous tueraient sans coup férir !

En effet, son foie, ses intestins, ses yeux, parfois sa peau, ainsi que les ovaires de la femelle, contiennent un poison particulièrement violent, la tétrodotoxine, dont la toxicité est mille deux cents fois plus efficace que le cyanure ! Il suffit de 25 milligrammes de cette neurotoxine pour empoisonner un adulte. Un seul poisson peut tuer de vingt à trente êtres humains. Cela prendra entre vingt minutes et six heures, paralysant progressivement les muscles, ce qui provoque la mort par asphyxie respiratoire. Cerise sur le gâteau, on reste conscient pendant tout le processus…

Il n'y a pas d'antidote connu.

Le fugu jouit donc d'une réputation particulièrement sulfureuse qui ajoute une pointe de risque aux plaisirs de le déguster.

C'est la raison pour laquelle autrefois une loi interdisait aux *samouraïs* et à l'empereur de manger du fugu. C'est encore le cas pour l'empereur.

Seuls les cuisiniers possédant une licence d'État à l'issue d'un long apprentissage et d'un examen particulièrement difficile ont le droit de servir du fugu, qu'on ne prépare par conséquent que dans des restaurants spécialisés qui souvent ferment pendant les mois d'été bien qu'on puisse de nos jours en servir à l'année. Malgré ces précautions, on déplore chaque année quelques accidents, principalement de pêcheurs inconscients qui ne le découpent ni ne le vident correctement. Depuis le tournant du siècle, environ vingt-cinq personnes seraient décédées en mangeant du fugu non débarrassé de son poison.

Jusqu'à une date récente, on pouvait déguster le foie, qui, correctement découpé et apprêté, présentait peu de risques. Mais il est légalement interdit depuis 1984, quelques années après la mort d'un célèbre acteur de *kabuki*, le Trésor vivant Bandō Mitsugorō le Huitième, décédé le 16 janvier 1975 à l'âge de 69 ans dans un restaurant de Kyoto après avoir ingurgité une quantité trop importante de foie (*kimo*) pour impressionner sa tablée en prétendant qu'il était immunisé. Il agonisa huit longues heures.

Une légende avance par ailleurs que, dans certains cercles de têtes brûlées, on s'adonnait au jeu pervers consistant à ingérer des lobes de *kimo* imprégnés de poison. C'était à qui irait le plus loin sans se tuer. Une forme de roulette russe moins efficace et brutale mais presque aussi radicale !

Tout cela ne veut cependant pas dire qu'on ne peut plus du tout manger de *fugu kimo* au Japon. La plupart des restaurants spécialisés le servent en catimini, selon le principe bien japonais que tout ce qui ne se voit pas n'existe pas.

Car il faut bien le dire, le foie du fugu est d'un velouté et d'une finesse exceptionnels. Il dégage un goût de noisette qui n'a rien à envier à nos meilleurs foies gras. Il fond littéralement dans la bouche, distillant sur les papilles une légère pointe d'amertume. Déguster du foie de fugu est un moment de félicité suave. Et on n'en meurt pas, la preuve, puisque j'ai écrit cette entrée !

J'ai en effet eu de nombreuses occasions de déguster du *fugu kimo*, principalement dans une grande ville de l'ouest du Japon. Chaque année à la fin de l'automne, le président d'un grand magasin m'invitait dans son restaurant de fugu favori. On nous conduisait discrètement dans une pièce en sous-sol où l'on nous servait d'énormes platées de foie dont je m'empiffrais honteusement sous l'œil attendri de mon hôte qui y touchait peu. Je ne me suis jamais demandé s'il guettait subrepticement les premiers symptômes de l'empoisonnement !

Mais mon expérience la plus étonnante, je l'ai vécue quelques années après le décès de Bandō Mitsugorō. Un de mes amis qui venait d'être nommé directeur à Shimonoseki du grand magasin d'un groupe fort connu dans l'ouest du Japon m'invita à passer la nuit dans une auberge située dans un petit village de pêcheurs à une vingtaine de kilomètres sur la côte de la mer du Japon. L'entrée du *ryokan*, une bâtisse en bois au lourd toit de sobres tuiles grises, donnait directement sur le quai du port dans lequel de petits chalutiers trapus se balançaient mollement à la houle du soir. Mon ami m'expliqua que les propriétaires de l'hôtellerie étaient également pêcheurs de fugu depuis six générations.

On était au début de février. Des flocons de neige tombaient nonchalamment, éparpillés par une jolie brise venue du fond de la Sibérie qui nous glaçait les sangs. Dans mon souvenir, l'auberge n'était éclairée que par des lampes à pétrole. D'ailleurs, le village tout entier était sombre. Peut-être n'était-il encore que partiellement électrifié ?

Après le bain, on nous installa dans la chambre de mon ami sous la couette d'un *horigotatsu*[1] dans lequel un brasero de charbon de bois diffusait une chaleur sèche qui brûlait nos jambes sous nos kimonos. Un *hibachi*[2] posé à côté de chacun de nous tentait vainement de réchauffer la pièce.

On nous servit le dîner dans la foulée, bien entendu un succulent menu de fugu dans sous ses états, copieusement

1. Voir l'entrée « *Kotatsu* ».
2. Voir l'entrée « *Hibachi* ».

arrosé de *hirezake* brûlant qui nous réconforta plus sûrement que l'antédiluvien système de chauffage.

Alors que nous avions avalé le *zōsui* en l'aspirant bruyamment car il était très chaud, mon ami se pencha vers moi avec un air de conspirateur et il chuchota :

« Veux-tu essayer quelque chose d'exceptionnel que tu ne mangeras plus de ta vie ? C'est du foie, comme celui qu'on nous a déjà servi mais dans une préparation strictement interdite qu'on ne sert jamais, ni nulle part ! »

Ma curiosité excitée et ma prudence amollie par l'excès d'alcool, je demandai de quoi il s'agissait.

« C'est un lobe très faiblement imprégné de poison. Une sensation unique, tu verras. »

Malgré ma jeunesse, qui comme on le sait, exacerbe imprudence et égoïsme – j'avais déjà un fils –, j'eus un mouvement de recul. Mon ami s'empressa d'ajouter :

« Tu ne risques strictement rien. Je mange cette spécialité chaque fois que je viens ici. Et tu vois, je n'en suis pas encore mort ! »

On nous apporta une minuscule portion de foie dans une fine coupe de verre. Il n'avait rien de différent de celui dont nous nous étions régalés plus tôt. Mon ami mangea la sienne après l'avoir trempée dans la coupelle de *ponzu* posée entre nous. Il me fit un geste d'encouragement. Croyant que je diluerais le poison, j'imbibai copieusement ma bouchée de *ponzu*, ce qui fit rire mon ami. Je l'avalai tout rond en déglutissant abondamment, toute témérité oubliée mais fermement décidé à ne pas perdre la face.

La sensation vint au bout de quelques secondes : un engourdissement de la langue et de la paroi muqueuse de la bouche et un picotement au niveau des lèvres également devenues insensibles, un peu comme une anesthésie avant une extraction dentaire. Cela dura quelques courtes minutes, puis tout redevint normal.

Mon ami me félicita, me fit boire deux ou trois tasses de thé et me fit promettre de ne jamais parler de mon expérience à qui que ce fût.

Ma vanité satisfaite, j'allai retrouver ma couche et je dormis d'un sommeil de plomb dont je ne sais toujours pas si la tétrodotoxine en était responsable.

Cette histoire étant vieille de plus de quarante ans, je suppose que je peux maintenant être dégagé de mon serment…

Fuji san (富士山) – Le mont Fuji

En créant le mont Fuji, les dieux japonais ont enseigné à leur peuple ce qu'est la perfection.

Ils l'ont posé là, seul sur une vaste plaine comme un diamant sur la paume d'une main, au beau milieu du pays qu'il domine sur son socle de basalte.

La main divine qui l'a façonné a lissé ses flancs d'une patiente caresse afin qu'ils soient irréprochables.

Il a les proportions d'un mannequin : 30 kilomètres de circonférence à la base, une couronne à peine dentelée de 500 à 700 mètres en son sommet qui culmine à 3,776 mètres d'altitude ; son cratère est d'une profondeur qui oscille de 100 à 250 mètres ; les dieux ont décidé que ses pentes suivraient un nombre d'or de 22 degrés en moyenne. Ils ont bien eu un moment d'inattention qui a laissé apparaître une légère protubérance sur son versant sud-est, une petite imperfection qu'on a appelée *Hōei-zan*. Mais peut-être voulaient-ils par ce nævus souligner à quel point le Fuji est par ailleurs parfait ?

Ce cône est un sein au galbe harmonieux que l'hiver pare pudiquement d'un voile de neige. Mais quelle étrangeté que cette sublime icône soit masculine !

Il faut croire que, tout comme les anges, les montagnes sont asexuées.

Dire que le Fuji est majestueux est une insulte : il est impérial ! Il est d'ailleurs sacré. Il y a encore deux cents ans, il était interdit aux femmes. Le shintoïsme en avait décidé ainsi.

Je l'ai vu pour la première fois en remontant de l'ouest du Japon vers Tokyo par l'autocar de nuit qui empruntait l'autoroute Tõmei. Le chauffeur qui avait conduit une bonne partie de la nuit fit une halte sur l'aire de repos dite de Gotemba à l'aube. Encore endormi, je descendis comme mes compagnons de voyage pour me dégourdir les jambes. Et soudain, il fut là devant moi, illuminé par le soleil levant, sa couronne de neige scintillant d'une lumière orangée. Le choc esthétique fut d'une intensité telle que je chancelai.

Je sais que je pris la décision de faire ma vie au Japon à cet instant précis, sur cette aire d'autoroute encombrée de poids lourds, à la fraîcheur du petit matin, subjugué par cette apparition quasi surnaturelle ; il est vrai que les coups de foudre ne sont jamais raisonnables.

Le mont Fuji est un stratovolcan. Il a poussé tel un prurit durant des millénaires, sous les chocs titanesques des trois plaques tectoniques qui s'ébrouent depuis toujours dans les entrailles de la Terre japonaise. Il s'est ainsi élaboré de combustions en explosions, de bouillonnements en vomissements ; qu'autant de fureur ait pu enfanter tant de grâce laisse pantois.

Il est constitué d'un cœur d'andésite et d'une chape de basalte remontant à la nuit des temps quand les deux turbulents garnements divins Izanagi et Izanami ont créé l'archipel il y a plusieurs millions d'années. Il est toujours considéré comme potentiellement actif, même si sa dernière éruption remonte à décembre 1707. Il a manifesté sa mauvaise humeur durant deux mois en crachant ses cendres jusqu'à la capitale Edo. Après le séisme de 2011 dans la région du Tohoku, les scientifiques ont décelé des frémissements et des résurgences de sources thermales rappelant les prémices annonciatrices de la dernière éruption. Le géant assoupi pourrait bien s'éveiller de nouveau. Les vulcanologues le prévoient. Tokyo pourrait de nouveau se retrouver recouverte de cendres.

J'ai fait l'ascension du Fuji lors de mon tout premier voyage au Japon ; c'était au mois d'août ; pour m'encourager tout autant que me convaincre, l'ami japonais chez lequel je logeais m'avait cité le proverbe suivant :

富士山に一度も登らぬばかに、二度登るばか

(*Fuji san ni ichidomo noboranu baka ni, nido noboru baka*)

« Il faut être fou pour ne pas faire l'ascension du mont Fuji une fois, il faut être fou pour la faire deux fois. »

Ce jour-là, je me suis rendu compte que, comme bon nombre de dictons, celui-là sonne faux : en effet, que ce soit une fois, deux fois ou cent fois, il faut vraiment être fou pour entreprendre l'ascension de ce redoutable terril, fût-il divin !

On ahane sur une étroite sente de cendres noires et de scories qui serpente en un lacis paresseux de station en station, le nez planté dans le cul d'un hurluberlu qui a eu la même idée saugrenue que vous. Ils sont d'ailleurs des milliers à avoir l'eue, cette furieuse idée ! Ces dernières années, au moins 300 000 par an.

On progresse de station en station à partir de la base si on est encore plus fou que la moyenne car l'approche est aussi longue que monotone. Les paresseux ou les gens pressés démarrent depuis la cinquième station, celle où s'arrête la route goudronnée tout de même à plus de 2 000 mètres d'altitude. Il y a en tout dix stations. Plus que de véritables refuges, ce sont des gargotes qui vendent de la bimbeloterie et des rafraîchissements. Si on a acheté un bâton de pèlerin au point de départ, on aura droit, moyennant une modeste obole, à un coup de tampon au fer chaud. Mais on peut tricher en l'achetant à la cinquième station, orné des cinq premiers tampons. La consécration suprême, ce sont dix tampons pour les dix stations. Au sommet, il est encore possible de suivre le sentier des crêtes qui permet de gagner les huit pics autour du cratère.

Un grimpeur honnête, c'est-à-dire un bon marcheur, mettra cinq heures pour accéder depuis la cinquième station au sommet et environ trois heures pour en redescendre.

On aura compris que le fier mont Fuji est une vulgaire montagne à vaches.

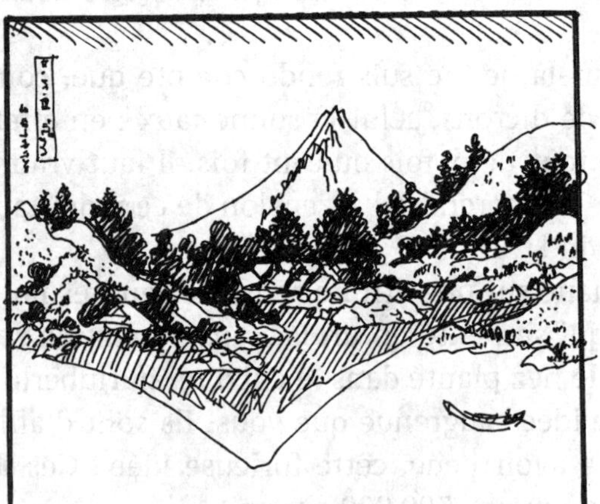

Nous sommes partis à l'assaut du Fuji vêtus d'un jean, d'un T-shirt et d'un modeste coupe-vent en nylon. Nous portions de banales baskets. *A contrario*, beaucoup de grimpeurs japonais étaient équipés comme pour tenter l'ascension de l'Annapurna : solides chaussures de marche à crampons en cuir, épaisses chaussettes, knickerbockers en grosse laine, pull-overs épais sous des anoraks sophistiqués, cache-nez, lunettes noires couvrantes, bonnets à oreillettes, sac à dos rempli de victuailles, et, pour certains, un piolet et une corde ceinte autour de la taille.

Au Japon, on ne fait jamais les choses à moitié.

Dès le début de notre ascension, il y avait du vent. En fait, il y a toujours des turbulences sur les flancs du mont Fuji. Une tôle ondulée sans doute envolée du toit d'un refuge passa au-dessus de nos têtes. Elle faillit décapiter quelques vaillants soldats de notre colonne mais nous eûmes la présence d'esprit de nous aplatir dans la poussière en hurlant pour prévenir ceux qui étaient plus bas.

Arrivés au sommet, nous avons très vite compris qu'à défaut de nous équiper de bâtons nous aurions mieux fait d'enfiler une grosse laine. Cette imprévoyance contribua sans nul doute à la performance exceptionnelle de notre descente : deux heures et quinze minutes.

Nous sommes arrivés à notre auberge au pied du Fuji terreux comme des mineurs de fond. Plusieurs douches, de vigoureuses frictions, des brossages sous les ongles et d'innombrables expectorations furent nécessaires pour nous débarrasser de la divine cendre. J'en mouchais encore deux jours plus tard.

Je me suis juré de ne plus recommencer ; une seule folie m'aura suffi. Lorsque j'étais à l'ambassade de France, un collègue stagiaire de l'ENA le gravit neuf fois en une saison. Son ascension au plus haut de la stratosphère de l'administration française a confirmé par la suite ses talents d'alpiniste.

Un de mes amis, skieur émérite, monte chaque année en hiver au sommet du mont Fuji skis sur le dos, afin de s'offrir le rare plaisir de dévaler l'auguste pente. Seuls la brigade alpine des forces d'autodéfense japonaises et quelques téméraires foldingues comme lui se prêtent à ce jeu dangereux : une faute de carres et c'est une glissade mortelle de plus de 2 000 mètres sur cette déclivité lisse comme un miroir.

Pour ma part, je préfère contempler le *Fuji san* sur les estampes du grand Hokusai qui le fixa sous tous ses angles une première fois avec ses *Trente-Six Vues du Fuji* (*Fugaku sanjûrokkei*) puis de nouveau avec ses *Cent Vues du Fuji* (*Fugaku hyakkei*) ou depuis le train Shinkansen quand il passe devant lui à près de 300 kilomètres/heure sur la ligne du Tokaido.

Fukushima Daiichi (福島第一) – Comment gérer un accident nucléaire

Jusqu'au 11 mars 2011, personne n'avait jamais entendu parler de Fukushima lorsque le tsunami[1] balayant les côtes au nord-est du Japon provoqua la seconde catastrophe nucléaire civile au monde après celle de Tchernobyl en 1986.

Alors que tous les regards étaient tournés vers les villes du Tohoku dévastées par le tsunami, le samedi 12 mars à 16 heures les chaînes de télévision japonaise diffusent les images d'une spectaculaire explosion qui vient de se

1. Voir l'entrée « Tsunami ».

produire dans une centrale nucléaire située à 260 kilomètres au nord de Tokyo, à Fukushima Daiichi. Le toit du réacteur n° 1 a été soufflé et un énorme panache de fumée blanche s'est échappé du bâtiment. C'est de la vapeur d'hydrogène chargée de radionucléides.

La nouvelle se répand immédiatement que la centrale a été endommagée par le tremblement de terre et que le tsunami l'a submergée, la privant de l'électricité nécessaire au bon fonctionnement de son système de refroidissement. Le cœur des réacteurs 1, 2 et 3 est entré en fusion et la piscine de stockage du combustible nucléaire usagé du réacteur n° 4 est en surchauffe.

Le lundi 14 mars à 11 h 01, la structure du bâtiment abritant le réacteur n° 3 est à son tour soufflée par une déflagration. Une autre explosion au niveau du réacteur n° 2 et un incendie accompagné de rejets massifs de produits radioactifs surviennent le lendemain, confirmant ainsi que tout contrôle de Fukushima Daiichi est perdu.

La catastrophe est classée dès le 12 mars au niveau 7, le plus élevé sur l'échelle internationale des événements nucléaires INES. Les populations dans un périmètre de 30 kilomètres autour de la centrale ont été évacuées.

L'éventualité que les vents capricieux de ce début de printemps poussent les nuages radioactifs vers la capitale est à peine évoquée que la panique a immédiatement gagné la population de Tokyo.

Alors, l'exode débute.

Les étrangers prennent d'assaut les avions vers la première destination disponible, abandonnant leur poste et leurs collaborateurs locaux. Il faudra dans plusieurs cas l'intervention de l'État japonais ou des ambassadeurs de certains pays pour sommer les sièges sociaux d'ordonner à certains dirigeants dans des domaines sensibles, comme les banques, de revenir. Les Japonais reprocheront amèrement à ces *Flyjin*, contraction de *Fly* (« voler, fuir ») et *Gaijin* (« étrangers ») de les avoir lâchement abandonnés.

Les Japonais ne sont cependant pas les derniers à fuir : les trains Shinkansen à destination d'Osaka sont bondés de mères accompagnées de jeunes enfants. J'ai moi-même conseillé à ma fille aînée de quitter Tokyo avec mon petit-fils âgé de quelques mois. Ma femme, malgré sa résistance initiale, a pris un avion pour l'Europe avec notre fils alors âgé de 8 ans. Je l'ai convaincue que, en cas d'évacuation d'urgence, je me débrouillerais mieux seul.

Pour ma part, je dois m'occuper de notre entreprise. Nos collaborateurs sont angoissés mais fidèles au poste. La gestion d'une crise nucléaire n'est consignée dans aucun de nos manuels. On ne nous l'a pas enseignée à l'université. Il va falloir improviser et nous adapter.

Lundi 14 mars

La tension est forte, alimentée par les nouvelles anxiogènes qui parviennent d'heure en heure de Fukushima. Je convoque les cinq membres du comité exécutif de notre entreprise. Il est composé pour moitié de Japonais et pour moitié d'étrangers. Je sollicite leur avis sur l'idée de fermer notre distribution sur tout le nord du Japon depuis une ligne partant de Nagoya, ville située à 350 kilomètres à l'ouest de Tokyo. Les deux étrangers sont pour, les trois Japonais contre. Le gouvernement n'ayant pas ordonné l'arrêt des activités, ils estiment que nous devons attendre les directives qu'il pourrait ultérieurement énoncer. Ils veulent surtout éviter que la Maison soit considérée comme une entreprise *Flyjin*. Par ailleurs, nos partenaires, principalement les grands magasins, pourraient déceler en cette décision une rupture unilatérale de nos obligations contractuelles.

C'est la toute première fois que notre comité exécutif se lézarde.

J'explique alors qu'en cas de crise majeure nous avons le devoir impérieux de protéger nos employés. Mon souci est d'offrir à nos collaborateurs, pour la plupart des jeunes femmes célibataires venues de provinces éloignées dont les parents sont naturellement inquiets, la possibilité d'évacuer s'ils le souhaitent. J'ajoute que nous rembourserons les frais de déplacement et l'éventuel hébergement à ceux qui voudront s'éloigner.

La population concernée, familles comprises, s'élève à environ 5 000 personnes. Une fermeture de quinze jours au moins est nécessaire pour donner le temps aux gens de se retourner. J'obtiens finalement l'accord de mes collègues.

Mardi 15 mars

Nous annonçons notre décision : nous fermerons tous nos points de vente et nos bureaux de Tokyo en fin de journée. Un service minimum sera assuré par nos entrepôts situés au nord de Tokyo en attendant que nous trouvions une solution de rechange pour acheminer les produits vers l'ouest du Japon où s'écoule une vie presque normale.

Par courtoisie, j'ai prévenu mes pairs de l'industrie française du luxe. La plupart suivront notre exemple.

J'ai bien entendu également tenu ma hiérarchie informée. Elle m'a assuré de son soutien et de sa confiance. Quelques personnes du siège n'ont pu s'empêcher de me bombarder d'avis et de suggestions diverses ; afin de me débarrasser de tous ces conseilleurs, je leur ai suggéré de réunir entre 5 000 à 10 000 pilules d'iode. J'ai en effet appris par un ami proche du gouvernement japonais que celui-ci s'apprêterait à en organiser la distribution. L'ambassade de France a déjà annoncé aux ressortissants français qu'elle tient le produit à leur disposition.

En fin de journée, 1 200 collaborateurs et membres de leurs familles ont choisi d'évacuer Tokyo. Le nombre augmentera encore un peu au cours des quarante-huit heures suivantes. Nous recevons des messages de remerciements de parents rassurés.

Mardi 15 mars, fin de soirée

Nous avons fermé. Tout le monde est parti. Les bureaux sont déserts. Je suis seul à mon étage.

Il est 3 heures du matin. Je suis encore au bureau. Je n'ai pas sommeil, et je ne parviens pas à me décider à rentrer me coucher. J'ai l'impression que l'adrénaline de ces derniers jours me tient en état d'éveil permanent. Mais c'est peu dire que cette crise d'une exceptionnelle intensité me laisse mentalement un peu sonné.

Je remarque sur l'écran de mon ordinateur un message. Il provient de mon patron : « Vous avez fait tout ce qu'il fallait. À présent, il est temps de prendre soin de vous. Partez ! » Suit un petit *emoji*, un cœur.

J'en ai les larmes aux yeux. Je reconnais là sa bienveillance légendaire. Je lui réponds : « Merci infiniment mais je vous rappelle que si l'est du Japon est fermé, tout l'ouest fonctionne normalement. Je reste à Tokyo. En revanche, je retiens volontiers votre offre pour partir aux Seychelles avec mon épouse quand tout cela sera terminé ! »

La réponse parvient instantanément : « Accordé ! »

Alors que je m'apprête enfin à quitter notre immeuble, je reçois cette fois un message d'un cabinet de crise fort réputé sur la place de Paris, dont notre siège utilise les services. Depuis deux jours, il me harcèle de demandes d'interviews de quotidiens parisiens. Le manque de sommeil, la fatigue aidant et aussi excédé par cette absence de discernement, j'expédie rageusement cette réponse : « Merci de distribuer le communiqué de presse suivant : "Le président du Japon se porte bien. Il parvient à lire son journal la nuit car son corps est luminescent. Vous pouvez ajouter qu'en revanche ses couilles ne se sont pas encore détachées de son corps." »

Je n'ai plus jamais entendu parler du cabinet de crise. Il paraîtrait que mon impertinence ne fut que moyennement appréciée par sa fondatrice.

La gestion de l'accident nucléaire de Fukushima Daiichi se poursuit sans relâche depuis 2011 :

— Des millions de tonnes d'eau ont été déversés et continuent de l'être sur les réacteurs de Fukushima Daiichi dont le cœur a fondu. Un million de mètres cubes d'eau chargée d'atomes radioactifs est stocké dans 1 000 citernes. Une partie a été traitée au moyen de plusieurs procédés dont un imaginé par le français Areva. Elle serait débarrassée de 62 des 63 radionucléides qu'elle contenait. Le dernier élément, le tritium, semble peu dangereux. Cette eau pourrait être progressivement diluée en mer sur vingt ans.

— Les piscines de refroidissement sont petit à petit vidées du MOX encore stocké dedans. Les 1 500 barres de la piscine du réacteur n° 4 qui présentaient un risque d'émission de matière radioactive 5 000 fois supérieur à la bombe d'Hiroshima ont toutes été retirées fin décembre 2014.

— Des structures de protection de 55 mètres de hauteur ont été construites au-dessus des réacteurs 1, 2 et 3 pour limiter les émissions d'effluents radioactifs ; afin de réduire l'écoulement des liquides contaminés vers la mer, un mur en acier et en béton a été érigé entre la centrale et l'océan ; des procédés complexes, vitrification ou cryogénisation des sols, sont par ailleurs expérimentés.

— On estime qu'il faudra plus de quarante années pour démanteler complètement le site.

— La région autour de Fukushima Daiichi est toujours en cours de décontamination. Les populations déplacées sont peu à peu autorisées à revenir, mais une zone restera perpétuellement interdite.

Il est important de relativiser l'accident de Fukushima Daiichi : son taux de morbidité a été extrêmement faible. Aucun décès n'a réellement pu être imputé aux rayonnements ionisants. En revanche, le principe de précaution imposé aux habitants de la région a été fatal à 2 000 personnes sur les 80 000 évacuées de force, souligne un professeur de l'université de Columbia spécialisé dans les questions d'environnement et de santé, Matthew Neidell. Il nous faut ajouter 1 280 personnes qui, elles, sont mortes de froid faute d'accès à l'électricité, à cause de la forte hausse de son coût à la suite de l'accident de Fukushima, et plus précisément à l'arrêt complet de toutes les autres centrales nucléaires.

Avec le recul, force est de constater qu'à Fukushima Daiichi le pire a été évité malgré les nombreuses erreurs de conception comme ces lignes électriques essentielles qui auraient dû être enterrées ou ces groupes électrogènes qui auraient pu être placés plus haut. L'opérateur TEPCO porte donc une large part de responsabilité dans cette catastrophe.

En 2014, deux jeunes photographes sont venus nous soumettre un projet intelligent et novateur sur Fukushima que d'emblée nous acceptâmes. Leur travail dans la zone interdite autour de la centrale nucléaire fut exposé en 2015 dans l'espace culturel de notre entreprise : leur approche différente, l'impertinence de leurs mises en scène et l'esthétisme de leur travail furent récompensés par un grand succès. Ils avaient abordé le sujet de la « zone pétrifiée » sous un angle original en cinq grands thèmes :

— « **ClairObscure** » avec une série de photos prises de nuit au flash dans la zone interdite, illuminant les rues de cités fantômes, des carcasses de véhicules, des bateaux de pêche, soulignant la désolation de ces lieux abandonnés.

— « **Bad Dreams** », en utilisant des films de cellophane transparent enveloppant des distributeurs de boissons, des engins de chantier abandonnés, un bateau drossé sur une digue, traversant des rues ou tendus dans une forêt pour symboliser la menace invisible des radiations.

— « **Nature** », composé de photos prises dans un radiant de 20 kilomètres autour de la centrale montrant la vitesse avec laquelle la nature avait repris ses droits en moins de quatre ans, ensevelissant sous une végétation vorace habitations, quais de gare, parcs automobiles, routes.

— « **Retrace Our Steps** » tentait de répondre à la question suivante : « Que se passerait-il si soudain les habitants revenaient d'un coup sur leur lieu de vie antérieure ? » Les deux photographes demandèrent à des réfugiés de retourner dans leur ville et de se comporter comme si rien ne s'était passé : une ménagère fut ainsi photographiée en train de faire ses courses dans son supermarché habituel dévasté dont les rayons croulaient encore de victuailles faisandées ou fossilisées, une coiffeuse en train de coiffer un client dans son salon saccagé par le passage du tsunami, un artisan en tablier de travail s'affairant devant ses machines rouillées, un homme buvant un whisky dans son bar favori incendié à la suite d'un court-circuit causé par le séisme. Nous avions invité ces « figurants » à l'inauguration. Le récit de leur retour sur les lieux quittés dans la précipitation quatre ans plus tôt pour y mimer leurs gestes quotidiens fut pathétique.

— « **Packshots** », pour finir, montrait des clichés de produits et d'objets croisés par les photographes au cours du reportage : des barquettes de viande avariée ou de poissons momifiés, des carcasses d'oiseaux irradiés, des jouets, un stéthoscope, une paire de chaussures mangée par le sel de l'océan.

Ce parti pris non partisan, se contentant de montrer sans commenter, en racontait plus que n'importe quel long discours sur la tragédie de Fukushima Daiichi.

Fũrin (風鈴) – Clochette

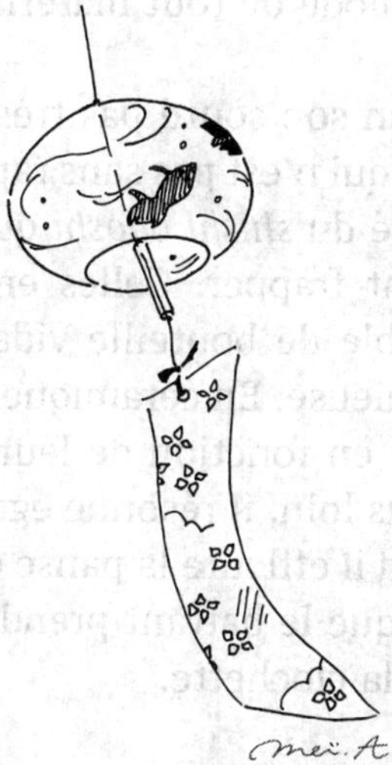

Google traduit *fũrin* par « carillon éolien », terme hilarant bien que techniquement correct qui évoque immédiatement ces affreux assemblages de tubes dissonants qu'on trouve encore accrochés aux portes de certains commerces pour avertir qu'un client entre dans le magasin.

Rien n'est plus éloigné de ces vulgaires ustensiles que l'élégante clochette japonaise qui produit en général un tintement raffiné.

Les *fũrin* font leur apparition à la fin de la saison des pluies, en juin. On les accroche sous l'auvent des maisons, au chambranle d'une fenêtre, à tout endroit où elles sont susceptibles de capturer le moindre zéphyr. Souvent, un long morceau de papier rectangulaire est attaché par une ficelle au battant. Il peut être simplement décoratif ou évoquer l'humeur du maître de maison qui y aura écrit un *haïku*[1].

1. Voir l'entrée « *Haïku* ou *haïkaï* ».

En céramique, en verre, en bronze, en fonte, en faïence, en bambou, en bois, en laiton ou encore en aluminium, la clochette s'accommode de tout matériau apte à produire un son.

Le bois donne un son sourd pas très heureux, le bambou un bruit creux qui n'est pas sans rappeler en plus ténu celui de l'extrémité du *shishi odoshi* quand elle heurte la pierre qu'elle vient frapper. Celles en verre produisent un bruit désagréable de bouteille vide. La faïence n'est guère plus harmonieuse. En céramique, leur note est plus ou moins étouffée en fonction de leur épaisseur. Le son du métal porte plus loin, il résonne également plus longtemps. C'est quand il effleure la panse de métal à laquelle son destin est lié que le battant prend vraiment plaisir à conter fleurette à la clochette.

Ma préférence va au métal.

J'ai passé de longues heures à chercher des clochettes produisant un son qui soit à la fois rafraîchissant et apaisant mais ne tape pas sur les nerfs au bout d'un moment. Une clochette prise dans un tourbillon de vent devient vite l'objet le plus horripilant au monde et le meilleur moyen de s'aliéner définitivement le voisinage.

La *fūrin* que j'accroche au début de l'été sous l'auvent de l'*engawa*[1] de notre pavillon de thé est en bronze terni par le temps. Elle est abritée dans un joli cageot de bambou tressé. Son battant ressemble à un ornement frontal de casque de *samouraï kabuto.* J'ai récemment changé le rectangle de papier qui y est attaché. À l'origine, c'était un épais parallélépipède de lin. Solide et joli mais totalement inefficace : il fallait un vent de force 7 sur l'échelle de Beaufort pour que la cloche daigne signaler qu'elle

1. Voir l'entrée « *Engawa* ».

avait été sollicitée. J'ai pris un carré de *washi*[1] de couleur sable que j'ai découpé à la bonne taille, sur lequel j'ai calligraphié le *haïku* suivant :

風鈴の	fu-u-ri-n no	*Une clochette*
一つ鳴りたる	hi-to-tsu na-ri-ta-ru	*Tintinnabule une fois*
涼しさよ	su-zu-shi-sa yo	*Ah ! Quelle fraîcheur !*

高浜虚子 Takahama Kyoshi
(1874-1959)

Depuis, elle tintinnabule à la plus légère brise. Le son qu'elle produit est cristallin, féminin ; il dispense une sensation de fraîcheur incomparable aux moments de touffeur les plus pénibles de l'été.

Assis sur la plage de l'*engawa*, habillé de mon *yukata*[2], je me laisse bercer par le chœur des cigales accompagné en contrepoint du tintement de la clochette en contemplant le jardin de mousse sous mes yeux.

Pour le jardin intérieur de la maison principale, j'ai au contraire choisi une *fūrin* de facture résolument contemporaine dessinée par un jeune artiste. Elle est en aluminium brossé, de couleur dorée. Elle a une forme conique allongée d'une perfection diabolique. Son battant est un simple cylindre d'aluminium argenté. On dirait qu'elle a été usinée dans un atelier de pièces pour l'aérospatiale.

Pendue au bout d'un long fil de nylon invisible sous un pan de toiture très avancé, elle donne l'impression de flotter dans le vide. C'est l'ovni de la maison. Elle produit

1. Voir l'entrée « *Washi* ».
2. Voir l'entrée « *Yukata* ».

un tintement viril qui va en s'amplifiant, une gourmandise pour l'oreille qui occupe tout l'espace avant d'aller s'amenuisant comme si elle s'évaporait dans l'air.

Les jours de bon vent, mes deux *fũrin* dialoguent. Je me plais à imaginer que celle du jardin intérieur courtise celle du pavillon de thé qui lui répond en minaudant. Mais comme le Soleil et la Lune, elles sont vouées à ne jamais se rencontrer car je ne commettrai jamais la faute de goût d'aller accrocher la tuyère de fusée futuriste du jardin intérieur dans le cadre serein du pavillon de thé.

Chacune reste donc à sa place jusqu'à ce que je les décroche avant qu'elles ne me donnent la chair de poule en tintant aux premiers froids de l'hiver.

Une dernière chose : ne confondez pas *fũrin* et *furin*. Autrement dit, allongez toujours bien la première syllabe *fũ* quand vous souhaitez acheter une clochette.

En ne le faisant pas, vous risqueriez de provoquer l'hilarité de la vendeuse : *furin* (不倫) signifie en effet « infidélité » au sens premier du terme, « l'adultère » !

Furoshiki (風呂敷) – Baluchon

Le *furoshiki* est un carré de coton, de soie ou de rayonne, de diverses épaisseurs, de tailles différentes et aux couleurs et motifs variés qui sert à emballer et à transporter tout ce qu'on veut. Il est fabuleusement pratique, il accueille les objets les plus hétéroclites aux formes les plus psychédéliques ; on peut y mettre dedans un grain de riz ou un *futon*.

Les paysannes qui apportent à la ville leur production y mettent leurs légumes dont les fanes dépassent parfois, les étudiants leurs livres de cours, les jeunes femmes en kimono qui se rendent à une cérémonie du thé les ustensiles dont elles auront besoin. Les voleurs quand ils pénètrent dans une maison pour la dévaliser cherchent d'abord un *furoshiki* pour y empiler leur butin ; leur méthode est d'ailleurs popularisée dans la série des *mangas*[1] d'Hasegawa Machiko, *Sazae-san*. Invariablement, le ballot choisi par les mandrins est de couleur verte, imprimé d'arabesques dites *karakusa*, un symbole de félicité et de bonheur utilisé en d'heureuses circonstances. C'est un peu choquant mais c'est ainsi.

Les voyous indélicats qui ont dû se couper le petit doigt en signe de contrition déposent devant leur patron la phalange rangée dans une boîte en bois de paulownia elle-même soigneusement enveloppée dans un *furoshiki*.

Enfin, quand on ramène chez soi l'urne funéraire remplie des cendres et des ossements d'un cher défunt, on l'emballe dans un *furoshiki* de soie blanche, la couleur du deuil.

Le *furoshiki*, symbole suprême du sens pratique des Japonais, n'a pas d'équivalent chez nous, sauf peut-être le ballot accroché à une branche que les journaliers errants des gravures de Gustave Doré portaient à l'épaule sur les chemins de campagne.

Si les trésors du temple Tōdai-ji à l'ère Nara (VIIIe siècle) entreposés dans le *Shōsōin* étaient enveloppés dans des tissus de soie et si des gravures remontant à l'ère Heian (fin du VIIIe siècle-fin du XIIe siècle) montrent des portefaix portant leur charge dans des balles de tissu nouées autour des épaules, la véritable origine du *furoshiki* remonte à l'ère Muromachi (XIVe-XVe siècles). Quand les *daimyōs* (seigneurs

---

1. Voir l'entrée « *Mangas* et animés ».

locaux) se rendaient au bain, ils étalaient devant eux une pièce de tissu sur laquelle ils laissaient tomber leurs vêtements quand ils se déshabillaient. Leurs serviteurs en déposaient des propres et emportaient les autres dans le carré de soie noué aux quatre coins. D'où l'étymologie du mot *furoshiki* décomposé en deux mots : *furo* – « le bain » –, et *shiki* du verbe *shiku* – « étendre ». Pour ne pas confondre le paquet de vêtements d'un *daimyō* avec celui d'un autre, le *mon* (« blason ») de ce dernier était brodé sur le tissu.

Plus tard, à l'époque d'Edo (XVIIe-XIXe siècles), quand la pratique des bains publics s'est généralisée, l'usage du *furoshiki* s'est popularisé. On mettait dedans ses ustensiles de toilette et du linge de rechange. À la même époque, alors que les incendies étaient la principale plaie dans les villes, il était courant de mettre un *furoshiki* sous sa couette pour pouvoir emporter en hâte ce qu'on pouvait récupérer avant que les flammes ne dévorent tout.

À l'ère Meiji (1868-1912), on a moins utilisé le *furoshiki*, remplacé par le sac importé par les étrangers à l'ouverture du pays au vaste monde. Les étrangers, c'est bien connu, sèment la pagaille partout où ils passent.

Mais le *furoshiki* est parvenu à faire de la résistance. Aujourd'hui, par exemple, grâce à la prise de conscience écologique, il est bien vu de l'utiliser au supermarché pour envelopper ses emplettes plutôt que de demander un sac en papier.

Par ailleurs, il est courant d'y emballer le cadeau qu'on apporte quand on se rend en visite chez quelqu'un. La bienséance veut qu'on ne déballe jamais un *omiyage*[1] devant la personne qui vous l'a offert. En revanche, la correction exige qu'on dénoue le *furoshiki* devant son hôte pour lui tendre ce qu'on a apporté en expliquant avec force

1. Voir l'entrée « *Omiyage* ».

expressions de contrition qu'il s'agit d'un banal objet qui ne mérite pas l'attention. On s'empresse ensuite de plier le carré de tissu pour le cacher dans la manche de son kimono, dans la poche de son veston ou dans son sac à main.

Cette jolie coutume est un de ces nombreux pièges dans lesquels les étrangers tombent immanquablement.

Un jour que j'accompagnais une amie chez une connaissance de ses parents qu'elle souhaitait me présenter, j'avais eu la glorieuse idée de préparer un carton de nectars en conserve (les Japonais adorent les jus de fruits) enveloppé dans un *furoshiki* savamment noué que je tenais fièrement au bout de mon bras dans le métro, m'attirant des regards de sympathie des voyageurs et ceux enamourés de ma compagne. Un aussi bon connaisseur des us et coutumes locaux pouvait éventuellement être considéré comme un parti non négligeable.

Arrivés sur le seuil de la demeure de nos hôtes, avant même de nous déchausser, j'ai tendu mon paquet à la maîtresse de maison qui l'a pris après un instant d'hésitation dont je ne compris pas la raison. Je perçus assez rapidement une tension dans l'attitude de la jeune femme que je courtisais. Quand on est amoureux, on est plus réceptif aux changements d'humeur chez l'être convoité.

L'heure que nous passâmes fut exquise. On nous servit des gâteaux à la pâte de haricots rouges accompagnés d'un thé vert dans de délicates tasses posées sur la table basse du salon recouverte d'une jolie dentelle de Malines, et on s'extasia comme il se doit sur la qualité de mon japonais pourtant encore fort balbutiant à l'époque. Bref, tout se passa merveilleusement bien, si ce n'est que ma compagne dont le babil était habituellement abondant resta mutique pratiquement tout le temps de notre visite.

Au moment de partir, alors que nous nous apprêtions, rechaussés, à prendre congé, notre hôtesse me tendit mon *furoshiki* contenant un cadeau dont elle m'assura de la modestie. Je le pris avec reconnaissance, toutefois surpris qu'on me rende le joli carré de soie que j'avais acheté pour la circonstance.

Nous n'avions pas fait deux cents mètres dans la rue que ma jolie amoureuse est entrée dans une colère noire, me disant que j'étais un immonde goujat d'avoir sollicité un cadeau en ne remettant pas le mien sans l'avoir sorti de mon *furoshiki*, que j'avais terriblement embarrassé le couple qui avait été obligé pour me le rendre de trouver quelque chose à me donner en urgence, et que je lui avais irrémédiablement fait perdre la face devant des gens importants qui n'avaient pas manqué de constater son absence de discernement dans le choix de ses amis.

Nous nous sommes quittés à la gare du train et je ne l'ai plus jamais revue.

Morale de l'histoire, on peut même se prendre les pieds dans un *furoshiki*…

Futon (布団) – Literie

Le *futon* est une autre de ces inventions japonaises qui ont conquis le monde.

Mais c'est tout de même dans une maison traditionnelle à tatamis qu'il est le plus agréable, le plus pratique et le plus confortable à utiliser.

Il est constitué d'un matelas *shikibuton* épais d'une dizaine de centimètres, large de 90 centimètres et long de 1,90 mètre, autrement dit la taille d'un tatami ; on le recouvre en hiver d'une couette *kakebuton* ou en été d'un drap en éponge *Towel Ket*. Un oreiller *makura* rempli de haricots secs complète la literie ; un *yukata* de coton et sa ceinture sont indispensables pour profiter agréablement de sa nuit sur un *futon*.

Le tout est pliable et corvéable à merci, et se range dans le placard *oshiire* de la pièce, ce qui permet de la transformer instantanément de chambre à coucher en salon ou en salle à manger.

Il est conseillé d'aérer l'ensemble le plus souvent possible. On voit souvent les *shikibuton* et les *kakebuton* exposés au soleil au balcon des maisons traditionnelles en province, ce qui donne une touche de couleur réjouissante aux villages qu'on traverse.

Envie d'une petite polissonnerie en plein milieu de la journée ? Hop ! On sort le *futon* de sa cache et le tour est joué. Comme il est posé à même le tatami, il permet toutes les géométries imaginables débordant sa surface sans risque de chute.

C'est un objet de volupté incomparable.

Les placards *oshiire* ont d'ailleurs été interdits en 1956 dans les établissements de restauration *ryõtei* quand il s'est agi de lutter contre la prostitution.

Attention : ne jamais placer le *futon* tête au nord, car c'est ainsi que l'on positionne les morts pour la veillée mortuaire à domicile.

Maintenant que vous savez tout de leur usage, à vos *futons* !

G

Gaiatsu (外圧) – Pression étrangère

Dans l'absolu, pression exercée par un pays sur un autre pour obtenir des concessions, principalement d'ordre économique.

Les Japonais utilisent cependant cette expression à sens unique : pression exercée par l'étranger sur le Japon.

Le premier *gaiatsu* de l'histoire de l'archipel remonte à 1852, quand le président des États-Unis Millard Fillmore assigna au « père de la marine à vapeur » américaine, le Commodore Perry, la tâche de forcer l'ouverture des ports japonais au commerce américain, si nécessaire en usant de la diplomatie des canonnières. Il aborda les côtes japonaises le 8 juillet 1853 à bord de la frégate *Susquehanna*. Une lettre comminatoire fut remise au shogunat, accompagnée d'une démonstration de force par le tir à blanc des 73 canons de sa flotte sous le prétexte de célébrer l'Independence Day américain. Cette première incursion fut renouvelée sept mois plus tard par une seconde opération composée de dix navires. La convention de Kanagawa consacrant le succès de ce spectaculaire *gaiatsu* fut signée le 31 mars 1854, décrétant l'ouverture du Japon au monde et précipitant *de facto* la fin du *bakufu*[1] au bout de deux cent quatre-vingts années de règne.

Cet épisode douloureux a ancré dans l'inconscient collectif des Japonais l'idée que seule la pression du monde extérieur peut bousculer l'inertie de l'Administration et la morgue de ses hauts fonctionnaires.

Encore de nos jours, il est fréquent d'entendre des capitaines d'industrie, des universitaires distingués voire des hommes politiques de premier plan formuler à haute voix le souhait d'une intervention étrangère pour secouer l'establishment local.

Il arrive souvent que, dans ma sphère d'amis proches ou de relations d'affaires japonais, on me supplie d'intervenir. Ces personnes sont persuadées que je dispose de pouvoirs en ma seule qualité d'étranger pour « appliquer le *gaiatsu* » (*gaiatsu wo kakeru*).

J'ai le sentiment que mon pouvoir de *gaiatsu* donna quelques résultats, bien modestes au demeurant, durant les sept années de ma présidence à la tête de la Chambre de commerce européenne, l'EBC[2].

Le Premier ministre Koizumi Jun'ichirō[3] lui-même avait utilisé le mot *gaiatsu* pour me demander d'apporter l'aide de la communauté d'affaires européenne à ses efforts pour lancer son programme de réformes. Autrement dit,

1. « Gouvernement de la tente », autre appellation du shogunat, la succession de gouvernements militaires qui dirigea le Japon de 1192 à 1867.

2. European Business Council, Chambre de commerce européenne au Japon.

3. Voir l'entrée « Koizumi Jun'ichirō ».

il m'exhortait à l'ingérence dans les affaires intérieures de son propre pays !

Au Japon, ce que le roi veut, les divinités de la bureaucratie ne l'exaucent guère…

Geisha (芸者)

Commençons tout de suite par évacuer la doxa occidentale selon lequel les *geishas* sont de simples péripatéticiennes empaquetées dans les superbes atours que sont leurs kimonos chatoyants.

Étymologiquement, le mot *geisha* est composé de deux idéogrammes, le premier (芸) signifiant « arts » et le second (者) « personne », ce qui ne veut pas dire pour autant artiste mais plutôt « personne versée dans les arts ». C'est en fait une appellation générique qui recouvre un vaste éventail de femmes se consacrant à une catégorie bien spécifique dans ce que je classifierais, faute de mieux, les « métiers du divertissement ». Elle est quelque peu galvaudée depuis la grande époque, le XIXe siècle.

Les Japonais établissent une hiérarchie dans la profession. En commençant par les catégories inférieures qui n'ont souvent de *geisha* que le nom, il y a celles qui s'apparentent à ce que l'on nommerait dans le monde moderne *companions* sur les réseaux sociaux : c'est-à-dire des femmes qui vendent leur présence (et plus éventuellement…). Ce sont par exemple les *Onsen Geishas* que l'on trouve dans les *Onsen Gai*, les établissements de villes thermales comme Atami, aux environs de Tokyo, où elles sont convoquées pour distraire les clients. Elles n'ont pas suivi le rigoureux entraînement et n'ont par conséquent pas la maîtrise ni la sophistication de leurs homologues de Kyoto, Osaka et certains quartiers de Tokyo. Il y a une connotation légèrement péjorative dans ce qualificatif car effectivement certaines de ces femmes pouvaient se livrer à la prostitution, auquel cas on les désignait du terme méprisant de *makura geisha*, *geisha* pour l'oreiller, catégorie qui a disparu de notre monde contemporain. Les héros des romans du premier prix Nobel de littérature du Japon, Kawabata Yasunari[1], par exemple dans *Pays de neige*, entretiennent souvent des relations passionnelles avec ce genre de femmes.

La hiérarchie

— Les *geishas* dans la pleine acception du terme (ou *geikos* qui s'écrit *geigi*, dénomination préférée à Tokyo) sont dans l'imaginaire japonais les aristocrates de la profession. Elles ont passé de longues années à se former aux arts complexes et particulièrement codifiés de la danse *buyo*, du chant *nagauta* et *kouta*, au maniement des *narimono*, littéralement « choses qui produisent du son » telles que le luth à trois cordes *shamisen*, le tambour *taiko*, la harpe *koto*, parfois la flûte. Elles ont également appris à maîtriser l'art de la conversation et de la repartie, ont lu les grands auteurs classiques, sont versées dans l'histoire, la politique, les faits de société de leur pays. Bref, elles sont extrêmement cultivées, vives, intelligentes, en un mot, raffinées. Elles sont fières et défendent farouchement leur réputation. Elles « vendent leur art, pas leur corps ».

Enfin, il n'est de meilleure *geiko* que de Kyoto.

Il y a bien entendu une classification rigoureuse bien que non écrite en fonction de critères subtils dépassant le simple niveau de perfection. Il est généralement admis que les

1. Voir l'entrée « Kawabata Yasunari ».

meilleures *geikos* sont celles plus âgées, car plus attirantes par leur maîtrise de l'art de la séduction. On distingue également les *geikos* plus jeunes qui pratiquent principalement la danse, les *tachikatas* (立方), « qui se tiennent debout », de celles plus âgées qui se consacrent aux instruments, les *jikatas* (地方), « qui sont au niveau du sol ».

— Les *maikos* (舞妓) sont les apprenties. Devenir *geisha* supposant une longue initiation, elles passent au moins cinq ans en formation avant de prétendre devenir *geiko*. En général, elles entrent en apprentissage vers l'âge de 15 ans. La première année est consacrée à une préparation sévère durant laquelle elles assistent les autres *maikos* avant de le devenir elles-mêmes. Elles sont alors appelées *shikomi san*, « préparatrices ». Elles ne se livrent cependant à aucune activité ménagère, cuisine, ménage ou lessive, afin que leurs mains demeurent impeccables.

À la fin de cette période, elles apprennent la danse, le chant, la musique, la cérémonie du thé, la calligraphie, l'arrangement des fleurs *ikebana*, mais également à se déplacer avec distinction, une gestuelle élégante, les bonnes manières, comment se comporter en public, l'art de tenir une conversation, les jeux de société et, bien sûr, si elles ne le possèdent pas déjà, le *kyotoben*, le dialecte si typique de Kyoto fait de mots, de terminaisons grammaticales et d'intonations à nul autre pareil. En fait, de nos jours, très peu de *maikos* sont natives de Kyoto, mais il est impératif qu'elles maîtrisent le *kyotoben* sans lequel elles ne seront que de pâles ersatz des véritables *geikos*.

— Enfin, les *okamisans*, qui sont elles-mêmes le plus souvent d'anciennes *geikos*, propriétaires des *okiyas*, ces maisons dont le rôle est de former les *maikos* et de gérer leur « écurie » de *geikos*. C'est auprès des *okiyas* que les établissements de thé et de réception *ryōtei* sollicitent la location des jeunes femmes pour la soirée. Les plus célèbres *okiyas*, encore de nos jours, sont à Kyoto réparties dans les « cinq districts », les *gokagai* de la ville, Gion, Gion Higashi, Ponto-chō, Miyagawa-chō, Kamishichiken.

Dans le vocabulaire du milieu, les *okamisans* sont appelées *Ôkasan*, « Mère », car elles sont les tutrices des très jeunes filles – autour de 14 ans mais autrefois souvent bien plus jeunes – qui leur sont confiées pour leur formation. Elles-mêmes appellent leurs aînées *Onesan*, « Sœur aînée », auxquelles elles doivent respect et obéissance. Tout ce petit monde très hiérarchisé vivait autrefois ensemble en vase clos dans les *okiyas*. De nos jours, la plupart des *geikos* vivent en dehors et sont libres de leur mouvement durant la plus grande partie de la matinée. Elles rejoignent l'*okiya* dans l'après-midi pour se préparer. Cependant, les *maikos* sont en résidence dans leur *okiya* et ne peuvent sortir seules. Elles n'ont d'ailleurs pas le droit de posséder un porte-monnaie.

On reconnaît les *maikos* des *geikos* assez facilement.

La *maiko* revêt le kimono *furisode* des jeunes filles à longues manches et aux couleurs vives. Il est aussi plus long, avec parfois des traînes, que celui de la *geiko*, qui porte un kimono de style *tsumesode* moins voyant, aux manches plus courtes. Le dessous de leur kimono est rouge, celui des *geikos* blanc. L'*obi* de la *maiko* se termine en pans *darari* remontant haut dans le dos et cascadant jusqu'aux mollets alors que celui de son aînée est un nœud classique sur les reins. À noter que les prostituées *oirans* portaient l'*obi* noué sur le devant.

Les sandales des *maikos* ont des talons plus hauts que les *zôris* plates des *geikos*. Quant à la coiffure, elle est radicalement différente. Celle des *maikos* est constituée de leur propre chevelure, apprêtée une fois par semaine par un coiffeur spécialisé, raison pour laquelle elles doivent dormir tête relevée sur un oreiller en bois pour ne pas en altérer l'ordre. Elle est dite *momoware*, en forme de pêche, arrondie avec une raie en son milieu rappelant celle du fruit. En revanche, la *geiko* porte une perruque, la *shimada age*, coiffure compliquée à coques au-dessus du front et de chaque côté du visage agrémentée d'un simple peigne d'écaille ou d'une épingle précieuse. Des breloques voyantes sont piquées dans les cheveux de la jeune apprentie, sous forme de fleurs différentes au fil des saisons, fleurs de prunier *ume* en hiver, de cerisier *sakura* au printemps, grappes de pousses de riz en mai, feuilles d'érable en automne ou chrysanthème *kiku* en novembre.

Le maquillage du visage diffère également. Celui de la *maiko* est plus *kawaii*[1], « mignon », tandis que celui de la *geiko* est plus féminin. Toutes deux ont le visage, le

1. Voir l'entrée « *Kawaii* ».

cou et la nuque enduits d'une épaisse pâte blanche étalée au pinceau puis égalisée au moyen d'une éponge. Mais la nuque de la *maiko* est peinte en forme de W laissant apparaître la couleur naturelle de la peau pour allonger le cou lorsque celle de la *geiko* est intégralement badigeonnée. D'une manière générale, les yeux sont effilés, agrandis, alors que la bouche est dessinée pour paraître plus petite. La première année, seule la lèvre inférieure de la jeune apprentie est soulignée de rouge. Ce n'est qu'à partir de la deuxième année qu'elle pourra la peindre intégralement.

La parure complète d'une *maiko* pèse aisément 20 kilos, au point que les très jeunes filles peinent à se relever et doivent être aidées.

Le métier

La journée dans une *okiya* est un rituel immuable. La jeune *maiko* se lève vers 8 heures. Une fois prête, elle se rend aux cours de danse et de musique dans les écoles spécialisées ou chez des maîtres de la discipline. De nos jours, avec l'augmentation des visiteurs étrangers, des leçons d'anglais sont également dispensées. On peut imaginer, étant donné la quantité de touristes de l'empire du Milieu qui envahit Kyoto, que l'apprentissage du chinois ne saurait tarder. À midi, la jeune fille rentre au bercail. Après le déjeuner, elle continue à s'exercer ou va présenter ses devoirs aux propriétaires des maisons de thé ou les *ryōteis* clientes de son *okiya*. Vers 15 heures, elle se prépare. Il faut entre quarante et soixante minutes pour le maquillage, vingt à trente de plus pour se vêtir. Son travail proprement dit débute à 18 heures, en tranches de deux heures par visite dans les établissements qui requièrent ses services. Il n'est pas rare qu'elle rentre à 1 heure du matin et ne se couche que vers 2 heures après s'être dévêtue et démaquillée.

Une *maiko* ne perçoit pas de salaire. En revanche, l'*okiya*, outre qu'elle la loge gratuitement, prend tous ses frais à sa charge, éducation, vêtements, coiffeur, nourriture. Elle touche également 20 000 yens (environ 155 euros) d'argent de poche mensuel. Elle remboursera l'investissement fait sur elle en cinq à six années après être devenue *geiko*.

La rémunération des services d'une *maiko* ou d'une *geiko* est composée de l'*Hana Dai* (aussi appelé *Senko Dai* en référence au temps que mettait un bâtonnet d'encens à brûler) et du *goshugi*, qu'on peut assimiler au pourboire. Typiquement, une tranche de deux heures d'une *maiko* ou d'une *geiko* coûte entre 30 000 et 50 000 yens (230 à 385 euros) pour le *Hana Dai* et entre 10 000 à 20 000 yens (77 à 155 euros) pour le *goshugi*. Pour une soirée avec trois *maikos/geikos*, il faut envisager dans les 250 000 yens (environ 2 000 euros) pour deux heures, auxquels s'ajoutent bien entendu la facture du repas par personne et celle de la location de la salle. Cependant, pour cette profession, il n'y a pas de tarif syndical. Les montants sont, comme beaucoup de choses au Japon, à géométrie variable en fonction de la réputation et la qualité du client, s'il est courtois ou grossier, raffiné ou inculte, fidèle ou occasionnel, recommandé ou non.

Lorsqu'elle aura acquis son indépendance, une *geiko* touchera, une fois défalquées les marges de l'*okiya* et celles de la maison de thé ou du *ryōtei*, sa part du *Hana Dai*, entre 2 000 et 3 000 yens/heure, parfois jusque 6 000 si elle est de très haut niveau, et l'intégralité du *goshugi*. Le salaire mensuel moyen d'une *geiko* est d'environ 300 000 yens (2 300 euros), auxquels s'ajoutent les pourboires qui peuvent doubler cette somme. Cela peut paraître confortable mais il ne faut pas oublier que, indépendante, elle doit supporter elle-même tous les frais d'habillement, de coiffure, éventuellement les cours de perfectionnement dans une discipline ou une autre, son logement et sa nourriture.

Il y a bien évidemment des stars parmi les *geikos*. L'une d'elles, Katsuno, née à Kyoto, entrée dans une célèbre *okiya* comme *shikomi san* à l'âge de 15 ans, est devenue dans les années 1980-1990 de la bulle japonaise une *geiko* adulée à laquelle on a prêté des aventures avec plusieurs grands acteurs de *kabuki* et une star de la chanson. Particulièrement jolie et intelligente, bien qu'en butte à la jalousie exacerbée et la malveillance de ses pairs, elle connut une réussite éclatante. Ses revenus étaient extravagants. On raconte qu'un admirateur lui offrit un soir une enveloppe *goshugi* de 500 000 yens (plus de 3 800 euros) pour une prestation de quinze minutes. Katsuno *san* a fini par quitter le monde des *geikos* pour ouvrir deux bars à Kyoto et plus tard un nouveau à Tokyo, où sa réputation l'a suivie.

Histoire et anecdote

La profession a fait sa timide apparition il y a plus de trois cents ans dans une petite *ochaya*, une maison de thé à la lisière du sanctuaire Yasaka à la périphérie du célèbre quartier du Gion à Kyoto. Les jeunes filles de cet établissement qui y servaient le thé chantaient et dansaient pour distraire les clients. Vers le milieu de l'ère d'Edo, le *kabuki* et le *nô* ayant perdu de leur popularité, cette forme de divertissement prit de l'ampleur. À l'époque, il n'y avait pas que des femmes *geishas* mais aussi des hommes dits *otoko geisha*, principalement des musiciens. Ils disparurent à l'ère Meiji.

Souvent, les *geishas* chantaient et dansaient dans les salles d'attente des maisons closes pour faire patienter les clients. Les prostituées, surtout les fameuses *oirans*, authentiques courtisanes de haut vol, bénéficiaient alors dans la société de l'époque d'un prestige bien plus élevé et étaient d'un rang largement supérieur à celui des *geishas*. Il arrivait que des *geishas* se prostituent en catimini. Elles piétinaient alors les plates-bandes des *oirans*, ce qui créait des conflits souvent sanglants.

Il faudra attendre l'ère Meiji pour que la ligne de séparation entre les deux professions soit clairement définie. Les annales retiennent dès lors le nom de célèbres *geikos*, comme celui de Manryu (1894-1973), entrée dans une *okiya* du quartier d'Akasaka à Tokyo à l'âge de 7 ans. La légende prétend qu'elle était si jolie qu'on fut obligé de la retirer de l'école communale d'Akasaka où son rayonnement perturbait ses condisciples ! On a dit plus tard qu'elle n'était en fait pas particulièrement belle ni très douée mais qu'elle rayonnait d'un charisme à ce jour inégalé. L'écrivain Tanizaki Jun'ichirõ[1] la mentionne dans son roman *Les Affres d'un jeune garçon*.

On cite également la première *geiko* répertoriée pour avoir épousé un *gaijin*, un étranger, Oyuki (de son vrai nom

1. Voir l'entrée « Tanizaki Jun'ichirõ ».

Kato Yuki). Entrée à 14 ans dans une *okiya* peu prestigieuse car ayant pour clientèle des étrangers, elle rencontra en 1901 un certain George Derrison Morgan, neveu du fameux JP Morgan. Tombé fou amoureux d'elle, il la poursuivit de son zèle pendant quatre ans, revenant trois fois de suite au Japon pour la rencontrer. Elle avait un amant et ne se voyait pas le quitter ni tout abandonner pour aller vivre au loin avec un *gaijin.* Pour se débarrasser de lui, elle lui dit un soir en plaisantant devant témoins qu'elle accepterait de l'épouser s'il lui offrait 40 000 yens, l'équivalent actuel de 8 milliards de yens, soit un peu plus de 61 millions d'euros. Le jeune homme accepta. L'extravagance de la somme fut publiée dans un journal, provoquant la colère de l'amant d'Oyuki qui la quitta. De guerre lasse, elle finit par céder et accepta le mariage avec George Derrison Morgan. Les noces furent célébrées à Yokohama. On appela la jeune femme la « Cendrillon japonaise ».

Elle suivit son mari aux États-Unis bien qu'elle ne pût obtenir de passeport américain. Au bout d'un moment, le couple revint vivre pendant deux ans dans une maison près du temple Nanzen-ji à Kyoto, puis partit s'installer à Paris où Oyuki devint une curiosité dans la haute société de l'époque. Son époux décéda à l'âge de 44 ans. Il y eut un grand procès intenté par la famille Morgan pour la spolier de l'immense fortune qu'il lui avait laissée. Elle le gagna mais y perdit la nationalité américaine qu'elle avait fini par acquérir. Ayant aussi perdu sa nationalité japonaise, elle vécut alors comme une sorte d'apatride en France. Elle s'installa à Marseille maritalement avec un homme du nom de Sandale Tandort, un chercheur en linguistique dont elle finança les études. Elle quitta finalement la France pour retourner s'installer dans une petite maison proche du temple Daitoku-ji à Kyoto en 1938. Elle se fit baptiser à l'âge de 71 ans. Elle décéda à l'âge de 81 ans, en 1963.

Avec la mise en place formelle des *okiyas* à l'époque d'Edo se développa la pratique pour les familles pauvres ou endettées de confier leur fille contre rétribution à une *okamisan*, à charge pour cette dernière, dorénavant responsable de l'enfant, de l'éduquer et la former. À ne pas confondre avec les pratiques de mères maquerelles de nos contrées, même s'il y eut hélas des cas de prostitution. Les jeunes filles de la province de Niigata ou de Nagoya étaient particulièrement recherchées pour diverses raisons, dont la blancheur de leur peau.

C'est à l'ère Meiji que se développa l'usage pour les *geikos* d'avoir un *danna*, un « patron ». Elle se perpétua jusqu'au début de l'ère Shōwa (1926-1989). À de fort rares exceptions près, les *dannas* n'épousaient pas leur *geiko*, ce que d'ailleurs elles ne demandaient pas, mais ils les entretenaient avec générosité, leur offrant souvent une vie matérielle et une rente particulièrement confortable jusqu'à leur mort, encore plus lorsqu'elles avaient un enfant d'eux. J'ai très bien connu la fille née de l'union d'un de ces couples. Son père était le fondateur d'une considérable entreprise d'Osaka de taille mondiale, sa mère une ravissante *geiko* de la même ville. Il avait doté sa maîtresse d'un immeuble situé en plein centre de la ville qui assure encore de nos jours une insolente aisance à sa descendance. Avant de mourir, il remit à sa maîtresse une poignée de diamants dont le plus gros orne aujourd'hui l'annulaire de mon amie…

Honneur de la profession

Avoir un patron en vue était pour les *geikos* un signe d'honorabilité et de bonne réputation en même temps que de reconnaissance professionnelle. Elles avaient toute liberté de choisir leur *danna*, et en fait il s'agissait souvent de véritables histoires d'amour, vécues en toute liberté. Elles restaient la plupart du temps fidèles à leur patron. En retour, avoir une *geiko* dans sa vie était pour l'homme un facteur de puissance incommensurable et une preuve de réussite exceptionnelle qui asseyaient sa notoriété dans la société car seules des personnes ayant une richesse considérable pouvaient s'offrir ce luxe dispendieux de vivre en parallèle deux vies, souvent au vu et au su de la famille légitime qui n'y trouvait rien à redire, du moins en apparence.

Ces hommes étaient prêts à dépenser des sommes colossales pour gagner le cœur de la jeune femme dont ils s'étaient épris. Le système de *mizuage*, mise aux enchères de la virginité d'une *maiko*, fit exploser les barèmes. Des *mizuages* ont été obtenus pour des dizaines, voire des centaines de millions de yens.

On aura raison à l'aune de la morale contemporaine de trouver cette pratique scandaleuse, mais il est utile de souligner que l'intéressée avait en principe sinon en pratique le droit de refuser un parti ayant emporté les enchères s'il ne lui plaisait pas.

Toujours est-il que le *mizuage* et la tradition des *dannas* ont teinté la profession des *geikos* d'une aura quelque peu sulfureuse à l'origine de la méprise entretenue à l'étranger sur l'ambiguïté de leur condition. Les *geikos* sont donc particulièrement pointilleuses quand on parle de sexe dans leur métier. C'est un mot quasi tabou. Aborder le sujet est irrespectueux. Elles ont une incontestable pudeur sur ses choses. Par exemple, quand elles marchent dans les rues, les *maikos* et les jeunes *geikos* relèvent les pans de leur kimono en tenant la main gauche serrée contre leur giron. Derrière cette posture pratique se cache une symbolique signifiant aux hommes qu'il ne faut pas porter la main en cet endroit, autrement dit qu'elles ne sont pas des filles « faciles », des *yûjyo* (遊女), des filles de joie.

La pratique du *mizuage* et des patrons ne fut d'ailleurs pas toujours suivie. Certaines *geikos* tiraient orgueil d'être capables de vivre de leur art, libres de toute contrainte, sans *danna.* Elles étaient admirées pour leur indépendance. À la fin de l'ère Meiji, plusieurs de ces jeunes femmes furent données en exemple dans les magazines féminins, et on trouvait même des cartes postales arborant leur photo.

D'une manière générale, les *maikos* et les *geikos* sont très jalouses de leur honorabilité et y placent une fierté parfaitement justifiée. Leur corporation y veille scrupuleusement et fait respecter par la communauté une omerta totale.

L'huître avait pourtant fini par s'ouvrir quelque peu dans les années 1980, consciente de la crise de vocation qu'elle traversait. Elle se referma brutalement après qu'une jeune femme, Iwasaki Mineko, très réputée *geiko* de Kyoto jusqu'à ce qu'elle quitte le métier à l'âge de 29 ans, eut violé le devoir de confidentialité en racontant imprudemment son expérience à un jeune Américain du nom d'Arthur Golden qui s'était plus ou moins fait passer pour un universitaire préparant une thèse sur les *geishas.* Celui-ci en tira un roman publié en 1997, *Geisha*, qui connut un immense succès. L'intrigue était particulièrement bien ficelée, un véritable *page turner* comme seuls les Américains savent en produire. Le livre était par ailleurs remarquablement documenté, reposant sur un travail anthropologique méticuleux. Mais Golden avait pris des libertés avec le récit de Mineko, notamment sur l'aspect controversé du *mizuage.* Elle se retrouva isolée et fut ostracisée par ses consœurs qu'elle avait en quelque sorte trahies. Elle intenta à Arthur Golden un procès qui se régla à l'amiable. Elle publia à son tour en 2002 un livre pour rétablir sa vérité, *Ma vie de geisha*.

En 2005, un film adapté de la fiction de Golden fut réalisé par Rob Marshall, *Mémoires d'une geisha*. Véritable superproduction à grand spectacle avec des images superbes soutenues par une musique formidable composée par John Williams et d'époustouflants costumes réalisés par Colleen Atwood, ce film produit par les studios DreamWorks Pictures a immédiatement été un *blockbuster*. Mais au regard des personnes averties, c'est un chromo assez primaire dans lequel est décrit un Japon au premier degré tel qu'imaginé par des étrangers qui ne font qu'effleurer la surface de cette civilisation raffinée. De plus, sacrilège absolu, les rôles principaux de l'héroïne Sayuri et de sa rivale Hatsumomo étaient tenus par deux actrices sublimes MAIS chinoises, Zhang Ziyi et Gong Li…

L'économie moderne a tari à de rares exceptions près, à Kyoto ou à Osaka, le système des *dannas* après la Seconde Guerre mondiale. De leur côté, les *geikos* ont évolué. Elles ne voulaient plus de ces vies cachées, passées dans l'ombre de leur patron, aussi aimant et attentionné fût-il, ni que leurs enfants nés de ces unions soient obligés d'avoir un statut hybride dans la société japonaise, riches des prodigalités de leur père mais pauvres de reconnaissance sociale, ostracisés à l'école, sur le fil du rasoir amphibologique de leur naissance non reconnue.

Cette coutume a donc complètement disparu, mais elle porte encore des relents de prestige dans l'imaginaire populaire. Je m'en suis aperçu lors d'une négociation complexe avec le président d'un important circuit de distribution qui sollicitait que je lui concède l'ouverture d'une boutique sur un territoire que nous n'avions jusqu'alors pas exploré, ce qui allait constituer un précédent explosif sur le marché japonais. Je lui expliquai que, pour notre marque, il s'agissait d'une sorte de *mizuage*, ce qui exigeait de sa part qu'il nous accordât des conditions hors normes. Il comprit parfaitement ce que je voulais dire par là et il se plia de bonne grâce aux exigences scandaleusement léonines que je lui avais soumises, estomaqué que j'eusse le culot d'utiliser cette image d'une tradition peu honorable de son pays pour une tractation banalement commerciale !

Ou des avantages de la bonne connaissance des coutumes d'autrefois dans la négociation avec des partenaires d'une autre culture que la sienne…

Les geishas et le monde moderne

Une petite incursion dans le monde contemporain des *geikos* présente un intérêt quasi anthropologique. Sous les coups de boutoir de l'évolution du monde, les lois interdisant l'exploitation infantile et les dérivés lucratifs dont profitaient certaines *geishas* peu scrupuleuses, avec le foisonnement des lieux de plaisir alternatifs d'après-guerre que sont les cabarets, bars, *karaokés* et autres établissements moins raffinés mais plus accessibles que les maisons de thé ou les *ryõteis*, le métier de *geiko* a rétréci comme une peau de chagrin. Les seules statistiques à peu près suivies sérieusement depuis le XIXe siècle sont à Kyoto. Elles indiquent que, de 754 *geikos* déclarées en 1874, le nombre est monté à 1 829 en 1925, sans doute accompagnant l'explosion de la nouvelle richesse créée par la modernisation à marche forcée depuis l'ouverture du Japon au monde. En 1949, elles étaient encore 688. En 1965, première année où la distinction est faite, on dénombre 548 *geikos* et 76 *maikos*, mais seulement 197 et 90 de chaque catégorie en 2009, dernière année où les données ont été publiées.

Pour autant, il y a encore des vocations et d'éclatants succès, tels celui d'une *geiko* du nom de Satsuki, célèbre dans le quartier Gion de Kyoto, qui pendant sept années de suite a déclaré le plus haut revenu de la profession, ou celui de la première Occidentale devenue *geiko* en 2007 dans le quartier Asakusa de Tokyo, qui symbolise la *geisha* moderne, parfaitement libre de ses choix, célibataire et vivant sa vie comme elle l'entend.

Un soir, alors que j'étais en visite de marché dans l'île septentrionale du Japon, le Kyushu, je fus invité à dîner par le président d'un grand magasin dans un prestigieux *ryōtei*. Deux *geikos* avaient été convoquées pour notre divertissement, une *tachikata* et une *jikata*. Une fois qu'elle eut terminé son tour de danse, la jeune *geiko* partit, mais l'autre, joueuse de *shamisen*, d'un âge certain, resta avec nous, remplissant nos coupes de saké plus rapidement que nous ne parvenions à les vider. L'alcool aidant, la conversation s'orienta vers des sujets plus lestes que le traditionnel score de golf ou la performance du joueur de base-ball Ichiro récemment parti exercer ses talents aux États-Unis. Mon hôte me posa la question suivante : « Savez-vous pourquoi dans les *ryōteis*, comme celui-ci, il n'y a pas de *oshiire*[1] ? »

À ma dénégation, il me donna l'explication suivante : « Autrefois, il y avait à côté des salles de réception une pièce plus petite équipée d'un *oshiire* dans lequel étaient entreposés des *futons*. Un client trop éméché pour rentrer chez lui pouvait y passer la nuit. Éventuellement, pas seul, ajouta le président en jetant un regard appuyé vers

1. Placard où est rangée la literie.

la vieille *geiko* qui continuait, imperturbable, à vider ses flacons dans nos coupes.

« Dans le cadre d'une loi sévère sur la prostitution passée en 1956, les *ryōteis* se virent interdits de posséder de tels agencements. C'est une des premières femmes députées à la Chambre basse, journaliste originaire de Nagasaki élue en 1953 sous l'étiquette du parti social-démocrate, Kamichika Ichiko, qui en fut la promotrice. La rumeur dit que sa motivation, sous le prétexte de protéger les jeunes femmes mariées de possibles infidélités de leurs maris, venait du fait qu'elle ne supportait plus que son propre époux passe la plupart de ses nuits avec une *geisha* dans un *ryōtei* d'Akasaka ! »

C'est alors que la vieille dame, accroupie devant nous, intervint, d'un ton véhément contrastant avec la douceur de son parler pendant toute la soirée : « Un comble ! Elle qui avait été la maîtresse de l'anarchiste Ōsugi Sakae alors qu'il était marié ! Elle fit même de la prison pour l'avoir poignardé en 1916 dans la maison de thé Hikage Chaya à Hayama ! »

La *geiko* nous servit une nouvelle coupe de saké puis elle reprit, plus indignée encore : « C'est à cause d'elle si nos vies sont devenues misérables ! Avant sa loi, nos fins de mois étaient vraiment confortables ! »

Au Japon, le burlesque n'est jamais très loin…

Depuis quelques années, l'arrivée du tourisme de masse encouragé par un gouvernement doté d'une courte vue perturbe violemment la sérénité du monde délicat des *geishas*. Étrangers dépenaillés tirant sans vergogne sur les manches ou l'*obi* des jeunes *maikos* pour prendre des « selfies » de groupe, blogueurs goguenards postant des vidéos poissardes, elles sont importunées, sollicitées par une foule de crétins sans respect. Le maire de Kyoto a récemment promulgué un décret interdisant sous peine de fortes amendes de photographier les *geishas* dans la rue. On peut espérer que cela calmera les ardeurs indécentes de ces passants grossiers qui ressemblent au chasseur de grands fauves posant, un pied sur la tête de sa victime, pour une douteuse postérité.

Incursions dans le biotope des geishas

Le commun des mortels n'a que très peu d'opportunités d'approcher le véritable monde des *geikos*, *a fortiori* les étrangers. J'ai pourtant eu l'occasion en 1999 de pénétrer l'univers ultraclos des *geikos* du quartier de Gion à Kyoto, devenu encore plus méfiant et inaccessible après la sortie du livre d'Arthur Golden.

Une amie journaliste française, Anne Garrigue, qui avait vécu huit ans au Japon, auteur de plusieurs ouvrages de référence sur le Japon et l'Asie, et notamment d'un essai remarqué sur les femmes japonaises, *Japonaises, la révolution douce*, m'appela un jour de France pour me demander la chose suivante : « J'ai rencontré un réalisateur français qui travaille pour la chaîne Discovery Channel. Il rêve de réaliser un véritable documentaire sur le monde des *geishas*. Le seul disponible à ce jour dure quinze minutes, produit il y a quelques années par la NHK. Il a tout essayé mais s'est heurté à une suite de fins de non-recevoir, encore plus depuis la sortie du livre de Golden. Il m'a demandé si je pouvais l'aider. J'ai pensé que, si quelqu'un saurait le faire, ce serait toi !

— Mais bien sûr, tout le monde sait que je passe ma vie chez les *geishas* ! » répondis-je à mon amie en riant, puis je lui expliquai que je ne voyais pas trop comment je pourrais réussir là où les nombreuses tentatives du réalisateur avaient échoué. Sans compter que, quand bien même je trouverais un contact, je ne voyais pas comment un temps de tournage forcément long pour remplir le format des reportages de Discovery Channel, cinquante-huit minutes, serait accepté, alors que la chaîne de télévision nationale elle-même n'avait obtenu qu'un maigre quart d'heure d'émission.

Bien que jamais rebuté par les situations complexes auxquelles on peut faire face au Japon, j'étais désarmé devant cette mission véritablement impossible. Je m'ouvris de la requête de notre amie à mon épouse. Elle me répondit simplement : « Fujii *san* ! »

Fujii *san* était un de nos amis originaire de Kyoto, propriétaire d'une entreprise à Osaka. Il nous avait raconté un jour que son grand-père puis son père avaient eu leurs « habitudes » dans le quartier du Gion à Kyoto. La langue japonaise permettant toutes les ellipses, nous avions compris à demi-mot.

Nous lui parlâmes. Il nous rappela quelques jours plus tard pour nous inviter à dîner dans un *ryōtei* célèbre de Kyoto, sans plus de précisions.

Lorsque nous arrivâmes dans l'établissement, il nous accueillit accompagné d'une femme d'une soixantaine d'années qu'il nous présenta, Mme A. Takako. Le dîner, succulent et arrosé des meilleurs sakés servis par trois charmantes *maikos*, se passa en compagnie de Takako *san* sans que nous puissions comprendre au fil de la conversation qui elle était et quel pouvait bien être son rôle. Bien entendu, personne n'aborda la raison pour laquelle nous étions présents. C'eût été inconvenant.

Après le dîner, Takako *san* nous convia à passer dans un bar qu'elle possédait un peu plus loin. Nous y retrouvâmes une des *maikos* qu'elle nous présenta comme étant sa fille. Derrière le comptoir du bar se tenait un monsieur dont nous finîmes par comprendre qu'il était le père de la jeune fille et, par déduction, le mari de notre hôtesse. Au bout de la soirée, notre ami nous raccompagna à notre hôtel et nous expliqua que Takako *san* était la mère de toutes les *okiyas* des *gokagais*, et que nous lui avions plu. Elle acceptait par conséquent de rencontre le réalisateur. Le message était assorti de quelques conditions :

— une soirée semblable à celle que nous venions de vivre serait organisée, à laquelle notre ami Fujii, ma femme et moi-même devrions être présents, ainsi bien sûr que le réalisateur, si possible accompagné de son épouse (!) ;

— le coût de la soirée serait d'environ 15 000 dollars ;

— la rencontre ne devait être assortie d'aucune obligation de la part de Takako *san*. On serait là pour voir, éventuellement s'apprivoiser, sans plus.

Rentré à Tokyo, je transmis la liste au réalisateur, un peu gêné de lui parler de la clause concernant la présence de son épouse, ne sachant rien de plus de lui que le résumé succinct que m'avait communiqué mon amie Anne Garrigue. Il répondit qu'il allait voir avec son producteur si ce dernier accepterait de couvrir ces frais sans aucune garantie de succès. Pour l'épouse, il me répondit que cela ne devrait pas poser de problème car il en avait une !

Quelques semaines plus tard, nous nous retrouvâmes dans le lobby d'un hôtel de Kyoto avant de nous rendre au dîner. Je fus rassuré d'avoir en face de moi un personnage d'apparence policée, humble de comportement, pas un de ces arrogants acteurs du paysage audiovisuel français imbus de leur personne et prétendant avoir tout compris.

Le dîner fut joyeux, de nouveau bien arrosé, et surtout bien entouré. Notre réalisateur et sa femme, dont c'était le premier voyage au Japon, se conduisirent avec exemplarité, échangeant leurs coupes après les avoir rincées dans le bol prévu à cet effet avec les *geikos* et les *maikos* présentes. Takako *san*, mine de rien, examinait leur comportement comme une chatte observe la souris qu'elle va croquer. Ce premier examen lui donna apparemment satisfaction car elle nous invita de nouveau au bar de son mari où nous retrouvâmes également sa fille.

La suite de la soirée fut très gaie.

Le lendemain, Takako *san* nous appela pour nous dire que tout allait bien mais qu'une seconde séance identique à la précédente, y compris dans les coûts, serait nécessaire pour « vérifier un ou deux points ». Le réalisateur ayant obtenu la rallonge budgétaire de son producteur, nous repartîmes à l'assaut de la citadelle avec les mêmes personnes, les mêmes mets et les mêmes flacons de saké.

Au petit matin, dans le bar enfumé de Takako *san*, nous obtînmes son accord pour un accès illimité à l'intimité des *geikos* aux conditions suivantes :

— l'équipe du tournage devrait vivre vingt-quatre heures sur vingt-quatre au moins quarante jours avec les *maikos* et les *geikos* qui seraient désignées ;

— il faudrait prévoir trois soirées à 10 000 dollars chacune ;

— Takako *san* aurait ce qu'on appelle dans le langage du cinéma le droit du *final cut*, autrement dit le droit de vie ou de mort sur les séquences du reportage qui ne lui plairaient pas ;

— Et, bien évidemment, le mot « sexe » serait banni de la réalisation de ce film.

Antoine Lassaigne, c'est le nom du réalisateur, accepta de passer sous les fourches caudines de l'exquise Takako *san*, et, avec son équipe de tournage, il passa plus d'un mois à Kyoto en vivant au rythme de l'*okiya* de l'*okamisan*, se levant à la même heure que ses ouailles, petit-déjeunant, déjeunant avec les *maikos* et les suivant lors de leurs visites professionnelles en respectant un certain nombre de règles strictes.

Il en a tiré le seul documentaire d'une heure totalement authentique réalisé à ce jour, intitulé *Behind the Scene*, qu'on peut toujours voir sur YouTube. Mon épouse et moi-même tirons grande fierté d'être remerciés dans le générique de ce très joli film qui comporte de savoureuses scènes d'intimité que personne n'avait jamais pu voir.

De son côté, Takako *san* a déclaré qu'Antoine serait le « second père » de sa fille. Il comprit la portée de cette responsabilité quand Takako *san* le contacta pour lui demander d'envoyer un billet d'avion à sa fille et de l'héberger quelques semaines pour mieux connaître Paris !

Pour notre part, nous sommes restés proches de Takako *san*, mère de toutes les *okamisans* de Kyoto. Nous avons compris des années plus tard que notre approche avait heureusement coïncidé avec la décision prise quelques mois plus tôt par le Conseil des *geikos* du Gion de soulever un pan du mystère pour contrer le dommage créé par le roman d'Arthur Golden.

Si mon orgueil de magicien en fut un peu écorné, ma réputation de conciliateur culturel du Japon a gagné des galons que je revendique toujours.

C'est par exemple grâce à Takako *san* qu'un de mes amis photographe, Philippe Marinig, a pu réaliser un magnifique reportage intitulé *Secret Moments of Maikos*.

Je ne saurais mieux clore ce chapitre passionnant de la culture japonaise qu'en reproduisant quelques extraits de la préface intitulée « Le dompteur de Geishas » que j'avais écrite pour son ouvrage :

> « Pour avoir vécu longtemps en Afrique du Sud et sillonné ses brousses et ses parcs naturels de long en large afin d'en photographier la faune, Philippe Marinig s'y connaît en grands fauves. Il sait comment les approcher sans les effaroucher, les observer sans déranger le bel ordonnancement

de leurs meutes, se fondre dans leur biotope, se présenter contre le vent et patienter jusqu'à l'instant miraculeux où il saisit de son objectif à focale courte ses sujets, toujours au plus près d'eux, car c'est dans l'intimité que se révèle l'essence de leur personnalité.

Au risque de choquer, j'oserai dire que c'est en appliquant la même méthode du chasseur à l'affût qui lui permit autrefois de photographier une panthère perchée sur un arbre en train de dépecer tranquillement une proie ou un couple de lions dans la jubilation de la copulation que Philippe a su pénétrer au Japon le monde ultraclos et farouche, encore plus craintif et méfiant qu'une horde d'antilopes, des Geishas du quartier de Gion à Kyoto, La Mecque de cette profession multiséculaire.

Car apprivoiser les Geishas n'est pas une simple affaire.

Autant dire que le projet de Philippe Marinig d'entrer dans l'intimité de ce monde fait d'ombres providentielles, de senteurs délicates et de gestes furtifs pour fixer tout cela avec l'objectif de son appareil photo était proche d'une gageure quasi impossible à concrétiser.

Après quelques mésaventures, de subtiles nuances permettant les interprétations les plus farfelues et de cocasses quiproquos dont la grammaire de la langue japonaise truffe la communication à plaisir et que la traduction s'acharne à finir d'enfumer, Philippe est parvenu, sans vraiment qu'elles s'en rendent compte, à côtoyer les oiselles effarouchées de la nuit.

Contrairement aux photographes qui cachent leur matériel pour mettre leurs sujets en confiance jusqu'au moment de grâce où ils finissent par craquer, Philippe Marinig impose son objectif en le faisant comme par magie oublier, son métier étant de photographier, sans apparemment se donner le temps de composer et sans laisser à ses modèles celui de poser ou de fuir l'appareil.

Il saisit ainsi l'éclat furtif dans un regard ; l'intention d'un sourire avant même son esquisse ; l'instant le plus futile ; le chaos ou l'ordre ; la retenue ou la langueur.

Que la pénombre masque un visage ou qu'un contre-jour l'efface, que la lumière soit ou ne soit pas, il appuie sur son déclencheur. Philippe est un tireur compulsif mais précis, l'instinct n'excluant pas la technique, bien au contraire : c'est parce qu'il possède une maîtrise totale de son art que Marinig peut se permettre une telle désinvolture. Tel un calligraphe qui n'a plus besoin de commander son geste.

Son honnêteté brutale a servi Philippe dans ses contacts avec les Geishas. Il ne leur a jamais promis ne serait-ce qu'un reportage flatteur. Peut-être ont-elles été séduites par une certaine naïveté dans sa démarche.

Aller à leur rencontre dans leur état premier était son propos, et elles ont apprécié cela. Bien entendu, on peut imaginer que Philippe a fait un usage immodéré de son charme de chasseur désinvolte, quelque peu négligé, en fait une posture cachant une grande sensibilité. Trop fines pour s'y laisser tromper, elles ont saisi ce jeu de séduction et l'ont apprécié, elles pour qui les apparences sont le sel de la vérité.

Elles ont également compris que l'œil de Marinig est tendre et surtout respectueux de l'autre, de sa culture, de ses nombreuses fragilités, de ses craintes et de ses blessures.

Alors, elles ont baissé la garde. Elles ont d'abord autorisé la promiscuité, puis permis l'intimité, enfin une certaine complicité.

Car c'est bien ce que nous percevons dans le formidable reportage de Marinig, une connivence de tous les instants, des regards espiègles, pas ceux enjôleurs imposés par le Métier, des sourires venus du cœur, pas ceux, tarifés à la minute, de la panoplie aseptisée de leurs outils de travail. Et puis des instants fugitifs au fond d'un taxi quand transparaît la lassitude interdite sur scène, des rires à gorge déployée et des déhanchements parfaitement proscrits du carcan de bonnes manières et de la gestuelle qui enchâsse les Geishas dans une rigidité aussi parfaite que leurs kimonos et les coques raidies de leur coiffure.

Alors, derrière le raffinement du froissement des lourds brocarts, la gracieuse chorégraphie des gestes millimétrés, la blancheur blafarde des fonds de teint, la sanglante goutte vermeille dessinant la lèvre inférieure et le trait de noir soulignant l'amande énigmatique du regard, se déchire le cocon formaté de la Geisha pour dévoiler la fragile chrysalide de son humanité, son cœur et ses pensées.

Grâce au travail de Philippe Marinig on comprend que les Geishas ne sont pas les poupées articulées et les objets animés sans âme que la mythologie de pacotille se plaît à caricaturer mais bien les sœurs de nos mères, nos épouses, nos amantes et nos filles avec leurs joies, leurs peines, leur fragilité et leurs forces. »

Et je garde en mémoire cet instant fugace où, tout au bout de la nuit, alors que la fatigue nous submergeait dans le bar de Takako *san*, elle nous fit un salut d'une vénusté infinie, nous faisant oublier son âge, ses calculs, notre mal de tête et notre impatience.

Quand à son tour sa fille s'inclina pour nous remercier de l'attention que nous avions accordée à sa famille, Takako *san*, soudain redevenue *okamisan* avant que d'être mère, lui murmura cette phrase assassine que je fus le seul à saisir : « Il te faudra bien dix autres années pour parvenir à la sincérité de ton salut ! »

Et si tout était dans cela, cette sincérité absolue de chacun des instants qu'offrent au monde qui les observe les *geikos* et leurs petites sœurs les *maikos* ?

Ghosn, Carlos – Caillou dans les tabis du Japon (1954-)

Mi-avril 1999 : un ovni débarque dans le douillet microcosme du monde des affaires japonais qui n'a rien à envier à celui des dirigeants des grands groupes français, l'arrogance exceptée. Filières universitaires incontournables de l'université de Tokyo Tõdai ou Keio ; cooptations, copinages, acoquinements, petits arrangements entre amis ; participations croisées au nom sacré du *keiretsu*, cette toile d'entreprises liées les unes aux autres par une solidarité qui tient rarement compte de l'efficacité ; gouvernance d'entreprise inexistante. Tout cela dans un climat de fin de siècle, la bulle économique implosant depuis quelques années.

L'ovni en question a pour nom Carlos Ghosn. Il a 45 ans. C'est un *gaijin* et il prend la tête de Nissan, diminutif de *Nihon Sangyõ*, l'« Industrie du Japon », rien de moins.

On n'a pas vu une invasion aussi symboliquement forte depuis l'arrivée en août 1945 de MacArthur, le *shōgun* américain qui dirigea le Japon après la capitulation du pays !

Nissan, 148 000 employés, est à quelques semaines de la faillite quand Ghosn débarque. La dette est de 20 milliards de dollars ; ses parts de marché sont réduites à une peau de chagrin ; quatre modèles seulement sur les quarante-six fabriqués génèrent des profits ; les usines japonaises sont surdimensionnées avec une surcapacité d'un million de véhicules par rapport à ce que le marché japonais peut absorber ; le prix d'achat des composants est de 15 à 25 % supérieur à celui de Renault ; chaque Nissan vendue aux États-Unis, le marché étalon mondial, perd 1 000 dollars. La litanie des problèmes est interminable. Le monde de l'automobile doute fort de la survie de l'« Industrie du Japon ». Les Japonais eux-mêmes s'apprêtent à jeter l'éponge.

C'est alors qu'est arrivé Renault. Son patron, Louis Schweitzer, a lancé l'Alliance Renault-Nissan en mars et raclé ses fonds de tiroirs en achetant pour 5 milliards d'euros 36,8 % du capital de Nissan. La profession se gausse. Un ténor allemand déclare : « Ce n'est pas en croisant deux mulets qu'on fait un cheval de course. » Un Américain de Detroit renchérit : « Autant mettre 5 milliards de dollars sur un cargo et l'envoyer par le fond ! » Chez Nissan, on a du mal à comprendre comment « une entreprise qui ne sait pas fabriquer des voitures peut les racheter ». Chez Renault, on réplique qu'on « a du mal à comprendre comment une entreprise qui fait de si bonnes voitures n'est pas capable de gagner de l'argent ».

Autant dire que l'ambiance est loin d'être euphorique.

Mais Schweitzer a un atout dans sa manche : Carlos Ghosn.

Celui-ci débarque accompagné d'une trentaine de fidèles *samouraïs* qui, tout en étant des « crânes d'œuf » et des spécialistes reconnus dans leur domaine, n'ont pas la grosse tête. Ils vont s'installer dans les locaux parmi leurs collègues japonais sans s'imposer. Ghosn les a bien prévenus : ils sont là pour accompagner les Japonais, surtout pas pour les convertir.

Avec leur patron et sous son impulsion, ils seront les alchimistes qui réussiront l'impossible.

Le croisement des deux mulets a finalement enfanté un pur-sang.

Un plan de sauvetage drastique est d'abord élaboré, résultat d'un audit méthodique au cours duquel l'équipe a tout décortiqué, beaucoup écouté, sollicité l'avis des jeunes cadres trentenaires, ébahis qu'on le leur demande, habitués à rester dans l'ombre de leurs supérieurs hiérarchiques.

Le 18 octobre 1999, Carlos Ghosn donne sa première conférence de presse devant la presse mondiale rassemblée à l'occasion du Tokyo Motor Show. Le regard doit sur les caméras sous les fameux sourcils en virgule qui le rendront si facile à caricaturer, il commence par assener : « Nissan est en mauvais état. »

Puis il dévoile ce qu'il appelle le « Nissan Revival Plan », le plan de renaissance :

— Retour à la rentabilité à l'exercice fiscal 2 000 ;

— Une marge opérationnelle supérieure à 4,5 % ;

— Réduction de la dette courante de 50 % à la fin de l'année fiscale 2002.

Enfin, il annonce qu'il s'engage à démissionner et son conseil d'administration avec lui si les objectifs ne sont pas atteints.

La surprise est totale.

En effet, personne au Japon n'a jamais vu un patron annoncer aussi clairement en public ce qu'il va faire, comment il va le faire, ni les conséquences pour lui-même et ses collaborateurs s'il n'y parvient pas. Le Japon des affaires est estomaqué. Habitué aux demi-teintes et à l'opacité, il découvre un monde nouveau, dans lequel l'engagement est certes brutal et sans demi-mesure, mais direct et transparent. Dans le même temps, Ghosn bouscule la traditionnelle gestion paternaliste japonaise. Fini, l'avancement à l'ancienneté, c'est le mérite qui prime, et les rémunérations seront la conséquence des performances. Terminé, le consensus mou qui permet d'escamoter les responsabilités. Tout le monde devient solidaire et collectivement responsable des échecs comme des succès.

Cette révolution culturelle va permettre, autant que les fermetures d'usines, les licenciements collectifs et l'impitoyable chasse aux coûts inutiles et aux rentes de situation, d'atteindre voire de dépasser les objectifs de chacun des plans successifs mis en place par la suite.

Le *Cost Killer* et le travailleur infatigable baptisé *7-Eleven*[1] par la presse japonaise a redonné fierté aux employés de l'entreprise. Il a également montré au Japon qu'une autre voie est possible. Sa sincérité, sa loyauté à Nissan, son engagement personnel en font le nouveau héros du Japon. Son humilité face à la culture de ce pays dont il est sincèrement tombé amoureux est hautement appréciée.

Toute une génération de jeunes employés arrivée sur le marché japonais dans les années 2000 sera durablement influencée par l'exemplarité de Ghosn. Ils ne veulent plus du système paternaliste ronronnant du management japonais. On se prend à imaginer un changement radical du mode de fonctionnement de « Japan Inc. ».

Au tournant du XXIe siècle, le Japon se laisse aller à une « Ghosn-mania » frénétique. Le portrait de Carlos est partout, jusque sur des *bentos* que les *salarymen* s'arrachent ; les mères lui tendent leur bébé et on l'arrête dans la rue pour qu'il signe des autographes ; la presse féminine l'a élu « père idéal » ; il devient le héros d'un *manga* ; les librairies regorgent de livres analysant ses méthodes managériales, les effets de son biculturalisme sur sa manière de diriger ses équipes.

Il est couvert de citations, d'honneurs et de décorations :

— en 2003, il est nommé « homme de l'année » par le magazine *Fortune* ;

— en 2004, il est le premier homme d'affaires étranger à recevoir des mains de l'empereur la prestigieuse médaille au ruban bleu *Ranju Hōshō* ;

— en 2006, il est nommé chevalier commandeur honoraire de l'ordre de l'Empire britannique ;

— en 2012, il reçoit le prix annuel de la Japan Society, est élevé au rang de docteur *honoris causa* de l'université

1. Voir l'entrée « *Konbini* ».

Waseda, reçoit les insignes de grand-croix de l'ordre du Ouissam alaouite du Maroc et ceux de l'ordre d'Isabelle la Catholique d'Espagne ;

— en 2017, le Liban émet un timbre à son effigie...

Pour ne citer que quelques-uns des nombreux honneurs qui lui sont rendus.

Début 2018, Carlos Ghosn est au sommet de sa puissance. Il cumule les fonctions de *chairman* de Nissan, Renault et Mitsubishi Motors. Sa rémunération annuelle de 15 millions d'euros est trois fois supérieure à celle des patrons du CAC 40. Elle est pourtant dans l'ordre de ce que touchent ses pairs de l'industrie automobile, par exemple le P-DG de Ford qui empoche 16,5 millions d'euros pour un chiffre d'affaires similaire de l'ordre de 150 milliards de dollars.

Tout cela fait des jaloux. Le microcosme français des affaires grince des dents. L'arrogance perçue de cet homme pourtant issu du sérail de l'élite du pays, qui ne participe pas de leurs grand-messes et ne se plie pas à leurs rites, les dérange.

Ghosn n'en a cure. Il lui reste quatre ans avant de prendre sa retraite. Tout lui sourit.

Soudain, cataclysme : le 19 novembre 2018 à Tokyo, en fin de soirée, tombe l'information que Carlos Ghosn vient d'être arrêté en se posant à Tokyo. La chaîne de télévision Asahi passe en boucle lors de l'émission de nouvelles très suivie « News Station » une scène dramatique : le Gulfstream de Nissan qui transportait le P-DG est filmé à la tombée de la nuit sur le tarmac de l'aéroport d'Haneda. Il est illuminé de l'intérieur comme une lanterne japonaise bien que les rideaux des hublots soient tirés. Un van noir arrive et une armada d'hommes en costume sombre en descend pour emprunter la coupée de l'avion et entrer dans la carlingue. Les commentaires du journaliste laissent entendre que Carlos Ghosn est dans la cabine et que nous assistons à son arrestation en direct par les procureurs du bureau de Tokyo.

C'est en fait une mystification, une scène en trompe l'œil digne du *kabuki* montée par les procureurs sous l'objectif complaisant des caméras de la chaîne. En fait, l'avion s'est posé à 15 h 30 et Carlos a été appréhendé par les sinistres procureurs en noir dans le salon d'accueil des passagers des jets privés. Mais on n'apprendra l'escroquerie que bien plus tard, comme tant d'autres anomalies.

Carlos Ghosn va passer une première fois cent huit jours dans la prison de Kosuge à Tokyo, du 19 novembre 2018 au 4 mars 2019, puis il y sera renvoyé une nouvelle fois le 4 avril suivant pour une durée supplémentaire de vingt et un jours.

Le système carcéral japonais est spartiate, le règlement implacable. Dans la journée, on doit rester assis en tailleur sur un coussin devant une table basse. La nuit, on n'a pas le droit de dormir autrement que face vers le plafond qui reste éclairé. Il faut que les gardes-chiourmes puissent voir le détenu à tout moment.

Kosuge est en fait plus qu'un simple centre de détention, c'est un outil mis à la disposition des arrogants procureurs japonais pour briser moralement les prévenus. Leur attitude est inhumaine, ignoble. Élite de l'élite, ils prétendent qu'ils ne sont pas seulement les représentants de la loi mais qu'ils sont « le Japon » (*wareware wa nippon kokka desu !)*. Ils bafouent les procédures. La pression sur les prévenus pour les forcer à avouer des méfaits qu'ils n'ont pas toujours commis est terrifiante. Ceux-ci peuvent être emmenés à n'importe quelle heure du jour ou de la nuit dans leurs locaux afin d'être interrogés sans avocat pour les assister. On leur présente à la fin de chaque interrogatoire une confession à signer. On a même vu des procureurs forger de faux documents pour inculper un accusé, comme cela fut le cas en 2011 pour une femme haut fonctionnaire du ministère de la Santé internée durant quatre mois, Murai Atsuko. Ceux-là ont été démasqués, mais combien de prisonniers ont-ils été grossièrement piégés par les vampires de la justice japonaise ?

En général, la plupart des prévenus craquent au bout de quelques jours. Pas étonnant que le taux d'élucidation des délits soit le plus élevé au monde, plus de 98 %, presque mieux que sous le régime totalitaire de la Corée du Nord !

Le monde entier découvre avec l'incarcération de Carlos Ghosn ce système dit de « justice d'otage » selon lequel un prévenu est systématiquement présumé coupable à l'encontre de la pratique de toutes les démocraties, selon laquelle il est au contraire présumé innocent jusqu'à ce que la justice démontre la preuve de son forfait. J'ai personnellement croisé il y a trente-cinq ans un Français qui a souffert de cette méthode de torture mentale. De nombreux membres du barreau et quelques hommes politiques courageux s'acharnent à combattre ce système inique, jusqu'à présent sans résultat tangible.

Au mépris du secret de l'instruction, peu à peu la presse distille les informations fournies par les procureurs eux-mêmes. On apprend ainsi ce qui est reproché à Carlos Ghosn. Les accusations sortent comme des lapins d'un chapeau. Le copain des chaumières japonaises est devenu en un tour de main un sacré coquin.

Lesdits lapins ont été nourris durant plusieurs mois par quelques-uns des collaborateurs les plus proches de Carlos Ghosn. Ils se sont acharnés à monter un dossier qu'ils ont remis aux procureurs dans la plus belle tradition de traîtrise de fidèles serviteurs qui jalonne l'histoire mouvementée du Japon médiéval. La liste de ces félons, à commencer par le P-DG japonais de Nissan que Ghosn avait lui-même mis en place, est certainement plus fournie que celle dévoilée par les journalistes.

Il semblerait que cette affaire ait en fait dépassé le simple règlement de comptes ou la soudaine découverte de malversations dont on est en droit de se demander comment elles ont pu rester si longtemps inconnues dans une organisation de la taille de Nissan.

La gouvernance des entreprises japonaises n'est pas un modèle du genre, mais tout de même !

Une hypothèse avancée est que *Dai Nippon*, le Grand Japon, voyait d'un mauvais œil une fusion qui risquait de se faire dans son dos au profit de Renault. Le ministère japonais du Commerce et de l'Industrie, le METI, a vraisemblablement donné son assentiment à cette collusion des dirigeants de Nissan avec les procureurs. Il paraît en effet aberrant que le gouvernement japonais n'ait pas eu vent de ce qui se tramait. Au Japon, les secrets sont faits pour être divulgués.

En revanche, le gouvernement français n'a rien vu venir. Les Japonais ont-ils voulu rendre la monnaie de sa pièce à l'État français qui avait en 2015 augmenté sa participation au capital de Renault de 15 % à 19,73 % sans prévenir ses partenaires, un pourcentage qui bloquait le droit de vote de Nissan ?

Toujours est-il que Ghosn aurait pu être le fusible permettant de casser l'alliance.

L'histoire a en tout cas démontré que ce stratagème, voulu ou non, a parfaitement réussi…

Ce qui est stupéfiant dans cette affaire est que rien n'ait fuité des manigances des « traîtres » et que Carlos n'ait rien vu venir. Un de mes amis, patron de la filiale japonaise d'une importante entreprise américaine, me dit un jour à ce sujet : « *The problem of Ghosn is that he did not look enough at his back. He was too busy going forward*[1]. »

Fin avril 2019, finalement, Ghosn est libéré sous caution et placé sous un régime d'assignation à domicile à la japonaise, strict dans les termes mais totalement inopérant dans les faits. Un soir, j'ai rendu visite à Carlos dans la villa qu'il occupait dans une ruelle calme du quartier d'Azabu. Il y avait bien une voiture banalisée au bout de la rue, une caméra devant la porte, mais jamais n'ai-je été contrôlé ni questionné. Carlos avait une liberté de circulation relativement souple. Lorsque nous avions prévu de l'inviter à venir passer un week-end à Kamakura, il m'avait dit que c'était possible à condition qu'il donne mon adresse aux procureurs qui pourraient envoyer la police vérifier s'il était effectivement chez moi.

C'est d'ailleurs cette naïveté qui va permettre à l'ancien P-DG de quitter le Japon le 29 décembre 2019 depuis l'aéroport d'Osaka enfermé dans une caisse de matériel de sonorisation. À l'escroquerie de son arrivée montée pour le public en novembre 2018 il a répondu par celle de sa fuite rocambolesque un an plus tard.

Cette évasion pose bien entendu de nombreuses questions. S'il est totalement innocent des faits qui lui sont reprochés et s'il a la conscience tranquille, pourquoi Ghosn n'aurait-il pas attendu sereinement le procès ? peut-on se demander. Dans un tout autre contexte, cette objection serait parfaitement valide. Mais il faut observer la question sous l'angle de l'approche procédurale japonaise qui, au moyen de nombreux vices de forme et

1. « Le problème de Ghosn est qu'il n'a pas assez regardé ce qui se passait dans son dos. Il était trop occupé à avancer. »

de grossières infractions à la législation internationale, avait déjà largement condamné Ghosn avant même que la procédure judiciaire ne soit véritablement lancée. Tricheries et pression morale infernale comme l'interdiction de voir son épouse et de lui parler autrement que devant une tierce personne ont vaincu sa raison. Lors de chacune de mes rencontres avec Carlos après son incarcération, j'ai vu un homme profondément déstabilisé par l'impossibilité de se défendre dans un cadre légal impartial et qui avait le sentiment que les dés étaient pipés depuis le premier jour. Le joueur de bridge en lui ne pouvait accepter que les jeux soient faits avant même que les mains ne soient dévoilées.

Aujourd'hui « fugitif » mais réfugié au Liban, Carlos Ghosn est sous le coup d'un mandat d'arrêt Interpol. Il continue de clamer son innocence, notamment dans un livre écrit en collaboration avec le journaliste Philippe Riès. Dans *Le Temps de la vérité* publié en 2020, il nous soumet sa vérité. Tout n'est pas convaincant et peut-être n'est-ce pas toute la vérité, mais c'est la première fois que lui est donnée la possibilité de présenter ses arguments.

J'ai rencontré Carlos Ghosn en 1999 au tout début de son premier séjour au Japon. Président de la Chambre de commerce et d'industrie française du Japon, j'avais souhaité l'inviter, comme nous le faisions pour tout homme d'affaires français, à un petit déjeuner réunissant les membres de notre communauté.

« Impossible. Il est trop occupé, il ne viendra pas ! » m'avait-on répondu.

Il répondit et il vint. Bien entendu, la salle était pleine à craquer.

En le raccompagnant à sa voiture après sa prestation, je lui proposai de le convier à un dîner de fugu[1] dans un petit restaurant sans prétention, ce qu'il accepta avec enthousiasme. Il n'avait pas encore eu l'occasion de voir le Japon profond et j'avais piqué sa curiosité avec ma description de ce bistrot en sous-sol ne servant que du fugu dans tous ses états. Nous passâmes la soirée sur deux tatamis autour d'une minuscule table ronde, genoux contre genoux, lui, son épouse, l'ambassadeur de France et sa propre épouse, la mienne et moi. Ce soir-là, autour des lamelles de fugu cru, d'un pot-au-feu mijoté avec la carcasse du poisson et en buvant un saké chaud dans lequel avaient flambé ses nageoires, nous avons créé le début d'une relation qui a toujours été cordiale.

Nos tempéraments méditerranéens ont certainement joué un rôle dans cette sympathie réciproque.

J'ai ainsi été l'un des rares Français du Japon à avoir entretenu un contact permanent avec lui. En fait, Carlos ne fréquentait pas la communauté française. Bourreau de travail qui ne faisait pas mentir son surnom de *7-Eleven*, il consacrait ses rares heures de liberté à sa famille et ses quatre enfants.

En décembre 2004, lors de l'inauguration de notre immeuble de Ginza, je lui ai demandé s'il accepterait de nous prêter une *concept car* de Nissan que nous placerions dans l'entrée de notre parking. L'automobile était une superbe berline décapotable futuriste dans laquelle nous avions fait s'asseoir des mannequins et sur les sièges arrière desquels une profusion de cadeaux Chanel étaient entassés. Il s'était fait photographier devant l'automobile et avait aimablement posé avec certains de nos invités. Il m'a avoué ce soir-là qu'il avait une grande admiration pour deux noms du luxe : Hermès et Chanel.

---

1. Voir l'entrée « Fugu ».

Quelques mois plus tard, il me demanda si nous pouvions accueillir sa fille Nadine pour un stage. Tout le monde dans nos bureaux avait été séduit par la vivacité et l'intelligence aiguë de la jeune fille. Elle n'avait que 15 ans mais avait déjà une idée très claire de ce qu'elle voulait faire de sa vie « sans l'aide de papa », m'avait-elle dit.

Notre relation a été ainsi jalonnée au fil des ans de petits services réciproques. Carlos a toujours répondu à mes rares demandes. Ainsi, pour aider une amie qui organisait une exposition de peintres japonais à Taïwan et avait besoin d'un sponsor, il m'avait suffi de prendre un rendez-vous téléphonique avec sa secrétaire. Deux heures plus tard, j'avais un contact avec Nissan à Taipei, et l'affaire fut rondement menée.

Lorsque, président de la Chambre de commerce européenne, je me suis heurté au puissant lobby européen de l'industrie automobile, il m'a apporté un soutien apprécié.

En octobre 2006, je reçus une invitation de l'ambassade de Grande-Bretagne pour la remise de décoration de Carlos Ghosn. Je m'attendais à retrouver le ban et l'arrière-ban de notre communauté d'affaires mais en fait j'étais le seul Français présent à la réception. Lorsque je suis allé le féliciter, je l'ai remercié de m'avoir associé à cette soirée. Il me répondit qu'il me devait bien cela pour l'avoir aidé à son arrivée au Japon. Peut-être voulait-il parler de ma fort modeste contribution à sa découverte de ces petites gargotes sans prétention qu'il prisait fort ?

Son esprit cartésien, son souci d'efficacité et sa culture du résultat lui ont parfois joué des tours. Ainsi, lorsqu'il accepta de prendre la présidence du Club franco-japonais, se heurta-t-il à la philosophie de cette réunion dont le dessein restait trop vague à son entendement. Il ne comprenait pas que des personnalités aussi éminentes puissent perdre leur temps à parler du sexe des anges et se quittent sans objectifs précis, un plan d'action clair ni obligation de résultats. Je n'étais pas parvenu à le convaincre que ce dialogue était utile précisément parce qu'il restait ouvert sur des perspectives éloignées des préoccupations quotidiennes des affaires. Son discours d'accueil qui paraissait exiger un « CFJ Revival Plan » fut fort mal perçu par nos partenaires japonais. Cette erreur d'appréciation fut ressentie comme une arrogance intolérable et un mépris inacceptable des intentions du fondateur japonais du Club.

Durant l'incarcération de Carlos Ghosn, il était impossible de lui rendre visite. Seuls les ambassadeurs des trois pays dont il détient un passeport, le Brésil, la France et le Liban, pouvaient le voir quelques minutes par semaine. Quand il sortit en avril, il fut recueilli par un couple d'amis franco-japonais dont nous sommes très proches. Nous eûmes l'occasion de le voir chez eux, puis de l'inviter à notre tour au restaurant ou à la maison.

J'ai eu à quelques reprises l'occasion de manifester mon indignation quant à la façon abjecte dont il était traîné dans la boue journalistique, contre la « justice d'otage » japonaise, notamment lors d'une conférence de presse organisée avec un ami sénateur le 16 mai 2019. En mars 2019, lors d'un déjeuner de notables français à Tokyo, j'avais été indigné de l'attitude de mes confrères qui, au mépris des fondamentaux qui sont supposés régir la justice, accompagnaient les procureurs japonais dans leur condamnation *a priori*. On sentait au travers des propos de ces collègues, par ailleurs honorables et intelligents, une sorte de dépit amoureux. Certes, Carlos n'avait pas fait beaucoup d'efforts pour les connaître, mais ne pas lui accorder le bénéfice du doute ni la présomption d'innocence me parut indigne. Nous avions, par notre rôle et notre position dans la communauté d'affaires française du Japon, une obligation de neutralité.

Et puis, on n'appuie pas sur la tête d'une personne qui se noie.

Enfin, Carlos Ghosn devait venir nous voir à Kamakura le samedi 28 décembre 2019. Il m'appela trois jours avant pour nous prier de l'excuser. Il avait un empêchement majeur. Comme le monde entier, le lendemain soir, nous avons appris les raisons de ce contretemps.

Je crains que nous ne puissions jamais accueillir Carlos Ghosn en notre modeste havre japonais. Mais je lui ai promis d'aller le voir au Liban pour lui apporter ce dictionnaire.

J'espère que, bien qu'amoureux dépité du Japon, il saura tout de même en apprécier le contenu.

Giri, *ninjõ*, *on*, *gimu* (義理, 人情, 恩, 義務) – Le conflit entre devoirs et émotions

Le *giri* (義理) est l'insupportable poids des obligations auxquelles nous ne pouvons échapper, ce que nous devons à nos parents, nos supérieurs, nos inférieurs, nos camarades de collège, nos amis, bref toute la hiérarchie sociale. Il n'a pas d'équivalent dans notre langue, le mot « devoir » reflétant imparfaitement tout ce qu'il suppose de contraintes.

Une définition avancée par un sociologue japonais est : « Le *giri*, c'est servir un supérieur avec un sens de la dévotion proche du sacrifice. »

Il n'y a pas de *giri* léger ou mineur. C'est un roc dense et insécable.

Un proverbe japonais ne stipule-t-il pas que « la mort est plus légère qu'une plume, mais le *giri* est plus lourd qu'une montagne » ?

Tout est dit.

Le *giri* a un frère siamois dont il est indissociable : le *on* (恩).

Le *on* est faveur, bénéfice consenti, gratitude, bonté, en somme toute chose accordée de son plein gré, dont on n'attend ni n'exige de retour.

Le *giri* est une astreinte tandis que le *on* est librement consenti car il est le résultat d'un libre arbitre.

Il n'en crée pas moins une nécessité de *giri* pour celui qui en a bénéficié.

Vivre en harmonie avec son *giri*, c'est ne jamais oublier les faveurs *on* qu'on a reçues, quand bien même ceux qui vous les ont accordées les ont oubliées.

Le *giri* n'a pas d'horizon, il est intemporel.

On m'a raconté l'histoire d'une personne qui tenait à jour une liste des dettes *on* non apurées de sa famille. Certaines remontaient à plus de cent ans ! Chaque année, elle établissait l'ordre de priorité des retours de faveurs *ongaeshi* (恩返し) qu'elle effectuerait.

Mais il faut savoir que, au-delà du *giri*, il y a le *gimu* (義務) qui, lui, représente le devoir suprême et inaliénable, dont on ne pourra jamais s'absoudre quoi qu'il arrive, par exemple envers la nation, la famille ou lorsque la faveur a été d'une telle magnitude qu'il est impossible de s'en acquitter.

Il y a encore le *ninjõ* (人情), lequel est le subtil cocktail d'émotions, de compassion, de générosité, d'humanisme et de sympathie que l'on ressent envers son prochain. Il ne prend toute sa substance que dans la dimension conflictuelle qui jaillit de son antagonisme avec le *giri*. Il en est à la fois le complément et l'opposition. La tension entre ces deux états génère leurs titres de noblesse. Ils sont donc indissociables. Ils sont l'universel dilemme entre devoirs et sentiments, voix du cœur et souvent l'autre versant, celui de la raison.

Dans l'absolu, si l'on décide de mener sa vie selon le principe du *giri*, alors le *ninjõ* importe peu et la recherche du bonheur personnel devient immatérielle. Il ne peut y avoir de compromis. Les inclinations du cœur doivent impérativement s'effacer devant l'arbitraire des usages.

Il y a bien longtemps, j'ai rencontré un jeune Français qui s'était retrouvé coincé entre le marteau du *giri* et l'enclume du *ninjõ*.

Il n'était pas au Japon depuis longtemps et ne parlait pas encore bien le japonais. La jeune femme qu'il fréquentait depuis quelques mois le présenta à un patriarche de sa connaissance, antiquaire de son état. Le jeune homme sympathisa avec lui, et bientôt naquit entre les deux hommes une véritable amitié. Ils se rencontraient assez souvent.

Un jour, l'antiquaire lui offrit un sabre dont il lui dit qu'il était ancien mais pas de très grande valeur car la lame n'avait pas été forgée par un maître renommé. Pour le remercier, le Français l'invita dans un bon restaurant de Tokyo. C'était pour lui une grosse dépense car il gagnait encore difficilement son existence, mais il avait cru déceler que la courtoisie exigeait un retour. Bien entendu, il n'avait jamais entendu parler des subtiles règles régissant les relations entre les individus dans la société japonaise, et encore moins de *giri*, *ninjõ*, *on et gimu*. Il émergeait tout juste de la béatitude un peu naïve qui saisit tout étranger fraîchement débarqué au pays du Soleil-Levant et émerveillé par son charme exotique.

Il lui fallut quelques semaines pour se rendre compte que sa relation avec sa petite amie s'était graduellement détériorée. Elle restait évasive quand il lui proposait une sortie, deux fois sur trois elle ne répondait pas à ses appels, et, lors des occasions de plus en plus rares où il parvenait tout de même à la rencontrer, elle restait distante, plus énigmatique et réservée qu'au tout début de leur relation.

Il finit par lui demander la raison de sa froideur un soir où il était parvenu à la convaincre de dîner avec lui.

« Tu m'as mise dans une situation particulièrement embarrassante avec M. K., commença-t-elle. Tu as accepté de lui un présent d'une valeur que ta relation avec lui ne justifie pas. Lui-même s'est mal comporté en t'offrant ce sabre car il savait bien que je ne pourrais jamais m'acquitter du *giri* qu'il a placé sur mes épaules puisque c'est moi qui t'ai présenté à lui. Si t'offrir ce cadeau était un simple *on* dans son esprit, cette dette est un insupportable *gimu* qui me poursuivra le restant de ma vie.

» J'ai donc été obligée d'aller lui présenter mes excuses pour ton inconséquence puis de rompre ma propre relation avec lui à cause de la sienne. Jamais de ma vie n'ai-je connu une telle honte ni un déshonneur aussi profond[1]. »

C'est la dernière conversation que le jeune Français eut avec la jeune femme. Il ne la revit jamais.

Heureusement, les obligations ne mènent pas toutes à des catastrophes aussi radicales. Il faut tout de même se rappeler que les *giri choco* que les jeunes femmes du

1. Une jeune femme de mes amies vécut un incident semblable. Voir l'entrée « *Omiyage* ».

bureau offrent à leur supérieur lors de la Saint-Valentin demandent une réciprocité un mois plus tard pour le *White Day* inventé par les chocolatiers japonais. Les récipiendaires s'attendent à un présent d'une valeur au moins cinq fois supérieure à celui qu'elles ont fait.

Ou le *giri* au service des affaires…

Giuglaris, Marcel – Journaliste et écrivain (1922-2010)

Son nom et son accent fleuraient bon la Provence, mon pays natal.

Jeune attaché de presse adjoint près l'ambassade de France au Japon dans le cadre de mon service national en administration, j'avais déjà croisé une ou deux fois cette grande figure du journalisme français en Extrême-Orient en 1975, dans les salons de la Résidence. Moi qui aurais tant voulu m'entretenir avec lui sur les attaches provençales que je lui subodorais, j'étais trop impressionné pour l'aborder, tout comme un autre de ses confrères, Robert Guillain.

Cette opportunité s'offrit un jour que j'étais allé assister à une conférence de presse à l'American Club sous une pluie battante dont le mois de juin a le secret. Alors que je quittais le parking au volant de ma vieille Toyopet brinquebalante, je le vis patauger dans l'eau, mal protégé par un parapluie en plastique. N'écoutant que les sirènes de ma curiosité, je m'arrêtai à sa hauteur et lui offris de le raccompagner.

La première des nombreuses conversations que j'ai eues avec lui se déroula pendant ce trajet. C'est bien sûr lui qui l'engagea.

« Tu es d'où, petit ? me demanda-t-il.

— Le berceau de ma famille est en Haute-Provence, répondis-je. (Puis je m'enhardis :) Vous-même, vous n'en seriez pas originaire ?

— Je suis né à Nice. Et toi ?

— Nous sommes du Vaucluse.

— Ha ! Ha ! Où cela donc ?

— Ma mère est arlésienne, mon père a été élevé près d'Orange, un petit village du nom de Caderousse, sur les bords du Rhône. Mais notre maison familiale est plus à l'est.

— Mais encore ? », insista-t-il.

Il me sembla que son accent sentait la lavande de nos garrigues.

« Un tout petit village que personne ne connaît, perché sur une colline dans les contreforts du mont Ventoux…

— Malaucène ? Caromb, Crillon-le-Brave, Bédoin, Flassan, Mormoiron ?

— Non, plutôt sur la vallée du Rhône. Près de Gigondas, Séguret ! Vous semblez bien connaître cette région ? »

Il eut ce petit sourire en coin accompagnant son regard pétillant de malice que je lui verrais souvent tout au long de nos années de complicité.

« Je connais bien Séguret, il y a un excellent restaurant tout en haut du village ! Figure-toi, petit, que je possède une maison dans la vieille ville de Vaison-la-Romaine !

» Un jour, reprit-il, mon épouse et moi étions allés rendre visite à un ami qui habitait Vaison. Il s'était absenté, aussi avons-nous visité la Haute Ville en attendant son retour. Sur la place de l'église, ma femme pointa du doigt une belle bâtisse dans la cour de laquelle poussait un magnifique mûrier. “Tu me fais vivre au Japon dans une maison de bois et de papier depuis tellement longtemps ! J'aimerais tant habiter une véritable demeure, solide, en pierres, comme celle-là !” s'exclama-t-elle.

» J'avisai un vieillard assis sur un banc et je lui demandai s'il connaissait une propriété à vendre dans les parages. Il tendit son doigt vers la maison au mûrier et il me répondit : “Celle qui est devant vous !”

» Voilà comment nous avons acquis l'ancien couvent de nonnes ! Je l'ai baptisé *Kuwa no Ie*, “La maison du Mûrier”. »

Marcel Giuglaris et moi venions de nous nouer l'*akai ito* des Japonais, ce fameux « fil rouge » qui lie deux êtres humains de manière indéfectible. Oserais-je dire qu'il est devenu mon père spirituel ? Nous nous sommes revus souvent tout le temps qu'il a séjourné au Japon, correspondant du *Figaro*, délégué d'Unifrance Films, puis, plus tard, quand il a collaboré à l'hebdomadaire *Le Point*.

Il déchiffrait pour moi les mystères de ce pays, il guidait mes pas vers la compréhension de cette civilisation qu'il avait si bien assimilée, ce Japon dont il maniait la langue avec virtuosité.

Plus tard, je l'ai présenté à mon père. Ils étaient de la même génération. Ils avaient tous deux vécu la même guerre. Leur complicité fit merveille. Mon père l'emmenait repérer d'un coup d'ailes de son Robin DR 400[1] les anciennes voies romaines dans les vignes du Plan de Dieu.

Après sa retraite, à dater de 1983 et jusqu'à l'année de sa mort, aussitôt que nous étions arrivés chez mes parents en Provence pour les vacances d'été, il était pour moi rituel de lui rendre visite dans sa belle demeure fraîche bercée au chant des cigales. Elle était meublée d'un délicat mélange de meubles orientaux qui se mariaient harmonieusement avec l'atmosphère austère de l'ancien couvent au mûrier. Nous nous installions dans son bureau dont les volets étaient tirés ; son épouse Sonia déposait devant nous deux

1. Équivalent français d'un monomoteur Cessna.

verres de blanc bien frais et une coupelle d'olives de Nyons, puis elle nous laissait en tête à tête. Alors, il déroulait pour moi les nombreux souvenirs de toute son existence, de ses « sept vies, comme un chat ! », me disait-il.

Jeune homme, il rejoint la Résistance où il est immédiatement incorporé dès 1941 dans les FFL.

En 1943, il est capturé, torturé puis envoyé au camp de concentration de Neuengamme en Allemagne. À la Libération, il en sort terriblement affaibli. Il a contracté le typhus qui le plonge plus de deux semaines dans le coma. Il s'en sort, ayant consumé sa première vie.

Bien qu'il ait intégré Saint-Cyr fin 1945 – c'est la seconde fois, la première en 1940 s'étant terminée prématurément avec sa démission parce qu'on lui avait demandé d'écrire au pinceau sur une route « Vive le maréchal Pétain » –, son esprit rebelle le pousse au conflit avec ses supérieurs. C'est en cachette qu'il passe le concours d'HEC et intègre la prestigieuse école.

Il rencontre alors à Paris une jeune femme, Hélène, ballerine accomplie, qu'il épouse. C'est elle qui sera le catalyseur de l'intérêt de Marcel pour l'Asie, et le Japon en particulier. En effet, Hélène est une passionnée du théâtre *nô* qui représente pour elle la quintessence de la perfection.

Ils décident de monter une célèbre pièce du répertoire, *Hagoromo*[1]. La première représentation a lieu fin mars 1949 devant un parterre germanopratin de qualité, dont un certain Paul Claudel. C'est un immense succès qui conduit le couple en tournée dans toute l'Europe.

Hélène, enceinte de leur enfant, tombe entre-temps gravement malade et meurt d'une leucémie en 1951, après avoir fait promettre à son mari de se rendre à sa

1. Voir l'entrée « *Hagoromo* ».

place au Japon, à l'endroit où, selon la légende, la déesse Hagoromo avait rejoint le monde des mortels, la plage sacrée de Miho no Matsubara.

Avec le décès de son épouse et de son enfant, Marcel enterre ses deuxième et troisième vies.

Embarqué sur un caboteur, il rejoint le Japon avec en poche un mandat de *L'Opinion économique et financière*, un journal boursier qui l'avait engagé quelques mois plus tôt. Il débarque à Yokohama le 28 octobre 1951. Il est accueilli comme un héros par la presse japonaise qui connaissait la saga d'*Hagoromo* en Europe et décelait dans cette histoire un symbole culturel fort de la réconciliation du Japon avec ses anciens ennemis.

À peine débarqué, il se rend à Miho no Matsubara afin d'honorer la promesse qu'il avait faite à Hélène.

Désormais il va couvrir la guerre de Corée qui fait rage. C'est un baroudeur ; il a tout perdu en perdant Hélène ; la mort chez lui n'est pas une préoccupation ; il est toujours aux avant-lignes du front, souvent sans son casque. Un collègue de la presse japonaise, Tomoda Seki du *Tokyo Shimbun*, me dit un jour : « Giuglaris *san* restait impassible sous les balles. Il n'était pas suicidaire, mais on pressentait que la possibilité de mourir l'indifférait. »

Marcel me raconta un jour que la Jeep américaine dans laquelle il se trouvait sauta sur une mine en traversant un pont et se renversa dans une rivière gelée en plein hiver coréen. Tous les occupants du véhicule étaient morts, sauf lui. Il resta coincé dessous plusieurs heures, jusqu'à ce qu'une patrouille le retrouve et le sauve. La quatrième vie du chat venait de se consumer.

Devenu correspondant de guerre pour le compte de *France-Soir*, il part couvrir le conflit du Vietnam. Il écrit une série de grands reportages entre 1954 et 1972 en passant d'un côté à l'autre du 17e parallèle. C'est lui qui, lors de l'offensive du Têt en 1968, tient le magnétophone Nagra aux côtés de Jacques Chancel pour ce reportage radiophonique hallucinant où les deux compères se trouvent pris en tenaille entre les deux camps sur le champ de bataille. Il a perdu sa cinquième vie de chat cette nuit-là. Et même la sixième quand il échappe de peu à un attentat lors de l'interview d'un haut gradé Vietcong.

Retourné au Japon en 1972 après un scoop sur la possibilité d'un cessez-le-feu dans toute l'Indochine qui assied sa réputation et fait bondir la Bourse de New York, Marcel va se consacrer entièrement à ce pays. Il pige pour le magazine *Le Point* ; il travaille également pour la radio Europe 1 ; il gère avec brio le bureau d'Unifrance Films. Par son intermédiaire, le cinéma français a désormais pignon sur rue à Tokyo : il a créé en 1959 le Festival du film français.

Il aurait même fait partie d'un *shadow cabinet* qui a conseillé successivement les cabinets de trois Premiers ministres, Fukuda Takeo, Ōhira Masayoshi, Suzuki Zenkō.

Il a gagné la confiance des Japonais dès son arrivée au Japon, parce que, à l'encontre des correspondants étrangers qui résidaient à Tokyo, il avait décidé de s'immerger dans la vie du pays.

Il raconte cette expérience dans un charmant ouvrage, *Monsieur l'honorable Poupée : aventures au Japon d'un Français en kimono* paru chez Robert Laffont en 1954 : « Pourquoi ne tenterais-je pas l'expérience entièrement ? En supprimant tout ce que je sais *a priori* du Japon et des Japonais. En évitant les comparaisons entre eux et nous. »

Son bureau dans le quartier central de Yurakucho était « une ambassade de France *bis* ouverte à tous[1] ». Il y recevait avec sa gentillesse coutumière, sa faconde méridionale et sa grande modestie tous les Français qui séjournaient à Tokyo. Outre l'intarissable connaisseur de l'Asie et du Japon, il était un conteur délicieux qui choisissait ses mots avec gourmandise, le tout teinté de son accent délicatement chantant.

Un soir que je le raccompagnais à Vaison-la-Romaine après une visite rendue à mon père, il me demanda tout de go :

« En quelle année es-tu né, déjà ? »

Ma réponse formulée, il resta un moment silencieux, le regard fixé sur la route, puis il murmura :

« Mon fils serait à peine plus vieux que toi… »

Marcel Giuglaris est décédé le 5 février 2010, achevant ainsi sa septième et ultime vie.

1. Tiré d'un article publié au décès de Marcel Giuglaris dans le journal *OVNI* (Bernard Béraud).

Groupes sanguins – *Ketsuekigata* (血液型)

Si vous entrez dans une relation romantique avec une Japonaise, attendez-vous à ce qu'elle vous demande assez rapidement quel est votre groupe sanguin.

Ce n'est pas qu'elle veuille s'assurer d'une quelconque incompatibilité génétique ou désire choisir pour partenaire un donneur universel, mais tout simplement pour vérifier la chance que cette liaison se développe en toute harmonie.

Les Japonais croient dur comme fer que le groupe sanguin indique des traits de caractère dominants dans la personnalité de chacun et que certains facteurs rhésus favorisent mieux que d'autres l'alchimie affective.

Je me permets donc de suggérer à l'intrépide impétrant déterminé à fréquenter intimement une Japonaise de prendre les devants en lui demandant quel est son groupe sanguin. Je garantis qu'il fera sensation.

Voici donc un petit *vade-mecum* destiné à aider les soupirants à naviguer au plus près des émotions de l'élue de leur cœur.

Groupe sanguin A (majorité des Japonais = 38 %) :
- Sérieux, sincère, calme, responsable, gentil
- Méticuleux, consciencieux, prudent
- Très soucieux de l'appréciation de l'entourage
- Effacé, modeste, influençable
- Ordonné, planificateur
- Têtu, anxieux

Groupe sanguin O (30 % des Japonais) :
- Généreux, passionné, ambitieux, autonome, se met rarement en colère

• Sociable, affectueux, amical, ouvert, très entouré
• Humaniste, fiable, ne sait pas refuser
• Approximatif, ne s'embarrasse pas du détail
• Prend les choses simplement, rapide dans la décision
• Impulsif, peut être arrogant, froid, de tempérament jaloux

Groupe sanguin B (22 % des Japonais) :
• Curieux, créatif, ouvert, rationnel, volontaire
• Obstiné, inflexible, impose ses idées
• Distrait, jamais à l'heure
• S'enferme dans son monde et perd la notion des réalités
• Lunatique, émotionnel, versatile, tendance bipolaire

Groupe sanguin AB (10 % des Japonais) :
• Très créatif, hypersensible, sociable
• Personnalité rationnelle
• Ne se dévoile pas, n'exprime pas son opinion, opaque, mystérieux
• Intuitif plutôt que de bon sens
• Taciturne, retrait de la pensée

Vous retrouverez-vous dans le labyrinthe de toutes ces caractéristiques ?

Pour ce qui me concerne, permettrez-moi de rester discret sur l'identité de mon groupe sanguin…

H

月

Hachikō (ハチ公) – Symbole de loyauté (1923-1935)

Hachikō, de son nom de baptême Hachi, était un chien de la race Akita. Il fut adopté un peu moins d'un an après sa naissance par un professeur de la faculté d'agriculture de la prestigieuse université impériale de Tokyo qui adorait les chiens. Ueno Eisaburō en possédait déjà deux autres, un pointer nommé John et un de race indéterminée répondant du nom de « S ».

Ueno habitait le quartier de Shibuya. Bientôt, Hachi prit l'habitude d'accompagner son maître tous les matins à la gare toute proche. Le soir, il venait l'attendre à son retour de l'université.

Le 21 mai 1925, le professeur ne rentra pas. Alors qu'il dispensait un de ses cours, il avait été victime d'une hémorragie cérébrale.

Durant trois jours, Hachi ne mangea rien. Il attendit vainement le retour de son maître devant la gare.

Les funérailles du professeur Ueno eurent lieu le 25 mai. Ce jour-là, Hachi, accompagné de John et de S, se rendit de nouveau à la gare.

La veuve du professeur Ueno ramena les trois chiens dans sa famille dans le quartier éloigné de Nihonbashi, mais Hachi s'échappa pour retourner au domicile de son maître. Ce manège se répéta plusieurs fois. Lassée, Mme Ueno finit à l'automne 1927 par donner Hachi au jardinier de la maison de Shibuya.

De ce jour et jusqu'à sa mort en 1935, très précisément durant neuf années, neuf mois et quinze jours, Hachi se rendit tous les soirs à la gare de Shibuya pour attendre le professeur Ueno à l'heure supposée de son retour.

Hachi était reconnaissable de loin. C'était un chien de grande taille puisqu'il mesurait 60 centimètres au garrot et pesait plus de 40 kilos. Les employés de la gare et les commerçants du voisinage le connaissaient bien. Ils l'avaient autrefois vu accompagner son maître tous les matins et venir l'attendre chaque soir. On le laissa donc s'installer à l'entrée de la gare. Les policiers du *koban*[1] voisin le protégeaient des passants malveillants et de la fourrière. Peu à peu, sa notoriété grandit dans le voisinage.

En 1932, alerté par la rumeur publique, le *chairman* de l'Association pour la protection des chiens passa à la gare de Shibuya afin de le voir. Il publia plusieurs articles dont un dans le quotidien national *Asahi* en 1933 qui fit sensation. La fidélité de Hachi à la mémoire de son maître impressionna fortement les Japonais qui y décelèrent un symbole de loyauté, un exemple de respect confucéen pour les parents à transmettre aux enfants et, alors que le sentiment nationaliste commençait à grandir, le modèle même du dévouement dû à l'empereur et à la nation. S'installèrent alors une

1. Voir l'entrée « *Koban* ».

authentique notoriété et même la naissance d'une certaine vénération. On venait le voir de loin, on lui apportait des friandises. Le suffixe d'honorabilité *kõ* fut ajouté à son nom.

En 1934, une statue de bronze réalisée par un sculpteur de renom fut érigée sur la place de la gare.

On retrouva Hachikõ mort non loin de la gare le 8 mars 1935. On organisa des funérailles importantes le 12 mars au temple Myõyûji en présence de la veuve du professeur Ueno, de la famille du jardinier qui avait recueilli Hachi, du chef de la gare de Shibuya et de nombreuses personnalités du quartier. Seize bonzes psalmodièrent les sutras. Il y avait 25 couronnes mortuaires, 200 bouquets de fleurs, 180 télégrammes de condoléances envoyés de tout le pays, et 200 yens, une somme importante pour l'époque, avaient été recueillis pour les bâtonnets d'encens.

Hachikõ est enterré au cimetière d'Aoyama tout près de la tombe du professeur Ueno et de son épouse.

La statue originale ayant été fondue durant la Seconde Guerre mondiale, une nouvelle fut érigée en 1948 au même emplacement, à la sortie dite « Hachikō-guchi » de la gare de Shibuya.

Elle s'y trouve toujours. Hachikō assis sur un piédestal regarde sagement la foule qui s'ébroue sur la place.

C'est un endroit populaire où l'on se donne rendez-vous. Tout Tokyoïte qui se respecte a un jour attendu sa petite amie au pied de la statue.

L'histoire ne dit pas combien l'ont fait en vain.

Hagoromo (羽衣) – Une introduction au théâtre *nô*

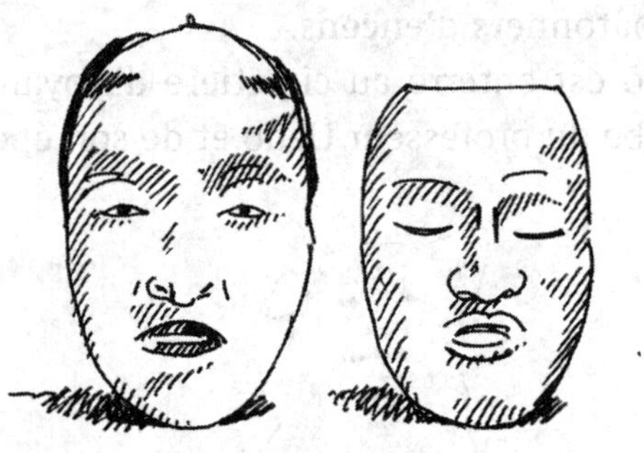

À environ deux heures de route de Tokyo se trouve dans la baie de Suruga une plage de sable volcanique de 7 kilomètres bordée d'une forêt de pins. La baie est profonde, plus de 2 500 mètres. C'est peut-être pour cela que ses eaux sont d'un bleu austère et sont peu agitées. Le mont Fuji[1], dont

1. Voir l'entrée « *Fuji san* ».

les pentes viennent mourir au fond de ce golfe, aime à s'y refléter. C'est un endroit magique, un de ces *power points* chargés d'une atmosphère mythologique qui touchent au divin.

Le paysage est féerique, au point qu'une déesse descendue du ciel décida un beau matin de s'y poser pour se baigner dans la mer. Elle retira sa parure de plumes Hagoromo qui lui permettait de voler, l'accrocha à la branche d'un pin puis descendit sur le rivage de sable blanc. Un humble pêcheur qui passait là découvrit le manteau et s'apprêta à le subtiliser quand la jeune fille revint et le supplia de le lui rendre car sans son vêtement elle ne pouvait retourner dans sa demeure céleste. La légende, que certaines sources font remonter au VIIIe siècle, nous offre deux variantes :

— La version la plus répandue est celle jouée dans la pièce éponyme. La jeune fille supplia le pêcheur de lui rendre son vêtement. Il n'accepta de le faire qu'à la condition qu'elle exécute une danse pour lui. Elle revêtit alors son manteau et effectua une danse féerique avant de s'évaporer dans l'éther en faisant tomber une pluie de bienfaits sur Terre.

— L'autre version : le pêcheur refusa de restituer la cape de plumes si elle ne l'épousait pas, mettant ainsi en doute son essence divine. Elle lui répliqua que la suspicion n'appartient qu'au monde des humains et n'existe pas au royaume des cieux. Honteux de ses soupçons, le pêcheur rendit alors son manteau à l'ange qui put retourner dans son univers céleste.

Hagoromo est la pièce la plus interprétée du répertoire du théâtre *nô*, cette forme d'art dramatique ésotérique et dépouillée extrêmement codifiée remontant au XIIIe siècle, que les acteurs jouent le visage couvert d'un masque.

C'est cette œuvre que la ballerine Hélène Giuglaris[1] et son mari choisirent lorsqu'ils décidèrent de monter une pièce du théâtre *nô* dans le Paris de l'après-guerre, sans doute parce qu'elle était la plus facile à décoder pour un public occidental, se rapprochant à la fois d'une histoire d'amour et du mythe familier d'un être céleste descendu dans le monde des hommes. Assistés de deux Japonais vivant à l'époque dans la capitale, l'un passionné de *nô* et l'autre qui avait fait partie du club de *nô* de son université, puis du japonologue Gaston Renondeau dit Georges Renondeau, le jeune couple réussit la gageure, sans jamais s'être rendu au Japon, de monter *Hagoromo* en respectant les codes compliqués et particulièrement rigides de cette forme théâtrale. Ils réalisèrent eux-mêmes le costume de plumes et le masque en se référant aux documents qu'ils avaient compulsés au musée Guimet. Hélas, après une dizaine de représentations qui les avaient conduits dans toute l'Europe, Hélène tomba gravement malade et mourut.

Respectant le vœu de sa femme, Marcel débarqua sur la plage de Miho no Matsubara par un matin brumeux d'octobre 1951. Il avait emporté quelques reliques de son épouse, dont une mèche de cheveux qu'elle lui avait demandé de placer au pied du pin sacré auquel le manteau de plumes avait été suspendu.

Les étrangers étaient encore forts peu nombreux dans le Japon de l'immédiat après-guerre. La présence de ce jeune homme occidental sur la plage intrigua les pêcheurs du village voisin. Ils s'approchèrent accompagnés de l'instituteur qui balbutiait trois mots d'anglais. Marcel expliqua la raison de sa présence en leur montrant des photos de sa femme, notamment en costume de scène.

1. Voir l'entrée « Giuglaris, Marcel ».

Émus par cette histoire, les villageois décidèrent de se cotiser pour ériger un monument en la mémoire d'Hélène Giuglaris, la « Déesse aux yeux bleus ». Il fut dressé un an plus tard, très précisément le 1er novembre 1952.

Il est situé à quelques mètres en retrait du fameux pin sacré symboliquement protégé par un cordon. Il s'agit de six pierres : un seuil ; deux rocs de forme ronde dont devant l'un des deux se trouve une pierre plus petite creusée pour accueillir un petit vase et des fagots d'encens ; et deux stèles côte à côte – épaule contre épaule, serais-je tenté de dire, comme si elles représentaient symboliquement le couple Giuglaris. La principale est un parallélépipède de granit d'environ un mètre de hauteur dont les angles sont adoucis. Une plaque de bronze en ronde-bosse est enchâssée dans la partie supérieure de la pierre. La sculpture représente Hélène en buste. Elle est de profil. Elle a un nez droit, dans le prolongement du front, que j'imagine inspiré de la statuaire grecque. Mais c'est bien son visage, celui des photos, qu'on peut voir dans le petit mémorial voisin. Ses cheveux qui tombent sur ses épaules sont ondulés. On les devine blonds. Elle est vêtue d'une robe occidentale au décolleté en V. Elle a le regard baissé sur le masque de *nô* de l'ange *Hagoromo* qui semble en retour la dévisager. Peut-être sont-elles en train de dialoguer au-delà du temps et en un autre lieu ?

Sous la sculpture, il y a un poème en français :

Le vent des vagues
De la plage de Miho,
Parle de celle dont, à Paris,
Hagoromo a emporté la vie.
En l'écoutant, mes jours
Pourront s'enfuir.

En dessous du poème se trouve la signature manuscrite : *Marcel Giuglaris*.

La mèche de cheveux d'Hélène apportée par son mari de la lointaine France est abritée sous cette stèle.

Le monument est constamment fleuri. C'est la propriétaire de l'inévitable boutique de souvenirs située un peu plus loin qui s'en occupe, comme de placer le fagotin de bâtonnets d'encens les jours de cérémonie. Elle m'a dit se rappeler le matin où Marcel était arrivé sur la plage. Elle était petite fille. La présence d'un étranger était un spectacle à ne pas rater. Il était agenouillé sur le sable. Il tenait une photographie d'une « belle étrangère ». Elle se souvenait qu'il avait le visage baigné de larmes « comme s'il pleurait l'ange Hagoromo qui venait pour l'éternité de s'envoler sous ses yeux ».

En 1981, le maire du village de Miho et celui de la ville voisine de Shimizu, honteux que la pièce n'ait jamais été jouée là où la déesse avait dansé alors qu'une étrangère au bout du monde l'avait fait, rendirent visite à Tokyo à un des grands maîtres de théâtre *nô* du moment et le convainquirent de venir jouer la pièce *Hagoromo* à la simple lueur de torches sous la voûte céleste, sur une estrade montée pour l'occasion sur la plage de Miho no Matsubara. La première eut lieu pour commémorer l'inauguration de la stèle de la Déesse aux yeux bleus en octobre 1982 en présence de Marcel Giuglaris.

Depuis, la pièce est jouée chaque année le deuxième week-end d'octobre dans le cadre de ce que les organisateurs appelèrent à l'origine la « France Fair, *Hagoromo Matsuri*[1] », une sorte de kermesse bon enfant avec des

1. Voir l'entrée « *Matsuri* ».

stands décorés de drapeaux bleu blanc rouge, de lanternes et de calicots tricolores, qui servent du vin et des victuailles français. L'ambassadeur de France est invité.

Je me suis rendu plusieurs fois en octobre à Miho no Matstubara pour assister aux représentations, la première fois en 1984. Le spectacle est surnaturel. On est assis sous les pins, sur des chaises dont les pieds s'enfoncent inégalement dans le sable. La brise soufflant de la mer torsade les flammes des torches qui seules illuminent le spectacle. La pinède alentour flamboie à leur lueur. La scène paraît flotter au-dessus de la plage, plongée dans une semi-obscurité, avec pour seul *kagami ita* (fond de scène) la baie de Suruga et les ténèbres de l'océan dont on perçoit la mélodie du ressac, plus bas sur le rivage. Les ors du costume du *shite*, l'acteur principal, chatoient à la nitescence rougeoyante. Son masque se pare d'ombres et de lumières qui le rendent étonnamment vivant, comme si sa chair de bois épousait les émotions exprimées au travers du chœur et de la partition des musiciens.

C'est lors de ces représentations que toute la dimension spirituelle, sacrée et quasi chamanique de la dramaturgie du *nô* m'est apparue. La lenteur des mouvements est ensorcelante. La voix caverneuse de l'acteur sous son masque psalmodiant son texte, rythmée des percussions et des stridences des instruments, vous ensorcelle.

Dans le contexte de Miho no Matsubara, *Hagoromo* devient un envoûtement dont il est difficile de s'extraire.

Le maire de Shimizu, que j'ai rencontré à l'occasion du trentième anniversaire de la *Hagoromo Matsuri*, me dit que jamais la représentation n'avait été interrompue par le mauvais temps pourtant fréquent en octobre.

Nul doute que l'esprit de la Déesse aux yeux bleus et celui de sa consœur japonaise protègent le festival depuis l'au-delà…

Hai ! (はい !) – Oui ! (Mais non !)

« *Hai !* » est au Japon un piège démoniaque.

Quand quelqu'un répond « *Hai !* » à une requête, il est plus sage de s'attendre à tout sauf à un acquiescement.

Car « *Hai !* » ne veut pas dire oui.

« *Hai !* » traîne les pieds.

« *Hai !* » peut même être une fin de non-recevoir courtoise.

« *Hai ! Hai !* » signifie : « Allez vous faire voir ! »

Lorsqu'un collaborateur à qui je demande s'il a compris ce que je lui ai expliqué me dit « *Hai !* », je sais que je peux reprendre toute ma démonstration.

C'est un adverbe d'affirmation qui n'affirme rien du tout dans l'esprit de l'interlocuteur qui le prononce.

Tout au plus signifie-t-il : « Je vous ai entendu » ou, pour être plus précis : « J'ai entendu votre voix. »

En fait, c'est tout juste si « *Hai !* » condescend du bout des lèvres à enregistrer votre présence.

Haïku ou *haïkaï* (俳句)

Quiconque s'intéresse à la littérature japonaise connaît le *haïku*, cette catégorie de poésie très brève, composée de trois segments selon une rythmique syllabaire de 5, 7 et une nouvelle fois 5 temps. Le *haïku* est la forme élaborée dérivant de son aîné le *haïkaï*, lui-même issu du *hokku*, littéralement « premier(s) mot(s) » écrits sous ces trois mesures des longs poèmes *renka/renga* ou « chanson continue », genre littéraire aussi ancien que l'apparition de l'écriture au Japon, dont on trouve des exemples dans l'anthologie publiée en 905, le *Recueil de poèmes de jadis et de maintenant*.

Cette brièveté n'est pas sans évoquer pour moi celle des arts martiaux japonais et du base-ball, fort apprécié dans ce pays, sports où il ne se passe rien pendant d'interminables secondes voire minutes mais où tout se joue en un éclair. C'est certes une comparaison quelque peu triviale qui n'engage que moi.

On connaît mieux en Occident la catégorie sophistiquée du *haïku* que son ancêtre *haïkaï* plus léger, qui se situe dans le registre cocasse. Les deux idéogrammes composant le mot s'interprètent d'ailleurs par « divertissement burlesque ».

C'est au début du XVIIIe siècle qu'il connaît un essor formidable, coïncidant avec la paix civile suivant quatre cents années de guerres claniques sanglantes. La société japonaise évolue avec la constitution de ce que nous appellerions une bourgeoisie d'artisans, de marchands et de commerçants qui monopolise le pouvoir économique. En parallèle, depuis le tout début du siècle, des écoles sont ouvertes, permettant à l'illettrisme de disparaître jusque dans les provinces les plus reculées du pays. En témoigne l'expansion des maisons d'édition qui impriment des livres en tirages de dizaines de milliers d'exemplaires (comme ce *Guide des auberges* réédité cent vingt-trois fois entre 1704 et 1707[1]) à faire pâlir d'envie nos auteurs contemporains.

Non contents de lire, les Japonais se mettent furieusement à écrire. Le *haïkaï* va devenir la forme favorite de l'expression populaire, une sorte de Twitter avant l'heure qui va permettre à toute une population d'exulter en prenant pour modèle l'écrivain Ihara Saikaku[2] dont la production était fort appréciée. Bien que la forme soit contraignante, elle est légère, enlevée. Elle permet les jeux de mots, l'allusion, la goguenardise, la frivolité, la satire, sans oublier la grivoiserie. Elle fige comme le ferait un Polaroid un instant cocasse ou ridicule, un moment d'humeur ou une indignation. Elle est caricature, vif trait de pinceau, exclamation, envolée, éclaboussure, égratignure.

Mais, déjà pléthorique, elle est brouillonne, pataude, son comique manque souvent de subtilité. Il devient nécessaire de séparer le bon grain de l'ivraie, tandis que son explosion s'accompagne d'un désir des amateurs d'en apprivoiser la technique.

La demande va rapidement créer l'offre de malins « maîtres de poésie » qui vont donner des cours et proposer des sujets *maekus* empruntés à la vie quotidienne auxquels une réponse *tsukeku* sera laissée à l'imagination des élèves. Le *maekuzuke* était né, encouragé par la remise de prix en espèces ou en nature bientôt offerts par les maîtres pour faire leur promotion devant la concurrence

1. Cité par Jean Cholley (traducteur) dans la remarquable préface de l'ouvrage *Haïku érotiques* publié chez Picquier Poche, 2000, source des informations de ce passage de l'entrée.

2. Voir l'entrée « Ihara Saikaku ».

endiablée née de l'engouement pour ce divertissement intellectuel ouvert à chacun. Le gouvernement tentera de légiférer ce jeu d'argent à peine déguisé et de lever un impôt avec un succès plus que mitigé, le peuple faisant preuve d'une ingéniosité débordante pour contourner le problème.

Dans la seconde moitié du XVIIIe siècle, un administrateur et juge érudit du quartier populaire d'Asakusa à Edo, Karai Masamichi Hachiemon, qui pratique lui-même le *haïkaï*, voit sa renommée d'examinateur des poèmes qui lui sont soumis grandir au point qu'il devient à son tour maître de poésie et prend en 1757 le nom de plume de Senryû. En 1779, il reçoit trois fois par mois plus de 25 000 *haïkaïs* à arbitrer. On estime que, cette année-là, il a environ 250 000 adeptes, un quart de la population d'Edo, un nombre de *followers* que beaucoup de blogueurs contemporains seraient heureux de compter !

Senryû retenait environ 2 % de cette production pour chacun des *maekuzuke* qu'il lançait par annonces affichées chez les commerçants de la ville. Ses jugements publiés chez ces mêmes commerçants déclenchaient des queues la nuit précédant l'annonce des résultats qui obligeaient souvent la police à intervenir pour garantir la quiétude du voisinage.

Il exerça une influence telle sur l'art du *maekuzuke* que ce dernier fut rebaptisé *senryû* au XIXe siècle en son hommage. Plus de 200 000 *senryû* sont répertoriés, représentant une mine de renseignements précieuse sur les mœurs de l'époque.

La forme de cette expression poétique la plus connue est cependant le *haïku* dont la paternité revient au poète Matsuo Bashō qui vécut lors de la seconde moitié du XVIIe siècle. Professeur de *haïkaï* à l'âge de 35 ans, il a élevé le genre en véritable expression artistique. Il en a fait l'instantané d'une émotion, l'épure distillée à l'extrême du *Ichi-go Ichi-e*[1], ce moment unique qui ne se reproduira pas, la rémanence d'une sensation mais aussi l'évanescence de toute chose. Pour ce faire, il a imposé les règles de sobriété, d'économie des sentiments. L'auteur est en retrait, effacé, humble, presque absent. Son *haïku* suggère, procède par allusions. Il ne décrit pas ni n'impose. C'est comme un souffle de pensée subtil, dépouillé, elliptique, énigmatique, furtif, arachnéen. C'est au lecteur de formuler l'image qu'il se contente d'esquisser.

Le nouveau style imposé par Bashō, le *shôfû*, repose sur quatre axes :

— *Sabi* la simplicité – l'austérité, voire la rusticité du *wabi-sabi*
— *Shiori* la suggestion – pas de formulation précise
— *Hosomi* la passion des choses humbles – littéralement, des choses ténues
— *Karumi* l'humour qui allège la gravité – textuellement, la légèreté

Par ailleurs, Bashō cerne les thèmes favoris des *haïkus* : l'évocation des saisons, de la nature au sens large, paysages, flore, faune – principalement insectes ou oiseaux, « êtres vivants » fragiles, évanescents, dont la vie est éphémère. La neige, la pluie, la lune, le vent, les nuages, les eaux dormantes, le papillon, l'abeille, la libellule, la cigale, le hanneton, la grenouille, l'alouette, le moineau, le rossignol, le corbeau, les fleurs de cerisier, de prunier, l'iris, le lis, le chrysanthème, le bambou, les roseaux, voici quelques-uns des héros des *haïkus* du poète et par la suite de ses disciples.

Des disciples, Bashō en eut de nombreux. Tout à tour sociable et misanthrope, il ouvrait sa hutte aux élèves

1. Voir l'entrée « *Ichi-go Ichi-e* ».

puis les congédiait, quand il ne partait pas pour de longs voyages à pied sur une des Cinq Routes d'Edo ou vers le nord de l'île de Honshu qui nourrissaient son inspiration et dont il ramenait de nombreux poèmes ensuite édités sous forme de compilations.

Il a laissé plus de 2 000 *haïkus* pour notre bonheur.

Le plus célèbre, celui en tout cas le plus souvent cité, est le suivant :

古池や	fu-ru i-ke ya	*Un vieil étang*
蛙飛び込む	ka-wa-zu to-bi-ko-mu	*Une grenouille plonge*
水の音	mi-zu no o-to	*Un ploc dans l'eau.*

Cette traduction en français est ma préférée. Il y en a d'autres, comme celle-ci, plus épurée mais pas forcément plus littérale, qui serait alors celle dont on enlèverait les mots entre parenthèses :

(Paix du) vieil étang
(Une) grenouille plonge
Bruit de l'eau.

Quant au poète belge Albert de Neuville, un des chantres du japonisme, auteur en 1921 d'un recueil *Épigrammes à la japonaise* (Gallica), il propose une interprétation fort libre calquée sur nos quatrains, à la métrique quelque peu bancale (8 pieds/6 pieds/5 pieds/8 pieds) qui illustre cependant parfaitement le souhait de Bashō de laisser au lecteur l'interprétation de la scène qu'il a lui-même décrite dans la plus grande économie de mots, j'oserais dire de moyens, pour que cette liberté lui soit offerte :

Nul bruit ne trouble le songe
Du mystérieux étang

Sinon par instants
Une grenouille qui plonge

Bashõ n'est pas tout seul sur le pinacle. Il y a bien sûr les trois autres des « Quatre Grands » maîtres qui sont Buson, Issa et Shiki – ce dernier par ailleurs critique du style de Bashõ et inventeur du terme *haïku* –, mais on ne saurait oublier Sõkan (1465-1553), considéré comme le fondateur du genre, Moritake, ou encore « la nonne Chiyo », rare femme parmi cette pléthore d'hommes.

Il y a tant de magnifiques *haïkus* que toutes les pages de ce dictionnaire n'y suffiraient pas. J'en ai glané tout de même ici et là quelques-uns pour mon égoïste plaisir et j'espère celui du lecteur.

Commençons par un très joli *haïku* de Bashõ qui exprime sa compassion bouddhiste pour tout être vivant :

花に遊ぶ	ha-na ni a-so-bu	*Sur la fleur elle joue*
虻な喰ひそ	a-bu na kura-i-so	*Oh ! N'attrape pas l'abeille*
友雀	to-mo su-zu-me	*Moineau mon ami !*

On remarquera que le maître n'hésitait pas à prendre des libertés avec la métrique, celle de ce *haïku* étant de 6, une nouvelle fois 6 et 5 temps.

Un autre de Bashõ sur le mode humoristique :

いざさらば	i-za sa-ra-ba	*Sortons maintenant*
雪見にころぶ	yu-ki-mi ni ko-ro-bu	*Jouir de l'enneigement*
所迄	to-ko-ro ma-de	*Avant de glisser !*

Et celui-ci, considéré comme son dernier poème, composé peu avant sa mort alors qu'il était malade :

旅に病んで	ta-bi ni yan-de	*Malade en voyage*
夢は枯野を	yu-me wa ka-re-no wo	*Sur l'herbe sèche mes rêves*
かけ廻る	ka-ke me-gu-ru	*Sont en errance.*

De nombreux *haïkus* sont consacrés à des scènes constatées dans la nature. Par exemple :

春雨や！	ha-ru sa-me ya !	*Ondée de printemps !*
物語りゆく	mo-no ga-ta-ri yu-ku	*Cheminent en bavardant*
簑と笠	mi-no to- ka-sa	*Manteau et ombrelle.*
	Buson	

L'automne, la lune, la neige sont précieux au cœur des Japonais, vecteurs de mélancolie. Ainsi :

銘月や！	mei-ge-tsu ya !	*Lune brillante !*
生まれかわれば	uma-re ka-wa-re-ba	*Je voudrais bien renaître*
峰の松	mi-ne no ma-tsu	*Pin sur une cime.*
	Ryôta	

雨の月	a-me no tsu-ki	*Lune sous la pluie*
何処ともなしに	do-ko to mo na-shi ni	*Partout, partout diffuse*
薄明り	u-su a-ka-ri	*Pâle lumière.*
	Etsujin	

Ou encore :

うずみ火や	u-zu-mi hi ya	*Feu sous la cendre*
我かくれ家も	wa-ga ka-ku-re ya mo	*Maison sous la neige*
雪の中	yu-ki no na-ka	*Minuit.*
	Buson	

La présence des êtres humains est fort rare dans les *haïkus*. Pourtant, Buson évoquera son épouse décédée de la manière suivante :

身にしむや	mi ni shi-mu-ya	*Épouvantement*
なき妻の	na-ki tsu-ma no	*J'ai marché dans la chambre*
くしを閨にふむ	ku-shi wo ne-ya ni fu-mu	*Sur le peigne de ma femme morte.*

Et celui attribué à tort à la poétesse Chiyo parlant de la mort de son mari dans un *haïku* que tous les Japonais connaissent, qui aurait en fait été composé par une prostituée bien avant sa naissance :

起きてみつ	o-ki-te mi-tsu	*Que je veille*
寝てみつ蚊帳の	ne-te mi-tsu ka-ya no	*Ou que je dorme, que la moustiquaire*
広さかな	hi-ro-sa ka na	*Me paraît vaste !*

Celle de son fils décédé en bas âge est évoquée de manière encore plus poignante :

とんぼ釣り	tom-bo tsu-ri	*Le petit chasseur de libellule*
今日はどこまで	ky-o wa do-ko-ma-de	*Aujourd'hui vers quel pays*
行ったやら	i-tta ya-ra ?	*Est-il allé chasser ?*

Enfin, une petite incursion dans l'histoire, où on voit que la politique peut être invoquée, avec par exemple ces trois *haïkus* de Shōka (fin du XVIe siècle) cité dans la fameuse *Anthologie de la littérature japonaise* de Michel Revon publiée en 1910 qui « évoquent, en quelques mots, toute la politique des trois hommes d'État qui firent du Japon féodal un empire centralisé : le terrible Nobunaga, l'habile Hideyoshi, le patient Ieyasu[1] ».

Nobunaga :

鳴かぬなら	na-ka-nu na-ra	*S'il ne chante pas*
殺してしまえ	ko-ro-shi-te shi-ma-e	*Tuons-le tout de suite,*
ホトトギス	ho-to-to-gi-su	*Le coucou !*

Hideyoshi :

鳴かぬなら	na-ka-nu na-ra	*S'il ne chante pas*
鳴かせてみよう	na-ka-se-te mi-yõ	*Faisons-le chanter,*
ホトトギス	ho-to-to-gi-su	*Le coucou !*

Ieyasu :

鳴かぬなら	na-ka-nu na-ra	*S'il ne chante pas*
鳴くまで待とう	na-ku ma-de ma-tõ	*Attendons qu'il chante,*
ホトトギス	ho-to-to-gi-su	*Le coucou !*

En France, le directeur de la *Gazette des beaux-arts*, Louis Gonse, sera le premier à faire connaître au public français les *haïkus* dans son ouvrage *L'Art japonais* publié en plusieurs tomes en 1883.

Mais c'est le normalien, agrégé de philosophie et docteur en médecine Paul-Louis Couchoud qui, dans *Les Épigrammes lyriques du Japon* paru en 1906 à la suite d'un voyage initiatique au Japon en 1903 et 1904, fournira des traductions précises de *haïkus* accompagnées d'une analyse très fine. Lisons plutôt ce qu'il en dit :

1. In *Anthologie de la littérature japonaise des origines au XXe siècle*, Librairie Ch. Delagrave, 1910, p. 384.

« C'est une secousse brève donnée à nos sens, une note bien pincée dont les harmoniques expirent lentement en nous. »

Il s'est lui-même laissé aller à composer des « brefs étonnements », comme il appelait les *haïkus* lors d'un voyage en péniche sur les canaux de France, accompagné de deux amis. Les trois compères « s'étaient fait des âmes de poètes japonais ». À la suite de cette escapade, une plaquette fut publiée en 1905, *Au fil de l'eau*, qui contient soixante-douze poèmes dont en voici un :

Au pied du donjon
En demi-couronne
Des toits gris et bruns

Un ami proche de Couchoud qui lui avait fait connaître cette forme de poésie, le poète Julien Vocance, rapporta de la Grande Guerre un recueil publié en 1916, *Cent Visions de guerre*. Ces *haïkus* sont particulièrement émouvants. Comme le décrit Vocance, dans cet « espace restreint, toute la matière des sensations, sentiments, idées » vécus, ressentis, éclos au cœur de l'horreur des tranchées ressort dans sa prégnante réalité. Jugez-en plutôt :

La mort a creusé sans doute
Ces gigantesques sillons
Dont les graines sont des hommes.

Dans un trou du sol, la nuit
En face d'une armée immense
Deux hommes.

Ou encore ces vers terribles qui font écho au roman de Roland Dorgelès, *Les Croix de bois* :

On apporte à la nuit tombée
Les victimes de la journée
Dans le cimetière de bois blanc.

Des croix de bois blanc
Surgissent du sol
Chaque jour, çà et là.

Je ne pourrais clore ce chapitre des *haïkus* français écrits au milieu de l'indicible, qui le dépeignent avec une acuité mordante, sans citer ces vers poignants de Georges Sabiron, décédé dans les tranchées en mai 1918, qui respectent rigoureusement la règle des 5, 7, 5 et l'essence même du *haïku* :

L'obus en éclats
Fait jaillir des bouquets d'arbres
Un cercle d'oiseaux.

Sous l'impulsion donnée par Couchoud et à son invitation, de nombreux poètes du début du siècle vont s'efforcer de perfectionner le *haïku* français et l'encadrer de ses propres règles. Je ne citerai que les plus célèbres que sont Jean Paulhan, Paul Eluard, André Breton.

S'il a perdu de son aura, détrôné par la ridicule diarrhée de 140 mots de Twitter, le *haïku* n'en a pas moins chez nous influencé des générations successives d'intellectuels et de journalistes. Les « Nouvelles en trois lignes » du chroniqueur Félix Fénéon, publiés dans le quotidien *Le Matin*, au début du XXe siècle, pourraient sans rougir figurer au panthéon des *haïkus* de langue française, car tout y est, concision, rythme, chute, humour. Exemple :

« Le Dunkerquois Scheld a tiré trois fois sur sa femme. Comme il la manquait toujours, il visa sa belle-mère : le coup porta. »

Des nombreuses définitions hasardées par les intellectuels occidentaux avec plus ou moins de bonheur, j'en retiens trois qui me semblent particulièrement justes.

Celle d'André Bellessort (1866-1942), poète, essayiste, professeur d'hypokhâgne au lycée Louis-le-Grand :

« Exactitude enveloppée de rêve, poésie de lueurs et de frissons, petites étincelles qui communiquent aux songes des vibrations infinies… Précieux éventails qui, dans le même instant qu'on les déploie et les referme, font passer sous nos yeux le miracle d'un grand paysage. »

Celle de Roland Barthes : « Sorte de balafre légère tracée dans le temps. »

Enfin, celle de Basil Hall Chamberlain (1850-1935), éminent spécialiste britannique du Japon qui enseigna à l'Université impériale de Tokyo, dans *Bashõ and the Japanese Poetical Epigram* : « Lucarne ouverte un instant sur un petit fait naturel, éclair soudain, sourire à demi formé, soupir interrompu avant d'être entendu. »

La définition la plus juste revient cependant à mon avis à cette Allemande, épouse d'un universitaire en poste au Japon dans les années 1930, Gusty L. Herrigel : « Le *haïku*, remarquable par la sobriété extrême de son expression verbale, laisse au silence éloquent le soin de tout dire, en le taisant[1]. »

Mais revenons au Japon.

De nos jours encore, de nombreux clubs de *haïkus* prospèrent. On lance des *maekus* dans la plus pure tradition, auxquels les adeptes répondent en soumettant leurs *tsukekus*. Mon beau-père, ingénieur des ponts et chaussées, ancien élève pilote à l'âge de 15 ans en 1945, commença à en écrire pendant la guerre. Devenu cadre supérieur dans un grand groupe automobile, il n'a jamais

1. In *La Voie des fleurs* (1960), Arléa, dernière éd., 2020.

arrêté de participer aux *maekuzuke* de son quartier. Il en a écrit une bonne centaine, gardés par ma belle-mère. En voici un :

冬晴や	fu-yu ba-re ya	*Par ce clair hiver*
富士の高嶺は	fu-ji no ta-ka-ne wa	*La cime du mont Fuji*
遠くあり	to-o-ku a-ri	*Paraît lointaine.*

Un jour, au début des années 1980, le président d'un grand magasin de Sendai m'invita à Matsushima, cette baie aux 260 îles couvertes de pins, considérée comme étant un des trois plus beaux paysages du Japon (*Nihon Sankei* – « Les trois vues du Japon »). Il m'emmena dans une auberge située sur un promontoire dominant la baie, où la légende prétendait que Bashō était descendu lors de son voyage dans le nord du pays. C'est là que, médusé devant la renversante beauté du site, il n'aurait pu trouver autre chose que trois interjections d'une confondante simplicité[1].

« Nous allons dîner dans la chambre où Bashō l'a écrit ! » me dit mon hôte.

On nous conduisit dans la pièce en question, orientée plein ouest. Contrairement aux usages, on me fit asseoir, alors que j'étais l'invité, dos aux *fusuma* d'accès face à un *shōji* tiré sur une fenêtre, baigné de la clarté diffuse du soleil de cette fin d'après-midi.

« C'est pour la démonstration ! » s'excusa le président d'un air de conspirateur gourmand.

À la fin du repas qu'il avait fait servir tambour battant, il se leva et déclama d'une voix de stentor les fameux anapestes :

1. En fait, le *haïku* en question a été écrit par un autre auteur, Tahara-bō, à la fin de l'époque Edo.

松島や	ma-tsu-shi-ma ya	*Matsushima !*
ああ松島や	a-a ma-tsu-shi-ma ya	*Ô Matsushima !*
松島や	ma-tsu-shi-ma ya	*Matsushima !*

Puis il fit coulisser le *shōji* face à moi dans un grand geste théâtral en ajoutant simplement : « Admirez ! »

L'archipel apparut comme l'œuvre d'un peintre impressionniste dans la gloire du couchant qui irisait de sa lumière orangée les pins à la cime des dizaines d'îles. Elles semblaient flotter à la surface d'une coulée d'or liquide. Le soleil, égratigné par une fine écharpe de brume, descendait sur la ligne de l'horizon.

Soudain, je la vis, de l'autre côté de la baie, se détachant parfaitement sur le ciel, auréolée par les rayons du ponant, se dressant fièrement de toute la hauteur de ses quelque cent mètres : une cheminée ! Dans l'axe parfait du panorama, elle en gâchait de manière irrémissible l'harmonie. Deux cents mètres plus à gauche, elle eût été invisible, cachée par une colline.

« Mais qu'est-ce que cela ? m'exclamai-je.

— Quoi donc ? me demanda mon hôte, interloqué par mon ton dépité.

— Cette cheminée ?

— Ah ! Celle de la centrale thermique qui a été construite il y a vingt ans ? répondit-il avec cette apparente désinvolture des Japonais quand ils sont embarrassés en se penchant à la fenêtre. C'est vrai, je ne l'avais jamais remarquée ! » ajouta-t-il, confirmant mon axiome personnel selon lequel les Japonais ont cette faculté phénoménale d'occulter ce qui pourrait entacher l'harmonie d'un paysage, d'une chose ou d'un moment, comme les singes de la parabole qui se bouchent les oreilles, les yeux, la bouche.

Instantanément flotta dans mon esprit le *haïku* suivant que je me gardai cependant de partager, conscient de l'état de confusion dans lequel j'avais plongé cet homme de bonne volonté en remarquant :

あら煙突	a-ra en-to-tsu	*Quoi ? Une cheminée !*
茜に煙突	a-ka-ne ni en-to-tsu	*Au couchant une cheminée !*
あら煙突	a-ra en-to-tsu	*Ah ! Une cheminée !*

Je demande humblement au lecteur de me pardonner ce (mauvais) pastiche de Bashō – ou plutôt de Tahara-bō…

Hamaya (破魔矢) – La flèche à embrocher les démons

C'est une jolie flèche en bois d'une longueur variant de trente à cinquante centimètres. Généralement peinte en rouge, elle peut également rester de la teinte naturelle du bois. Son empennage est blanc. Une plaquette *ema* y est attachée, sur laquelle est peint l'animal du signe zodiacal chinois de la nouvelle année. Une étiquette sur laquelle est soigneusement libellé le nom du sanctuaire d'où elle est issue, enfin un petit grelot complètent cet ornement.

Le rôle de cette flèche est de protéger tout au long de l'année le logis des influences néfastes en embrochant tous les démons porteurs de malheur si toutefois ils tentent de franchir le seuil de la demeure. Je ne connais pas de foyer japonais qui n'ait son *hamaya* placée à un endroit stratégique de la maison.

On se la procure au sanctuaire *shintô* à l'occasion du nouvel an, sans oublier d'y rapporter celle de l'année passée chargée de tous les mauvais sorts qu'elle aura transpercés, laquelle sera alors jetée dans un brasier sur l'esplanade du sanctuaire où elle se consumera en compagnie de toutes les autres flèches rapportées par les familles du voisinage.

Chaque premier de l'an, passé minuit, on se rend traditionnellement au sanctuaire de son quartier. Bien vite, une longue file d'attente s'allonge très au-delà du portique *torii* du sanctuaire, frileusement engoncée dans son pardessus, les mains enfouies dans les manches du kimono ou une étole de fourrure nouée autour du cou. Comme on a copieusement mangé et un peu bu avant de sortir, les joues sont autant enflammées par la boisson que par le froid intense. Chacun attend patiemment son tour afin de décliner ses dévotions devant l'autel du sanctuaire, sollicitant la bienveillance des dieux en agitant la grosse corde attachée à la calebasse faisant fonction de grelot et en claquant dans ses mains, sans oublier de jeter quelques pièces dans le râtelier placé devant soi. Ensuite, on passe au bureau du sanctuaire tenu par de jeunes assistantes *miko* pour acheter quelques amulettes *omamori* protégeant des accidents de la route qu'on accrochera au rétroviseur de sa voiture ou au sac à dos *ransel*[1] de l'écolier de la famille. Enfin, on n'oubliera pas de se procurer la flèche *hamaya* de la nouvelle année.

Avant de rentrer, on flânera devant les stands de fête foraine qui proposent des calamars frits, des saucisses embrochées sur un bâtonnet, des verres d'*amazaké* chaud, des personnages en sucre filé et des pommes enrobées de sirop, des jeux et des jouets bon marché pour les enfants. Les transports publics fonctionnent exceptionnellement toute la nuit pour permettre aux gens venus de loin de réintégrer sans encombre leur domicile.

Cette visite rituelle au sanctuaire s'étale toute la première semaine de la nouvelle année.

1. Voir l'entrée « *Ransel* ».

Acheter la *hamaya* du nouvel an est un moment de grâce que je ne manquerais pour rien au monde. Nous nous rendons au modeste sanctuaire Goryō-jinja situé derrière le temple Hasedera à Kamakura pour nous procurer notre flèche protectrice. Nous en faisons l'emplette d'une autre pour notre demeure en Europe au sanctuaire Yoyogi Hachimangu de Tokyo où nous nous sommes mariés et avons aussi présenté à sa naissance notre fils aux divinités ; pour l'occasion, je revêts toujours un kimono. Autrefois, on glissait la flèche le long de la nuque dans l'échancrure du kimono afin de garder les mains libres. C'est ce que je fais sous les regards curieux des jeunes Japonais qui ne connaissent pas cette coutume. Le grelot attaché au tube de la flèche tinte alors agréablement dans mon dos, rythmant mes pas.

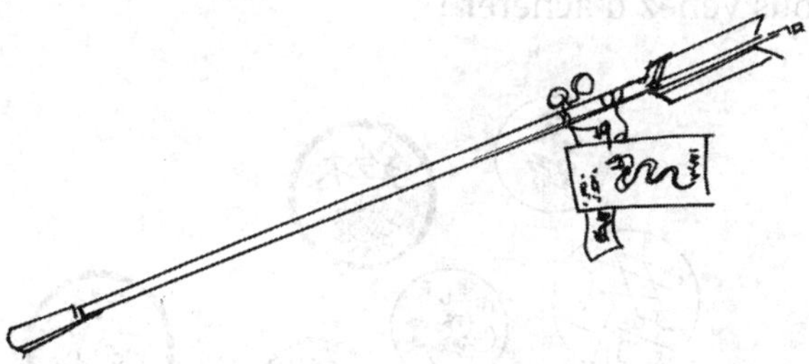

J'ai pour coutume de ne pas jeter sur le bûcher du sanctuaire la flèche de l'année écoulée. Ainsi les *hamaya* accumulées demeurent-elles les témoins de mes années heureuses passées au Japon. Depuis bientôt cinquante ans, je garde systématiquement la dernière que je plante dans une grande jarre en terre cuite où elle rejoint ses consœurs des années passées. Je me plais à imaginer que j'entends la rumeur des conversations de tous les mauvais sorts transpercés qui se retrouvent dedans.

Jusqu'à présent, ils n'ont jamais tenté d'en sortir.

Hanko (ハンコ) – Le sceau

Regardez-les se balader, solitaires ou éparpillés en sarabande ou en kyrielles sur tous les documents que vous croisez dans votre vie, vos carnets de notes du primaire, vos devoirs d'étudiants corrigés par de revêches professeurs, au bas de vos contrats d'assurance, de mariage, de vos certificats de naissance ou de décès, des comptes rendus de votre dernière opération chirurgicale, sur votre permis de conduire, vos factures de gaz, vos relevés de banque et reconnaissances de dette, l'étiquette accrochée à votre vêtement qui revient du pressing, le récépissé de la poste, les courriers que reçoit ou expédie votre entreprise, en bas à droite de l'estampe ou de la calligraphie que vous venez d'acheter !

Ce petit visage rond ou ovale, toujours de couleur vermillon, hilare, pensif, chagrin ou sévère, sourcils froncés ou bouche en virgule, suivant les caractères qui sont gravés sur sa face, ce n'est pas un *emoticon* d'un jaune ennuyeux mais le *hanko* (判子) ou encore le *in* (印), le sceau qui fait office de signature. Ce petit serment de sang si simple à apposer officialise tout bout de papier. Il vous astreint, vous lie, vous assujettit, vous oblige : une pression en bas de page, et hop ! C'en est fait de votre liberté. Il est donc essentiel de ne pas l'égarer. En théorie, n'importe qui se procurant votre sceau pourrait vous engager à votre insu. Il faut le ranger en un endroit sûr, dans un coffre-fort par exemple, ce que peu de personnes font, l'entreposant simplement dans un tiroir de bureau ou au mieux caché sous une pile de mouchoirs.

Le *hanko* est en général un cylindre d'une section ovale ou ronde de dix à vingt millimètres, d'une longueur n'excédant pas six à sept centimètres afin qu'on puisse le mettre dans un sac à main ou dans la poche de son veston. Les hommes choisiront un sceau d'un diamètre plus fort et plus long. Les sceaux officiels des entreprises, ceux des artistes seront plutôt carrés, des têtes de catcheur plus imposants.

Toutes sortes de matériaux composent le *hanko*, du plus vulgaire plastique aux précieux ivoires, ambre ou porphyre, en passant par l'os ou la corne de buffle, diverses variétés de bois durs, ébène ou *tsuge*, des métaux comme l'or, l'argent, le tungstène ou le titane, ou encore des matières artificielles telles que des résines décorées d'inclusions de plus ou moins mauvais goût. Les modèles carrés seront plutôt en pierre dure.

La matière et la qualité de la gravure des caractères de votre nom déterminent son prix. On trouve des *hankos* de série pour les noms les plus courants à moins de 15 euros. Ils sont arrangés dans l'ordre de l'alphabet japonais sur des tourniquets ressemblant à des carrousels de cartes postales devant les boutiques spécialisées. Les caractères en sont raides et sans fantaisie, mais c'est bien pratique en cas d'urgence. Un *hanko* de bonne facture dans une matière noble dont on peut choisir la police des caractères coûtera plutôt dans les 50 à 80 euros. Enfin, vous pouvez vous procurer votre sceau chez un graveur qui façonnera les idéogrammes de votre nom selon son style propre. Celui-ci sera vraiment unique.

On range le *hanko* dans un étui en cuir ou en tissu fermé par une dragonne, ou dans un écrin gainé de peau de crocodile ou de serpent à fermoir. Dans certains boîtiers, un petit récipient muni d'un minuscule couvercle contient le tampon encreur imbibé de la pâte vermillon *shuin* ou *shuniku*. Il y a des sceaux avec un réservoir à *shuin* intégré appelés *Shachihata*, du nom de l'entreprise qui en a inventé le système. Mais le tampon encreur est habituellement dans un boîtier rond d'une bonne dizaine de centimètres de diamètre dont le couvercle est vissé dessus. On le trouve sur le comptoir de toutes les administrations, dans les établissements bancaires, à peu près partout où on peut avoir à utiliser son sceau. Souvent, une boîte de petits papiers buvards permettant d'essuyer le *hanko* après application est mise à disposition de l'usager, ainsi qu'un pad de caoutchouc qu'on glisse sous le document à tamponner afin que les caractères ne bavent pas et apparaissent clairement.

Au Japon, chaque individu possède non pas un, mais plusieurs *hankos* :

— le plus simple, à usage domestique, laissé à portée de main près de la porte d'entrée du domicile, est le *mitome-in*. On l'appose sur les récépissés de la poste ou quand on vous livre un paquet, par exemple. Un *hanko* de série suffit amplement pour le genre d'opérations qu'il couvre ;

— il y a celui qui vous permet de réaliser toutes vos transactions bancaires, le *ginko-in*, enregistré auprès de votre banque. Celui-là réclame un peu plus de prudence car, à condition d'avoir les coordonnées de votre compte, n'importe qui pourrait le vider. Le mien, gravé car les trois caractères choisis pour la phonétique de mon nom, *Ko-Ra-Su* (小良須), sont inhabituels, m'avait été offert par mon banquier il y a plus de quarante années quand j'ai ouvert mon premier compte au Japon. Je l'utilise encore aujourd'hui ;

— il y a enfin le sceau officiel *jitsuin*. Celui-là vous engage formellement au regard de la loi. Il est utilisé pour les choses sérieuses de la vie, mariages, actes de naissances, achat d'une maison, contrats, etc. On aura compris qu'il est impératif de le ranger en lieu sûr car il suffit d'un coup de tampon intempestif, imprudent ou malintentionné pour ficher votre vie en l'air. Bien évidemment, pour être valide, il doit être officiellement enregistré auprès de la mairie du quartier (*Inkan tōroku*) qui produira des certificats d'authenticité (*Inkan Shōmei*) quand nécessaire. On préférera en général un *hanko* plus sophistiqué pour cette catégorie afin de limiter les risques de contrefaçon.

Les mêmes types de sceaux existent pour les sociétés et les établissements publics, chacune ayant leur usage spécifique codifié. Au moment de la création d'une entreprise, son sceau, le *kaisha jitsuin*, sera enregistré auprès des autorités compétentes. Il engage la société. Tout un cérémonial accompagne sa sortie du coffre-fort où il est rangé, souvent sous la responsabilité du département juridique. Un contrat, par exemple, sera authentifié au moyen de ce sceau appliqué à cheval sur la pliure des pages recto verso ainsi qu'à côté du nom du président et au dos du document au niveau de la reliure, rendant impossible toute altération telle qu'une substitution de page. Une rature devra être entérinée par une apposition du sceau à la marge de la ligne en question.

Un quatrième sceau doit être ajouté à la liste avec le *kaku-in*, carré qui sert pour les factures, les devis, les bons de livraison ou les reçus.

Un document essentiel à la vie des entreprises japonaises, le *ringisho*[1], collectionne la plupart du temps une quantité impressionnante de tampons qui peuvent remplir une page entière. Ils sont apposés par chaque sous-chef de section, chef de département, directeur de division et toute personne concernée par la note en question. On dirait une foule se pressant au guichet du métro aux heures de pointe.

Pour nos civilisations habituées à la signature autographe, l'impersonnalité du *hanko* est une bizarrerie. Elle est le symbole de la désincarnation de la personnalité qui s'efface au profit du statut, du rang, de la position. Quand on l'utilise, on ne peut se départir du sentiment de jouer au petit postier de notre enfance. Tamponner à tout-va ne fait pas très sérieux, bien que ce soit un acte qui revêt un caractère solennel dans de nombreux cas.

J'ai ressenti le poids du cérémonial de l'imposition en même temps que le caractère un peu dérisoire du geste lorsque, le jour de la signature du contrat d'achat d'un bien immobilier d'une valeur considérable, on m'a tendu le *kaisha jitsuin* de notre société devant nos avocats et ceux de la partie adverse, leurs banquiers et les nôtres, le président et le conseil d'administration du vendeur et le mien. J'ai demandé alors de pouvoir ajouter ma signature à côté de notre sceau pour souligner mon propre engagement. Le coup de tampon me paraissant insuffisant devant l'enjeu exceptionnel de cet achat pour notre entreprise.

1. Voir l'entrée « *Ringisho* ».

Le matin de l'enregistrement de mon mariage avec mon épouse, ce sentiment de légèreté m'a de nouveau saisi. Au Japon, il suffit de se rendre au guichet des actes matrimoniaux où le couple remplit un simple document sur lequel chacun appose son *mitome-in* qui, je le rappelle, n'est pas enregistré ! Autrement dit, se marier n'est pas plus compliqué qu'accuser réception d'un paquet devant chez soi ! On peut même se retrouver marié à son insu ! C'est arrivé. Nous avons donc procédé par un beau matin ensoleillé à cette formalité en nous rendant à la mairie de notre quartier. Alors que je m'apprêtais à estampiller le papier après que ma femme l'eut fait, je m'aperçus que, à côté de la pile des formulaires de mariage se trouvait celle des divorces. Je proposai alors de remplir un document de divorce et un nouveau document de mariage, et d'apposer simultanément nos sceaux sur tous ces papiers, « pof ! pof ! » et « pof ! » ce qui nous permettrait d'être répertoriés au Livre des records du *Guinness Book* comme étant le couple marié, divorcé et remarié le plus rapide au monde. La préposée m'a regardé avec désapprobation et ma femme m'a semblé se demander si je ne prendrais pas mes jambes à mon cou une fois le document de divorce rempli et ratifié ! J'ai donc misérablement abandonné mon idée farfelue et me suis contenté de tamponner à mon tour le fatal document de mariage.

Le comble de la dérision et de l'ironie envers la tradition du *hanko* reste cependant ce conseiller culturel de l'ambassade de France au Japon qui, au début des années 1970, s'était fait faire un sceau à l'effigie de Mickey Mouse. Il l'utilisait pour toute correspondance à en-tête du Service des affaires culturelles et l'officialisation à côté de son nom des conventions entre nos deux pays.

Serrées dans les archives de nos ministères respectifs, elles représenteront sans doute un casse-tête insondable aux chercheurs des temps futurs qui les compulseront !

Hara Setsuko (原節子) – Actrice de cinéma fétiche d'Ozu[1] (1920-2015)

S'il y a un exemple de fidélité absolue à la mémoire d'une personne, c'est bien celle d'*Hara Setsuko* à l'égard du cinéaste Ozu Yasujirõ dont elle était l'actrice fétiche. Cela d'autant plus que personne n'a jamais pu affirmer qu'elle ait entretenu avec lui la moindre liaison.

Alors qu'elle était au pinacle de sa carrière, star-symbole incontestée au Japon et à l'étranger du cinéma japonais des années 1950, elle y mit fin du jour au lendemain, l'année de la mort du réalisateur, en 1963.

Elle avait 43 ans.

Elle n'apparaîtra plus jamais en public et vivra recluse plus de cinquante années à Kamakura[2], la ville où Ozu est enterré, jusqu'à son propre décès le 5 septembre 2015. Il ne fut annoncé par la famille que deux mois plus tard, le 25 novembre, avec la même absolue discrétion que la seconde partie de sa vie.

Ce fut un énorme choc car son absence même des écrans l'avait rendue immortelle.

Elle ne s'est jamais mariée, d'où son surnom de « Vierge éternelle », également associé aux rôles qu'elle joua dans

1. Voir l'entrée « Ozu Yasujirõ ».
2. Voir l'entrée « Kamakura ».

les films d'Ozu et ceux de Naruse Mikio comme *Le Grondement de la montagne*.

Cadette d'une fratrie de trois garçons et de cinq filles, Hara débuta à l'âge de 15 ans, introduite aux studios de cinéma Nikkatsu par son beau-frère, lui-même cinéaste, afin d'aider sa famille qui venait de subir de sérieux revers de fortune. Elle confessera un jour qu'elle n'avait pas aimé être actrice et qu'elle n'avait fait ce métier que pour subvenir aux besoins des siens.

C'est une coproduction nippo-allemande de 1937, *La Fille du samouraï*, qui la propulsera sur le devant de la scène. À la suite de ce film, elle fera une tournée qui la mènera du Berlin nazi aux États-Unis en passant par la France. En moins de trente années d'activité, elle aura joué dans plus de soixante-dix films.

Si son retrait du monde figea à jamais son image dans l'univers d'Ozu, ce n'est cependant pas le cinéaste avec lequel elle a le plus travaillé. Elle a en effet joué dans six films d'Ozu mais dans sept d'un autre réalisateur important de l'époque, Yamamoto Satsuo. Kurosawa Akira[1] lui a également donné des rôles-titres dans deux de ses réalisations, *Je ne regrette rien de ma jeunesse* et *L'Idiot*. Elle démontre dans ces films sa capacité à jouer le registre d'une femme impétueuse, exubérante, sûre d'elle-même et sexy, bien plus large que celui dans lequel Ozu la cloisonna avec l'héroïne Noriko de trois de ses œuvres majeures, *Printemps tardif* (1949), *Été précoce* (1951) et *Voyage à Tokyo* (1953).

Dans ces trois films, Noriko est une jeune femme célibataire dévouée à son père, ses parents ou ses beaux-parents. Elle représente la fille ou la belle-fille idéale prise

1. Voir l'entrée « Kurosawa Akira ».

entre le devoir familial et les passions refoulées d'une jeune femme moderne éduquée. Elle offre un visage toujours souriant quels que soient les sentiments intimes qui l'assaillent et les émotions qui la saisissent.

Ozu sut magnifiquement utiliser les talents de l'actrice. Lui qui avait la réputation d'être avare en compliments dit un jour à un journaliste qui lui demandait pourquoi Setsuko avait pris une telle place dans ses films : « Toute actrice japonaise peut jouer le rôle d'une prostituée mais il est rare d'en trouver une qui peut se mettre dans la peau d'une jeune fille de bonne famille. »

En effet, le jeu d'Hara Setsuko était subtil et sincère, effacé et modeste, pourtant d'une richesse extraordinaire. Je ne crois pas avoir jamais vu une actrice capable d'autant de densité dans la sobriété et ayant la capacité d'exprimer sans jamais être monotone la précarité des sentiments qui traversent le cœur.

Sa beauté pure, son innocence dénuée de toute arrière-pensée, son sourire lumineux et son regard expressif sont les traits frappants de son jeu tout en délicatesse, qui a contribué à la réputation de dépouillement du cinéma d'Ozu. Son attitude toujours digne, cette auréole de solitude sereine et de mélancolie qui l'enveloppait exprimaient mieux que toute exagération les mouvements de l'âme des personnages qu'elle incarnait. Il y a fort peu de scènes des films d'Ozu dans lesquels Setsuko fait couler ses larmes. Elle avait ce talent de mettre en perspective l'essence des émotions de ses personnages d'une simple inclinaison de la tête, d'un regard pudique baissé l'espace d'un bref instant, d'un tassement des épaules vite repris, ou dans l'imperceptible fêlure cassant soudain la monotonie de son ton.

Elle était toujours poignante et touchante, comme dans cette fameuse scène de *Voyage à Tokyo*, où, lorsque quelqu'un lui demande : « Ne trouvez-vous pas que la vie est décevante ? » elle répond : « Oui, c'est vrai, elle n'offre rien d'autre que de la déception. »

Et le doux sourire qui suit est bouleversant.

Son sourire, en effet, communiquait mieux que toute parole une vaste palette de sentiments, douleur, chagrin ou, au contraire, amour.

Au début des années 2000, alors que nous venions d'acheter notre maison à Kamakura, j'étais allé rendre visite à mon ami le supérieur du temple Engaku-ji dans l'enceinte duquel se trouve la tombe d'Ozu. C'était par une douce soirée de la fin de l'automne. Les derniers rayons du soleil couchant enflammaient les érables d'un roux incandescent sur les collines alentour. Le temple venait de fermer ses portes au public. La pénombre gagnait rapidement. Elle estompait déjà la courbe des toitures des bâtiments du temple.

Alors que nous déambulions dans l'allée située sous les tranquilles sépultures, nous vîmes au loin, qui redescendait du cimetière à petits pas précautionneux, une vieille dame en kimono.

Le moine me toucha le coude et me chuchota :

« Arrêtons-nous un instant, voulez-vous ? »

Comme je lui demandai pourquoi, il me dit :

« Il ne faut pas la déranger. C'est Hara Setsuko. Elle vient souvent fleurir la tombe d'Ozu et y déposer les cigarettes et le whisky qu'il aimait. Son attachement à sa mémoire est admirable… »

Profondément ému, je la regardai se diriger vers une sortie en contrebas. L'obscurité qui gagnait commençait à effacer les détails. Elle passa sous un réverbère dont la faible lumière nimba un court instant sa chevelure d'une lumière dorée, comme un halo de statuaire bouddhique.

Les légendes ne s'éteignent jamais.

Pourtant, une fois qu'elle eut passé le maigre éclairage public, la fine silhouette d'Hara Setsuko s'estompa dans la nuit tombante comme un songe s'évapore.

Hearn, Lafcadio *alias* Koizumi Yakumo (小泉八雲) (1850-1904)

Né de l'union d'une aristocrate grecque et d'un père irlandais, d'abord baptisé selon le rite grec orthodoxe puis devenu catholique après avoir été confié dans sa petite enfance par ses parents qui l'avaient abandonné à une grand-tante à Dublin, Lafcadio Hearn sera bientôt expédié par celle-ci dans un pensionnat en France à l'âge de 11 ans, puis dans un séminaire catholique en Grande-Bretagne deux ans plus tard.

D'une agilité intellectuelle hors du commun, l'enfant avait eu le temps de parfaitement maîtriser le français. Ultérieurement, il traduira Guy de Maupassant, Gustave Flaubert, Théophile Gautier, Prosper Mérimée, Victor Hugo, Émile Zola, Gérard de Nerval, mais également Anatole France en anglais.

Le malheur semble accroché aux basques de l'adolescent : à l'âge de 16 ans, il perd un œil en jouant avec ses camarades dans la cour de son collège. Comble d'adversité, son tuteur légal le congédie trois ans plus tard en lui payant un aller simple pour New York avec pour tout viatique l'adresse d'une sœur qui habite Cincinnati. Inexpérimenté, handicapé, n'ayant pas de métier, le jeune homme se retrouve à 19 ans sans famille, amis ni connaissances sur le pavé d'une ville américaine cruelle autant qu'indifférente. Il finira par atteindre Cincinnati où on s'empressera de se débarrasser à nouveau de lui en lui donnant pour solde de tout compte 5 dollars et en lui souhaitant bonne route.

De cette première période sinistre de sa vie on ne sait que peu de chose car il la gommera soigneusement de l'ensemble de ses récits. Fut-il de cette plèbe perdue dans les caniveaux des métropoles, ballottée d'infortunes en mésaventures ? Un de ces travailleurs journaliers, vendeurs des rues, domestiques, palefreniers voire mendiants qui tirent leur subsistance de ce qui se présente au jour le jour ? Le seul épisode qu'il ait consenti à livrer de sa jeunesse donne la mesure de son extrême dénuement : alors qu'il se trouvait dans un train d'émigrants pour Cincinnati et qu'il était au bord de la syncope parce qu'il n'avait rien mangé depuis trois jours, une paysanne lui offrit spontanément un morceau de pain. Trente ans plus tard, il se rappelait encore qu'il s'était précipité pour dévorer ce bout de pain en oubliant de remercier sa bienfaitrice.

Finalement, bien qu'aveugle d'un œil et dramatiquement myope de l'autre, il trouve un emploi de correcteur dans le *Cincinnati Daily Enquirer*. Ses talents de plume innés et sa vaste culture acquise dans les bibliothèques publiques où il se réfugiait vont bientôt être découverts. On lui confie la rédaction d'articles de faits divers. Ses curiosités de gazetier reconnues, il devient bientôt un des journalistes vedettes du quotidien.

Plus tard, lassé de Cincinnati, il trouve un nouvel emploi de journaliste à La Nouvelle-Orléans où il va vivre près de dix années. Lui qui n'avait pu se faire à la brutalité ni à l'égoïsme agressif du Midwest a sans doute trouvé dans cette Louisiane nonchalante, où subsistent des effluves de civilisation française, un apaisement. Il s'intéresse à la culture créole et publie des ouvrages sur ses proverbes et sa cuisine.

En 1887, le magazine *Harper's Weekly* l'envoie en Martinique. Il va y passer deux années paisibles, loin de la fureur américaine. La tentation de s'y établir définitivement l'a sans doute saisi mais le destin en a décidé autrement : au printemps 1890, un éditeur l'invite à se rendre au Japon accompagné d'un dessinateur afin de réaliser une série d'articles illustrés sur la vie de ce peuple encore largement méconnu. Son irrésistible envie d'ailleurs le décide à larguer les amarres.

Lafcadio Hearn abandonne sans regret cette terre américaine inhospitalière et grossière qui l'a tant maltraité pour un pays inconnu au bout du monde dont il ne peut se douter un atome de seconde qu'il deviendra sa seule et véritable patrie. C'est un homme de 40 ans fatigué, désabusé, pauvre, presque aveugle, seul au monde, chahuté au-delà du supportable par la vie, qui débarque au Japon. Et, de nouveau, tout débute mal car il va très vite être congédié par son employeur.

Pourtant, il est fasciné et séduit. Plus encore, il est stupéfait et incrédule. Il a tellement vécu dans un vortex furieux où tout n'est que superficialité, vitesse et brutalité qu'il a du mal à réaliser qu'autant de délicatesse, de foi en une vie simple et paisible, de fusion entre les êtres et la nature puissent exister. Ses premiers écrits sur le

Japon sont empreints d'une incrédulité enfantine devant tant d'harmonie.

Après avoir été autant malmené par l'existence ; avoir vécu trop longtemps dans un pays qui ne convenait pas à son tempérament doux et tranquille ; avoir désespéré de sa culture d'origine ; été successivement et sans l'avoir jamais souhaité grec, irlandais, américain, de confession grecque orthodoxe puis catholique et spencérien, cet homme aux multiples facettes a subitement l'impression qu'il « quittait une pression atmosphérique insupportable pour un air pur et serein ».

Pour la toute première fois de sa vie, il a intuitivement la sensation délicieuse de pouvoir enfin entrevoir la perspective d'une certaine félicité ; il décide alors de rester.

Un professeur rencontré à Tokyo, Basil Hall Chamberlain, lui trouve un emploi de modeste professeur dans le collège d'une petite ville de province sur les côtes de la mer du Japon, Matsue. Il y restera quinze mois, y découvrira l'amour en la personne de la fille d'une famille de *samouraïs*, Koizumi Setsuko, qu'il épousera et dont il prendra le nom avec enthousiasme afin de légaliser son union avec elle, mais aussi comme pour se débarrasser de son patronyme originel lourd de tous les chagrins accumulés et des humiliations subies de l'autre côté de la planète.

Désormais, il acquiert la conviction d'avoir enfin trouvé sa Terre promise.

Il embrasse ensuite avec enthousiasme la nationalité japonaise, devient bouddhiste et s'émerveille de tous les joyaux qu'offre à son tempérament délicat ce pays dont il est tombé éperdument amoureux.

Il va s'en faire le chantre au travers d'une abondante littérature, pas moins d'une quinzaine d'ouvrages. Il publie en 1894 *Glimpses of Unfamiliar Japan* (*Esquisses japonaises*), l'année suivante *Out of the East : Reveries and Studies in New Japan* (*La lumière vient de l'Orient. Essais de psychologie japonaise*), en 1896 *Kokoro : Hints and Echoes of Japanese Inner Life* (*Kokoro. Au cœur de la vie japonaise*), et de nombreux autres essais érudits, ainsi que plusieurs transcriptions d'histoires *yõkais* de fantômes et de contes auxquels il portait un intérêt particulier.

Stefan Zweig, dans son ouvrage *Hommes et Destins*, trace un magnifique portrait de Lafcadio Hearn et de l'héritage qu'il nous a laissé :

> « On avait besoin ici d'un medium d'un genre particulier, d'un intermédiaire exceptionnel entre Europe et Orient, chrétiens et bouddhistes : un homme double capable, d'une part, de porter un regard extérieur plein d'étonnement et de respect sur cette beauté étrange et, d'autre part, après l'avoir intériorisé au terme d'une expérience personnelle, de la présenter comme allant de soi et de nous la faire comprendre. Il fallait que pour cela la nature élabore un individu d'une espèce singulière [...]. Il fallait que soit créé quelque chose entièrement hors du commun, un instrument d'une

précision infinie, apte à déceler la moindre des vibrations de l'âme, à la transmettre selon une transcription secrète, et, bien plus : cet homme providentiel devait apparaître juste au moment où le Japon était mûr pour lui et lui pour le Japon, afin que cette œuvre puisse être conçue, que voient le jour ces livres consacrés à la beauté moribonde du Japon, immortalisée en partie grâce à lui seul. »

Et quelques pages plus loin :

« Ce qui rendra par la suite ses livres si exceptionnels et si curieux, c'est que – fait déconcertant – ils ne sont plus l'œuvre d'un Européen. Pas davantage qu'ils ne sont, à vrai dire, celle d'un Japonais authentique, car dans ce cas nous ne pourrions pas les comprendre ni entretenir des relations si fraternelles avec eux. [...] Ce sont les œuvres d'un Occidental, mais rédigées par un homme de l'Extrême-Orient. »

En 1896, à la suite d'une nouvelle affectation au lycée de Kumamoto dans l'île de Kyushu puis d'un poste de journaliste dans un journal de langue anglaise de Kobe, Chamberlain aide Lafcadio à obtenir la chaire de littérature anglaise à l'université impériale de Tokyo qu'il occupera jusque 1903 et à laquelle lui succédera l'écrivain Natsume Sôseki[1].

Un an plus tard, il meurt d'une crise cardiaque, juste au moment crucial où le Japon inflige à la Russie la cuisante défaite du détroit de Tsushima, une victoire par laquelle, comme le dit drôlement Stefan Zweig « la vieille tradition s'ouvrit elle-même le ventre », et qui tua la civilisation japonaise en faisant entrer le pays en fanfare dans l'ère moderne moins pour le meilleur que pour le pire.

Lafcadio Hearn *alias* Koizumi Yakumo est le premier Occidental que les Japonais considérèrent comme un des

1. Voir l'entrée « Natsume Sôseki ».

leurs. À sa disparition, ils eurent le sentiment qu'une partie d'eux-mêmes s'éteignait. Ils furent des milliers à suivre son cercueil pour l'accompagner en sa dernière demeure. Les mots suivants furent prononcés lors de son éloge funèbre : « Nous aurions préféré perdre deux ou trois cuirassés de plus devant Port-Arthur plutôt que cet homme. »

Il reste toujours de nos jours, cent vingt ans plus tard, immensément cher au cœur des Japonais.

Il repose au cimetière Zōshigaya dans l'arrondissement Toshima-ku à Tokyo.

Hibachi (火鉢) – Chaufferette

Chauffage central traditionnel très centré sur lui-même. En effet, le rayonnement de la chaleur qu'il produit ne doit pas excéder 1 mètre en étant généreux. Dans les pièces des demeures japonaises qui laissaient passer courants d'air et frimas, ce n'était donc pas le système le plus efficace ni le plus ingénieux pour se chauffer. C'est pourtant ce que les Japonais avaient imaginé de mieux sans jamais le faire évoluer et qu'ils ont gardé au travers des siècles jusqu'à l'ère moderne.

Il est vrai que les matériaux hautement inflammables utilisés dans les maisons aux poutres en bois et aux parois en papier, dont les murs sont au mieux constitués d'un torchis grossier mais le plus souvent de planches disjointes, avec leurs toits de chaume et leurs sols recouverts de tatamis en *igusa*, cette paille de jonc tressé, offraient un moyen radical de produire de la chaleur ! Il était donc préférable d'éviter tout engin, cheminée, poêle, âtre, utilisant un comburant produisant une flamme vive susceptible d'outrepasser son rôle en mettant le feu à la maison.

Le *hibachi* basique est un brasero de forme évasée généralement en porcelaine décorée dont la section supérieure est généreusement ouverte. Il peut être également en bronze ou en bois paulownia (*kiri*) décoré d'incrustations de nacre pour les plus raffinés. Il est rempli aux deux tiers d'une cendre fine sur laquelle on dispose en son milieu des faisceaux de charbon de bois incandescents. Il y a des *hibachis* de toutes les tailles, depuis de larges vasques de près de 1 mètre de diamètre jusqu'à de minuscules chaufferettes portables que les calligraphes utilisaient pour se réchauffer les doigts.

Les *hibachis* sont accompagnés d'un accastillage indispensable pour fonctionner : la casserole trouée en son fond que l'on pose sur une flamme vive – si possible hors de la maison – pour enflammer le combustible ; les baguettes en métal pour saisir le charbon de bois incandescent afin de le poser dans le brasero ; un petit râteau pour dessiner à la surface de la cendre de jolies vaguelettes rappelant les jardins de pierre si toutefois on a l'âme artiste, plus prosaïquement pour recouvrir le charbon de bois avant d'aller se coucher afin que sa braise ne s'éteigne pas mais surtout pour ne pas courir le risque que des escarbilles meurtrières ne transforment toute l'habitation en un immense *hibachi*. Certains braseros sont équipés d'un trépied sur lequel on pose une bouilloire. Le chant de l'eau en douce ébullition et les volutes de vapeur qui s'échappent du bec peuvent, pourquoi pas, inciter les poètes dont je suis à la rêverie.

Nous avons dans notre pavillon de thé où j'aime à me réfugier pour écrire plusieurs de ces braseros. Chez nous, ils ne sont pas juste décoratifs. Au plus fort de l'hiver, j'en utilise un pour (ne pas) me chauffer ! J'évite même de brancher le système de chauffage à air pulsé que nous avons installé. J'aime le rituel quelque peu fastidieux que réclame sa mise en route, l'odeur âcre du charbon de bois qui s'en élève, son crépitement quand il se fend. Je me plais alors à ratisser la surface des cendres de savants serpentins, à la faire monter en mini-monts Fuji aux pentes harmonieuses, sculptant un cratère au centre duquel le magma des braises rougeoyantes m'hypnotise. Et puis je laisse mon esprit vagabonder dans une douce apathie.

Je sors de ces heures passées seul dans une pièce glaciale le nez gelé, la moitié du corps non exposée au *hibachi* totalement engourdie, l'autre brûlante, *Black'n Blue*, comme disent les Américains qui ne savent pas faire cuire une viande correctement.

Ma femme pense que je suis fou. Je crois qu'elle a en partie raison. Mais pour rien au monde je ne laisserais mes *hibachis* languir comme de simples objets décoratifs.

Hi no yõjin ! (火の用心) – Attention au feu !

Injonction ponctuée du claquement sonore de deux taquets de bois heurtés l'un contre l'autre deux fois, prononcée par des patrouilles de citoyens en tournée la nuit dans les villes et villages du Japon pour recommander l'extinction de tout foyer dans les maisons. On y ajoute parfois : « *Macchi ippon, kaji no moto !* » (« Une seule allumette, cause d'incendie ! »).

On trouve cette expression pour la première fois dans une lettre datant de 1575 adressée par un seigneur de la maison de Tokugawa Ieyasu à son épouse avant de partir dans son fief, lettre dans laquelle, entre autres recommandations, il lui enjoint d'être prudente avec les risques de feu dans leur demeure d'Edo, l'ancien nom de la capitale actuelle.

Les villes japonaises aux maisons de bois, de torchis et avec des toitures de tuiles étaient la proie d'incendies fréquents qui se propageaient extrêmement rapidement à cause de la densité des habitations minuscules (en moyenne 6 *jyõ*, 10 mètres carrés) collées les unes contre les autres dans les quartiers populaires. Les *Edo kaji*, incendies dans la ville d'Edo, étaient d'une magnitude enregistrée dans nul autre pays au monde en temps de paix.

En 1601, un incendie, le premier dûment répertorié, détruisit la totalité de la capitale. En 1657, trois incendies se déclenchèrent simultanément dans le périmètre *Yamanote*[1] de la capitale. Attisés par un vent violent, ils se propagèrent dans toute la ville, la réduisant en cendres, y compris son château féodal. Le Grand Incendie de l'ère Taika, *Meireki no taika*, fit 107 000 victimes.

Pendant toute la période d'Edo (1603-1868), on dénombre 1 798 incendies qui emportèrent au moins un quartier de villes ou de villages, dont 49 majeurs à Edo, 9 à Kyoto, 6 à Osaka, ou 3 à Kanazawa, chacun détruisant au moins 50 % de ces cités.

Cela, malgré l'ordre du shogunat de mise en place des patrouilles de veilleurs de nuit *Hi no yõjin*.

Plus récemment, le 22 décembre 2016, un incendie parti d'un restaurant chinois dans un vieux quartier commerçant du début de l'ère Shõwa se déclara dans la ville de Itoigawa dans la préfecture de Niigata. Il dura plus de trente heures, attisé par un vent violent. Cent quarante-sept maisons et commerces sur plus de 40 000 mètres

---

1. Littéralement « au pied des collines », le périmètre de la capitale excluant les quartiers proches de l'océan. De nos jours, la ligne de train « Yamanote », sorte de grande ceinture ferroviaire de Tokyo.

carrés partirent en fumée. Il n'y eut heureusement pas de morts à déplorer.

On comprend mieux, à la lumière de ces catastrophes, la paranoïa des autorités pour tout ce qui touche aux réglementations concernant la prévention des incendies.

Lorsque je suis arrivé au Japon et jusqu'à une date relativement récente, on entendait encore la nuit, principalement en hiver quand il fait très sec, le cri « *Hi no yõjin !* » ponctué des deux claquements des taquets de bois des vigies en tournée. Cela commençait vers 22 heures. C'était – comment dire – rassurant. On se sentait en sécurité. On avait le sentiment que des gens bienveillants nous protégeaient. Souvent, nous rappelant que la précaution n'était pas inutile, on entendait au loin la sirène de camions de pompiers suivie plus tard du son monotone de la cloche annonçant leur retour à la caserne, ce qui signifiait que l'incendie était circonscrit.

J'habitais depuis quelques années avec ma famille une ravissante minuscule maison de bois dans le quartier de Setagaya[1] à Tokyo quand un beau jour une délégation de représentants du *chõnaikai*, l'association de notre quartier, vint rendre visite à ma femme. Ses représentants lui dirent en substance : « Ce n'est pas parce que votre mari est un étranger qu'il n'a pas besoin de s'impliquer dans la vie du quartier ! De plus, il parle japonais. Nous manquons de volontaires pour les patrouilles du *Hi no yõjin*. Nous souhaitons sa participation. »

Je ne pouvais évidemment pas décliner une telle invitation, que je pris comme un honneur.

Je me retrouvai donc un beau soir de pleine lune hivernale devant le local de notre *chõnaikai* au sein d'une équipe

1. Ce quartier, un des vingt-trois de Tokyo, est à lui seul aussi grand que Paris *intra-muros*.

de deux personnes à laquelle on m'avait assigné. On me confia une veste indigo molletonnée sur le dos de laquelle était imprimé en blanc au milieu d'un cercle l'idéogramme « *Hi* » (火) du feu et une paire de taquets de bois reliés par une cordelette. À 22 heures précises, nous partîmes, suivant un itinéraire défini à l'avance, pour une ronde qui allait durer trois heures dans les rues étroites et sinueuses de notre quartier. Le chef de la patrouille, un vieux monsieur aux cheveux blancs que je connaissais de vue, un ancien juge, menait notre équipée porteur d'un lampion sur lequel était également calligraphié en rouge le caractère « 火 ». Il se balançait au bout d'une tige en bambou. Le *kanji* ressortait sur le papier translucide de la lanterne dans laquelle vacillait la flamme d'une bougie. Chargés de colporter la parole contre le feu, nous en étions porteurs !

À tour de rôle, environ toutes les trente secondes, nous clamions notre slogan, « *Hi no yõjin !* » en faisant traîner la voix sur le « *õ* », puis nous claquions les taquets de bois deux fois. Il faisait froid. Nous marchions d'un bon pas et nos vestes *chanchanko* nous tenaient chaud, mais, au bout de notre tournée, nous étions tout de même frigorifiés.

Au *chõnaikai*, des flacons de saké brûlant et des boules de riz *onigiri*[1] fourrées à la prune salée nous attendaient. Assis autour d'un brasero *hibachi*[2] dont le foyer de charbon de bois diffusait une maigre chaleur, nous bûmes rasade sur rasade de saké, dégustant notre en-cas en devisant.

On me félicita sur l'excellente prononciation de mes « *Hi no yõjin* » clamés « aussi bien qu'un vétéran ».

Un peu grisé par le saké, j'offris de reprendre du service le lendemain, proposition qui fut bruyamment acclamée. Je rentrai chez moi, titubant quelque peu mais heureux d'avoir apporté mon écot à la vie de notre quartier.

Quand je partis au bureau le matin suivant, il me sembla que les commerçants des magasins alignés le long de la rue menant à la gare de mon train me saluaient avec une nouvelle déférence dans le regard.

Mais peut-être n'était-ce qu'une impression…

Hirayama Ikuo (平山郁夫) – Peintre (1930-2009)

Le destin nous réserve parfois de sympathiques clins d'œil. Lors de mon premier voyage au Japon, je fus invité par un jeune étudiant rencontré dans l'autocar qui reliait de

1. Voir l'entrée « *Onigiri* ».
2. Voir l'entrée « *Hibachi* ».

nuit les villes de Tokyo à Kobe à passer quelques jours dans sa famille qui habitait l'une des nombreuses îles de la mer Intérieure, Setoda. Ses parents y tenaient une auberge de jeunesse où je résidai une huitaine de jours, visitant ainsi la région d'Hiroshima et l'île de Shikoku.

Vingt ans plus tard, je découvris, en visitant une galerie d'art, les peintures d'un artiste japonais qui me rappelèrent nostalgiquement mon enfance marocaine, lorsque nous dévalions les contreforts de l'Atlas pour nous enfoncer dans le Sahara sur les pistes qui nous menaient vers la frontière avec la Mauritanie. En effet, ses tableaux représentaient des paysages de déserts, des caravanes de chameaux, des caravansérails, des casbahs en pisé accrochées à flanc de montagne bien typiques de la région que j'avais sillonnée maintes fois avec mes parents. Ils ne pouvaient donc que me séduire.

Il s'agissait d'une exposition du peintre Hirayama Ikuo autour de son sujet de prédilection, la route de la soie.

Son travail me paraissait doublement original.

— Le désert n'est pas un sujet traditionnellement abordé par les Japonais qui se passionnent peu pour le Maghreb et le Moyen-Orient qu'ils ne visitent que rarement.

— Le traitement de ces paysages lunaires dans le style de la peinture traditionnelle japonaise dite *nihonga*, qui utilise des méthodes picturales, des matières, des pigments et des techniques radicalement différentes de la peinture occidentale *yōga*, créait une atmosphère onirique en rupture avec les représentations plus réalistes qu'on a l'habitude de voir, par exemple, sous le pinceau fougueux et coloré d'un Eugène Delacroix.

En lisant la brochure qu'on m'avait donnée à l'entrée de la galerie, je découvris qu'Hirayama Ikuo était né et avait passé une partie de son enfance dans cette fameuse île de Setoda où j'avais autrefois été si gentiment accueilli.

Pendant la Seconde Guerre mondiale, alors que, réquisitionné comme tous les enfants de son âge, il travaillait à Hiroshima[1] dans un dépôt d'armement, il subit le bombardement du 6 août 1945 et devint un *hibakusha*, une des victimes de la bombe atomique. Il faillit mourir des séquelles de son irradiation en 1959 alors qu'il était assistant professeur de son *alma mater*, l'université des Beaux-Arts de Tokyo. C'est à cette époque qu'il se rapprocha du bouddhisme et commença à aborder des sujets relatifs à cette religion.

Approfondissant son étude du Bouddha, il se pencha sur les origines indiennes de son enseignement et sur son cheminement historique jusqu'au Japon et à l'inverse vers l'Occident. C'est ainsi qu'il en vint à s'intéresser à la route de la soie et qu'il commença, au milieu des années 1960, à en sillonner les diverses routes, en Chine, traversant le désert du Taklamakan, se rendant dans l'Himalaya, en Iran, en Irak et jusqu'en Turquie.

Mon affinité avec l'illustre artiste couvert d'honneurs, par deux fois recteur de l'université des Beaux-Arts, se serait arrêtée là si je n'avais, quelques années plus tard, acquis une maison dans la ville de Kamakura où lui-même résidait et si je n'avais publié un roman dont une partie de l'intrigue se déroule dans son île natale.

Un de mes amis, président de l'Office de tourisme de Kamakura, m'apprit un jour qu'Hirayama Ikuo avait lu mon livre et avait apprécié les descriptions que j'y faisais de Setoda. Il m'offrit d'organiser une rencontre avec lui, ce que je m'empressai d'accepter.

C'est ainsi que je lui rendis visite un jour de l'automne 2008 dans sa belle maison située derrière le sanctuaire Hachiman. Je fus introduit dans un salon où on

1. Voir l'entrée « Hiroshima, Nagasaki ».

me pria d'attendre quelques minutes en posant une tasse de thé devant moi. Au mur était accroché un de ses tableaux, une de ses fameuses caravanes progressant dans le désert au lever du soleil, où les chameaux semblent flotter sur le sable comme dans un mirage, se détachant sur un ciel ardent qu'un soleil illumine. Sur la table basse, devant le sofa dans lequel j'étais assis, était posé mon roman *La Trace*.

Une odeur de térébenthine précéda l'arrivée du maître dans la pièce. Il était vêtu d'un pantalon de toile et d'un chandail informe constellé de taches de peinture. De toute évidence, il sortait de son atelier, mais il m'accorda une longue heure de son temps. Notre conversation fut animée et alerte, sautant d'un sujet à l'autre.

Il me demanda d'abord d'où j'étais originaire en France, et quand je lui dis que ma famille était provençale, il s'exclama : « Ah ! la Provence et ses grands peintres ! Au début des années 1960, j'ai fait avec un ami un voyage initiatique de deux grandes années en France et en Italie. Nous avions acheté une vieille 2 CV Citroën que mon ami conduisait. Notre itinéraire était dicté par un seul impératif : visiter les lieux immortalisés par les grands peintres français et italiens ! En Provence, nous sommes allés faire le tour de la montagne Sainte-Victoire ; nous avons longé le canal d'Arles jusqu'à Bouc et nous nous sommes arrêtés un long moment devant le pont basculant de Langlois afin que je puisse le dessiner ; nous avons traversé les champs de tournesols en pleine floraison ; puis nous sommes descendus sur la côte pour nous rendre à Saint-Paul-de-Vence et Vallauris avant de passer en Italie où nous avons continué notre voyage une année de plus. »

Tout en parlant, il avait tiré d'une étagère un carnet dont il tournait les pages pour me montrer les croquis de son voyage, autant d'instantanés pris sur le vif.

Nous parlâmes ensuite du premier voyage que j'avais effectué, adolescent, au Japon et qui m'avait mené jusque son île natale. Il m'apprit qu'un musée de la route de la soie Hirayama-Ikuo y avait été inauguré en 2004. Je lui promis de m'y rendre. Il pointa du doigt mon livre posé sur la table et me dit qu'il avait trouvé mes descriptions de Setoda fidèles à ses propres souvenirs d'enfance. Il me demanda de le dédicacer.

Lorsque je me levai pour prendre congé, il me pria d'attendre quelques instants. Il revint avec un magnifique ouvrage sur son œuvre qu'il signa avant de me l'offrir. Il est mort un peu plus d'un an après notre rencontre.

Cette visite reste pour moi un moment de grâce. Ce grand artiste couvert d'honneurs, mondialement reconnu pour son action en faveur de la conservation de sites culturels comme Angkor Vat ou les Bouddhas de Bâmiyân, était un homme exquis et doux, lumineux, d'une courtoisie et d'une humilité confondantes.

Hiroshima, Nagasaki (広島 – 長崎) – L'horreur nécessaire ?

Samedi 12 août 1972, 11 heures du matin. Parc du Mémorial de la Paix à Hiroshima.

Cette étape était inscrite en priorité dans l'itinéraire de mon tout premier voyage au Japon. J'aurais voulu être au « *Ground Zero* » à l'exacte date anniversaire, mais l'ami japonais chez lequel je loge dans une île de la mer Intérieure m'a expliqué que ce ne serait pas possible, à cause des cérémonies du souvenir.

Je viens de visiter le musée sur pilotis construit par l'architecte Tange Kenzô. Bouleversé n'est pas un mot suffisamment fort pour décrire mon sentiment. Je suis ravagé par ce que j'ai vu. Pourtant, la scénographie est sobre, pudique. Mais elle laisse à l'imagination le soin de comprendre ce qui s'est passé ce 6 août 1945 à 8 h 15 quand la bombe atomique *Little Boy* fut lâchée par le B29 *Enola Gay* depuis une altitude de 9 400 mètres et explosa 44 secondes plus tard à 580 mètres au-dessus de la ville, la soufflant et tuant instantanément entre 70 000 et 80 000 personnes.

Sur les 64 kilos d'uranium 235 enrichi, « seuls » 700 grammes, 1,1 % de la matière fissile, entrèrent en fission. L'explosion provoqua un éclair aveuglant, que les Japonais appelèrent « *Pika* » suivi d'un « *Don* », un bruit d'explosion assourdissant. Une bulle de gaz incandescent de 400 mètres de diamètre se forma dans la fraction de seconde qui suivit. La température à la surface exposée à ses rayonnements thermiques monta à 6 000 °C, « vaporisant » littéralement les êtres humains proches de l'épicentre en ne laissant que leur ombre projetée sur les murs ou carbonisant jusqu'à l'hypoderme tout être vivant plus éloigné. L'onde de choc créa des vents de 300 à 800 kilomètres/heure et une variation brutale de la pression qui provoqua des ruptures des tympans, des sinus, des poumons ou du tube digestif. La tempête de feu qui s'ensuivit dura plus de seize heures. Le champignon atomique fit retomber une pluie noire chargée de suies et de particules radioactives aux gouttes grosses comme des billes. Tels furent les effets terrifiants du « *Pika Don* ».

Cette unique bombe de 3 mètres de long et 71 centimètres de circonférence pesant 4 400 kilos fit autant de dégâts en quelques secondes que 220 bombardiers B29 qui auraient largué 1 200 tonnes de bombes incendiaires, 400 tonnes de bombes explosives et 500 tonnes de bombes à fragmentation.

Je me rappelle m'être dirigé dans un état de chagrin indicible vers le cénotaphe en forme de U inversé rappelant les toitures des demeures *haniwa* d'autrefois, situé au bout de l'allée, après m'être recueilli un long moment devant la flamme du souvenir. Il faisait beau, très chaud et fort humide. La sueur qui coulait de mon front se mêlait à mes larmes. Une jeune fille en uniforme de lycéenne s'est approchée et m'a tendu une petite serviette avec laquelle je me suis épongé le visage. S'adressant à moi dans un bon anglais, elle s'est d'abord enquise de ma nationalité. Puis elle m'a demandé à brûle-pourpoint : « *Tears*[1] ? »

« *Tears, yes, and also sweat*[2]... », lui ai-je répondu en lui rendant son mouchoir après l'avoir replié.

Elle me dit alors : « *Your tears are important. I will never wash my handkerchief*[3]. » Puis, comme effrayée par son audace, elle s'éloigna après avoir ajouté : « *Please stay here ! Wait*[4] ! » Elle revint quelques minutes plus tard et me tendit une canette de jus de pêche. Puis elle me salua et s'en alla pour de bon.

Encore aujourd'hui, lorsqu'il m'arrive de boire un *peach nectar*, sa jolie frimousse encadrée de sa chevelure noire et sa silhouette en jupe plissée, socquettes blanches et blouse à col marin me reviennent en mémoire, et j'en ai le cœur serré.

Plus loin, dans l'alignement du cénotaphe, de l'autre côté de la rivière, se trouve le « Dôme de Genbaku », le bâtiment éloigné de l'épicentre de la bombe de seulement 140 mètres qui résista au souffle, ayant été construit en béton armé selon les normes antisismiques de l'époque. Il est appelé ainsi car la structure métallique de la coupole qui surmontait l'immeuble est restée intacte. On m'avait dit qu'il y avait sur un des murs la silhouette d'une personne que la vive lueur de l'explosion avait imprimée, mais je ne l'ai pas trouvée.

Enfin, je me suis rendu dans le parc du Mémorial jusqu'au poignant monument de la Paix des enfants érigé

1. « Larmes ? »
2. « Des larmes, oui, mais aussi de la sueur ! »
3. « Vos larmes sont importantes. Je ne laverai jamais mon mouchoir. »
4. « S'il vous plaît, restez là ! Attendez ! »

en mémoire de cette petite fille âgée de 2 ans qui se trouvait à 2 kilomètres de l'explosion, et de tous les enfants décédés le 6 août et plus tard des séquelles des radiations. Au sommet d'un piédestal sous lequel se trouve une cloche se dresse la statue de bronze de la fillette qui tient entre ses bras tendus vers le ciel une grue dorée géante.

Sadako avait survécu indemne au bombardement et eut une vie saine et studieuse jusqu'à ce que ne se déclare en 1954 le « mal de la bombe atomique », une leucémie qui la tua un an plus tard. Une amie lui ayant raconté la légende des mille grues *senbazuru*, selon laquelle on verra son vœu de santé exaucé si on confectionne dans l'année mille grues *origami* enfilées en guirlandes, la fillette plia autant de grues qu'elle put durant son séjour à l'hôpital, au total 644 à son décès. Ses camarades d'école s'appliquèrent alors à terminer la guirlande. Depuis, des millions de grues *origami* sont réalisées chaque année dans le monde et envoyées à Hiroshima où elles ont été pieusement stockées jusqu'à ce jour, mais la quantité est telle, plus de 10 millions par an, que les responsables du Mémorial ont été obligés d'envisager l'incinération.

Trois jours après Hiroshima, le 9 août à 10 h 58, la seconde bombe atomique, *Fat Man*, est larguée sur Nagasaki. Elle est plus puissante de 40 % que la précédente et d'une facture différente, à implosion avec un cœur de plutonium 239 solide. Elle occasionne cependant moins de dégâts car elle tombe au-dessus d'une vallée étroite, en tuant immédiatement environ 40 000 personnes et détruisant un tiers de la ville. Le premier objectif de l'équipage était Kokura, une cité portuaire située plus au nord dans l'île de Kyushu, mais une mauvaise visibilité décida l'équipage à se dérouter.

Il faudra encore six longues journées avant que le Japon n'accepte enfin la reddition sans condition, alors que les

Américains préparaient une troisième bombe qui n'aurait cependant pas été prête avant plusieurs semaines.

Les informations sur le largage de la bombe à Hiroshima sont encore peu claires, mais la presse internationale en fait ses unes dès le 8 août aux États-Unis et en Europe, par la grâce du décalage horaire. Les réactions sont variées.

Le *San Francisco Chronicle*, par exemple, écrit : « Nous exprimons sans réserve notre gratitude à l'égard de la science pour nous avoir donné cette nouvelle arme avant la fin de la guerre. »

Le journal *Le Monde* titre : « Une révolution scientifique, les Américains lancent leur première bombe atomique sur le Japon », avant de reproduire le communiqué du président Truman.

Un quotidien argentin explique que « toute vie humaine, animale et végétale a disparu à Hiroshima » et indique que plus de 100 000 personnes seraient mortes brûlées vives.

Albert Camus lance dans le quotidien *Combat* une diatribe qui détonne au milieu du concert de louanges de ses collègues qu'il fustige violemment. Il conclut son billet ainsi : « Nous nous résumerons en une phrase : la civilisation mécanique vient de parvenir à son dernier degré de sauvagerie. »

On a beaucoup glosé sur la nécessité pour les États-Unis d'utiliser cette arme maléfique qui n'a été testée qu'une seule fois à peine un mois plus tôt dans le désert du Nouveau-Mexique. Elle est l'aboutissement du fameux projet Manhattan lancé en 1942, qui a coûté la somme faramineuse pour l'époque de 2 milliards de dollars.

Avant de s'aventurer dans les hypothèses, il est nécessaire de revenir sur le contexte géopolitique au mois de juillet 1945 :

— le Japon est à genoux. Les bombardements conventionnels incessants ont déjà détruit la majorité des soixante-huit villes principales du pays. Le blocus maritime des Alliés est en place et effectif. L'archipel ne peut plus s'approvisionner. Pétrole, matières premières et denrées alimentaires lui font cruellement défaut ;

— Okinawa est tombée quelques semaines plus tôt au bout de terribles combats qui ont coûté la vie à plus de 110 000 Japonais et 12 500 Américains. Les suicides collectifs de la population civile poussée par les militaires fanatiques ont frappé les esprits du commandement américain ;

— le front ouest en Europe est dégagé avec la capitulation de l'Allemagne ;

— depuis plusieurs mois, le gouvernement japonais a chargé l'URSS, le seul pays qui n'a pas déclaré la guerre au Japon, de présenter aux Américains une offre d'armistice. Il réclame une reddition conditionnelle lui permettant de désarmer les troupes lui-même, de juger ses criminels de guerre, l'absence de forces d'occupation sur le sol japonais et la préservation du régime impérial et de l'empereur. Ce que le cabinet ignore, c'est que les accords de Yalta ont prévu l'entrée des Soviétiques dans la guerre contre le Japon trois mois après la capitulation allemande. Roosevelt voyait dans l'engagement de l'Armée rouge un moyen de soulager la pression sur ses troupes dans le Pacifique ;

— Roosevelt, décédé prématurément d'une hémorragie cérébrale, a été remplacé au pied levé par Harry Truman. Celui-ci est pressé de terminer la guerre ;

— le 26 juillet, les États-Unis, le Royaume-Uni et la Chine transmettent au Japon la déclaration de Potsdam exigeant la capitulation sans conditions du Japon, y compris la destitution de l'Empereur. Certains historiens pensent que cette dernière clause, dont les Américains savaient parfaitement qu'elle rendrait l'ultimatum inacceptable pour les Japonais, alors que le pays exsangue était à deux doigts de se rendre, n'avait été introduite que pour cette raison, permettant précisément d'utiliser l'arme atomique. L'approbation du largage des bombes atomiques sur le Japon déjà accordée par Truman le 21 juillet tendrait à accréditer cette thèse. L'ordre a été relayé le 25 juillet au commandement aérien du Pacifique. Il stipule qu'une « bombe spéciale », sans autre précision, pourra être larguée après le 3 août dès que la météo le permettra. Les cibles sont indiquées : Hiroshima, Kokura, Niigata ou Nagasaki ;

— le 28 juillet, le gouvernement japonais a rejeté l'ultimatum de Potsdam de manière ambiguë, vraisemblablement afin de ménager la faction jusqu'au-boutiste de son armée.

Le président Truman aurait donc pris sa décision pour un faisceau de raisons :

• Satisfaire une opinion publique lasse des pertes considérables de soldats mais encore traumatisée par l'attaque surprise de Pearl Harbor en décembre 1941.

• Réduire la durée de la guerre et éviter un débarquement sur le sol nippon dont les stratèges estimaient, après la cuisante expérience d'Okinawa, que le coût en vies humaines serait insupportable, jusqu'à 1 million de morts.

• Démontrer à l'URSS et au reste du monde la puissance américaine.

• Empêcher les Soviétiques de poser le pied sur le sol japonais avec le risque d'une partition semblable à celle de l'Allemagne, tout en faisant du Japon un sanctuaire américain face à l'URSS et la Chine.

• Tout simplement tester en grandeur réelle la bombe atomique et ainsi justifier le budget exorbitant du projet Manhattan.

Le débat ne sera jamais clos sur la nécessité de cette horreur. Les arguments pour et contre cette funeste décision ont valeur égale.

Il faut cependant savoir que les militaires japonais se sont arc-boutés contre l'idée d'une capitulation alors que dans la nuit du 8 au 9 août les Soviétiques avaient déclaré la guerre au Japon et déjà envahi le Mandchoukouo et la Corée, et accosté sur les côtes des îles Kouriles, au nord d'Hokkaido.

Le 12 août, l'empereur annonça finalement sa décision d'accepter l'ultimatum de Potsdam en souhaitant que l'institution impériale soit épargnée. Le 14 août, une tentative de substitution du disque sur lequel était enregistrée sa déclaration, par une faction extrémiste, eut même lieu. La mutinerie fut heureusement matée.

Le 15 août à 11 heures, la « Voix radiodiffusée du Joyau » (*Gyokuhon*-hõsõ) fut diffusée dans tout le pays.

Dans cette déclaration, l'empereur exhortait ses sujets à « ouvrir la voie à une ère de paix grandiose pour toutes les générations à venir en endurant ce qui ne saurait être enduré et en supportant l'insupportable ». Il citait également « une bombe nouvelle d'une extrême cruauté, dont la capacité de destruction est incalculable et décime bien des vies innocentes ».

Il est indéniable que la bombe atomique a permis de précipiter la fin du conflit et, ironiquement sans doute, de sauver un nombre de vies humaines considérable. Bien que la locution prépositive ne semble pas appropriée, c'est bien « grâce » à *Little Boy* et *Fat Man* que le Japon a pu garder son intégrité, se relever et retrouver une prospérité qui l'a propulsé au rang le plus élevé du concert des nations.

Enfin, l'atrocité de ces deux bombardements atomiques lui a permis de passer instantanément du statut d'agresseur à celui plus serein de victime.

On se gardera cependant prudemment de répondre à la dérangeante question :

Cette horreur cataclysmique était-elle nécessaire ?

Hô Hokekyô... Hoo Hokekkyô... – Le chant du rossignol

Hô Hokekyô... Hoo Hokekkyô.

C'est ainsi qu'il chante au Japon, le gentil rossignol japonais *uguisu*.

C'était la fin de l'automne. Il faisait déjà froid à cette altitude.

L'auberge était accrochée au flanc d'une montagne qui surplombait une vallée étroite. Les brumes de l'aube se faufilaient entre les ombres chinoises des cryptomères qu'un coup de pinceau aurait esquissés sur la clarté naissante. Elles se confondaient avec les vapeurs du bain que la source thermale alimentait d'une eau lactescente. Plongé jusqu'aux épaules dans le bassin de pierre, le ciel sur ma tête, je flottais dans une douce somnolence, l'esprit encore enivré du parfum de la femme aimée.

Il n'y avait que moi et le silence.

Soudain, le chant d'un oiseau me tira de ma rêverie, clair et glorieux.

« *Hô Hokekyô... Hoo Hokekkyô* », sifflait-il. Quatre notes, suivie de cinq, puis quatre nouvelles notes, comme un *haïku*[1] de sa composition.

Un rossignol !

1. Voir l'entrée « *Haïku* ou *haïkaï* ».

Je l'imaginai perché sur une branche, dessiné par Itõ Jakuchû (1716-1800). Mais Jakuchû avait-il peint autre chose que de fiers coqs, des phœnix et des perroquets ? Sans doute le rossignol, malgré la colorature de sa voix, n'était-il pas assez chamarré pour le pinceau du maître ?

Alors, un autre rossignol lui répondit, à moins que ce ne fût l'écho de ses trilles vagabondant de cime en cime. Il chanta de nouveau, écouta son écho, puis chanta encore et encore. Était-il heureux !

Alors je me souvins d'un *haïku* de Hattori Ransetsu que j'avais autrefois appris :

uguhisu ni hõ to iki suru ashita kana
「うぐいすにほうと息する朝哉」
« Ah ! Bonheur du matin au chant du rossignol ! »

Puis je psalmodiai à voix basse le premier verset du Sûtra du Lotus « *Namu Myõhõ Renge-Kyõ* » que les Japonais autrefois abrégeaient en « *Hokkekyõ* » car sa sonorité leur rappelait celle du rossignol.

Alors, je sentis mon cœur se serrer d'une douce mélancolie.
Je venais d'effleurer l'essence du *wabi-sabi*.

Honorable Partie de campagne (L')

Quelques mois avant que je ne parte pour le Japon à son instigation, mon père me tend triomphalement un ouvrage qui sent le renfermé, aux pages jaunies avec les bords dentelés typiques de ces livres d'autrefois qu'il fallait déflorer au coupe-papier. La couverture est protégée comme on le faisait pour les manuels scolaires quand j'étais enfant par une jaquette prise dans une chute de papier cadeau dont les bords sont soigneusement rabattus vers l'intérieur. Sur ce couvre-livre et sur le dos, est écrit en lettres capitales appliquées d'enfant : « L'honorable partie de campagne ».

« Je l'ai retrouvé, me dit-il, dans la bibliothèque ! C'est l'édition originale de la NRF, publiée en 1924 ! Tes grands-parents me l'avaient offert pour mon Noël en 1935 ! C'est la meilleure introduction au Japon qui puisse s'imaginer ! »

C'est ainsi que j'ai découvert ce roman écrit par un certain Thomas Raucat qui se présente comme un « délégué extraordinaire de la morale à la S.D.N. », la Société des nations, parti au Japon pour rédiger un mystérieux rapport sur un obscur sujet dont on ne connaîtra jamais la nature. Ainsi mystifié, j'ai longtemps cru que l'auteur était un diplomate suisse se cachant sous ce pseudonyme, en fait la transformation d'un verbe dans sa forme interrogative *Tomarô ka ?* – 泊まろうか – qui se traduit littéralement par « M'arrêterai-je ici ? » mais est aussi une manière sibylline pour un homme de proposer à une femme de passer la nuit ensemble.

Ce livre est le récit pittoresque d'une journée de plaisir au Japon où rien ne se passe exactement comme les protagonistes l'avaient prévu.

J'ai sous les yeux la fiche publicitaire rose fuchsia d'époque de la NRF dont je reproduis le résumé de l'histoire :

« De notables bourgeois de Tokio [*sic*] reçoivent un Européen, et ils l'ont invité à un banquet dans une hôtellerie du bord de la mer. Malgré leurs efforts, ils y voient aussi arriver une naïve jeune fille du peuple, que l'étranger avait projeté de séduire. Afin d'empêcher ce manquement aux convenances, les hôtes substituent à cette jeune fille une charmante danseuse, qui nous racontera en détail ses impressions. La nuit se termine romanesquement [*sic*] par le suicide imprévu de la jeune fille. »

Sous couvert de ce mauvais mélodrame à la fois burlesque et tragique, Thomas Raucat s'attache à décrire le gouffre qui existe entre la civilisation japonaise et la nôtre. Il met en scène sur huit chapitres différents personnages qui, à tour de rôle, prennent la parole pour conter une partie de l'histoire de leur point de vue. Un montage cinématographique que Claude Lelouch ne renierait pas.

Pris au premier degré, le livre est une violente satire des coutumes et des mœurs du Japon de l'époque, au moment de la montée d'un nationalisme intransigeant et d'un militarisme brutal hanté par l'espionite.

Il décrit la volonté forcenée des Japonais de se conformer aux codes, qu'ils soient politiques ou familiaux, qu'ils régissent les relations entre les hommes et les femmes ou ceux qui s'imposent d'une catégorie sociale à une autre, voire à l'intérieur d'un même groupe, comme la confrérie des *geishas*. Il dépeint jusqu'à l'absurde l'acharnement à tenir exactement son rang sur l'échiquier social en ne se préoccupant que de l'apparence des apparences, en se pliant à des rituels qui n'ont ni queue ni tête. Il brocarde la rigidité imposée par le respect des devoirs, la docilité vis-à-vis de l'ordre et des usages, la stricte application des conventions, la dictature imposée par l'image de soi que l'on doit s'assurer de donner à son entourage.

Une bonne partie de l'histoire est consacrée à la situation des femmes dans cette société : elles sont irrémédiablement inférieures, soumises et aliénées, souvent décrites comme étant bécasses et sans éducation. Le passage sur la jeune épouse qui s'acharne à mettre à tremper dans l'eau pour les décrotter les souliers occidentaux en cuir de son mari comme elle le fait pour les *getas*[1], puis les met à sécher sans succès sur un réchaud et s'étonne ensuite qu'elles aient rétréci et soient douloureuses à porter, donne une idée du regard peu charitable que porte l'auteur sur le manque de jugeote des Japonaises.

Il brocarde par ailleurs la perplexité des Japonais devant tout ce qui est occidental, sorte de collision du troisième type systématiquement bouffonne. Le court trajet qu'il fait entre son hôtel et la gare de Tokyo dans une « limousine Cadillac "double six", carrosserie en tôle d'acier embouti... » accompagné de « deux messieurs en complet de chasse, molletières grises, feutre gris et à la boutonnière l'insigne d'un club automobile » est un morceau d'anthologie. Pour conduire cette automobile, deux « ingénieurs » sont nécessaires, l'un est « chargé du pilotage de l'engin » tandis que l'autre s'assied au péril de sa vie sur le garde-boue pour soulever de temps à autre le capot afin « d'étudier comment le moteur tourne », sa spécialité étant par ailleurs le « remplacement des roues amovibles, opération qu'il faut faire avec élégance et en gants blancs, car elle attire beaucoup de curieux ». La promenade se terminera de manière grand-guignolesque quand, après avoir tenté de faire passer l'imposante limousine dans une ruelle manifestement trop étroite, le chauffeur la fera se renverser dans une manœuvre

1. Les chausses japonaises en bois.

désespérée dont Thomas Raucat, pour le bonheur de la postérité et la suite de l'histoire, se tirera indemne.

Bien entendu, ces passages qui manient toutes les figures de style usant de la dérision, de la satire, de l'exagération, de l'amplification des situations les plus anodines, techniques chères à Voltaire dans son *Candide*, participent de l'intention de l'auteur de décrire l'insondable gouffre qui sépare le Japon du reste du monde et le heurt frontal entre deux civilisations qui semblent parfaitement incompatibles avec leurs différences irréconciliables.

La traduction littérale et au premier degré des formules de politesse qui truffent le récit dans la bouche des intervenants, à commencer par l'« Honorable » du titre, ces « Sa Seigneurie, Monsieur mon client », « Son Auguste Excellence Monsieur le Chef de la Police », « Monsieur mon époux », les « honorable bain chaud », « honorables sœurs aînées » et autres « Mademoiselle l'hôtesse » accentuent le ridicule de l'obséquiosité ampoulée prêtée aux Japonais.

Je ne pourrais compléter mon esquisse de l'atmosphère du livre sans me pencher un instant sur la vision qu'a l'auteur de l'impudeur et des mœurs sexuelles locales. Jugez-en plutôt par ce soliloque de la jeune fille pendant qu'elle se prépare au rendez-vous galant que le « Seigneur Étranger » lui a donné : « Je me suis demandé deux fois pourquoi le Seigneur Étranger m'a invitée. Est-ce qu'il faut chercher une raison ? Je ne sais pas… »

Et : « Aurait-il des intentions envers mon corps ? C'est bien improbable… »

Elle conclut sa réflexion de la manière suivante : « Après tout, je ne le désire pas. Mais, une fois seulement, ce serait curieux, et si vite passé. N'y pensons pas, il sera bien temps de s'en préoccuper si la nécessité n'oblige jamais… »

C'est qu'elle « commence à les connaître, messieurs les hommes, et leurs manières avec les jeunes filles. Ce n'est plus comme il y a un an. Malgré moi, ils m'obtenaient toujours ! Maintenant, je sais me dérober, souvent j'arrive à choisir... ».

Dans une autre situation, alors qu'elle s'est rendue au « cinématographe » avec un « Monsieur l'ami », elle raconte ce qui se passe alors que l'ami en question lui a offert de s'asseoir à demi sur ses genoux (!) pour être plus à l'aise : « Un moment, j'avais fermé les yeux pour mieux écouter l'histoire, quand j'ai senti le désir de monsieur l'ami qui grandissait peu à peu contre ma robe.

« J'ai attendu un peu. Monsieur l'ami ne laissait rien paraître, mais c'était bien ça ! Quel incident amusant ! Comme si j'aurais jamais pu [*sic*] prévoir une chose pareille.

» Alors j'ai tourné lentement la tête en arrière et je l'ai regardé un instant en lui souriant très légèrement d'un œil et d'un coin de la bouche. Cela voulait dire que je ne refusais pas, et il a bien compris.

» Nous sommes encore restés une demi-heure dans cette position curieuse, sans bouger ni l'un ni l'autre et comme si rien n'avait eu lieu. »

Elle clôt sa première aventure sexuelle ainsi : « Quant à moi, si surprise que j'aie été, et quoique au fond je n'en eusse pas beaucoup envie, pouvais-je refuser ce qui m'était demandé de façon aussi discrète, aussi polie et aussi expressive ? De ma part, cela n'aurait été ni élégant ni même décent. »

Ou la banale fonction sociale du sexe dans la société japonaise !

Quoi qu'il en soit, le regard du fonctionnaire international vis-à-vis des femmes japonaises est plutôt dédaigneux, comme le souligne ce passage : « Parmi les Japonaises, j'ai déterminé deux catégories. Celle qui m'intéresse comprend peut-être dix pour cent des jeunes filles de seize à dix-huit ans. La catégorie qui m'indiffère comprend toutes les autres. Le pourcentage est maigre et en Suisse il serait plus élevé. Heureusement le Japon est un pays à population dense. Il y a toujours beaucoup de femmes à portée de vue… »

Cher monsieur Raucat, pour avoir écrit de telles choses sur les femmes, de nos jours vous auriez droit aux honneurs de #BalanceTonPorc !

Il serait injuste toutefois de ne souligner ici que les aspects brutalement caricaturaux du livre envers les Japonais. Raucat est suffisamment lucide pour détecter ce qui les choque à juste raison dans le comportement des Occidentaux et engendre les innombrables malentendus dont il est témoin.

J'en veux pour preuve ce passage admirable vers la fin du roman où un jeune étudiant mélancolique assis sur la plage sous la pleine lune se livre à une réflexion amère sur les mœurs des étrangers :

> « Nous autres Japonais nous ne sommes pas semblables aux Occidentaux, ces gens impudiques et qui me choquent.
>
> Ils répugnent de montrer leur corps sans vêtement. Pourquoi ? Par pudeur disent-ils.
>
> C'est de l'enfantillage. Tous les corps se ressemblent et les autres savent bien d'avance comment le vôtre est fait. Par contre, ils laissent voir au premier venu leurs affections de famille, leurs émotions, leur vie sentimentale, tout ce qui plus que leur corps constitue leur personnalité. Pourquoi n'ont-ils pas la pudeur de tenir tout cela au secret ? Ils s'agitent pour la joie ou pour la douleur. Ils se grisent de leurs émotions et celles-ci disparaissent quand s'évanouit l'orage de gestes qui les a accompagnées. Nous autres sommes plus sentimentaux. Nos sourires et nos gestes sont seulement un langage de politesse convenue,

ils ne doivent pas laisser voir notre cœur. Nos émotions demeurent en nous-mêmes… »

Rien que pour cette tirade, *L'Honorable Partie de campagne* mérite d'être lue avec tendresse et respect.

Tendresse et respect, c'est ce que j'ai ressenti lorsque j'ai récemment relu, avant d'écrire cette entrée, le livre de Thomas Raucat, ce que je n'avais pas fait depuis ma première lecture à mon adolescence.

Bien entendu, avec le recul et plus de quarante années de fréquentation assidue des Japonais(es), j'ai trouvé dans ce récit de nombreuses aberrations, des hyperboles, des outrances, des dichotomies que l'usure du temps seule n'explique pas. Mais l'utilisation d'une loupe crée forcément des distorsions. Or, Raucat a observé la société japonaise comme un entomologiste une colonie de fourmis – d'ailleurs, n'avoue-t-il pas dans son propre monologue s'intéresser aux coléoptères ?

Et si cela était une manière d'avertissement, comme pour nous dire : « Attention, c'est un manuel d'entomologie que vous êtes en train de lire ! » ?

Bien entendu, je regrette également un peu de n'avoir pas retrouvé lors de cette seconde lecture l'émerveillement originel dont je me souviens encore, ce mélange d'hilarité et de curiosité exotique qui m'avait saisi. De cette rencontre avec Thomas Raucat était né le désir irrépressible d'aller à la rencontre de ce peuple énigmatique qui m'apparaissait en même temps truculent, sentimental, naïf.

Tout cela, Raucat le raconte en filigrane. Il faut juste savoir le deviner entre les lignes. C'est grâce à ce roman que j'ai compris combien en France, dans les années 1970, nous enfermions les Japonais dans des stéréotypes grotesques, les clichés éculés d'une populace industrieuse, insignifiante et sans fantaisie, des fourmis, justement, ou des lapins lunettés vivant dans des cabanons insalubres, ainsi qu'une femme Premier ministre les décrivit quelques années plus tard. La crétinerie n'est pas l'apanage des hommes, politiques ou non...

J'ose le dire, j'ai retrouvé, en fréquentant les Japonais, de nombreux traits caricaturés dans *L'Honorable Partie de campagne*. Tant pis pour les grincheux qui estiment que ce livre est truffé de poncifs et mériterait de passer à la poubelle de l'Histoire. De ces clichés raillés par les esprits chagrins, combien de fois en ai-je croisé ! Par exemple, au début de ma vie au Japon, il m'est arrivé de me retrouver dans un train assis à côté de messieurs fort dignes qui ôtaient leur pantalon qu'ils pliaient soigneusement pour éviter de le froisser et ils voyageaient en caleçon parce que c'était plus confortable. Combien de fois me suis-je dit, confronté à une situation insolite : « Ah oui ! C'est dans le livre de Raucat ! », et je n'en aimais que plus ce pays picaresque.

En hommage au bonheur que m'avait apporté la lecture de cet ouvrage et pour le mystère resté entier sur l'identité de ce Thomas Raucat qui participait tant à l'ébouriffement romanesque de cette histoire, *L'Honorable Partie de campagne* était par conséquent une entrée incontournable de mon *Dictionnaire amoureux du Japon*.

Il me faut maintenant, pour conclure, dévoiler qui se cachait derrière Thomas Raucat. Je ne l'ai moi-même découvert qu'en 2015.

Je venais étourdiment de signer avec Plon le contrat d'édition de ce dictionnaire. Non moins étourdiment, je m'en étais épanché auprès d'une journaliste venue m'interviewer à l'occasion de la sortie de mon dernier roman.

Quelques semaines plus tard, une lettre dactylographiée, signée d'une charmante dame, me parvint *via* la maison d'édition.

En voici le contenu :

Monsieur,

Ayant appris, à la lecture de *Point de vue*, que les éditions Plon venaient de vous confier l'écriture d'un *Dictionnaire amoureux du Japon*, je me permets de vous recommander d'y inclure *L'Honorable Partie de campagne* de Thomas Raucat, ouvrage paru en 1926 chez Gallimard, illustré par Foujita, régulièrement réimprimé depuis dans plusieurs pays; actuellement chez Folio.

Sous ce pseudonyme de Thomas Raucat, qui veut dire à l'oreille « M'arrêterai-je ici ? », c'est mon père, Roger Poidatz, qui, au terme d'un séjour de deux ans au Japon (en tant que polytechnicien chargé d'enseigner la photographie aérienne aux militaires japonais, au sortir de la guerre !) a écrit ce roman, qui évoque avec humour la difficile communication entre les deux civilisations.

Mon mari et moi-même serions à votre disposition pour vous raconter sa carrière originale et la genèse de son livre.

Je vous prie de croire, Monsieur, à l'assurance de mes sentiments les meilleurs.

Cécile B.

Voilà comment j'ai découvert que Thomas Raucat n'était ni suisse ni diplomate mais français, polytechnicien, de surcroît, envoyé au Japon pour enseigner la photographie aérienne à l'armée impériale ! Un pedigree aussi loufoque ne s'invente pas ! Il en rend *L'Honorable Partie de campagne* encore plus romanesque !

J'ai bien entendu rendu visite à la fille de Roger Poidatz. Elle et son mari, dépositaires de la mémoire de leur père et beau-père, m'ont reçu fort civilement. Ils m'ont montré et donné d'innombrables documents, dont une photo d'hydravions quadriplans dans la baie de Yokohama sur lesquels il vola, probablement. Ils m'ont raconté de nombreuses anecdotes sur ce jeune homme qui avait caracolé deux années au milieu des Japonais et avait ramené cette perle écrite pendant les cinq mois que dura l'odyssée de son retour vers la France, comme un testament sur une vie passée dont il ne dévoila jamais qu'un pan, sur ce pays où il ne retourna jamais, ainsi qu'il l'écrivit plus tard : « Revenu à Paris, je ressentis une vive nostalgie de ce pays. J'essayais en vain d'y retourner. D'ailleurs, ce n'est qu'au moment où j'ai acquis la certitude que je n'y retournerais pas que j'ai publié mon livre. »

J'ai sous les yeux une photographie de Roger lors de son séjour au Japon, vers 1920. Il avait 26 ans. Il est assis en tailleur dans une pièce japonaise à tatamis, devant un *shōji*. Il porte un kimono d'été en coton, un *yukata*. Il tient un éventail au moyen duquel il s'évente. Nous sommes donc en été.

Il a un beau visage allongé, surmonté d'une coiffure drue mais coupée court, polytechnique, j'imagine, obligeant. Il porte des lunettes rondes à la monture métallique (ou en bakélite ?) qui font penser à celles de l'empereur Hirohito. Il est très grand – il devait largement dépasser les Japonais de ce début du XXe siècle d'au moins une tête, voire deux. D'un pan de son *yukata* dépasse un mollet bien galbé, une cheville fine et un long pied. Il fixe l'objectif d'un air mélancolique.

Il est bel homme, séduisant. Son livre laisse deviner qu'il a usé, voire abusé, de cette aura. Séducteur donc, grâce à son physique et sans doute son excellente éducation.

Combien de cœurs a-t-il brisés au Japon ? Et que dire du sien ?

Est-ce qu'une « Mademoiselle la jeune fille » le lui aurait volé ?

En laissant notre imagination caracoler, nous pourrions rêver que cette photo a été prise par cette « Mademoiselle la jeune fille » que Thomas Raucat a l'intention de séduire en l'emmenant à Enoshima, lors d'une escapade semblable à celle de *L'Honorable Partie de campagne*. Une jeune fille qui n'aurait ensuite pas supporté l'éventualité de ne jamais revoir son « Seigneur Étranger » ?

Mais laissons aux âmes défuntes le privilège de celer leur vérité…

Le roman de Roger Poidatz connut un succès appréciable, en France comme à l'étranger. Il fut traduit en néerlandais, en norvégien, en italien, et même en japonais, dans une version dont certains passages auraient été édulcorés ou remaniés car jugés trop insultants pour le public japonais. Il a été réédité dans la collection « Folio ».

Il y eut par ailleurs plusieurs éditions de luxe illustrées : Foujita en 1927 (avec 29 compositions gravées à l'eau-forte en couleurs), Touchet en 1928, Jo Merry en 1944. Cette dernière, en tirage limité à 790 exemplaires dont 40 HC (hors commerce), a été imprimée à la japonaise, sur le verso uniquement d'une seule longue bande de papier *enoshima spécial* dont chaque page est repliée, puis l'ensemble est relié à l'aide d'une mince cordelette de fil noir savamment nouée.

Un ami français qui vécut autrefois au Japon, lors d'un de ses passages à Tokyo pour affaires, m'a offert l'exemplaire n° 628 de cette dernière édition, en hommage à un autre livre qui dans son panthéon personnel mérite d'être rangé à côté de *L'Honorable Partie de campagne*. Cet autre livre, la pudeur m'empêche d'en donner le titre.

Je lui dédie cette entrée, ainsi qu'à Cécile B., la fille de Roger Poidatz, et à son mari François B. qui a signé d'un humoristique « Votre nègre » les missives qu'il m'envoyait pour me confier de nouvelles informations.

J'espère qu'ils estimeront que j'ai rempli loyalement la mission qu'ils m'ont confiée un jour de juin 2015.

1

Ichigensan Okotowari (一見さんお断り) – Refus du client inconnu

Concept selon lequel on ne souhaite pas recevoir dans son établissement une personne qu'on ne connaît pas ou qui n'a pas été recommandée par quelqu'un de confiance.

À l'origine, ce principe fut initié dans le milieu des maisons de thé de Kyoto. Elles assuraient un ensemble de prestations, outre l'espace et le service qu'elles fournissaient, repas, boissons, réservation des *geishas*[1] pour distraire les invités, frais de pousse-pousse (de taxi) et je ne sais quelles autres dépenses ancillaires ; tout devait être réglé séance tenante, dans la discrétion, à la place du client. Ceux-ci n'étant à leur tour facturés qu'en fin de mois, parfois jusque six mois plus tard, il était donc essentiel qu'elles fussent assurées de leur solvabilité. Par conséquent, elles n'acceptaient d'accueillir que des personnes qu'elles connaissaient bien et avec lesquelles une forte relation de confiance était établie. Il est encore, de nos jours, impossible de se rendre dans une de ces maisons

1. Voir l'entrée « *Geisha* ».

de thé sans une solide recommandation, laquelle se porte garante de l'honorabilité du nouveau venu et peut être tenue financièrement comme responsable en cas de son défaut de paiement.

On pourrait penser que cette pratique aurait disparu avec les moyens de paiement modernes. Il n'en est rien.

Ainsi, des restaurants traditionnels, souvent de sushis, des *ryokans* également, refusent des réservations de clients sans accréditation. D'ailleurs, pour éviter l'inconvénient d'être importunés, ces commerces affichent clairement leur refus dès l'entrée, n'ouvrent évidemment pas de site Internet et ne communiquent aucunement leurs coordonnées.

Par exemple, la célèbre manufacture de biscuits Murakami Kaishindō refuse d'honorer toute commande passée par une personne non référencée. Si vous entrez dans son magasin de Tokyo, vous vous verrez systématiquement demander qui vous envoie, et si vous ne pouvez donner le nom d'un client connu, on refusera fort courtoisement de vous vendre quoi que ce soit en vous présentant les excuses les plus désolées.

J'ai depuis de longues années mes entrées dans un des meilleurs restaurants de Tokyo dont la réputation sur ce plan est aussi inflexible que sa renommée. De nombreuses personnes, sachant que mon nom y est un sésame, me supplient de les aider à obtenir une réservation pour elles. En fait, c'est moi qui dois réserver ; je suis donc auprès de cet établissement seul responsable de leur honorabilité, de leur bonne tenue et surtout de leur capacité à s'acquitter de la facture. Je procède donc par élimination, m'esquivant en imaginant diverses excuses, quand j'estime que le demandeur pourrait ne pas se révéler à la hauteur.

Mon restaurant de sushis préféré, un minuscule établissement avec un comptoir ne pouvant accueillir guère plus de six personnes, qui officie au rez-de-chaussée de sa propre demeure blottie dans un quartier résidentiel, dont l'entrée est à peine indiquée par un discret *noren* et une lanterne sur laquelle est calligraphié son nom, est un de ces établissements qui pratiquent rigoureusement le principe du *Ichigensan Okotowari*.

En effet, il ne m'est pas possible de lui envoyer quelqu'un sans que je l'accompagne personnellement. C'est ainsi d'ailleurs que je l'ai découvert, invité par un vieil habitué, le président de ma maison d'édition.

J'ai demandé au propriétaire des lieux au bout de plusieurs années de fréquentation assidue de son restaurant pourquoi il appliquait cette règle avec tant de sévérité.

Il me répondit ainsi : « Il faut une éthique rigoureuse quand on observe le *Ichigensan Okotowari.* Si vous le faites dans le but de flatter soit l'orgueil de vos clients ou leur snobisme en leur faisant croire qu'ils sont des élus parmi les élus, ce ne serait alors que de la fourberie. Il faut une attitude humble et respectueuse dans l'usage de cette éthique. Il est donc nécessaire de ne jamais déroger aux grands principes fondamentaux :

» — le premier est qu'il faut s'assurer qu'un nouvel arrivant ne perturbera pas la quiétude des autres convives ;

» — le deuxième, tout aussi important, est de vérifier que cette personne ne se sente pas embarrassée au milieu d'une clientèle qui ne correspondrait pas à ses propres critères ;

» — il est également essentiel qu'elle soit consciente de mon savoir-faire et de la qualité des mets que je sers. En effet, il ne serait pas courtois pour les autres clients qu'une personne assise à côté d'eux à mon comptoir ne puisse être en mesure d'apprécier les subtilités gustatives certes insuffisantes de ma pratique afin de satisfaire les attentes légitimes des clients habituels ;

» — il est enfin indispensable que je puisse bien comprendre les souhaits du nouvel arrivant afin d'y répondre discrètement sans pour autant altérer la fluidité de mon service.

» Toutefois, il peut arriver qu'une personne accompagnée par un client ne satisfasse pas à ces exigences. Dans ce cas, fort heureusement rarissime, ce ne peut être que ma faute. Je m'oblige alors à ne plus recevoir ce client que je n'ai pas été capable de séduire. C'est le prix à payer afin de continuer à satisfaire ma fidèle clientèle en déroulant toute la palette de mon savoir-faire au sein de mon modeste restaurant et pour en préserver l'harmonie. »

On pourrait prendre cette posture pour de l'arrogance. Il n'en est rien. Il s'agit de s'assurer du bien-être de la clientèle, y compris, étonnamment, de celui des personnes qui sont refoulées. L'orgueil n'est pas un défaut lorsque l'on tutoie l'excellence en accueillant des clients servis comme des dieux.

J'ai depuis fait miennes ces règles et je n'emmène dans ce sushi, ainsi que dans quelques autres établissements, que des personnes dont je sais qu'elles seront en adéquation avec elles. Il en va de ma propre réputation auprès de ces exigeants artisans.

Ichi-go Ichi-e (一期一会) – L'instant unique

Le *Ichi-go Ichi-e* est un moment qu'il faut chérir car il ne se répétera jamais.

Il correspond conceptuellement peu ou prou au *Carpe diem*, mais dans une interprétation plus généreuse puisqu'il s'applique à des moments passés en compagnie d'autres personnes.

Il est le plus souvent associé à la cérémonie du thé car le terme remonte à une locution énoncée par le grand maître Sen no Rikyû qui en codifia le déroulement au XVIe siècle. Selon lui, il convient de rendre hommage à son hôte comme s'il s'agissait d'une rencontre qui ne peut se produire qu'une seule fois dans la vie. Il emprunta la première partie de cette formule au mot bouddhiste *Ichi-go*, signifiant « de la naissance à la mort », autrement dit, la vie.

Le raffinement de cet art est tel que chacun des éléments qui le compose est unique par la combinaison et la résonance qui se crée entre eux ; la gestuelle de l'officiant qui malgré sa précision ne peut jamais être identique ; l'ambiance forcément différente en fonction de la saison : la lumière, les couleurs, la température, l'humidité, la brise, les possibles intempéries ; et par l'alchimie subtile entre les personnes qui se sont réunies pour l'occasion. Quand bien même elles se retrouveraient le lendemain au même endroit pour se livrer à la même occupation, rien ne serait semblable à l'événement de la veille. Il est donc recommandé de se projeter dans ce moment avec sincérité et candeur, tous les sens aiguisés pour en savourer l'infinité de particules, sachant qu'on est soi-même, par son comportement, son état d'esprit, la tonalité de sa voix, la profondeur de sa respiration, un constituant inestimable de ce temps irremplaçable.

Mes sens ne sont jamais autant aiguisés afin de ressentir par tous mes pores le privilège d'un *Ichi-go Ichi-e* que lorsque je suis assis sur un coussin sur le parquet de l'*engawa* de notre *hanare*[1] qui surplombe le jardin japonais près d'un ami avec lequel je converse.

Accoudé à la rampe de la véranda, une tasse de thé à la main, le regard perdu dans les volutes toujours changeantes de la vapeur qui s'en échappe, les épaules réchauffées par les rayons d'un soleil automnal, je jouis intensément de la paix qui m'enveloppe.

Une intensité semblable me saisit lorsque je fume un cigare, un verre de vieil armagnac posé devant moi, assis près de ma femme, et que nous ne faisons rien de plus que regarder les nuages traverser le ciel en rêvant.

Sans doute l'immobilité est-elle un vecteur particulièrement porteur de cette béatitude que représente pour moi l'*Ichi-go Ichi-e*.

1. « Pavillon détaché ».

Ihara Saikaku (井原西鶴) – Romancier (1642-1693)

Durant la seconde moitié du XVIIe siècle, le Japon va connaître une étonnante prospérité ; cela est dû pour l'essentiel à la stabilité du régime féodal imposé par les *shōguns* Tokugawa[1] ; cela va engendrer un développement commercial sans précédent favorisant l'éclosion d'une nouvelle classe sociale, les *chônins*, habitants des villes enrichis par les affaires et aussi la spéculation ; bien que ce soit la dernière classe méprisée dans l'échelle sociale mise en place par le shogunat, c'est elle qui devint rapidement la plus riche et la plus importante.

Son influence déborde bientôt le simple cadre économique avec sous son impulsion le développement d'une authentique culture populaire favorisant la littérature, la poésie, la peinture et, plus précisément, l'art de l'estampe, mais également le théâtre *kabuki*. Le shogunat se préoccupe peu de l'instruction du peuple, mais les *chônins* vont y pourvoir, envoyant leurs enfants étudier l'écriture et des éléments de calcul dans des écoles annexées aux temples bouddhiques. Le niveau d'alphabétisation va très vite s'élever jusqu'à devenir un des plus importants au monde.

Deux grandes villes ont pris leur essor à cette époque : Osaka à l'ouest, la ville la plus peuplée du pays avec 270 000 habitants ; et Edo à l'est, où les suzerains Tokugawa ont établi leur gouvernement.

Ihara Saikaku est né dans une famille aisée de *chônins* d'Osaka. Il reçoit une solide éducation et acquiert même des rudiments en littérature classique. Très tôt il

1. Voir l'entrée « Sandai Bushō ».

développe des réels dons d'écriture. Dès l'âge de 14 ans, devenu le disciple d'un maître, il compose des *haïkaïs*[1] et il devient à 20 ans *tenja*, correcteur de pièces soumises à l'examen de son professeur. Il adopte très vite un style libre et fantaisiste au point qu'il est raillé par les écoles traditionalistes. Saikaku montrera plus d'une fois son incroyable facilité, par exemple en récitant 1 600 *haïkus* en une seule journée ou 10 000 *haïkus* en dix jours. En 1684, il réussira même l'exploit de réciter d'une traite en vingt-quatre heures 23 500 poèmes ! Cet exercice s'appelait le *yakazu-haïkaï*, autrement dit *haïkus* lancés comme une volée de flèches.

Bientôt, Ihara Saikaku va passer à la narration. En 1682, il publie sa première œuvre en prose, *Vie d'une amie de la volupté* (*Kôshoku ichidai otoko*), inaugurant un style de récit tout à fait nouveau, les *ukiyo-zōshi*, ou histoires du temps présent, souvent inspirées de faits divers.

Au milieu du XVIIe siècle, le gouvernement Tokugawa régit le pays selon la morale austère et rigoriste du confucianisme, notamment en ce qui concerne la gestion des affaires familiales selon une subordination rigide de la femme au mari, du fils au père, du cadet à l'aîné. Le mariage notamment assujettit implacablement l'épouse à son mari. Les unions sont organisées par les familles avec l'aide de marieuses professionnelles ou par l'entregent de connaissances dont on devient alors les obligés. L'affection et l'amour n'entrent évidemment pas en ligne de compte. Les filles sont mariées sans qu'on leur demande leur avis. L'adultère féminin est puni de mort. En revanche, le mari peut entretenir des concubines, y compris sous le toit conjugal. Dans un tel contexte de rigueur des mœurs et

1. Voir l'entrée « *Haïku* ou *haïkaï* ».

de morale sexuelle impitoyable, l'union libre sans intervention de la famille ou d'une entremetteuse est quasi impossible. L'honneur des familles respectives ayant été bafoué, de telles aventures ne peuvent jamais se terminer heureusement par un mariage ni être absoutes. Les amants n'ont alors d'autre choix que se cacher ou fuir. Ils mènent une vie misérable, coupés de leurs racines familiales. S'ils sont découverts, ce qui arrive presque toujours, le garçon, accusé de séduction et d'enlèvement, est puni de mort et la fille séquestrée par sa famille ou, tête rasée, envoyée finir sa vie dans un couvent de nonnes. Ces couples illégitimes n'ont souvent d'autre issue que le double suicide passionnel *shinjû*.

Le gouvernement, dans un grand écart moral et un de ces paradoxes si nombreux au Japon, autorise l'ouverture de lupanars régis par des règles passablement laxistes. Ce sont de véritables quartiers clôturés appelés *kuruwa* situés toujours à la périphérie des villes principales du pays. Les plus célèbres étaient le Shimabara à Kyoto, celui du quartier de Shimmachi à Osaka et le fameux Yoshiwara à Edo. C'était un monde à part « où l'on ne connaît pas la nuit ». Quand on entrait dans ces districts, les classes étaient abolies. *Samouraï* ou *chônin*, le client y était traité de la même manière. Les guerriers étaient priés de laisser leurs sabres dans des maisons de thé à l'entrée du quartier des plaisirs. On pouvait louer de larges chapeaux de paille cachant le visage afin de circuler incognito dans les allées.

Les courtisanes des lupanars n'étaient pas de vulgaires prostituées. Formées depuis leur plus tendre âge, elles étaient la plupart du temps cultivées et raffinées. Une hiérarchie subtile les différenciait. Le portrait des plus belles et des plus élégantes faisait l'objet des gravures *ukiyo-e*. Obtenir leurs faveurs n'était pas une mince affaire. Obligation était faite de leur rendre hommage. Les riches marchands étaient de parfaits connaisseurs et dépensaient des sommes folles pour entretenir les courtisanes de leur choix.

C'est en se penchant sur cette humanité grouillante qu'Ihara Saikaku va produire trois types d'ouvrages :
— les *kôshoku-mono* abordant les différentes facettes de la volupté, le terme *kôshoku* recouvrant une large palette d'émotions amoureuses, de la sensualité la plus suave à un érotisme ludique qui reste toujours galant,
— les *setsuwa-mono*, contes inspirés de faits réels, avec, de temps à autre, une conclusion moraliste,
— les *buke-mono*, décrivant les multiples attitudes d'affrontement des guerriers, telles que la vendetta, la vengeance, mais aussi leurs mœurs homosexuelles.

Saikaku croque avec un réalisme saisissant toute l'humanité de son temps : les commerçants *chônin* qu'il connaît si bien pour en être issu ; toutes les catégories de prostituées, des courtisanes du rang le plus élevé aux plus défavorisées livrées dans des barques mises à leur disposition à un abattage sordide ; les riches libertins qui se ruinent pour satisfaire leur luxure ; les moines débauchés qui, interdits de relations avec les femmes, s'adonnent à des orgies pédérastiques ; les *samouraïs* qui se prennent de passion pour de jeunes éphèbes.

Ses *Contes d'amour des samouraïs* rapportent plusieurs histoires d'amours homosexuelles entre guerriers. Jamais Ihara ne s'autorise, de même que dans tous ses autres romans, à porter un jugement de valeur. Il est vrai que dans le Japon médiéval il y avait une grande tolérance. L'homosexualité pouvait être l'aboutissement d'une amitié virile teintée de fidélité et d'engagement absolu envers un compagnon d'armes ou un page attentionné. L'amour d'un *samouraï* pour un autre homme était un signe de force au contraire de la passion pour une femme qui pouvait paraître pour de la faiblesse.

> « La pédérastie doit être différente de l'amour ordinaire entre homme et femme, c'est pourquoi un prince, même quand il a épousé une belle princesse, ne peut oublier ses pages. La femme est une créature tout à fait sans importance tandis qu'un sincère amour pédéraste est un vrai amour. »

Comme les Chinois, les Japonais de cette époque n'étaient pas loin de penser que « le désordre ne vient pas du Ciel, il vient des femmes », ce dont Ihara semble se faire l'écho quand il écrit dans le *Grand Miroir de l'amour mâle* :

> « Parce que la Voie des femmes existe, la stupide espèce humaine prolifère. Puisse l'amour mâle devenir la seule force d'amour en ce monde, les femmes disparaître de la terre, et le Japon se transformer en île des hommes ! Si la chose advenait, on n'entendrait plus les maris se quereller avec leurs femmes, la jalousie disparaîtrait et le monde entrerait enfin dans une ère de paix[1]. »

Pourtant, Saikaku ne méprise en aucune manière les femmes. Bien au contraire, dans une autre de ses œuvres majeures, *Cinq Amoureuses* (*Kôshoku gonin onna*), parue en 1685, il porte un œil peu amène sur les maris au comportement volage qui punissent impitoyablement leurs épouses au moindre écart ; inversement, il s'apitoie sur le sort des jeunes femmes que leur passion amoureuse mène

1. Cité par Philippe Pons et Pierre-François Souyri in *L'Esprit de plaisir*, Payot, 2020.

au désastre. Un être libéral et généreux affleure dans la manière dont il aborde les faits divers mentionnés dans ses récits.

Il arrive au cours d'un récit, au détour d'une phrase, de croiser un Ihara quelque peu moraliste comme lorsqu'il écrit : « Il n'existe en ce monde ni fantômes ni femmes fidèles. » Il était en fait tout le contraire d'un misogyne. Fort indulgent, il estimait que faute d'amour ne constitue pas un crime et que les femmes devraient avoir une indépendance identique aux hommes en ce qui concerne les élans du cœur.

Au sujet des ébats amoureux, il se révélait d'une grande mansuétude, considérant à juste titre que le désir et les pulsions sexuelles sont naturels. Il en dépeignait les extrêmes avec verve, depuis la gaudriole sans conséquence jusqu'aux passions absolues pouvant conduire à la mort. Cette liberté revendiquée est présentée brillamment dans la *Vie d'une amie de la volupté* (*Kôshoku ichidai onna*), publié en 1686, livre dans lequel une vieille femme raconte sa longue vie de libertinage à deux jeunes gens venus la consulter dans sa retraite. Saikaku en profite pour souligner le terrible carcan imposé par les préjugés et les interdits imposés à une femme de souche noble prétendant assumer sa sexualité.

La manière de raconter du romancier est toujours imagée, enlevée, sarcastique ; elle emprunte au langage populaire. Ihara ne craint nullement les situations cocasses voire burlesques : par exemple ce courrier postal qui a oublié son précieux coffre à lettres dans une auberge et s'en rend compte alors que le bateau qu'il a emprunté vogue depuis un bon moment. Les autres passagers brocardent alors son étourderie : « T'aurais pas aussi oublié là-bas tes couilles ? »

« L'homme se palpa pour s'assurer qu'il les avait toujours, et répondit que, pour sûr, il en avait deux, ce qui provoqua un éclat de rire général[1]. »

J'ai retrouvé, en lisant les romans de Saikaku, des pratiques domestiques de l'époque, lesquelles, quatre cents ans plus tard, perdurent. Ainsi ai-je découvert, en relisant les *Cinq Amoureuses*, cette épouse consciencieuse qui « marquait soigneusement sur le livre de comptes les petites dépenses courantes ». En plein XXIe siècle, ma propre femme tenait au début de notre mariage un carnet dans lequel elle notait consciencieusement toutes ses dépenses ménagères !

De même eus-je l'impression de me retrouver dans un de ces bars à hôtesses du quartier de Ginza en lisant ce texte :

> « Elle se laisse prendre la main par un "bouffon" de quartier et saisit une occasion pour admirer l'armoirie de son vêtement ou la manière dont il est coiffé, ou bien encore son éventail à la mode. Elle porte son attention sur de petits détails charmants, s'écriant : "Bourreau des cœurs qui fais mourir d'amour les femmes ! Qui t'a appris à te coiffer ainsi ?" pif, paf, elle lui donne une tape et s'en va[2]. »

Combien de fois ai-je été le « bouffon » complaisant flatté par une belle qui changeait de table cinq minutes plus tard !

Toutes ces saynètes sont riches en informations concrètes sur la vie quotidienne des citadins de l'époque.

---

1. In *Cinq Amoureuses*, chap. IV, traduction de Georges Bonmarchand, Gallimard, coll. « Connaissance de l'Orient », 1959.
2. In *Vie d'une amie de la volupté*, livre premier, chap. IV, traduction de Georges Bonmarchand, Gallimard, coll. « Connaissance de l'Orient », 1975.

L'œuvre d'Ihara Saikaku connut un immense succès de son vivant, sans aucun doute parce que le peuple de ses lecteurs se retrouvait dans les préoccupations quotidiennes, les petits bonheurs et les grands malheurs entremêlés de ses personnages, et dans le langage qu'ils parlaient.

Après une assez longue éclipse, il a retrouvé la place prédominante qui lui revient dans la longue histoire de la littérature japonaise.

Ijime (イジメ) – Ijime

Il avait 13 ans.

Uemura Ryōta était un garçonnet sage et sans histoires. Il aimait le basket-ball.

Il avait quitté deux ans plus tôt les calmes îles Nishi au large de la côte de la mer du Japon pour emménager avec sa mère et ses quatre frères et sœurs dans la banlieue industrielle de Tokyo.

Le 20 février 2015, Ryōta est retrouvé sans vie sur les berges du fleuve Tama qui sépare Tokyo de Kawasaki. Son corps porte la trace de multiples coups de couteau. Après avoir été forcé de se plonger dans les eaux glacées de la rivière, il a été égorgé en un sinistre pastiche des exécutions de Daech. On découvre ses vêtements brûlés dans des toilettes publiques un peu plus loin.

Il ne fallut pas longtemps pour retrouver les meurtriers, trois adolescents de 17 à 18 ans. Tout le monde autour de Ryōta savait qu'il était harcelé par le plus grand depuis un moment. Un mois plus tôt, l'enfant était rentré chez lui avec un œil meurtri, par la suite il avait cessé de se rendre à l'école, avouant qu'il avait peur. Des conseillers en éducation mais aussi des policiers avaient été alertés. Mais dans cette société où l'on exècre se mêler des affaires des autres, rien n'a été fait pour stopper l'infernale spirale qui mena inexorablement au drame. Le principal assassin expliqua qu'il avait d'abord été agacé par la popularité de l'enfant auprès de ses propres copains, puis exaspéré qu'il se soit plaint du coup de poing qu'il lui avait assené. Il avait entraîné les deux autres à sa suite et leur avait ordonné de participer au lynchage.

Ce triste fait divers était la conclusion tragique d'un phénomène hélas courant au Japon, l'*Ijime*, trop faiblement traduit par « intimidation ».

C'est en fait une forme de harcèlement aussi nauséeux que brutal.

L'archipel n'a certes pas l'apanage de l'*Ijime*, mais il prospère dans les proportions d'un fléau national. En 2019, on a dénombré 610 000 cas d'*Ijime*, et cette navrante comptabilité n'est que l'arbre qui cache la forêt.

Dans la société japonaise, l'appartenance au groupe et l'uniformité restent primordiales. Ainsi l'individu ne trouve-t-il sa place qu'en gommant ses aspérités et, contraint et forcé, en s'adaptant au biotope dans lequel il évolue. La moindre différence physique, de comportement ou de façon de penser déclenche quasi systématiquement une réaction de rejet qui se traduit par l'*Ijime.* L'expression de cette uniformité escomptée se retrouve explicitement dans le proverbe japonais « le clou qui sort doit être enfoncé » (*deru kui wa utareru*).

L'*Ijime* peut conduire à des réactions extrêmes de la part de la victime, l'enfermement mental et physique, l'*hikikomori*, ou le suicide.

L'*Ijime* ne se limite aucunement à la sphère scolaire mais se niche également dans l'entreprise, et même la famille ; les brimades à l'encontre des jeunes mariées par leurs belles-mères quand elles vivaient sous le toit des parents de leurs époux sont de notoriété tristement publique.

Après la catastrophe de la centrale nucléaire de mars 2011, les véhicules immatriculés dans la province de Fukushima étaient lapidés quand ils circulaient hors de leur territoire. Les victimes irradiées d'Hiroshima et de Nagasaki avaient de même souffert d'un ostracisme social dû à la peur des radiations, accentuée par le fait qu'ils étaient les symboles vivants de la défaite.

La crise de la Covid a exacerbé le phénomène de rejet avec divers prolongements d'*Ijime*, allant jusqu'à une sorte d'institutionnalisation dans certaines préfectures dont le gouverneur recommande le boycott systématique des visiteurs. En province, des restaurateurs affichaient même : « Établissement exclusivement réservé aux personnes de notre préfecture ».

Comme on le voit, l'*Ijime* a encore de tristes jours devant lui.

Ikebana (生け花) (aussi appelé *kadõ* – 華道) – La Voie des fleurs

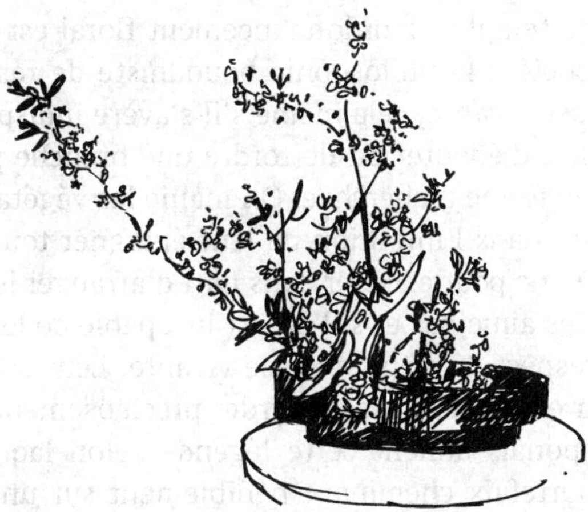

Un béotien pourrait penser que l'*ikebana* est l'art de torturer plantes et fleurs pour le simple plaisir du regard.

Il est vrai que la panoplie des instruments utilisés afin de composer un bouquet floral pourrait avoir sa place dans une salle de torture : différents ciseaux *hanafubuki*, *kiribashi*, *hanayabasami* et *uekibasami* aux lames effilées capables de sectionner la branche la plus rétive ; sécateurs à ébourgeonner à l'impressionnant ressort de rappel ; pique-fleurs *kenzan* de diamètres variés ou rectangulaires aux pointes acérées destinés à maintenir branches et fleurs dans leur vase ; râteaux et seringues à nettoyer les *kenzan* aux dents de métal agressives et à l'aiguille menaçante.

Pourtant, le premier caractère 生 composant le mot dans sa lecture du verbe *ikeru* signifie « avoir de la vie »,

« être vivant ». L'*ikebana* est donc l'art de donner vie et épanouissement aux fleurs.

L'origine de l'*ikebana* remonte au VIIIe siècle lorsque des moines bouddhistes décidèrent de parer de fleurs les autels des temples. L'ordonnancement floral est intimement associé à la philosophie bouddhiste de respect de toute chose vivante, cela même s'il s'avère indispensable de cisailler, d'ébouter ou de tordre une branche pour lui imposer la forme recherchée. On manie les végétaux avec précaution dans l'intention de leur épargner toute souffrance. On ne peut exceller dans l'art d'arranger les fleurs si on ne les aime pas et si l'on est incapable de les traiter avec le respect dû à toute chose vivante. Leur donner de l'eau, par exemple, c'est les garder précieusement en vie.

Les Japonais aiment cette légende selon laquelle un pauvre portefaix cheminant péniblement sur un sentier de montagne escarpé sous sa lourde charge découvrit une petite fleur esseulée qui dépérissait entre deux pierres. Malgré son fardeau et sa fatigue, il s'arrêta, s'agenouilla et versa sur la plante les dernières gouttes du thé qui lui restaient afin qu'elle puisse vivre un peu plus longtemps.

On retrouve donc ce respect de la nature sans doute inconscient chez tout Japonais. Jamais un passant n'arrachera une fleur de cerisier pas plus qu'il ne cueillera une fleur dans un champ.

En cela, l'*ikebana* est un principe d'amour et de compassion.

Ordonnancer des fleurs au Japon n'est en rien un passe-temps. C'est une discipline spirituelle qui n'est pas sans rappeler la doctrine du *za zen*. Composer un arrangement floral exige une préparation mentale permettant de s'appliquer tout en étant détaché de toute réflexion extérieure. On ne peut qu'être surpris par le silence qui imprègne toute composition d'un *ikebana*.

La technique de l'*ikebana* n'est en soi pas complexe : les principes de base sont beaucoup moins nombreux que les codes minutieux qu'exige une cérémonie du thé. L'habileté s'acquiert avec la pratique.

La structure d'un bouquet d'*ikebana* est axée sur trois points qui symbolisent le Ciel *Shin*, la Terre *Gyo* et l'Homme *So* orchestrés au travers de trois fondamentaux, asymétrie, espace et profondeur selon une géométrie spatiale simple, un triangle scalène orienté soit vers la droite soit vers la gauche. La gestion du vide, l'harmonie entre les végétaux, le vase généralement plat et la surface de l'eau sont d'autres éléments essentiels de l'équation, ainsi, bien entendu, que la saison.

Il y a plusieurs modes d'arrangements :

— le *Rikka*, ou fleurs debout, expression bouddhiste de la beauté des paysages, avec neuf branches ou fleurs représentant les éléments de la nature ;

— le *Nageire*, ou fleurs jetées, mode de composition libre et déstructuré, caractérisé par une composition de tiges dans un espace triangulaire asymétrique classique. Il est possible de jouer avec la nature des plantes ;

— le *Seika*, ou fleurs pures, organisé autour des trois éléments de la Terre, le Ciel et l'Homme. Il peut être formel, auquel cas il donne une impression de gravité un peu sévère avec des lignes verticales dressées vers le ciel, ou plus informel, offrant plus de souplesse ;

— le *Moribana*, ou fleurs empilées, plus récent, qui est un arrangement paysager dans un vase peu profond *suiban* ou un panier, avec ses variantes *Shizenka* (« naturelle ») et *Jiyûka* (« libre »). La forme triangulaire peut s'organiser en jouant avec la profondeur des plans et arrière-plans.

Il est évidemment indispensable de connaître le message que portent les fleurs et les plantes au travers de leur couleur ou de la texture de leur feuillage. Elles ne sont pas un futile accessoire de décoration. Il y a au Japon un langage et un code des fleurs comme chez nous, mais il est infiniment plus nuancé. Le rouge, couleur de deuil mais aussi rappelant le feu destructeur, sera évité ; un nombre impair de fleurs est recommandé, un nombre pair, synonyme de malchance, évité ; la symétrie inexistante dans la nature est bannie ; des fleurs blanches seront utilisées pour l'inauguration d'une maison car leur couleur suggère l'eau qui éteint les incendies ; un départ sera accompagné d'un arrangement floral réalisé avec des branches de saule porteuses d'un message d'espoir pour une vie heureuse ; un héritage sera célébré au moyen d'une composition de plantes à feuillage persistant ou de fleurs qui tiennent longtemps tel le chrysanthème, pour suggérer que l'opulence sera éternelle.

Tout cela s'acquiert relativement facilement avec le temps.

Mais l'*ikebana* n'est aucunement une école de dextérité où l'habileté manuelle, la capacité à mémoriser et l'attention au détail suffisent.

Ce qui importe vraiment, c'est la « disposition de l'âme, à la fois détachée et fervente, [qui] peut être comparée au jeu inconscient de l'enfant, au recueillement du croyant ou à la vision intuitive de l'artiste », description explicite de Gusty L. Herrigel, épouse d'un universitaire allemand en poste au Japon dans les années 1920 qui étudia l'*ikebana* auprès d'un maître renommé[1].

L'art floral obéit en fait à la règle japonaise qui régit toute activité artistique selon laquelle, avant de commencer, on doit faire le vide en soi : s'asseoir complètement immobile, mettre son âme en lévitation et affranchir son esprit de tout pour libérer son énergie créatrice.

1. In *La Voie des fleurs*, Arléa-Poche, 2019.

L'*ikebana* est probablement l'école de discipline qui permet d'aborder le plus explicitement toutes les autres formes d'art japonais.

Il y a plusieurs écoles d'*ikebana.* La plus ancienne est *Ikebono*, fondée à Kyoto au VIIIe siècle. En 1975, j'ai étudié durant quelques mois à Tokyo auprès de la fille du fondateur de l'école *Sõgetsu-ryû*, Teshigahara Kasumi. Mais celle-ci était bien trop jolie pour que je puisse libérer mon âme comme il convenait.

Si de nos jours la plupart des élèves de cours d'*ikebana* sont des femmes, cette discipline était autrefois pratiquée par les hommes extrêmement virils, aristocrates, *samouraïs* et généraux. Le grand Toyotomi Hideyoshi[1] lui-même avait la réputation de réaliser des bouquets d'*ikebana* pour modérer son esprit guerrier.

Le huitième *shõgun* Ashikaga Yoshimasa (1436-1490) donna à l'art floral ses lettres de noblesse. Amoureux des arts, c'est dans son pavillon d'argent qu'il s'adonna à sa nouvelle passion tout comme le cérémonial du thé ou bien encore l'art de l'encens *kō-awase*. Son ami, le célèbre peintre Sõami, conçut la trinité Ciel, Terre et Homme. La codification simplifiée de l'*ikebana* initiée sous l'impulsion de Yoshimasa permit son développement jusque dans les classes populaires.

Dans son livre, Gusty L. Herrigel illustre ainsi l'affection que portaient les seigneurs féodaux à l'arrangement floral :

> « On peut imaginer la force d'âme extraordinaire, la maîtrise intérieure que possède un seigneur féodal dont le château subit déjà l'assaut de l'ennemi, et qui conserve le calme, le recueillement et l'imperturbabilité nécessaires

1. Voir l'entrée « Sandai Bushõ ».

> pour arranger des fleurs. Cette action est irrévocablement la dernière, et pourtant elle est toute sérénité. Elle ne prétend rien signifier, mais porte le sceau du destin accepté, de la vie droite et détachée, de l'art sans artifice [...]. L'être jaillit du centre qui supporte le ciel et la terre et qui repose sur les deux. »

Lors de mon premier voyage au Japon, j'ai séjourné quelques jours dans une famille japonaise de Kobe. Leur maison traditionnelle était immense, faite d'une succession de pavillons connectés entre eux par d'interminables couloirs dont certains enjambaient des étangs dans lesquels évoluaient des carpes paresseuses. Chaque pièce à tatamis avait son alcôve *tokonoma*. J'en avais dénombré dix. Le maître des lieux, Wakabayashi Yozaemon, se levait tous les matins à 5 heures pour réaliser l'arrangement d'*ikebana* de deux *tokonomas*. Un domestique allait la veille chercher les plantes qu'il lui avait donné instruction d'acheter.

Un matin, il m'invita à assister au cérémonial.

Quand je le rejoignis, vêtu d'un *yukata*, il était agenouillé dans la pénombre de la pièce devant le premier *tokonoma*. Je m'assis en tailleur un peu en retrait.

Des branches et une fleur étaient alignées sur un tapis de feutre à côté du vase qu'il avait sélectionné la veille, ainsi que des ciseaux, des pique-fleurs et d'un récipient qu'il avait rempli d'eau fraîche au puits du jardin. La lumière rasante de l'aube illuminait les tatamis d'une lumière dorée. D'un brûle-parfum s'échappait une délicate fumée claire. Wakabayashi *san* prit délicatement entre ses mains chaque branche, les portant à hauteur de son regard en les faisant doucement pivoter pour en apprécier la beauté. Puis il en choisit une qui me parut parfaitement banale dans sa nudité. Il coupa une ramille, imposa une douce inflexion à une autre puis fendit l'extrémité de la branche pour l'enfoncer plus facilement dans les piques du *kenzan* posé dans le vase plat évoquant la forme imparfaite d'une flaque d'eau. Cela accompli, il posa ses mains sur ses cuisses pour contempler l'élan de la branche dont la plus longue partie s'élançait vers le plafond du *tokonoma*, la plus courte montant sur la droite du corps principal et la troisième, à partir de la courbure, pointant vers la gauche.

J'étais fasciné par la sérénité qui se dégageait de la scène. L'instant était irréel, un temps magique comme suspendu dans le silence du petit matin.

Quelques minutes plus tard, la composition était terminée. Wakabayashi *san* finit de remplir le vase d'eau, recueillit au creux de sa paume quelques gouttes qu'il projeta du bout de ses doigts sur les feuilles dentelées de la fleur *sarusuberi* d'un rose délicat.

Il m'invita à m'asseoir devant le *tokonoma*. Je me plongeai dans la contemplation du bouquet posé légèrement de biais sur les tatamis de l'alcôve, un peu décalé à la gauche du *kakemono*.

J'éprouvais alors la sensation de percevoir en ce bas monde l'infinie perfection des choses tant la réussite de cet *ikebana* donnait une forme au vide comme la musique au silence.

Un rayon de soleil vint alors caresser une feuille de la fleur, faisant étinceler sur sa nervure une perle d'eau.

Peut-être était-ce un message que m'envoyaient les divinités ?

Ikizukuri (活き造り) – Plus vif que mort ! – et *ikejime* (活け締め) – Mort à vif ![1]

Technique de découpe d'un poisson permettant de le garder vivant tandis qu'on le mange.

Une fois que le client a choisi le poisson qu'il souhaite déguster dans le vivier où il évolue, le maître cuisinier le sort de l'eau et, avant qu'il n'ait le temps de se débattre, il l'assomme prestement en frappant violemment son crâne du méplat de son couteau. Il couvre ensuite sa tête d'un linge pour l'aveugler et en découpe la chair pendant qu'il est évanoui, sans l'écailler, sans toucher les organes vitaux ni le système nerveux. On peut donc dire qu'on mange le poisson commotionné mais vivant. D'ailleurs, la pulpe semble palpiter encore quand on la porte à la bouche, pendant que le poisson, sortant de sa syncope, est agité de soubresauts et de frémissements dans le plat. On choisira de préférence une dorade, un scombrésocidé (le fameux *sanma*, autrement appelé « épée d'automne ») ou une seiche. Si aucun Japonais ne trouve cette méthode barbare ou répréhensible, on considère cependant que c'est une façon vulgaire de manger du sashimi, et nul établissement honorable ne s'y livre.

Au début de ma carrière au Japon, un client qui souhaitait sans doute m'impressionner m'invita dans un restaurant qui pratiquait le *ikizukuri*. Trouvant le procédé inutilement cruel, je manifestai avec autant de tact que possible ma réprobation.

Le chef me fit alors la démonstration suivante : il sortit de l'aquarium une petite dorade dont il trancha la tête, la tuant net. Il découpa immédiatement dans son flanc

1. Traductions très libres.

une tranche qu'il me fit goûter telle quelle, sans citron ni autre accompagnement, en me recommandant de bien en retenir la consistance et le goût à mon palais. Puis il sortit de son vivier une dorade semblable à la première qu'il prépara en un tour de main à la manière *ikizukuri* et dont il m'invita à goûter derechef la chair qu'il me tendit. Je dus reconnaître que la saveur était très différente. Le morceau de daurade *ikizukuri* offrait une douceur et une onctuosité qu'on ne trouvait pas dans celui de l'autre poisson. Je déclinai cependant, passablement écœuré, d'en manger plus que la première bouchée. Inutile de dire que je n'ai jamais répété l'expérience bien que je ne sois pas particulièrement sensible.

Il ne faut pas confondre l'*ikizukuri* avec l'*ikejime* (活け締め), qui consiste à provoquer, directement à bord des bateaux, immédiatement après que le poisson a été pêché, sa mort cérébrale instantanée pour lui éviter tout stress, puis à le vider de son sang afin qu'une hémorragie interne n'altère pas la saveur de sa chair. Ce procédé est fort onéreux mais il permet de garder le poisson frais plus longtemps et en améliore le goût.

Le grand chef japonais Okuda Tõru, quand il a ouvert son restaurant à Paris, a décidé de ne servir que des poissons crus en sashimis ou en sushis préparés selon cette méthode. Il a donc ouvert sa propre poissonnerie. Il importe ses poissons vivants par avion dans des citernes d'eau de mer et il les abat lui-même de cette façon.

Un pêcheur français de Quiberon s'est formé tout seul à cette méthode. Daniel Kerdavid pêche ses dorades, merlans et lieus à la ligne, qu'il tue selon le procédé *ikejime* qu'il a étudié tout seul.

Je ne sais pas si Daniel et Okuda *san* se sont jamais rencontrés.

Inalco – Institut national des langues et civilisations orientales

Lointaine héritière de l'école de langues fondée en 1669 sous l'impulsion de Colbert qui estimait nécessaire l'éducation d'une élite commerçante et diplomatique, comprenant les langues et les civilisations orientales pour le prestige de la France, l'Inalco est né de sa fusion avec l'« École spéciale des langues orientales » fondée en 1795 par Lakanal.

En fait, l'enseignement de ces disciplines remonte à la fin du XVe siècle avec la création du Collège de France à l'initiative de Guillaume Budé. Le besoin en orientalistes pour la diplomatie de François Ier accompagna l'essor des langues exotiques dans notre pays.

De grandes figures françaises ont étudié les langues orientales, comme Champollion, Edgar Faure, André Malraux, des journalistes tels que René Marchand, Olivier Poivre d'Arvor ou Philippe Pons, et de nombreux diplomates issus du « concours cadre d'Orient », par exemple Maurice Gourdault-Montagne, Jean-David Levitte ou Gildas Le Lidec.

Au début des années 1970, on se rendait encore 2, rue de Lille, au siège de « Langues O' » pour déposer son dossier. On saluait en passant la statue du premier président de l'école, Antoine-Isaac Silvestre de Sacy, expert en arabe ; il arrivait qu'on croise le président en exercice René Sieffert, grand spécialiste du Japon, traducteur du *Dit du Genji*. Aux inscriptions, je découvris que sa fille Béatrice serait en classe avec nous.

Entre les dilettantes, venus par curiosité ou par fantaisie, et les enthousiastes, pour des raisons diverses et variées, la population étudiante était bariolée et tout autant exotique que ces langues qu'elle venait étudier. Le japonais attirait à mon époque des jeunes gens pratiquant les arts martiaux ou auxquels la demande du premier boom touristique offrait l'assurance d'un travail bien rémunéré une fois leur diplôme en poche. Les vocations nées de la lecture des *mangas* étaient alors inexistantes et ne remplirent les classes de japonais que bien plus tardivement. Rares étaient ceux qui comme moi avaient eu la chance d'effectuer un voyage initiatique au Japon et qui, pris de passion pour ce pays, avaient décidé de se colleter avec l'apprentissage de sa langue, de sa civilisation et de ses mœurs. S'il y avait un nombre relativement élevé d'entrants, l'enthousiasme retombait assez vite, et les bancs des amphithéâtres étaient naturellement plus clairsemés dès la fin de la première année : 30 % des effectifs avaient déjà disparu avant Noël ! Peu d'élèves sortaient diplômés trois ans plus tard.

Réalisant que mon coup de foudre pour le Japon au bout de quarante jours de gambade avec sac sur le dos n'était pas une raison suffisante pour m'engouffrer sans projet de carrière dans cette étude, je décidai de préparer le concours d'Orient des affaires étrangères exigeant l'apprentissage en « mineur » d'une seconde langue. Je choisis le coréen, pour sa proximité à la fois géographique, linguistique et culturelle.

L'engouement nouveau pour le japonais avait obligé le département à quitter la rue de Lille pour les anciens bâtiments de l'OTAN situés porte Dauphine. Nous le partagions avec l'université Paris-Dauphine spécialisée dans l'enseignement de la gestion. C'était un immeuble austère d'inspiration quelque peu soviétique doté d'un vaste atrium que surplombait une coursive. Lorsque les étudiants (?) du GUD opéraient une expédition punitive,

Dauphine n'étant pourtant pas réputée pour être de gauche, nous nous réfugiions dans les couloirs au-dessus du hall d'entrée et nous déroulions les lances à incendie de l'étage. L'eau sous haute pression déversée sur la tête des assaillants depuis notre chemin de ronde improvisé les culbutait et ils finissaient immanquablement par battre en retraite.

Nos enseignants étaient hauts en couleur, tous passionnés et fort généreux dans la transmission de leur savoir.

Notre professeur principal, Jean-Jacques Origas, n'avait pas son pareil pour nous faire comprendre la différence entre les particules は (« *Wa* ») et が (« *Ga* »), l'une définissant le thème d'une phrase, l'autre le sujet. Ses mains étaient aussi expressives que sa parole, et son enthousiasme communicatif. Nous l'adorions bien que son niveau d'exigence fût particulièrement élevé.

Francine Hérail, éminente historienne du Japon, outre les cours limpides qu'elle dispensait sur l'histoire complexe du Japon, se livrait intemporellement à de succulentes digressions sur le raffinement de la cuisine japonaise.

Un autre professeur, M. Martzel, disparaissait, avec l'assentiment de la faculté, de décembre à fin février pour aller étudier une forme primitive de théâtre *nô* pratiquée dans un village reculé de la région d'Akita isolé par la neige trois mois durant du reste du monde.

Il y avait encore le professeur Morin, exceptionnel enseignant qui nous initiait en nous tournant le dos aux arcanes de la philosophie (?) japonaise, et un autre, spécialiste de l'histoire du Japon, M. Vié, aussi loufoque que qualifié.

Il nous arrivait d'assister aux cours magistraux de l'éminent juriste Jacques Robert. Il avait tiré de son séjour à

Tokyo en tant que directeur de la Maison franco-japonaise, entre 1966 et 1968, un ouvrage savant sur le droit au Japon.

Une Française mariée à un Japonais, Mme Tsukahara, avait fort à faire avec la riche histoire de l'art du Japon. Elle l'enseignait avec une lenteur désespérante, mais elle parvenait à nous garder éveillés grâce aux magnifiques diapositives qu'elle projetait.

Nous avions également des professeurs japonais attachants, comme Mori Arimasa[1], le flamboyant professeur assistant Ninomiya à l'abondante chevelure que les jeunes filles adulaient et le couple « infernal » qui n'avait pourtant rien de maléfique que formaient Mme Fujimori Kiyoe avec son mari Bunkichi. Kiyoe enseignait la langue classique et avait depuis 1959 œuvré sans relâche à la constitution du fonds japonais de la bibliothèque des Langues O'. Son abondante chevelure d'un noir intense laissée libre soulignait son caractère chaleureux. Bunkichi animait entre autres disciplines la cellule de traduction simultanée en troisième année. C'était un grand spécialiste de Kawabata dont il avait traduit pratiquement toute l'œuvre. Malgré sa parfaite maîtrise de notre langue, il s'empêtrait toujours à notre grande joie peu charitable dans la prononciation des « L » et des « R ».

C'est à tous ces attachants professeurs, dévoués et compétents, pour la plupart hélas disparus, que je dois ma modeste maîtrise du japonais. Ils méritaient bien tous de figurer dans ce *Dictionnaire amoureux*.

1. Voir l'entrée « Mori Arimasa ».

Inoue Hisashi (井上ひさし) – Écrivain (1934-2010)

Un visage de *manga* avec une tignasse indomptable, des sourcils en arc-boutant au-dessus de ses yeux profondément enfoncés dans leurs orbites sous de larges lunettes cerclées de métal, une ossature quelque peu tourmentée, un nez en trompette et une bouche en cœur, Inoue Yasushi avait bien le physique adéquat d'un auteur de pièces de théâtre satiriques.

Fils d'un pharmacien qui avait décidé de vivre de sa plume en tant que scénariste après avoir écrit un premier récit récompensé, Inoue n'a que 5 ans lorsque son père meurt ; victime de sévices de la part de son beau-père, il est envoyé dans un orphelinat chrétien où il sera baptisé. Il poursuit ses études supérieures en littérature française à l'université Sophia à Tokyo ; c'est à la suite d'un travail de deux longues années dans un sanatorium qu'il déclarera son « amour à l'encontre des êtres humains », profession de foi qui sera le ressort de toute sa créativité.

Son enfance chahutée, l'agressivité de son beau-père et la guerre forgeront un caractère bien trempé. Antimilitariste, pacifiste déclaré, il était surtout un humaniste qui accordait toute son attention aux petites gens, aux laissés-pour-compte, aux pauvres et autres humiliés. Sa première épouse, l'actrice de théâtre et activiste politique Nishidate Yoshiko, possédait elle-même un tempérament aussi volcanique que son célèbre mari. L'addition de leurs caractères défraya de nombreuses fois la chronique. Avec sa seconde épouse, il vivait depuis 1989 à Kamakura où j'ai pu incidemment le rencontrer chez une amie commune.

C'était un homme volubile, chaleureux et fumeur invétéré, ce qui finit par le tuer.

Inoue est surtout connu pour ses pièces de théâtre, une discipline à laquelle il s'était déjà frotté lorsqu'il était encore étudiant en écrivant des sketchs pour le fameux cabaret de strip-tease Furansu-za dont il était l'un des régisseurs, cabaret où il était de coutume de jouer des vaudevilles d'une heure entre deux séances d'effeuillage. Il excellait dans le genre *gesaku* d'un ton enlevé, railleur, espiègle et frivole hérité de l'époque d'Edo. En 1983, il créa sa propre troupe pour y représenter ses pièces, la *Komatsuza*. La seconde pièce qu'il y joua, *Nihonjin no Heso* (« Le nombril des Japonais »), lui valut une reconnaissance immédiate et l'affection indéfectible des Japonais.

Mais il est aussi l'auteur de quatre romans dont le premier, *Tegusari Shinjû* (« Double suicide avec des menottes »), lui valut le prestigieux prix Naoki en 1972. Son deuxième roman *Kirikirijin* (« Le peuple de Kirikiri ») reçut le prix Yomiuri en 1981.

Entre 1986 et 1990, il publia le roman-fleuve *Yonsenmanpo no otoko* (« L'homme aux 40 millions de pas ») épopée étalée en cinq volumes. Enfin, en 1999, il publie *Les Sept Roses de Tokyo* (*Tokyo sebun roses*) qui demeure son seul ouvrage traduit en français outre un recueil de nouvelles.

Les Sept Roses de Tokyo est un gros volume de 900 pages rédigé sous la forme d'un journal tenu par un fabricant d'éventails, très précisément entre avril 1945 et avril 1946. Tout le talent d'Inoue se déploie dans la truculence de cet artisan scrutant le monde qui l'entoure d'un regard caustique zébré d'un l'humour gentiment désabusé, mais aussi de la gouaille si révélatrice du petit peuple japonais.

Il s'agit tout autant d'une étonnante étude sociologique de la population de la Shitamachi, les quartiers populaires de Tokyo, ses coutumes et sa mentalité depuis l'ère d'Edo au lendemain de la Seconde Guerre mondiale et de la brutale évolution des mœurs et des schémas de pensée dictée à tout le pays sous le joug américain qui lui imposa, du jour au lendemain, une vision manichéenne et pragmatique de la société.

Le roman fourmille également de détails sur la vie quotidienne sous l'occupation américaine, les petites combines du marché noir, les chicaneries administratives, la résignation soulagée des Japonais qui s'accommodent tant bien que mal des diktats du *Tennõ de Horibata* (l'empereur de la Douve), le surnom donné au général MacArthur, leur résilience après les souffrances qu'ils ont vécues et les espoirs dont ils se nourrissent.

La tendresse d'Inoue pour son prochain, son optimisme sur la capacité de la société des hommes à surmonter l'inénarrable et sa foi dans la bonté humaine donnent à ce roman un élan humaniste bien réconfortant.

Inoue Hisashi ne peut être confondu avec son quasi homonyme, Inoue Yasushi[1], son aîné de trente années en littérature.

1. Voir l'entrée « Inoue Yasushi ».

Inoue Yasushi (井上靖) – Écrivain (1907-1991)

Élevé par une ancienne *geisha* maîtresse de son arrière-grand-père, bien qu'ayant débuté relativement tardivement sa carrière d'écrivain à 42 ans, Inoue Yasushi est un des écrivains japonais les plus prolifiques du XXe siècle. Il publia 44 romans, 90 recueils de nouvelles, 12 volumes de poésie, sans compter quelque 35 contes de fées, essais et récits de voyage. Pas moins de 44 films et de 12 séries télévisées ont été tirés de son œuvre.

Il reçut quinze distinctions littéraires japonaises dont le prestigieux prix Akutagawa en 1950 pour sa nouvelle *Combat de taureaux* (*Tõgyû*). En octobre 1981, une indiscrétion ayant filtré qu'il était nominé pour le prix Nobel de littérature, *Nõberu shõ* en japonais, la presse se précipita devant son domicile au moment de l'annonce des résultats par Stockholm. Il invita tous les journalistes à trinquer à son échec, rebaptisé pour l'occasion *Nomeru shõ* (le prix Boisson), tradition qu'il perpétua chaque année par dérision, persuadé qu'il ne serait jamais nobelisé. On apprit après sa mort que sa désignation avait pourtant été sérieusement envisagée.

Parmi ses chefs-d'œuvre, j'ai une tendresse particulière pour *Shirobamba*, cette histoire largement autobiographique d'un enfant, Kosaku, élevé par « Grand-Maman Onui » qui n'est pas sa grand-mère naturelle mais la mère adoptive de sa propre mère et l'ancienne maîtresse de son arrière-grand-père. Écrit du point de vue de l'enfant, *Shirobamba* est le roman de la tendresse et de la candeur.

Le Maître de thé (*Honkakubõ ibun*) autour d'Honkakubõ, disciple du fondateur de la cérémonie du thé Rikyû, offre une autre perspective des talents multiples d'Inoue qui savait passer de la pure fiction contemporaine aux fresques historiques. Pour écrire ce roman, l'auteur utilisa des manuscrits d'époque. Aucun adepte de la cérémonie du thé ne devrait manquer de lire cet ouvrage.

Il faut également lire *Le Fusil de chasse* (*Ryõjũ*), en fait une longue nouvelle de 87 pages qui peint une magnifique histoire d'amour par le prisme d'une banale histoire d'adultère. Trois femmes, son épouse Midori, sa maîtresse Saïko et la fille Shõko de cette dernière, écrivent une lettre au même homme. Ce texte typique du style sobre et dépouillé d'Inoue analyse les profondes mutations que subit la société patriarcale du Japon au lendemain de la Seconde Guerre mondiale en donnant la parole à ces femmes courageuses qui défient l'ordre établi.

Il convient de ne pas confondre Inoue Yasushi avec l'écrivain Inoue Hisashi[1], plus jeune que lui de trente années.

Irori (囲炉裏) – Âtre

L'*irori* est l'âme des maisons traditionnelles à la campagne.

On en trouve des traces depuis l'ère Jõmon (-14000 à -300).

Le dieu animiste du Feu y séjourne. C'est donc un lieu sacré. Il ne faut jamais le piétiner ou y jeter des choses impures.

1. Voir l'entrée « Inoue Yasushi ».

C'est autour de lui le soir que tous, depuis les aïeux jusqu'aux petits derniers, se regroupent, assis sur des coussins ronds de paille jetés sur les tatamis. Il fait également bon somnoler, allongé à sa proximité, ou bien, assis devant, jouer avec un partenaire au jeu de *go*.

Planté au beau milieu de la pièce principale, c'est un trou carré dans le plancher de 90 par 90 centimètres, un demi-tatami donc, et d'une profondeur de 45 centimètres. Il est rempli des cendres de dizaines, voire de centaines d'années, de ces années passées par les familles devant les braises rougeoyantes de pyramides de charbon de bois savamment érigées pour durer le plus longtemps possible. Les puristes ratissent la surface de l'âtre en de jolis motifs géométriques qui rappellent les jardins de pierre zen patiemment peignés.

Ces cendres sont les couches géologiques qui renferment la mémoire de la demeure, ses conversations évanouies, les rires de ses enfants, le silence méditatif de ses anciens.

Selon une coutume qui perdure depuis trois cents ans dans la préfecture d'Ishikawa, sur la côte ouest du Japon face à la Sibérie, tous les matins on relance le feu de l'*irori* au moyen d'une branchette de bois plongée dans les braises de la nuit passée. Quand elle s'est enflammée, on la recouvre de cendres et on prie.

Dans certaines maisons, on entretient le foyer vingt-quatre heures sur vingt-quatre depuis des décennies.

Voire plus : on raconte qu'une certaine famille Chiba parvient encore de nos jours à garder le feu qui couve depuis huit cents ans dans l'âtre de sa maison. Deux fois par jour, le matin et le soir, un membre désigné ranime le feu. Les brandons incandescents sont recouverts de cendres et de balles de riz, ce qui permet de les garder vivaces pendant les douze heures qui suivent.

Tant qu'il y a du feu dans l'*irori*, la descendance est assurée, dit-on.

L'*irori* est utilisé pour le chauffage (fort relatif) de la salle de vie et pour la cuisine. Il est surmonté d'un tube de bambou muni de crans fixé au plafond, le *jizaikagi*, dans lequel est enfilé un crochet en fer ; le levier de la crémaillère permettant d'approcher ou d'éloigner le récipient qui est accroché au dispositif est en général une pièce de bois dur sculptée sous la forme d'une carpe.

La fumée dégagée par la combustion du charbon de bois monte vers le plafond dans lequel il peut y avoir un trou d'évacuation, mais pas toujours. Elle a la réputation de débarrasser les toits de chaume des vermines et d'assurer la pérennité des poutres recouvertes de sa suie.

Elle fait flotter dans la maisonnée une odeur permanente de roussi, un parfum de vie qui perdure longtemps après qu'elle n'a plus été habitée.

En été, le feu de l'*irori* aide à chasser l'humidité. En hiver, lorsque l'air est très sec, une bouilloire est en permanence accrochée à sa crémaillère.

Le bruit de l'eau qui frémit dans le récipient et le chuintement de la vapeur qui s'échappe de son bec font partie de ces moments de douce sérénité du pays natal que l'on évoque avec nostalgie.

Il y a toute une cuisine de l'*irori*.

À la saison du gibier, on prépare un *nabe*, une marmite de sanglier qui mijote toute la journée. On fait dorer des truites enfilées sur de fines piques de bambou plantées dans la cendre autour de la braise comme si elles dansaient une sarabande. Avec leur corps embroché en S, elles semblent ondoyer dans un courant invisible. C'est facultatif mais bien agréable, un flacon de saké pourra être enfoui dans la cendre chaude afin que l'alcool reste tiède.

Un couple de jeunes amis, elle franco-nippo-marocaine, lui japonais, chef cuisinier de grand talent qui a longtemps travaillé chez Joël Robuchon à Tokyo, a décidé il y a quelques années d'ouvrir un restaurant japonais à Casablanca.

Ils l'ont appelé ILOLI, en hommage à ce lieu de communion, de paix et d'harmonie des maisons d'autrefois. Ils m'ont fait le grand honneur de citer dans le dépliant de leur établissement une phrase d'un de mes romans[1] que je ne puis résister à la vanité de reproduire :

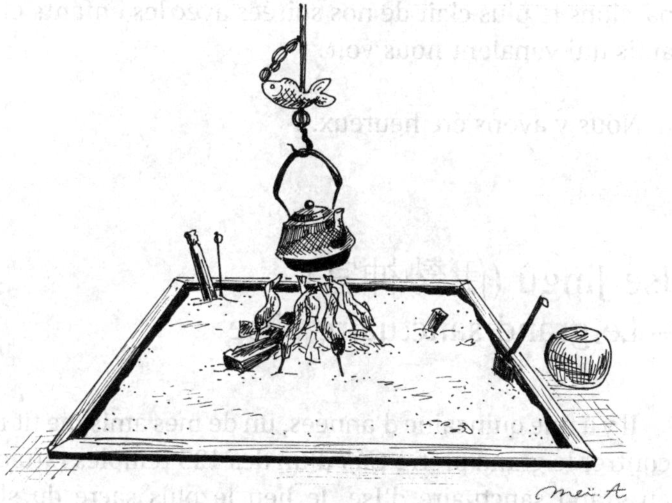

« En hiver, quand la nuit tombe tôt et qu'il fait si froid, nous avions l'habitude de rentrer sans traîner à la maison et de nous retrouver tous autour de l'*irori*, au milieu duquel chantonnait paisiblement l'eau de la bouilloire suspendue à la crémaillère en forme de carpe noircie par la fumée. »

1. *L'Océan dans la rizière*, Le Seuil, 2012.

Je recommande ce magnifique restaurant qui sert une succulente cuisine japonaise mâtinée de touches de saveurs marocaines dont les coordonnées suivent[1]. Ce dictionnaire pourra ainsi se targuer, tout en faisant modeste concurrence au *Guide Michelin*, d'avoir été de quelque utilité gastronomique à ses lecteurs !

Avec ma famille, nous avons autrefois possédé une maison de campagne dans un hameau japonais appelé Shimonita. Outre le fait que c'était ce que nous appelons en Provence une ancienne magnanerie où on avait élevé le ver à soie, il y avait dans la principale pièce à vivre de cette belle demeure un véritable *irori* autour duquel nous passions le plus clair de nos soirées avec les enfants et les amis qui venaient nous voir.

Nous y avons été heureux…

Ise Jingû (伊勢神宮) – Le grand sanctuaire d'Ise

Il y a une quinzaine d'années, un de mes amis me fit rencontrer le grand prêtre *Gûji* d'un des 123 temples rattachés au grand sanctuaire d'Ise, le lieu le plus sacré du shintoïsme où l'un des trois trésors du Japon, le « Miroir sacré » *Yata no Kagami* octogonal, est supposé être conservé.

Celui-ci m'invita à me rendre à Ise pour une visite exceptionnelle. Par son intervention auprès des autorités du sanctuaire, j'eus l'insigne honneur de pénétrer dans

1. ILOLI, 33, rue Najib-Mahfouz, Casablanca, Maroc, contact@iloli-restaurant.com

l'enceinte primaire du mausolée dont seul le Premier ministre du Japon et quelques fort rares dignitaires ont le droit de fouler le sol.

Sur la recommandation de mon épouse, j'avais revêtu un costume sombre et noué une cravate noire. Je faisais une visite solennelle aux divinités tutélaires du Japon que j'approchais d'aussi près pour la première fois de ma vie. L'émotion était intense.

On m'avait expliqué comment je devais me comporter, le nombre de pas qui me seraient autorisés sur le dallage du chemin vers l'enceinte secondaire du mausolée principal, l'inclinaison adéquate de mon buste, le moment où je devais saluer et la durée de ma salutation. Je ne voulais surtout pas offenser la redoutable déesse du Soleil Amaterasu et encore moins embarrasser mon hôte.

Une jeune officiante *miko* ouvrit un simple portillon permettant d'accéder à la première aire sacrée. Je me retrouvai seul sur le dallage menant au portail de l'enceinte protégeant le mausolée, dont seuls l'empereur et les officiants peuvent franchir le seuil. Je m'approchai jusqu'au point qu'on m'avait indiqué, en fait une pierre de l'allée imperceptiblement orientée différemment des autres.

La rumeur de la foule, loin derrière, au-delà de la première palissade, s'était comme estompée. Le silence qui m'enveloppa fut une première surprise. Ni bruissement de la forêt ni un seul chant d'oiseau, un ciel immaculé qu'aucune aile ne venait traverser, qu'aucun nuage ne venait troubler. Même l'air ambiant semblait plus ténu. Aucune poussière n'en troublait la pureté. J'avais l'impression que je me trouvais au milieu d'un vortex vide de toute matérialité. J'étais si proche des *kamis*, que nous traduisons si improprement dans nos langues par le mot « dieux » !

Je restai là immobile un long moment, les bras le long du corps, à m'imprégner de cette atmosphère étrange. Ce n'était en rien une expérience mystique, plutôt un bref instant magique, une communion intense avec tout ce qui m'entourait.

Puis je m'inclinai longuement et reculai soigneusement dans mes propres pas, car on ne tourne pas le dos à Amaterasu.

On me fit repasser le portillon et tout changea, comme si je venais de franchir une paroi invisible qui sépare notre monde matériel de la tranquille demeure céleste des divinités.

Le site d'Ise est évidemment le *power point* principal du shintoïsme. Passé le pont qui enjambe la rivière bordant le site et le majestueux *torii* qui se trouve à son extrémité, on est pris par une atmosphère différente, une élégance de la nature que les hordes de touristes ne parviennent pas à troubler. La large allée menant au sanctuaire est jalonnée d'impressionnants cryptomères multicentenaires dont la cime tutoie les nuages et l'esprit chuchote à l'oreille des *kamis*. Le tapis de mousse d'un vert profond qui enveloppe leurs racines abrite le murmure des elfes si nombreux dans la mythologie japonaise.

Au bout d'une marche assez longue, sans nul doute étudiée afin que le pèlerin s'imprègne de l'atmosphère et se purifie l'âme, on arrive dans une clairière surélevée dont on s'approche par une envolée de marches de pierre. On passe alors la première enceinte du sanctuaire. Elle est faite d'un bois blond et surmontée d'une toiture en briquettes de cèdre. Passé la porte surmontée d'un *torii*, on se retrouve devant une seconde enceinte qui protège le mausolée principal dont on n'aperçoit que le faîte du toit. Il faut avancer sur les bords du chemin, sa partie centrale étant réservée à Amaterasu. On n'ira pas plus loin. Les photos sont évidemment interdites et le recueillement recommandé.

L'impression qui se dégage du lieu est un rayonnement aveuglant. Les matériaux utilisés pour les palissades sont immaculés. Après le cheminement dans la pénombre des grands arbres, la clairière ouverte sur le ciel crée certainement cette impression d'incandescence lumineuse. Mais c'est autre chose qui vous submerge comme une onde apaisante.

Le complexe d'Ise est composé de deux sites, le *Naikû* (内宮) ou sanctuaire intérieur dédié à la déesse du Soleil Amaterasu fille du *kami* créateur de l'archipel japonais, et le *Gekû* (外宮) ou sanctuaire extérieur où demeure Toyõke-Ômikami, divinité de l'agriculture, des récoltes de riz et de l'industrie.

Les deux mausolées sont éloignés l'un de l'autre de 6 kilomètres.

La légende voudrait qu'ils aient été construits au IVe siècle avant notre ère ainsi que le rapportent le *Kojiki* (« Chronique des faits anciens ») et le *Nihon shoki* (« Chroniques du Japon »), mais il est plus vraisemblable qu'ils eussent été bâtis sous le règne de l'empereur Tenmu au VIe siècle. Le cycle de reconstruction fut inauguré en 692 par son épouse.

Depuis, les deux bâtiments principaux du *Naikû* et du *Gekû* ainsi que le pont *Uji* de cent mètres de long permettant l'accès au *Naikû* qui enjambe la rivière Isuzu sont reconstruits tous les vingt ans de façon qu'ils soient pour toujours neufs, irréprochables et paradoxalement à jamais originaux et identiques à l'ancien. Cette reconstruction perpétuelle est aussi le symbole de la croyance *shintô* du cycle infini de la mort et de la renaissance de la nature ainsi que de l'impermanence de toute chose. Plus prosaïquement, c'est un moyen de passer d'une génération à l'autre de charpentiers *miyadaikus* spécialisés dans cette construction d'un style unique qui ne peut être reproduit nulle part ailleurs, de perpétuer des techniques ancestrales consignées dans de précieux documents et inchangées depuis plus de mille ans. La dernière reconstruction remonte à 2013. C'était la soixante-deuxième. La prochaine sera en 2033.

Le processus total de reconstruction d'un nouveau mausolée et le démantèlement de l'ancien demande dix-sept ans. La préparation des bois de cyprès *hinoki* d'une blondeur irréprochable réclame à elle seule de longues années d'un patient travail. Ils sont d'abord plongés dans un étang plusieurs années puis mis à sécher. L'utilisation d'outils électriques est strictement interdite ainsi que l'usage de clous. Le coût de reconstruction est phénoménal. En 2013, il s'est élevé à 550 millions de dollars.

Le cycle de reconstruction est accompagné d'une série de festivals, comme le *Okihiki* qui se déroule au printemps sur deux années successives. Il consiste à faire tirer par des habitants des bourgs alentour, sur des chars dotés d'immenses roues, au travers d'Ise jusqu'au *Naikû* et au *Gekû*, d'énormes troncs qui serviront pour les piliers du nouveau bâtiment. Un an plus tard, les *miyadaiku* préparent les troncs pour son utilisation dans la future construction.

Une fois l'ancien mausolée démantelé, ses bois récupérés sont expédiés dans tout le pays pour la construction d'autres sanctuaires ou vendus comme reliques aux pèlerins. Il est très difficile de s'en procurer. Mon nouvel ami *Gûji* m'a offert une réplique miniature du char servant à transporter en procession les futurs piliers réalisés dans le bois du sanctuaire principal du *Naikû* démantelé en 2013. Il est posé sur une étagère dans le bureau de notre pavillon détaché de Kamakura. Son bois d'une blancheur virginale naturelle n'a pas du tout terni.

Le sanctuaire est apparemment d'une grande simplicité mais d'une complexité extrême à construire. Son architecture repose sur celle des greniers à riz d'autrefois. Il n'est pas très grand, une salle aveugle d'un peu moins de 11 mètres de long sur 5,5 de large surélevée, posée sur des piliers plantés à même le sol, entourée d'une coursive. Un escalier unique mène à l'entrée. La toiture en chaume est très pentue. Dix rondins posés horizontalement sur le faîte et les quatre poutres tendues comme des antennes vers le ciel à chaque extrémité du toit confèrent à l'ensemble une austérité hautaine. Il donne l'impression de flotter sur un lit de gravier d'une blancheur étincelante.

Le périmètre du sanctuaire est entouré d'une haute palissade, le rendant pratiquement invisible. Le commun des mortels ne peut pénétrer dans cet espace, ni même dans la première enceinte. Seul l'empereur peut accéder au mausolée.

Un espace d'une surface strictement identique se trouve à côté du sanctuaire. C'est là que se trouvait le bâtiment précédent et que se trouvera le prochain. Appelé le *kodenchi*, il est recouvert d'un lit de grands galets blancs signifiant la pureté.

Il est vide à l'exception en son centre d'une modeste cabane qui abrite un pilier d'un peu plus de 2 mètres de haut, le « nouveau pilier sacré » (*shin-no-mihashira*) qui ne doit jamais être vu. On retire la cabane seulement lorsque le nouveau mausolée a été édifié autour de ce pilier.

Tout Japonais qui se respecte se rendra au moins une fois dans sa vie en pèlerinage à Ise. En 1830, plus de 5 millions de personnes ont visité le sanctuaire. C'est également le point de départ du sentier qui traverse les monts Kii sur 160 kilomètres pour aboutir à Kumano, autre haut lieu du shintoïsme avec Izumo Taisha dans la partie ouest de l'île de Honshu qui longe la mer du Japon.

Ishiguro Kazuo (サー. カズオ. イシグロ) – Écrivain britannique (1954-)

Écrivain britannique qui agace beaucoup les Japonais. Ils estiment qu'il a en 2017 ravi le prix Nobel de littérature qui aurait dû être attribué à Murakami Haruki[1]. De dépit, on transcrit son nom dans l'abécédaire *katakana* réservé aux mots étrangers en commençant par le prénom en tête, contrairement à la coutume japonaise qui place le nom de famille en premier. Mais, pas rancunier, l'État japonais l'a élevé dans l'ordre prestigieux du Soleil levant, *Kyokujitsushō*.

Sir Kazuo Ishiguro est né à Nagasaki au Japon qu'il a quitté alors qu'il n'avait que 5 ans pour la Grande-Bretagne où son père, océanographe, avait été invité par l'Institut national d'océanographie. Il ne retournera pour la première fois dans son pays d'origine que trente ans plus tard en 1989. Bien qu'élevé dans une famille purement japonaise, il ne parle que médiocrement la langue que de surcroît il ne peut lire ; il reconnaît bien volontiers que son influence culturelle japonaise se limite aux

1. Voir l'entrée « Murakami Haruki ».

valeurs inculquées par ses parents, la lecture de Tanizaki Jun'ichirō[1], les films d'Ozu Yasujirō[2] et ceux de Naruse Mikio.

Ses deux premiers romans, *Lumière pâle sur les collines* (*A Pale View of Hills*), paru en 1982, et *Un artiste du monde flottant* (*An Artist of the Floating World*), en 1986, ont pour cadre ce Japon qu'il connaît pourtant si peu. Le premier récit se penche sur le traumatisme causé par le bombardement sur Nagasaki au travers d'une Japonaise installée en Angleterre et dont la fille vient de se suicider. Le second relate l'histoire d'un artiste japonais ostracisé par son attitude durant la guerre.

C'est avec *Les Vestiges du jour* (*The Remains of the Day*) publié en 1989, histoire d'un majordome anglais, si japonais par sa dignité et son sens du devoir, que va s'asseoir la réputation internationale d'Ishiguro. L'adaptation cinématographique du roman en 1993 par James Ivory, avec Anthony Hopkins dans le rôle du majordome, sera un succès planétaire.

Parmi les autres romans d'Ishiguro, il convient de citer *Auprès de moi toujours* (*Never Let me Go*), récit dystopique qui aurait inspiré le *manga The Promised Neverland* de Demizu Posuka et Shirai Kaiu et *Le Géant enfoui* (*The Burried Giant*), roman complexe situé à l'aube de la chrétienté en Grande-Bretagne, relatant la quête d'un couple de vieillards à la recherche de leur fils.

L'œuvre d'Ishiguro est déroutante. Ses personnages sont confrontés à des situations enfouies dans le passé.

1. Voir l'entrée « Tanizaki Jun'ichirō ».
2. Voir l'entrée « Ozu Yasujirō ».

Toute sa littérature est chargée d'une résignation mélancolique qui n'est pas sans rappeler l'esprit esthétique et spirituel du *mono no aware*, cette sensibilité à l'impermanence du monde chère aux Japonais.

Comme quoi on est toujours rattrapé par le pays de ses origines.

J

Jikokuhyō (時刻表)
– Horaire des transports

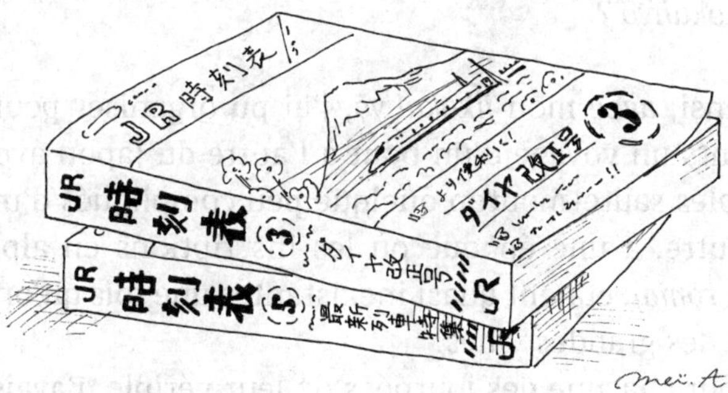

C'était un gros Bottin d'un millier de pages imprimé sur un papier très fin. Il était édité chaque mois. On se le procurait dans les librairies pour une somme modique.

Avec un *jikokuhyō*, on pouvait organiser en une soirée un voyage compliqué vers la plus reculée d'une des 6 852 îles de l'archipel japonais en empruntant une kyrielle de moyens de transport aussi variée que train, autocar, ferry, funiculaire, téléphérique.

La régularité nippone légendaire des transports en commun et la précision jamais prise en défaut de leurs horaires permettaient d'envisager n'importe quelle excursion à la minute près.

Certes, un peu d'entraînement était nécessaire afin d'assimiler l'utilisation du *jikokuhyõ* car il fallait jongler entre les pages des préfectures, les lignes des moyens de locomotion et les colonnes d'horaires, mais cela ressemblait à une sorte de Monopoly géographique. En effet, grâce à ces voyages immobiles passés en feuilletant le Bottin, on apprenait la géographie du Japon tout en mémorisant la calligraphie des régions, des îles et des cités les plus reculées.

Faut-il ajouter que mon entourage japonais était épaté qu'un étranger sache utiliser avec la dextérité d'un employé d'agence de voyages un outil aussi complexe que le *jikokuhyõ* ?

Ainsi, avec mon *jikokuhyõ*, j'ai pu organiser pour mes parents un voyage d'un bout à l'autre du Japon avec des périples saute-mouton quelque peu compliqués d'une île à l'autre, à une époque où les inscriptions en alphabet latin *rõmaji* étaient quasi inexistantes une fois qu'on était sorti des grandes villes.

Pour chacune des journées de leur périple, j'avais préparé des petites fiches en français au recto et en japonais au verso. Toutes les informations que j'avais réunies en compulsant mon Bottin s'y trouvaient annotées : type de transport, horaire de départ, numéro de quai, emplacement d'arrêts des autocars au départ et à l'arrivée, etc. En quinze jours de tourisme intensif, mes parents ne se sont jamais égarés. Ils ont toujours trouvé leur train, leur autocar, leur bateau au point de départ prévu ; ils n'ont jamais eu le moindre retard ; ils ont pu, sans coup férir, avoir leurs correspondances car le temps nécessaire et le chemin qu'il fallait emprunter pour se rendre d'un arrêt de bus à un port, d'un quai de gare à une station de taxis, étaient expressément indiqués.

Voyager avec le *jikokuhyō* dans son sac à dos, c'était autrement romanesque et tout aussi infaillible qu'un iPhone avec GPS dans la poche de son jean.

K

Kakigōri (かき氷) – Glace « râpée »

Après la saison des pluies, quand arrivent les grosses chaleurs humides de l'été, fleurissent aux devantures de tous les restaurants, les salons de thé, les pâtisseries et les bars du Japon des enseignes en tissu dont la taille et le graphisme sont parfaitement identiques : un énorme caractère 氷 (« la glace ») de couleur vermillon flotte au-dessus d'un bouillonnement de vagues sur un fond de ciel bleu azur.

Ces bannières indiquent qu'on sert un dessert typiquement japonais on ne peut plus minimaliste fait d'un amoncellement de glace râpée présenté dans une coupe, sur laquelle est versé un sirop, souvent agrémenté d'une garniture.

Elles déclenchent un réflexe quasi pavlovien de désir de rafraîchissement. Je défie quiconque ayant marché sous le soleil accablant et dans l'humidité moite de l'été japonais de ne pas y céder.

La glace des *kakigōri* n'est pas pilée mais rasée au moyen d'une machine diabolique constituée d'une plaque tournante sur laquelle est posé un bloc de glace qui est finement tranché par en dessous sur un disque aux lames aiguisées. Un moteur électrique ou une manivelle font tourner le bloc de glace. La pression exercée par la vis sans fin et la régularité de la rotation de la plate-forme jouent un rôle crucial dans la consistance de la glace ainsi rasée.

Sa finesse et sa légèreté sont primordiales, ainsi bien entendu que la pureté du bloc dont elle provient. On va jusqu'à utiliser pour leur confection une eau provenant de sources nichées au sommet de lointaines montagnes. La glace peut se présenter sous la forme d'une voluptueuse neige aérienne ou de copeaux translucides.

Le *kakigōri* le plus populaire est sans conteste celui qui est nappé d'une décoction à base de thé vert *matcha*, garni de boulettes de *mochi* et de haricots *azuki*.

Les préparations arrosées de sirops de melon, de fraise ou de Blue Hawaï aux couleurs artificielles criardes sont également prisées des jeunes filles. Mais il y a aussi des dizaines d'autres sirops aux saveurs parmi les plus fantaisistes.

Les garnitures ne sont pas en reste. Grains de raisin sec ou de café, cubes de pastèque, tranches de melon, d'ananas ou de mangue, quartiers de mandarine *mikan*, cerises confites, *edamame*, se disputent les préférences des consommateurs.

Pour ma part, j'avoue un net penchant pour un *kakigōri* tout simplement nappé d'une bonne dose de lait condensé *renyū*. Je me ferais damner pour celui que prépare mon fils dans son bar[1] tokyoïte sur sa machine antédiluvienne « Swan ».

Enfin, il n'y a pas de plaisir plus voluptueux que celui de se promener dans un état de douce torpeur, le soir, au chant des derniers grillons, tout en s'éventant d'un

1. Voir l'entrée « Bars ».

éventail, revêtu d'un *yukata* et chaussé de *getas*, une serviette-éponge autour du cou, en dégustant un *kakigōri* acheté à l'étal d'une des nombreuses petites échoppes qui bordent les allées des sanctuaires lors des festivals d'automne.

Kamakura (鎌倉) – La cité hybride

Kamakura a un petit air de Big Sur avec ses cabanes peintes de couleurs criardes le long de la route côtière qui borde la plage de Yuigahama et ses surfeurs allongés sur leur planche en attente d'une hypothétique vague dans les eaux de la baie. Mais il suffit de se perdre dans les étroites vallées qui s'enfoncent entre les collines verdoyantes pour dénicher des trésors d'autrefois, ici un portail surmonté d'un toit de chaume couvert de mousse, là un haut mur blanc chapeauté de tuiles cachant un pavillon de thé au fond d'un charmant jardin.

Cité balnéaire et de villégiature où l'on amène volontiers sa petite amie pour une balade *doraibu*[1] en voiture, lourde de son histoire médiévale, Kamakura est surtout un circuit touristique incontournable : elle abrite 90 temples et sanctuaires sur moins de 40 kilomètres carrés, dont certains parmi les plus importants du Japon comme les *Kamakura Gozan*, les cinq temples zen iconiques, ou le Grand Bouddha Daibutsu[2], un des symboles du Japon au même titre que le mont Fuji ou le Torii dans la mer du sanctuaire d'Itsukushima, dans l'île de Miyajima.

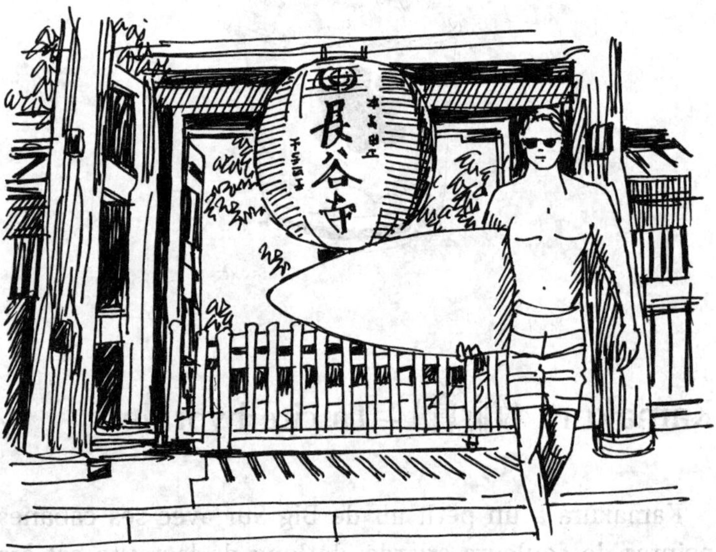

Au nombre de cet ensemble de lieux saints, arrêtons-nous à quelques indispensables :

– le *Hase-dera*, sur le chemin qui mène au Grand Bouddha. Il domine la baie de Sagami. Son jardin d'hortensias

1. Du mot anglais *drive*.
2. Voir l'entrée « Daibutsu ».

en pleine floraison, situé à flanc de colline, est magnifique. Une grotte abrite les sympathiques *Shichi Fukujin*[1] ;

— les cinq temples où le zen s'est développé : le *Kenchõ-ji*, fondé en 1253, dans le monastère duquel s'entraînent à la discipline les moines de la secte Rinzai ; l'*Engaku-ji*, créé, lui, en 1282, pour lequel j'ai un attachement personnel, le jovial abbé du sous-temple *Ryûin-an* dans son enceinte étant un ami proche. Il organise des séances d'initiation au zen pour les collègues de notre entreprise venus du monde entier ; le *Jufuku-ji*, où reposent Hõjõ Masako, l'épouse du fondateur du shogunat Minamoto no Yoritomo et leur fils Sanetomo ; le *Jõchi-ji*, derrière lequel le cinéaste Ozu Yasujirõ a vécu ; enfin, le *Jõmyõ-ji* ;

— le *Tõkei-ji* a une histoire particulièrement intéressante : en 1285, l'épouse du huitième régent du clan Hõjõ, qui le fonda et se fit nonne après le décès de son mari, en fit un abri pour les femmes battues. À cette époque, quand les hommes pouvaient librement divorcer alors que l'inverse était illusoire, le *Tõkei-ji* déclarait officiellement divorcées les femmes qui s'y étaient réfugiées deux années de suite. Les registres du temple décomptent plus de 2 000 femmes dans ce cas. Son prestige était tel que les émissaires du temple n'avaient pas obligation de se prosterner devant les seigneurs *daimyõs*. Monastère de nonnes durant plus de six cents ans, il fut interdit aux hommes jusqu'en 1902. Une partie des cendres du grand philosophe Nishida Kitarõ (1870-1945) y sont enterrées. Son ami Suzuki Daisetz Teitaro, érudit spécialiste du bouddhisme zen qu'il contribua à faire connaître en Occident, l'y a rejoint en 1966. J'ai emmené un jour au *Tõkei-ji* un ami d'enfance avec lequel nous avons suivi une initiation originale au zen grâce à un jeune moine qui prône le partage de la méditation à l'opposé du repliement sur soi ;

1. Voir l'entrée « *Shichi Fukujin* ».

— le *Chõju-ji* est le temple où se déroule chaque année l'élection de Miss Kamakura, trois jeunes filles qui accompagnent une année durant l'office de tourisme pour représenter leur ville. En ma qualité d'ambassadeur du tourisme de Kamakura, j'ai été plusieurs années de suite un des membres du jury chargé de choisir les trois élues parmi une quarantaine de candidates ;

— le *Meigetsu-in*, situé en haut d'une volée de marches bordées de massifs d'hortensias bleu cobalt, est d'une infinie délicatesse avec son ouverture ronde au fond de la pièce principale dévoilant un jardin zen derrière lequel se trouve une mare plantée d'iris. Après une nuit neigeuse, j'ai eu le rare privilège de m'y rendre absolument seul, par un matin de février ; j'ai ainsi pu savourer à satiété la beauté mélancolique qui se dégage du lieu ;

— il y a enfin le *Kaizõ-ji*, peu connu, à l'écart des circuits touristiques, que j'hésite à présenter par crainte que lui aussi ne devienne une attraction trop fréquentée. Situé au fond d'une étroite vallée à l'entrée de laquelle se trouvent les écuries d'une des deux écoles de *yabusame*[1], cette discipline de tir à l'arc pour un cavalier sur un cheval lancé au grand galop, *Takeda-Ryû*, c'est un trésor de sérénité ;

— et l'on ne peut éviter le pittoresque sanctuaire *Zeniarai bentei*, vieux de huit cents ans, niché au creux d'une dépression ceinte de toutes parts de parois rocheuses élevées qui le rendent invisible de l'extérieur. Autrefois, on y accédait en suivant une étroite vallée orientée vers la mer, mais en 1958 un tunnel a été creusé du côté opposé pour rendre son accès plus facile aux nombreux pèlerins. Un serpent albinos, symbole de chance, y vivrait. Le sanctuaire est intéressant à deux titres : il reste au Japon un des rares exemples de syncrétisme entre le bouddhisme et le shintoïsme, célébrant à la fois la déesse d'origine

1. Voir l'entrée « *Yabusame* ».

indienne Benzaiten en même temps que le *kami* des eaux, le serpent à tête humaine Ugafukujin. Par ailleurs, les eaux de la source qui jaillissent de la grotte située derrière le sanctuaire ont la réputation de multiplier l'argent qui y est lavé. Les gens viennent donc y tremper des billets de 1 000 ou 10 000 yens, voire leur carte de crédit. Je le fais rituellement depuis des années sans résultat tangible, mais je ne désespère pas de voir un jour la prédiction exaucée… ;

— on trouve disséminées un peu partout dans la ville des cavités dites *Yagura* creusées dans les nombreuses parois rocheuses qui constituent la majorité des collines de Kamakura. Il y en a plusieurs milliers. Ce sont des sites funéraires dans lesquels sont logées des pagodes en pierre *gorintō* « à cinq anneaux ». L'exiguïté du site obligeait à procéder ainsi pour les sépultures. Si l'on passe devant un *Yagura* nuitamment, il est vivement recommandé de s'arrêter un instant pour s'incliner afin de ne pas offenser les fantômes blottis au fond.

Différentes populations affluent et refluent jour après jour et au gré des saisons dans la plaine de Kamakura coincée entre mer et montagne.

Au petit matin, on croise les fanatiques lève-tôt à bicyclette chaussés de *flip flops* et vêtus d'une combinaison en néoprène, la planche de surf calée sur un porte-bagages bricolé à cet effet, qui vont tâter la vague. Chef cuisinier d'un grand restaurant de Tokyo, chirurgien d'un hôpital de la capitale, directrice d'une boutique du luxe français, *geek* pouvant se passer d'un bureau, ils habitent Kamakura pour satisfaire leur passion de la glisse sur écume.

De nombreux membres de professions intellectuelles n'exigeant pas un strict respect des heures de bureau tels que des personnes vivant de métiers de plume, journalistes, éditeurs en chef de revues, ont ainsi inventé, en s'installant à Kamakura, le *flex time* avant que la crise de la Covid ne le transforme en norme. La proximité avec Tokyo – cinquante minutes de train jusqu'au cœur de la ville – permet cette fantaisie de vie interdite au *salaryman* moyen. Ils possèdent des Peugeot plutôt que des Toyota ou des BMW pour bien souligner leur originalité.

C'est ainsi que la ville fut gratifiée au début du XXe siècle du terme de *Kamakura Bunshi*, ville des Gens de lettres. De grands écrivains y ont en effet vécu. Pour n'en citer que quelques-uns : Kawabata Yasunari[1], Inoue Hisashi[2], Osaragi Jirõ, Shiga Naoya, Saotome Mitsugu ou Yoshiya Nobuko dont l'esprit flotte sur ma maison car elle l'avait autrefois achetée pour y loger sa mère.

Les autres formes d'art y étaient également amplement représentées : les peintres, avec Hirayama Ikuo[3], Ogura Yûki qui s'est éteinte à l'âge de 105 ans dans sa splendide demeure engoncée au fond d'une combe à laquelle on ne peut accéder qu'en traversant un étroit tunnel percé dans la roche, ou encore Kaburagi Kiyokata ; le monde du cinéma avec l'immense Ozu Yasujirõ[4] qui repose au Engaku-ji à Kita-Kamakura, son actrice fétiche Hara Setsuko[5] ou Kawakita Nagamasa, le fondateur de la société de production cinématographique Towa.

Depuis quelques années, une nouvelle expression a fleuri sur l'ancienne, prouvant si nécessaire que Kamakura revendique toujours haut et fort sa réputation de ville intellectuelle. C'est le *Kamakura Shin Bunshi*, ville des Nouveaux Gens de lettres. Wikipédia liste entre autres sous ce vocable l'essayiste Amakasu Ririko, amie proche de ma femme, l'écrivaine d'origine coréenne Yû

1. Voir l'entrée « Kawabata Yasunari ».
2. Voir l'entrée « Inoue Yasushi ».
3. Voir l'entrée « Hirayama Ikuo ».
4. Voir l'entrée « Ozu Yasujirõ ».
5. Voir l'entrée « Hara Setsuko ».

Miri lauréate du prix Akutagawa en 1996, ou encore, à mon immense étonnement, un certain Richard Collasse.

Vers 9 heures, alors que les habitants illustres ou moins connus de Kamakura ont émigré pour la journée vers Tokyo, les flots de touristes affluent pour visiter les lieux historiques, les sanctuaires et les temples. Les autocars créent de monstrueux embouteillages dans les rues étroites ; les flâneurs encombrent les trottoirs en mangeant les chiche-kébabs dégoulinants de graisse d'une échoppe turque installée on ne sait trop pourquoi ni depuis quand sur le chemin qui mène au Grand Bouddha. Vers 17 heures, tout ce déferlement pour le moins intempestif disparaît comme par enchantement, rendant ainsi la ville à ses habitants qui se sont terrés toute la journée dans leur demeure ou, s'ils devaient sortir, ont emprunté des venelles et des passages connus d'eux seuls. En fin de journée, les rideaux des échoppes de souvenirs sont baissés. Se produit alors un chassé-croisé intense, entre d'une part les touristes ou les estivants quittant la ville et d'autre part toutes les personnes revenant de leur travail à Tokyo.

Au début de l'été, les maisons temporaires de la mer *umi no ie* fleurissent sur la plage de la baie de Yuigahama. Ces *beach houses* sont des guinguettes, des buvettes et des bars en contreplaqué construits en quarante-huit heures et démontés aussi vite à la fin de la saison. Elles sont équipées de cabines pour se changer et de vestiaires pour y entreposer ses affaires. Les estivants envahissent alors les lieux pour la journée. Après une première baignade, on vient déguster une glace pilée nappée de sirops aux couleurs arc-en-ciel ou aspirer un bol de nouilles. Le soir, la bière coule à flots et la musique tonitrue jusque 23 heures, heure imposée du couvre-feu, afin de rendre aux résidents la quiétude qui leur est si chère.

Le point d'orgue de la saison estivale est le spectaculaire feu d'artifice tiré depuis des barges ancrées dans la baie face à la plage de Yuigahama. Autrefois organisé le 10 août, il a récemment changé de date afin d'endiguer les terribles encombrements que l'événement causait car la population de la ville doublait, fleurie d'innombrables jeunes couples en *yukata*, ce que pour ma part je trouvais charmant. Les rassemblements de foules au Japon sont toujours bon enfant et dégagent une atmosphère de gaieté sage qu'on ne trouve nulle part ailleurs.

Être si proche de Tokyo fait à la fois le bonheur et le malheur de Kamakura : sans réelle vie nocturne, elle abrite en temps normal peu de restaurants ouverts le soir et n'offre qu'un hébergement limité, un seul hôtel digne de ce nom et deux *ryokans* dont celui dans lequel Kawabata venait parfois se réfugier à l'entrée du temple *Hase-dera*.

En revanche, elle redevient le soir et pour la nuit la propriété exclusive de ses habitants. S'y promener est alors un bonheur incomparable. Il m'est même arrivé au milieu de nuits d'insomnie d'aller marcher sur la voie ferrée de la petite ligne de chemin de fer Enoden qui sinue entre jardinets et petites maisons, sautant comme un gamin de travée en travée, savourant cette bien modeste transgression puérile de l'interdiction.

Bref, nulle cité au Japon ne peut se prévaloir d'être plus hybride.

Coincée entre la baie de Sagami et une ceinture de monts peu élevés mais très escarpés et sans passage naturel, Kamakura serait restée un modeste village de pêcheurs si son exception géographique n'en avait précisément fait une forteresse naturelle quasi imprenable choisie par Minamoto no Yoritomo en 1180 comme capitale. Chassé de Kyoto quelques années plus tôt, il repartit depuis Kamakura à la conquête du pays. Après avoir battu le clan rival Taira et s'être débarrassé des membres de sa propre famille qui le gênaient, il fonda le système féodal de shogunat qui allait durer jusqu'à la moitié du XIXe siècle. L'esprit *samouraï bushi* est né et s'est développé à Kamakura. Le 16 septembre de chaque année dans l'enceinte du sanctuaire Hachiman, la compétition *yabusame* est un exercice redoutable de maîtrise et d'adresse. Cette discipline perpétue la tradition guerrière dont la ville est très fière.

Ainsi débuta la période de Kamakura qui s'étala de 1185 à 1300.

Une fois son pouvoir définitivement assis, Yoritomo fit tracer l'avenue centrale qui traverse la plaine alluviale depuis la baie jusqu'au sanctuaire Tsurugaoka Hachiman-gû qu'il fit bâtir en 1191. De nos jours purement *shintô*, Hachiman fut, durant plus de sept cents ans, un exemple de syncrétisme en étant également un temple bouddhiste jusqu'à l'ordre de séparation des deux religions, énoncé en 1868.

Malgré le contrôle sévère de l'accès à la ville-forteresse par sept étroites passes artificielles creusées dans la roche, la vie ne fut pas longtemps un fleuve tranquille à Kamakura. Tout juste après le décès accidentel de Yoritomo en 1199, le clan Hōjō de son épouse, affilié aux Taira, les ennemis héréditaires des Minamoto, s'empara du pouvoir en se débarrassant en 1204 du second *shōgun*, le propre fils de Yoritomo, tandis que le troisième *shōgun* de la lignée, un paisible poète que la politique intéressait peu, fut à son tour assassiné en 1219 par son neveu, lui-même décapité quelques heures plus tard pour ce crime.

En moins de trente ans, la branche des Minamoto qui avait créé le shogunat disparaissait, remplacée *de facto* par un clan proche de ceux-là mêmes qu'elle avait autrefois vaincus.

Malgré ces péripéties, Kamakura prospéra et, déjà plus peuplée que Kyoto en 1210, elle devint vers 1250 la quatrième ville au monde avec 200 000 âmes.

Une malédiction pesait cependant sur elle : en 1293, un important séisme tua plus de 20 000 habitants et détruisit une bonne partie de la cité. Le régent profita de la confusion pour se débarrasser d'un turbulent subordonné du clan Taira qu'il fit assassiner avec sa suite de 90 personnes.

Le 3 juillet 1333, le *bakufu* de Kamakura s'écroula quand un vassal fidèle à l'empereur prit la ville, la saccagea, brûla de nombreux temples et força plus de 900 *samouraïs* du clan Hõjõ et les trois derniers *shõguns* à se faire *seppuku*. On estime que quelque 6 000 habitants se seraient également suicidés ce jour-là par loyauté envers les Hõjõ. En 1953, on a exhumé 556 squelettes de cette époque lors d'excavations près du *torii*[1] du sanctuaire Hachiman. Il n'est pas rare de trouver d'autres vestiges des nombreux massacres qui ont émaillé la turbulente ère de Kamakura lorsqu'on creuse les fondations d'un nouvel immeuble. On voit alors débarquer des bataillons d'archéologues coiffés de bobs, équipés de brosses et de pinceaux, ce qui arrête immédiatement les travaux pour une durée indéterminée. Les promoteurs ne se bousculent donc pas pour réaliser de grands projets, et c'est tant mieux.

Le fondateur d'une nouvelle dynastie de *shõguns* Ashikaga, qui avait originellement décidé de perpétuer la tradition du *bakufu* à Kamakura, installa finalement son gouvernement à Kyoto, gardant tout de même la haute main dessus pour contrôler l'est du pays. C'était compter sans l'esprit frondeur qui animait la ville, bientôt de nouveau plongée dans le chaos. Une nouvelle rébellion se solda par sa destruction quasi totale lors du siège de 1526. L'installation du shogunat Tokugawa à Edo en 1603 porta le coup de grâce à Kamakura qui redevint un humble village de pêcheurs hanté par les fantômes des nombreux

1. Portique à l'entrée des sanctuaires *shintô*.

samouraïs décédés de mort violente. Elle ne comptait plus au début du XXe siècle que 7 000 âmes.

Depuis la fin de la guerre du Pacifique, Kamakura est devenue une ville de riviera appréciée des citadins de la métropole. Ils viennent y chercher un peu de fraîcheur l'été. La combinaison d'une végétation luxuriante et de la brise de mer permet d'enregistrer des températures inférieures de deux à trois degrés à celles de la capitale trop bitumée. Les coulis d'air qui s'engouffrent dans les étroites vallées renforcent cette impression. Quand nous l'avons achetée, notre maison n'était pas équipée de l'air conditionné. Le zéphyr qui la traversait par ses baies grandes ouvertes suffisait amplement. D'ailleurs, la ruelle qui mène au cul-de-sac de notre vallée est surnommée la *Tibet kaidõ*, l'« autoroute du Tibet ».

Le climat ressemble un peu à celui de la Côte d'Azur mais, en été, l'humidité en plus. Il y a vingt-cinq ans, un jeune chef originaire de Kamakura qui travaillait dans le restaurant trois étoiles d'un palace de Monaco se dit qu'il serait sans doute possible de faire pousser les légumes qu'il avait découverts dans la principauté. Il rapporta différentes graines qu'il confia à des amis cultivateurs. C'est ainsi que sont nés les *Kamakura yasai* uniques au Japon. Rentré au pays et revenu dans sa ville natale, dorénavant chef d'une grande table de Tokyo, il passe chaque matin chez ses copains d'enfance afin de récupérer les meilleurs légumes du moment qui seront servis le jour même.

Le décès de mon père il y a une vingtaine d'années me décida à m'enraciner définitivement au Japon. Kamakura fut une évidence pour y installer mes pénates. Jeune homme, j'y avais passé le plus clair de mon temps libre lorsque je ne pouvais me rendre à Kyoto[1]. Mon épouse y avait vécu une partie de son enfance ; sa grand-mère, sa tante et ses cousines y vivaient encore. La proximité avec Tokyo représentait un atout supplémentaire tant que je serais en activité. Le contraste entre sa vibration de station balnéaire et sa nonchalance aristocratique m'enchantait. Son patrimoine culturel me séduisait. Ses habitants prennent le temps de vivre et sont accueillants. Leur fierté paradoxale me séduisait : vent debout contre le projet de faire inscrire Kamakura au patrimoine de l'humanité, ils ont été terriblement vexés quand l'UNESCO a opposé une fin de non-recevoir.

Certes, il y a des inconvénients à vivre à Kamakura : un tourisme débraillé encombre chaque jour la ville. Les sympathiques boutiques désuètes de la rue commerçante, *Komachi dōri*, partant de la gare vers le sanctuaire Hachiman, ont été remplacées par de vulgaires échoppes de fast-food qui vendent d'infâmes cochonneries que les touristes mangent en raclant le sol de leurs sandales.

La physionomie de la ville évolue, malgré les règles d'urbanisme qui interdisent la construction d'immeubles trop élevés. La pinède magnifique qui bordait encore la baie dans les années 1950 a disparu, remplacée par une multitude de maisonnettes et de petits immeubles abritant des boutiques de surf et des guinguettes. La ridicule loi fiscale confiscatoire sur les héritages fait peu à peu disparaître le patrimoine des jolies propriétés du début du XXe siècle. Pour pouvoir payer les frais de succession, les héritiers sont obligés de vendre à des promoteurs qui morcèlent sans vergogne. À la place de magnifiques maisons, de délicats pavillons et de jardins soignés, ils construisent de fades habitations étriquées.

1. Voir l'entrée « Kyoto ».

Nous sommes cependant parvenus à trouver notre paradis au fond d'une vallée en cul-de-sac, un nid d'anguilles, *Unagi no nedoko*, discret et peu accessible, engoncé entre deux collines de taille respectable qui nous protègent des nuisances du tourisme. La ruelle qui y conduit est étroite et son accès pratiquement invisible. Le Grand Bouddha derrière lequel la vallée s'enfonce nous protège de sa bienveillance.

Un minuscule cimetière bouddhiste est blotti sous de vénérables cryptomères en face du Grand Bouddha entre la ruelle et la colline. Y reposent les moines du temple Kōtoku-in auquel est rattaché le site du Daibutsu et quelques privilégiés, comme l'écrivaine Yoshiya Nobuko.

Je vais m'employer à y obtenir une petite place.

Je pense que j'y serais bien pour contempler l'éternité.

Kamikaze (神風) – Unités d'attaque spéciales « Vent divin »

C'est le portrait en buste d'un jeune homme en noir et blanc. Il trône dans notre bibliothèque.

Il est vêtu d'une chemise militaire sous une grossière vareuse de drap. Un foulard blanc est noué en jabot autour de son cou. Il porte un casque d'aviateur en cuir dont les cache-oreilles remontent en virgule. Une grosse paire de lunettes ovales surmonte le couvre-chef.

Il a un beau visage mélancolique. Il ne sourit pas. Son regard fixe déjà l'au-delà.

C'est mon beau-père.

Nous sommes au tout début du mois d'août 1945. Il vient d'arriver à la base aérienne de Chiran dans le

Kyushu, l'île septentrionale du Japon située entre Kagoshima et la ville d'eaux thermales Ibusuki. C'est de là qu'ont décollé les pilotes *kamikazes* entre mars et début juillet durant la bataille d'Okinawa. Soixante-quinze pour cent d'entre eux avaient moins de 20 ans et les plus jeunes tout juste 17 ou 18 ans. On les appelait les *shōnen hikōshi*, les « pilotes adolescents ».

La nouvelle promotion d'aviateurs *kamikazes* n'a même pas cet âge. Ce ne sont encore que des enfants : mon beau-père a 15 ans quand il arrive à Chiran pour suivre un entraînement accéléré de sept jours : deux pour apprendre à décoller, deux pour le pilotage, trois enfin pour assimiler les différentes tactiques d'approche de la cible et de son attaque. On a abandonné les subtilités de l'entraînement spirituel des débuts distillé aux premiers élèves pilotes « gardiens de l'Esprit du Japon ». Mais on leur inculque qu'il ne faut surtout pas fermer les yeux pour avoir plus de chances d'atteindre le point vulnérable de la cible et de hurler « *banzaï !* » avant l'impact.

Le 6 août, la première bombe atomique tombe sur Hiroshima. La seconde suit le 9 août, sur Nagasaki.

Deux dates terribles qui sauveront mon beau-père.

Pourtant, il y aura encore quelques opérations suicides après Hiroshima et Nagasaki. Un des derniers *kamikazes*, le vice-amiral Ugaki Matome, commandant la 5e flotte aérienne de la Marine impériale japonaise basée à Kyushu, précipitera son avion sur un navire américain le 15 août, le jour même de la déclaration de capitulation du pays prononcée par l'empereur Hirohito.

Mon beau-père n'aimait pas parler de sa courte expérience anxiogène. Pour toute réponse à mes questions, je n'eus droit qu'à la phrase laconique suivante : « Certes, je rêvais d'être aviateur, mais pas ainsi... »

Mais j'ai croisé un autre survivant. C'était le propriétaire d'une société importatrice de parfums français. Lui, il avait survécu parce que son avion était tombé en panne avant qu'il pût atteindre son objectif. Il était parvenu à amerrir et avait été récupéré par un navire américain. Il a attendu de nombreuses années avant d'accepter de s'exprimer.

Les *kamikazes* qui n'avaient pas péri au combat ont été stigmatisés jusque fort tardivement après la fin de la guerre.

La première unité *Kamikaze Tokubetsu Kōgekitai* ou *Tokkōtai* (« Unité spéciale d'attaque du Vent divin) fut créée au printemps 1944 alors que les Américains avaient définitivement assuré leur suprématie dans les airs et que leur avancée vers le Japon se faisait irrésistible. Un autre terme, *shinpû*, lecture chinoise de *kamikaze*, était en usage depuis la fin du XIIIe siècle en référence aux typhons qui avaient détruit les flottes d'invasion de Kubilaï Khan en 1274. Des pilotes avaient, au début de la guerre, délibérément jeté leur avion endommagé sur les ennemis pour éviter d'être capturés. Il y avait même eu une unité de sous-marins suicides de poche dont certains étaient parvenus à pénétrer dans la baie de Pearl Harbor lors de l'attaque surprise du 7 décembre 1941.

Le premier escadron composé de 24 jeunes pilotes aguerris fut mis en place le 19 octobre 1944 sur la base aérienne de Mabalacat près de Manille, juste avant le début de la bataille de Leyte. Le lieutenant en charge de cette unité déclara à sa hiérarchie : « Le futur du Japon est bien sombre s'il doit envoyer au suicide ses meilleurs pilotes. Je n'accepte pas cette mission pour l'empereur ou l'empire mais seulement parce que j'en ai reçu l'ordre. »

Dès le début, la légende des pilotes enthousiastes à l'idée de se sacrifier pour la gloire de l'empire en hurlant « *Tennõ Heika Banzai !* » était déjà bien écornée.

Le paroxysme des attaques *kamikazes* se situe durant la bataille d'Okinawa entre avril et juin 1945 avec l'opération *kikusui* engageant plus de 1 400 avions qui coulèrent ou endommagèrent sérieusement une trentaine de navires américains.

Les avions utilisés par les escadrons de *kamikazes* étaient au mieux rudimentaires : il y avait par exemple une sorte de planeur/fusée du constructeur Yokosuka, le MXY-7 *Ohka*, que les Américains rebaptisèrent le *Baka Bomb* (« La bombe idiote »). Équipé d'une cabine de pilotage sommaire, il était largué près de son objectif depuis un bombardier. Le soin de guider la bombe sur sa cible était laissé au pilote à bord de cet engin de mort.

Un autre avion conçu spécifiquement pour les missions suicides, le Nakajima Ki-115 *Tsurugi*, était un monomoteur au fuselage en bois dont le train d'atterrissage était largué après le décollage afin d'être réutilisé.

Plusieurs scènes de film sur la guerre du Pacifique évoquent la cérémonie précédant le départ des *kamikazes*. Après avoir ceint leur front de la pièce d'étoffe *hachimaki* frappée du soleil *Hinomaru* (日の丸) ou du *kyokujitsuki* aux seize rayons de soleil, les pilotes échangeaient la coupe de saké traditionnelle puis composaient un poème dans la tradition des *samouraïs* avant leur *seppuku*. Ils portaient souvent la ceinture *senninbari* préparée par leur mère, à laquelle ils écrivaient une lettre d'adieu. Des témoignages poignants de telles missives sont visibles au musée de Chiran. Ils sont tellement éloignés de l'image des pilotes enthousiastes et impatients de s'immoler pour l'empire dont la propagande militaire inondait la presse ! Enfin, des lycéennes des écoles voisines étaient réquisitionnées pour agiter des branches de cerisier le long de la piste quand les avions décollaient.

On raconte que la dernière vision que les jeunes pilotes avaient de leur pays était le mont Kaïmon, le « mont Fuji de Satsuma » qu'ils survolaient en quittant la base de Chiran.

Les statistiques sur le nombre de pilotes sacrifiés et les pertes infligées par les *kamikazes* aux navires alliés varient.

La propagande japonaise déclarait 80 navires coulés et 195 endommagés avec un taux de succès de 80 %. En revanche, la marine américaine fait état sur son site de 34 navires coulés, 368 endommagés. 4 800 marins alliés perdirent la vie et 4 900 autres furent blessés.

Du côté japonais, près de 4 000 *kamikazes* perdirent la vie. Il paraîtrait que seulement 14 % d'entre eux parvinrent à atteindre leur cible. Ces piqûres de guêpe n'avaient vraiment aucune chance d'inverser le cours de l'Histoire ainsi que semblaient le croire les stratèges de cette triste époque qui avaient inventé cette idée.

Ce fut donc un aveuglement supplémentaire pour une fin de partie déjà actée qui mena à une honorable boucherie pour de bien piètres résultats.

Kashimashii (姦しい) – Bruyant, assourdissant

J'ai un peu hésité avant de me décider à parler de ce mot dont on pourrait penser qu'il n'a pas sa place dans le dictionnaire amoureux d'un pays où la discrétion et la retenue sont plus qu'un comportement : un art de vivre. On ne parle pas fort, au Japon. Ce serait désobligeant et de mauvais goût. Par ailleurs, la langue n'étant ni nasillarde ni multitonale mais au contraire sobre et harmonieuse, elle se prête admirablement à la réserve.

Je me suis également demandé s'il était bien raisonnable de prendre le risque de m'attirer les foudres des féministes et autres Femen et de me retrouver « #MeToo-isé » à cause d'un malheureux caractère qu'un facétieux lettré a un jour inventé pour illustrer le vacarme ou le tapage, bref tout ce qui est de mauvais goût dans la société japonaise bien éduquée.

En effet, le mot s'écrit : 姦しい

C'est le caractère « Femme » (女) répété rien moins que trois fois et disposé en triangle !

Autrement dit, trois femmes en conversation assises à une table, c'est le tumulte assuré, c'est le vacarme inévitable !

Cet idéogramme est jubilatoire ! Il ravit au plus haut point mon esprit espiègle ! Et, il faut bien le dire aussi, il comble mon penchant d'éternel phallocrate !

Une chose dans ce caractère m'excite cependant bien plus que mon machisme avéré : bien qu'il ne soit pas vraiment nécessaire de fournir un effort mnémotechnique démesuré pour faire le rapprochement du sens avec l'idéogramme, très peu de Japonais sont capables de l'écrire. Huit personnes sur dix ne le connaissent tout simplement pas. J'en ai encore fait l'expérience récemment avec une de mes amies, pourtant fine femme de lettres.

Il n'y a pas de plus grande satisfaction pour un étranger que de battre un Japonais sur son propre terrain. Cela arrive suffisamment rarement pour qu'on en tire une juste vanité !

Une précision se révèle nécessaire quant au choix de cet idéogramme insultant pour les femmes :

— Mettez deux Japonaises ensemble, et vous serez émerveillé de leur capacité à palabrer interminablement. Il n'y a jamais de temps d'arrêt. Service, retour, passing-shot, smash, on dirait un match de tennis effréné dans lequel la balle est toujours renvoyée. À se demander comment elles font pour ne pas avoir à reprendre leur souffle. Mais, jusque-là, leur conversation est une musique agréable à entendre, quoiqu'un peu monotone.

— Mais si vous en mettez trois ensemble et si vous avez eu l'idée saugrenue de leur servir un peu d'alcool, c'est alors que vous comprenez que l'idéogramme 姦しい n'a rien de subliminal !

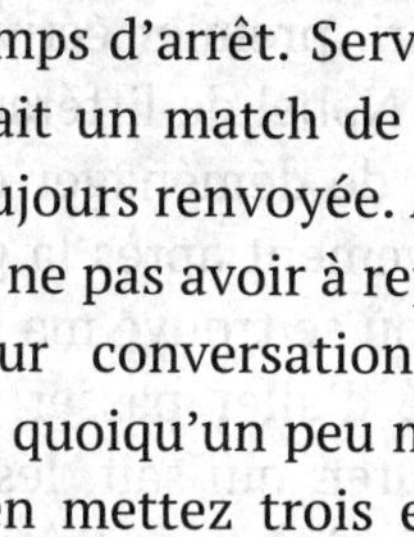

Kawabata Yasunari (川端康成) – Écrivain (1899-1972)

À quelques centaines de mètres de chez moi, dans l'allée qui mène au sanctuaire Hase-dera de Kamakura[1], se trouve une bicoque branlante qui tient debout comme par miracle. Un de ses murs extérieurs est en tôle ondulée rouillée. Pourtant, la façade garde un air de noblesse. On devine sous la patine du temps les bois précieux du porche. Il s'agit d'une très vieille auberge japonaise du nom de *Taisenkaku*. Une plaque apposée devant l'entrée indique qu'il s'agit d'un immeuble classé bâti à la fin du XIXe siècle et reconstruit en 1927 après le grand séisme de 1923. Le *ryokan* est géré depuis les origines par la même famille. Il a mérité sa distinction parce qu'il a accueilli de nombreux écrivains célèbres des ères Meiji et Taishō, et du début de celle de Shōwa.

Kawabata Yasunari, premier écrivain japonais à recevoir en 1968 le prix Nobel de littérature, y aurait couché plusieurs fois avant de déménager en 1934 à Kamakura puis d'élire définitivement après la guerre domicile dans le quartier de Hase où se trouve ma propre maison.

J'ai toujours rêvé d'aller passer une nuit dans cette auberge pour y écouter, qui sait, les murmures de l'âme de cet immense écrivain et peut-être même m'endormir auprès des *Belles Endormies*.

Kawabata est l'un des écrivains parmi les plus prestigieux du XXe siècle. Il a laissé une œuvre monumentale, compilée une première fois en 1954 en une anthologie de 16 volumes, une deuxième fois en 1969 avec 19 volumes, et 37 volumes en 1984 ! Il a fondé une

1. Voir l'entrée « Kamakura ».

maison d'édition, Kamakura Bunko, puis une revue littéraire influente. Il a été le premier à publier Mishima Yukio[1] dans cette revue avec sa nouvelle *Tabako* (*La Cigarette*). Ce dernier restera toute sa vie durant son disciple et son ami bien que son rival malheureux pour le Nobel, Kawabata ayant été choisi en raison de son âge plus avancé. Ce dernier fut très affecté par le suicide de Mishima. C'est d'ailleurs lui qui prononcera son oraison funèbre.

Le 19 octobre 1968, Kawabata reçut un appel de l'ambassadeur de Suède au Japon dans sa maison de Kamakura. Il lui annonça qu'il venait de toucher le prestigieux prix Nobel de littérature. Il était le premier Japonais à le recevoir et le premier Oriental en cinquante-cinq ans, après Rabindranath Tagore. Quelques mois plus tôt, sa femme lui avait raconté qu'un moine bouddhiste moitié ermite moitié devin qu'il lui arrivait de consulter l'avait prévenue : « Votre mari va bientôt recevoir une immense récompense ! »

1. Voir l'entrée « Mishima Yukio ».

Il avait haussé les épaules et oublié cette prédiction.

Le jury du Nobel avait distingué Kawabata pour sa « maîtrise du récit, qui avec une sensibilité lumineuse exprime l'essence de l'esprit japonais ». Cet esprit affleure en effet dans chacun des écrits de l'écrivain. Comme en chaque Japonais, la tristesse, la solitude et l'ombre de la mort affleurent toujours chez Kawabata. Elles sont sans doute enfouies dans les tréfonds du subconscient de l'auteur qui a perdu successivement son père en 1901 alors qu'il n'avait que 2 ans, sa mère l'année suivante, sa sœur et sa grand-mère à l'âge de 7 ans, puis son grand-père auquel une intense affection le liait à 15 ans. Il écrira son premier texte, *Journal de ma seizième année*, dans les mois qui suivirent le décès de son aïeul. Ouvrage qui ne sera publié qu'en 1925.

À la différence de celle de son contemporain Tanizaki Jun'ichirõ[1], l'écriture de Kawabata se complaît moins dans le brio et la virtuosité, et plus dans l'effleurement et le suggestif. Lorsque celui-là est charnel et sans détour, celui-ci est toujours subtil et poétique. Si la sensualité de Tanizaki est crue, celle de Kawabata est feutrée.

Contrastant avec l'opulence de Tanizaki, la langue de Kawabata est dépouillée et épurée. Pourtant, ses récits sont particulièrement vivants : on y vagabonde comme dans la vraie vie ponctuée de nombreux dialogues et d'échanges décrivant la banalité du quotidien. Aux séquences plongées dans l'ordinaire succèdent des moments de grâce impressionnistes devant un ciel changeant qui se miroite dans un bol de thé ou au spectacle de la lune, « illusion d'une illusion », qui se reflète dans une flaque d'eau.

Kawabata aborde dans le déroulé de toute son œuvre une très grande variété de thèmes.

1. Voir l'entrée « Tanizaki Jun'ichirõ ».

Bien qu'attaché tout comme Tanizaki aux traditions de son pays, il s'étend moins que ce dernier sur le choc du Japon d'autrefois avec celui de la modernité, même si dans *Le Maître ou le Tournoi de go*, publié comme beaucoup de ses autres romans sous la forme d'un feuilleton à partir de 1951, il exprime la nostalgie d'un pays en pleine mutation, en écrivant : « La silhouette qui prenait ses distances évoquait la tristesse paisible d'un autre monde, comme une relique abandonnée de l'époque Meiji. »

Admirateur des traditions culturelles de son pays, il porte un regard enchanté sur ces arts japonais qui, « à l'encontre de maints arts civilisés originaires de Chine, [ne trouvent leur] épanouissement qu'au Japon », tout en se demandant : « Le *go*, comme la cérémonie du thé, comme le *nô*, se serait-il enfermé de plus en plus loin dans les replis profonds de la tradition japonaise ? »

Il conclut que « le Japon nourrit, protégea, cultiva ce génie qui, en Chine natale, ne se serait jamais éveillé », confirmant le constat que j'avais moi-même fait lors d'un voyage dans l'empire du Milieu il y a plus de trente ans, à savoir que la Chine a bien tout inventé mais laissé en triste friche ce qu'en revanche le Japon a embelli et magnifié, du jeu de *go* aux jardins de pierre en passant par les *bonsaïs*[1] et bien d'autres choses encore.

Kawabata laisse également transparaître au fil de ses romans son intérêt pour la discipline du *za zen*[2] en faisant dire par exemple à un voyant qu'il est allé consulter pour savoir comment gagner un tournoi de *go* que « la bonne méthode consiste à perdre la conscience du moi pendant les périodes d'attente » et qu'il faut « se libérer du désir de vaincre ».

---

1. Voir l'entrée « *Bonsaï* ».
2. Voir l'entrée « *Za zen* ».

Il n'est cependant pas indifférent à la modernité. Il s'extasie avec le maître de maison du *Grondement de la montagne* des progrès de l'ère moderne dans une description émerveillée de l'utilisation du rasoir électrique que sa belle-fille lui a offert.

Tout comme Tanizaki, en revanche, il se penche abondamment sur les sentiments amoureux. Il le fait avec pudeur, douceur et poésie. Chez lui, les vieillards sont « doucement émus » par les jeunes femmes de leur entourage, les jeunes gens aiment les doigts de leur maîtresse parce qu'ils sont « pleins de tendresse ».

Kawabata Yasunari est mort le 16 avril 1972. Il s'est discrètement suicidé au gaz dans un petit appartement lui servant de bureau qu'il venait d'acquérir dans la toute nouvelle Marina Bay de Zushi, station balnéaire proche de Kamakura. Il ne laissa pas de message.

Je venais tout juste de lire son roman *Pays de neige* (*Yukiguni*) lorsque j'ai appris son décès. Cette lecture m'avait conforté dans l'idée déjà distillée par mon père d'aller visiter le Japon l'été suivant.

À la rentrée universitaire du même automne, la leçon inaugurale de grammaire donnée par le japonologue Jean-Jacques Origas à l'Institut national des langues et civilisations orientales me mit de nouveau en présence de ce roman : notre professeur utilisa, pour illustrer la formidable capacité elliptique de la syntaxe japonaise, l'incipit de *Pays de neige* :

« *kokkyō no nagai tonneru wo nukeru to yukiguni de atta* »
(国境の長いトンネルを抜けると雪国であった).

À la traduction[1] littérale d'un autre de mes maîtres aux Langues O', Fujimori Bunkichi : « Un long tunnel entre les

1. *Pays de neige*, traduction de Bunkichi Fujimori et Armel Guerne, Albin Michel, 1971.

deux régions, et voici qu'on était dans le pays de neige », j'avoue préférer celle que nous avait donnée le professeur Origas : « Passé le long tunnel, on entrait dans le pays de neige. » Elle me semble mieux refléter la signature de l'écrivain, son dépouillement stylistique et la pureté ciselée de sa langue.

Pays de neige conte l'histoire d'un riche esthète de Tokyo, égocentrique et désœuvré, Shimamura. C'est un contemplatif que les beautés de la nature éblouissent. Il s'extasie devant l'exubérance des feuillages d'automne, la blancheur immaculée des paysages recouverts de neige, la densité sinople des rizières, la majesté des cimes. Il revient au début de l'hiver se régénérer dans une station thermale en montagne où il avait rencontré au printemps précédent une jeune *geisha* dont la beauté ne pouvait que l'éblouir, Komako. Elle s'était passionnément donnée à cet homme marié et père de famille dont elle savait pourtant ne pouvoir rien attendre.

Dans le train qui ramène Shimamura vers elle, il aperçoit dans la vitre du wagon le reflet d'une autre femme, Yõko, qui accompagne un jeune homme malade. La transparence mystérieuse du profil de la jeune femme se confondant avec le paysage que traverse le train l'émerveille. Arrivé à destination, il apprend que Komako et Yõko se connaissent bien, la jeune *geisha* vivant chez la mère de cette dernière.

Son désir va dès lors évoluer entre ces deux femmes insaisissables, sa ravissante maîtresse parfois rebelle et insolente et le reflet de l'évanescente Yõko qui semble elle-même ressentir une attirance pour Shimamura.

Si Kawabata exprime avec un luxe de détails les émotions qui saisissent Shimamura devant la phosphorescence de la Voie lactée qui « au-dessus de lui inclinait sa voûte, enserrant la terre nocturne de son étreinte pure, indéchiffrable, sans émoi », ou encore la stupéfaction qui le bouleverse lorsque la *geisha* joue du *shamisen*, c'est avec pudeur, retenue et subtilité qu'il évoque les sentiments des deux amants malgré l'incandescence de leur passion. Aucune scène scabreuse n'est ne serait-ce qu'esquissée entre Shimamura et Komako. On comprend tout juste dans un des rares moments d'intimité que la jeune femme est nue lorsqu'elle évoque l'un de ses seins qui est plus lourd que l'autre. Shimamura est touché par la sensualité de Komako qui ne transparaît que sous la ligne imposée par son costume rigide de *geisha* : l'étroitesse de ses hanches, son ventre légèrement rebondi, le grain de peau de sa nuque dégagée par l'échancrure du col. Ses émotions envers la jeune femme sont toujours maîtrisées. Malgré la puissance de l'élan qui le meut, elles effleurent à peine, décrites d'une plume toujours pudique.

Entre les deux protagonistes, tout est dans la délicatesse, dans le non-dit, la suggestion des sensations, la poésie des allégories.

Au bout du compte, Shimamura, bien que passionnément épris de la jeune femme, n'est pas dupe de la fragilité de ses sentiments quand il oppose aux étoles *chijimi* blanchies à la neige et qui peuvent rester cinquante ans ou plus sans se faner la durée de l'intimité entre deux êtres humains. Et si tout n'était que reflet et non réalité ?

De tous les romans de Kawabata, *Pays de neige* est celui qui m'émeut le plus. Il a fait éclore lors de mes premiers pas d'âge d'homme des sensations dont je n'avais que peu imaginé toutes les perspectives :

— esthétiques, qui m'ont permis dès mes premières errances dans la campagne japonaise de savourer pleinement la splendeur des paysages, la poésie d'une brume enveloppant un bois de cryptomères, la profondeur des ténèbres d'un bosquet de bambous ;

— émotionnelles, parce qu'il m'a appris à savourer l'envoûtement que génère la splendeur d'une nuque émergeant du col d'un kimono, le trouble que la finesse d'une cheville soulignée par la blancheur d'un *tabi* engendre, la paix mélancolique qu'apportent trois notes d'un *shamisen* derrière un *shōji*, autrement dit la puissance de la suggestion sur la crudité du dévoilement ;

— sentimentales, éveillant en moi la découverte de la naissance du désir dans la grâce d'un silence ou le subtil vertige qui peut vous saisir à l'éclat du regard d'une femme, enfin, que les plus belles histoires d'amour sont peut-être celles qui se terminent mal ;

— intellectuelles, pour finir, en m'encourageant à savourer de tous mes sens les composantes de l'instant qu'on vit car il est fugace et ne se reproduira jamais de la même façon, ce fameux *Ichi-go Ichi-e* bien plus profond que notre *Carpe diem*, fondamental dans la compréhension de l'âme contemplative des Japonais.

Écrit plus tôt que *Pays de neige*, *La Danseuse d'Izu* trouve également une place à part dans mon panthéon personnel. C'est un petit bijou, un chef-d'œuvre de tout juste 54 pages publié en 1926 dans une revue littéraire. L'écrivain y transcende avec son raffinement habituel la naissance des sentiments d'un tout jeune étudiant orphelin pour une ravissante danseuse d'un groupe de saltimbanques qu'il rencontre lors d'un court voyage mélancolique. En quelques pages, l'auteur réussit à dépeindre tout à la fois la beauté et la rudesse des paysages, et les sautes d'humeur du climat japonais, les mœurs en vigueur au Japon, en décrivant l'ostracisme dont est frappée la caste des forains, l'importance du cheminement et des rencontres dans la vie. Il autopsie par ailleurs minutieusement l'éclosion de l'émoi amoureux du héros pour une jeune femme dont il découvre plus tard qu'elle n'est encore qu'une enfant. Son désir érotique pour la danseuse est évoqué avec finesse quand il la voit sortir de son bain : « À la vue de ce corps blanc, de ces jambes sveltes comme de jeunes paulownias, je sentis de l'eau fraîche couler dans mon cœur et, poussant un profond soupir, soulagé, je souris paisiblement. »

Cette nouvelle est autobiographique. Kawabata avait en effet effectué à l'âge de 19 ans un voyage dans la péninsule d'Izu au cours duquel il croisa une troupe de musiciens ambulants. La danseuse qui les accompagnait fit naître en lui un profond trouble érotique et provoqua un intense choc esthétique évoqué à plusieurs reprises dans toute son œuvre.

Kawabata est souvent bouleversant et toujours émouvant, mais il lui arrive aussi de déranger, comme dans *Les Belles Endormies*, roman trouble qui transpire les désordres nauséeux de la grande vieillesse : un vieillard se rend fréquemment dans une maison de passe où il s'allonge à côté de jeunes filles qui ont été droguées. Il contemple ces fruits défendus à la beauté à peine éclose dans leur sommeil comme des œuvres d'art. Il se permet d'effleurer un sein dénudé ou de lécher une oreille, alors que nous comprenons que tout désir ne relève plus pour lui que du domaine du fantasme.

Enfin, la violence et la brutalité des mouvements du cœur jaillissent parfois, comme dans *Le Lac*, histoire d'amours perdues et de pulsions de mort sur les ruines de la vie. Le dernier opus publié du vivant de l'écrivain en 1965, *Tristesse et Beauté*, est un autre conte cruel sur la vengeance diabolique d'une femme. Ces deux ouvrages permettent de mieux comprendre que, chez les Japonaises, la passion la plus violente affleure sous la glace apparente de l'impassibilité.

Pourtant, chez Kawabata, ces passions restent la plupart du temps maîtrisées, ce sont des bruissements qui affleurent mais ne tonitruent pas. Elles sont cependant fatalement douloureuses et poignantes.

Alors on se prend, Occidental maladroit, à rêver d'en ressentir les pulsions et d'éprouver une « trémulation comme celle que causerait peut-être une passion fatale » avec la même grâce que les héros de Kawabata.

C'est peut-être dans l'espérance de croiser un jour cette fulgurance qu'on passe plus de quarante années de sa vie au Japon…

Kawaii (可愛い) – Nunuche

Si la France a connu la « cruchitude » par l'improvisation d'une illustre femme politique, le Japon, lui, possède la « nunuchitude » par le biais de la culture *kawaii* mise en avant au travers de la campagne *Cool Japan* inventée en 2009 par un gouvernement en mal d'idées et déboussolé à l'idée d'avoir perdu au bénéfice de la Chine son statut de deuxième économie mondiale. Il fallait promouvoir une nouvelle facette du pays, décontractée, moderne et sympathique auprès du reste du monde. On a donc lancé la culture *kawaii* comme on lancerait la culture du potiron ou celle des tulipes vertes.

Le concept s'appuie sur l'attrait que présentent à l'étranger les *mangas*[1], les animés, les jeux vidéo et les

1. Voir l'entrée « *Mangas* et animés ».

nombreux dérivatifs qui en découlent en une sorte de « disneylandisation » d'un pays qui aurait pourtant de tous autres attraits culturels à offrir que l'infantilisation de son image.

Pour enfoncer le clou, les porte-parole choisies comme ambassadrices du *Cool Japan* sont trois *idols* (célébrités) répondant aux critères *kawaii* censés représenter les stéréotypes de la nouvelle femme japonaise, mignonne, adorable et innocente :

— Aoki Misako, née en 1983, infirmière de formation mais surtout présidente de l'Association des Lolita du Japon (*sic*). Misako a un ravissant petit visage rond, de grands yeux noirs, une frange qui barre son front et des couettes. Elle a souvent un nœud dans les cheveux et porte des robes de poupée toutes de volants et de dentelles, de préférence de couleur blanche.

— Kimura Yu, née en 1994, fut remarquée par la chaîne nationale de télévision alors que, membre d'un obscur groupe de musique pop, elle venait de lancer une ligne de vêtements s'inspirant des animés japonais. Elle se décrit comme étant la « *N° 1 Pink artist of the world* ». Elle est un des piliers de la *Harajuku Fashion.* Bien entendu, elle est toujours habillée de la tête aux pieds de vêtements de couleur rose pâle. Son charmant minois est lui-même encadré d'une longue chevelure rose, dont la frange se termine en un dégradé de mauve tendre.

— Fujioka Shizuka, née en 1989, est entrée dans le show-business à l'âge de 18 ans. Elle est apparue elle aussi à la télévision et fut repérée par un fonctionnaire du ministère des Affaires étrangères qui la recruta pour en faire la troisième ambassadrice. Moins excentrique que ses consœurs, elle est l'archétype de la « JK » – *Joshi Kōsei*, la lycéenne. Son label est donc l'uniforme d'écolière, une jupe tartan plissée très au-dessus du genou, une chemise blanche chastement boutonnée, un cardigan de la même couleur virginale, une cravate rayée négligemment nouée, des chaussettes noires montantes juste en dessous des genoux et des mocassins beiges. Ses cheveux sont dans leur teinte naturelle, le regard est innocent. Elle n'est pas maquillée, son teint de porcelaine se suffisant à lui-même.

Inutile de dire que cette image du *kawaii* forgée depuis plusieurs décennies par une presse destinée à une frange de la société japonaise n'est guère représentative de la réalité de la femme japonaise contemporaine. C'est pourtant celle qui est véhiculée à grands frais par les médias et plus récemment par le gouvernement japonais dans sa croisade du *Cool Japan*.

La culture *kawaii* a dévoyé l'étymologie originale du terme en imposant l'image particulièrement niaise d'une jeune femme certes mignonne, adorable, gentille, pure et ingénue, docile et puérile, immature, en un mot, superficielle mais également irresponsable, naïve et maladroite. Être *kawaii*, c'est aussi adopter une posture, être rieuse, cacher son regard sous ses longs cils, pencher la tête de côté, faire une moue boudeuse, afficher une certaine timidité, avoir une voix haut perché, le tout auréolé d'une gestuelle douce. Avoir de grands yeux, un visage rond avec des fossettes enfantines, être plutôt petite et menue, ne pas avoir des formes trop prononcées, voilà la panoplie idéale pour être cataloguée *kawaii*.

Leur exclamation préférée, bien entendu, clamée à tout bout de champ, est : « *Kawaiiiiiiii* », en allongeant immodérément la dernière syllabe et en montant vers des aigus jusqu'à l'insupportable.

Ce ne sont cependant pas ces clichés qui attirent les hommes quand ils citent comme premier des quatre critères *Yon K* de l'épouse idéale *kawaii* – avant *kashikoi* (« intelligente »), *kaiteki* (« agréable ») et *karui* (« affable »). Le mot est ici utilisé au sens non dévoyé de « jolie » en opposition à *kirei* (« belle ») ou *utsukushii* (« splendide, magnifique »). En effet, autant se méfiera-t-on au Japon d'une belle femme, autant une femme *kawaii* donnera-t-elle envie qu'on la protège car le mot sous-entend une notion de fragilité.

Je ne me hasarderai pas à creuser la sémantique du mot *kawaii*. Je me suis donc contenté d'une approche, dirions-nous empirique, en demandant à ma femme ce qui est *kawaii* dans son esprit. La réponse est tombée, sèche et précise : « Un bébé ; un chat ; un tout petit animal, à condition qu'il soit à poil ou à plume ; un objet aussi peut l'être, mais à condition d'être petit. »

Puis, après un instant de réflexion, elle ajouta : « *Demo kawaii onna ha chittomo kawaikunai !* » (« Mais une fille *kawaii*, ce n'est absolument pas *kawaii* ! »).

Je dois avouer qu'il ne m'est jamais venu à l'idée de penser que mon épouse était *kawaii*. Pour moi, elle est *shitoyaka* (« gracieuse, pudique »), mais ceci est une tout autre histoire.

Keikan (警官) – Policier

Au Japon, le policier est omniprésent.

Affable et serviable, il est intégré dans la vie du quartier au travers de son affectation au *koban*[1] où il vit parfois avec sa petite famille ; affable mais vigilant, il est souvent posté aux carrefours quand il ne sillonne pas à bicyclette les ruelles de son secteur, mais il est aussi motorisé. De minuscules voitures *K jidōsha*[2], la plupart du temps conduites par des policières intransigeantes, patrouillent incessamment ; elles ne laissent passer aucune infraction ; les voitures de police de plus grosse cylindrée sont pilotées par des policiers plus chevronnés auxquels il vaut mieux ne pas se frotter. Enfin, les motards, sur leurs superbes Honda blanches, ne sont pas en reste en matière de sévérité.

Mais comme on ne peut pas poster un policier derrière chaque poteau électrique, on le colle dessus. En effet, pour rappeler au citoyen la présence de l'autorité, on érige des effigies policières un peu partout sur les myriades de poteaux plantés tout du long des artères secondaires sous forme de bandes réfléchissantes blanches représentant le baudrier de leur uniforme, accompagnées d'un dessin de l'insigne ornant leur couvre-chef et d'un catadioptre rouge figurant le bâton lumineux utilisé pour la circulation.

En province, des silhouettes d'agent de police peintes sur des panneaux sont postées à l'entrée des virages dangereux, des lignes droites propices aux excès de vitesse ou bien encore aux intersections avec une route prioritaire. Autrefois, on croisait même des mannequins plus

1. Voir l'entrée « *Koban* ».
2. *K* pour *karui*, « légère », *jidōsha* pour « voiture ».

vrais que nature en trois dimensions. Ces formes réalisées en fibre de verre légère étaient plantées dans un pied en ciment pour en assurer la stabilité. Personne n'aurait imaginé les voler, les taguer ou les détériorer.

Lors d'une excursion dans la péninsule de Noto avec un ami de l'ambassade de France, nous avions chapardé une de ces sentinelles immobiles que nous avions logée dans le coffre de ma vieille Toyopet pour la ramener à Tokyo. Nous avions attendu la nuit pour la sortir de ma voiture et la placer devant la maisonnette des gardiens du portail d'entrée de l'ambassade.

Logeant à l'étage, je fus donc aux premières loges lorsque, le lendemain matin, la police du commissariat de notre quartier débarqua, accompagnée d'une escouade digne de la brigade criminelle et d'une équipe de déminage. C'était en 1976, à l'époque où la France avait repris les essais atomiques dans le Pacifique. Il n'était donc pas rare de voir défiler devant l'entrée de l'ambassade des manifestations. Les gendarmes responsables de la sécurité de l'ambassade craignant qu'une bombe ne fût placée dans le corps creux de notre bien placide policier de province avaient déclenché un véritable branle-bas de combat.

Inutile de dire que les deux chenapans responsables de ce détournement de policier ne se sont jamais déclarés.

C'était il y a plus de quarante-cinq ans. Il y a donc largement prescription…

Keiko (佳子)
– La tentation de la France

Dans les années 1950, Keiko, petite fille dans son uniforme d'écolière, partit comme chaque jour un beau matin de chez elle pour l'école catholique Saint-Dominique tenue par des sœurs françaises. Pour s'y rendre, il fallait prendre un train puis un bus. Elle avait parfaitement l'habitude du trajet, elle l'empruntait quotidiennement depuis deux bonnes années.

Au Japon, les enfants vont seuls à l'école dès leur première année d'école primaire. Aucun pays au monde n'est plus sûr.

Une heure plus tard, l'école appela la maman de Keiko. Elle n'était pas arrivée. Le plus étrange était qu'une autre fillette de la même classe, sa meilleure amie, manquait également à l'appel.

Personne sur le trajet de l'école n'avait vu les fillettes. Elles s'étaient comme volatilisées.

On suspecta évidemment une fugue, mais pour quelle destination ?

On décida rapidement de prévenir la police qui alerta tous les postes de la ville et déclencha immédiatement les recherches.

En fin d'après-midi, un douanier du port de Yokohama signala qu'on venait de lui amener deux petites filles sanglées dans l'uniforme de l'école Saint-Dominique. Leurs sacs à dos *ransel*[1] étaient bourrés de victuailles. Elles avaient traversé tous les postes de sécurité du port sans que personne les remarque, puis elles avaient erré sur les quais, passant de bateau en bateau pour demander s'il y en avait un en partance pour la France. Elles avouèrent qu'elles avaient préparé leur voyage très à l'avance car elles rêvaient d'aller visiter la *Hana no Miyako*, ainsi qu'on appelait Paris, la « capitale des fleurs ». Keiko avait été l'instigatrice de cette idée et avait entraîné sa meilleure amie dans l'aventure.

Keiko a visité la France une dizaine d'années plus tard, quand elle est partie étudier le français, qu'elle parle d'ailleurs excellemment.

Petite précision biographique : Keiko est la mère de mes quatre premiers enfants.

---

1. Voir l'entrée « *Ransel* ».

Kentõ shimasu (検討します) – Ou l'art de l'esquive

Pris au sens littéral, *Kentõ shimasu* signifie : « Je vais prendre [votre requête, votre proposition] en considération. »

Il n'est pas nécessaire d'être sémiologue pour en comprendre le signifiant : la porte reste ouverte.

Au début de ma vie professionnelle au Japon, j'appris cependant à mes dépens qu'il ne faut pas prendre au pied de la lettre les formules toutes faites.

Ainsi, lors d'une conversation avec un important client d'Osaka, je lui soumis un projet pour lequel je sollicitai son aide. Il m'écouta avec la plus grande attention avant de me répondre d'un « *Kentõ shimasu* » qui me parut d'excellent augure.

Plusieurs semaines passèrent sans qu'il me rappelle. Comme j'avais besoin de connaître sa réponse, je lui rendis visite à Osaka. Je lui demandai où il en était de sa réflexion. Il me regarda avec un air de commisération intense : « Je suis confus ! Vous n'avez pas compris mon propos ! Chez nous dans le Kansai, "*Kentõ shimasu*" veut dire "Non" ! Vous comprenez, nous ne voulons pas blesser notre interlocuteur par un refus trop brutal, alors nous utilisons cette formule. Vous savez bien que nous, gens du Kansai, sommes différents de ceux du Kantõ ! Comme vous parlez excellemment japonais, je ne pouvais imaginer que vous ne saisiriez pas la nuance. »

Je rentrai à Tokyo furieux et terriblement vexé qu'il se soit ainsi joué de moi.

Un an plus tard, il monta me rendre visite à Tokyo, accompagné de deux collaborateurs. Il souhaitait me proposer une licence pour une nouvelle ligne de produits. Il s'agissait de sets pour sanitaires, tapis, couvre-lunettes de WC et autres objets qu'on trouve dans les toilettes. Plusieurs marques de couture françaises prestigieuses attirées par l'appât du gain avaient signé des contrats pour des articles que j'estimais pour ma part peu compatibles avec l'image de la Maison pour laquelle je travaillais.

J'écoutai néanmoins avec attention mes visiteurs développer leur argumentaire. À la fin de leur exposé, je répondis simplement qu'il me fallait réfléchir en utilisant la formule de politesse convenue : « *Kentõ sasete itadakimasu.* »

Ils me quittèrent, sans doute persuadés qu'ils allaient emporter l'affaire.

Quelques semaines plus tard, notre client me rappela. Il voulait savoir si j'avais réfléchi à sa proposition. Je pris mon air le plus navré et je lui répondis : « Mais je vous ai donné une réponse négative l'autre jour ! Je croyais que vous l'aviez compris puisque vous êtes du Kansai ! Je sais bien que dans votre région il est incorrect de dire brutalement non ! »

Il y eut un instant de silence au bout de la ligne puis, beau joueur, l'arroseur arrosé éclata de rire : « Mais qu'allons-nous devenir, nous, les Japonais, si vous, les étrangers, nous prenez à notre propre jeu ? »

Prendre les Japonais à leur propre jeu de l'art de l'esquive que leur langue permet est toujours pour moi un plaisir savoureux.

Kiku (菊) – Chrysanthème

Le chrysanthème est en France synonyme de cimetières, de Toussaint et de commémorations. Il ne viendrait jamais à l'idée d'offrir à un vivant un bouquet de chrysanthèmes. C'est pourtant une fleur gaie aux couleurs bariolées, aux pétales follement décoiffés un peu hippies sur les bords, plutôt du genre « Faites l'amour, pas la mort ». Merci à Raymond Poincaré d'avoir eu l'idée d'ordonner de fleurir les tombes des soldats tombés au champ d'honneur à la date anniversaire de l'armistice, au moment où seuls les chrysanthèmes fleurissent.

En Asie et plus particulièrement au Japon, le chrysanthème est une fleur adulée, au point d'être le symbole de la famille impériale dont l'institution est aussi appelée « Trône du Chrysanthème », qui fait également référence au siège impérial (le *Kōi*) utilisé lors de l'intronisation des empereurs. Le blason et le sceau impérial sont un chrysanthème stylisé, de seize pétales superposés. Il en existe plus de 150 motifs, utilisés en référence à la relation avec la famille impériale. Par exemple, l'emblème du fort décrié sanctuaire Yasukuni est un *kiku*. La décoration la plus prestigieuse du Japon est l'ordre du Chrysanthème remis par l'empereur sur recommandation du gouvernement japonais. La couverture et les pages du passeport japonais sont décorées d'un *kiku* en filigrane.

Il a également une connotation religieuse, représentant l'esprit de Bouddha.

L'introduction du chrysanthème au Japon, venu de Chine où il était cultivé depuis le XVe siècle avant notre ère, remonte à l'époque de Nara et d'Heian, entre le début du VIIIe et la fin du XIIe siècle. Il est devenu particulièrement populaire à l'ère d'Edo, avec une profusion de variétés (plus de cinquante), de couleurs, de formes et diverses manières de les élever, parfois extrêmement complexes et recherchées. On en confiait le soin aux *samouraïs* pour leur apprendre « la patience et l'amour ».

Car il en faut beaucoup pour faire pousser certaines catégories selon des codes et une esthétique précise, avec des techniques compliquées afin d'obtenir le résultat escompté. C'est de domptage plutôt que d'horticulture qu'il s'agit ! Au Japon, on aime la nature quand elle est maîtrisée, des jardins de mousse aux *bonsaïs*[1]. C'est un art martial comme un autre, forgé à la lame de la discipline, de l'abnégation et de la concentration.

Cultiver un chrysanthème n'est donc pas un simple passe-temps. Cela participe de la recherche d'un état spirituel, de l'apaisement de l'âme et du cœur. On pourrait dire que c'est une Voie, comme celle du thé ou le Kyûdo, le tir à l'arc japonais.

Car on ne contemple pas la nature, on vit avec elle et par elle, on se nourrit d'elle autant spirituellement que physiquement, et, d'ailleurs, on la vénère puisque chaque arbre, chaque plante, le moindre brin d'herbe est habité par un dieu du panthéon *shintô*.

Plusieurs festivals ont lieu à l'automne au moment de la floraison. Le « Jour du Chrysanthème » (*Kiku no Sekku*), un des cinq festivals sacrés, est organisé le neuvième jour du neuvième mois de l'année. Il débuta en 910, quand la cour impériale organisa la première exposition consacrée à cette fleur. De nos jours, les concours de chrysanthèmes fleurissent partout dans le pays. Par exemple, un grand concours d'horticulture consacré au chrysanthème dans tous ses états et sous toutes ses formes est organisé au

1. Voir l'entrée « *Bonsaï* ».

château de Nagoya où il attire une foule considérable d'amateurs.

Cependant, la plus extraordinaire exposition du Japon se trouve au parc impérial de Shinjuku Gyo-en[1] à Tokyo. L'empereur et sa famille viennent solennellement l'inaugurer tout début novembre. Elle est ensuite ouverte au public.

On y trouve les plus inimaginables variétés de fleurs. Il y a des chrysanthèmes élevés en déferlantes se terminant en pointe, qui tirent insolemment leurs opulentes langues à la face des visiteurs ; ils sont tellement bariolés qu'on dirait qu'ils viennent de sucer des bonbons chimiques. On croise des soucoupes volantes ou des drones faits de minuscules boutons élevés en cercles concentriques sur des plateaux fixés à des barres de bois. Plus loin sont arrangés des massifs figurant des fontaines d'où jaillissent des jets verts surmontés chacun d'une mousse blanche de fleurs. Ailleurs, protégés sous de jolis auvents au toit de bambou tressé, se blottissent des parterres de centaines de pots ; leurs fleurs ressemblent à des bouquets de feux d'artifice ou à des chapeaux fantaisie de catherinettes. Leurs pétales sont délicatement étalés sur des rondelles en carton. Il y en a de toutes sortes, des gorgones, des anémones de mer comme toutes hérissées d'avoir été tirées de leur milieu, des moutons entièrement blancs, des coiffures afro, d'autres qui ressemblent à un personnage de dessin animé effrayé, dont les pistils se dressent sur la tête ; plus loin, il a ceux qui se laissent aller, coiffure punk, mèches teintes en bataille ; d'autres voudraient ressembler à une marguerite, à un pompon de marin, à une balayette à dépoussiérer au bout de son manche. Il y a une armée de bouquets raides comme des soldats impériaux, le casque crânement planté au bout

1. Voir l'entrée « Shinjuku Gyo-en ».

de leur tige unique tirée au cordeau, scoliose interdite, que ne soutient aucun tuteur et à laquelle ne s'accroche aucune feuille ; il paraît que ce sont les fleurs les plus difficiles à élever, car elles ont tendance à ployer sous le poids de leur tête.

Il y a enfin cette folie pure, le *Õzukuri* (Grande Structure), trônant impérialement sous un auvent plus sophistiqué que les autres, encadré d'un dais à la pourpre cardinale tenu relevé par un cordon vermillon, ce rouge japonais si singulier tiré de la plante de carthame. Chaque année, on en expose trois, pas plus.

Le *Õzukuri* est un massif taillé en éventail cultivé dans une grande vasque sur un unique pied d'une circonférence qui ne dépasse pas un doigt, d'une envergure qui peut aller jusque 4 mètres et haut de près de 3 mètres, sur lequel 406 fleurs (vous lirez peut-être ailleurs 1 000, mais c'est une erreur ou une exagération, plus de 400, c'est déjà une sacrée prouesse !) parfaitement identiques, de la même couleur blanche, aux pistils teintés de jaune, toutes tournées du même côté, font la même taille au millimètre près et sont régulièrement espacées, après s'être épanouies exactement au même moment.

Seuls quelques rares maîtres jardiniers au Japon savent encore réaliser cette prouesse horticole insensée. Ils y travaillent tout au long de l'année, jour après jour, heure par heure, pendant près d'un an et demi. Après avoir sélectionné les boutures pur-sang, ils greffent, taillent, arrosent, soupèsent, ajoutent ou retranchent du terreau, surveillent l'évolution des tiges qui porteront les fleurs miraculeuses. Les plants grandissent, et, environ deux mois avant d'être exposés au regard de l'empereur, ils sont montés branche par branche sur une structure métallique en forme d'ogive épatée à la base ; enfin, quand les fleurs éclosent, elles sont insérées une par une dans la partie horizontale arrondie de ce corset qui disparaîtra à la maturité du massif, caché sous le feuillage. Le massif vit de trois semaines à un mois en fonction de la clémence de la température. Une œuvre d'art particulièrement éphémère.

Patience et amour, vous disais-je.

Pour l'Exposition universelle de Paris à laquelle le Japon participa pour la première fois en tant que nation de plein droit en 1900, l'empereur Meiji ordonna à ses maîtres jardiniers d'accompagner deux *Ōzukuris* destinés à encadrer l'entrée du pavillon japonais, qu'ils élèveraient pendant leur voyage par bateau. Les massifs faillirent mourir plusieurs fois sous les températures tropicales et au passage de l'équateur mais, miraculés grâce aux soins constants prodigués par leurs mentors, ils parvinrent tant bien que mal à maturité sur le sol français, juste à temps pour l'ouverture de l'Exposition.

Ce fut le premier voyage de *Ōzukuri* de l'histoire de l'humanité. Personne ne pensait qu'il n'y en aurait jamais un autre, et, de fait, il n'y en eut pas pendant cent quatorze ans.

Jusqu'à ce que, résultat par ricochet d'un projet fou lancé trois années plus tôt, le château de Versailles en accueille deux au mois de novembre 2014, invités pour commémorer le quatre-vingt-dixième anniversaire du partenariat franco-japonais initié par Paul Claudel.

Cette fois transportés par avion deux mois avant la date de leur exposition, ils étaient accompagnés de huit jardiniers du Shinjuku Gyo-en et de leur chef, Yamada Mitsukazu. Ces derniers, assistés de leurs homologues français dirigés par le duo de jardiniers en chef du parc de Versailles, Alain Baraton et Joël Cottin, sont parvenus, malgré le temps un rien capricieux de l'Île-de-France, à mener les boutons à leur pleine floraison au jour J. M. Baraton avoua que, s'il n'avait pas parlé aux deux massifs pendant leur séjour chez lui, sans doute parce qu'il ne maîtrise pas japonais, il leur avait souri quotidiennement.

Finalement, sortis au bout de soixante jours de la serre qui les avaient protégés, ils furent placés au centre du péristyle pavé de dalles blanches et noires du Grand Trianon où ils eurent droit à un dernier toilettage, royalement à leur aise dans ce cadre, summum de l'élégance architecturale française, comme s'ils avaient toujours été là à leur place, admirés par Louis XIV et sa cour.

L'inauguration eut lieu en présence de hautes personnalités japonaises et françaises dont l'ambassadeur du Japon et le secrétaire général du ministère des Affaires étrangères Christian Masset, lui-même ancien ambassadeur au Japon.

J'étais présent, ayant joué un rôle certain dans cette belle aventure. Pour en savoir plus, il vous faudra vous transporter jusqu'à la lettre S et lire l'entrée « Shinjuku Gyo-en ».

Au buffet de la réception qui suivit, il y avait une réplique des *Ōzukuri* faite de macarons piqués sur un treillis en forme de dôme. Cela avait demandé moins de temps à réaliser que leurs alter ego, mais c'était tout de même assez réussi.

À la fin de la période de l'exposition, un mois plus tard, les deux *Õzukuris* et leurs caisses furent incinérés, législation européenne sur les plantes, la flore en général et les terres venues d'ailleurs, obligeant. L'histoire ne dit pas si les cendres furent éparpillées sur les eaux imperturbables du Grand Canal sous le regard attristé de la présidente de l'Établissement public du château, du musée et du domaine national de Versailles, Catherine Pégard.

Kimono (着物)

Quintessence de l'art japonais d'empaqueter.

Une fois qu'on l'a défait, impossible de refaire le paquet.

Je recommande au néophyte qui aurait l'imprudence d'emmener chez soi une jeune femme en kimono de s'assurer qu'elle sait comment se rhabiller le lendemain matin.

Dans le cas contraire, elle rentrera chez elle vêtue d'une chemise et d'un jean empruntés à son compagnon, le précieux vêtement plié sous le bras, au risque d'encourir les foudres d'un père dépositaire de l'honorabilité de sa fille.

Le kimono est un vêtement apparemment d'une grande simplicité. Ni l'anatomie ni le sexe ne sont pris en considération. Il n'y a donc pas de tailles différentes, sauf évidemment pour les enfants. On ajuste la longueur en repliant le kimono au niveau de la taille, l'excédent étant caché sous l'*obi*. Le patron en forme de T est immuable : un corps central constitué de lais de tissus rectangulaires de la même largeur et de la même longueur coupés dans une pièce de tissu dite *tanmono* longue de 11,5 mètres et large de 36 centimètres, cousus ensemble, auxquels on ajoute deux manches carrées. Il se ferme par devant, le pan gauche sur le droit (dans l'autre sens, c'est uniquement pour les personnes décédées) et tenu par une large ceinture, l'*obi*. On peut « démonter » aisément un kimono et recoudre les pans sans que les piqûres précédentes soient visibles. Ce procédé autrefois utilisé pour nettoyer le vêtement est désormais obsolète. En revanche, on découd et recoud toujours le col pour le laver.

Comme pour tout au Japon, cette apparente simplicité cache une complexité extrême. Les kimonos sont différents suivant l'occasion, la saison, la personne qui le porte, son rang social, son âge et, pour les femmes, le statut marital.

Les matières utilisées le plus communément sont la soie pour les *gofuku* et le coton pour la catégorie *momen*, mais également le lin, le chanvre, la ramie dites *asa*, et même la fibre de banane appelée *bashōfu*, qui est utilisée pour des kimonos très légers et fort agréables à porter en été. Les kimonos réalisés dans les fibres naturelles sont appelés *futomono* en référence à l'épaisseur du tissu plus dense que la soie.

La surface du vêtement étant plane, l'expression artistique est infinie. Tous les motifs sont possibles, animaliers (principalement tortue, grue, libellule ou autres insectes volants), végétaux (le cerisier bien sûr, pin, prunier, bambou, iris, glycine, camélia, feuillages...), inspirations de paysages et éléments naturels (onde, vagues, rochers, lune, écharpes de brume...), figures géométriques, et dispersés sur les pans de manière enveloppante ou disruptive, uniquement sur la partie basse du kimono ou se prolongeant sur les manches, dans le dos, etc. Le choix des motifs est extrêmement important et soumis à des codes subtils qu'il convient de connaître. Ainsi, par exemple, on portera un kimono décoré de motifs de *sakura* juste avant la floraison. Le faire lorsque les cerisiers sont en fleur est considéré comme une mauvaise manière de compétition avec la nature pouvant porter malchance.

L'emplacement de la décoration est important et définit, avec la couleur et la coupe des manches, les différents types de kimonos qui doivent être portés en fonction de l'environnement et du caractère de l'événement auquel on assiste, selon une codification stricte qu'il est impératif de connaître et de respecter au risque de bévues impardonnables. Les plus courants sont les suivants :

— le *kurotomesode* est un kimono noir dont la décoration se situe seulement en dessous de la ceinture. C'est le plus traditionnel, porté par les femmes mariées ;

— le *mofuku* est le kimono de deuil entièrement noir porté avec un *obi* également noir, les sous-vêtements et des chaussettes *tabi* blancs ;

— le *shiromuku*, « l'innocence pure blanche », est le kimono des mariages selon les rites *shintô*. Il est porté avec une coiffe dite *tsuno kakushi*, la cache des cornes (de la jalousie) ;

— le *furisode* aux manches longues (1 mètre) est le vêtement des femmes non mariées. La décoration s'étale sur toute la surface ;

— le *hōmongi*, ou vêtement de visite, est utilisé lorsque l'on se rend en visite chez quelqu'un ou pour des sorties formelles. Les motifs se trouvent sur les épaules et les manches ainsi qu'en dessous de la taille ;

— le *iromuji*, « couleur sans motif », comme son nom l'indique, est un kimono sans décoration d'une couleur unique. Il est porté lors des cérémonies de thé *chanoyu* ;

— le *yukata*, enfin, est un léger vêtement informel sans doublure, en général en coton, qu'on porte en été, lors des fêtes populaires comme les feux d'artifice ou les *matsuris*, ou chez soi. Par sa finesse même et porté à même le corps, il sait être indécent sous l'apparence de sa modestie ;

— la quantité et le type du blason de la famille *mon* utilisé participent du niveau de formalité. Cinq *mon* est le plus formel, trois moyennement formel, un seul étant en bas de l'échelle. La manière dont il est brodé ou imprimé sur le kimono a également son importance.

Les méthodes de teinture et de décoration sont nombreuses. Tissage, peinture à la main, stencil, masquage de parties de l'étoffe à la pâte de riz ou à la cire, ou encore *shibori* (ligatures sur tissu), pliage, serrage, couture du tissu, utilisation de pinces de bois empêchant la teinture des parties ainsi cachées, technique pouvant demander jusqu'à plusieurs années de travail, comme la méthode dite *kanoko shibori* consistant à froisser le tissu pour obtenir uniquement des pointillés. Ce dernier procédé demandant un savoir-faire rarissime et très chronophage, les kimonos confectionnés à partir d'étoffes *shibori* sont hors de prix.

Les accessoires accompagnant le kimono sont trop nombreux pour être tous cités ici. Contentons-nous de l'*obi* dont le prix pour certains bocarts dépasse celui du vêtement proprement dit. Il est accompagné d'une kyrielle d'accessoires et rubans pour le maintenir en place et le nouer : les cordons *obi-age* et *obi-jime* qui se portent par-dessus l'*obi* ; l'*obi-dome*, souvent un bijou hors de prix fixant l'*obi-jime* ; l'*obi-makura*, rembourrage pour donner du volume au nœud dans le dos ; la fine planchette *obi-ita* qui se place sur le devant de l'*obi* pour que sa forme reste homogène.

Les dessous du kimono sont non moins nombreux, du *yumoji*, sorte de jupette qui se met par-dessus le jupon *susoyoke*, bandelette qui comprime la poitrine, la chemisette *hadabujan*, *nagajuban*, longue camisole évitant que le kimono ne soit en contact direct avec la peau. Autrefois, les femmes ne portaient pas de culotte tout simplement parce que ce sous-vêtement n'existait pas.

Tout ce harnachement digne d'un cheval de tournoi est particulièrement compliqué à mettre en place. Le kimono doit être impeccablement tendu en un cylindre uniforme sur le corps, effaçant les formes qui ne doivent même pas être suggérées. Rares sont les femmes qui peuvent revêtir le kimono seule, y compris dans sa composition la moins formelle. Il leur faut donc se rendre chez une habilleuse qui procédera à l'habillage, ce qui peut prendre deux bonnes heures. La chevelure n'est jamais laissée libre et doit être remontée en un chignon en général sobre. Le maquillage et la manucure sont neutres.

Il émane d'une femme portant le kimono un charme suave et une sensualité troublante. Corsetée étroitement, elle se tient très droite, une posture qui lui confère une dignité un peu hautaine. Son corps étant comprimé, elle s'exprime avec une gestuelle minimale, limitée à la liberté laissée aux bras dont la largesse des manches dévoile la blancheur de la peau. La moindre ondulation de sa nuque largement dégagée par l'échancrure du col rejeté en arrière sous les cheveux remontés en chignon suscite une vive émotion. Entravée par l'étroitesse de son vêtement, elle se meut à petits pas mesurés d'une délicieuse féminité qui créent une discrète ondulation des hanches. L'apparition fugace d'un mollet entre les *tabis* immaculés et le bas du kimono invite l'imagination à un voyage illimité.

S'il cache, sournois et perfide, le kimono suggère.

Alors, votre propre femme en kimono devient lointaine, énigmatique, inaccessible.

Et tout est à reprendre.

Kissaten (喫茶店) – Cafés

Bien avant que l'insipide petite sirène américaine asexuée des Starbucks Cafés n'envahisse la planète et ne finisse par coloniser l'archipel nippon, les *kissaten* existaient au Japon. Leur apparition a plus ou moins coïncidé avec l'ouverture du Japon au monde extérieur et l'arrivée des premiers étrangers qui popularisèrent le café. Les Japonais avaient déjà été exposés à cette boisson introduite vers le milieu du XVIIe siècle par les Hollandais confinés sur l'île de Dejima, au large de Nagasaki. Mais ils ne l'appréciaient pas.

Trop forte, trop amère.

Le tout premier *kissaten* répertorié comme tel fut créé en 1888 dans le quartier de Taito, à Tokyo. Outre boire du café, on pouvait y jouer aux cartes, au billard, lire les journaux locaux ou étrangers et même y prendre sa douche. D'autres suivirent, notamment dans le quartier de Ginza, inspirés des cafés parisiens.

Rapidement, cependant, comme pour tout ce qu'ils importaient, les Japonais ont amélioré et élargi le concept. Pendant que se créaient des chaînes importantes, Ueshima Coffee (UCC) en 1933 qui a inventé le café en canette, ou Doutor en 1962 qui imagina plus tard le « self-service », des cafés plus intimes, reflétant le caractère, l'inclination politique ou tout simplement le dada ou une lubie du propriétaire fleurirent rapidement dans toutes les villes du Japon.

On trouve donc, dans les bourgades les plus reculées du pays, des *kissaten* offrant la plus large palette qu'on puisse imaginer :

— d'austères cafés sans caractère avec des tables en Formica et des rideaux de dentelle jaunis ;

— de pimpants salons de thé servant leurs breuvages uniquement dans de la porcelaine de Meissen, où se retrouvent, sur leur trente et un, de sémillantes et souvent fort bruyantes jeunes quarantenaires, ces épouses de *salaryman* désœuvrées après que leurs enfants ont grandi pour parler… des enfants et de leurs études ;

— des cafés « jazz », qui diffusent à longueur de journée uniquement du Miles Davis, ou « rock », qui passent *ad nauseam* les rengaines d'Elvis Presley ;

— des « *go go kissa* », où on danse des valses et des paso doble entre les tables ;

— des « *utagoe kissaten* », où tous les clients sont invités à chanter à l'unisson et *a cappella* de bonnes vieilles ballades, évidemment à ne pas confondre avec le *karaoké* ;

— d'autres aux murs tapissés de reliques de l'époque militariste du pays des années 1930, avec pour fond sonore les chants guerriers de la valeureuse armée impériale ;

— des « *mangas kissa* », dont le premier ouvrit en 1970 à Nagoya, où l'on tue amplement le temps en feuilletant des albums de bandes dessinées défraîchis tout en fumant cigarette sur cigarette ;

— des « *no-pan kissa* », au plancher en miroir sur lequel glissent des serveuses court et fort dévêtues, fréquentés, allez savoir pourquoi, uniquement par des hommes en costume-cravate entre deux rendez-vous ;

— D'autres établissements où l'on s'enfonce dans de moelleux fauteuils pour écouter religieusement de la musique de cour et d'opéra pour Louis XIV, et j'en passe !

— le Maid Cafe du quartier d'Akihabara, où des adolescentes déguisées en soubrettes accueillent les consommateurs avec force « *Irasshaimase*[1] » et peuvent vous donner la becquée (à la cuiller) si vous le désirez, vous nettoyer les oreilles ou vous masser bras, jambes ou dos ;

— des « *animal kissaten* », où l'on vient pour caresser des chats, ou des hérissons, ou des boas, ou pour contempler des hiboux ;

— et bien sûr, depuis l'avènement d'Internet, des « *wired kissa* » peuplés de jeunes gens en rupture de ban, en bisbille avec leur famille, SDF qui n'avouent pas cette étiquette mais vivent plus ou moins en permanence dans les cubicules mis à la disposition des clients et naviguent sur le monde à portée de clic au travers de la morne lucarne des écrans d'ordinateur.

Je remplirais encore dix pages de *kissaten* extravagants, étranges, insolites, loufoques ou absurdes que ma liste serait encore incomplète. Je me contenterai donc de signaler deux *kissaten* pour lesquels j'ai une tendresse

1. « Bienvenue ! », leitmotiv claironné à l'unisson par les employés de tout commerce lorsqu'un client entre.

particulière, y ayant déposé mon cœur en consignation en des temps lointains. L'un est à Tokyo, l'autre à Kyoto.

J'ai assidûment fréquenté le Café West situé dans le quartier de Minato-ku en face de l'immense cimetière d'Aoyama, à Tokyo, au milieu des années 1970. C'était une bâtisse banale en préfabriqué perchée sur pilotis, sous laquelle on pouvait garer sa voiture, un luxe à l'époque. Il n'avait rien de bien spécial, les thés anglais qu'on y servait n'étaient ni meilleurs ni pires qu'ailleurs, et les pâtisseries relativement quelconques.

Mais il y avait contre un mur un bahut sur lequel trônait une platine professionnelle à bras tangentiel asservie Clément, le nec plus ultra des tourne-disques, du nom de son inventeur français l'ingénieur Pierre Clément, équipée d'une tête de lecture EMT modèle TSD 15N, reliée à un amplificateur à lampe McIntosh et une paire d'enceintes Tannoy Westminster ressemblant à un confessionnal avec leurs boiseries grillagées protégeant les haut-parleurs.

Une fabuleuse collection des marques les plus prestigieuses ou rares de musique classique était rangée dans les casiers du bahut, les labels allemands Deutsche Grammophon ou ArkivMusic, la britannique Decca Classics, ou venus de l'autre côté du rideau de fer, comme les Hungaroton, Melodiya, Supraphon et autres Eterna.

La pochette du disque en cours de lecture était posée bien en vue sur un petit chevalet de bois dans une alcôve cintrée au-dessus du bahut.

Le tout était éclairé par un spot, le reste du salon baignant dans la lumière tamisée de lampes posées sur les tables nappées.

Inutile de dire que le son servi par un tel matériel était parfait, les disques ne présentant pas la moindre rayure ni usure.

Une ravissante jeune femme vêtue d'un strict tailleur bleu nuit, les cheveux relevés en un chignon qui dévoilait la beauté de sa nuque et soulignait son haut front, portant des gants de soie blancs immaculés, était préposée à la délicate tâche de gérer la chaîne stéréo. Le cérémonial était millimétré, la gestuelle s'apparentait à la perfection de celle de la cérémonie du thé.

Quand un 33 tours arrivait en bout de lecture, elle s'approchait du bahut et s'inclinait brièvement devant la salle, les mains croisées sur son giron, comme un chef d'orchestre salue son auditoire. Puis, faisant face au bahut, elle baissait au maximum le son de l'amplificateur avant de délicatement saisir entre le pouce et l'index, les autres doigts relevés, le levier pour soulever le bras du tourne-disque qu'elle ramenait avec une lenteur infinie sur son support. Cela fait, elle retirait le disque du plateau en le prenant par la tranche entre ses paumes, elle le levait à hauteur de ses yeux et se tournant de nouveau vers la salle en s'inclinant une fois de plus elle le faisait pivoter afin que les clients en apprécient l'impeccable surface.

Ensuite, tenant en équilibre le disque de sa main gauche en prenant soin que ses doigts gantés n'effleurent pas la surface du microsillon, de sa main droite elle prenait la pochette posée sur le chevalet dans laquelle elle le faisait disparaître avec une dextérité de prestidigitateur.

Avec la même élégance des gestes, elle prenait un nouveau disque dans les rayonnages du bahut, elle levait la pochette devant son visage et la montrait aux consommateurs en annonçant de la chaude voix de conversation au coin du feu d'une présentatrice de radio classique le nom du compositeur, la pièce de musique, l'orchestre et son chef, le soliste, la date et le lieu de l'enregistrement, et le label.

Après cela elle sortait le disque de la pochette, en présentait les deux faces au public avant de le poser sur le tourne-disque ; elle positionnait le bras au-dessus du premier sillon, s'y reprenant à deux voire trois fois si elle n'était pas satisfaite.

Lorsque le diamant de la tête de lecture effleurait la surface du disque, elle montait le volume et, dans l'instant qui suivait, jamais trop tôt ni trop tard, le son jaillissait des enceintes, d'une perfection et d'un réalisme de salle de concert.

L'ambiance du salon de thé West était religieuse. Les commandes étaient chuchotées, les conversations murmurées, les rires retenus, les tasses jamais choquées sur les sous-tasses ni les couverts sur les assiettes.

Quand je travaillais à l'ambassade de France, je me rendais au West deux à trois fois par semaine en fin de journée. Je commandais un darjeeling avec une rondelle de citron que je sirotais doucement, enfoncé dans un de ces moelleux fauteuils à oreillettes qu'on trouve dans les fumoirs des clubs anglais.

J'y ai écouté les meilleurs concerts de ma vie.

Et je crois que j'étais un peu amoureux de la jeune officiante...

Amoureux, je l'ai également été du Café François à Kyoto, où m'emmena souvent une jeune *maiko* rencontrée lors d'un dîner officiel, à laquelle j'avais eu l'impudence et l'imprudence de faire la cour jusqu'à ce qu'elle accepte de me revoir et que j'allais retrouver toutes les fois qu'elle avait un jour libre, séchant allègrement mon travail à l'ambassade sous de fallacieux prétextes dont personne n'était dupe. Lors de nos rencontres, elle portait toujours un kimono à longues manches de jeune fille, qui enchantait mon regard et compliquait singulièrement ma vie plus tard dans la soirée.

Le Salon de thé François, tel qu'il s'appelle officiellement, est situé à la verticale du sanctuaire Yasaka, dans le quartier de Ponto-cho, de l'autre côté de la rivière Kamo, juste après le canal qui la longe. L'immeuble est classé à l'équivalent de nos Monuments historiques.

Ce café fut fondé en 1934 par un des plus célèbres activistes du Mouvement des travailleurs de cette époque, Tateno Shōichi, qui avait étudié les beaux-arts. Le Salon de thé François tient son nom du peintre Jean-François Millet qu'admirait profondément ce socialiste enthousiaste, qui d'ailleurs participait au financement du Parti communiste japonais et distribuait dans son établissement un tabloïde antifasciste plus ou moins clandestin. Cela valut de sérieux ennuis à Tateno, qui fut emprisonné par la police impériale en 1937.

Plus tard, revenu aux affaires, Tateno demanda à une de ses connaissances, un Italien, de réaliser le décor du café, et à un autre de ses amis japonais d'imaginer une série de vitraux.

Rien n'a changé depuis.

La porte d'entrée est flanquée de deux fenêtres en ogive avec des vitraux bariolés surmontés d'armoiries sculptées sur la façade d'inspiration vaguement Renaissance. Le café est tout en longueur comme tant de bâtisses dans Kyoto. Il est coupé en son milieu par un haut plafond en rotonde délimité par quatre colonnes en chêne, dont les chapiteaux sont sculptés de feuilles d'acanthe. Les murs sont lambrissés de panneaux d'ébène cintrés. Au centre de chaque panneau est plaqué un blason fantaisiste sous une applique. L'éclairage, volontairement chiche pour accentuer l'ambiance européenne, vient de lampes à suspension, de globes de brasserie parisienne et d'un lustre Art nouveau. Les tables en bois précieux avec des pieds torsadés, flanquées de lourds fauteuils au dossier ajouré et recouverts de velours cramoisi, sont fort étroites, obligeant les clients assis en vis-à-vis à une proximité qui favorise les échanges romantiques.

Sur un des murs se trouve un vieux plan de Paris, et sur celui d'en face une reproduction d'une peinture de Millet, curieusement pas une des plus connues, comme *L'Angélus* ou *Les Semailles*, mais *La Bergère assise sur un rocher*. Plus loin, dans un imposant cadre de miroir en bois sculpté, une *Joconde* impavide observe les consommateurs. Au fond de la salle se trouve une immense *Bataille de Lépante*, sous laquelle trône un piano droit sur lequel on peut exercer ses talents. Le parquet en marqueterie est teint d'un brou de noix sombre. De ce bric et de ce broc baroque se dégage une atmosphère sage et mélancolique.

Depuis le décès de Tateno, ce sont ses trois enfants qui ont repris l'affaire. Ils n'ont, rigoureusement, rien changé au décor planté par leur père. Même la dentelle posée sur le piano droit, jaunie et effilochée, est probablement d'origine.

Et c'est bien ainsi.

Ma ravissante apprentie *geisha* a fini par s'évaporer ; elle n'est plus qu'un songe charmant et lancinant au fond de ma mémoire. Il m'arrive, quand je passe à Kyoto pour une brève journée de travail, de repousser l'heure de mon retour pour aller au Salon de thé François retrouver son exquis fantôme assis en face de moi. Lorsque je ferme les yeux, je sens ses genoux sous la soie de son kimono frôler les miens.

Les propriétaires de l'établissement, qui me connaissent bien, ne viennent jamais nous déranger…

Kitano « Beat » Takeshi (北野 ビート たけし) – Comédien, réalisateur (1947-)

Un soir du printemps 2005, un jeune Français roulant assez vite sur sa grosse moto, un bolide Yamaha XJR1200cc, pile à une intersection pour éviter une Rolls-Royce blanche sortie d'un virage de la ruelle où il habite. Le pilote de la Yamaha, correspondant du journal *Libération* au Japon, s'appelle Michel Temman et il a reconnu le passager de la voiture : c'est le fameux comédien Kitano Takeshi, qui habite à deux pas de chez lui. Lorsque ce dernier descend de son véhicule, Temman s'arrête pour le saluer.

Il l'avait déjà croisé deux ans plus tôt et lui avait demandé un entretien. Kitano avait alors gentiment répondu : « Bientôt. »

Cette fois sera la bonne : un samedi soir, Kitano invite le jeune journaliste dans un *ryōtei*[1] pour un dîner fort arrosé qui va durer sept heures.

Après cette longue nuit, Michel est convié à recommencer le lendemain soir.

Il est comme cela, Kitano. Imprévisible mais généreux. Et fidèle. Quand il donne sa confiance, c'est pour toujours ; quand il aime, c'est pour toujours.

Quarante rendez-vous échelonnés sur quatre années vont fournir un livre d'entretiens, *Kitano par Kitano*[2], publié en 2009 en France et depuis dans huit pays, dont le Japon, Taïwan, le Brésil, la Russie et la Chine.

Car l'amuseur public japonais est une star planétaire.

---

1. Restaurant traditionnel.
2. *Kitano par Kitano*, éditions Bernard Grasset.

Une autre rencontre organisée en 2005 par Michel Temman auprès de l'ancien ministre Jack Lang, lorsque ce dernier découvre les talents de peintre de Kitano, provoquera en 2010 l'exposition « Kitano, gosse de peintre » à la Fondation Cartier.

Ainsi une solide amitié jamais démentie s'est-elle forgée entre le journaliste et l'amuseur public. Il est même devenu un membre de la famille élargie de Kitano. Il pourrait sans doute prétendre à être intégré dans le « Takeshi Gundan », le « corps d'armée » hétéroclite de ses collaborateurs et amis fondé en 1983, tels son chauffeur et accessoirement acteur fétiche Nishimura Tsuyoshi ou le brillant Béninois Rufin Zomahoun, son fidèle interprète officiel qui deviendra par la suite l'ambassadeur de son pays pour le Japon et l'ASEAN[1].

Le « Takeshi Gundan » fonctionne sur le modèle ancestral des organisations de camelots, des joueurs professionnels, voire des *yakuzas*. Kitano en est l'*oyabun*, le chef de bande, les membres sont les *kobun*, ses acolytes. Ils sont adoubés par lui. Ils le suivent partout : sur les plateaux de télévision sur lesquels il se produit, jouant occasionnellement des rôles de figurants ; dans ses déplacements, ses voyages, les dîners ou les soirées qu'il organise. C'est bien évidemment lui qui prend en charge toutes leurs dépenses. Protecteur et protégés sont intimement imbriqués. Ce pourrait être la restitution du Japon féodal au XXe siècle.

Rien d'étonnant à ce que Kitano fonctionne ainsi quand on sait qu'il est né et a été élevé dans la Shitamachi de Tokyo, les faubourgs populaires de la capitale, où les relations de voisinage sont faites de solidarité, où malheurs et joies sont partagés.

1. Association des nations de l'Asie du Sud-Est.

La communauté y est soudée pour le meilleur et pour le pire.

Son père était peintre en bâtiment. Il est le quatrième d'une fratrie de cinq enfants que leur mère incite à faire de bonnes études. Un de ses frères fera un doctorat scientifique et suivra une brillante carrière d'universitaire. Takeshi entre donc à l'université Meiji pour faire des études d'ingénieur mais, à partir de la deuxième année, il abandonne pour aller papillonner dans le vaste monde. Il vivotera de petit boulot en petit boulot ; il est ainsi successivement serveur dans des cafés de jazz, vendeur de gâteaux traditionnels, bonimenteur de foires commerciales, chauffeur de taxi, bagagiste sur l'aéroport de Narita.

En 1972, il a 25 ans. Il se retrouve liftier au Asakusa France Za, un théâtre de strip-tease. Il loge sous les combles de la vénérable institution, véritable pépinière de talents[1] ! Avant le spectacle des effeuillages, on joue en première partie des sketchs humoristiques et des saynètes comiques. Il lui arrive même de remplacer un artiste absent. Le directeur du théâtre l'a repéré. Il trouve cet électron libre original et doué d'une étonnante qualité d'improvisation. Il le fait monter sur scène plus souvent, où il donne notamment la repartie à un autre comédien du nom de Beat Kiyoshi, avec lequel il noue une solide amitié.

Mal payés au France Za, les deux compères vont bientôt prendre leur indépendance. Ils passent à la télévision pour la première fois en 1976 et font un tabac. Ils se produisent sous le nom de « Two Beat ».

De là vient le nom de scène de Kitano sous lequel on le connaît au Japon, Beat Takeshi.

---

1. Voir l'entrée « Inoue Yasushi ».

Beat Takeshi va rapidement prendre son envol. Il passe de plus en plus souvent à la télévision, où on finit par le voir se produire quotidiennement dans toutes sortes d'émissions dont il est l'animateur vedette. Il devient incontournable. Il est perçu par le public japonais comme un amuseur décapant à l'humour acide avec un sens de la dérision qui ne connaît pas de bornes et une irrévérence qui n'hésite pas à franchir les limites de la vulgarité. Dans la société ultrapolicée de ce pays où l'on dit rarement ce qu'on pense, l'insolence étant perçue comme un manque d'éducation impardonnable, il devient le héraut très populaire et plébiscité, de la ménagère au *salaryman* moyen, d'un peuple qui n'ose même pas penser tout bas. Il n'hésite pas à se ridiculiser en revêtant mille déguisements loufoques, abandonnant un costume de grenouille verte saugrenu pour un pastiche grotesque de *samouraï*, se présentant le matin comme un gamin attardé, l'après-midi sous l'avatar d'une femme au foyer hystérique, le soir sous les traits d'un pochetron aviné. Il n'a aucune limite et il ose tout, et s'il est encore inconnu à l'étranger, au Japon il devient rapidement une célébrité adulée, même si sa férocité et sa grossièreté obligent parfois les chaînes de télévision à le censurer.

Sa boulimie créative explose dans tous les genres. En 1986, il lance sur la chaîne TBS un jeu télévisé, sorte d'« Intervilles » loufoque, le « Takeshi's Castle », dans lequel les candidats doivent endurer toutes sortes d'épreuves telles que « Mouche Velcro », où ils sont revêtus de combinaisons en Velcro et doivent traverser un plan d'eau pour tenter d'aller s'accrocher sur une surface décorée de toiles d'araignées, ou encore « Toc, toc, toc », un parcours de portes qu'ils doivent traverser en un temps record, dont certaines sont en carton mais d'autres en bois, chacune donnant sur un filet, une flaque de boue et autres loufoqueries. Les participants non éliminés doivent affronter le Comte Takeshi qui, tel Super Mario sur un kart, les asperge au moyen d'un pistolet de substances aussi diverses que suspectes. Mes enfants adoraient regarder cette émission. J'avoue que plus d'une fois je l'ai suivie assis à leurs côtés, partageant leur joie peu charitable aux déboires des concurrents, épaté par l'imagination débridée de Kitano pour les humilier.

Toujours en 1986, il lance un jeu vidéo absurde, *Le Défi de Takeshi*, qui raille ce passe-temps avec des challenges sans queue ni tête, des réponses aléatoires ne répondant à aucune logique, de délirantes interactions avec des personnages fictifs comme se battre avec sa femme jusqu'à ce que divorce s'ensuive. Il y a toujours chez Kitano cette intention de brocarder la société dans ce qu'elle a de plus ridicule.

Le reste du monde découvre la joviale bouille ronde de Kitano en 1983 quand le réalisateur Oshima Nagisa[1] lui offre, dans son film *Furyo* (au Japon *Merry Christmas, Mr. Lawrence*), le rôle du sergent psychopathe Hara Gengo dans un camp de prisonniers en Indonésie. Il y donne la réplique aux acteurs britanniques Tom Conti et David Bowie aux côtés de Sakamoto Ryuchi, qui a par ailleurs composé la musique de cet opus et dont la ritournelle lancinante est indissociable de la fameuse scène où Hara joue au Père Noël. Le Japon découvre avec stupéfaction au travers de ce film que sous les traits du pitre Beat Takeshi qu'il connaît si bien se cache un Kitano Takeshi dramatique, sombre, voire émouvant.

Il jouera ensuite dans plusieurs autres films, principalement des comédies jusque 1989, date cruciale dans sa

---

1. Voir l'entrée « Oshima Nagisa ».

carrière. En effet, cette année-là, alors qu'il a été choisi pour le rôle principal de *Violent Cop*, le réalisateur Fukasaku Kinji, grand spécialiste des films de *yakuzas*, tombe malade en plein tournage. Il propose alors de le remplacer, retravaille le scénario et réalise le film, qui rencontre un grand succès au Japon.

La carrière du cinéaste Kitano Takeshi est lancée. Dès son deuxième film, *Jugatsu*, il impose sa propre syntaxe cinématographique et son style, mélange de violence extrême, d'humour sombre déroutant, de fulgurances poétiques inattendues. Sa vision du monde est désabusée, amère, mais aussi mélancolique, naïve, parfois même émerveillée. *Jugatsu* se révèle un échec, mais il sait qu'il est sur la bonne voie.

C'est *Sonatine*, son quatrième film, tourné en 1993, l'histoire d'un *yakuza* fatigué de sa vie de gangster, qui va le propulser sur la scène internationale. Il est pourtant mal perçu au Japon et selon lui injustement critiqué.

Le 2 août 1994 vers 1 h 40 du matin, rentrant d'une soirée peut-être un peu trop alcoolisée, il dérape avec son scooter et se retrouve dans un état désespéré à l'hôpital. La nouvelle se répand comme une traînée de poudre. Le Japon pense avoir perdu son enfant terrible. L'actrice Hara Setsuko[1], pourtant cloîtrée depuis la mort de son mentor le réalisateur Ozu Yasujirō[2], lui fait parvenir un *juzu*, un chapelet bouddhiste. Contre tout diagnostic, il sort de son coma et, après une série d'opérations pour lui rendre figure humaine, il reprend du service.

Tel Janus, la moitié du visage ravagée, l'autre intacte, il décide d'assumer sa double personnalité. Au personnage public, pitre et bouffon, va s'ajouter la carrière de cinéaste à laquelle il va consacrer une énergie farouche.

---

1. Voir l'entrée « Hara Setsuko ».
2. Voir l'entrée « Ozu Yasujirō ».

À peine rétabli, il réalise en 1995 une comédie, *Minnâ-yatteruka !* (*Getting Any ?*), suivie en 1996 de *Kids Return*, puis en 1997 d'*Hana-bi*, pour lequel il reçoit le Lion d'or à la Mostra de Venise, ce qui assied définitivement son statut de cinéaste reconnu sur la scène internationale. C'est surtout en France que son public est le plus enthousiaste. *Zatoichi*, enfin, primé une nouvelle fois à la Mostra d'un Lion d'argent en 2003 et couvert d'autres récompenses au Japon et à l'étranger, reste à ce jour son plus gros succès au box-office.

J'ai croisé Beat Takeshi une première fois, en 2006. Je venais de rencontrer dans son studio new-yorkais le grand photographe américain Elliott Erwitt que je sollicitai pour une exposition dans l'espace culturel de notre immeuble *flagship* à Ginza. Lorsque je lui avais demandé ce qu'il souhaitait présenter, il avait sorti de sa bibliothèque l'énorme rétrospective exhaustive de son travail intitulé *Elliott Erwitt Personal Best* en me disant : « Choisissez ! »

Je m'étais bien entendu récrié. Il m'aurait semblé particulièrement présomptueux de sélectionner telles photos plutôt que telles autres. Je lui suggérai alors de demander à des personnalités japonaises du monde des arts, architectes, écrivains, cinéastes, photographes, actrices, acteurs, trésors vivants de choisir une photo accompagnée d'un bref commentaire expliquant la raison pour laquelle ils l'avaient sélectionnée. Nous envoyâmes le *Personal Best* avec une lettre d'explication à cent célébrités. Kitano était l'une d'elles.

Sa réponse fut :

> « Qui suis-je pour juger qu'une photo d'Erwitt est meilleure qu'une autre ? Je suis incapable de choisir, aussi vous demanderais-je de présenter à l'exposition au-dessus de mon nom un cadre vide accompagné de cette citation. »

Quelle ne fut pas ma surprise lorsque, quelques mois plus tard, son bureau m'appela pour me demander si j'accepterais d'être son hôte dans son émission « *Takeshi no daredemo Picasso* » (« Tout le monde peut être Picasso ») diffusée en direct sur la chaîne Terebi Tokyo. Je pesais le pour et le contre avant de répondre. Pouvais-je courir le risque de m'exposer à sa férocité ? Il y avait un danger qu'il ridiculise la Maison que je représentais : j'avais encore en mémoire sa cinglante réplique à l'encontre du couturier Issey Miyake[1], lorsque celui-ci lui avait demandé d'arrêter de porter ses vêtements parce qu'il était trop vulgaire. Il s'avéra que cette émission était sérieuse, avec une forte coloration culturelle. Kitano n'ignorait pas que je venais de publier un premier roman et il savait pertinemment que j'étais l'animateur de l'espace culturel sis dans l'immeuble de notre entreprise ; ce fut d'ailleurs de tout cela que nous parlâmes. Je ne suis pas certain que ma présence déclencha un taux d'écoute record, mais l'émission se déroula dans la bonne humeur. Il y eut un moment hilarant quand je lui offris une cravate et qu'il me remercia en disant : « C'est bien la première fois qu'un homme m'offre un accessoire de mode ! »

Je découvris une facette de Kitano que je méconnaissais : il est extrêmement timide. Il a besoin d'être entouré de sa cour (ce soir-là, Rufin Zomahoun) pour se sentir rassuré. Ce boulimique de travail perfectionniste est comme un funambule sur une corde qui se demande s'il ne va pas tomber au moment où il se lance.

Il faut croire que Kitano avait apprécié ma prestation, car il m'invita quelques mois plus tard à me joindre à lui pour être son compère de table lors d'une émission culinaire qu'il animait. Le restaurant choisi pour cette

1. Voir l'entrée « Miyake Issey ».

séquence était le fameux Mibu de Ginza, célèbre pour son inaccessibilité : chantre du *Ichigensan Okotowari*[1] poussé à son paroxysme, le chef Ishida Hiroshi ne fait aucune publicité de son établissement ; personne n'en connaît le numéro de téléphone ; le seul moyen de s'y rendre est d'être invité par un « membre » auquel une soirée par mois dans l'année est attribuée, un peu comme le fameux restaurant italien d'East Harlem à New York, Rao's. Bien entendu, j'acceptai. Je n'allais pas manquer cette occasion de goûter la cuisine du chef japonais qui avait la réputation d'avoir fait pleurer le légendaire Ferran Adrià du restaurant El Bulli !

Je n'ai plus revu Kitano Takeshi depuis cette inoubliable expérience.

Je me contente de suivre le samedi soir à 22 heures sur la chaîne TBS l'émission hebdomadaire de nouvelles « Shinjyohõ Seven Days », condensé des événements de la semaine, dans laquelle il donne la réplique au présentateur vedette Azumi Shin'Ichirõ. Ses commentaires sur l'actualité sont percutants, cinglants, grinçants, caustiques, souvent désopilants mais toujours frappés au coin du bon sens. C'est du très grand Beat Takeshi.

C'est à Michel Temman, le Français qui l'appréhende le mieux, que je laisserai le mot de la fin[2] :

> « [...] Kitano n'a jamais renié ni oublié ses origines modestes, comme en témoigne, jusqu'à présent, son ardent besoin de reconnaissance. Et s'il s'avoue lui-même parfois égaré en ce siècle, il ne s'est jamais vraiment coupé des

1. Voir l'entrée « *Ichigensan Okotowari* ».
2. Dans prologue de *Kitano par Kitano*, *op. cit.*

autres. Il a su, en fin observateur, attentif à la rumeur du monde, se forger une conscience politique, au sens noble. Chemin faisant, il s'est créé sa vision de la vie, trouvant la voie d'une philosophie du bonheur, à mi-chemin entre acharnement au labeur, bouddhisme zen et épicurisme. »

Koban (交番) – Îlotage

Pouvoir se rendre à une adresse précise dans les grandes villes japonaises demeure un casse-tête insoluble malgré tous les systèmes de géolocalisation. La seule manière de s'y retrouver est de s'adresser au *koban* le plus proche, le poste de police de proximité, lequel par un quadrillage minutieux est capable en quelques minutes de vous renseigner.

Le *koban* en sait bien plus que la topographie du quartier dont il a la charge. C'est un Bottin turbo grâce à un système de récolte des données archaïque mais terriblement efficace.

J'en fis la première expérience lorsque j'ai emménagé avec ma famille à Tokyo dans les années 1970. Nous étions encore dans les cartons quand un officier de police en uniforme nous rendit visite. Il nous annonça avec la plus grande courtoisie qu'il passait afin de nous souhaiter la bienvenue et pour nous donner quelques informations utiles sur le quartier, notamment l'emplacement de son *koban* et le numéro de téléphone direct en cas de besoin. Puis il me tendit un formulaire qu'il me suggéra de remplir le temps venu. La quantité d'informations à communiquer était impressionnante : nous devions indiquer les nom, prénom, date de naissance, filiation, occupation de chacun des occupants vivant sous le même toit ; pour les adultes, l'adresse professionnelle sans omettre le département dans lequel on travaillait, le poste occupé et le titre ; pour les enfants, il fallait donner les coordonnées de l'école fréquentée, la classe et indiquer par quel chemin et en utilisant quel moyen de transport, train, métro ou autobus, ils s'y rendaient – au Japon, dès la communale, les enfants se rendent seuls à l'école ; ma femme, japonaise, devait indiquer son nom de jeune fille, celui de ses parents sans oublier leur adresse. L'étranger que j'étais devait donner son numéro de passeport et les éléments de son statut de résident.

Enfin, au bas du document, on soulignait l'importance de transmettre au *koban* tout changement qui pourrait intervenir par la suite.

Il s'agissait donc d'un îlotage parfait dont je suppose qu'il ne serait plus possible de nos jours, depuis que des lois sur la protection de la vie privée ont été promulguées. J'avoue à l'époque m'être livré consciencieusement à cet exercice sans me poser trop de questions sur la vie privée et l'espace de liberté. Je voyais dans ce foisonnement d'informations plus un souci de mettre immédiatement les policiers du *koban* en mesure de nous assister en cas de besoin que la traçabilité sans doute héritée de la sinistre époque de la police militaire Kempeitai.

L'imbrication du *koban* dans le maillage résidentiel crée un capital de sympathie important. Une intimité réelle existe entre les policiers qui y sont affectés et la communauté locale. Ils sont à son service bien plus qu'ils ne représentent l'ordre et la loi, d'autant qu'ils ne sont pas intimidants mais au contraire serviables et affables.

Même l'architecture de ces stations de police est tout sauf rébarbative : il s'agit en général d'un tout petit bâtiment à un étage, comme une « boîte » posée à une intersection, près de la gare, au coin d'une allée commerçante ou sur une avenue. Dans les villes de province, il n'est pas rare que l'édifice comporte deux étages, comprenant un appartement de fonction pour la famille du policier.

C'est le plus souvent un banal quadrilatère en préfabriqué, mais son apparence peut se révéler parfois insolite, baroque, comme ce cube en brique surmonté d'un bien étrange toit conique rappelant un stupa devant le pont de Nihonbashi à Tokyo, dans un style se fondant dans l'ambiance d'un site historique ou symbolisant une particularité de la cité, par exemple un vague poulpe dans une île réputée pour la pêche de ce mollusque.

La police japonaise sait même faire preuve d'humour dans la décoration de ses *kobans* : celui du grand carrefour de Ginza à Tokyo est surmonté d'une grosse grenouille verte sur le dos de laquelle est assis un batracien plus petit. On comprend mieux la raison de cette idée farfelue quand on lit le slogan « *Anzen kaeru* », qui recommande de « rentrer prudemment », une injonction jouant sur le mot *kaeru*, le verbe « rentrer », qui signifie aussi « grenouille », aux employés de bureau qui sortent passablement éméchés des bars du quartier.

Le *koban* est aisément repérable avec sa lanterne rouge, l'étoile dorée à cinq branches de la police sur sa façade et l'enseigne verte décorée de la casquette stylisée sous laquelle sont inscrits les caractères « 交番 » et depuis quelques années « *KOBAN* ».

Un tableau électronique indique le nombre d'accidentés de la route du jour et un panneau affiche des portraits de malfaiteurs recherchés et diverses informations sur les événements du quartier. Il y a toujours, garée sur l'espace libre devant le poste, une bicyclette de patrouille peinte en blanc qu'enfourche le gardien de la paix lorsqu'il est appelé pour une urgence.

Le *koban* est largement ouvert sur la rue et transparent par ses portes coulissantes vitrées ; ainsi, si l'on peut apercevoir tout ce qui s'y passe à l'intérieur, leur occupant peut suivre ce qui se passe dehors. On y entre librement pour demander son chemin, rapporter un objet trouvé ou signaler une infraction dont on a été témoin.

La pièce est sommairement meublée d'un bureau métallique sur lequel est posé un téléphone antédiluvien, devant lequel deux chaises pliantes attendent le visiteur. Quelques posters de sécurité routière ornent le mur derrière le siège du policier en faction. Un plan détaillé du quartier y est également punaisé.

Un *koban* typique fonctionne vingt-quatre heures sur vingt-quatre selon le principe des trois-huit avec trois hommes et un sergent. Il existe cependant des *kobans* inoccupés comme des coquillages abandonnés par leur occupant, les *akikobans*. Ceux-là ne représentent plus que la symbolique de l'autorité.

Les policiers qui sont assignés dans les *kobans* sont soit des officiers proches de la retraite soit des jeunes fonctionnaires en toute première affectation. Ils font preuve de bonhomie, sont courtois et patients. La population ne les craint pas, bien au contraire. Un enfant n'hésitera pas à quémander l'aide de l'agent du *koban* pour aller récupérer une balle de base-ball tombée dans le jardin du voisin, une ménagère ira déposer une paire de gants trouvée dans la rue, un *salaryman* ivre sera raccompagné à son domicile.

Nous eûmes l'occasion de vérifier l'utilité du *koban* de notre quartier plusieurs fois, comme le jour où notre fils aîné, pas encore familiarisé avec le chemin entre la gare et la maison, s'était égaré et fut ramené par le policier. Ou cette autre fois quand le factionnaire nous appela pour nous rassurer en nous signalant que notre petite fille de 6 ans était au poste, car, devant faire un exposé sur les fonctions du *koban* pour sa classe, elle s'y était spontanément rendue pour questionner son occupant, allant jusqu'à lui demander de lui montrer son arme de service et de lui expliquer comment on s'en servait ! Celui-ci avait bien entendu aimablement répondu patiemment à toutes les questions.

Il y a environ 6 000 *kobans* dans tout le Japon, dont seulement 800 à Tokyo. Ce maillage de proximité contribue à faire du Japon le pays où la criminalité est la plus basse au monde.

Le système des *kobans* fut établi quand le gouvernement de Meiji mit en place une police centrale inspirée du modèle européen, en 1874. Il s'agissait alors de simples guérites qui abritaient une sentinelle. Entre 1880 et 1890, leur nombre augmenta de 1 500 à 12 800.

Encore de nos jours, un quartier, une cité ou un village sans *koban* est impensable. Il est un élément indispensable du ciment social japonais.

Koizumi Jun'ichirõ (小泉純一郎) – Homme d'État (1942-)

Des dix-sept Premiers ministres des trente années de l'ère Heisei (1989-2019), à part Abe Shinzo, Premier ministre au pouvoir entre 2012 et 2020, Koizumi Jun'ichirõ est celui qui a duré le plus longtemps, cinq ans et cinq mois du 26 avril 2001 au 26 septembre 2006. Avant lui, les chefs du gouvernement s'étaient succédé en une valse qui donnait le tournis. Du plus court, deux mois et deux jours (PM Hata), au plus long avec deux ans, sept mois et vingt jours (PM Hashimoto), neuf Premiers ministres s'étaient passé le témoin en onze années et onze mois. Une belle moyenne.

Né le 8 janvier 1942, il appartient à la troisième génération d'une famille d'hommes politiques. Son grand-père, Koizumi Matajirõ, qui avait été ministre des Postes et des Télécommunications à la fin des années 1920, était un véritable *tobishoku*[1], surnommé « le Ministre tatoué », car son dos et une partie de ses bras étaient recouverts d'un vaste tatouage représentant un dragon rouge.

Il était donc écrit que Jun'ichirõ aurait de la trempe.

Un visage carré au menton volontaire sous une abondante chevelure grise séparée en son milieu en deux vagues ondulantes, de petits yeux pétillants de malice que soulignent des sourcils en permanence arqués en interrogation, Koizumi ne laisse pas indifférent. Son caractère est taillé à la serpe, mais il n'en abuse pas. Il est en fait plus secret qu'il n'y paraît. C'est un véritable *ippiki ookami*, un loup solitaire qui mène sa horde mais reste

1. Voltigeur.

distant, et un outsider qui préfère être au-dessus de la mêlée. Pourtant membre puis chef du PLD (le Parti libéral démocrate) de coloration conservatrice, c'est un non-conformiste notoire. Parmi ses surnoms, il y a celui de « Maverick » (le Dissident) ou l'affectueux « Jun Chan », diminutif de son prénom auquel est accolé le suffixe du langage des enfants.

Pour ma part, je préfère celui de « Cœur de Lion » en référence à sa crinière et à son tempérament fougueux, qui m'est cher, car mon père décida de m'appeler Richard en hommage au belliqueux roi anglais du XIIe siècle !

Jun'ichirō a un franc-parler qui détonne. À la différence de nombreux hommes d'État japonais gaffeurs, ce qu'il dit et ce qu'il fait est toujours subtilement dosé. Lorsque sa ministre des Affaires étrangères Tanaka Makiko, une des « Koizumi Children », est filmée en train de pleurer à la suite d'une algarade avec des collaborateurs de son administration, il hausse les épaules en s'exclamant : « Les larmes ! Voilà bien l'ultime arme des femmes ! », avant de s'en séparer et de la remplacer… par une autre femme.

S'il a été marié, ce fut brièvement, entre 1978 et 1982, avec une jeune étudiante de 21 ans dont il a eu trois fils, le dernier étant né après la séparation du couple. Depuis, on ne lui connaît aucune aventure. Sa mère et sa sœur ont élevé les deux aînés, dont il avait la garde. Le cadet né en 1981, Shinjirō, est lui-même un brillant homme politique fort populaire. On chuchote qu'il sera un jour Premier ministre à son tour.

Parmi les jardins secrets de Koizumi Jun'ichirō, il y a son vrai talent pour le violon, qu'il joue admirablement bien, accompagné d'une étonnante culture musicale et de surcroît éclectique… du très populaire Elvis Presley au romantique Sibelius.

J'ai eu le privilège de rencontrer le Premier ministre Koizumi un an après mon élection à la tête de l'EBC[1]. Il m'invita à un déjeuner à Nagatacho, la résidence du chef du gouvernement, par l'intermédiaire de son conseiller pour les Affaires économiques et fiscales, le professeur Shimada Haruo[2].

Ce dernier m'expliqua que je serais l'invité d'honneur mais qu'un autre hôte étranger, en la personne du président de l'ACCJ[3], la Chambre de commerce américaine, assisterait au repas, le Japon ne pouvant se permettre de risquer de froisser son allié historique.

Au jour dit, je retrouvai le professeur dans l'antichambre de la salle à manger de la résidence. Il me donna quelques conseils, dont celui de ne pas hésiter à m'adresser au Premier ministre directement en japonais si je le souhaitais, ajoutant qu'un interprète serait cependant à ma disposition si je préférais parler en français.

Mon homologue américain, qui ne parlait pas la langue, arriva quelques minutes plus tard flanqué d'une collaboratrice qui devait assurer la traduction de l'échange.

Nous fûmes introduits dans la salle à manger où le Premier ministre nous accueillit. J'étais assis en face de lui. Il était flanqué du ministre du METI[4]. L'Américain se trouvait à ma gauche, son interprète sur une chaise entre nous deux.

Le professeur Shimada, une fois les présentations faites, édicta les règles de la rencontre. Nous disposions de quatre-vingts minutes. Je parlerais en premier, suivi

1. EBC : European Business Council, la Chambre de commerce européenne.
2. Voir l'entrée « Shimada Haruo ».
3. ACCJ : American Chamber of Commerce in Japan.
4. METI : Ministry of Economy, Trade and Industry.

de mon collègue américain. Nous aurions vingt minutes chacun. L'autre moitié du temps serait consacrée à un exercice de questions-réponses.

Je me permis alors de faire la remarque que, comme le président de l'ACCJ ne parlait pas japonais, il disposerait en fait, avec le temps de traduction, du double du mien. Je suggérai donc que me soient allouées quarante minutes. Le professeur Shimada allait objecter, quand le Premier ministre lui coupa la parole et dit : « Cela me semble équitable ! », au grand dam de l'Américain, qui se rembrunit mais n'eut pas la malséance d'objecter.

Je débutai alors mon discours par, comme on me l'avait recommandé, un bref rappel de mon profil. Je conclus cette introduction ainsi : « Par ailleurs, Monsieur le Premier ministre, permettez-moi de signaler que je participe de l'effort de repeuplement du Japon. En effet, j'ai avec mon épouse japonaise cinq enfants ! C'est également, vous me le concéderez, un bel exemple de coopération franco-japonaise : technique française et excellence manufacturière japonaise ! » Il s'esclaffa abondamment : « Vous êtes un étranger, cela ne fait donc pas cinq, mais seulement deux et demi !

— Vous reconnaîtrez toutefois que c'est plus de deux fois le taux de natalité du Japon ! », répondis-je. La glace était brisée.

J'enchaînai sur la nécessité d'un véritable APE[1] entre le Japon et l'Europe et la réticence des administrations de son pays à engager un dialogue constructif. J'utilisai la métaphore suivante pour lui demander de donner une impulsion décisive aux négociations bilatérales que l'Europe souhaitait engager :

« Monsieur le Premier ministre, je sais que vous êtes un violoniste émérite. On m'a dit que vous jouez également de

1. APE : accords de partenariat économique.

l'alto. Je suppose que vous connaissez cette symphonie du compositeur français Hector Berlioz, *Harold en Italie*, créée à la demande de Paganini pour que ce dernier puisse utiliser dans sa plénitude l'alto Stradivarius qu'il venait d'acquérir ?

— Bien sûr ! s'exclama le Premier ministre, qui se demandait cependant où je voulais en venir.

— L'alto de cette admirable pièce tire tout l'orchestre. Par moments il le guide, à d'autres il l'aspire à sa suite, parfois il se fait discret, mais il est toujours présent, comme la petite voix de la conscience. Eh bien, Monsieur le Premier ministre, puis-je vous suggérer de jouer le rôle de cet alto dans la partition des échanges entre votre pays et l'Europe ? »

Koizumi Jun'ichirō me rappela bien des années plus tard que cette image l'avait frappé au point qu'il l'avait reprise à plusieurs occasions dans certains de ses discours.

À la fin de l'année, je fus de nouveau convoqué à la résidence pour un échange avec le Premier ministre autour de la question du tourisme, qui fut publié dans le numéro de janvier de la revue du Cabinet. Il y eut plusieurs autres rencontres pendant son mandat, principalement autour de la question de l'amélioration des échanges Europe-Japon. J'étais systématiquement convoqué après la parution du livre blanc de l'EBC qui listait toutes les réglementations incongrues imaginées pour rendre la vie impossible aux entreprises importatrices. Il s'amusait tout particulièrement de mes échauffourées avec les diverses administrations. De toute évidence, il avait peu d'estime pour les technocrates.

Koizumi Jun'ichirō remit sa démission après la victoire écrasante en septembre 2005 de son parti, qui permit de faire entériner 82 des 91 propositions de lois de son programme, dont la privatisation de la poste, un cheval de bataille déjà enfourché quelque soixante années plus tôt par son sulfureux aïeul. Il annonça son retrait de la vie politique en 2009 et s'y est tenu depuis, refusant farouchement toute interview ou apparition télévisée jusqu'en 2013, quand il prit position contre l'énergie nucléaire à la suite du tsunami et de l'accident de la centrale de Fukushima en 2011.

Peu après son retrait de la vie publique, alors que la politique japonaise sombrait de nouveau dans le chaos dont il l'avait tirée, je rencontrai Koizumi *san* dans un avion en partance pour Paris où il se rendait pour une conférence. Les négociations du partenariat économique Europe-Japon qui, grâce à son leadership, avaient pris corps s'enlisaient de nouveau. Quand je suggérai qu'il revienne aux affaires, il me répondit :

« Surtout pas ! Vous ne pouvez savoir à quel point mes épaules sont légères ! Et si je revenais, je ne pourrais boire tout mon soûl de cet excellent vin français ! », ajouta-t-il en tendant son verre pour trinquer avec un de ces sourires en coin dévastateurs dont il a le secret.

Je revois de temps en temps Jun'ichirō, avec quelques-uns de ses vieux briscards fidèles, comme le professeur Shimada, un jeune disciple de l'université Keio, ou l'hilarant ambassadeur de la république de Saint-Marin, doyen du corps diplomatique au Japon, Son Excellence Manlio Cadelo. À tour de rôle, nous choisissons un restaurant et nous parlons de tout sauf de refaire le monde, autour d'un bon flacon de saké.

J'avais initié le mouvement avec l'aide de mon ami le professeur Shimada et nous avions baptisé ces retrouvailles les *Jun'ichirō kai* (« les rencontres de Jun'ichirō »).

Cela ne lui plaisait pas trop, qu'il soit le centre de ces soirées. Sa simplicité naturelle en était bousculée.

Alors, à son insistante demande, nous avons abandonné ce terme pour une appellation plus neutre…

Koke-dera [Kõinzan Saihoji] (苔寺–洪隠山西芳寺) – Le temple des Mousses

Par un samedi particulièrement pluvieux du mois de juillet 2020, au plus fort de la crise de la Covid-19, qui avait vidé Kyoto du tourisme de masse, une amie organisa pour nous une visite privée du Koke-dera, fermé au public ce jour-là. La saison des pluies, qui augurait d'être la plus longue jamais enregistrée, avec des précipitations extrêmes, aurait de toute façon chassé les rares Japonais qui auraient tenté l'aventure. Tous les hauts lieux de Kyoto étaient déserts. J'avais l'étrange impression d'être remonté dans le temps lorsque, quarante-huit ans plus tôt, j'avais pour la première fois foulé le sol japonais.

Dès la fin des années 1970, les autorités du temple ont drastiquement limité le nombre de visiteurs à cent personnes par jour au maximum. La foule trop importante mettait en danger les quelque cent vingt variétés de mousses qui tapissent le jardin.

La nature n'aime pas qu'on perturbe sa sérénité.

Pour pouvoir visiter le Koke-dera, il est donc nécessaire depuis 1977 de montrer patte blanche. Il faut écrire une demande en envoyant une carte postale et attendre une invitation en bonne et due forme indiquant une date et un créneau horaire précis. Un écot de 3 000 yens, le plus élevé de tous les monuments de la ville, est réclamé. La durée maximale du temps que l'on peut passer dans le jardin est de soixante minutes.

Le fils du supérieur du temple nous accueillit. C'était un beau garçon au visage gracieux empreint d'une douce sérénité. Il était vêtu d'un *samue*, ce confortable vêtement de travail traditionnel couleur indigo des moines. Il nous apprit qu'il était né dans l'enceinte du temple. Il était parti faire ses études supérieures à Tokyo et avait vécu une première vie de *shakaijin*[1] avant de revenir se préparer à la succession de son père.

« L'horizon barré de montagnes de Kyoto me manquait », souligna-t-il sobrement.

Sur la droite de l'esplanade du temple se trouve une petite mare encombrée de plants de lotus. Une perle d'eau scintillait comme une nacre échouée au fond d'une large feuille épanouie. Elle aurait peiné à désaltérer un moineau. Plusieurs fruits au bout de leur pédoncule ressemblaient avec leurs alvéoles à des microphones tendus pour enregistrer le chant timide des premières cigales. À cette époque tardive, une fleur unique, couleur pêche, tendait sa tige hors de l'enchevêtrement de la feuillée. Ses pétales outragés par la pluie commençaient à se flétrir. Notre hôte nous expliqua que ces lotus venaient d'akènes vieux de deux mille ans trouvés enchâssés dans un fossile en 1951 par un botaniste qui avait réussi à leur redonner vie. Depuis, cette variété de lotus porte son nom, les lotus Ooga, *Ooga Hasu*.

> « Ces fleurs sont timides et moins robustes que leurs sœurs cadettes ! Elles ont besoin de plus d'affection. »

1. Ce terme désigne toute personne dans la vie active.

Il nous conduisit dans le bâtiment principal du temple affilié au courant Rinzai, une branche adjacente du bouddhisme zen. Des dizaines de petites tables en laque noire étaient alignées dans la salle de part et d'autre de l'espace face à l'autel. Elles étaient agrémentées d'un coussin et d'un petit plateau sur lequel étaient rangés un bâton d'encre de Chine, une pierre dure, un flacon d'eau et un pinceau. Des feuilles blanches et une page de sutras à recopier étaient posées sur chaque écritoire. On ne visite en effet pas le Saihoji sans sacrifier au rite de la calligraphie afin de mieux se fondre dans l'ambiance studieuse du lieu.

Là, agenouillés sous un lustre de clochettes et de symboles bouddhistes dorés à la feuille d'or, nous offrîmes nos révérences à la statuaire du Bouddha dans son alcôve. Elle nous enveloppait de son bienveillant sourire. Puis nous admirâmes les panneaux coulissants peints un an avant sa mort, en 1974, par le célèbre peintre de *nihonga* (« peinture japonaise »), Dōmoto Inshō. Il avait également sculpté dans un bronze doré les ferrures des poignées de ces *fusuma*. Elles représentent des silhouettes stylisées de Bouddha. La facture particulièrement dynamique du travail de Dōmoto se calque étonnamment sur le solennel élancement des colonnes vermeilles du temple.

Le jeune homme nous guida enfin vers le jardin des Mousses. Il avait cessé de pleuvoir, mais les nuages que nous apercevions entre les cèdres du Japon et les érables annonçaient l'imminence de nouvelles averses. Les squames de l'écorce des troncs trempés ressemblaient à de vigoureux traits d'encre de Chine tirés au pinceau sur le paysage. Les cèdres rythmaient le panorama de leur paisible rectitude tendue vers le ciel.

Nous franchîmes un chemin barré en guise d'entrave d'un simple tube de bambou posé sur deux petits chevalets qu'un modeste pas aurait suffi à enjamber. La symbolique au pays de l'« Empire des signes[1] » est juste suffisante pour décourager quiconque à transgresser des interdits si élégamment suggérés. Le chemin était composé d'écailles de pierre posées de manière aléatoire ; elles évoquaient plus qu'elles n'en formaient le pavage, engoncées dans un tapis de mousse d'un vert tendre presque fluorescent que quelques feuilles d'érable échouées dessus rehaussaient de leur roux incandescent. Comme esquissée, une rigole dans laquelle un simple filet d'eau coulait nonchalamment pour charmer l'oreille longeait cette illusion de chemin qui allait se fondre dans une brume vaporeuse estompant l'horizon. Cette perfection picturale comme tracée par étourderie me fit penser au caractère *kawa* (川), « la rivière ».

Nous n'étions pas encore rendus dans le jardin lui-même que déjà une fraîcheur bienfaisante enveloppait nos sens.

Le moine nous conduisit sur un petit promontoire duquel on surplombe l'étang qui occupe la partie centrale du jardin. Là, il nous expliqua la genèse des lieux :

« L'origine du temple remonte à mille trois cents ans. Il est érigé sur un site où se trouvait une des retraites du

1. Emprunté au titre de l'essai écrit par Roland Barthes à la suite de son voyage au Japon en 1970. Voir l'entrée « *Empire des signes (L')* ».

prince Shõtoku. Il tomba un long temps en désuétude, jusqu'au début du XIVe siècle. En 1339, le grand prêtre d'un temple voisin décida d'y redonner vie et d'en faire un lieu de méditation zen. Il en confia la direction à un moine versé dans l'art de dessiner les jardins, Musõ Kokushi. Celui-ci est considéré comme l'inventeur au Japon des jardins zen de type *kare sansui*[1]. La partie supérieure du jardin, sur votre gauche, a été modelée dans ce style. »

Il nous indiqua le flanc de la colline à laquelle est adossé le temple.

« L'histoire est souvent ironique, reprit-il. Ce qui a rendu notre temple célèbre est le fruit de la négligence et du hasard ! Au fil des outrages que le temps lui a fait subir, les guerres multiples, les querelles incessantes et l'oubli, les moines n'ont plus eu les moyens d'entretenir la partie basse autour de l'étang. Rien que durant la période d'Edo, elle fut inondée par deux fois. C'était devenu un marais infesté de moustiques et de serpents. Il y a deux cents ans, quelqu'un s'est rendu compte que les mousses qui avaient envahi les trois îlots de l'étang étaient magnifiques. On décida alors de drainer l'ensemble de façon à ce qu'elles puissent s'épanouir. L'humidité naturelle du terrain et l'ombre fournie par la canopée ont fait le reste. »

Arrivé au bout de son explication, le moine nous montra un pin en contrebas qui étirait ses branches, comme un dormeur ses bras au sortir d'un songe.

« Ce pin fut planté à l'avènement de Sa Majesté l'empereur Shõwa, en 1926 », dit-il.

1. (枯山水), littéralement « monts et eaux flétris » (ou « morts »), les jardins secs qui sont des représentations pétrifiées de paysages, montagnes, rivières, flots, typiques des paysages zen.

Ensuite il nous conduisit au bord de l'étang, au départ du sentier qui en fait le tour.

« L'étang a la forme de l'idéogramme du cœur, *kokoro* (心). Les trois îles sont les virgules du caractère. Nous avons fait une tentative pour le voir depuis le ciel avec un drone, mais cela n'a rien donné : l'ensemble du feuillage était trop dense ! »

Des rochers émergeaient ici et là à la surface de l'eau. Sur la plupart de ces rocs nus, sans la moindre couche de terre permettant à ses racines de s'ancrer mais qui s'agrippaient tels les tentacules d'un poulpe, un érable maigrelet tendait son tronc, plutôt son unique branche, tel le doigt d'ET pointant vers sa lointaine planète.

« Quel acharnement ! », m'exclamai-je. Le moine me reprit gentiment : « Je dirais plutôt que la nature est persévérante. Et ne trouvez-vous pas que sa sobriété dans l'opiniâtreté est admirable ? »

Sur cette réflexion, il nous laissa seuls dans ce cosmos de verdure.

Notre fils partit seul pour, nous dit-il, « sombrer dans la végétation ». Mon épouse et moi nous engageâmes à sa suite sur l'étroite sente bordée d'une discrète clôture symbolique. Les mousses formaient une tapisserie d'une densité inouïe qui paraissait flotter au-dessus du sol. Toutes les nuances de vert par ce temps sans soleil donc sans ombres y éclataient littéralement, exacerbées par l'incroyable diversité des textures : le velouté des coques d'amande ; la translucidité du céladon ; la dureté ombrageuse du bronze ; l'opacité du jade ; l'alacrité de l'émeraude ; l'orgueil de blason du sinople ; la discrétion mate du tilleul ; l'ascétisme du vernis des feuilles d'olivier. Par endroits, elle enveloppait de sa douceur les contours d'un vallonnement, elle bordait d'une tendresse maternelle un bosquet. En d'autres, au contraire, elle devenait une ogresse écumante qui étouffait une souche, une escouade de farfadets de forme sphérique assiégeant un tronc, un décor de *manga* d'où allait surgir un de ces ectoplasmes dont les contes japonais ont le secret. Les étroits ruisselets, petites balafres qui la sillonnaient, murmuraient entre ses lèvres ourlées comme un émoi sensuel tandis que des suintements sourdaient de sa fourrure en une sexualité crânement assumée. La mousse exultait, gorgée d'eau, gonflée comme une éponge.

On dit que le meilleur moment pour visiter le Koke-dera est celui de la saison des pluies. Nous n'aurions pu mieux choisir.

Au moment où le sentier nous a rapprochés de l'étang, la pluie s'est remise à tomber. Les gouttes ont d'abord à peine grêlé la surface de l'eau de leur impact furtif de balles perdues, puis quand elles sont devenues plus drues, elles ont dessiné des cercles concentriques qui, s'entrechoquant, se disloquaient pour former à la surface une impression de verre soufflé ou des superpositions de lentilles opaques. Si on les regardait en clignant des yeux, elles ressemblaient à une de ces œuvres figées par les glaces polaires de l'artiste islandais Olafur Eliasson.

Égaré dans la contemplation accroupie de cette mouvance, j'en oubliai d'ouvrir mon parapluie. L'eau dégoulinant le long de mon cou qui trempait ma chemise me fit sortir de ma rêverie. L'averse était devenue plus violente. Nous avons déployé nos parapluies. Le crépitement des gouttes sur la toile couvrit le bruissement de l'ondée à la surface de l'étang et sur le tapis des mousses.

Nous dépassâmes le deuxième des trois pavillons de thé du jardin, le *Shõnan-tei*, construit par Musõ Kokushi aux alentours de 1600 et dont la plate-forme ouverte domine l'étang. J'imaginai Kokushi agenouillé sous l'auvent en contemplation de ce spectacle à la fois figé et ondoyant par la grâce de la pluie. Cela me ravit l'âme.

Au bout du jardin apparut au détour du chemin le troisième pavillon de thé, le *Tanhoku-tei*, offert au temple en 1928 par un potier célèbre de l'époque, Mashimizu Zõroku. Il est d'une apparence fragile avec son mur *tsuchikabe* en torchis piqueté de taches blanches, bordé dans sa partie inférieure de plaques de *sugi*, sa toiture de tuiles grises, l'auvent en écorce de cèdre noircie par les intempéries longé d'une gouttière de bambou creux venant se déverser dans un autre tube de bambou vertical planté dans un trou cerné de pierres plates, pour assurer l'évacuation des eaux.

Plus loin, on passe en courbant humblement la tête sous l'étroit portail *Kõjõkan*, symbole du premier obstacle que rencontre toute personne animée d'une noble ambition. Une fois passé le portail, on gravit quelques marches inégales permettant de le surplomber. Le dallage du seuil, mosaïque de pierres plates de teintes différentes dont la principale présente la forme d'un losange, la toiture à la discrète concavité, les vantaux rabattus, chaque partie de l'édifice était nimbée de cette nitescence humide qui invite à la mélancolie.

Nous montâmes vers le *kare sansui* et nous arrêtâmes un moment devant la pierre oblongue *Zazenseki*, littéralement « le siège pour le *za zen* », sur laquelle Kokushi s'asseyait pour méditer. Puis nous redescendîmes le sentier qui longe le mur d'enceinte des quartiers privés du supérieur du temple, de cette blancheur terne de l'enduit *shikkui* qui semble absorber la lumière.

Le moine et notre fils nous attendaient sous l'aire de repos couverte flanquée de distributeurs de boissons qui offensent le regard de leur froid halo au néon. Notre fils était, des pieds à la tête, trempé, comme s'il s'était plongé dans l'étang. Il nous expliqua que le bruit sourd des larges gouttes de pluie sur la toile bombée de son parapluie avait perturbé sa sérénité et qu'il l'avait tout de suite refermé pour savourer pleinement le murmure de l'eau ruisselant sur le paysage.

Nous quittâmes l'enceinte, l'âme débordante de la quiétude du temple des Mousses, remplis de crainte à l'idée de retrouver la cacophonie du monde extérieur.

Kokeshi (こけし) – Poupées de bois

Les *kokeshis* sont ces jolies poupées naïves de bois tourné, faites d'un simple tronc sans bras ni jambes et d'une tête généralement toute ronde taillée dans la masse ou emboîtée. Le matériau le plus usité, soumis aux intempéries entre un et cinq ans avant d'être travaillé, est le cerisier, le cornouiller ou une variété d'érable local, le *itaya-kaede*.

Les *kokeshis* sont peintes à la main, quelques lignes pour les traits du visage, un coup de pinceau plus épais pour les cheveux ou les favoris ; le corps est décoré de motifs floraux ou géométriques, à la manière de ceux des kimonos, ou encore de fins cercles concentriques, comme les banales quilles de notre enfance. Les couleurs dominantes sont le noir, le rouge garance, le bleu indigo ou un jaune soutenu.

Elles sont originaires du Tohoku, dans le nord-est du Japon, région très arborée où l'on fabriquait de nombreux objets en bois. À leurs moments perdus, les artisans utilisaient les chutes pour fabriquer des poupées pour leurs enfants, laissant leur imagination gambader et leur créativité se débrider, bien que l'on distingue en fonction de la région d'où elles viennent onze catégories, la plus connue étant la variété Naruko, originaire de la préfecture de Miyagi.

Il y a des *kokeshis* de toutes formes, des dodues, des filiformes, des anorexiques, certaines sensuelles aux hanches voluptueuses et à la taille de guêpe, d'autres résolument androgynes, un cylindre sec et droit à peine voire non décoré. Mais elles n'ont jamais de seins ni de fesses, discipline du kimono obligeant. Si elles sont généralement plutôt joufflues, il leur arrive d'avoir un visage oblong ou triangulaire, des mâchoires carrées, parfois d'être prognathes.

Il y en a de toutes tailles, depuis des Lilliputiennes de quelques millimètres jusqu'à ces géantes de 2 mètres ou plus qu'on croise à l'entrée de certaines auberges japonaises.

Il y a des espiègles, des hilares, des interloquées, des râleuses, des tristes, des pensives, des souriantes, des méchantes, des mijaurées, des pincées, des aguicheuses, des énigmatiques – ces dernières étant les plus nombreuses.

Les *kokeshis* ont proliféré au tournant du XIXe siècle à l'époque d'Edo, alors que les sources d'eau chaude fort populaires de cette partie du pays commençaient à drainer une clientèle venue de tout le Japon pour soigner ses maux dans les stations thermales. Peu à peu, la tradition s'ancra de rapporter une *kokeshi* en souvenir d'un séjour dans le Tohoku. Chaque famille en possède au moins une, héritée d'une arrière-grand-mère ou d'un vieil oncle, qui sommeille dans un coin de l'alcôve, s'enquille sur une étagère ou s'empoussière doucement au fond d'une vitrine encombrée d'autres objets aussi hétéroclites qu'inutiles.

Leur sort n'est pas toujours enviable, car parfois on finit par s'en débarrasser, dérangé par la fixité de leur regard, gêné par leur reproche silencieux d'une quelconque déchéance familiale, en tout cas toujours un peu honteux de le faire, car il arrive qu'on croie qu'elle représente l'âme d'un enfant défunt, un contresens venu d'une lecture erronée du mot *kokeshi* décomposé en deux caractères, *ko* pour l'« enfant » et *keshi*, qui est une déclinaison du verbe « effacer », alors qu'il ne s'écrit qu'en alphabet phonétique.

Ma première Japonaise, celle dont mon épouse se complaît à dire que c'est la seule que je n'ai jamais trompée, et qui en tout cas ne m'a jamais quitté, est une *kokeshi*. Elle est à mes côtés depuis plus de quarante ans. Je l'ai rencontrée lors d'une de ces excursions que je faisais, jeune coopérant à l'ambassade de France, en solitaire avec ma vieille mais vaillante Toyopet, partant dès que j'avais trois jours devant moi à la découverte du pays. Cette fois-là, j'avais choisi le lointain Tohoku.

Longeant le lac Towada, je m'étais arrêté pour déjeuner dans un petit village dont j'ai oublié le nom. Avant de repartir, j'ai flâné dans le hameau. Mes pas m'ont mené en face d'une échoppe au sombre fond de laquelle un vieil homme s'affairait, assis devant un tour à bois. Il m'a fait signe d'entrer. Je me suis accroupi sur le tatami et je l'ai regardé un bon moment sculpter un tronçon de bois, fasciné par sa dextérité.

Alors que je me retournais pour partir après l'avoir remercié, je l'ai vue. Ou plutôt, je n'ai vu dans la pénombre de la pièce, qui se détachait en contre-jour sur le papier opaque d'un *shõji*, que sa silhouette longiligne, la ligne de sa taille enserrée dans sa ceinture, les douces courbes de son corps, son cou gracile, son petit visage penché sur son épaule dans une attitude humble et songeuse.

J'en suis instantanément tombé amoureux. Craintivement, je me suis approché d'elle pour mieux la dévisager. Je me suis rendu compte qu'elle n'était pas une de ces banales poupées comme toutes celles que j'avais croisées aux étalages des boutiques de souvenirs, réalisées d'un seul bloc. Son corps était composé de trois parties, la basse et la supérieure d'une couleur bleu nuit, décorées de sérigraphies d'iris semblant se refléter dans une mare, toutes deux emboîtées dans un *obi* zébré de lignes rouges. Sa tête était elle-même une autre pièce rapportée. Elle avait les yeux mi-clos, un petit nez droit et une touche vermillon pour la bouche. Une mèche échappée de sa chevelure séparée par une raie et sagement enserrée dans un petit chignon faisait une virgule sur son front.

Quand l'artisan m'a indiqué son prix, je n'ai même pas cherché à négocier bien qu'il fût fort élevé, 18 000 yens, une fortune à l'époque et pour mon salaire dérisoire. Mais c'est bien connu, quand on aime, on ne compte pas.

Arrimée grâce à la ceinture de sécurité au siège avant du passager, ma première Japonaise a fait tout le reste du voyage avec moi jusqu'à mon retour à l'ambassade de France, où le gendarme préposé au portail d'entrée nous a regardés passer d'un air ébahi.

Ma femme vient de m'aider à déchiffrer le nom de l'artiste calligraphié à la base de ma *kokeshi*. Il s'agit de Sato Suigai. Il a reçu plusieurs distinctions, dont le prix du Premier ministre et celui du gouverneur de la ville de Tokyo. J'ai maintenant confirmation qu'elle est de noble descendance !

Une *kokeshi* peut en appeler une autre. Sans avoir jamais vraiment cherché à les collectionner, je me retrouve à la tête d'un harem de 300 d'entre elles venues rejoindre la favorite. Une d'elles, une superbe matrone bien en chair, m'a été apportée par une dame qui, ayant vu dans un article sur notre demeure à Kamakura une photo de mon armée, souhaitait que la sienne ne se morfonde plus, solitaire, au fond d'un couloir de sa maison. Elle tourne la tête sur 360 degrés comme la Regan de *L'Exorciste*, afin qu'on puisse profiter des quatre motifs floraux peints sur son tronc, un pour chaque saison.

Deux autres *kokeshis* sont particulièrement chères à mon cœur : l'une d'elles nous a été donnée à la naissance de notre fils. Elle fait exactement son poids et sa taille à sa naissance, calligraphiés avec sa date de naissance et son nom. L'autre est à mon effigie, habillée comme un *daimyō*, un seigneur de l'époque féodale, solennellement offerte par une délégation de collaborateurs.

Je n'ai pas jugé utile de demander si ce cadeau était porteur d'un message subliminal…

Konbini (コンビニ) – Supérette

Les Américains ont inventé le concept, mais ce sont les Japonais qui l'ont perfectionné, comme ils ont toujours fait avec toutes les inventions importées d'outre-mer.

Le *konbini* (contraction de *convenience store*, « magasin de commodités ») fait partie du paysage urbain japonais au même titre que les arrêts de bus ou les lampadaires. Il est rare de ne pas trouver une de ces supérettes dans une proximité supérieure à 200 mètres ou à plus de cinq minutes de chez soi, qu'on habite Tokyo, Osaka ou une ville de moindre importance. En province, on trouve les *konbinis* le long des routes départementales. Ce sont d'ailleurs les *konbinis* qui ont assuré la ligne de vie immédiatement après le tsunami qui dévasta la région du Tohoku en 2011.

Ils sont partout, au coin de la rue, en rase campagne, dans le hall des immeubles de bureaux, les gares ou leur proximité immédiate, les aéroports, les hôpitaux, les mairies, sur les campus des universités et même dans l'enceinte de certains lycées, bref dans tous les bâtiments publics.

En 2020, on dénombrait dans tout le pays plus de 50 000 *konbinis*, soit 1 pour 2 500 habitants ! Dans les années 1990, il s'ouvrait une nouvelle supérette toutes les huit heures, mais l'ère de cette expansion exponentielle s'est arrêtée au tournant du XXIe siècle. Ainsi, durant les années 2018-2019, plus de 5 000 de ces commerces de proximité ont fermé. Leurs ventes annuelles se montent à 10 000 milliards de yens, soit 77 milliards d'euros. Elles ont dépassé le volume total des grands magasins japonais en 2008. Trois groupes se partagent 80 % du chiffre d'affaires national, 7-Eleven, FamilyMart et Lawson. Le premier *konbini* digne de ce nom, un FamilyMart, ouvrit ses portes en 1973, suivi une année plus tard par un premier 7-Eleven. Un *konbini* typique occupe une surface allant de 30 mètres carrés à 250 mètres carrés.

Les *konbinis* sont des franchisés. Il n'est pas rare qu'un *konbini* soit géré par un couple de propriétaires, le mari s'occupant de la gestion et l'épouse faisant fonction de manager du magasin. Les autres employés sont majoritairement des *arbeito*, étudiants ou femmes au foyer travaillant à mi-temps pour arrondir leurs fins de mois. Ces dernières années, le manque de main-d'œuvre se faisant cruellement sentir, ce sont souvent des travailleurs venus d'Asie du Sud-Est qui sont derrière la caisse.

Le principe du *konbini* est simple : « vendre de l'espace », autrement dit remplacer l'espace qui manque dans les logements exigus des grandes villes en stockant les denrées et produits de première nécessité à la place des habitants et en leur offrant la possibilité de venir se ravitailler aussi souvent que nécessaire grâce au vaste assortiment d'articles mis à leur disposition, à leur proximité et aux longues heures d'ouverture, de nos jours vingt-quatre heures sur vingt-quatre pour répondre au style de vie des citadins.

Ils sont par ailleurs géographiquement placés de manière stratégique dans la cité afin de raccourcir les circuits de distribution et d'ainsi en baisser les coûts.

La chaîne d'approvisionnement est redoutablement efficace : les systèmes informatiques des chaînes analysent les données fournies par les caisses enregistreuses en temps réel, se basant sur la saison, la météo, le profil démographique du quartier, le sexe et les tranches d'âge de la clientèle pour une optimisation permanente des flux tendus à l'extrême. Les commandes sont automatiquement passées aux centres de distribution. Les produits à cycles courts sont livrés plusieurs fois dans la journée, les autres au plus tard le lendemain matin. Aucune rupture de stock n'est tolérée, et les fournisseurs incapables de respecter le niveau d'exigence attendu voient leur référencement annulé. La qualité est sévèrement contrôlée. À titre d'exemple, on raconte que le mythique président de Seven & I Holdings, Suzuki Toshifumi, mangeait tous les jours un *bento* de ses *konbinis* pour s'assurer de leur qualité.

Les attentes des consommateurs sont finement étudiées afin que les assortiments répondent au mieux à leurs besoins. Ainsi de nouvelles demandes sont-elles à peine exprimées qu'elles sont immédiatement satisfaites. Il y a quelques années, le groupe 7-Eleven ayant décelé le souhait de la clientèle de pouvoir acheter un café de qualité développa en un temps record une machine automatique qui sert, d'après les connaisseurs, un breuvage bien meilleur que dans les chaînes spécialisées. Depuis l'introduction de ce nouveau service dans les *konbinis* du groupe, le géant américain Starbucks accuserait une sévère chute de son chiffre d'affaires.

Dans un espace souvent restreint, les *konbinis* parviennent à offrir un vaste éventail d'articles grâce à un merchandising calculé au millimètre :

— Alimentation à emporter froide (sandwichs, œufs durs, salades variées, sushis, makis, *takoyakis*[1], *onigiris*[2]), chaude (hot dog, fritures de poulet, pâtés farcis chinois *chûkamans*, frites, etc.), ample assortiment de nouilles et de soupes instantanées, en hiver des *oden*[3] qui mijotent dans des bassines à compartiments chauffés.

— Boulangerie, viennoiserie, desserts variés, entremets, glaces, bûches de Noël, *mochis*[4].

— Légumes, fruits, pâtés de soja *tōfu*, charcuterie en packs, conserves, assaisonnements.

— Eaux, sodas, thés, jus de fruits, bière, saké, beaujolais nouveau fin novembre !

— Articles d'hygiène corporelle féminine et masculine, cosmétiques, peignes et brosses, rasoirs, brosses à dents, piles, parapluies qui fleurissent devant l'entrée quand le temps s'annonce pluvieux, feux d'artifice en été.

— Sous-vêtements, chaussettes, bas, serviettes de toilette.

— Papeterie, articles d'écriture.

— Un assortiment de magazines de toutes sortes, dont des revues pornographiques qui sont sous Cellophane afin que les mineurs ne puissent les regarder ; il n'est pas rare de voir un client feuilleter paisiblement son magazine préféré sans que l'employé du *konbini* émette la moindre remontrance ; c'est en quelque sorte un service gracieux offert par la supérette.

— Nourriture pour animaux de compagnie, etc.

De nombreux services sont également mis à disposition :

— Les services postaux, achat de timbres fiscaux.

---

1. Beignets de poulpe.
2. Voir l'entrée « *Onigiri* ».
3. Pot-au-feu composé de divers ingrédients, pâtés de poisson, blocs de *tōfu*, œufs mollets, chou farci, etc.
4. Gâteaux de riz.

— La livraison à domicile *takuhai* de tout ce que l'on peut imaginer, depuis les clubs de golf aux skis en passant par des aliments exigeant la chaîne du froid.

— De la bureautique, photocopie, fax, photos d'identité, tirage de photos à partir de clefs USB, l'imprimerie de cartes de vœux en fin d'année.

— Des services de banque avec des distributeurs de billets ATM.

— La possibilité d'effectuer le paiement des impôts locaux, de la vignette auto et de diverses autres taxes.

Il est donc concevable de vivre en autarcie complète en se rendant à son *konbini*. Plus qu'une « commodité », c'est un véritable art de vivre dont on a beaucoup de mal à se passer lorsque l'on vit à l'étranger. La première chose que fait mon fils étudiant aux États-Unis quand il rentre au Japon est de se précipiter au *konbini* de notre quartier pour y acheter un *monaka*[1] ou quelques *onigiris*. C'est une sorte de rituel incontournable auquel j'avoue également me plier avec délectation.

Le *konbini* est donc addictif. Le service est impeccable et efficace, la qualité des produits exceptionnelle, même si on prétend que les gens qui ne se nourrissent que de plats achetés dans ces supérettes sont saturés de conservateurs au point qu'à leur décès leur cadavre ne pourrit pas.

Légende urbaine ou réalité, c'est la rançon d'une exceptionnelle réussite.

1. Glace dans une gaufre.

Kotatsu (炬燵) – chauffage (fort peu) central

Centre névralgique de toute demeure japonaise qui se respecte.

Il s'agit d'un trou au milieu de la pièce à vivre qui peut aller de la taille d'un demi-tatami (90 × 90 centimètres) à celle d'un tatami complet (1,80 × 0,90 mètre), d'une profondeur d'environ 40 centimètres, sur lequel est posée une table dont les pieds mesurent 33 centimètres. C'est le *horigotatsu*. À l'intérieur du trou se trouve une claie fixée à 10 centimètres du fond, sous laquelle est installé un radiateur électrique dont on règle l'intensité de la chaleur au moyen d'un boîtier. La table elle-même peut être recouverte d'une jupe molletonnée, auquel cas un second plateau est posé par-dessus. Un système permet d'escamoter la table et le cadre sur lequel elle repose dans le trou qu'on bouche alors avec une planche et un tatami qui s'encastre parfaitement entre les autres nattes.

C'est un principe ingénieux modulable à souhait qui peut transformer une pièce à vivre en chambre à coucher en un clin d'œil.

Comme on ne peut creuser un trou dans le plancher des appartements, une version simplifiée du *kotatsu* consiste en une simple table de 90 par 90 centimètres aux pieds généralement pliants sous laquelle des résistances chauffantes sont fixées. Dans ce cas, on est bien entendu obligé de s'asseoir en *seiza*[1], en tailleur ou d'allonger ses jambes au risque de déranger son vis-à-vis. Autrement dit, on ne sait plus trop quoi faire de ses jambes.

1. Voir l'entrée « *Seiza* ».

Le *horigotatsu* est évidemment bien plus confortable. Les membres de la famille s'assoient autour sur des coussins, les jambes plongées dans le trou. La couverture vient recouvrir les hanches. Les très jeunes enfants adorent se blottir dedans.

Autrefois, quand il n'y avait pas encore d'électricité, le *kotatsu* était le seul mode de chauffage des maisons traditionnelles. On plaçait au milieu du trou un brasero *hibachi*[1] dans lequel on mettait du charbon de bois. En ces temps ancestraux, les œdèmes des jambes et les intoxications au monoxyde de carbone n'étaient pas rares. Sans compter qu'on finissait par ressembler à un poulet rôti sur une broche défectueuse : on avait trop chaud aux jambes, alors que le torse et le dos restaient frigorifiés. On tentait bien de compenser cet écart de température dans la pièce en plaçant un autre *hibachi* en porcelaine à côté de soi, mais la chaleur diffusée par ce brasero restait peu efficace.

Malgré tout cet inconfort, le *kotatsu* était l'endroit convivial par excellence autour duquel la famille se réunissait pour boire le thé en épluchant une mandarine, pour jouer à des jeux de société, pour regarder la télévision et bien sûr toujours pour manger. On y recevait également les visiteurs.

La station assise dans un *horigotatsu* crée un sentiment de quiétude, de bien-être et de sécurité que n'offre pas la hauteur d'une table ou d'une chaise occidentale. Les pièces japonaises ne sont ni trop hautes ni trop basses, basées sur des multiples de la taille « humaine » du tatami. Leur volume est harmonieux. Le regard d'un adulte de taille moyenne assis sur le sol se trouve à environ 90 centimètres, nombre d'or par excellence dans l'architecture traditionnelle. On ne domine pas les éléments qui en

1. Voir l'entrée « *Hibachi* ».

retour n'écrasent pas. Le relief d'un jardin, par exemple, s'en trouve accentué.

Le *kotatsu* est un accessoire incontournable dans tous les films du grand cinéaste Ozu Yasujirō[1]. C'est là que se nouent les intrigues, se décide le sort des protagonistes et que la plupart des dialogues se situent. Ses caméras, toujours placées à hauteur d'une personne assise sur tatami, rendaient une atmosphère d'intimité incomparable.

À mon goût, un film japonais sans *kotatsu* est comme un dessert qu'on aurait oublié de sucrer : sans saveur.

Cette occurrence, comme beaucoup d'autres et la plupart de mes romans, a été écrite depuis le *horigotatsu* de notre demeure à Kamakura.

Je vous laisse croire qu'être assis dans un *kotatsu* favorise l'inspiration.

Kotowaza (諺) – Proverbes et expressions diverses

Les proverbes et les expressions populaires sont le miroir des civilisations et le baromètre de leur sagesse. C'est en les étudiant qu'on s'aperçoit que le bon sens est finalement la chose la mieux partagée au monde.

Certains proverbes japonais ont leur équivalent exact aux nôtres au mot près. D'autres utilisent des références culturelles différentes, mais leur sens est identique à nos dictons. D'autres, dérivés de la pensée confucianiste ou de

1. Voir l'entrée « Ozu Yasujirō ».

la philosophie bouddhiste, sont déroutants et réclament un effort d'imagination ou d'interprétation. D'autres enfin réclament une explication de texte.

La liste compilée ci-dessous n'a bien entendu pas la prétention de représenter le vaste champ des adages japonais. Il s'agit de proverbes et d'expressions glanés au fil de mes lectures et de conversations avec mon entourage. Beaucoup sont courants, mais quelques-uns sont suffisamment rares pour permettre d'impressionner à bon compte. Je les ai classés depuis les plus évidents vers les plus obscurs avec parfois des interprétations qui me sont très personnelles.

Voici donc un petit florilège pour les lecteurs de mon *Dictionnaire amoureux*.

« *Isseki nichõ* »
一石二鳥
« Une pierre, deux oiseaux »
→ Faire d'une pierre deux coups

« *Nito wo oumon ha itto wo ezu* »
二兎を追う者は一兎をも得ず
« À chasser deux lapins, on n'en attrape aucun »
→ Chasser deux lièvres à la fois

« *Tenseki koke wo shou zezu* »
転石苔を生ぜず
→ Pierre qui roule n'amasse pas mousse

« *Toranu tanuki no kawa zanyõ* »
捕らぬ狸の皮算用
« Vendre la peau du blaireau avant de l'avoir attrapé »
→ Il ne faut pas vendre la peau de l'ours
avant de l'avoir tué

« Oni no inuma ni sentaku »
鬼の居ぬ間に洗濯
« Faire la lessive pendant l'absence du démon »
→ Quand le chat n'est pas là, les souris dansent

« Atama kakushite shiri kakusazu »
頭隠して尻隠さず
« Tête cachée, cul à l'air »
→ Faire l'autruche

« Noren ni ude oshi »
暖簾に腕押し
« Un coup de poing dans le *noren*[1] »
→ Un coup d'épée dans l'eau

« Saru mono wa hibi ni utoshi »
去る者は日々に疎し
« L'absent s'éloigne jour après jour »
→ Loin des yeux, loin du cœur

« Abata mo ekubo »
あばたもえくぼ
« Même [marques de] petite vérole [deviennent] fossettes »
→ L'amour est aveugle (Il n'y a point de laides amours)

« Ashita ha ashita no kaze ga fuku »
明日は明日の風が吹く
« Demain soufflera un autre vent »
→ À chaque jour suffit sa peine

« Kyomizu no butai kara tobioriru »
清水の舞台から飛び降りる

1. Petit rideau de coton servant d'enseigne à l'entrée des boutiques, restaurants, bains publics, etc.

« Se jeter de la scène du Kiyomizu[1] »
→ La fortune sourit aux audacieux

« Ebi de tai wo tsuru »
海老で鯛を釣る
« Pêcher une daurade avec une crevette »
→ Miser peu, gagner beaucoup

« Ichi ka bachi ka »
一か罰か
« Le gain ou la perte »
→ Jouer son va-tout

« Nikai kara megusuri »
二階から目薬
« Des gouttes pour les yeux depuis le deuxième étage »
→ N'avoir aucune chance de réussir

« Ryõ yaku kuchi ni nigashi »
良薬口に苦し
« Bon remède est amer à la bouche »
→ Un mal pour un mieux

« Urani wa ura ga aru »
裏には裏がある
« Il y a un revers à l'envers »
→ Un train peut en cacher un autre

« Akuin akka »
悪因悪化
« Mauvaise cause, mauvais effet »
→ Qui sème le vent récolte la tempête

1. La terrasse du temple Kiyomizu-dera à Kyoto est construite à flanc de colline, sur pilotis, et surplombe un vide impressionnant.

« *Umisen Yamasen* »
海千山千
« Mille océans, mille monts »
→ Personnage malsain, indigne de confiance (par opposition à *hyakusen renma* (百戦錬磨), littéralement « vieux cheval de bataille capable et digne de confiance »)

« *Miira tori ga miira ni naru* »
ミイラ取りがミイラになる
« À attraper une momie, on devient soi-même momie »
→ Écouter le chant des sirènes

« *Mizu wa hōen no utsuwa ni shitagau* »
水は方円の器に随う
« L'eau prend toujours la forme du vase »

« *Shiranu ga hotoke* »
知らぬが仏
« Ne pas savoir est sagesse »
→ Aux innocents les mains pleines

« *Iwanu ga hotoke* »
言わぬが仏
« Ce qui n'est pas dit est sagesse »
→ La parole est d'argent, le silence est d'or

« ***Nana korobi yaoki*** »
七転び八起き
« Sept fois à terre, huit fois debout »
→ Cent fois remettre sur l'ouvrage

« *Asa oki wa sanmon no toku* »
朝起きは三文の徳

« Se lever tôt apporte trois faveurs »
→ Au lève-tôt le monde
(La fortune sourit aux audacieux)

« Isogaba maware »
急がば回れ
« Si tu es pressé, fais un détour »
→ Hâte-toi lentement

« Au wa wakare no hajime »
会うは別れの始め
« La rencontre est le début de la séparation »
→ Commencer, c'est déjà finir

« Tsuki yuki hana ichido ni nagamerarenu »
月雪花一度に眺められぬ
« On ne peut admirer en même temps la lune,
la neige et les fleurs »
→ À tout vouloir, on n'arrive à rien

« Sensu de kiri wo chirasu koto ha dekimasen »
扇子で霧を散らす事は出来ない
« On ne peut chasser le brouillard
avec un éventail »
→ À l'impossible nul n'est tenu

« Deru kui wa utareru »
出る杭は打たれる
« Le clou qui dépasse doit être enfoncé »

« Kusai mono ni futa »
臭いものに蓋
« Recouvrir d'un couvercle ce qui pue »

« *Saru mo ki kara ochiru* »
猿も木から落ちる
« Même le singe tombe de l'arbre »

« *Iza Kamakura* »
いざ鎌倉
« Kamakura, tout de suite ! »
→ Réagir au quart de tour

« *Akusai wa hyakunen no fusaku* »
悪妻は百年の不作
« Mauvaise épouse, cent ans de mauvaises récoltes »
(Femen, gardez vos tweets pour vous,
je décline toute responsabilité !)

« *Kaze ga fukeba okeya ga mōkaru* »
風が吹けば桶屋が儲かる
« L'artisan de baquets en bois s'enrichit
quand le vent souffle »
→ Tomber de Charybde en Scylla

Cette dernière expression réclame une attention particulière tant elle est de prime abord incompréhensible :

→ Quand le vent souffle, il charrie des miasmes qui entrent dans les yeux et entraînent une recrudescence des cécités au sein de la population.

→ Autrefois, les joueurs de *shamisen* étaient souvent des aveugles. L'augmentation d'aveugles à cause du vent était donc supposée entraîner un accroissement du nombre de joueurs de cet instrument.

→ Le *shamisen* est constitué d'une peau de chat tendue sur un cadre de bois. Il fallait donc tuer beaucoup de chats pour répondre à la demande.

→ Comme il y avait moins de chats, les souris pullulaient. Elles grignotaient les baquets en bois utilisés dans les bains qu'il fallait remplacer. Les artisans qui les fabriquaient s'enrichissaient donc.

Ainsi, cette expression est une métaphore des effets inattendus d'une cause.

J'ai pleinement conscience que la formule choisie pour la déchiffrer est sans doute alambiquée !

Comme quoi, l'art de l'interprétation est parfois bien complexe…

Kurabu (クラブ) – Club

Le *kurabu* (club) forme la colonne vertébrale du *mizu shōbai*[1]. S'il a perdu de sa superbe pour les raisons que je tente d'expliquer plus bas, pendant de nombreuses décennies il a été le régulateur jouant le rôle de cocotte sociale équipée d'une efficace soupape minute d'une société fortement hiérarchisée où les règles de la bienséance, de l'obéissance, voire de la soumission, dictées par le respect dû au père, à l'aîné, au supérieur, ne souffraient aucune dérogation. En effet, de même que les lois de la physique élémentaire sont incontournables et que la compression réclame en retour l'expansion, la marmite-Japon, soumise au feu constant de l'activisme, recouverte d'un lourd couvercle de contraintes socio-historico-culturelles rendant l'ensemble parfaitement étanche, exige pour ne pas exploser un système efficient d'évacuation des vapeurs du stress et de la frustration.

Lieu neutre, monde parallèle à celui de la vraie vie, « Derrière » (l'*ura*) pourtant indissociable du « Devant »

1. Le commerce de l'eau, tout ce qui se rapporte aux établissements de boissons alcoolisées.

(l'*omoté*), le *kurabu* permettait à la Vérité Profonde ou Intime (le *honne*) de s'exprimer en parallèle à celle de l'Instant (le *tatemae*)[1]. Ce monde de la Nuit ne s'opposait pas à celui du Jour, il en formait le complément naturel et nécessaire pour que l'autre puisse continuer à fonctionner.

Le *kurabu* a longtemps été le ciment de la société masculine japonaise, le divan sur lequel s'allongeaient les forces vives du pays.

C'est là que l'employé japonais, ce fameux *salaryman* auquel 90 % de la population mâle active s'identifiait, éliminait les toxines psychologiques accumulées pendant sa rude journée de labeur.

Car sous les dehors trompeurs du *Wa* (« l'harmonie »), la vie du *salaryman* dans les grandes entreprises japonaises n'était pas (et n'est toujours pas) une partie de campagne. Soumis aux caprices d'un supérieur hiérarchique arrogant qui se frayait à coups de tampon-sceau son chemin dans la jungle de l'entreprise, parapluie largement déployé pour se protéger des attaques de commando des collègues du clan voisin, harcelé par les clients devant lesquels il devait littéralement courber l'échine pour apaiser leurs multiples courroux, coincé entre sa *tachiba* (« position par rapport aux autres ») et le *giri* (« devoir envers son entreprise »), il devait continuellement maîtriser ses humeurs et ses pulsions en affichant le *tatemae* qui convenait au moment adéquat.

Le *kurabu* était tout à la fois un refuge où le salarié venait panser ses blessures, une quatrième dimension où pouvait s'épanouir une fibre romanesque bien enfouie

1. Le *honne*, « Vérité Profonde » ou « Vérité Intime », et le *tatemae* « Vérité de l'Instant », sont les libres interprétation et traduction de ma part des concepts « *tatemae* » et « *honne* ».

sous la normalité et une bulle stérile d'où rien de ce qui s'y disait ou faisait ne sortait, autrement dit un outil incomparable pour faire passer un message, régler un conflit latent, dénouer une tension.

Ce fut une des composantes essentielles du succès du Japon « troisième grand[1] » des années 1970 et « deuxième grand » des trois décennies suivantes.

L'élément central du club est l'hôtesse. Tour à tour infirmière, symbole de la femme fatale, confidente, l'hôtesse et sa supérieure, la *mama san*, animent cet univers essentiel à la santé psychique du pays.

Modernes *geishas*, elles ont abandonné le kimono, la poudre de riz et la coiffure en coques pour le tailleur, le maquillage et le parfum occidentaux et une permanente sophistiquée. Elles ont troqué le *shamisen* ou le *koto* contre le micro et la cassette de musique, délaissé les danses traditionnelles au profit du slow rapproché, mais elles n'ont pas oublié que leur fonction est de distraire, de charmer, enfin d'apaiser.

La seule différence notable avec une *geisha* serait qu'au lieu d'avoir été éduquées dès leur plus jeune âge dans une maison spécialisée elles sortent tout droit du lycée, parfois d'une bonne université, voire d'une honorable entreprise. En effet, l'ancienne OL (*office lady*), pour peu qu'elle soit attrayante, aura très vite compris tout le bénéfice, considération et espèces sonnantes et trébuchantes, qu'elle peut retirer à servir à tous les cols blancs du monde un *mizuwari*[2] plutôt que leur thé du matin au bureau.

---

1. Titre du fameux essai du journaliste Robert Guillain, correspondant permanent du journal *Le Monde* au Japon.

2. Littéralement « coupé d'eau ». Une larme de whisky noyée dans une large rasade d'eau.

Si le rôle social de l'hôtesse est parfaitement défini, il convient de ne pas négliger son influence économique : elle est chargée d'aspirer le maximum du budget de représentation dont disposent les salariés. Elle use pour ce faire sans vergogne de tout son pouvoir de séduction ; partant des principes très simples qu'un verre ne doit jamais rester vide, qu'un client aguiché est un client acquis, mais que, pour qu'il soit aguiché, il faut auparavant qu'il soit éméché, elle dose savamment sensualité et réserve, candeur et rouerie tout en gardant un œil attentif sur le niveau du whisky dans la bouteille ventrue de Suntory.

Ses émoluments étant étroitement liés au nombre de clients qui viennent pour ses charmes, elle a tout intérêt à cultiver chez eux de troubles espoirs informulés. C'est ainsi qu'une hôtesse pourra se monnayer fort cher chez un autre employeur, étant entendu qu'elle amènera dans son sillage sa horde de mâles.

Le scénario d'une soirée dans un *kurabu* était immuable. On y venait avec ses collègues de bureau et surtout son supérieur hiérarchique. C'est dans ce cadre qu'on pouvait lui faire part de son *honne*, sa Vérité Intime sur une histoire de produit défectueux ou un détournement de fonds qui entretenaient un malaise dans l'entreprise, troublant la sérénité nécessaire à la marche des affaires. Le collaborateur était encouragé à parler, l'alcool ayant renversé les digues de la bienséance. Il pouvait donc poser ses griefs sur la table entre le cendrier débordant de mégots et le seau à glace rempli de glaçons. Bien au contraire, le *Wa* était retrouvé grâce à cette forme japonaise de confidence sur l'oreiller ; dès le lendemain, lorsque chacun avait cuvé sa cuite, le vice de fabrication ou l'opportune erreur comptable étaient corrigés, un projet bloqué retrouvait sa vitalité, une idée larvée sortait des oubliettes. Mais les apparences étaient sauves, car le supérieur hiérarchique avait donné les ordres adéquats pour corriger l'erreur ou la faute et tout le monde reprenait confiance en son entreprise.

De leur côté, sans même qu'on ait à le leur suggérer, les jeunes hôtesses qui s'étaient agglutinées autour des clients pour servir les boissons, présenter une flamme aux cigarettes et malaxer les cuisses s'étaient écartées sur une injonction discrète de la plus expérimentée. Seule la *mama san*, véritable médium, coach, mentor ou accoucheuse selon la gravité de la conversation, si elle sentait une réticence de la part d'un des protagonistes, pouvait éventuellement apporter son grain de bon sens et son pragmatisme bien féminin afin que la discussion ne dérapât point.

Et comme la déontologie de la corporation des hôtesses de bar était au Japon autant sinon plus sévère que celle des banquiers ou des avocats, le sujet était classé au chapitre du secret professionnel inviolable, absorbé par le trou noir d'une implacable omerta.

Enfin, gaieté et frivolité retrouvées autour de la table, la *mama san* faisait un signe à ses hôtesses qui revenaient s'asseoir. Une Demoiselle *Kiku* reprochait alors à son voisin avec une moue d'enfant gâtée de l'avoir délaissée toute la soirée pour de futiles discussions techniques, alors qu'il n'était pas venu la voir depuis une éternité et qu'elle se languissait d'entendre sa belle voix de basse et de sentir sous sa paume sa longue main d'artiste. Elle n'omettait pas, en servant à son client des becquées de fines lamelles de seiche lyophilisée, tandis que sa poitrine s'écrasait innocemment contre son épaule, de louer le choix judicieux de sa cravate et la qualité de l'étoffe de son costume dont elle froissait consciencieusement la manche d'une main lascive.

Oiselle de proie aux superbes griffes impeccablement laquées, ses jolies lèvres dessinées d'un rouge pailleté d'or légèrement entrouvertes pour laisser deviner une denture immaculée, coiffure gonflée, pupilles brillantes sous un parasol de cils immenses, Demoiselle *Kiku* était là pour aider son client à effectuer son transfert de frustrations multiples.

Parfois son hôtesse attitrée était autorisée par la *mama san* à le raccompagner.

Ils allaient aspirer un bol de nouilles dans une gargote en plein air du quartier où se restauraient également, dépouillées des insignes de la séduction et avant que de rentrer chez elles, d'autres Circé du Japon moderne.

Bas les masques et bas les pattes, elles n'étaient plus que des femmes mélancoliques, certaines rêvant du mariage qui leur permettrait de gagner les rives de l'honorabilité, d'autres calculant leurs chances de devenir *mama san* à leur tour, indépendantes, protégées ou financées, mais toutes offrant le visage pathétique de la solitude.

Enfin, le client était mis dans un taxi par Demoiselle *Kiku*, qui restait courbée dans son salut jusqu'à ce qu'il disparût au bout de l'avenue. Il lui arrivait de monter à son côté et de lui tenir la main jusque devant chez lui, tant le prolongement, après l'artifice, des courts instants qu'offre l'aube, peut être chargé d'humanité et de douceur.

Mais, quelle que fût la conclusion de la soirée, le visiteur ne devait pas être dupe. Il achetait, cher parfois, une tranche de ces mélodrames que la société japonaise lui interdisait de vivre autrement qu'en play-back ou enfoncé dans le sofa du *kurabu*.

J'ai croisé mon premier *kurabu* alors que j'étais encore mineur, sans toutefois circonvenir à la loi, grâce à la littérature.

En deuxième année d'étude aux Langues orientales, nous devions travailler sur un texte du premier écrivain japonais de science-fiction digne de ce titre, Hoshi Shin'ichi (1926-1997).

Il s'agissait d'une histoire qui avait pour cadre un *kurabu*. Une ravissante hôtesse répondant du nom de Bokko *chan* rendait fous de désir tous les clients qui s'y rendaient.

Elle maniait la conversation avec un art consommé et son discours faisait naître des espoirs insensés dans le cœur des consommateurs. Elle les accompagnait dans leurs libations mais jamais, malgré les quantités impressionnantes de whisky qu'elle ingurgitait, elle ne perdait son sang-froid.

Et pour cause : c'était un robot humanoïde tellement bien conçu qu'elle trompait tout son monde.

Au petit matin, le propriétaire du *kurabu*, génial inventeur de cette créature, siphonnait du réservoir qui lui servait d'estomac les boissons qu'elle avait absorbées. Il les reversait dans les *bottle keep* des clients, qui buvaient indéfiniment ce qu'ils avaient offert à Bokko *chan* lors d'une précédente visite.

Un soir, un visiteur assidu, dépité par les réponses ambiguës de la belle parfaitement indifférente à ses avances, jaloux de son attitude identiquement aguicheuse avec les autres clients, lui fit boire un alcool dans lequel il avait versé un poison violent, puis il quitta le bar et alla noyer son chagrin ailleurs.

Le lendemain soir, tous les consommateurs du *kurabu* qui avaient bu le whisky vidangé la veille moururent dans d'affreuses convulsions, tandis que Bokko *chan* continua imperturbablement à circuler au milieu d'eux, leur offrant de nouvelles boissons en leur tenant des propos énamourés.

Cette jolie allégorie du rôle de l'hôtesse de club m'a poursuivi lorsqu'enfin à mon tour j'ai commencé à fréquenter ces établissements.

J'ai moi-même eu besoin d'utiliser l'arme fatale du *kurabu* au tout début de ma carrière.

Un de mes collaborateurs, un dur à cuire responsable du département commercial de la division que je dirigeais, avait avec moi un problème existentiel majeur. Dire qu'il ne m'aimait pas serait un doux euphémisme.

Nous revenions d'une journée dans une ville de province par le dernier train super express Shinkansen dans lequel, à cette époque bénie, il y avait encore un wagon-restaurant. Nous dîmâmes d'un riz au curry arrosé de bocks de bière. Alors que nous avalions les kilomètres nous rapprochant de Tokyo et ingurgitions les bières pression pour faire passer notre repas, lui qui n'avait pas échangé dix phrases avec moi de toute la journée commença à se relâcher.

Il me parla d'abord de sa passion, la pêche à la mouche. Cette ouverture sur son jardin secret me prit de court, mais j'eus tout de même la présence d'esprit de lui poser quelques questions prouvant mon intérêt. Je lui parlai en retour de mon goût pour la photographie. Nous discutâmes un moment des mérites du Nikon F2 que j'avais acheté lors de mon premier voyage au Japon et qui fonctionnait toujours aussi bien, preuve de la suprématie de la technologie nipponne. « Un but à un » sur le territoire neutre du cercle resserré de l'intimité dans lequel il avait pris l'initiative de m'inviter.

Puis il devint plus volubile.

Il aborda le sujet de mon prédécesseur qui l'avait embauché et auquel il avait fait allégeance. Il égrena ses qualités, son entregent, sa détermination en opposition, bien que ce ne fût formulé aussi crûment, avec mon propre manque de charisme et la mollesse de mon caractère.

Le déballage de griefs sous-entendus n'était cependant pas terminé lorsque notre train entra en gare de Tokyo.

Je sentis qu'il ne fallait pas interrompre le tunnel des litanies. Je l'invitai à prendre un dernier verre dans un établissement face à la gare.

Mon collègue fut impressionné que je l'emmène dans un club prestigieux où je fus accueilli par un essaim de ravissantes guêpes court vêtues comme si j'étais un vieil habitué.

Aidés des larges rasades de whisky que je reversais pour ma part subrepticement dans le seau à glace avec la complicité d'une des hôtesses, nous avons peu à peu crevé tous les abcès de notre relation.

Au bout de la nuit, après qu'il m'eut pendant d'interminables minutes juré fidélité à jamais en me tenant la main, il m'invita à une séance de pêche à la mouche que je m'empressai d'accepter avec enthousiasme et que je lui promis de photographier malgré l'insignifiance de mon talent. Je le mis dans un taxi et, passablement barbouillé, je rentrai à mon tour chez moi.

À la suite de cette mémorable soirée, je n'ai plus jamais eu de problème avec ce collaborateur, qui devint au contraire mon plus dévoué admirateur.

Bien entendu, de notre nuit il ne fut jamais question. Nos collègues au bureau accueillirent le changement radical de notre relation sans commentaire ni surprise apparente.

Par un beau dimanche d'automne, il m'emmena au bord d'une magnifique rivière où il tenta de m'initier aux mille et un bonheurs de la pêche à la mouche. Je lui offris plus tard l'agrandissement d'une photo que j'avais prise à l'instant où il sortait triomphalement une truite de belle taille de la rivière.

Il l'encadra et la posa sur son bureau.

Depuis une vingtaine d'années, la société évoluant, les jeunes générations de *salarymen* n'ont plus du tout envie de passer leurs soirées à accompagner leur supérieur hiérarchique au *kurabu*. Ingurgiter d'insipides boissons, loucher sur des centimètres carrés de cuisses ou la naissance de seins savamment dévoilés mais sans pouvoir en savourer la douceur ou la fermeté ne les amusent pas. Le déclin du *mizu shōbai*, déjà fortement entamé lorsque furent fiscalisés les frais de représentation, part non négligeable des dépenses discrétionnaires des salariés, s'accélère. Si on comptait il y a encore à peine trente ans quelque 350 000 clubs (*kurabu*) animés par 800 000 hôtesses[1] plus ou moins officiellement recensées, il n'y aurait plus que 65 000 établissements dignes de ce nom aux dernières statistiques.

Bien que la relation de cause à effet ne soit pas démontrée, j'ai l'outrecuidance de penser que cette désaffection n'est pas totalement étrangère au nombre exponentiel des scandales d'entreprises étalés au grand jour. Les problèmes sont le plus souvent révélés par des employés. La soupape ne laissant plus échapper la vapeur de la pression, le couvercle saute de révélation en révélation.

1. Chiffres de 1983.

La première de ces affaires éclata en juin 2000. Le géant des produits laitiers japonais Snow Brand Milk Products Co. (Yuki Jirushi) dut admettre après une fuite émanant d'une taupe une série de malversations allant du non-nettoyage de tuyauteries à une falsification des dates de péremption de certaines lignes de produits, pratique dont on découvrit soudain qu'elle était pérenne.

On peut imaginer qu'une ou deux soirées dans un *kurabu* auraient permis un règlement feutré de tous ces problèmes, si un ou deux directeurs avaient accepté de suivre leur P-DG dans un bar où une accorte *mama san* aurait habilement aiguillé la conversation vers les sujets délicats qu'on n'osait pas aborder dans l'entreprise.

C'est une loi pourtant simple de la physique que, sans soupape, la cocotte finit par exploser.

Le législateur a bien tenté de trouver des solutions de rechange avec la loi « Whistle Blowing » et plus récemment un pastiche américain du système de remises de peines encourues pour les délateurs, mais tout cela ne remplacera sans doute jamais le pittoresque et finalement bien plus humaniste *kurabu*.

Kurosawa Akira (黒澤明) – Cinéaste (1910-1998)

L'image que je préfère de Kurosawa Akira est son portrait à côté de sa caméra 35 millimètres Arriflex surmontée du chargeur d'une bobine de film numérotée « n° 15 ». Il a le visage un peu empâté de l'homme de près de 70 ans qu'il est. Son menton volontaire est traversé d'une petite fossette verticale. Son regard est caché derrière les fameuses lunettes noires qu'il portait pratiquement toujours quand il était en tournage. Il est coiffé d'un couvre-chef étrange, un peu avachi, à mi-chemin entre une casquette Mao et un képi militaire avec une jugulaire accrochée par un bouton doré au-dessus de la visière. Il a la main posée sur la poignée de la caméra. On sent une extrême concentration sur le travail en cours et ce faisant la sérénité tranquille du metteur en scène auquel aucun détail n'échappe.

Kurosawa est le plus puissant cinéaste japonais de tous les temps. Il est considéré, à juste titre, comme un des plus brillants réalisateurs au monde. Son influence s'étend sur de nombreux cinéastes, de George Lucas à Francis Ford Coppola ou Steven Spielberg. On ne compte pas les films qui se sont inspirés de ses réalisations :

— *Star Wars* (de George Lucas) par *La Forteresse cachée* ;

— *Pour une poignée de dollars* (de Sergio Leone) par *Le Garde du corps* ;

— *Les Sept Mercenaires* (de John Sturges) par *Les Sept Samouraïs* ;

— Une scène du *Parrain* (de Coppola) par la scène d'ouverture des *Salauds dorment en paix*.

Kurosawa était un homme-orchestre, metteur en scène, scénariste et même monteur. Ne proclamait-il pas que le meilleur réalisateur au monde ne pouvait réussir un film si le script n'était pas parfait ? Il passait donc un temps considérable à écrire ses scenarii souvent accompagnés de planches de dessins agrémentées de nombreuses notes aussi précieuses que précises, aidé d'assistants qu'il faisait travailler sur une même scène pour en retenir la meilleure version. De même, il était son propre monteur, la partie de l'élaboration d'un film qu'il préférait, considérant celle-ci comme la plus importante de tout le processus. Il entrait dans la salle de montage le soir même de chaque journée de tournage, procédant à l'*editing* quasiment en temps réel.

D'une grande fidélité à ses équipes, il a travaillé de nombreuses années avec les mêmes collaborateurs, qu'ils fussent scénaristes, directeurs de la photographie, directeur artistique (le même sur pratiquement l'ensemble de ses films !) ou acteurs, tel « le Alain Delon japonais », Mifune Toshirō, qui jouera dans seize de ses films en symbiose si profonde avec le réalisateur qu'un autre acteur[1] proclamera : « Le cœur de M. Kurosawa était dans le corps de M. Mifune. » Ce petit groupe était appelé le « Kurosawa-gumi », une expression plutôt utilisée pour les gangs de *yakuzas*[2]. Il passait énormément de temps en communion intime avec son staff et ses acteurs, avant, pendant et après chaque journée de tournage.

---

1. Fujiki Yu, qui avait tourné dans *Les Bas-Fonds*.
2. Voir l'entrée « *Yakuza* ».

« Lorsque je tourne, disait-il, je dîne tous les soirs avec eux et nous parlons jusqu'à l'heure d'aller nous coucher. C'est le meilleur moment pour passer les instructions[1]. »

La mécanique des films de Kurosawa, comme un mouvement d'horlogerie, était d'une grande précision ; ce professionnalisme n'avait qu'un seul but, raconter une histoire de la manière la plus spectaculaire possible avec un impact psychologique maximal. Il utilisait d'une façon très personnelle toute la syntaxe cinématographique, qu'il maîtrisait parfaitement. Perfectionniste, il « gâchait » dix fois plus de pellicule que la moyenne des réalisateurs avec ses multiples caméras pour une seule séquence. Il supervisait absolument tout de manière dictatoriale – on le surnommait « *Tennō* » (« empereur »), à cause de ce travers – et s'il n'était pas satisfait du résultat, il recommençait jusqu'à obtenir entière satisfaction. Dans la scène culminante du *Château de l'araignée*, où une pluie de traits s'abat sur Mifune Toshirō, mécontent des fausses flèches, il en fit tirer de réelles dont une se ficha à quelques centimètres de l'acteur, qui avoua n'avoir pas eu besoin de simuler la peur !

Kurosawa ne craignait pas, d'un film à l'autre, d'expérimenter pour faire évoluer son style. Au contraire d'un Ozu[2], dont l'écriture esthétique peut paraître plus froide dans sa régularité métronomique, Kurosawa se remet en question. On pourrait paraphraser Picasso en disant que Kurosawa ne cherchait pas mais qu'il trouvait. Son expression était particulièrement dynamique, rapide, nerveuse, appuyée autant par sa technique de prise de vues

1. Cité dans *The Japanese Film : Art & Industry*, Joseph L. Anderson et Donald Richie, éd. Charles E. Tuttle Company, 1959.
2. Voir l'entrée « Ozu Yasujirō ».

avec plusieurs caméras pour une même scène que par ses montages accentuant les effets dramatiques en utilisant ces différentes prises de vues pour une seule scène. Aucun plan n'était statique : il adorait l'agitation des éléments, les pluies toujours diluviennes, le vent violent, la neige en bourrasques, les nappes de brouillard lourdes, les volutes de fumée épaisses, les flammes ronflantes, les boues gluantes, les eaux tumultueuses. Le célèbre essayiste et critique de cinéma spécialiste du Japon Donald Richie rapporte ce que lui avait dit Kurosawa : « J'aime les étés chauds, les hivers froids, les fortes pluies, les fortes neiges, et je pense que la plupart de mes films le montrent. J'aime les extrêmes, car je les trouve plus vivants[1]. »

De même, ses personnages sont picaresques, hyperboliques, démesurés, toujours en mouvement. Ils sont terriblement humains, aussi, dévorés de passions, de colères, d'interrogations mais ne se laissant jamais submerger par de quelconques états d'âme. L'humanisme du cinéaste s'insinue dans chacun de ses héros, comme s'il cherchait à répondre toujours à une même et lancinante question : « Pourquoi les êtres humains ne peuvent-ils essayer d'être plus heureux ? » C'est la pâte humaine et son torrent d'émotions qui demeurent en permanence sa préoccupation. Il la creuse au travers de quelques grands thèmes récurrents :

— La relation entre le maître et le disciple, intensément vécue en compagnie de son frère aîné, qui l'a initié au monde du cinéma avant que celui-ci ne se suicide avec sa compagne à l'âge de 27 ans, ou avec son mentor le réalisateur Yamamoto Kajirō, qu'il vénérait et dont il sera l'assistant sur dix-sept de ses films.

— La violence, dans les films *chambara* ou *jidaigeki* (« de cape et d'épée »), qui est particulièrement sanglante.

---

1. Cité dans *The Japanese Film : Art & Industry*, *op. cit.*

— L'héroïsme des protagonistes, que leur élan porte vers des situations dépassant leur propre vie. S'ils sont dans la première partie de son œuvre en mesure de façonner leur destin à leur guise bien que toujours dans la souffrance, ils seront plus tard ballottés par le fatum qu'ils ne peuvent que subir.

Citer tous les films du cinéaste serait fastidieux. Il en a réalisé plus de trente en près de soixante ans de carrière. Dans l'exercice de ce *Dictionnaire amoureux du Japon*, il m'est agréable de vous lister parmi son imposante filmographie mes préférences :

— Son premier film, *Sugata Sanshirô* (*La Légende du grand judo*), tourné en 1943, qui exalte les vertus morales du peuple dans la veine de l'idéologie de l'époque. Tous les talents du réalisateur sont déjà présents dans ce film.

— *Rashômon*, tourné en 1950, basé sur une nouvelle de l'écrivain Akutagawa[1], qui conte le meurtre d'un *samouraï* et le viol de sa jeune épouse. C'est par ce film, présenté sans qu'il le sache à la Mostra de Venise où il y recevra le Lion d'or en 1951, que va s'établir la réputation mondiale du cinéaste, tirant derrière lui tout le cinéma japonais.

— *Shichinin no samouraï* (*Les Sept Samouraïs*), sorti en 1954, extraordinaire épopée de sept guerriers qui se mettent au service d'un misérable village pour le défendre et qui seront finalement vaincus malgré leur héroïsme. La virtuosité de Kurosawa s'exprime pleinement dans cette magnifique fresque chevaleresque d'une durée de plus de trois heures, considérée par de nombreux critiques comme le meilleur film japonais de tous les temps.

— *Akahige* (*Barberousse*), sorti en 1965, se déroule dans un hôpital pour personnes démunies au milieu du XIXe siècle. Un jeune médecin arrogant formé à l'étranger

1. Voir l'entrée « Akutagawa Ryūnosuke ».

est forcé de se retrouver interne dans la clinique du docteur Barberousse, qu'il va apprendre à respecter. Porté par Mifune dans le rôle d'Akahige et le jeune Kayama Yûzõ dans celui de l'interne Yasumoto, ce film repose sur un thème humaniste et la relation de maître à disciple chers à Kurosawa.

— *Dodes'kaden* est le premier travail en couleurs du cinéaste. Il reprend le sujet des pauvres et des faibles. Paru en 1970, il sera largement ignoré par la critique et le public japonais, désorientés par un changement de style assez radical qui se concentre sur une utilisation de couleurs primaires plutôt que sur la dynamique du montage qui lui est habituelle. Il sera, par contre, bien accueilli dans le reste du monde. C'est une œuvre déroutante, unique et attachante. Ce fut une prise de risques courageuse et généreuse qu'il paya chèrement d'une longue traversée du désert.

— *Kagemusha*, coproduit grâce à l'intervention de George Lucas par la 20th Century Fox et Francis Ford Coppola, sera couronné au Festival de Cannes par la Palme d'or l'année de sa sortie, en 1980. Cette histoire d'un malandrin qui devient le double d'un seigneur est d'une richesse picturale phénoménale, nourrie par un scénario foisonnant en rebondissements.

— Dans la foulée, Kurosawa réalise *Ran*, qui sortira en 1985, une épopée particulièrement sauvage d'un seigneur sanguinaire qui lègue son royaume à deux de ses fils après avoir banni son aîné, ce qui déclenche une lutte fratricide. Inspiré du *Roi Lear* de Shakespeare, produit grâce à l'aide d'un producteur français, Serge Silberman, ce film sera au cœur d'une polémique lors de la remise des oscars l'année suivante et, malgré les efforts du réalisateur Sidney Lumet, ne touchera que celui des meilleurs costumes, il est vrai flamboyants. Kurosawa, qui avait pour habitude de répondre « le prochain » lorsqu'on lui demandait quel était son meilleur film, considéra que *Ran* était celui le plus abouti.

— Mais mon film de prédilection reste *Dersou Ouzala*, une œuvre atypique dans le parcours du cinéaste : il s'agit en fait d'une commande de l'Union soviétique au travers des studios de cinéma Mosfilm. Kurosawa leur proposa d'adapter la biographie écrite au milieu du XIXe siècle par un certain Vladimir Arseniev, géomètre de l'Empire russe, considéré comme le tout premier ouvrage écologique. Depuis les années 1930, le réalisateur japonais souhaitait transposer en images cet hymne à la nature, ce chant de la solitude, cette aventure humaine tragique pugnace et triomphante, car sont ici réunis tous les thèmes, tous les ingrédients qui lui sont chers : immense humanité du chasseur des steppes Hezhen, malgré son dénuement ; naissance d'une amitié profonde entre le pauvre hère et le représentant de la modernité, qui devient son disciple dans le déchiffrage des merveilles de la nature ; la Sibérie, avec ses différences climatiques extrêmes. Kurosawa sortait alors d'une décennie douloureuse qui avait abouti à sa tentative de suicide, en 1971. Il va partir vivre plus d'une année en Russie en une sorte d'exil volontaire pour réaliser son film. Il recevra, outre la plus haute distinction du Festival international du film de Moscou, l'oscar du meilleur film en langue étrangère à sa sortie, en 1975. J'ai vu ce chef-d'œuvre « hors clous » du reste du travail du Maître plusieurs fois, toujours avec la même émotion. *Dersou Ouzala* me tire chaque fois des larmes. Il est pour moi le concentré de tout ce que Kurosawa portait d'humanisme et d'espoir dans son cœur.

Kurosawa Akira fera une mauvaise chute en 1995, qui le laissera paralysé et incapable de tourner d'autres films, et ce, malgré un besoin intense de créativité et une agilité intellectuelle intacte. Il mourra trois ans plus tard d'une embolie au cerveau. Il est enterré dans le temple An'yō-in de Kamakura. L'emplacement jouxtant sa tombe est libre depuis vingt ans. Le temple a décidé de ne pas le vendre, car il y a trop de demandes…

Sa fille Kazuko, qui assuma le rôle d'assistante et de secrétaire de son père, seconda la célèbre costumière Wada Emi lors du tournage de *Yume* (*Rêves*) puis réalisa ceux de ses deux derniers films, *Hachi-gatsu no kyōshikyoku* (*Rhapsodie en août*) et *Mādadayo*. Elle a depuis imaginé ceux de films reconnus comme *Silk*[1], *Zatoichi*[2] ou *Une affaire de famille*[3].

Elle continue à faire vivre l'esprit du « Kurosawa-gumi ». Je l'ai rencontrée grâce à un ami proche, Oide Kazuhiro, qui l'avait formée dans son institut, lorsqu'elle accueillit mon fils cadet qui souhaitait se familiariser avec le monde du cinéma.

Elle ressemble à son géniteur par la vitalité, l'humanisme et la générosité qui transpirent au travers de sa personne.

Kyabakura (キャバクラ) – Cabaret

Le *kyabakura*, contraction de *cabaret* et de *club*, se distingue du *kurabu* à la fois dans sa conception et sa finalité. Si le *kurabu* où se retrouvent les salariés tombe sous cette catégorie, le *kyabakura* ne professe pas la même chasteté et

1. *Soie*, de François Girard.
2. De Kitano Takeshi.
3. De Koreeda Hirokazu.

ne se contente pas de servir des boissons éventuellement accompagnées d'un service de *karaoké*. Schématiquement, le *kyabakurabu* offre une série de divertissements qu'on ne trouve pas dans le *kurabu*, plus austère malgré le chatoiement de ses hôtesses et la décoration souvent plus souvent kitsch qu'élégante. On se rend dans cette catégorie d'établissements pour se divertir, fêter une promotion, pas pour s'adonner à une thérapie de groupe. Il ne faut pas mélanger les genres.

Il y avait jusqu'à la fin de 2017 un *kyabakura* situé juste à côté de l'élégant immeuble d'une grande marque de luxe française dans une ruelle parallèle à l'avenue principale de Ginza, la Gasuto dori, appelée ainsi parce qu'elle fut la première rue à être éclairée au gaz (lampadaires installés par des ingénieurs français) à la fin du XIXe siècle. Le Shiroi Bara (« la Rose Blanche »), rebaptisé ainsi en 1951, existait en fait depuis 1931. C'était le dernier établissement de ce genre dans ce quartier prestigieux. Sa façade d'époque, rétro au possible, était illuminée d'une kyrielle d'ampoules jaunes. Une grosse rose blanche stylisée, dont les pétales s'étalaient largement au-dessus de cette barre de lumière, était fixée au mur fait d'une mosaïque bleu nuit moirée. Elle était encadrée de l'appellation *Shakōba* (« lieu de rassemblement social ») d'un côté et de la fière devise « *Kenzen Meiro* » (« Sain et sans surprise ») de l'autre. Sous une vitrine éclairée par un néon poussif se trouvait une carte stylisée de l'archipel japonais avec ses quarante-sept préfectures. À l'emplacement de chacune d'elles étaient épinglés de petits cartons sur lesquels étaient calligraphiés des prénoms féminins, le nom des hôtesses travaillant dans ce cabaret. Sous la carte, on pouvait lire : « Venez retrouver une fille de votre région natale. »

De nombreux Tokyoïtes sont en fait des déracinés qui ont emporté sous leurs semelles et dans leur cœur un petit bout de leur terre natale, une chanson, une intonation, voire un patois, le parfum d'une fleur, le goût d'un mets unique. Ce cabaret leur offrait le bonheur d'évoquer tout cela le temps d'une heure ou deux auprès d'une jeune fille du pays.

Je passais souvent devant cet établissement le soir en rentrant de mon bureau. Un aboyeur en tenue de soirée avec un gros nœud papillon pailleté d'or se tenait devant l'entrée et faisait la retape. On entendait par la porte entrouverte de la musique, des rires, des verres qui s'entrechoquaient.

La mode étant au *Shōwa Retro* (« nos Années folles »), y venaient aussi des OL (*office ladies*) en quête d'un autrefois nostalgique. Les mots d'ordre « Sain et sans surprise » devaient les rassurer. Il y avait un spectacle banal, des tours de chant, rien de plus, et on pouvait danser si on le souhaitait. Plus tard dans la nuit, des myriades d'hôtesses vêtues de robes rappelant celles que portent les poupées dans les stands de tir des foires papillonnaient devant le Shiroi Bara telles des lucioles bigarrées autour de leurs clients, qui tenaient à peine sur leurs jambes en attendant le taxi qui les ramènerait chez eux. Quand ils partaient, elles agitaient leurs mains en sautillant pour qu'on puisse mieux les voir, tout en poussant des petits cris de souris effarée.

L'ambiance était bon enfant, gaie, fraîche, attendrissante. Cela fleurait l'après-guerre, quand le Japon trimait dur à sa reconstruction et s'amusait sans prétention ni artifices. On les aimait bien dans le quartier, ces employés du Shiroi Bara, car ils respectaient le voisinage, jamais de tapage ni de scandale, juste les effluves, qui s'échappaient de l'entrée en chicane, des bons moments que passaient les *patoron* (« les clients »), les paillettes, les confettis dans les cheveux, les rires perchés des filles et la litanie de leurs remerciements quand ces derniers les quittaient, du bonheur dans les yeux et la fièvre aux joues.

C'était un îlot d'hier perdu au milieu des grandes enseignes du luxe français ou italien d'aujourd'hui et du monde digital de demain.

Je suis passé devant le Shiroi Bara pendant quinze ans tous les soirs quand je quittais l'immeuble amiral de notre Maison. Avec mes collègues, nous nous sommes mille fois promis d'aller y passer une soirée pour y fêter une performance, y célébrer la promotion d'un des nôtres ou tout simplement y entraîner un visiteur venu de France.

Bien sûr, il n'y avait pas de jeune Comtadine de mon Vaucluse natal, mais je me serais volontiers contenté d'une hôtesse de la préfecture de Kanagawa, ma seconde patrie !

Nous pensions que ce cabaret était immuable.

Mais un jour de décembre 2017, nous avons vu un panneau plaqué à la place de la carte du Japon. Il remerciait les *patoron* de leur fidélité pendant quatre-vingt-seize ans (quatre-vingt-seize ans !) et annonçait sa fermeture définitive pour le 1er janvier 2018. Trop occupés par nos activités en fin d'année, nous n'avons pas réussi à libérer une soirée pour enfin nous rendre au Shiroi Bara.

Début janvier, les pelleteuses sont venues qui, en deux temps, trois mouvements, ont démoli cet assemblage de bois, de stuc et de carton.

Nous n'avions pas réalisé combien ce petit immeuble d'un étage était frêle.

Le Japon s'y entend si bien pour s'autodétruire…

N'avoir jamais mis les pieds au Shiroi Bara est un de mes regrets.

Pas des moindres…

Tous les *kyabakura* n'ont pas cette innocence ni cette fraîcheur. Beaucoup sont d'une vulgarité suffocante ou d'un niveau pornographique avilissant. Il m'est arrivé un soir au tout début de ma vie professionnelle au Japon, invité par des fournisseurs après un dîner des plus courtois, de me retrouver dans un de ces établissements entouré d'hôtesses en kimono d'un certain âge qui, tout en préparant nos *mizuwari* et en parlant du beau temps et de la pluie, écartaient les pans de leur vêtement, prenaient d'autorité votre main et en fourraient vos doigts dans leur intimité sans ciller pour une masturbation qu'elles menaient tambour battant. Lorsque l'affaire était terminée, elles vous tendaient courtoisement un *oshibori* (« serviette chaude ») et rabattaient leur vêtement comme si de rien n'avait été.

Il y a également ces clubs nudistes où vous êtes prié de vous déshabiller dans un vestiaire avant d'entrer dans une salle tout à fait banale et où vous boirez au bar, chanterez sur une scène éclairée par des spots de couleur et vous ferez conter (fausse) fleurette par une hôtesse aussi dénudée que vous que la bienséance et le règlement ne vous permettront pas d'effleurer, ou alors à peine du regard.

Il y a ces clubs que fréquente une faune en quête de sensations fortes, séances de flagellation, piercings et autres pratiques sadomasochistes, où on peut si on le désire se faire suspendre au plafond embroché à des crochets tel un thon aux hameçons des lignes de pêche.

Une sous-catégorie plongeant dans l'esthétique traditionnelle vous initie aux pratiques de l'extrême raffinement du *shibari*, le bondage à la japonaise tiré des techniques de ligotage des prisonniers, le *hojō-jutsu* utilisé par les *samouraïs* entre le XVe et le XVIIIe siècle, sous sa forme érotique développée plus tard, le *kinbaku*.

Le club le plus célèbre dans cette spécialité, grâce à la personnalité de son propriétaire, est celui du photographe mondialement connu Araki Nobuyoshi[1], où l'on croise parfois des jeunes femmes ligotées.

Il y a les clubs échangistes comme dans tous les pays du monde mais dans lesquels l'on vous recommande de venir avec « le partenaire le plus proche de vous et en qui vous avez une confiance absolue ». Là, vous avez parfaitement le droit de refuser une avance et de vous contenter d'assister en toute chasteté aux chassés-croisés qui se déroulent sous vos yeux.

Il y a des *kyabakura* pour coprophages, tel celui particulièrement sélect décrit par Nicholas Bornoff dans son ouvrage *Pink Samourai, Love, Marriage & Sex in Contemporary Japan*, un lieu secret où on ne se rend qu'yeux bandés. On s'assied dans la pénombre devant une longue table en miroir sur laquelle une sublime jeune femme portant un kimono d'apparat va marcher, écartant les pans de son vêtement. Selon la tradition, elle ne porte pas de dessous, son intimité est donc révélée par le reflet de la table. Arrivée en son milieu, elle soulève son kimono, s'accroupit au-dessus d'une coupe en vermeil dans laquelle elle défèque, puis elle se relève et termine dignement son cheminement jusqu'à l'autre bout de la table et elle disparaît derrière un rideau. L'étron divin, résultant d'une diète sévère de plusieurs jours d'une nourriture végétale parfumée, est partagé entre les convives, qui s'en délectent au moyen d'une cuiller en bois pour ne pas en altérer le goût…

Dans tous ces lieux, des plus excentriques aux plus glauques en passant par les plus louches, vous serez

1. Voir l'entrée « Araki Nobuyoshi ».

toujours accueilli avec l'exquise courtoisie japonaise, les usuelles exclamations de bienvenue et vous serez raccompagné avec force courbettes et remerciements.

Kyokujitsushō (旭日章) – Ordre du Soleil levant

Au début de l'automne 2008, je reçois un appel d'un vieil ami diplomate, directeur de la direction Europe du *Gaimusho*, le ministère des Affaires étrangères japonais. C'est un francophone émérite, mais j'ai du mal à le comprendre, car il parle en marchant dans une rue où le brouhaha de la circulation couvre tout. Il est autant excité qu'essoufflé, mais je finis par entrevoir ce qu'il souhaite me dire :

« Mon gouvernement a décidé de t'accorder une importante décoration ! Il vient de signer le décret. C'est un très grand honneur ! *Omedetō gozaimasu !* ("Félicitations !") Je tenais à être le tout premier à te l'annoncer, mais il faut surtout garder le secret jusqu'à ce que le ministère en charge le notifie et te remette l'invitation avant la parution de la liste des décorations d'automne dans les journaux ! » Et il ajoute avant de raccrocher : « Il s'agit du *Kyokujitsushō*. Tu es élevé au grade de *Jûkōshō*. »

Je demeure abasourdi. Il me semble qu'il y a maldonne, que je n'ai pas bien compris les propos de mon ami, car je ne vois aucune raison pour laquelle le Japon m'honorerait ainsi. Par ailleurs, je ne connais rien aux décorations japonaises, seulement le *Bunkashō*, l'ordre de la Culture, remis aux personnalités des arts, de la littérature, des sports et des variétés.

Le mot *Kyokujitsushõ* n'évoque pour moi que le *Kyokujitsuki* (旭日旗), le fameux drapeau du Japon impérial, un soleil rouge sur fond blanc entouré de rayons, rendu célèbre durant la guerre du Pacifique. Mais je ne comprends pas quel rapport ce symbole d'un Japon agressif peut avoir avec une décoration.

Je navigue donc sur Internet pour me rendre à l'évidence ; j'avais bien entendu, il s'agit de l'ordre du Soleil levant, la toute première décoration établie par l'empereur Meiji, en 1875, à l'origine de la plus haute distinction après l'ordre du Chrysanthème. Depuis 2003, date de la réforme des distinctions japonaises, elle se situe en troisième place, précédée par le *Tõkashõ*, l'ordre des fleurs de Paulownia, classe exceptionnelle ajoutée en 1888 à l'ordre du Soleil levant et désormais distincte de ce dernier.

L'emblème est impressionnant. Il s'agit d'une étoile blanche d'un diamètre confortable composée de trente-deux branches soulignées de filets d'or avec en son centre un œil en pâte de verre couleur rubis. Elle est accrochée à une bélière représentant le *Kiri-mõn*, insigne héraldique du cabinet du Premier ministre au motif d'un capitule de paulownias. Le ruban est blanc avec un passepoil rouge. La barrette de boutonnière avec sa rosette en son milieu est magnifique.

Je recherche ensuite le grade. Il y en a six. Je suppose qu'on m'a décerné le plus bas dans la hiérarchie, comme c'est en général la pratique pour les décorations françaises. Mais celui que m'a indiqué mon ami, *Jûkõshõ*, se situe tout en haut de la liste, en deuxième position. Il s'agit du ruban de deuxième classe, grade Étoile d'or et d'argent, l'équivalent dans l'ordre de préséance français de grand officier.

Il m'apparaît évident que j'ai mal entendu ou que tout simplement mon ami s'est trompé.

Il me faudra attendre un mois plus tard la visite à mon bureau des officiels en gants blancs venus me remettre en main propre l'invitation pour la cérémonie au palais impérial au mois de novembre, pour réaliser que je suis effectivement promu au grade de l'Étoile d'or et d'argent dans l'ordre du Soleil levant.

Si quelqu'un s'est trompé, ce ne peut être que le Premier ministre japonais Aso Tarõ, qui a signé le décret !

L'enveloppe qui m'est remise est scellée du sceau impérial, le chrysanthème couleur or à trente-deux pétales. Elle contient l'invitation signée par le Premier ministre, une notice explicative du protocole à suivre et un autocollant avec un numéro qui devra être apposé sur le pare-brise de la limousine qui nous conduira au Kõkyo, le palais impérial situé au centre de Tokyo.

La décoration sera remise par le Premier ministre. Elle sera suivie d'une audience accordée par l'empereur puis d'une réception. Le *dress code* recommandé pour les récipiendaires est le kimono ou le frac, pour les accompagnants, principalement les épouses, également la tenue traditionnelle ou un tailleur sombre.

Quand j'ai annoncé la nouvelle à ma femme, sa première réaction avant même de me féliciter fut de s'exclamer : « Nous sommes invités au palais impérial ? Il va falloir que tu m'achètes un nouveau kimono ! »

Ma femme a l'art de rabattre mes vanités de son pragmatisme.

Ce sont en fait nos amis japonais qui se sont cotisés pour nous offrir l'onéreux vêtement. Nous fûmes par ailleurs submergés, une fois les listes publiées dans les journaux, de télégrammes de félicitations et de cadeaux envoyés par nos connaissances et mes partenaires en affaires. Le Japon remet relativement peu de décorations, c'est une distinction rare et remarquée.

Le jour venu, je me suis rendu en début d'après-midi à l'hôtel Impérial, situé à quelques minutes du palais, pour revêtir l'habit. Ma femme y était depuis la fin de la matinée pour être coiffée, maquillée et revêtue dans les règles de l'art de son kimono. Une réservation avait également été faite au studio situé dans l'hôtel, pour une séance de photo qui serait réalisée plus tard dans la soirée, une fois que je serais décoré. Ce service est compris dans le forfait des grands hôtels japonais qui disposent pour ces occasions d'un département spécialisé.

Les cérémonies officielles au Japon sont organisées au millimètre et à la minute près. Aucune place n'est laissée à l'approximation. L'heure d'arrivée précise à la porte Sakashita du palais étant indiquée sur l'invitation afin d'assurer la fluidité du ballet des voitures, notre départ de l'hôtel avait été calculé par le chauffeur de la société de location de limousines. On nous avait assigné un vétéran, habitué des transports vers le palais. Une fois que nous eûmes passé le contrôle de sécurité au portail monumental du palais, il nous déposa sur l'esplanade devant le *Kyuden*, le palais de fonction. Un huissier nous prit en charge, qui nous accompagna dans une immense salle d'attente au milieu de laquelle figurait un imposant arrangement floral. Des chaises étaient alignées le long des murs. On nous indiqua les nôtres. Nous étions une trentaine d'impétrants, accompagnés de nos épouses. La plupart étaient d'un certain âge, cannes et chaises roulantes étaient plutôt nombreuses. Je reconnus plusieurs personnalités publiques et du monde des affaires, dont le président honoraire d'une importante entreprise japonaise que je connaissais bien et que j'allai saluer. Il parut surpris de ma présence.

Trois autres étrangers étaient également là : le président mondial d'Air Liquide Alain Joly, la plus ancienne entreprise française implantée au Japon, le président de l'association parlementaire d'amitié France-Japon de l'Assemblée nationale Didier Quentin, accompagné de son épouse, et le recteur de la faculté de japonais de l'université de Moscou.

Je me sentais quelque peu déplacé au milieu de cette docte assemblée. J'étais d'évidence le plus jeune et sans aucun doute du niveau le moins élevé. J'en mesurai d'autant l'insigne honneur que m'avait fait le Japon en m'accordant une décoration aussi prestigieuse.

L'arrivée du Premier ministre fut annoncée. Alors débuta le ballet de la remise des décorations. Lorsque mon tour vint, l'huissier qu'on m'avait affecté m'accompagna jusqu'au salon mitoyen de la salle d'attente. Le Premier ministre Aso Tarõ se tenait debout devant une table recouverte de feutrine sur laquelle le diplôme et les insignes étaient posés. Je l'avais croisé à plusieurs reprises lors de réunions de travail avec le gouvernement japonais. Sans se départir de la morgue de commande, il m'adressa un petit salut de connivence avant de lire ma citation à décoration, puis il me tendit le diplôme, bras tendus. Ensuite, l'huissier noua la cravate derrière ma nuque. La médaille me parut particulièrement lourde, sans doute le poids de son symbole. Le Premier ministre s'inclina, je fis de même, puis mon huissier me raccompagna à ma place.

Lorsque chacun fut décoré, on nous invita à rejoindre un salon plus petit au bout d'un long couloir. On nous fit nous aligner devant une estrade basse, les quatre étrangers sur la droite en fin de rangée. Les épouses se tenaient derrière nous ainsi que les interprètes. L'empereur fut annoncé. Nous nous inclinâmes à son entrée. L'atmosphère était autant déférente que solennelle.

L'empereur monta sur l'estrade. Après nous avoir salués, il entama un discours de sa voix typique un peu nasale et de son phrasé impeccable. Les paroles qu'il adressa à ses compatriotes étaient chaleureuses, simples, dénuées d'emphase. Quand il eut terminé, il se tourna vers les quatre étrangers :

« Quant à vous, chers amis venus de loin, nous tenons à vous adresser notre profonde reconnaissance pour tous les efforts que vous accomplissez afin que notre pays soit mieux connu et compris dans le vôtre et pour l'amitié que vous manifestez ainsi à l'égard de notre peuple. »

Il descendit de l'estrade et, tandis que nous nous inclinions, il se retourna vers nous, nous salua une dernière fois, puis il disparut dans les profondeurs du palais.

La cérémonie de la remise de l'ordre du Soleil levant se termina par un buffet dans une ambiance bon enfant qui contraste toujours avec la pompe des premiers moments des réceptions officielles. On nous offrit des cigarettes et des allumettes ainsi qu'une boîte de *manjus*, des brioches farcies à la pâte de haricots sucrée frappés du chrysanthème impérial.

Avant de quitter le palais, les étrangers furent invités à s'asseoir avec leurs épouses sur des chaises alignées sur l'esplanade de gravier devant le palais de fonction, pour une photo commémorative qui me fut remise quelques jours plus tard en main propre par un fonctionnaire ganté de blanc du *Kunaichō*, l'Agence de la Maison impériale. Au Japon, tout finit, sinon en chanson, toujours par des photos.

Intrigué par le niveau de la distinction qui m'avait été accordée, dont j'avais appris qu'elle est la plus haute que puisse recevoir un étranger, je finis un jour par rappeler mon ami du *Gaimusho* pour lui demander s'il en connaissait la raison. Il me répondit : « Tu as toujours été extrêmement fair-play avec le Japon dans ton rôle de *chairman* de l'EBC[1] tout en défendant les intérêts de l'Europe lors des négociations à Tokyo comme à Bruxelles pour jeter les bases de l'accord de partenariat économique. Notre gouvernement t'en est très reconnaissant. »

« Il est vrai, reprit-il, que tu es distingué à un niveau particulièrement élevé. Le METI[2] avait suggéré un rang en dessous, le Ruban d'or et collier d'argent dans la troisième classe. Commandeur, c'était déjà très bien. Mais l'ancien Premier ministre Koizumi[3] a insisté pour que tu sois nommé grand officier. Il semble que tu sois le premier

1. European Business Council, Chambre de commerce européenne au Japon.
2. Ministry of Economy, Trade and Industry.
3. Voir l'entrée « Koizumi Jun'ichirō ».

étranger résidant au Japon à recevoir cette décoration à ce niveau depuis sa création. Et sans doute le plus jeune récipiendaire. Au Japon, normalement, conclut-il dans un éclat de rire, il est préférable d'être vraiment très âgé pour être promu à une aussi haute dignité ! »

Kyoto (京都) – Vraie fausse capitale du Japon

« Kyoto est une illusion ! », me dit un jour un professeur français installé depuis longtemps dans l'ancienne capitale impériale.

J'avoue aimer les illusions, sans lesquelles nos vies seraient bien mornes.

Mais pour qualifier Kyoto, je préfère le mot *mirage* : au plus on tente de se l'approprier, au plus elle se dérobe.

L'illusion tient cependant au fait historique que Kyoto fut la capitale du Japon de 794 à 1868 sans vraiment l'être tout en le restant. En effet, durant toute cette longue période, le pouvoir de l'empereur quand il y résidait fut très relatif, voire inexistant. *A contrario*, depuis l'ère Meiji, comme aucune loi n'a jamais été promulguée déclarant que Tokyo est la capitale du Japon, Kyoto le demeure toujours juridiquement parlant. Le déménagement de Tokyo à Kyoto du *Bunkachō*, l'agence pour les Affaires culturelles, équivalent de notre ministère de la Culture, semble abonder dans le sens de cette contradiction.

Kyoto est donc une *ukito* (浮き都)[1], une capitale flottante.

1. Ce terme n'existe pas. Je l'ai imaginé à partir du mot *ukiyo* (浮き世), « le monde flottant ».

Le noyau de la capitale impériale s'est à l'origine beaucoup déplacé.

En 784, l'empereur Kanmu (736-806) avait d'abord installé son palais au sud-ouest du cœur actuel de la ville, quand il décida de quitter Nara. Nagaoka-kyō offrait de meilleures possibilités d'acheminement d'eau, prétexte inespéré pour l'empereur de s'éloigner de l'emprise du clergé bouddhiste. Il y fit d'ailleurs interdire la construction de temples.

Dix ans plus tard, Kanmu décida de déplacer la Cour plus au nord-est du plateau, à cause des crues fréquentes de la rivière proche et surtout des maladies causées par ses inondations. La vallée entourée de trois montagnes qui culminent à plus de 1 000 mètres – la Higashiyama, la Kitayama et la Nishiyama – et irriguée par trois rivières – la Ujigawa au sud, la Katsuragawa à l'ouest et la Kamogawa à l'est – se révéla l'emplacement idéal. L'empereur décida de baptiser la nouvelle cité Heian-kyō (平安京), la « Capitale de la paix et de la tranquillité ». Ce sera le début de l'ère Heian, apogée de la cour impériale japonaise qui se prolongera jusque 1185. Bien qu'en surface la famille impériale détînt le pouvoir, ce n'était déjà plus qu'une illusion : celui-ci était détenu par le tout-puissant clan aristocratique Fujiwara.

Le plan de la ville fut copié sur celui de la capitale de la Chine Chang'an (Xi'an) en tenant compte de la géomancie chinoise feng shui selon une orientation nord-sud/est-ouest précise. L'emplacement du palais, placé au nord du quadrilatère de 4,5 kilomètres d'est en ouest et de 5,2 kilomètres du nord au sud, définissait l'axe central à partir duquel la ville fut divisée en deux parties, la capitale de Droite *Ukyō* (右京) et celle de Gauche *Sakyô* (左京), termes que l'on retrouve toujours dans les adresses ; les avenues et les rues furent tracées sur les mêmes principes d'astrologie, selon un quadrillage rigoureux déterminant des carrés *chô* (町)

de 121 mètres de côté ; chaque *chô* regroupait une quarantaine de *machiya*, ces habitations étroites et longues accolées les unes aux autres. Les rues majeures appelées *ôji* (大路) faisaient 24 mètres de largeur, et les rues mineures dites *koji* (小路) 12 mètres ; quatre carrés *chô* d'est en ouest étaient appelés un *jô* (条), et du nord au sud un *bô* (坊) ; les *chô* étaient numérotés de 1 à 16.

Les adresses se lisaient donc et se lisent souvent toujours ainsi :

« Capitale de Gauche, troisième *jô*, premier *bô*, quatorzième *chô* »
*(*左京三条一坊十四町*)*

Deux canaux furent creusés pour alimenter la ville en eau et réguler le débit des rivières afin de prévenir les crues, et deux ports furent construits pour alimenter deux marchés à l'est et à l'ouest.

L'édification de deux grands temples bouddhistes, le Tô-ji et le Sai-ji, encadrant le portail sud *Rajômon* de la ville fut autorisée pour protéger la cité des épidémies et autres catastrophes naturelles.

La capitale perdit de son aura quand les *shõguns* installèrent leur gouvernement à Kamakura à partir de 1185, puis à Edo. Son déclin s'accentua durant la guerre civile d'Ônin, au XVe siècle, lorsque près de la moitié de la ville brûla. En 1477, dix ans après la première bataille qui avait fait rage entre les deux clans ayant provoqué la guerre, Kyoto était devenue un coupe-gorge dans lequel des bandes de voyous pillaient ce qui restait de la splendeur passée de l'orgueilleuse ville.

Pourtant, au milieu de ce chaos, le *shõgun* Ashikaga Yoshimasa fit construire sur l'aile est de la ville le Pavillon d'argent Ginkaku-ji, rivalisant avec le Pavillon d'or à l'ouest de la cité imaginé par son grand-père Yoshimitsu. Ce pavillon prévu pour la détente et la méditation devait être recouvert de feuilles d'argent. Il ne le fut jamais pour cause de guerre civile. On raconte que Yoshimasa s'y retira pour savourer le calme et la beauté des jardins de son pavillon, alors même que les combats dans Kyoto atteignaient leur paroxysme.

Il fallut attendre l'ascension d'Oda Nobunaga[1] pour que Kyoto recouvre le calme et elle retrouva finalement son lustre quand Toyotomi Hideyoshi la fit reconstruire selon un plan légèrement différent de sa structure originelle. Durant la période d'Edo, elle prospéra pour devenir l'une des trois grandes villes de l'archipel.

En 1864, elle fut de nouveau la proie des flammes qui détruisirent 29 000 édifices. Le déménagement de l'empereur Meiji à Tokyo donna le coup de grâce, bien que ce dernier y gardât des résidences et que le trône *Takamikura* symbolisant sa présence y eût été laissé.

Kyoto faillit disparaître pour de bon quand les Américains la mirent sur la liste des possibles objectifs du bombardement atomique pour l'impact émotionnel que sa destruction aurait sur l'ennemi. C'est le secrétaire à la Guerre Henry Lewis Stimson qui obtint, contre l'avis des militaires, de la retirer de la liste[2]. Il connaissait et admirait Kyoto, où il avait autrefois passé sa lune de miel.

Après la guerre du Pacifique, ses lauriers de capitale culturelle du Japon passablement flétris, Kyoto s'endormit dans une douce indolence, bercée aux psalmodies

1. Voir l'entrée « Sandai Bushō ».
2. Elle fut remplacée par Nagasaki.

des sutras des moines et au son grave des cloches de ses quelque 1 700 temples.

La résistance de Kyoto aux changements, même pour le meilleur, est en effet légendaire.

Elle est par exemple célèbre pour ses controverses interminables sur tous les programmes immobiliers. Une expression consacre ces polémiques, le *keikan ronsō*, le « débat sur l'urbanisme ». Dans les années 1990, la reconstruction du Kyoto Hotel en plein cœur de la ville pour un immeuble d'une hauteur autrefois interdite a laissé de profondes traces dans les esprits. Un panneau indiquant que les personnes logeant dans cet hôtel ne sont pas bienvenues est toujours placardé à l'entrée du Pavillon d'argent et du Kiyomizu-dera !

Un autre projet se vit opposer une fin de non-recevoir définitive : l'idée proposée en 1996 par le président Chirac en visite à Kyoto de célébrer l'anniversaire du traité d'amitié entre le Japon et la France et celui du jumelage de Kyoto avec Paris. Elle consistait à jeter au-dessus de la rivière Kamo une passerelle piétonne sur le modèle du pont des Arts, reliant le quartier du Gion à celui du Ponto-chõ. Cela déclencha une sérieuse querelle picrocholine.

On ne propose pas impunément un lifting à Kyoto, surtout lorsque les urbanistes qui le suggèrent sont des étrangers…

Dès ma toute première visite, en 1972, je me suis pris de passion pour cette ville. Un je-ne-sais-quoi dans la vibration de l'air m'appelait. Sa nonchalance apaisait ma fièvre d'adolescent. Je m'étonnais de la confusion des sentiments qu'elle provoquait au plus profond de mon être : émerveillement devant la magnificence du palais Nijõ-jõ posé sur un lit de gravier blanc, suivi, aussi subrepticement qu'un nuage cache le soleil, d'un état de mélancolie indicible lorsque je découvris la perspective des damiers de mousse taillés en losange des jardins du Tõfuku-ji.

Lorsque j'ai commencé à vivre au Japon, je m'y suis rendu au moins une fois par mois, le plus souvent seul. Kyoto se savoure en effet dans la solitude et le silence. On y perçoit comme nulle part ailleurs les palpitations de son âme.

À peine descendu du train, j'étais saisi d'une étrange plénitude.

Comme tout un chacun, j'avais déjà visité les hauts lieux incontournables de la ville :

— À l'est, le Kiyomizu-dera, accroché tel un gros coquillage au flanc de la colline avec son impressionnante plate-forme tournée vers le sud. Il y a quelques années, j'ai assisté à une représentation du théâtre *nô* sur cette terrasse, d'autant plus spectaculaire que les personnages semblaient flotter au-dessus du vide.

— Le Nanzen-ji, au bout de l'allée débutant à l'imposant portail Sanmon. Fondé à la fin du XIIIe siècle par l'empereur Kameyama, il a brûlé trois fois. La perfection géométrique du dallage en losange bordé de mousses menant au Tenju-An, l'ermitage du Maître du Ciel, offre une impression de grande sérénité. C'est dans les parages du Nanzen-ji que l'écrivain Mishima Yukio[1] situe la scène bouleversante de la jeune femme qui offre le lait de son sein à son amant en partance pour une guerre dont il ne reviendra pas. L'esprit du couple flotte toujours au-dessus des grands arbres qui entourent l'esplanade devant le temple.

— À droite du Nanzen-ji se trouve un monument anachronique au milieu de toute cette délicatesse de pierre et de bois : un aqueduc en brique rouille de style gallo-romain construit à l'orée du XXe siècle. Ce télescopage d'architecture, au lieu d'être tonitruant, demeure harmonieux, sans nul doute aidé par la généreuse nature japonaise qui a offert à cet ouvrage mathématiquement irréprochable une touche de l'imperfection et de la fugacité propres à l'esthétique *wabi-sabi*.

— Depuis le Nanzen-ji, combien de fois ai-je rejoint « le chemin des philosophes », *Tetsugaku no michi*, mettant mes pas dans ceux du fondateur de l'École de philosophie de Kyoto, Nishida Kitarõ (1870-1945) ! Le sentier longe un ruisselet à l'ombre d'une allée de cerisiers pour rejoindre le Pavillon d'argent Ginkaku-ji. Je n'omettais jamais de m'arrêter en chemin au paisible temple Anraku-ji peu visité, dont les marches menant à la porte au toit de chaume sont bordées d'érables qui rouillent doucement à la bruine d'automne.

— À l'ouest de Kyoto, j'avais pour habitude de me rendre aux petites heures du matin au Ryõan-ji bien avant son ouverture. Il suffisait de sourire au moine qui balayait

1. Voir l'entrée « Mishima Yukio ».

le chemin de gravier pour être autorisé à s'asseoir sur la plate-forme devant le fameux jardin zen *karesansui* de pierre et de gravier ratissé ; il fait moins de 250 mètres carrés, pourtant il offre un vagabondage sans frontières à l'esprit, à condition d'y être seul.

— Je remontais ensuite jusqu'au Pavillon d'or Kinkaku-ji, qu'un moine jaloux de trop de splendeur incendia en 1950. Il suffit d'imaginer le reflet des flammes s'emparer du fragile édifice dans l'étang au-dessus duquel il se mire pour en avoir des réminiscences d'un immense chagrin.

— Un peu plus haut se trouve la résidence moins connue Õkõchi Sansõ, dans le quartier d'Arashiyama, sur les pentes du mont Ogura qui domine Kyoto ; on l'atteint en suivant un chemin qui serpente au milieu d'une bambouseraie luxuriante. C'était la résidence d'un grand acteur de films de « kimono et de sabre » (*jidaigeki*) de la première moitié du XXe siècle, Õkõchi Denjirõ. On se complaît à l'imaginer jaillir de son pavillon de thé à la poursuite d'un *samouraï* félon pour un duel au sabre sans pitié.

— J'ai dû me rendre vingt fois à la villa impériale Katsura Rikyu, qui requiert pour la visiter une autorisation spéciale de l'Agence impériale. Je m'étais promis dans ma grande vanité qu'un jour je construirais un petit pavillon inspiré de l'ancien *shoin*, le premier des trois logis qui composent la villa.

Par la suite, j'ai appris à me perdre dans les venelles du quartier nord proche de l'université de Kyoto et j'en explorais les moindres recoins.

— Je gravissais le mont Yoshida, en fait une colline sans prétention au sommet de laquelle se trouve un des 800 sanctuaires *shintô* de la cité impériale, le sanctuaire Yoshida fondé en 859 ainsi que deux charmants temples, le modeste Kurodani avec son cimetière sur un des flancs de la colline et le Shinnyodo un peu plus loin ; il y avait autrefois au sommet de la *Yoshidayama* un petit café perché au second étage d'une maisonnette toute de guingois. On avait l'impression de nicher dans les arbres dont les branches frôlaient les grandes baies vitrées. J'aimais m'y rendre à la fin de l'automne pour y déguster un *matcha*, noyé dans l'incendie des érables.

— Je rôdais parfois autour de la villa Seifûsô, propriété privée de l'université de Kyoto, construite au début du XXe siècle par le prince Saionji Kinmochi, un des fondateurs du Japon moderne. J'avoue avoir soudoyé en le soûlant de supplications le vieux gardien de la villa afin qu'il me laissât entrer dans ses jardins. Par une ironie dont le destin seul a le secret, nous y avons organisé quarante ans plus tard, grâce à la complicité d'un ami professeur de médecine de l'université de Kyoto, une série de concerts.

— À la fin de l'automne, quand plus personne ne se rendait à Kyoto, car il faisait trop froid, je me levais à l'aurore pour gravir la colline du sanctuaire Fushimi Inari dédié au dieu du Riz, dont les renards sont les messagers. Je cheminais dans la pénombre du petit jour sur le sentier un peu inquiétant menant au sommet entre les milliers de portiques vermillon *torii* que des écharpes de brume enveloppaient de leur étreinte humide.

— Il m'arrivait ensuite, partant de Fushimi, de remonter jusqu'au nord de la ville en empruntant les berges de la rivière Kamo sur 17 kilomètres. J'observais les hérons cendrés perchés sur les pierres des guets à l'affût des truites bien imprudentes qui batifolaient dans les tourbillons des déversoirs. Le but de cette promenade était le Jinko-in, où la poétesse de *tanka* Ōtagaki Rengetsu (1791-1875), également potière renommée, vécut une partie de sa vie en nonne recluse.

— Au retour, je m'arrêtais dans la galerie marchande Masugata, autrefois point d'arrivée des maquereaux de la mer du Japon, pour acheter dans la boutique d'un poissonnier des *sabazushis* fort recherchés ou encore les gâteaux *wagashi* de la pâtisserie Futaba. Ces deux magasins existent toujours.

J'avais l'habitude de descendre dans un vieux *ryokan* au bord de la Kamo. Ma chambre donnait sur la rivière. Le soir, je m'installais dans la coursive *engawa* de la pièce et je notais les souvenirs épars de mes errances mélancoliques à la lumière chiche d'une ampoule nue au bout d'un fil électrique torsadé.

La maîtresse de l'établissement était une ravissante jeune femme pour laquelle je confesse avoir longtemps eu un léger béguin. Un soir d'hiver, alors que j'errais après mon bain en *yukata* et veste ouatée *hanten* dans les couloirs de l'auberge dans l'espoir de l'apercevoir, elle sortit de l'office et m'invita à me réchauffer au brasero[1] flanqué de deux fauteuils dans le petit salon attenant à l'entrée du *ryokan*. Elle m'apporta un thé. À mon grand bonheur, elle resta un moment pour bavarder avec moi. Elle me raconta la longue histoire de l'établissement dont elle était la septième *okamisan*. Elle me montra un pilier du salon qui portait une profonde entaille. C'était le coup de sabre d'un spadassin de la brigade « Shinsen-gumi » chargée de la sécurité dans Kyoto à la fin du shogunat. Il avait combattu un partisan des Tokugawa venu se réfugier en ces lieux. Puisque je m'intéressais aux traces de l'histoire mouvementée de Kyoto, elle me conseilla de me rendre au Genkō-an, un temple au nord-ouest de la ville dont elle me confia l'anecdote suivante :

1. Voir l'entrée « *Hibachi* ».

En 1600, lors des affrontements entre les partisans de Tokugawa Ieyasu et ceux des fils de Toyotomi Hideyoshi, un des généraux de ces derniers, Ishida Mitsunari, fit le siège d'une des forteresses du clan de son ennemi, le château de Fushimi, situé non loin de Kyoto. Le château était défendu par un fidèle lieutenant de Ieyasu, Torii Mototada, qui se sacrifia afin de donner à son maître le temps de regrouper ses troupes. L'assaut final de la forteresse se solda par le suicide collectif de Torii, sa famille et ses serviteurs. Le plancher de la salle du château couvert de sang fut démantelé pour servir dans la construction du Genkõ-an et du Yôgen-in en hommage au sacrifice des combattants de Fushimi. Sept autres temples bouddhistes de Kyoto se virent attribuer de semblables reliques. Les planches utilisées pour les parquets étant beaucoup plus épaisses que celles nécessaires pour confectionner un plafond, une technique particulièrement complexe était requise pour les amincir tout en les gardant parfaitement plates.

Le plafond du Genkõ-an porte des empreintes de pied sanglantes et des taches d'hémoglobine encore très visibles quatre cents ans plus tard.

Rendu au Genkõ-an, j'ai cru entendre les voix des 1 800 victimes de Fushimi. J'en profitai pour admirer, agenouillé sur les tatamis du temple, deux ouvertures placées côte à côte, la *shikaku mado* ou *mayoi no mado* carrée dont les angles invitent à méditer sur les quatre errances *mayoi* de l'être humain, et la *marui mado* ronde encore appelée *satori no mado*, symbole de l'illumination qui apaise l'âme.

Kyoto, c'est aussi la retraite de personnalités attachantes qui, s'y étant frottées, s'y sont fixées.

Durant de nombreuses années, je rendis régulièrement visite à une riche vieille dame française originale qui avait décidé après un voyage d'agrément que Kyoto serait sa dernière demeure. Elle s'était fait construire sur les hauteurs d'Arashiyama, au nord-ouest de la ville, une magnifique demeure seigneuriale au toit bombé qui dominait toute la ville. Je passais des soirées entières assis dans le *kotatsu* de son salon à tatamis ouvert sur le splendide panorama à déguster le foie gras qu'elle avait poché elle-même, accompagné d'un château d'Yquem, ou la blanquette qu'elle avait fait mijoter plusieurs heures en l'écoutant me raconter les opulentes heures de sa jeunesse dans la France des années 1950.

Un couple d'amis franco-japonais installé avec ses deux enfants à Kyoto a construit un charmant petit immeuble mi-maison d'hôtes, mi-galerie d'art qu'ils habitent sur l'emplacement d'une poissonnerie à Masugata. Ils y reçoivent des artistes et leurs amis avec la même chaleur. Nous fumons des cigares sur la terrasse qui domine la structure recouvrant la galerie marchande. Je me suis fait la promesse d'aller chez eux un 16 août à la fin du Festival *Obon* célébrant le retour des esprits des défunts dans le monde des vivants au moment de la fête *Gozan no Okuribi*. Exactement dans l'axe de la rue marchande se trouve le mont Daimonji, sur le flanc duquel flambe un immense idéogramme, 大, illuminé de centaines de torches géantes ; dans le même temps, quatre autres feux sont embrasés sur d'autres monts encadrant la ville.

J'ai vécu à Kyoto des moments de félicité, comme cette froide matinée de février 1976 quand, alors que je suivais une étroite venelle couverte de neige derrière le Kōdai-ji sur les flancs de la Higashiyama, une jeune femme en kimono jaillit devant moi d'une porte basse. Je n'aperçus son visage qu'un très court instant avant qu'elle ne tourne et ne se mette à marcher. Quarante-cinq ans plus tard, son profil qu'un Utamaro aurait pu dessiner est encore imprimé dans ma mémoire : l'amande effilée de son regard pudiquement baissé, son nez aristocrate légèrement busqué, la blancheur immaculée de son visage, le velours de sa peau, le reflet bleuté de sa chevelure relevée en un chignon retenu par un simple peigne en écaille.

Je la suivis dans le silence hivernal, le regard fixé sur sa nuque que dévoilait l'échancrure du col de son kimono. J'évitai de brouiller l'empreinte de ses sandales dans la neige. Un subtil parfum de santal flottait dans son sillage. Les pâles rayons du soleil traversaient la vapeur de son haleine avant qu'elle ne s'évapore et illuminaient le brocart de son *obi* de mille étincelles.

Je cheminai ainsi derrière elle plusieurs minutes, suffisamment éloigné pour que ma présence ne l'importune pas mais assez près pour que je puisse abreuver mon regard de sa silhouette, et mon ouïe du léger froissement de l'étoffe de son kimono au rythme de ses pas.

La ruelle aboutissait sur une large avenue. La jeune femme héla un taxi. Quand elle monta dedans, la fraîcheur de son mollet au-dessus de son *tabi* s'offrit un bref instant à mon regard. Et je restai là sur le trottoir bien après que le taxi eut disparu au loin, le cœur serré d'une étrange tristesse. Sans doute sentais-je confusément que je venais de vivre un de ces moments de grâce dont le seul souvenir illumine une vie.

Toute la beauté de Kyoto venait de m'être offerte dans cette apparition fugace. Il me sembla que les passions y seraient plus profondes, sans doute également plus tragiques que nulle part ailleurs dans le monde et je formulai le vœu qu'un amour impossible qui laisserait en moi une trace indélébile naisse et meure dans cette ville. Ce souhait juvénile fut un jour exaucé au-delà de l'imaginable…

Il y a quelques années, j'ai conté cette histoire à Kyoto lors d'une conférence que je donnais devant une vaste assemblée de femmes. Je conclus, espiègle, que si une personne se reconnaissait dans la silhouette qui m'avait tant fait rêver quarante ans plus tôt, je serais heureux qu'elle se manifeste. Une toute jeune femme se leva alors et dit simplement : « J'aurais aimé être celle-là. Quel bonheur que celui de pouvoir rester si longtemps présente dans le cœur d'un homme ! »

J'ai aimé comme seul un amant désespéré le peut cette Kyoto assoupie, qui écoutait son passé agité et regardait couler le temps comme on contemple le courant de la Kamo ; qui abritait tous ces artistes au *kodowari* absolu, cet engagement intransigeant en quête perpétuelle de perfection ; qui préservait ses codes, ses traditions, son langage chantonnant ; qui avait ses manières exclusives de vous faire sentir que vous ne seriez jamais que de passage tant que la cinquième génération de votre généalogie ne serait pas née sur place ; dont il fallait saisir les subtilités des non-dits afin de ne pas commettre d'impairs, comme savoir lorsque l'on était en visite chez quelqu'un décliner une invitation à dîner qui signifiait en fait qu'il était temps de prendre congé ; et dont ma femme, née et élevée à Tokyo, dit qu'elle ne voudra jamais y vivre, car elle s'y sentirait une étrangère.

Mais Kyoto n'est plus une illusion.

Kyoto n'est plus un mirage non plus.

Car Kyoto est devenue le parc d'attractions de la culture japonaise.

Au moment même où Barcelone et Venise tentaient d'imaginer diverses méthodes afin d'endiguer l'envahissement exponentiel du tourisme de masse, Kyoto s'y est engouffrée en adoptant le stupide slogan d'hypermarché

« *Cool Japan* » imaginé par le gouvernement japonais pour faire la promotion de son pays dans le monde.

Kyoto s'est transformée en Disneyland dans lequel les *geishas* sont devenues des figurantes « *maiko-mouse* », tandis que les hordes de touristes empaquetés à la diable dans des ersatz de kimonos en polyester en sillonnent les temples et les délicats jardins comme on passe d'un manège à l'autre. On attrape les pauvres *maikos* apeurées par la manche et on passe le bras autour de leurs épaules pour faire un selfie, au point que la mairie a été obligée d'interdire de les photographier sous peine d'une amende de 100 dollars. Un crétin s'est fait photographier dans le bassin de la fontaine sacrée du Kiyomizu-dera sous la cataracte de la fontaine, un autre s'est pris pour un singe en grimpant dans un cerisier multicentenaire, un troisième a cru malin d'exhiber ses tatouages de bastringue dans l'enceinte du Tõfuku-ji au mépris de la plus élémentaire décence. Seule l'image des nuages de criquets envahissant la vaste plaine du Gharb, au Maroc, peut donner une idée de la dévastation causée par cette foule sans foi ni loi dont le seul but est de poster sur les ineptes réseaux sociaux des selfies sans aucun autre intérêt qu'une vaste documentation anthropomorphique de l'insondable bêtise humaine.

En moins de dix ans, Kyoto a perdu tout ce qu'elle avait patiemment tissé en plus de mille ans de délicatesse et de raffinement. Sa noblesse un peu hautaine, son dédain des contingences du monde moderne, son détachement souverain du temps qui passe ont volé en éclats. Elle a cédé au chant des sirènes du tourisme de masse et son déferlement de vulgarité, de colifichets de pacotille en bimbeloterie clinquante et de confiseries dégoulinantes en cornets de friandises qu'on dévore en déambulant dans les sanctuaires.

Pourtant, j'ai décidé que le jour où j'arrêterai mon activité professionnelle je louerai une étroite *machiya* dans le delta entre la Kamo et la Takano au-dessus du sanctuaire de Shimogamo, là où les touristes ne viennent pas, et j'achèterai une bicyclette pour parcourir la ville.

Je vivrai à Kyoto tout le temps nécessaire pour découvrir les 1 650 temples et les 760 sanctuaires que je méconnais encore…

Kyotographie – Premier Festival international de photographie au Japon

11 mars 2011, un terrible tsunami[1] dévaste les côtes de la région du Tohoku.

Dans les jours qui suivent, les trois réacteurs de la centrale nucléaire de Fukushima dont tous les systèmes de refroidissement ont failli entrent en fusion, entraînant d'importants rejets radioactifs.

L'état d'urgence nucléaire est immédiatement déclaré.

À Tokyo, l'ambiance est lourde. On craint une contamination. La capitale n'est qu'à 250 kilomètres de la centrale. Il suffirait que les vents tournent pour que le nuage radioactif l'atteigne. Les habitants qui le peuvent quittent la ville. Direction l'ouest, vers Nagoya, Kyoto, Osaka.

Lucille Reyboz, jeune photographe française vivant au Japon depuis quelques années, prend peur pour sa petite fille. Elle décide de sauter dans le premier train express

1. Voir l'entrée « Tsunami ».

Shinkansen pour Kyoto, où une amie lui prête son appartement. Un Japonais qu'elle a rencontré récemment, Nakanishi Yusuke, un concepteur d'éclairages de scène, de films et de concerts, prend sur lui de l'accompagner pour l'aider à s'installer.

Elle ne remontera pas à Tokyo. Lui non plus. Lucille et Yusuke vont vivre leur histoire d'amour. Quelques années passeront, ils auront un descendant et se marieront.

Mais à Kyoto, il leur faut trouver une occupation lucrative ; la vie y est douce, cependant elle offre peu de débouchés. Après de longs mois de réflexion, ils imaginent de créer sur le modèle des Rencontres d'Arles un festival international de la photographie.

Triple gageure :

— Bien que le pays soit le plus gros producteur d'appareils photo au monde avec des marques prestigieuses telles que Nikon, Canon ou Minolta, maîtrise à la perfection les meilleures techniques d'impression photographique et soit le berceau de photographes de renommée internationale comme Shinoyama Kishin, Araki Nobuyoshi[1], Maeda Shinzo, Ueda Shōji ou Sugimoto Hiroshi, les Japonais montrent un intérêt distrait pour cette forme d'art. Il y a peu de galeries pour exposer le travail des nouveaux talents et, sur le plan muséal, on est proche du désert.

— L'insularité congénitale du Japon l'a toujours empêché d'accueillir des manifestations artistiques débordant ses frontières. Les foires culturelles ouvertes au monde restent anecdotiques, le marché de l'art international est anémique.

— La société de Kyoto est la plus fermée du Japon, la plus méfiante, la moins encline au changement. Il faut y vivre depuis de nombreuses générations et y montrer

1. Voir l'entrée « Araki Nobuyoshi ».

patte blanche avant que les portes ne s'entrouvrent. On ne fait bouger les lignes que millimètre après millimètre. La lenteur sinon l'immobilisme font partie des vertus intangibles.

Lucille et Yusuke vont pourtant tenter cette aventure. La ténacité, l'énergie débordante, l'enthousiasme et la sincérité de Lucille alliés à la pondération, la placidité, la patience et l'humilité de Yusuke vont faire le reste.

Ils ont compris que, pour gagner le cœur de Kyoto, il faut flatter son orgueil.

Ils commencent donc par tisser patiemment leurs liens relationnels au sein de cette société de fiers artisans, de riches marchands, de vénérables abbés, de prospères propriétaires de restaurants traditionnels, d'hôteliers influents, de sévères *geishas*, tout un monde sans l'aval duquel rien ne peut se réaliser.

Ils n'oublient pas les édiles locaux, au premier chef le pittoresque maire Kadokawa Daisaku toujours en kimono, qui finira par leur apporter son soutien inconditionnel et surtout les services culturels de la ville, particulièrement revêches, lesquels détiennent de surcroît les clefs de tous ses sites prestigieux.

Parallèlement, ils travaillent au concept original qu'ils ont imaginé :

Ils ont décidé que toute la ville sera le théâtre du festival. On flânera dans l'ancienne cité impériale au gré des expositions éparpillées dans tous les quartiers, dans des temples habituellement interdits aux visiteurs, des pavillons de thé cachés, des jardins secrets, une ancienne glacière, le sous-sol désaffecté de l'influent journal local dont les rotatives ont été déménagées, les entrepôts d'un truculent grossiste en kimonos, des galeries d'art et jusqu'aux immenses cuisines du château Nijõ-jõ, qui n'avaient jamais été ouvertes au public ; bref, autant de lieux traditionnels ou insolites qui vont booster la belle endormie !

La structure du festival s'inspire de celui d'Arles, créé cinquante ans plus tôt par le photographe Lucien Clergue. Il y aura, outre les expositions officielles, un off, des ateliers, de très appréciées rencontres entre galeristes et jeunes artistes pour des *portfolio reviews*, des animations pour les enfants.

Le nom du festival s'impose alors comme une évidence : ce sera KYOTOGRAPHIE.

Pour finir, ils testent la faisabilité de leur concept, sollicitant l'avis de quelques personnes. Notre entreprise, qui a exposé Lucille Reyboz quelques années plus tôt dans l'espace culturel de son immeuble phare à Tokyo, leur promet son soutien et assurera un parrainage inconditionnel en leur confiant dès la première année une exposition.

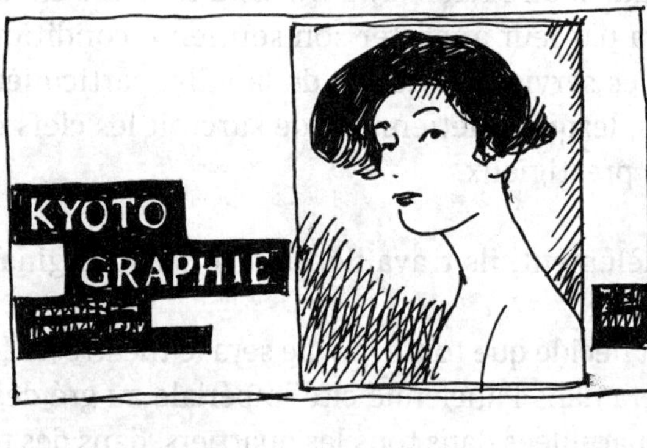

La première édition du Festival international de photographie Kyotographie ouvre ses portes au printemps 2013.

C'est un succès immédiat. Le public découvre dans les lieux les plus inattendus les plus grands noms de la photographie mis en valeur avec des scénographies intelligentes et surprenantes associant leurs œuvres à l'architecture traditionnelle. Ici, les photos sont posées à même les tatamis ; là, elles sont suspendues comme des *kakemonos* ; ailleurs, c'est au cours d'une promenade dans un subtil jardin qu'on découvre les clichés au détour d'un buisson, sur un chevalet au milieu d'un tapis de mousse, au fond de l'alcôve d'un minuscule pavillon de thé après avoir traversé comme en jouant à la marelle un étang sur des pierres affleurant à sa surface. On se déchausse pour fouler le plancher d'un sanctuaire, on se rechausse plus loin. On visite comme on grappille, se repérant au moyen d'une carte de la ville sur laquelle sont indiquées les expositions. C'est une véritable course au trésor. On découvre la prochaine galerie grâce à l'oriflamme qui flotte devant chaque lieu d'exposition, où de jeunes guides vêtus aux couleurs de Kyotographie vérifient le passeport du visiteur en souriant.

C'est courtois, impeccable, un condensé de l'efficacité japonaise. On réalise qu'il y a eu un travail colossal derrière cette impression de facilité, de simplicité, de fluidité.

D'abord timide, le public japonais, curieux de nature, se passionne vite pour le vaste monde bigarré de la photographie au coude à coude avec une foule cosmopolite de connaisseurs de plus en plus nombreuse.

Neuf festivals se sont succédé depuis la première édition, réunissant de très grands noms de la photographie :

• En 2013, le Malien Malick Sidibé, précurseur dans les années 1960 avec son studio à Bamako ; le voyageur et photographe suisse Nicolas Bouvier[1], qui a vécu au Japon dans les années 1960.

1. Voir l'entrée « Bouvier, Nicolas ».

• En 2014, la grande photographe américaine Lillian Bassman, près de quatre-vingts années d'activité jusque sa disparition à l'âge de 94 ans ; Hirokawa Taishi, dont la série sur les centrales nucléaires japonaises est exposée au sanctuaire Shimogamo, un choix osé.

• En 2015, le reportage du photographe français Marc Riboud en Alaska au début des années 1950, une série qui dormait depuis cinquante ans dans son studio, retrouvée par sa femme ; l'Italien Fosco Maraini[1], grand spécialiste du Japon, dont les photos des pêcheuses d'abalones *ama* des années 1950 ont failli être censurées par les autorités de la ville saisies d'une pruderie soudaine, car les jeunes femmes avaient les seins nus (!) ; l'extraordinaire travail sur les peuplades de la Tierra del Fuego au Chili de l'Autrichien Martin Gusinde, prêtre et ethnologue, exposé dans un pavillon temporaire en tubes et plaques de carton construit sous une pluie battante sur l'esplanade de la mairie de Kyoto par l'architecte Ban Shigeru[2], une première dans l'histoire de la ville.

• En 2016, c'est la talentueuse Sarah Moon qui est à l'honneur ; le Finlandais Arno Rafael Minkkinen expose son œuvre simplement posée en longs bandeaux sur des tatamis de couleur noire créés spécialement pour l'occasion.

• 2017 voit une théorie d'immenses artistes exposés : parmi eux, le sulfureux Araki Nobuyoshi et l'incroyable collection privée de l'architecte américain Peter Marino du photographe Robert Mapplethorpe, amenée par notre entreprise, que cette fois les services culturels de Kyoto, qui ont fini par s'habituer à ce qu'on bouscule leur pudeur, n'ont pas tenté de censurer.

Cette victoire sur l'obscurantisme consacre l'ancrage de Kyotographie dans le paysage culturel de Kyoto, qui

1. Voir l'entrée « Maraini, Fosco ».
2. Voir l'entrée « Ban Shigeru ».

soudain se pare d'une réputation avant-gardiste que personne n'aurait imaginée cinq ans plus tôt.

• En 2018, le travail nostalgique du Français Frank Horvat croise la flamboyante exposition rétrospective de Jean-Paul Goude accompagnée de ses fameuses danseuses russes, qui tournoient dans la salle d'exposition comme si elles étaient posées sur des roulettes.

• 2019 consacre le travail des photographes cubains, par exemple Alberto Korda, dont la photo du Che est devenue une icône mondialement connue. Une exposition oppose les estampes érotiques, ces *shungas* particulièrement réalistes, au travail délicatement suggestif de l'artiste Pierre Sernet de couples en train de faire l'amour pris derrière des panneaux de papier translucides. La ville ne cille même pas. Elle a appris à ne plus s'offusquer de ce que Kyotographie montre !

• En 2020, la manifestation a dû être repoussée à l'automne à cause de la pandémie de Covid-19 mais a tout de même accueilli d'autres grands noms, tel l'Africain Omar Victor Diop et le travail émouvant de la jeune Katayama Mari, née avec une hémimélie tibiale, amputée des jambes à l'âge de 9 ans.

• L'édition 2021 offre au travers de cinq expositions dans le palais Nijõ-jõ un hommage aux victimes du tsunami qui a dévasté le Tohoku dix ans plus tôt. Une des tours de garde accueille une sélection des photos que j'avais prises sur les lieux de la tragédie afin d'alimenter mon souvenir lors de la rédaction de mon livre *L'Océan dans la rizière*.

Exclusivement centré sur un public local car ne pouvant recevoir d'étrangers, Kyotographie 2020 est tout de même parvenu à accueillir plus de 140 000 visiteurs en moins d'un mois. Il semble que l'édition 2021 qui a débuté au moment où je corrige les épreuves de cet ouvrage connaîtra un succès similaire.

Kyotographie est désormais bien ancré dans le paysage culturel de la ville et dans le calendrier des manifestations internationales autour de la photographie.

Lucille et Yusuke ont consolidé leur implantation dans Kyoto en faisant construire, dans la dernière allée commerçante authentique de la ville, un magnifique petit immeuble s'inspirant de l'architecture traditionnelle, réunissant à la fois leur résidence et les bureaux du festival dans les étages supérieurs ainsi qu'un café-galerie d'art au niveau de la rue baptisé « Delta », où les habitants du quartier peuvent croiser nonchalamment les artistes du monde entier exposés à la résidence.

Quant à leurs deux enfants Eden et Yuzen, ils parlent couramment le *Kyoto-ben*, le dialecte chantant si pittoresque de l'ancienne capitale du Japon.

C'est le plus beau témoignage de leur enracinement dans l'orgueilleuse cité impériale.

L

J

Londres, Albert (1884-1932)

Homme de convictions, de courage et d'indignations.

Reporter français sans autre credo que la vérité, inventeur du journalisme d'investigation qui lui coûta sans doute la vie lors d'un incendie sur le navire *MS Georges Philippar*, qui le ramenait de Chine, porteur d'un reportage dénonçant un énorme scandale dont on ne saura jamais rien, ses papiers ayant brûlé avec lui.

Un voyage qu'il fit en Asie en 1922 pour le compte du quotidien *Excelsior* justifie sa présence dans ce dictionnaire. En effet, les brefs articles écrits lors de son séjour au Japon, sa première halte, sont des pièces d'anthologie incroyablement d'actualité dont je recommande la lecture aux fanfarons pensant avoir assimilé en deux courtes semaines de tourisme « selfie » toute la culture ancestrale d'un pays comme le Japon.

Ils sont compilés dans un opuscule de quatre-vingt-seize pages édité par les éditions Arléa sous le titre *Au Japon*.

Les chroniques et autres notes que contient ce petit ouvrage sont de savoureux instantanés quelquefois humoristiques, parfois malicieux, souvent enthousiastes : en seize séquences narratives, Albert Londres déroule ses étonnements (nombreux), ses jugements (rares), ses indignations (quelques-unes). Sur un autre registre que son contemporain Thomas Raucat[1] mais avec une semblable perspicacité, il ne s'interdit rien, avec humilité certes mais toujours avec franchise. Il n'est jamais un donneur de leçons, mais il sait être péremptoire, incisif, souvent goguenard. Il ausculte, il interroge, il s'interroge aussi.

Nous ne pouvons qu'être séduits par son regard toujours pertinent, sa qualité d'observateur, de reporter journaliste comme on disait à l'époque.

S'il dialogue avec le pays qui l'accueille, une culture qui le fascine, il est également capable de nous livrer ses agacements, car le Japon qui l'émerveille peut de même l'indisposer. Il n'est pas dupe des discours lénifiants de la presse locale, de la duplicité des hommes politiques, ce qui ne l'empêche nullement de pointer les contradictions de l'Occident dans sa relation à ce chapelet de misérables îlots qui, bombant le torse, prétend se faire aussi gros que le bison américain.

Il a en effet très bien analysé le rapport douloureux qu'entretien le Japon avec le reste du monde, cet *Atchira* (« l'ailleurs, le là-bas ») sur lequel il revient à plusieurs reprises, fustigeant l'hypocrisie du concert des nations qui lui imposent des traités iniques, tout en ne se faisant aucune illusion sur le double jeu des Japonais qui se drapent dans l'éloignement intellectuel autant que géographique de leur pays pour se justifier. Dans le même temps, il note la mécanique d'absorption pertinente des apports étrangers à la civilisation locale :

1. Voir l'entrée « *Honorable Partie de campagne (L')* ».

« Ce qu'il importa d'*Atchira*, de là-bas, il l'a posé soigneusement à côté de ce qu'il possédait, et si tout bout ensemble rien ne se confond. Il n'a pas mélangé, mais juxtaposé. »

Il dissèque de sa plume acérée les mœurs et la vie quotidienne du peuple japonais avec une justesse étonnante pour quelqu'un qui n'aura séjourné que fort peu de temps au Japon, tout au plus un gros mois :

« La famille, dans ce pays, est un sanctuaire. Vous pouvez posséder un grand ami japonais, sortir depuis vingt ans bras dessus, bras dessous, l'appeler "ma vieille branche", lui bourrer, sans raison, les épaules des plus tendres coups de poing, vous ne franchirez pas son domicile. Et si vous lui demandez une fois des nouvelles de sa femme, vous serez un bonhomme mal élevé. »

Sur la femme, justement, il porte au travers d'un dialogue fictif avec un ami japonais un œil qui lui vaudrait de nos jours un chapelet de #MeToo péremptoires. Jugez-en plutôt :

« La femme est reine, c'est la vierge éternelle. Ce n'est peut-être pas un être, mais c'est une chose sacrée. »

Ou encore :

« Si elles souffrent de notre absence ? Pourquoi ? Elles savent que leur devoir est de n'en pas souffrir, que l'homme est fait pour honorer sa femme par les œuvres qu'il accomplit et non pour charmer ses solitudes comme une vieille dame ! Elles ne sont pas jalouses, non ! Pourquoi le seraient-elles ? Elles ont vu leur grand-mère, leur mère payer les notes de *geishas* de leurs grands-pères, de leurs pères. Elles font de même : la tradition ! »

Et pour enfoncer le clou, ce qui finira de fâcher les féministes et tenants du politiquement correct de tout acabit, cette conclusion :

« Elles sont sans liberté comme d'autres naissent aveugles. C'est leur nature. Il n'y a pas cinq parties du monde pour elles, sur la terre, mais une seule : la famille. »

Inutile de souligner que notre reporter intrépide, en notre siècle, écrirait tout autre chose sur ce chapitre, tant la femme japonaise s'est émancipée, de mon expérience beaucoup plus que ses sœurs françaises, voire américaines, avec moins de bruit ou de fureur mais au final une efficacité redoutable…

Du *giri*[1], la dette de reconnaissance, voici ce qu'il dit, appuyant sa démonstration d'exemples étonnants, tragiquement cocasses quoiqu'un peu caricaturaux :

« Le *giri* est un sentiment multiple, allant à peu près de la reconnaissance à la vendetta, mais une vendetta dont vous seriez à la fois le poignard qui frappe et le cœur qu'on transperce. C'est une espèce de morale de l'horreur. »

Albert Londres démonte avec minutie les poncifs et clichés qui avaient la vie dure à l'époque et qui paradoxalement persistent de nos jours :

« On a dit qu'ils étaient hypocrites, ils ne sont que des gens à sentiments contenus. Il leur semblerait aussi incorrect de montrer ce qu'ils pensent qu'à nous de nous dévêtir sur l'un des refuges de la place de la Concorde. »

Mais en contrepoint il ajoute :

1. Voir l'entrée « *Giri, ninjō, on, gimu* ».

« Ce sont de gais lurons. Ils adorent s'amuser, d'abord quand ils sont petits et surtout quand ils sont devenus grands. »

Et :

« Ce n'est pas un peuple troupeau. Chacun possède une haute idée de son individualité […]. »

De tous les thèmes qu'il aborde, il tire des clichés définitifs, tranchants, fréquemment hilarants, telle cette description des habitations :

« Il habite des maisons puériles et délicieuses, sans clef, sans meuble ; on présente les meubles au fur et à mesure des besoins : coussins, petites tables ; le riche et le pauvre ont la même, à coulisses, en bois léger, en papier, sur quoi, le soir, à la lumière, la silhouette des locataires se découpe en ombres japonaises. »

On pourrait sans se lasser puiser dans les articles d'Albert Londres à propos du Japon mille autres citations affûtées, sagaces, espiègles sur Tokyo, la femme japonaise, les rapports qu'entretient le mari avec son épouse, les *geishas*, etc.

C'est pourquoi je recommande à tout voyageur en partance pour l'archipel nippon de glisser dans sa poche ce petit livre. Car il apporte une réponse à chacune des questions que ne manque pas de soulever l'étrangeté de ce pays, dont dix vies ne suffiraient cependant pas à lever le voile.

Loti, Pierre – Officier de marine et romancier (1850-1923)

Si le grand amour de la vie de Pierre Loti fut cette ravissante odalisque circassienne Hatice rencontrée en Turquie en 1877 et qui lui inspira son premier roman, *Aziyadé*, c'est une autre femme, une jeune Japonaise de 18 ans épousée par contrat d'un mois renouvelable durant son premier très court séjour à Nagasaki, précisément entre le 9 juillet et le 12 août 1885, qui donnera naissance en 1887 à *Madame Chrysanthème*, le premier des trois livres qu'il écrira sur le Japon.

Cette histoire, adaptée à l'opéra tout d'abord par André Messager en 1893 puis par Giacomo Puccini avec le célèbre *Madame Butterfly*, en 1904, connaîtra un immense succès à sa parution. *Madame Chrysanthème* contribuera fortement à lancer en France à la fin du XIXe siècle la vague du japonisme.

Dans l'exercice de ses fonctions d'officier de marine, Pierre Loti retournera quatre fois au Japon et, entre ce premier voyage et le dernier, en 1901, il apprendra suffisamment de rudiments du japonais pour pouvoir pérégriner seul à la découverte du pays déconcertant de l'ère Meiji, qui vient tout juste trente ans plus tôt d'ouvrir ses portes au monde extérieur, passant brutalement de la féodalité moyenâgeuse à la création d'une nation moderne.

En 1889, au retour d'un nouveau séjour de six mois au pays du Soleil-Levant, il publiera *Japoneries d'automne*, journal de ses flâneries entre Kyoto, Yokohama, Kamakura[1], « Yedo » et Nikko.

Enfin, son dernier voyage engendrera un deuxième roman, *La Troisième Jeunesse de Mme Prune*, qui sera publié en 1905.

1. Voir l'entrée « Kamakura ».

De ces trois livres consacrés au Japon, le plus intéressant est à mon modeste avis de lecteur son journal. En neuf chapitres, Pierre Loti croque allègrement tout ce qui passe sous son œil aigu. Voyageur compulsif et infatigable, il ne perd pas une minute de ses semaines d'escale.

À peine son navire est-il amarré dans la baie du port de Kobe qu'il se précipite à Kyoto[1] en empruntant « *un drôle de petit chemin de fer, qui n'a pas l'air sérieux, qui fait l'effet d'une chose pour rire, comme toutes les choses japonaises. Ça existe cependant, cela part et cela marche*[2] ».

Le ton est donné. Il est enlevé, toujours enjoué, guilleret. On sent dans les envolées de l'écrivain l'enthousiasme de la découverte, la pétulance de sa jeunesse, alors dans la trentaine. Mais le narrateur se révèle souvent condescendant, parfois méprisant et même insultant, heureusement compensé par d'authentiques admirations, des émerveillements non feints, d'innombrables ravissements et quelques attendrissements émus. Une lecture attentive de ces *Japoneries d'automne* permet d'y trouver toute la palette de l'humaniste éclairé qu'au bout du compte ce globe-trotteur planétaire fut toujours.

L'agacement qui pointe sous la plume du jeune officier, il arrive qu'on le ressente aujourd'hui encore dans ce pays insaisissable. On est surpris par la modernité d'un texte écrit il y a plus de cent trente ans.

En effet, ce Japon « *disparate, hétérogène, invraisemblable, avec son immobilité de quinze ou vingt siècles et, tout à coup, son engouement pour les choses modernes qui l'a*

1. Voir l'entrée « Kyoto ».

2. Toutes les citations en italique sont tirées de *Japoneries d'automne*, Éd. Bartillat, Omnia Poche.

pris comme un vertige » déroute toujours autant en plein XXIe siècle.

Bien entendu, on s'agacera de cette affirmation péremptoire que la cuisine japonaise peut « *servir d'amusement tout au plus* » ; on sera choqué que Loti trouve le Japon moderne « *piteusement grotesque* », que la « *laideur de ce peuple* [l']*exaspère* » ou qu'en croisant deux jolies jeunes femmes il se croie obligé d'ajouter : « *ce qui est assez rare pour des Japonaises* » ; on sera indigné par le regard de l'auteur « *déjà habitué aux gentilles guenons japonaises* », par son écœurement des « *odeurs de race jaune* » ou de « *l'odeur fauve de la chair jaune* », ou par sa description des bébés japonais « *qui deviendront si laids plus tard* » ; on s'offusquera à raison des « *prestesse de singe* », « *gestes macaques* », « *très proche ressemblance de singe* » ou encore « *Japonais mièvres et dégénérés d'aujourd'hui* » qu'on trouve ici et là éparpillés au gré des chapitres.

J'ai relevé une bonne quinzaine d'épithètes simiesques ou injurieuses attestant un racisme primaire d'autant plus révoltant que Loti est intelligent. Nul doute, si un mouvement Yellow Lives Matter existait, que la statue de Pierre Loti et celle de Louis-Marie-Julien Viaud, son véritable nom, seraient démontées pièce par pièce, pierre par pierre, que des autodafés de ses livres seraient organisés en place publique et que sa maison de Hendaye et celle de Rochefort, avec sa pagode japonaise, sa salle chinoise, son salon turc et sa chambre arabe, insupportables appropriations de cultures étrangères, seraient démontées pierre à pierre.

D'ailleurs, les Japonais érudits dans leur grande majorité exècrent Loti. Un de mes vieux amis, ancien ambassadeur en France, issu de l'École française du *Gaimusho*, le ministère japonais des Affaires étrangères, lui voue une haine tenace.

Cependant, il y a dans *Japoneries d'automne* une justesse d'observation fulgurante et une admiration profonde non feinte pour la civilisation, la culture, le peuple japonais et son savoir-vivre.

Ainsi, Loti comprend très vite qu'il est « *chez le peuple le plus poli de la terre* ».

Il remarque que « *les moindres choses ont, dans leur étrangeté, toujours une pointe de distinction* ».

Il distingue la délicatesse de ces « *foules soigneuses, polies, s'avançant avec des révérences, sur des sandales légères, au froufrou des soies, au bruit des éventails* », si différentes de « *nos cohues de gens grossiers et casseurs* »...

Il s'extasie de la dextérité des peintres sur porcelaine, résultat d'une « *longue hérédité de calme et de tempérance pour former ces virtuoses à main si posée* ».

Lors de ses visites dans les sanctuaires de Kyoto ou de Nikko, Pierre Loti est frappé par la statuaire des dieux qui « *apparaissent, dans un recul dont l'obscurité augmente la profondeur* » et par les jeux de « *demi-obscurité favorable aux enchantements* ».

Il pressent le concept du *wabi-sabi* quand il parle des siècles passés qui embellissent un palais de Kyoto « *en voilant un peu l'éclat des choses, en fondant tous ces ensembles d'or dans une sorte d'effacement très doux* ».

Il devient soudain très humble quand il réalise que nos jugements et nos préjugés nous empêchent de sonder la profondeur et l'hermétisme de cette civilisation. « *Entre ce Japon et nous*, écrit-il, *les différences des origines premières creusent un grand abîme.* »

Dans le même temps, assistant dans un temple de Nikko à une cérémonie, il a « *le sentiment d'avoir pénétré au cœur même de ce pays étrange, mais dans son cœur en pleine vie, en pleine activité d'art, de rites et de religion* ».

Et puis il semble avoir tout compris de ce peuple quand il s'étonne de voir dans un sanctuaire toute une famille, des grands-parents aux plus jeunes enfants, « *prier avec tant de ferveur, dans ce pays de rire et de frivolité* », avant de redevenir perplexe.

C'est avec indulgence qu'il constate dans le quartier de la prostitution de Kyoto qu'elle « *se passe avec une pudeur inconsciente, une bonhomie enfantine et drôle* » ; il constate la dignité et l'indifférence d'idole des péripatéticiennes et l'atmosphère bon enfant qui règne quand leurs familles viennent leur rendre visite ; plus tard, sa description d'une promenade dans le district du Yoshiwara à Edo est empreinte d'un immense respect pour ces « *poupées merveilleuses* » exposées au rez-de-chaussée des maisons de passe et d'une profonde compassion pour les épouses punies envoyées ici qui doivent « *se soumettre aux exigences que ce séjour entraîne* ».

Les flâneries de son escale vont mener Pierre Loti de ravissements en émotions.

À Nikko, d'abord, qu'il rejoint en une hilarante expédition en pousse-pousse depuis la ville d'Utsunomiya où il s'est rendu en train, distante de la montagne sacrée de 27 kilomètres. Là, il s'extasie devant la minutie des fresques sculptées dans le bois du sanctuaire Toshogu et imagine la fatigue des artistes qui les ont réalisées. Il est ébahi de voir des moines qui inlassablement « *brossent de la mousse* » au moyen de balais.

À Kamakura, il visite de fond en comble, puisqu'il va jusqu'à pénétrer dans ses entrailles de bronze, le Grand Bouddha[1] cher à mon cœur qui protège de sa bienveil-

1. Voir l'entrée « Daibutsu ».

lante masse la petite vallée au fond de laquelle se trouve ma demeure. Il en admire son « *énormité écrasante et son calme souriant* ». Il en prend une très belle photo couleur sépia, prise de trois quarts arrière, un angle insolite qui dévoile les deux fenestrons à volets flanqués dans le dos de la statue pour en permettre la ventilation intérieure, qui en retirent un peu de sa majesté.

Au retour de ce périple, il découvre le mont Fuji[1] qui l'époustoufle par sa majesté. Avec volupté, il en décrit les flancs et la cime couverte de neige.

Sa visite au tombeau des quarante-sept *rõnins*[2] est un morceau d'anthologie qu'il suffirait de recopier tel quel pour présenter dans ce dictionnaire une occurrence sur ces *samouraïs*. Loti est ébloui par l'héroïsme, l'honneur, la fidélité, l'abnégation et le courage de ces quarante-sept vassaux d'un seigneur bafoué qu'ils vengeront au bout d'une interminable attente. Il confesse d'ailleurs avoir dérobé un chrysanthème d'un bouquet fleurissant une des tombes, qu'il rapportera en France en forme d'hommage à leur mémoire.

Le récit de sa présence à la *Kangikukai*[3] de novembre, ancêtre des garden-partys impériales actuelles, est étonnant en ce qu'il narre dans le moindre détail, depuis le libellé de l'invitation jusqu'au complet déroulement de la journée, la réception telle qu'elle se déroule encore de nos jours, comme si plus de cent vingt années n'avaient pas passé entre sa visite en 1888 et celles auxquelles mon épouse et moi-même avons eu l'insigne honneur d'être invités en 2003 et en 2010. Son entrevue avec l'impératrice me rappelle les nôtres avec l'empereur. Le trouble qu'il ressent lorsque l'impératrice passe devant lui, je l'ai éprouvé quand l'empereur s'est arrêté pour me parler.

1. Voir l'entrée « *Fuji san* ».
2. Voir l'entrée « Quarante-sept *rõnins* (Les) ».
3. Voir l'entrée « *Enyûkai* ».

Cette ombre jetée sur sa poitrine qu'il « *aurait aimé conserver comme une chose très rare* », j'aurais également souhaité la garder ailleurs que dans ma seule mémoire.

En revanche, l'attitude de l'impératrice « *exquise et étrange, avec son air de froide déesse qui regarde en dedans, qui regarde au-delà, qui regarde on ne sait où* », même si plus tard elle « *a un peu plus l'air de regarder les choses réelles, de s'intéresser à notre monde visible* », remonte à une époque où l'empereur était encore un dieu vivant, pas le simple mortel qu'il est devenu par décision des occupants américains à la fin de la Seconde Guerre mondiale.

Enfin, on déniche au détour du texte de Loti d'émouvants instants, tel cet émoi que ressent l'écrivain devant une jeune mousmé, la servante qui lui sert son repas du soir dans l'auberge de Nikko où il passe la nuit. Elle est « *complètement et étrangement jolie* », elle a des yeux de chat aux longs cils qui se plissent quand elle sourit, un petit nez adorablement retroussé, elle rayonne de fraîcheur et de santé, ce que la rondeur de ses bras, de ses joues, de sa poitrine devinée sous le vêtement souligne, et quelque chose dans son regard attire le sien. Alors, Loti se prend à rêver que les empereurs ensevelis dans les temples sacrés reviendraient volontiers en ce bas monde pour profiter des instants fugitifs de bonheur qu'offre la vision de cette jeune fille, puis il s'abandonne à une méditation mélancolique en clôturant ce chapitre :

« *De tels effets sont pour nous donner la très effrayante preuve de la matière, rien que matière, dont nous sommes pétris, et du néant d'après* »...

Et puis, toujours à Nikko, par un beau matin il croise un enfant d'environ 8 ans sur un sentier, qui porte sur son dos son petit frère. Il est sale, couvert de vermine et en guenille, mais il a un regard lumineux et il fait une révérence

« *de cérémonie* » tellement inattendue au passage de l'étranger que celui-ci, touché, bien que non sollicité, lui remet quelques piécettes. Quand il revient le soir, le petit bonhomme est là, toujours avec le bébé attaché sur son dos. Il l'attendait pour lui tendre un petit bouquet de campanules qu'il a cueillies pour le remercier de sa générosité. On comprend que Loti fut bouleversé par cette rencontre quand il conclut :

« *Quel mystère, qu'un seul regard furtif de lui ait pu faire ce que souvent les beaux discours de mes semblables ne font pas, me pénétrer si profondément, trouver le chemin de ce qu'il y a en moi de meilleur et de plus enfoui, évoquer si vite le sentiment de l'universelle fraternité de souffrance, la pitié douce et profonde !* »

Et quand on a lu à la fin de son journal qu'il a senti « *une sorte de regret vague en songeant à cette disparition prochaine et complète d'une civilisation qui avait été si raffinée pendant des siècles* », on lui pardonne volontiers ses critiques excessives et son racisme grotesque.

Alors, n'en déplaise à mon ami l'ambassadeur japonais, je ne peux que recommander chaleureusement la lecture des *Japoneries d'automne* à ceux que le Japon intrigue, fascine et exaspère tout à la fois.

Ils ne seront pas déçus du fabuleux voyage auquel le lieutenant de vaisseau Viaud les convie au travers de la plume de Pierre Loti à cent trente ans de distance.

Love hotels (ラブホテル) – qui ne sont pas des maisons de passe

Le compagnon d'un mannequin français qui était venue dans les années 1970 au Japon pour un défilé de mode de la Maison dont j'avais créé la filiale japonaise, journaliste de son état, avait découvert en visitant le pays pendant que sa fiancée travaillait que le meilleur moyen de se loger à un prix raisonnable était de prendre une chambre dans un *love hotel*. Parcourant le Japon sac à dos, il descendait donc seul dans ces établissements d'accès facile, souvent au bord des routes à l'entrée des agglomérations. Les employés, cultivant la discrétion par éthique professionnelle, ne lui posaient aucune question. Ils se demandaient pourtant ce que pouvait venir faire chez eux un homme esseulé. Comment imaginer, en effet, que ce grand escogriffe de *gaijin* venait simplement pour dormir ?

Mais les étrangers ne sont-ils pas, par transhumance obligée, étranges ?

Notre visiteur se mit alors en tête de réaliser un guide des *love hotels* du Japon.

Il pensait à raison que les routards sans trop d'argent de son acabit y trouveraient leur avantage, en même temps que la corporation des *love hotels* un débouché nouveau.

À l'époque, en effet, le prix d'une nuit dans un hôtel de type occidental était prohibitif, sans parler des *ryokans*, les auberges japonaises qui, profitant du « Boom Izanagi », le miracle économique qui allait propulser le pays au rang de deuxième puissance économique mondiale, enflaient démesurément leurs tarifs. Quant aux *minshuku*, ces charmantes pensions de famille plus abordables, elles étaient hors de portée de l'étranger *lambda* à cause de la barrière linguistique.

Ce projet qu'on qualifierait de nos jours d'alternatif était donc une très bonne idée. Le journaliste ne la concrétisa cependant jamais.

Les rêveurs n'ont pas d'avenir.

Le concept de *love hotel* est issu des *enshukus* en vogue dans le premier quart du XXe siècle, des « chambres à 1 yen », le prix qu'on payait pour une halte de quelques heures. Ils accueillaient des jeunes couples parfaitement légitimes recherchant quelques moments d'intimité à une époque où on vivait encore la plupart du temps sous le toit parental, dans des maisons de bois et de papier exiguës. Cela n'empêchait bien entendu pas des aventures adultérines de s'y dérouler.

Après la guerre, dans les années 1960, les *enshukus* ont été remplacés par les *tsurekomi yado*, « auberges pour client accompagné », selon le même principe de location d'une chambre à l'heure ou à la nuit. Si leur vocation première restait identique à celle des *enshukus*, la loi anti-prostitution promulguée en 1958 favorisa leur usage à des fins moins honorables bien qu'ils ne fournissaient pas de dames tarifées.

Autrement dit, ces établissements devenaient le cas échéant les auberges espagnoles de l'amour.

L'interdiction faite aux *ryōteis*[1] d'avoir des placards où ranger la literie accéléra ce nouvel usage des *tsurekomi yado*.

C'est dans les années 1970 qu'ils seront rebaptisés dans leur appellation actuelle, s'inspirant d'un *hotel love* d'Osaka, capitale de la truculence japonaise.

Une nouvelle clientèle née de la révolution sexuelle, des jeunes gens pas encore mariés ou n'ayant aucunement l'intention de s'y plier, commença à fréquenter les *love hotels*.

La romance japonaise ayant découvert la motorisation, il était devenu courant d'emprunter la voiture familiale pour les escapades amoureuses qu'on passait en *doraibu* (de *drive*, « conduire »).

Les *love hotels* se sont donc stratégiquement alignés le long des routes à l'entrée des agglomérations et des lieux de villégiature, souvent également à la sortie des autoroutes, les Japonais restant pragmatiques jusque dans leurs escapades sensuelles. Ils ont par ailleurs adapté leur architecture à ces nouveaux Roméo et Juliette sur roues en construisant assez fréquemment leurs bâtiments sur pilotis pour offrir des espaces de parking ouverts à tous les vents, d'un accès facile et rapide, afin que les situations d'urgence puissent être immédiatement satisfaites, par exemple avant que la partenaire ne change d'avis. Pour préserver l'anonymat, on mettait à disposition des automobilistes des planchettes de bois permettant de cacher la plaque d'immatriculation du véhicule.

Toujours pour la discrétion, l'habitude fut prise de limiter l'interaction avec le personnel au plus strict

---

1. Voir l'entrée « *Geisha* ».

minimum. De nos jours encore, on récupère la clef par un guichet bas, la circulation dans les étages et les couloirs est réglée comme un ballet méticuleux afin d'éviter de fâcheuses rencontres et on règle sa facture directement depuis la chambre, de préférence en liquide, au moyen d'un ingénieux système de pneumatiques. L'automatisation est par ailleurs devenue reine, du choix de la chambre sur un écran tactile au paiement *via* un automate en passant par la récupération de la carte d'accès magnétique à la chambre par un distributeur impersonnel.

Pour qu'on puisse les repérer plus facilement, les *love hotels* ont rivalisé d'imagination dans leur style. On a ainsi vu apparaître des bâtisses extravagantes, en forme de paquebot, de pièce montée, de soucoupe volante, de château de *La Belle au bois dormant*, voire de donjon de style gothique n'ayant rien à envier à la sinistre Tower of London. Le Meguro Emperor, construit en 1973 en plein milieu de Tokyo, fut le premier « château » du genre.

Il n'est pas certain qu'il puisse être un jour classé bâtiment d'intérêt culturel.

Plus tard, l'éclatement de la bulle économique et financière obligeant, on reviendra à un style plus sobre d'immeubles hurlant moins leur fonction, repérables cependant à leurs façades aveugles, les fenêtres dans les chambres risquant de favoriser le voyeurisme et les indiscrétions.

Les chambres n'avaient rien à envier à l'excentricité des immeubles. Il y en avait pour tous les goûts : des répliques de salles de torture pour adeptes SM ; des pièces couvertes du plafond au plancher de miroirs ; d'autres inspirées d'*Alice au pays des merveilles*, du chat Kitty ou de *Star Wars* ; des pièces japonaises avec tatamis, *shōji*, *fusuma* et *futon* plus sobres, mais sur les étagères desquelles on trouvait des compilations de *shungas*, les estampes érotiques japonaises qu'on ne peut en principe voir nulle part au Japon. Elles pouvaient être équipées de machines à *karaoké*, d'écrans de télévision géants diffusant des films gentiment pornographiques pour les couples en panne d'imagination, de systèmes permettant de choisir l'éclairage, l'atmosphère (les simulations d'orages violents avec éclairs, coups de tonnerre, bourrasques et ruissellements de pluie étaient très prisées), de télécommandes pour faire tourner, vibrer, monter ou descendre le lit.

Les salles de bains ne cédaient en rien au psychédélisme ambiant. Les baignoires étaient géantes ou transparentes, les *jacuzzis* éclairés par en dessous.

Savon, shampoing, huiles de massage et autres *amenities* tels que préservatifs étaient et sont toujours fournis gracieusement. Pour ces derniers, seulement deux unités sont prévues. Il est donc conseillé, pour ceux qui sont en forme, d'apporter leur stock.

Depuis que les femmes ont pris en main la destinée de leur couple, éphémère ou amené à durer, les chambres sont devenues moins vulgaires, plus sobres. Il faut dire qu'aux dernières statistiques la décision de se rendre dans un *love hotel* est prise à 90 % par la femme, comme toutes les initiatives concernant les affaires d'amour, les jeunes hommes japonais qualifiés d'« herbivores », *sôshoku danshi*, ayant pour ces choses-là perdu tout intérêt.

Tous les fantasmes, sinon les perversions, peuvent être satisfaits dans un *love hotel*. Il suffit de bien chercher. De nos jours, Internet pourvoit parfaitement à la chasse aux chimères.

Les *love hotels* les plus tolérants acceptent les clients « en affaires » (pour tout ce que cela sous-entend), les couples de même sexe ou « autre » (imaginez ce que vous voulez) et même « les groupes ». Vous pouvez choisir le *kyûkei* (休憩), la pause qui peut aller de quatre-vingt-dix minutes à deux heures ou jusque quatre pour les plus vaillants, ou le *shukuhaku* (宿泊), l'hébergement pour la nuit qui ne peut la plupart du temps être réservé qu'après 22 heures. Les prix varient bien entendu en fonction du temps passé, s'échelonnant de 5 000 yens pour le plus court à 20 000 yens au maximum pour une nuit, ce qui reste extrêmement raisonnable au regard des prix pratiqués dans les hôtels « normaux » du pays.

Il y avait, au 1er août 2018, 5 670 *love hotels* au Japon, soit 5,39 pour 100 000 adultes. J'ai relevé au bénéfice des touristes de passage qui liraient cet ouvrage le nombre d'établissements dans les trois villes qu'ils sont les plus à même de visiter. Ils auront l'embarras du choix : Tokyo en accueille 315, Osaka 266, mais Kyoto seulement 75. À Tokyo, ce sont les quartiers de Shinjuku et de Toshima qui en comptent le plus, avec respectivement 113 et 106.

Relation de cause à effet, Shinjuku abrite de nombreux lieux de plaisir, Toshima de vastes campus.

Il me faut confesser que je n'ai personnellement jamais fait l'expérience d'une nuit en *love hotel* – étant français, je n'aurais jamais pris l'option « pause ». Lorsque j'étais célibataire, ma piaule faisait parfaitement l'affaire. Regrettant de n'avoir pas approché cette facette de la civilisation japonaise, j'ai suggéré il y a quelques années à mon épouse de tenter l'expérience lors d'un court voyage d'agrément que nous avions décidé de faire. J'ai essuyé une rebuffade qui ne m'a pas encouragé à réitérer mon offre.

Lunes de miel (Drôles de…) (ハネムーン)

Autrefois, deux fois l'an au printemps et à l'automne, on assistait depuis le Japon à une bien curieuse migration pour des contrées impérativement exotiques telles qu'Okinawa, Guam, Saipan, Hawaï et jusque l'Australie, la Nouvelle-Zélande, voire la Nouvelle-Calédonie ou Tahiti pour les plus téméraires.

C'étaient les *honeymooners* en partance pour un voyage d'une durée dépassant rarement cinq jours, quelle que fût la destination choisie. Dans certains cas, la moitié du voyage était consumée en longues heures passées entre aéroports et avions.

Les « packages » proposés par les grandes agences de voyages étaient rigoureusement identiques, sans laisser de place à l'improvisation. Les couples de jeunes mariés partis de l'aéroport de Narita se retrouvaient de l'autre côté de la Terre dans le même autocar qui les emmenait dans le même hôtel où les attendait une même chambre avec le même bouquet de bienvenue. Ils déjeunaient et dînaient dans les mêmes restaurants, visitaient en même temps les mêmes sites touristiques, prenaient l'identique photo traditionnelle au bord de la plage sous les cocotiers, faisaient les emplettes pour les *omiyage* de leurs familles respectives dans les mêmes boutiques de souvenirs et reprenaient le même avion les ramenant au pays quand ils ne se précipitaient pas du même pas empressé à la mairie de leur quartier pour un divorce *Narita rikon*[1] troussé vite fait, bien fait.

Pour le jeune homme frais débarqué au Japon que j'étais, c'était une grande étrangeté que soit ainsi vécu de manière aussi collective un des événements les plus intimes de la vie d'un couple.

Je fis ma première expérience des hordes de *honeymooners* alors que ma vie professionnelle au Japon commençait tout juste. Je m'étais rendu à Okinawa pour rencontrer notre agent local.

Je fus d'abord interloqué de constater que tous les passagers du vol que j'avais emprunté étaient des jeunes couples. Contrairement à la loi de la nature qui distingue le ramage de la femelle de celui du mâle, la plupart portaient des vêtements identiques : si le bermuda d'une jeune femme était rose, celui de son compagnon l'était également ; le chemisier de l'une était siglé de la même marque que le polo de l'autre. Le mimétisme semblait être passé de l'élément féminin à l'élément masculin plutôt que le contraire, tant les couleurs reflétaient un goût féminin très prononcé.

1. Voir l'entrée « Narita rikon ».

Intrigué, je me mis à observer avec une curiosité d'anthropologue le comportement de mes voisins. Ils étaient terriblement compassés et raides ; leur regard était fixé sur la nuque du passager devant eux ou plongé dans le magazine de la compagnie aérienne ; ils ne s'adressaient que très peu la parole. L'ambiance dans l'avion me fit immédiatement penser à ces départs en colonie de vacances imposée par des parents ingrats quand les enfants dans l'autocar qui les emmène vers une destination qui ne les enchante pas ne se connaissent pas.

Arrivé à Okinawa, je continuai mon observation à la livraison des bagages. Chaque couple avait deux valises. Il me parut évident que chaque individu tenait à préserver sa sphère privée. Sans doute la possibilité du *Narita rikon* flottait-elle dans certains crânes avant même le départ ? Par ailleurs, le garçon tirait sa valise du tapis roulant sans se préoccuper d'aider sa compagne, qui se débrouillait toute seule avec la sienne.

Mon agent avait cru bien faire en me réservant une chambre dans l'hôtel le plus luxueux de l'époque, en l'occurrence un Hilton. C'était un bâtiment gris plutôt triste planté au milieu de nulle part tout proche d'une base militaire américaine. Quel ne fut pas mon étonnement lorsque je descendis pour dîner de retrouver toute la cohorte des innocents tourtereaux dans la salle du restaurant. Ils étaient évidemment assis deux par deux devant de petites tables rondes sur lesquelles étaient posées une bougie qui diffusait une bien chiche lueur et une rose esseulée plantée dans un vase étriqué. Les convives dégustaient rigoureusement le même menu. Une demi-bouteille d'un champagne bon marché était posée devant chaque couple. Le silence dans la salle était épais, à peine perturbé par le cliquetis timide des couverts sur les assiettes. Pour un peu, on se serait cru à une veillée funèbre nonobstant les chemises à fleurs des participants. C'était tout juste lugubre.

On dînait tôt au Japon dans les années 1970. À 19 h 30 précises, un bruit de chaises repoussées se fit entendre et les couples quittèrent presque tous en même temps la salle du restaurant. Je terminai mon propre repas un peu plus tard et remontai dans ma chambre. J'avoue avoir honteusement tendu l'oreille en passant devant les portes des chambres de mon étage sans que le plus petit soupir se fît entendre. Si j'avais pu dans un modeste délire imaginer un hôtel tanguant au rythme de fougueux ébats, je m'étais d'autant fourvoyé que jamais je ne dormis aussi paisiblement.

Et même si au Japon la chair exulte discrètement, qu'une telle armada de jeunes mariés fût si tranquille me laissa dubitatif.

Le lendemain matin au petit déjeuner, l'ambiance dans la salle avait subtilement évolué. Je saisis quelques sourires sur les lèvres, un éclat un peu plus brillant dans le regard des jeunes femmes, des bribes de conversation feutrée et je vis même un jeune homme beurrer un toast qu'il tendit à sa compagne, mais peut-être que ces deux-là n'étaient pas en voyage de noces ?

Plusieurs années plus tard, j'emmenai ma fille de 10 ans en voyage en Australie. Le vol dure tout de même près de dix heures jusque Sydney. C'était la première fois que nous partions tous les deux seuls sans sa mère ni ses frères, et ma petite fille était quelque peu nerveuse. Lorsqu'on me donna nos cartes d'embarquement, je constatai qu'elle ne serait pas à côté de moi. Son siège était cinq places devant le mien.

Je demandai alors qu'on change nos sièges afin que nous puissions être assis côte à côte. On me répondit que ce n'était pas possible. J'insistai. On m'opposa le même refus définitif. La température monta de plusieurs degrés dans ma voix. On appela alors un superviseur qui m'expliqua que c'était la saison des *honeymooners* vers l'Australie, que l'avion était plein et que, à cause de la configuration de la cabine en classe économie, trois sièges de chaque côté et quatre sièges au centre, il n'y avait pas de binôme de sièges disponible pour nous deux qui ne partions pas en voyage de noces. Je suis peu patient et, hélas, fort colérique. Mes hurlements s'entendirent dans toute l'aérogare, quand le superviseur finit par me dire de guerre lasse : « Vous ne pouvez pas comprendre : vous êtes un étranger. »

Ma fille et moi fîmes le voyage aller ainsi que le voyage retour sur des sièges séparés. Je n'ai plus jamais utilisé la compagnie aérienne en question et j'ai depuis toujours prudemment évité la saison des transhumances nuptiales japonaises.

M

Maeno Mitsuyasu (前野光保) – Le dernier *kamikaze*[1]

Je venais d'arriver à l'ambassade de France à Tokyo quand le scandale Lockheed éclata.

Depuis quelques mois, la rumeur enflait selon laquelle l'avionneur avait durant plusieurs années largement arrosé de nombreuses personnalités du monde politique, des Forces d'autodéfense et des affaires pour imposer ses produits au Japon, depuis le chasseur F-104 jusqu'à son avion de ligne L-1011 Tristar. La Force d'autodéfense aérienne avait finalement dû s'équiper du F-104 contre son souhait de remplacer sa flotte par un appareil d'un autre fabricant. De son côté, la compagnie aérienne All Nippon Airways avait annoncé à l'automne 1972 son intention d'acheter vingt et un Tristar, alors qu'elle avait précédemment posé une option pour acquérir le DC-10 du concurrent McDonnell Douglas.

Le nom des récipiendaires des pots-de-vin apparut au grand jour début février 1976, quand le vice-président de Lockheed témoigna devant le Sénat américain. Ainsi

1. Voir l'entrée « *Kamikaze* ».

eut-on confirmation du nom des personnes impliquées, dont celui de l'ancien Premier ministre Tanaka Kakuei, qui avait perçu 500 millions de yens (approximativement 3 millions de dollars de l'époque). En tout, l'entreprise avait déversé des mannes s'élevant à 14 millions de dollars. Une grande partie de cet argent était revenu au consultant qu'elle avait recruté pour ses opérations de lobbying, un ancien criminel de guerre du nom de Kodama Yoshio devenu le *primus inter pares* des *yakuzas*[1] de l'après-guerre auquel d'ailleurs la CIA ne dédaignait pas de faire appel pour ses basses œuvres.

La justice japonaise prit l'affaire en main et souhaita entendre les protagonistes dont Kodama qui, victime en 1975 d'un accident vasculaire opportun, était confiné dans sa luxueuse demeure dans le quartier de Setagaya, à Tokyo. Il prétendait que son état de santé ne lui permettait pas de se rendre à la convocation des procureurs. Cependant, depuis quelques jours, il se murmurait que la sortie du prévenu pour le tribunal était imminente. Toute la presse japonaise était massée devant l'entrée de son domicile pour saisir cet instant. Les photographes étaient juchés sur des escabeaux, les caméras de télévision sur leur trépied étaient prêtes, reliées plus loin dans la rue aux camions des régies toutes antennes déployées.

Cela faisait un moment que le suspense durait, quand arriva le matin du 23 mars. Un peu avant 10 heures, on vit apparaître dans le ciel immaculé de l'hiver tokyoïte un petit avion. Il fit d'abord deux passages à basse altitude au-dessus du domicile de Kodama. Puis il prit soudain de la hauteur, et sous le regard ébahi des journalistes il se précipita en piqué sur l'énorme maison pour s'écraser

1. Voir l'entrée « *Yakuza* ».

dans un déluge de feu sur la véranda du second étage de son aile ouest.

La scène enregistrée en direct par les caméras des chaînes de télévision, qui passa en boucle aux nouvelles de midi, était hallucinante. De toute évidence, ce que nous voyions sur nos écrans n'était pas un accident mais un acte délibéré, une attaque-suicide dans le plus pur style *kamikaze* de la fin de la Seconde Guerre mondiale !

Le commandant en chef des Forces d'autodéfense, lui-même ancien pilote suicide, déclara par la suite que le raid avait été techniquement parfait.

Un autre fantôme du conflit que le Japon tentait depuis près de trente années d'oublier, mais qui avait subitement resurgi avec le spectaculaire suicide par *seppuku* de l'écrivain Mishima Yukio[1] moins de cinq ans plus tôt, le 25 novembre 1970, venait de nouveau hanter un peuple qui avait résolument tourné le dos à ce sombre épisode de sa longue histoire.

On apprit rapidement que le sacrifice du pilote avait en fait été vain, car le parrain qui se reposait dans une pièce à l'opposé de l'aile visée était sorti indemne de l'attaque. Deux employés de maison furent blessés et l'incendie qui se déclara fut rapidement maîtrisé par les gardes du corps de Kodama. Puis ces derniers s'attaquèrent à la meute journalistique tandis qu'un groupuscule de manifestants d'extrême droite venus protéger l'habitation se heurta violemment à la police.

Ce que l'incident en lui-même offrait de picaresque prit une coloration résolument burlesque quand on découvrit

1. Voir l'entrée « Mishima Yukio ».

l'identité du pilote de 29 ans qui avait précipité son avion sur la maison de Kodama : Maeno Mitsuyasu.

Maeno était un acteur de seconde zone spécialisé dans les films érotiques *pinku eiga* (« *pink movies* »), autrement appelés par la société de production Nikkatsu qui l'employait « *roman porno* » (« porno romantique »). Il en avait tourné une vingtaine, dont un, *Tokyo Emmanuelle*, pâle remake du film français de 1974, lui avait même valu une récompense.

Dans ce film, Maeno avait des rapports sexuels dans un avion avec une jeune actrice nippo-américaine.

Quand on apprit qu'il était le *kamikaze*, on en conclut qu'il venait de tourner une autre scène torride dans le cockpit de l'avion avant de s'envoler pour sa mission suicide.

En fait, pilote amateur et membre d'un club d'aviation légère, Maeno s'était rendu à l'aéro-club accompagné de deux compères, pour, expliqua-t-il aux autorités auxquelles il avait loué le Piper Cherokee, tourner une scène de *kamikaze*. Il avait alors revêtu l'uniforme de ces pilotes et ceint son front du bandeau traditionnel frappé du rond rouge de l'empire du Soleil-Levant.

Maeno, influencé par les écrits de Mishima, était devenu un adepte de l'ultranationalisme qui adhérait aux préceptes du *bushido*. Il avait été très impressionné en 1971 lors d'un congrès de l'extrême droite qui se tenait dans un hôtel réputé de Tokyo par la personnalité de Kodama, présent à cette réunion. Son admiration n'avait eu d'égale que sa déconvenue lorsqu'il avait découvert la vénalité de son modèle, qu'il qualifia de « déshonneur national ».

J'avais de ce fait divers un souvenir quelque peu confus. Quand je me suis lancé dans des recherches pour en vérifier l'authenticité, je n'ai d'abord rien trouvé concernant l'épisode du dernier *kamikaze*. C'est en lisant dans *L'Express* de février 1980 un article de Marguerite Yourcenar faisant brièvement mention de l'incident que j'eus enfin confirmation que cet attentat n'avait pas été le produit de mon imagination un peu trop romanesque.

En fait, je me rappelle que ce fait divers peu banal ne fut pas étranger à ma décision, au bout de mon premier séjour de longue durée au Japon, d'y revenir pour y faire ma vie. Ce truculent incident avait exacerbé mon désir d'en savoir plus sur ce pays qui a toujours si bien su associer l'extravagance à la tragédie.

J'avoue que je n'ai jamais été déçu !

Mai Nambã (マイナンバー) – My Number

Mai Nambã est une identité numérique à douze chiffres attribuée à chaque citoyen japonais, mais aussi à tout résident étranger. C'est l'équivalent de notre numéro de sécurité sociale, existant depuis 1945 et appelé aux mêmes usages, à la grande différence que celui-ci n'a été instauré qu'à la fin de l'année 2015.

Il se substitue à un autre système d'enregistrement national établi lui en 2002, largement décrié dès sa création et rejeté par certains gouvernements locaux tels que, excusez du peu, la ville de Tokyo, alors que jugé conforme à la Constitution par la Cour suprême en 2008. Sa carte dite « *Jûki-card* » a été si peu acceptée par la population qu'on considère que c'est un échec total. Le système est d'ailleurs peu, sinon jamais, utilisé par les administrations du pays.

Mai Nambã semble bien parti pour subir un sort similaire bien que le gouvernement japonais ait déployé mille charmes pour en vanter les mérites, utilisant une ravissante et fort populaire jeune actrice dans ses spots de sensibilisation, allant jusqu'à créer une mascotte en peluche et en mousse appelée Maina-chan.

Il faut savoir que les Japonais, peuple en apparence discipliné et obéissant, tiennent viscéralement face aux autorités à rester anonymes. Il n'existe par exemple pas de carte d'identité, encore moins de fichier national avec relevé des empreintes digitales – ce qui a créé de fortes frictions avec la communauté étrangère qui, elle, est obligée de les donner lorsqu'elle s'enregistre au Bureau d'immigration et est censée porter sur elle en permanence le papier d'identité qui lui est délivré. Pour mieux comprendre : un Japonais qui n'aurait pas de permis de conduire sur lui ne peut être identifié par aucun document officiel.

Cette répugnance à être fiché remonte aux années noires de contrôle strict de la population par la Kempeitai, la police militaire de l'Empire qui sévit entre 1881 et 1945, comparable à la sinistre Gestapo du régime nazi. L'autorité d'occupation américaine s'empressa par ailleurs dans la Constitution qu'elle rédigea après la guerre d'imposer une protection rigoureuse des citoyens japonais.

Lorsque j'ai rempli le formulaire afin d'obtenir ma carte *Mai Nambã*, mon épouse, dont le sens et la docilité civiques sont pourtant exemplaires, m'a dit sur un ton révulsé :

« Comment peux-tu accepter d'être immatriculé comme une vulgaire automobile ! Te rends-tu compte qu'avec cela toutes les administrations du pays, y compris le fisc, vont pouvoir te suivre à la trace ? »

Comme je lui rétorquai que je ne voyais pas de différence avec le numéro de sécurité sociale qui m'avait été attribué à ma naissance en France quelque soixante ans plus tôt, incrédule, elle secoua la tête en me répondant :

« Vous, les Français, tellement individualistes et indisciplinés, vous vous êtes laissé faire ? Décidément, je ne vous comprendrai jamais ! »

Inutile de dire que ma femme n'a jamais jugé utile de déposer une demande pour avoir sa carte à puce plastifiée. Pas plus que la plupart des membres de notre famille ou amis japonais.

La résistance au fichier *Mai Nambã* est un sympathique symptôme supplémentaire de l'individualisme d'un peuple bien moins docile qu'on ne le pense !

Mangas et animés (漫画 – アニメ)

En août 1995, un collègue de travail vient au Japon accompagné de son épouse et de Kevin, leur fils âgé de 13 ans. Ce dernier est passionné de *mangas*, ces bandes dessinées encore peu connues en Occident qui ont tout juste fait une timide apparition en 1990 avec la publication d'*Akira* de l'artiste Ôtomo Katsuhiro. En 1995, moins de vingt titres ont été édités en France.

C'est donc un précurseur.

Sachant que Kevin est passionné de la série *Dragon Ball*, de Toriyama Akira (né en 1955), star incontestée du genre, j'ai activé mes réseaux pour obtenir une visite des studios Toei Animation, réputés alors pour être le Fort Knox du cinéma d'animation. Dans la chambre d'hôtel de ses parents, le jeune Kevin trouve parmi les innombrables cadeaux qui l'attendent, tous en rapport avec *Dragon Ball*, un dessin original du personnage principal Son Goku, dédicacé à son nom par Toriyama. Une rareté.

Les studios Toei ont accepté cette visite du bout des lèvres. Mais on ne refuse pas une faveur à la prestigieuse société Shûeisha, éditrice du magazine *Weekly Shõnen Jump* qui publie *Dragon Ball* depuis 1984. Toei vient juste de sortir l'ultime film de la série, alors que Toriyama a mis un point final aux aventures de son personnage au bout de 519 chapitres en 42 albums *tankõbon* et plus de 250 millions de volumes écoulés.

Le début de la visite est poussif, la réticence du directeur des studios accompagné de son numéro deux s'ajoutant au fastidieux temps de traduction du japonais à l'anglais par une traductrice, suivie de celle de l'anglais au français par le père de Kevin. Soudain, l'adolescent regarde fixement le sous-directeur des studios et lui dit qu'il le reconnaît : Toriyama a en effet caricaturé un personnage secondaire d'une de ses histoires sous les traits de cet homme corpulent au visage jovial qu'illumine un regard pétillant sous ses lunettes cerclées de métal. Abasourdie, car le personnage en question n'avait fait qu'une brève apparition dans la bande dessinée de *Dragon Ball*, l'équipe du studio se réunit et assaille Kevin de questions plus pernicieuses les unes que les autres, auxquelles il répond sans erreur.

Inutile de préciser que l'ambiance au studio avait changé du tout au tout…

C'est ainsi, grâce à un adolescent français, que j'ai découvert la bande dessinée japonaise des années 1990, phénomène qui allait faire déferler au Japon toute une génération de jeunes étrangers après les premières vagues des années 1950, 1960 et 1970 entichées du tatami au travers des arts martiaux, de la cérémonie du thé ou bien encore des jardins japonais. De la fascination pour le raffinement ésotérique du Japon, on passe à la culture pop de ce pays. On découvre alors au travers des *mangas* qu'un monde parallèle truculent, gouailleur, volontiers lascif, souvent vulgaire et violent, grouille sous l'élégante façade un peu hautaine et hermétique véhiculée depuis le XIXe siècle par les éminents orientalistes occidentaux qui l'ont occulté en déposant sur les étagères des musées moult objets délicats et sophistiqués. Il aura fallu l'envahissement de la bande dessinée japonaise pour comprendre que le Japon est un étonnant paradoxe.

Comme tous les gens de mon âge, mon enfance a été bercée par les grands noms de la bande dessinée belge et française. Nous habitions à l'étranger et recevions à la maison plusieurs hebdomadaires, *Tintin*, *Spirou* et plus tard *Pilote*, souscrits au nom de mon père. Il exigeait de les lire en premier. Oumpah-Pah le Peau-Rouge et son ami Hubert de la Pâte Feuilletée, le lieutenant Tanguy et son compère Laverdure, Lucky Luke, les Schtroumpfs, le Marsupilami et bien sûr Astérix furent les compagnons constants de mes rêves d'aventures.

Peu après mon arrivée au Japon, je me pris d'intérêt pour une série décrivant affectueusement la vie quotidienne d'une banale famille japonaise centrée autour d'une jeune mère au foyer, *Sazae-san*, réalisée par Hasegawa Machiko (1920-1992), une des toutes premières femmes *mangakas* du pays.

Les courtes histoires racontées sous le bref format *yonkoma* de quatre cases verticales publiées dans le quotidien

Asahi shimbun entre 1949 et 1974, compilées dans des albums brochés de petite taille qu'on pouvait glisser dans la poche d'une veste, offraient au jeune homme assoiffé d'ethnologie que j'étais une formidable étude sociologique de l'évolution de la société japonaise après la guerre. *Sazae-san* représentait pour moi une sorte de « Joyeux tropiques » croqués d'un coup de crayon volontairement naïf avec humour, tendresse et dérision.

L'héroïne qui a donné son nom au *manga* est une jeune femme au foyer de 27 ans mariée à un *salaryman* lambda de 32 ans, Masuo. Elle est entièrement dévouée au bien-être de sa famille. Elle est enjouée et de commerce agréable bien que parfois soupe au lait, mais elle a un côté un peu garçon manqué qui détonne. Elle est progressiste, n'hésitant pas à tancer son mari quand il rentre ivre. C'est elle qui porte la culotte dans le ménage, ce dont Masuo s'accorde fort bien au grand dam du voisinage, plus traditionaliste. Elle va progressivement devenir une féministe activiste, participant au mouvement de libération de la femme de son quartier, mais sera souvent victime de situations cocasses par la faute de son engagement en porte-à-faux avec la mentalité environnante. Au travers de sa personnalité, c'est le Japon traditionaliste qui entre en collision avec la modernisation et l'occidentalisation à marche forcée.

Sous le toit de la famille Fuguta vivent trois générations : les parents de Sazae, son jeune frère de 11 ans Katsuo, sa sœur de 9 ans Wakame et le fils du couple, âgé de 3 ans, Tarao. Il y a également l'ancêtre *samouraï* de l'ère Meiji, Isono Mokuzu Minamoto no Sutamina, dont le fantôme rend visite aux hommes de la famille au moment de la fête des Morts *Obon*. Sans oublier le chat Tama, qui déteste les souris.

Ce petit monde vit en douce harmonie dans un quartier populaire typique de la banlieue de Tokyo, où les voisins se connaissent et s'entraident si nécessaire, n'hésitant pas à faire appel lorsque les situations se compliquent au débonnaire gardien de la paix du *koban*, le poste de police du quartier. Les querelles ne sont cependant jamais graves, les accidents domestiques ne portent pas à conséquence. Même les voleurs qui se déchaussent avant d'entrer pour commettre leur larcin sont touchants.

La lecture des albums dans l'ordre chronologique permet de découvrir les préoccupations d'une famille japonaise typique, depuis les difficultés d'approvisionnement immédiatement après la guerre jusqu'à l'arrivée vers la fin des années 1960 de la modernisation dans les foyers avec « les trois C » : *car*, la voiture ; *cooler*, l'air conditionné auquel chacun préfère les éventails en papiers promotionnels distribués dans la rue commerçante du quartier ; et *color*, la télévision en couleurs.

En 1969 débuta sur la chaîne Fuji TV un programme passant le dimanche soir, entre 18 h 30 et 19 heures, trois sketchs de *Sazae-san*. À cette date, il continue à être diffusé, faisant de lui le programme de films d'animation télévisée à la plus grande longévité au monde, avec plus de dix mille épisodes. Chaque dimanche soir, durant dix ans, comme des millions de familles japonaises, avec mes quatre enfants aînés nous regardions religieusement cette émission tout en grignotant des galettes de riz *sembei*, blottis autour du *kotatsu*, cette table basse recouverte d'une couverture posée au-dessus d'un trou dans lequel on enfile les jambes. C'était un rituel que nous n'aurions pour rien au monde manqué.

La clef du succès rémanent de *Sazae-san* tient sans doute au fait que chaque famille y retrouve la nostalgie d'un environnement en train de disparaître, regrettant peut-être une époque moins matérialiste, plus solidaire, plus chaleureuse et animée, quand trois générations vivaient sous le même toit.

Notre possédons toujours l'intégrale des soixante-huit albums originaux de *Sazae-san* et ceux d'*Ijiwaru bāsan*, une grand-mère acariâtre toujours prête à jouer des mauvais tours à son entourage, série également créée par Hasegawa Machiko. Cette collection est en bonne place dans la bibliothèque au côté des œuvres de Tolstoï, de Tanizaki, de Victor Hugo ou de Balzac. Après tout, ne dépeint-elle pas avec une belle lucidité la société de son temps, ses mœurs, ses tics et ses travers ?

C'est grâce à mes enfants que j'ai découvert le monde de l'animation de Miyazaki Hayao et son Studio Ghibli. Les cassettes vidéo que je leur ramenais à la sortie de chacun des films du studio déclenchaient un enthousiasme difficile à canaliser. Grand comme petits, nous abandonnions au grand dam de mon épouse tout ce qui était en cours pour visionner la nouvelle production !

Nausicaä de la vallée du vent, le seul *manga* que l'artiste ait dessiné et qu'il mit douze ans à réaliser, fut d'abord un grand succès d'édition publié entre 1982 et 1994 dans la revue *Animage Monthly*. Cette histoire devint le premier long métrage du réalisateur deux ans après que les planches furent sorties. Conte post-apocalyptique de sensibilité écologique avant l'heure, il met en scène une petite communauté qui survit dans une vallée entre une forêt mortifère et l'agression d'un empire voisin. Ce film pose les fondations des éléments chers à son géniteur, que l'on retrouvera par la suite tout au long de son œuvre :

— Des univers bouleversés par des puissances dépassant l'entendement, reflet du traumatisme de cette génération d'artistes japonais obnubilés par la déflagration atomique.

— La dénonciation de la violence et de la bêtise humaine, mais la possibilité de la rédemption vers un monde meilleur grâce aux actions des protagonistes.

— La présence envahissante mais bienfaitrice de la nature, toujours salvatrice, souvent apaisante.

— L'enfance, sa curiosité qui favorise son éveil, son regard clair qui se pose sur les incohérences des adultes. Les héros des films de Miyazaki sont très souvent des enfants ou des adolescents qui découvrent le monde avec enthousiasme et en sont fréquemment les sauveurs.

— Un féminisme appuyé, avec une place prépondérante donnée aux femmes, lesquelles, petites filles, adultes ou âgées, sont la plupart du temps les personnages centraux des histoires de Miyazaki, sincèrement convaincu que les sociétés valorisant les femmes réussissent mieux.

— La présence de machines extraordinaires, complexes et magnifiques, mélange de technologies sophistiquées et de bricolages approximatifs, qui exaltent le génie humain. Les engins volants les plus extravagants sillonnent les airs, tel cet improbable avion à réaction baptisé Möwe chevauché par la princesse Nausicaä, que mon ami le professeur Hachiya Kazuhiko de l'université des arts de Tokyo (Geidai[1]) s'est mis en tête de construire et dont il a fait voler le prototype *OpenSky M-02* à plusieurs reprises dans le ciel japonais !

Ce premier film est suivi en 1986 du *Château dans le ciel*, histoire de deux enfants, une jeune fille et un garçon, qui partent à la recherche d'une île légendaire flottant dans l'univers galactique, Laputa. Dans ce nouvel opus, Miyazaki fait la critique de l'incapacité de l'être humain

1. Geidai (芸大) est l'abréviation de Tokyo Geijutsu Daigaku (東京藝術大学).

à utiliser sagement la technologie. Les machines sont paradoxales, elles sont archaïques mais réalisent des performances irréalistes. Ce film est probablement celui où l'imagination de l'auteur s'épanouit avec le plus de vitalité. Il ne sortira en France qu'en 2003.

Mon voisin Totoro, paru en 1988, mêle à des personnages réels des êtres imaginaires dont Totoro, créature bienveillante de la taille d'un ours qui deviendra le symbole du Studio Ghibli, ou encore le chat-bus tout droit venu d'une vieille croyance japonaise attribuant à un fantôme de l'apparence d'un vieux chat, le *bakeneko*, le pouvoir de changer de forme à sa guise. Miyazaki introduit un élément autobiographique dans cette histoire : la mère des enfants, hospitalisée, est tuberculeuse comme la sienne le fut. Le film est une apologie du monde innocent de l'enfance et de la découverte de la vie à la campagne.

Il est tentant de décrire l'ensemble des chefs-d'œuvre de Miyazaki, car tous offrent un univers magique débordant de créativité dans lequel chacun identifie ses coups de cœur. Je suis, par exemple, fasciné par la souplesse et la sensualité innocente des mouvements de l'ample jupe de Kiki la petite sorcière quand elle vole. L'artiste aurait été inspiré en restant une journée entière assis sur un banc de quai de gare à observer les effets du vent sur les robes ou les jupes des passantes.

Je me contenterai pour clore le chapitre « Miyazaki » de citer *Princesse Mononoké*, film d'action de 1997 se déroulant dans le Japon médiéval, qui consacre le réalisateur sur la scène internationale, et bien évidemment *Le Voyage de Chihiro*, sorti en 2001, le plus grand succès de l'histoire du cinéma japonais avec 23 millions d'entrées et considéré comme un des meilleurs films des années 2000, qui a remporté l'Oscar du meilleur film d'animation et, pour la première fois avec un dessin animé, l'Ours d'or du meilleur film en 2002.

Miyazaki annonce régulièrement son départ, mais pour le bonheur de son public il l'a jusqu'à présent repoussé, travaillant depuis 2016 à un nouveau film dont trente-six minutes seraient achevées. Au rythme d'une minute par mois, douze par an, cela signifie que ce nouveau long métrage ne sortira au mieux qu'en 2023, voire 2024. Cette lenteur s'explique par la méticulosité du travail réalisé par l'artiste, qui s'implique dans le moindre détail et ne fait appel aux techniques numériques 3D qu'avec parcimonie, privilégiant l'animation 2D traditionnelle réalisée à la main avec pinceaux, peinture et encre. Un authentique travail d'orfèvre.

Miyazaki Hayao est le Trésor vivant des films d'animation !

C'est encore avec mes enfants que je suis devenu un inconditionnel du petit chat-robot Doraemon, qui porte au cou un collier rouge avec un grelot. Pour rien au monde nous n'aurions manqué les nombreux épisodes télévisés. Je n'étais jamais le dernier à faire la queue devant la librairie quand un nouveau *tankōbon* de la série paraissait.

Doraemon est venu du XXIe siècle afin de venir en aide à un jeune garçon du nom de Nobita Nobi. Ce dernier est assez empoté. Il est le souffre-douleur de ses camarades et a des résultats scolaires déplorables. Doraemon a été envoyé à ses côtés par son futur arrière-petit-fils qui espère qu'il pourra rendre son arrière-grand-père plus intelligent, ce qui en retour améliorera sa propre vie.

Le chat est bleu avec un visage blanc et un nez rouge surmonté de deux yeux ovales. Il n'a pas d'oreilles mais six moustaches. Ses mensurations tournent autour d'un nombre d'or, dont on ne connaît pas la provenance, imaginé par ses géniteurs : 129,3. Les circonférences de sa tête, de son torse et de sa taille sont de 129,3 centimètres, son poids de 129,3 kilos, sa puissance de 129,3 chevaux fiscaux ; il fait des bonds de 1,293 mètre et, quand une souris dont il a une peur bleue l'approche, il fuit à 129,3 kilomètres par heure.

Il possède une poche ventrale quadridimensionnelle d'où il sort une quantité inimaginable de gadgets qui améliorent la vie, tels le couvre-chef « Take Copter » qui permet à la personne s'en coiffant de voler, une porte rose « Doko demo Door » offrant la possibilité à la personne qui l'ouvre de voyager où elle veut, un mouchoir « Time Kerchief » qui rajeunit ou vieillit objets et êtres humains, un *translator tool* dont le nom suffit à deviner l'usage, une *designer camera* qui confectionne des vêtements et bien d'autres outils loufoques et merveilleux. Les sondages successifs menés année après année auprès de la vaste audience du *manga* et de son dessin animé télévisé donnent invariablement les résultats suivants :

Numéro 1 = « Doko demo Door » ;
Numéro 2 = « Time Kerchief » ;
Numéro 3 = « Take Copter » ;

Numéro 4 = « Moshi mo Box », sorte de cabine téléphonique qui réalise les vœux qu'on exprime quand on y entre ;

Numéro 5 = « Anki Pan », un pain qui inscrit dans la mémoire de celui qui le mange ce qui est écrit dessus, ce qui est bien pratique pour aider le cancre Nobita à améliorer les notes de ses examens !

Doraemon passe ainsi son temps à tenter d'aider le garçonnet en l'autorisant à utiliser ces accessoires, mais le résultat va toujours dans le sens opposé et les catastrophes qui s'ensuivent sont exponentielles.

Parodiant *Doraemon*, je rapportais de temps en temps aux enfants des objets abracadabrants et parfaitement inutiles que je glanais sur mon chemin, en prétendant qu'ils sortaient de mon attaché-case quadridimensionnel. Cette inoffensive supercherie n'a évidemment pas duré très longtemps !

Doraemon est signé Fujiko F. Fujio, en fait un duo de *mangakas*, Fujimoto Hiroshi et Abiko Motoo. Ces deux artistes avaient déjà produit ensemble en 1964 un *manga* très réussi, *Obake no Q-Tarõ*. *Doraemon*, né en 1969, a été immédiatement publié dans six magazines pour enfants depuis le jardin d'enfants jusqu'aux écoliers de CM2. En effet, les aventures du garçonnet Nobita et du chat-robot ont une portée éducative déclarée : leur message subliminal aux enfants est qu'il ne faut jamais céder à la facilité apparente, qu'il n'existe pas de miracle et que la meilleure manière de réussir sa vie est de ne compter que sur soi sans craindre les échecs qui ne peuvent être que formateurs.

De nos jours, *Doraemon* poursuit sa carrière sous forme de films, de séries télévisées et d'objets franchisés avec un total de près de mille cinq cents histoires originales. Le petit chat bleu a vendu plus de 100 millions de copies et généré des revenus dépassant, rien qu'en produits dérivés, plus de 6 milliards de dollars.

Anpanman fit une entrée fracassante dans l'univers de mes enfants dès leur entrée au jardin d'enfants. Son audience touche les tout petits enfants de 1 à 5 ou 6 ans mais il reste cher au cœur des adolescents et des adultes.

Anpanman est un super-héros vêtu d'un uniforme rouge, à la poitrine décorée d'un gros smiley et équipé d'une cape qui lui permet de voler au secours des personnes dans le besoin. Mais sa véritable particularité reste sa tête, constituée d'un petit pain *anpan*, confiserie japonaise traditionnelle fourrée à la pâte de haricots rouges sucrée *anko*. Pour venir en aide aux personnes affamées qu'il croise au cours de ses aventures, il leur offre un morceau de son visage à manger. Cela l'affaiblit au point qu'il lui arrive de ne plus pouvoir voler.

Il est entouré d'une pléiade d'amis qui tous possèdent une tête comestible, comme Currypanman, une autre gourmandise dont raffolent les Japonais, un pain fourré au curry ; Braedheadman, à la tête en forme de toast ; Melonpanna, version féminine de ces pains au goût de melon qu'on achète dans les *konbinis* pour apaiser une petite faim ; ou encore Creampanda. Bien entendu, il y a aussi des méchants, le plus dangereux étant Baikinman, « Bactérie man », et sa complice Dokin-chan, onomatopée pour imager le battement du cœur. Enfin, tout ce petit monde ne pourrait exister – ni Anpanaman survivre à force d'offrir sa tête à manger au premier venu – sans Uncle Jam, un charmant vieillard aux tempes et à la moustache grises coiffé d'une toque. C'est le maître pâtissier qui a créé le petit personnage volant et lui redonne une tête toute neuve dès que nécessaire.

Créé en 1973, le *manga* est devenu un dessin animé en 1988, *Soreike! Anpanman*. Il continue à passer sur la chaîne Nippon TV avec des indices d'audience défiant toute concurrence (15,4 % le 25 décembre 1989, par exemple). Cette bande dessinée est signalée au *Livre Guinness des records* comme ayant le plus grand nombre de personnages. Ils dépasseraient à cette date les deux mille trois cents. La série est bien évidemment déclinée en une kyrielle d'objets qui génèrent un chiffre d'affaires annuel dépassant 950 millions d'euros. Plusieurs musées lui sont dédiés, dont celui de Yokohama ouvert en 2007 qui accueille entre 700 000 et 800 000 visiteurs par an.

Quand bien même on aurait quitté le jardin d'enfants depuis des lustres, on ne peut éviter de croiser Anpanman.

Il existe dans le monde d'autres personnages « comestibles » tels que le Gingerbread Man du conte de fées américain éponyme, un petit bonhomme qui prend vie pour échapper à son destin mais finit par être dévoré par un renard. Anpanman, lui, s'offre aux autres. Ce sacrifice de soi pour le bien commun est typiquement japonais.

Le succès de ce *manga* s'explique par le fait que son concepteur, Yanase Takashi (1919-2013), a toujours traité les enfants avec grand respect. L'artiste s'étonnait de la popularité de ses personnages. Au début, les adultes estimaient que c'était cruel de montrer aux enfants un héros dont les gens mangeaient la tête. Ils ne comprenaient pas l'intérêt de cette fable. Puis ils finirent par réaliser le message altruiste que faisait passer Anpanman.

Le critique de cinéma américain Mark Schilling pense que le personnage s'adresse à un instinct primal : « Anpanman fait appel à quelque chose d'essentiel pour les plus jeunes enfants : la nourriture. » D'autres chercheurs subodorent qu'il touche un élément latent dans le cerveau des bambins. Le fabricant de jouets Bandai, qui a développé tout un ensemble de jouets autour du concept, insiste sur le fait qu'ils l'ont été sur la base de très sérieuses études de neurologues.

Nous laisserons aux intellectuels le soin de débattre des pulsions qui animent les enfants quand ils regardent ou lisent *Anpanman*. Ceux d'entre nous que ces pulsions ont depuis bien longtemps abandonnés mais qui ont gardé un cœur pur savent bien que c'est tout simplement la générosité du petit bonhomme à tête d'*anpan* qui retenait toutes leurs attentions !

Au hit-parade mondial des *mangas* se situe la série *One Piece*, qui met en scène le jeune pirate Monkey D. Luffy et son équipage, les Straw Hat Pirates, partis à la chasse au trésor. Ce *manga* de l'artiste Oda Eiichirõ (né en 1975), dont quatre-vingt-dix-sept volumes *tankôbon* sont sortis à ce jour, s'est vendu à plus de 470 millions d'unités depuis 1997. Les revenus de la franchise dépasseraient les 20 milliards de dollars. C'est encore la société Shûeisha qui a déniché ce nouveau talent.

Je me suis intéressé à *One Piece* quand un de mes amis qui travaille chez cet éditeur a offert les soixante premiers volumes à mon dernier fils, à l'époque âgé de 6 ans. Depuis, alors qu'il est entré à l'université, il a acheté les trente-sept suivants parus à ce jour. Bien entendu, il a vu la plupart des quatorze films d'animation produits par la Toei et des treize séries spéciales pour la télévision.

L'univers d'Oda est truculent, burlesque et bariolé au sens propre comme au figuré. Il déborde d'un humour potache débridé. Les personnages, à commencer par le héros, sont surexcités, en permanence shootés. Ils braillent à gorge déployée, gesticulent à grands moulinets de bras et de jambes. Les garçons ont des cheveux colorés en vert ou en blond filasse ; ils portent des vêtements de rock star, ont le poitrail barré de chaînes, sont coiffés de chapeaux de paille crevés ou de bobs informes ; les filles en bikinis affriolants ont des formes généreuses que les starlettes de la Croisette pourraient leur envier. Elles sont cartographe, historienne, météorologue, et toutes plus futées que les garçons ; l'équipage est un ramassis de voleurs compulsifs, de fieffés menteurs, d'archéologues assassins, de musiciens ressuscités sous la forme de squelettes ambulants ; ils croisent d'autres pirates aussi hauts en couleur, des chasseurs de primes, des révolutionnaires, des espions. Ces joyeux lurons sont poursuivis par un gouvernement mondial doté d'une puissante marine qui se faufile dans ce gigantesque lupanar pour tenter tant bien que mal de faire régner un ordre précaire ; on y déguste des « *devil fruits* » qui donnent des pouvoirs surnaturels mais tuent si on en abuse. Monkey D. Luffy en a mangé un, lorsqu'il était enfant, qui confère à son corps les propriétés du caoutchouc, lui permettant d'étirer ses membres comme des élastiques ; certains animaux ont des fonctions utilitaires, comme cet escargot transpondeur muni d'un réseau de communication et d'une caméra, ou encore ces coquillages qui vivent dans le ciel, dans lesquels on peut stocker les énergies cinétiques, vent, sons, images, chaleur.

Cette humanité foutraque évolue sur une planète occupée en majorité par deux vastes océans séparés par un seul continent, le Red Line. Le temps et les courants sont capricieux, les champs magnétiques déjantés.

Le dessin d'Oda déborde d'énergie. Il est joyeux, pétulant. On y sent l'air du grand large, les embruns, l'écume des vagues, le sel dans le vent. Le graphisme est minutieux, fouillé, foisonne de détails. Le spectre des couleurs est large. Elles sont toujours chatoyantes, gorgées de lumière. On est bien sous ces tropiques à la faune luxuriante, aux ciels lumineux.

Il suffit de regarder une seule planche de *One Piece* pour retrouver du tonus !

Avant de plonger dans *One Piece*, notre fils avait déjà fait une première incursion dans le monde de la bande dessinée par le biais d'une autre série désopilante appelée *Kaiketsu Zorori*, destinée aux enfants en âge d'aller à l'école primaire. Comme il était dans une école internationale, il avait des faiblesses à l'écrit bien qu'il parlât couramment japonais, et mon épouse estima que la lecture de cette bande dessinée l'aiderait à garder le contact avec l'écriture japonaise, si complexe. Ses espoirs furent couronnés de succès au-delà de ses attentes mais pas tout à fait de ses espoirs : c'est dans l'apprentissage d'un vocabulaire pas très orthodoxe, de contrepèteries et de jeux de mots douteux en japonais que notre garçon fit les progrès les plus fulgurants !

L'action se situe dans un monde parallèle au nôtre, peuplé d'animaux anthropomorphes. Zorori est un renard masqué scélérat portant un canotier de velours noir gansé de rouge d'où surgissent ses oreilles en pointe. Il est vêtu d'une sorte de combinaison de Superman et d'une cape noire et rouge. Il est accompagné de deux acolytes peu reluisants, des sangliers apprentis bandits appelés Ishishi et Noshishi. On suit les tribulations de ces personnages picaresques au fil de leurs innombrables voyages.

Ces trois individus parlent dans des bulles. Les dialogues sont en majorité transcrits au moyen des alphabets *hiragana* et *katakana* et utilisent fort peu d'idéogrammes, afin de rendre leur compréhension plus simple aux enfants et de leur permettre de les lire sans aide extérieure. Bien que cette bande dessinée soit classée dans le genre des livres pour enfants *kodomo manga*, elle est envahie de flatulences, de rots, d'éructations, de gestes équivoques et de calembours jubilatoires. Ceux-ci ne sont pas toujours très subtils, comme cette affiche parodiant celle du film *Autant en emporte le vent* où le visage de Clark Gable est remplacé par celui de Carlos Ghosn[1] et dont le titre devient *Ghosn With the Wind* après l'évasion rocambolesque de l'ancien P-DG de Renault-Nissan.

La série a débuté en 1987 et sort au rythme de deux parutions par an. Elle en est, à l'heure où j'écris cette occurrence, à soixante-sept volumes. Elle est publiée par la société Poplar Publishing, spécialisée à l'origine dans les livres pour enfants. J'avais approché en 2005 le P-DG de l'époque, Sakai Hiroyuki, pour lui soumettre un *manga* que ma fille cadette, alors âgée de 15 ans et qui a depuis fait les Beaux-Arts, avait dessiné. Il trouva attachant le personnage qu'elle avait imaginé, un petit dragon malheureux d'être rejeté par la société parce qu'il ne pouvait parler qu'en crachant des flammes. J'ai un jour demandé au président Sakai s'il serait possible d'organiser une rencontre entre Hara Yutaka, le créateur de *Kaiketsu Zorori*, et notre fils. Aussitôt dit, aussitôt fait,

1. Voir l'entrée « Ghosn, Carlos ».

nous fûmes invités à passer un après-midi au siège de Poplar.

Il arrive qu'un mimétisme se crée entre un animal de compagnie et son maître. Dans le cas de Hara *sensei*, c'est l'inverse qui s'est produit ! Il ressemble à sa création, Zorori ! La bouille ronde sous une coupe de cheveux drus coupés à la diable, chaussé de grosses lunettes en écaille, c'est un lutin souriant au regard malicieux, facétieux, toujours en mouvement, qui refuse de se prendre au sérieux. Né en 1953, il a le même âge que moi. On dirait pourtant un enfant qui a refusé d'endosser l'austère costume des adultes. Notre fils et lui se sont immédiatement entendus à merveille. Boutades, saillies et pitreries ont jailli des deux côtés de la table de réunion pendant deux longues heures.

C'est grâce à Muriel Barbery, l'auteur du délicat roman *L'Élégance du hérisson*, que j'ai découvert sur le tard l'artiste adulé en France Taniguchi Jirõ (1947-2017), tout premier *mangaka* primé au Festival d'Angoulême, en 2003. Taniguchi était à l'époque moins célèbre au Japon. Il n'y fut véritablement reconnu qu'en 2012 avec une adaptation télévisée de son *Gourmet solitaire*, une ode au plaisir simple de manger, de préférence seul afin d'apprécier en toute plénitude les saveurs des mets.

Muriel effectuait son tout premier voyage au Japon. Elle vint passer une nuit en notre demeure de Kamakura. Quand elle cita parmi ses influences majeures Taniguchi Jirõ, je dus avouer à ma grande honte mon ignorance.

Rentrée en France, elle m'envoya la version française des deux tomes de l'album *Quartier lointain*, paru aux éditions Casterman. Cette histoire s'inscrit dans la tradition du genre *gekiga* « dramatique » florissant à partir des années 1970, qui s'adresse à un public adulte et dépeint des situations réalistes dans des mondes familiers. Il s'agit ici de l'errance d'un homme dans la force de l'âge qui se trompe de train pour rentrer chez lui et se retrouve dans la ville de son enfance, retour qui le projette à l'époque de son adolescence.

Au travers de toute son œuvre, Taniguchi emporte le lecteur dans un univers qui ressemble à celui du cinéaste Ozu Yasujirõ[1], dont il avoue l'influence sur son propre travail. En parlant de deux des chefs-d'œuvre du réalisateur, *Voyage à Tokyo* et *Printemps tardif*, il dit qu'il « aime l'universalité et l'intemporalité de ses histoires et la simplicité avec laquelle il les raconte ». Il reconnaît qu'il « y pense à chaque fois [qu'il] dessine un *manga* ».

L'œuvre de Taniguchi est imprégnée de la philosophie bouddhiste du non-agir, d'une sagesse mélancolique faite de petites touches de bonheur venues de menus plaisirs savourés avec modestie et dans la frugalité. On retrouve cette esthétique proche du *wabi-sabi* dans tout son travail, que ce soit dans son *manga* historique *Au temps de Botchan*, qui se situe à l'ère Meiji et s'adresse à un public sophistiqué féru de littérature et d'histoire, ou ceux tournés vers la vie quotidienne, les relations entre êtres humains ou avec les animaux tels que *L'Homme qui marche*, *Terre de rêves*, *Le Journal de mon père* ou encore l'album sur l'alpinisme *Le Sommet des dieux*.

L'engouement pour Taniguchi en France vient sans doute du fait qu'il est le moins japonais des *mangakas* par son style empreint de retenue. Le dessin va à l'essentiel sans fioritures, il est sobre, en noir et blanc, discipliné, dans son « gaufrier » de simples cases carrées ou rectangulaires sur quatre rangées, loin des effets déroutants chargés de graphismes brutaux et l'apparence chaotique des planches du *manga* plus traditionnel. Ses héros sont taiseux. Ils traversent le monde sans se presser, avec une lenteur apaisante. Tout cela nous rappelle la structure de nos bandes

1. Voir l'entrée « Ozu Yasujirõ ».

dessinées occidentales. L'économiste spécialiste du Japon Jean-Marie Bouissou, dans son excellent ouvrage sur les *mangas*[1], décrit ainsi cet univers qui nous émeut tant :

> « Il sait comme personne faire de la sagesse et de l'art avec du rien, ou presque : le vagabondage, nez au vent et esprit léger, d'un homme qui se promène dans son quartier, l'affection d'un couple pour son vieux chien, les souvenirs d'un commercial qui déjeune dans de petits restaurants de rencontre et s'émerveille d'un bol de *rãmens*. »

Ces petits « riens » sont universels, ils touchent le cœur de l'être humain, qu'il soit japonais, français ou d'ailleurs.

Parmi les *mangakas* qui marquent leur époque dans leur pays mais sont encore peu connus en France, il convient de citer Urasawa Naoki (né en 1960), qui place au cœur de ses histoires, *Monster* ou *20th Century Boys* par exemple, des adolescents confrontés au mal, à la violence et à la solitude, modèle qu'on croise, hélas, trop souvent au Japon quand l'*ijime*[2] dérape en tragédie gore.

Il faudrait aussi mentionner Ito Junji (né en 1963) et ses *mangas* d'horreur qui, loin des poncifs du genre qui foisonnent de monstres, de meurtres et de lycéens psychopathes, partent d'idées simples méthodiquement perverties et inverties, entraînant le lecteur dans de terrifiantes paraboles sur les limites de l'être humain. Ses *Uzumaki*, *Long Dream* ou *Gyo* sont des modèles du genre.

Je m'en voudrais d'oublier Hosoda Mamoru (né en 1967), successeur des maîtres du genre animé Miyazaki Hayao et son complice Takahata Isao, proche de

---

1. *Manga : Histoire et univers de la bande dessinée japonaise*, Éd. Philippe Picquier, 2010.
2. Voir l'entrée « *Ijime* ».

la sensibilité du réalisateur de films « réels » Kore-eda Hirokazu par la délicatesse des sujets qu'il traite dans un monde familier pourtant traversé d'univers parallèles, de failles spatio-temporelles et de passages entre la vie quotidienne et le surnaturel. Parmi ses nombreux longs métrages, *La Traversée du temps*, *Les Enfants loups*, *Ame et Yuki*, j'ai une tendresse particulière pour *Miraï, ma petite sœur*, histoire d'un petit garçon que la naissance de sa petite sœur bouleverse. Sans doute y retrouvai-je mes propres pulsions ressenties à la naissance de ma sœur cadette, enfouies au plus profond de mon subconscient depuis plus de soixante ans !

Si la plupart des auteurs des *mangas* que j'ai cités sont des hommes, la place que tiennent au Japon les femmes dans cette discipline est loin d'être anecdotique. Pour une Claire Bretécher ou une Chantal Montellier, il y a une pléiade de femmes *mangakas* dont la réussite n'a rien à envier à celle de leurs homologues masculins.

La plus étonnante à mon avis est Ikeda Riyoko (née en 1947) pour son parcours éclectique. Diplômée en philosophie et membre de la Ligue de la jeunesse démocratique du Japon, la branche étudiante du Parti communiste japonais, elle doit abandonner ses études, sa famille n'approuvant pas ses orientations. Comme elle a un bon coup de crayon, elle se lance dans la bande dessinée en 1967 et se fait connaître avec *La Rose de Versailles*, qui rencontre un succès fulgurant. Ikeda bouscule, avec cette romance sur fond historique inspirée de la biographie de Marie-Antoinette par Stefan Zweig, les codes des *shōjo mangas*, les bandes dessinées pour jeunes filles.

Si « la Rose de Versailles » est effectivement la reine, décrite comme frivole, exubérante et fofolle, en réalité le héros principal est Oscar François de Jarjayes, capitaine de la garde royale, en fait une femme élevée à l'art du combat par son père et habillée en homme. Elle a cependant un cœur de midinette. Ikeda fait d'Oscar un personnage complexe, tiraillé entre son affection pour la reine et la souffrance du peuple qu'elle/il souhaite défendre et son désir de trouver un homme qui la/le considérerait comme son égal et respecterait sa dualité.

Le *manga* permet à sa créatrice d'exprimer ses idées progressistes et prend ainsi une dimension politique, sociale, voire sexuelle, orientation surprenante et inattendue dans le cadre des *shōjo mangas* au contenu habituellement plutôt fleur bleue. Les lectrices plébisciteront immédiatement Oscar et seront furieuses quand Ikeda la/le fera mourir lors de la prise de la Bastille au service de laquelle elle/il s'est mise/mis. Elle sera obligée de mettre un point final quelque peu précipité et sanglant à son *manga* avec l'exécution de Marie-Antoinette, devenue entre-temps grave et courageuse, et celle de son amant présumé Axel de Fersen un peu plus tard. L'éditeur Shûeisha sera inondé de lettres de protestation de lectrices exigeant de ressusciter Oscar.

L'ambiguïté du travesti Oscar, l'ambiance vestimentaire rococo et le romantisme teinté de tragique de *La Rose* (« *Beru bara* », contraction de *Versailles no bara*) séduiront la troupe Takarazuka[1], qui y retrouvera tous les codes de son esthétique. *Beru bara*, dont les premières représentations eurent lieu en 1974 immédiatement après la fin du *manga*, est toujours joué depuis à guichets fermés.

Pour la petite histoire, Ikeda Riyoko change radicalement d'orientation en 1995, à l'âge de 48 ans. Elle entre au prestigieux conservatoire Tokyo Ondai et devient une cantatrice reconnue. Elle continue pourtant sporadiquement à réaliser des *mangas*, comme entre 2013 et 2018

1. Voir l'entrée « Takarazuka Kagekidan ».

lorsque, sur la demande de son éditeur, elle réalise de nouveaux chapitres de *Beru bara*, que la fin brutale de l'histoire l'avait empêchée d'écrire.

Plus jeune qu'Ikeda Riyoko de vingt ans, Yamazaki Mari est chère à mon cœur de latiniste contrarié. En effet, son *manga Thermae Romae* est une histoire de science-fiction humoristique qui projette un architecte de la Rome antique spécialisé dans la construction de thermes dans le Japon moderne, où il va visiter divers bains publics et *onsen* (on voyage décidément beaucoup dans le temps dans les *mangas* japonais). De ses multiples allers-retours entre les deux pays et les deux époques, il ramène plusieurs innovations qui bouleversent les habitudes des Romains de l'époque comme celles des Japonais d'aujourd'hui.

Reprenant la recette qui lui a si bien réussi, Yamazaki a depuis réalisé une nouvelle bande dessinée, *Olympia Kyklos*, dans laquelle un peintre sur vases, Demetrios, effectue des voyages dans le temps entre la Grèce antique et le Japon au moment des Jeux olympiques de 1964. Ce nouvel opus est promis à un succès similaire alors que le Japon a réalisé les Jeux olympiques de 2020 repoussés d'un an pour cause de Covid-19.

Rendre justice aux femmes *mangakas* demanderait de citer bien d'autres artistes qui ont marqué de leur style les *mangas*, comme Takemiya Keiko, pionnière du genre *shojō* pour les filles avec des thèmes nouveaux tels que le *shōnen-ai* (« les amours entre garçons »), l'introduction de la science-fiction ou les thèmes historiques, par exemple sa série *La Tombe du pharaon* entre 1974 et 1976 ou ses *Histoires d'Andromède* entre 1980 et 1982. Elle a par ailleurs inventé une méthode de reproduction et de conservation digitale des manuscrits et dessins.

« Les Fleurs de l'an 24 », terme inventé par un journaliste pour désigner un groupe informel de jeunes dessinatrices nées autour de l'an 24 de l'ère Shōwa (1949), vont bousculer les codes des *mangas* pour jeunes filles et ouvrir la voie à la génération suivante, qui mettra de la dynamite dans les histoires à l'eau de rose, jusqu'à s'immiscer dans l'univers de la pornographie. Une multitude de turpitudes, sexe, drogue, prostitution, pédophilie, viols, prostitution, amours saphiques va enchanter les jeunes lectrices des années 1970 soudainement libres de profiter de la vie, avant de se ranger avec un *omiai*[1] dans une vie de sage épouse et de mère attentionnée.

J'avouerai un sérieux faible pour trois *mangakas* pour une raison semblable, bien qu'ayant « sévi » à trente ans d'écart.

— Sakurazawa Erica, née en 1963, créa en 1991 un *manga* pour adultes, *Love so Special*, dans lequel son héroïne, un joli mannequin du nom de Nanako, tombe amoureuse d'un beau garçon dont elle découvre qu'il est homosexuel. Pour le séduire, elle va lui acheter un parfum pour hommes de la marque dont elle-même est grande consommatrice, *Égoïste* de Chanel. J'étais à l'époque responsable de la division Parfums/Beauté de la grande maison de luxe et nous venions de lancer *Égoïste* à grand fracas. Je vis donc à l'époque comme un hommage à notre travail le fait que Nanako se rende sur un point de vente Chanel pour y acheter ce produit. Le *manga* de Sakurazawa Erica contribua par ailleurs à introduire le mot français *égoïste* dans le vocabulaire japonais.

1. Voir l'entrée « *Omiai* ».

— En 2016, deux *mangakas* de la nouvelle génération, Shirai Kaiu et Demizu Posuka, lancent une série appelée *The Promised Neverland*. C'est l'histoire d'orphelins surdoués élevés dans un établissement, Grace Field House, où ils sont choyés mais en fait conditionnés pour être livrés en pâture à d'horribles démons. Le scénario rappelle vaguement le roman *Never Let Me Go* de l'écrivain anglais d'origine japonaise Ishiguro Kazuo[1]. Les deux *mangakas* ont écrit à la fin de 2020 une histoire originale s'inspirant de la vie de Gabrielle « Coco » Chanel, qui, accompagnée d'une exposition des planches de leurs dessins dans l'espace culturel de l'immeuble de Chanel à Ginza, a été publiée sous forme d'un *tankôbon* au printemps 2021 et a rencontré un vif succès.

La bande dessinée japonaise, à ses origines un vaste champ d'exploration politique et sociétale, a évolué avec son époque vers une exploitation sans complexe des tendances et des mouvements de la société, accompagnée d'un marketing agressif par les trois grandes maisons d'édition, Shûeisha, Kōdansha et Shōgakukan, attentives à créer de nouvelles demandes. Ainsi, la bande dessinée s'autorise à toucher à tous les domaines.

Aucun n'y échappe :

— Les sports, couvrant le base-ball, sport national par excellence, avec au lendemain de la guerre *Batto-kun* d'Inoue Kazuo (1914-1949) ou le judo avec *Igaguri-kun* de Fukui Eiichi (1921-1954), et dans la foulée des Jeux olympiques de 1964 le volley-ball, discipline dans laquelle l'équipe féminine japonaise a excellé en gagnant la médaille d'or, avec *V is the Sign* de Mochizuki Akira. Plus tard, dans les années 1990, le *manga Slam Dunk* de Inoue Takehiko autour du basket-ball contribuera à populariser ce sport au Japon.

1. Voir l'entrée « Ishiguro Kazuo ».

— La musique est un des thèmes particulièrement populaires de l'univers *manga*, comme *Blue Giant* d'Ishizuka Shinichi, entre 2013 et 2016, qui conte la trajectoire musicale d'un jeune saxophoniste, ou *Mashiro no oto* de Ragawa Marimo, lancé en 2010, qui a pour héros un joueur de *shamisen*, instrument à cordes japonais traditionnel.

— Le vin français (et quelques crus italiens, soyons honnêtes !) est à l'honneur avec *Les Gouttes de Dieu*, une série réalisée par le duo Agi Tadashi et Okimoto Shû. Ce *manga* qui s'est écoulé à plus de 2,5 millions d'exemplaires, publiés entre 2004 et 2014, a été reconnu comme « le meilleur livre du monde sur le vin » lors du Gourmand World Cookbook Awards en 2011, concurrençant Robert Parker sur son propre terrain. Consécration ultime, les quarante-deux tomes en japonais et en français sont consultables à la Cité du Vin de Bordeaux.

— Le *manga* informatif destiné aux salariés adultes a connu un essor considérable dans les années 1980. Pour répondre à la soif de connaissance des Japonais dans les moindres détails sur les sujets les plus saugrenus, il couvre tous les domaines, de la vie en entreprise à celle des femmes au foyer, balaye la politique (*seiji manga*) comme les questions de société (*shakai manga*), la cuisine (*gourmet manga*) ou encore l'économie avec la série publiée à partir de 1986, dans le *Journal économique du Japon* (*Nihon keizai shimbun*), *Les Secrets de l'économie japonaise en bande dessinée*, qui exalte le modèle japonais face au capitalisme néolibéral anglo-saxon tout en enseignant le b.a.-ba des politiques monétaires ou en donnant la définition de termes commerciaux.

— Les sujets d'ordre sexuel, voire la pornographie, sont abordés sans complexes dans les *ero mangas*. Ce sont les dignes héritiers des estampes érotiques *shunga*[1]. Les *mangas*

1. Voir l'entrée « *Shunga* ».

de cette catégorie, qui dégoulinent de sperme et de cyprine, sont lus dans le métro au vu de tous par d'honorables *salarymen* d'âge mûr ou des mères de famille qui viennent de déposer leur enfant au jardin d'enfants. Certains affichent une intention éducative et prétendent offrir une initiation sexuelle aux adolescentes. C'est le cas de *Step up, Love Story* de l'artiste Aki Katsu (né en 1961), l'histoire d'un couple de jeunes mariés de 25 ans qui n'ont jamais eu de relations sexuelles avant de convoler et qui découvrent petit à petit les plaisirs de la chair, jusqu'à pratiquer l'échangisme et son corollaire l'adultère. Le *manga* foisonne d'informations telles que la taille moyenne du pénis des Japonais (12,7 centimètres), comment éviter l'éjaculation prématurée ou les moyens pour se protéger des MST.

C'est cependant dans le genre *ero guro* que l'on croise des pratiques dégradantes ou sadomasochistes, telles que le *shibari* (« ligotage »), à majorité imposées aux femmes mais dont les hommes ne sont pas exclus.

Bien entendu, les autorités ont légiféré en interdisant la représentation des poils pubiens ou des images de pénétration, ce qui a paradoxalement engendré un dommage collatéral avec l'apparition des *lolicon* au sexe glabre, en petite culotte dévoilée par un zéphyr opportun soulevant leurs jupes, dont les aventures frisent la pédopornographie. Ainsi que Jean-Marie Bouissou l'analyse dans son ouvrage[1], l'*ero guro* « mêle l'approche permissive du sexe héritée du *shintô*, la tradition des estampes *shunga* et l'aspect gore du *kabuki* ».

Ou la continuation de la tradition sous d'autres formes…

Je ne peux clore cette occurrence sans citer « le dieu du *Manga* », Tezuka Osamu (1928-1989). *Mangaka* prolifique,

1. *Manga : histoire et univers de la bande dessinée japonaise, op. cit.*

il a inventé de nouvelles techniques, un vocabulaire graphique repris par tous ses successeurs et redéfini la plupart des types de *mangas*. Il est vénéré par tous les acteurs de la bande dessinée japonaise et occidentale. Stakhanoviste de la planche à dessiner, il a réalisé au cours de sa carrière plus de 170 000 pages, 700 œuvres et 70 courts ou longs métrages et téléfilms animés. Traumatisé comme tous les enfants de sa génération, il axera ses histoires autour de quatre thèmes : le respect de la nature, celui de la vie sous toutes ses formes, un profond scepticisme envers la science et la société, et un engagement sincère contre la guerre et pour la paix. Il publie en 1947 un premier *manga*, *La Nouvelle Île au trésor*, qui se vendra à plus de 400 000 exemplaires, un tirage exceptionnel pour l'immédiat après-guerre. Suivront *Black Jack*, ayant pour héros un médecin paria, servant de prétexte pour aborder la valeur de la vie et la nécessité de l'éthique, *Princesse Saphir*, précurseur des *shôjo mangas* avec son chevalier au ruban à l'ambivalence sexuelle, et bien sûr *Astro, le petit robot*, vaillant combattant du mal, du crime et de l'injustice, équipé de fonctionnalités extraordinaires :

— Des réacteurs dans les jambes lui permettant de voler ;

— Un moteur de 100 000 chevaux qui lui donne une force colossale ;

— Un rayon laser que son doigt déclenche ;

— Un bras qui se transforme en un canon laser destructeur ;

— Et des yeux qui projettent des faisceaux aveuglants.

Astro Boy[1], créé en 1952, s'est vendu à plus de 100 millions d'exemplaires. Toute la génération des enfants de l'après-guerre voue un culte absolu à la série, qui a redonné espoir et énergie à un Japon en ruine et affamé.

1. *Astro, le petit robot* en France.

On peut donc sans exagérer affirmer que Tezuka Osamu a été un acteur majeur du renouveau du Japon. Grâce à son impulsion et à la voie qu'il a tracée pour ses nombreux successeurs, la bande dessinée japonaise est devenue, bien au-delà d'un simple divertissement, en même temps qu'une nouvelle expression artistique, un médium qui a fait et continue à faire plus qu'accompagner l'évolution de la société en contribuant à la modeler par les valeurs éducatives qu'elle distille tout en dénonçant ses travers.

(Mille et une) Manières de compter ou comment faire compliqué ce qui pourrait être simple

Si vous avez aimé les facéties de l'écriture japonaise[1], vous allez adorer la manière de compter des Japonais. Entrons dans toute la complexité du sujet : pas moins de cinq cents différentes manières sont répertoriées, mais seule une petite centaine est utilisée couramment ; est-il nécessaire d'ajouter qu'aucun Japonais sain de corps et d'esprit ne sera capable de les énumérer toutes !

Rassurez-vous, je ne vais pas vous imposer la totalité du lexique ni même cette fameuse « centaine » !

Je me contenterai de vous décrire une approche usuelle à laquelle j'ajouterai quelques expressions moins usitées qui vous permettront dans les salons de surprendre votre auditoire.

Je suggère donc aux personnes en passe d'effectuer un voyage au Japon de scanner ces pages et de les garder toujours à portée de main.

1. Voir l'entrée « Écriture ».

Commençons par le plus simple, compter :

Un se dit « *ichi* » et s'écrit 一

Deux se dit « *ni* » et s'écrit 二

Trois se dit « *san* » et s'écrit 三

Rien de plus simple, serez-vous tenté de dire : il suffit d'ajouter un trait pour écrire chaque chiffre. Pas de chance, quatre, « *shi* », s'écrit 四.

Allons rapidement jusqu'à dix :

Cinq :	« *go* »,	五 ;
Six :	« *roku* »	六 ;
Sept :	« *nana* »	七 ;
Huit :	« *hachi* »	八 ;
Neuf :	« *kyû* »	九 ;
Dix :	« *jyû* »	十.

Jusqu'à cent, c'est plus simple qu'en français avec nos « soixante-dix », « quatre-vingts » et « quatre-vingt-dix » qui font transpirer les Anglo-Saxons :

Vingt s'écrit 二十 ;

Trente 三十 ;

Et ainsi de suite.

Devinez maintenant comment s'écrit le nombre 41[1].

Si vous pensez une nouvelle fois avoir tout compris, poussons un peu plus loin dans notre exploration :

Cent (« *hyaku* ») s'écrit 百

(ex. : cinq cent vingt-deux = 五百二十二) ;

Mille (« *sen* ») s'écrit 千

(ex. : sept mille trois cent deux = 七千三百二).

Cela se complique avec les chiffres supérieurs :

Quand on passe aux dizaines de milliers, cela s'écrit 万 et se lit « *man* » (ex. : 20 000 = 二万)

Après 99 999 999, on passe aux centaines de millions qu'on écrit 億, « *oku* ».

cent millions = 一億.

1. Réponse : 四十一.

Après 999 999 999 999, on passe aux « *chô* » qui s'écrivent 兆, mais on ne s'en préoccupera plus, car qui va compter les milliards ?

Si vous êtes parvenu à me suivre jusqu'ici, passons maintenant aux diverses manières de compter.

Dans nos langues barbares, il suffit d'ajouter le chiffre devant la chose comptée et le tour est joué : dix hommes, dix tables, dix oiseaux.

En japonais, le sujet détermine comment on va le compter :

+ Dix hommes s'écrit : 男十人 (*Otoko jyûnin*)

+ Dix tables : テーブル十台 (*Teburu jyûdai*) mais peut se compter différemment : « *jyukko* » (十個)、« *jyukkyaku* » (十脚), voire même « *jyuttaku* » (十卓), des nuances selon qu'il s'agit, par exemple, de grandes tables ou de tables de restaurant

+ Dix oiseaux : 鳥十羽 (*tori jyuwa*) en utilisant l'idéogramme des plumes 羽 (*hane*).

Il n'y a donc rien à comprendre et tout à apprendre…

Voici maintenant le petit lexique promis (non exhaustif).

Généralités (si l'on peut dire)

+ Pour des objets longs, tels qu'un arbre, un crayon, un train (!), une cigarette, on utilise *ippon*, 一本, mais cela ne s'applique pas aux baguettes pour manger, auquel cas on dit *ichizen,* 一膳, ni au couteau de cuisine pour lequel on préfère *icchō*, 一丁.

+ Pour des objets fins ou plats, feuille de papier, couverture, une tranche de jambon, on utilise *ichimai*, 一枚, mais on pourra également s'en servir pour des choses pas si plates que cela, comme un coussin ou une assiette. Une lettre cependant se compte *ittsû*, 一通. Et un livre *issatsu*,

一冊, tout comme un magazine (mais qui se compte également *ichibu*,一部, comme le journal).

+ Les choses rondes (balles, ballons, etc.) se compteront *hitotama*, ひと玉, mais la taille a son mot à dire. Ainsi, pour de minuscules choses de préférence rondes telles que des grains de riz, des perles, mais aussi des pierres précieuses, on utilisera *hitotsubu*, 一粒. Une goutte (de pluie), elle, se compte *itteki*, 一滴.

Êtres vivants

+ Êtres humains : *hitori* 一人 , *futari* 二人, etc., avec l'idéogramme 人, humain

+ Cadavres (également mannequins ou grandes poupées) : *ittai* 一体, 体 étant le corps

+ Petit animal : *ippiki* 一匹, mais un lapin se compte comme un oiseau[1] *ichiwa* 一羽 !

+ Gros animaux (vaches, éléphants, lions, etc.) : *ittõ* 一頭 (une tête)

+ Poissons : *ichibi* 一尾, mais le crabe ou le poulpe : *ippai* 一杯 (comme un verre de vin ou de saké !). La laitance de poisson se compte différemment : *hitohara* 一腹

Quelques machines

+ Véhicules (voitures, camions) : *ichidai* 一台

+ Avions : *ikki* 一機 , utilisant le caractère des machines

+ Navires : *isseki* 一隻

Constructions

+ Immeubles : *ittô* 一棟 qui peut se lire et dire aussi *hitomune*

---

1. Pas à cause des oreilles confondues avec des ailes, mais dérivé du mot *sagi* (« héron ») par rapprochement phonique avec *usagi*, « le lapin ». Est moins utilisé.

+ Maisons : *ikken* 一軒 mais aussi *ikko* 一戸

+ Réacteurs nucléaires, réservoirs de gaz ou de pétrole : *ikki* 一基

+ Chambres, pièces : *isshitsu* 一室 ou *hitoma* 一間

Végétation

+ Fleurs : *ichirin,* 一輪
+ Branches : *hitoeda,* 一枝
+ Plantes avec racine : *hitokabu,* 一株
+ Grappes (de raisin) : *hitofusa,* 一房
+ Fagots, bouquets : *hitotaba,* 一束
+ Pétales : *hitohira,* 一片

Utile au restaurant ou en cuisine

+ Un plat (cuisiné) : *hitosara*, 一皿, mais sur un menu : *hitoshina*, 一品

+ Le sushi se compte *ikkan*, 一貫, mais un sashimi *hitokire*, 一切れ (one cut)

+ Un yakitori et tout ce qui est enfilé sur une brochette : *hitokushi*, 一串 (le caractère est assez imagé)

+ Une boîte de conserve : *hitokan*, 一缶

+ Une bouteille : *hitobin*, 一瓶

Pour les férus de culture

+ Une ligne d'écriture : *ichigyō*, 一行

+ Une scène (d'une pièce de théâtre, de *kabuki*) : *hitomaku*, 一幕

+ Un *haïku/manka/senryû* (poèmes) : *ikku*, 一句

+ Instruments à cordes : *hitosao*, 一竿, mais un violon : *icchō*, 一挺

+ Piano : *ichidai*, 一台 (comme un véhicule),

+ Instruments à vent : *ippon*, 一本, comme les objets longs

+ Un siège de concert, une place de cinéma : *isseki*, 一席

Et pour terminer un petit méli-mélo de choses usuelles

+ Pour les vêtements : *icchaku*, 一着
+ Chaussures : *issoku*, 一足
+ Un bol (en bois, en laque uniquement) : *hitowan*, 一椀
+ Une tasse (ou un bol) en porcelaine : *ikkyaku*, 一客
+ Une bouffée (de cigarette) : *ippuku*, 一服, qui s'utilise également (et uniquement) lors de la cérémonie du thé pour « une gorgée de thé ».
+ Une nuit (une nuitée d'hôtel) : *ippaku*, 一泊

Enfin, pour ceux auxquels cette occurrence pourrait donner des envies de meurtre ou des pulsions suicidaires, on compte un sabre ainsi :

hitofuri, 一振 ou encore *hitokoshi*, 一腰.

Maraini, Fosco – Ethnologue, photographe, amoureux du Japon (1912-2004)

Au retour de mon premier voyage au Japon, ma grand-mère m'offrit un ouvrage publié par les éditions Arthaud sobrement intitulé *Japon par Fosco Maraini*. C'était un bel ouvrage de cinq cents pages de l'épaisseur d'un dictionnaire, relié dans une solide couverture de toile blanche frappée d'un idéogramme élégamment calligraphié d'un coup de pinceau rouge carmin : 龍, « dragon ». De magnifiques photos en noir et blanc de l'auteur illustraient chaque chapitre.

C'est immédiatement devenu mon livre de chevet et le bréviaire de mes futurs voyages. Encore aujourd'hui, il m'arrive de le feuilleter pour relire au hasard un passage, « Délires ascétiques, délices terrestres », « À bas les préfets de la Lune » ou « Les siècles exquis », et pour regarder la planche des lanternes du jardin de la villa Katsura admirablement dessinées par une artiste japonaise de ses amies ou bien encore ses clichés émouvants de femmes, de paysans et de vieillards saisis dans leur quotidien au ras de leur tatami.

Fosco Maraini a vécu au Japon avec sa famille de 1938 à 1946, où il enseigna à Hokkaido durant les quatre premières années puis les deux suivantes à Kyoto.

Il profita de son séjour dans l'île septentrionale pour étudier et photographier les Aïnous en voie de disparition. Ses portraits de ces hommes et de ces femmes au regard mélancolique, comme s'ils prévoyaient qu'après eux il n'y aurait plus qu'un désert, sont poignants.

Puis les militaires japonais l'enfermèrent dans un camp de concentration avec sa femme et leurs trois petites filles de 6, 4 et 2 ans, simplement parce qu'il avait refusé de signer un acte d'allégeance à l'allié fasciste du moment, Mussolini. Ils rentrèrent en Italie en 1946 « sans argent ni possessions, totalement dépouillés de tout, avec rien d'autre sur le dos que les vêtements que les militaires américains [leur] avaient donnés[1] ».

Peu rancunier, il retourna au Japon dans les années 1950 et reprit le reportage au long cours interrompu par la guerre.

En 2015, j'ai retrouvé une autre facette de l'œuvre de Maraini au Festival international Kyotographie avec son

1. Propos tenus par sa fille aînée, Dacia Maraini.

documentaire sur les pêcheuses d'abalones *ama*[1]. Afin de pouvoir les photographier lors de leurs plongées, il avait bricolé un boîtier étanche dans lequel il insérait son Leica.

Fosco Maraini était un conteur dans tous les sens du terme et ce faisant un authentique magicien du verbe : au fil de sa conversation, son accent chantant résonnait comme des échos ensoleillés ; tout chez lui vibrait d'un bonheur communicatif. C'était un amoureux de la vie qui vous entraînait dans son sillage et vous embuait l'âme. Il vous prenait par la main et vous n'aviez plus envie de la lâcher. La chaleur de sa parole vous pénétrait le cœur. Il était passionné par ces « figures exotiques [qui] se révèlent être des hommes, des femmes, des enfants, admirablement vrais et humains[2] ».

Il aimait l'humanité et il a aimé les Japonais d'une tendresse profonde et sincère.

À relire son *Japon*, ouvrage qui n'a pas pris une ride, où tout est dit, je ne peux que m'interroger sur cette folie qui m'a saisi d'écrire ce *Dictionnaire amoureux*, entreprise périlleuse entre toutes.

Mais l'ombre protectrice de Fosco Maraini m'a aussi encouragé à persévérer.

---

1. Voir l'entrée « Kyotographie ».
2. Propos de Foscio Maraini dans la préface de son *Japon*.

Matsui Morio (松井守男) – peintre (1942-)

Matsui Morio, né en 1942, est un peintre japonais installé depuis plus de vingt ans en Corse, où il réside sur le littoral des Sanguinaires dans une superbe maison-atelier au-dessus d'une vaste pelouse qui donne directement sur la baie d'Ajaccio. C'est à ma connaissance le seul Japonais résident permanent de l'île de Beauté. Il se vante d'être à tu et à toi avec aussi bien les édiles locaux que les bandits qui ont fait la renommée de l'île de Beauté, ce qui peut être la même chose.

> « Je suis arrivé au paradis sans avoir à mourir ! » : ainsi énonce-t-il son amour pour la Corse.

Adolescent, il avait envisagé plusieurs options dans le domaine artistique.

> « Trop tard pour devenir un musicien accompli, avec un nez pas assez droit pour réussir dans le cinéma, imaginant qu'il fallait être phtisique pour être un bon écrivain, trop dépendant d'un producteur s'il se lançait dans la chanson, pas assez résistant physiquement pour la sculpture, il opta finalement pour la peinture, qui lui offrait le choix de ses sujets, de sa technique, de sa vie, en un mot une liberté totale[1]. »

Arrivé à Paris en 1967 avec en poche une bourse du gouvernement français après avoir obtenu son diplôme de la prestigieuse école des beaux-arts Musashino, il y a poursuivi sa formation à l'École nationale supérieure des

1. Cité dans un article du *Japan Times* du 24 juillet 2004.

beaux-arts de Paris. Il se plaît à dire qu'il a côtoyé Picasso dans son atelier sur la fin de sa vie, ce qui doit être vrai.

Matsui aime répéter que si « l'amour est un bonheur suivi de douleur, la peinture est de la douleur qui se transforme en bonheur ».

Depuis 2008, il fait des allers et retours entre la France et le Japon, sautant d'une île à l'autre, car il a établi sa seconde résidence dans l'archipel Goto, au large de Nagasaki. C'est un retour au pays auquel je ne suis pas totalement étranger, ce *kikoku* (帰国) auquel aspire tout émigré japonais éloigné du sol natal, en ce qui le concerne au bout de plus de cinquante ans de bouderie.

En effet, en quittant le Japon dans les années 1960, Morio s'était coupé de l'establishment artistique du pays. Était-il pour autant devenu un traître à la patrie, un artiste maudit, étiquette, il est vrai, qui offre un certain panache ? Toujours est-il que, lorsque je l'ai rencontré, si son incontestable talent était reconnu dans les galeries européennes, en revanche au Japon il demeurait quasi inconnu.

De petite taille, replet, avec un faux air de l'acteur Gérard Jugnot, affublé d'une moustache conquérante, d'une calvitie naissante, il est toujours vêtu d'un élégant kimono lorsqu'il sort et d'un léger *yukata* blanc zébré de motifs à l'encre de Chine de sa création lorsqu'il peint dans son atelier. Il faut avouer qu'il a de la gueule quand il déambule dans les rues d'Ajaccio, ses *getas* raclant le pavé, les pans de son kimono s'entrouvrant au rythme de son pas saccadé, brandissant ses pinceaux, tel un *samouraï* ses sabres.

Il parle un français presque parfait quoique teinté d'un fort accent japonais qui mélange les « r » et les « l », et il omet souvent les articles déterminants.

Notre première rencontre eut lieu une fin d'après-midi d'automne sur la luxueuse pelouse de sa demeure, qui surplombe la baie d'Ajaccio. Accoté à la balustrade XVIIe siècle aux piliers en forme de grenade, il balaya la villa et le jardin d'un grand geste du bras en faisant claquer la manche de son *yukata* au vent et me dit : « Voilà ! Tout cela, aujourd'hui, serait interdit ! C'est trop près du littoral ! » Puis il ajouta malicieusement : « Mais je suis protégé ! Je suis le peintre *yakuza* de cette île ! La mafia locale me tolère ! Je suis le seul renégat japonais en Corse ! »

Ensuite il m'entraîna dans son atelier, une grande pièce aux baies vitrées empestant la térébenthine et l'huile de lin, offrant au regard le ciel rougeoyant de la baie qui a donné son nom aux Sanguinaires.

D'immenses canevas sans châssis étaient agrafés aux murs, d'autres simplement roulés jetés à même le sol, contre lesquels il fallait faire attention de ne pas buter.

Des tableaux de taille plus modeste, tendus sur des cadres, étaient posés sur des chevalets. Il m'invita à faire le tour de l'atelier, me suivant sans faire de commentaire, juste planté à mes côtés dans ses *tabis*, les avant-bras enfilés dans les manches de son vêtement.

Je fus immédiatement subjugué par la puissance de son travail.

La peinture de Matsui Morio, comme celle de Pollock, embrasse la totalité de la toile. Elle est prenante, envahissante, sans qu'on sache trop expliquer pourquoi. Elle donne un peu le tournis, aspirant l'auditoire dans un univers sans repères. On perçoit une indéniable patte résolument européenne, même si l'inspiration japonaise reste perceptible et désoriente, tant les deux cultures s'entrechoquent dans un dialogue fécond ; les deux syntaxes se superposent et se mêlent, chaîne et trame qui s'invertissent dans le même espace pictural. Sous l'aspect aléatoire de taches de couleur ou de simples dégradés en noir, en gris et en blanc, on imagine une architecture rigoureuse, quelque chose qui pourrait relever d'un esprit mathématique allant au-delà des effets de brosse. On s'échine à déchiffrer, dans ce qui ne semblait être que des lignes verticales aléatoires, des ébauches de sutras à l'encre de Chine, mais en y regardant mieux on s'aperçoit que ce sont des fausses calligraphies, des déroulements qui n'en ont que le rythme et la sinuosité, car elles ne sont écrites ni en sanscrit ni avec des idéogrammes ; ailleurs, on reconnaît dans des virgules éparpillées ou des tire-d'aile répétés à l'infini le signe 人, *hito*, qui signifie « l'être humain ». On le retrouve, comme un leitmotiv, dans d'autres tableaux où on avait pris la répétition de ses vagues silhouettes pour une forêt de sapins, mystifié par le titre de l'œuvre : *Paysage en noir et blanc*. D'autres peintures rappellent les motifs qu'on trouve sur le tissu de fauteuils dans les châteaux français de la Renaissance, des ondulations hypnotiques, des kaléidoscopes chatoyants.

Une fresque immense d'environ 5 mètres sur 2 intitulée *Le Testament* attira particulièrement mon attention. On aurait dit un Jacquard tissé de fils d'or, de pourpre et d'émeraude, parsemé de vaguelettes blanches échappées d'une nébulosité située dans la partie supérieure au centre de la toile, comme si celle-ci avait été déchirée. Le travail était minutieux, fait de myriades de touches et de lignes peintes au moyen d'un pinceau très fin.

« Il m'a fallu plus de deux années pour réaliser cette toile ! », me susurra le peintre.

Une impression de déjà-observé m'interpella. Il me semblait avoir croisé un travail similaire, avec des tons semblables, sur les parois de la cabine première classe d'un Boeing 747 d'Air France, alors que j'étais steward étudiant au début des années 1970. Je me retournai vers le peintre et le lui dis avec prudence, de peur de le vexer.

« Mais oui, c'est un travail que j'ai effectué ! J'avais été invité, avec d'autres artistes, à décorer la cabine première des nouveaux "Jumbo Jets" que venait d'acquérir Air France ! J'en ai fait deux, le premier en 1972, le second en 1975 ! »

Sous une fenêtre, de minuscules tableaux de 6 centimètres de hauteur sur 4 de largeur sur des chevalets lilliputiens, aussi minutieusement travaillés que les immenses créations, étaient posés sur un guéridon.

« Ce sont mes tableaux bijoux, me dit-il. Je les peins avec la même attention que mes grandes toiles. Bien sûr, ils me prennent moins de temps ! »

Il sortit d'un tiroir une délicate boîte de paulownia sur le couvercle de laquelle était calligraphiée à l'encre de Chine sa signature, horizontalement son prénom et son nom en alphabet romain traversés verticalement par les idéogrammes 松井守男.

Il y rangea le tableautin et le microchevalet sur un coussinet et me la tendit.

« Vous donnerez ceci à votre épouse. Elle peut le porter comme une broche, il y a une épingle de sûreté au dos. »

Je compris alors la véritable signification de l'appellation *tableau bijou*.

Je lui demandai si nous pouvions envisager une exposition au Japon. Il haussa les épaules et me répondit avec véhémence :

« Mais non, ce n'est pas possible. Mes compatriotes m'ont rejeté pour avoir commis l'affront de ne pas être resté bien sagement dans le sérail ! Aucune galerie n'acceptera de monter une exposition.

— Si, nous ! répondis-je.

— Vous prenez un gros risque ! »

Je n'imaginais pas qu'il pût représenter un danger tel pour le monde artistique local que le fameux microcosme auquel il faisait référence vînt protester devant la porte de notre immeuble, voire entraver le déroulement paisible de notre exposition, mais je me gardai bien de le lui dire. Son cabotinage ne résista pas longtemps à mes arguments. Je lui donnai une année pour préparer son exposition.

Lorsque je revins le voir un an plus tard, en 2007, il avait pratiquement bouclé son travail. Durant le déjeuner qu'il avait fait servir sur la célèbre pelouse, il me montra les polaroids des diverses œuvres qu'il se proposait d'emmener au Japon, certaines existant déjà tels les fameux *Testament* ou *Paysage en noir et blanc*, d'autres réalisées pour la circonstance, dont une magnifique toile intitulée *Mariage*, vibrante de couleurs avec une dominante carmin de 5 mètres sur 2, son format favori. Puis il m'entraîna dans son atelier. Au sol était étalé un immense canevas en cours de réalisation. Un escabeau était posé au bord de la toile. Il m'invita à monter dessus pour mieux apprécier cette œuvre non terminée.

La toile était magnifique. Sur le fond d'une nébuleuse aux tons gris dégradés des taches plus sombres erraient de manière erratique au centre, un peu comme des cumulonimbus en formation. Ce ciel d'orage était zébré des fameuses fines lignes verticales équidistantes sur toute la longueur du tableau. Certaines étaient calligraphiées en noir, d'autres en blanc quand les formations nuageuses plus sombres les traversaient, en effets alternativement positifs et négatifs. Sur la partie centrale, il y avait une petite tache de consistance laiteuse.

« Ce sera la pièce centrale de mon exposition au Japon. Dans ce tableau, je vous ai représenté avec votre femme. Vous êtes en train de faire l'amour ! L'Orient et l'Occident fusionnant par la chair ! », susurra-t-il.

J'eus beau plisser les yeux, balayer son tableau lentement de gauche à droite et de bas en haut, tenter d'interpréter la forme des taches comme pour un test de Rorschach, je ne parvins pas à identifier un personnage, *a fortiori* une femme et un homme, encore moins un accouplement. Tout au plus ai-je au bout d'un long exercice d'autosuggestion cru deviner au centre de la toile de vagues cercles qui auraient pu représenter un visage, deux yeux et un nez et plus bas une poitrine de femme sous la vague ligne des épaules et d'un buste aux bras relevés. En fait, de ces cercles à peine esquissés, il y en avait une myriade dispersée sur la toile. Je ne voulus cependant pas contredire Matsui et j'opinai d'un air entendu.

« D'ailleurs, j'ai utilisé un peu de mon sperme comme liant pour évoquer votre jouissance ! », ajouta-t-il d'un air fort sérieux en pointant son doigt sur la ponctuation lactescente au centre du tableau.

Pour faire diversion, je lui demandai quel titre il donnerait à ce tableau.

« Aucune idée ! Pourriez-vous le baptiser ? »

Une expression vint immédiatement à mon esprit, le titre d'un roman célèbre d'Osaragi Jirõ :

« Puisque vous souhaitez que ce tableau soit au centre de votre exposition, pourquoi ne l'appellerions-nous pas "帰国" (*kikoku*), "Retour au pays" ? Ce pourrait en fait même devenir tout simplement le titre de l'exposition elle-même ! »

Il approuva bruyamment et ainsi fut fait.

Le vernissage, le 16 janvier 2008, dans le cadre du 150e anniversaire de la relation bilatérale franco-japonaise, connut un vif succès. Nous y avions invité tout le ban et l'arrière-ban de la presse, sans oublier le gotha du monde des arts, universitaires et artistes réputés. Intrigués par le titre et curieux de rencontrer ce peintre japonais qu'ils connaissaient peu ou pas du tout, ils y vinrent en masse.

À la fin de l'exposition, éperdu de reconnaissance, Matsui Morio tint à offrir à notre entreprise une paire de magnifiques toiles très imprégnées de « japonisme ». Elles sont accrochées dans un des bureaux à l'étage directorial de l'immeuble à Ginza.

Pendant son séjour au Japon, il nous rendit visite dans notre demeure de Kamakura. Notre fils venait d'avoir 5 ans. Il sortit une feuille de papier Canson de son cartable, un crayon à la mine HB et en deux temps, trois mouvements et quelques volutes, il esquissa son portrait stupéfiant de ressemblance, moins des traits de notre enfant que de sa personnalité. Pour ombrer les reliefs du visage, il trempa son pouce dans sa flûte de champagne et le passa sur les coups de crayon. Je fus soulagé qu'il n'eût pas la fantaisie de le faire autrement…

Avant de nous quitter, il passa dans mon bureau. Après les civilités japonaises d'usage qu'il avait retrouvées par un jeu de mimétisme étonnant à la minute où il avait posé le pied sur le sol natal, il me dit :

« *Kikoku* est pour vous ! »

Bien entendu je me récriai. Il ne pouvait m'offrir un tel tableau ; c'était parfaitement contraire à l'éthique et à la gouvernance de notre entreprise. Ce cadeau, par ailleurs fort encombrant de 2,15 mètres sur 5, n'aurait pu entrer dans notre appartement de Tokyo ni dans notre demeure japonaise à Kamakura.

Matsui Morio est maintenant reconnu au Japon comme il le mérite, en artiste accompli ayant su faire fusionner subtilement sur la même surface de ses œuvres les techniques picturales *a priori* antinomiques de l'Est et de l'Ouest.

Il a réalisé dernièrement les vitraux d'une église à Nagasaki. Il expose très souvent et participe à de nombreux événements artistiques dans son pays natal.

Le paria n'en est plus un, il a effectué son « retour au pays » avec brio et bonheur.

Matsuri (祭り) – Festival

Au début de l'automne, il vaut mieux s'armer de patience si on circule en voiture, car il y a de fortes probabilités qu'on se retrouve coincé dans un embouteillage provoqué par un cortège bigarré entourant un palanquin *mikoshi* porté par de solides gaillards à demi nus : c'est la *matsuri* du quartier qui passe.

Elle a priorité sur tout.

La police qui l'encadre arrête les véhicules aux carrefours et bloque les feux au rouge pour qu'elle puisse déambuler en toute tranquillité. Il est vrai qu'au fur et à mesure de la progression de la procession la foule enfle et, au paroxysme de l'excitation, elle a tendance à largement déborder jusqu'au milieu de la chaussée. Les enfants en *yukata* se faufilent entre les jambes des adultes, eux-mêmes vêtus de légers kimonos de coton ou de simples shorts et T-shirts, qui traînent nonchalamment sur leurs *getas* ou leurs flip-flops tout en s'éventant au moyen de larges éventails de papier décorés du nom du supermarché ou du logo de la boutique Panasonic du coin.

Faut-il préciser qu'en septembre il fait encore chaud et très humide ?

Chaque arrondissement organise sa propre procession autour d'une châsse contenant les reliques du sanctuaire local d'où elle part pour y revenir au bout d'un parcours labyrinthique n'évitant aucun des centres névralgiques de la communauté : la rue commerçante, la caserne des pompiers, le poste de police, les écoles, les entreprises locales. Ces manifestations ne sont pas sans me rappeler la procession de la Vierge Marie à la fin du mois d'août au son des galoubets et des tambourins dans mon village provençal, la dimension païenne en prime.

En effet, selon les régions où elle se déroule, la promenade du *mikoshi* déclenche une authentique hystérie collective.

Une *matsuri* digne de ce nom s'accompagne de stands de foire *yatai* installés le long des allées menant au sanctuaire. Ils proposent des jeux, comme la pêche aux poissons rouges au moyen d'épuisettes en papier qui fondent rapidement au contact de l'eau, ou le tir aux pigeons ; des jouets, ballons de papier aux tranches colorées, masques de personnages de *mangas* en Celluloïd, toupies *koma*, bilboquets *kendama* ; des friandises diverses, figurines en sucre filé *amezaiku*, pommes d'amour, bananes nappées de chocolat, glace pilée *kakigōri* arrosée de sirops de diverses saveurs et de toutes les couleurs de l'arc-en-ciel, barbe à papa *wataame*, gaufres *taiyaki* en forme de daurade fourrées à la pâte de haricots rouges, beignets de poulpe *takoyaki*, nouilles frites *yakisoba*, ainsi que des sodas Ramune, dont on enfonce au moyen d'un poinçon la bille de verre qui sert de capsule dans le renflement de la bouteille.

Une flânerie le soir en *yukata* au milieu de la foule bigarrée à la lumière diffusée par des guirlandes de lanternes, tout en écoutant le chant des cigales et le boniment des forains, est un bonheur paisible qui donne envie de composer un *haïku*[1] :

Chant des cigales,
Mélancolie d'automne.
Elle serre mon cœur !
蝉は泣く
秋の侘び寂び
こころから[2]

Durant toute la journée, les haut-parleurs du système d'annonce du quartier diffusent la ritournelle lancinante *matsuribayashi* d'une flûte aigrelette accompagnée des frappes sèches de tambours *taiko*, jouée par une troupe de musiciens amateurs installée sur une estrade devant le

1. Voir l'entrée « *Haïku* ou *haïkaï* ».
2. « *Semi wa naku, aki no wabisabi, kokoro kara.* »

local de l'association du quartier, le *chōnaikai*. C'est elle qui a organisé la fête dans ses moindres détails et sollicité les personnalités locales pour qu'elles apportent leur écot et mettent la main à la pâte.

Seul étranger du quartier populaire que j'habitais au début de ma vie au Japon, je me suis ainsi retrouvé un jour accaparé vite fait bien fait sous un des brancards du lourd *mikoshi* du sanctuaire voisin. Coincé entre mon boucher et le marchand de riz de ma rue, j'ai piétiné durant quatre bonnes heures l'asphalte d'une démarche chaloupée au rythme des coups de sifflet des meneurs, en hurlant à l'unisson avec mes congénères des « *Wasshoi ! Wasshoi !* » retentissants pour nous donner du cœur à l'ouvrage. Une fois que le *mikoshi* eut réintégré ses pénates en fin de journée, nous eûmes droit en remerciement de nos efforts à un *bento* copieusement arrosé de rasades de saké accompagnées de retentissants « *Kampai !* ». Les libations continuèrent jusque tard dans la soirée.

La gueule de bois qui résulta de cette beuverie se fit lourdement sentir vingt-quatre heures durant, la meurtrissure de l'épaule sur laquelle avait reposé le madrier du *mikoshi* une bonne semaine, mais quelque douloureux que fût ce bizutage, il me fit gagner la considération affectueuse de tout le voisinage.

Le Japon vit au rythme des *matsuris*, qui sont rattachées au culte *shintô*. Avec huit millions de dieux, il y a de quoi faire ! La plupart des festivals ont un rapport aux saisons, aux moissons du riz, aux équinoxes, à la fête des Morts *Obon*, au Nouvel An. Bref, tout est prétexte pour se rassembler, exulter, manger, boire et oublier les soucis quotidiens. Le brassage social est alors total. Un riche commerçant ou un notable pourra fort bien se trouver nez planté sur l'épaule tatouée du charpentier sous le *mikoshi*. Toutes les générations participent : les anciens assis sur le pas de leur porte ou réunis autour d'un bon repas dans la pièce à tatamis, *shōjis* grands ouverts sur la rue ; les enfants en bas âge portés sur le dos par les femmes en *yukata* tandis que leurs hommes vêtus de simples pagnes s'époumonent en « *Sōya ! Seiya !* » dans le quartier populaire Kanda de Tokyo lors de la *Kanda matsuri*, « *Yoi ! Ya Sa !* » dans le Kansai[1] ou encore « *Sōrya ! Sōrya* » à Osaka. Car chaque fête tient à son originalité : le pays du *Wa*, ne l'oublions pas, reste terriblement clanique et c'est toute sa riche diversité qui nous le rend aussi séduisant et unique.

Répertorier toutes les fêtes, festivals et événements du calendrier japonais demanderait un dictionnaire entier : il y en a 300 000, depuis les plus connues comme la *Gion matsuri* ou la *Aoi matsuri* de Kyoto, la *Hadaka matsuri* d'Okayama sur la mer Intérieure, la fameuse *Kanda matsuri* ou la non moins célèbre *Sanja matsuri* de Tokyo, jusqu'aux plus modestes dans des villages reculés.

Citons-en tout de même quelques-unes :

— Le Festival de la neige *Yuki matsuri* à Sapporo, dans l'île septentrionale du Japon, avec ses imposantes sculptures de glace en février.

— La fête des Poupées *Hina matsuri* le 3 mars, consacrée aux petites filles. On sort pour l'occasion de leurs boîtes en paulownia, où elles ont dormi le reste de l'année, de précieuses poupées richement vêtues qui représentent la cour de l'ère Heian. Elles sont accompagnées de divers accessoires. On les dispose devant un paravent sur sept estrades *hinadan* superposées recouvertes d'un tissu rouge. La superstition recommande de ranger les poupées le lendemain de la fête, faute de quoi la petite fille de la famille risquera de ne pas trouver un bon époux. En fait, on évite de les laisser trop longtemps exposées à l'humidité insistante en ce début du printemps.

1. L'ouest du Japon.

— Le *hanami* à la floraison des cerisiers. On se retrouve en famille, en amoureux, entre étudiants ou collègues de travail dans les parcs et les abords d'anciennes rivières. On étale une couverture sous un cerisier et on pique-nique en contemplant les pétales qui s'égarent dans les chevelures ou flottent à la surface des coupes de saké. Autrefois, les *hanami* étaient d'élégantes réunions de courtisanes raffinées de la cour de Heian qui composaient des poèmes *waka*. De nos jours on apporte des machines à *karaoké* et on braille des chansons *enka*.

— Le 5 du mois de mai, le ciel du Japon s'orne soudain de manches à air en forme de poissons bigarrés et de rubans de soie qui flottent aux vents printaniers, haussés en grappes sur des mâts plantés dans les jardins, accrochés aux fenêtres des appartements ou par centaines tendus en travers des fleuves. Ce sont les carpes de la journée des enfants, *koi nobori*, symboles de la force et de la persévérance de ces poissons qui remontent le cours des fleuves et des rivières dont les rubans représentent les flots.

— Le Festival des étoiles *Tanabata*, septième nuit du septième mois (le 7 juillet), repose sur la jolie légende de la rencontre éphémère de l'étoile Véga, la déesse tisserande Orihime, avec l'astre Altaïr, le bouvier mortel Hiko-boshi, deux amants célestes séparés toute l'année par la Voie lactée excepté cette nuit-là. On accroche alors à des branches de bambou des vœux en forme de poèmes calligraphiés sur une carte colorée appelée *tanzaku*. Orihime et Hiko-boshi sont censés exaucer les souhaits ainsi formulés.

— La *Nebuta matsuri* à Aomori, dans le nord de l'île de Honshu, sorte de carnaval de Rio avec son défilé d'immenses chars de bois tendus de papier *washi* décorés de personnages historiques ou bien issus du théâtre *kabuki*, ce qui demande une année de préparation pour quelques heures de parade au début du mois d'août.

— La fête *Awa Odori* au mois d'août à Tokushima, dans l'île de Shikoku, est une parade de troupes de séduisantes danseuses qui défilent dans l'avenue principale de la ville sur un pas de danse particulièrement sensuel.

— Le charmant *Shichi-go-san* célébré le 15 novembre, rite de passage pour les enfants de 3 ans, les garçons de 5 ans et les fillettes de 7 ans, chiffres impairs porte-bonheur dans la numérologie japonaise. Pour cette occasion, les enfants sont vêtus de kimonos et les cheveux des filles sont joliment apprêtés en chignons décorés de peignes ou de fleurs, et elles sont légèrement maquillées. On se rend au sanctuaire *shintô* du quartier afin de prier pour que les enfants grandissent en bonne santé. C'est un moment de grâce dans tout le Japon, probablement le seul de l'année où la foule dans les rues est chatoyante, les parents portant également le vêtement traditionnel, car on se rend chez le photographe du quartier pour immortaliser la journée.

— Le calendrier des événements festifs ne serait pas complet sans le Nouvel An *Shõgatsu*, véritable rite de passage d'une année vers l'autre qui dure plusieurs jours, bien plus agréable que le couperet brutal de notre banale Saint-Sylvestre. Tout le Japon s'empare de balais, aspirateurs, serpillières et chiffons pour nettoyer bureaux, boutiques et demeures qui doivent être impeccablement rangés avant le 31 décembre. On stocke et prépare de la nourriture dont les traditionnelles boîtes *osechi* qui permettront de tenir au moins trois ou quatre jours sans que la maîtresse de maison ait à ceindre un tablier. Le 31 décembre, pour tromper le temps en attendant minuit, on se livre à des jeux en regardant la traditionnelle émission télévisée « Kõhaku utagassen », compétition qui oppose les vedettes de la chanson du Japon : d'un côté les hommes en blanc, de l'autre les femmes en rouge. Parmi les jeux d'autrefois, il en est un particulièrement dangereux qui met à dure épreuve la résistance à l'alcool des concurrents. C'est un set de trois coupes de saké en forme de masques : un petit visage de femme, *okame* ; un moyen, *hyottoko*, percé, qu'il faut tenir bouché pour que le liquide ne s'échappe pas ; et un grand, *tengu*, au long nez à la contenance de 1 *gō*, ce qui correspond à 180 millilitres. Une toupie représentant les trois faces est lancée à tour de rôle par les joueurs, qui doivent boire le saké versé dans la coupe sur laquelle la toupie s'est arrêtée. J'ai commis un soir de *Shôgatsu* l'erreur de me livrer à ce jeu avec une amie allemande coriace et de tomber trop souvent sur le *tengu*. Le lendemain fut mon Premier de l'an le plus ténébreux de toute ma vie…

Passé minuit, on déguste un bol de nouilles de sarrasin *toshikoshi soba* avant de se rendre au sanctuaire *shintô* et/ou au temple bouddhiste. La tradition du *Sansha-mairi* voudrait qu'on en visite trois, mais peu de personnes le font. Le 1er janvier au matin, les services postaux distribuent les cartes de vœux envoyées par les amis et les connaissances. On peut ainsi recevoir plusieurs dizaines, voire des centaines de cartes décorées du signe zodiacal de la nouvelle année. Le matin du Jour de l'an, on boira le saké aromatisé *otoso* et dégustera les mets *osechi* dans leur boîte de laque, et la soupe *ozōni* dans laquelle baigne une boule de pâte de riz glutineux *mochi*.

Parmi les nombreuses *matsuris*, j'en retiendrai trois qui sont particulièrement originales.

— La fête *Kishiwada Danjiri matsuri* dans un quartier populaire d'Osaka est la course de Formule 1 des festivals. Des *mikoshi* d'une hauteur de deux à trois étages sur roues tirés par des cohortes de participants sont promenés dans les ruelles étroites du quartier à une vitesse effarante. Ils prennent les virages à 90 degrés sans ralentir, accrochant souvent au passage enseignes de boutiques, panneaux de signalisation, feux rouges, voire tuiles de toitures. Juchés au sommet du *mikoshi*, de jeunes gens se précipitent au moment du virage du côté opposé afin que celui-ci ne se renverse pas. Il n'est pas rare que la force centrifuge expulse le responsable du contrepoids qui aura fait un mauvais calcul, mettant ainsi en danger l'équilibre précaire de la châsse.

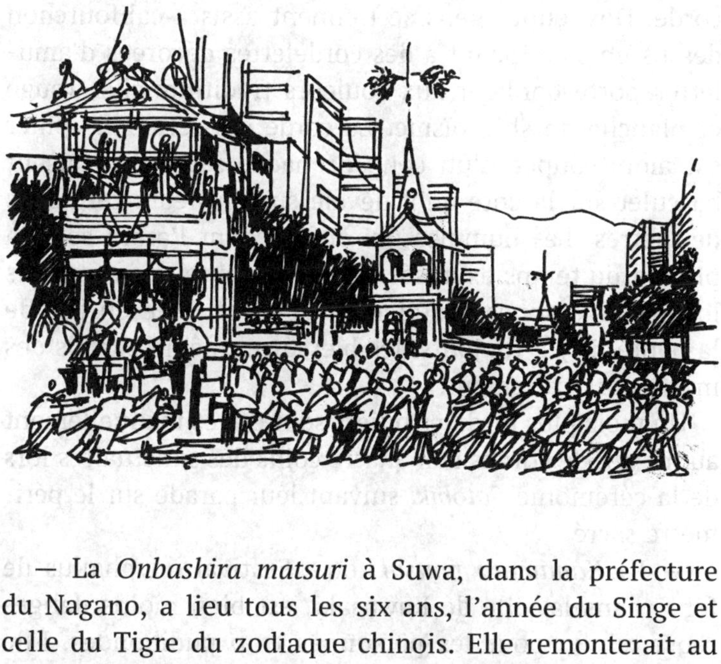

— La *Onbashira matsuri* à Suwa, dans la préfecture du Nagano, a lieu tous les six ans, l'année du Singe et celle du Tigre du zodiaque chinois. Elle remonterait au VIIIe siècle. Les *onbashira* sont les quatre piliers situés aux coins des quatre sanctuaires principaux de la région du lac Suwa. Ils sont remplacés tous les six ans.

Seize sapins *momi* sont soigneusement choisis pour le rapport idéal entre leur circonférence et leur taille. Ils seront abattus en avril deux ans plus tard.

On procède d'abord au *Yamadashi*, le transport des énormes troncs depuis la montagne où ils ont été coupés jusqu'au lieu d'érection en les tirant au moyen de cordes. Ils sont d'une longueur de 17 à 19 mètres et pèsent jusque 12 tonnes. Aucun moyen mécanique ne peut être utilisé. Le parcours au travers d'un terrain accidenté et souvent boueux est périlleux, car les troncs doivent entre autres traverser une rivière et dévaler des pentes à 45 degrés. C'est le moment le plus dangereux du trajet, appelé *kiotoshi* (« chute de l'arbre ») : le tronc est amené en équilibre au bord de la déclivité, seulement retenu par une corde. Des jeunes gens se tiennent assis à califourchon dessus en s'agrippant à des cordelettes décorées d'amulettes porte-bonheur aux couleurs traditionnelles rouge et blanche du shintoïsme. La corde qui retient le pilier est alors coupée d'un coup de hache sacrée, le faisant basculer sur la côte qu'il dévale sur plusieurs centaines de mètres. Les hommes qui enfourchent l'arbre sont la plupart du temps expulsés durant sa chute et en tout cas lorsqu'il s'enfonce brutalement dans la terre en bas de la pente. Il y a toujours des blessés et même parfois des morts par écrasement.

Un mois plus tard, les piliers sont érigés manuellement au moyen de cordes aux quatre coins des sanctuaires lors de la cérémonie *Satobiki* suivant leur parade sur le périmètre sacré.

— La *Kanamara matsuri* ou « Festival du phallus de fer », dans la ville de Kawasaki, est bien moins dangereuse, sinon pour les personnes trop pudibondes. Elle fut d'ailleurs interdite durant de nombreuses années, quand le Japon voulait cacher au monde occidental sa libidineuse truculence. Elle se déroule dans le cadre du cycle *shintô* de la fertilité le premier dimanche d'avril aux abords du sanctuaire Kanayama que fréquentaient autrefois les prostituées qui venaient y implorer la protection des dieux contre les maladies vénériennes. On fait parader dans la ville les trois pénis conservés dans le sanctuaire : un en bois ; le deuxième en fer dans un *mikoshi* en forme de nef ; et le troisième, le palanquin *Elisabeth* (!), peint en rose sur un chariot porté par des hommes habillés en femmes. La légende à l'origine de cette fête conte qu'un démon s'abritait dans le vagin de jeunes filles et qu'il castrait de ses dents acérées les jeunes hommes lors de leur nuit de noces. Un forgeron réalisa alors un phallus de fer qui cassa les dents du démon. Ce festival est un prétexte pour vendre des amulettes en forme de verge mais aussi des confiseries et glaces très prisées des jeunes filles...

— Ma *matsuri* préférée est le *Kurama hi matsuri* qui se tient fin octobre dans la bourgade de Kurama, située tout au fond d'une étroite vallée au nord-est de Kyoto. D'énormes flambeaux de bambous *taimatsu* équipés de harnais sont portés en procession le long de la route qui longe le village jusqu'au sanctuaire Yuki-jinja, où ils sont jetés dans un immense brasier. Remplis de branches de pin séchées servant de combustible, ils sont très lourds, car ils peuvent mesurer jusque trois mètres et faire un bon mètre de circonférence. D'autres plus petits sont portés par les enfants. Quand le feu est bouté à leur extrémité, leur brasier projette des braises incandescentes qui tombent sur la route et sur le dos dénudé des porteurs. Des braseros sont placés le long du chemin pour allumer les torches qui se succèdent en même temps que des sceaux remplis d'eau pour éteindre les tisons récalcitrants.

Invité par un de nos clients importants de Kyoto à assister au spectacle chez le maire de Kurama, j'ai formulé le souhait de participer au port d'une torche. C'est peu dire que mes hôtes n'étaient pas très chauds de voir le P-DG d'une entreprise étrangère réputée se faire rôtir les épaules, mais devant mon insistance ils cédèrent. On me trouva un pagne, un *happy* rembourré aux épaules et des sandales de paille. Le front ceint d'un bandeau *hachimaki*, j'enfilai le harnais de chanvre sous le foyer d'une des grandes torches et, guidé par un compère qui tenait la partie étroite du flambeau, nous nous engageâmes sur la route à la suite de la procession. Le flambeau était plus lourd que je ne l'avais imaginé, et le rayonnement de chaleur intense. Les braises encore rougeoyantes des torches nous précédant tombées sur l'asphalte et celles qui fusaient du foyer de notre propre flambeau me brûlaient les orteils, les épaules et le bas du dos, mais je n'allais pas déclarer forfait aussi portai-je ma part du fardeau de 80 kilos durant une bonne vingtaine de minutes qui me parurent une éternité en hurlant avec les autres « *Saireiya ! Sairyo !* ». Inutile de dire que je fus soulagé lorsqu'on nous aida à jeter notre flambeau qui alla rejoindre les autres dans le brasier sur la place devant le grand camphrier *kami*[1] du sanctuaire.

Les *matsuris* offrent une autre vision des Japonais que celle du peuple impassible, peu communicatif et consciencieux jusqu'à l'ennui qu'ils projettent souvent à l'étranger. Il suffit d'assister à n'importe quel festival local pour constater à quel point ils peuvent être joviaux, hauts en couleur et excessifs jusqu'à la transe.

Un peuple qui vénère huit millions de dieux au moyen de 300 000 fêtes plus originales et déchaînées les unes que les autres ne peut être qu'attachant.

1. Divinités.

Meiji Ishin (明治維新) – La restauration de Meiji (1868, etc.)

Le Japon ne fait décidément rien comme les autres nations. Ce qui fut une épopée sanglante en France se déroula dans ce pays dans un calme relatif. Appeler le renversement du shogunat Tokugawa une révolution est exagéré ; il serait plus adéquat de parler de « restauration ».

Tout a débuté en 1853 avec l'arrivée des *kurofune*, les « vaisseaux noirs » du commodore Perry[1]. Leur intrusion sur les côtes japonaises a fait souffler un vent de consternation et de confusion qui va balayer un ordre établi deux cent quatre-vingts années plus tôt. Le gouvernement du *shōgun* se fractionne alors en deux tendances. Les conservateurs qui préconisent l'expulsion des étrangers sans autre forme de délibéré tandis que les plus réalistes, conscients qu'ils ne pourront jamais vaincre les navires à vapeur américains, estiment qu'il est préférable de se soumettre au plus vite aux exigences des étrangers.

Incapables de prendre position, les autorités d'Edo entreprennent alors une démarche inédite : pour la toute première fois en six siècles de domination, le *shōgun* consulte l'empereur. La cour se prononce fermement pour l'expulsion des étrangers. Lorsque le commodore Perry vient chercher la réponse des Japonais en 1854, Tokugawa Iesada est incapable de respecter la décision de l'empereur, pourtant soutenue par une vaste majorité des seigneurs *daimyōs*. Il n'a d'autre choix que la signature d'un traité qui est également celle de la fin du règne des Tokugawa.

À cette première humiliation s'ajoute la conclusion deux ans plus tard d'accords similaires avec l'Angleterre,

1. Voir l'entrée « *Gaiatsu* ».

la Russie et la Hollande autorisant ces nations à s'implanter sur le territoire sacré en bénéficiant en outre pour leurs ressortissants d'un statut abusif d'extraterritorialité.

On entre dans le *Bakumatsu*, littéralement « la fin du *bakufu* ».

En 1860, la branche Tokugawa de Mito prend la tête de la contestation et fait assassiner le *tairô* (« grand ancien ») Ii Naosuke, qui avait signé les ignominieux traités.

Un groupe de jeunes *samouraïs* turbulents d'humble origine dont les domaines sont aux marches de l'empire et qui supportaient de plus en plus mal la domination des seigneurs d'Edo se rallie aux contestataires autour du slogan « *Sonnõ Jõi* » (« Révérons l'empereur, expulsons les barbares »). Ce sont d'abord Saigo Takamori du clan de Satsuma dans l'île de Kyushu et Kido Takayoshi du clan Chõshû à l'ouest de l'île principale. Ils sont rejoints un peu plus tard par Sakamoto Ryõma du fief de Tosa dans l'île de Shikoku.

Alors que les *daimyõs* des deux cent soixante autres fiefs restent dans l'expectative, ces trois hommes, à eux seuls, vont jouer un rôle décisif dans l'éviction définitive du deuxième successeur de Tokugawa Iesada, Yoshinobu, et ouvrir un chapitre majeur de l'histoire de leur pays.

Une pagaille bien japonaise égayée de trahisons, de ralliements tardifs et de tractations secrètes s'ensuit. Une milice fidèle au shogunat, la « Shinsen-gumi », écrit une dernière page sanglante de la saga des *samouraïs*, traquant impitoyablement les rebelles et sabrant à tout-va tous ceux qui passent à proximité de leurs lames dans les venelles de Kyoto.

Durant l'hiver 1865-1866 puis l'été 1866, le sort du shogunat est définitivement scellé au bout de deux campagnes militaires désastreuses pour les armées de Yoshinobu.

Un an et demi plus tard, les clans Satsuma, *Chōshû* et Tosa, auxquels ont fini par se rallier quelques autres fiefs, organisent un coup d'État à Kyoto, et le 3 janvier 1868 ils annoncent la restauration du pouvoir impérial. Les insurgés rendent solennellement le pouvoir au jeune empereur Mutsuhito, 122e de la lignée, dont le nom posthume sera Meiji. Il avait succédé à son père un an plus tôt. Il n'a que 16 ans.

Il va régner plus de quarante-cinq années.

Certains seigneurs loyaux à Yoshinobu ont bien tenté un baroud d'honneur, qui se solde par la défaite définitive de leurs troupes lors de la bataille de Hakodate dans l'île septentrionale de Hokkaido en mai 1869.

Ironiquement, ce carré de derniers combattants était soutenu par un contingent d'instructeurs militaires français invités quelques années plus tôt à assister les Tokugawa dans la modernisation de leur armée. Le nouveau pouvoir s'empressera d'évincer les Français au bénéfice des perfides Anglais, qui s'étaient prudemment tenus à l'écart des querelles de pagode des Japonais en comptant les points.

L'empereur quitte Kyoto fin 1868 et la cour s'installe début 1869 à Edo, rebaptisée Tokyo.

Les grands bouleversements de la restauration peuvent débuter. En effet, il va falloir faire basculer dans le XXe siècle le Japon moyenâgeux du *sakoku*, où il était interdit sous peine de mort à tout sujet de quitter l'archipel mais également à tout étranger d'y débarquer.

Personne alors n'imaginait que Mustuhito exercerait le pouvoir. Les Japonais avaient trop l'habitude que les empereurs soient de simples marionnettes et ils chérissaient trop la gestion collégiale des affaires de l'État pour lui accorder la plus infime parcelle de pouvoir. Cependant, les dignitaires de la restauration impériale éprouvaient une dévotion absolue pour sa personne et s'illusionnèrent sans doute que tout le pouvoir émanait de lui ; en fait, ils n'eurent pas conscience d'être à l'origine de toutes les décisions d'autant que l'empereur n'outrepassa jamais son rôle de symbole de la dynastie alors même qu'il jouissait d'une audience croissante.

Mis à part quelques membres de la vieille aristocratie dans l'entourage de l'empereur, tels Iwakura, le prince Saionji et le prince Konoe, qui furent d'admirables Premiers ministres de l'ère Meiji, peu d'hommes de la cour de Kyoto exerceront une réelle influence sur le déroulement des affaires.

Le véritable pouvoir va appartenir aux jeunes *samouraïs* des trois clans et de quelques autres, issus des couches inférieures de leur caste, qui ont alors développé un réel et étonnant bon sens politique. Leur réussite est le résultat certes de leurs talents mais tout autant de leur habileté manœuvrière. Ils ont entre 25 et 40 ans, et leur relative jeunesse n'est assurément pas étrangère à leur aptitude exceptionnelle à s'adapter au changement, voire à l'initier. Dépositaires d'une autorité largement supérieure à celle que leur modeste extraction aurait dû leur permettre d'exercer, ils ont foi en la supériorité de la compétence sur la naissance. Ils sont en fait de véritables révolutionnaires.

À la différence des révolutions européennes, la japonaise va se dérouler par le haut grâce à cette poignée d'hommes. Ils ont réussi la gageure de renverser l'ancien gouvernement sans grande effusion de sang ni destruction de biens matériels et surtout de le remplacer sans intervention populaire.

Et naturellement ce sont eux qui vont insuffler à la société des valeurs jusque-là inconnues.

Ils ont rapidement compris que le meilleur moyen de résister à une colonisation occidentale est de tirer parti de leur expérience politique et économique en s'occidentalisant. Treize siècles plus tôt, la civilisation japonaise s'était largement inspirée de la chinoise afin de forger sa propre identité ; ainsi à la tête de nos fringants révolutionnaires, il suffisait d'adapter cette bonne vieille recette des temps anciens à la nouvelle donne. À la différence de la Chine incapable d'assimiler des idées étrangères à leur civilisation parce qu'ils l'estiment supérieure à toute autre, les Japonais auront l'humilité et la flexibilité nécessaires pour absorber par capillarité ce dont ils auront besoin.

Bien qu'animés de la volonté d'expulser les barbares, ils ont rapidement compris l'inutilité de s'entêter. Deux cuisantes expériences en 1863 quand une escadre anglaise avait bombardé la capitale du clan Satsuma, Kagoshima, puis l'année suivante quand des vaisseaux hollandais avaient attaqué les forts du clan Chōshû près de la ville de Shimonoseki leur ont permis de réaliser que l'isolationnisme n'est plus de mise et qu'il vaut mieux étudier au plus vite les techniques militaires des Occidentaux.

Leur première tâche sera de toute urgence de doter le pays d'une autonomie militaire. Ils comprennent que pour moderniser radicalement la défense japonaise, il faut procéder à une mise à plat totale des vieilles structures politiques, économiques, sociales et intellectuelles du pays. Ils s'appuieront sur le slogan « *Fukoku kyohei* » – « Un pays riche et une armée puissante » – pour lancer le programme des premières réformes.

Leur deuxième initiative est de doter le pays de nouveaux pouvoirs et de hardis principes d'unité nationale.

Les institutions shogunales disparues, les fiefs féodaux risquant de constituer un handicap majeur à l'occidentalisation du pays, les pères fondateurs du Japon moderne commencent par donner l'exemple en restituant leurs propres fiefs, puis ils démantèlent patiemment et sans état d'âme les immenses domaines des *daimyōs* en les expropriant. Ils imposent également un emprunt à la caste des riches marchands. Ainsi, en moins d'une année, le gouvernement est parvenu à débarrasser l'ensemble de l'archipel de sa féodalité. Il ne faudra guère plus de deux années supplémentaires pour réorganiser le pays en préfectures sous le contrôle direct de Tokyo. Les *daimyōs* perdent définitivement leurs privilèges. Un astucieux système de dédommagement en bons d'État permet de s'assurer leur docilité.

Abolir les privilèges des *samouraïs* est une tout autre bataille. Ceux-ci représentent 6 % de la population. Ils ont monopolisé depuis des siècles le pouvoir militaire puis l'autorité politique et jusqu'à l'influence intellectuelle. C'est encore le clan des jeunes révolutionnaires qui donne l'exemple en instituant dès 1873 le service militaire universel, de loin la réforme la plus audacieuse décrétée deux ans plus tôt en prônant l'égalité pour tous, y compris les parias hors caste *eta*, supprimant *de facto* l'ancienne pyramide sociale *Shimin* des quatre classes héréditaires « *shi, nō, kō, shō*[1] ». En 1876, les *samouraïs* se voient définitivement interdire le port des deux sabres, signe distinctif de leur statut privilégié. Il y a bien évidemment de sérieux remous comme, en 1877, la tentative de révolte de quelque 40 000 conservateurs dans l'île de Kyushu qui est écrasée par l'armée de conscrits nouvellement créée.

1. « Les guerriers, les paysans, les artisans, les marchands ».

Cette seule victoire scelle l'acte de décès de l'ancien régime japonais.

Ainsi, en moins de dix ans, les fondateurs de Meiji ont supprimé le régime féodal et posé les fondations de l'État nouveau. Il reste désormais à engager le pays dans la modernisation économique.

Se méfiant des nations occidentales et de leurs velléités colonialistes, ils éviteront d'avoir recours aux emprunts à taux usuraire. Mais ils ont tout de même désespérément besoin d'acquérir les connaissances techniques et scientifiques qui leur font cruellement défaut. Ils décident d'adopter deux tactiques complémentaires soigneusement planifiées :

— Faire venir des experts étrangers sélectionnés en les rémunérant grassement.

— Envoyer une élite éduquée étudier par-delà les océans en choisissant minutieusement ce qui est le meilleur dans chacun des pays : l'Angleterre pour l'étude de la navigation, l'Allemagne pour la chimie et la médecine ou l'art militaire, la France pour l'administration locale et le droit, les États-Unis pour le commerce, etc.

Conscients de l'importance de l'éducation, ils ont créé *ex nihilo* en 1871 sous l'autorité directe de l'État un ministère de l'Instruction publique et rendu l'éducation obligatoire pour tous. Dès la fin du XIXe siècle, le niveau de rationalisation et de centralisation sera supérieur à celui de la plupart des pays occidentaux, avec pour résultat qu'au début du XXe siècle tous les enfants japonais sont scolarisés et le taux d'alphabétisation devient l'un des plus élevés au monde, et ce, malgré la complexité du système d'écriture japonais[1]. Cette approche dirigiste

1. Voir l'entrée « Écriture ».

comporte cependant des inconvénients qui perdurent encore de nos jours. Au lieu d'apprendre aux élèves à penser par eux-mêmes, on leur inculque ce qu'il convient de penser, formatant ainsi des sujets dociles gavés de la doctrine officielle. L'effort phénoménal de mémorisation nécessaire à la maîtrise de l'écriture favorise, il est vrai, une certaine passivité de l'esprit.

Pour consolider définitivement l'édifice, il ne reste plus qu'à imaginer une constitution. Plusieurs missions d'étude sont envoyées aux quatre points cardinaux des démocraties occidentales. Si les successeurs des pères fondateurs de Meiji s'inspirent du droit français puis des constructions juridiques allemandes, ils privilégient un cadre original qui sauvegarde la prérogative impériale face aux futures assemblées consultatives et/ou législatives.

L'engouement pour tout ce qui vient de l'étranger se tarit vers la fin des années 1980, ce qui aboutit à la promulgation de textes comme le *Rescrit impérial sur l'éducation* d'inspiration confucéenne promulgué en 1890.

Le 11 février 1889, la première Constitution japonaise aux accents très conservateurs est finalement proclamée.

En moins de trente ans, la modernisation que les nations occidentales avaient mis des siècles à mûrir est menée à bon port. Le rythme a été infernal, les traumatismes d'une société qui perd ses repères ancestraux avant d'avoir pu s'assurer de nouveaux jalons sont brutaux, mais le Japon est prêt pour la grande course du XXe siècle sur quasiment les mêmes « starting-blocks » que l'ensemble des nations civilisées.

Mishima Yukio (三島由紀夫) – Écrivain (1925-1970)

Le 25 novembre 1970 vers midi et quart, Hiraoka Kimitake, de son nom de plume Mishima Yukio, première star de la littérature japonaise de renommée internationale, se suicidait en se faisant spectaculairement *seppuku* dans la plus pure tradition du rite ancestral des *samouraïs* au quartier général des Forces d'autodéfense du Japon.

Neuf ans plus tôt, comme une répétition morbide, il avait décrit avec une minutie quasi clinique le processus d'éventration dans sa nouvelle *Patriotisme* (*Yûkoku*) :

> « La main droite sur le sabre, le lieutenant commença de s'entailler le ventre par le travers. Mais la lame rencontrait l'obstacle des intestins qui s'y emmêlaient et dont l'élasticité la repoussait constamment ; et le lieutenant comprit qu'il lui faudrait les deux mains pour maintenir la lame enfoncée ; il appuya pour couper par le travers. Mais ce n'était pas aussi facile qu'il l'avait cru[1]. »

Un film, *Yûkoku ou les Rites d'amour et de mort*, dont il était à la fois le réalisateur, le scénariste et l'acteur, fut même tourné en 1965, telle la générale d'une pièce de théâtre.

En fait, Mishima avait méticuleusement préparé cette mort depuis plus d'un an, comme tout ce qu'il entreprenait, jusque dans le respect à l'heure près de la date de remise de ses innombrables écrits. Il avait posé bien en vue sur son bureau le matin même avant de quitter son domicile une grosse enveloppe destinée à son éditeur. Il s'agissait de son dernier roman, *L'Ange en décomposition*,

1. Dans *La Mort en été*, traduit de la version anglaise par Dominique Aury, Gallimard, 1983.

quatrième tome de l'ésotérique et complexe tétralogie de *La Mer de la fertilité* commencée six ans plus tôt, et qu'il considérait comme son œuvre majeure.

Il mettait ainsi un point final à une fulgurante carrière d'écrivain.

Depuis le balcon du bureau du général commandant l'armée japonaise qu'il avait pris en otage, accompagné de quatre disciples de sa Société du bouclier (*Tate no Kai*), la milice privée qu'il avait créée deux ans plus tôt, il avait tenté d'exhorter les huit cents hommes de la garnison rassemblés dans la cour à se soulever contre la démocratie imposée après la guerre par les Américains. Selon lui, elle bafouait l'âme du pays en lui interdisant d'avoir une véritable armée. Au lieu du discours de 30 minutes qu'il avait prévu de prononcer, il ne put s'exprimer que 7 minutes, sa voix couverte tant par les quolibets et les sifflets d'un auditoire sarcastique que le bruit des hélicoptères des chaînes de télévision tournoyant au-dessus de l'immeuble. Retournant dans le bureau du général ligoté à son fauteuil, il eut cette phrase dépitée :

« Ils ne m'ont pas bien entendu ! »

Il avait pourtant fière allure sur les photos qui le montrent juché sur le parapet du balcon 10 mètres au-dessus de la foule massée de soldats et de journalistes. Il porte l'uniforme de la *Tate no Kai*, une vareuse avec un col dur noir, deux rangées de six boutons de laiton et des épaulettes qui brillent au soleil éclatant de cette fin d'automne.

Sous son front ceint du bandeau *hachimaki* frappé de l'emblème de l'empire du Soleil-Levant, il plisse les sourcils sans qu'on sache si c'est à cause de la luminosité ou sous l'effet de la concentration. Sa main gauche gantée de blanc repose sur sa hanche, les doigts de la droite sont écartés au bout de son bras tendu devant lui à hauteur de son épaule, comme s'il bénissait la foule. Sa gestuelle est martiale.

Cette photo d'un homme qui mourra de sa propre volonté moins d'une demi-heure plus tard m'a poursuivi tout au long de ma découverte de l'écrivain et, peut-être, de ma vie au Japon. Ma fascination instinctive fortement influencée par une certaine idée du romantisme n'avait d'égale que le désir de comprendre les motifs profonds de Mishima. Je ne doutais pas qu'en creusant au travers des différentes strates de ses écrits au-delà du cliché exalté de ce suicide strictement japonais, je pourrais déchiffrer l'âme de ce pays. Mishima, pensai-je, serait la machine de Turing qui me permettrait de décrypter l'esprit japonais et d'en dérouler le ruban infini des algorithmes. En même temps, sa fin tragique était la manifestation concrète du concept de « mort volontaire » que mon éducation teintée d'une forte coloration judéo-chrétienne avait du mal à conceptualiser.

D'autant que ce suicide, loin de me déranger, me captivait.

Il faut remonter l'arbre généalogique d'Hiraoka Kimitake, plus exactement celui de ses grands-parents paternels, dans le foyer duquel il fut élevé, où ses propres parents vivaient également, pour tenter de comprendre toute la complexité de Mishima Yukio :

— Son grand-père, Hiraoka Sadatarõ, était le fils d'un fermier d'une origine modeste, mais que les bouleversements du XIXe avaient permis de se hisser dans la société. Il avait atteint le niveau fort élevé de premier gouverneur civil de la province de l'île Sakhaline dans un pays encore largement empreint de tradition confucéenne où la fonction publique était particulièrement respectée. Plus tard, il fut moins inspiré quand il se lança dans les affaires, ce qui diminua considérablement la fortune de la famille.

— Sa grand-mère, Natsuko née Nagai, était la petite fille de Matsudaira Yoritaka, prestigieux aristocrate dont le clan était proche de Tokugawa Ieyasu[1], le fondateur du shogunat qui dirigera le pays près de deux cent soixante-dix ans. Elle-même avait été élevée dans l'ombre d'une famille princière. Elle voyait son mariage avec Sadatarõ comme une déchéance. Elle le haïssait n'était-ce que pour son manque de fierté et de l'esprit *samouraï* de ses propres ancêtres. Son ressentiment envers son époux était accru par le fait qu'elle était persuadée qu'elle devait l'origine de la névralgie encéphale chronique qui la minait à la syphilis qu'avait autrefois contractée son mari.

« Cette névralgie rongeait indirectement mais régulièrement ses nerfs en même temps qu'elle augmentait inutilement son acuité intellectuelle. Qui sait si cette forme de dépression qui la poursuivit jusqu'à sa mort n'était pas un cruel rappel aux vices dans lesquels mon grand-père s'était vautré dans sa jeunesse[2] ? », expliquera Mishima.

---

1. Voir l'entrée « Sandai Bushõ ».
2. Cité dans *The Life and Death of Yukio Mishima*, biographie d'Henry Scott-Stokes.

Natsuko, racontera-t-il également, « avait l'esprit étroit, était indomptable et cédait volontiers à un penchant furieusement lyrique[1] ».

Avec son tempérament violent, elle était la personnalité dominante de la famille. Elle imposait son autorité intransigeante non seulement à Sadatarō, mais aussi aux parents de Kimitake, son fils Azusa et sa belle-fille Shizue.

— Azusa n'avait pas fait une carrière aussi brillante que son père, mais il avait de la fonction publique la fierté de sa caste. Il ne voyait pas pour son fils d'autre issue que celle-ci. Il méprisait ses activités littéraires, pour lesquelles il ne percevait que futilité et déviance homosexuelle. Quand il surprenait dans sa chambre l'adolescent en train d'écrire, il se saisissait du manuscrit et le déchirait rageusement. De nombreux écrits furent ainsi à jamais perdus.

Azusa voulait que Kimitake soit viril, sans pour autant être capable de s'opposer à l'éducation somme toute efféminée que sa mère donnait à l'enfant. Il raconte qu'une des rares fois où il avait pu arracher son fils à la chambre de sa grand-mère pour l'emmener en promenade, il l'avait approché au seuil d'un passage à niveau d'une locomotive lancée de toute sa vitesse grondante sans susciter sur son visage la plus élémentaire des réactions, fût-elle de peur ou plus simplement de curiosité. « Je regardai la figure de Kimitake, stupéfait de voir qu'elle ne manifestait aucune réaction... [Son] visage restait le même masque de *nô* qu'auparavant[2] », dira-t-il plus tard. Kimitake avait tout juste 4 ans. Il avait très tôt appris à dissimuler ses émotions.

— Shizue, fille d'un proviseur de lycée, était une jolie femme cultivée, calme et effacée. Issue d'une lignée de

1. *Ibid.*
2. *Ibid.*

lettrés confucianistes, elle avait un goût prononcé pour la littérature. Elle vécut un enfer sous la tyrannie de sa belle-mère.

Son fils lui vouait un amour passionnel. Depuis qu'il s'était mis à écrire dès l'âge de 12 ans et jusqu'à la fin de sa vie, il en avait fait sa première lectrice.

Aussitôt qu'il fut né, Natsuko kidnappa littéralement l'enfant et prit l'entière responsabilité de l'éducation de son premier petit-fils. Shizue n'était autorisée à voir son bébé que pour l'allaiter toutes les quatre heures. Une sonnette actionnée par sa belle-mère la prévenait qu'il était l'heure de s'y préparer. Aussitôt la tétée achevée, elle le ramenait dans sa chambre, une sombre pièce à tatamis au rez-de-chaussée de la maison où elle passait, allongée sur son *futon*, le plus clair de son temps.

Kimitake, de constitution chétive, fut ainsi jalousement couvé, interdit de sortie, de toute rencontre et des jeux habituels d'un garçonnet jugés bruyants et trop dangereux. Cette réclusion dura jusque son entrée à l'âge de ses 6 ans dans la prestigieuse école de l'élite japonaise Gakushû-in. Il avait vécu tout le temps de sa prime enfance totalement isolé du monde extérieur, exclu de la vie quotidienne des garçons de son âge.

Nourri des histoires de sa grand-mère selon lesquelles son ascendance prestigieuse, les Matsudaira et plus loin les lointains ancêtres Tokugawa, était le socle sur lequel reposait l'empereur, la plus haute autorité du pays éternelle et intouchable, il vivait dans l'impression la plus obsolète de la société japonaise, ne réalisant aucunement qu'elle était devenue égalitaire. L'opacité avec le monde extérieur qu'avait érigée Natsuko était plus efficace que l'imposante grille de fer forgé cadenassée qui interdisait tout accès au jardin de la maison familiale.

Ainsi préservé des agressions du vrai monde, l'enfant hypersensible donnait une signification démesurée aux rares événements les plus banals qui venaient brièvement s'ingérer dans l'univers cloisonné par sa grand-mère. Il cite par exemple la toute première image dont il se souvient, alors qu'il avait 4 ans :

> « C'était un jeune homme qui marchait vers nous. Il avait de belles joues rouges pleines, un regard brillant. Un chiffon sale lui ceignait le front. Reposait sur son épaule un balancier auquel étaient accrochés des seaux d'excréments[1]. »

C'était un videur de latrines !

Un autre souvenir de sa prime enfance est une illustration trouvée dans un livre, qu'il ne cesse de contempler, celle d'un beau chevalier en armure sur un blanc destrier, qui tient une épée haut levée, prêt à affronter la mort. « Je pensais qu'il allait mourir dans l'instant qui venait ! », raconte Mishima. L'enfant fantasme sur cette image jusqu'à ce que sa nounou lui apprenne qu'il s'agit d'une femme prénommée Jeanne d'Arc. Cette révélation le dévaste. Pour que la mort du chevalier le touchât, encore aurait-il fallu qu'il fût un homme.

Plus tard, il découvrira dans un livre d'art de la bibliothèque familiale une reproduction du *Martyre de saint Sébastien* de Guido Reni. Ce tableau déclenchera ainsi qu'il le raconte dans ses *Confessions d'un masque* son premier émoi sexuel. En 1966, quatre ans avant sa mort, il se fera photographier par Shinoyama Kishin dans la même pose que le martyre de saint Sébastien, ceint d'un pagne blanc noué bas sur ses hanches, les mains ligotées au-dessus de sa tête au tronc d'un arbre, le flanc droit,

1. Cité dans *The Life and Death of Yukio Mishima*, *op. cit.*

l'aine et l'aisselle gauches percés chacun d'une flèche. Photomontage dérangeant au narcissisme excessif devant lequel, n'en connaissant pas encore la genèse, j'étais resté dubitatif : comment un auteur de cette dimension pouvait-il se livrer à un exhibitionnisme aussi morbide ? En fait, je n'avais pas compris qu'il s'agissait sans doute pour Mishima, en exposant son corps nouvellement musclé, de démontrer la revanche qu'il avait prise, à force d'efforts démesurés quotidiens, sur la nature qui l'avait fait naître malingre, chétif et maladif.

Quand le Japon au bord de la défaite se mit à recruter frénétiquement de la chair à canon, Hiraoka reçut le 15 février 1945 la terrifiante feuille de route rouge dite *Akagami* qui signait pour tous les jeunes gens qui la recevaient un arrêt de mort quasi certain. Mais il fut renvoyé dans ses foyers à la suite d'une forte fièvre alors qu'il venait de rejoindre la caserne. Ironiquement, alors qu'un puissant rêve de mort l'habitait déjà, le destin la lui refusait. En fait, il reconnut des années plus tard qu'il n'aurait pas voulu d'une mort anonyme quelque part au milieu d'un champ de bataille, dépourvue de toute mise en scène esthétique.

Ainsi se façonna la double personnalité de Mishima :

- D'un côté, un caractère forgé à l'acier de la fierté de soi ; une volonté surhumaine ; une détermination d'airain dans tout ce qu'il entreprenait. Le tout servi par une intelligence vive et aiguë, une capacité à conduire sa vie comme il l'entendait selon un itinéraire minutieusement planifié, une énergie qui l'autorisait à passer ses nuits à écrire après des journées de travail au prestigieux ministère des Finances au sein duquel le difficile concours passé haut la main lui avait permis d'accéder au plus grand bonheur de son père.

• De l'autre côté, derrière le masque impassible du *samouraï*, un être vulnérable, influençable, sensible à l'extrême ; tourmenté par un goût morbide pour le sang et un érotisme glauque ; qui pouvait être aisément blessé ; un homme qui se croyait incapable d'aimer bien que pouvant rester des nuits entières au chevet de sa mère malade et qui fut dévasté lorsque sa sœur de 17 ans mourut du typhus. Un Mishima très paradoxal qui réclamait beaucoup d'amour tout en fuyant dès qu'il en recevait.

Il dévoile cet aspect torturé de son personnage dans les *Confessions d'un masque*, publié en 1949, ce surprenant roman autobiographique qui consacra sa renommée alors qu'il n'avait que 24 ans.

J'ai découvert cet auteur en lisant une première fois cet ouvrage en 1973. J'avais tout juste 20 ans.

J'avais été bouleversé par ses déchirements internes, puis stupéfait par la crudité de ses propos ; par son impudeur ; par son apologie de ses pulsions homosexuelles à une époque où cela restait tabou ; par son indifférence affichée pour les femmes ; par son incapacité à se sentir en vie autrement qu'au travers d'images sadomasochistes. Dans le même temps, j'étais admiratif de ce tout jeune homme capable de se dévoiler aussi crûment en nous offrant ses tiraillements intimes analysés avec une telle acuité.

Mishima savait déjà que la grande littérature ne pouvait reposer sur le socle du mensonge, mais au contraire qu'elle devait se bâtir sur celui de la sincérité, aussi camouflée fût-elle sous les subterfuges de l'intrigue.

Je recommande vivement à toute personne tentée d'aborder son œuvre de commencer par les *Confessions d'un masque*. Elles sont le bréviaire contenant tous les composants de son esthétique.

Par la suite je me suis lancé dans une lecture compulsive de son œuvre, à la fois en français et en japonais malgré mon immense difficulté à lire dans le texte original, du fait de son style prolixe et d'une écriture au vocabulaire si riche gorgée d'images complexes.

J'ai commencé par *Le Pavillon d'or*, publié en 1956, considéré par beaucoup comme son meilleur roman. C'est l'histoire authentique de ce moine schizophrène qui avait en 1950 incendié ce trésor de l'architecture de Kyoto. Mishima promène son lecteur entre la perfection des lieux et des choses et les tares de ses héros, le moine Mizoguchi, dont un fort bégaiement « place un obstacle entre [lui] et le monde extérieur », et son diabolique compère Kashiwagi, affublé d'un handicap physique qu'il utilise pour attendrir puis séduire les jeunes femmes. Mizoguchi se prend d'une haine féroce pour « la beauté, les choses belles [qui] sont [ses] pires ennemies », se faisant ainsi l'interprète de l'auteur lui-même pour lequel « la destruction de la beauté est plus belle que la beauté elle-même[1] ».

La virtuosité stylistique de Mishima s'exprime à chaque page :

On est saisi d'émotion par la poésie de l'attendrissante scène où une jeune femme, lors d'une cérémonie d'adieu déchirante aussi digne que sobre, fait gicler dans un bol de thé vert le lait de son sein qu'elle offre au jeune officier dont elle attend un enfant alors qu'il s'apprête à partir pour le front. Cet épisode m'a marqué au point qu'à chaque fois que je me rends à Kyoto, je vais effectuer un pèlerinage au temple du Nanzen-ji ; je me perds alors dans l'imaginaire de ce moment de grâce extrême. J'ai récemment relu ce passage dans ma demeure de Kamakura en écoutant le *Concerto pour violon n° 1 opus 26 en sol mineur* de Max Bruch interprété par la violoniste

1. *Ibid.*

Anne-Sophie Mutter sous la direction de von Karajan. La correspondance de ce texte à l'atmosphère si japonaise avec l'émouvant adagio au romantisme si européen résume, me semble-t-il, toute la dualité de cet auteur dont la colonne vertébrale des romans est occidentale, alors que son univers très personnel repose sur des concepts exclusivement japonais.

On est abasourdi par les fulgurances innombrables qui parsèment le roman, telle cette image de la nudité du Pavillon d'or sous la neige, ou par la virtuosité de Mishima à attirer l'attention sur un détail insignifiant comme l'éclat de la lumière sur de simples feuilles de trèfle.

On comprend en une seule ligne d'une simplicité désarmante trouvée au détour d'une page l'essence d'un art aussi complexe que celui des bouquets *ikebana* : « Fleurs et feuilles, qui existaient comme elles étaient, se métamorphosaient instantanément en fleurs et feuilles telles qu'elles devaient être. »

On est envoûté, enfin, par la sensualité de cet instant quand, dans un pavillon de thé, une femme défait son kimono et offre la vue de son sein à Mizoguchi. Cela me rappelle le trouble qui m'avait saisi lorsqu'une jeune femme, en d'autres temps, au moment où elle avait dénoué l'*obi* de son kimono, m'avait offert un semblable instant de félicité.

Toute cette beauté entre en collision avec la tourmente qui agite l'apprenti moine. Il s'exclame : « Si les gens d'ici-bas tâtent du mal par leur vie et leurs actes, j'irai moi plus profond qu'eux, le plus profond possible, au cœur même du mal. » Ou encore : « Ah ! Que la perversité tapie au fond de moi prolifère, se multiplie à l'infini ! Que les ténèbres où mon cœur est pris égalent en profondeur celles de la nuit ! »

Il finira, ne supportant plus l'insolence de tant de magnificence, par incendier le Pavillon d'or et, enfin apaisé, il allumera une cigarette, décidant qu'il « voulait vivre ».

Le Tumulte des flots, paru en 1954, reste le plus populaire des romans de Mishima. C'est une histoire d'amour toute simple dont l'atmosphère de la petite île où elle se déroule est inspirée de son voyage en Grèce en 1952 ; les deux protagonistes, un humble pêcheur et une plongeuse ramasseuse d'ormeaux, ne pensent jamais à la mort, transgressant ainsi le canevas de tous les autres héros de l'écrivain. Mishima démontrait ici qu'il pouvait inventer un monde différent de celui, torturé et en tension permanente, qui était le sien. Il dira quelques années plus tard qu'il avait ressenti après ce livre le désir de se transformer en son propre contraire jusque dans la vie quotidienne. « C'est la Grèce, expliquera-t-il, [qui] en guérissant ma haine de moi-même et ma solitude a éveillé en moi un vouloir de santé[1]. »

Publié en 1963, *Le Marin rejeté par la mer* est une œuvre sombre et désespérée qui regroupe tous les troubles et les douleurs de Mishima : l'obsession d'un corps masculin parfait, en l'occurrence celui de l'officier de marine au centre de ce récit ; la mort de la sœur du marin, décédée du typhus ; la haine des enfants pour la figure du père dont on peut se demander si elle n'est pas l'incarnation de son propre ressentiment pour son père, Azusa. L'histoire elle-même est terrible, racontant la mise en perspective par une bande d'enfants sous l'autorité de leur « chef » d'un traquenard pour assassiner le beau-père d'un des leurs, meurtre qu'ils décident de perpétrer avant l'âge fatidique de 14 ans, car, selon le code pénal japonais,

1. *Ibid.*

« les actes des jeunes gens n'ayant pas encore 14 ans ne sont pas punissables par la loi ». Ils envisagent de commettre ce meurtre abominable en l'éviscérant après s'être entraînés sur un chat dont la vivisection est décrite avec une précision chirurgicale. Mishima avoua l'avoir réalisée réellement, car « [il] ne [peut] écrire que ce [qu'il a] vu de [ses] yeux » expliqua-t-il à son traducteur John Nathan, ajoutant, donnant l'impression qu'il ne plaisantait qu'à demi : « Ça me pose un problème, car je voudrais un jour décrire un homicide[1] ! »

Si Mishima excelle dans le roman, il maîtrise également à merveille l'art de la nouvelle. Son recueil *La Mort en été* en est un brillant exemple. Il y manie toute la palette de son talent, tragédie, ironie, poésie.

La première nouvelle, « La Mort en été », conte la tragédie d'un couple dont deux des enfants et la belle-sœur meurent noyés. Mishima décrit avec sobriété, respectueuse de la douleur de ses personnages, leur travail de deuil et leur résilience.

C'est cependant la nouvelle « Patriotisme » qui retint le plus mon attention, moins parce qu'elle est annonciatrice du *seppuku* de Mishima que par l'esthétique que dégage chaque ligne dans le déroulement minutieux de la dernière soirée du jeune lieutenant et de son épouse avant leur suicide. Leur préparation physique et mentale est décrite avec une grande sensibilité. La scène d'amour est d'une infinie délicatesse, abordée avec pudeur, comme sur la pointe des pieds pour ne pas déranger le lieutenant Takeyama Shinji et sa femme Reiko dans leur intimité. La description du corps dénudé de la jeune femme que contemple Shinji est d'une sensualité brûlante[2] :

1. *Ibid.*
2. *La Mort en été*, *op. cit.*

« La lumière basse de la lampe révélait la courbe majestueuse de sa blanche chair. Le lieutenant, non sans quelque égoïsme, se réjouit de ce qu'il ne verrait jamais plus : tant de beauté défaite par la mort. »… « Le ventre et les hanches luisaient avec la blancheur et l'éclat du lait à ras bord dans une large coupe, et l'ombre brusque du nombril ressemblait à la trace d'une goutte de pluie au même instant tombée. »

Finalement, ils interrompent leur étreinte pour ne pas « gâter par la satiété la douceur des dernières étreintes ».

Enfin, le lieutenant se prépare pour son geste ultime. Sa préoccupation est de mourir dignement sous le regard de sa femme :

« La vue de sa femme, mince et blanche silhouette, éveillait une bizarre excitation chez le lieutenant. Ce qu'il allait accomplir appartenait à sa vie publique, à sa vie de soldat dont sa femme n'avait jamais été témoin. Cet acte exigeait autant de volonté que se battre exige de courage ; c'était une mort dont la dignité et la qualité n'étaient pas moindres que celles de la mort en première ligne. Ce dont il allait maintenant faire montre, c'était de sa conduite sur le champ de bataille. »

La fascination de Mishima pour l'imagerie militaire dans ce qu'elle peut avoir d'excessif, dans la beauté guindée de l'uniforme et le côtoiement quotidien de la mort, le conduisit à créer cette ahurissante milice personnelle, la *Tate no Kai*, entièrement financée sur ses propres deniers. Officiellement, il la créa parce qu'il craignait que les forces d'extrême gauche et communistes qui s'agitaient dans le courant des années 1960 ne renversent l'empereur, symbole vivant suprême du pays. Mais on peut sans trop se fourvoyer imaginer que sa motivation profonde était en fait d'ordre esthétique, une façon de se rapprocher du grand frisson d'une mort glorieuse. Sa Société du bouclier compta jusque cent membres, des gamins de 20 ans recrutés principalement parmi les étudiants de la prestigieuse université Waseda. Le plus stupéfiant dans cette histoire est que Mishima parvint, grâce à l'intervention d'un Premier ministre dont il était familier, à la faire entraîner plusieurs fois par les Forces d'autodéfense sur leur terrain d'exercice au pied du mont Fuji !

Sa proximité avec l'état-major japonais lui permit même d'expérimenter un vol à bord d'un chasseur F-104. Et ultimement de pénétrer, littéralement « sabre au clair », sans aucun barrage, jusque dans le bureau du général commandant les Forces d'autodéfense ! La naïveté de toute la hiérarchie qui aurait pu anticiper son acte de rébellion à la lumière de la nouvelle, puis du film éponyme, *Patriotisme*, sans omettre la fondation même de cette milice, est confondante...

Il n'est bien évidemment pas nécessaire de lire la totalité des 40 romans, 18 pièces de théâtre, 20 recueils de nouvelles et la même quantité d'essais littéraires que Mishima produisit au cours de sa vie, d'autant plus que tout n'a évidemment pas été traduit du japonais. Les quelques titres évoqués dans cette occurrence permettent toutefois d'avoir une vue d'ensemble sur son œuvre protéiforme et son immense talent.

Il abordait avec un brio éblouissant tous les genres : théâtre occidental moderne, *nô* ou *kabuki* de facture et de langage classiques qu'il fut le seul écrivain japonais du XXe siècle à savoir parfaitement manier, nouvelle, roman épique ou intimiste, essai.

Il sautait d'un style désinvolte ou minimaliste à une langue étincelante, car il possédait sans doute le vocabulaire le plus sophistiqué des écrivains de son siècle. On lui reprochait d'ailleurs, comme Marguerite Yourcenar le fit, sa versatilité, la lourdeur et le « trop-plein » de styles qui ne faisaient pas UN style reconnaissable entre tous, comme celui de Tanizaki[1]. Il continue cependant de susciter de nouvelles interprétations cinquante ans après sa mort. Certains de ses chefs-d'œuvre sont retraduits, comme s'il était nécessaire de les revisiter sous un nouvel éclairage. Quoi qu'il en soit, il avait une immense capacité à émouvoir le lecteur, à le transporter dans son monde complexe, quitte à le laisser exsangue au terme de sa lecture.

Comme tout romancier majeur, il a commis des récits « alimentaires » fades dont il élaguait le vocabulaire et le style, mais aussi des romans fulgurants, particulièrement sophistiqués, creusant dans la pâte humaine ou mettant à nu ses propres fantasmes.

Tous ses manuscrits impeccables étaient toujours remis aux éditeurs avec une ponctualité confondante, même lorsqu'il rencontra des difficultés à les concevoir, comme ce fut le cas pour sa tétralogie de *La Mer de la fertilité*.

Toutes ses pièces de théâtre ont été montées et jouées, souvent avec succès, y compris à l'étranger. C'est sans doute dans ce genre littéraire qu'on peut approcher la facilité déconcertante avec laquelle il se mouvait d'un monde à l'autre, depuis la grande dramaturgie contemporaine à l'européenne de *Madame de Sade* qu'une Yasmina Reza aurait pu écrire ou le très provocant *Mon ami Hitler*, jusqu'à la tradition classique japonaise la plus raffinée qu'on trouve dans les *Cinq Nôs modernes*.

Il fut trois fois nominé pour le prix Nobel de littérature qu'il aurait pu obtenir en 1968 à l'âge de 42 ans s'il n'avait finalement été attribué à son aîné et mentor

1. Voir l'entrée « Tanizaki Jun'ichirō ».

Kawabata Yasunari[1]. Celui-ci ne dit-il pas de lui dans le *New York Times* début 1970 :

« Il a un talent extraordinaire, pas seulement le talent d'un Japonais mais d'échelle mondiale. Il est de ces génies que l'on ne croise peut-être qu'une fois tous les trois cents ans[2]. »

Pourtant, sa place dans la littérature japonaise est vacillante. Le consensus au Japon, mais également en Occident, est qu'il n'est certainement pas « un génie », que Tanizaki et d'autres auteurs japonais lui sont largement supérieurs. Le public japonais n'est pas à l'aise avec lui. Il perçoit dans le personnage un insupportable narcisse sombrant dans un nationalisme désuet, que les extrémistes d'une droite folklorique ont opportunément récupéré pour l'utiliser comme une marque déposée.

C'est un cliché réducteur que ne mérite certainement pas Mishima.

Un ami japonais, journaliste érudit auquel j'avais confié mon intention de relire son œuvre avant de rédiger cette notice, laissa tomber : « Tu verras, cela a beaucoup vieilli ! » Cette ellipse suffisait pour exprimer son dédain pour l'écrivain.

On se refuse donc toujours dans ce pays à le considérer comme le noble héros au sens japonais du terme qui a tout perdu – famille, amis, fortune, réputation – sauf son honneur en se faisant *seppuku*, profil que l'académicien britannique Ian Morris décrit dans son livre *La Noblesse de l'échec*. Il est au mieux un personnage *hazukashii* – embarrassant –, au pire un bouffon ou un esprit dérangé, ce qui est évidemment injuste et faux.

1. Voir l'entrée « Kawabata Yasunari ».
2. Cité dans *The Life and Death of Yukio Mishima*, *op. cit.*

Henry Scott-Stokes cite dans sa biographie la visite qu'il fit à Kyoto à un moine zen de très haut rang. Celui-ci lui donna une piste moins simpliste sur le manque de reconnaissance qui entoure Mishima dans son propre pays. Il lui dit simplement :

« Je suis désolé pour lui, vraiment désolé. Je regrette qu'il ne soit pas venu me voir. J'aurais pu l'aider. Il était trop *pressé*[1]. »

Être pressé, au Japon, est la pire des choses que l'on puisse faire dans ce qu'on entreprend. C'est interprété comme de la négligence, de la planification hâtive, voire un intolérable manque de considération pour son entourage. C'est peut-être le ressenti inconscient des Japonais : Mishima avait méprisé les conventions en se faisant *seppuku* en public, comme s'il avait été en représentation. Car le *seppuku*, dans l'esprit du *bushido*, doit demeurer une affaire privée.

L'explication du moine se référait évidemment à quelque chose de plus élevé que le simple respect sociétal de la morale : la conduite de sa vie jusqu'à la mort dans l'esprit du *yômeigaku*, cette école néoconfucianiste proche du zen selon laquelle « la connaissance est l'action », ce que Mishima traduisait par « savoir sans agir n'est pas savoir ».

Il est donc important de situer le geste final de l'écrivain non pas comme un vulgaire fait divers dont le moteur aurait été un érotisme macabre, une infatuation complaisante ou la conclusion nécessaire de l'échec après une minable tentative de coup d'État, mais comme l'aboutissement d'une existence jusque cette mort précise comme une flèche est tirée dans le but unique d'atteindre la cible en son milieu.

Je ne suis personnellement pas tout à fait certain que Mishima se soit trop « hâté ». Je crois au contraire, comme

1. *Ibid.*

Marguerite Yourcenar, que « la mort de Mishima est une de ses œuvres et la plus soigneusement préparée ».

J'en veux pour preuve cette anecdote peu connue, rapportée dans un numéro spécial de la revue *Geijutsu Shinchō* publiée en décembre 1995 : dans le courant de l'année 1970, l'écrivain s'était rendu dans un grand magasin et avait arrangé qu'un cadeau précis soit remis à Noël, jusqu'à leur majorité, à chacun de ses deux enfants, Noriko et Iichirō, qui avaient 11 ans et 8 ans au moment de sa disparition.

D'autres interprétations à ce suicide ont été formulées : qu'il avait atteint la perfection, tant dans son œuvre que dans sa vie ; ou au contraire qu'il savait qu'il ne pourrait jamais y parvenir ; ou bien encore qu'il eut le sentiment que son idéal de beauté était paradoxalement entaché par son éclatante réussite. On a également prétendu que ce geste était le *shinjû* de deux amants, son complice Morita s'étant éventré après avoir raté la décollation de l'écrivain.

Mishima n'a laissé aucun indice permettant de privilégier une explication plutôt qu'une autre, et c'est bien ainsi.

Pour ma part, je suis attaché à l'idée qu'il a mis fin à sa vie à l'âge de 45 ans tout simplement parce qu'il avait achevé tout ce qu'il avait voulu faire, et qu'il a choisi le *seppuku* par esthétisme, parce que ce dépassement ultime de soi a *une gueule folle*, car il tient éloignée la vulgarité de la mort précisément par sa théâtralité.

Alors que je travaillais à cette occurrence et que j'échangeais avec ma belle-sœur japonaise sur la portée et la signification de l'œuvre de Mishima, celle-ci me dit soudain :

« Sais-tu que nous avons un lointain lien familial avec Hiraoka Kimitake ? »

Devant ma surprise, elle m'expliqua en dessinant une sorte d'arbre généalogique sur une grande feuille, tant cette parenté est complexe, que la jeune sœur du mari de sa tante avait épousé un Nagai, cousin de Mishima du côté de sa grand-mère.

Elle me raconta que mon beau-père avait croisé plusieurs fois l'écrivain lors de réunions de famille. Il le décrivait comme un être d'un raffinement extrême, tant sur le plan de son allure et de son élégance tout occidentale bien qu'il ne fût pas grand, de sa distinction exprimée au travers de la discipline de son attitude ou de sa gestuelle quand il fumait une rare cigarette, que de l'humilité et de la gentillesse courtoise et attentionnée qu'il manifestait en tout moment à son entourage. Malgré sa modestie, il rayonnait d'un charisme que le magnétisme de son regard amplifiait.

L'image que je souhaite garder de Mishima n'est pas celle de Yukio, l'écrivain poseur, la figure publique narcissique sans cesse en représentation, sans doute plus pour lui-même que pour les autres ; pas non plus celle de son *seppuku* qui a contribué à brouiller les pistes et multiplier les interprétations, bien que cet acte reste dans mon imaginaire un des piliers fondateurs de mon panthéon personnel du Japon ; ni celle, à laquelle je souscris pourtant pleinement, de l'écrivain expliquant à Scott-Stokes : « Il est virtuellement impossible pour un non-Japonais de comprendre le Japon. Vous, les Occidentaux, sous-estimez constamment la face sombre de la culture japonaise. Vous préférez vous arrêter aux éléments "légers" de notre tradition. Vous avez toujours trop mis l'accent sur "le chrysanthème" (les arts) et votre compréhension de "la lame" (la tradition martiale) a toujours été insuffisante. » Non, ce n'est aucun de ces clichés.

L'image que je vénère est celle, une fois retiré le masque, de Kimitake, petit-fils, fils, frère, époux et père attentionné, qui regardait son devoir envers sa famille comme primordial, en cela profondément ancré dans la tradition confucianiste fondatrice du Japon, et dont j'entends battre le pouls au sein de ma propre famille japonaise.

Et puis celle de cet être humain pétri de souffrances et de mirages qui rêva la réalité et vécut son rêve.

Miyake Issey (三宅一生) – Styliste de mode (1938-)

Une toute petite moustache qui souligne la lèvre supérieure, un grand front dégagé, une chevelure argent coiffée en arrière, Issey *san* ne se dépare jamais d'un grand sourire. Sa démarche accuse une légère claudication, souvenir de *Pika Don*, l'explosion de la bombe atomique tombée sur Hiroshima[1], sa ville natale, alors qu'il se trouve tout juste à 3 kilomètres de l'épicentre. Il a 7 ans, sa mère, grande brûlée à 50 %, meurt quatre ans plus tard. À l'âge de 10 ans, une maladie osseuse, séquelle des radiations, le tient entre la vie et la mort plusieurs mois durant. Lui qui imaginait être danseur quand il était enfant voit son rêve s'anéantir.

Il se découvre une passion pour la mode en feuilletant des magazines. Il entre dans la prestigieuse université Tamabi, où il étudie le design graphique. Il ne possédait pas les techniques de couture ou de conception de

1. Voir l'entrée « Hiroshima, Nagasaki ».

patrons, ce qui paradoxalement lui permit de créer des collections aussi étonnantes que novatrices, comme en 1963 « Un poème de tissu et de pierre ».

En 1965, il rejoint la Chambre syndicale de la couture parisienne puis travaille comme dessinateur aux côtés d'Hubert de Givenchy. Il assiste au mouvement de Mai 68 et imagine des vêtements libérant cette génération, tel un sari qui vous « enveloppe librement sans vous enfermer dans une structure ».

Durant un séjour à New York où il travaille pour le couturier américain Geoffrey Beene, il rencontre le sculpteur Christo et l'artiste du pop art Robert Rauschenberg qui influencent son travail. Il est également un grand admirateur du sculpteur nippo-américain Noguchi Isamu pour l'humour de ses créations et de la couturière Madeleine Vionnet pour l'envolée géométrique de ses robes. Il rentre à Tokyo en 1970 et crée son propre studio de design. Il est l'un des premiers couturiers à contrôler l'ensemble des créations, la fabrication des produits mais aussi l'architecture de ses boutiques. Ses collaborateurs l'appellent « le Couturier volant ». Il invente en permanence de nouvelles formes et s'avère novateur dans l'utilisation de matériaux inédits. Il met sa logique rigoureuse au service d'une création totalement libre.

Miyake Issey est sans contestation possible le plus grand couturier de l'archipel japonais. Il a inventé un style unique de vêtements déstructurés avec des matières souples d'un confort extrême, d'inspiration japonaise bien qu'il s'en défende, car inspirés des pliages origami et d'étoffes anciennes de couleurs primaires utilisées autrefois dans le monde rural de son pays. Révolutionnaire dans les formes comme avec sa robe *Flying Saucer* et dans l'utilisation de matériaux synthétiques qui ne se froissent pas et peuvent loger dans un sac à main, il est vite devenu la coqueluche de toute une génération de femmes d'affaires pressées du monde entier sensibles à un look original sans être tapageur. Sa ligne « *Pleats Please* » en jersey de polyester lancé en 1993 est coupée, cousue puis plissée dans cet ordre selon un procédé technique dont il a déposé le brevet. Se souvenant de sa passion première pour la danse, il utilisera des danseurs à la place de mannequins classiques pour présenter ses créations sur les podiums de mode du monde entier.

Miyake est également connu pour sa générosité à accompagner certains de ses collaborateurs dans leur envol. Il a permis à plusieurs d'entre eux leur essor créatif. Il a ainsi aidé un de ses associés à promouvoir sa propre marque en 2017 et n'a pas hésité à confier la création de ses collections à de jeunes designers talentueux.

J'ai rencontré Issey *san* au début des années 1980. Je travaillais alors pour Hubert de Givenchy. En 1985, il me demanda de le rejoindre pour assurer la présidence de sa marque et il me fit même visiter un immense bureau au dernier étage de son immeuble dans le quartier de Yoyogi. Je venais juste de signer avec Chanel et étant dans la confidentialité je ne pouvais lui expliquer mon refus. Lorsqu'il apprit que je rejoignais la grande maison française, il m'appela pour me dire « Je comprends maintenant ! » et ne m'a jamais gardé rancune de mon refus.

J'avoue que travailler avec lui aurait été un très grand honneur.

Mizuage (水揚げ) – Rite de passage

Rite de passage du statut de *maiko* à celui de *geisha*[1].

Plus prosaïquement, la mise aux enchères de la virginité d'une apprentie *geisha*.

Dans le langage des maisons de *geishas* de Kyoto, on appelait ces jeunes filles souvent à peine pubères « *tamago* » (« œuf »), car leur coquille n'était pas encore brisée.

Cette pratique datant de l'époque d'Edo fut encore relativement courante jusqu'à la promulgation en 1957 de la loi anti-prostitution. Elle consistait pour la patronne de l'*okiya* à laquelle appartenait la jeune fille à lancer les enchères auprès de la clientèle fortunée de la ville. Cela permettait de rentabiliser l'investissement de son éducation au mieux.

Question de bonne gestion.

Il fallait être très riche pour pouvoir participer. Les sommes mises en jeu pouvaient atteindre plusieurs centaines de milliers de nos euros. Une négociation remportée ne se récusait pas.

Question d'honneur.

La célébrité, le rang et l'opulence de l'heureux élu assuraient le prestige de la future *geisha*. Ce dernier pouvait le cas échéant devenir son *danna*, le patron attitré qui pourvoyait à tous ses besoins, allant parfois jusqu'à racheter sa dette auprès de son *okiya* pour l'installer dans une maison.

Question d'amour.

1. Voir l'entrée « *Geisha* ».

Bien évidemment, si officiellement la jeune fille pouvait refuser le prétendant, dans la réalité elle n'avait pas d'autre choix qu'accepter. Une attitude rétive aurait ruiné la réputation de son *okiya* et bien sûr la sienne.

Le *mizuage* était une transaction comme une autre. Le plaisir n'entrait pas en compte pour l'impétrante, ni le désir dans les motivations de son partenaire : la satisfaction tenait plus pour lui dans le fait d'avoir gagné une compétition sur ses illustres pairs.

Question de prestige.

Une vieille *geisha* qui s'était laissée aller à des confidences lors d'une soirée à laquelle j'étais invité me dit en parlant de son propre *mizuage* :

« Je n'étais qu'un trophée. Un trophée qu'on n'exhibe pas mais dont on parle entre hommes de semblable qualité. Pour ma part, ce n'est qu'un mauvais souvenir. Le dépucelage ne fut un heureux moment pour aucune d'entre nous ! »

Une fois cette formalité achevée, on procédait au rituel de l'intronisation au statut de *geisha*, l'*erikae*, littéralement le « changement de col ». En effet, la *maiko* troque son col rouge contre un col blanc, sa coiffure change, sa lèvre supérieure jusque-là non maquillée est peinte. Elle portera dorénavant des kimonos aux motifs moins fleuris, plus sobres. Elle est devenue une *geisha*.

Question de statut.

J'ai eu recours au terme *mizuage* une fois dans ma vie professionnelle. Cela n'a jamais été un mot très utilisé dans les affaires, sauf dans le vocabulaire de l'industrie de la pêche, pour désigner « un débarquement de flétans ».

Les concessionnaires du plus grand aéroport du Japon souhaitaient ardemment que nous leur accordions une boutique de mode dans la zone hors taxes de l'aérogare. Nous n'avions jamais accepté au Japon de vendre cette gamme de produits dans un tel environnement. J'expliquai à nos partenaires qu'il s'agirait d'une négociation de type « *mizuage* » puisque nous parlions d'une première fois pour la marque la plus prestigieuse au monde. Ils furent surpris qu'un étranger connaisse aussi bien les usages passés de leur pays, mais ils comprirent parfaitement le message : j'obtins les conditions les plus indécentes qui se puissent imaginer dans notre profession pour une telle transaction.

Comme quoi la connaissance des us et coutumes d'un pays ne peut nuire aux affaires.

Question de culture.

Mnouchkine, Ariane – Théâtre du Soleil

« Connais-tu Ariane Mnouchkine ? »

À la retraite depuis quelques années, mon ami le journaliste Marcel Giuglaris[1] m'appela de France un jour du printemps 2001 pour me poser cette question inattendue.

« Ariane et son Théâtre du Soleil à la Cartoucherie de Vincennes, oui bien sûr ! Pourquoi ?

— Figure-toi, reprit-il, que j'ai autrefois accueilli Ariane au Japon pendant plusieurs mois. Son père, le producteur Alexandre Mnouchkine, qui était un ami proche, m'avait téléphoné pour me dire que sa fille souhaitait faire un voyage

1. Voir l'entrée « Giuglaris, Marcel ».

en Chine, mais que son visa avait été rejeté. Elle avait alors décidé de découvrir le Japon. Il me demanda donc de l'héberger. Elle débarqua à Yokohama en avril 1963. Elle a passé environ quatre mois chez nous. Tu l'ignores vraisemblablement, mais la vocation d'Ariane, ou plus exactement la forme de théâtre révolutionnaire qu'elle a adoptée pour le Théâtre du Soleil, a germé dans son esprit durant ce séjour ! »

Alors que désœuvrée elle se promenait dans une ruelle dans le quartier de Kabuki-chô, Ariane remarqua un personnage en kimono devant la façade de ce qui lui parut être un petit théâtre. Il distribuait des tracts. Elle en prit un. Elle ne lisait pas le japonais, mais elle comprit qu'il s'agissait de la publicité d'un spectacle de *kabuki* qui se jouerait un peu plus tard dans la journée. Elle décida de revenir pour y assister.

Le caissier auquel elle acheta son ticket était la même personne qui, dans la matinée, avait racolé les passants. Elle en déduit que c'était l'homme à tout faire du théâtre.

Quelle ne fut pas sa surprise de le retrouver sur scène dans le rôle principal lorsque le spectacle débuta !

C'était en effet l'acteur qui le matin même rabattait les spectateurs dans la rue et plus tard vendait les billets derrière la caisse. Elle le vit même plus tard à l'entracte proposer des *bentos*[1] en circulant entre les sièges.

Elle fut également fascinée par l'ambiance bon enfant qui régnait dans le théâtre, l'exotisme certes, car beaucoup de personnes portaient un kimono, mais aussi les interjections et les encouragements du public aux moments décisifs de la pièce, le va-et-vient tout au long du spectacle qui dure une journée entière. L'architecture du théâtre, notamment la disposition de la scène très ouverte et le *hanamichi*, cette excroissance de la scène sur le côté gauche de la salle par où les artistes apparaissent, la séduisit.

1. Voir l'entrée « *Bento* ».

Elle fut fascinée par cette bousculade des conventions du théâtre occidental, la disparition de la frontière qui sépare la troupe et le spectacle du public.

Ariane revint plusieurs fois dans ce minuscule établissement de tout au plus cinquante places assister aux spectacles qui y étaient produits.

Durant son long séjour, elle s'intéressa également aux autres formes du théâtre japonais, le *nô* et le théâtre de marionnettes *bunraku*. Elle en retint de nombreux éléments qui allaient nourrir ses propres créations : la beauté visuelle, la relation fusionnelle entre les acteurs et les musiciens présents sur la scène, les effets dramatiques obtenus au moyen d'artifices ingénieux.

Son Théâtre du Soleil, fondé en 1964 et installé depuis 1970 à la Cartoucherie de Vincennes, fonctionne selon le principe élargi de ce petit théâtre derrière Shinjuku. Les acteurs travaillent dans un esprit communautaire en se partageant toutes les tâches de fonctionnement, billetterie, placement des spectateurs, service de repas aux entractes.

Le propos de Marcel Giuglaris n'était pas de me parler de la naissance de la vocation d'Ariane Mnouchkine, bien que cela m'intéressât ; il m'expliqua que cette grande dame du théâtre français souhaitait depuis de nombreuses années venir jouer au Japon avec la troupe du Théâtre du Soleil en hommage à ce pays qui avait inspiré sa voie théâtrale. Plusieurs tentatives avaient échoué, essentiellement pour des raisons financières, car les spectacles du Théâtre du Soleil sont lourds en machinerie, en scénographie, en matériel de scène, costumes, décors, qui viennent de France. La troupe, les musiciens, les maquilleurs et les machinistes, qui font partie intégrante du spectacle, doivent tous être présents étant donné la complexité de la mise en scène et du jeu, qui ne permet pas de recruter sur place des figurants et peu de techniciens.

Elle touchait pratiquement cette fois au but, mais il lui manquait encore une somme relativement conséquente pour boucler le budget. Marcel me demanda, en ma qualité de président de la Chambre de commerce et d'industrie française du Japon, si je ne pouvais pas apporter sur place une solution. C'était une gageure, Ariane ayant des critères rigides correspondant à une éthique rigoureuse sur le choix des entreprises qu'elle acceptait dans son « tour de table ».

En me penchant sur les postes budgétaires, je constatai que la somme qui manquait correspondait peu ou prou au coût de transport de la troupe. Je contactai le représentant d'Air France à Tokyo, personnage d'autant plus dynamique que la ligne Paris-Tokyo connaissait un développement spectaculaire. Il accepta de couvrir une grande partie de ce poste. Je n'avais plus qu'à combler ce qui manquait par une participation de notre entreprise à un achat de places privilégiées que nous offririons à notre clientèle haut de gamme, toujours friande d'ouvertures culturelles.

Ariane put ainsi en septembre 2001 réaliser son vœu. Le Théâtre du Soleil fut accueilli au New National Theater Tokyo, autrement appelé Opera City, dans le quartier de Shinjuku à Tokyo. Une sorte de retour aux sources !

La salle de spectacle retenue fut massivement reconfigurée :

L'hémicycle de 1 000 places, occulté, ne fut pas utilisé. C'est sur des gradins en aluminium s'élevant jusque 6 mètres montés sur la véritable scène que les 550 places de spectateurs furent installées. La scène de 10 x 10 mètres elle-même, une réplique d'une aire entourée de douves remplies d'eau, laquelle peut submerger le plateau pour simuler une inondation, se trouvait donc dans les coulisses.

Le public entrait côté jardin et circulait entre les « loges » et les tables de maquillage des acteurs, assistant ainsi à leur préparation.

Ariane avait choisi de jouer *Les Tambours sur la digue*, spectacle qu'elle avait créé deux ans plus tôt, « forme de pièce ancienne pour marionnette jouée par des acteurs », autrement dit un *bunraku* dans lequel non seulement les montreurs mais les marionnettes elles-mêmes sont de véritables acteurs attachés aux fils qui commandent leurs gestes et postures. Ces derniers doivent adopter la rigidité des marionnettes, ne pas fouler le plateau mais l'effleurer et donner l'impression qu'ils sont manipulés par les marionnettistes, visibles derrière chacun d'eux, quoique vêtus de noir comme les *kõken* du véritable *bunraku*.

Ariane Mouchkine était très anxieuse de savoir comment les spectateurs japonais réagiraient à cette transgression de la théâtralité ancestrale extrêmement codifiée. Elle craignait qu'ils ne fussent choqués en n'y percevant qu'une parodie insipide.

Dès la première des quinze représentations à guichets fermés qui furent données, c'est au contraire un accueil chaleureux et ému que reçurent *Les Tambours sur la digue*. Nous avons vu de nombreuses personnes pleurer lors des ovations debout à la fin de chaque soirée. Tous les clients que nous avions invités, bouleversés par l'hommage vibrant qu'Ariane rendait à l'art théâtral japonais, nous remercièrent chaleureusement de leur avoir fait découvrir son théâtre. J'ai su que plusieurs s'étaient rendus par la suite à Paris dans le but unique de retrouver la troupe dans son environnement naturel.

Ariane m'a récemment rappelé que le Théâtre du Soleil était à Tokyo la journée tragique du 11 septembre 2001. Un monde s'écroulait au moment même où elle et sa troupe en faisaient découvrir un autre, féerique celui-là, au public japonais.

Son histoire avec l'archipel n'en restera pas là puisqu'elle s'apprête à concevoir un nouveau spectacle qui aura pour cadre une île fictive du Japon mais imprégnée de l'âme de ce pays. C'est la raison pour laquelle elle a passé trois mois au Japon à l'automne 2019.

Bien entendu, notre entreprise lui apportera une nouvelle fois son soutien.

Momota Yûzô (桃田有造) – Le dandy parfait (1923-2007)

Il se présentait ainsi : « Je m'appelle champ de pêches ! » Ce qui est exactement la traduction de *momota*.

Il était immense pour un homme de sa génération, dépassant le 1 mètre 85, très mince et admirablement proportionné. Ses cheveux gominés tirés en arrière lui donnaient une touche subtile de Rudolph Valentino, ce qui d'ailleurs n'était pas fortuit. Son visage aux pommettes très saillantes et à la mâchoire prononcée était taillé à la serpe. Il avait des lèvres charnues qui dévoilaient volontiers dans un large sourire des dents impeccablement alignées. De ses nombreuses parties de golf, il gardait un teint perpétuellement basané.

La mode italienne lui donnait une allure folle. Il portait des costumes faits sur mesure en lin écru en été, des pantalons à revers et des vestes déstructurées en cachemire auxquelles il ajoutait un pull-over négligemment jeté sur les épaules en hiver. Ayant gardé des années de la guerre en Chine une gorge fragile, il portait toujours qu'il fît froid au chaud une écharpe rouge sang nouée en jabot autour du cou. Il avait ainsi fait de cette touche de couleur le signe de ralliement dans le brouhaha des réceptions et autres mondanités, qu'il fréquentait assidûment. Chaussé de mocassins à pompons toujours impeccablement cirés, il déambulait avec nonchalance, d'un pas jamais pressé, affectant un dilettantisme typiquement latin.

Momota *san* était un Japonais qui aurait dû naître romain.

Il parlait le dialecte coloré de sa région du Kansai avec cette volubilité caractéristique des marchands d'Osaka de l'ère d'Edo. Son anglais était plus qu'approximatif.

Il l'avait appris après son rapatriement de Manchourie auprès des G.I. américains auxquels il achetait des plaquettes de chewing-gum qu'il revendait ensuite dans les rues de la ville de Kobe pour survivre.

Quant à son français, il se résumait à deux expressions apprises d'un client facétieux qu'il répétait à plaisir, roulant les « r » et appuyant sur les accents toniques avec gourmandise :

« Ça casse pas trois pattes à un canard ! » et « Mon cul sur la commode ! ».

Quand il se rendait en Europe pour ses affaires, il emportait toujours deux valises : une pour ses nombreuses tenues et une autre pour sa nourriture. Il adorait les cuisines française et italienne, mais ne pouvait supporter de passer plus de quarante-huit heures sans son bol de riz, sa soupe de *miso* et sa tasse de thé vert. Comme aucun de ces ingrédients n'était à l'époque disponible dans nos pays, il en faisait la contrebande, sans oublier ses algues *nori*, son flacon de sauce *shoyu* et suffisamment de riz *koshihikari* pour tenir un siège. Cette valise de survie comme il l'appelait était équipée de compartiments dans lesquels étaient rangés bols, baguettes et un petit autocuiseur pour le riz.

Il m'est arrivé d'aller le retrouver dans sa chambre au Plaza Athénée afin de partager avec lui son repas. Il grommelait que l'eau de Paris n'était pas adéquate pour le riz japonais. Il m'avait expliqué qu'il ne mangeait que de bonnes choses. C'est grâce à lui que j'ai éduqué mon palais aux meilleurs sushis et à la cuisine *kaiseki* la plus raffinée.

Vers la fin des années 1950, il avait créé Coronet Shōkai, une entreprise d'importation et de distribution de produits de luxe. Il avait convaincu le couturier Hubert de Givenchy de créer une ligne de prêt-à-porter pour hommes, « Givenchy Gentleman », dont il devint l'importateur exclusif pour le Japon. Il avait apporté son patronage au jeune Takada Kenzõ[1] quand ce dernier avait lancé sa collection au nom controversé « Jungle Jap ». Sa maison distribuait également les parfums Givenchy, la marque italienne Mila Schön et Chloé.

Son rival et néanmoins compère Motoyama Chõichirõ et lui-même ont été après-guerre les précurseurs de l'introduction de la mode européenne au Japon. On les appelait « le Momota de l'Ouest » et « le Motoyama de l'Est », l'un étant installé à Osaka, l'autre à Tokyo.

Des deux, Yûzô était le plus flamboyant.

En voyage d'affaires à Paris au moment de Mai 68, il était allé rejoindre les étudiants sur les barricades du Boul' Mich' et il avait même lancé quelques pavés sur les CRS. Puis, comme il avait un rendez-vous important à Milan, ne trouvant aucun avion, train ni voiture de location pour l'y emmener, il parvint à se procurer chez un propriétaire de voitures de maître qui le transportait habituellement dans la capitale une Rolls-Royce Silver Shadow blanche. Il avait fait le plein et chargé le coffre de jerricanes d'essence. Il dut prendre le volant lui-même, car il n'y avait aucun chauffeur pour le conduire. Gravure de mode improbable, il traversa ainsi spectaculairement Paris en insurrection sous l'œil ébahi des manifestants et des policiers qui le laissèrent passer les barrages et les chicanes des barricades ! Il leur distribuait des mignonnettes de spiritueux dérobées au bar du Plaza en les saluant d'un tonitruant « Ça casse pas trois pattes à un canard ! ».

Je suppose que c'est ainsi qu'il a salué les divinités quand il est allé les retrouver.

1. Voir l'entrée « Takada Kenzõ ».

Mono no aware (もののあはれ) – La fugacité des choses

État de résignation qui saisit le cœur devant l'inévitable passage du temps sur les êtres et les choses.

Sensibilité à la beauté éphémère de la vie.

Intuition de la nature fuyante du monde.

Certitude que tout est voué à la douleur et à la mort.

Le « AH ! » des choses tel que le ressentaient les nobles dames de la cour de Heian au xe siècle.

Douce monotonie des sentiments qui émane des films d'Ozu Yasujirõ[1].

Mélancolie ressentie quand on contemple le jardin de pierre du temple zen Ryõan-ji.

Chute silencieuse d'un pétale de cerisier,
Bref scintillement d'un couchant sur la mer,
Alors tristesse passagère,
Métamorphose de l'âme
Et il faut reprendre le chemin.

Moréchand, Françoise – Marianne de la République au Japon

Un beau jour de juin 1976, je travaillais dans mon bureau du Service de presse de l'ambassade de France quand mon téléphone sonna. Au bout de la ligne, j'entendis la voix d'une femme, une Française, une voix chaude, distinguée, avec un accent un peu pointu, des inflexions

1. Voir l'entrée « Ozu Yasujirõ ».

montantes en fin de phrase, très parisienne, pour tout dire un soupçon de Marie-Chantal.

« Bonjour ! Françoise Moréchand, me dit-elle en introduction comme une évidence. On m'a dit que vous êtes blond, que vous avez beaucoup de cheveux très frisés, les yeux bleus et que vous parlez japonais. Je travaille pour Chanel. J'organise une réception le 14 juillet prochain chez moi pour nos clients. J'ai besoin d'un Français pour faire couleur locale. Pouvez-vous venir ? »

Plus qu'une invitation, cela ressemblait à une injonction. Intrigué et amusé, je donnai mon accord puis une fois que j'eus raccroché j'allais demander à la secrétaire de notre département quelle était cette personne dont elle m'avait transmis la communication. Scandalisée, elle me répondit :

« Comment ? Vous ne connaissez pas Moréchand *san* ? Mais elle est célèbre dans tout le Japon ! »

Le soir du 14 juillet, je me rendis donc chez elle. Une ravissante femme brune longiligne, très élégante dans son tailleur Chanel, vint m'accueillir. Je fus d'abord ébloui par son port altier et son regard magnétique, pétillant d'intelligence et de malice. Elle avait un visage aux traits très « français » encadré d'une opulente chevelure noire, un nez volontaire autant qu'harmonieux, une immense bouche sensuelle. Elle faisait voleter ses longues mains aux ongles manucurés d'une laque rouge sang en écartant les doigts en éventail quand elle parlait. Il se dégageait d'elle une indéniable puissance et une énergie communicative. Ce n'était pas une femme qui se tenait devant moi, mais l'archétype de la femme française qu'on ne côtoyait que sur les couvertures glacées des magazines féminins, une parfaite gravure de *Vogue*.

Elle me fit immédiatement penser aux grandes héroïnes des opéras de Mozart, la comtesse des *Noces de Figaro* ou Zerline dans *Don Giovanni*, bref tout le charme de l'éternel féminin !

Elle m'entraîna dans le salon qu'elle avait décoré en guinguette pour le bal du 14-Juillet, avec des lampions et des guirlandes tricolores pendus au plafond, des tables et des chaises de square en fer peintes en vert posées çà et là. Des haut-parleurs diffusaient des flonflons de bal musette, accordéon en vedette. Plusieurs clients japonais empruntés dans leurs pauvres petits costumes bien ternes de *salaryman* étaient déjà arrivés. Visiblement, Françoise les fascinait. Sans doute était-ce la première fois que la plupart d'entre eux se trouvaient en présence d'une aussi belle Occidentale. Mais il fallut peu de temps grâce au champagne et à l'entregent de Françoise pour que l'assemblée se déride, tombe la veste et dénoue la cravate. Parfaite maîtresse de maison, elle avait l'élégance naturelle pour mettre son public à l'aise. Virevoltante et chaleureuse, elle gardait cependant une distanciation raffinée.

C'est ainsi que j'ai fait la connaissance ce soir-là d'une des figures les plus attachantes et vraisemblablement la femme la plus célèbre de toute la communauté française du Japon depuis plus de soixante ans.

Françoise Moréchand arrive au Japon en 1957 dans le sillage de son mari, un sociologue rencontré durant ses études au département de japonais de la Sorbonne. Elle a 21 ans. Il y a alors à peine trois cents Français dans tout le pays. Cette toute jeune femme va trouver cette vie d'épouse d'expatrié pesante et va très vite abandonner son oisiveté. Elle a été élevée par une famille non conformiste, sa mère elle-même travaillait. Elle va donc se mettre en quête d'une activité.

Dans ce pays qui se relève tout juste des affres de la guerre et qui de surcroît subit un lourd contrôle des changes, peu de Japonais ont la possibilité de voyager à l'étranger, mais leur appétit de découverte du vaste monde est insatiable. Elle passe souvent par l'apprentissage d'une langue étrangère. Françoise commence par donner des cours de français à domicile puis, à partir de 1959, elle enseigne à l'université de jeunes filles d'Ochanomizu. Elle est à peine plus âgée que ses étudiantes, qui veulent tout savoir sur la France. Elle leur parle de la vie parisienne, utilisant par exemple de manière non conventionnelle les recueils de poésie de Jacques Prévert.

Le frère d'une de ses étudiantes travaille à la chaîne de télévision nationale NHK, qui diffuse alors un seul programme d'éducation de langue étrangère, l'anglais. À l'approche des Jeux olympiques de 1964, qui vont avoir lieu à Tokyo, la décision est prise d'en créer d'autres, notamment en allemand et en français. Françoise est engagée pour se charger de l'émission matinale d'enseignement de la langue française « Tanoshii furansugo » (« Le français en s'amusant »). Le salaire de son mari ne lui permettant pas de fantaisie vestimentaire, elle change son look en se coiffant différemment à chacune de ses apparitions : un jour un chignon, un autre une queue de cheval, un autre des tresses épinglées comme des anses de théière, ou encore avec un foulard ou un bandeau retenant sa chevelure. Sa beauté, son élégance, sa présence et son intelligence médiatique font rapidement l'unanimité. Le taux d'écoute monte à 14 %, du jamais-vu pour un programme éducatif ! Son auditoire est large et varié, depuis les personnes, hommes ou femmes, qui veulent ou ont besoin d'apprendre le français jusqu'à des femmes au foyer qui souhaitent savoir comment une Parisienne à la mode se pare et s'arrange, et bien sûr les étudiantes du pays qui vont vouloir rapidement s'identifier aux modèles enseignés.

Elle sera une des toutes premières *tarento*[1] étrangères au Japon.

Bientôt, en effet, d'autres chaînes de télévision se l'arrachent ; des magazines la sollicitent pour des articles ; elle donne de multiples conférences. Il y a une allure Moréchand, un style singulier et original, un ton résolument parisien dont elle ne cherche pas à se débarrasser, y compris quand elle parle en japonais.

Des foules de Japonaises la copient pour s'habiller, se coiffer, se maquiller.

La frénésie va durer sept ans au bout desquels elle suit son mari, qui est rappelé en France.

Elle revient seule au Japon en 1974, engagée par Chanel pour s'occuper des cosmétiques et des relations publiques. On ne l'a pas oubliée et sa popularité est telle qu'elle reprend du service dans les médias en parallèle à son travail dans la prestigieuse maison. À un point tel que, ne pouvant plus mener les deux de front, sommée

1. Personnalité de télévision, du mot anglais *talent*.

de choisir, elle décide deux ans plus tard de se consacrer pleinement au développement de son personnage devenu public.

Les opportunités se multiplient alors. Elle est une star, présente dans sept émissions de télévision ; elle tient la plume dans de nombreux quotidiens et magazines ; elle professe dans de prestigieuses universités ; elle crée autour de son nom sa propre marque de mode, de joaillerie, un service de table en laque et jusqu'à une ligne de kimonos qui donne un coup de jeune à cette respectable parure dans les années 1980. Parallèlement, elle publie une trentaine d'ouvrages sur la mode et l'art de vivre : en 1976, *Shippai Shinai Oshare* (« le chic, c'est chic ») se vendra à plus d'un million d'exemplaires. En 1990, son autobiographie, le seul de ses livres traduit en français, *La Gaïjine*, fait également sensation. Plus tard, vice-présidente de Condé Nast Japon, elle participe naturellement au lancement du magazine mensuel *Vogue Japon*.

En parallèle à la conduite de ses propres affaires, Françoise a toujours fait en sorte que sa popularité serve des causes humanitaires et des activités de caractère philanthropique. Elle est à l'origine de la création de l'UFE Japon (Union des Français de l'étranger) et a contribué à celle des branches japonaises de Médecins du monde et de Médecins sans frontières. Élue à l'Assemblée des Français de l'étranger pour l'Asie du Nord entre 2000 et 2006, elle est toujours conseillère du commerce extérieur.

Françoise Moréchand s'est installée il y a quelques années dans la paisible ville de Kanazawa, située dans le nord du Japon à moins de trois heures de Shinkansen de Tokyo. Elle y vit avec son mari japonais, Nagataki Tatsuji, francophone émérite, producteur musical qui introduisit Serge Gainsbourg au Japon et auteur prolifique, que j'appelle affectueusement « Raminagrobis », car il tient du chat de la fable la crinière blanche abondante, la placidité et l'inusable esprit d'indépendance.

Toujours aussi active, elle est maître de conférences au musée d'Art contemporain du XXIe siècle de Kanazawa, ambassadeur du tourisme de cette région, membre du Board de l'Ensemble orchestral international de sa ville d'adoption et écrit un billet dans le plus grand quotidien du Japon, le *Yomiuri shimbun*. Elle travaille également à organiser un prix d'art contemporain Moréchand en faveur des étudiants de la fort réputée faculté des beaux-arts de Kanazawa.

En 2020, l'État japonais a récompensé son immense contribution au rapprochement de nos deux pays en la décorant de l'ordre du Soleil levant.

En 2014, déjà décorée de la Légion d'honneur en 2009, elle a été élevée commandeur dans l'ordre national du Mérite. Elle m'avait fait l'amitié de me demander de porter le toast lors de la réception à l'ambassade de France.

C'est ce soir-là que m'est venue l'idée dans ma courte adresse de l'appeler « Notre Marianne au Japon ».

Comme le symbole de notre république, Françoise Moréchand est l'éternelle représentation de la France au Japon.

Mori Arimasa (森有正) – Professeur à l'Inalco[1] (1911-1976)

Quand il montait sur l'estrade, il commençait par poser son vieux cartable patiné par les ans et l'ouvrait, indifférent au brouhaha de l'amphithéâtre. Il en sortait une paire de chaussons éculés, un sandwich enveloppé dans un sac en papier, enfin les polycopiés du jour.

À l'étudiant que j'étais, il paraissait bien las et âgé, sans doute à cause de ses cheveux neigeux en bataille, de la petite moustache blanche qui barrait sa lèvre supérieure et de son corps massif qu'il déplaçait d'une démarche prudente. Pourtant il n'avait que 60 ans.

Il était souvent accompagné d'une jeune femme japonaise dont on disait qu'elle était sa fille et qu'elle l'avait rejoint en France. Tout cela restait quelque peu mystérieux.

Il donnait son cours d'une voix monotone et il nous fallait tendre l'oreille pour l'écouter, ce que nous faisions religieusement, car il était passionnant. Il se référait sans cesse à son ouvrage *Leçons de japonais*, publié chez Taishûkan. J'ai toujours ce précis de grammaire dans ma bibliothèque, noirci sur sa tranche d'avoir été manipulé maintes fois.

Que le professeur Mori fût chargé d'enseigner les méandres de la langue japonaise dans un des plus prestigieux instituts de langues orientales au monde avait quelque chose d'ironique quand on savait que son grand-père Arinori, illustre homme d'État de l'ère Meiji, fondateur du système éducatif moderne du Japon, avait un temps prôné l'abandon pur et simple de la langue

1. Institut national des langues et civilisations orientales (« Langues O »). Voir l'entrée « Inalco ».

japonaise au profit de l'anglais afin d'accélérer la modernisation de son pays.

Le père d'Arimasa était pasteur, sa mère descendante d'une branche de la famille Tokugawa. Baptisé, il était chrétien ; c'est d'ailleurs un pasteur français qui lui enseigna les premiers rudiments de la langue française, puis du latin. Il poursuivit ses études primaires et secondaires à l'école catholique de l'Étoile du matin (Gyōsei) puis fit ses études de philosophie à l'université impériale de Tokyo en choisissant comme sujet de thèse Blaise Pascal. Il débuta une carrière d'universitaire qu'il interrompit en 1950 après avoir obtenu une bourse en France qui lui permit de poursuivre son travail sur Pascal mais aussi Descartes, Alain et Rilke. En 1952, il démissionna de l'université de Tokyo (Tōdai) pour rejoindre l'Inalco.

Mori Arimasa était aussi un organiste distingué. Il avait même enregistré un disque. Il avait installé dans le hall de la maison du Japon à la Cité internationale universitaire de Paris sise boulevard Jourdan des grandes orgues récupérées dans une église abandonnée. Il racontait comment il avait soigneusement retiré des tuyaux les nids dans lesquels vivaient des oiseaux. Une âme délicate nichait dans l'imposante carcasse de cet homme.

Il lui arrivait après les cours d'inviter quelques étudiants à la Cité universitaire. Là, il s'installait devant son clavier et interprétait pour nous des cantates de Bach, que nous écoutions avec autant de ferveur que ses cours. Puis il nous offrait des *bentos* que nous dégustions en l'écoutant nous parler de ses études sur Rilke ou de sa traduction réalisée en 1965 de *Rashômon et autres contes*.

En 1976, nostalgique du Japon, peut-être chagriné de l'échec de son mariage avec sa seconde épouse française dont il avait divorcé en 1972, il avait finalement décidé de rentrer définitivement au Japon, où il s'apprêtait à prendre un poste de professeur à l'ICU (International Christian University) de Tokyo lorsqu'il décéda d'une thrombose.

C'est de l'enseignement de cet homme doux et pondéré que j'ai appris à apprécier toutes les nuances et subtilités de la langue japonaise.

Mori Hanae (森英恵) – Grande dame de la haute couture (1926-)

La rencontre en 1964 d'Hanae avec Coco Chanel dans ses salons d'essayage de la rue Cambon à Paris décida de son avenir.

En effet, Coco la convainquit de se lancer dans le prêt-à-porter et la haute couture. Sa première collection, baptisée « East meets West », présentée à la Fashion Week de New York un an plus tard rencontra un vif succès. Mais c'est en 1977 qu'elle accomplit vraiment son rêve en ouvrant un salon de haute couture à Paris, ce qui lui permit d'être la première étrangère et la seule Japonaise à être élue membre de la très élitiste Chambre syndicale de la couture parisienne. Épaulée par son mari, Mori Kenzo, industriel dans le textile, elle développa son affaire au point de pouvoir construire un magnifique complexe futuriste conçu par l'architecte Tange Kenzô sur l'élégante avenue Omote Sandõ dans le quartier d'Harajuku, le Hanae Mori Building, au sommet duquel elle convainquit l'acteur Jean-Claude Brialy, alors propriétaire du restaurant L'Orangerie à Paris, d'ouvrir une enseigne tokyoïte.

Avant d'entrer dans le monde feutré de la mode, Hanae avait déjà fort bien réussi dans son métier de couturière. Après ses études dans une école de confection, elle avait ouvert en 1951 un atelier appelé Hiyoshiya et s'était construit une sérieuse réputation de créatrice de costumes de cinéma. En 1961, elle avait déjà créé plus de sept cents costumes pour des centaines de films en travaillant avec les plus grands réalisateurs, dont Ozu Yasujirõ[1] et Mizoguchi Kenji. Mais en raison de la progression exponentielle du cinéma pornographique, elle décida de se recycler en lançant sa propre marque, car, déclara-t-elle avec humour : « Je ne pouvais plus travailler pour le cinéma, car il y avait de moins en moins de costumes à créer ! »

Sa technique accompagnée d'une solide maîtrise des coûts parachevés par un habile entregent lui permit de monopoliser durant près de vingt ans les cabines de la compagnie aérienne JAL en dessinant les uniformes des hôtesses une première fois en 1967, puis en 1970 avec une minijupe qui fit sensation dans l'industrie du transport aérien, enfin une troisième fois en 1977. Elle réitéra avec la création de l'uniforme de la délégation japonaise des Jeux olympiques de Barcelone en 1992 et de nouveau en 1994 pour les Jeux de Lillehammer. En 1993, elle dessina la robe de mariée de la princesse Masako, future impératrice. Elle habilla de nombreuses têtes couronnées du monde entier, la reine Sirikit de Thaïlande, Hillary Clinton, Nancy Reagan, la princesse Grace de Monaco et une kyrielle de princesses du Moyen-Orient.

1. Voir l'entrée « Ozu Yasujirõ ».

À l'image de son style, Mori Hanae est une femme raffinée, élégante et distinguée avec un soupçon d'exotisme.

En juillet 2004, elle s'est retirée des affaires après, en guise d'adieu, un ultime défilé de haute couture émouvant, mais au Japon son aura plane toujours au-dessus du monde de la mode.

Murakami Haruki (村上春樹) – Écrivain (1949-)

Tous les ans au début du mois d'octobre, les bars des quartiers branchés de Tokyo se remplissent d'une faune surexcitée. On se croirait à la veille de la finale du Tournoi des six nations.

En fait, ce sont les nombreux fans de l'écrivain Murakami Haruki, les « harukistes », qui attendent l'annonce du prix Nobel de littérature, persuadés que leur champion, cette fois-ci, sera l'heureux élu ; cela fait pourtant une bonne dizaine d'années que leurs espoirs sont régulièrement déçus.

Murakami est sans doute l'auteur japonais contemporain le plus lu dans le monde. Chacun de ses romans bénéficie d'un lancement digne du dernier tube d'une rock star. Ainsi pour la sortie des trois volumes de *1Q84* entre 2009 et 2011, le tintamarre marketing et la furie médiatique, tant au Japon qu'à l'étranger, furent à la mesure de l'épaisseur, sinon du contenu, de ce roman. Il se vendit au Japon en un temps très court plus d'un million d'exemplaires de chaque tome.

Au risque d'encourir un lynchage de la légion des « harukistes » français, j'avoue humblement ne pas être intéressé par la littérature de Murakami. Il m'apparaît fort improbable qu'il ne reçoive jamais le Nobel, en cause peut-être le racolage marketing, lequel doit passablement indisposer la discrète Académie suédoise.

Je reconnais n'avoir pas eu le courage de me lancer dans la lecture de *1Q84*. Interrogées, toutes les personnes de mon entourage m'ont avoué, pour les plus obstinées, avoir abandonné au tome deux.

En revanche, j'ai lu tous ses autres ouvrages dès leur publication avec chaque fois l'espoir de ressentir un bonheur de lecture, hélas, toujours déçu. Il m'est resté de ces lectures un souvenir diffus, une bouillie dans laquelle je ne parvenais plus à distinguer le pigiste ou l'hôtel du Dauphin à Sapporo de *Danse, danse, danse* du Watanabe Toru ou de l'institut psychiatrique de *La Ballade de l'impossible*. Quelques réminiscences émergeaient à la surface de ma mémoire, comme cet homme-mouton de *La Course au mouton sauvage*, le chat Johnnie Walker et les pluies de sangsues de *Kafka sur le rivage*, ou encore la jolie Kiki aux belles oreilles et l'étudiante éthérée Naoko dont je ne savais plus dans quel roman je les avais croisées.

Ayant décidé de rédiger une occurrence sur la vedette incontestée de toute une génération de lecteurs, je n'ai pas voulu laisser ma seule mauvaise foi et mes souvenirs amphigouriques en dicter le ton. J'ai donc pris mon courage à deux mains pour relire les romans sagement rangés dans ma bibliothèque. Je m'y suis astreint avec l'entrain d'un alpiniste découragé à l'idée de tenter une nouvelle fois l'ascension de la face nord de l'Eiger.

Sans doute rêvais-je secrètement de comprendre l'engouement planétaire pour Murakami et devenir moi-même un « harukiste » converti.

Hélas, trois fois hélas, après avoir relu *La Ballade de l'impossible*, *Le Passage de la nuit*, *Danse, danse, danse*, *Kafka sur le rivage*, *La Course au mouton sauvage*, *Chroniques de l'oiseau à ressort*, *L'Incolore Tsukuru Tazaki et ses années de pèlerinage* et le recueil de nouvelles *Les hommes qui n'ont pas de femme*, mon opiniâtreté n'a pas été récompensée et n'a au contraire fait que confirmer l'ensemble de mes préjugés antérieurs.

Je me suis de nouveau égaré dans le labyrinthe de ces histoires dans lesquelles le réel bascule dans l'imaginaire et l'absurde côtoie la banalité sans que les protagonistes paraissent s'en préoccuper outre mesure. Ces collisions spatio-temporelles ne sont pas forcément désagréables, car je ne déteste pas l'insolite et l'irrationnel (moins le paranormal), mais tout cela respire le rabâchage et finit par être lassant. On a d'ailleurs l'impression que l'auteur se prend parfois les pieds dans le tapis de ses intrigues jusqu'à ne plus trop savoir comment s'extraire de toute cette complexité, comme c'est le cas avec la chute abrupte de *Kafka sur le rivage*.

Les interminables dissertations ressassées à plusieurs reprises dans le récit donnent l'impression d'un remplissage destiné à faire deux tomes d'une histoire qui aurait pu être contenue en un seul. Je me suis finalement rendu compte que l'ennui généré par toutes ces répétitions est un procédé stylistique qui participe de l'aspect hypnotique du récit.

J'ai trouvé insupportables ces personnages tellement semblables jusque dans leurs goûts et leurs manies qu'ils paraissaient clonés d'un roman à l'autre. Ce sont tous, hommes comme femmes, des stéréotypes fades et passifs. Ils semblent regarder passer leur histoire plutôt que d'y participer.

Ces héros névrosés se vautrent dans un nombrilisme affligeant ; ils flottent comme résignés dans un monde sur lequel ils n'ont aucune prise. On ne sait trop si leur fatalisme est le résultat d'une philosophie assumée ou d'une simple indolence caractérielle.

Combien de fois me suis-je perdu dans les méandres de leurs dialogues !

Dix fois donc, j'ai arrêté ma lecture en me disant qu'on ne m'y reprendrait plus.

On mange beaucoup chez Murakami, mais ce n'est jamais très gastronomique. Des nouilles instantanées, des pizzas réchauffées, pas mal de *tõfu*. Et on boit plus de whisky que de saké. Je me serais bien passé des multiples descriptions de la manière d'émincer les concombres ou de réaliser un sandwich poulet-mayo.

Enfin je me suis lassé des débordements d'érudition de l'auteur dont la culture occidentale est certes vaste et éclectique, que ce soit pour le jazz dont on dit qu'il possède une collection de disques impressionnante, le rock, la musique classique, le cinéma « nouvelle vague » de Truffaut, Jean-Jacques Rousseau, Tchekhov ou la mythologie grecque. En lisant ses romans, on a l'impression de naviguer sur Wikipédia.

Je n'en ai pas moins cherché à me procurer l'enregistrement datant de 1941 par le Million Dollar Trio Rubinstein-Heifetz-Feuermann du trio pour piano *À l'Archiduc* de Beethoven, qui revient en leitmotiv dans la conversation entre le jeune Tamura Kafka et le bibliothécaire Oshima, et j'ai réécouté les *Années de pèlerinage* de Franz Liszt après avoir refermé *L'Incolore Tsukuru Tazaki*. En revanche, n'ayant pas lu *1Q84*, je ne me suis pas appesanti sur le compositeur Janáček, dont les mélodies ne m'ont jamais impressionné.

L'humour n'est pas absent dans les romans de Murakami. Il est la plupart du temps grinçant, analysant sans pitié les travers de nos sociétés, telle cette scène hilarante dans *Kafka sur le rivage* de la visite de deux féministes exaltées venues critiquer les agencements soi-disant sexistes de la bibliothèque Saeki.

Le sexe est également très présent. Voici au moins une activité qui occupe les protagonistes tout en offrant l'avantage de sortir momentanément le lecteur de sa torpeur. Il y a de belles jouissances, quoique fort brèves, mais aussi pas mal de morosité. Sous la plume de l'écrivain, les moments d'intimité peuvent être très poétiques, délicats ou au contraire fort crus. Mais ils surviennent un peu comme tout le reste presque par inadvertance, même quand ils sont prémédités. Murakami n'a pas d'inhibition particulière ni ne se projette dans un quelconque militantisme pour épouser l'air du temps. Il ne craint pas de faire coucher un adolescent de 15 ans avec une femme qui dépasse largement la cinquantaine, qui de surcroît pourrait être sa mère.

L'amitié est un thème récurrent et réconfortant dans cet océan de névroses. Elle se manifeste entre vieux copains de lycée ou d'université qui se retrouvent et s'entraident volontiers, entre garçons et filles sans forcément mener à une relation amoureuse, entre un vieillard et un adolescent, avec des animaux et plus particulièrement les chats bien qu'il arrive aussi qu'on les maltraite.

Enfin, les textes de Murakami sont souvent égayés d'expressions décalées ou d'images triviales, ainsi ce personnage de Dick Nose que l'auteur compare à une « poubelle distinguée » en expliquant que : « De nombreuses personnes jetaient dans Dick Nose diverses choses. C'était facile de se servir de lui comme d'une poubelle. »

Certains critiques littéraires dénoncent chez Murakami une paresse à la fois narrative et stylistique. Il est vrai que les personnages sont souvent stéréotypés, le style répétitif, les couches de dialogues lourdes, les descriptions tumescentes, les clichés nombreux et l'usage de certains adjectifs pléthorique.

J'ai retrouvé chez Murakami des scènes qui m'ont paru empruntées, sans doute inconsciemment, à ses grands aînés de la littérature japonaise, comme la scène de l'éventration du chat par Johnny Walker, proche de la description de l'éviscération d'un félin dans *Le Marin rejeté par la mer* de Mishima ou la pluie de poissons retrouvée chez Kawabata qui, lui, fait tomber plus sobrement une carpe du ciel.

Les mondes doubles peuplés d'ectoplasmes sont de toute évidence inspirés des nombreux récits japonais, tels les *Contes de pluie et de lune* d'Ueda Akinari.

La séparation de l'esprit et du corps qui reste en attente du « retour » de l'esprit parti ailleurs réaliser quelque chose d'important est un grand classique de la littérature japonaise, comme cet « esprit vivant » qu'on trouve dans le *Dit du Genji*[1].

Curieusement, les références culturelles au Japon sont rares. Les personnages de Murakami sont certes des Japonais qui vivent dans des villes et des paysages japonais, mais ils pourraient tout aussi bien être de n'importe quelle autre nationalité et évoluer dans n'importe quel autre pays. Leur malaise existentiel, leur incapacité à communiquer avec leur prochain, leur apathie sont des syndromes que nous croisons abondamment dans nos sociétés européennes ou américaines. La connaissance encyclopédique des expressions artistiques occidentales, en musique, en littérature, en philosophie, présente en mélodie de fond permanente dans tous les romans de Murakami, nous permet de nous raccrocher à un environnement familier.

Il est donc le plus occidental des écrivains japonais. Il sait d'ailleurs en jouer pour nous séduire. Paradoxalement, ceci le rend follement exotique pour ses propres concitoyens.

On pourrait juste se demander si son universalisme, clef de son succès planétaire, ne serait pas lui aussi un formidable outil de marketing utilisé avec une diabolique dextérité.

---

1. Voir l'entrée « Murasaki Shikibu ».

Murasaki Shikibu (紫式部) – Femme écrivain (973 ?-1014 ?)

Dame de compagnie de la cour impériale à l'époque fastueuse de Heian, Murasaki Shikibu est l'auteur du tout premier roman psychologique de l'histoire de l'humanité, le *Dit du Genji*.

Née dans la branche du Nord du puissant clan Fujiwara qui domina la politique de la cour impériale jusqu'au XIe siècle, elle est la fille de Fujiwara no Tametoki, un lettré respecté, fonctionnaire au ministère des Cérémonies, le Shikibu-shō. Les femmes de cour prenaient un nom se rapportant au rang ou au titre d'un homme de leur famille, d'où le « prénom » de Shikibu. Murasaki pourrait provenir de la couleur des glycines *fuji*, le premier caractère du nom de sa famille. Il est possible qu'il lui ait été donné en référence à l'héroïne principale des premiers livres de son roman, la dame du « clos aux Glycines ». On suppose que son véritable nom est Fujiwara no Takako.

À l'époque de Heian, les femmes étaient considérées comme incapables d'une véritable intelligence et n'avaient pas accès à l'étude des textes chinois. Mais Murasaki s'imprégna de littérature chinoise par osmose auprès de son frère, qui l'étudiait en vue de devenir fonctionnaire à la cour. Elle comprenait plus rapidement que lui et l'aidait dans son étude. Elle rapporte dans son journal que son père subjugué par sa vivacité regrettait qu'elle ne fût née garçon. C'est donc pour l'époque une jeune fille iconoclaste qui reçut grâce à l'ouverture d'esprit de son père une éducation éclectique sur des sujets aussi variés que la musique, la calligraphie et la poésie japonaise *waka* dont elle égrènera quelque huit cents poèmes dans le *Genjï monogatari*.

De cette originalité elle récoltera auprès de ses consœurs la réputation d'être « prétentieuse, difficile d'accès, hautaine, dédaigneuse, acariâtre et méprisante[1] », ainsi qu'elle se décrit elle-même.

Pourtant, à l'opposé de sa rivale Sei Shônagon[2] qui faisait volontiers étalage de ses connaissances en chinois, elle était humble, une attitude qui plaisait à l'impératrice Shôshi auprès de laquelle elle fut placée par le régent Fujiwara no Michinaga vers 1005. On ne sait si Murasaki Shikubu entretint avec Michinaga une relation autre que platonique, mais il est évident qu'il lui offrit son soutien en lui fournissant l'onéreux papier et la rare encre de Chine nécessaires à l'écriture de son roman. Il n'est pas interdit de penser qu'elle se soit inspirée de certains traits de caractère du régent pour son héros, le prince Genji.

À la fin du xe siècle, la culture purement japonaise avait commencé depuis quelques années à se superposer à la chinoise, et l'écriture[3] des *kanas* à se généraliser. Les femmes furent promptes à s'emparer des caractères féminins dits « *onna moji* » dédaignés par les lettrés. Ainsi naquit une littérature originale dominée par la classe féminine. On ne compte, par exemple, pas moins de six journaux *nikki* écrits par des femmes à l'époque de Heian, dont celui de Shikibu.

Contrairement à la coutume concernant les jeunes filles nobles d'un mariage dès la puberté, Shikibu convola relativement tardivement en 996 avec un ami de son père beaucoup plus âgé qu'elle, bureaucrate au ministère des Cérémonies. Il mourut en 1001, deux ans après la naissance de leur fille.

1. Dans *Le Journal de Murasaki Shikibu*, traduction de René Sieffert.
2. Voir l'entrée « Sei Shōnagon ».
3. Voir l'entrée « Écriture ».

Il est admis qu'elle débuta la rédaction du *Dit du Genji* peu après le décès de son mari alors qu'elle se sentait « déprimée et perdue, vivant une vie indifférente au jour le jour, [se] contentant de constater le temps qui passe. La pensée de [sa] solitude était insupportable ».

Le *Genji monogatari* (源氏物語) conte la vie du prince Genji, fils d'un empereur du Japon des temps anciens. Le prince est un jeune homme intelligent, charmant, raffiné, d'une humanité délicate, sensible aux autres, sympathique, conscient de la fragilité de toute chose. Shikibu raconte minutieusement sa vie, ses amours nombreuses, sa recherche d'un idéal féminin, son ascension sociale puis sa quête d'un sens à son existence. Dans le même temps, le roman est un étonnant documentaire de mille cent pages sur la vie quotidienne à la cour impériale de l'époque de Heian et de ses mœurs.

Il est constitué de trois grandes parties divisées en cinquante-quatre chapitres :

— La vie du prince Genji jusqu'à son apothéose ;

— Son déclin ;

— L'histoire de son fils Kaoru.

Le roman débute ainsi :

« En quel règne je ne sais, parmi les épouses impériales et dames d'atour qui nombreuses servaient Sa Majesté, il en était une qu'entre toutes, et encore qu'elle ne fût de très insigne parage, Sa faveur avait pour l'heure distinguée. Celles qui par le principe avaient pu se flatter de l'emporter décriaient et jalousaient celle-là qui avait ruiné leurs espoirs. Quant aux dames d'atour égal ou de moindre lignage, à plus forte raison en étaient-elles indisposées[1]. »

Ainsi est annoncée la dame du clos du Paulownia, concubine adorée de l'empereur, qui va lui donner un fils, le prince Genji.

Même s'il peut paraître hasardeux de résumer cette vaste épopée à rebondissements multiples peuplée de nombreux personnages hauts en couleur, tentons l'expérience :

Le prince Genji perd sa mère alors qu'il n'a que 3 ans. L'empereur épouse quelques années plus tard une jeune femme qui ressemble à la défunte, dame Fujitsubo (la dame du clos aux Glycines), à laquelle Genji voue un amour filial qui va se transformer en une passion dévorante bientôt partagée. Lui-même marié une première fois à une femme avec laquelle il ne s'entend pas va vivre de nombreuses aventures amoureuses qui ne le satisfont pas.

Lors d'une visite dans un village au nord de la capitale Heian, il rencontre une ravissante petite fille de 10 ans, Murasaki, dont la beauté l'émeut :

> « Ses traits étaient d'une exquise délicatesse et, avec ses sourcils aux contours indécis et sa chevelure sans apprêt,

1. Traduction de René Sieffert.

séparée sur le front, elle était on ne peut plus mignonne. Voici quelqu'un que je serais curieux de voir quand elle aura pris de l'âge ! se disait le prince, qui ne la quittait pas des yeux. C'est alors qu'il s'avisa qu'elle ressemblait étrangement à celle à qui il avait voué un amour infini : c'était donc cela qui avait attiré ses yeux ! songea-t-il ému aux larmes[1]. »

Le prince kidnappe alors la petite fille, qu'il ramène en son palais où il l'éduque afin qu'elle devienne une copie parfaite de dame Fujitsubo. Celle-ci par ailleurs lui donne un fils dont tout le monde, sauf les deux amants, pense qu'il est le fils de l'empereur. Après la mort de sa première épouse, Genji prend Murasaki pour femme.

Entre-temps, l'empereur décède et son fils Suzaku monte sur le trône. Une nouvelle aventure amoureuse de son demi-frère Genji est dévoilée : il rencontre en secret une concubine de Suzaku ! Bien que trouvant l'affaire plaisante, le jeune empereur est obligé d'exiler Genji.

L'empereur Suzaku dont la santé décline décide quelques années plus tard de rappeler Genji à la cour, où il retrouve la gloire et les honneurs. Il prend une nouvelle épouse qui le trompe à son insu et donne naissance à un garçon, Kaoru, dont il est persuadé d'être le père.

Trahi par sa jeune femme, son autre épouse chérie Murasaki décédée, le prince est inconsolable. Au chapitre XLI, intitulé « Maboroshi » (« Illusion »), Genji qui a maintenant 52 ans se mure dans la tristesse, réalisant l'impermanence de toute chose, à quel point la vie n'est qu'un moment éphémère et fragile et que la condition humaine est douloureuse. C'est le fameux *Mono no aware* de la philosophie bouddhiste, cette « tristesse inhérente à la beauté du monde », thème récurrent développé par

1. *Idem.*

Murasaki tout au long de ce roman qui dépeint l'immanence et l'évanescence des sentiments humains. Le terme est repris un bon millier de fois dans le roman.

La mort du Genji n'est pas expressément décrite dans « Maboroshi », mais un sous-chapitre appelé « Kumogakure » (« Disparu dans les nuages ») resté vide indique implicitement sa disparation. Les dernières paroles du Genji rapportées par Murasaki avant qu'il ne disparaisse définitivement de la scène sont un poème *tanka* :

> « En pensées moroses
> Mois et jours à mon insu
> Se sont écoulés
> Ce jour terme de l'année
> À ma vie mettra-t-il fin[1] »

Et Murasaki de conclure :

> « Pour les festivités de la nouvelle année, il avait ordonné qu'elles fussent célébrées avec une solennité inhabituelle. Et les présents qu'il fit aux princes, aux ministres, et les gratifications distribuées aux uns et aux autres, furent d'une splendeur incomparable, m'a-t-on dit[2]. »

Les neuf derniers chapitres du roman, connus sous la dénomination de « Chapitres d'Uji », sont consacrés à l'histoire de Kaoru et de sa rivalité avec son proche ami Niou, lequel lui dispute ses conquêtes féminines. Le roman s'achève brutalement avec un chapitre LIV déroutant au titre abstrait, « Le pont flottant des songes », sans véritable fin, laissant planer l'incertitude d'une situation ambiguë. On ne sait pas si ceci était voulu, s'il manque des chapitres ou si Murasaki Shikibu n'avait tout simplement

1. *Idem.*
2. *Idem.*

pas prévu de conclusion, se contentant de dérouler son récit aussi longtemps qu'elle le pouvait.

Tant par sa composition que par le déroulement de l'intrigue, le récit contient de nombreux éléments d'un roman moderne :

— Un héros central entouré d'un grand nombre de personnages également importants ou mineurs, tous parfaitement bien campés ;

— Une suite d'événements logique couvrant la vie du héros et de son entourage ;

— Un déroulé romanesque remarquablement cohérent, sans erreurs de chronologie ou de situations entre les protagonistes, qui sont d'un peu plus de quatre cents ;

— Il est de portée universelle en ce qu'il se penche sur les relations entre les êtres humains et la nécessité dans un monde de douleur d'être sensible aux sentiments des autres.

Le *Dit du Genji* écrit pour la noblesse de cour du XIe siècle présentait de nombreuses difficultés de lecture :

— Le japonais de cour de l'époque de Heian utilisé par Murasaki est ampoulé et d'une grammaire complexe.

— Appeler les gens par leur nom était inconvenant. Les personnages sont donc indiqués en fonction de leur position ou de leur rang pour les hommes ; de la couleur du vêtement, des mots qu'elles utilisaient en société ou encore du titre d'un membre masculin de leur famille pour les femmes. Ces appellations peuvent changer d'un chapitre à l'autre.

— L'usage des huit cents poèmes dans leur forme classique *tanka* qui jalonnent le récit, utilisés comme éléments de la conversation, souvent tronqués, car l'audience lettrée de la cour à laquelle le *Genji monogatari* s'adressait connaissait la suite, ou encore modifiés, rend la lecture du texte fastidieuse.

— Le roman était presque exclusivement rédigé dans l'écriture phonétique *kana*, utilisant peu de mots *kango* empruntés au chinois, ce qui crée des confusions de vocabulaire à cause des nombreux homophones de la langue japonaise.

Le manuscrit écrit de la main de Murasaki Shikibu a disparu. L'écrivain Minamoto no Chikayuki, qui vécut dans la première moitié de l'ère de Kamakura, édita le manuscrit dit *Kawachibon* auquel il travailla entre 1236 et 1255. La version d'un autre poète, Fujiwara no Teika (1162-1241), connue sous l'appellation *Aobyôshibon*, semble plus proche de la version originale. Très rapidement, le livre fut diffusé dans le pays et lu par la noblesse et les *samouraïs*. La quasi-impossibilité de lire ces manuscrits anciens a conduit plusieurs écrivains à se lancer dans une transcription en japonais moderne, notamment la poétesse Yosano Akiko (1878-1942), qui fut la première à le faire, puis Tanizaki Jun'ichirō[1]. La traduction de référence reste celle du professeur René Sieffert.

Le *Dit du Genji* a très vite inspiré de nombreux artistes, notamment des peintres. Une série de rouleaux du XIIe siècle, réalisés entre 1110 et 1120, le *Genji monogatari emaki*, contient de nombreuses illustrations accompagnées de textes calligraphiés. Le peintre Tosa Mitsuoki (1617-1691) a réalisé un ensemble de rouleaux peints illustrant l'intégralité du roman. De nombreux graveurs d'estampes, décorateurs de paravents, auteurs de *kabuki* se sont par la suite inspirés du roman.

1. Voir l'entrée « Tanizaki Jun'ichirō ».

L'éditrice d'ouvrages d'art Diane de Selliers a publié en 2007 un superbe *Dit du Genji* en trois volumes richement illustrés de cinq cents reproductions de peintures, rouleaux, panneaux décoratifs, estampes et documents du XIIe au XVIIe siècle offrant une « réalité augmentée » d'une dimension exceptionnelle au texte de Shikibu. Grâce à cet ouvrage, on entre de plain-pied dans la munificence de l'époque de Heian et la richesse de l'histoire du prince Genji.

Murasaki Shikibu nous a également laissé un journal dans lequel elle cite à plusieurs reprises son travail sur le *Dit du Genji*. Bien que sur une période brève de sa vie entre 1008 et 1010, il est précieux en ce qu'il dépeint de manière détaillée la cour et les fêtes, les cérémonies et les rites qui en rythment les journées et les mois. Ses descriptions des costumes sont hautes en couleur, celles des paysages et des saisons raffinées. Elle-même est sa propre observatrice quand elle parle de ses relations avec l'impératrice Shôshi au service de laquelle elle est rattachée. Sa galerie de portraits est savoureuse et souvent féroce. « Si je me mets à vous tracer le portrait des gens, n'allez-vous point me tenir pour mauvaise langue ? Surtout s'agissant de mes contemporaines[1] », prévient-elle.

Son attaque de sa grande rivale en écriture, Sei Shônagon, est un morceau de bravoure :

> « Sei Shônagon est une personne qui en impose en vérité par ses grands airs. Mais sa prétention de tout savoir et sa façon de semer autour d'elle les écrits en caractères chinois, à tout bien considérer, ne font que masquer de nombreuses lacunes[2]. »

1. Traduction de René Sieffert.
2. *Idem*.

Elle s'offre le luxe de conclure en moralisant :

« Ceux qui de la sorte se plaisent à se montrer différents des autres s'attirent forcément le mépris et finissent toujours très mal ; aussi les personnes qui affectent le bon ton vont-elles, jusque dans les circonstances les plus triviales, afficher une profonde émotion, et leur souci de ne laisser échapper la moindre occasion de briller les fait tout naturellement tomber dans une frivolité de mauvais aloi[1]. »

Son observation des comportements humains est acérée :

« [...] Estimer que de son propre côté tout est admirable et dédaigner les autres que l'on jugera dépourvus d'yeux pour voir et d'oreilles pour entendre, voilà qui est pure sottise. À l'égard d'autrui, la critique certes est facile, et il doit être autrement plus malaisé d'user de perspicacité envers soi-même ; ne pas s'en aviser et, parce que l'on se croit plus malin, tenir les autres pour moins que rien et médire du monde entier, c'est ne faire après tout, me semble-t-il, que mettre à nu sa propre vanité[2]. »

Je citerai enfin ce passage résumant plus que tout long discours l'humilité de cette grande dame qui nous a offert avec le *Dit du Genji* un chef-d'œuvre d'humanisme :

« Et devant les personnes imbues d'elles-mêmes et qui passent leur temps à médire, je me sens exaspérée au point qu'il me répugne d'ouvrir la bouche. Bien rares du reste sont celles qui seraient capables de tout saisir. Chacune, en effet, ne s'attache qu'à ce qui occupe son propre esprit, et tient à coup sûr autrui pour quantité négligeable[3]. »

1. *Idem.*
2. *Idem.*
3. *Idem.*

Et nous quitterons Shikibu sur cette image qui nous la rend si proche et tellement humaine de son charmant flirt avec un seigneur que l'on peut supposer être Michinaga :

« Comme, de ma chambre à l'entrée du passage couvert, je regarde le jardin, à l'heure où, dans le brouillard léger du petit matin, la rosée tarde à s'égoutter, Monseigneur vient s'y promener et au garde qui le suit fait dégager le cours du ruisselet. Des *ominaéshi* qui au sud du passage s'épanouissent en une splendide floraison, il cueille un rameau et le glisse par-dessus mon rideau. Son attitude m'emplit de confusion, consciente que je suis de mon visage du matin, aussi, prenant prétexte de ce qu'il me presse de composer mon poème, me tourné-je vers mon écritoire :

Dès lors que je vois
Éclatante de couleurs
L'*ominaéshi*
Je sais combien me défaut
Le bienfait de la rosée

"Quel à-propos !", dit-il en souriant, et de prendre l'écritoire :

Que blanche rosée
À coup sûr ne défaudra
L'*ominaéshi*
Le sait et volontiers
Prendra ses vives couleurs[1]. »

1. *Idem.*

N

Nakamura Tetsu (中村哲) – Médecin, humaniste (1946-2019)

Le 5 décembre 2019, au stade de la ville de Saitama, lors du second concert de la première tournée au Japon depuis treize ans du groupe de rock irlandais U2, l'éclairage dans la salle et sur la scène baissa soudain à la fin de la quatrième chanson du répertoire. Le chanteur du groupe, Paul David Hewson, *alias* Bono, harangua alors l'auditoire en ces termes :

> « *Let's take a moment in the dark to notice we are here, present, together... some indoor starlight, let's turn this sports stadium into a cathedral, our phones into candles... to memorialize the great Tetsu Nakamura, a great man from a great and generous country...*[1] »

Puis le groupe entonna devant le public fort ému quelques mesures de la chanson « Le boxeur » de Simon

1. « Prenons un moment dans le noir pour montrer que nous sommes ici tous ensemble, présents... Lumières d'étoile sous le même toit, transformons ce stade en cathédrale, nos portables en autant de bougies, pour honorer le grand Tetsu Nakamura, un type formidable venu de votre formidable et généreux pays... »

and Garfunkel avant de chanter une version poignante de la ballade « *Pride* » (« Au nom de l'amour »).

Nakamura Tetsu, ainsi que les cinq personnes qui l'accompagnaient, avait été sauvagement assassiné la veille à 8 heures du matin dans une embuscade par des hommes armés de kalachnikovs à Jalalabad, capitale de la province de Nangarhar en Afghanistan, alors qu'il se rendait comme à son habitude à son travail dans sa voiture. Il avait 73 ans.

Né dans l'île de Kyushu, diplômé de la faculté de médecine de l'université de Kyushu en 1973, Nakamura vivait depuis 1984 dans cette région du globe. Passionné de montagne et du monde des insectes étudié dans les livres de l'entomologiste Jean-Henri Casimir Fabre[1], il l'avait découverte en 1978 lors d'une expédition au Tirich Mir, la plus haute montagne (7 708 m) de la chaîne de l'Hindou Kouch au Pakistan, avec un groupe d'alpinistes japonais dont il était le médecin. À la suite de ce premier voyage, il entreprit de nombreux allers et retours au Pakistan.

En 1983, une ONG, la Peshawar Kai & PMS[2], fut créée pour soutenir son action. Il s'installa alors de manière permanente à Peshawar près de la frontière afghane où il officia d'abord au département des lépreux de l'hôpital provincial. Deux ans plus tard, il commença à soigner les réfugiés afghans fuyant la guerre avec l'Union soviétique.

En 1991, il ouvrit une première clinique PMS à Dara-e-Noor, un village isolé dans la province du Nangarhar en Afghanistan. Elle sera suivie de plusieurs autres dans les zones montagneuses, jusqu'à dix sans compter des

1. Voir l'entrée « Fabre, Jean-Henri Casimir ».
2. Peace Japan Medical Service.

antennes mobiles, opérant toujours dans le respect des coutumes et de la culture locales. Elles ont toutes, à l'exception de la première qui traite toujours environ 50 000 patients par an, fermé à cause de l'insécurité qui sévit dans le pays depuis 2001.

Les malades accueillis dans ces centres médicaux souffraient pour la plupart de malnutrition mais également de diarrhées et du choléra, causés pour l'essentiel par une très grave sécheresse. Réalisant que l'aridité tuait plus de personnes qu'il ne pourrait jamais en soigner, Nakamura orienta son ONG vers un programme de création de puits. Lui et son équipe en creusèrent plus de 1 600.

Il comprit rapidement que cela ne serait pas suffisant. Il estima alors que le meilleur moyen de remédier aux problèmes de malnutrition chronique était l'irrigation permettant de relancer l'agriculture et l'élevage. Il lança en 2003 le projet de construction du canal Marwarid pour amener l'eau de la rivière Kunar aux portes du désert du Gamberi. Le canal, long de 25 kilomètres, réalisé selon une méthode japonaise vieille de plus de 200 ans inventée dans sa région, la « Digue de Yamada », requérant peu de moyens techniques lourds et un entretien simple, fut achevé en 2010. Il est bordé de 620 000 arbres. 380 000 de plus furent plantés pour créer une forêt contrôlant l'érosion. Apportant entre 250 000 à 400 000 mètres/cube d'eau par jour, il irrigue plus de 24 000 hectares de terres rendues arables, ce qui a transformé la vie de près d'un million d'habitants. Pendant des décennies, stabiliser l'irrigation de cette région avait été jugé impossible.

Nakamura Tetsu, qui maîtrisait parfaitement la langue pashtoun, était bien évidemment adoré de la population locale. Il avait un nom afghan, Kaka Murad. On l'appelait

« Oncle Murad ». Souvent vêtu d'une tunique afghane, portant le pantalon *courti* et coiffé du béret *pakoul* sur ses cheveux gris tombant en mèches sur son front, une moustache blanche drue barrant son visage, il vénérait la culture de son pays d'adoption. À propos des activités de son ONG, il avait coutume de dire :

« Nous n'avons pas nécessairement une philosophie établie sur ce qu'un organisme humanitaire devrait faire. Ce qui est clair dans mon esprit, cependant, c'est que nous devons approcher les problèmes dans l'optique des populations locales, en respectant leur culture et leurs valeurs, et c'est ainsi que notre travail sera réellement bénéfique. »

Quand on lui parlait des dangers de sa mission, il ajoutait :

« Nous avons choisi de ne pas aller là où tout le monde est prêt à se rendre. Nous allons dans des endroits où l'aide est indispensable et où personne d'autre n'a l'intention d'aller. »

Voilà donc l'histoire peu banale d'un honnête homme courageux, altruiste, visionnaire, amoureux passionné de l'Afghanistan et de sa civilisation, parti de son archipel lointain pour venir en aide à d'autres hommes, qu'une bande de sinistres crétins fanatiques a froidement assassiné.

Puisse son humanisme inspirer les talibans qui viennent de reprendre le pouvoir…

Nakane Chie (中根千枝) – Anthropologue (1926-) et la « japonitude »

Nakane Chie, outre le fait remarquable qu'elle a été la première femme à être nommée à un poste de professeur à la prestigieuse université de Tokyo (Tōdai), est un des chantres du *Nihonjinron*. Cette thèse de la « japonitude » souligne le caractère unique et l'homogénéité du peuple japonais qui ne peut être comparé aux autres communautés du monde et échappe à toute compréhension par les non-Japonais. Elle la développe dans plusieurs de ses ouvrages, dont *La Société japonaise*, paru en 1970, précédé en 1967 du best-seller *Relations humaines dans une société verticale*, deux livres dont je conseille la lecture en parallèle à celle de sa consœur américaine Ruth Benedict[1] malgré la polémique qui les accompagne.

En effet, l'idée de *Nihonjinron* soutenue dans ces deux essais peut être perçue comme la construction d'un mythe profondément nationaliste, voire raciste. Elle est battue en brèche par de nombreux sociologues japonais et étrangers. Toutefois, sa critique supporte assez mal le « test d'acidité » de la réalité : peu importe qu'elle soit fausse ou réelle, la japonitude est solidement ancrée dans la mentalité japonaise.

Je suis de ceux qui pensent à contre-courant que ce discours est en fait foncièrement enraciné dans le subconscient des Japonais ; c'est un syndrome pratique de l'esquive par ailleurs cyniquement exploité quand cela les arrange.

1. Voir l'entrée « Benedict Ruth ».

Il y a en effet dans le cœur de tout Japonais l'intime conviction que leur pays se trouve sur une planète différente du reste du monde, ou, pour être plus exact, qu'ils sont seuls sur Terre et que les autres sont dans un ailleurs improbable et pourquoi pas dans l'éther. N'oublions pas qu'il n'y a pas si longtemps les étrangers étaient des *aliens*[1], en quelque sorte des extraterrestres. Le réflexe quasi pavlovien de repli sur soi-même du Japon vient de cette certitude. Ce serait cependant une erreur de penser qu'il s'agit d'un sentiment de supériorité, voire un réflexe qui pourrait relever d'un quelconque racisme. C'est, plus profondément enraciné dans l'ADN japonais, une sorte de xénophobie primale.

Le socle de la politique japonaise, sans jamais l'avouer, s'établit sur ces fondamentaux. Par exemple, le refus d'accueillir dans les années 1970 les boat people vietnamiens reposait sur le discours suivant, nous rappelant incidemment que le Japon est un pays en Asie, pas d'Asie : « Ils ne pourraient s'accoutumer au Japon. »

La bureaucratie s'abrite derrière la spécificité japonaise pour édicter d'iniques normes techniques et des standards compliquant, voire empêchant, l'entrée des produits importés sur le marché. On se rappellera par exemple l'interdiction faite dans les années 1970 à l'importation de la viande de bœuf étrangère, qui fut à l'origine d'une des premières frictions avec l'administration américaine. La rumeur prétend qu'elle reposait sur une étude au demeurant fort sérieuse conduite par un certain docteur Scheube et un anatomiste du nom de Taguchi, selon laquelle la longueur de l'intestin des Japonais était plus grande que celle des Occidentaux[2]. Le ministère en

1. Voir l'entrée « Alien ».

2. 506 centimètres d'intestin pour 100 centimètres de stature chez les Européens, 607 chez les Japonais, soit 1/5e de plus.

charge aurait prétendu que cette caractéristique pouvait occasionner de graves troubles de digestion !

Sans céder à la paranoïa du qu'en-dira-t-on, j'ai plusieurs fois été confronté lors des sept années de ma mandature à la tête de l'EBC (European Business Council) aux discours alambiqués des fonctionnaires des ministères pour étayer leur argumentaire. Et lorsqu'ils se prenaient les pieds dans leur démonstration, ils m'assenaient un « *Nihon wa chigau !* » (« Le Japon est différent ! ») définitif qui clôturait toute discussion.

Un autre mantra est souvent psalmodié par les Japonais :

Gaijin niwa rikai dekinai ! (外人には理解できない!), « Vous, les étrangers, ne pouvez [nous] comprendre ! ».

Les étrangers en affaires au Japon ont tous été confrontés un jour ou l'autre à ce jugement péremptoire lors de discussions quelque peu tendues.

Un jour, le président d'une chaîne de grands magasins, ayant unilatéralement décidé d'ouvrir ses points de vente le jour de relâche du *Oshôgatsu* (le jour de l'An) où normalement tout s'arrête, me rendit visite pour tenter de nous persuader de faire travailler nos vendeuses ce jour-là. Ce moment est sacré pour les Japonais qui le passent en famille. Je lui opposai donc un refus net, expliquant que nous ne pouvions décemment demander un tel sacrifice à notre personnel. À bout d'arguments, il m'assena un brutal :

« Ah ! Vraiment, vous les étrangers ne pouvez nous comprendre, nous les Japonais ! »

J'avoue avoir perdu ce jour-là mon sang-froid quand je lui répondis :

« Je pense que c'est vous qui ne comprenez rien aux coutumes de votre propre pays ! Vous devriez pourtant savoir que le *Oshôgatsu* est sacro-saint ! »

Sans aller jusqu'à se trouver face à des situations aussi brutales, il arrive souvent que l'on soit confronté à des attitudes qui, sans être sournoises, n'en sont pas moins l'expression inconsciente du *Nihonjinron*. Ainsi, quand un Japonais, alors que vous devisez avec lui dans sa propre langue, et bien que sachant que vous habitez son pays depuis longtemps, vous demande soudain avant de vous emmener dîner : « Et vous savez aussi utiliser les baguettes ? »

Enfin, si vous avez épousé une Japonaise, attendez-vous à l'inévitable choc de vous entendre dire un jour : « De toute façon tu ne peux pas comprendre, tu n'es pas japonais ! »

Il est alors inutile de tenter de ratiociner : l'argument est, hélas, irréfutable.

Naoko (奈緒子) – Mon Trésor vivant

Prénom japonais féminin. Les caractères qui le composent ne signifient rien ensemble. Pris séparément, ils ont un sens s'ils sont en association avec un autre idéogramme :

— 奈 avec 良 signifie « Nara », l'ancienne capitale du Japon.

— 緒 avec 鼻 se lit « *hanao* », la bride des sandales traditionnelles.

— 子, « l'enfant », « *ko* » est le suffixe que l'on utilise souvent pour les prénoms féminins.

Pour le moins, un assemblage insolite et déroutant !

Sa grand-mère, maître de cérémonie du thé, a choisi le prénom de sa petite-fille après consultation avec une voyante pour le nombre de traits des caractères, censé être d'excellent augure selon l'art divinatoire de la numérologie autrefois importée de Chine : 25, soit 8 pour 奈, 14 pour 緒 et 3 pour 子.

Il faut croire que la prédiction fut bonne puisque Naoko est mon épouse.

Mon redoutable éditeur a décrété que cet ouvrage ne pouvait se concevoir sans une occurrence sur ma femme, puisqu'il s'agit d'un *Dictionnaire amoureux*. Elle qui est si discrète et pudique et qui déteste se mettre dans la lumière ne sera probablement pas enthousiaste de se découvrir à la lettre « N ».

Bien évidemment, le fond d'écran de mon téléphone portable est un portrait de Naoko.

C'est une photo prise lors d'un voyage à Cuba. Nous étions dans le club très fermé des fumeurs de cigare de La Havane, où un ami avait ses entrées.

Naoko tient élégamment entre son index et son majeur un corona comme si elle l'avait toujours fait. Elle qui n'avait jamais fumé la moindre cigarette s'est découvert ce jour-là un goût pour la noblesse des grands cigares.

Car sous ses dehors sages et conventionnels, ma femme est une aventurière. Insolite et déroutante, vous disais-je ! Quand elle a décidé quelque chose, elle le réalise. Opiniâtre avec une résolution implacable, elle va sereinement au bout des expériences sans tambour ni trompette.

Sur cette photo, elle est coiffée d'un panama blanc orné d'un galon en gros grain et porte une robe qui laisse ses belles épaules voluptueuses dégagées. L'harmonie de la parure est intentionnelle mais d'un raffinement discret : le choix des couleurs plutôt neutres, le bleu de la robe associé au liseré du chapeau, la blancheur immaculée de ce dernier et celle du collier autour de son cou, jusqu'au subtil mariage des matières, le raphia de l'un et le cordage nautique de l'autre. Rien n'est laissé au hasard.

Ma Japonaise au charme paisible s'est transformée instantanément à Cuba en une de ces belles Sud-Américaines. Elle donne l'impression d'avoir saisi l'essence de leur séduction sans pour autant épouser leur exubérance.

Ma femme, en effet, est un paradoxe. D'une curiosité généreuse, ouverte au monde, elle s'adapte à toute situation dans le respect de l'autre sans toutefois écorner son amour-propre ni faire de concession aux valeurs qui l'animent. Sa détermination est tranquille, protégée des débordements par une intégrité d'airain.

Sa chevelure aile de corbeau cascade en liberté sur ses épaules, encadrant son visage qu'elle trouve trop large mais qui offre tant de place à mon amour. L'arc de ses sourcils souligne l'amande de ses yeux. Une imperceptible cicatrice au-dessus de sa paupière droite, souvenir d'une arcade sourcilière autrefois fendue, comme celle sous son menton que lui a laissé une chute ou une autre sous son talon parce que, souvent pieds nus, elle avait marché sur un verre cassé, rappellent l'enfance d'une petite fille turbulente, véritable garçon manqué aux cheveux coupés court.

Ce qui capte d'emblée dans le visage de Naoko, c'est la noblesse d'un nez subtilement busqué hérité de son père, tels ces profils hiératiques des femmes des estampes d'Utamaro, puis le dessin de ses lèvres aux commissures délicates qui rappelle le sourire énigmatique des apsaras sculptées dans la pierre des bas-reliefs du Bayon à Angkor.

Une autre blessure, celle-là invisible, flotte dans le regard et jusque sur le sourire de Naoko : le décès de sa maman alors qu'elle venait d'avoir 6 ans. Une absence qu'elle a intériorisée au plus profond de son âme, dont elle parle peu. Cette perte, bien que compensée par une belle-mère très aimante, a plaqué à jamais une once de mélancolie qui a façonné un caractère aussi déroutant que son prénom : à la fois fragile et bien trempé, réservé et résolu, humble et fier, sage et rebelle, rationnel mais sujet aux dérèglements de la passion.

Naoko ne juge jamais quiconque malgré une lucidité impitoyable. Elle s'écarte naturellement de ceux qui lui déplaisent sur la pointe des pieds afin de ne pas les blesser. Elle est une femme d'effacements progressifs, jamais de ruptures brutales, car celle qu'elle a vécue dans sa petite enfance lui a enseigné la profondeur des souffrances qu'elles peuvent causer.

Pour ceux qu'elle a choisis, elle est d'une fidélité, d'une loyauté et d'un dévouement absolus. C'est une compagne et une amie gaie, drôle, voire espiègle.

Mais il me faut admettre que Naoko a tout de même un défaut : elle est terriblement têtue. Elle n'est pas née sous le signe du Bélier pour rien. Par ailleurs, elle est de l'année du Serpent, dont une particularité est d'être *shitsukoi*, « obstiné ». Je suis à douze ans de distance pareillement de l'année du Serpent. Cela provoque des enlacements qui peuvent s'avérer électriques.

À tout étranger cédant à l'image de la parfaite épouse japonaise qui s'extasie sur mon heureux sort, je réplique en général par une question suivie de sa réponse :

« Savez-vous pour quelle raison les femmes japonaises marchent trois pas derrière leur mari ? Parce que c'est tellement plus facile de contrôler par-derrière ! »

Naoko fait bien semblant de marcher derrière moi, mais c'est en fait dans le sillage de son allure que notre couple suit son chemin.

Narita rikon (成田離婚) – Narita divorce

Fulgurante décision de divorcer au retour d'un voyage de noces.

Souvent prise par la jeune épouse plutôt que par son conjoint, elle est actée symboliquement dès que l'avion se pose sur le sol japonais, d'où le nom de l'aéroport de Tokyo, Narita, accolé au mot *rikon*, « divorce ».

Les Japonais ont le sens de la litote.

Ce phénomène s'est particulièrement développé dans le courant des années 1980. Les jeunes femmes ne s'étaient alors pas encore complètement affranchies des conventions qui voulaient qu'elles convolent, de préférence avant 25 ans. Elles subissaient la pression des parents lorsque cet âge fatidique approchait. S'ils ne voyaient pas un prétendant sérieux pointer le bout de son nez, ils suggéraient à leur fille de rencontrer une marieuse pour organiser des *omiai*[1] avec des partis correspondant à leur statut social, leurs centres d'intérêt, leurs goûts.

Dans le même temps, très dégourdies, souvent diplômées d'une bonne université, elles se sentaient pousser les ailes de l'émancipation car, travaillant, elles pouvaient prétendre à une indépendance économique que leurs mères n'avaient pas connue.

Dans ce contexte, il arrivait relativement fréquemment que la hâte supplantât le discernement et que l'élu de la raison ne fût pas celui que le cœur aurait choisi.

Ainsi, ces mariages au prélude quelque peu bâclé avec un garçon qu'elles n'avaient pas vraiment eu le temps de connaître rendaient le huis clos du voyage nuptial[2] hautement risqué. Affinités pas harmonisées, rouages du cœur inexplorés, échelles de valeurs improprement étalonnées, bref, tout manquait de ce qui forge le socle sur lequel se bâtit un destin à deux au-delà de la séduction superficielle et de l'éventuelle adéquation somme toute fugace de la chair.

Sans oublier la saine impatience des jeunes femmes de l'époque, bien plus dégourdies que leur partenaire souvent apathique, indolent, empoté, à la consistance du *tōfu*, ce pâté de soja mou au goût amorphe, élevé dans le confortable cocon de leur *Kyôiku mama* (Mama Éducation).

1. Voir l'entrée « *Omiai* ».
2. Voir l'entrée « Lunes de miel (drôles de) ».

J'ai vécu un *Narita rikon* (pas le mien) en temps quasi réel.

Une collaboratrice intelligente, jolie, pétillante vint un jour m'annoncer son mariage et qu'elle désirait m'inviter au banquet. Elle me demanda si j'accepterais de faire un petit discours. Alors que je la félicitais, elle me fit une réponse ambiguë accompagnée d'une petite moue : « On verra bien ! »

La cérémonie dans un grand sanctuaire de Tokyo, suivie du dîner dans un hôtel réputé avec plus de cent invités fut conforme au standing de la famille de la jeune femme, dont le père était cadre supérieur dans une *shōsha* (« maison de commerce »).

Les petits plats avaient été mis dans les grands, le repas était délicieux, les boissons variées, les discours laudatifs nombreux, et le cadeau de remerciement aux invités, une paire de verres Baccarat, à la hauteur du montant de l'enveloppe de billets neufs préparée à cet effet et déposée comme tout un chacun à la banque d'accueil.

La mariée était éblouissante dans sa robe immaculée puis, plus tard, dans son kimono chamarré. Le marié avait belle prestance, bien qu'il me parût quelque peu falot, impression que j'attribuais à une petite pointe de jalousie…

Le jeune couple partait le lendemain de l'aéroport de Narita pour le rituel voyage de noces de cinq jours, temps de vols compris, vers la non moins conventionnelle destination qu'était Hawaï.

Lorsqu'elle revint au bureau une semaine plus tard, la jeune femme demanda à me parler. Je pensais qu'elle allait, comme il était d'usage envers son supérieur hiérarchique, me faire le récit succinct de son voyage et me remercier d'avoir gâché un dimanche pour son mariage durant lequel j'avais prononcé un merveilleux discours parsemé de louanges qu'elle ne méritait pas.

Ce qu'elle fit en effet en préambule, puis elle se releva du siège que je lui avais offert, recula de deux pas et s'inclina profondément mains croisées sur son giron avant de me dire :

« Je vous prie de bien vouloir pardonner mon inexcusable égoïsme. Je dois en effet vous informer que, hélas, j'ai divorcé dès mon retour de voyage ! »

Et avant que j'aie eu le temps de trouver la tournure appropriée dans le langage des convenances de politesse, elle déposa devant moi une boîte de gâteaux et quitta précipitamment mon bureau.

J'appris un peu plus tard par les bruits de couloir (tout finit par se savoir au Japon) l'histoire dans ses moindres détails.

La jeune femme, pressée par ses parents d'entrer dans l'ornière de la société alors qu'elle venait de fêter ses 28 ans, finit par se plier au souhait familial de convoler avec un garçon qui lui avait été présenté par une marieuse quelque temps plus tôt.

Les préparatifs du mariage étaient fort avancés, salon pour le banquet réservé, bans publiés et invitations envoyées, quand elle fit part à sa mère des doutes qu'elle nourrissait à l'égard de son fiancé. Rien de bien précis, quelques petits agacements teintés de désaccords passagers. Celle-ci la raisonna. On n'allait pas annuler ce mariage sur la base de puérils mouvements d'humeur.

Le voyage jusqu'à Honolulu, c'est-à-dire huit heures de vol, se passa calmement.

Mais tout s'emballa à la fin de la matinée peu après l'enregistrement à l'hôtel. Un incident banal, une querelle sur le prix à mettre aux cadeaux qu'on allait rapporter aux parents du couple, déclencha le « Pearl Harbor » de ce mariage parti du mauvais pied.

La jeune femme tenta de trouver un vol pour rentrer à Tokyo le soir même. Il n'y en avait pas.

Elle réclama alors une chambre à part. L'hôtel était plein.

Elle en chercha une ailleurs, mais, en cette période de transhumances nuptiales japonaises, elle n'en trouva pas.

Alors, elle força le malheureux jeune homme à coucher sur le canapé du salon (on m'a dit la baignoire, mais je pense que cela était une petite touche de médisance ajoutée par la personne qui me rapporta cette funeste affaire). C'est tout juste si elle lui accorda un oreiller !

Du premier soir jusqu'à la date du retour quatre jours plus tard, elle ne passa plus une minute avec lui, quittant la chambre avant son réveil, s'arrangeant pour rentrer plus tard que lui.

Elle chercha même à changer de siège dans l'avion du retour pour ne pas souffrir le désagrément d'être assise à côté du piteux personnage qu'elle avait épousé dans un moment d'égarement.

Rentrée à Tokyo, elle se précipita à la mairie de son quartier pour apposer son sceau sur le document de divorce qu'une aimable préposée lui tendit.

Dans les mairies japonaises, c'est pratique, le comptoir des divorces est mitoyen de celui des mariages. Une erreur de jugement peut donc se réparer aussitôt le mariage enregistré.

Mais le *Narita rikon* autorise un temps de réflexion utile sans obérer l'efficacité redoutable du divorce.

Natsume Sôseki (夏目漱石) – Écrivain (1867-1916)

> « À user de son intelligence, on ne risque guère d'arrondir les angles. À naviguer sur les eaux de la sensibilité, on s'expose à se laisser emporter. À imposer sa volonté, on finit par se sentir à l'étroit. Bref, il n'est pas commode de vivre sur la terre des hommes[1]. »

Ainsi débute le cinquième roman de Natsume Sôseki, *Kusamakura* (草枕, *Oreiller d'herbes*).

Cette phrase résume pour moi l'œuvre de l'écrivain japonais le plus original du XXe siècle.

Cette vie sur la terre des hommes, il la décrit avec une tendresse désabusée, un humour décapant mâtiné d'une saine indulgence. S'il est sans illusion sur la nature humaine et en analyse les vanités avec lucidité, c'est toujours en s'abstenant d'émettre des jugements de valeur. Quand il se moque ou devient cynique, il le fait au travers du filtre de sa personne, trop courtois et respectueux d'autrui pour porter des attaques *ad hominem* et cette attitude n'est en rien une posture hypocrite plus ou moins déguisée ; en fait, pratiquant une autodérision permanente, il développe naturellement un sens aigu du burlesque.

Son humour, qui n'est pas le premier trait des romanciers japonais de son époque, est teinté d'une loufoquerie toute britannique, sans doute une réminiscence des trente-quatre mois qu'il passa à Londres entre octobre 1900 et août 1903 en tant que boursier du gouvernement japonais. La recette du riz au serpent décrite

1. Traduction de René de Ceccatty et Ryôji Nakamura.

dans *Je suis un chat* (*Wagahai wa neko de aru*) en est un exemple désopilant.

Quant à la tristesse qui transparaît au travers de ses œuvres tardives, elle vient de cet ulcère à l'estomac qui le tourmente et qui finira par le tuer. Nombreux d'ailleurs sont ses personnages tracassés par divers maux d'estomac.

Conscient de la vanité de ses efforts pour combattre les difficultés de l'existence, Natsume se rapprochera vers la fin de sa vie des pratiques religieuses (*sokutenkyoshi*) prônant le détachement de soi, sans doute en quête de cette « impassibilité » que le peintre de l'*Oreiller d'herbes* s'en va rechercher en se retirant dans une montagne éloignée.

Lire Natsume, c'est respirer un grand bol d'humanisme.

Sixième enfant non désiré, Kinnosuke de son véritable prénom est confié en nourrice à une famille qui l'a adopté formellement, pratique alors courante au Japon. Il ne reviendra chez ses parents biologiques qu'à l'âge de 8 ans sans bien comprendre qu'ils sont sa véritable famille. Sa mère l'avait bien accueilli, mais elle mourut alors qu'il n'avait que 14 ans ; en revanche, pour ce qui concerne son père, le rejet fut total. Son dernier roman achevé en 1915, *Les Herbes du chemin* (*Michikusa*), largement autobiographique, décrit la relation complexe qu'il entretint avec son père biologique comme avec son père adoptif ; ce dernier avait en réalité réapparu dans la vie de Natsume en 1906. Il s'acquittera de sa « dette » morale trois ans plus tard en lui achetant pour la somme considérable à l'époque de 100 yens un papier mettant un point final à leur relation légale passée.

Ayant été ballotté depuis sa plus tendre enfance, Kinnosuke se sentait un peu comme le chat de son roman, tout juste toléré dans une famille qui aurait préféré ne pas s'embarrasser de lui. Solitaire et mélancolique, il développera très vite un don d'observation critique qui sera la matrice de toute son œuvre.

En 1867, l'année de sa naissance, la capitale du Japon s'appelait encore Edo. Elle devint Tokyo l'année suivante. L'adolescent Kinnosuke va vivre de plein fouet l'incroyable choc de civilisation que subit à marche forcée son pays pour passer en moins de quarante ans du Moyen Âge au XXe siècle et de près de trois siècles d'isolement à l'ouverture au monde. Pétri des valeurs traditionnelles, nourri de la littérature et de la poésie chinoises appréciées de l'élite, habile à composer des *haïkus*[1], il n'en était pas moins conscient de la nécessité du changement. C'était un occidentaliste raisonné et raisonnable. Ses études d'anglais et son séjour peu heureux dans le Londres crasseux saturé de « smog », qu'il décrira plus tard dans ses *Petits Contes de printemps* (*Eijitsu shôhin*), l'ont cependant convaincu de cette fracture tout en imaginant le risque de délitement de la société japonaise dans cette course effrénée à l'assimilation de la civilisation occidentale trop prise par ses compatriotes au pied de la lettre.

Cette inquiétude transparaît en filigrane au travers de tous les romans de Natsume. D'un côté ses personnages se débattent dans le pesant carcan des traditions qui rendent les subtils liens familiaux particulièrement compliqués entre devoirs et obligations, de l'autre ils s'engoncent dans une indolence intellectuelle déstabilisante, se contentant de subir ou fonçant au contraire tête baissée dans l'adoption des schémas de pensée occidentaux mal compris qui les conduisent à un mimétisme caricatural et ils sombrent immanquablement dans le ridicule, comme

1. Voir l'entrée « *Haïku* ou *haïkaï* ».

ces dandys en kimono chaussés de guêtres et coiffés d'un chapeau melon.

Tous ces conflits et ces contradictions sont analysés avec finesse :

La frénésie d'adaptation déclenchée par le décret impérial enjoignant aux Japonais l'ordre d'acquérir la science et la culture étrangères est ainsi brocardée dans *Je suis un chat* avec, par exemple, la description de l'étude fantaisiste et cocasse des « effets du rayonnement UV sur le mouvement électrodynamique des pupilles de grenouilles ».

A contrario, les campagnes successives menées par le gouvernement pour tenter, au moyen de la promotion du shintoïsme comme religion d'État, de préserver l'esprit du *Yamato*, le pays divin, prélude au nationalisme et au militarisme des années 1920, n'échappent pas à la plume acérée de l'écrivain.

À son retour de Grande-Bretagne en 1903, Natsume se voit confier la chaire de littérature anglaise de son illustre prédécesseur Lafcadio Hearn[1] à l'université impériale de Tokyo, poste dont il démissionnera pour entrer au journal *Asahi* en 1907 après le succès fulgurant de son feuilleton *Je suis un chat*. À l'âge de 40 ans. Il devient donc un écrivain adulé et reconnu dont la notoriété lui permettra de publier la plupart de ses romans tronçonnés par épisodes dans ce quotidien.

Il avait déjà adopté en 1888 le nom de plume Sôseki, qui signifie « têtu », un an après avoir rencontré le poète Masaoka Shiki qui l'avait encouragé à composer des *haïkus*. Les Japonais l'appellent encore affectueusement par son prénom, tant sa personnalité attachante est ancrée dans l'imaginaire populaire. Son roman

1. Voir l'entrée « Hearn Lafcadio ».

Botchan (« le petit maître »), publié en 1906, tiré des quatre ans de sa propre expérience dans un lycée de province, a fortement contribué à son immense popularité. *Botchan* est l'équivalent en japonais du *Petit Chose*, de *Poil de carotte* ou bien encore de *Tom Sawyer*. Le grand *mangaka* Taniguchi Jirõ a même réalisé un album inspiré des aventures du jeune professeur, *Au temps de Botchan*.

Depuis 1984, nous avons tous porté Sôseki contre notre cœur dans nos portefeuilles : son visage barré d'une moustache fournie, au regard pensif et mélancolique sous son grand front bombé, a orné les billets de 1 000 yens jusque 2004.

L'univers de Sôseki est envoûtant et délicieusement désuet :

On dort sous des moustiquaires dont les mailles effilées laissent passer les moustiques ; on fume du tabac dans des pipes d'autrefois ; on se réchauffe comme on peut devant un brasero *hibachi* ; on porte encore le kimono, le *haori*[1] et le *hakama*[2] ; on pique dans le col de son kimono un cure-dents en métal ; on s'achète un manteau en le payant par mensualités ; la coiffure des femmes est dans le style traditionnel *shimada* ; des étudiants en résidence partagent la vie des familles qui les hébergent ; les foyers les plus humbles ont des bonnes à leur service, bien qu'ils aient du mal à arrondir les fins de mois ; les hommes sont souvent indolents, détachés des contingences matérielles laissées aux épouses qui ne comprennent pas grand-chose aux conversations absconses, absurdes, voire dénuées de tout sens, des visiteurs auxquels elles servent le thé avant de s'effacer délicatement.

Bref, la vie quotidienne est bien grise et monotone, et le temps s'écoule trop lentement comme dans les films d'Ozu[3]. Mais sous l'apparence de cette monotonie sans aspérités se cache toujours une faute, un péché, une douleur et un repentir.

L'ennui ne s'installe donc jamais à la lecture de Sôseki.

On baigne également dans un monde raffiné et érudit :

On croise le grand peintre animalier Jakuchû ; le maître chinois zen Da Hui de l'époque des Song ; le fondateur de la secte bouddhique de la Terre pure (Jôdoshinshû) Shinran ; la poétesse de l'époque de Heian Ono no Komachi ; les amis réels de Sôseki, le poète Takahama Kyoshi, le spécialiste de littérature anglaise Ueda Bin. On déclame des poèmes chinois de l'époque Tang de Bai Le Tian ; on lit le *Livre des mille caractères*, ces deux cent cinquante poèmes de quatre caractères de Zhou Xing Si, un lettré de l'époque des Royaumes combattants ; on compose des *haïkus* ; on cite Oliver Goldsmith, William Thackeray.

1. Courte veste portée par-dessus le kimono.
2. Pantalon large également porté par-dessus le kimono.
3. Voir l'entrée « Ozu Yasujirõ ».

Quant à la vie des couples, elle est étudiée avec une minutie d'entomologiste :

Les épouses ont la langue bien pendue tout en étant dévouées à leur mari et aux enfants ; mine de rien, elles régentent leur petit monde subtilement en portant un œil goguenard sur les visiteurs pédants, les importuns, les voisins ; elles sont moins stupides qu'elles veulent bien le laisser paraître et si elles ne comprennent pas grand-chose aux dissertations des intellectuels qui pérorent dans leur entourage, leur bon sens supplée largement à l'insouciance de leur mari. L'alchimie conjugale est ainsi finement cernée :

> « Ce que leur vie avait perdu en étendue, elle l'avait gagnée en profondeur. Pendant ces six années, au lieu de chercher à nouer dans le monde quelques relations espacées, ils s'étaient employés à sonder réciproquement leurs cœurs, si bien que chacun avait fini par connaître jusqu'au tréfonds la vie de l'autre. Si tous deux étaient toujours pour le reste du monde des personnes distinctes, de leur point de vue à eux, ils n'étaient qu'un seul et même organisme, vivant dans une sorte d'osmose morale. Les systèmes nerveux qui constituaient leurs deux intelligences s'embrassaient étroitement jusqu'à la dernière fibre[1]. »

Bien évidemment, dans toute l'œuvre de Natsume Sôseki, les mouvements du cœur et les transports amoureux sont esquissés avec délicatesse et élégance. Les émois sont légers ; on rencontre de ravissantes jeunes femmes subtilement effrontées comme Nami, la mystérieuse héroïne de l'*Oreiller d'herbes*, dont la beauté offre au narrateur, un peintre, la réponse à son questionnement sur son art ; mais les passions peuvent aussi être silencieusement

1. Dans *La Porte*, chapitre XIV, traduction de Corinne Atlan.

dévastatrices et conduire à de terribles tragédies, comme dans *Le Pauvre cœur des hommes* (*Kokoro*).

Et durant ce temps, le monde extérieur est trépidant et vibre du fracas des tramways ; on creuse des tunnels pour faire passer de nouvelles lignes de chemin de fer ; les nouveaux riches comptent leurs sous ; on accompagne les jeunes gens qui partent à la guerre sur le front russe.

Tout virevolte, tout change et se transforme.

Natsume n'omet pas de brocarder certains travers de cette société en devenir, par exemple la manie d'un culturisme effréné qui pourrait s'appliquer aux joggeurs compulsifs de notre XXIe siècle ou la fabrication de preuves par la police, habitude déplorable des procureurs japonais toujours en vigueur qui leur permet d'obtenir un taux d'élucidation des crimes digne des scores d'élections des dictatures du monde.

Toute l'œuvre de Sôseki est tissée d'une humanité magnifique. Je lui laisserai la conclusion de cette occurrence :

> « À 25 ans, j'ai eu la révélation que la lumière et les ténèbres étaient les deux faces d'une même réalité et que, partout où naît la lumière, de l'ombre tombe sur nous. Aujourd'hui, à 30 ans, voici ce que je pense : … Plus profonde est la joie, plus profonde est la mélancolie ; plus grand est le plaisir, plus grande est la souffrance. […] L'argent est important et les choses d'importance, si elles s'accumulent, nous poursuivent jusque dans notre sommeil. L'amour rend heureux, mais lorsque ce bonheur de l'amour augmente, on a la nostalgie du passé où l'on n'aimait pas encore[1]. »

1. Dans *Oreiller d'herbes*, chapitre Ier, traduction de René de Ceccatty et Ryôji Nakamura.

Natto (納豆)

Le *natto* est un condiment à base de soja fermenté et étuvé qui se présente sous forme d'un agglomérat de têtes de soja baignant dans une concoction à l'odeur fade, baveuse et filandreuse (ce n'est pas la même chose !) dont on a du mal à se débarrasser des filaments quand on le mange.

On le déguste en général mélangé à de la sauce de soja et de la moutarde extraforte dite « *karashi* » dans un bol de riz blanc, parfois enveloppé dans de la peau de soja en petits pâtés frits.

Certains, comme mon fils, le mangent tel quel à la cuiller. C'est plus rare et un peu original, mais pourquoi pas !

Tout Japonais rencontrant un étranger, dont il apprend qu'il vit depuis un certain temps (de six mois à trente ans) dans le pays et qu'il aime la cuisine locale, lui posera immanquablement LA question rituelle : « Aimez-vous le *natto* ? »

C'est un peu comme si on demandait au premier Japonais habitant Paris s'il aime le maroilles, mais le *natto* sent moins mauvais et est franchement moins fort que notre bon vieux fromage picard, tout en étant à peu près aussi ragoûtant quand vous apprenez qu'il se mange parfois mélangé au café du matin (le *natto* aussi, j'ai essayé, mais je ne recommande ni l'un ni l'autre).

Il faut dire qu'à peu près tous les Japonais de l'ouest du Japon (le Kansai), soit environ la moitié de la population de l'archipel, détestent le *natto*, cet ovni venu du Kanto (l'est du Japon), dont les peuplades sont considérées à peine plus civilisées que les *Ketõ*, les « poilus » venus de l'autre côté de la planète.

Je peux vous assurer que, lorsqu'un étranger répond : « Oui, en effet, j'adore le *natto* ! », il fait sensation mais avec un sentiment diffus de dégoût mélangé à l'admiration : décidément, les *Yabanjin*, ces diables d'étrangers, ne sont pas faits comme tout le monde !

Je reconnais que cette description n'est pas très encourageante, mais je puis vous assurer que, passé le premier dégoût, le *natto* est absolument délicieux, et pas seulement pour la santé !

Netsuke (根付) – Figurines

Le *netsuke* est à l'origine un accessoire vestimentaire masculin permettant de retenir une bourse en tissu ou une petite boîte *sagemono* en laque ou en bois suspendue à l'*obi* du kimono par une cordelette. Les vêtements traditionnels n'ayant pas de poche à part les manches dans lesquelles on ne pouvait entreposer que de menus objets, les *sagemono* permettaient de ranger le tabac, une pipe, de la monnaie, l'étui *inrô* pour ranger son sceau personnel ou des boîtes à pilules médicinales.

Le *nestuke* est une figurine finement sculptée qui couvre un vaste éventail de sujets :

— des personnages réels célèbres, historiques ou de fiction, des enfants, des guerriers, des moines, des femmes ;

— des divinités, déités et créatures mythiques comme les dragons, souvent issues de la mythologie chinoise ou des contes locaux tels que les *daruma*, *kappa*, *tengu* et toutes sortes de fantômes et apparitions fantastiques[1] ;

— des métiers, des artisans en action, pêcheurs, veilleurs de nuit, charpentiers, portefaix, musiciens, etc. ;

1. Voir l'entrée « Obake ».

— des animaux, insectes, chats, chiens, blaireaux, singes et tous les animaux du zodiaque chinois, des tigres, des buffles, des serpents, des grenouilles, des poissons dont beaucoup de poulpes qui parfois enlacent une femme de leurs tentacules comme la fameuse estampe érotique d'Hokusai, « Le Rêve de la femme du pêcheur » ;

— des plantes, légumes, fruits, graines ;

— des objets usuels, tonnelets, gourdes, outils, instruments de musique, masques de *nô*, chars, barques, etc. ;

— et bien sûr des *shungas*[1] *netsukes* érotiques sous toutes les formes et dans toutes les positions sans lesquels, au Japon comme partout ailleurs, toute représentation artistique ne saurait être complète.

Il y a autant de matériaux que de sujets. Les *netsukes* les plus répandus sont taillés dans diverses essences de bois, buis, bambou parfois tressé, cyprès, paulownia, plus rarement ébène ou bois fossilisé, racines, noyaux de pêche ou d'abricot, coques de noix. Le bois de cerf plus difficile à travailler, car très dur, était moins prisé. L'ivoire devant être importé de Chine, les *netsukes* taillés dans cette matière étaient chers et fragiles ; ils s'usaient et perdaient ainsi à l'usage leur image. Corail, ambre, dent de cachalot ou de morse, dent d'ours, défense de sanglier, écaille de tortue, pierre dure étaient également utilisés, plus rarement la laque, la porcelaine ou le métal.

Les Japonais ayant la manie de l'ordre, les *netsukes* sont classifiés en différents types suivant la forme et le sujet, en général neuf :

— *Katabori-netsuke*, les plus courants, sculptés en ronde bosse ;

1. Voir l'entrée « *Shunga* ».

— *Anabori-netsuke*,	creusés, souvent des formes de palourdes ;
— *Sashi-netsuke*,	de forme allongée, assez longs ;
— *Obi-hasami*,	longs et incurvés, glissés dans l'*obi* dont ils dépassent ;
— *Men-netsuke*,	deuxièmes plus courants, visages ou masques ;
— *Manjû-netsuke*,	épais, plats, ronds, sculptés en relief ;
— *Ryûsa-netsuke*,	comme les *manjûs* mais perforés et ajourés ;
— *Kagamibuta-netsuke*,	pièces métalliques cerclées d'ivoire ;
— *Karakuri-netsuke*,	avec parties amovibles ou des astuces.

Son Altesse impériale la princesse Takamado, distinguée anthropologue, archéologue et ornithologue, est également une grande spécialiste des *netsukes*. Elle a écrit plusieurs ouvrages savants sur le sujet, dont elle m'a un jour offert un exemplaire que je garde précieusement serré dans ma bibliothèque.

Mon goût pour les *netsukes* est né lorsque j'étais en poste à l'ambassade de France à Tokyo. Je me rendais souvent le dimanche à Kamakura. Il y avait dans la rue commerçante Komachi partant de la gare une petite boutique d'antiquités dans laquelle j'étais entré un jour comme dans la caverne d'Ali Baba. L'antiquaire, un vieux monsieur distingué, m'avait pris en affection. Je passai à chacune de mes visites une bonne heure avec lui. Il savait que je n'avais pas les moyens de lui acheter grand-chose, mais partager son vaste savoir était son plaisir.

Un jour, il m'invita à passer dans son arrière-boutique. Là, il sortit d'un placard six coffres à tiroirs en paulownia de bonne dimension. Chaque coffre comptait cinq tiroirs. Chaque tiroir contenait vingt-cinq cases. Dans chacune reposait un *netsuke* posé sur un coussinet de soie couleur bouton-d'or. Je fis le calcul rapidement. L'antiquaire possédait sept cent cinquante figurines !

Il m'expliqua que c'était sa collection personnelle, qu'il montrait peu car elle n'était pas à vendre. Tous les soirs après avoir fermé sa boutique, il se servait un petit verre de whisky et il sortait cinq *netsukes* qu'il regardait au moyen d'une loupe sur pied posée sur une table recouverte d'une feutrine fortement éclairée.

« Pas plus de cinq, insista-t-il. Plus, on ne voit plus rien ! J'examine chacun de mes *netsukes* en moyenne deux fois par an depuis vingt ans. Figurez-vous que je découvre toujours un nouveau détail. Si vous le voulez bien, conclut-il, je sortirai un tiroir pour vous quand vous reviendrez me rendre visite. »

Je suis retourné plusieurs fois voir le vieil antiquaire, pas assez souvent cependant pour pouvoir admirer l'entière collection de ses *netsukes*. C'est un de mes nombreux regrets, et non le moindre. Il m'en avait donné quelques-uns, qu'il refusait catégoriquement que je lui paye. Il me disait que c'étaient des mauvaises copies ou qu'ils étaient trop abîmés pour qu'il osât les vendre. J'en ai une douzaine. Ils sont sagement posés en ronde immobile sur un petit plateau à la maison.

Je suis rentré deux ans en France sans avoir le temps de passer à Kamakura lors de mes voyages professionnels à Tokyo.

Quand je suis enfin revenu m'installer au Japon et que j'ai pu me rendre à Kamakura, le rideau de fer de sa boutique était tiré. Un voisin m'expliqua que le vieil antiquaire était décédé l'année précédente.

Les *netsukes* qu'il m'avait offerts ont subitement pris une valeur sentimentale infinie.

Nihonshu (日本酒) – Alcool de riz – Le saké

Le général de Gaulle disait : « Comment voulez-vous gouverner un pays où il existe 246 variétés de fromages ? »

Qu'aurait-il dit du Japon, qui comptait 3 000 marques d'alcool de riz en 1978 même s'il n'en recense plus que 1 500 en 2021 ?

Tout le paradoxe de ce pays se résume dans cette comptabilité : l'individu ne doit son identité dans la société qu'en fonction de son appartenance à un groupe dont il adhère aux règles et aux codes au risque évident de se voir remis à sa place s'il ne s'y conforme pas (« Le clou qui dépasse doit être enfoncé ») ; l'homogénéité, la cohérence, l'harmonie sont les vertus cardinales de la doxa même si chacun ou presque fabrique la boisson nationale, le *nihonshu* (l'alcool du Japon), dans son coin !

Le clanisme, férocement chassé durant l'ère Tokugawa, est revenu au grand galop.

Le *nihonshu* est une boisson sacrée, car elle est tirée du riz dont la déesse Amaterasu a fait don au peuple de l'archipel. C'est pourquoi on en trouve des flacons au pied des divinités devant les autels des sanctuaires *shintô* et qu'on le boit lors des cérémonies de mariage *shintô* en sacrifiant au rite bien agréable du *sansankudo*, selon lequel les époux boivent trois fois trois gorgées de *nihonshu* dans une grande coupe qu'ils échangent. Pour notre mariage dans la petite église de mon village provençal, le curé de notre paroisse adora l'idée et proposa un *sansankudo* œcuménique : mon épouse japonaise but du vin de nos Côtes du Rhône dans la coupe !

Le saké, appelons-le ainsi puisque c'est l'appellation que nous lui donnons hors du Japon bien que ce soit une erreur, le terme *saké* désignant en fait tout breuvage alcoolisé, est une boisson fermentée non distillée préparée avec du riz, de l'eau de source aussi pure et peu minéralisée que possible et un adjuvant miracle à base de spores de champignon, le *kôji-kin*, qui permet de réaliser toutes sortes de produits de fermentation essentiels dans la cuisine japonaise tels que le *shôyu* ou le *miso*.

Plutôt que d'en décrire la fabrication, je recommanderai aux curieux de se reporter au très documenté *Guide du saké en France*[1].

Une de nos amies possède la plus ancienne société de détail de *nihonshu* du Japon. Son magasin, Suzuden, est situé depuis plus de deux cents ans au même emplacement à Tokyo, près de la gare de Yotsuya. Il est constitué d'un magasin accoté à un bar minuscule où se pressent les connaisseurs. C'est un boyau équipé d'étroites tables hautes séparées les unes des autres par des coudes métalliques scellés dans le sol auxquels on s'adosse. Deux personnes s'y tiennent face à face aisément, mais ce sont le plus souvent 5 à 6 consommateurs qui s'y agglutinent. Le sol est en tomettes de ciment, les murs du sol au plafond sont recouverts de carreaux de faïence vert pomme. Des affiches de publicités de boissons des années 1950 sont placardées ici et là. Le comptoir est en Formica. Des caisses sont entreposées dessous du côté des clients. On sert les sakés les plus délicats et les plus rares dans des verres Duralex, modèle « Picardie ».

C'est baroque et improbable.

Dès 5 heures du soir, une noria de clients s'y précipite pour déguster les sakés les plus rares dont Suzuden a l'exclusivité, comme le *Jyûyondai* de la brasserie Takagi Shuzô dans la région de Yamagata, qui ne produit que vingt-cinq mille bouteilles par an et ne les vend que dans cinquante établissements très sévèrement choisis, le *Hana-abi* fabriqué dans la préfecture de Saitama, ou encore le *Kirei*, réalisé

---

1. Adrienne Natsumi Saulnier Blache et Ryoko Sekiguchi, Keribus éditions.

par un tout jeune brasseur dans la région de Nagano. Les consommateurs sont des employés de bureau, des fonctionnaires des grands ministères perpétuant l'habitude de leurs aînés qui venaient chercher conseil auprès du grand-père de notre amie : il avait la réputation d'être à lui seul un *shadow cabinet* que les hommes de pouvoir venaient consulter régulièrement. Faut-il préciser que les femmes constituent une part non négligeable de la clientèle.

Ces dernières années, des acheteurs chinois passent une à deux fois par semaine acheter pour 10 000 euros ou plus de flacons rares, qu'ils exportent vers la Chine, où boire les meilleurs flacons de *nihonshu* est devenu une marque de raffinement.

Si vous vous rendez chez Suzuden, n'oubliez pas de vous munir d'argent liquide, car on n'y accepte pas les cartes de crédit.

Notez toutefois que le *nihonshu* mérite des récipients plus nobles qu'un banal verre blanc pour se bien déguster. Il existe une infinité de coupes en terre cuite, en céramique, en verre ciselé. L'épaisseur, la forme, la texture apportent un charme supplémentaire indéniable à la dégustation d'un saké. Un même *nihonshu* prendra de la rondeur s'il est bu dans une coupe évasée, sera plus concentré dans un récipient étroit, développera tous ses arômes dans une coupelle plus grande. Tout restaurant qui se respecte vous présentera un panier dans lequel vous pourrez faire votre choix parmi une dizaine de coupes.

Nous avons à la maison une collection de plus de trois cents coupes rangées dans les petits tiroirs d'un antique meuble de pharmacopée chinoise.

Choisir le bon récipient peut prendre un certain temps.

Nikon (ニコン)
– Fabricant d'appareils photo

C'était par un clair matin du mois d'août 1972. J'étais au Japon depuis quinze jours. Assis dans le salon de ma famille d'accueil, j'attendais la surprise que m'avait promise le maître des lieux la veille.

À 9 heures précises, on sonna à la porte. Une immense Toyota Century noire aux sièges recouverts de dentelle blanche, le véhicule des ministres et des présidents de grandes entreprises, était garée dans la rue. Deux fanions ornaient sa calandre, d'un côté le drapeau japonais, de l'autre l'oriflamme tricolore. Un chauffeur en livrée et gants blancs me fit monter à l'arrière. Je n'avais jamais vu de voiture aussi vaste. J'étais très intimidé et me sentais tout petit. Je me demandais où ce carrosse digne d'un prince des temps modernes pouvait bien m'emmener.

À peine trente minutes écoulées et nous arrivâmes devant un grand bâtiment blanc, une usine. Trois drapeaux flottaient aux mâts qui encadraient l'escalier menant au hall d'entrée, le *Hinomaru* japonais, le drapeau tricolore et une oriflamme jaune canari sur laquelle se détachait le nom d'un des plus prestigieux fabricants d'appareils photo au monde :

NIKON !

Je rêvais depuis ma plus tendre enfance du mythique appareil des reporters qui couvraient la guerre du Vietnam. Quelques années auparavant, chez un ami de mon père, j'avais eu l'opportunité d'approcher le Nikon F Photomic, un robuste boîtier reconnaissable de loin à l'impressionnant prisme en métal brossé qui le surmontait. Si ma mémoire est bonne, il me semble que c'était l'appareil du photographe du film de Michelangelo Antonioni *Blow-Up*.

En arrivant chez eux, j'avais raconté tout cela à mes hôtes. Je leur avais dit que la principale motivation de mon voyage était l'achat d'un Nikon F2, sorti l'année précédente. Cela pouvait paraître futile mais n'était pas exagéré. J'avais patiemment épargné l'argent de mes petits boulots d'été afin de me l'offrir. De surcroît, le taux de change inespéré de l'époque, 360 yens pour 1 dollar, me permettait de réaliser cette folie.

Un employé vêtu du strict blouson gris des ouvriers m'accueillit. Il parlait fort bien français. Il était chargé des relations publiques.

Je fus d'abord reçu dans une grande salle de conférences où un thé vert me fut servi par une accorte jeune femme. On me montra un film d'introduction de la firme, dont on s'excusa qu'il fut en anglais ; on me remit des brochures de l'entreprise et de ses produits ; on m'offrit des *goodies*, des biscuits de la forme du Nikon F et des insignes que je m'empressai d'épingler au col de ma chemise.

Puis on me pria de revêtir une blouse de coton blanc, d'enfiler des chaussons de plastique et de couvrir mes cheveux d'une charlotte de gaze. J'eus droit à une visite guidée des ateliers. Tout était d'une blancheur éclatante, d'une propreté d'hôpital et bien évidemment, Japon oblige, d'une courtoisie exquise. Des bannières sur lesquelles étaient imprimés des slogans qu'on prit la peine de traduire pour moi étaient affichées sur les murs. Ils exaltaient le travail d'équipe, le souci de la précision, la fierté du travail bien exécuté. Des haut-parleurs diffusaient des chansons à la mode entrecoupées de causeries d'une station de radio. Les employées portaient des tenues immaculées, des gants blancs ; leur visage était recouvert de masques chirurgicaux, rehaussant l'amande énigmatique de leur regard ; leurs cheveux étaient recouverts de la même charlotte que celle que je portais. Les gens glissaient silencieusement dans les couloirs et, quand nous les croisions, ils s'arrêtaient pour nous saluer. Je voyais défiler ainsi devant moi l'exemplarité du miracle industriel japonais.

À peine étais-je rentré dans ma famille d'accueil qu'une autre surprise m'attendait. Le fils aîné de la famille m'accompagna dans un magasin d'appareils photo de sa connaissance où je pus acheter l'appareil de mes rêves accompagné de plusieurs objectifs et d'accessoires divers, grâce à l'importante remise qui me fut accordée.

Mon Nikon F2 a été le fidèle compagnon de mes voyages durant plus de vingt ans. Puis un jour il est tombé en panne. Le service après-vente de Nikon s'excusa platement de ne pouvoir le réparer : il n'y avait plus de pièces détachées pour ce modèle antédiluvien. Entretemps, le F3, le F4, le F5 étaient sortis, qui reléguaient aux oubliettes mon bon vieux F2 devenu obsolète. Je me sentais tout à la fois frustré et trahi. J'achetais tout de même un F5 pour remplacer mon F2 devenu inutile mais, ne pouvant me résoudre à m'en séparer, je le rangeai soigneusement dans la sacoche en aluminium que j'avais autrefois équipée de séparations pour mieux l'accueillir, lui, ses différents objectifs et ses multiples accessoires.

Quinze ans plus tard, mon premier roman, *La Trace*, est publié au Japon. Il est en librairie depuis à peine deux semaines lorsque ma secrétaire m'annonce qu'elle a reçu un appel du secrétariat du président de Nikon, qui souhaite me rencontrer. Il a lu mon ouvrage, dans lequel je conte l'épisode de ma visite à l'usine et mon achat du F2. Je le convie alors pour un déjeuner au restaurant de notre immeuble sur Ginza.

À peine arrivé, il me dit que, jeune ingénieur, il avait été un des membres de l'équipe qui avait conçu le F2. Il me donna le nom du responsable des relations publiques qui m'avait accueilli sur le seuil de l'usine, un de ses *sempais* qui venait de prendre sa retraite.

J'avais apporté mon F2. Je le sortis de son écrin et le lui montrai en lui expliquant qu'il était devenu une « Belle au bois dormant » que le prince du SAV de Nikon n'avait su réveiller. Il s'émerveilla de l'état de conservation parfait du boîtier. Il me dit alors qu'il allait personnellement s'occuper de le faire réparer. Avant de repartir, la lourde sacoche à son épaule, il me remit un présent : le tout premier appareil numérique Nikon D100.

Quand je le ramenai à la maison et racontai ma rencontre à mon épouse, elle s'exclama :

« Dans ton prochain roman, je te suggère de parler favorablement de Toyota ! »

Un mois après notre déjeuner, le président de Nikon me fit livrer ma sacoche. Non seulement le F2 avait été réparé avec des pièces faites main et révisé de fond en comble, mais tous les objectifs avaient été intégralement démontés, et leurs lentilles nettoyées.

Je me suis depuis remis, avec quel plaisir, à l'utiliser.

En 1987, le rival de Nikon, Canon, a sorti ses appareils photo Canon EOS, permettant une interface plus rapide entre le boîtier et l'objectif pour la mise au point et le réglage du diaphragme. Ils ont rapidement remplacé Nikon chez les professionnels. Un marketing plus agressif a par ailleurs permis à Canon d'emporter de nouvelles parts de marché auprès des amateurs éclairés. J'avoue continuer de préférer mes Nikon austères imaginés par des ingénieurs frugaux aux Canon, certes plus légers mais un peu trop clinquants à mon goût.

Et puis, ce sont des Nikon qui nous ont apporté les images chocs de la première guerre médiatisée en temps réel au Vietnam, c'est bien un Nikon qui a photographié le mannequin Veruschka lors de la torride séance de prise de vues par le jeune photographe Thomas de *Blow-Up* et ce sont encore des Nikon qui reposent sur la surface de la Lune, où ils accompagnèrent la mission Apollo 15 en 1971.

Les jolies légendes ne meurent jamais.

Nure ochiba (ぬれ落ち葉) – Feuille morte mouillée

Nure ochiba est une expression qui désigne une certaine catégorie de maris dans un couple. Elle fait appel à l'image de ces feuilles mortes après la pluie qui collent aux semelles et dont on ne parvient pas à se débarrasser, sinon en secouant vivement la jambe en maugréant.

Elle est apparue à la fin des années 1980 à la suite de l'expression *sodai gomi*[1] au début de la même décennie, toutes deux en constat de faits de société qui se sont largement répandus à la fin du cycle du miracle économique japonais.

Entre les années 1960 et les années 1970, les femmes arrêtaient de travailler une fois mariées et se consacraient à la tenue du foyer et à l'éducation des enfants. Le mari, pris dans la tornade du boom économique, partait tôt le matin, rentrait tard le soir, jouait au golf en fin de semaine avec ses clients ou ses collègues de bureau. Bref, il consacrait sa vie à son entreprise et n'avait ni ne prenait de temps pour sa famille ou pour lui-même.

De leur côté, une fois les enfants aspirés dans le système scolaire adéquat, les épouses avaient énormément de temps libre pour elles et disposaient d'une partie non négligeable du revenu familial. C'était encore l'époque bénie (pour elles) où le mari leur remettait l'intégralité de son salaire, ne gardant qu'une portion congrue pour ses besoins, principalement cigarettes et *bottle keep* – la bouteille de whisky gardée à son nom dans son bar préféré.

Les femmes se créaient donc leur cercle d'amies, qu'elles retrouvaient dans des restaurants renommés puis des salons de thé pour papoter interminablement, passaient de longs moments dans leur salon de coiffure, jouaient au tennis ou suivaient des cours de natation artistique, revêtaient un kimono pour se rendre à un club de déclamation de poésie *nagauta*, jouer du *shamisen*, du *koto* ou pour assister à la cérémonie du thé, prenaient des cours de tout ce qui peut s'enseigner, *ikebana*, broderie,

---

1. Voir l'entrée « *Sodai gomi* ».

cuisine exotique – entendez par là française, italienne ou espagnole –, langues étrangères, photographie de plats cuisinés, tressage de *Nantucket baskets*, décoration de *Icing Cookies*, violon, etc.

Une vie bien remplie au rythme stakhanoviste dont les Japonais sont friands.

Et puis un jour, au bout de quarante années de bons et loyaux services, le mari prenait sa retraite et, n'ayant jamais eu le temps de cultiver ses propres amitiés ou de s'adonner à un véritable passe-temps, tournait en rond dans la maison. Pour autant, l'épouse ne changeait en rien son emploi du temps chargé, auquel s'ajoutaient les moments passés à s'occuper des petits-enfants. Lassé de son désœuvrement, le mari tentait alors de s'accrocher aux activités de son épouse, de s'imposer à ses sorties, de la suivre à ses déjeuners.

Il était devenu un *nure ochiba*, une feuille morte dont elle se serait bien passée et dont elle ne parvenait pas à se défaire…

O

6

Obake (お化け)
– Fantômes dans tous leurs états

Le Japon regorge d'une multitude de fantômes, spectres et autres revenants issue de l'aimable métissage de l'animisme *shintô* et des promesses de réincarnation du bouddhisme.

L'exubérance de la nature, la profondeur des forêts, l'escarpement des montagnes, la violence des phénomènes naturels, un climat fantasque et une histoire mouvementée sont autant de foyers propices depuis la nuit des temps aux croyances les plus extravagantes.

Dans l'esprit des Japonais, la frontière entre le réel et le surnaturel est relativement fluctuante. On cohabite volontiers avec l'irrationnel perçu avec une bienveillance craintive. Le matérialisme contemporain n'a que peu atténué cette surprenante appétence pour les superstitions.

Le folklore, la littérature, le théâtre, les estampes ont instauré et continuent de moissonner leurs dividendes des personnages de fantômes et des distorsions temporelles ou spatiales qui permettent de côtoyer les esprits en s'évadant dans le fantastique et l'irrationnel.

En littérature, le *Ugetsu monogatari*, *Les Contes de pluie et de lune* du grand écrivain du XVIIIe siècle Ueda Akinari, est un catalogue de toutes les variétés de fantômes présents dans l'imaginaire japonais. La plupart des pièces du théâtre *nô*, du *kabuki* et du *jôruri* invitent sur scène des esprits plus ou moins malveillants. De nos jours, le surréalisme de l'écrivain Murakami Haruki[1], qui jongle avec les mondes parallèles où s'égarent ses personnages qui rencontrent d'étranges créatures, et bien évidemment l'univers des *mangas*[2] peuplé de légions d'ectoplasmes souvent espiègles démontrent à quel point l'ère moderne ne faillit pas à exploiter les apparitions de l'au-delà.

Le terme *obake* recouvre une vaste famille de fantômes qui peuplent l'imaginaire japonais. Il serait fastidieux de les citer tous, aussi m'arrêterai-je à ceux que j'ai rencontrés au gré de mes errances.

1. Voir l'entrée « Murakami Haruki ».
2. Voir l'entrée « *Mangas* et animés ».

On croise souvent au Japon les *shuras*. Le terme est dérivé du sanscrit *asura*, cette classe d'êtres démoniaques dans la mythologie de l'hindouisme, qu'on retrouve dans le bouddhisme japonais sous la forme des démons combattants mais paradoxalement pacifiques qui protègent la loi et le Bouddha. Les *shuras* sont également les esprits des guerriers morts au combat, que leur férocité condamne à combattre chaque nuit un adversaire qui renaît sans cesse. Ils occupent une place d'honneur dans la littérature japonaise, par exemple dans les *Shura-mono*, une des cinq catégories de pièces du répertoire du théâtre *nô*. Ils hantent les hauts lieux de batailles comme la plaine de Sekigahara, dans la préfecture de Gifu, où se déroula le 21 octobre 1600 la bataille éponyme, dont l'issue façonna l'histoire du Japon pour les trois cents années suivantes.

Au pied des douves du château médiéval de Nagoya se trouve un hôtel, le bien nommé Nagoya Castle Hotel. Au milieu des années 1980, nous avions choisi cet établissement afin d'organiser notre traditionnelle réception du Nouvel An pour le personnel de l'entreprise. Habituellement, la soirée se poursuivant tard, nous réservions des chambres pour les collaboratrices habitant trop loin pour pouvoir rentrer chez elles. Quelle ne fut pas notre surprise de constater que la majorité des jeunes femmes préférèrent payer de leurs propres deniers un hébergement dans un établissement moins confortable situé à quelques centaines de mètres. On nous expliqua alors que le terrain sur lequel l'immeuble était bâti avait été le théâtre d'un combat sanglant entre *samouraïs* au XVIe siècle. L'âme des félons continuait quatre cent cinquante ans plus tard à hanter les lieux et il était, paraît-il, courant d'être réveillé la nuit par des râles d'agonie. Tout le monde à Nagoya savait cela. On sous-entendit qu'il fallait des étrangers bien insensibles pour choisir un tel endroit.

Une nuit passée au mont Kôya, haut lieu du bouddhisme japonais, donne toute la mesure de la présence prégnante des âmes errantes. La végétation sur ce plateau est dense. Les hauts cryptomères multicentenaires filtrent la lumière. La rocaille au sol est recouverte de mousses et de fougères envahissantes. C'est là que le fameux moine Kûkai[1], fondateur de la puissante secte Shingon, installa ses pénates au début du IXe siècle. Sa tombe ainsi que plus de deux cent mille pierres tombales sont éparpillées sur toute la surface de l'étroit plateau. De nombreux moines errants, les *yamabushi*, y passent en pèlerinage en tirant de leurs conques des sons lugubres, ajoutant à l'atmosphère pesante du lieu. Si on est assez téméraire pour s'aventurer la nuit entre les lanternes du temple Tôrô-dô, on risque fort de côtoyer les esprits follets qui hantent ces lieux.

La catégorie la plus commune de fantômes japonais est le *yûrei*. Ils sont très liés au bouddhisme. En effet, ce sont des morts qui, pour une raison ou une autre, ne peuvent devenir des *hotokesama*, incarnation du Bouddha, et dont l'âme reste parmi les vivants. La traduction de « revenant » est imparfaite pour décrire ces purs esprits, puisqu'ils ne sont jamais vraiment partis. D'une certaine façon, ils sont généralement plutôt bienveillants même s'ils peuvent déranger parfois les gens par leurs apparitions intempestives. On les identifie au fait qu'ils n'ont pas de membres inférieurs mais plutôt une sorte de traînée fumeuse.

Ils hantent le Japon au moins depuis l'époque de Nara (VIIIe siècle) et sont cités dans le *Kojiki*, la *Chronique des faits anciens*. On les retrouve aussi dans les *kaidan*, ces histoires d'horreur qui alimentent le théâtre *kabuki* et le

1. Autrement appelé Kôbô Daishi.

nô. Ils vont être popularisés à dater de l'ère d'Edo dans les contes de fées *otogibanashi* et par les chansonniers *rakugoka*, preuve qu'ils ne sont pas si effrayants que cela.

La région du Tohoku, qui subit la tragédie du tsunami du 11 mars 2011 avec plus de vingt-trois mille morts ou disparus, a récemment enregistré de nombreuses apparitions de *yûrei*. On raconte qu'ils prennent des taxis et s'évaporent à leur destination en laissant la note impayée ou que les jours de pluie des personnages évanescents trempés jusqu'aux os frappent à la porte des demeures pour emprunter un parapluie.

La catégorie des *yõkais*, démons ou choses étranges, aussi appelée *mononoke*, est généralement plus malveillante. Elle englobe tous les monstres et les créatures fabuleuses pléthoriques dans le folklore japonais. Les *yõkais* ont des pouvoirs surnaturels, dont celui de se métamorphoser. Ils portent en général malchance à ceux qui les rencontrent.

On trouve de nombreuses représentations de *yõkais* dans les estampes des plus grands maîtres du genre, les plus grotesques et effrayantes étant le fait d'Utagawa Kuniyoshi ou d'Hokusai. De nombreux *mangakas* ont également fait leur pain blanc de ces créatures. Mizuki Shigeru, par exemple, avec sa série *GeGeGe no Kitarô*, dont mon fils fut un avide lecteur dès son plus jeune âge, a créé plus de trente sortes de nouveaux *yõkais*.

Le plus ancien *yõkai*, cité dans le *Kojiki*, est certainement le serpent à huit têtes et huit queues Yamata-no-Orochi, qui hante le Japon depuis la nuit des temps. Il est particulièrement dangereux. Son souffle est venimeux et, une fois l'an, il se nourrit d'une jeune vierge. Il a toutefois été terrassé par le dieu des Tempêtes Susano de la mythologie shintoïste, frère de la déesse du Soleil Amaterasu.

Les *yōkais* sont souvent des animaux ou en possèdent certaines caractéristiques.

Le *tanuki* (« blaireau »), le *kitsune* (« renard »), la *jorô-gumo* (« araignée ») et le serpent *hebi* sont les plus familiers. Ils se répandent volontiers dans toute la campagne.

On croise souvent dans les légendes le *kappa*, un hybride d'homme et de tortue/batracien aux mains et aux pieds palmés. Il a l'aspect d'un petit enfant. Son visage ressemble un peu à celui d'un tigre. Il a une bouche pointue et une chevelure hirsute qui a la consistance et la forme d'une carapace de tortue. Sur sa tête se trouve un creux contenant une petite quantité d'eau d'où il tire son énergie. Il vit dans les univers aqueux, rivières, étangs ou rizières quand elles sont inondées. Il se nourrit du sang d'animaux et éventuellement d'enfants qu'il entraîne sous l'eau.

Le chien céleste ailé Tengu est un démon humanoïde particulièrement dangereux. Autrefois, il était représenté sous la forme d'un rapace monstrueux sans doute inspiré de l'oiseau Garuda de la mythologie hindoue. Son visage est tout rouge et il a un nez démesurément allongé, avatar de ses origines aviaires. L'accent circonflexe de ses sourcils charbonneux souligne sa méchanceté. Il tient un éventail de plumes avec lequel il peut provoquer de terribles tempêtes. Je l'ai croisé pour la première fois dans une station d'eaux thermales de l'île d'Hokkaido lors d'un sordide spectacle de strip-tease. Je laisserai au lecteur le soin d'imaginer l'usage qui était fait du masque grimaçant dont l'appendice nasal au diamètre confortable mesurait bien 30 centimètres.

Toujours dans la catégorie des *yōkais*, l'ogre Oni tient une place prépondérante. Il habite au fond des montagnes d'où il descend régulièrement pour perpétrer ses forfaits. Il a la peau rouge, noire ou bleue. Très musclé avec un thorax imposant, il est vêtu d'un simple pagne en peau de tigre. Son front est orné de deux cornes. Des crocs impressionnants ornent sa bouche. Il tient une massue cloutée. Le 3 février, jour du *setsubun* ou « veille du printemps », tous les foyers procèdent à une séance d'exorcisme pour chasser les mauvais esprits. Tout en psalmodiant la formule « *Oni wa soto, Fuku wa uchi !* » (« Les démons dehors, le bonheur dedans ! »), on jette à l'extérieur une poignée de haricots secs depuis toutes les ouvertures de la demeure. Ensuite, chaque membre de la famille mange une quantité de haricots secs correspondant à son âge. Pour les anciens, cela peut prendre un certain temps.

Une catégorie craintivement appréciée des Japonais est la Oiwa *san*. La légende raconte qu'Oiwa *san* était une femme si laide qu'on ne pouvait la marier. En effet, une grande partie de son visage était dévoré par une horrible tache de vin, un de ses yeux saillait hors de son orbite et sa chevelure était terriblement filasse. Finalement, un garçon de basse extraction accepta de l'épouser afin de prendre le nom de sa belle-famille. Il la trompa bientôt avec une belle jeune femme dont il eut un enfant que cette dernière refusa de garder. Il dut donc le ramener chez lui, ce qui déclencha la légitime colère d'Oiwa *san*. Elle disparut du jour au lendemain et, ivre de jalousie, elle provoqua de nombreuses catastrophes. C'est une habituée des foyers japonais, car elle est souvent représentée dans les *terebi dorama* (« séries télévisées »). Elle représente l'allégorie de la jalousie féminine.

La *rokuro kubi* est une autre créature effrayante de légende, principalement féminine. Elle peut allonger ou tordre son cou en vrille, voire en détacher sa tête qui alors s'envole comme une baudruche. On la trouve dans le roman éponyme de Lafcadio Hearn[1].

1. Voir l'entrée « Hearn Lafcadio ».

Parmi les monstres féminins, il convient enfin de citer une autre sorcière malfaisante, la *Kuchisake Onna*. C'est une femme dont la bouche déchirée s'étire jusqu'aux deux oreilles, qu'elle cache sous un masque. Quand elle croise quelqu'un, de préférence une jolie jeune fille, elle lui demande « Me trouves-tu belle ? », puis elle ôte son masque et répète sa question en ricanant « Et comme cela me trouves-tu toujours belle ? », la terrorisant au point de la paralyser.

Les fantômes semblent poursuivre les Japonais hors des frontières du pays.

Un de mes amis en visite à Paris avec son épouse et leur fille de 25 ans, jeune diplômée d'une université prestigieuse de Tokyo, en fit l'amère expérience. Ils avaient réservé dans un prestigieux hôtel de la capitale. La jeune fille venait de prendre possession de sa chambre, qui communiquait avec celle de ses parents. Alors qu'ils étaient en train de défaire leurs valises, ils entendirent un hurlement strident. Ils se précipitèrent pour trouver leur fille tétanisée devant la porte de sa salle de bains.

« J'ai poussé la pédale de la poubelle des toilettes pour y jeter un coton. Il y a la main d'un bébé dedans ! », sanglota-t-elle.

Mon ami appela immédiatement la réception de l'hôtel, qui recommanda qu'on ne touchât à rien et envoya la sécurité tandis qu'on prévenait la police. Malgré l'insistance de la jeune femme qui décrivit en détail aux officiers de police la menotte sectionnée au niveau du poignet, on ne trouva pas plus de main de bébé dans la poubelle que de corps démembré dans la chambre, qui fut fouillée de fond en comble.

Mes amis quittèrent immédiatement l'établissement et n'y revinrent jamais, persuadés que c'était un lieu hanté.

OBAO – Bain mousse

On pourrait se demander ce que vient faire dans un *Dictionnaire amoureux du Japon* la ligne de bains moussants et de déodorants du géant français des cosmétiques L'Oréal.

Ce produit est en fait ma toute première rencontre avec le Japon.

Je devais avoir 10 ans. Un dimanche d'hiver désœuvré, je feuilletais un vieil exemplaire du magazine *Paris Match* qui traînait à la maison, dans lequel se trouvait un long article passionnant sur le cap Canaveral, à la suite du fameux discours prononcé par John Kennedy le 12 septembre 1962, qui clamait entre autres :

« Nous choisissons d'aller sur la Lune ! » (« *We chose to go to the Moon!* »).

Les Américains étaient en passe de réaliser ce qu'Hergé avait imaginé avec son Tintin sur la Lune, que je venais tout juste de lire.

Ce papier me faisait rêver d'horizons lointains et d'aventures épiques.

Le terrain était donc propice, au vagabondage de mon esprit, à la découverte que je fis en tournant les pages du magazine défraîchi.

Il s'agissait d'une publicité de ce fameux bain mousse OBAO.

C'était une image grossièrement imitée de la technique d'impression xylographique des estampes japonaises.

Elle représentait une jeune femme se délassant voluptueusement dans un bain débordant d'une mousse généreuse qui laissait deviner le doux renflement de sa poitrine, dévoilait ses épaules aux courbes sensuelles encadrant son long cou de cygne que dégageait sa chevelure abondante noir de jais, remontée en un savant chignon de *geisha* à coques retenu par un peigne, un nœud et une fibule.

La forme de son visage était ovale. Il ressortait, poudré de blanc, sur le reste du corps, délicatement mordoré. Elle avait le nez légèrement busqué des nobles de cour ; une bouche de moineau à peine dessinée sous les lèvres de laquelle on devinait les dents laquées de noir des antiques beautés de l'ère Heian ; et un regard énigmatique en amande effilé vers les tempes sous la ligne délicate des sourcils.

La baignoire était adossée à une sorte de *shōji*[1] dévoilant une fenêtre ouverte donnant sur le paysage d'une montagne aux flancs harmonieux dont le sommet était enneigé.

En premier plan se balançait mollement une branche de cerisier couverte de fleurs.

Devant la baignoire était posé, sur une table dont le dessin du plateau ressemblait étrangement à la vague d'Hokusai, un flacon de ce fameux bain moussant de couleur bleu pastel, galbé comme les hanches harmonieuses de la femme dans le bain – ou telles les imaginai-je –, surmonté d'un capuchon noir sans doute censé évoquer la chevelure d'une Japonaise.

En dessous de ce pastiche d'estampe, on pouvait lire le texte suivant :

« Le bain mousse à la japonaise.

Japon, rite du bain. Secret du bain qui relaxe et tonifie…

Vous le connaîtrez avec OBAO bain bleu d'azur et blanc de mousse… »

Je vous fais grâce de la suite du texte, litanie de fadaises pondue par un gourou de marketing aux neurones surmenés.

---

1. Cloison de papier opaque.

Je ressentis un violent émoi. L'exotisme de la scène faisait battre mon cœur. Je ne pouvais quitter du regard cette femme mystérieuse, à l'élégance vaguement dédaigneuse. Je n'osais pas imaginer ce que cachait la mousse, cette poitrine à peine esquissée d'un simple trait, ni les hanches que le galbe du flacon posé devant elle suggérait sans vergogne. Le « délicat et discret parfum des pins » vanté dans le texte racoleur m'enivrait, mêlé à celui des pétales du cerisier devant la fenêtre – j'ignorais que la fleur du cerisier ne sent rien.

Et « le rite du bain japonais » évoquait une vague cérémonie païenne à laquelle je me voyais initié par cette étrange femme, en lévitation dans la vaporeuse nébulosité de la mousse OBAO, plongé dans la contemplation des pentes sensuelles de la montagne derrière la branche du cerisier.

Tous les mystères des bribes d'Orient que j'avais emmagasinées à ce jour, dans « Le lotus bleu » ou dans les premiers reportages photographiques de la guerre du Vietnam, se télescopaient dans cette page.

Cette Japonaise dans l'intimité de son bain cristallisa pendant un bon moment ma vision de l'Asie, qui se résuma au Japon dont je savais à peine, grâce aux notions de géographie inculquées à l'école communale, qu'il s'agissait d'un archipel, pas d'un continent…

Huit ans plus tard, pendant mes dernières vacances avant d'entrer à l'université, je fis mon premier voyage initiatique au Japon.

Je découvris enfin ce fameux « rite du bain japonais » aux antipodes de la publicité du grand groupe cosmétique français. En effet, JAMAIS un Japonais ne verserait une décoction mousseuse ou quelque autre produit de bain dans son *ofuro*[1] !

Ma famille d'accueil, curieuse de savoir comment je percevais leur pays avant de m'y rendre, me demanda quel était mon tout premier souvenir du Japon.

« OBAO ! », répondis-je, et je fis la description détaillée de cette image telle qu'elle subsistait dans mon anamnèse.

Cela les fit abondamment rire.

Quelques jours plus tard, le fils de la maison, qui prenait grand soin de moi toutes les fins de semaine, m'emmena gravir les pentes du mont Fuji. Au retour de cette ascension, il était prévu que nous passerions la nuit dans un *ryokan*, une auberge japonaise située au pied du Fuji.

Il avait réservé pour moi une chambre avec une salle de bains privative. Elle était équipée d'un ravissant bassin de bois odorant de cyprès japonais.

Après m'être lavé et rincé dans la partie de la pièce réservée à cet usage, je me plongeai avec délices dans

1. Voir l'entrée « *Ofuro* ».

l'eau claire qu'aucune mousse, OBAO ou autre, ne souillait. Je ne pensais d'ailleurs pas vraiment à cette bonne vieille publicité éculée.

Un *shõji* occupait le mur contre le bassin. Son papier laiteux laissait passer la clarté diffuse du couchant qui projetait dessus l'ombre floue d'une branche. Je le fis coulisser pour voir ce qu'il masquait.

Dans le carré de l'ouverture apparut dans toute sa majesté rougeoyante au crépuscule le mont Fuji. La branche d'un cerisier lourde de pétales roses oscillait doucement à la brise du soir. Je me demandai un instant comment un cerisier pouvait fleurir en plein été. Intrigué, je m'approchai et me penchai à la fenêtre. La branche était fichée dans un tube planté au sol. Les pétales épinglés dessus étaient en plastique !

Mon ami, rejoint au moment du dîner, m'avoua avoir téléphoné à une bonne dizaine de *ryokans* de la région pour demander si du bain d'une de leurs chambres on pouvait voir le mont Fuji. Ayant enfin trouvé, il insista pour qu'un cerisier, peu importait qu'il fût artificiel, soit ajouté. Quand il lui en expliqua la raison, la tenancière de l'auberge se plia avec complaisance à cette charmante mascarade.

Il conclut en me disant qu'il avait poussé le souci du détail à chercher une *geisha* qui aurait accepté de jouer le rôle de « la dame à l'OBAO ».

Soit qu'il ne trouvât pas de figurante, soit que le prix fût trop élevé pour sa bourse de jeune employé de *shõsha*[1], il ne m'avoua pas la raison de cette absence.

J'ai plus tard au cours de ma vie au Japon eu quelques occasions de compléter le tableau moi-même !

Je me dois de reconnaître que je m'y suis attaché avec assiduité et bonheur…

1. « Société de commerce ».

Après avoir rédigé cette entrée, j'ai procédé à une recherche afin de confronter mon souvenir à la réalité. J'ai fini par retrouver la publicité en question.

Je n'ai pas été déçu :

En fait de mont Fuji et de branche de cerisier ne se trouve qu'un massif de fleurs stylisées, peut-être des pivoines de couleur mauve encadrées des paumes largement ouvertes de leurs feuilles, sur un fond de ciel anonyme, sans mont Fuji pour en barrer l'horizon. Un bol de thé en céramique que je n'avais autrefois pas remarqué est posé sur le rebord de la fenêtre.

Je n'ai pas non plus retrouvé le *shõji*. À la place, il n'y a qu'une sorte de vitre bleutée striée de traits verticaux.

En revanche :

— les premiers mots de l'accroche publicitaire, le fameux « bain mousse à la japonaise » et le « Japon, rite du bain. Secret du bain qui relaxe et tonifie… » étaient bien gravés dans ma mémoire, jusqu'aux trois points de suspension la ponctuant ;

— le flacon du bain moussant OBAO est bien tel que je me le rappelais, avec son galbe de hanches parfait ;

— si le dessin sur le plateau de la table sur lequel il est posé ressemble plus au frisson paresseux d'un étang qu'à l'impétueuse vague de tsunami d'Hokusai, c'est bien d'un motif d'eau qu'il s'agit ;

— la surface du bain est évidemment recouverte à débordement du banc de nuages onctueux de la mousse vantée ;

— celle-ci cache certes l'essentiel de la baigneuse mais autorise le coupable vagabondage de l'esprit ;

— quant à la créature dans le bain, elle est exactement, au moindre trait et au maquillage de son visage, à la plus imperceptible douceur des rondeurs de son buste, à l'architecture de son chignon, aux nuances de la couleur de sa peau près, telle que l'enfant de 10 ans que j'étais l'avait gravée dans son souvenir.

Je suppose qu'il me faut humblement reconnaître l'influence majeure que joua l'embryon de mes pulsions érotiques dans la sélectivité de ma mémoire et que l'illumination esthétique y joua un rôle fort modeste.

Le lecteur conclura ce qu'il lui plaira des raisons profondes de mon attirance pour le Japon...

Obi (帯) – Ceinture de kimonos

L'*obi* est la ceinture ornementale qui ferme le kimono[1]. Son usage est moins ancien qu'on pourrait l'imaginer. À l'origine, c'était un simple cordon qui servait à nouer l'ancêtre du kimono, un sous-vêtement appelé *kosode*. L'évolution de la structure du vêtement lui-même, notamment l'attache des manches plus haut sur son corps quand elles se sont rallongées et l'ouverture au niveau des aisselles pour faciliter les mouvements, entraîna pour des raisons esthétiques celle de ceintures plus larges.

Vers le milieu du XVIIe siècle, ce sont les *geishas* qui popularisèrent le port de ceintures de plus en plus larges. À partir du tout début du XVIIIe siècle, la taille se standardisa à 30 centimètres pour une longueur d'environ 4 mètres.

Autrefois, on nouait l'*obi* sur le devant. Plus tard, au fur et à mesure que la ceinture s'élargissait et que le nœud devenait plus volumineux et plus complexe, on prit l'habitude de le nouer indifféremment sur le côté ou le dos,

1. Voir l'entrée « Kimono ».

cette dernière position se généralisant peu à peu à la fin du XVIIe siècle avant de devenir la norme au XXe siècle par souci de confort. Seules les *oiran*, l'aristocratie des péripatéticiennes, continuèrent à nouer l'*obi* sur le devant et de nos jours les acteurs de *kabuki* dans certains rôles.

Il y a plus de quinze catégories d'*obi* s'accordant à différentes sortes de kimonos, portés dans certaines occasions, voire utilisés par des catégories sociales particulières.

Par exemple, le *darari obi*, d'une longueur qui peut aller jusque 6 mètres, est porté par les *maiko*.

Le *maru obi*, richement orné de motifs sur ses deux faces, lourd et rigide, est le plus formel, utilisé aujourd'hui uniquement par les *geishas* et par les jeunes femmes le jour de leurs noces.

Le *fukuro obi* est encore utilisé pour les occasions formelles hors celles du mariage. La partie non visible peut être en soie plus légère et plus fine, le brocart peut recouvrir moins de surface, uniquement sur les parties visibles, afin d'être moins lourd et moins onéreux.

De nos jours, l'*obi* le plus répandu est le *nagoya obi*, inventé dans les années 1920 par la fondatrice d'une école pour jeunes filles dans le but de le rendre plus simple à porter. Il est plus léger, plus court (3,60 mètres), les deux tiers sont cousus pliés en deux, ils sont ornés de moins de motifs. Le *nagoya obi* n'est jamais utilisé pour les grandes occasions.

Il y a également le *hoso obi*, une ceinture étroite pour les kimonos de la vie quotidienne utilisé par les femmes qui travaillent ou avec le *yukata* de coton en été.

Il ne serait pas équitable de ne pas citer la catégorie d'*obi* pour les hommes, le *heko obi*, une pièce de tissu souple en crêpe de soie ou de coton, qui peut être très large (jusque 70 centimètres), porté uniquement à la maison, ou le *kaku obi* d'une dizaine de centimètres de largeur, en soie tissée, avec pas ou peu de motifs. C'est cette catégorie d'*obi* que l'on ceint pour sortir.

Il y a des centaines de manières de nouer l'*obi*, selon des règles subtiles non écrites. Les catégories de *musubi* (« nœud ») sont différentes suivant le type de kimono, les occasions, le statut ou la position sociale. C'est plus un élément décoratif que fonctionnel. Les plus sophistiqués et les plus voyants sont portés par les jeunes femmes non mariées pour des occasions festives comme le jour de l'An, les plus sobres par les femmes plus âgées, mariées et pour les cérémonies.

De nombreuses formes de nœuds évoquent des fleurs, comme le volubilis (*asagao*), la rose (*bara*) ou l'iris (*ayame*). D'autres font appel au monde animal, tels le nœud *chôchô* (« papillon ») droit ou *tateya* (« de travers ») ou encore le *fukurasuzume* (« moineau enflé ») accompagnant le kimono *furisode*, qui indique une jeune femme non mariée.

Le *taiko musubi* est le nœud le plus sobre, convenant à toutes femmes, se combinant avec toutes les catégories de kimonos, approprié en toutes occasions, formelles ou non. Il a l'apparence d'une boîte rectangulaire.

L'*obi* réclame une timonerie complexe pour le faire tenir en place. Il y a l'*obi makura*, un coussinet équipé de cordons, permettant de maintenir la forme du *taiko musubi*, par-dessus lequel se place un fin foulard de soie *obiage* qui se noue également sur le devant, qu'on ne laisse apparent que chez les jeunes filles. L'*obijime* est un cordon tressé comme un scoubidou. Il peut être blanc, noir ou chatoyant, simple ou très sophistiqué. Il est noué sur l'*obi*, donc visible. On agrafe souvent dessus, au centre de l'*obi*, un *obidome*, sorte de fibule ou de broche. Enfin, l'*obi ita*, littéralement la « planche d'*obi* », est une plaque rectangulaire aux angles arrondis couverte de tissu qui se glisse entre les deux pans de la ceinture sur le devant pour la rendre plus plate et plus rigide.

Si le « démontage » de ce savant ensemble est tout simple, en revanche, il ne se met pas en place tout seul. Pour être capable de le faire soi-même, il faut avoir pris des leçons, posséder une longue pratique ou jouer d'artifices qui sont la plupart du temps visibles.

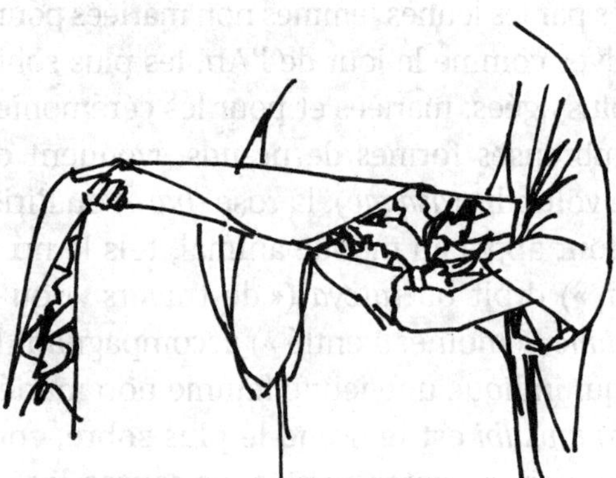

Un de mes amis, Yamaguchi Gembei, est un des plus anciens grossistes d'*obis* et accessoirement de kimonos à Kyoto. Sa maison, Kondaya, existe depuis 1738. Il possède dans le *kura,* l'entrepôt de sa belle demeure, une collection extraordinaire d'*obis*, de ceintures de brocart brochées de fils d'argent, d'or et même de platine, d'autres incrustées de nacre moirée, d'autres encore dont les motifs ne sont pas brodés sur la soie mais directement tissés dans l'étoffe pour un rendu spectaculaire. Je me souviens d'une carpe remontant un courant d'une profondeur telle qu'on avait l'impression qu'elle ondulait dans une eau elle-même ondoyante. Le prix de ces pièces uniques, qui avaient demandé un ou deux ans de confection par des artisans possédant un savoir-faire ancestral, oscillait entre plusieurs dizaines voire centaines de millions de yens.

Un jour, Gembei *san* nous invita à vivre une expérience exceptionnelle. Il nous convia dans le pavillon de thé de sa demeure. Il en avait tiré tous les *amados*[1] et occulté toute source d'éclairage. Une fois que nous fûmes passés par la porte basse qu'il tira derrière nous, nous nous trouvâmes, agenouillés sur les tatamis, dans l'obscurité la plus totale.

Au bout de quelques minutes, il craqua une allumette et alluma deux bougies japonaises en cire de *haze* à la mèche épaisse en papier *washi* d'où monte une flamme douce. Il les avait placées dans l'alcôve *tokonoma* de la pièce, de part et d'autre d'un chevalet.

Lorsque nos yeux furent habitués à la pénombre, nous distinguâmes un *obi* bleu nuit posé sur le chevalet. Dans la partie centrale de l'étoffe apparut soudain un masque de *nô* qui semblait flotter comme un hologramme en trois

1. Voir l'entrée « *Amados* ».

dimensions dans l'air. Gembei *san* nous suggéra de nous déplacer en le regardant. Quelle que fût notre position, le regard aveugle du masque semblait nous fixer, son profil nous narguer. C'était envoûtant, presque inquiétant.

Notre hôte nous expliqua qu'il ne restait qu'un seul artiste au monde capable de réaliser des broderies donnant cette impression. Quand on lui avait passé commande, il se retirait du monde et s'isolait dans son atelier. Un travail comme celui que nous venions de voir nécessitait trois bonnes années de labeur quotidien. Pour rendre le relief du motif qu'il brodait, il était obligé d'œuvrer la tête penchée à un angle de 30 degrés de son plan de travail. Il en avait développé une déformation de ses vertèbres cervicales qui l'empêchait de tenir son cou droit. Comme il n'avait pas trouvé de disciple à former, son art disparaîtrait avec lui. L'œuvre que nous venions de contempler resterait donc dans la collection privée de Kondaya. Elle n'était pas à vendre. De toute façon, elle coûtait bien trop cher, personne ne pourrait l'acquérir.

Ôe Kenzaburô (大江健三郎) – Écrivain (1935-)

Uchiko, un petit village dans l'île de Shikoku, pas très loin de la ville de Matsuyama.

Nous sommes dans les années 1940.

Tous les matins, un instituteur demande à un petit garçon :

« Que ferais-tu si Sa Majesté l'empereur t'ordonnait de mourir ? »

Et le petit garçon répond invariablement :

« Je mourrais, monsieur. Je m'ouvrirais le ventre et je mourrais. »

Et la nuit, allongé dans son *futon*, l'enfant a honte.

Il a honte parce qu'il sait pertinemment qu'il n'a pas du tout envie de mourir.

Cet enfant, c'est Kenzaburô, l'immense écrivain qui percevra en 1994 le prix Nobel de littérature, auquel sa mère, restée seule pour élever ses sept enfants, après le décès de son mari durant la guerre du Pacifique, fait lire *Les Aventures de Huckleberry Finn*, de Mark Twain, une lecture qui l'aura à ce point impressionné qu'Ôe dira plus tard qu'il l'emportera avec lui dans sa tombe.

La capitulation du Japon annoncée à la radio par l'empereur Hirohito après les bombardements atomiques d'Hiroshima et de Nagasaki pulvérise en un instant les valeurs dont avait été gavé le petit Kenzaburô, comme tous les autres enfants de sa génération. Toutes les certitudes nées de l'endoctrinement général ont disparu. Au lieu de l'espoir d'un avenir meilleur, c'est un gouffre béant qui semble tous les attendre.

Ôe décrit ce sentiment dans sa première nouvelle *Un drôle de travail* (*Kimyô na shigoto*), publiée en 1957 dans la revue de la prestigieuse université de Tokyo. Université qu'il a intégrée en 1954 dans la section de littérature française.

C'est le récit d'un étudiant qui accepte un travail consistant à abattre des chiens errants devant servir à des expériences de laboratoire :

« Il y avait à peu près toutes les races de chiens et pourtant ils se ressemblaient tous un peu. Je m'en étonnais. Était-ce parce que tous étaient des bâtards, et n'avaient tous que la peau et les os ? Ou bien à cause de la façon dont ils se tenaient là attachés par leur laisse à des piquets, et ayant perdu toute agressivité ? Ce devait être ça. Mais qui pouvait dire que la même chose ne nous arrivait pas à nous ? Nous, tenus en laisse, tous ensemble, et réduits à l'impuissance, avec un air tout pareil, notre agressivité disparue et avec elle notre personnalité – nous, équivoques étudiants japonais ! »

Et pour conclure :

« J'avais 20 ans ; c'était un âge bizarre, et j'étais fatigué. »

Cette nouvelle et les autres récits qui suivront feront connaître le jeune homme comme le porte-parole de cette génération passablement déboussolée.

Face à un monde qui n'offre aucune valeur de remplacement, la tentation est grande pour s'affranchir d'en susciter de nouvelles ; elles reposent pour l'essentiel sur une révolte provoquée par la mystification, pour ne pas dire la pluie de mensonges, dont toute cette jeunesse a été victime. Ainsi, les personnages des premiers ouvrages du jeune écrivain rêvent de terrorisme, fomentent dans leur tête des attentats contre l'empereur, envisagent même de rejoindre la Légion étrangère encore auréolée d'un romantisme trompeur, mais fort heureusement tout ceci reste à l'état de chimères.

Alors ils se lancent dans des manifestations de violence immédiatement accessibles, la perversion sexuelle. Dans la nouvelle *Homo sexualis* (*Seiteki ningen*), parue en 1963, un play-boy désœuvré devient un « pervers du métro » qui se frotte dans les rames bondées contre des jeunes filles et éjacule sur leurs vêtements. C'est la seule échappatoire qu'il a trouvée pour exprimer sa révolte.

En 1958, Ôe écrit la nouvelle qui va définitivement asseoir son talent d'écrivain. *Gibier d'élevage* (*Shiiku*) reçoit le prestigieux prix Akutagawa. Cette histoire ramène en un sens le jeune écrivain vers la patrie mythique qui a nourri son enfance, une nostalgie qu'on retrouvera plus tard dans la nouvelle *Le jour où Il daignera Lui-même essuyer mes larmes*, publiée en 1972. *Gibier d'élevage* se situe dans un village imaginaire. Un avion américain est abattu, qui vient perturber la petite existence monotone du village : un des membres de l'équipage, un Afro-Américain impressionnant, est capturé par les villageois et enfermé dans un galetas en attendant que son sort soit fixé par les autorités. L'allégorie de ce « gibier » qui bouscule la petite vie monotone du village est très éloquente du désarroi ressenti par la perte des repères rassurants d'autrefois.

En 1961, un magazine littéraire publie deux nouvelles, *Dix-sept ans* (*Sevunteen*) et *Mort d'un jeune politicien* (*Seiji shônen shisû*), librement inspirées par le célèbre fait divers de ce jeune lycéen assassin du secrétaire général du Parti socialiste japonais Asanuma Inejiro[1]. L'auteur fustige

1. Voir l'entrée « Asanuma Inejiro ».

dans ces deux récits les relents militaristes de l'extrême droite alors renaissante. Ils vont valoir à Kenzaburô des menaces de mort dans le contexte de nervosité qui s'est emparé de l'extrême droite japonaise. Le magazine s'excusera, mais pas l'auteur, qui exclut de reconnaître d'autre autorité ou d'autres valeurs que la démocratie. En 1994, il refusera l'ordre de la Culture proposé au nom de l'empereur pour les mêmes raisons.

Son engagement sans faille pour la démocratie, son pacifisme militant et son antimilitarisme absolu ne se démentiront jamais.

Les *Notes d'Okinawa* (*Okinawa nôto*), publiées en 1970, dans lesquelles il révèle que l'armée impériale avait poussé la population à un suicide collectif lors de l'invasion alliée en 1945, lui valent un procès en diffamation intenté par deux officiers à la retraite. En 2008, au bout d'une longue procédure, ils seront finalement déboutés.

Il a par ailleurs écrit de nombreux ouvrages ayant pour héros les *hibakushas*, les victimes des bombes atomiques. Il est proche de Noam Chomsky, le philosophe et activiste antinucléaire américain, rencontré lors d'une cérémonie à Harvard. À la suite de l'accident nucléaire de Fukushima, il s'est engagé pour la dénucléarisation totale du Japon, soulignant sa responsabilité morale et citant en exemple la renonciation de son pays à la guerre dans l'article 9 de la Constitution japonaise.

Une déflagration semblable aux bombes atomiques sur Hiroshima et Nagasaki va dévaster Ôe Kenzaburô et changer du tout au tout le champ de ses préoccupations. Il est marié depuis trois ans quand son fils aîné, Hikari, naît. C'est une tragédie, car le bébé est handicapé mental. Il se cloître alors mentalement et concentre toute son attention et son énergie sur l'enfant, avec lequel se crée une relation fusionnelle d'autant plus intense qu'exclusive.

Le japonologue américain John Nathan décrit ainsi ce lien :

> « [...] S'est noué entre le père et le fils un attachement d'une force extrême, exclusive, isolante. Avec une ferveur douloureuse, Ôe et son fragile enfant totalement replié sur lui-même devinrent chacun le tout de l'autre, aussi étroitement soudés l'un à l'autre que si l'un était le destin de l'autre[1]. »

Le traumatisme de ce cataclysme personnel et la recherche des moyens pour y survivre sont décrits dans le roman publié l'année de la naissance de son fils, *Un cas très personnel* (*Kojinteki na taiken*). En 1969, Ôe aborde le thème de la communication avec son enfant de façon poignante dans la longue nouvelle *Dites-nous comment survivre à notre folie* (*Warera no kyôki wo ikinobiru michi wo oshieyo*) et en 1995 les petites victoires quotidiennes d'Hikari dans *Une famille en voie de guérison* (*Kaifuku suru kazoku*). Ces ouvrages sont également un long périple d'introspection où l'écrivain dans une thérapie douloureuse compare l'ignorance qu'est la sienne dans la problématique de son père disparu alors qu'il n'avait que 9 ans avec l'incapacité de son fils à le comprendre.

Le Jeu du siècle (*Dô jidai gêmu*), paru en 1979, est le roman qui concentre tous les composants de la matière dramatique de l'écrivain : c'est l'histoire du retour au pays natal de deux frères. Ils vont faire un pèlerinage qui devient pour tous deux une quête identitaire. Celui qui

1. Traduction de l'anglais par Marc Mécréant, traducteur par ailleurs d'Ôe Kenzaburô.

est rentré spécialement des États-Unis veut élucider une énigme familiale, l'autre qui vient d'avoir un enfant anormal et rentre tout juste de l'enterrement de son meilleur ami qui vient de se suicider espère retrouver dans les méandres des territoires de son enfance l'apaisement.

Ôe Kenzaburô acheta peu après la naissance de son fils deux pierres tombales qu'il a fait placer côte à côte dans le cimetière de son village natal.

Il a dit à plusieurs reprises que le jour où Hikari disparaîtra, il mourra également.

Ofuro (お風呂) – Le Bain

Rituel domestique sacré entre tous.

Quotidien, jamais d'exception.

Première chose donc que l'on fait quand on rentre chez soi (après s'être déchaussé).

Avantage au maître de maison : il passe en premier.

Désavantage en hiver : la salle d'eau est glaciale.

Peut se partager avec épouse et enfants (avant la puberté, après ils rechignent).

Mais en solo, plus propice à la contemplation.

Économique : on ne change pas l'eau du bain.

On se lave en dehors du bassin, elle reste donc propre.

Mais comme à la piscine, interdiction d'uriner dedans.

Système ingénieux pour son réchauffement, son filtrage, son recyclage directs.

Inconvénient : il faut attendre une heure pour que le bain soit chaud la première fois.

Pratique : une ritournelle prévient quand c'est prêt.

Ensuite, un rhéostat incorporé maintient la température désirée en permanence.

Par conséquent, robinets, douche, évacuation indépendants de la baignoire.

Baquet en bois cerclé sous les robinets. Bassine en plastique peut faire. Moins élégant.

Tabouret bas, préférablement en bois. Plastique toutefois admis.

Pierre ponce, brosse, miroir, repose-savon, indispensables.

Pièce de linge longue et étroite fondamentale, en particulier pour se laver le dos.

Peut être accompagnée d'un crin avec poignées à chaque bout. Sophistiqué et pratique.

Facultatif néanmoins utile : balle de caoutchouc au bout d'un manche pour massage.

Gratte-dos superflu.

Soigneux lavage des parties intimes impératif avant immersion initiale.

Corps ainsi préparé mis à tremper dix minutes dans eau très (trop) chaude.

Première somnolence garantie.

Résultat : pores dilatés permettant décrassage plus efficace.

Étape suivante exigée, hors bassin, sur tabouret, devant robinets, jale entre les pieds.

Décrassage des scories encombrant l'esprit autant que des squames de l'épiderme.

Savonnage vigoureux, mousse abondante, shampoing, autres détersifs si affinités.

Frotter, récurer, étriller, bouchonner creux, reliefs, protubérances, plis, replis, orifices.

Recommencer.

Récidiver.

Rincer généreusement, l'eau est abondante au Japon.

Ablutions bruyantes hautement recommandées.

Gifle revigorante du contenu d'un baquet versé sur la tête ou sur le dos.

Salle d'eau étanche, éclaboussements jamais réprimandés.

Contemplation des spirales, arabesques et autres volutes de la mousse vers le siphon.

Bonheur de la vapeur embuant le miroir devant lequel on se rase.

Rides, soucis, humiliations, chagrins, bref, coups bas de la vie estompés par sa grâce.

Nouvelle plongée dans bain resté très (trop) chaud grâce au système de réchauffage.

Vérification *in situ* du principe d'Archimède sans crainte des débordements.

Volupté de la seconde immersion.

Dix minutes ou une heure de barbotage, peu importe, l'eau du bain ne refroidit jamais.

Position fœtale judicieuse.

Retour dans la matrice protectrice.

Revivre la douceur amniotique originelle.

Ramollissement salutaire des sens et du corps.

Échappée belle de l'esprit.

Relâchement des nœuds qui bloquent les muscles, les nerfs, la colonne vertébrale.

Bain de jouvence, donc.

Remous lascifs à la soudaine remise en route du système de réchauffement.

Cause à effet : jaillissement d'eau bouillante sur les parties intimes.

Peut se révéler douloureux sinon fatal en cas de température mal réglée.

Avec félicité, perception des sons accrue.

Facéties des ruissellements, clapotis, gargouillis, écoulements de trop-pleins.

Paisible rythme cristallin des gouttes de condensation tombant du plafond.

En conséquence, ronds dans l'eau favorisant la méditation.

Repos, calme, rêverie, sérénité, harmonie retrouvée.

Mais tout plaisir a une fin.

Sortie du bain : brutale interruption du bien-être, exérèse douloureuse.

Bienséance élémentaire : toujours remettre le couvercle de la baignoire en place.

Si on est le dernier : couper chaudière, vider baignoire, rincer sommairement.

Épiderme écrevisse, voire cardinal.

Coup de froid assuré en hiver ; en été, suée garantie.

En hiver, le corps fume. Chair de poule suit. Rhume probable, voire pire.

En été, volupté du souffle d'un ventilateur. Sensation trompeuse de fraîcheur.

Dans les deux cas, avantage : pas besoin de s'essuyer, le séchage est immédiat.

Quelle que soit la saison, plaisir d'un verre d'eau fraîche, d'une bière.

Vous venez de vivre en direct la saga de l'*ofuro*.

Comparons-la au triste passage dans nos salles de bains occidentales dans lesquelles :

On barbote dans la baignoire avant de s'être lavé, ou, seule alternative, dans sa crasse flottant à la surface de l'eau.

On est obligé de rajouter de l'eau chaude à tout bout de champ pour conserver la chaleur du bain.

On s'est endormi dans une eau qui refroidit en quelques minutes et on se réveille en grelottant.

On ne peut pas se plonger jusqu'aux épaules sans que la nuque ne fasse un angle douloureux sur le rebord de la baignoire, sans être obligé de rentrer le ventre pour qu'il soit immergé, sans avoir à choisir entre les genoux ou le torse hors de l'eau.

Pour pallier ces inconvénients, on tente de boucher le déversoir du trop-plein avec un gant coincé entre les orteils afin de garder un niveau décent, ce qui bien sûr ne marche jamais.

On doit se contenter d'une douche, insulte suprême faite à un corps qui mérite plus d'égards.

On se trouve coincé entre un mur contre lequel on meurtrit ses coudes et un rideau en plastique gluant qui colle aux hanches.

On se casse la figure dans ces baignoires en émail glissant dont le fond, de surcroît, est incurvé.

On est obligé d'éponger le sol autour de la baignoire à quatre pattes parce qu'elle a débordé ou parce qu'on a fait trop de vagues dans un moment d'égarement.

Le Japon est sournois. Il vous prend en traître en vous imposant en catimini un style de vie et des habitudes dont il est impossible de se défaire, qui vous collent à la peau comme autant de sparadraps du capitaine Haddock. Inutile de tenter de s'en débarrasser, ils vous reviennent implacablement en pleine figure.

Ainsi, après avoir goûté aux délices de l'*ofuro*, il est juste inconcevable de se réhabituer à la médiocrité des salles de bains occidentales. Alors, on essaie, revenu au pays, d'imiter l'original.

C'est systématiquement catastrophique.

Une de mes vieilles amies, qui avait vécu au Japon depuis son enfance, rentrant en France pour prendre sa retraite, ramena une baignoire japonaise en bois *hinoki*, le cyprès japonais qui dégage un parfum incomparable au contact de l'eau chaude. C'était une véritable œuvre d'art, réalisée par un maître reconnu dans le façonnage de ces merveilles.

Elle fit bâtir dans le joli château hérité de sa famille qu'elle possédait en haute Auvergne une salle d'eau respectant tous les canons d'un bain japonais : vestibule pour se déshabiller, pièce joliment carrelée pour les ablutions, parois murales recouvertes de boiseries imputrescibles également importées du Japon, caillebotis au sol, robinets en cuivre, plafond en pente pour permettre l'écoulement de la condensation, ouverture en son faîte pour laisser s'échapper la vapeur. Elle avait poussé le souci du détail jusqu'à placer devant la fenêtre de son cabinet de bain un *shōji* également venu du Japon.

Fière de son œuvre, elle m'en avait envoyé des photos. Le bassin en *hinoki* trônait en majesté au milieu de la pièce d'eau, devant le *shōji* à demi tiré. Par la fenêtre, on apercevait une allée du parc. J'imaginai la félicité que devait ressentir mon amie quand elle prenait son bain.

Lorsque je lui rendis visite quelques années plus tard, elle me montra le pitoyable résultat. Si la salle de bains était impeccable, le bassin était dans un triste état. Les lattes qui le composaient béaient à fendre l'âme. Le fond en était gondolé. On pouvait apercevoir entre les planches disjointes le sol de ciment sur lequel il reposait. Il était recroquevillé, comme un corps torturé par l'arthrose.

Quant au système de chauffage qu'elle avait également importé à grands frais de Tokyo, il ne put jamais être homologué, les normes du gaz butane utilisé dans nos contrées étant différentes des combustibles pouvant faire fonctionner les brûleurs. Elle m'avoua avoir abandonné l'utilisation du bassin après d'infructueuses tentatives de le remplir depuis le robinet d'eau chaude au moyen d'un tuyau, ce qui prenait un temps fou et l'empêchait de se laver entre-temps. Bien sûr, l'eau avait refroidi quand elle était enfin prête à se plonger dans son *ofuro*.

« Mais la salle de bains sentait bon l'odeur du *hinoki* ! », conclut-elle avec une pointe d'humour désabusé.

Fort de son expérience, lorsque je construisis ma maison en Provence, je décidai que notre *ofuro* au pays du félibre Frédéric Mistral serait d'inspiration et non d'imitation japonaise. Je fis venir mon architecte au Japon afin qu'il comprenne le mode de vie japonais que je souhaitais reproduire dans mon mas, les portes coulissantes, le jardin intérieur de graviers ratissés et bien entendu la salle de bains.

Le *hinoki* fut d'emblée banni, trop sujet aux sautes d'humeur provoquées par le manque d'humidité ambiante. Il n'était pas question non plus d'importer un appareillage japonais pour chauffer l'eau. On improviserait un système avec les moyens du bord.

La salle d'eau fut ajoutée au bout de la maison, en accès direct depuis notre chambre mais avec une possibilité pour les invités d'en profiter sans pour autant être obligés de défiler devant le lit conjugal. Un passage par l'étage inférieur avec un escalier serait donc aménagé. Notre chambre serait séparée de la salle de bains par un *shōji* suffisamment opaque pour protéger l'intimité des uns et des autres.

Il y aurait bien sûr un point d'eau pour les ablutions avant de pénétrer dans le bassin. Celui-ci serait en ciment recouvert de carreaux identiques à ceux de la piscine. Il ferait face à une vaste ouverture avec une vue spectaculaire sur la vallée du Rhône. Pour le chauffage, la circulation et la filtration de l'eau, on bricolerait un appareillage mi-Jacuzzi, mi-filtrage de piscine équipé d'une sonde de chauffe-eau…

Le résultat dépasse l’entendement :

À cause de l’escalier des « visiteurs », la surface de la pièce en a été d’autant réduite.

Résultat : le point d’eau pour se laver est étriqué. Il faut se tenir de biais, sinon on se cogne le dos contre la paroi du bassin.

Les robinets engoncés dans un renfoncement ont été placés trop bas, ce qui ne permet pas de glisser dessous le traditionnel baquet.

Oublié, le petit miroir qui surplombe habituellement le point d’eau.

On inonde en se lavant la partie du sol qui est non pourvue d’écoulement. Il faut éponger.

L’architecte s’étant lamentablement empêtré dans ses calculs, le bassin est trop profond. La contemplation de la vue panoramique jusqu’aux contreforts des Cévennes sera pour une autre vie. Bien plus préoccupant est le fait que le sommet du crâne d’une personne de taille normale assise dedans se retrouvait sous le niveau de l’eau. Prendre son bain en apnée n’est pas précisément confortable. Il a fallu ajouter un bâti en ciment de 40 centimètres pour éviter la noyade. Maintenant, on a la vue.

Inutile de préciser que le système de chauffage n’a jamais été capable de fournir une eau d’une température supérieure à 37 degrés dans le meilleur des cas, c’est-à-dire en période de canicule. Le réchauffement planétaire, pour une fois, joue un rôle salutaire.

Sur le plan esthétique, le *shõji* est une abomination : mauvaises proportions, cadre de bois blanc scandinave trop épais, à la place de l’élégant papier *washi* d’affreuses plaques de plastique opaque. Comme il est trop lourd, il coulisse mal, quand il ne se déboîte pas…

Seule réussite dans cette Bérézina, en hiver la pièce est glaciale comme au Japon, l’architecte ayant oublié de prévoir un chauffage.

Bref, nous n'avons jamais pu utiliser ce bain autrement que pour nous doucher dos tristement tourné à la vue.

Mais qu'on se rassure, j'ai pris ma revanche dans le pavillon que nous avons fait construire dans le jardin de notre propriété à Kamakura. Là, nous avons une salle de bains digne d'un *ryokan* cinq-étoiles.

Et n'oublions pas le pouvoir indicible de l'*ofuro*.

Un ami japonais qui a vécu longtemps en Europe m'expliqua un jour qu'il avait trouvé la raison pour laquelle les expatriés de son pays sont moins performants qu'au Japon :

Il leur manque leur dose quotidienne d'*ofuro* avec son pouvoir régénérant.

Ohenro (お遍路) – Le pèlerinage de l'île de Shikoku

Le pèlerinage le plus célèbre du Japon sillonne l'île de Shikoku sur 1 200 kilomètres de montagnes en vallées, longeant les côtes du Pacifique et de la mer Intérieure, traversant rizières, rivières, villes et villages. Il est parsemé de quatre-vingt-huit temples bouddhistes où l'on s'arrête pour faire ses dévotions. Incidemment, 1 200 kilomètres, c'est la distance d'« *el camino* » de Compostelle.

Cette distance serait-elle le nombre d'or de la rédemption ?

Le chemin suit les pas du fameux moine Kôbô Taishi (Kûkai) qui l'emprunta il y a quelque mille deux cents ans à la recherche de l'illumination.

Un bon marcheur mettra un mois et demi à deux mois pour effectuer le tour complet du *Ohenro*. Une excellente moyenne est de 20 kilomètres par jour sur huit heures en comptant les arrêts dans les temples. J'ai rencontré à une étape un professeur de gymnastique qui effectuait le circuit en courant. Il m'apprit plus tard qu'il avait couvert les 1 200 kilomètres en vingt-cinq jours, mais peut-être se vantait-il un peu !

On peut effectuer le trajet toute l'année. Il est recommandé d'éviter l'été torride et humide mais également la saison des pluies ou celle des typhons. Le printemps demeure la période privilégiée par les randonneurs. Pour ma part, je préfère l'hiver, entre novembre et février. Il fait certes froid, mais le temps est en général beau et sec et les chutes de neige sont assez rares dans cette contrée.

Le nombre de temples par étape varie en fonction de la distance entre chacun d'eux. Certains jours, on pourra en visiter facilement quatre ou cinq, d'autres jours un seul, voire aucun.

L'hébergement est possible dans la plupart des sanctuaires. Ils sont équipés d'un bain public, d'un réfectoire où un dîner frugal et un petit déjeuner copieux sont servis et d'un dortoir commun à tatamis. La journée du marcheur débute au lever du jour pour s'arrêter aux environs de 16 heures. Le dîner est servi vers 18 heures. Extinction des feux au plus tard à 20 heures. Réveil à 5 heures. On se fait très vite à ce rythme spartiate. Si la lassitude empêche d'apprécier le repas du soir, le sommeil est de plomb, et l'appétit solide au réveil.

Le pèlerin est en général vêtu d'une tunique blanche *hakui*, coiffe un chapeau conique en paille *suge-gasa* sur lequel est calligraphiée la devise « *Dôgyô ninin* » signifiant qu'il chemine philosophiquement toujours en compagnie de Kôbô Taishi. Il s'aide pour marcher d'un bâton *kongô-zue* couvert d'un capuchon censé contenir l'esprit du fameux moine et auquel est fixé un grelot afin de tenir éloignés les animaux sauvages parmi lesquels sangliers, singes et parfois même dans les montagnes boisées un ours solitaire. Une pochette portée en bandoulière contenant un chapelet *juzu*, un paquet de vignettes ex-voto *osame-fuda*, de l'encens, de la menue monnaie pour les oboles et un carnet de route *nôkyô-chô* complètent l'équipement du randonneur-pèlerin.

Les vignettes sont de couleur différente en fonction du nombre de fois qu'on a effectué le pèlerinage : blanche d'une à quatre, verte de cinq à sept, rouge de huit à vingt-quatre, argent de vingt-cinq à quarante-neuf, or de cinquante à quatre-vingt-dix-neuf et en brocart au-delà de cent fois. J'ai rencontré dans un temple un vieillard encore fort alerte accompagné de son fils qui déposait une *osame-fuda* couleur or. Ancien amiral de la marine impériale durant la guerre du Pacifique, il effectuait son 94e pèlerinage et il comptait bien dépasser le 100e.

La tunique, le chapeau et le bâton sont plus que nécessaires. De surcroît, ils permettent de repérer le pèlerin auquel les habitants des régions traversées ont pour tradition d'offrir boissons et en-cas. Le chapeau protège du soleil et des intempéries. Le bâton rythme agréablement la marche et il est indispensable sur les nombreux sentiers escarpés.

Lorsqu'il arrive à un temple, le pèlerin procède à des ablutions sommaires, annote son nom et un sutra sur une vignette qu'il dépose dans une boîte prévue à cet effet, et allume un bâtonnet d'encens qu'il dépose dans une vasque de bronze abritée sous un auvent. Puis il se rend au bureau où un moine préposé appose sur une nouvelle page du *nôkyô-chô* moyennant une obole de 500 yens le sceau du temple et calligraphie un sutra faisant foi du passage du pèlerin.

Tout Japonais raisonnablement dévot est censé effectuer le circuit au moins une fois dans sa vie.

Je ne suis ni japonais ni particulièrement religieux, pourtant je me suis lancé dans cette aventure il y a une quinzaine d'années. Mais comme je n'ai jamais pu prendre deux mois de congés d'affilée, j'ai donc effectué le pèlerinage en plusieurs étapes échelonnées sur plusieurs années, à commencer par le Chemin de l'éveil, son lieu de départ à Tokushima au temple n° 23 sur deux périodes et une partie du Chemin de l'ascèse du temple n° 24 au temple n° 39 en deux autres voyages. Les aléas de la vie ont fait que je me suis arrêté au temple n° 37, le Iwamoto-ji, dans la grande banlieue de la ville de Kôchi.

Le temple suivant est situé 80 kilomètres plus loin à la pointe de la péninsule de Muroto au bout d'une longue route bien monotone. Il n'y a pas d'hébergement possible entre les deux lieux saints. Il faut donc coucher à la belle étoile deux nuits de suite. Le temple n° 39 se trouve 50 kilomètres plus loin. Le trajet entre ces trois temples représente la partie la plus fastidieuse de tout le pèlerinage.

J'ai pourtant bien l'intention de prendre mon courage à deux jambes et de reprendre mon bâton dès que j'en aurai la possibilité afin de visiter les 4 temples restants du Chemin de l'ascèse, les 25 du Chemin de l'illumination et les 22 du Chemin du nirvana. L'éveil et l'ascèse m'ont laissé sur ma faim. J'espère parvenir à l'illumination, mais je suis taraudé par la certitude de ne pouvoir atteindre le nirvana. Il me semble que le cheminement spirituel ne peut être achevé que si l'on effectue la totalité du pèlerinage d'une traite.

Bien entendu, c'est à pied que j'ai commencé le voyage et c'est à pied que je le poursuivrai. Sur les quelque 10 000 à 30 000 personnes qui effectuent annuellement le pèlerinage, seules 2 500 à 5 000 usent vraiment leurs semelles. Tous les autres utilisent automobile, autocar ou train. J'ai même croisé un jour un jeune homme qui le faisait à moto, tunique flottant au vent, bâton coincé entre sa selle et ses fesses et chapeau de paille noué par-dessus son casque ! Les pèlerins en autocar sont une véritable plaie pour les marcheurs. En effet, l'accompagnateur remet les carnets de voyage de ses quelque 40 à 50 passagers au moine chargé de les mettre à jour, ce qui fait perdre un temps précieux au malheureux randonneur dont le trajet est minuté.

Le pèlerinage n'est pas toujours une honorable partie de plaisir.

Lors de la première fraction de mon périple, j'étais tellement fatigué que je perdis mes lunettes sans m'en rendre compte sur une sente de montagne escarpée. Un pèlerin que j'avais rencontré quelques heures plus tôt les découvrit passablement piétinées. Il brûla une étape pour me les rapporter. J'ai continué mon voyage avec mes lunettes rafistolées tant bien que mal au moyen d'un trombone et de sparadrap.

Un an plus tard fin novembre, je gravis un mont au sommet duquel se trouvait le 20e temple, le Kakurin-ji. Son altitude n'était pas très élevée, 550 mètres, mais le sentier qui y menait était fort escarpé, j'avais déjà marché plus de 25 kilomètres depuis le matin et il se faisait tard lorsque je l'atteignis. La vasque des ablutions était couverte d'une fine pellicule de glace. J'avais transpiré sous l'effort et ne m'étais pas rendu compte qu'il faisait si froid. Une fois mes dévotions achevées et mon carnet dûment tamponné, j'entrepris de suivre le chemin de la descente sur le versant de la montagne orienté nord qui traversait une dense forêt de conifères. Il était près de 16 heures et il me fallait une bonne heure pour parvenir à l'auberge où je devais passer la nuit, le Kakurin-ji n'offrant pas d'hébergement. La nuit était tombée lorsque j'arrivai à ma destination en état d'hypothermie avancé. Il me fallut une bonne quinzaine de minutes dans un bain brûlant pour que les tremblements convulsifs qui m'avaient saisi se calment enfin.

Certes, on ne meurt plus durant le pèlerinage *Ohenro*, mais des fautes d'inattention ou des estimations approximatives peuvent occasionner de sérieuses complications. On trouve des statuettes *Jizô* sur le bord des chemins et plus particulièrement le long des sentiers de montagne exténuants. Un ami natif de la région m'offrit un jour l'explication suivante à ces petits bouddhas mélancoliques de pierre :

« La légende du *Ohenro* est largement enjolivée. Certes, Kôbô Taishi a effectivement fait le pèlerinage, mais la plupart des gens qui l'ont fait au fil des siècles étaient des vieillards dont les familles ne savaient plus trop que faire. On les envoyait sur les sentiers. Beaucoup mourraient d'épuisement ou de maladie en cours de route. Le village le plus proche s'occupait de les incinérer et de placer une représentation de leur âme là où ils étaient tombés. Ce sont les *Jizô*. L'origine de la couleur de la chemise *byakue* vient de là : comme tu le sais, le blanc chez les bouddhistes est la couleur du deuil. Bien entendu, pas un guide touristique ne le signale ! »

À la fin de mon dernier voyage, je pris un taxi pour me rendre à l'aéroport de Kôchi afin de rentrer à Tokyo. Mes pieds dans mes godillots de randonnée couverts d'ampoules, je boitais bas. Le chauffeur s'esclaffa :

« Vous n'avez pas vu comment sont chaussés les bonzes qui font le pèlerinage ? Des *tabis* ! Avec des *jikatabis*, pas de cloques ! »

J'ai bien enregistré le conseil, aussi ai-je déjà acheté la paire de *tabis* de toile à la semelle en gomme au cas où j'aurais l'idée saugrenue de reprendre le chemin.

Ohya Masako (大屋政子) – Excentricité au Japon

L'excentricité n'est pas le premier mot qui vient à l'esprit pour qualifier les Japonais. On les croit plutôt ennuyeux, conventionnels, sortis du même moule de la banalité, engoncés qu'ils sont dans les codes rigides de la société.

Pourtant, un grain de folie les habite. Il suffit de creuser un peu pour découvrir sous votre secrétaire distinguée une pasionaria du flamenco qui passe ses fins de semaine habillée de pied en cap en Gitane à danser fougueusement dans un cabaret enfumé en faisant claquer les castagnettes ; ou bien, sous un collaborateur sagement gominé et soporifique, un membre échevelé de son HOG (*Harley Owners Group*) au look de Hells Angels, qui bichonne son monstre au fond d'un garage en buvant des bières Budweiser et en écoutant du heavy metal, et qui, bandana au front, blouson noir à franges, devise « *Born to ride* » tatouée sur le biceps, utilise ses courtes vacances pour se rendre chaque année au rassemblement mythique des *bikers*, le Sturgis Motorcycle Rally, au fin fond du Dakota du Sud.

Étonnamment, les excès vestimentaires, les comportements marginaux, les écarts à la bienséance sont parfaitement tolérés au Japon. La discrétion que nous avons tendance à confondre avec indifférence règne. La loufoquerie d'une tenue ne fera jamais se retourner personne dans la rue.

L'extravagance y est insulaire comme au Royaume-Uni, et comme chez nos voisins elle est l'expression de l'appartenance clanique, qui est le fondement même de la société japonaise.

Entre mille exemples que j'aurais pu choisir pour illustrer mon propos, j'ai retenu une personnalité des années 1970-1980 particulièrement attachante et émouvante, sous son comportement fantasque, que j'ai bien connue : Ohya Masako, l'épouse du richissime propriétaire de la société de textiles Teijin, Ohya Shinzô, accessoirement ministre du Commerce et de l'Industrie de l'après-guerre.

Née à Osaka en 1920, Masako est la fille d'un député qui décède alors qu'elle n'a que 19 ans, la laissant seule dans le besoin avec sa mère. Elle est obligée d'arrêter ses études de musique au conservatoire d'Osaka. Pendant la guerre, elle chante pour les troupes avant leur départ pour le front, puis elle se produit dans des cabarets de la ville. Ces années d'indigence vont forger son caractère, résumé par cette maxime dans le jargon particulier teinté de gouaille des gens d'Osaka, le *Kansai Ben* :

« *Botsuraku shitara, akan !* » (« Hors de question de chuter ! »).

Elle rencontre le président Ohya dans un des clubs où elle se produit. Il est marié, mais il divorce pour l'épouser en 1950. Elle a 30 ans et se retrouve soudain immensément riche. C'est alors que son ébouriffante « carrière » débute vraiment, qui va largement déborder les frontières de son pays, principalement vers la France.

Elle s'installe avec son mari à Osaka dans une sorte de palais rococo de 10 000 mètres carrés sur trois étages et deux sous-sols qui a coûté 3,5 millions de dollars de l'époque, avec sept cuisines, quatorze chambres, des salons, des salles à manger à profusion. Elle dit que pour se rendre du seuil de sa chambre de 460 mètres carrés à son lit il lui faut deux minutes !

Enjouée, n'ayant peur de rien, elle va énormément aider son mari dans ses affaires.

Par ailleurs, elle crée ses propres sociétés pour développer entre autres des golfs, sport qu'elle adore. On la voit jouer sur tous les grands parcours du monde en minijupe rose. En Grande-Bretagne, apprenant qu'elle ne sera pas autorisée à jouer sur un parcours parce qu'elle est une femme, sans hésiter elle le rachète. Au pic de sa gloire, elle possédera six parcours de niveau international.

En France, elle acquiert en 1990 un château du XVIIe siècle autrefois propriété d'une maîtresse de Louis XIV, le château d'Humières à Monchy-Humières, dans l'Oise, qu'elle restaure à grands frais. Elle y organise des fêtes grandioses auxquelles elle convie tout le gotha international, avec lequel elle se fait systématiquement photographier. Elle fréquente Danielle Mitterrand, Liliane Bettencourt, rencontre la reine Élisabeth.

Désolée de constater que les Japonaises, quand elles sont conviées dans des réceptions à l'étranger, sont de véritables passe-murailles, toujours habillées de façon neutre et restant frileusement entre elles, elle décide de porter des couleurs voyantes et de coiffer des chapeaux extraordinaires tout simplement pour être photographiée et par là même soigner sa communication. Elle affectionne le rouge, le rose, l'orange, les robes froufroutantes, chamarrées, aux décolletés profonds, les larges capelines bigarrées, les nœuds explosifs et les fleurs dans les cheveux. Où qu'elle passe, on ne peut la manquer. Malgré son anglais approximatif, elle n'hésite pas à s'approcher des gens, se mêler à leurs conversations. Son charme, son culot, son bagout, son étrangeté font le reste.

Son passé d'artiste remonte bientôt à la surface. Elle affectionne tout particulièrement l'opéra, le chant et le ballet. Elle fait de nombreuses donations, notamment à l'Opéra de Paris, crée des écoles. Dans les années 1970, elle se met en tête de louer le palais Garnier pour y donner un tour de chant. Elle hante les réceptions de l'ambassade de France à Tokyo et fait le siège du nouvel ambassadeur pour qu'il lui obtienne les autorisations nécessaires. C'est là que, chargé du service du protocole depuis peu, je fais sa connaissance. Un jour où elle vient voir l'ambassadeur pour réitérer sa demande, elle lui remet un présent. Sachant qu'il est incorrect d'ouvrir un cadeau devant la personne qui vous l'a offert, il la remercie d'abondance et pose le paquet sur la bibliothèque derrière son bureau où il l'oublie. Trois semaines plus tard, il le retrouve, l'ouvre et découvre un magnifique collier de perles qu'il aurait bien évidemment dû rendre, mais c'est trop tard. Devenu l'obligé de Mme Ohya, l'ambassadeur obtiendra que le palais Garnier lui ouvre ses portes. Elle y donnera une soirée de gala et se produira sur la scène dans ses tenues préférées, dont une sorte de caftan-kimono orange gansé de broderies blanches. Sa photo dans cette tenue se trouve sur la couverture du disque de son « Tour de chant Live » qu'elle fera par la suite éditer.

La République française récompensera sa générosité en la nommant commandeur dans l'ordre des Arts et des Lettres. On raconte que, même lorsqu'elle fut hospitalisée à la fin de sa vie, elle portait sa décoration épinglée sur sa chemise de nuit afin qu'on lui manifeste le respect qu'elle méritait.

En 1983, nous organisons le trentenaire de la maison Givenchy au Japon. Amie proche du couturier, Audrey Hepburn est du voyage. Pour la première fois dans son histoire (et la seule), la Chaîne nationale de radiotélévision japonaise NHK reçoit le grandiose défilé de couture sur la scène de son immense auditorium à Tokyo. Aucune relation de cause à effet avec le tour de chant de Mme Ohya à l'Opéra. Mais elle est une cliente assidue des salons de haute couture d'Hubert de Givenchy. Le spectacle du trentenaire ayant également lieu à Osaka, elle invite après la dernière représentation Hubert, Audrey, leur entourage et l'ensemble de la troupe, mannequins, couturières, équipe de la mise en scène, éclairagistes, en tout une bonne centaine de personnes, à une grande réception dans son palais.

Ayant fait venir le couturier, l'actrice et moi-même un peu avant que la soirée ne débute, elle nous fait visiter sa demeure.

Nous allons de surprise en surprise dans cette vaste maison sombre et quelque peu sinistre. Elle nous ouvre une première pièce où est alignée une bonne trentaine de réfrigérateurs.

À notre question, elle répond :

« Non, ils ne sont pas remplis de victuailles, c'est juste pour ma collection. Ils sont beaux, n'est-ce pas ? »

Plus loin, nous traversons une autre salle dont les murs sont tapissés de vitrines qui montent jusqu'au plafond. Dedans, des milliers de ces petites cuillers au manche orné d'un écusson qu'on trouve dans les magasins de souvenirs pour touristes. Là également, elle nous dit laconiquement « Ma collection ».

Égayé par la visite, M. de Givenchy raconte à Audrey que, lorsqu'il était venu au Japon quinze ans plus tôt, Mme Ohya lui avait déjà fait visiter sa maison. À un moment donné, elle avait ouvert une porte verrouillée avec une grosse clef. Dans la pièce aux rideaux tirés, devant un immense écran de télévision comme personne n'en avait jamais vu, était assis dans un vaste fauteuil un vieux monsieur chenu qui ne tourna même pas la tête.

« C'est mon mari ! », s'exclama-t-elle gaiement et elle referma la porte à double tour !

Bien entendu, la réception en l'honneur d'Audrey et d'Hubert de Givenchy est fastueuse. Il y a des comptoirs de sushis derrière lesquels officient de grands chefs de Tokyo et d'Osaka, des étals décoratifs surchargés de montagnes de poissons, de crabes et de langoustes, des gargotes où l'on fait frire des *tempuras*, prépare des bols de nouilles, sculpte des figurines en sucre filé *amezaiku*. Au milieu d'une des salles trône une immense sculpture de glace figurant les « 4 G » du logo de la maison Givenchy, dans une autre une silhouette d'Audrey grandeur nature.

Plusieurs mois après l'événement du trentenaire, M. de Givenchy m'appelle. Il est très ennuyé, car sa cliente n'a pas encore réglé la robe de haute couture qu'elle avait fait réaliser pour l'occasion. La somme est conséquente pour l'époque, 5 millions de yens (environ 150 000 francs de l'époque). J'appelle le secrétariat de Mme Ohya. On me la passe directement. Elle me répond :

« Aucun problème, je viens vous voir dimanche prochain. Donnez-moi votre adresse ! »

Je lui réponds que je ne veux surtout pas la déranger et qu'un virement bancaire suffira. Elle insiste puis me demande si j'ai des enfants, filles ou garçons, l'âge qu'ils ont et si nous serons bien tous à la maison vers 15 heures ce dimanche-là.

« Je viendrai juste pour le thé ! », dit-elle avant de raccrocher.

Avec mon épouse et mes trois premiers enfants, nous habitons à l'époque une charmante maisonnette de bois avec un jardinet mal entretenu dans une étroite ruelle tortueuse du quartier résidentiel de Setagaya-ku.

Au jour dit et à l'heure précise, nous voyons arriver, créant un grand émoi dans le voisinage, une superbe Rolls-Royce conduite par un chauffeur accompagné d'un assistant qui ouvre la portière de Mme Ohya. Comme à son habitude, elle est vêtue de rose et porte une large capeline rouge sang ornée de fleurs. Elle entre dans notre minuscule salon qui donne sur le jardin en s'exclamant :

« C'est tout à fait charmant, ce jardin sauvage ! Votre canapé est très confortable ! Permettez-moi de me reposer un peu avant de repartir pour Osaka ! »

J'avais oublié qu'elle abhorrait le train. Elle était donc venue d'une traite d'Osaka et y retournerait immédiatement après sa visite. Quelque 1 000 kilomètres aller-retour en moins d'une journée !

Quand je lui propose de faire également entrer ses collaborateurs, elle répond par la négative et demande seulement qu'on leur serve une boisson chaude.

Pendant que mon épouse prépare le thé et quelques friandises, Mme Ohya insiste pour que je lui présente nos enfants. Elle a prévu un cadeau approprié pour chacun. Puis elle m'offre le disque de son tour de chant dédicacé, que j'ai toujours. À mon épouse, elle offre sa photo, également signée, sous un cadre rococo. Ce présent, lui, a disparu depuis longtemps dans le tumulte de la vie. Mais nous n'avons toujours pas abordé la raison principale de sa visite, ni comment elle compte payer sa robe Givenchy.

Finalement, au bout d'une petite heure durant laquelle elle a accaparé la conversation, elle s'exclame :

« J'allais oublier ! Pouvez-vous demander à mon assistant d'apporter la mallette ? »

L'assistant me remet cérémonieusement, sur le seuil de notre demeure, un luxueux attaché-case d'une célèbre marque française en peau exotique teinte d'un orange soutenu. Mme Ohya l'ouvre devant moi. Elle est, évidemment, bourrée de billets de 10 000 yens neufs. Cinq cents billets ! Elle m'engage à les compter devant elle. Mes dénégations ne servent à rien, alors elle sort les cinquante liasses de dix billets et elle les étale sur la table du salon entre les tasses de thé. Au bout du comptage, quand je lui dis que je ne peux préparer qu'un reçu sur une feuille libre, n'ayant pas chez moi de papier à en-tête de l'entreprise, elle me regarde comme si j'avais prononcé une insanité. « Mais j'ai une confiance totale en vous ! », me dit-elle.

« Au fait, ajoute-t-elle, gardez la mallette, sinon vous ne saurez pas comment transporter l'argent ! » Et dans le froufrou des volants de son ample jupe, après m'avoir aidé à ranger les billets, elle nous quitte et repart dans sa Rolls rutilante pour de nouvelles aventures…

Mme Ohya est décédée en 1999 à l'âge de 78 ans. Riche, terriblement excentrique, certes, elle l'avait été. Mais elle n'oublia jamais qu'elle avait été pauvre. Elle ne rechignait pas à mettre la main à la pâte pour les activités ménagères. Quand il tomba malade, elle s'occupa de son mari avec une abnégation exemplaire, ne laissant aucune tâche, aussi nauséeuse fût-elle, aux aides-soignantes au service de la famille.

Dépensière, elle l'était, mais elle avait une notion aiguë de la valeur de l'argent. Généreuse, elle le fut, parfois jusqu'à la naïveté. Après le décès de son mari, elle fut maltraitée et spoliée par son entourage.

Quand elle commença à vieillir, elle se rendit compte combien un lieu de vie peut être malcommode pour les personnes âgées. Ayant fait arranger sa maison pour ses besoins, elle eut l'idée de faire la même chose pour les vieillards de sa ville. Elle donna de l'argent pour que des hospices soient réorganisés. Elle fit également une donation à l'hôpital qui la soignait. Elle demanda que, quinze ans après sa mort, son palace soit transformé en maison de repos pour personnes âgées.

Mme Ohya, certes atypique, avec une richesse qui lui permit de réaliser toutes les folies qui lui passaient par la tête, est cependant pour moi l'archétype de l'excentricité japonaise. Je garde une grande tendresse au fond de mon cœur pour cette personnalité exubérante mais tellement bienveillante.

Omiai (お見合い) – Voir, rencontrer (et plus si affinités)

Ils sont assis face à face dans le salon de thé d'un grand hôtel de Tokyo, un peu compassés. Un jus d'orange est posé devant elle, une tasse de café devant lui. Costume sombre pour lui, robe sage pour elle. La conversation est rare, les sourires aussi.

C'est leur première rencontre, mais elle est le résultat d'un patient travail souterrain qui a pu prendre plusieurs mois.

Car c'est un *omiai*.

L'*omiai* est cette coutume qui met en présence deux jeunes gens en vue d'envisager la possibilité d'un mariage. Elle remonte au XVIe siècle, quand les seigneurs de la guerre passaient encore leur temps à s'étriper. Afin de consolider des alliances qui restaient bien souvent fort fragiles, la traîtrise étant un sport national, on créait des liens de parenté supposés éviter les trahisons par des mariages arrangés entre clans. Inutile de préciser que les protagonistes étaient rarement sinon jamais consultés. Durant l'ère Tokugawa, la pratique s'élargit aux castes urbaines, les parents décidant du sort de leurs enfants pour éviter les mésalliances sociales. On peut considérer que jusqu'au XXe siècle pratiquement aucun mariage dans les classes supérieures de la société japonaise n'était le résultat d'un coup de foudre.

Dans le Japon d'autrefois, la passion faisait rarement bon ménage avec la raison.

Jusqu'à la fin de la Seconde Guerre mondiale, les unions résultant d'un *omiai* représentaient plus de 80 % des mariages, et au début des années 1950 encore 60 %. Ce n'est que vers 1969 que la courbe des mariages par amour croisa celle de ceux par *omiai*. De nos jours, ils ne représentent plus que 5 % des unions. En 2014, pourtant, le gouvernement japonais inquiet de la chute brutale de la natalité réserva l'équivalent de 23 millions d'euros dans son budget pour des mesures d'encouragement aux rencontres arrangées, au bout du compte un fameux coup de poing dans le *noren*[1], équivalent de notre coup d'épée dans l'eau.

Le processus du *omiai* original était long et compliqué. Tout un ensemble de considérations subtiles était pris en compte afin de laisser le moins de place possible au hasard et au risque d'échec. Les critères étaient objectifs, et toute approche émotionnelle écartée.

On le lançait une fois qu'on avait décidé de marier sa fille ou son fils arrivés à l'âge « approprié » *tekireiki*. Dépasser cette limite d'âge, surtout pour les filles, pouvait signifier un sérieux déclassement social. On les comparait à une « bûche de Noël », fraîche jusqu'au 25 mais devenant de moins en moins appétissante passé cette date ! Pour les garçons, la date de péremption se situait autour de 30 ans, date après laquelle on les considérait immatures et frivoles.

Une fois qu'on avait décidé qu'il était temps de marier sa fille ou son fils, on le faisait discrètement savoir à son entourage tout en préparant les éléments nécessaires à la déclinaison de son pedigree : le *iegara*, autrement dit « la lignée » ; le curriculum vitae complet, y compris celui des parents et éventuellement plus haut dans l'arbre généalogique ; l'état de santé des membres de la famille afin d'assurer la partie adverse de l'absence de maladies génétiques ou de tares héréditaires ; les photos de

---

1. Enseigne en tissu accrochée à l'entrée des restaurants et autres échoppes que l'on écarte de la main pour pénétrer chez le commerçant.

la candidate au mariage, en « civil » mais également en kimono ; des portraits du candidat ; le profil idéal du partenaire recherché.

Il fallait notamment s'assurer de la concordance de lignages, une différence trop importante pouvant causer un embarras insupportable pour les deux parties mises en présence.

Cet aspect des choses était tellement crucial qu'on faisait souvent appel dans les grandes villes à des agences de détectives spécialisées pour vérifier les informations. En province, les enquêtes de voisinage étaient courantes et on croisait les divers renseignements.

En général, une tierce personne de confiance se chargeait de tous ces détails et de ratisser au plus large dans son réseau de connaissances pour trouver les oiseaux rares susceptibles de correspondre au profil recherché. C'était le *nakôdo*, littéralement « l'intermédiaire », personnage dont le rôle était central dans la société japonaise. Il engageait sa responsabilité et sa réputation en acceptant de le jouer. Plus qu'un arbitre, il était le terrain neutre permettant d'éviter toute confrontation directe entre les deux parties jusqu'à ce que les choses soient parfaitement en place, et les possibles difficultés écartées.

Il restait souvent en contact avec les jeunes gens après leur mariage pour s'assurer de l'harmonie de leur union. Il pouvait les aider le cas échéant à aplanir les difficultés qui pouvaient survenir au sein du couple.

Un premier portfolio de candidats incluant curriculum vitae et photos était alors présenté à la famille, en général la mère et la jeune fille. Les dossiers retenus étaient passés au crible d'un examen plus détaillé. Des questions additionnelles pouvaient être posées, dont les réponses permettaient de mieux juger de la sincérité de la partie adverse. Bien entendu, on procédait de la même manière « en face ». Il était primordial de mettre tous les atouts dans le jeu des deux postulants.

Parfois, un *kagemi* était organisé pour que le candidat puisse voir en cachette la jeune fille afin d'éviter des déconvenues lors de la première rencontre officielle. Les romans japonais de la fin du XIXe siècle sont bourrés d'intrigues autour de stratagèmes *kagemi* burlesques.

La course des premiers obstacles achevée, on pouvait alors passer à la partie active du *omiai,* la rencontre. Le *nakôdo* choisissait un terrain neutre. En général, il accompagnait les parents et restait avec eux durant la première partie de la réunion, ce qui permettait à tout le monde de faire connaissance. Ensuite, on laissait les jeunes gens seuls.

Si cette réunion initiale se passait bien, le couple se revoyait jusqu`à ce que la décision se cristallise. Le refus par un des deux postulants était toujours possible, mais bien évidemment la dérobade devenait plus difficile avec le temps. Il y avait toutefois des dispositions permettant de minimiser la perte de face. En règle générale, un *omiai* bien préparé aboutissait à une décision de mariage entre la troisième et la cinquième rencontre.

Si le *omiai* formel d'autrefois n'a plus très souvent cours, la difficulté dans la société japonaise moderne à rencontrer l'âme sœur a obligé à inventer de nouvelles formes de *omiai.* Outre les sites de rencontre en ligne classiques et des agences de mariage, il y a les *gôkon*, réunions d'un nombre égal de jeunes filles et de jeunes gens de deux universités ou deux entreprises différentes amenés par une connaissance commune. La différence fondamentale avec le *omiai* classique est qu'on laisse les choses venir naturellement.

Il ne faut pas croire que le *omiai* traditionnel a disparu avec la modernisation des mentalités provoquée par l'arrivée des Américains au lendemain de la guerre. De très nombreux couples de ma génération ont sacrifié au rituel du *omiai* pour se marier. Un très proche ami rencontré lors de mon tout premier voyage au Japon s'est vu proposer par ses parents au retour d'un séjour de trois années en Europe un *omiai*. J'avais trouvé choquant que ce garçon émancipé ait ainsi accepté de se soumettre à cette coutume désuète. Au bout de quelques rencontres avec la jeune fille qu'on lui avait présentée, il m'écrivit : « Tout va bien, je crois que je commence à l'aimer. »

Alors que je fréquentais depuis quelque temps la jeune femme qui allait devenir ma femme, elle m'avoua un jour qu'elle venait de faire un *omiai*. « Je ne me voyais pas passer ma vie avec quelqu'un d'aussi ennuyeux », me dit-elle.

Je n'ose imaginer ce qui se serait passé si le prétendant avait été moins insipide.

La sagesse l'aurait-elle emporté sur son irrationnelle passion ?

Omikuji (御神籤) et autres *uranai* (占い) – Oracles et bonne aventure

Connaître l'avenir, de préférence le sien, est la préoccupation la plus partagée au monde.

Il n'est donc pas surprenant que, comme tous les peuples de la Terre, les Japonais soient friands de voyance et d'astrologie. Les fondations animistes de la religion originelle du Japon, le shintoïsme[1], y jouent un rôle prépondérant.

Dans tous les sanctuaires *shintô* comme dans les temples bouddhistes, on peut se procurer un oracle *omikuji* moyennant quelques centaines de yens. On tire son *omikuji* d'une boîte octogonale en bois hermétique dont le couvercle est percé d'un orifice. Elle contient plusieurs dizaines de minces baguettes numérotées dites « *mikujibô* ». Les baguettes émettent un bruit typique de crécelle quand on secoue la boîte avant de la renverser pour en extraire une. On reçoit en échange une feuille de papier de quelques centimètres carrés sur laquelle sont inscrites des prédictions concernant la santé, les études, l'amour, le travail.

Certains sanctuaires sacrifient à la modernité en mettant à disposition de leurs fidèles un distributeur automatique de *omikuji*, aligné à côté d'un distributeur de boissons ou de cigarettes.

Il y a plusieurs échelons de prédictions, en général cinq et plus rarement jusqu'à une dizaine. Si on a de la chance, on a tiré un oracle d'excellent augure *daikichi*, une bonne main sera un *kichi*, une moyenne un *chûkichi*. Un *shôkichi* sera peu apprécié et on détestera avoir tiré un *kyô* tout en bas de l'échelle des prophéties. Cela dit, aucune des prédictions n'est jamais vraiment calamiteuse.

Après avoir déchiffré le contenu du papier, on noue ce dernier à la branche d'un arbre dans le périmètre du sanctuaire ou sur une sorte de séchoir prévu à cet effet afin de solliciter l'attention des dieux.

Une manière plus sûre de faire en sorte que les dieux se penchent sur son sort est encore de leur indiquer

1. Voir l'entrée « Shintoïsme ».

explicitement son souhait, un *negaigoto*. On achète alors un *ema*, une planchette de bois de la forme d'un pentagone munie d'une cordelette à la surface vierge de laquelle on inscrit son vœu avant de l'accrocher sur une claie verticale protégée d'une minitoiture. Ces planchettes sont décorées au recto du signe zodiacal chinois de l'année. La lecture des messages peut être un exercice de sociologie primaire parfois émouvant mais ordinairement lassant tant ceux-ci sont insipides. On tombe parfois sur des extravagances, telle cette supplique d'une jeune femme sans doute martyrisée par la mère de son mari :

« Que ma belle-mère crève dans d'insupportables souffrances ! »

Bien que n'étant aucunement superstitieux, je ne manque pourtant jamais lorsque je passe devant un sanctuaire de m'y arrêter le temps d'acheter un *omikuji* que je lis avec attention avant de l'attacher à la branche de l'arbre le plus proche, où il pend comme un petit fruit témoin de mon passage. Il m'arrive aussi d'inscrire sur un *ema* un *negaigoto*, jamais pour moi-même mais pour les miens.

Comme on n'a pas toujours dans le voisinage un sanctuaire sur le retour de son travail afin de connaître sa bonne fortune, on peut s'adresser aux diseurs de bonne aventure qui pullulent le soir venu dans les rues, aux abords des gares, des quartiers populeux. Assis devant une petite table de camping jupée d'une nappe blanche sur laquelle est posée une lanterne sur les parois de papier de laquelle est inscrit le caractère « 占い » (*uranai*) accompagné de la spécialité, « 手相 » (*tesô*, « lignes de la main ») ou « 面相 » (*mensô*, « traits du visage »), le devin attend le client qui ne manquera bientôt pas de venir s'asseoir en face de lui.

Il se penche indifféremment sur l'employé de bureau en costume sombre qui a besoin de savoir à quelle sauce le prochain *jinji idô* (« mouvement de personnel ») le cuisinera, une de ces OL (*office ladies*) en uniforme souhaitant être rassurée sur les réelles intentions d'un prétendant ou une jeune femme élégante de retour d'un dîner avec des copines qui s'interroge sur ses chances de se marier dans l'année.

La lanterne nimbe le petit espace de consultation d'une douce lueur, laissant le visage du voyant et du vis-à-vis dans une ombre autant rassurante que mystérieuse.

Il y avait autrefois à l'entrée de la station de métro devant le grand magasin Isetan dans le quartier de Shinjuku une diseuse de bonne aventure surnommée « *Shinjuku no haha* », la « Maman de Shinjuku ». Née en 1930, Kurihara Sumiko de son véritable patronyme commença à exercer le 1er avril 1958 à cet emplacement et occupa son officine sans manquer un jour durant cinquante années. La chaîne de télévision Fuji TV lui consacra une émission en 2006 pour célébrer cette longévité. Son fils prit sa succession après son décès, fin 2019. On murmure qu'elle a prédit la bonne aventure à plus de trois millions de personnes.

Elle avait un bon visage rond aux pommettes saillantes encadré d'une coupe de cheveux toujours impeccablement permanentée. Elle portait des lunettes discrètes qui soulignaient un regard malicieux. Son sourire dévoilait une dentition parfaite pour une Japonaise de sa génération. Été comme hiver, un plaid enveloppait ses jambes. Elle suscitait une envie irrépressible de se confier à elle.

Tous les jours des premières années de ma carrière, quand mes bureaux se trouvaient à Nishi Shinjuku dans les tours du premier quartier de gratte-ciel de Tokyo à l'emplacement de l'ancienne station d'épuration d'eau de la ville, je descendais prendre mon métro en empruntant l'entrée du magasin Isetan devant laquelle la maman de Shinjuku exerçait son commerce. Il y avait une queue constante devant elle. Quand nos regards se croisaient, elle me saluait immanquablement d'une imperceptible inclinaison du chef, un petit sourire de connivence sur les lèvres, comme si elle me connaissait. Bien que les étrangers fussent à l'époque encore peu nombreux, je m'interrogeais sur la signification de cette reconnaissance.

J'ai fini par comprendre de nombreuses années plus tard la raison du sentiment de complicité que ces brefs échanges muets avaient fait naître en moi. Une ancienne collaboratrice m'avoua que, commanditée par toute l'équipe japonaise de notre bureau, elle allait consulter la fameuse *uranaishi* à chaque fois que j'étais à la veille de prendre une décision, de signer un contrat ou de me lancer dans un projet aventureux, comme les festivités du trentenaire de la maison Givenchy. Pour que les prédictions de la voyante puissent être plus affûtées, elle lui avait montré une photo de moi !

Je lui demandai alors s'il était arrivé à la maman de Shinjuku de montrer quelque réserve sur le succès de mes entreprises.

« Non. Elle nous a toujours rassurés. Elle disait que nous pouvions avoir confiance en vous malgré votre jeunesse, votre inexpérience et votre fougue, car une bonne étoile vous protégeait de l'échec. »

Je me suis promis d'aller un jour voir la maman de Shinjuku non pour la consulter, mais pour la remercier d'avoir su rassurer ma petite équipe et d'avoir ainsi grandement contribué par sa parole apaisante au succès de nos projets les plus hardis. Je ne l'ai pas fait, c'est un de mes regrets.

Peut-être craignais-je qu'elle n'en profite pour soulever un coin du masque qui me protège des lendemains autres que ceux programmés par mes soins.

Sans doute suis-je finalement superstitieux.

Omiyage (お土産) – Cadeaux

Il n'existe pas à ma connaissance de peuples qui cultivent l'art du cadeau avec autant de frénésie que les Japonais. C'est le sport national par excellence.

Cette coutume d'apparence charmante est en fait terriblement pesante. Son protocole au premier abord futile peut s'avérer redoutable. Ne pas s'y plier est d'une incorrection impardonnable, mais il peut se révéler encore plus dangereux d'en faire trop. On vous jugera à l'aune de votre capacité à respecter « le ton juste » dans vos offrandes et à la manière dont vous les présenterez.

Il est donc judicieux d'étudier avec sérieux la question avant de s'investir dans la société japonaise. L'apprentissage est rude, les échecs patents. Mais lorsqu'on aura maîtrisé quelques règles élémentaires, les voies de l'assimilation vous seront ouvertes : savoir offrir ni trop ni trop peu, quoi et en quelles circonstances.

Sans prétendre être exhaustif, le modeste manuel de savoir-vivre qui suit va tenter d'aider le novice à éviter les écueils les plus flagrants.

Règle numéro 1 : emballage et manière de présenter sont essentiels.

— Ne jamais offrir quoi que ce soit par unité de quatre. Ce chiffre, dans sa lecture chinoise *on yomi*, se prononce

« *Shi* » (死), qui signifie « la mort ». Plus qu'un présage funeste, c'est une faute de goût impardonnable. En tout état de cause, le nombre impair s'impose.

— Apporter votre cadeau enveloppé dans un *furoshiki*[1] est du plus bel effet, mais soit vous le dénouez pour en sortir son contenu et le rangez dans votre poche ou dans votre sac, soit, si vous présentez votre offrande telle quelle, il faut savoir qu'il vous sera rendu avec quelque chose dedans.

— Ne jamais omettre en remettant votre don de prononcer la phrase suivante :

« *Tsumaranai mono de gozaimasu* », qui signifie : « C'est une petite chose insignifiante. » Peu importe la valeur de ce que vous offrez, ce doit toujours être présenté comme étant *tsumaranai*.

— Une modestie affichée est de bon ton en toute circonstance. Ainsi, vous ne commettrez jamais d'impair.

— Il est d'usage, lorsque vous achetez quelque chose destiné à être offert, de demander au magasin de l'envelopper d'un *noshigami*. C'est une feuille de papier blanc cassé accompagnée d'un ruban qui entoure le paquet fait de trois, cinq ou neuf brins torsadés, le *mizuhiki*, sur laquelle est calligraphiée une inscription particulière suivant les circonstances et sous laquelle votre nom pourra être ajouté, notamment dans le cas où un grand nombre de personnes apporte un présent, lors d'une réception ou d'un mariage, par exemple. Ceci est important pour signaler que vous n'êtes pas venu les mains vides.

Chaque catégorie de présent réclame un *noshigami* différent :

— Il portera la mention *soshina (*粗品*)* (« humble présent »), pour un simple cadeau remis de main à main.

1. Voir l'entrée « *Furoshiki* ».

— Pour une occasion heureuse, comme une naissance ou une promotion, le caractère *oiwai* (御祝) sera inscrit dans la partie supérieure du ruban et votre nom en dessous. Le ruban, rouge et blanc *kōhaku (*紅白*)*, signe de félicité, est noué en nœud papillon dit « *chō musubi* », qui peut se dénouer et se renouer, symbolisant le souhait qu'un tel événement puisse se répéter aussi souvent que possible.

— Pour les mariages, le caractère sera *kotobuki* (寿), synonyme de bonheur ou de longévité. En revanche, le *mizuhiki* sera noué en forme dite « *awaji musubi* » ou « *musubi kiri* », un nœud dont les extrémités rebiquent vers le haut, difficile à défaire, incarnant le vœu que cet événement ne se répète pas (ce qui signifierait qu'il y a eu soit divorce, soit veuvage). Un cadeau offert à une personne malade sera accompagné de ce type de nœud.

— La couleur du *mizuhiki* est différente pour les cadeaux de funérailles (noir et blanc) ou pendant les festivités du Nouvel An (rouge et or).

Règle numéro 2 : la manière de recevoir est également fondamentale.

— S'il est évidemment discourtois d'afficher le moindre signe de désappointement, il est cependant recommandé de ne pas s'extasier exagérément ; il est donc préférable de garder un visage affichant une neutralité de bon aloi.

— De même, ne déballez jamais le cadeau qui vous est offert devant la personne qui vous l'a remis. Mettez-le ostensiblement de côté. Évitez cependant de l'oublier trop longtemps sans l'ouvrir : si c'est une denrée périssable, vous risquez d'avoir de mauvaises surprises. Si c'est quelque chose de plus précieux, une lettre de remerciements ne devra pas être envoyée trop tardivement. Si le cadeau est trop important, il faudra le retourner à l'expéditeur toutes affaires cessantes.

Règle numéro 3 : on ne se rend jamais chez quelqu'un les mains vides. On en repart souvent les mains pleines.

— Pour un cadeau destiné à une famille, il sera plus courtois d'apporter des denrées comestibles.

Une boîte de friandises en portions individuelles, des madeleines, un assortiment de biscuits d'un pâtissier renommé ou des *sembei* seront du meilleur effet, car la maîtresse de maison pourra les servir aux prochains visiteurs avec le traditionnel thé d'accueil.

— Une corbeille de fruits impressionne toujours, mais attention à respecter une échelle de valeurs bien dosée. Offrir un *musk melon* à 100 euros emballé dans une jolie boîte en paulownia de la célèbre boutique de fruits Sembikiya, à moins que vous ne soyez particulièrement redevable à votre hôte d'un immense service qu'il vous aurait rendu, risquera de l'embarrasser au point qu'il se verra obligé de vous en servir une tranche. Par ailleurs, sa vie en sera compliquée quand, au moment où vous le quitterez, il devra trouver un présent de retour d'une valeur certes moindre mais en proportion du vôtre.

— En revanche, si vous rendez visite à une personne à laquelle vous êtes particulièrement redevable, vous pouvez apporter un cadeau relativement modeste, par exemple une boîte de trois paires de chaussettes ou de pâtes de haricots sucrées, au fond de laquelle vous aurez glissé une enveloppe dans laquelle se trouve un nombre de billets de 10 000 yens (100 euros) correspondant au service qui vous aura été accordé.

— Il est coutumier de remettre pour certaines occasions une somme d'argent dans une enveloppe en participation aux frais d'un mariage, de funérailles, d'une réception en l'honneur d'un ami. Dans ce cas, le montant varie selon un barème particulièrement complexe et parfois bien problématique à évaluer.

— Attention à ne placer dans l'enveloppe que des billets neufs.

Règle numéro 4 : le dosage de la valeur du cadeau est primordial.

— Veillez à soigneusement calibrer la valeur du présent que vous offrez. Il faut savoir qu'un cadeau engendre une réaction en chaîne avec un retour systématique de la faveur dont le prix est calculé selon une formule à côté de laquelle l'équation de la quadrature du cercle paraît enfantine (j'exagère à peine), mais dont la variable de base est toujours le prix de ce que vous avez offert pondéré par divers paramètres tels que le statut social, la différence d'âge, le niveau d'intimité, l'importance du service rendu et d'autres facteurs plus ou moins complexes. Il convient donc d'éviter d'embarrasser la personne que vous honorez en mesurant votre générosité avec doigté.

— Un cadeau trop important risque de vous empêtrer dans un embrouillamini relationnel dépassant votre personne et déclenchant un effet domino que vous ne soupçonnez pas.

C'est ce qui est arrivé à une de mes connaissances fraîchement arrivée au Japon : une amie japonaise très proche lui présenta un jour un vieux monsieur avec lequel elle noua à son tour une relation amicale. Il lui offrit un jour un superbe *netsuke*[1] qu'elle accepta avec gratitude sans mesurer à quel point l'objet était précieux. Au bout de quelques mois, elle se rendit compte que l'amie japonaise avec laquelle elle avait pourtant entretenu des relations quasi quotidiennes l'évitait et ne répondait plus à ses appels. Intriguée, elle finit par se rendre chez elle. Reçue avec froideur, elle lui en demanda la raison.

---

1. Voir l'entrée « *Netsuke* ».

La réponse la stupéfia :

« Tu as accepté de mon ami un cadeau d'une valeur bien trop élevée. Lui-même, dois-je reconnaître, s'est révélé d'une désinvolture inexcusable. Comme c'est moi qui te l'ai présenté, je devrais lui être redevable de ce qu'il t'a offert, mais je n'en ai absolument pas les moyens. Par votre faute à tous deux, j'ai perdu la face. J'ai donc été obligée de rompre mes relations avec lui. En conséquence, tu admettras que nous ne puissions continuer à nous fréquenter. »

Règle numéro 5 : se rappeler qu'un *omiyage* est soumis à la circularité.

La quantité de cadeaux qui circule, leur banalité et leur manque d'originalité, le nombre d'occasions d'en offrir et d'en recevoir, la rigidité des circonstances font que tout individu se retrouve à la tête d'un stock colossal de *sembei*, de cookies et autres douceurs. Il y a donc de fortes chances pour qu'il soit tenté de le remettre immédiatement en circulation. C'est une pratique très courante.

Quelques points sensibles réclament une attention particulière :

— Si vous avez l'intention de remettre un cadeau dans le circuit, prenez garde à ne pas altérer l'emballage secondaire lorsque vous ôtez le conditionnement primaire.

— Il est toujours préférable qu'un cadeau soit enveloppé du papier d'un magasin prestigieux. C'est, outre un signe de bon goût, un gage de neutralité.

— Assurez-vous que le nom du généreux donateur n'est pas inscrit sur le *noshigami* ou qu'une carte de visite n'a pas été glissée dans le cadeau. J'ai ainsi reçu un jour d'une vague relation un paquet de riz dans lequel se trouvait la carte de visite d'un parfait inconnu. Je me suis offert le plaisir pernicieux de le renvoyer à mon expéditeur en me délectant de ses contorsions pour m'expliquer sa bévue !

— De même, vérifiez la date de péremption des périssables. Au Japon comme partout ailleurs, offrir une denrée périmée est d'un effet déplorable.

— Un cadeau trop banal va ainsi passer de main en main durant un temps assez long et suivre un itinéraire fort aléatoire. Un ami m'a raconté avoir un jour reçu d'une vague connaissance une boîte de biscuits dans laquelle se trouvait... sa propre carte de visite ! Il l'avait offerte huit mois plus tôt !

Règle numéro 6 : savoir en quelle occasion offrir un cadeau : tout le temps.

Au Japon, le cérémonial du cadeau relève du réflexe pavlovien. Il y a certes toutes les occasions qui ponctuent la vie sociale, affective et professionnelle, mais quelques moments particuliers méritent d'être soulignés et ne doivent surtout pas être négligés.

— Les retours de voyages à l'étranger, professionnels ou d'agrément sont une occasion incontournable, remontant à l'époque des années 1960 où ceux-ci étaient peu nombreux. Les rares élus se devaient de ramener à leur entourage, professionnel, familial et de voisinage, un souvenir qui avait trois fonctions : celle de se faire pardonner son absence, celle de remercier pour l'insigne privilège qu'on avait obtenu d'aller à l'étranger, celle enfin de souligner son statut particulier. Cette pratique a fait la fortune des concessionnaires *duty free* en aéroports tels que Duty Free Shoppers implantés dans les points de ravitaillement en kérosène des avions comme Anchorage[1]

1. Voir l'entrée « Anchorage ».

et de certaines marques de luxe, par exemple Nina Ricci avec son parfum *L'Air du temps* et l'inévitable *N° 5* de Chanel.

Un de mes amis, président d'un grand magasin prestigieux de Tokyo, me raconta, alors que jeune recrue il accompagnait très souvent son propre président à l'étranger, que sa femme lui avait fait promettre qu'il lui ramènerait un présent différent pour chacun de ses jours d'absence. Tenir cette promesse avait été une gageure infernale, car bien sûr il était pris au service de son président quasiment vingt-quatre heures sur vingt-quatre. Il y était néanmoins parvenu.

— Cette pratique s'est élargie aux voyages à l'intérieur du Japon, au bénéfice des industries locales. On ne revient pas d'Hokkaido sans rapporter des biscuits au chocolat blanc Shiroi Koibito, de la péninsule d'Ise sans en ramener des boules de riz fourrées à la pâte de haricots rouges *Akafuku*, de Kyoto sans des triangles saupoudrés de cannelle *Otabe* ou de Tokyo sans une boîte de *Tokyo Banana*. Il y a dans l'arcade commerciale de la gare de Tokyo un magasin qui propose des spécialités de toutes les préfectures du Japon. On appelle cela des *alibi omiyage*. C'est pratique si on n'a pas eu le temps d'acheter une de ces spécialités pendant un trop court voyage d'affaires ou quand on a prétendu s'être rendu quelque part pour son travail, alors qu'on est resté sur place pour une raison non avouable…

— Les retours de voyages de noces : il est de coutume de ramener un *omiyage* à l'entourage, la famille, les amis proches. La chasse aux souvenirs occupe donc une part non négligeable du voyage nuptial des jeunes couples, sans doute au détriment de moments plus intimes. Cela peut déclencher des drames aux conséquences parfois dramatiques. Ainsi une collaboratrice de retour de voyage de noces décida-t-elle tout juste débarquée de divorcer en un *Narita rikon*[1] implacable parce que son mari s'était révélé trop pingre au moment de choisir les *omiyage* qu'ils ramèneraient de leur voyage à Hawaï !

— Deux saisons sont essentielles pour envoyer un cadeau aux personnes auxquelles on est redevable d'une manière ou d'une autre : la saison dite « *ochûgen* » (お中元) en juillet et « *oseibo* » (お歳暮) en décembre. Elles ont certes perdu de leur prestige depuis les années dorées 1970 et 1980 durant lesquelles un chassé-croisé exubérant d'échanges de cadeaux d'entreprises et privés se produisait. Les grands magasins se mobilisaient pour ces deux saisons, transformant un étage entier en immense entrepôt de cadeaux, offrant une vaste sélection de sets de jus de fruits, d'huile d'olive, de chaussettes, de nouilles ou de salaisons italiennes, de serviettes de toilette, de boîtes de conserve en tout genre, de savons de grandes marques de parfumeurs français, la seule limite étant l'imagination des entreprises. Des catalogues de l'épaisseur d'un Bottin étaient envoyés aux entreprises et aux clients individuels afin de leur permettre d'effectuer leur choix. Un service de commandes et de livraisons *ad hoc* se mettait en place avec l'efficacité d'une armée en campagne. Il suffisait de remettre aux préposés une liste de destinataires avec noms et adresses accompagnée du choix des cadeaux pour chacun d'eux. Le grand magasin se chargeait du reste. Ces listes pouvaient comporter plusieurs milliers de noms pour les entreprises et des centaines pour les particuliers. On mesurait ainsi sa popularité, son influence ou son importance au nombre de cadeaux que l'on recevait. Épouses et secrétaires passaient alors le plus clair de leur temps à rédiger des cartes postales ou des lettres de remerciement...

1. Voir l'entrée « *Narita rikon* ».

— Enfin, il est de bonne pratique, que ce soit ou non la saison, de toujours prévoir d'offrir un cadeau. Par exemple, on a beau être la puissance invitante à dîner au restaurant, celle qui paie la note, on n'omettra pas de préparer un *omiyage* qu'on remettra aux invités au moment de les quitter. De leur côté, ils vous en offriront bien évidemment un. Le bon minutage est essentiel. Il ne faut pas les distribuer trop tôt mais pas trop tard non plus, savoir quand on doit être le premier ou attendre pour faire sa propre distribution et respecter un ordre de préséance. La fin des dîners est toujours un moment de fébrilité réjouissant. Hôte et invités se précipitent, chacun dans un coin du restaurant, afin de répartir ses cadeaux dans de petits sacs qui seront remis à chacun des convives.

Je souhaite bonne chance aux lecteurs intrépides se préparant à se rendre au Japon pour y vivre ou en voyage d'agrément. Défricher le maquis de la pratique de l'échange de cadeaux est labyrinthique. Mais au bout du compte, une tour Eiffel en métal doré, une bouteille de cognac ou un flacon de *N° 5* de Chanel, même si ce sont les centièmes que recevra votre hôte, sont toujours des valeurs sûres.

N'est-ce pas l'intention qui compte ?

Onigiri (おにぎり) – En-cas indispensable

L'*onigiri* est à l'alimentation japonaise ce que le casse-croûte est à la cuisine française. De la même manière qu'on incorpore entre deux tranches de pain ce qu'on trouve dans le réfrigérateur pour caler une petite faim, on pétrit une boule de riz dans laquelle on fourre ce qu'on a sous la main et, hop ! on l'enfourne et c'est reparti pour un tour.

L'*onigiri* est traditionnellement triangulaire, la forme naturelle que prend la dose de riz quand on la malaxe dans la paume des mains. Il est le plus souvent enveloppé d'une feuille d'algue séchée.

Le plus simple est constitué de riz salé, c'est le *shio musubi*. Les *onigiris* les plus populaires sont farcis de fragments de saumon, de copeaux de bonite séchée appelés *okaka*, de filaments d'algue *kombu* caramélisés à la sauce de soja, d'une prune salée *umeboshi* ou encore de condiment *takana* mariné. Avec l'occidentalisation du goût des Japonais, on trouve même des *onigiris* « *tsuna mayo* », abréviation désignant « le thon mayonnaise ». Ceux garnis de poutargue sont également très appréciés.

Mais on peut laisser libre cours à son imagination et glisser dans la boule de riz mille autres ingrédients.

Les ménagères qui préparent le *bento* de leur enfant ou de leur mari quand elles sont pressées mettent dans la boîte deux ou trois *onigiris*. Utilisant le reliquat de riz blanc de la veille, elles les façonneront sous différentes formes, triangulaire, ronde, aplatie, afin que l'on puisse en distinguer plus aisément le contenu.

Je ne connais aucun Japonais qui n'aime pas cet en-cas. Il est pratique. Enveloppé de cellophane, on peut le ranger dans son sac ou le glisser dans la poche de son imperméable. Il n'est pas nécessaire de le réchauffer. On peut le manger sans baguettes, en deux-trois bouchées debout, sur un coin de son bureau, dans la cour de l'école à l'entreclasses, dans un train.

C'est un petit triangle miraculeux.

On le trouve partout, vendu à l'unité ou en boîtes de trois, sur les quais de gare, dans les *konbinis*[1], pour une somme modique. Sous sa forme industrielle, il est ingénieusement enveloppé de feuilles de cellophane selon un savant pliage relevant de la technique de l'origami afin que la feuille d'algue ne soit pas en contact direct avec le riz et reste craquante. Des petites languettes numérotées que l'on tire dans le bon ordre permettent d'ôter l'emballage tout en dépliant automatiquement l'algue qui vient comme par miracle épouser le triangle sans qu'on ait à faire d'autre manipulation. Ce conditionnement des *onigiris* est un pur concentré de l'ingénierie japonaise.

On peut vivre au Japon d'*onigiris* et de thé chaud. De nombreux étudiants ou des célibataires trop occupés pour cuisiner se nourrissent presque uniquement des miraculeux triangles de riz qu'ils achètent à la boutique du coin.

1. Voir l'entrée « *Konbini* ».

Onoda Hiroo (小野田寛郎) – Le dernier samouraï (1922-2014)

Lubang aux Philippines est l'île la plus grande d'un archipel qui en dénombre sept. Située à 150 kilomètres au sud-ouest de Manille, d'une superficie de 125 kilomètres carrés, elle mesure 25 kilomètres de long sur 10 kilomètres dans sa partie la plus large. Escarpée, couverte d'une jungle inhospitalière, elle est fameuse pour ses fourmis géantes dont la piqûre est particulièrement douloureuse, ses scorpions mortels, ses guêpes et ses serpents non moins dangereux et ses rats pouvant mesurer jusque 25 centimètres, queue non comprise.

Dans les années 1940, elle était habitée par une minuscule population de pêcheurs et de cultivateurs qui vivaient dans un hameau d'une dizaine de maisons. Les Japonais qui l'occupaient depuis le début de la guerre du Pacifique y avaient construit une piste d'aviation sommaire et un port.

C'est là qu'un jeune officier de 22 ans des services de renseignements de l'armée impériale japonaise, Onoda Hiroo, est envoyé fin décembre 1944, avec pour mission de tout faire pour entraver l'invasion de l'île par les troupes américaines et notamment détruire l'aérodrome et la jetée du port. Contrairement aux autres corps militaires japonais et en contradiction avec l'injonction de sa mère qui, en lui remettant le court sabre *tantõ* de la famille, lui avait recommandé de l'utiliser pour se tuer plutôt que se rendre, le sien a reçu un ordre formel de son commandant :

« Tu n'es pas autorisé à te suicider. Cela prendra peut-être trois ou cinq ans, mais quoi qu'il arrive, nous reviendrons te chercher. Aussi longtemps que tu auras un soldat sous tes ordres, tu continueras à le commander. Tu devras peut-être manger des noix de coco pour survivre. Si c'est le cas, nourris-toi de noix de coco. En aucun cas es-tu autorisé à volontairement donner fin à ta vie. »

Tout juste deux mois après l'arrivée du jeune homme à Lubang, l'armée américaine s'empara de l'île. La garnison japonaise fut décimée en peu de temps. Le 28 février 1945, Onoda réussit à s'enfuir et prit le maquis, accompagné de trois soldats. Il avait alors décidé de mener une campagne de guérilla en attendant le retour de l'armée impériale promis par son commandant.

Il sera l'avant-dernier soldat japonais à combattre durant près de trente ans après la fin de la guerre, le dernier étant un simple soldat répondant du nom de Nakamura Teruo, en fait originaire de Taïwan, caché dans une île indonésienne et capturé dans les six mois qui suivirent le retour d'Onoda.

Onada avait, depuis sa plus tendre enfance et comme tous les citoyens de cette époque, été nourri au lait de la doctrine militariste issue de la distorsion de l'esprit samouraï *bushido* et de la manipulation du shintoïsme[1] à la base du credo nationaliste et fanatique de l'ère Meiji reposant sur la supériorité raciale de la Nation sous l'autorité suprême de l'empereur. Le dogme reposait sur les sept valeurs fondamentales du *bushido* : la sincérité (*sei*), l'honneur (*meigi*), la loyauté (*chû*), la droiture (*gi*), le courage (*yû*), la bienveillance (*jin*) et la politesse (*rei*). Le sacrifice de soi était un devoir patriotique inconditionnel, soutenu par le slogan « *Ichioku Gyokusai* », qu'on pourrait traduire par « le sacrifice de cent millions d'âmes pour l'honneur de la patrie ».

1. Voir l'entrée « Shintoïsme ».

Pétri de ces préceptes, Onoda s'était distingué pendant son entraînement militaire pour sa discipline spirituelle de fer, sa vaillance et sa grandeur d'âme. Bon nageur, excellent dans l'art martial du *kendo*, il était d'une endurance exceptionnelle. Ces qualités lui permettront de sortir de la longue épreuve de la clandestinité en bon état physique et dans une forme mentale inaltérée.

Immédiatement, il imposa une hygiène de survie implacable à ses subordonnés. Ils devaient changer de campement tous les trois jours, tenir leur uniforme impeccable en le lavant le plus souvent possible, se couper les cheveux tous les 29 du mois afin de garder un compte précis du calendrier, entretenir leurs armes, qui leur avaient été « confiées par Sa Majesté l'empereur de l'invincible Pays des Dieux », vérifier quotidiennement la qualité de leurs selles et la couleur de leur urine et appliquer un régime alimentaire approprié en cas de désordres digestifs.

La nourriture du peloton consistait en majorité en bananes, rats qu'ils avaient piégés, riz volé et parfois vaches tuées lors d'incursions vers les terres des insulaires, avec lesquels plusieurs échauffourées mortelles se produisirent.

En effet, les quatre Japonais n'hésitaient pas à tirer sur ceux qu'ils voyaient comme leurs ennemis. On estime à entre 30 et 50 le nombre de personnes tuées par Onoda et ses soldats entre 1945 et 1974.

Des trois soldats sous les ordres d'Onoda, le premier, Akatsu, fit défection en 1949. Il se rendit aux forces locales après six mois d'errance solitaire dans la jungle. Onoda qui ne l'avait jamais jugé fiable, craignant qu'il ne communique des informations sur leurs diverses caches, décida de redoubler de prudence et s'enfonça encore plus profondément dans la montagne avec ses deux acolytes restants.

Très vite, à partir de l'automne 1945, les quatre soldats japonais avaient trouvé des tracts annonçant la reddition du Japon. Sa formation aux techniques de renseignement et de propagande ancra Onoda dans sa conviction que toutes les nouvelles de la fin de la guerre qui parvenaient au groupe étaient de la désinformation. En 1952, des lettres et des photos des familles des trois soldats, larguées par avion, les incitant à se rendre, furent tenues pour captieuses. Il en fut de même pour des journaux japonais laissés par les équipes de recherche envoyées régulièrement pour retrouver les soldats perdus. Ils étaient eux aussi considérés comme de grossiers faux imprimés par les Américains.

Au Japon, pendant ce temps, plusieurs campagnes pour retrouver les trois derniers soldats furent organisées par le gouvernement. Le frère d'Onoda lui-même participa à une battue et fut repéré par le lieutenant, qui crut reconnaître sa silhouette dans le lointain mais, quand ce dernier le harangua au moyen d'un mégaphone, alors que sa voix lui avait d'abord bien semblé être la sienne, il la considéra comme une habile mystification lorsqu'elle changea d'intonation, déformée par l'émotion.

Telle était ancrée dans l'esprit d'Onoda l'invincibilité de l'armée impériale qu'il lui était impossible de se ranger aux multiples évidences qui lui parvenaient. Et telle était son emprise sur ses compagnons qu'ils n'envisagèrent jamais d'abandonner le combat.

L'un d'eux, Shimada, fut blessé à la jambe en 1953 lors d'un échange avec les pêcheurs locaux. Onoda parvint à le soigner, mais il fut tué un an plus tard lors d'une battue pour retrouver les soldats perdus. La mère de Shimada refusa de croire la presse japonaise, qui avait annoncé la mort de son fils maintes fois, jusqu'à ce qu'elle reçoive une photo du corps avant sa crémation.

En 1965, un poste transistor volé dans un hameau apprit aux deux survivants que le Japon avait accueilli les Jeux olympiques, qu'un train ultrarapide appelé « Shinkansen » venait d'être mis en service, que les États-Unis menaient une guerre au Vietnam. Toutes ces nouvelles leur parurent fausses tellement elles étaient inimaginables. Ils se contentèrent dorénavant de ne suivre que les courses de chevaux en faisant d'improbables paris et ils continuèrent leur vie de combattants clandestins.

Sept ans plus tard, en octobre 1972, le dernier soldat, Kozuka, mourut lors d'un échange de tirs avec la police philippine dans la colline baptisée « Jap Hill », laissant Onoda seul dans la jungle pour la première fois depuis vingt-sept ans.

Au Japon, la croisade pour retrouver le dernier fils de l'empire encore en guerre, dorénavant érigé en véritable héros national au statut de victime et non plus d'agresseur, s'intensifia, orchestrée entre autres par sa mère. Devant les échecs répétés des différentes expéditions menées jusque-là, les idées les plus incongrues furent imaginées, comme asperger l'île de gaz annihilant au moyen d'hélicoptères ou bien encore envoyer une fausse armée japonaise à Lubang.

Finalement, c'est un jeune aventurier de 24 ans, Suzuki Norio, qui de sa propre initiative se rendit dans l'île pour chercher le fugitif. Il le découvrit après seulement quatre jours de battue, le 24 février 1974. Le lieutenant, alors âgé de 52 ans, lui expliqua qu'il n'accepterait de se rendre que sur un ordre de son supérieur hiérarchique direct, le major Taniguchi. Celui-ci, devenu un paisible libraire, fut retrouvé. Il se rendit vêtu de son uniforme d'autrefois avec le frère d'Onoda à Lubang et, le 9 mars 1974, honorant sa promesse de « revenir le chercher quoi qu'il arrive », il tendit au lieutenant Onoda l'ordre d'arrêter le combat signé du général Yamashita, le relevant de son devoir et lui permettant de se rendre avec les honneurs.

Onoda possédait encore son fusil en parfait état de marche, environ cinq cents munitions, des grenades, son sabre d'officier et le *tantō* que sa mère lui avait confié. Lors de sa rencontre avec le président des Philippines, Ferdinand Marcos, le 11 mars 1974, il lui remit son sabre d'officier. Celui-ci le lui rendit en même temps qu'il lui accordait son pardon pour les civils qu'il avait tués dans l'île de Lubang. La rumeur prétend que cette magnanimité avait été facilitée par un don du gouvernement japonais de quelque 3 millions de dollars.

Onoda arriva à Tokyo le 19 mars. Sept mille personnes l'attendaient à sa descente d'avion à l'aéroport d'Haneda. Le

Premier ministre Tanaka Kakuei le reçut. La presse s'empara de son histoire. Il se plaignit bientôt d'être « traité comme un panda ». On essaya même d'organiser un débat avec un autre soldat rentré de Guam deux ans plus tôt, Yokoi Shōichi. Ce dernier avait vécu caché dans un abri creusé sous terre la majorité des vingt-sept années suivant la fin de la guerre, ne sortant que la nuit pour se nourrir. Onoda refusa de le rencontrer, car ses valeurs ne correspondaient pas à celles de Yokoi, qui avait « souillé » les armes confiées par l'empereur pour creuser sa cave, s'était contenté de survivre sans combattre pour finalement se rendre lamentablement, sale et en guenilles, lorsqu'il avait été découvert par des paysans. Yokoi, à son arrivée au Japon, avait pourtant prononcé ces mots : « C'est avec beaucoup de honte que je reviens. » Il avait compris depuis 1952 que la guerre était terminée, mais il était resté caché parce que, victime de l'endoctrinement militaire, il pensait que : « Nous, soldats japonais, savions que nous devions préférer la mort à la disgrâce d'être capturés vivants. »

Onoda quitta le Japon à peine un an après son retour pour aller vivre au Brésil avec son frère aîné. Il l'aida à créer un élevage de bovins. Il revint au pays dix ans plus tard et fonda en 1994 l'école de nature Onoda. En 1996, il retourna à Lubang et fit une donation de 10 000 dollars pour une école communale. Il refusa la pension que le gouvernement japonais lui avait octroyée, faisant finalement don de cet argent au sanctuaire Yasukuni.

Il garda une attitude humble, modeste et digne jusqu'à la fin de sa vie, incarnant, dernier *samouraï* du XXe siècle, cet esprit *Yamato damashii* fait de loyauté et de dévouement pour l'empereur et la patrie.

Un film tiré de son aventure vient de passer au Festival de Cannes de 2021 sous la rubrique « Un certain regard ».

Onomatopées (擬音語)

Tout le monde sait qu'une onomatopée est « la formation d'un mot dont le son est imitatif de la chose qu'il signifie » (Littré).

Le japonais, vague dans sa structure et son signifiant, en est truffé, ce qui le rend particulièrement imagé et donc explicite. Il y en a des milliers. C'est un des paradoxes de cette langue dont je prétends qu'elle a été inventée, à l'opposé de la majorité des langages dont le rôle est d'exprimer la pensée le plus clairement possible, pour éviter de communiquer. À moins qu'il n'y ait une relation de cause à effet, la langue ne se suffisant pas à elle-même devant faire appel aux bruits de la nature pour être plus précise.

Un étranger maîtrisant une vaste palette d'onomatopées non seulement se fera plus facilement comprendre, mais il gagnera l'admiration de ses interlocuteurs japonais.

On aime beaucoup, dans ce pays fondamentalement clanique, ordonner, classer, ranger (en surface). Il y a donc une classification rigoureuse des onomatopées, *grosso modo* cinq catégories allant des *giseigo* pour les sons d'origine humaine ou animale, aux *gijōgos* décrivant les émotions, en passant par les *giongo* venus de la nature ou d'objets inanimés, les *gitaigo* pour exprimer une condition ou un état et les *gijōgos* exprimant le mouvement. Le *giseigo* et le *giongo* ont leur équivalent dans nos langues. Un chat fait « Miaou ! », une belle claque sera plus imagée avec un « Paf ! » retentissant. En revanche, les trois autres « clans » n'ont pas de substituts. Ce sont des représentations mimétiques de choses qui ne produisent pas de son à proprement dire.

Voici quelques exemples pour mieux comprendre les classifications :

— *Giseigo* :

— Notre minou au Japon miaule « *Nian !* », un chien aboie « *Wan, Wan* ! », et le coq « *Koke Kokko*(te) *!* ».

— Chez les êtres humains, on se fera tancer « *Gami Gami* » par son supérieur hiérarchique, on proférera des frivolités « *Pecha Kucha* », un bébé pleurera « *Pii Pii* » et on dira de quelqu'un qui parle couramment une langue étrangère qu'il est « *Pera Pera* ».

— *Giongo* (on trouve souvent cette catégorie d'onomatopées dans les *mangas*)[1] :

« *Goro Goro* » fait le tonnerre, « *Zaa Zaa* » une pluie tombant drue, et « *Pyuu Pyuu* » une bise soufflant sans discontinuer.

— *Gitaigo* :

« *Deko Boko* » décrit une surface irrégulière, bosselée. Une poêle cabossée, un chemin plein de cahots sont « *Deko Boko* ». Quand le temps est trop chaud et humide, on s'exclamera en essuyant la sueur de son cou qu'il fait « *Mushi Mushi !* ».

— *Giyōgo :*

On dira à quelqu'un qui tourne autour du pot : « Arrête de faire "*Uro Uro*" ! » ; on regardera un passager assis en face de soi dodeliner « *Uto Uto* » ou, s'il est complètement endormi, qu'il dort « *Gussuri* ».

— Enfin, quelques *giyōgos* (également fréquents dans les *mangas*) :

On est « *Waku Waku* » quand on est excité, quand on tressaille, de joie par exemple. On sera « *Uttori* » d'extase devant une femme ravissante.

---

1. Voir l'entrée « *Mangas* et animés ».

Maintenant, faisons si vous le voulez bien quelques travaux pratiques. Pouvez-vous imaginer à qui, quoi, quelle situation ou quelle émotion se rapportent les onomatopées suivantes et saurez-vous les classifier (attention, tout est en désordre) ? Les réponses vous attendent à la fin de cette entrée !

1 *Pata Pata*	9 *Kusa Kusa*
2 *Moo Moo*	10 *Gero Gero*
3 *Kira Kira*	11 *Ta Ta Ta Ta*
4 *Kuyo Kuyo*	12 *Zuki Zuki*
5 *Noro Noro*	13 *Bisho Bisho*
6 *Uwaan !*	14 *Goro Goro*
7 *Hoka Hoka*	15 *Kusu Kusu*
8 *Buru Buru*	16 *Gaku Gaku*

J'espère que ce petit exercice ne vous aura pas trop rendu *Ira Ira* (« irrité »), que vous avez progressé *Don Don* (« rapidement »), que votre cœur a fait *Doki Doki* (« a palpité ») quand vous avez découvert les bonnes réponses, et que vous vous sentirez *Run Run* (« en extase ») à moins que vous soyez complètement *Kuta Kuta* (« crevé ») à la fin de cet exercice ! De toute façon, vous avez bien mérité d'aller vous offrir une glace et de la déguster *Pero Pero* (« en la léchant ») !

Résultat du quiz :

Giseigo :
2 – Mugissement de la vache
10 – Coassement de la grenouille
6 – Vagissement de bébé
9 – Avoir le cafard
15 – Rire tout bas

Giongo :
1 – Étoffe faseillant au vent
11 – Courir très vite
14 – Pierre, roc qui roule

Gitaigo :
3 – Étincelant, brillant
7 – Chaud, tiède (pain, corps, etc.)
13 – Trempé

Giyõgo :
5 – Aller à la vitesse d'un escargot
8 – Trembler de froid, de colère
16 – Genoux qui s'entrechoquent

Gijõgo :
4 – Se faire du souci, être tracassé
12 – Avoir des élancements, ressentir une douleur

Opportunisme (日和見主義 – *Hiyorimi shugi*)

Quand on me demande quelle est la religion des Japonais, je réponds invariablement : « l'opportunisme ».

En effet, on naît et vit shintoïste, car c'est la religion de la vie. Huit millions de dieux qui folâtrent un peu partout dans le pays et jusque dans le foyer familial participent de tous les événements heureux sans mesurer leurs efforts. Ils sont truculents, joyeux, paillards ; formidablement païens, ils aiment manger et boire, danser, chanter, forniquer ; ils n'imposent guère d'interdits et savent fermer les yeux sur les faiblesses et les turpitudes humaines. Il suffit d'attirer leur attention sur soi en claquant dans ses mains et en secouant le grelot suspendu à l'entrée du sanctuaire, de jeter une petite pièce dans le râtelier prévu à cet effet pour qu'ils étendent leur bienveillante mansuétude sur nos têtes.

Parfois on devient chrétien le temps d'une fausse messe pour un vrai mariage. Peu importe que la chapelle soit consacrée ou non pourvu qu'il y ait des vitraux, un Christ en croix, un autel et une allée centrale recouverte d'un tapis rouge avec des bancs disposés de part et d'autre. Personne ne s'offusquera que l'officiant ne soit pas un véritable prêtre mais un étudiant qui fait le job pour arrondir ses fins de mois tant qu'il sera blond et aura des yeux bleus, portera une aube immaculée et prononcera en marmonnant en faux latin une consécration approximative. Robe de mariée à traîne, échange des anneaux nuptiaux, marche nuptiale, par exemple celle de Felix Mendelssohn, et bien évidemment une pluie de confettis à l'issue de la cérémonie, c'est tout ce qui importe.

Enfin, lorsque l'heure du grand bilan arrive, on bascule vers le bouddhisme zen, car il faut bien penser au voyage de notre âme alors qu'elle s'apprête à quitter ce corps terrestre qui l'abrite, ce que nous appelons à défaut d'un mot plus approprié « la réincarnation ». À son décès, la personne perdra le nom sous lequel elle a vécu et se verra attribuer son nom *kaimyõ*, disciple du Bouddha par le moine du temple, chaque idéogramme le composant ayant un prix. La liberté de l'âme est ainsi assurée contre espèces sonnantes et trébuchantes. Le *kaimyõ* de mon beau-père coûta à la famille 3 millions de yens, 25 000 de nos euros.

Le plus bel exemple d'opportunisme japonais fut cependant donné par un samouraï du nom de Tsutsui Junkei au XVIe siècle, lors de la bataille décisive de Yamazaki (*Yamazaki no tatakai*) pour l'avenir du Japon qui opposa le *daimyō* Akechi Mitsuhide au seigneur Toyotomi Hideyoshi[1]. Junkei, qui avait pourtant promis son soutien au premier, remarqua la supériorité numérique de la troupe du second. Il arrêta son armée au col de Hora-ga-tōge et attendit de voir quelle tournure les choses prenaient avant de se lancer dans la bataille. Ce n'est que lorsqu'il fut assuré de l'avantage d'Hideyoshi qu'il rejoignit son camp, contribuant ainsi à la victoire de ce dernier.

Le nom de Tsutsui Junkei est devenu synonyme d'opportunisme.

Il existe même un dicton, « *Hora-ga-tōge wo kimekomu* », que nous pourrions interpréter par « voir d'où vient le vent avant de prendre une décision ».

Oshima Nagisa (大島渚) – Cinéaste (1932-2013)

Dans les années 1970, alors qu'il avait été invité à Paris par le producteur Serge Silberman pour réaliser son prochain film, il déambulait rue François-Ier un jour vêtu d'un long manteau en loup blanc, le lendemain d'un magnifique kimono *tsumugi* bleu, le surlendemain d'un costume Issey Miyake[2]. Intrigué par cet extravagant dandy qu'il voyait souvent en compagnie de la collaboratrice de Silberman, le propriétaire du restaurant Chez André demanda à celle-ci si

1. Voir l'entrée « Sandai Bushō ».
2. Voir l'entrée « Miyake Issey ».

le producteur préparait un film sur la mode, car « ce monsieur asiatique affiche des tenues pour le moins inattendues ».

Oshima Nagisa était un personnage particulièrement complexe, extravagant certes, mais surtout désespéré et rongé par une révolte intérieure qui le conduisait jusqu'à des comportements d'une rare agressivité. « Sa personnalité oscillait d'une attitude d'humilité et de grande timidité à des accès de colère d'une grande violence. On ressentait cette rage intériorisée et cette volonté de provocation jusque sur le lieu de tournage ! », m'a expliqué l'assistante de Serge Silberman, japonisante émérite chargée d'Oshima durant ses séjours français, qui plusieurs années plus tard est venue au Japon travailler à mes côtés.

La jeune femme me raconta qu'elle avait un soir été chargée par son patron d'aborder avec le cinéaste la question des costumes du film *Max mon amour* sur laquelle subsistait un différend. Elle l'emmena dans un restaurant de sushis rue de la Gaîté. Oshima était d'humeur plutôt enjouée. Au cours du dîner, entre saké et amuse-gueules, elle aborda une première fois le problème, mais elle le trouva fort rétif à en parler. Elle n'insista pas. Vers la fin du dîner, elle ramena insensiblement la conversation sur le sujet. C'est alors qu'Oshima posa son avant-bras sur le comptoir et balaya d'un geste rageur tout ce qui se trouvait dessus, vaisselle, flacons de saké, baguettes et nourriture, avant de se lever et de partir.

Un autre jour, invité par Serge Silberman chez Prunier, une discussion autour de l'acteur principal du film vira à l'aigre, le ton monta et Oshima renversa la table.

L'attitude caractérielle du cinéaste pendant ce séjour parisien avait sans doute un rapport avec le malaise qu'il ressentait dans un milieu qui ne lui était pas naturel, privé de ses collaborateurs habituels, également par le fait qu'il ne parlait pas français et peu l'anglais, mais elle témoignait d'un désespoir existentiel plus profond qu'il exprimait ainsi en parlant du choc sur un gamin de 13 ans ressenti lors du largage de la bombe atomique sur Hiroshima puis Nagasaki :

« Je compris qu'il n'y avait rien, absolument rien dont on puisse affirmer avec certitude que cela n'arrivera pas. Il me semblait qu'au début de sa jeunesse on devait être plus riche d'espoir. Ma jeunesse débuta par l'échec, sans l'ombre d'un espoir. »

Son premier grand film, tourné en 1959, *Une ville d'amour et d'espoir*, souligne le concept très japonais dans les classes prolétaires qu'il n'y a aucune possibilité d'échapper à son destin, qu'il n'y a aucun d'espoir. Le deuxième, tourné la même année, *Contes cruels de la jeunesse*, commandité par la maison de production Shōchiku, aborde le sujet d'une jeunesse désabusée à laquelle la vie n'offre aucune chance.

Son quatrième film, réalisé l'année suivante, *Nuit et brouillard au Japon*, sur le thème de l'engagement politique radical, est retiré par Shōchiku une courte semaine suivant sa sortie après l'assassinat du chef du Parti socialiste Asanuma Inejiro[1] par un étudiant d'extrême droite, sous le prétexte qu'il aurait pu engendrer d'autres drames. Cette décision mettra le réalisateur dans une rage folle. Il éprouvera vis-à-vis de la presse, de son propre studio et de la bien-pensance de la société en général un ressentiment et une amertume profonds qui lui feront d'ailleurs claquer la porte de Shōchiku et exacerberont son intellectualisme grinçant, sa posture provocatrice et controversée. Dorénavant, il portera un œil acerbe sur la société japonaise qui alimentera son courroux et son dédain, tout

1. Voir l'entrée « Asanuma Inejiro ».

particulièrement à l'encontre du *salaryman* qui n'est pour lui qu'un petit-bourgeois et une marionnette.

Ses films suivants refléteront cette distanciation, comme *La Pendaison*, dans lequel il évoque discrimination raciale, ou *La Cérémonie*, qui traite du poids des traditions sur une société qui peine à se transformer.

Alors que l'essentiel de la production d'Oshima sur les vingt-cinq années précédentes restait inconnu en Occident, *L'Empire des sens* (dans son titre original *Ai no corrida*, « la corrida de l'amour »), tourné en 1976, lui offrit une renommée internationale mais aussi un long et fastidieux procès pour indécence et pornographie dans son pays, l'obligeant à exfiltrer la pellicule non développée du Japon vers la France. *L'Empire des sens*, tiré d'un authentique fait divers datant de 1936[1], aborde un thème désormais récurrent dans son œuvre, l'emprise subversive de la sexualité sur les êtres humains, chez lui toujours torride et dérangeante, portée au paroxysme passionnel.

1. Voir l'entrée « Abe Sada ».

Ce film follement érotique transgressait tous les tabous malgré le rapport décomplexé historique des Japonais au sexe, avec ses plans rapprochés sur les ébats sexuels, son esthétique rappelant l'exacerbation des figures des estampes érotiques *shunga*[1], la magnifique débauche de couleurs et la théâtralisation inspirée du *kabuki*, pour raconter l'emprise hors norme d'une passion qui enferme les amants dans un huis clos qui ne peut déboucher que sur la mort.

Matsuda Eiko, l'actrice qui jouait le rôle d'Abe Sada, y est d'une beauté sulfureuse, et son amant, joué par le longiligne Fuji Tatsuya avec sa petite moustache à la Clark Gable soulignant la sensualité de ses lèvres, extraordinaire dans l'éréthisme qui l'emporte.

Je vivais déjà à Tokyo quand le film est sorti. Il était interdit et je n'ai pu le voir que lors d'un passage à Paris. De nos jours, il est toujours impossible de se procurer une version intégrale au Japon. *L'Empire des sens* reste pour moi l'archétype de la violence qui peut habiter la femme japonaise quand les digues du sang-froid et des conventions sociales sont mises à bas par l'incandescence de la passion.

Oshima reprendra le thème de la sexualité dans le film suivant, produit par Anatole Dauman en 1978, avec cette histoire de la passion évidemment torride d'une jeune femme mariée et de son jeune amant, ce dernier tuant le mari. L'affiche du film illustre parfaitement l'esprit frondeur du cinéaste : un corps de femme stylisé empalé sur le cône du mont Fuji, le triangle de couleur rouge sang de son pubis s'y opposant. Ce film, pourtant moins convaincant que *L'Empire des sens*, sera cependant récompensé du prix de la Mise en scène au Festival de Cannes.

---

1. Voir l'entrée « *Shunga* ».

En 1983, Oshima tourne *Furyo* (*Merry Christmas, Mr. Lawrence*), dont l'action se déroule dans un camp de prisonniers en Asie du Sud-Est durant la Seconde Guerre mondiale. Film original, tenu par trois acteurs de premier plan, David Bowie interprétant le rôle du major britannique, le compositeur Sakamoto Ryûichi celui du commandant du camp, et Kitano Takeshi celui du brutal sergent qui malmène ses prisonniers, il est admirablement servi par la musique envoûtante de Sakamoto. Il aborde en filigrane le sujet de l'homosexualité, peu traité à l'époque par le cinéma japonais. À mon modeste avis, c'est un chef-d'œuvre.

Il faut enfin citer *Max mon amour*, sorti en 1986. Cette histoire d'une femme de diplomate, Charlotte Rampling, qui tombe amoureuse d'un chimpanzé dont elle fait son amant, était bien évidemment une nouvelle fois une provocation. Sur un scénario de Jean-Claude Carrière, il était produit par Serge Silberman qui, me dit mon amie, « espérait retrouver en Oshima Nagisa un nouveau Luis Buñuel, ce frère de cinéma avec lequel il avait tant partagé. Mais cette attente a débouché sur une désillusion [car] il y eut une grande mécompréhension entre les deux hommes. Serge Silberman ne retrouva pas dans ce film le surréalisme avec lequel Buñuel l'aurait peut-être traité ».

Ma femme et moi-même rencontrâmes l'actrice Koyama Akiko, épouse d'Oshima pendant cinquante-trois ans, lors d'une lecture en petit comité qu'elle donna en 2010 chez l'écrivain Saotome Mitsugu peu après le décès de ce dernier, dans son domicile à Kamakura. Elle nous parla de la vie de son mari sous une focale bien différente que celle du réalisateur quelque peu capricieux et « enfant gâté » qu'il était devenu après le succès de *L'Empire des sens*.

Ce fut un moment touchant durant lequel les fantômes des personnages d'Oshima, comme dans certains de ses films, nous rendirent visite.

Otaku (オタク) – problème social majeur

En décembre 2004, notre entreprise inaugure son immeuble amiral dans le quartier de Ginza. Un défilé de mode géant est prévu. Le meilleur emplacement pour cette importante manifestation serait l'esplanade du parc Hibiya, à un jet de pierres des douves du palais impérial, juste en face du mythique hôtel Impérial. Une immense tente devrait abriter l'événement. Les chances d'obtenir les autorisations nécessaires des diverses administrations concernées, surtout de la police, sont minces. Le parc est bordé d'une avenue sur laquelle le trafic est particulièrement dense, il est situé au cœur de la ville tout près de la préfecture de la police métropolitaine et du palais impérial.

Il nous faut donc trouver une bonne raison pour que les plus hautes autorités trouvent un intérêt à déroger à leur rigidité légendaire.

Au fil des discussions avec la hiérarchie policière, nous découvrons qu'elle est très préoccupée par l'augmentation exponentielle des *otaku*, qui vivent confinés chez leurs parents. Des statistiques publiées en août 2004 annoncent le chiffre ahurissant de 2,85 millions d'*otaku*, 2,25 % de la population du pays. Qu'adviendra-t-il de ces asociaux vivant aux crochets de leurs parents quand ces derniers disparaîtront ? Toute aide pour les ramener vers la société est bienvenue. Nous proposons alors de recruter une centaine d'*otaku* afin de nous assister dans toutes les opérations relatives à notre événement, notamment le montage et le démontage de la tente, le service d'accompagnement et de placement des invités et l'assistance à la soixantaine de mannequins en coulisse. La police est ravie de cette initiative, car elle trouve en général peu d'empressement de la part des entreprises quand elle leur présente les associations d'aide sociale qui gèrent le problème. Inutile de dire que la société de production à laquelle est confiée l'organisation du spectacle n'est pas enchantée de cette main-d'œuvre marginale que nous lui imposons.

Nous obtiendrons un résultat au-delà de toute attente. Non seulement les *otaku* ont fourni un travail de qualité, mais un bon nombre d'entre eux s'est déclaré ravi de participer. Nous reçûmes des lettres de remerciement touchantes de jeunes gens nous disant « Vous m'avez montré que le monde peut être beau » et de parents nous annonçant que leur fils ou leur fille avait repris goût à la vie et recommençait à sortir de sa tanière et à envisager un futur qui soit autre que végétatif.

Le phénomène *otaku* a été largement idéalisé par la culture *manga* des années 1980. Ces *nerds* et *geeks* venus d'Asie passaient pour de doux rêveurs ou d'inoffensifs monomaniaques détachés des dures réalités de la vie. Ils bénéficiaient d'une image romanesque. Jusqu'à ce qu'en 1989 quatre meurtres de petites filles précédés de pédophilie, de nécrophilie et de cannibalisme par un jeune *otaku* de 26 ans en révèlent la face désespérée et sordide.

De nos jours, il y a 680 000 *otaku* entre 40 et 60 ans qui vivent reclus, totalement déconnectés de la société depuis de fort nombreuses années. Leur soutien de famille disparu, ils seront voués à courte échéance à une clochardisation brutale que les autorités redoutent sans toutefois y apporter des solutions.

Une écharde majeure dans le pied de la société japonaise des années à venir.

Ozu Yasujirõ (小津安二郎) – Cinéaste (12/12/1903-12/12/1963)

Mu (無), improprement traduit par « le vide », « la vacuité » ou « le néant », qui signifie en fait dans sa connotation du bouddhisme zen « l'impermanence » et évoque notre état fusionnel avec l'Univers, voilà tout ce qui est inscrit sur la pierre tombale d'Ozu Yasujirõ. Ce n'est donc pas un hasard s'il est enterré au temple Engaku-ji à Kita Kamakura, berceau de la philosophie du *za zen*[1].

Cette tombe, il faut la perspicacité d'un détective pour la trouver, tant elle est discrète, posée à flanc d'un coteau au milieu d'un saupoudrage aléatoire de centaines d'autres. C'est un monolithe en pierre modeste posé sur son socle, un peu de guingois, souvenir d'un récent séisme qui aurait dérangé la sérénité du maître.

J'ai vécu un moment d'embarras passager pour ma réputation lorsque Muriel Barbery, qui venait juste d'arriver au Japon après le succès de son magnifique roman *L'Élégance du hérisson*, venue passer un week-end chez nous, à Kamakura, me demanda où se trouvait la tombe du cinéaste sur laquelle elle souhaitait se recueillir. Je n'en avais aucune idée.

C'est elle qui me l'indiqua après s'y être rendue…

Mon amie Marie-Christine de Navacelle, grande spécialiste du cinéma en général et du japonais en particulier, m'a

1. Voir l'entrée « *Za zen* ».

raconté une savoureuse anecdote au sujet de sa propre visite au cimetière de l'Engaku-ji. Vivant au Japon, où elle dirigeait l'Institut franco-japonais, profitant d'une visite à Kamakura, elle s'était rendue à l'Engaku-ji pour voir la sépulture du cinéaste. Elle errait depuis un bon moment à sa recherche quand, avisant un groupe de Japonais vêtus de noir, elle s'adressa à eux. Leur anglais étant approximatif, ils comprirent qu'elle avait spécialement fait le voyage depuis la France et ils s'émerveillèrent qu'elle ait choisi la date anniversaire de sa mort. On était en effet, coïncidence heureuse, un 12 décembre. Enchantés, ils lui firent fête et l'entraînèrent devant le tombeau d'Ozu tout en lui expliquant qu'ils étaient des employés de la société Shōchiku, productrice de tous ses films, venus entretenir la tombe et prier pour son repos !

Permettez-moi de vous donner un indice infaillible pour vous repérer si d'aventure vous souhaitez à votre tour aller honorer lors de votre visite la mémoire d'Ozu : c'est la seule tombe devant laquelle sont posés en permanence une bouteille de saké de 1,8 litre, une canette de bière Kirin et un flacon de whisky Johnnie Walker ainsi qu'un paquet de cigarettes Peace, seuls vices qu'on ne lui ait jamais connus.

Ozu était en effet un grand buveur. Les relevés des dépenses de régie de la Shōchiku indiquent les quantités impressionnantes de saké principalement, mais également de whisky, achetées sur les lieux mêmes de tournage pour la consommation quasi exclusive du Maître. On a relevé dans le cahier de régie d'un de ses films pas moins de quatre-vingt-dix bouteilles de saké de 1,8 litre, soit une par jour !

En revanche, on ne sait rien de la vie privée d'Ozu. C'est un autre *mu*.

Immédiatement après le décès de son père, alors qu'il n'avait que 33 ans, il partit habiter auprès de sa mère, qu'il ne quitta plus jamais, mourant d'ailleurs peu après elle. Jamais marié, on ne lui connaît aucune liaison, bien qu'on suspecte qu'il ait entretenu une relation très intime avec son actrice fétiche, Hara Setsuko[1], qui elle-même ne convola jamais et se retira de toute vie publique à la mort de son mentor pour vivre le restant de sa vie à Kita Kamakura, à quelques centaines de mètres de lui.

Ozu a bien été le cinéaste du *mu*, filmant les petits riens qui scellent une existence sans pour autant changer le cours des choses dans le vaste monde. C'est ainsi que la grande majorité des cinquante-quatre films réalisés au cours des trente-cinq années de sa carrière accorde aux plus infimes détails de la vie une attention toute particulière : des histoires ténues, peu d'actions, décors épurés à l'extrême quasiment vidés de leurs occupants ; éloge du noir et blanc qu'il affectionnait. Nous sommes projetés dans un cinéma rigoureux autant qu'intime, dont sa caméra « agenouillée » sur les nattes de l'habitat capte avec vigilance et minutie le quotidien. Cette position cinématographique appelée « plan tatami » pose

1. Voir l'entrée « Hara Setsuko ».

l'œil modeste et frugal des Japonais sur le monde qui les entoure. La posture de l'objectif à hauteur du regard de l'être humain assis à même le sol adoucit les perspectives, désincarne les passions, ralentit les humeurs. La caméra ne « marche » pas dans les films d'Ozu, elle glisse. Elle capte les plus imperceptibles douleurs, l'inaudible cheminement des émotions, la brume teintée de mélancolie qui peut voiler le regard juste le temps d'un simple battement de cils.

Un seul plan des films d'Ozu vous en apprendra plus sur la subtilité des gammes de l'expression des sentiments au Japon que bien des discours.

Les histoires que raconte Ozu sont d'une grande simplicité. Elles mettent en scène de minuscules accrocs qui surviennent dans la monotonie des relations entre les protagonistes, de petits drames à peine esquissés, des conflits familiaux anodins qui troublent un moment le fleuve nonchalant de ce qui est, des anecdotes qui font à peine dévier le cours des choses. Tout finit par rentrer dans l'ordre immuable de l'Univers. Le temps s'écoule de nouveau, impavide, que l'agitation des êtres humains n'ébranle ni n'émeut. Et toute chose reprend sa place, si elle ne l'a jamais quittée. Le philosophe Gilles Deleuze saisit parfaitement l'esthétique du cinéaste quand il écrit : « C'est la pensée d'Ozu : la vie est simple, et l'homme ne cesse de la compliquer en "agitant l'eau dormante". »

Car c'est bien de cela qu'il s'agit dans son œuvre : de l'eau dormante du temps qui finit par tout ensevelir, ce *mu* d'où nous venons et auquel nous retournerons, cette précarité à laquelle il convient de se résigner avec élégance dans un état de grâce mélancolique, ce *Mono no aware*[1] si cher aux Japonais.

1. Voir l'entrée « *Mono no aware* ».

Le choix des acteurs accentue l'arachnéenne mélodie des films d'Ozu : Ryû Chishû, sa voix monocorde et la mesure de ses gestes, Miyake Kuniko et son sourire inaltérable, le beau gosse impassible Ikebe Ryõ, et bien sûr Hara Setsuko dont les larmes soudaines coulant sur un visage impassible auront ému tant de spectateurs.

Dans les films d'Ozu, il est difficile de faire un choix, tant chacun d'eux irradie d'humanisme, de raffinement et de noblesse, exprimés dans un langage cinématographique à la syntaxe incomparable. Je tenterai toutefois d'en citer quelques-uns :

La trilogie de *Printemps tardif* (1949), *Été précoce* (1951) et *Voyage à Tokyo* (1953), trois films dans lesquels Hara Setsuko et Ryû Chishû joueront les rôles-titres de Noriko et de son père, Hirayama Shukichi ; *Printemps précoce* (1956), considéré comme un des meilleurs films jamais réalisés sur le sujet de l'infidélité et du mariage ; et bien sûr son dernier film, *Le Goût du saké* (1962), celui-ci en couleurs, qu'il n'avait commencé à utiliser qu'à la toute fin des années 1950.

L'œuvre d'Ozu est restée inconnue en France jusqu'à la fin des années 1970. Ce n'est qu'à partir de 1978 que sont sortis à Paris sur les écrans du cinéma La Pagode *Voyage à Tokyo*, *Le Goût du saké* et *Fin d'automne*, suivis de *Gosses de Tokyo* (1932) en 1980.

Je n'ai découvert le cinéma d'Ozu que lors de mes tout premiers voyages au Japon. Ils m'ont incontestablement aidé à appréhender sinon à mieux comprendre les subtilités de l'âme japonaise.

Les films d'Ozu Yasujirõ ne passent plus depuis bien longtemps dans les salles de cinéma au Japon. Je ne suis pas sûr qu'on puisse les trouver dans les quelques magasins de location de vidéos qui résistent encore à la déferlante du *streaming*.

C’est bien dommage, car les Japonais pourraient y puiser le souffle qui semble leur manquer pour ranimer toute la spiritualité de leur civilisation.

P

Pornographie (ポルノ)

Il a fallu l'arrivée des navires américains du commodore Perry en 1853 et l'ultrapuritanisme occidental pour que la propension naturelle des Japonais au libertinage bascule dans le sordide pornographique.

Le shintoïsme[1], mythologie animiste truculente plutôt que « religion », célèbre la vie sous toutes ses facettes. Portant la fécondité au pinacle, elle jette un regard bienveillant sur la sexualité : l'acte sexuel n'est ni honteux ni un péché, il est au contraire naturellement joyeux. De même, le bouddhisme étant plus une philosophie qu'une religion ne décrète aucun interdit.

Par ailleurs, si la pudeur s'exprime au Japon au travers de la non-expression des sentiments, elle n'érigeait avant l'ouverture de l'archipel au monde extérieur aucune barrière à la nudité toute naturelle, y compris en public : hommes et femmes se baignaient ensemble. De même, la littérature érotique prospérait à l'époque d'Edo, comme une discipline artistique identique à toutes les autres. Les *shungas*[2], ces estampes érotiques qu'on ne trouve encore

1. Voir l'entrée « Shintoïsme ».
2. Voir l'entrée « *Shunga* ».

aujourd'hui que dans la clandestinité et qui demeurent toujours interdites d'exposition, circulaient alors librement. Il fut un temps où l'on pouvait même les emprunter dans l'équivalent de nos bibliothèques municipales ; les regarder entouré des siens était un passe-temps comme un autre.

Bref, rien de tout cela n'était malsain.

Le gouvernement japonais de l'ère Meiji, inquiet du regard que porteraient les Européens sur une sexualité jugée trop libérée, se mit à exercer une pression intense sur la production d'images dorénavant étiquetées « pornographiques ». Si la littérature érotique pouvait continuer à prospérer, c'est bien évidemment parce que fort peu d'étrangers maîtrisaient la langue japonaise ; en revanche, toute illustration graphique fut strictement censurée. La nudité dévoilant les parties génitales, sauf dans les bains publics, fut prohibée, la représentation de poils pubiens décrétée illégale. Naturellement, les nouveaux moyens d'expression artistique tels que la photographie ou le cinéma tombèrent sous le joug de cette répression. Le code pénal japonais Keihō, adopté en 1907, formalisa dans son article 175 le contrôle féroce du matériel considéré obscène, offrant aux autorités une large marge d'interprétation.

Ainsi la joyeuse licence ancrée dans l'âme de tout un peuple dut-elle céder la place à l'éclosion puis la prospérité d'une industrie pornographique malgré tout l'arsenal légal mis en place. Ladite pornographie est cependant relativement différente des autres cultures. En effet, les fantasmes sont principalement alimentés par la mise en scène de très jeunes filles à peine pubères en uniforme d'écolière, industrie d'autant plus facilitée que la majorité sexuelle au Japon est de 13 ans. Si vous ajoutez à cela la physionomie naturellement ingénue, faussement candide des Japonaises et leur attitude d'apparente soumission, vous avez un cocktail libidineux particulièrement pervers alimentant tous les fantasmes pédophiliques et sadomasochistes ainsi que le *Lolicon* (complexe de Lolita) d'une population masculine à la sexualité pour le moins trouble.

Bien entendu, la loi oblige à une certaine retenue de façade. Elle baigne toutefois dans l'art consommé du paradoxe et de l'ambiguïté propres au Japon, offrant une redoutable zone grise que l'on retrouve dans l'interprétation de pratiquement tout cadre légal. C'est ainsi que si les publications pornographiques masquent les organes génitaux d'un cadre noir en débordant largement la taille et si les régions pubiennes des scènes sexuelles dans les films sont fortement pixellisées, en revanche :

— Il n'est pas trop difficile de se procurer des *ura video* (« vidéos non censurées »).

— On pouvait jusqu'il y a quelques années se rendre ouvertement dans les fameux *no pan kissa*, ces salons de thé au plancher en miroir sur lequel les serveuses court vêtues évoluaient sans petite culotte.

— On trouve encore de nos jours des hebdomadaires fort sérieux entre les articles économiques ou les interviews de doctes hommes politiques desquels se glisse la photo dite « glamour », généralement en noir et blanc pour la prétention artistique, de starlettes en micromaillots de bain dans des poses suggestives.

— Toute une catégorie de *mangas*[1], que le public peut acheter presque sans restriction et que les *salarymen* lisent ouvertement dans le métro, dégoulinent de torrents graphiques de sperme, de scènes de viol de lycéennes en socquettes blanches et col marin.

1. Voir l'entrée « *Mangas* et animés ».

— Les cabines téléphoniques, quand elles existaient encore, étaient constellées de stickers de *telekuras* (« téléphone clubs ») accompagnés de photos suggestives permettant d'entrer en contact avec des adolescentes tout juste pubères pour des séances d'*enjo kōsai*[1], des « rapports conventionnés », avec des adultes.

— Les *pinku eiga* (« films roses ») montrant souvent des scènes de bondage *shibari* pouvaient être visionnés dans les années 1980, mais seulement après minuit sur les chaînes de télévision publique, ainsi que des programmes pour adultes au contenu délibérément graveleux.

— Dans les années 1990, les boutiques de location de vidéos les plus respectables, comme Tsutaya, mettaient à disposition du chaland, sans contrôler sérieusement son âge, des rayons impressionnants de cassettes, CD et DVD à caractère ouvertement obscène.

— Dans les années 1960, les plus grandes sociétés de production de films sur grand écran s'approchèrent dangereusement du genre, au point que la créatrice de mode Hanae Mori[2], à l'époque costumière de cinéma, décida de lancer sa maison de couture pour gagner sa vie, tout simplement parce que « les actrices étant de plus en plus dévêtues, il y avait de moins en moins de commandes » !

Rapidement, toutes sortes de médias s'emparèrent de la pornographie, jeux vidéo et bien sûr Internet. Un enchevêtrement de réglementations tente bien d'endiguer cette profusion et d'encadrer son contenu. On emballe les *mangas* et les magazines à contenu pornographique sous cellophane afin que les adolescents ne puissent les feuilleter dans les supérettes, lesquelles vendent environ 50 % de cette production ; on équipe les

1. Voir l'entrée « *Enjo-kōsai* ».
2. Voir l'entrée « Mori Hanae ».

distributeurs automatiques de ces revues sur les quais de gares d'un miroir empêchant de voir leur contenu dans la journée, mais qu'une électrolyse rend transparents le soir passé 22 heures, quand les enfants n'empruntent plus les transports publics ; on interdit le passage des frontières japonaises au matériel d'importation ; les gouvernements locaux iront même jusqu'à tenter d'imposer une réglementation interdisant aux mineurs (moins de 18 ans) l'achat de *mangas* représentant des situations à caractère trop ouvertement sexuel, mais ils durent reculer, se heurtant aux menaces de représailles des plus grandes maisons d'édition du Japon, qui les publient allègrement, voisinant d'honorables magazines féminins, de gastronomie, de pêche, de bricolage, de musique classique, d'hebdomadaires financiers ou les œuvres littéraires des plus grands écrivains.

En revanche, au Japon comme presque toujours dans le vaste monde, avec des décisions étatiques et leurs retombées administratives qui s'avèrent absurdes, dictatoriales, opaques et sans nuances, cette traque à la pornographie occasionne des dommages collatéraux : tout ce qui appartient au domaine de l'art n'est pas épargné.

Il est ainsi impossible dans ce pays de voir une exposition de *shungas*, alors que ces estampes sont montrées dans les plus grands musées, le Metropolitan Museum, le British Museum, le Grand Palais… et bien d'autres ! Au Japon, il n'est pas rare que la police intervienne dans une galerie pour exiger le décrochage d'une œuvre dévoilant des poils pubiens… ou pour la faire recouvrir d'un drap noir !

Je vous laisse donc imaginer le sort qui serait réservé au tableau *L'Origine du monde* de Gustave Courbet ! Nos « bragetteurs » du XIXe siècle prospèrent toujours au Japon…

Dans ce rôle de censeur implacable, l'administration douanière n'est pas en reste, qui ne fait aucune différence entre la pornographie la plus vulgaire et ce qui relève du domaine de l'expression artistique et donc de la culture.

Ainsi, un galeriste japonais connu ramenant de New York il y a une trentaine d'années le catalogue raisonné de l'exposition décriée « The Perfect Moment », du grand photographe des années 1960-1970 Robert Mapplethorpe, se le vit confisqué à l'aéroport. Furieux, il attaqua l'administration des douanes, gagna le procès en première instance, le perdit en appel mais, vindicatif, l'emporta finalement en Cour suprême, créant un précédent fort désagréable pour les gabelous japonais.

Il y a quelques années, apprenant que l'architecte Peter Marino, que je connais bien ne serait-ce que pour avoir travaillé avec lui lors de la construction de la tour de notre entreprise sur l'avenue de Ginza, possédait la plus grande collection privée au monde de photographies de Mapplethorpe, je me mis en tête de réaliser dans l'espace culturel de notre immeuble une exposition du photographe aussi célèbre que maudit. Ravi, Peter signala cette initiative à la Fondation Mapplethorpe, qui réagit cependant brutalement :

« Impossible, les douanes vont saisir les tirages et les détruire : la loi les y autorise ! »

Il était évidemment hors de question de risquer que les photos de cet artiste, dont certaines valent plusieurs centaines de milliers de dollars, subissent ce sacrilège. Je me rendis donc accompagné de notre responsable des affaires légales à la Direction des douanes. La simple évocation du photographe les mit en transe. Ils éructèrent des borborygmes et sifflements aspirés que tout Japonais digne de ce nom placé dans une situation inconfortable profère habituellement.

« C'est difficile » fut leur première réponse.

Je m'enhardis à leur demander si la tentative d'importation des photos serait sanctionnée par la fameuse confiscation suivie de destruction.

Il y eut un long silence au bout duquel on me répondit :

« Oh non ! Nous les renverrions à l'expéditeur. D'ailleurs, nous ne les toucherions pas, nous vous demanderions de venir les remballer correctement vous-même ! »

— Ah bon ? Pourquoi ?

— Eh bien, nous savons que ce sont des choses précieuses (*sic*) !

— Je ne comprends pas : c'est bien dans le cadre de la loi sur la pornographie que vous prendrez cette décision ? Si c'est le cas, elle prévoit la destruction dudit matériel ? Autrement dit, si vous ne le détruisez pas, c'est que vous considérez que ce ne sont pas des images à caractère pornographique ? Par conséquent, elles ne devraient pas être interdites d'entrée ! »

Cette avalanche de questions eut droit à un second concert de grattements de gorge et de chuintements divers. Solutionner la quadrature du cercle ne tombant pas dans les attributions des Douanes, nous convînmes d'une seconde réunion.

Quelques semaines plus tard, nous présentâmes aux douaniers les duplicatas de la centaine de photos que nous souhaitions exposer. Après un temps de réflexion, ils nous fixèrent un troisième rendez-vous. Leur inventaire écartait douze photos. Nous fûmes très surpris de leur sélection : s'il y avait certes quatre ou cinq images relativement scabreuses, certains clichés écartés demeuraient pour nous incompréhensibles, comme la photographie du buste en marbre d'un éphèbe remontant à la haute

Antiquité grecque. En revanche, ils laissaient passer des photos de mâles en combinaisons SM et masques de cuir cloutés qui me paraissaient autrement provocantes. Notre juriste estima qu'il s'agissait sans doute d'une pirouette : ils laisseraient ainsi entrer la majorité des photos pour démontrer leur ouverture d'esprit.

Cette duplicité ne me convenait pas. Nous revînmes avec de nouveaux arguments.

« La confiscation de certaines œuvres me pose un problème majeur, leur dis-je. Celui du catalogue. »

Ils se récrièrent : mais non, le catalogue n'était pas concerné ! Le souvenir cuisant de leur ancien échec pénal déclenchait sans doute ce réflexe quasi pavlovien.

« Nous devons le produire en amont de l'exposition, repris-je. Nous avons l'intention d'y présenter l'intégralité des photos. Y figureront bien évidemment les clichés que vous aurez censurés et qui ne seront donc pas sur les cimaises de l'exposition. Il faudra bien en expliquer la raison à nos visiteurs. Nous serons obligés de placer sur les murs des cadres vides accompagnés du commentaire : "Photo de la p. xx du catalogue absente pour cause de censure douanière". »

Nous les quittâmes sur cet avertissement. Ils étaient visiblement consternés que leur administration puisse êre ainsi mise en vedette.

Quelques jours plus tard, nous fûmes convoqués une nouvelle fois. On nous posa la question suivante :

« Comment les photos seront-elles exposées ?

— Encadrées.

— Sous verre ?

— Oui, ce sont des œuvres d'art. Nous ne pouvons courir le risque qu'un visiteur indélicat les abîme. Il faut les protéger. »

Après un court silence, notre interlocuteur se détendit :

« Alors nous avons une solution pour que toutes les photos puissent être montrées : il suffit de masquer les parties problématiques en vaporisant un opacifiant sur la vitre ! »

Nous quittâmes nos conciliants interlocuteurs sur un refus poli mais ferme.

Nous prîmes la décision d'importer la totalité des photos que nous souhaitions exposer. Quinze jours passèrent avant que la douane aéroportuaire ne nous communique son verdict : aucune photo ne fut bloquée, mais on nous demanda instamment de ne pas remercier publiquement les autorités de leur clémence : elles n'avaient fait que leur travail et nous n'avions surtout pas bénéficié d'un passe-droit…

Il ne resta plus qu'à signaler l'exposition à la police de notre quartier, qui déclara se moquer de ce que nous allions montrer dans notre espace privé. Son seul souci était de ne pas recevoir de plainte l'obligeant à intervenir. La police japonaise a pour principe fondamental de ne pas s'immiscer dans la sphère privée.

Nous nous en tirâmes par une pirouette sémantique en signalant sur notre site et à l'entrée de l'exposition qu'il pouvait y avoir des photos choquantes pour certaines personnes et que nous leur recommandions de la visiter en connaissance de cause.

Non seulement nous ne reçûmes aucune plainte, mais notre livre d'or fut couvert de louanges, sans compter que la presse et le monde des galeristes nous félicitèrent d'avoir créé une jurisprudence traçant une ligne claire entre pure pornographie et expression artistique.

Je n'aurai cependant pas l'outrecuidance de prétendre que le regard des autorités a fondamentalement changé.

Restons donc prudents !

Précision (精度) – *Seido*

Le Japon est le pays de la précision poussée à l'extrême.

La manie compulsive de la perfection de ses artisans a forgé au fil des siècles cette âme manufacturière qui a donné les meilleurs appareils photo, des motos et des automobiles d'une qualité irréprochable, les moteurs hors-bord les plus fiables, les systèmes audiovisuels les plus prisés. Honda, Toyota, Sony, Nikon, Panasonic, Yamaha, Canon, Nakamichi ont envahi le monde et enfoncé une concurrence occidentale complaisante grâce à l'opiniâtreté de leurs ingénieurs et de leurs ouvriers, tous attachés à perpétuer les standards d'excellence hérités de leurs ancêtres.

Un exemple suffira pour illustrer l'obsession de précision des Japonais :

Les ouvriers du fabricant des ascenseurs qui ont équipé l'immeuble de notre entreprise à Ginza m'ont montré comment ils ont mesuré le niveau des vibrations de leurs cabines. Ils ont posé sur le sol de chaque ascenseur une pièce de 10 yens sur la tranche. Il fallait durant toute l'ascension du rez-de-chaussée au 10e étage qu'elle ne se renverse pas !

Plus tardivement, j'ai pu apprécier le souci de perfection du maître charpentier qui a construit notre pavillon détaché. Chaque pièce des bois composant la rampe de la coursive *engawa* fut biseautée par ses soins à la main. Aucun usinage n'aurait permis d'obtenir un angle aussi parfait. Il passa une semaine pour réaliser le plafond à quatre pentes de la salle de bains, découpant chaque planche rejoignant le cœur du plafond différemment afin que l'impression visuelle fût égale sous quelque angle qu'on le regardât. Le plafond d'une salle de bains doit être irréprochable, m'expliqua-t-il, parce qu'une fois qu'on est allongé dans le bassin du bain, l'œil se porte immanquablement sur lui. Quand il plaça les lattes du plafond de la sous-pente de l'*engawa*, il les changea cent fois de place jusqu'à obtenir un dessin harmonieux de la veinure des bois qui le satisfît.

J'ai côtoyé ce souci perfectionniste auprès de tous les corps de métiers croisés durant toute ma vie au Japon. Jamais ai-je eu à faire reprendre un ouvrage. L'exécution est toujours irréprochable. Les chantiers en cours sont d'une propreté étonnante. Un ouvrier ne quittera pas son lieu de travail sans avoir ramassé les détritus, balayé le sol, enroulé les fils électriques et rangé les outils qu'il a utilisés.

Au Japon, la charpente millénaire de Notre-Dame n'aurait jamais brûlé…

Cette manie de la perfection s'accompagne parfois d'une rigidité et d'un manque d'imagination regrettables. Mais une fois comprises, les idées sont parfaitement exécutées ainsi que j'en ai plusieurs fois fait l'expérience lors de la construction d'un immeuble de 60 mètres de hauteur comme d'un modeste pavillon de bois et de paille au fond d'un jardin. Par exemple, la grande entreprise Ishikawajima-Harima Industries, à laquelle j'avais expliqué comment je souhaitais que le parking automatique de notre immeuble fonctionne, est parvenue à exécuter le mécanisme complexe permettant de respecter mon idée. Elle m'a ensuite demandé l'autorisation de l'utiliser pour d'autres réalisations.

La créativité française associée à la rigueur et la dextérité japonaises peut engendrer des miracles.

Purikura (プリクラ) – Print Club

Le *purikura*, abréviation du terme *purinto kurabu*, est l'ancêtre en beaucoup plus sympathique du selfie de nos téléphones portables et de ses applications, Instagram, Snapchat ou autres, qui lui ont emprunté toutes les fonctions.

À la différence de l'exercice purement narcissique de l'autoportrait, c'était une activité sociale. En effet, dès le milieu des années 1990, on entrait toujours à deux dans les Photomatons de *purikura* qui pullulaient dans les arcades commerçantes ou de jeux, les gares ou tout simplement dans la rue. On se photographiait en couple, de préférence avec une copine, puis on choisissait une incrustation parmi tout un arsenal de guirlandes décoratives, symboles, images, graffitis ou onomatopées. La machine sortait à la fin du processus une plaquette de vignettes minuscules qu'on pouvait alors coller dans son agenda, son journal intime ou sur tout objet ou surface de son choix.

La jeunesse, principalement les toutes jeunes filles, s'est précipitée sur cette forme d'expression alimentée par la culture *kawaii*[1]. Mais elle est très vite devenue, comme tout phénomène de masse au Japon, un mode d'expression alimentant un désir certain de rébellion des jeunes femmes japonaises en mal de liberté d'expression dans une société figeant quelque peu leur image en chromos stéréotypés de docilité et de mièvrerie.

Comme tout un chacun au Japon, j'ai sacrifié à la mode du *purikura*. Mes agendas, la couverture de mes passeports ou le dos de mon permis de conduire japonais (malgré les remontrances des services officiels !), le tableau de bord de ma voiture de cette époque et jusqu'au portefeuille dans lequel je serrais mes cartes de crédit japonaises étaient constellés de vignettes sur lesquelles, alors que j'ai en horreur les manifestations de narcissisme, se trouvait mon portrait accompagné de ma femme, de mes enfants, de collaborateurs, voire d'amis, principalement des visiteurs venus de l'étranger amusés par ce nouveau moyen d'expression. J'ai encore quelques-unes de ces vignettes sous les yeux :

— Un *purikura* pris le jour de notre mariage (!) sur lequel nous sommes tous deux en kimono.

— Un autre, daté de 2018, avec mon épouse, sur le fond d'un énorme cœur rouge un peu ridicule pour un couple de notre âge.

— Plusieurs vignettes, toutes datées de 2006, avec notre dernier fils lorsqu'il était au jardin d'enfants, où je l'accompagnais plusieurs fois par semaine. Sur notre chemin, il y avait un Photomaton dans lequel il était de tradition que nous tirions notre portrait. Grâce à cette halte quasi quotidienne, j'ai une impressionnante collection de photos avec lui, prises sur un fond de plage et de cocotiers intitulée « Beach & Surf », où nous sommes

1. Voir l'entrée « *Kawaii* ».

entourés de fraises (!), dans un ballon captif, accrochés au volant d'une auto-tamponneuse, chevauchant une moto, accrochés au dos d'un dauphin, coiffés du chignon des *samouraïs*, vêtus tels des lutteurs de *sumo* sur l'aire de combat, affublés de queues de singes ou dans la peau d'un *tanuki*, le facétieux blaireau ivrogne !

S'il n'y avait eu cette mode du *purikura*, nul doute que je n'aurais aucun souvenir de cette charmante époque. Les photos prises actuellement au moyen de nos téléphones portables, stockées dans le cloud virtuel où nous les consultons rarement, me paraissent soudain bien insipides.

Vivement le retour à la mode du *purikura* et de ses Photomatons désuets !

Q

Quarante-sept *rõnins* (Les) (四十七人浪人) Dénommés en japonais : 赤穂浪 « akõrõshi »

Ils étaient quarante-sept.

Quarante-sept *samouraïs* déchus, car ayant perdu leur seigneur.

À la vérité, ils n'étaient que quarante-six. Le quarante-septième, Terasaka Kichiemon, était un *ashigaru*, un simple fantassin d'extraction paysanne donc non considéré comme un *samouraï*.

Ils représentent dans la légende nationale l'archétype des valeurs de loyauté, de sacrifice, de dévouement et d'honneur exaltées dans le Japon de l'ère Meiji bousculé par la modernisation et reprises plus tard par les autorités nationalistes des années 1930.

Comme toute légende, elle repose d'abord sur des faits avérés certes enjolivés par la suite pour les besoins de la mythologie.

En 1701, deux seigneurs locaux *daimyõs* sont appelés à la cour du *shõgun* Tokugawa Tsunayoshi à Edo. Ils ont été choisis pour préparer la cérémonie d'accueil de l'empereur et de sa suite lors de la réunion qui réunit tous les féaux japonais. Ils sont tous deux des provinciaux qui doivent d'abord être instruits de l'étiquette rigoureuse de la cour. L'un d'eux est le jeune Asano Naganori, seigneur incorruptible du fief d'Akō, situé au bord de la mer Intérieure à l'ouest du Japon.

Ils sont confiés pour leur éducation au maître des cérémonies du shogunat, le haut fonctionnaire plein de morgue et corrompu Kira Kōzukenosuke. Celui-ci les traite avec mépris et arrogance, ce qui déclenche l'ire de Kamei, le condisciple d'Asano. Asano, d'une éducation confucéenne stricte, supporte les humiliations de Kira tandis que Kamei forge le dessein d'assassiner le maître de cour. Un important pot-de-vin payé par son entourage calme le mépris de Kira à son égard.

Il retourne alors sa hargne contre Asano qui, lui, a refusé de payer quoi que ce soit.

Un autre jour, Kira insulte vulgairement Asano qui, perdant toute contenance, se précipite sur lui avec un sabre court *tantō*, le blessant au visage avant d'être maîtrisé par des gardes. C'est l'incident dit « d'Akō ». Il a eu lieu le 21 avril 1701.

Tirer une lame dans l'enceinte du palais du *shōgun* est une grave offense passible de la peine de mort. Du fait de sa condition de *daimyō*, Asano se voit donc ordonner le suicide rituel *seppuku*.

Selon la loi de l'époque, tous les biens du jeune seigneur sont ensuite confisqués, son fief devient propriété du *shōgun*, sa cour est démantelée et les quelque trois cents personnes de son entourage perdent leur emploi. Parmi eux des samouraïs qui deviennent des *rōnins* sans maître et condamnés à n'en pas retrouver.

Le conseiller principal de la cour d'Asano, Ōishi Kuranosuke Yoshio, après avoir mis la famille de son seigneur à l'abri, décide alors de laver l'offense. Il est rejoint par quarante-six compagnons qui font le serment de venger la mort d'Asano en assassinant Kira en toute connaissance de cause : leur action, quelle que soit son issue, leur vaudra la peine de mort, car la vendetta est strictement prohibée.

Kira, cependant, demeure particulièrement méfiant. Il sait que la suite d'Asano pourrait lui chercher querelle. Il fait doubler la garde de son palais fortifié.

Les *rōnins* savent donc qu'une attaque intempestive se solderait par un échec.

Ils décident alors de se disperser, devenant moines, commerçants, voire paysans. Presque deux ans durant, ils se fondent dans le paysage afin de se faire oublier, surtout leur chef de file Ōishi, qui se sait espionné par des sbires à la solde de Kira. Il s'installe à Kyoto où il mène une vie de débauche qui finit par endormir les soupçons du haut fonctionnaire. Un jour où il a trop bu, il s'écroule en pleine rue et il est molesté par un passant lui reprochant son attitude vile et son incapacité à venger son maître. Bien que l'insulte soit gravissime, Ōishi ne réagit pas. Au contraire, sa vie devient de plus en plus dissolue, il s'acoquine même avec une *ōiran*, une prostituée de haut vol.

Plus tard, il rend visite à son épouse. Il la renvoie avec leurs enfants chez ses parents afin de lui éviter les représailles que les membres du clan de Kira ne manqueront pas de déclencher après l'attaque contre leur maître. Son fils aîné Chikara, toutefois, décide de rester aux côtés de son père.

Kira finit par être rassuré et persuadé que les *rōnins* du défunt clan Asano ne sont plus qu'un ramassis de mendiants inoffensifs, il baisse la garde. Il faut préciser que plus d'une année et demie s'est écoulée depuis l'incident.

Les quarante-six compagnons remontent alors discrètement à Edo et préparent minutieusement leur plan d'attaque. L'un d'eux va jusqu'à épouser la fille de l'architecte qui avait réalisé les plans de la forteresse de Kira, afin de mieux en assimiler sa conception. Tout est prévu : comment le signal de l'attaque sera lancé ; la répartition des tâches ; l'interdiction de s'en prendre aux femmes et aux enfants ; de quelle manière la mort du haut fonctionnaire sera signalée (un coup de sifflet) ; qui coupera sa tête ; comment on l'amènera au temple Sengaku-ji dans le quartier de Takanawa pour la poser en offrande sur la tombe du seigneur Asano ; enfin, la reddition des conjurés aux autorités et l'ordre dans lequel ils procéderont au *seppuku* qui leur sera ordonné.

L'offensive est déclenchée dans la nuit du 13 au 14 décembre 1702 et menée avec précision et efficacité. Le fils d'Ōishi lui-même mène l'attaque de revers qui permet de neutraliser une partie de la garde de Kira. Le combat est sans merci : seize des hommes de Kira sont tués et vingt-deux sont blessés. Mais on ne capture pas tout de suite le seigneur. C'est au bout d'une fouille méticuleuse de toute la demeure qu'on finit par le dénicher dans un appentis au fond d'une cour intérieure, cette dernière habilement dissimulée au fond d'un corridor dérobé. Chevaleresque, Ōishi lui offre la possibilité de se suicider honorablement au moyen du sabre même qui avait été utilisé par Asano pour son propre *seppuku*. Mais Kira reste prostré sans réagir, obligeant Ōishi à le tuer.

Les quarante-six samouraïs déchus et l'*ashigaru* Kichiemon quittent enfin les lieux en emportant la tête de Kira, non sans avoir éteint tous les feux sur le périmètre de la demeure afin d'éviter qu'un incendie se propage dans les quartiers avoisinants. Õishi ordonne à Kichiemon de retourner dans le fief d'Akõ pour y proclamer l'entière réussite de leur vengeance.

Dans la matinée du 14 décembre, les quarante-six *rõnins* faisant sensation dans les rues traversent la ville, se rendant en procession jusqu'au temple Sengaku-ji. Finalement arrivés au temple, ils lavent la tête de Kira dans un bassin puis la posent à côté du sabre qui avait servi à décapiter le fonctionnaire, le tout bien en évidence sur la tombe d'Asano.

Après s'être recueillis, ils se rendent aux autorités du shogunat, bien embarrassées par cette histoire : d'un côté, les quarante-six *rõnins* se sont conformés aux usages du code du *bushido* qui dicte la conduite des *samouraïs* en vengeant leur maître, de l'autre ils ont violé la loi interdisant les vendettas.

Ils seront évidemment condamnés à mort mais autorisés au suicide rituel, l'honorabilité rendue aux valeureux guerriers.

Le dimanche 4 février 1703, ils s'appliquent donc la sentence prononcée. Conformément à leurs dernières volontés, ils sont enterrés au Sengaku-ji sur une rangée, face à la sépulture du seigneur Asano. Revenu de sa mission quelques mois plus tard, l'*ashigaru* Kichiemon sera gracié par les autorités, car il n'était pas un membre de la caste des *bushis*. Il vivra jusqu'à l'âge avancé de 78 ans et sera enseveli aux côtés de ses camarades. Une 48e tombe a été ajoutée plus tard aux autres : c'est celle de l'individu qui avait passé à tabac Õishi affalé ivre mort dans une venelle de Kyoto trois ans plus tôt. Plein du remords d'avoir offensé un aussi noble *samouraï*, il se suicida après être venu se recueillir sur la tombe du vaillant *rõnin*.

Le temple Sengaku-ji dans le quartier de Takanawa près de la gare de Shinagawa renferme dans son musée plusieurs reliques qui confirment toute la véracité de cette épopée :

+ Le reçu signé du supérieur du temple et de deux amis de Kira attestant de la restitution de sa tête.

+ Les tenues des *rõnins* et leurs armes, de même que le tambour et le sifflet qui avaient servi à régler l'attaque.

+ Des notes laissées par les *rõnins* à leurs familles et amis, expliquant leur démarche.

On a beaucoup glosé durant tout le XVIIIe siècle sur la déontologie de cet événement. Certains estimaient que les quarante-sept *rõnins* avaient agi en parfaite conformité avec le code du *bushido*. D'autres, comme l'auteur du fameux traité *Hagakure* écrit entre 1709 et 1716 rassemblant les pensées d'un ancien *samouraï* devenu moine vivant reclus dans une hutte, Yamamoto Tsunetomo, pensaient qu'en attendant plusieurs mois avant d'exercer leur vengeance, les *rõnins* avaient pris le risque de ne pouvoir la réaliser et par conséquent de déshonorer leur clan, car c'est moins la mort de l'adversaire, la victoire ou la défaite qui comptent que la détermination montrée au travers de l'acte immédiat.

Toujours est-il que l'aventure des quarante-sept *rõnins* a inspiré une grande partie de la littérature japonaise, avec une première pièce de théâtre immédiatement interdite par le shogunat. Le spectacle de marionnettes parmi les plus célèbres *bunraku*, *Chûshingura*, paru en 1748, deviendra un incontournable du *kabuki*. Au cinéma, de nombreux réalisateurs tels que Mizoguchi Ken, Watanabe

Kunio et, plus près de nous, Ichikawa Kon et Kore-eda Hirokazu ainsi que des cinéastes étrangers (John Frankenheimer ou Carl Rinsch) ont repris le thème avec plus ou moins de bonheur.

De nos jours, un *rōnin* est un étudiant recalé à un concours d'entrée en université qui potasse pour le repasser ou un jeune diplômé à la recherche de son premier travail.

Le Japon n'est plus tout à fait ce qu'il était autrefois.

QyuQyuQyu (999)

Certes, je triche un peu avec la phonétique, le chiffre 9 en japonais se transcrivant plutôt dans notre alphabet *kyû*, mais je n'allais tout de même pas laisser ce dictionnaire quasi orphelin de la lettre « Q » avec une seule occurrence !

« 999 », ou plus exactement « GMS-999 », est le numéro de référence d'une paire de lunettes fabriquées sur commande uniquement par un fabricant de montures célèbre au Japon dont je suis involontairement responsable de la renaissance. Son prix varie entre 4 000 et 5 000 euros.

Il y a une quinzaine d'années, je me suis rendu dans le cadre de mes activités professionnelles dans la région de Fukui, qui borde la mer du Japon. C'est un peu l'équivalent pour l'industrie de la lunetterie de la vallée de Belluno en Vénétie ou de l'arc jurassien en France. Quatre-vingt-dix-sept pour cent de la production japonaise de montures de lunettes provient de cet endroit.

Dans la ville de Sabae se trouve la société Masunaga, l'une des plus anciennes manufactures de lunettes fondée en 1905 sous le label d'une guilde réunissant des artisans de la région, un leader mondial dans la conception et la fabrication de montures. Sa philosophie est simple et pourrait d'ailleurs s'appliquer à de nombreuses industries japonaises, tant la qualité et la précision y sont deux constantes majeures :

« Créer le meilleur produit possible, quel qu'en soit le coût. Certes l'objectif de l'entreprise est de créer de la valeur, mais Masunaga est prêt à assumer des pertes temporaires plutôt que d'accepter la moindre compromission sur la qualité. »

Jusque-là, rien de bien palpitant, même si cette fière devise placardée dans tous les bâtiments de la société force l'admiration.

Le président Masunaga Satoru, quatrième du nom, me reçut dans un bureau présidentiel typique des dirigeants d'entreprise au Japon : une pièce assez neutre et visiblement peu utilisée, avec un bureau généralement vide de tout papier ou document, le patron préférant travailler au milieu de ses collaborateurs ; une bibliothèque chargée de livres poussiéreux, de trophées de golf et de quelques récompenses professionnelles ; enfin, une partie salon avec un sofa et des fauteuils recouverts de couvre-dossiers en dentelle autour d'une table basse sur laquelle l'inévitable tasse de thé vert offerte au visiteur sera posée.

Alors que j'attendais l'arrivée du président Masunaga, mon regard s'arrêta sur une série de photos posées sur une étagère dont je m'approchai. Sur la partie inférieure du cadre de chacune d'elles étaient notées une date et une courte description :

« 1933 : Visite de Sa Majesté l'empereur Shōwa »

« 1963 : Visite de Son Altesse impériale le prince Mikasa et de l'ancien PM Yoshida »

« 1968 : Visite de Son Altesse le prince héritier et de son épouse »

« 1999 : Visite de Son Altesse le prince Akishino et son épouse »

Un palmarès impressionnant.

Masunaga Satoru arriva peu après. Une fois les formalités d'échange de cartes de visite et les civilités d'usage accomplies, nous nous assîmes face à face. La table entre nous était une vitrine dans laquelle étaient exposés les produits vedettes de la maison. Parmi eux, je remarquai immédiatement une paire de lunettes de facture ancienne. Le cercle particulièrement fin de sa monture ronde paraissait avoir été réalisé en écaille de tortue. Les branches en or se terminaient par ce type de manchon en demi-cercle qui épouse le lobe de l'oreille. Il se dégageait de cet objet une noblesse subtile.

Les lunettes étaient posées sur un boîtier elliptique épousant leur forme. Il était gainé de cuir. Le fermoir du couvercle était un bouton-poussoir en or.

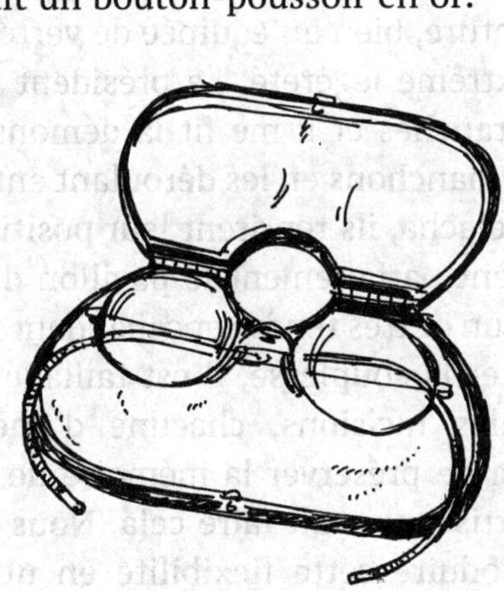

Je porte moi-même depuis toujours des lunettes rondes, semblables à celles de John Lennon, relativement banales. J'ai toujours rêvé de posséder une de ces montures surannées qu'on voit parfois dans les vitrines des brocanteurs, mais je ne suis jamais parvenu à en trouver une paire en suffisamment bon état que j'aurais pu faire équiper des verres progressifs que réclame ma vue défaillante. Le modèle exposé dans la vitrine de Masunaga était exactement ce que je recherchais. Je m'en ouvris au président en lui demandant s'il n'avait pas par hasard une autre paire qu'il pourrait me céder.

« Hélas, me répondit-il, c'est la dernière des trois seules paires au monde que nous avons fabriquées à la fin des années 1920. Ce sont les lunettes de l'empereur du Japon Hiro Hito, une commande qui nous avait été passée par le *Kunaichō*, l'Agence de la Maison impériale, peu après son couronnement. Cette paire est restée chez nous dans l'éventualité où Sa Majesté impériale aurait eu besoin que nous la reproduisions. C'est la paire matricielle numéro zéro. »

Devant mon émerveillement, il sortit le précieux objet de sa vitrine et me le tendit. J'avais l'impression de tenir dans les mains un moment de l'histoire millénaire du Japon. La monture, bien qu'équipée de verres organiques, était d'une extrême légèreté. Le président Masunaga en déploya les branches et il me fit la démonstration de la souplesse des manchons en les déroulant entre ses doigts. Quand il les relâcha, ils reprirent leur position initiale.

« Ils épousent parfaitement le pavillon de l'oreille. La tige est en or, un or très tendre et cependant fort résistant. Pour en assurer la souplesse, il est tailladé de centaines d'infinitésimales incisions, chacune d'une profondeur différente afin de préserver la mémoire de la forme. Un seul de nos artisans savait faire cela. Nous avons depuis tenté de reproduire cette flexibilité en utilisant divers procédés, par exemple avec un outillage moderne comme le laser. Nous ne sommes jamais parvenus à reproduire ce niveau de perfection. »

Il me tendit les lunettes et m'invita à les chausser. Les manchons s'enroulèrent comme par miracle derrière mes oreilles. Le pont était d'un galbe tel que je ne sentis nullement leur poids sur la racine de mon nez. Les verres n'étaient évidemment pas adaptés à ma vue, mais la circonférence du cercle me convenait parfaitement.

« Voilà précisément ce que j'ai vainement cherché ! m'exclamai-je, rendant les lunettes à mon interlocuteur. Vous ne pourriez vraiment pas refaire ce modèle ? J'en serais votre premier acheteur et je suis convaincu qu'il ferait fureur dans votre gamme !

— C'est vrai, elles vous vont bien, concéda-t-il. Celles-ci avaient été réalisées à la mesure exacte du visage de Sa Majesté impériale. Comme je vous l'ai dit, nous avons perdu le savoir-faire. Par ailleurs, le cercle de la monture est en Bakélite, une matière qu'on ne trouve plus. Non, vraiment, nous ne pourrions pas reproduire de telles lunettes ! »

Il sortit l'étui de la vitrine.

« Ce boîtier n'a été également réalisé qu'en trois exemplaires, me dit-il en me le tendant. La coque est en bois de paulownia. L'intérieur est en soie. Le couvercle a été conçu afin que la charnière ne soit pas visible. La boîte est très plate pour qu'elle puisse être rangée dans la poche de poitrine d'un costume sans la déformer. »

Il rangea les lunettes dans l'écrin où elles semblèrent se lover tel un chat sur un confortable coussin, et il les reposa dans la vitrine d'exposition.

« Comme vous le savez, reprit-il, Sa Majesté impériale, avant la guerre, était d'essence divine. Nous avons donc dédié une pièce où seul l'artisan qui devait fabriquer ces lunettes pourrait pénétrer. Nous l'avons fait purifier par un prêtre *shintō*[1] venu d'Ise Jingû[2]. Avant d'entrer dans cette salle, notre collaborateur prenait un bain, puis il revêtait un vêtement blanc. »

En m'expliquant ceci, le président Masunaga pointa le doigt sur une photo, dans la vitrine, d'un homme relativement âgé vêtu d'une sorte de tunique de moine immaculée posant devant la porte de son atelier.

« C'est lui. Il a littéralement vécu trois mois dans cette pièce pour fabriquer ces trois paires. »

Il replaça les lunettes dans la vitrine à côté de la photo et ajouta, avant que nous ne passions à la raison plus terre à terre de ma visite :

« Cet ouvrier était une véritable légende à Sabae. Il aurait mérité d'être un *Ningen Kokuhō*, un Trésor vivant. Je ne l'ai pas connu personnellement, mais son esprit est toujours présent en chacun de nos collaborateurs, même si nous avons perdu son savoir-faire unique, ce que je suis honteux d'avoir à reconnaître. »

Je rentrai à Tokyo le cœur rempli de cette allégresse qui me saisit à chaque fois que je rencontre le génie particulier de l'artisanat japonais, fait de cette quête quasi mystique de la perfection qui tient d'un petit miracle mais aussi d'abnégation, de modestie, de dépassement de soi, d'un apprentissage obsessionnel pour approcher l'excellence.

Un an plus tard, je reçus un courrier du président Masunaga. Il m'expliquait que mon admiration pour les lunettes de l'empereur avait piqué sa fierté et qu'il avait

1. Voir l'entrée « Shintoïsme ».
2. Voir l'entrée « Ise Jingû ».

demandé à ses ouvriers les plus talentueux de tenter de relever le défi. Au bout de plusieurs tentatives, ils avaient obtenu un résultat qui lui paraissait satisfaisant.

« Nous ne sommes pas parvenus à reproduire à 100 % l'original, mais nous n'en sommes pas très loin, à 99,90 %, m'écrivait-il. Nous avons donc décidé de répertorier cette monture dans notre catalogue sous une référence nous exhortant à l'humilité, pour nous rappeler que le savoir-faire est une chose fragile qui demande à toujours être fortifiée. Ces lunettes seront donc bientôt dans nos magasins sous le n° 999. »

Il ajoutait qu'il avait fait réaliser une paire dont le cercle était en Bakélite identique à celle utilisée pour les montures fabriquées près de cent ans plus tôt, ayant réussi à trouver un reliquat de cette matière chez le fournisseur de l'époque. Un étui « 100 % identique, lui, à l'original » accompagnait ces lunettes. Je pourrais aller les voir quand je le souhaiterais au showroom Masunaga dans le quartier d'Aoyama à Tokyo.

Inutile de dire que je me précipitai à ce rendez-vous avec l'objet de mon ultime désir et que je l'achetai derechef.

Je ne porte pas très souvent ces lunettes délicates et fragiles, uniquement pour des occasions exceptionnelles, par exemple les deux fois où nous avons été invités à l'*Enyûkai*[1] et lors de la cérémonie de remise de ma décoration dans l'ordre du Soleil levant au palais impérial.

Je me plais à penser que l'empereur Heisei reconnut sur mon nez les lunettes que portait son père, l'empereur Shōwa, quand je me suis trouvé face à lui lors de ces trois événements…

1. Voir l'entrée « *Enyûkai* ».

R

Ransel (ランドセル) – Sac à dos d'écolier(ière)

Le *ransel* (orthographié en japonais *randoseru*) est ce sac à dos à armature rigide que tous les enfants utilisent durant leurs six années d'école primaire. Il émerge dans les rues, le métro, le train, les bus lors de l'année scolaire, qui débute la première semaine du mois d'avril. Tout comme les cerisiers en fleur, s'il est un moment de grâce infini au sein de la société japonaise, c'est bien celui de la rentrée des écoliers à laquelle la population s'associe ; une solidarité instinctive où toute une nation va s'enthousiasmer et s'émouvoir en guidant les premiers pas des tout nouveaux élèves.

L'étymologie du mot *ransel* est hollandaise. Le gouvernement du *bakufu*, lorsqu'il décida en 1862 de créer une armée de terre à l'européenne, dota tous ses fantassins de ce sac ajouté à leur paquetage.

L'école primaire de l'établissement élitiste Gakushû-in fut la première, en 1885, dans un souci égalitariste à doter ses élèves de *ransel*, les obligeant dans le même temps à emprunter les transports publics au lieu des voitures à cheval, des pousse-pousse ou des taxis que leurs parents utilisaient pour les envoyer à l'école. Le *ransel* était bien plus commode que les baluchons *furoshiki*[1] dans lesquels livres scolaires, cahiers et trousses étaient auparavant emballés.

L'histoire raconte que le futur empereur Taishō se vit offrir en 1887 son *ransel* par le célèbre tout Premier ministre de l'ère moderne, Itō Hirobumi.

Mais ce sac à dos restait onéreux. Ce n'est qu'à partir des années 1950 que son usage s'élargira à toutes les écoles primaires du pays et que tous les enfants s'en verront équipés comme un élément indissociable de leur uniforme scolaire, rouge pour les filles, noir pour les garçons. Plusieurs générations d'enfants ont hérité du sac à dos de leur aîné jusque dans les années 1980 où, prospérité aidant, les familles prirent l'habitude d'acheter un *ransel* neuf pour chaque enfant. C'est à partir de cette période que l'offre se multiplia, depuis le standard en skaï à 6 000 yens jusqu'aux sacs à dos en cuir aux fabrications plus luxueuses, disponibles dans toutes les couleurs, avec des prix pouvant atteindre 40 000 yens, voire plus. À la fin du primaire, il est souvent d'usage d'offrir à son enfant en souvenir un mini *ransel* réalisé dans le matériau du sac qu'il a utilisé pendant ses six premières années de scolarité.

La pratique de l'usage obligatoire des transports en commun se perpétue encore de nos jours : tous les écoliers, ceux du cours préparatoire âgés d'à peine 6 ans comme leurs aînés, quelle que soit la durée de leur trajet et la complexité des éventuelles correspondances, doivent obligatoirement se rendre à l'école seuls, au bout d'une semaine durant laquelle les parents sont autorisés à les accompagner pour s'assurer qu'ils ont assimilé

1. Voir l'entrée « *Furoshiki* ».

leur itinéraire. Ce sont souvent les pères partant au travail qui se chargent de cette escorte. Je l'ai fait comme tout le monde avec chacun de mes cinq enfants. Cela a toujours été un moment béni. Et quelquefois de panique lorsque, alors que je tentais dans un wagon bondé d'arcbouter mon dos contre la foule pour faire une niche à mon rejeton, la porte se refermait sous son nez et le train s'ébranlait, le laissant esseulé sur le quai.

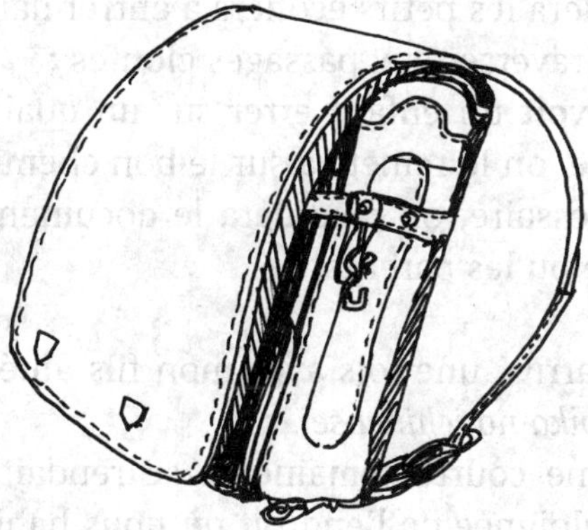

C'est toujours avec un serrement de cœur et une sourde appréhension au ventre qu'on finit par laisser nos chères petites têtes brunes partir seules. De nombreux parents suivent pendant plusieurs jours en catimini leur progéniture, dans une filature discrète, afin de s'assurer qu'elle a bien compris dans quel train monter, où en changer, à quelle gare descendre, quel trottoir suivre.

Afin qu'on les repère facilement, les *pikka pika no ichinensei* (« étincelants enfants de première année ») portent un sac à dos dont le rabattant est recouvert d'une jaquette jaune fluorescent sur laquelle est imprimé le pictogramme du panneau de signalisation routière « Attention école ».

D’ailleurs, la police japonaise profite de la rentrée scolaire pour lancer son implacable campagne de sécurité routière.

Au dos du rabattant se trouve une pochette dans laquelle est glissé un document indiquant le patronyme et le prénom de l’enfant, son groupe sanguin, les coordonnées de son école ainsi que son adresse et le numéro de téléphone où joindre ses parents.

Le civisme naturel des Japonais fait le reste :

— On aidera les petits écoliers à entrer dans les rames bondées, à traverser aux passages cloutés ;

— Si on voit un enfant errer sur un quai de gare ou dans une rue, on le remettra sur le bon chemin ;

— Si nécessaire, on regardera le document afin d’appeler l’école ou les parents.

Cela est arrivé une fois avec mon fils aîné, notre premier *pikka pika no ichinensei*.

Depuis une courte semaine, il se rendait seul à son école, fort éloignée de l’endroit où nous habitions, environ une heure de trajet avec deux changements dans deux gares parmi les plus fréquentées au monde. Alors que ma femme commençait à s’inquiéter de voir l’heure tourner, elle reçut un appel d’une dame. Celle-ci lui expliqua que, voyant un petit garçon fasciné depuis un bon moment par la vitrine d’un *pachinko* de la rue commerçante de notre quartier, elle s’était dit qu’une maman devait s’alarmer. Elle avait relevé notre numéro de téléphone pour nous appeler après l’avoir enjoint à rentrer dare-dare chez lui. Quelques minutes plus tard effectivement, notre fils penaud arriva à la maison.

De tels mouvements de solidarité sont devenus rares. Les enfants ont désormais un téléphone portable souvent équipé d’un traceur permettant à tout moment de savoir où ils sont, parfois d'une sirène portable sur la ficelle de laquelle ils peuvent tirer au cas où on les importunerait. Cette modernité a permis un jour à mon épouse de repérer que notre petit dernier s'était attardé dans une supérette. Elle l'appela donc.

« Tu es en retard ! Où es-tu ? lui dit-elle.

— Je viens juste de descendre du bus ! répondit-il.

— Ce n'est pas vrai ! Tu t'es arrêté à la supérette !

Notre fils ne savait pas encore qu'on pouvait le localiser grâce à son téléphone.

— Où es-tu ? Comment peux-tu le savoir ?

— À la maison ! Tu sais bien que les mamans sont un peu sorcières ! Elles voient à tout moment ce que font leurs enfants, surtout quand ils font des bêtises ! »

Notre fils ne rentra plus jamais en retard à la maison.

Certes la modernité a du bon, mais je ne suis pas certain que je n'aimais pas mieux l'appel d'une passante anonyme ayant repéré un enfant planté devant une vitrine…

Ringisho (稟議書) – Processus décisionnaire

Le *ringisho* est un document qui formalise le processus japonais de décision consensuelle. Il repose sur une approche démocratique « bottom-up » de management participatif et de décision collective fortement ancrés dans la mentalité japonaise, s'opposant à la pratique autocratique du « top-down ».

Certaines valeurs fondamentales sur lesquelles le *ringisho* repose sont essentielles à son succès :

— La loyauté, l'harmonie, le respect des anciens, issus du confucianisme ;

— L'humilité, la recherche du bien collectif plutôt que de la satisfaction personnelle, enseignées dans le bouddhisme ;

— Le sens de l'honneur, du devoir et l'exigence, bases de l'esprit *samouraï* du *bushido* ;

— Le fonctionnement des communautés d'entraide rendues nécessaires par la culture du riz, un peu comme le système de votation des Suisses, résultant de la solidarité villageoise d'autrefois.

Autant dire que le système du *ringisho* n'a aucune chance de réussir à s'implanter dans nos entreprises occidentales, où égoïsme, intérêt personnel, arrivisme dominent.

À l'opposé d'une démarche linéaire, le *ringisho* est une gestion circulaire des problèmes que pose toute intention d'action. Celle-ci est examinée sous tous les angles par tous les acteurs concernés qui y ajoutent leur point de vue, émettent leurs objections, approuvent, réclament un délai de réflexion ou le cas échéant expriment leur désaccord. C'est une stratégie d'encerclement qui utilise la tactique de l'effeuillage progressif jusqu'à atteindre l'épicentre de la question soumise à examen en traquant ses éventuelles faiblesses.

Typiquement, tout nouveau projet est soumis à la mécanique implacable du *ringisho*, véritable rouleau compresseur qui va disséquer par une avalanche de « pourquoi » et de « comment » toutes les faiblesses de l'idée soumise à la communauté, peu importe qu'elle ait été formulée par un subalterne ou un supérieur. Le document est en général mis en circulation par un cadre moyen au plus près du problème à régler ou du projet à implémenter. Il circule auprès de tous les chefs des services impliqués ou qui pourraient être affectés, jusqu'au sommet de la hiérarchie. Chacun des destinataires appose son *hanko*[1], le sceau nominatif qui fait fonction de signature. Le sens de l'application du sceau indique si on est en accord avec le projet (à l'endroit), en désaccord (à l'envers) ou si on est indifférent (en travers). Bien évidemment, l'efficacité de ce gallup tient dans la capacité à obtenir le maximum de *hanko* dans le bon sens.

C'est pourquoi un *ringisho* est rarement lancé dans le circuit de l'entreprise sans que l'idée qui y est exposée n'ait au préalable été analysée, réfléchie, disséquée, parfois soumise à l'épreuve du temps. Mais pour que la réussite soit assurée, il est nécessaire d'avoir recours en amont à deux techniques essentielles :

— Celle du *Hō-Ren-Sō* (« rendre compte, informer, consulter »), base de la gouvernance de toute entreprise japonaise, qui permet aussi de cultiver son réseau personnel.

— Celle du *nemawashi*, littéralement « le retournement des racines », expression empruntée à une technique d'horticulture pour transplanter un arbre sans le tuer. Le responsable de l'émission du *ringisho* va effectuer une tournée informelle des sections, départements et divisions impliqués dans le but d'obtenir leur adhésion et leur soutien, tout en tenant compte des suggestions qui permettront d'en améliorer le contenu originel. Lors de cette étape, la *nominication* (contraction de *nomu*, « boire », et *communication*) est importante, voire essentielle.

Le document peut alors circuler et, s'il a bien été préparé, il remontera peu à peu le courant jusqu'au sommet telle une carpe robuste où il ne pourra être

1. Voir l'entrée « *Hanko* ».

désapprouvé par le sommet de la hiérarchie, puisque le consensus a été atteint au sein du groupe concerné au premier chef.

Les critiques du processus opposent sa lenteur et la dilution des responsabilités à son efficacité. Par ailleurs, il freinerait le développement d'outils modernes de communication ou de nouvelles méthodes telles que le télétravail parce qu'on ne peut apposer son sceau sur un écran d'ordinateur. Au moment où j'écris ces lignes, le Japon se trouve fortement pénalisé dans son confinement par son impréparation et son incapacité à remplacer le *ringisho* par un document électronique adéquat.

Il n'en reste pas moins qu'un projet passé au crible d'un *ringisho* bien préparé a de fortes probabilités de voir son exécution parfaitement menée, à une vitesse fulgurante et sans laisser au moindre détail le risque de le voir échouer.

Ryakugo (略語) – Abréviations

La structure de l'écriture[1] japonaise permet tous les raccourcis et acronymes imaginables à souhait qui vont se fondre immédiatement dans le langage courant.

En effet, rien n'est plus facile que de combiner deux idéogrammes pour élaborer un nouveau mot ; on garde une partie de la racine fondatrice et on lui adjoint un autre caractère afin d'instruire un nouveau mot. C'est le principe des mots-valises.

1. Voir l'entrée « Écriture ».

D'autant que la lecture syllabique des idéogrammes autorise toutes les manipulations.

Les Japonais appliquent indifféremment cette gymnastique aux mots étrangers et d'origine locale.

De même, les entreprises n'éprouvent aucun scrupule pour pareillement émasculer l'enseigne de leur société tout à fait officiellement.

Quelques exemples permettront d'illustrer cette amusante gymnastique linguistique :

Sekuhara → sexual (*seku)* + harassment (*hara*) : « harassement sexuel » ;

Pawahara → power (*pawa*) + harassment (*hara*) : « abus de pouvoir » ;

Mazakon → mother (*maza*) + complex (*kon*) : « complexe d'Œdipe » ;

Lolicon → Lolita (*loli*) + complex (*con*) : « complexe de Lolita » ;

Eakon → air (*ea*) + condionner (*kon*) : « appareil d'air conditionné » ;

Rimokon → remote (*remo*) + controler (*kon*) : « télécommande » ;

Pasokon → personal (*paso*) + computer (*kon*) : « ordinateur portatif » ;

Tsuakon → tour (*tsua*) + conductor (*kon*) : « tour-opérateur » ;

Konbini → convenience (*konbini*) : convenience store = « supérette » ;

Choberiba → (*chō* = super) + very (*beri*) + bad (*ba*) : « très mauvais » ;

Ronge → long (*ron*) + (*ge* = cheveux) : « cheveux longs » (mauvais genre) ;

Naruhaya → narubeku (*naru* = superlatif) + (*haya[ku]* = vite) : « au plus vite » ;

Takunomi → (*[ji]taku* = domicile) + (*nomi* = boire) : « boire à la maison » ;

Asashan → (*asa* = matin) + shampoo (*shan*) : « se laver les cheveux le matin » ;
+ Mais récemment plutôt (*asa* = matin) + champagne (*shan*) : « boire du champagne dès le matin » ;

Hanakin → (*hana* = fleur) + (*kin[youbi]* = vendredi) : signifiait autrefois « s'amuser en fin de semaine », maintenant plutôt « aller boire un coup » ;

Kimoi → (*kimo[chi]* = sentiment) + (*[waru]i* = mauvais) : « être révulsé, trouver quelque chose ou quelqu'un repoussant » ;

Konkatsu →(*[kek]kon* = mariage) + (*katsu[dō]* = activité) : dîners de femmes et d'hommes célibataires en nombre égal, organisés en vue de trouver l'âme sœur.

Les entreprises ne sont pas en reste pour adopter des *ryakugo* dont elles abusent même pour adapter avec une pointe d'humour leur appellation. Ainsi, dans les années 1990, changer le nom d'une société en un *ryakugo* afin de lui donner un coup de jeune a fait fureur, comme cette importante société de construction centenaire qui changea son nom, Shimizu Kensetsu, en *Shim'z*.

Forcément, l'avènement des entreprises de l'économie numérique n'a fait qu'amplifier le procédé. Ainsi, une entreprise de vente par correspondance sur la Toile s'est-elle baptisée « RakSul » en combinant le mot *raku* (« facile ») avec le verbe *suru* (« faire »), tandis qu'une autre spécialisée dans le matériel et la papeterie de bureau a choisi de s'appeler « ASKUL », combinaison de *asu* (« demain ») et de *kuru* (« venir ») avec l'engagement de livraison dans les vingt-quatre heures.

Enfin, et bien que cette appellation ne soit pas officielle, il ne viendrait à personne l'idée d'appeler la célèbre société de commerce Sumitomo Shōji autrement que *Sumishō*.

Le *ryakugo* a donc de beaux jours devant lui.

Ryû Chishû (笠智衆) (1904-1993)

Un acteur français évoque irrésistiblement pour moi Ryû Chishû : c'est Jean Gabin.

Pourtant, rien dans leur physique n'était plus dissemblable :

Gabin était grand, large d'épaules, charpenté et massif ; il semblait taillé dans un roc indestructible. Une nature généreuse et robuste.

Ryû au contraire était fluet, presque malingre ; il avait un buste étroit, des membres grêles ; il était un peu voûté. Une fragilité de tuberculeux, ce qu'il n'était pas.

Gabin avait une tête à porter le chapeau ou la casquette, ce qui lui arrivait souvent, de préférence de travers pour que l'ombre portée souligne son regard.

Le crâne de Ryû n'aurait pas supporté le couvre-chef. Il était trop lisse, trop érémitique.

La « gueule » de Gabin, carrée aux mâchoires imposantes, respirait la gouaille ; son nez était épaté, ses paupières et la commissure des lèvres tombantes ; sa chevelure était opulente.

Le visage de Ryû, lui, était allongé, ascétique ; il avait des pommettes saillantes dont on devinait l'ossature sous le parchemin d'une peau trop fine ; ses oreilles étaient légèrement décollées en anses de poterie. Une petite moustache barrait la lèvre supérieure un peu trop mince, comme tirée au cordeau.

En regardant mieux Gabin, on découvre dans son regard un je-ne-sais-quoi de mélancolique, la cicatrice d'une blessure de l'âme bien cachée sous la fonte.

Dans celui de Ryû, en revanche, on lit une sorte de compassion sereine qui reflète un esprit lisse et tranquille.

Rien à voir, donc, pourrait-on penser.

Pourtant, il y avait dans le jeu des deux acteurs un ascétisme, un minimalisme, une sincérité, fort proches. Ils rayonnaient tous deux d'une force intérieure apaisante. Ils incarnaient la dignité, la retenue. L'humilité, la pudeur et la modestie transpiraient de leur personnalité. Ils n'avaient pas besoin de gesticuler. La parcimonie des expressions, l'économie de la gestuelle, voire son immobilité, crevaient l'écran. Ils étaient fiables, intègres, réservés. Ils étaient « naturellement naturels », spontanés, sans artifices ni fards.

Ils vous enveloppaient d'un sentiment de paix et de sécurité. Leur radiance spontanée vous touchait droit au cœur.

On sentait en eux le profond socle de l'Être et du Savoir.

S'il fallait ajouter un autre trait commun à ces deux hommes, outre le fait qu'ils étaient nés la même année à trois jours d'intervalle, Ryû Chishû le 13 mai, Jean Gabin le 17 mai, on pourrait citer leur accent, la gouaille parisienne de l'un, celui caractéristique de la province natale de l'autre, Kumamoto dans l'île de Kyushu et la monotonie de leur voix monocorde, sans tain, au plus près de l'os, comme désincarnée.

Ryû Chishû se trouvait maladroit. Il disait qu'il devait son succès à l'indulgence de son mentor, le réalisateur Ozu Yasujirõ[1] dans 52 des 54 films duquel il joua.

1. Voir l'entrée « Ozu Yasujirõ ».

Ryû Chishû était le fils du prieur supérieur d'un temple bouddhiste de la région de Kumamoto. Ses parents souhaitaient qu'il lui succède, mais il abandonna ses études universitaires de bouddhisme pour s'inscrire à l'académie de cinéma Shōchiku afin de suivre une formation de comédien.
La mort prématurée de son père l'obligea à revêtir les habits de moine, qu'il abandonna peu de temps après pour les passer à son frère aîné. La posture d'équanimité qui transpirait du personnage vint probablement de son éducation et de l'année où il dut assumer la charge de son père défunt.

Pendant dix ans, il ne joua que des rôles secondaires, souvent sans que son nom soit même cité au générique et déjà pour Ozu dans quatorze de ses films. Il obtint son véritable premier rôle dans un film de 1942 d'Ozu, *Il était un homme*. Il y joue le rôle d'un homme d'un certain âge alors qu'il n'a que 32 ans, à peine sept ans de plus que l'acteur qui jouait celui de son fils.

De ce jour, il tiendra la tête d'écran de pratiquement tous les films du réalisateur dont il sera l'acteur fétiche, au même titre que sa muse, Hara Setsuko[1].
En 1949, il joue dans le film *Printemps tardif* le rôle d'un homme veuf et vieillissant, le professeur Hiramaya, qui tente de convaincre sa fille Noriko (Hara Setsuko) de se marier. Il y parviendra en prétendant qu'il va se remarier. Ryû Chishû est bouleversant de sobriété et de pudeur dans ce chef-d'œuvre. Ses émotions, pourtant soigneusement voilées, saisissent à la gorge, notamment dans la scène finale quand la future mariée se montre à son père dans le kimono qu'elle va porter et se prosterne devant lui pour le remercier du soin qu'il a apporté à son éducation.

1. Voir l'entrée « Hara Setsuko ».

On pourrait citer des dizaines de scènes de cette profondeur dans lesquelles les sentiments pourtant intériorisés sont d'une densité intense, tels *Été précoce* (1951), *Voyage à Tokyo* (1953) ou *Le Goût du saké* (1962), tous d'Ozu.

Ryû Chishû n'a pas joué que pour Ozu. On le trouve dans *Les salauds dorment en paix* de Kurosawa[1] en 1960 et dans *Barberousse* (1965) ou *Rêves* (1989) tous deux du même réalisateur.

Il jouera également entre l'année 1969 et celle de sa mort, en 1993, dans quarante des films de la magnifique série *C'est dur d'être un homme* (*Otoko wa tsurai yo !*), dans laquelle il joue le rôle d'un moine bouddhiste compagnon du fameux Tora *san*[2] joué par le grand acteur Atsumi Kiyoshi. Un retour à ses sources, en quelque sorte !

En tout, il aura tourné dans plus de 160 films et fait de nombreuses apparitions dans 90 productions pour la télévision.

1. Voir l'entrée « Kurosawa Akira ».
2. Voir l'entrée « Tora *san* ».

S

Sakura (桜) – Le cerisier

De tous les fantasmes que suscite le Japon, celui du cerisier en fleur est sans doute le plus ancré dans l'esprit du commun des mortels. Alimenté par l'iconographie du Bureau du Tourisme japonais, le cerisier déclenche un réflexe quasi pavlovien dans l'esprit du voyageur : un premier séjour dans ce pays ne peut s'imaginer qu'à la saison des cerisiers en fleur.

J'ai toujours dépensé une énergie folle à tenter de dissuader les nombreuses personnes préparant le voyage de leur vie au Japon de s'y rendre au printemps.

Mon propos est de leur éviter une cruelle déception.

En effet, le printemps est la saison la plus instable de l'année. Bourrasques soudaines de vent, pluies inopinées, chutes brutales de température, ensoleillement décalé, tous les éléments de la météo se liguent pour balayer le chromo un peu mièvre des affiches de tourisme représentant une ravissante branche de cerisier en pleine floraison sous un ciel immaculé avec en arrière plan l'élégante toiture recourbée en un sourire engageant d'une pagode.

Oui, j’ose le clamer tout haut : le cerisier en fleur est la plus belle mystification du Japon, un canular à échelle internationale, une « trumperie » à la sauce nipponne !

Le cerisier, n’en déplaise aux thuriféraires, est un mythe éculé.

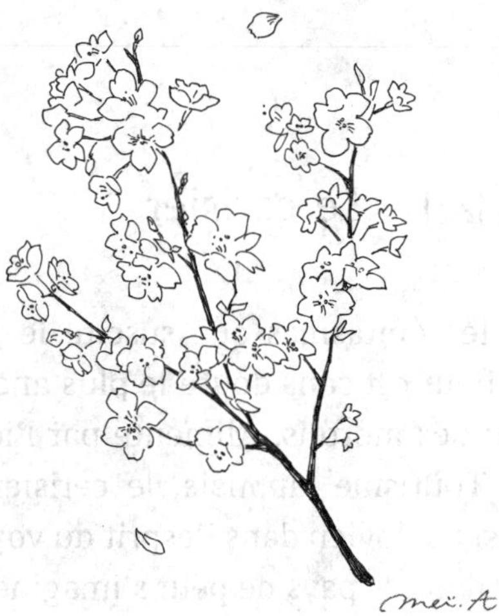

En effet, je ne connais pas d’arbre plus maniéré. Coquet, il mignarde, il feint, il feinte, il joue les prudes pour mieux vous embobiner et s’esquive à l’instant où vous êtes tombé sous son charme. Il est frivole, inconstant, futile.

Il suffit du moindre zeste de brise pour que ses vibrionnants pétales s’éparpillent tels des papillons effarouchés ; d’une goutte de pluie, et ceux-ci perdent la frisure de leur chevelure savamment permanentée ; une ondée plus conséquente les envoie irrémédiablement au tapis ; un coup de froid voile leur teint de pêche ; un printemps précoce ou tardif les effarouche. Le réchauffement de la planète décontenance le cerisier au point qu’il en oublie de fleurir pour s’empresser de bourgeonner.

Bref, il s'épanouit ou s'évanouit sans crier gare.

Il n'y a donc jamais de bon créneau pour saisir la pâmoison du cerisier. Il vaut mieux le savoir et abandonner tout espoir, ne compter que sur la bonne fortune ou le hasard pour espérer en apercevoir la gloire pendant un voyage printanier.

Je préfère au cerisier le prunier, ce Quasimodo à la gibbosité généreuse, boule de nerfs ramassée sur elle-même, que ses épaisses écailles de saurien protègent des agressions et qui griffe impétueusement le ciel de ses branches effilées.

Lui, il n'a peur de rien. Il ne craint pas les intempéries. Il les affronte ; il les nargue ; il leur fait la nique.

Il fleurit au plus froid de l'hiver ; il se nourrit des tempêtes de neige, et ses petites fleurs nerveuses résistent aux plus brutales bourrasques. Entêté, opiniâtre, tenace, ce bourricot ne se laisse pas intimider par les éléments.

C'est un vrai *samouraï* qui se bat, tandis que le cerisier drapé dans sa fragile parure minaude.

Vous aurez compris bien sûr que je suis de mauvaise foi. Mais la mauvaise foi est le carburant de l'écriture !

Alors, maintenant que j'ai soufflé le froid et convaincu le futur voyageur de n'être pas dupe des clichés que colporte la propagande officielle, passons au chaud.

Le charme du cerisier, ce n'est pas tant sa floraison que sa fragilité. Il est le symbole de notre propre vulnérabilité. Il nous rappelle que la beauté est éphémère. Il nous chuchote qu'il faut saisir le moment qui se présente et le savourer avec humilité et reconnaissance, car il ne se reproduira pas, selon le magnifique concept du *Ichi-go Ichi-e*[1].

---

1. Voir l'entrée « *Ichi-go Ichi-e* ».

Il nous enseigne que la seule manière décente et gracieuse de vivre est d'accepter le destin que nous imposent les éléments et que le fatum est une forme d'élégance.

C'est pour cela que le cerisier est si important au cœur des Japonais et qu'ils le vénèrent avec tant de constance.

Au printemps, toutes les chaînes de télévision du pays, de la plus frivole à la plus convenable, passent un temps d'antenne considérable à guetter la floraison des cerisiers. Une carte de l'archipel suivie par des commentateurs anxieux signale sa progression comme celle d'une armée d'invasion. Les embrasements de crêtes de montagnes soudainement fleuries sont des victoires clamées, les traîtres offensives de rafales de vent sont des défaites lamentées. Un docte spécialiste de la météo nationale chargé de la responsabilité écrasante de décréter le *Kaika Sengen* (« la déclaration de la floraison ») scrute les fleurs de l'arbre témoin dans chacune des quarante-sept préfectures du pays – à Tokyo, au sanctuaire Yasukuni. Sitôt celle-ci annoncée (je mets tout citoyen doté d'une acuité visuelle normale au défi de discerner pourquoi une fleur a atteint la maturité idoine tel jour et non pas la veille ou le lendemain), c'est la ruée pour le 花見 (*hanami*, « la contemplation des cerisiers »).

Le *hanami*. Ah ! Le *hanami* !

Tout Japonais normalement constitué se doit de se précipiter pour aller admirer les cerisiers en fleur dans les parcs, les temples, le long des rivières bordées de splendides allées de cerisiers qui forment des voûtes superbement illuminées. On croisera ainsi pendant la courte période du *hanami* – dix jours au maximum – 4 millions de badauds ébaudis par la munificence des grappes languides du parc d'Ueno à Tokyo, 2 millions au parc Hirosaki d'Aomori ou encore 1 300 000 dans la ville de Kakunodate dans la préfecture d'Akita, qui abrite habituellement moins de 15 000 habitants.

Le *hanami* est évidemment un prétexte de plus pour se livrer à d'interminables libations, bâfrer et chanter en famille, entre amis ou collègues de travail. On envoie un émissaire très tôt dans la matinée pour sécuriser un espace à l'endroit retenu. On étale une bâche bleue sous l'arbre choisi. On achète des packs de bière, des magnums de saké, des sachets d'amuse-gueules divers et variés.

Le soir venu, on se regroupe ; on se déchausse ; on s'assoit en cercle sur ses talons ; on dénoue sa cravate. Jusque tard dans la nuit on boit, on mange, on bavarde, on rit. On ne regarde pas beaucoup les fleurs du cerisier au-dessus de la tête, ou alors juste leur reflet quand un pétale sera venu se poser distraitement à la surface de la coupe de saké, qui sera un prétexte à citer de mémoire un *haïku*[1], par exemple :

Pétale qui choit	散る桜	*Chiru sakura*
Pétale sur sa branche	残る桜も	*Nokoru sakura mo*
Pétale choira	散る桜	*Chiru sakura*

Ryôkan (1758-1831) 良寛

Et si l'on est en verve poétique, aidé par l'aimable assistance autant que par une légère ivresse, on en composera un, par exemple :

Coupe de saké,	花びらを	*Hanabira wo*
Pétale à sa surface,	うかべし盃に	*Ukabeshi hai ni*
Joie ou bien chagrin ?	悦も悲も	*Etsu mo hi mo*

Richard Collasse, juin 2019… (小良須 リシャール)

Tard dans la nuit, on finit par dodeliner, s'endormir sur l'épaule du voisin. Parfois on rate le dernier train, alors

1. Voir l'entrée « *Haïku* ou *haïkaï* ».

on repart directement au bureau, le cerveau embrumé du souvenir des libations, la voix éraillée d'avoir trop bramé dans le micro des machines à *karaoke* portables.

Personne n'y verra d'objection, la célébration étant nationale.

Les origines du *hanami* remonteraient à l'ère de Nara (710-794). Il s'agissait d'une cérémonie implorant le dieu des Rizières, redescendu au bout de l'hiver des montagnes pour s'installer au printemps sous un arbre, afin que la récolte de riz soit abondante. Cet arbre était un cerisier.

N'oublions pas qu'au creux de toute histoire au Japon il y a toujours une divinité nichée !

La noblesse de cour de l'époque de Heian (794-1185) se mit à vénérer le cerisier pour sa beauté, ce qu'atteste une multitude de poèmes de cette période.

Pendant l'époque de Kamakura (1185-1333), l'engouement se propagea au sein de la caste des *samouraïs*, mais c'est Toyotomi Hideyoshi[1] (1537-1598), grande figure historique du Japon connue pour sa flamboyance, qui donna véritablement ses lettres de noblesse au *hanami* en invitant un jour de printemps mille trois cents personnes à venir admirer les sept cents cerisiers qu'il avait plantés au mont Daigo, à Kyoto. Les femmes présentes avaient reçu l'ordre de se changer deux fois pendant la réception. On servit saké et friandises à profusion.

Il ne restait au peuple qu'à s'emparer de l'affaire et de la fête, ce qu'il fit dès le début de l'ère d'Edo (1603-1868) et n'a jamais abandonné depuis.

---

1. Voir l'entrée « Sandai Bushõ ».

Bien que la fleur de cerisier ne soit pas le symbole officiel du Japon (c'est le chrysanthème, qui est celui de l'empereur), on la retrouve un peu partout, sur les boutons d'uniformes de l'ancienne armée de terre et de la marine impériale et de nos jours sur ceux des Forces d'autodéfense, qu'elles soient de terre, de mer ou de l'air, ou encore d'écoles ou d'universités prestigieuses telles que Gakushû-in, l'Alma Mater de tous les rejetons de la famille impériale. Depuis 1967, elle orne la face des pièces de 100 yens.

Le cerisier a même son hymne, la ritournelle *Sakura, Sakura*, composée à l'origine pour enseigner le *koto* aux enfants :

桜　桜	さくら、さくら	Cerisiers, cerisiers
弥生の空は	やよい　の　そらは	À travers le ciel de printemps…

La la si, la la si La si do si la si la fa

Il y a quelque six cents variétés de *sakura*, de la plus répandue, la *someyoshino* (80 %), à la plus rare, la *gyoikō*, dont les pétales ont la particularité de virer du vert au jaune au fil de la floraison. Le plus vieux cerisier du Japon est le *Yamada Jundai Sakura*, situé dans le temple Jisso-ji à Kitamori dans la préfecture de Yamanashi. Ce patriarche aurait plus de 1 800 ans.

C'est aux pentes d'une montagne de la préfecture de Nara, le mont Yoshino, qu'on a recensé la plus grande quantité de cerisiers, trente mille au moins. Lorsque, au moment du « 満開 » (*mankai*, « la pleine floraison »), une brise frôle ses flancs et que des millions de pétales de toutes teintes s'éparpillent, la montagne brasille en un gigantesque tableau impressionniste comme si Monet l'avait éveillée d'un coup de pinceau géant.

C'est un spectacle qui fait monter les larmes aux yeux. On en oublie qu'on est venu cent fois trop tôt, ou trop tard, ou sous une de ces pluies battantes du printemps japonais, ou par un jour de brouillard à couper au couteau…

Quand nous avons acheté notre maison à Kamakura, nous avons trouvé dans le jardin les trois arbres symboliques du Japon, les bien nommés « 松竹梅 » (*Shô-Chiku-Bai*, « le pin, le bambou, le prunier »). Notez que le cerisier ne fait pas partie de cette Sainte-Trinité.

Nous avons voulu réparer cette injustice en ajoutant à la panoplie un cerisier pleureur qui, malgré son appellation, est moins maniéré que ses aînés. Un ami nous l'a offert. Nous l'avons planté sans réfléchir, pensant honorer à la fois l'ami et le cerisier, dans la cour conduisant à l'entrée de la maison, un magnifique espace de graviers immaculé impeccablement ratissé, ponctué d'un cheminement de pierre en saute-mouton.

Soit parce que le jardinier avait mal effectué son travail, soit parce que notre jardin de pierre était vexé que nous l'ayons défiguré, mais plus sûrement parce qu'il avait senti qu'au fond de moi-même je méprisais son espèce, le cerisier pleureur s'est mis à dépérir. Il refusait de fleurir au printemps, ses feuilles se recroquevillaient en été, à l'automne il se couvrait de chenilles qui tombaient dans les cheveux des visiteurs et en hiver il ressemblait à un martinet de pensionnat. Au bout de deux ou trois ans de sa bouderie et de notre vain acharnement thérapeutique, je capitulai. Nous l'arrachâmes, rendant à la cour d'accès de notre demeure la sérénité zen que nous n'aurions jamais dû bousculer et on n'en parla plus.

Mon épouse, comme à son habitude, avait assisté à la décrépitude de mon caprice avec placidité.

Ah ! Une dernière chose, ce cerisier du Japon, qui se pavane tel un paon, qui vous toise de sa magnificence, est stérile : il ne produit pas de fruits.

Les esprits chagrins ne manqueront pas de vous dire qu'il est donc parfaitement inutile…

Sandai Bushō (三大武将) – La triade guerrière

Oda Nobunaga, Toyotomi Hideyoshi, Tokugawa Ieyasu.

Trois hommes. Trois chefs de guerre.

Ce sont les trois fondateurs de l'État japonais, les Sandai Bushō.

On disait d'eux :

« S'il ne chante pas, tuons le coucou, ordonnait Oda Nobunaga.

S'il ne chante pas, faisons chanter le coucou, exigeait Toyotomi Hideyoshi.

S'il ne chante pas, attendons que le coucou chante, patientait Tokugawa Ieyasu[1]. »

Au début du XVIe siècle, le Japon ne dispose d'aucune structure politique nationale. Le pouvoir central s'est désintégré au siècle précédent. L'empereur est plus que jamais une marionnette dépourvue de toute autorité.

1. Traduction libre du dicton populaire : « *Oda Nobunaga wa : nakanu nara, koroshite shimae, hototogisu/Toyotomi Hideyoshi wa : nakanu nara, nakasete miyō, hototogisu/Tokugawa Ieyasu wa : nakanu nara, nakumade matō, hototogisu* ».

C'est la « période des provinces en guerre » Sengoku, qui va durer cent ans, très précisément de 1477 jusque 1573, caractérisée par le règne anarchique de suzerains locaux qui contrôlent des régions entières, tandis que les sectes bouddhistes telles que la Vraie Secte de la Terre Pure Jōdo Shinshû se découvrent des velléités de puissance et contestent l'autorité des féodaux. Les combats sont incessants pour s'approprier de nouveaux territoires ou assurer une suprématie régionale. Certains *daimyōs* dont les possessions couvrent parfois plusieurs provinces se dotent d'une force de défense redoutable et tendent à annexer les domaines plus petits par la violence ou au moyen d'alliances de terrain qui se défont aussi vite qu'elles se sont nouées.

Le pays est ravagé.

Oda Nobunaga (1534-1582)

Oda Nobunaga est la première figure à se préoccuper de l'unification du pays.

Né en 1534, c'est un simple *daimyō* dont l'influence du clan s'étend sur trois provinces proches de Nagoya, à l'est de Kyoto. Sa première grande victoire sur le clan rival Imagawa lors de la bataille d'Okehazama en juin 1560 avec une troupe d'à peine 2 000 fantassins contre 25 000 soldats ennemis consacre son génie de tacticien. Durant cette bataille, il remarque un humble serviteur de sa suite, Kinoshita Tōkichirō, qui prendra par la suite le nom de Toyotomi Hideyoshi.

L'année suivante, il forge une alliance avec un ancien vassal du clan Imagawa, Matsudaira Motoyasu, qui deviendra plus tard Tokugawa Ieyasu.

La triade guerrière qui va unifier le pays est en place.

En 1568, Oda s'empare de Kyoto et des deux cours moribondes de l'empereur et du *shōgun*. Il livre ensuite une série de batailles contre plusieurs clans de l'île principale de Honshû pour renforcer son pouvoir.

Le mouvement de résistance Ikkō-ikki contre les *daimyōs* encouragé par la Vraie Secte de la Terre Pure devenant une menace, Nobunaga mène plusieurs campagnes peu convaincantes contre leurs fortifications, puis il lance en septembre 1571 une attaque préventive contre le monastère Enryaku-ji de la secte Tendai, dont les moines-soldats prêtent assistance à un rival dangereux. Il rase dans la foulée les installations monastiques du mont Hiei, massacrant les moines et les civils, y compris vieillards, femmes et enfants, éliminant impitoyablement les fuyards.

Les rebelles Ikkō-Ikki lui ont pourtant infligé à deux reprises une cuisante défaite, mais il finit par les vaincre en 1574 à Nagashima, leur forteresse principale. Il extermine de nouveau plusieurs dizaines de milliers de défenseurs.

Sa cruauté lui vaudra le surnom de « *daimyō* Démon ».

En 1580, au bout de dix années de siège du monastère fortifié Ishiyama Hongan-ji à Osaka, il se débarrasse définitivement des derniers moines-guerriers.

En 1582, Oda Nobunaga est au sommet de sa puissance. Il est le seigneur de la guerre le plus puissant du pays, dont il domine vingt provinces. Après avoir défait quelques clans qui lui résistaient encore, il s'apprête à envahir l'île de Shikoku et la province d'Echigo à l'est.

Alors que ses armées sont parties prêter main-forte à l'un de ses généraux mis en difficulté à Takamatsu dans l'île de Shikoku, il décide de se rendre à Kyoto accompagné d'une escorte d'à peine trente pages pour assister à une cérémonie du thé au temple Honnō-ji. Le 21 juin 1582, un de ses vassaux, Akechi Mitsuhide, décide de l'assassiner pour une raison qui demeure inexpliquée. Il se rend avec une escouade de spadassins au temple. Malgré une résistance courageuse, les compagnons de Nobunaga sont vite débordés. Oda se fait *seppuku* non sans recommander à son plus jeune page, Mori Ranmaru, de fuir après avoir mis le feu au temple afin que sa tête décapitée ne soit pas exhibée par les traîtres. Mais ce dernier reste auprès de son maître et se suicide à son tour, devenant une figure révérée par les Japonais pour sa loyauté et sa dévotion.

Le corps d'Oda ne sera jamais retrouvé.

Au-delà des fleuves de sang qu'il fit couler, Nobunaga a laissé un legs important en libéralisant le commerce, brisant les monopoles et encourageant les guildes à s'ouvrir. Il mit en place un embryon d'administration civile, réglementa la monnaie, fit construire routes et ponts, toujours dans un esprit d'unification du territoire.

Il encouragea les arts. C'est sous son règne que Sen no Rikyû établit les fondamentaux de la cérémonie du thé. En 1576, il accueillit même les missionnaires jésuites, les autorisant à construire la première église à Kyoto. Un de ses fils se fit baptiser sous le nom de Pierre.

Oda Nobunaga disparu, c'est son fidèle lieutenant Toyotomi Hideyoshi qui prend sa succession. Il est né en 1537 d'une famille paysanne de basse extraction. Son père était un *ashigaru*, cette piétaille que les *samouraïs* recrutaient parmi la paysannerie pour constituer l'infanterie nécessaire à leurs incessantes batailles. Orphelin dès l'âge de 7 ans, il aurait étudié un temps dans un monastère, mais cette vie ne lui convenant pas, il loue bientôt ses services à un seigneur local en devenant lui-même *ashigaru*. Il rejoint le clan Oda en 1558.

Rapidement, grâce à ses seules compétences, il devient un « porte-sandales », sorte de secrétaire particulier de Nobunaga. Sa loyauté à son maître est absolue. On raconte qu'il réchauffait les sandales de ce dernier dans son giron avant qu'il ne les enfile.

Excellent négociateur, il parvient en 1564 à convaincre plusieurs puissants seigneurs de rejoindre son maître. Il se distingue également au cours de batailles décisives, notamment lors du siège du château d'Inabayama en 1567.

En 1573, Nobunaga le nomme *daimyō* de trois fiefs.

Sa montée en puissance est phénoménale.

Treize jours à peine après l'incident de Honnō-ji au cours duquel Oda disparaît, il le venge en battant l'armée du traître Akechi, qui est tué. Il succède à Nobunaga et va s'attacher à poursuivre son œuvre d'unification en soumettant par la négociation ou la force de nouveaux fiefs. Dès 1583, il contrôle ainsi trente provinces.

En 1584, un des fils de Nobunaga s'insurge contre Hideyoshi et s'allie à Tokugawa Ieyasu. Une bataille sans vainqueur ni vaincu mène les deux rivaux dans une impasse dont Hideyoshi se sort en faisant la paix mais en envoyant en otages chez Ieyasu sa jeune sœur et sa propre mère.

Pas plus qu'Oda, Toyotomi ne prend le titre de *shōgun*, mais il devient chancelier *daijō-daijin* de la cour, puis en 1585 il est nommé *kampaku*, régent impérial.

Il ne lui faudra que quelques années supplémentaires pour soumettre les îles de Shikoku et de Kyushu et réduire enfin un puissant daimiat du Kantō qui menaçait son hégémonie.

L'unité politique du pays est reconstituée.

Au bout de plus d'un siècle de guerres civiles, l'archipel connaît enfin la paix.

Toyotomi avait été relativement tolérant avec les chrétiens. Il en avait admis dans son entourage. Par exemple, un *daimyō* baptisé Dom Justo Takayama avait joué à ses côtés un rôle important dans la victoire de la bataille de Shizugatake, en 1583. Quelques prêtres étrangers étaient proches de lui. En 1587, il décide cependant de bannir les missionnaires chrétiens du Kyushu afin d'exercer un contrôle plus strict sur les *daimyōs* convertis de l'île tout en s'abstenant, du moins dans un premier temps, de persécuter les croyants. Dix ans plus tard, indisposé par une dispute entre jésuites portugais et franciscains espagnols, il fait arrêter 26 chrétiens, dont 5 missionnaires franciscains et 1 Mexicain, 3 jésuites japonais et 17 fidèles qu'il fait torturer et parader dans plusieurs villes du pays avant de les faire crucifier à Nagasaki, capitale de la chrétienté japonaise.

C'est la première étape de l'éviction des chrétiens du Japon.

Une fois ses conquêtes achevées, Toyotomi se trouve à la tête d'une pléthore de soldats dont il ne sait que faire. Il décide alors d'attaquer la Chine pour les occuper. Les

Coréens refusant de lui livrer le passage, il envahit la péninsule en 1592. Son armée ravage le pays, mais elle est refoulée par des troupes chinoises venues à la rescousse de leur satellite. Si les Japonais parviennent à se maintenir plusieurs années dans la Corée méridionale avec notamment une nouvelle expédition tentée en 1597, la mort de Hideyoshi l'année suivante offre un prétexte au rapatriement du corps expéditionnaire. La première tentative d'une conquête continentale par le Japon se solde par un fiasco total. Le seul bénéfice de cette campagne sera la confiscation de céramiques coréennes fort prisées et l'importation forcée de maîtres potiers coréens qui influenceront considérablement l'art de la poterie japonaise.

Durant la campagne de Corée, la succession de Toyotomi s'est posée. Il avait adopté son neveu Hidetsugu à la suite du décès de son fils, en 1591. Mais un autre fils naît l'année suivante. Il exile alors son neveu au mont Kōya puis lui ordonne en 1595 de se suicider, à la suite de quoi, il fait massacrer le reste de la famille, dont trente et une femmes et plusieurs enfants. Un Conseil de cinq Anciens, les *go-tairō*, est alors nommé parmi les *daimyōs* les plus influents. Ils seront chargés le moment venu de gérer la relève.

Durant sa mandature, Hideyoshi a imposé des changements fondamentaux à la société de l'époque. En 1588, il interdit aux paysans la possession d'armes qu'il fait confisquer, les empêchant ainsi de se rebeller. Il supprime l'esclavage. Dans le même temps, il oblige les *samouraïs* à résider dans les garnisons des villes du pays, créant ainsi l'ébauche du système rigide de classes sociales qui prévaudra durant les trois cents années suivantes. Après avoir instauré le recensement de la population, il met en place un contrôle sévère des déplacements, interdisant par exemple aux gens de quitter leur fief sans permission.

En 1590, il a achevé la construction de l'impressionnant château d'Osaka afin de contrôler l'accès à Kyoto par l'ouest.

Sur le plan culturel, son goût *hade* tape-à-l'œil encourage une débauche de production artistique. Sa passion pour la cérémonie du thé aide au développement de cette discipline. Il fait construire un pavillon de thé démontable couvert de feuilles d'or sur ses parois extérieures et tapissé de tulle rouge sang à l'intérieur qui le suit dans tous ses déplacements. Le maître de thé Sen no Rikyû[1] est un proche. Pourtant, lors d'un de ces fréquents accès de rage dont il est coutumier, il lui ordonne en février 1591 de se faire *seppuku*. Sans doute rongé par le remords, il encouragera plus tard la construction de nombreux pavillons de thé inspirés des canons esthétiques promus par le maître. Enfin, il s'intéressera au théâtre *nô*, allant jusqu'à monter lui-même sur les planches pour jouer le rôle-titre *shite*.

Tokugawa Ieyasu (1543-1616)

La désastreuse campagne de Corée et la faiblesse de la succession mise en place par Toyotomi Hideyoshi vont permettre à son allié et néanmoins rival Tokugawa Ieyasu d'accaparer le pouvoir très peu de temps après sa mort.

De son premier nom Matsudaira Takechiyo, Ieyasu est né en 1543. Son père était un modeste seigneur de la guerre dont le territoire, bien que contrôlant une portion de la route du Tokaido reliant l'est du Japon à Kyoto, était

1. Voir l'entrée « Sen no Rikyû ».

pris en étau entre deux seigneuries puissantes, celle du clan Oda et celle des Imagawa. L'enfant est ballotté au gré des trahisons et des revirements d'alliances ; pris en otage à l'âge de 5 ans par un adversaire de son père, il restera prisonnier jusqu'à l'âge de 14 ans.

Rentré dans le fief familial en 1556, il participe à sa première bataille deux ans plus tard, démontrant un courage et un sens tactique hors du commun. De combats en alliances et d'alliances en défections, il consolide son pouvoir jusqu'à devenir indispensable au clan Oda, auquel il a déclaré allégeance. En 1568, il est aux côtés des troupes de Nobunaga lors de la prise de Kyoto.

En 1579, à la suite d'un conflit majeur avec le puissant clan Takeda qui a rompu son pacte avec l'alliance Oda-Tokugawa, l'épouse de Ieyasu et son fils sont accusés d'avoir conspiré pour faire assassiner Oda Nobunaga. Ieyasu ordonne alors sans état d'âme la mort de sa femme et exige de son héritier qu'il se fasse *seppuku*.

En 1582, il profite de la mort d'Oda pour s'emparer de nouveaux territoires.

Il reste prudemment à l'écart d'un conflit qui oppose Toyotomi Hideyoshi à l'un de ses conseillers, mais en 1684 il prend la dangereuse décision de soutenir le fils aîné d'Oda Nobunaga contre Hideyoshi. Ce sera la seule fois où les deux géants seront en conflit ouvert. Ils enterrent rapidement le sabre de guerre en recourant, entre autres, au procédé d'adoption par Hideyoshi du second fils de Ieyasu.

Ce dernier ne participe pas aux campagnes de Toyotomi dans le Shikoku et le Kyushu. Il est trop occupé à consolider sa base. Il rejoint néanmoins en 1590 l'armée d'Hideyoshi pour abattre le dernier *daimyō* indépendant du pays. À cette occasion, Hideyoshi lui propose de troquer les huit provinces de la région du Kantō qu'ils s'apprêtent à annexer contre les cinq contrôlées par ses soins, ce que Ieyasu accepte.

C'est à la suite de ce pacte qu'il déplace ses pénates de sa région natale vers le petit village de pêcheurs d'Edo. Ce qui aurait pu être un désastre va se révéler une brillante idée : elle va permettre à Ieyasu de gagner son autonomie dans cette région isolée du reste du Japon et de devenir le deuxième *daimyō* le plus puissant du pays. Un proverbe japonais encense cette décision : « Ieyasu a gagné un empire en faisant retraite ».

La mort de Toyotomi et de deux des « cinq Anciens » de son conseil offre à Ieyasu l'occasion de s'emparer du château d'Osaka, où son fils Hideyori âgé de 5 ans vit avec sa famille. Cette action déclenche l'ire des trois Anciens restants, qui rameutent tous les *daimyōs* restés fidèles. Le 21 octobre 1600, la plus grande bataille de l'époque féodale, dite « de Sekigahara », oppose cent soixante-dix mille soldats de chaque camp.

Elle se solde quelques jours plus tard par la victoire totale et définitive de Tokugawa Ieyasu.

Le 24 mars 1603, il reçoit de l'empereur le titre de *shōgun*.

Il vient juste d'avoir 60 ans. L'unification du Japon est achevée.

En 1615, une dernière tentative de complot fomentée par les fidèles de Toyotomi autour de son fils Hideyori se solde par la prise du château d'Osaka et l'exécution des derniers membres de sa famille, y compris le fils de 8 ans d'Hideyori, qui est décapité, marquant l'extinction définitive du clan.

Ieyasu n'aura eu au cours de sa vie que deux préoccupations majeures :

— La *Pax Japonica*, qui passe par la pérennisation de l'unification du Japon ;

— La stabilité des successions pour assurer celle du pays.

Hanté par les expériences malheureuses de ses prédécesseurs, Ieyasu va s'efforcer de mettre en place un système politique qui lui survivra durant près de trois cents ans jusqu'à l'arrivée des vaisseaux noirs américains du commodore Perry. En 1605, il abandonne son titre de *shōgun* pour installer l'un de ses fils à sa place tout en continuant dans l'ombre de gérer les affaires de l'État. Sa mort, en 1616, ne provoquera aucun trouble politique. Une solide administration centrale placée sous l'autorité de deux conseils composés de *daimyōs* héréditaires a été mise en place. Des gouverneurs civils, les *bugyōs*, contrôlent les affaires financières, inspectent les monastères, les temples et les sanctuaires ainsi que les principales villes du pays. C'est un système tout à la fois autocratique et collégial qui privilégie le mérite sur l'hérédité. La suprématie de la bureaucratie s'affirme peu à peu. La collégialité des décisions fait force de loi. La responsabilité collective supplante l'autorité individuelle. Ainsi s'affirme le goût des Japonais pour l'anonymat des décisions et le partage de l'autorité qui prévaut encore de nos jours au sein des administrations et des entreprises.

Afin de préserver le pays des guerres intestines qui l'ont ravagé durant des siècles, il faut un contrôle féroce des fiefs. Ieyasu met d'abord en place le système de résidence alternée *sankin-kōtai* obligeant les *daimyōs* à passer une année sur deux à Edo et à y laisser en permanence femmes et enfants en résidence surveillée. L'entretien d'une demeure permanente à Edo est une lourde charge qui obère d'autant les velléités de rébellion. Le va-et-vient incessant des *daimyōs* entre leur fief et Edo convoqués à la capitale pour un tout ou pour un rien est une autre source conséquente de dépenses. Les routes partant de la capitale sont étroitement surveillées afin d'éviter toute tentative de fuite des épouses et de leurs enfants. Les mariages et les alliances contractuelles entre différentes familles de *daimyōs* eux-mêmes sont l'objet d'un suivi permanent.

Ieyasu a d'abord montré à l'égard des chrétiens plus d'indulgence que son prédécesseur. La population de croyants s'élève au début du XVIIe siècle à environ trois cent mille personnes. C'est une proportion non négligeable de la population. S'il se méfie du prosélytisme des missionnaires, car il est au courant de leur rôle dans les conquêtes européennes en Asie du Sud-Est, il protège les missionnaires espagnols afin d'inciter leurs compatriotes à se rendre directement à Edo pour commercer avec eux. Mais l'arrivée de marchands protestants anglais et hollandais peu portés sur l'évangélisation va le convaincre rapidement que le christianisme n'est pas une condition nécessaire à l'établissement de relations commerciales avec les Européens. En 1609, il laisse les Hollandais établir un comptoir dans l'île méridionale de Kyushu. Les Anglais sont autorisés à faire de même en 1613. Ieyasu relance alors la politique de persécution de son prédécesseur et procède à de nouvelles exécutions de religieux et de fidèles. Tous les missionnaires étrangers sont exterminés ou contraints de quitter le Japon. Les chrétiens japonais ont le choix entre apostasier ou souffrir le martyre.

C'est la seconde phase de l'éradication des chrétiens du Japon, qui culminera en 1637-1638 avec le massacre des trente-sept mille chrétiens retranchés dans la forteresse délabrée de Shimabara, dans l'île de Kyushu.

L'isolation du pays superposée à un encadrement sévère de l'ensemble de la population japonaise mise en place par Ieyasu va perdurer jusqu'au XIXe siècle. Cette politique pour préserver l'unité et protéger l'archipel est sans contestation possible à l'origine du comportement passif des citoyens. Les Japonais belliqueux et hardis du XVIe siècle deviennent rapidement des sujets obéissants se pliant avec résignation aux ordres de leurs supérieurs hiérarchiques qu'ils suivent sans se poser de questions. L'étiquette rigide imposée à tous les niveaux leur sert de garde-fou pratique en les enfermant dans un conformisme de bon aloi. Le consensus mou prévaut. Les antagonismes sont étouffés, les règles de bienséance sont observées scrupuleusement, le recours à la violence devient rare. La docilité est un gage de tranquillité.

L'individu n'est pas mort pour autant, mais il s'enfouit prudemment sous un terreau de conventions aimables encore vivace au XXIe siècle.

Ieyasu a transformé en profondeur l'âme japonaise.

Séguret (haut Vaucluse)

Non, ce village de haute Provence n'est pas jumelé avec une ville du Japon.

Il n'aurait rien à faire dans ce dictionnaire, bien que berceau de mon enfance nonobstant le fait qu'un peintre amateur de Fukuoka, dans l'île de Kyushu, soit venu y passer chaque année entre 1965 et 2005 un mois dans une petite résidence d'artistes afin d'immortaliser les paysages immuables du Vaucluse.

Il n'aurait vraiment rien à faire dans ce dictionnaire, bien que j'y ai amené depuis une bonne quarantaine d'années des cohortes d'amis, clients et journalistes japonais dont certains ont réalisé de jolis reportages publiés dans des revues prestigieuses, ou réalisé des émissions de télévision oubliées de la postérité.

Il n'aurait toujours pas sa place dans ce dictionnaire forcément amoureux, bien que je me sois un temps enorgueilli d'être le premier enfant du pays à avoir épousé une Japonaise.

En effet, je ne suis pas le premier.

J'ai un illustre prédécesseur.

Je l'ai découvert il y a trente ans.

Les habitants du village savaient tous que j'habitais Tokyo depuis plusieurs années quand ils ont appris que j'avais également une épouse japonaise. Un jour, une amie d'enfance, jolie brune typique de notre Provence, aux yeux noisette tirés en amande et au teint mat, que je croisai dans nos ruelles m'interpella :

« Tu sais que tu n'es pas le premier du village à ramener une Japonaise ? Mon arrière-grand-mère venait de Yokohama ! »

Devant mon incrédulité, elle m'invita à passer chez ses parents. Sur une crédence dans la salle à manger était posée dans un cadre ovale une photo sépia prise vers la fin du siècle – le XIXe, s'entend. Sur cette photo, un homme de belle prestance aux cheveux et à la moustache déjà gris se tenait debout, en costume trois-pièces, le pouce de la main gauche enfilé dans la poche de son gilet, la main droite reposant sur le dossier d'un fauteuil. À ses côtés, assise sur le fauteuil, se trouvait une ravissante jeune femme. Elle avait les pieds sagement joints, les mains croisées sur son giron. Elle portait un kimono qu'on devinait de riche facture. Son visage impassible très fardé était encadré de la coiffure typique des *geishas*[1] à coques surmontée d'un chignon dans lequel un peigne et des breloques étaient fichés.

« Mon arrière-grand-père et mon arrière-grand-mère ! », me dit-elle sobrement.

Puis elle m'entraîna dans le grenier, où elle ouvrit une grande malle laquée qui sentait la naphtaline. Elle en sortit plusieurs magnifiques kimonos impeccablement conservés, des ceintures *obi* de brocart soigneusement pliées, des chaussettes *tabi* qui avaient à peine jauni, des ustensiles de coiffure, peignes en écaille de tortue, minces aiguilles en argent surmontées de perles de culture ou de billes d'ambre.

Alors, elle me raconta l'histoire de ses aïeux.

« Tu sais, me prévint-elle, je ne suis pas sûre qu'il n'y ait pas une part de légende dans ce que je vais te raconter. C'est en tout cas ainsi que l'histoire est transmise dans la famille : mon arrière-grand-père est né en 1820. Il est monté très jeune faire ses études à Paris, puis il est entré au Comptoir d'escompte de Paris. En 1862, il est envoyé par sa banque dans la filiale de Shanghai. Il a une femme et deux enfants, mais il y part seul. À l'époque, le voyage en bateau était long et pénible, et les conditions de vie en Chine difficiles.

» Cinq ans plus tard, son employeur l'envoie à Yokohama, où vient de s'ouvrir une succursale qui dépend de la filiale chinoise. Bien entendu, sa famille ne l'y rejoint pas. Ses enfants continuent de grandir sans lui. Il n'est rentré que deux fois en cinq ans. Il ne les reverra d'ailleurs pas avant son retour définitif en France, en 1877, quand la banque fermera sa filiale japonaise. Ce sont alors de jeunes adultes qui ont si peu connu leur père !

» À 47 ans, il est encore dans la force de l'âge quand il s'installe à Yokohama. À l'époque, il n'était pas rare

1. Voir l'entrée « *Geisha* ».

que les résidents étrangers célibataires se voient octroyer contre rétribution une femme pour les distraire, qu'ils laissaient derrière eux quand ils rentraient au pays. Mon arrière-grand-père ne fit pas exception : une jeune femme lui fut présentée. C'était une jeune *geisha* de 20 ans. Elle s'appelait Shio. Apparemment, il apprit rapidement suffisamment de japonais et elle de français pour qu'ils puissent communiquer. Elle resta à son service tout le temps qu'il passa à Yokohama, dix ans.

» Il était visiblement très attaché à elle, car au moment de partir, au lieu de l'abandonner, il lui proposa de le suivre en France, promettant de divorcer et de l'épouser. Malgré l'incroyable aventure que représentait pour une jeune Japonaise le fait de traverser les océans et de s'installer à Paris, elle accepta. On raconte dans la famille qu'elle força l'admiration tant elle était éprise de lui et qu'elle resta à son entière dévotion jusqu'à sa mort.

» Il tint sa promesse. Il se sépara de sa femme française et épousa Shio. Ils ont eu un enfant ensemble, une fille. C'est ma grand-mère, qui fut partiellement élevée à Paris, où mon arrière-grand-père travailla encore près de dix ans pour la banque. Quand il prit sa retraite vers 1885, ils revinrent dans le berceau familial à Séguret, où ils ont fini leur vie. Mon arrière-grand-mère s'est éteinte à l'âge de 75 ans sans jamais être retournée au Japon. »

Mon amie se retourna vers moi et conclut :

« Tu comprends maintenant pourquoi, quand j'étais petite, on m'appelait “la Chinoise” ? Il est vrai que j'étais plus typée que maintenant ! »

Inutile de vous dire que je suis fort déçu de n'être que le second fils de notre village perdu au pied des Dentelles de Montmirail à y avoir ramené une Japonaise !

Sei Shônagon (清少納言) – Dame de cour, écrivain (965 ou 966-1017 ou 1025)

Dans un article du *Figaro* paru le 29 juin 2018 dans les pages « Champs libres », l'entrepreneur et intellectuel Mathieu Laine[1] exhortait les lecteurs à profiter de l'été pour lire *Les Notes de chevet* d'une dame de cour japonaise ayant vécu à la charnière des Xe et XIe siècles, Sei Shônagon. Écrivant cette entrée de mon dictionnaire au plus fort du confinement imposé par la pandémie de la Covid-19, à mon tour de vous en recommander la lecture. *Les Notes de chevet* de Sei Shônagon sont en effet autant d'invitations à observer le quotidien qui nous entoure avec une capacité incessante d'émerveillement.

De cette femme, on sait en fait peu de choses, sinon qu'arrivée au palais impérial de la capitale Heiankyō (future Kyoto) au début de l'année 990, elle fut mise au service d'une jolie princesse de 15 ans, Sadako, qui devint peu après l'épouse de l'empereur Ichijô. Elle restera fidèle à cette impératrice, y compris après la disgrâce qui la frappa quelques années plus tard. Il semblerait que Sei resta en relation avec la cour jusqu'en 1013, date après laquelle son destin s'enfonce dans les sables mouvants du passé. Pour certains, elle finit pauvre et misérable, pour d'autres elle se fit nonne, ou bien encore elle épousa un gouverneur de province. Bref, autant de mystères qui entretiennent joliment sa légende. La date de sa mort reste inconnue. Son nom lui-même ne semble être qu'un de ces surnoms dont étaient affublées les dames du palais. Ainsi, le mot *shônagon* signifierait-il « troisième

1. Auteur du *Dictionnaire amoureux de la liberté*.

sous-secrétaire d'État », peut-être en référence à un de ses parents qui occupait cette dignité. *Sei*, pour sa part, serait la racine du nom de sa famille.

L'époque dite « de Heian » se caractérise par la domination du pouvoir central sur l'archipel par la famille des Fujiwara, notamment Michinaga, le *kampaku* (maire du palais s'apparentant à un régent) qui dirigea les affaires du pays entre 995 et 1027. Cette stabilité relative favorisa un foisonnement intellectuel sans précédent autour de la cour impériale. En effet, les courtisans, tant qu'ils ne se mêlaient pas aux affaires du pays, jouissaient d'une grande liberté. Esthètes, hédonistes, ces aristocrates étalaient un raffinement quelque peu efféminé en contraste avec la virilité des *samouraïs*. Les femmes jouaient un rôle important dans cette société qui respectait l'esprit et la délicatesse. Elles étaient appréciées autant pour leurs talents que pour leur beauté.

C'est dans ce contexte que s'épanouit la littérature japonaise de l'époque. S'emparant des syllabaires *katakana* et *hiragana*, plus simples à manier que les laborieux idéogrammes chinois et permettant de reproduire la langue vernaculaire encore peu « polluée » par les mots d'origine chinoise, les femmes monopolisèrent le genre des *nikki*, journaux dans lesquelles elles consignaient les événements marquants de leur vie, voire des romans dont le plus abouti est le célèbre *Dit du Genji*[1] de Murasaki Shikibu, autre dame de cour contemporaine de Sei Shônagon et semble-t-il sa rivale.

Bien que d'une narration différente, ces deux ouvrages représentent les deux piliers créatifs d'une évidente domination féminine de la littérature classique japonaise. Dans le prolongement logique quoique différent des *nikki*, les

1. Voir l'entrée « Murasaki Shikibu ».

sōshi sont également des écrits intimes et sans doute non destinés à être lus par quiconque, jetés au fil de l'inspiration sur le papier, sans ordre chronologique ni plan préalable.

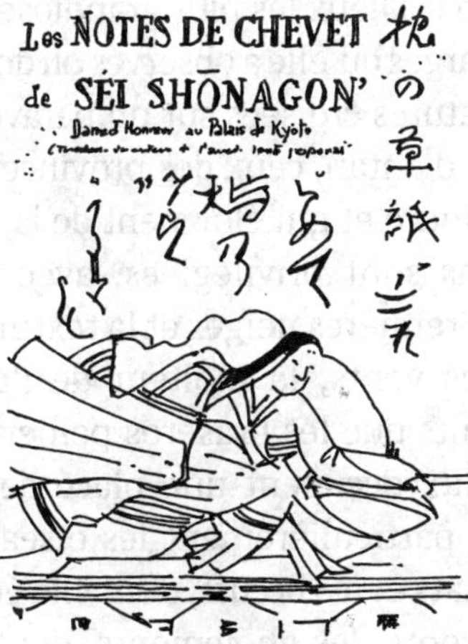

Lire Shônagon, c'est tourner les pages d'un herbier dans lequel sont épinglés ses émotions, ses joies, ses tristesses, ses étonnements, ses émerveillements, parfois ses indignations. Elle les passe au microscope de son sens aigu de l'observation et avec le souci de les rapporter le plus précisément possible. Elle s'intéresse à tout et à chacun, à la nature, aux paysages, aux lieux, aux saisons et à ses phénomènes météorologiques, aux animaux, et bien évidemment aux êtres humains.

Elle dissèque chacune de ces catégories pour les passer au scalpel de ses cinq sens en décrivant ce qu'elle en a vu, senti, écouté, touché, goûté.

— De la nature, elle décrit les arbres, les plantes, les fleurs et leurs pétales, les herbes, les odeurs.

— Des paysages, elle dépeint les sommets enneigés, les montagnes noyées de brume, les verdoyantes vallées, les lointaines plaines, les rizières noyées, les rivières tumultueuses, les paisibles lacs, les ciels parsemés de nuages grandioses aussi bien que le reflet de la Lune dans une mare, l'océan et son horizon incertain, les astres qu'elle énumère comme on égrène un chapelet.

— Elle aborde les lieux les plus grandioses de son époque, des panoramas larges qu'elle a observés ou dont elle a entendu parler, des miniatures croisées sur un paravent, ceux exaltés dans les poèmes d'antan, ceux des provinces lointaines qu'il faut parfois rejoindre et qui éloignent de la cour.

— Les saisons sont privilégiées, avec les bourrasques d'automne, les premières neiges et la texture de ses flocons, le tourbillon des vents, la moiteur de l'été, la fraîcheur soudaine des nuits que les braseros peinent à chasser.

— Les animaux occupent une place de choix dans ces *Notes de chevet*, particulièrement les oiseaux, les insectes, les chiens, les chats et les bœufs, dont elle écoute les chants, les bourdonnements, les aboiements, dont elle respire les odeurs, dont elle apprécie un battement d'ailes dans un ciel immaculé ou la tension des muscles sous le joug.

— Aux humains, elle réserve une place de choix : elle décrit avec une minutie d'entomologiste les qualités physiques, la beauté ou la laideur, les visages, les chevelures, le grain de la peau et le teint de pêche, les dents soigneusement laquées de noir et comment on applique la décoction pour y parvenir, l'élégance des uns, la grâce des autres. Elle n'omet pas de se pencher sur les vêtements et les parures, les étoffes, leurs textures, leurs chatoiements, l'éclat de leurs couleurs, les textures, l'usure ou le lustre, sans omettre d'en souligner de-ci les extravagances, de-là les modesties. Elle observe avec la même attention les grands de la cour et les humbles, les paysans courbés sur leurs cultures, les portefaix qui passent devant le portail de sa demeure ou les messagers qui apportent un poème *tanka* rédigé par un galant, la beauté éclatante d'une jeune courtisane ou les tavelures d'un vieillard courbé sur sa canne, un enfant occupé à cueillir des fleurs dans un jardin ou le nouveau-né vagissant en attente du sein nourricier.

Les fonctions, les rangs ou les cérémonials y trouvent leur juste place, comme dans nos « livres d'heures ».

— Les réalisations des hommes ont une place de choix chez Shônagon : l'architecture, le mobilier, les chars dans lesquels montent les dames, les ustensiles du quotidien tels les torches qui illuminent un visage, le brasero qui rougeoie au bout d'une douce nuit ou les écrans qui protègent une intimité, le papier sur lequel elle note ses pensées. Mais aussi les réalisations de l'esprit, la poésie, la peinture, la musique. Et le spirituel, depuis la description du shintoïsme et de ses rites jusqu'à celle du bouddhisme et de ses cérémonies, que soulignent l'odeur de l'encens, le son des gongs, les psalmodies des bonzes.

Bien sûr, elle n'omet pas les qualités intellectuelles ou morales. Il faut replacer ces dernières dans le contexte d'une civilisation fort éloignée des préceptes monothéistes qui nous encadrent, la notion de péché étant absente de ses réflexions alors que le déshonneur et la honte sont toujours présents à son esprit. Elle se penche sur les égarements, les humeurs et les passions, la déchéance, voire la débauche, de ses contemporains. Shônagon, sans doute la plus mauvaise langue de la cour de Heian-kyõ, s'offre le luxe de blâmer et de juger, parfois en revenant sur ses premières appréciations, les comportements de ses contemporains, leurs jalousies, leurs prétentions, leurs inconstances, leurs querelles, leurs traîtrises ou au contraire leurs fidélités, leurs étourderies, leur bêtise. Délicieusement effrontée, elle ne se prive pas de critiquer les hommes en général, les religieux hypocrites, les vieillards qui se laissent aller, les maris coléreux, les amants inconstants. Mais elle n'aime pas non plus les épouses trop autoritaires et acariâtres ni les femmes boudeuses ou prétentieuses.

Elle a pour son époque une conception formidablement moderne de la morale. Par exemple, elle estime qu'il n'y a rien de particulièrement répréhensible à avoir une maîtresse ou un amant bien que marié, à condition que l'époux ne le sache pas et n'en souffre pas. Elle décrit des scènes de marivaudage et des jeux de séduction que nos libertins du XVIIIe siècle ne renieraient pas.

Il convient ici de laisser la parole à Sei Shônagon en citant quelques-unes de ces *Choses* qui la ravissent, l'étonnent, l'effraient ou l'agacent, toutes glanées dans la très belle traduction d'André Beaujard[1].

In *Choses détestables* :

« Un homme, avec lequel on est en relation, se met à louer une femme qu'il a connue autrefois. Bien que le temps ait passé, ce n'en est pas moins détestable ; à plus forte raison s'il s'agit d'une intrigue qui dure encore, on peut alors s'imaginer [...] »

In *Choses qui font naître un doux souvenir du passé* :

« Un jour de pluie, où l'on s'ennuie, on retrouve les lettres d'un homme jadis aimé. »

In *Oiseaux* :

« Parmi les oiseaux d'eau, c'est le canard mandarin qui m'émeut le plus. Avec ravissement, je me rappelle ce que l'on a dit de l'amour réciproque du mâle et de la femelle :

1. Dans la collection « Connaissance de l'Orient », chez Gallimard.

chacun, après l'autre, balaierait la gelée blanche qui couvre les ailes de son compagnon. »

In *Choses que l'on ne peut comparer* :

« Quand c'est un amant qui vient la voir, il n'est pas besoin de dire la joie qu'une femme ressent. »

In *Choses rares* :

« Un gendre loué par son beau-père. »

In *Choses qui émeuvent profondément* :

« À la fin du neuvième mois ou au début du dixième, la musique des grillons qui vous parvient, si faible qu'on ne sait si on l'entend ou non. »

« Deux jeunes amoureux lorsqu'ils sont gênés par quelqu'un, et ne peuvent faire ce qu'ils voudraient. »

In *Choses qui font honte* :

« Ce qu'il y a dans le cœur d'un homme. »

In *Choses qui paraissent malpropres* :

« Quelqu'un qui tarde, le matin, à se laver les mains. »

In *Choses qui remplissent d'angoisse* :

« On se sent défaillir quand une autre femme, devant vous, montre une lettre qu'elle a reçue de celui qu'on aime. »

In *Choses auxquelles on ne peut guère se fier* :

« Un homme, vite rassasié, qui oublie facilement ses amours. »

In *Choses à voir* :

« Une tige d'armoise, écrasée par la voiture, s'est prise dans la roue qui l'élève à chaque tour ; le parfum qu'elle répand alors... est aussi une chose délicieuse. »

« [...] M'arrive l'odeur qu'a laissée la croupière des bœufs, et bien qu'elle soit étrange, et qu'on n'y soit pas habitué, j'aime cette odeur. C'est insensé ! »

« [...] On traverse une rivière à gué, par un beau soir de clair de lune, il est ravissant de voir la surface de l'eau se briser comme du cristal sous les pas du bœuf, et mille gouttes s'éparpiller. »

On pourrait sans se lasser citer mille autres brillants apophtegmes, comme dans les *Choses qui ne font que passer*, « l'âge des gens » ; dans celles *qui rendent heureux*, « [le]bonheur qui échoit à une personne [qu'elle] aime, plus que du [sien] même » ; sa compassion pour le sort des *ama*, les pêcheuses d'abalones qui plongent à des profondeurs abyssales pendant que dans les barques les hommes chantent, picolent et plaisantent ; ou encore les images percutantes qu'elle imagine, par exemple, pour décrire ce haut fonctionnaire qui a l'oreille si fine qu'il « aurait entendu tomber un cil de moustique ! ».

Au fil de la lecture des *Notes de chevet*, on réalise que Sei Shônagon est une jeune femme gaie et espiègle, drôle et pétillante, poétique et mélancolique. On l'imagine si belle dans ses atours et d'un esprit virevoltant qu'on ne peut s'empêcher d'éprouver un sentiment amoureux en rêvant d'une machine à remonter le temps qui nous transporterait dans son époque, afin de partager en sa compagnie une bien séduisante connivence...

Seiza (正座) – Sorte de torture

Le Nouveau Petit Royal, un dictionnaire japonais-français, donne la traduction suivante de *seiza* :

> « [正座する] (*seiza suru*) : s'asseoir tout droit ; et [畳に正座する] (*tatami ni seiza suru*) : se tenir assis les jambes pliées sur le tatami. »

C'est un doux euphémisme, car en fait il s'agit de la torture quotidienne la plus raffinée du Japon.

Il faut tout simplement faire reposer tout le poids de son corps, le buste parfaitement droit, sur ses talons, le cou-de-pied à plat sur le sol, les jambes repliées à 180 degrés, les cuisses absolument parallèles.

Pour procéder à ce savant pliage des membres inférieurs, la technique est la suivante :

— Encore debout, on recule le pied droit de quelques centimètres.

— On fléchit la jambe droite en abaissant le genou vers le sol pendant que les orteils se cassent à 90 degrés. La jambe gauche suit la même trajectoire avec un léger temps de retard. La jointure entre les phalanges et les métatarsiens n'aime pas trop cette brisure, mais seule une raideur gênante se fait sentir.

— Une fois que les deux genoux sont à terre, on fait glisser les deux pieds vers l'arrière de manière que le cou-de-pied repose complètement à plat sur le tatami. Ils doivent être bien parallèles. Les chevilles commencent à manifester une sérieuse réticence à cet angle opposé à celui auquel l'*Homo erectus* nous avait habitués depuis quelque deux millions d'années.

— Une variante qu'on pourrait assimiler à une supercherie consiste à subrepticement croiser un pied sur l'autre sous les fesses, mais ce n'est pas franchement plus confortable et la colonne vertébrale s'en trouve imperceptiblement déviée, ce qui crée un déséquilibre de posture disgracieux pour un œil exercé.

— Pour finir, on abaisse son torse sur ses talons afin de l'y faire entièrement reposer sur ce savant pliage. C'est à ce moment-là qu'on regrette amèrement que notre anatomie nous ait dotés de scaphoïdes pas du tout préparés à supporter la pression du poids du corps. L'astragale n'est guère plus heureux de se retrouver extrudé de sa confortable position sous le tibia et l'épiphyse du péroné n'apprécie pas trop que la crête antérieure de sa malléole heurte le calcanéum. Quant à l'articulation des genoux, elle fait un angle parfait de 180 degrés. Si leur ossature parvient tant bien que mal à accepter le stress imposé, ce sont les muscles qui les accompagnent, principalement le quadriceps, les ligaments et les tendons, qui rejettent massivement cette flexion extrême.

— Avec le temps, le sang a de plus en plus de mal à traverser tous les goulots d'étranglement imposés aux artères. Engourdissement, insupportables fourmis dans les jambes s'ensuivent avant que le tout ne se nécrose et ne devienne enfin parfaitement insensible. Se relever après une station *seiza* prolongée cause une souffrance qui fait regretter celle de la mise en place.

Bien évidemment, faut-il préciser que le *seiza* n'est possible que pieds nus ou avec des chaussettes *tabi*.

Des subterfuges pour permettre aux personnes âgées souffrant d'arthrose du genou ou aux étrangers dont la raideur naturelle est réfractaire à ce genre d'exercice ont été imaginés, tels ces minuscules tabourets en rotin *zaisu* ou ces coussinets que l'on place entre les jambes afin de faire reposer son bassin dessus. Mais ce ne sont que cautères sur des jambes qui deviennent immanquablement de bois au bout d'un moment.

Étonnamment, le corps le plus rétif finit par s'habituer à s'asseoir en *seiza*.

Lorsque j'ai étudié l'art de la cérémonie du thé, je ne tenais pas lors de mes premières leçons plus de cinq minutes au bout desquelles je me contorsionnais pour vainement tenter de soulager muscles, tendons, ossature et chairs. Charitable, notre professeur m'autorisait alors à m'asseoir en tailleur, position que je ne maîtrisais pas beaucoup mieux. C'était fort disgracieux et humiliant de se trouver ainsi genoux pointant vers l'extérieur au milieu d'une assemblée de jeunes filles merveilleusement « pliées » qui pouvaient le rester durant les quelque trois ou quatre heures de la leçon.

Au bout d'une dizaine de cours, je parvins finalement à tenir une quinzaine de minutes. Mon record fut de vingt et une minutes.

Quelques déboires mécaniques depuis cette époque ont fait que je ne puis, hélas, plus m'enorgueillir de m'asseoir en *seiza*.

Aussi inconfortable soit-elle, la posture *seiza* a une allure folle. Je ne connais rien de plus gracieux qu'une femme en kimono, mains croisées sur le giron, assise en *seiza* dans une pièce à tatamis en train de faire la conversation avec une amie. Il se dégage de ces moments une harmonie et une sérénité qu'on ne voudrait voir dérangées en aucun cas.

Ce sont de ces *Ichi-go Ichi-e*[1] que je savoure avec délectation, vautré que je suis sur le tatami, mes jambes éparpillées autour de mon corps telles de disgracieuses racines.

Sen no Rikyû (千利休) – Un maître du marketing (1522-1591)

Sen no Rikyû est considéré comme le père de « la Voie du thé » *chanoyu*[2] telle que nous la connaissons de nos jours, bien qu'il n'en soit pas l'inventeur. Un jeune apprenti moine originaire de Nara du nom de Murata Jukõ (1423-1502), qui buvait du thé afin de rester éveillé lorsqu'il étudiait, fut le premier à formaliser le passe-temps des aristocrates de Kyoto sous la forme d'un document adressé vers 1488 à un de ses étudiants, « L'écrit du cœur » (*Kokoro no tebumi*).

1. Voir l'entrée « *Ichi-go Ichi-e* ».
2. Voir l'entrée « *Chanoyu* ».

Yoshirõ de son véritable prénom était le fils d'un grossiste en produits de la mer aisé d'Osaka. Celui-ci avait des ambitions pour son fils et décida de lui prodiguer une bonne éducation. Dès l'âge de 16 ans, il lui fit enseigner l'art du thé par le disciple de Murata, Takeno Jouõ, à l'époque le plus célèbre maître dans la discipline. Le jeune homme aurait également étudié le zen[1] au fameux Daitoku-ji de Kyoto, le temple qui scellera son funeste destin.

L'enseignement de l'art du thé détermina sa profession. Il changea alors son prénom pour Sõeki.

Dans sa cinquantaine, il fut remarqué par le plus puissant seigneur (*daimyõ*) de l'époque, Oda Nobunaga[2], lequel avait porté au pinacle la Voie du thé comme outil politique. Ce dernier utilisa Sen en tant qu'expert pour évaluer la valeur des objets utilisés pour la cérémonie du thé qu'il distribuait en récompense à ses vassaux.

Le 2 juin 1582, après que Nobunaga fut acculé au suicide à la suite d'une attaque menée par un vassal félon, son palais fut réduit en cendres avec son contenu, dont la majorité de sa fabuleuse collection de bols et autres ustensiles.

C'est précisément ici que le génie du marketing de notre « commissaire-priseur » va se révéler. Entré au service du successeur d'Oda, Toyotomi Hideyoshi, encore plus entiché de la Voie du thé que son prédécesseur, il est chargé d'organiser la grandiose cérémonie du thé commanditée par son nouveau maître en l'honneur de l'empereur dans un fabuleux pavillon préfabriqué tout en or, le Õgon no chashitsu. Cet exploit lui vaudra d'être honoré du prénom de Rikyû, plus prestigieux que celui de Sõeki.

1. Voir l'entrée « *Za zen* ».
2. Voir l'entrée « Sandai Bushõ ».

En 1587, une cérémonie du thé qui dura dix jours fut organisée par ses soins au sanctuaire Kitano Tenman, ouverte pour la toute première fois au public.

Tout en continuant à surfer sur la vague « tape-à-l'œil » du goût de Toyotomi en utilisant les bols de facture chinoise ou coréenne, il va profiter de sa nouvelle renommée et de la disparition du trésor d'Oda pour imposer une nouvelle vision plus désincarnée de la Voie du thé avec une cérémonie basée sur une interprétation personnelle du principe du *wabi-sabi*, une recherche de la beauté dans la simplicité fortement imprégnée de la philosophie zen de Murata Jukō.

C'est une véritable révolution culturelle !

Il prône le dépouillement, une sorte d'ascétisme très proche de la nature et plus particulièrement des cycles saisonniers. Le pilier de cette nouvelle pensée est le *shitsurae*, un terme purement japonais que je traduirais approximativement par « mise en scène » ou « installation », qui est l'agencement de tous les éléments qui vont interagir pour composer le parcours dans le temps et l'espace de la cérémonie du thé, élaboré en fonction de l'audience, du moment et du lieu.

Cassant les codes existants, Rikyû va par exemple, aidé par le propriétaire d'une tuilerie du nom de Raku Chōjirō, promouvoir les poteries locales. Elles sont d'une facture plus rustique, utilisant une terre vulgaire, d'un ton uni noir, rouge ou blanc qui fait ressortir la couleur de mousse et la consistance veloutée du breuvage. Il en gérera également la rareté pour faire monter les prix.

Il va par ailleurs « enfermer » la cérémonie dans un lieu réduit à la plus simple expression de l'espace, un pavillon de deux nattes (3,6 mètres carrés), le Tai-an, dont l'entrée est volontairement basse, forçant les orgueilleux seigneurs à l'humilité. Les murs sont en torchis, l'alcôve est étroite. Comme il n'y a pas d'ouverture sur l'extérieur, il y fait très sombre.

La décoration y est *a minima* un tube rudimentaire pour vase, un *kakejiku* à l'encre de Chine suspendu au mur, accompagnés d'objets de la vie quotidienne dont l'usage est astucieusement détourné, comme la section d'un bambou pour poser la louche en simple bois de cèdre poli.

Rikyû, à cause de son indépendance d'esprit, finit par agacer sérieusement Toyotomi, au point que celui-ci lui ordonna de se faire *seppuku*.

De nombreuses hypothèses, la plupart fantaisistes, circulent pour étayer le courroux du seigneur réputé atrabilaire :

— Que l'esthétisme de Rikyû était entré en contradiction trop flagrante avec les goûts tapageurs de son maître ;

— Que Rikyû avait trop profité de sa réputation pour s'enrichir en vendant de vulgaires ustensiles à des prix exorbitants et que sa fortune subite étalée au grand jour avait indisposé Toyotomi, déclenchant en somme une sorte de syndrome de Fouquet avant l'heure ;

— Qu'il aurait provoqué un sacrilège en utilisant des pierres en provenance de la tombe de l'empereur Nijō pour réaliser un bassin d'ablutions ;

— Qu'il critiquait trop ouvertement la politique expansionniste du *daimyō* en Corée ;

— Qu'il s'apprêtait à tuer Toyotomi en lui faisant boire un thé empoisonné, rumeur sans fondement autre que basée sur sa relation avec le temple Nanshu-ji proche de la famille rivale de Toyotomi, les Tokugawa ;

— Qu'il avait refusé à Toyotomi qu'il prenne pour maîtresse sa fille, refus motivé par le fait qu'il aurait craint que sa réputation fût teintée d'arrivisme s'il avait accepté ;

— La plus plausible des explications reste cependant cette statue en bois le représentant, érigée par ses disciples lorsque le temple Daitoku-ji fut rénové sous son autorité. Elle aurait été installée dans une pièce au second étage de la porte monumentale sous laquelle Toyotomi passa, l'humiliant ainsi en le plaçant en situation symbolique d'infériorité.

Avant de se suicider, Rikyû procéda à une dernière cérémonie du thé. Il distribua un ustensile à chacun de ses invités, sauf le bol qu'il brisa en prononçant ces paroles : « Ce bol souillé par les lèvres du malheur ne saurait plus jamais être utilisé. »

Il avait 70 ans.

Il ne faudra pas plus de deux générations de descendants de Sen no Rikyû pour qu'un schisme se produise et que son héritage philosophique se trouve disputé entre trois écoles rivales :

La branche Omotesenke, celle de l'Urasenke et celle du Mushakõjisenke.

Au novice, les différences de pratique sont imperceptibles, comme le degré d'inclinaison de la salutation, l'écartement des genoux en position assise (l'équivalent d'un poing pour les femmes, de deux poings pour les hommes dans la branche Urasenke, d'un poing pour les hommes et sans espace pour les femmes dans la branche Mushakõjisenke), la manière de plier le carré de soie *fukusa* destiné à essuyer symboliquement le bol et la spatule *chashaku* ou encore la densité de mousse (beaucoup pour l'Urasenke, presque pas pour l'Omotesenke).

Il se dit qu'il existerait plus de cinq cents ramifications de ces trois écoles.

Bien entendu, chacune estime détenir la vérité.

J'ai étudié la Voie du thé auprès d'une femme issue de la branche Urasenke la plus directe, nièce du grand maître Sen Genshitsu, que j'ai eu l'opportunité de voir officier lors de la grande manifestation des cérémonies du thé de printemps au pied du Grand Bouddha[1] de Kamakura.

J'ai donc la prétention de penser que je suis un des minuscules héritiers du savoir de Sen no Rikyû.

Mais j'ai aussi l'humilité de me souvenir de l'insondable profondeur de la Voie du thé…

Sento (銭湯) – Bain public

L'histoire du *sento* remonte à peu près à l'introduction du bouddhisme au Japon, vers le VIe siècle. On trouvait dans les temples des petites structures de bois qui renfermaient un bain rudimentaire où les moines procédaient à des ablutions pour se purifier et parce que l'eau ruisselant sur leurs corps était censée apporter la bonne fortune. La plus ancienne de ces installations existant encore se trouve au temple Tōdai-ji[2] de Nara.

Un peu plus tard, des lieux de bains furent mis en place dans les prisons. Les prisonniers avaient obligation de se laver afin d'éviter la propagation des maladies.

À partir de l'époque de Kamakura, le commun des mortels fut autorisé à utiliser gratuitement les installations de bains des temples.

À partir du XIVe siècle, la pratique se généralisa sous forme de bains de vapeur aromatisés. Ils se transformèrent

1. Voir l'entrée « Daibutsu ».
2. Voir l'entrée « Tōdai-ji ».

petit à petit en établissements de bains publics pour finir par atteindre la configuration définitive du *sento*, que l'on retrouve encore de nos jours. C'est pour cette raison qu'au caractère de l'eau chaude 湯 est précédé celui de l'unité de monnaie 銭.

Les *sento* ont subi plusieurs métamorphoses. Au tout début de leur expansion, on ne s'y trempait que jusqu'aux genoux, pans du *yukata*[1] relevés, comme on peut le voir sur certaines estampes.

Plus tard, les bains publics étant mixtes pour des raisons économiques, car doubler les installations revenait cher, ils étaient volontairement fort sombres, afin de permettre aux gens de se dénuder. Femmes, hommes, jeunes, vieux, enfants se mélangeaient allègrement sans que cela posât de problème, les Japonais entretenant avec la nudité un rapport décomplexé. Elle est considérée comme un état naturel et donc on n'en fait pas tout un plat.

En 1791, toutefois, une loi interdisant la mixité fut promulguée. Elle fut peu suivie à ses débuts, le peuple japonais opposant une étonnante résistance passive aux contraintes, surtout lorsqu'elles écornent sa routine. Petit à petit, cependant, la séparation des sexes s'établit, au début par la mise en place de l'alternance, puis avec la construction généralisée d'établissements offrant des agencements distincts.

L'essor des *sento* s'accentua avec l'interdiction faite au peuple d'avoir une salle de bains chez soi, afin d'abaisser les risques d'incendie, dramatiques à cause des constructions en bois entassées les unes contre les autres dans les quartiers populaires des grandes villes, comme Edo ou Osaka.

Chaque quartier des villes, chaque village avait le sien. C'est à ce moment-là que le *sento*, véritable café du

1. Voir l'entrée « *Yukata* ».

commerce du coin, trouvera sa raison d'être d'outil de cohésion sociale. Dans ce lieu de rencontre idéal où l'on se rendait à la fin de sa journée de labeur, paysans, étudiants, ouvriers, boutiquiers, négociants, fonctionnaires, leurs épouses et leurs enfants se retrouvaient en tenue d'Ève. Ils papotaient et échangeaient les dernières nouvelles, les potins, les ragots et les commérages avec leur voisin en se lavant, en se relaxant dans le bassin d'eau chaude ou sur le tatami des vestiaires. Des amitiés se nouaient, des querelles étaient réglées en se savonnant mutuellement le dos. Il y régnait une atmosphère bon enfant.

Le bain après une journée de dur labeur était un moment d'état de grâce.

Les propriétaires des *sento*, soucieux de préserver l'harmonie sociale au sein de leur établissement, interdirent aux personnes porteuses d'*irezumi* (« tatouages »), autrefois repris de justice puis membres de gang, d'y entrer. Ce n'est pas une loi, mais une pratique encore largement répandue que les touristes tatoués par effet de mode ont du mal à admettre.

Plus tard apparurent les *sansuke* qui, moyennant paiement, lavaient et bouchonnaient les gens au moyen d'étoffes rugueuses en chanvre ou de brosses. D'abord apprentis chargés de ramener le bois pour faire chauffer les chaudières, puis de ranger les *getas* des clients, ils montaient en grade au bout de trois ans. Les plus appréciés savaient rester discrets et impassibles, même lorsqu'ils s'occupaient d'une femme, ce qui était monnaie courante, la consécration suprême étant d'être capable de devenir parfaitement *tõmei*, transparents aux clients dont ils s'occupaient. Si tout se passait bien, ils devenaient *bandai* (« surveillant/caissier ») dix ans plus tard ; et s'ils avaient suffisamment thésaurisé, propriétaires d'un *sento* à leur tour.

Cette profession s'est étiolée dans les années 1950. Le dernier *sansuke* du Japon qui officiait dans le quartier populaire d'Arakawa, à Tokyo, a pris sa retraite en 2013.

La version féminine de ce métier, les *yuna*, a disparu plus tôt. Ces femmes lavaient indifféremment leurs congénères et les hommes. Une fois leur office terminé, il leur arrivait de servir le thé, de jouer du *shamisen*[1] et de danser pour distraire leurs clients dans les étages supérieurs en mezzanine de certains établissements, configuration qui existe encore à Dogo Onsen.

Il n'est pas nécessaire de faire preuve d'une grande imagination pour comprendre vers quelle direction cette profession évolua. En 1857, le Japon découvrant la nécessité de se montrer sous un jour blanc-jaune à l'arrivée des étrangers ultrapuritains, interdit les *yuna*. Six cents d'entre elles se retrouvèrent confinées dans le quartier des plaisirs du Yoshiwara à Edo.

Les établissements de bains qui employaient ces femmes, les *yunaburo*, sont sans doute à l'origine des *toruko*[2] qui pullulent dans les quartiers chauds de toute ville du Japon qui se respecte.

Le *sento* est évidemment à l'origine de la passion des Japonais pour le bain, l'*ofuro*[3] (お風呂), qui a une telle importance dans leur vie quotidienne qu'il mérite une entrée à part dans ce dictionnaire. Il n'a cependant pas grand-chose à voir avec ce dernier. On peut avoir la plus belle salle de bains japonaise et adorer se rendre au *sento*. Un peu comme boire un bon whisky chez soi engoncé dans le fauteuil de son salon ne lui donne pas le même goût que siroté dans un

1. Voir l'entrée « *Shamisen* ».
2. Voir l'entrée « *Soap land* ».
3. Voir l'entrée « *Ofuro* ».

bar à la lumière tamisée en écoutant du jazz, prendre son bain au *sento* offre une sensation incomparable.

Car le lieu et l'ambiance sont uniques. Jugez-en plutôt :

Il y a deux entrées, celle des hommes généralement sur la gauche, celle des femmes sur la droite. Le caractère 男 (« hommes ») ou 女 (« femmes ») est imprimé sur les longs rideaux *noren* de couleur différente suspendus devant les deux entrées. Au centre des rideaux est également imprimé le caractère *Yu* (ゆ) signifiant sous sa forme phonétique l'« eau chaude » (*Oyu,* お湯). Quand on entre, il faut se baisser pour ne pas prendre le rideau dans la figure.

On se retrouve dans un vestibule où on se déchausse et on dépose ses chaussures dans un casier prévu à cet effet, le *geta bako*.

Puis on paie une somme, généralement modique (de 2,50 à 4 euros), à la caisse située entre le bain des hommes et celui des femmes avant d'entrer dans le vestiaire, où on entrepose ses vêtements et objets personnels dans un autre casier numéroté non fermé – qui aurait l'idée de subtiliser les affaires de quelqu'un d'autre ?

De là, on passe dans la salle des ablutions, dont le mur du fond est décoré d'une peinture (*penki e*) ou d'une mosaïque naïve, en général chez les hommes une vue du mont Fuji dans toute sa majesté, chez les femmes des locomotives fumantes ou des automobiles tendues en pleine vitesse pour plaire aux enfants qui les accompagnent.

L'architecture du *sento* est à peu de choses près immuable où que l'on se rende :

C'est un vaste bâtiment d'une hauteur pouvant aller jusque 5 à 6 mètres, au toit en forte pente avec en son faîte une cheminée permettant l'évacuation des vapeurs.

Il est coupé en son milieu par un mur qui sépare le bain des hommes de celui des femmes (et des enfants en bas âge). Sur les deux faces du mur, il y a une rangée de points d'eau, robinet d'eau chaude et froide et douchette pour les plus sophistiqués. Chacun est équipé d'un miroir. Devant les points d'eau, un tabouret bas en bois ou en plastique, parfois une bassine, mais en général on vient avec la sienne. C'est là qu'on se lave et qu'on se rince.

Puis on va se délasser dans le grand bassin au fond de la salle, plongé jusqu'aux épaules. Il peut y avoir une cascade sous laquelle on vient masser un dos douloureux. La bienséance veut qu'on ne laisse pas tremper la microscopique serviette cache-sexe dans le bain. On la pose donc au sommet de son crâne. C'est fort seyant.

Un système fait circuler l'eau, sans cesse brassée et renouvelée, qui passe dans une chaudière. Elle est toujours très chaude, au moins 40 degrés. Le temps de cuisson est variable, mais quand on sort du bain, la peau est invariablement couleur écrevisse. En hiver, on est réchauffé jusqu'aux os. En été, on ressent une apparence de fraîcheur dans l'épaisse moiteur du soir.

Le mur central n'isole pas complètement les deux salles des ablutions.

Au niveau de l'entrée des usagers, il est remplacé par une sorte d'estrade haute de 2 mètres et de la même longueur. C'est en fait un comptoir surélevé, le poste de surveillance *bandai* où officie le caissier (c'est également souvent une femme) assis en tailleur sur un coussin, qui domine les deux vestiaires depuis son trône. Il est flanqué de vitrines renfermant une variété de produits qu'on peut acheter en cas d'oubli : savon, shampoing, rasoirs, fines tiges de bambou recourbé pour se récurer les oreilles, et ces fameuses minuscules serviettes cache-sexes servant de gant de toilette. Ou l'inverse.

Par ailleurs, le mur ne monte pas jusqu'au plafond. Il s'arrête à mi-hauteur.

C'est essentiel pour l'ambiance du *sento* !

Ainsi, entend-on ce qui se passe dans la salle d'eau opposée. Les voix des femmes et des hommes qui s'enchevêtrent et s'entrelacent ; les cris des enfants ; les interpellations entre une épouse et son mari ; des conversations qu'on ne devrait pas entendre ; un chant fredonné, parfois repris par un sifflotement en accompagnement aveugle ; le raclement des bassines sur le carrelage ; celui des gorges irritées ; les éternuements véhéments ; les expectorations indélicates ; les gargarismes gaillards ; la gifle de l'eau versée sur une épaule qu'on devine voluptueuse ou sur un torse qu'on se figure bien bâti ; les clapotis dans le grand bain ; l'eau qui verse soudain en cataracte et on imagine que quelqu'un de très gros vient d'y entrer.

Tous ces bruits constituent la symphonie amplifiée par la résonance du lieu d'une humanité qui communie dans l'acte le plus personnel. Ce voyeurisme innocent de l'ouïe génère une communion fusionnelle d'êtres qui ne se connaissent pas et pourtant partagent un de leurs moments des plus intimes.

Le *sento* disparaît, hélas, graduellement du quotidien des Japonais, supprimant un autre de ces maillons essentiels qui constituaient le ciment de leur société. Si, dans les années 1800, on comptait 60 *sento* pour 100 000 habitants, et en 1965 encore 22 000 dans tout le Japon, en 2016, on n'en recensait plus que 2,72 unités par 100 000 habitants.

Des efforts ont été faits pour moderniser le concept, attirer la clientèle des « millennials » et des « post-millennials », qui ont tous été élevés dans des habitations dotées d'un *ofuro*, favorisant un égocentrisme participant peut-être du développement du phénomène *otaku*[1]. Des *super sento* ont ainsi été imaginés, qui offrent toutes sortes de divertissements, des fauteuils de massage sophistiqués, des équipements de *karaoke* pour pousser la chansonnette après le bain. Un groupe choral de quatre jeunes gens bien faits de leur personne, les Junretsu, est devenu célèbre en faisant des tournées dans ces institutions.

Quant au *manga*[2] culte de Yamazaki Mari, *Thermae Romae*, publié sous la forme d'un feuilleton entre 2008 et 2013, qui conte l'histoire d'un architecte de bains de la Rome antique propulsé dans le monde des *sento* moderne, il est devenu un film qui a explosé au box-office local en enregistrant 4 690 000 entrées !

Le véritable *sento* d'autrefois garde donc une place à part dans le cœur d'une importante tranche de la population japonaise. Chaque adulte de plus de 40 ans, en effet, aura au moins à un moment de sa vie fréquenté un *sento* proche de l'endroit où il vivait, avec sa mère quand il était

1. Voir l'entrée « *Otaku* ».
2. Voir l'entrée « *Mangas* et animés ».

enfant, seul lorsque étudiant il habitait une piaule à la limite de l'insalubrité sans sanitaires autres qu'un lavabo et un cabinet de toilette sur le palier.

La nostalgie a la vie dure.

Comme tous ces Japonais, j'ai précieusement enchâssé au creux de ma mémoire le *sento* de mon quartier. J'habitais alors l'arrondissement de Mejiro à Toshima-ku dans le nord-ouest de Tokyo, un quartier d'universités. À deux pas de mon domicile, il y avait un véritable *sento* resté, passez-moi l'expression, dans son jus.

Je m'y rendais en fin de semaine, le dimanche soir de préférence, été comme hiver. C'était ma récompense d'une rude semaine de travail et le point final du week-end avant d'aborder la suivante, un moment privilégié. C'était aussi dans mon imaginaire un *gishiki*, un cérémonial auquel je sacrifiais avec un mélange de déférence toute religieuse et de jubilation parfaitement païenne.

Je ne m'y rendais jamais habillé à l'occidentale. En été, je revêtais un *yukata* de coton léger à même la peau, sans sous-vêtements. En hiver, je portais un kimono et le *dotera*, la veste rembourrée qu'on passe par-dessus. J'étais invariablement chaussé de *getas*. J'en aimais le bruit que faisait le raclement du bois des socques, *karan koron*, sur le bitume de la rue, un de ces sons qu'on n'entend nulle part ailleurs qu'au Japon.

J'allais donc dans cet équipage au *sento*, ma bassine en bois de peuplier du Japon coincée à la saignée du bras, dans laquelle se trouvait mon nécessaire de toilette, savon, shampoing, rasoir et mousse à raser ainsi bien sûr que le fameux bout de tissu servant à se laver le dos et de symbolique cache-sexe.

J'étais le seul étranger dans ce *sento* fréquenté par les étudiants des universités proches, les policiers du *koban*[1] accolé à la gare quand ils avaient terminé leur service, les commerçants, boucher, épicier, marchand de légumes, chez lesquels nous nous approvisionnions. Personne n'y faisait particulièrement attention. Je crois qu'on appréciait mon respect minutieux des us et des codes et ma discrétion. Moi aussi, j'étais *tõmei*.

Dans le vestiaire, je pliais toujours impeccablement mon kimono avant de le ranger dans mon casier ; je ne me posais jamais cul nu sur les bancs alignés sur les tatamis, mais y glissais une serviette-éponge avant de m'y asseoir ; je couvrais pudiquement mon sexe quand j'entrais dans la salle d'eau.

Devant le point d'eau, je me lavais à la japonaise, astiquant, étrillant, bouchonnant énergiquement mon corps, n'en omettant aucun repli, aucun bourrelet, aucun orifice. Quand mon voisin offrait de me frotter le dos, j'acceptais et je lui rendais la pareille. Je faisais très attention à ne pas éclabousser les autres. À ne pas heurter trop fort ma bassine sur le carrelage. À faire couler vers la bonde des reliquats de mousse après m'être savonné. À m'essuyer soigneusement avant de quitter la salle d'eau pour ne pas mouiller les nattes du vestiaire.

Il y avait un moment particulier où je forçais l'admiration de l'audience : quand je m'enfonçais dans l'eau quasi bouillante du bain et que j'y restais aussi longtemps que n'importe quel Japonais au cuir tanné. Non pas que je sois particulièrement résistant à la chaleur, mais je me suis toujours appliqué à faire la nique aux poncifs sur les étrangers.

Un *gaijin sama* sachant résister à la morsure d'une eau trop chaude, voilà qui était digne d'estime !

1. Voir l'entrée « *Koban* ».

Parfois, au sortir du bain, un habitué m'offrait un soda Ramune ou une bière. La fois suivante, je lui retournais la faveur. Souvent j'entrais en conversation avec mes confrères de récurage. Nous parlions de tout et de préférence de rien, de la météo, de la prochaine fête du quartier, des cerisiers qui mettaient vraiment beaucoup de temps à fleurir cette année, des premiers pas ou de la première dent de mon fils que les commerçants du coin connaissaient tous, car on sait tout sur tout le monde au Japon dans le quartier où l'on vit.

Je quittais le *sento* où j'avais passé une grosse heure, parfois plus, cœur musardant, âme guillerette, lavé des impuretés du corps et de l'esprit, mes *getas* rythmant de leur *karan koron* mon allégresse. Le bonheur, vraiment, était dans le *sento* !

Il m'est arrivé d'entraîner au bain public un ami de passage venu de l'autre côté des océans, que nous hébergions. Au-delà du dépaysement et de l'exotisme, j'aimais offrir à notre invité un bref regard sur le Japon authentique et éternel par le vasistas du *sento*, ce qui me paraissait pouvoir l'aider à décoder les mystères de ce pays mieux que toute fastidieuse péroraison…

Un beau matin, alors que je marchais vers la gare pour me rendre à mon bureau, je vis des pelles mécaniques en train de démolir mon *sento*. Bien qu'il fût encore tôt, elles avaient déjà bien avancé leur œuvre de destruction. La façade était éventrée, les vestiaires éviscérés, le bassin de la salle d'eau défoncé. Le soleil du petit matin éclairait d'une lueur sanglante le mont Fuji sur le mur du fond. Des ouvriers casqués, masque anti-poussière sur le visage, les mains protégées d'épais gants de chantier, arrachaient les tuyauteries, achevaient à la massue les pans de mur que les pelleteuses n'avaient pas complètement abattus, empilaient dans un coin les miroirs brisés, les éclats de carrelage, les morceaux de bois.

Je me mis à vociférer imprécations et insultes, tançant, interpellant, traitant de crapules sans foi ni loi et de fossoyeurs de civilisations les pauvres types qui n'en pouvaient mais et qui regardaient bras ballants, interloqués, cet étranger fou bavant sa rage et éructant son désespoir.

C'est qu'au travers de la destruction de ce modeste bâtiment et au-delà de la perte de mon plaisir des fins de semaine, je constatais une fois de plus l'effroyable aptitude du Japon à détruire sa légende. Avec la disparition de ce *sento*, le quartier venait de perdre un peu de son âme.

À la place du *sento* de notre quartier, il y a aujourd'hui un immeuble de rapport, avec des piaules pour étudiants, dont chacune doit être équipée d'un hideux *unit bath*. Au rez-de-chaussée se trouve une laverie automatique devant les machines desquelles des ectoplasmes attendent l'essorage de leur linge en tapotant mécaniquement sur leur téléphone portable.

Quand je passe devant, il me semble entendre la rumeur du *sento* que rythme le *karan koron* de mes *getas*.

Je n'ai pourtant plus le cœur de les porter…

Shamisen (三味線)

Le *shamisen*, ce sont trois simples cordes tendues sur un long manche sans frettes raccordé à une caisse de résonance carrée en bois recouverte d'une peau de chat, de chien ou bien encore de serpent dans les îles du Sud, que l'on joue au moyen d'un large plectre en ivoire. Il est conçu sur une échelle pentatonique, comme tous les autres instruments de musique japonais.

Il est indissociable de l'image des *geishas*, du théâtre *nô* ou du *kabuki*, dont il accompagne danses, récitatifs et chants tels que le *min'yõ*.

Le *shamisen* rend un son mat aigrelet relativement plat dont les partitions monotones prédisposent à la mélancolie. Autrefois, les joueurs de *shamisen* étaient souvent des mendiants aveugles qui faisaient du porte-à-porte pour toucher une aumône ou de la nourriture.

Il existe un *shamisen* avec une sonorité plus sèche et rauque, le *tsugaru jamisen*. Le manche de ce dernier est plus large et plus long et le corps un peu plus grand. Son jeu est plus dynamique que le *shamisen* classique, avec un répertoire comprenant une partition fixe à partir de laquelle le musicien se lance dans des improvisations déchaînées et une accélération folle de la cadence destinées à démontrer sa virtuosité. Le rythme est volontiers enlevé, ponctué de brefs cris pour souligner les changements de tempo, tandis que le jeu est accompagné de coups violents du plectre sur la peau de la caisse. Le *tsugaru jamisen* est originaire de la région d'Aomori, au nord du Japon, dont les froids sont légendaires. On prétend que le jeu musclé de cet instrument permettait aux interprètes de ne pas se laisser engourdir par les températures hivernales. Il a été adopté par toute une génération de jeunes musiciens japonais de rock, qui offrent ainsi une nouvelle vie au *shamisen*.

Un soir que nous dînions avec mon épouse dans notre *sushiya* préférée, je demandai des nouvelles de leur fille à l'épouse du chef qui nous servait des coupes de saké tandis que son mari préparait du congre grillé.

« Elle joue du *tsugaru jamisen*, me répondit-elle. Elle chante du *min'yō* depuis l'âge de 4 ans et pratique le *shamisen* depuis l'école primaire. Elle a créé un groupe de rock métal avec trois amies, une chanteuse de *min'yō*, une joueuse de *koto*[1] et une de *shakuhachi*[2]. »

La jeune fille descendit de sa chambre et joua pour notre bonheur deux pièces de son répertoire dans l'ambiance irréelle de ce charmant restaurant comportant

1. Harpe plate à 13 ou 17 cordes.
2. Flûte en bambou à cinq trous.

un seul comptoir pour six convives, où sont habituellement diffusées *mezza voce* les suites pour violoncelle de Bach.

Je me rappelle une promenade solitaire dans les rues désertes de Kyoto au bout d'une nuit d'errance. Alors que je passai devant une *machiya*, les notes hésitantes d'un *shamisen* tombèrent d'un *shōji* entrouvert comme les perles d'un collier dont le cordon se serait rompu. J'imaginai une jeune femme en kimono agenouillée sur un tatami à la faible lueur d'une bougie. Pris d'une indolente tristesse, je m'arrêtai sous la fenêtre et écoutai la mélodie alors que l'aube pointait au bout de la ruelle étroite.

Rarement ai-je eu autant le sentiment d'avoir approché l'âme du Japon qu'en ce moment où le temps était comme suspendu.

Shichi Fukujin (七福神) – Les sept divinités du bonheur

Comme les nains de Blanche-Neige, elles sont sept.
La comparaison s'arrête là.
Elles vont toujours ensemble, souvent représentées sur un « navire aux trésors », le *Takarabune*, au bord duquel elles ont navigué depuis les cieux jusqu'aux ports des humains pour distribuer leurs largesses aux personnes méritantes durant les trois premiers jours du Nouvel An.

Sur les sept, une seule est originaire du Japon. Les six autres sont des immigrées, trois proviennent de l'Inde, trois autres de Chine. La religion *shintô* a incorporé ces immigrantes sans faire de chichis dans son panthéisme bonhomme. Il nous faut préciser qu'elles sont présentes depuis plus de mille ans.

Ainsi que leur appellation le souligne, elles sont porteuses de bonne fortune. Les Japonais les ont adoptées en mélangeant allègrement les bienfaits dont chacune est le symbole. Bonnes pâtes, elles ne leur en tiennent aucunement rigueur. De nombreuses guildes se les sont appropriées.

À l'exception de l'une d'entre elles, il faut noter qu'elles sont toutes de sexe masculin.

Venons-en aux présentations :

— Hotei (布袋) est un moine chinois au bon visage jovial en forme de poire. Sa lèvre supérieure est barrée d'une fine moustache en virgule. Il est chauve. Il est tellement gras que ses vêtements ne parviennent pas à couvrir sa panse. Il est d'une personnalité enjouée, humoristique, quelque peu excentrique. Il se promène avec, jeté sur son épaule, un sac rempli de bienfaits qu'il distribue avec générosité. C'est la divinité de l'Abondance et de la Bonne Santé, gardienne des enfants et le patron des devins, des barmans et du commerce.

— Jurõjin (寿老人), également chinois, est le plus vieux parmi ses compagnons. Il est fort ridé. De longues bacchantes et une barbichette couvrent la partie inférieure de son visage carré. Il porte une charlotte qui le fait ressembler à un pâtissier ou à un laborantin. Il marche en s'aidant d'une canne. Il a souvent pour compagnons un cerf qu'il chevauche, une grue qui a plus de 1 500 ans et une tortue, autre animal à la longue vie. Il est toujours de bonne humeur. Il aime manger et boire. Il est par conséquent le dieu des Personnes âgées et de la Longévité. Il ne déteste pas non plus la prospérité.

— Fukurokuju (福禄寿) est un ermite venu de Chine. Il avait la réputation de pouvoir vivre sans manger. Son visage est presque aussi long que le reste de son corps. Il porte une coiffe qui ressemble à un fez en plus haut. Il est barbu, une incisive supérieure lui manque. Comme il sourit beaucoup, cela se voit. Il est le dieu de la Sagesse, de la Chance, de la Virilité, de la Richesse et du Bonheur. On dit aussi qu'il a le pouvoir de rendre vie aux défunts. Comme il aimait jouer aux échecs, il en est le patron.

— Bishamonten (毘沙門天) est un combattant d'origine indienne. Il est patibulaire. Ses cheveux sont dressés sur sa tête. On dirait deux bottes de riz. Il est imberbe ; ses sourcils très fournis sont froncés de colère ; il fait toujours de gros yeux ; les commissures de ses lèvres sont tombantes ; la bouche est entrouverte, comme prête à mordre ; il a une balafre au menton, peut-être le résultat d'une vieille rixe. Son vaste poitrail est recouvert d'une armure et il porte un casque. Il tient une pagode dans sa main gauche, une lance dans la droite. Protecteur des lieux saints, il est toujours prêt à combattre les esprits malins. Il est réputé pour porter chance à la guerre et dans les batailles. Il représente l'autorité, la dignité. Il aime la droiture, la discipline. Il est donc le dieu des Guerriers.

— Benzaiten (弁財天) est la seule femme du groupe. Elle est d'origine hindoue. Elle a un doux visage rond, de beaux sourcils en arc, un nez droit et fin, une mignonne petite bouche. Sa chevelure est montée en un savant chignon. Un diadème ceint son front. Elle est souvent près d'un *torii*, le portique situé à l'entrée des sanctuaires *shintô*. Elle tient un *biwa*, un instrument de musique japonais qui ressemble à un luth. Un serpent blanc, symbole de bonne fortune, est de sa compagnie. Elle est vertueuse et sage, intelligente, prospère aussi. C'est la divinité du Savoir, de l'Art, de la Beauté, de l'Éloquence, de la Musique et de la Littérature. Elle est donc tout naturellement la patronne de tous les artistes, écrivains, poètes, danseuses et bien entendu des *geishas*.

— Daikokuten (大黒天), également venu des Indes, est court sur pattes. Il a un visage en forme de gourde. Son large sourire fait remonter ses pommettes et plisse ses yeux en tirelire. Son nez est épaté. Un petit blaireau taillé en pointe allonge son menton. Son couvre-chef ressemble à un béret de scout, posé bien droit sur son crâne. Il garde près de lui un sac rempli d'objets précieux. C'est la divinité de la Richesse, du Commerce, des Bonnes Récoltes et des Échanges fructueux. Quand cela lui prend, il lui arrive de flanquer une bonne raclée aux démons qui auraient la mauvaise idée de passer à sa portée. À ce titre, il est le protecteur du commerce, donc de toutes les professions imaginables : cuisiniers, fermiers, banquiers, camelots.

— Ebisu (恵比寿) est le seul Japonais, contemporain des facétieux dieux Izanami et Izanagi[1]. Il a la bonne bouille de quelqu'un qui aime manger et boire. Tout est rond en lui. Il porte une sorte de bonnet phrygien qui couvre à peine le sommet de son crâne. Il arbore des vêtements de pêcheur. Il tient une canne à pêche dans la main droite et un poisson, carpe, morue ou bar, peu lui importe pourvu que ce soit comestible. C'est naturellement le dieu de la Prospérité et de la Réussite dans les affaires, de l'Abondance des récoltes de riz, de céréales, de la pêche, bref de la nourriture au sens large. S'il est tout naturellement le patron des Pêcheurs, il l'est également des restaurants de poisson dans lesquels il trône la plupart du temps en bonne place.

Tenant à m'assurer leur bienveillance tout au long de l'année à venir, je me rends à la fin du mois de décembre dans les sept sanctuaires qui abritent chacun un des *Shichi Fukujin* dans ma bonne ville de Kamakura :

1. Voir l'entrée « Shintoïsme ».

— Tout d'abord, je vais saluer Hotei au Jyōchi-ji ;

— Ensuite je passe voir Bishamonten au Hōkai-ji ;

— Je continue mon pèlerinage au Myōryû-ji pour aller papoter avec Jurōjin ;

— Je m'arrête au Hongaku-ji où réside Ebisu ;

— Je pousse jusqu'au Tsurugaoka Hachiman où m'attend Benzaiten ;

— En remontant chez moi, je fais une pause au Goryō-jinja après avoir traversé le passage à niveau de la ligne Enoden et je m'incline devant Fukurokuju ;

— Enfin, je vais souhaiter une bonne nuit à la divinité Daikokuten au temple Hase-dera avant de rentrer chez moi où ils m'attendent tous, sept petits *samouraïs* souriants en ivoire, *netsukes*[1] sagement alignés et protégés dans la vitrine du salon.

Shimada Haruo (島田晴雄) – Économiste… peintre et chanteur

Shimada Haruo, né le 21 février 1943, est un éminent professeur. Diplômé d'un master en économie à la prestigieuse université Keio, il part ensuite étudier aux États-Unis et obtient son doctorat en relations industrielles à l'université du Wisconsin-Madison en 1974.

Rentré au Japon, il devient professeur au Département d'économie de son Alma Mater, où en quarante ans il grimpe tous les échelons. Il enseigne également à l'ESSEC à Paris dans le cadre d'un échange de professeurs et en tant que *visiting professor* à la prestigieuse Sloan School du MIT.

1. Voir l'entrée « *Netsuke* ».

Il a été un des premiers économistes japonais à passer à la télévision, un *talent economist* parfois décrié, souvent jalousé par ses pairs, follement adulé par ses étudiants.

Un parcours académique classique sans fautes, brillant mais somme toute banal.

En 2001, le Premier ministre Koizumi[1] lui demande de devenir son conseiller pour les affaires économiques. Son titre : conseiller spécial pour la politique économique et fiscale au cabinet du Premier ministre. Il y restera jusqu'à la fin du mandat de Koizumi, en 2006. C'est dans le cadre de cette fonction que j'ai fait la connaissance du professeur Shimada, alors que je venais d'être élu président de la Chambre de commerce européenne, l'EBC. Il me téléphona pour une rencontre avec le Premier ministre, qui souhaitait renforcer le dialogue économique de son pays avec l'Europe et qui désirait m'inviter à un déjeuner de travail à sa résidence de Nagatacho.

Au jour dit, je retrouvai le professeur dans l'antichambre de la salle à manger de la résidence. Je m'attendais à un personnage docte, solennel et un peu hautain, mais je me trouvai devant un farfadet rieur haut comme trois pommes dans un costume trop grand pour lui, toujours en mouvement, tout en rondeurs, au regard vif et malicieux, dont le visage de boxeur était surmonté d'une impressionnante masse de cheveux noir de jais, et qui accompagnait ses discours enflammés de larges moulinets. Il était à l'exact opposé de ces fonctionnaires policés au ton mesuré, pontifiants et forcément ennuyeux, qu'on rencontre habituellement dans les sphères de la haute administration japonaise.

1. Voir l'entrée « Koizumi Jun'ichirō ».

Le courant passa immédiatement entre nous. Un petit incident advint lors de ce déjeuner[1] qui donna le *la* au ton de la collaboration que nous allions développer pendant toute la durée de nos mandats respectifs pour faire progresser l'accord de partenariat économique (EPA) entre son pays et l'Europe et qui scella notre complicité.

Haruo *san* est impétueux, fougueux, soupe au lait. Il peut être impatient et devenir irascible quand les choses n'avancent pas comme il le voudrait. Le Premier ministre l'avait évidemment choisi pour ces qualités, car il souhaitait secouer la terrifiante indolence des fonctionnaires, ce dont Haruo ne s'est pas privé.

J'ai rapidement réalisé que j'avais un allié de poids pour tenter de faire avancer les nombreux dossiers techniques qui dormaient au fond des tiroirs des ministères. Tout seul, je n'avais que peu de chances face aux normes absurdes, aux réglementations oiseuses, aux théories fumeuses, aux discours hypocrites, aux zones grises, bref à tout l'arsenal de barrières qui foisonne pour compliquer l'implantation des entreprises étrangères au Japon et que l'EBC listait patiemment, année après année, dans ses livres blancs.

Shimada Haruo n'avait pas son pareil pour secouer l'inertie des ministères techniques qui traînaient des pieds.

Je me rappelle notamment une réunion avec le ministère de la Santé, qui a la réputation méritée d'être tout à la fois rétrograde et arrogant ainsi que le démontre sa gestion calamiteuse de la crise de la Covid. Parmi les dossiers en souffrance, il y avait la réglementation particulièrement sournoise des GMP[2] pour le matériel

1. Voir l'entrée « Koizumi Jun'ichirõ » pour le détail de ce déjeuner de travail.

2. « *Good manufacturing practice* », processus de certification assurant la qualité de la fabrication d'un produit.

médical. Dans tous les pays de l'OCDE, par exemple, la présentation d'un certificat GMP global par le fabricant d'un scanner ou d'une IRM Philips, Siemens ou GM, est largement suffisante. Au Japon, le ministère de la Santé exige que ces sociétés soumettent un certificat fourni par tous leurs sous-traitants pour *chacun* des composants de l'appareil. Autrement dit, il faut un certificat GMP produit par le fabricant des vis qui fixent le capot, celui des rondelles de caoutchouc antivibrations ou celui des lentilles du système laser et ainsi de suite pour les centaines, voire milliers de composants de ces machines complexes.

Escortés des acteurs de l'industrie, nous avions réclamé une confrontation directe avec la direction chargée d'examiner les dossiers d'attribution des licences d'exploitation du matériel médical. Nous étions accompagnés de nos collègues allemands, bataves et américains fabricants de scanners et de robots médicaux. En face de nous se trouvait l'aréopage habituel des directeurs, sous-directeurs, scribes et autres observateurs du ministère ainsi qu'un des vice-ministres en charge. Au moins trente personnes.

D'entrée de jeu, Shimada Haruo s'assit de notre côté à la table de conférence. Il y eut un léger flottement quand il enjoignit aux membres du cabinet du Premier ministre l'accompagnant qui s'apprêtaient à s'installer en face de faire de même. Après que nous eûmes exposé notre doléance avec la courtoisie qui est de rigueur lors de ces confrontations, les fonctionnaires du ministère nous opposèrent leurs oiseux commentaires sur la protection des patients et la nécessité d'une rigoureuse gouvernance. Haruo ne les laissa pas terminer leur exposé et il explosa littéralement devant l'absurdité des arguments. Il se mit, en trépignant, rouge d'une indignation non feinte, à insulter les fonctionnaires en charge et à éructer mille imprécations en les menaçant de tous les fléaux de l'univers s'ils ne faisaient pas derechef évoluer leur inacceptable réglementation ! La consternation des outrecuidants fonctionnaires et du vice-ministre me plongea dans une profonde délectation.

Notre amitié s'est ainsi forgée aux multiples batailles que nous livrâmes ensemble pour faire évoluer la sphère administrative japonaise vers l'abandon des nombreuses barrières non tarifaires intolérables et souvent inadmissibles qui obéraient la capacité des entreprises étrangères à évoluer dans un environnement compétitif équitable.

Un jour que nous dînions ensemble, Haruo *san* m'avoua que sa vocation première avait été tout à fait différente de la spécialité dans laquelle il excellait. Il sortit de sa sacoche un portfolio qu'il m'invita à feuilleter. Il contenait des couvertures et des articles de magazines. Le premier était un numéro du magazine *Life* du 23 janvier 1950, qui consacrait sept pages à la fondation de la République populaire de Chine. Il tourna la couverture et me mit sous le nez une page du magazine sur laquelle, entre des réclames pour la nourriture pour chiens Spratt's, un laxatif pour hommes et des cachets Alka-Seltzer, se trouvait un article intitulé « Precocious Jap Artist » (« Un artiste jap précoce ») avec le texte suivant :

« Haruo Shimada est un jeune phénomène de 5 ans qui peint avec le niveau technique et la sophistication d'un adulte aguerri. Lors d'un concours d'art pour adolescents de moins de 18 ans, il a gagné le Premier Prix parmi quelque dix mille participants. Haruo a commencé à dessiner à l'âge de 2 ans. À 4 ans, il est passé à l'aquarelle. Il s'y est tant investi qu'il en a fait une dépression nerveuse ! Il a ensuite choisi la peinture à l'huile, expliquant à ses parents ébahis que la gouache et l'aquarelle étaient des matières pour “bébés immatures” ! Étudiant auprès d'un professeur connu, Haruo s'exerce maintenant à la peinture des nus et il a déjà produit des tableaux remarquablement mûrs. »

Au-dessous de l'article, il y avait une photo d'un de ses tableaux, un *Nu assis* avec la légende suivante :

> « Nu assis, *par Haruo, d'une simplicité à la Matisse. Haruo veut étudier à l'étranger auprès de Picasso. Il dit : "C'est un artiste que je peux comprendre."* »

Et, au-dessus de l'article, il y a une photo étonnante : dans un studio de peintre, on voit en premier plan, de dos, la fort jolie silhouette d'une jeune femme nue qui pose, mains levées sur sa tête, chevelure opulente, longues jambes fuselées, ravissant postérieur et dos harmonieux, devant deux étudiants adultes et un enfant. Haruo est assis sur un tabouret, juste en face du modèle, à moins de 2 mètres d'elle. Ses pieds, bien entendu, n'atteignent pas le sol. Il est vêtu d'un tablier qui ressemble plutôt à un bavoir. Dans la main gauche, il tient une palette plus large que lui. De la main droite, il manie un pinceau qui effleure sa toile sur un chevalet. Son regard est fixé sur le modèle. Le visage est sérieux, appliqué à l'extrême sous la sage coupe de cheveux au bol « à la Édouard » des enfants japonais de cette époque. Celui du vaillant économiste de près de 60 ans que je fréquente n'est pas très différent. On y retrouve la concentration, la farouche détermination, l'opiniâtreté qui définissent si bien le vaillant professeur que je pratique. Derrière lui se tient le maître, un doigt sur la bouche. Il paraît abasourdi par ce qu'il voit sur la toile de l'enfant.

Haruo me montre ensuite d'autres articles, parus dans des revues japonaises, dont le mensuel *Fujin Asahi* (« l'Asahi des femmes ») du mois d'avril 1950, avec un long papier sur le jeune prodige et la photo d'une de ses œuvres, un autre nu de face assis digne d'un Picasso de l'époque des *Demoiselles d'Avignon*.

Comme je lui demandai ce qui avait bien pu le faire infléchir vers une spécialité tellement plus austère, il me répondit :

« Mon professeur reprenait mes dessins en scribouillant par-dessus. Il n'avait aucun respect pour mon expression artistique. Un jour, j'en ai eu assez, je lui ai jeté mes brosses à la figure et j'ai décidé que plus jamais je ne toucherai un pinceau. J'ai un peu regretté mon impulsion pour ma mère, qui avait beaucoup œuvré pour me permettre d'exprimer ma fibre artistique, mais bon, je n'aime pas être contrarié dans mes desseins ! »

Je retrouvai là le caractère entier, altier, impulsif de mon ami.

Je lui dis alors :

« Quel dommage que ce talent n'ait pas été exploité ! Vous auriez pu faire les deux ! » Et sans trop réfléchir, j'ai ajouté : « Haruo *san*, l'année prochaine nous ouvrons notre immeuble sur Ginza. Il y aura une galerie d'art. Si vous vous remettez sérieusement à la peinture, je vous organise une exposition ! »

Nous nous quittâmes sur ma promesse un peu cavalière, à laquelle il m'avoua plus tard n'avoir pas cru.

Un an plus tard, notre immeuble était opérationnel et notre espace culturel commençait à être connu avec une programmation solide. Un jour que je me retrouvai à une table de négociation avec le professeur Shimada, je lui demandai s'il avait repris les pinceaux comme je lui avais suggéré. Il me regarda avec suspicion.

« Vous étiez sérieux ? »

Je lui répondis par l'affirmative. « Le jour où vous avez assez de tableaux pour remplir nos cimaises, vous aurez votre exposition ! »

Mais je n'y croyais pas trop. Je ne le voyais pas endosser le tablier d'artiste qu'il avait abandonné avec tant de détermination. Il était bien trop occupé avec ses activités professionnelles.

En 2006, il m'invita avec ma famille à lui rendre visite à Izu pour un week-end dans la résidence secondaire qu'il venait d'acheter. La maison était construite sur un terrain en pente abrupte qui donnait sur l'océan.

Quelle ne fut pas ma surprise de découvrir à l'étage inférieur un atelier de peinture lumineux grâce à une large baie vitrée ouverte sur la nature. Il sentait la térébenthine, l'huile de lin et cette odeur caractéristique des toiles enduites d'apprêt. Sur des chevalets étaient posés des tableaux à demi terminés. Pas de nus de jolis modèles, pas de paysages ou de natures mortes, mais des explosions de couleurs, des vortex enivrants, des coulées flamboyantes, une débauche d'énergie explosive et des tourbillons de matières généreusement étalées à la spatule ou au couteau.

« J'ai tenu ma promesse de ne pas reprendre le pinceau ! s'exclama-t-il devant mon étonnement. Mais j'ai suivi des cours de peinture avec un professeur d'art contemporain et j'apprends à manier ces ustensiles qui ressemblent à la truelle d'un maçon ! »

Je n'eus d'autre choix que de réitérer ma promesse. Deux ans plus tard, je repassai dans son atelier à Izu. Nous bûmes quelques alcools qui nous aidèrent à baptiser les trente ou quarante toiles qu'il était parvenu à réaliser et qui présentaient une unité de style et une originalité permettant d'envisager une exposition sérieuse. Elle eut lieu en 2011. L'ancien Premier ministre Koizumi, son successeur, ainsi que tout le gotha politique de Tokyo assistèrent au vernissage. L'exposition connut une fréquentation honorable. Tous les anciens étudiants du professeur Shimada vinrent rendre hommage à la vocation si bien dissimulée durant plus de cinquante ans, témoin de l'esprit de résolution, de l'acharnement à la tâche et du courage de leur maître !

Bien des années plus tard, Haruo me confia que, grâce à sa passion retrouvée, il avait vendu suffisamment de tableaux pour pouvoir se payer la voiture Lexus de ses rêves. Je fus heureux de savoir que sa fibre d'économiste n'avait pas été complètement occultée par son renouveau artistique !

Je revois Shimada Haruo de temps en temps. Il s'est découvert une nouvelle passion en sus de la présidence de l'université de commerce de Chiba qu'il a exercée jusque récemment : s'étant mis en tête de chanter, il a pris des leçons et depuis quelques années il donne de temps en temps un récital auquel il convie ses amis, collègues et connaissances. Sous l'œil attendri de son épouse, Kimiko, elle-même passionnée des opérettes kitsch de la troupe Takarazuka[1], il chante des airs d'opéra aussi bien que des chants folkloriques, en japonais, en chinois, en russe, en anglais et même en français avec un ou deux airs du répertoire de Don José.

Et cette fois encore il s'en tire très honorablement !

1. Voir l'entrée « Takarazuka Kagekidan ».

Shinjuku Gyo-en (新宿御苑) (Parc de) – Ou comment l'impossible devient possible au Japon

On pourrait se demander ce que vient faire là ce parc du quartier de Shinjuku, pas particulièrement plus exotique ou intéressant que d'autres espaces verts de Tokyo, comme le Happo-en, l'immense parc d'Ueno qui abrite le zoo, le Hama-Rikyu, coincé entre le marché aux poissons et l'abominable quartier de tours sans saveur de Shiodome, le ravissant jardin de Kiyosumi ou le moins connu, car plus excentré, parc Shakuji à Nerima.

— Tout d'abord, il est classé premier dans la catégorie des quelque 456 « Nature et Parcs » du site TripAdvisor. D'accord, ce n'est pas forcément une référence parfaitement fiable, mais tout de même…

— Ensuite, il est facile d'accès. Il y a plusieurs stations de métro ou de train pour s'y rendre, dont celle de Shinjuku Gyo-en mae sur la ligne Marunouchi, qui signifie « devant Shinjuku Gyo-en ». Elle donne directement sur une des trois entrées du parc, celle d'Okido. On ne peut pas se tromper.

— Vaste, s'étalant sur une superficie de plus de 53 hectares avec une circonférence de 3,5 kilomètres, il présente la particularité d'abriter en un seul lieu plusieurs paysages :

— Au sud, un jardin japonais, sa maison de thé et sa kyrielle de ravissants étangs avec, surplombant l'un d'eux, un affreux pavillon sur pilotis de style chinois parfaitement incongru en béton armé au toit de tuiles orange recourbé comme les mains des danseuses cambodgiennes.

— Au milieu, un jardin anglais dont la majeure partie se contente d'être un superbe *lawn*, immense pelouse sur laquelle on s'allonge avec volupté.

— Au nord, au bout de ce gazon, une vaste esplanade de graviers large de 50 mètres et longue de 100 qui domine un jardin à la française, raison principale de cette entrée dans mon dictionnaire. Je vais y revenir.

— Le parc abrite une magnifique serre, unique à Tokyo, une prouesse architecturale reconstruite en 2011, qui abrite 1 700 espèces de plantes tropicales et subtropicales. On déambule sous cette audacieuse verrière en empruntant des passerelles suspendues impressionnantes.

— Il est sillonné d'allées propices à la flânerie et au jogging sous ses quelque 20 000 arbres, dont 1 500 cerisiers, des *shidare* (cerisiers pleureurs), des *somei* (cerisier de Tokyo) et des cerisiers *kanzan* ; leur floraison s'étale sur tout un mois entre fin mars et fin avril. C'est à ce moment-là que le Premier ministre invite le corps diplomatique et diverses personnalités à une garden-party *hanami* annuelle.

— Il héberge une brigade de jardiniers qui élèvent les chrysanthèmes les plus rares et possèdent le savoir-faire unique au monde, et en voie de disparition, d'élever les massifs *Õzukuris*[1]. Il accueille par conséquent au mois de novembre l'exposition de chrysanthèmes que l'empereur lui-même vient inaugurer.

— Enfin, la raison la plus importante et essentielle à mes yeux pour qu'il figure dans ce dictionnaire est qu'il a été le théâtre d'un événement absolument unique dans ses annales et qui ne se reproduira sans doute pas, dont j'ai été l'instigateur. Cette histoire dont je tire une vanité que vous pourriez considérer comme déplacée ne mériterait certes pas une telle attention si elle ne permettait de soulever un voile sur les mystères de l'âme et l'art de la négociation japonais.

---

1. Voir l'entrée « *Kiku* ».

À l'automne 2011, à la suite du terrible tsunami[1] qui vient de dévaster sur plus de 500 kilomètres la côte septentrionale du pays dans la région du Tohoku, Karl Lagerfeld nous fait part de son souhait de manifester son soutien au Japon en organisant à Tokyo en mars 2012 un défilé de haute couture, collection présentée à Paris en janvier. Ce sera un événement important, car on la sort rarement de France. Elle est faite de vêtements précieux qui seront reproduits à un exemplaire unique, sur mesure, dans les ateliers de la rue Cambon pour les clientes qui les ont commandés. Les essayages, nombreux, doivent être faits sur place.

Nous sommes ici dans la perfection ultime du luxe. Les heures de travail sur une robe se comptent en milliers, le strass ou les perles, quand utilisés, en centaines de milliers.

Il faut donc trouver un cadre prestigieux, hors du commun. Karl imagine un lieu bucolique, bien entendu en plein centre de Tokyo.

Forts de ce cahier des charges sibyllin, nos collaborateurs se mettent en chasse et recueillent dans leurs rets… le parc de Shinjuku Gyo-en, ou plus précisément la fameuse serre en cours de finition, sur les passerelles desquelles les mannequins défileront entre cactées et plantes carnivores. Cela aura une gueule formidable. Tout le monde en est convaincu, Karl comme son studio et la direction générale à Paris. Dans l'esprit de chacun, ce sera là et nulle part ailleurs. On est en octobre, dans l'effervescence de la Semaine des collections. Mars 2012, c'est demain mais c'est aussi très loin. On n'évolue pas dans le même calendrier que le commun des mortels dans notre industrie ; dans nulle autre entreprise, la notion de temps n'est plus relative que dans la nôtre.

1. Voir l'entrée « Tsunami ».

Pour tous là-bas, c'est donc acquis. Pour nous ici, le cauchemar commence.

Car le hic, c'est que cet endroit, certes ouvert au public, n'en est pas moins un parc impérial depuis 1879. En cent trente ans, pas d'autre événement que la garden-party du Premier ministre au printemps et l'exposition des chrysanthèmes à l'automne, hormis l'exception des funérailles nationales de l'empereur Hirohito en 1989, n'y a jamais été organisé. Inutile de préciser qu'aucune manifestation « roturière » ne saurait y être permise. Les entreprises japonaises les plus importantes, les promoteurs de concerts, expositions et autres manifestations culturelles les plus en vue, s'y sont cassé les dents.

Il faut dire que la liste des interdictions inscrite sur des plaques vissées aux grilles des trois entrées a de quoi rafraîchir les ardeurs : interdiction de jouer au badminton, au ballon, au Frisbee et tout autre jeu de balle ; d'apporter de l'alcool ; de fumer ; de ramasser la moindre feuille morte ; de nourrir les oiseaux ; de planter sa tente ou d'apporter chaises et tables, même pliantes ; de faire du feu ; de jouer d'un instrument de musique, d'écouter la radio ou d'organiser une séance de *karaoké* ; de se promener avec un animal de compagnie ; de faire du vélo, du tricycle, du patin à roulettes, du skate-board ; de prendre des photos professionnelles ou à usage commercial, sur trépied ou à main levée, avec ou sans mannequins. Bref, tout y est interdit, rien n'y est autorisé.

Les Japonais auxquels je demande conseil secouent la tête avec incrédulité. Certains sont horrifiés qu'on puisse oser imaginer désacraliser un territoire impérial. Nous ne sommes pas loin du crime de lèse-majesté.

Le responsable du parc, par ailleurs ingénieur agronome, est le premier maillon de la longue chaîne d'officiels en charge que je rencontre. Il me reçoit fort courtoisement, m'explique qu'il n'est qu'un misérable exécutant sans pouvoirs et oppose à ma requête une fin de non-recevoir polie sous la forme d'un de ces euphémismes utiles dont la langue japonaise regorge : « *Muzukashii !* » (« C'est difficile ! »). *Muzukashii*, au Japon, est le synonyme exact d'*impossible*.

Le temps passe et nous continuons à pédaler dans le vide.

Finalement, en novembre, une de mes relations offre de me présenter à un de ses amis, le grand chambellan du *Kunaichõ*, l'Agence de la Maison impériale. Aussitôt dit, aussitôt fait, nous allons voir dans son bureau situé dans l'enceinte du palais l'onctueux personnage, qui m'apprend que le ministère de l'Environnement est mandaté pour gérer les parcs et jardins du patrimoine impérial. Il en appelle immédiatement le directeur des parcs nationaux, avec lequel il fixe pour moi un rendez-vous.

Je me rends derechef au ministère. Le directeur en question me reçoit accompagné de son chef de cabinet et de deux collaborateurs au titre obscur, chaussés de confortables sandales de plastique. Mon contact originel au parc est également présent. Chacun connaît parfaitement le projet que je présente néanmoins comme si c'était la première fois. Il faut préserver les apparences.

Tout le monde autour de la table basse sur laquelle sont éparpillées des tasses apportées par une secrétaire s'extasie. C'est une idée merveilleuse que cette association de l'élégance inégalée de notre maison à la modeste serre du Gyo-en. Qui aurait pu imaginer qu'une banale verrière puisse abriter les si ravissantes plantes sur pied que sont les mannequins ? Mais, mais... la serre ne sera, hélas, pas prête avant le mois de juin, objecte le directeur du parc. Je sens à cette annonce une contrition immense, quoique de circonstance, flotter dans l'air alors que chacun s'empresse de saisir sa tasse de thé et de plonger son nez dedans.

Comme il serait malséant de prolonger cet entretien, je remercie abondamment le directeur, qui insiste pour me revoir dès que j'aurai d'autres idées. Suivi de tous ses collaborateurs, honneur insigne, il me raccompagne jusqu'à la sortie du ministère. N'oublions pas que je lui ai été recommandé par le grand chambellan de la Maison impériale.

Quelques jours plus tard, me promenant au parc pour rechercher l'inspiration (à ma grande honte, je dois avouer qu'en plus de trente ans de vie tokyoïte, je n'y avais jamais vraiment mis les pieds), je découvre la vaste esplanade de graviers au bout de la pelouse anglaise et me vient l'idée d'une alternative que je partage avec Paris où elle a l'heur de plaire.

Je repars à l'assaut du ministère de l'Environnement.

« Une tente sur l'esplanade ? », la stupéfaction est à son comble.

« Mais le règlement interdit les tentes de camping ! souligne le responsable du parc.

— Ce serait bien plus grand et plus beau qu'une tente de camping. Pour recevoir environ deux mille invités, la structure occuperait pratiquement toute la surface de la place, réponds-je, conscient d'aggraver mon cas.

— Et la hauteur ? Quelle serait la hauteur ?

— Sans doute une dizaine de mètres. Vous comprenez, il faut des gradins pour que tout le monde puisse voir, il y aura des spots et des baffles au plafond…

— Des haut-parleurs ? Vous voulez dire qu'il y aurait AUSSI de la musique ? Il est interdit de jouer de la musique dans l'enceinte du parc ! Et puis un tel bâtiment va rompre l'harmonie du lieu. N'oubliez pas que le parc est dédié à la nature. Il faut qu'on puisse voir la verdure où qu'on se trouve dans ses allées !

— On pourrait recouvrir les parois extérieures d'une sorte de camouflage militaire pour que la tente se fonde dans le paysage ? », hasardé-je.

Là je m'avance un peu. Je ne suis pas persuadé que Karl serait ravi que sa collection défile sous une tente de poste de campagne. En fait, ma suggestion horrifie à juste titre mes interlocuteurs, viscéralement pacifistes.

« Pour qu'on nous accuse d'accueillir la *Jieitai* (les Forces d'autodéfense) sur un terrain civil !

— Alors, que diriez-vous d'un revêtement miroitant sur lequel se reflèterait la végétation ? »

Je me sens un peu au bout du rouleau de mon imagination.

« Il ne manquerait plus qu'un truc qui réfléchirait les rayons du soleil. Le meilleur moyen pour s'attirer les foudres du voisinage ! Déjà qu'il a fallu des mois de négociations pour faire accepter la nouvelle serre ! »

Finalement, le directeur de la division intervient pour calmer la cacophonie. Il ne faut pas faire perdre la face au grand chambellan en m'opposant un refus définitif. Il choisit la stratégie qui convient, à savoir m'amener *yukkuri*, doucement, à rendre les armes. *Yukkuri*, c'est essentiel dans les relations interpersonnelles.

Il commence par dégainer la formule magique « *Muzukashii !* », cependant adoucie par un « *Kentõ shimasu*[1] » (« nous allons étudier »), une jolie formule passe-partout qui peut signifier qu'il y a de l'espoir comme elle peut vouloir dire qu'il n'y a plus rien à faire. Il m'assure qu'il m'accueillera aussi souvent que je souhaiterais pour faire progresser ce dossier dont, ajoute-t-il sans rire, il a le sentiment qu'il a plutôt bien évolué.

---

1. Voir l'entrée « *Kentõ shimasu* ».

Les jours continuent à s'égrener inexorablement. À chacune de mes visites, une nouvelle question est posée, cependant que la barre des exigences monte de plusieurs crans, ce qui exige qu'à mon tour je formule la rituelle réponse lapidaire : « *Kentō shimasu.* »

Inversement proportionnellement au temps qu'ils gagnent, j'en perds. Ils en gagnent tant et j'en perds tellement qu'à la mi-décembre nous n'avons pas progressé d'un pouce.

Un soir de la fin du mois de décembre, j'attends le directeur du parc dans son bureau pour lui soumettre une pénultième solution. Lui m'écoute sincèrement. Il m'a pris en affection. Je le sens vraiment marri de ne pouvoir m'aider. Il a confusément le sentiment que le parc gagnerait à s'ouvrir plus au monde. Il est entré dans le XXIe siècle depuis qu'il a supervisé la construction de la nouvelle serre, même si son rôle est de s'assurer que les chrysanthèmes sont toujours élevés selon les techniques ancestrales.

Au mur est accrochée une immense prise de vue aérienne du parc. Je la contemple dans la pénombre du bureau, ressassant de sombres pensées sur la duplicité japonaise. S'ils m'avaient une bonne fois pour toutes répondu négativement, cela aurait été tellement plus simple. Dans le même temps, je m'en veux un peu d'avoir mis tous ces fonctionnaires consciencieux dans une situation inextricable en acceptant l'introduction du grand chambellan. Ils n'ont d'autre solution que d'attendre ma capitulation.

Soudain, je repère sur la photo quelque chose qui m'intrigue. Au nord, sur la gauche de l'esplanade que je convoite et perpendiculaire à elle, se trouve une longue bande rectangulaire qui me paraît agencée comme un parterre inspiré de Le Nôtre. Je m'approche et je lis, écrit en minuscules caractères : « Le jardin français ». J'avais bien vu cette partie du parc moins pimpante que le reste, car en pleine terre, avec ses deux rangées parallèles d'arbres effilés taillés en pinceau de calligraphie un peu tristes, ses volutes de haies au cordeau et ses parterres en friche en cette saison de l'année, mais je n'avais pas soupçonné un instant qu'il pût s'agir d'une imitation des jardins de Vaux-le-Vicomte ou de ceux de Saint-Germain-en-Laye.

Quand le directeur me rejoint enfin, je lui pose d'emblée la question.

« Vous ne saviez pas que cette section du parc a été façonnée sur un modèle français ? C'est une jolie histoire, laissez-moi vous la raconter, ajouta-t-il :

» Cela remonte à 1900. Depuis vingt ans, le parc avait rejoint le domaine impérial. Il avait autrefois appartenu au *daimyõ* Naito de Tsuruga, qui en avait fait un jardin en 1772. À la restauration de Meiji, c'était devenu un centre expérimental d'agriculture, puis un jardin botanique. Sa Majesté l'empereur Meiji ordonna qu'on lui rende sa munificence. Au sud, on refit le jardin japonais ; la pelouse anglaise fut plantée dans la foulée, mais la partie nord était encore en friche. On ne savait trop que faire de cette parcelle qui descendait en pente douce.

» Lorsque les jardiniers chargés des deux *Õzukuris* de l'Exposition universelle partirent pour la France, l'empereur leur ordonna d'explorer les jardins d'Europe, puisqu'ils auraient du temps une fois que les massifs de chrysanthèmes seraient en place, afin de ramener des arbres, fleurs et plantes n'existant pas au Japon, qui fourniraient la matière pour réaliser un jardin "exotique" dans cette partie encore inexploitée.

» La première visite de nos jardiniers fut pour le château de Versailles. Ils furent éblouis par son parc et demandèrent à rencontrer son architecte, un certain Henry Eugène Martinet. S'ils ne parlaient pas la même langue, ils se comprirent néanmoins, car Martinet était lui-même horticulteur. Nos hommes se dirent qu'il était inutile d'aller glaner ailleurs ce qu'ils avaient sous la main. Ils lui communiquèrent les dimensions exactes de la parcelle et lui demandèrent de dessiner le plan d'un jardin à la française inspiré de l'esthétique de Le Nôtre. Martinet se prêta de bonne grâce à l'exercice. Il leur fournit également les semences, boutures, rhizomes et autres stolons pour peupler ce jardin d'arbres, de bosquets, de rosiers. Ils ramenèrent tout cela au Japon. L'empereur était enchanté qu'un peu du prestige de Versailles soit transplanté à Tokyo. Voilà l'histoire de notre jardin français !

— Avez-vous toujours les plans de Martinet ?

— Hélas, non. Ils ont brûlé pendant les bombardements de la guerre, qui ont détruit une partie du parc et de ses bâtiments administratifs. Il reste un vague fac-similé au ministère que j'ai pu compulser.

— Et l'esplanade ? Pourquoi est-elle là ?

— Bonne question. Cela aussi, c'est lié à Versailles, figurez-vous ! Enchanté par le récit ébloui des jardiniers, l'empereur, qui réfléchissait depuis un bon moment à la nécessité de faire construire un palais détaché pour recevoir confortablement et dignement les chefs d'État étrangers qui commençaient à venir au Japon, imagina de le faire au Gyo-en, entre le jardin français et la pelouse anglaise. Il enjoignit donc aux jardiniers de demander à leur ami français de dessiner un mini-Versailles. Entre-temps, on nivela la butte et on consolida le terrain en vue d'y construire dessus le palais détaché.

— Pourquoi est-ce resté tel quel ?

— Tout simplement, parce qu'entre-temps il y a eu le conflit russo-japonais, en 1904 et 1905, et, bien que victorieux, l'empire était à sec ! Il n'avait plus d'argent !

— Alors, il ne reste rien de ce lien étonnant entre Versailles et la Maison impériale ?

— Rien. Rien que ce lopin auquel les générations successives de nos jardiniers se sont efforcées de préserver son caractère français. Nous y tenons beaucoup, bien qu'il n'ait probablement plus grand-chose à voir avec les plans originaux. C'est le seul endroit du Japon où nous avons des platanes !

— Ces allées d'arbres sont des platanes ?

— Oui. Vous ne les avez pas reconnus ? »

Je préfère ne pas répondre. Je perdrais la face, moi, un Provençal, de n'avoir pas vu que ces arbres étaient des platanes. Il est vrai que chez nous on ne les taille pas en fuseaux.

C'est alors qu'une idée me traverse l'esprit. Je la soumets à mon interlocuteur, qui la trouve séduisante et me suggère d'aller la présenter au ministère.

Me voici donc de nouveau dans le grand bureau du directeur des parcs nationaux flanqué de ses inutiles collaborateurs, qui se contentent de consigner scrupuleusement à la virgule près nos conversations dans de minuscules calepins.

« Monsieur le directeur, si nous parvenions à recréer le lien historique entre Versailles et Gyo-en ? Si une convention entre le domaine de Versailles et votre ministère pouvait être conclue, par exemple un échange technique entre vos jardiniers et ceux du château ? Si cette collaboration pouvait aboutir à la restauration du jardin français en son état original et si en retour Versailles accueillait dans son parc une exposition des chrysanthèmes impériaux, par exemple des massifs *Õzukuris* ? Enfin, si notre entreprise était le parrain d'un tel accord, alors pourrions-nous exceptionnellement obtenir l'autorisation de réaliser notre projet de défilé sous une tente placée sur l'esplanade du parc ? »

Un grand silence suit ma tirade, seulement troublé par le bruit que font les mines de crayon finissant de griffonner frénétiquement mon discours sur les pages des carnets. Je viens de proposer de renouer un lien prestigieux défait depuis plus de cent ans entre la Maison impériale et le Roi-Soleil, pas moins. Dans ce pays où on a le respect de l'Histoire, particulièrement des heures heureuses de la restauration de Meiji, où la fidélité est une valeur chérie, où tout égard manifesté à l'institution impériale est apprécié, je sais que je joue sur du velours. Je le lis dans le regard de mes interlocuteurs.

Mais je vois aussi dans les yeux du directeur des parcs nationaux qu'il apprécie dans mon discours les anaphores, cette cascade de « si » qui l'ont scandé. Mesurée à l'aune de la lenteur et de la complexité des réseaux décisionnaires japonais qu'il imagine – pas forcément à tort – identiques dans l'administration française, ma proposition n'a aucune chance d'aboutir dans le court temps qui nous reste, d'autant plus que nous approchons de la fin d'année qui ralentit, voire stoppe, toute activité pendant une longue semaine au Japon. Dans son esprit, une telle négociation prendra, au bas mot, deux ans, sinon plus. Il ne court donc aucun risque à me donner son aval. De plus, personne ne perdra la face : on pourra blâmer l'impéritie de l'hydre impersonnelle des multiples services exigeant d'être convaincus de l'autre côté de l'océan. J'avoue être moi-même un peu étourdi par mon imprudence. C'est un va-tout parfaitement casse-cou.

Devant l'aréopage de ses collaborateurs qui notent scrupuleusement ses propos, il me promet formellement que « si » cet accord pouvait être signé avant le mois de mars, alors nous serions autorisés à utiliser le parc de Gyo-en.

Rentré au bureau, j'appelle d'abord la direction de la mode à Paris, qui me donne immédiatement son blanc-seing. Nous avons dans notre entreprise ceci qui nous rapproche des Japonais : la passion des belles histoires dans lesquelles les métiers et tout ce qu'ils comprennent de patience, de labeur, de transmission du savoir, d'amour ont une place centrale. Inviter des jardiniers japonais et français à échanger leurs connaissances ancestrales, c'est composer une véritable chanson de geste. Leur permettre de renouer un dialogue interrompu depuis un siècle est presque un devoir sacré. Ce premier « si » n'était pas le plus difficile à faire tomber.

Il reste Versailles. Par chance, notre directrice des relations publiques est une amie de la présidente de Versailles, l'énergique Catherine Pégard. Cette dernière est justement en train de réfléchir au moyen de donner un coup de fouet à la fréquentation japonaise du château. Elle voit immédiatement l'avantage qu'un tel accord va lui offrir, une visibilité renouvelée, et sous un angle original qui raconte la saga de Versailles d'une autre manière, plus humaine, oserai-je dire plus terre à terre.

Bref, le principe de la convention est dans la poche, Mme Pégard saura convaincre son autorité de tutelle et le reste suivra. Elle offre même dans la foulée une date de visite au Japon pour signer l'accord. Début février lui conviendrait parfaitement.

Le lundi 9 janvier 2012, premier jour de la reprise des affaires au Japon, je suis de nouveau dans le bureau du directeur des parcs nationaux. Une fois les civilités de Nouvel An poliment ânonnées et les considérations sur la douceur exceptionnelle de ce *Oshōgatsu* échangées, je demande dans le langage le plus courtois et sur le ton le plus solennel possible :

« Monsieur le directeur, puis-je humblement vous demander de prendre votre agenda et de l'ouvrir à la première semaine de février ? »

Il est interloqué.

« Pourquoi ?

— Parce que la présidente de l'établissement public du château, du musée et du domaine national de Versailles, Mme Catherine Pégard, mandée par son ministère de tutelle, viendra au Japon accompagnée d'Alain Baraton, jardinier en chef du domaine national de Trianon et du Grand Parc du château, signer la convention qui officialisera la reprise des relations interrompues entre le Gyo-en et Versailles il y a un siècle. Un accord, inutile de vous préciser, que notre Maison aura le grand honneur de parrainer. Permettez-moi de vous remettre une esquisse du document que les services juridiques de Versailles et les nôtres ont préparé. Nous avons pensé qu'une durée de trois ans serait appropriée. Versailles, pas plus que le Shinjuku Gyo-en ne se sont faits en un jour, n'est-ce pas ? »

Le reste est de l'histoire.

Que vous pourrez vérifier dans la presse de nos deux pays si vous souhaitez en savoir plus…

Shintoïsme (神道) – La Voie des esprits

À la traduction communément admise pour le terme *shintoïsme* de « Voie des dieux » ou « Voie du divin », je préfère traduire par « Voie des esprits ».

C'est en effet un contresens d'appeler les *kamis* des « dieux ».

Le shintoïsme, qui ne repose sur aucun dogme, n'a pas de fondement théologique, d'idéologie, de morale rigide ou de prétention philosophique. C'est en fait une croyance animiste et polythéiste basée sur un faisceau de superstitions, donc profondément païenne au sens noble du terme.

En fait, l'on sait que la seule véritable religion des Japonais est l'opportunisme[1]. Leur capacité à assimiler, transformer, absorber tout ce qui passe à leur portée puis à le formater selon leurs besoins s'applique sans aucune forme de complexe aux religions grâce à la bonhomie tolérante du shintoïsme, par essence dénué de tout prosélytisme. Bien au contraire, un syncrétisme naturel fait que l'infusion des coutumes *shintô* est bien ancrée dans la vie quotidienne des pratiquants des autres religions.

En effet, je ne connais pas de Japonais, croyant monothéiste, bouddhiste ou athée, qui ne sacrifie pas au moins à un rituel *shintô* au cours de l'année, comme celui de la visite de Nouvel An au sanctuaire pour acheter la flèche *hamaya*[2] tueuse de démons qui sera placée bien visiblement dans le *tokonoma* de la maison. De même, le culte des ancêtres de la fête des Morts *Obon*, durant laquelle l'âme des anciens rentre au foyer des descendants, est suivi par la majeure partie de la population. On trouve quasiment dans tous les foyers un autel *shintô kamidana* (神棚) qui côtoie le *bustudan* (仏壇) bouddhiste, voire le crucifix et les images pieuses de la Vierge dans les familles de chrétiens.

---

1. Voir l'entrée « Opportunisme ».
2. Voir l'entrée « *Hamaya* ».

Les Japonais sont pourtant étonnamment prudents sur la qualification religieuse du shintoïsme. Son instrumentation durant l'ère Meiji et la première moitié du XXe siècle à des fins politico-nationalistes, le transformant en religion d'État *kokka shintô*, pilier spirituel du patriotisme japonais, ainsi que son rattachement à l'institution impériale, en a fait un sujet tabou. L'extrême droite ultranationaliste s'est emparée depuis la fin de la guerre de tous ces symboles récusés par la Constitution japonaise. Bien que modeste sur l'échiquier politique, le Parti patriotique Aikokutō a un pouvoir de nuisance tel qu'il vaut mieux éviter de le provoquer en critiquant le shintoïsme. La frilosité des Japonais sur le sujet est donc particulièrement aiguë. J'ai par exemple essuyé le refus peureux de mon éditeur et d'autres maisons réputées moins sourcilleuses pour la publication de la version japonaise de mon roman *Seppuku* à cause d'un chapitre dans lequel je cite la « sanctuarisation » historiquement vérifiée d'agissements criminels à la fin de la guerre dans certains temples *shintô*. Un Premier ministre japonais s'est en revanche attiré l'ire de mouvements de gauche et d'organisations laïques pour avoir osé dire que le Japon était un « pays de *kamis* ».

Il faut donc s'accommoder du paradoxe qui interdit de faire l'apologie du shintoïsme par crainte d'être taxé de tendances réactionnaires susceptibles de réveiller les vieux démons du nationalisme mais qui exige qu'on lui manifeste déférence et respect.

Le shintoïsme est à la fois marteau et enclume.

Pourtant, à la différence du druidisme, rendu obsolète en France faute de pratiquants, le shintoïsme est très vivant et prospère dans l'archipel. Il y a environ 100 000 sanctuaires *jinja* (神社) gérés par 15 000 officiants *kannushi* et leurs supérieurs *guuji*, incluant également les *shinkan* à temps partiel. Il faut bien cela pour prendre soin des « 8 millions de *kamis* ».

On a malgré tout beaucoup glosé sur le sens religieux des Japonais.

Est-ce que l'émotion qui affleure devant le sanctuaire d'Ise[1] ou lors d'une cérémonie *Omairi* est d'essence sacrée ? Que dire de la ferveur des millions de personnes qui se rendent dans un sanctuaire *shintô*, secouent devant l'autel un grelot attaché à une corde et claquent dans leurs mains pour attirer l'attention des *kamis* ? Et l'employé qui, rentrant de son travail, s'arrête un instant pour s'incliner devant le minuscule autel *hokora* d'un obscur *kami* local coincé entre deux immeubles ou posé au coin d'un parking de son quartier a-t-il le sentiment de se livrer à un acte religieux ?

A contrario, mon épouse, rationnelle et lucidement « non croyante », ne commet-elle pas un acte profondément religieux quand elle fait venir un *guuji* du sanctuaire proche de notre maison nouvellement achetée à Kamakura pour procéder à une purification *oharai*, parce que j'ai chuté à plusieurs reprises dans des escaliers de gare en m'y rendant, persuadée que c'est moins mon manque d'accoutumance à mes nouvelles lunettes à verres progressifs que la malédiction *tatari* prononcée par un *kami* indisposé par notre installation dans son pré carré qui me faisait tomber ?

Quand on leur pose la question, les Japonais qui répondent à une vaste majorité qu'ils ne sont pas religieux disent en même temps qu'ils sont shintoïstes.

Le débat reste ouvert…

Les origines du shintoïsme semblent remonter à la première époque Jõmon entre 14 000 et environ

1. Voir l'entrée « Ise Jingû».

300 ans avant notre ère. Comme beaucoup de pays en ces temps ancestraux, le Japon primitif est alors peuplé de chasseurs-cueilleurs. La nature y est magnifique mais brutale. La végétation est dense, les montagnes escarpées, les forêts profondes et sombres sont difficiles d'accès. Les éléments quand ils se déchaînent sont d'une magnitude effrayante : tremblements de terre, éruptions volcaniques, tsunamis, typhons, pluies diluviennes qui occasionnent des glissements de terrain et de nombreuses inondations.

Comme il est impossible de résister aux forces ténébreuses de la nature, on apprend à composer avec elles. Ses débordements suscitent une crainte révérencielle et un « frisson religieux[1] » qui réclament une « attitude de vigilance[2] ». On se met donc à vénérer la fontaine qui jaillit, la cascade qui rugit, l'orage qui tonne, les hautes montagnes qui grondent, les volcans qui éructent, le vent qui souffle et même les rochers paisibles, car on perçoit qu'ils sont habités par des forces supranaturelles, étranges et mystérieuses. Dans les forêts, l'arbre qui tutoie le ciel prend une place à part. Il a une personnalité. Il possède donc une âme, il est animé par un esprit. La vénération des vieux arbres au Japon vient de cette conviction profonde. Leur tronc ceint d'une corde de paille indique qu'ils sont sacrés. Ce sont des *go-shinboku*, des « honorables-dieux-arbres ».

À Kyoto se trouve un sanctuaire appelé le Imakumano jinja. Sur la gauche de l'entrée somnole un vénérable camphrier qui aurait été planté par le 77e empereur Go-Shirakawa au XIIe siècle. Ses branches s'étalent largement au-dessus des bâtiments du sanctuaire et de l'avenue qui le longe. Il est entouré d'une plate-forme sur laquelle on

1. Voir l'entrée « Ise Jingû ».
2. Hirakawa Sukehiro, *À la recherche de l'identité japonaise*, L'Harmattan.

grimpe pour faire le tour de son tronc immense. Je me rends au Imakumano jinja à chacun de mes passages dans l'ancienne capitale impériale. Je fais le tour du tronc et j'effleure de la paume de la main ses écailles rugueuses ; je ressens alors son esprit blotti au plus profond et je repars serein comme baigné de ses ondes bénéfiques ; n'avons-nous pas après tout un ADN commun ?

Le 10 mars 2010, un ginkgo sacré vieux de plus de mille ans à l'entrée du sanctuaire Tsurugaoka Hachiman de Kamakura a été déraciné par une tempête, faisant la une des journaux télévisés. On y a vu un funeste présage pour le Japon. Un an et un jour plus tard, le 11 mars 2011, la côte du Tohoku était dévastée par un monstrueux tsunami[1].

La relation de cause à effet n'a fait aucun doute dans de nombreux esprits.

Le concept fondamental du shintoïsme repose par conséquent sur le caractère sacré de la nature et par extension de toute vie. La place de l'homme se situe dans ce grand tout, mais il n'en est pas l'épicentre ; les Japonais, qui croient à l'origine autogène de l'espèce humaine plutôt qu'au mythe de la création du monde par un dieu transcendant[2], situent avec humilité l'homme comme un simple élément de cet univers cosmogonique, au même titre qu'un cours d'eau, le vent, une étoile ou une pierre. Nous sommes bien tous des « poussières d'étoile ».

Le shintoïsme reconnaît donc l'existence de l'âme non seulement chez l'homme, mais également chez les animaux, les plantes, les phénomènes naturels, les objets et bien sûr les insectes. N'y a-t-il pas un proverbe qui dit « Même un être aussi indigne qu'un minuscule insecte

---

1. Voir l'entrée « Tsunami ».
2. Voir l'entrée « Ise Jingû ».

a une âme » ? Les Japonais vont jusqu'à penser qu'il y a un « esprit des mots » et que leur langue a une âme, le *kotodama*.

Enfin, la survivance de l'âme après la mort, cette croyance dite *goryō-shinkō* aux âmes des défunts, nourrit par ailleurs le shintoïsme de phénomènes surnaturels que les vivants perçoivent, car les esprits se gaussent de la frontière entre la vie et la mort. Le monde de l'au-delà n'est pas le néant, car il est plein de revenants. Lafcadio Hearn[1] l'avait parfaitement bien perçu, qui s'est intéressé à cet univers spectral dans son recueil de contes fantastiques *Kwaïdan*.

Nul n'a mieux décrit la posture religieuse des Japonais face à la nature que le pourtant très catholique Paul Claudel, ambassadeur de France au Japon entre 1921 et 1927 :

> « [...] La révérence, le respect, l'acceptation spontanée d'une supériorité inaccessible à l'intelligence, la compression de notre existence personnelle en présence du mystère qui nous entoure, la sensation d'une présence autour de nous qui exige la cérémonie et la précaution[2]. »

Les anciens ont donc imaginé une multitude de *kamis*. Le shintoïsme en dénombre plus de huit millions, *happyakuman* dont l'autre lecture des caractères se lisant *yaoyorozu* signifie « une myriade, un nombre inchiffrable ». Ils se trouvent partout, et nul lieu n'échappe à leur pouvoir. Pour simplifier, les *kamis* sont « tout ce qui en ce monde possède une vertu étrange et mystérieuse » ainsi que le décrit Hirata Atsutane, grand théologien du shintoïsme du début du XIXe siècle.

---

1. Voir l'entrée « Hearn Lafcadio *alias* Koizumi Yakumo ».
2. Dans *Un regard sur l'âme japonaise*, Œuvres en Prose.

Bientôt la croyance se structure. À partir de l'ère Yayoi, qui succède au Jõmon, tout nouveau village s'accompagne de la construction d'un sanctuaire afin de les implorer et de les apaiser. Les fondamentaux de la vie communautaire, institutions, doctrines, rituels et cérémonies s'organisèrent autour du culte des *kamis*.

Il convient de se montrer d'un discernement extrême et d'être particulièrement vigilant avec les *kamis*. Comme la nature, ils sont énigmatiques, susceptibles et de caractère ombrageux. Leur esprit de violence peut dégénérer. Certains, comme les *kamis* des épidémies ou des insectes, sont dangereux. Il est donc primordial de se concilier leurs bonnes grâces par des rituels adéquats. S'ils sont contrariés, ils peuvent frapper d'un redoutable châtiment *tatari* l'auteur d'une mauvaise action *tsumi*, autrefois appelée *kegare* ou « souillure », faute alors plus matérielle que morale, comme les contraventions à l'ordre social. Il est, hélas, facile d'empiéter inconsciemment sur le périmètre des *kamis* et d'en être puni, car les limites de leur territoire ne sont pas clairement définies. Les légendes populaires sont parsemées d'histoires de *kamis* qui poursuivent de leur vindicte les imprudents ayant omis de leur rendre hommage. Un proverbe encore en vigueur ne dit-il pas que se tenir éloigné des *kamis* évite le *tatari* (*Sawaranu kami ni tatari nashi*) ? Il signifie de nos jours qu'il ne faut pas mettre son nez dans les affaires des autres.

Pour échapper au *tatari* ou avant un contact inévitable avec les *kamis*, par exemple lors d'une fête, il est nécessaire de purifier son entourage en procédant aux ablutions rituelles *harau* et pour soi-même le *kiyome*, sorte d'exorcisme protégeant contre leurs malices.

C'est avec le recueil *Kojiki*, « Chronique des choses anciennes », rédigé au début du VIIIe siècle, que la mythologie du shintoïsme prend véritablement forme. La première partie, « L'Âge des dieux », est une compilation de légendes anciennes dans laquelle apparaît la théorie des divinités fondatrices du Japon. Il sera complété quelques années plus tard par un autre document un peu plus structuré, le *Nihon shoki*, « Chroniques du Japon ».

Le panthéon des divinités japonaises n'a rien à envier à celui des Grecs par sa multitude, la fantaisie de ses protagonistes et leur agitation.

Lors de la création de l'Univers, trois déités, les *Kotoamatsukamis*, apparaissent. Elles sont suivies de sept générations de dieux dont les deux dernières sont les plus passionnantes.

Izanagi-no-Mikoto et sa sœur-épouse, Izanami-no-Mikoto, ont en effet reçu la mission d'aller mettre un peu d'ordre dans le chaos initial et de créer un monde. La terre est alors vide, un magma huileux flottant « comme une méduse dans la mer ». Il faut donc commencer par la solidifier. Ils le font au moyen de la « lance céleste » *Amenonuboko*. Ils la trempent dans l'océan, qu'ils touillent un moment et, quand ils la retirent, les gouttelettes qui en tombent se coagulent et forment la première île, appelée « Onogoro ». Notre couple incestueux s'y installe, plante un pilier céleste autour duquel il se livre à une cérémonie nuptiale. L'incorrigible Izanami prend la malheureuse initiative de parler la première avant de copuler avec son compagnon. Le résultat est désastreux. Ils recommencent dans le bon ordre, Izanagi reprenant le contrôle, et cette fois ils parviennent à créer l'archipel japonais, qui ne comprend cependant pas Hokkaido ni Shikoku. Ils engendrent dans la foulée de nombreux *kamis* qui, petit à petit, constituent la nature : montagnes, fleuves, sable, vent, etc.

Alors qu'elle donne naissance au *kami* du feu Kagutsuchi, Izanami est mortellement brûlée et se retire au royaume des morts Yomi. Izanagi entre dans une colère folle, tue son fils matricide et tente de rejoindre sa sœur-épouse, mais celle-ci lui demande de ne pas l'approcher sous divers prétextes. Il contrevient à sa requête et se rend compte qu'elle a commencé à se décomposer et répand une odeur pestilentielle. Ceci la rend furieuse et elle envoie à sa poursuite une armée de démons et de sorcières. Il échappe de peu à la horde de *kamis* malfaisants en leur lançant du raisin, des pousses de bambou et des pêches afin qu'ils stoppent leur poursuite pour dévorer toute cette nourriture. Puis il scelle l'entrée du royaume des morts avec une lourde pierre. L'irascible Izanami le maudit et annonce qu'elle tuera chaque jour 1 000 personnes. Il lui réplique qu'il en engendrera 1 500.

De cette banale querelle de couple et de cette arithmétique simpliste va naître le cycle de la vie et de la mort.

Izanagi, que cette course a mis en nage et qui veut se purifier des sanies du Yomi, s'immerge dans l'estuaire d'un fleuve. Ce bain inaugure le rite de purification *harae* du shintoïsme. Quand il en ressort, trois nouvelles déités, les « Trois Précieux Enfants » *Sankishi*, sortent de son corps :

• Amaterasu Ômikami, la déesse du Soleil qui coule de son œil gauche, auquel Izanagi ordonne de gérer le royaume des cieux. Le soleil carmin avec ou sans rayons du drapeau japonais est sa représentation.

• Tsukuyomi-no-Mikoto, *kami* de la Lune qui sort de son œil droit, est chargé de s'occuper du royaume de la nuit.

• Susanoo-no-Mikoto, *kami* des Tempêtes qui s'extirpe de son nez, doit diriger le royaume des océans.

Ceux-ci sont encore plus turbulents que leurs parents. Susanoo tout particulièrement est facétieux et quelque peu vindicatif. Bref, il est vraiment pénible. Il passe son temps à faire enrager sa sœur Amaterasu, qui se fâche et va bouder dans une caverne céleste, plongeant ainsi le monde dans les ténèbres.

La famille des *kamis* décide alors de se livrer à une orgie devant la grotte pour tenter de la faire sortir. Ils ripaillent, dansent, chantent, se laissent aller à des commérages et prétendent qu'ils ont trouvé une remplaçante. Amaterasu finit par entrouvrir la pierre qui occultait sa cache, un *kami* place devant elle un miroir dans lequel elle se voit pour la première fois et qui l'éblouit. Les *kamis* en profitent alors pour la tirer de sa caverne, qu'ils scellent au moyen d'une corde tressée sacrée, la *shimenawa*, qu'on retrouve dans de nombreux sanctuaires, entourant des arbres ou ceignant des rochers sacrés.

Amaterasu est la plus importante de toutes ces déités, car elle est l'ancêtre de la lignée des empereurs du Japon. Son petit-fils Ninigi est le grand-père du premier empereur, Jinmu, qui serait né d'après le *Kojiki* en 711 avant notre ère. Trois objets confiés par Amaterasu à Ninigi sont les insignes sacrés de la famille impériale depuis ces temps immémoriaux : le miroir *Yata no Kagami*, l'épée *Kusanagi no tsurugi* et le joyau *Yasakani no magata*.

C'est ainsi qu'est née la légende du dieu vivant à forme humaine *akitsumikami* qui perdurera jusqu'à ce que les forces d'occupation américaines exigent de l'empereur Shōwa qu'il déclare cette croyance erronée, ce qu'il fera durant sa proclamation impériale du Nouvel An en 1946. En décembre 1945, MacArthur avait déjà promulgué une directive actant la séparation de la religion et de l'État. L'ascendance divine de l'empereur n'est toutefois officiellement pas remise en question. Naruhito intronisé en 2019 est le 126e empereur issu de la lignée reliée à la déesse Amaterasu-Ōmikami à laquelle il est allé rendre compte de son intronisation au sanctuaire d'Ise, son lieu de « résidence ».

Vivre au Japon sans adopter le shintoïsme reviendrait à manquer l'essence de l'âme japonaise.

De toute façon, il est incontournable.

Se promener dans la campagne japonaise suffit pour s'en persuader.

Les paysages japonais, à part le mont Fuji[1], qui est d'ailleurs lui-même un *kami*, ne sont pas grandioses au sens, par exemple, du Grand Canyon des États-Unis. On ne ressent pas le vertige de l'immensité qui peut susciter le sentiment d'une écrasante autorité suprême. En revanche, on est saisi par les forces telluriques que dégage l'humus japonais, cette terre qui pulse, frémit, se plisse parfois de colère sous les pieds du marcheur.

Les mousses et les lichens sont plus épais que partout ailleurs, sous lesquels on sent bien que se tapissent évidemment des esprits ; on croit entendre la respiration des immenses cèdres de l'époque Jōmon de Yakushima ; les grottes des profondes gorges de Takachiho, où Amatarasu se serait abritée, bruissent du chant des *kamis*

1. Voir l'entrée « *Fuji san* ».

qui l'en ont délogée ; la chute de Kegon à Nikko dans laquelle se sont précipités tant de jeunes gens désespérés exsude en hiver les larmes de glace figées du poète Fujimura Masao[1] ; le mont de la « frayeur » Osore, dans la péninsule de Shimokita, à Aomori, provoque la terreur primale de l'enfer, de même que les fumerolles de la « Grande Vallée bouillante » Ōwakudani à Hakone ; les vapeurs du *onsen* de montagne creusé dans la roche évoquent l'esprit de l'eau venue des entrailles de la Terre ; et n'avait-on pas l'impression, lorsqu'on pouvait encore se pencher sur le cratère Nakadake du mont Aso à Kyushu, avant qu'il ne soit noyé sous un lac bleu turquoise, de voir palpiter la vulve béante aux muqueuses écarlates d'Amaterasu ?

Il n'y a pas un endroit au Japon où l'on ne sente le grouillement des *kamis*. Grâce à eux, le sol japonais abrite sans doute plus de *power spots* que tout le reste du monde.

Élevé dans un pays, le Maroc, où les trois religions monothéistes du Livre cohabitaient paisiblement, alors adolescent j'éprouvais déjà l'absurdité de devoir me rallier à une seule. Nullement encombré de la moindre considération théologique, je faisais juste le constat dionysiaque que nous bénéficions de trois fois plus de vacances grâce à ces trois dieux que dans les pays qui se contentaient de n'en adorer qu'un seul. La stupidité humaine m'a fait par la suite, plus que le doute de l'au-delà qui habite tout être raisonnable, rejeter le dogme de la religion unique en un agno-scepticisme dois-je avouer hypocrite, car à géométrie variable.

1. Étudiant en philosophie et poète, il se précipita dans la chute après avoir gravé un poème sur le tronc d'un arbre. Il avait tout juste 16 ans.

Et puis je suis venu au Japon, où j'ai découvert deux modes de pensées religieuses supplémentaires, le bouddhisme et le shintoïsme. Voir de nouvelles divinités s'ajouter aux trois premiers dieux pour me protéger ne me déplaisait pas. Je décidai donc de les accrocher à mon porte-clefs personnel de convictions. Le shintoïsme, tout particulièrement, qui n'exclut aucune de nos pulsions humaines mais bien au contraire les incorpore et les magnifie, me séduisit. Les *kamis* aiment rire, cajoler, chanter, cancaner, se mettre en colère, boire, manger, caresser, forniquer, fertiliser de leur semence *kamine* tout ce qui passe à portée de leur *linga*. Sans gêne, ils s'installent chez moi comme s'ils étaient chez eux, à moins que ce ne soit l'inverse. Ils batifolent sur mon gazon, ils logent dans les trois lanternes de pierre du jardin, ils murmurent dans mon bain, ils dégustent mon saké.

Bien que d'essence divine, ils sont terriblement, indubitablement humains.

Je les ai adoptés et j'ai l'outrecuidance de penser qu'ils m'acceptent.

En effet, il y a quelques années, j'ai été invité à diriger la parade d'une importante cérémonie du sanctuaire Tsurugaoka Hachiman dans ma bonne ville de Kamakura. C'était la toute première fois en mille quatre cents ans qu'un étranger tenait ce rôle éminemment honorifique.

Les *kamis* du sanctuaire étaient sans doute surpris mais n'ont pas manifesté de mauvaise humeur. Ils savent être tolérants.

Les intercesseurs humains des *kamis*, les prêtres *shintô*, sont d'une douce tranquillité, sans doute pour compenser tout le tintamarre et les débordements de ces derniers. Une aura sobre se dégage d'eux, qui contraste avec l'atmosphère dynamique et un peu clinquante de leurs confrères bouddhistes. J'ai récemment rendu visite au grand prêtre *guuji* du Hachiman de Kamakura, l'un des plus importants du Japon. Nous avons passé une heure, assis dans sa résidence, devant une simple tasse de thé, à deviser des choses du monde. Ce fut un moment de grâce céleste.

Il m'a convaincu qu'il serait grand temps que j'installe un petit sanctuaire *hokora* dans mon jardin. Il m'a assuré que les *kamis* en seraient touchés. En revanche, il me faudra prendre soin d'eux et déposer devant leur autel du saké pour les désaltérer ainsi qu'un peu de riz et quelques fruits pour apaiser leur faim légendaire.

Car on est responsable de ses *kamis* comme ils le sont de nous protéger et de préserver le Japon.

Shirokiya (Incendie du grand magasin) – (白木屋大火)

Le 16 décembre 1932 à 9 h 15, un incendie se déclara dans le rayon des jouets du grand magasin Shirokiya à Tokyo. Celui-ci se propagea immédiatement dans les étages, bloquant toute possibilité de fuite.

Les échelles des pompiers ne permettant pas d'atteindre les étages au-delà du 5e, de nombreux employés eurent recours pour s'échapper depuis les 6e et 7e étages à des cordes de fortune tressées au moyen de rideaux, de couvertures et de vêtements pris dans les rayons. Environ quatre-vingts personnes purent ainsi s'enfuir.

Des filets de sécurité furent par ailleurs mis en place par les pompiers pour que les gens encore coincés puissent sauter. Une seconde vague de sauvetages put ainsi se dérouler sans problème.

On raconte cependant que plusieurs employés du magasin refusèrent de se précipiter dans les filets. Pour cette raison, quatorze d'entre eux moururent asphyxiés ou brûlés.

C'étaient en fait toutes des femmes.

Comme elles étaient vêtues d'un kimono[1], alors que n'existait pas encore de petite culotte permettant d'éviter une marque disgracieuse sur ses pans, elles auraient donc préféré la mort à la honte de voir leur intimité dévoilée en sautant dans le vide.

On murmure que ce fait divers fut à l'origine de l'abandon progressif du kimono traditionnel au bénéfice des vêtements occidentaux.

La chaîne des grands magasins Shirokiya aurait par ailleurs exigé de ses vendeuses qu'elles portent une petite culotte sous leur kimono, pratique qui s'est ensuite généralisée.

Tout cela serait devenu une légende urbaine.

Mais elle a la vie dure, car c'est la première anecdote qu'on me raconta à mon arrivée au Japon.

1. Voir l'entrée « Kimono ».

Shishi odoshi (ししおどし) – Effraie-sangliers (ou cerfs)

Prenez un bambou creux d'environ 1 mètre coupé en biseau d'un côté, fermé par son opercule de l'autre. Posez-le sur un pivot de telle manière que son extrémité pleine repose sur une pierre plate. Faites en sorte que le tube se remplisse au moyen d'un filet d'eau placé au-dessus de l'extrémité ouverte. Lorsque le tube est plein, le centre de gravité se déplace, le tube bascule sur son axe, l'eau se vide brusquement dans un bassin ou dans un étang, et la partie la plus lourde du bambou retombe alors sur le rocher, émettant un bruit sec amplifié par le silence.

Et le cycle se répète.

Le *shishi odoshi* est placé dans les délicats jardins japonais afin d'effrayer cerfs, sangliers et autres animaux qui pourraient en déranger l'ordre et saccager les tapis de mousse patiemment élaborés au cours des siècles par des moines persévérants et par la suite entretenus par des jardiniers accroupis qui retirent les mauvaises herbes à la pince à épiler.

Au-delà de l'aspect pratique du *shishi odoshi*, le son de l'eau coulant dans le tube puis se déversant en un bref éclaboussement dans la mare, suivi du « Poc ! » sonore quand le tube vient frapper la pierre, offre une sensation de bien-être et de paix comme tant d'autres ustensiles nés de l'ingéniosité japonaise, par exemple la clochette *fũrin*[1] censée procurer un sentiment de fraîcheur quand elle tinte à la moindre brise.

Le *shishi odoshi* fait partie de ces gracieux objets qui, malgré leur simplicité et leur modestie, emplissent la

1. Voir l'entrée « *Fũrin* ».

banalité du quotidien de ravissement par leur raffinement et leur poésie.

Assis sur le plancher de la coursive *engawa* de notre pavillon de thé, il m'arrive de me laisser bercer par le rythme lancinant du *shishi odoshi* de notre jardin, où mon esprit retrouve le repos dans une apaisante sérénité.

Que tant d'émerveillement puisse éclore de si peu, voilà qui ne cesse de me ravir.

Shõtengai (商店街) – Allée commerçante

Pour être digne de l'appellation, une *shõtengai* doit être :

— Une allée piétonne rectiligne couverte, de la toiture de laquelle pendent toutes sortes de bannières, drapeaux, ballons et autres dispositifs publicitaires bigarrés ;

— Équipée de haut-parleurs diffusant de la musique de préférence folklorique, les nouvelles du jour de la radio locale et accessoirement des informations sur les promotions du moment ;

— Et bien évidemment réunir le plus grand nombre de petits commerces aussi hétéroclites soient-ils.

La *shõtengai* est l'agora sociale, l'artère fémorale et le pouls vital de la communauté dans toutes les agglomérations du pays. On s'y retrouve pour papoter ; on glane les derniers potins tout en faisant ses courses ; au moment des élections, les candidats se postent à l'une de ses extrémités pour haranguer les passants et distribuer leur programme ; à l'époque des fêtes, les processions de *mikoshi*, les « palanquins divins » de la religion *shintô*[1], n'omettent jamais de la traverser.

On y vient à pied ou à vélo, qu'on dépose au parking pour deux-roues situé à l'entrée de la rue.

En fait, il serait plus approprié d'utiliser le passé pour décrire ces *shōtengai* traditionnelles. Durant les années 1980, la généralisation de l'usage de l'automobile accompagnée de l'apparition des supermarchés et des centres commerciaux à la périphérie des villes mais également l'atonie de l'économie japonaise depuis l'éclatement de la bulle et le déclin démographique avaient sérieusement fait baisser leur fréquentation durant le dernier quart du siècle précédent. Inéluctablement depuis le début du XXIe siècle, le mouvement s'est accéléré. Ainsi, durant la seule année 2009 suivant le Lehman Shock, quatre cents *shōtengai* ont été rayées de la carte. Dans tout le pays, les boutiques qui les constituent périclitent, s'étiolent, vieillissent et finissent par mourir avec leurs propriétaires. Les rideaux de fer sont définitivement tirés sur les devantures, d'où le nom de *shutter street* dont sont affublées les allées commerçantes moribondes des agglomérations provinciales de moyenne importance.

Cependant, le ministère du Commerce et de l'Industrie en dénombre encore un peu plus de douze mille.

Certaines ont profité de l'explosion du tourisme, comme la Nakamise-dōri qui mène au temple Sensō-ji dans le quartier d'Asakusa, à Tokyo, ou Komachi depuis la place de la gare de Kamakura jusqu'au sanctuaire Hachiman Tsurugaoka. Mais ce ne sont pas tout à fait des *shōtengai* au sens strict du terme, plutôt des alignements de boutiques de souvenirs, de cafés et de gargotes. À Kyoto, le Nishiki Ichiba long de plusieurs centaines de mètres, autrefois une belle *shōtengai*, est devenu un bazar quelconque pour badauds étrangers.

---

1. Voir l'entrée « Shintoïsme ».

A contrario, de nombreuses allées commerçantes se sont mises au goût du jour. Les boutiques ont perdu le voile un peu terne de leurs façades ; la poussière des ans qui s'était accumulée sur les auvents a été balayée ; les lanternes désuètes des éclairages publics ont été remplacées par de puissants spots halogènes qui aplatissent les reliefs ; les panneaux de bois et leurs jolies calligraphies dorées ont laissé place à des enseignes criardes au néon ; les haut-parleurs diffusent de la musique pop et des slogans en chinois, en coréen, en anglais.

Tout cela est devenu trop propre, aseptisé, clinquant, artificiel et surtout terriblement ennuyeux.

Il reste pourtant quelques *shõtengais* authentiques qui font de la résistance, refusant de sacrifier à la mode pour attirer le flot envahissant des touristes.

L'une d'elles, située au nord de Kyoto au niveau du confluent de la Kamo et de la Takano, la Masugata

Shōtengai, est particulièrement chère à mon cœur. Elle a gardé le charme désuet et cette ambiance Shōwa[1] que j'ai connue lors de mes toutes premières années japonaises, quand le Japon hésitait encore entre tradition et modernité.

Cette *shōtengai* est très ancienne. C'est une des toutes premières de la capitale impériale. Son nom Masugata, récipient cubique en pin utilisé pour boire le saké froid, vient de la perspective qu'on avait depuis les berges proches des maisons situées à la pointe de terre entre les deux rivières, qui ressemblaient à des cubes empilés.

C'était le point d'arrivée de la Saba Kaidō, la « Voie du maquereau », un faisceau de routes convergeant vers Kyoto qui amenaient depuis la mer du Japon les poissons conservés dans des blocs de glace. Un énorme maquereau en carton-pâte suspendu au centre de l'allée commerciale ainsi que des mosaïques naïves sur le sol de la galerie représentant toutes sortes de produits de la mer sont encore là pour le rappeler.

Un des plus anciens commerces de la *shōtengai* est d'ailleurs un marchand de *saba zushi*, spécialité locale de sushis de maquereau mariné dans du sel et du vinaigre. Le propriétaire de la boutique tire grande fierté de l'ancienneté de son affaire, plus de cent ans, et du fait qu'il rince ses poissons avant de les préparer dans une eau très pure puisée directement à 200 mètres en dessous de sa maison. À peine est-elle exposée en vitrine que toute sa production est épuisée. Une pancarte punaisée au mur qu'on ne prend même plus la peine de retirer annonce : « Désolé, nous avons tout vendu ». Il y a bien longtemps, il confectionna un *saba zushi* de 50 mètres de long qui lui valut les honneurs du Guinness Book of Records avant d'être détrôné par un sushi long de 2,845 mètres en 2016.

1. L'ère Shōwa, de 1926 à 1989.

Jouxtant son magasin se trouve un restaurant *yakitori* de brochettes de poulet cuites sur un gril au charbon de bois. L'enseigne de la gargote est une lanterne rouge de taille respectable suspendue à hauteur d'homme. Le papier est déchiré en plusieurs endroits au niveau de l'armature circulaire en bambou. Pour entrer dans le restaurant, il faut se faufiler entre la mobylette du restaurateur et une pile de caisses de bières. La façade est laquée par la fumée grasse de l'extracteur poussif de la cuisine. À première vue, cela n'apparaît guère appétissant, cependant les brochettes y sont savoureuses.

De l'autre côté du *yakitoriya* se trouve un volailler. Nonobstant le fait que le restaurant ne se fournit pas chez lui, les relations de voisinage demeurent excellentes.

Ensuite, plus grand que la moyenne des autres commerces de ce côté de l'allée, se trouve le marchand de fruits Inoue. Son étalage est superbe, avec ses melons *Yubari*, ses poires « la France » juteuses, ses citrons de Setoda, ses *banpeiyu* de Kumamoto, un agrume géant assez rare. Son magasin se distingue par une multitude de pancartes vermillon annotées d'énormes caractères rouge sang indiquant le nom et le prix des fruits, plantées sur les étals ou pendues au plafond par des fils de nylon. Une rangée de spots éclaire violemment cette mise en scène tonitruante. Pour couronner le tout, le tablier que porte le patron et le chiffon *hachimaki* qui ceint son crâne rasé sont du même rouge agressif. Jusque son teint qui ne pouvait être que rubicond.

La pharmacie de médecine chinoise traditionnelle sans laquelle une *shōtengai* ne saurait mériter son nom se situe au point stratégique du centre de l'allée commerçante. Des bocaux remplis de racines échevelées de ginseng et d'autres ingrédients moins identifiables qu'on pourrait confondre avec des fœtus de créatures improbables et fantastiques issues de mandragores locales sont alignés sur les étagères. Un peu de prosélytisme ne faisant pas de mal, un rayon propose des objets de culte pour l'autel des ancêtres, chapelets de buis, fagots d'encens, brûle-parfums, clochette en forme de bol posée sur un coussinet avec son maillet pour appeler l'attention des dieux. Une petite table flanquée de quatre tabourets est placée au milieu du magasin. Il n'est pas rare de voir la pharmacienne assise en compagnie d'une cliente, qui bavardent en sirotant un thé chinois servi d'une minuscule théière dans des tasses lilliputiennes.

Sous une pile de brochures, une pancarte manuscrite posée sur un chevalet devant la pharmacie interpelle les clientes :

« À celles qui veulent perdre 3 kilos ! Nous prenons votre problème en charge ! »

Une bulle au-dessus de la caricature d'une jeune femme svelte ajoute :

« J'ai perdu 3 kilos en un mois ! J'ai mangé du barbecue coréen, des yakitori accompagnés de bocks de bière pression, des gâteaux, j'ai bu autant d'alcool que j'ai voulu, et malgré cela j'ai vraiment maigri ! Il suffit de suivre rigoureusement la méthode ! »

Comme quoi, les attrape-nigauds n'ont pas de frontières !

On pourrait presque vivre en autarcie complète en ne faisant ses courses que dans cette allée commerçante de 164 mètres de long sur 5 de large avec ses quarante-neuf commerces. Il y a deux petits supermarchés ; un marchand de *tōfu* ; un autre de condiments pour accompagner le riz ; encore un autre de petits pâtés de riz *inarizushi* enveloppés dans des feuilles de *tōfu* frit, mais le rideau est en permanence tiré et personne ne se rappelle la dernière fois qu'il a ouvert ; un vendeur de *tempuras* qui ne sourit jamais, toujours assis derrière son étal, dont on n'a jamais vu une cliente lui acheter sa friture ; une boutique de thé proposant une innombrable variété de thés verts ; une pâtisserie de gaufres fourrées à la pâte de haricots rouges ; une autre qui vend des sucreries roses, vertes, blanches et mauves en forme de camélia ou de pétales de *sakura* ; un glacier qui fabrique lui-même ses crèmes glacées et ses beignets ; un magasin de galettes de riz *sembei* ; un horloger dont les réveille-matin disposés dans les vitrines poussiéreuses sont antédiluviens, et les montres dignes de celles qu'on achetait au kilo avant la guerre. Accessoirement, il fait aussi fonction d'opticien ; un magasin de jouets aligne sur ses rayons des figurines effrayantes de monstres, de lémures, de zombies, de tout le panthéon des fantômes qui peuplent les contes japonais. Un masque bantou égaré là par on ne sait quel hasard couvre le visage d'un mannequin qui porte un T-shirt arborant le logo de Coca-Cola. Deux silhouettes découpées dans du carton sont postées à la fenêtre au-dessus du magasin. Elles sont affublées de masques à l'effigie du *Cri* d'Edvard Munch. Tout cela n'effraie cependant guère les enfants du quartier, qui s'y assemblent au retour de l'école.

On peut évidemment aussi s'habiller dans la galerie marchande :

— À l'occidentale, dans un magasin décoré de cocardes bleu, blanc et rouge, dont tous les vêtements, chemises pour homme, chemisiers, pantalons, jupes, vestes, sont étiquetés au prix unique de 1 000 yens.

— Plus traditionnellement, dans une boutique de kimonos qui ne sont pas tous en soie, dans la vitrine de laquelle divers ornements pour les cheveux, barrettes et peignes en écaille de tortue, breloques auxquelles sont accrochées des fleurs artificielles bigarrées et chouchous frisés, sont offerts au regard du chaland.

— Enfin, on trouve dans un magasin de « *goods* » un assortiment de sacs, mallettes, valises, besaces, cabas, porte-monnaie et portefeuilles de toutes tailles et à tous prix. Des ombrelles pour se protéger du soleil et des parapluies sont plantés tels des faisceaux de licteur dans des seaux multicolores. D'énormes marguerites en plastique qui distraient l'œil sont fichées ici et là dans l'amoncellement de marchandises.

La culture n'est pas en reste :

Deux librairies sont alignées côte à côte. La première ne vend que des livres d'occasion. Ils sont sagement rangés dans des caisses de vins. Celle dans laquelle sont empilés des livres pour enfants a accueilli en d'autres temps un cru Saint-Julien-Médoc « Château Ducru-Beaucaillou », millésime 1981.

Au coin de la galerie et de la seule ruelle qui la traverse se trouve un minuscule cinéma d'art et d'essai remontant aux années 1950. Il rappelle un peu celui du film *Cinema Paradiso*. Des bancs sont alignés le long de la façade. On y attend la dernière séance en fumant des cigarettes ou en dégustant un café acheté dans le hall d'entrée. On peut aussi s'asseoir au comptoir à l'intérieur et manger sur le pouce un riz au curry. La salle du cinéma est minuscule, moins de cinquante sièges au velours râpé.

En rotation au programme qui change tous les mois : un film d'horreur *Angst*, un film d'action japonais à propos d'un train Shinkansen qui ne peut plus s'arrêter, un documentaire écolo sur notre planète, *My Extraordinary Summer with Tess*, et à venir *Pain and Glory* et *Skin*.

En face du cinéma se dresse un petit immeuble de quatre étages qui vient tout juste d'être construit sur un mouchoir de poche de 50 mètres carrés, à l'emplacement d'une ancienne poissonnerie. Il a été réalisé pour être à la fois un centre culturel et l'habitation de ses concepteurs, un couple franco-japonais qui a créé le Festival international de photographie de Kyoto, Kyotographie[1]. Il s'appelle « Delta », en référence à l'avancée de terre au confluent des deux rivières proches. Rien à voir avec un certain virus du même nom.

Pour l'inauguration une exposition de grands portraits de tous les commerçants devant la devanture de leur magasin, réalisés par le grand artiste sénégalais Omar Victor Diop sous forme de bannières suspendues tout au long de la galerie marchande a eu lieu.

L'architecture de Delta est moderne, mais sa façade est recouverte d'un élégant claustra traditionnel en bois teinté typique des bâtiments de Kyoto. Un érable ébouriffé qui semble flotter met au niveau du troisième étage une jolie tache de verdure qui égaie l'ensemble. Le rez-de-chaussée est occupé par une galerie de photos et un café. Les tables et les chaises jaune vif sur la terrasse le long de la galerie ont été réalisées en Afrique à partir de bidons de pétrole recyclés. Au premier étage se trouve un appartement pour des locations de courte durée ou pour des artistes en résidence, au deuxième et au troisième celui des propriétaires, et sur toute la surface du dernier étage une vaste salle entourée d'un confortable balcon qui fait à la fois office de bureau, de salle de réunion et de salon de réception.

La perspective est étonnante depuis cet étage qui domine la galerie marchande comme un avion survole une mer de nuages. On est en effet au-dessus de la toiture bombée de la *shōtengai* faite de panneaux translucides en PVC ondulé soutenus par une invraisemblable charpente métallique, enchevêtrement de poutres, de poutrelles, de longrines, de bardages peints en blanc. Un caillebotis en

1. Voir l'entrée « Kyotographie ».

tôle perforée bordé d'une main courante permettant la maintenance de la toiture la longe des deux côtés, semblable aux bastingages qu'on trouve au-dessus des cuves des navires méthaniers. Cette impression est accentuée par les tuyauteries, les vannes alimentant les sprinklers, les manettes de robinets rouges du système de prévention d'incendie et les gouttières. Tous les 10 mètres, des passages encadrés de garde-fous reliés au cheminement principal enjambent la toiture.

On accède depuis la rue à ce lacis de passerelles par des échelles étroites aux barreaux rouillés.

Mais on peut également s'y engager depuis les terrasses des immeubles de la *shōtengai* qui font plus de trois étages. Des portillons sont emménagés ici et là dans les garde-fous des loggias. Ils assurent un accès plus aisé à ces chemins de métal. Personne ne s'y aventure. Seuls les membres de la communauté ont en principe le droit d'y déambuler.

J'imagine qu'une promenade dans ce jardin de fer suspendu entre ciel et terre doit être particulièrement insolite. Le moment du festival du *Gozan no Okuribi*, qui se déroule le 16 août pour honorer les morts lors de la fête *Obon*, est certainement à ne pas manquer. Ce soir-là sont allumés sur les flancs des cinq montagnes encadrant Kyoto d'immenses brasiers représentant des caractères *kanjis* géants. Tout au bout vers l'est, dans l'axe de la *shōtengai*, on a une vue exceptionnelle sur le flanc de la montagne Higashi-yama. C'est là que brûlent les feux qui constituent l'immense caractère 大 (*dai, « grand »*)

La contemplation de ce spectacle étonnant sera une bonne excuse pour aller passer quelques nuits chez mes amis et savourer la vie de cette *shōtengai* qui résiste avec bonne humeur et abnégation aux sirènes d'une modernité destructrice.

Des bannières suspendues à la toiture de la galerie entre les guirlandes de fanions de toutes les nationalités imaginables n'annoncent-elles pas fièrement :

今日も元気だ！

Aujourd'hui aussi nous sommes en pleine forme !

Shunga (春画) – Estampes érotiques

En 1981, un de mes clients me rend visite à mon bureau en affichant un air de conspirateur. Il me demande de fermer la porte de la salle de réunion dans laquelle nous nous trouvons et surtout de ne laisser entrer personne.

Il dépose devant moi un paquet oblong soigneusement empaqueté dans un *furoshiki*[1] qu'il m'enjoint de déballer devant lui.

Je découvre alors un épais volume sans titre à la couverture au brocart tissé de fils d'or. L'ouvrage est tenu par un cordon pourpre.

Je m'apprête à l'ouvrir de la droite vers la gauche, quand mon invité le retourne.

« Il faut le regarder comme un livre », me conseille-t-il. Comme un livre japonais, s'entend, de la gauche vers la droite.

1. Voir l'entrée « *Furoshiki* ».

À peine ai-je soulevé la lourde jaquette que je comprends qu'il s'agit d'un catalogue d'estampes, car l'album est au format *ōban* typique, 37 × 25 centimètres.

La préface indique qu'il s'agit de la compilation de la collection intégrale de *shungas* que possède le musée national de Tokyo, situé en bordure du parc d'Ueno, ces fameuses estampes érotiques qui, depuis l'époque du japonisme en France, ont enflammé l'imagination d'artistes comme Degas, Rodin, Toulouse-Lautrec, Picasso et tant d'autres.

Les gravures sont magnifiquement imprimées et sont protégées par un intercalaire en papier de soie qui laisse délicatement deviner chaque image par transparence.

La collection du musée est une parfaite anthologie du genre. Il ne manque aucune des grandes signatures des « images de printemps », depuis le maître fédérateur des *ukiyo-e* Hishikawa Moronobu jusqu'à l'immense Hokusai, Torii Kiyonobu, Eisen ou encore Utamaro. Tous les styles sont présents, des simples « dessins secrets » *higa* à l'encre de Chine *sumie* aux luxuriantes gravures polychromes *makura-e* (« livres de l'oreiller ») plus tardives, comme on les appelait à l'époque d'Edo.

« Je vous l'offre, me dit mon visiteur. Il est très rare. C'est un outil de travail exclusivement réservé aux chercheurs, qu'on ne trouve pas dans le commerce. Il est dans la famille depuis longtemps. Je ne sais pas comment il a abouti chez nous. Il ne faut pas le montrer trop ostensiblement. Promettez-moi donc de ne jamais révéler sa provenance à quiconque. »

Encore aujourd'hui la collection du musée d'Ueno n'est pas visible. Le public n'y a pas accès. Seuls les universitaires peuvent la compulser.

En fait, aucun musée national, préfectoral ou municipal japonais n'a jamais réalisé d'exposition de *shungas*.

Absurde paradoxe, ce sont les établissements étrangers les plus prestigieux, le British Museum, le Grand Palais, les musées royaux de Bruxelles, le Metropolitan Museum de New York, qui les organisent avec des emprunts de collections possédées hors du Japon !

Officiellement, il n'y a pas de *shungas* au Japon.

On en trouve rarement dans les magasins d'estampes du quartier de Kanda à Tokyo. Quand c'est le cas, elles sont cachées derrière le comptoir. Il faut montrer patte blanche, et d'interminables palabres sont nécessaires avant que le marchand n'accepte de les sortir après s'être assuré que personne d'autre n'est dans la boutique.

L'origine de cette omerta remonte aux interdictions successives émises par le shogunat Tokugawa, la première fois en 1661, qui touchèrent les livres érotiques dits *kōshokubon* mais en fait visaient plus précisément les ouvrages brocardant les seigneurs locaux *daimyōs* et la caste arrogante des *samouraïs*. Un deuxième édit de 1722 organisant la censure de tout livre avant publication fit basculer les *shungas* dans une semi-clandestinité, mais le commerce des livres érotiques illustrés continua de prospérer sous le *gaitō*[1]. C'est surtout au début de l'ère Meiji que les « images de printemps » disparurent, le pouvoir ayant décidé qu'il fallait montrer un visage lisse et civilisé du pays aux étrangers pudibonds, à commencer par l'Amérique puritaine sans omettre le monde anglo-saxon qui avait découvert avec horreur un peuple immédiatement catalogué de paillard, sans pudeur, aux coutumes licencieuses comme la mixité dans les bains publics. Dans la foulée fut éditée la première loi sur la pornographie, signant l'interdiction officielle de toute image

1. Manteau porté par-dessus le kimono.

libidineuse. Les *shungas* furent ainsi bannies, cachées, détruites ou vendues à ces mêmes étrangers indirectement responsables de leur disparition officielle. Un voile d'oubli tomba sur cet héritage soudain jugé honteux.

Pour mieux appréhender le phénomène *shunga*, il est bon de se rappeler que le rapport à la nudité au Japon est historiquement fort éloigné de la lourde chape de plomb recouvrant le corps imposée par nos religions monothéistes. Le culte animiste originel du pays, le shintoïsme, a un rapport étroit avec la nature, dont l'être humain est une composante comme une autre. Il porte donc sur le corps un œil désincarné, j'oserai même écrire asexué. Cette nudité assumée que nos civilisations occidentales interprètent comme une absence de pudeur est en fait de l'indifférence. Le corps n'est ainsi pas un objet de désir, désir qui au Japon naît d'ailleurs moins de ce que l'on voit que de ce qui est caché ou suggéré. L'absence de représentation de la nudité dans l'art japonais traditionnel traduit peut-être cette inappétence pour les courbes et les ombres du corps, lequel n'est ni glorifié ni méprisé, simplement *il est*. La présence du corps dénudé au quotidien perdurera jusqu'à la fin du XIXe siècle ainsi qu'en témoigne par exemple à plusieurs reprises dans son journal de voyage le capitaine Ernest Antonin Vieillard, membre de la seconde mission militaire de France au Japon entre 1873 et 1876[1] :

« [...] Les hommes sont presque tous nus avec le simple *fundoshi*[2]. Les femmes sont souvent peu habillées. » [...] « L'habillement est des plus simples, les hommes sont tous nus, les femmes le sont aussi presque toujours jusqu'à la ceinture. » Ou encore : « Les hommes sont tous nus avec leur petite ceinture, les femmes mariées ont presque toujours le haut du corps nu, les jeunes filles sont un peu plus habillées. »

Le corps nu ainsi banalisé dans la vie de tous les jours ne suscitait aucune émotion particulière et bien évidemment ne colportait pas la moindre once d'érotisme.

Le shintoïsme offre par ailleurs une lecture joviale de la vie. Il la célèbre sous toutes ses formes. Par conséquent, comme dans toutes les mythologies, ses dieux bâfrent, s'enivrent et copulent à satiété. Portant la fertilité au pinacle, celle qui fait les bonnes récoltes, le culte *shintô* accorde au sexe la place qui lui revient, centrale certes mais jamais obsessionnelle, essentiellement ludique et dénuée de toute notion de faute.

Il faut donc placer les *shungas* dans cette perspective. Avant d'être rebaptisées ainsi au XIXe siècle se substituait souvent aux deux termes *higa* et *makura-e* celui de *warai-e*, « images pour rire ». L'exagération de la taille des organes génitaux, leur place centrale dans l'image,

1. Dans la revue *France Japon Éco*, été 2020, article de Christian Polak, homme d'affaires et auteur de nombreux ouvrages sur les relations historiques franco-japonaises.

2. Simple pagne fait d'une bande de coton passée autour de la taille et entre les jambes.

les fleuves de sécrétions, les positions extravagantes ou acrobatiques, les grimaces d'extase des personnages mis en scène et les situations les plus inattendues ou cocasses qui constituent le vocabulaire et la syntaxe picturaux des estampes érotiques prêtent effectivement plus à sourire qu'à se pâmer.

Ils sont d'ailleurs agrémentés de commentaires humoristiques ou égrillards débités par des petits personnages voyeurs cachés derrière les paravents, d'onomatopées, de textes descriptifs destinés à souligner la démonstration visuelle. Toutes les combinaisons sont possibles, l'hétérosexualité, l'homosexualité masculine ou féminine, la zoophilie comme dans *Le Rêve de la femme du pêcheur* d'Hokusai, représentant une femme possédée par les multiples tentacules d'une pieuvre.

Les protagonistes sont multiples, des vieillards libidineux avec de très jeunes femmes ou des éphèbes, des nonnes et des moines, des acteurs de théâtre *kabuki*, des courtisanes, des épouses, des couples légitimes ou adultères, de grands seigneurs ou des colporteurs, des ectoplasmes, des fantômes et même des squelettes !

On regardait souvent les *shungas* en famille ou en couple. À l'instar des *huacos eróticos*, les poteries érotiques péruviennes de la culture *mochika* qui avaient une fonction éducative (et régulatrice de la démographie), elles servaient à parfaire l'éducation sexuelle des adolescents sur un mode festif et accompagnaient les couples dans leur exploration de l'amour, leur proposant diverses alternatives, leur offrant des précisions anatomiques, voire des explications d'ordre technique particulièrement détaillées. On considérait donc qu'elles participaient de la célébration de l'harmonie conjugale en glorifiant le sexe, qui permet la reproduction de la lignée donc la perpétuation du nom, particulièrement importante dans la société d'Edo.

Il aura fallu la détermination d'Uragami Mitsuru, un marchand d'art qui possède la plus importante collection d'estampes d'Hokusai au monde et dont le père collectionnait les *shungas* pour qu'enfin une exposition d'estampes érotiques, bravant divers interdits administratifs, puisse être montrée au public japonais dans le musée privé Eisei Bunko de la Fondation Hosokawa à Tokyo, en 2015. En quelques semaines, un public de plus de quatre cent mille personnes, à 80 % composé de femmes, s'est pressé dans les salles du bâtiment de la fondation. La police est passée plusieurs fois sans cependant verbaliser ou interdire l'exposition, comme la loi pourtant obsolète sur la pornographie aurait pu l'y autoriser.

En 2019, nous avons organisé une exposition dans l'espace culturel de notre entreprise présentant une sélection de *shungas* d'Uragami Mitsuru juxtaposée aux œuvres de l'artiste Pierre Sernet, des photographies en noir et blanc très contrastées de silhouettes de couples en situations intimes prises derrière un écran translucide. L'idée était de soumettre au public les estampes érotiques hyperréalistes japonaises opposées au travail de Sernet demandant, un peu comme avec les taches du test de Rorschach, un effort d'imagination. Nous n'eûmes aucun problème avec le public, prévenu du contenu explicite de l'exposition.

Organiser la même manifestation dans la foulée au Festival international de photo Kyotographie[1] à Kyoto fut une autre affaire. La ville est plus traditionaliste. La mairie opposa aux organisateurs de nombreuses objections avant de finir par céder et l'autoriser.

1. Voir l'entrée « Kyotographie ».

Le combat pour la liberté d'exposition et de circulation des *shungas* au Japon, bien qu'ayant gagné quelques victoires, n'est pas encore définitivement remporté.

Soap land (ソープランド) – Honorable boxon

Les *soap lands* sont des lieux où, comme leur nom l'indique, on utilise entre autres beaucoup de savon, lubrifiant, gel, lotion et autres substances moussantes. Officiellement, ce sont des établissements de bain mais aussi de massage répondant au goût immodéré des Japonais pour les ablutions et les papouilles relaxantes en tous genres. C'est en fait une forme de réponse locale aux hôtels de passe occidentaux, où cependant on retrouve tout le cérémonial et le souci de la qualité traditionnels au Japon, que ce soit pour un service de livraison à domicile, emballer un cadeau ou vous couper les cheveux. Gentillesse, délicatesse et prévenance accompagnent donc le moment que vous passerez dans un *soap land*, dans le cadre rituel, formel et rigide typique du pays.

Il y a l'eau chaude à tous les étages, chaque cellule étant en fait une salle d'eau à peine plus grande qu'une salle de bains standard afin de pouvoir y loger un lit de massage et de permettre certains exercices acrobatiques sans pour autant se cogner les coudes ou les genoux au carrelage des murs.

Vous serez pris en charge dans une salle d'attente au rez-de-chaussée de l'établissement par la jeune femme que vous avez choisie, autrefois parmi des photos épinglées sur un tableau dans le hall d'entrée, de nos jours par

Internet. Elle vous accompagnera dans les étages jusqu'à la pièce qui lui est attribuée. Vous ne croiserez en principe aucun autre client, discrétion et pudeur obligeant. La porte de sa cellule est équipée d'un hublot censé permettre à tout moment, lors d'une inspection, de vérifier que ne s'y déroule aucune activité illicite. Bien entendu, le hublot est soit occulté par un rideau, soit sa vitre est opaque, mais les apparences sont sauves et la loi respectée, puisque n'est écrit nulle part que le fenestron doit être transparent. On se déchausse avant d'entrer dans un vestibule décoré au goût de l'occupante, souvent avec force dentelles et tentures de velours sombre. Il est toujours meublé d'un sofa, d'une penderie et d'une table basse sur laquelle sont posés une bougie, des cigarettes, un cendrier et des canettes de boissons sans alcool. La lumière est évidemment feutrée.

C'est là que va se dérouler le préambule, l'acte I de la cérémonie, pendant lequel on va faire la connaissance de la « *soap girl* », « *companion* » ou « *princesse* », comme elles sont communément appelées. La conversation, si brève soit-elle, ne peut être que conventionnelle. Elle est destinée à mettre le visiteur à son aise. La jeune femme va vous aider à vous déshabiller, commençant par s'agenouiller devant vous pour ôter vos chaussettes, instant de grande solitude si vous n'avez jamais connu de femme japonaise dans votre vie. Elle plie chacun de vos vêtements, pantalon, cravate, chemise, sous-vêtements, avec un soin de blanchisseuse. Elle retire à son tour la nuisette arachnéenne qui la vêtait et vous prend alors la main pour vous faire entrer dans la salle d'eau, où elle vous fait asseoir sur un tabouret dit « *sukebe isu* » (« chaise obscène ») en forme de U, qu'on trouvait à l'origine dans les hospices de personnes âgées, permettant un accès commode lors des soins intimes. La lumière y est tamisée à un nombre de lux réglementé. Toujours cette surprenante touche de pudeur qui enveloppe les plus graveleuses situations.

L'acte II est consacré à une toilette minutieuse sinon vigoureuse de votre corps, réplique de la méticulosité avec laquelle les Japonais se lavent chaque surface, coin, recoin, pli, repli, orifice, protubérance, foramen dans les bains publics, mais ici vous ne le faites pas vous-même et votre *princesse* du moment utilise toutes sortes d'artifices, méthodes et outils naturels que je vous laisse imaginer.

Vous entrez ensuite dans la baignoire, seul ou accompagné, pour quelques minutes de relaxation avant de passer à la séquence suivante, celle du massage *nuru nuru* (« visqueux ») sur un matelas gonflable, les deux corps étant enduits d'un gel gluant à souhait.

Envoûtant, vous diront les connaisseurs...

La décence m'empêche de décrire l'acte IV, qu'on trouvera plutôt dans les établissements les plus huppés. Il peut se répéter plusieurs fois en fonction du temps dont on dispose et de la pétulance de l'impétrant sans changement de tarif.

Une brève et discrète sonnerie de téléphone indiquera l'imminence de la fin de la prestation une quinzaine de minutes avant sa clôture. Rincé, séché et rhabillé, le visiteur sera raccompagné par la masseuse après lui avoir réglé, en liquide évidemment – on est dans le monde flottant cher aux ancêtres –, son dû. Elle pourra lui donner sa carte de visite pour l'encourager à revenir, sachant que l'étiquette interdit en principe toute rencontre hors murs. Les tarifs indiqués à l'entrée du *soap land* sans pudeur excessive sont à la discrétion de la jeune femme, un barème de subtiles tranches méticuleusement chronométrées de 50, 60, 70, 75, 80, 90 ou 120 minutes allant de 80 à 300 voire 500 euros ; les prolongations de 10 minutes à

30 minutes s'élevant entre 35 et 85 euros. Les frais d'admission sont réglés à part. Ils représentent typiquement entre la moitié et un tiers de la facture des services prodigués par ladite *princesse*.

Notre visiteur se retrouvera quelque peu désorienté dans la rue et il faudra quelques minutes pour redescendre de l'insolite paradis dont on se demande s'il a été réalité ou songe.

La pratique est certes moralement inacceptable, la *soap girl*, bien que consentante et libre de ses choix, étant, hélas, une marchandise qu'on achète, mais le propos, s'il n'est évidemment pas d'en faire l'éloge, n'est pas non plus ici d'entrer dans l'éternel débat sur « le plus vieux métier du monde ».

Étonnement, le service fourni dans les *soap lands* n'est ni vulgaire ni sordide. Il y a dans l'enchaînement de la prestation une douceur, une délicatesse, une candeur et un naturel forçant le respect, sans oublier une hygiène irréprochable, qui font de ces établissements des lieux étranges hors du temps. Les *companion*, souvent très jeunes (mais dont l'âge est sévèrement réglementé, pas en dessous de 20 ans ou 18 ans selon les préfectures), sont la plupart du temps jolies, bien élevées, déférentes mais souvent espiègles, et leur professionnalisme commande la révérence. Les *shinjin*, ou « novices », sont entraînées par leurs aînées afin d'atteindre à la perfection leur pratique selon le rituel immuable de *sempai* à *kōhai* cher à toute organisation japonaise.

Le sexe étant un acte qui ne prête pas à conséquence dans cette société où la notion religieuse de péché charnel n'existe pas, le degré d'immoralité de la profession sur le baromètre social n'est pas particulièrement élevé.

Comme les *geishas*[1], elles « vendent leur corps, pas leur cœur ». Elles sont les « travailleuses indépendantes » d'une profession certes libertine, mais ô combien libérale à tous les sens du terme. Elles ne sont quasiment jamais sous la coupe d'un proxénète. Elles peuvent partir ou s'arrêter quand bon leur semble. Elles touchent l'intégralité du montant que le client leur remet sans reverser de commission à l'établissement qui les héberge. En revanche, elles louent la pièce ; linge de lit, serviettes de toilette, savon et autres produits d'hygiène et de protection, de même que boissons et cigarettes, sont à leur charge et souvent achetés à l'établissement qui prend sa marge.

Le management des lieux a pour rôle d'assurer, outre la propreté et la bonne tenue des locaux, le bien-être, la sécurité et le traitement respectueux de ses pensionnaires dans le cadre d'une étiquette stricte et particulièrement rigide. Il est d'ailleurs tabou pour le personnel mâle d'entretenir quelque relation que ce soit avec une de ses pensionnaires. Les *soap lands* « respectables » et de haut standing versent souvent une récompense élevée aux jeunes femmes qui ont été distinguées dans les enquêtes de satisfaction semblables à celles des hôtels ou des compagnies aériennes remplies par la clientèle.

Un service est un service au Japon, quelle que soit sa nature.

Par ailleurs, un certain niveau de contrôle est assuré par les autorités dans le cadre de la loi sur les établissements de plaisir, selon un ballet bien huilé et un *modus vivendi* établi avec la profession où flexibilité et interprétation floue d'une loi dont le narratif est suffisamment ambigu autorisent aux uns de sauver la face et aux autres

1. Voir l'entrée « *Geisha* ».

de jouer l'ingénuité. Les centres de santé publique procèdent certes à des contrôles réguliers sur la qualité de l'eau utilisée dans les bains, l'intensité lumineuse (!) et l'état de propreté des salles d'eau. Ils vérifient la présence des matelas à air qui sont interdits – allez savoir pourquoi plutôt que les lits de massage. Bien entendu en principe la nudité intégrale est prohibée, sans parler de tout acte à connotation sexuelle. Mais les inspections sont en général conduites hors des heures d'ouverture ou signalées à l'avance.

Bien entendu, on n'est jamais à l'abri de l'excès de zèle d'un fonctionnaire…

Les *soap lands* n'ont pas toujours été les lieux de perdition qu'ils sont devenus. Ils ne s'appelaient d'ailleurs pas ainsi mais « bains turcs » (トルコ風呂), aussi dénommés *toruko*. C'étaient d'honorables salons de massage copiés sur le principe des hammams. Le premier de ces « parloirs », le Tokyo Onsen, ouvrit en 1951 en plein milieu de Ginza, le quartier chic de la capitale. Les masseuses, dites « *miss toruko* », restaient vêtues, même si le massage pouvait comprendre un *o supe*, un service spécial manuel dont la nature n'est pas très difficile à imaginer.

La loi sur la prévention de la prostitution promulguée en 1958 entraîna la fermeture des *akasen*, littéralement « les lignes rouges », quartiers chauds des villes, provoquant la migration des filles de joie vers les *toruko*. Ces derniers basculèrent sans complexe ni état d'âme dans la prostitution pure et dure sans pour autant changer de statut et pour cause, le système satisfaisant tout le monde : le gouvernement, qui avait en façade éradiqué les maisons de passe ; les propriétaires des *toruko*, qui trouvaient un nouveau moyen d'augmenter la fréquentation de leurs établissements ; les péripatéticiennes, ayant trouvé un refuge confortable qui leur demanda un simple ajustement de leurs techniques pour une utilisation judicieuse des équipements mis à leur disposition ; les consommateurs, enfin, qui découvrirent de nouveaux délices dans le rituel du bain.

Tout allait donc pour le mieux dans le meilleur des mondes.

Mais cette appellation « *toruko* » commença à sérieusement indisposer la communauté turque installée au Japon, dont un étudiant en sciences sismiques de la prestigieuse université de Tokyo, du nom de Nusret Sancakli, qui se découvrit une vocation d'activiste et œuvra pour que le nom fût changé. L'honorable association des propriétaires de *toruko buro* délibéra longuement et finit par choisir l'appellation de « *soap land* » en décembre 1984.

Il y a de nos jours environ 1 170 *soap lands* enregistrés selon les statistiques de 2018, chiffre qui va décroissant à cause de la démographie[1] atone du pays et parce que les licences d'exploitation étant nominatives, non transférables ou renouvelables, elles disparaissent petit à petit avec l'attrition naturelle de leurs propriétaires.

Ceci représente environ 1,16 *soap land* pour 100 000 habitants, le record étant détenu par la ville de Kumamoto, dans l'île de Kyushu, avec 5,45 établissements pour 100 000 habitants. De là à tirer conclusion de la vitalité de la population mâle de cette sympathique ville, il y a un pas que je laisse aux statisticiens le soin de franchir.

Par comparaison, il y a au Japon près de 3 000 restaurants McDonald's, 2,27 pour 100 000 habitants, dont 2,54 à Tokyo, qui accueille « seulement » 1,71 *soap land*. On pourra en déduire ce qu'on voudra, notamment que

1. Voir l'entrée « Démographie ».

L'Empire des sens[1] a été supplanté au Japon par celui de la gastronomie, bien que je ne sois pas certain que la chaîne de fast-food américaine tombe dans cette dernière catégorie.

Mais bon, avec encore plus de mille *soap lands* sur tout le territoire, vous avez largement de quoi satisfaire votre soif d'une des nombreuses curiosités touristiques de ce merveilleux pays...

PS : Je supplie le lecteur de ne pas conclure de la description minutieuse des services des *soap girls* que je suis un habitué des *soap lands*. Ce n'est pas le cas, ou alors c'était dans une autre vie dont je n'ai pas le souvenir et il s'agissait peut-être des *toruko ladies*...

Sodai gomi (粗大ごみ) – Objet encombrant

Sœur aînée de *nure ochiba*[2], cette métaphore née au début des années 1980 se rapporte également à un phénomène de société suffisamment répandu pour qu'il mérite une appellation.

Le *sodai gomi* est un objet encombrant, réfrigérateur en fin de vie, sofa défoncé, matelas moisi, meuble déglingué qu'on dépose sur la voie publique de préférence subrepticement, pas trop près de chez soi et de nuit pour

1. Voir l'entrée « Oshima Nagisa ».
2. Voir l'entrée « *Nure ochiba* ».

s'en débarrasser. C'est un phénomène moins courant au Japon que dans les rues de Paris, mais il arrive qu'on croise à Tokyo ou Osaka des *sodai gomis* soigneusement alignés sur un trottoir, là où ils ne risquent pas de gêner les passants.

Comme pour le *nure ochiba*, cette image s'applique à l'animal économique des années 1970 arrivé au seuil de la retraite.

Très pris par les affaires de son entreprise, il n'a été que rarement présent au foyer conjugal. Durant toute sa vie professionnelle, il a délégué les décisions importantes de la famille à son épouse, à commencer par la tenue des cordons de la bourse.

Choix de l'éducation des enfants, d'une voiture qu'il conduira si peu, décision d'achat de la maison, signature éventuelle d'un emprunt bancaire, tout ou presque est laissé au libre arbitre de sa femme. Elle a appris à gérer les affaires et les finances de la maison souvent avec brio, bon sens et entregent.

Quand le mari prend sa retraite, elle se retrouve face à un homme qu'elle a finalement peu connu, qui lui a fait ses enfants presque distraitement, qui l'a laissée s'occuper de ses parents jusqu'à la tombe. Hors ses souvenirs professionnels et son score de golf, il a peu de conversation. La télévision est le miroir de son apathie.

Elle, au contraire, est curieuse, ouverte, affable. Elle s'est passionnée pour les arts, a cultivé un réseau d'amies avec lesquelles elle se livre à diverses activités sportives. Elle a créé un monde parallèle dans lequel l'intrusion de cet époux taciturne n'est pas bienvenue.

Dans le meilleur des cas, ses relations avec lui sont fondées sur une indifférence mutuelle polie, mais bien souvent il l'exaspère. Partager avec lui l'espace familial étriqué où il a tendance à prendre ses aises lui devient insupportable. En outre, il est devenu parfaitement inutile puisqu'il ne rapporte plus.

Elle finit donc par aller à la mairie apposer son propre sceau et celui de son mari qu'elle lui a subtilisé sur un formulaire de divorce. Cette formalité une fois accomplie, elle le met *manu militari* à la porte, sans cliques ni claques donc sur la paille, car la maison, la voiture, le compte en banque sont à son nom à elle.

C'est ce que fit une de mes secrétaires à son mari, qui avait en outre eu le mauvais goût d'avoir eu une attaque et de s'en être sorti quelque peu amoindri. Cadre supérieur pendant sa vie active, il a fini gardien de parking pour assurer sa maigre subsistance pendant que son ex-épouse se pavanait de croisière en voyage d'agrément.

Les mantes religieuses sont moins cruelles. Au moins, elles tuent leur partenaire…

Superstitions (de quelques…) – *Meishin* (迷信)

Écrire un catalogue des superstitions japonaises demanderait tout un dictionnaire.

Je me contenterai donc de citer un échantillon des plus répandues, dont certaines permettront au novice d'éviter quelques bévues pouvant créer un malaise en société.

Superstitions liées à la mort :

— Dormir la tête vers le nord (*kita makura*, littéralement « l'oreiller au nord »). C'est la position dans laquelle on place les défunts pour la veillée. Il est recommandé de se munir d'une boussole avant de placer son *futon* dans une pièce dont on n'a pas repéré l'orientation.

— Fermer le kimono ou le *yukata* le pan supérieur à droite. C'est la manière dont on habille les morts.

— Planter ses baguettes dans le riz. C'est ainsi qu'on présente le bol de riz qui accompagne le défunt vers sa dernière demeure. C'est un sortilège impardonnable doublé d'une incorrection qui horrifie les Japonais les plus ouverts. Il faut poser ses baguettes soit sur le repose-baguettes soit en travers du bol.

— Passer un aliment directement de baguettes à baguettes. La seule occasion où l'on se passe quelque chose de cette façon est lorsque l'on retire les ossements du cendrier du four après une crémation pour les déposer dans l'urne funéraire.

— Lorsque l'on revient d'un enterrement, toujours jeter une pincée de sel sur soi ou par-dessus son épaule avant de passer le seuil de sa demeure pour se purifier. On remet toujours un petit sachet de sel aux personnes qui se rendent à une cérémonie de deuil.

— Une femme enceinte ne doit pas se rendre à des funérailles. Quand elle n'a pas le choix, elle doit placer un miroir sur son ventre face réfléchissante vers l'extérieur afin que le fœtus ne puisse voir la scène.

— Quand un corbillard passe devant soi, enfoncer ses pouces dans le creux de sa main pour les cacher. Deux raisons à cette superstition : le pouce s'appelant en japonais « *oyayubi* », doigt « parent », procéder ainsi permet de protéger ses parents du mauvais sort. La seconde raison est que l'âme des morts, selon la croyance populaire, pénètre dans le corps des vivants en passant sous l'ongle du pouce.

— Ne jamais mettre l'eau froide avant la chaude dans un bain, parce qu'on lave les cadavres uniquement à l'eau froide.

— Éviter de se couper les ongles le soir, sinon on ne pourra pas être auprès de ses parents à l'heure suprême.

D'autres superstitions :

— Ne jamais tuer une araignée le matin, car elle porte chance. En revanche, le soir elle est porteuse de mauvaises nouvelles, il faut donc l'occire sans tergiverser. Il est intéressant de noter que cette croyance est à l'opposé de celle de nos contrées concernant les arachnides. On dit aussi qu'une araignée vue le soir annonce la visite d'un voleur.

— Par temps d'orage, lorsque le tonnerre gronde, il faut se couvrir le nombril. En effet, le dieu du Tonnerre adore cet orifice.

— Bien que les Japonais n'adhèrent pas aux croyances chinoises du *feng shui* qui aboutissent parfois à des constructions étranges pour que les bonnes énergies circulent correctement, ils tiennent compte de certains éléments ésotériques dans le choix de la date de construction d'une maison ou d'un immeuble. Ainsi, avant de construire ou de rénover une maison, on consultera le prêtre du sanctuaire *shintô* du quartier, qui décidera de l'ordre dans lequel les membres de la famille en passeront le seuil et y dormiront en premier.

Lorsque nous acquîmes notre maison japonaise, j'émis le souhait de déplacer une imposante lanterne de pierre que je trouvais un peu trop cachée derrière un bosquet d'arbres. On m'en dissuada en m'expliquant qu'elle était au meilleur endroit pour nous protéger de possibles courants funestes.

Toujours à la même époque, je fus victime d'une série d'accidents[1] alors que nous nous rendions à Kamakura pour organiser la rénovation de la maison ou lorsque nous en revenions. Je venais d'adopter des lunettes avec des verres progressifs et, rencontrant des difficultés à m'y habituer, je tombais souvent dans les escaliers des gares ou dans le train. Ma femme fit appel au prêtre du sanctuaire voisin pour organiser une cérémonie de conjuration dite « *Oharai* ». Il éparpilla des confettis de différentes couleurs dans la maison et le jardin en marmonnant des adjurations.

Il ne m'est plus jamais rien arrivé. Bien sûr, nous n'avons pas pensé un instant que j'avais fini par m'accoutumer à mes lunettes et nous restons convaincus, moi le premier, que l'exorcisme avait parfaitement fonctionné.

— Il existe plusieurs cérémonies liées à la construction d'une maison ou d'un immeuble, et tout le monde s'y plie. Avant la pose de la première pierre, on procède à la cérémonie dite « *Jichinsai* » de purification d'un terrain. Le propriétaire, l'architecte et les représentants de tous les corps de métiers y assistent. Une fois que tous les piliers principaux du bâtiment sont en place, une nouvelle cérémonie dite « *Muneage* » ou « *Tatemae* » est organisée. On accroche au faîte de l'immeuble une branche de *sakaki* (*Cleyera japonica*) aux feuilles persistantes dite « *tamagushi* ».

— Le calendrier traditionnel répertorie les jours fastes et les jours néfastes pour les activités de la vie quotidienne. Il comporte six catégories de jours, les *rokuyō*, dont les plus connus sont le *taian* qu'on choisira pour un mariage ou un événement important, à l'opposé du *butsumetsu* quand on évitera de se lancer dans un projet d'envergure.

1. Voir l'entrée « Shintoïsme ».

Au début de ma vie professionnelle, il m'arrivait de m'agacer que mes collaborateurs traînent les pieds pour lancer une initiative ou au contraire me poussent à le faire alors que tous les éléments n'étaient pas réunis pour assurer son succès. Ils suivaient tout simplement ce calendrier.

Plus tard et durant de nombreuses années, je me procurais un agenda offert par IBM Japon sur lequel toutes ces catégories étaient spécifiées pour chaque jour de l'année. Bien entendu, je me conformais scrupuleusement aux recommandations indiquées avant de me lancer dans une nouvelle entreprise. Jamais ne me serait venue l'idée de faire quoi que ce fût d'important pour notre société un jour *butsumetsu*.

IBM arrêta en 2015 la production de ce calendrier et je n'en ai, hélas, pas trouvé d'autres comportant ces précieuses informations.

Même au Japon, les traditions se perdent.

Je signalerai enfin les périodes défavorables dans la vie d'une femme ou d'un homme durant lesquelles la prudence est recommandée. Ce sont les années climatériques dites « *yakudoshi* ». L'année principale dite « *honyaku* » est encadrée par l'année la précédant, *maeyaku,* et celle qui la suit, *atoyaku*.

+ Pour les enfants, l'année *yakudoshi* se situe à l'âge de 3 ans.

+ Pour les femmes, le cap des 18 ans, 32 ans, 36 ans et 61 ans est dangereux.

+ Pour les hommes, ce sont respectivement leur vingt-quatrième, quarante et unième et soixante et unième années qui réclament la prudence.

J'eus un grave accident de santé l'année de mes 61 ans. On en déduira ce qu'on voudra.

Sushi (寿司, 鮨, 鮓 ou tout simplement すし)

Voici un mot assimilé dans le langage universel et qui se passe donc de toute traduction. C'est également le mets le plus galvaudé au monde, y compris, hélas, au Japon, qui a cédé à son détriment aux sirènes du tourisme de masse, selon lequel un voyage réussi dans ce pays ne saurait l'être sans un passage obligé dans un *sushi bar*, expression d'une vulgarité affligeante pour qualifier ce summum de la sophistication japonaise.

Lorsque je suis à Paris, New York, Hong Kong, Shanghai ou Londres pour mes affaires, on me demande immanquablement quel est mon sushi préféré dans ces villes. Je réponds invariablement « aucun », car je ne me rends jamais hors du Japon dans un tel établissement. En effet, on ne peut trouver nulle part hors de l'archipel la fraîcheur des poissons et des coquillages, la qualité du riz, depuis la précision de son *nigiri* (sa « compression ») jusqu'à sa tiédeur appropriée en passant par son niveau de cuisson adéquat qui dépend fondamentalement de la qualité de l'eau utilisée, bref toute l'attention au moindre détail que réclame la préparation du sushi pour être parfait, sans évoquer l'atmosphère particulière dans laquelle je souhaite m'évader pour déguster en toute quiétude. D'ailleurs, à de rares exceptions près, je ne mange jamais cette spécialité hors de Tokyo. Je ne vais en fait que dans deux ou trois établissements dans lesquels je sais que je trouverai le raffinement auquel je m'attends pour le prix que je paye.

Car à sushi exceptionnel, tarifs extravagants.

Comme tout Japonais qui se respecte, j'ai quelques adresses secrètes que je ne partage qu'avec les personnes dont je sais qu'elles apprécieront vraiment l'endroit où je les emmène, en suivront les usages non écrits et sauront se fondre dans le cadre et l'ambiance. C'est une question de respect pour l'artisan qui vous reçoit dans son établissement et pour sa clientèle, cette règle d'honneur réciproque du *Ichigen Okotowari*.

J'ai fait la cuisante expérience des conséquences d'un jugement inadéquat en me rendant un jour avec un ami, il y a plus de quarante ans de cela, dans un *sushiya* du quartier que j'habitais. C'était un restaurant réputé dans la capitale. Montrer patte blanche ne suffisait pas. Il avait fallu l'introduction de mon beau-père, client de fort longue date. Ma propre femme s'y rendait avec sa famille depuis son enfance. J'avais ainsi été, rare privilège, adopté par son propriétaire. On ne croisait chez lui jamais un étranger ni de premiers visiteurs. L'endroit était un étroit boyau avec un seul comptoir qui n'accommodait pas plus de huit personnes. On ne pouvait pas réserver : on venait tenter sa chance et on attendait son tour dehors, assis sur de méchants tabourets rouillés, qu'il pleuve, vente ou neige. On n'était en effet pas autorisé à se tenir debout derrière le comptoir, car on risquait de « déranger » la sérénité du lieu.

Okada *san*, propriétaire du *sushiya* Kosasa, c'était son nom, officiait seul avec un assistant derrière son comptoir et un factotum qui servait le thé et les flacons de saké. D'une soixantaine bien sonnée, il était massif, taiseux, parfois ronchon. Son crâne rasé était ceint d'un *nejiri hachimaki*, une étoffe en coton torsadé. Ses mains étaient livides d'avoir trop pétri le riz humide. Ses hautes *getas* raclaient le ciment du sol quand il se déplaçait. De temps en temps, en plein milieu du service, il quittait le comptoir et disparaissait cinq minutes. Les habitués susurraient que c'était pour aller fumer une cigarette, supposition farfelue, car on ne pouvait imaginer ses doigts magiciens qui préparaient ses sushis comme en les faisant flotter dans l'air imprégnés de l'odeur du tabac. Alors, on attendait patiemment son retour.

L'ami que j'avais invité, un Français vieux baroudeur du Japon, était impressionné qu'un blanc-bec fraîchement arrivé puisse avoir ses entrées dans un lieu aussi réputé. Assis depuis un moment, nous venions de commander deux bières et bavardions paisiblement en attendant les premières lamelles de sashimis par lesquelles nous avions décidé de débuter nos agapes, quand Okada *san* m'interpella d'une voix de stentor en pointant un doigt accusateur sur moi.

« Collasse *san*, rugit-il, depuis quand vous croyez-vous autorisé à amener dans mon établissement des personnes ignorantes des bons usages ? »

Embarrassé, je me tournai vers mon voisin qui tenait entre ses mains les baguettes de bois qu'il venait de séparer, figé d'ahurissement. Il avait compris, car il parlait le japonais couramment.

Okada *san* reprit, véhément :

« Comment pouvez-vous venir chez moi avec quelqu'un qui ne sait pas distinguer la qualité de mes *waribashi*[1] des vulgaires bouts de bois des *yatai*[2] (gargotes en plein air) ? Vous insultez mes autres clients ! »

Mon ami, après avoir séparé ses baguettes, les avait machinalement frottées l'une contre l'autre pour en retirer les éventuelles barbules et échardes se trouvant sur celles de piètre qualité qui ne sont pas mondées par un polissage préalable.

Nous nous prosternâmes et présentâmes des excuses qui ne calmèrent en rien l'ire de l'illustre artisan. Il nous servit comme on lance un morceau de viande à son chien,

---

1. Paire de baguettes de bois blanc fendues à demi qu'on détache pour les utiliser.
2. Voir l'entrée « *Yatai* ».

sans nous demander notre avis ni les préférences de mon ami. Au bout d'une quinzaine de minutes, il décréta que nous avions suffisamment mangé et il me tendit une facture du double de ce que je payais d'habitude pour un repas bien plus copieux.

Penaud, je me suis acquitté de la somme réclamée. Je n'ai pu remettre les pieds dans l'établissement d'Okada *san* que plusieurs mois plus tard, accompagné de mon beau-père. Ce dernier avait eu vent de mon impair et avait sans doute prêché la clémence avant de me ramener, contrit comme un élève pris en faute, devant lui.

Il se contenta de me dire :

« Collasse *san*, vous faites des efforts louables pour assimiler notre culture. Sachez cependant qu'il faut du temps pour tout comprendre… »

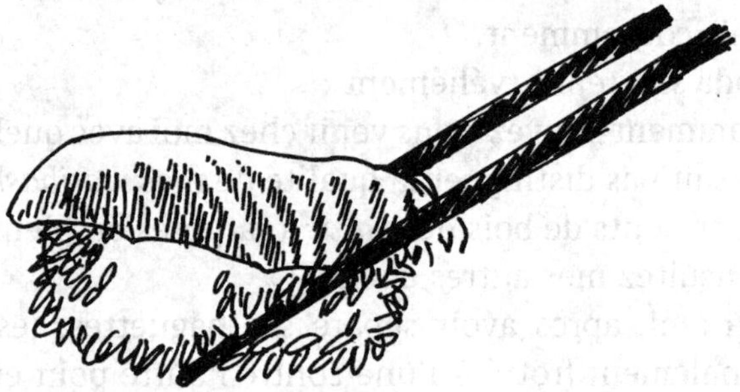

Du temps, en effet, il en faut beaucoup pour atteindre le niveau d'excellence requis pour servir un sushi parfait. Dans les années 1990, un expatrié qui avait ses habitudes dans un *sushiya* de son quartier offusqua le propriétaire quand il lui demanda, quelques semaines avant de quitter le Japon, de lui donner quatre ou cinq cours pour apprendre à confectionner les sushis. Celui-ci lui répondit dédaigneusement avant de le congédier :

« En quatre ou cinq heures, vous ne sauriez même pas servir le thé correctement chez moi ! »

De nos jours, malheureusement, on trouve des classes d'une demi-journée répondant à la demande du tourisme de masse pour « apprendre » à faire des sushis comme on enseigne la cuisson des pâtes. Cette vulgarisation d'un art délicat est navrante. Seul le Japon est capable de dévoyer à ce point sa fragile civilisation.

Maîtriser la confection des sushis ne s'acquiert en effet pas par l'opération du Saint-Esprit. Cela demande un long et patient apprentissage de plusieurs années qui fait toute la différence entre un sushi médiocre et un sushi d'exception.

Je me suis rendu un soir, invité par un ami japonais, dans un minuscule *sushiya* niché au rez-de-chaussée d'un banal immeuble d'habitation dans une ruelle tortueuse de Shinsen, près de Shibuya. J'étais curieux d'y aller, car il portait le même nom, Kosasa Zushi, que celui de mon vieux professeur de bonnes manières japonaises. J'étais intrigué : celui-ci, décédé une dizaine d'années plus tôt, n'avait pas à ma connaissance eu d'héritier pour prendre la suite.

À peine m'étais-je assis que l'*itamae*[1] (« le chef ») s'adressa à moi :

« Collasse *san*, vous ne me reconnaissez pas ? Moi, je me souviens très bien de vous ! »

Il fit une pause, me laissant le temps d'encaisser ma surprise.

« J'étais commis chez Okada *san* ! Je servais le thé ! J'avais 16 ans. Au bout de cinq ans, mon *sensei*[2] a accepté que je passe de l'autre côté du comptoir. Il m'a d'abord

1. Littéralement « celui qui est devant la planche [à découper] ».
2. « Professeur » ou « maître ».

appris à reconnaître la fraîcheur du *neta*[1], des poissons, à leur odeur, leur couleur, la consistance de leur chair, ainsi que la présence de parasites tels que les nématodes qu'une simple visite d'inspection sanitaire ne suffit pas à détecter. Il m'a fallu plus de dix ans pour atteindre le niveau de perspicacité qu'exigeait mon patron. Et presque cinq de plus pour apprendre à préparer le riz correctement, d'abord en choisissant la bonne espèce, en sachant doser le lavage, la cuisson, comment l'assaisonner quand il est encore chaud et le garder brillant en le faisant refroidir le plus rapidement possible avec l'*uchiwa*[2]. Au bout de vingt ans, je suis devenu son *wakiita*, son second. Il m'a plus tard adopté pour que je perpétue son nom. J'ai ouvert ici il y a cinq ans, après son décès. »

J'ai fait mentalement le calcul : le chef qui était devant moi, malgré son visage exempt de toute ride, avait dans les 45 ans. Il lui avait fallu pas moins de trente ans pour devenir enfin l'*itamae* de son propre *sushiya* !

Être *itamae* de sushis réclame une discipline proche de l'ascèse. J'ai connu un jeune chef qui louait une chambrette misérable dans les combles du marché aux poissons de Tsukiji[3] pour être dans les premiers à la criée du petit matin. Couché après minuit une fois son service terminé, il se levait à 4 heures pour faire ses emplettes entre les différents grossistes, dont certains lui gardaient leurs plus belles pièces. Ensuite, il se rendait dans son restaurant pour préparer ses poissons, les laver, les éviscérer, observer la chair par transparence pour repérer d'éventuels parasites avant de les ranger emmaillotés dans des boîtes oblongues en bois dans des réfrigérateurs dont la

---

1. Aussi appelé « *gu* », poissons ou autres ingrédients entrant dans la composition des sushis.
2. Grand éventail de papier.
3. Voir l'entrée « Tsukiji ».

température était différente selon l'espèce. Il partait faire une courte sieste de deux heures puis revenait dans son établissement à 15 heures pour la cuisson et la préparation du riz avant l'heure de l'ouverture.

On reconnaît l'intransigeance nécessaire non seulement à l'excellence des sashimis et des sushis, mais également au niveau de sécurité fondamental pour éviter les empoisonnements alimentaires et à la rigueur avec laquelle le travail au comptoir est mené. La moindre compromission avec la discipline est suspecte. Elle est difficilement repérable à l'œil non averti.

Un soir, une collègue américaine de passage à Tokyo souhaita se rendre dans un *sushiya* dont elle avait connu le propriétaire à New York. Il avait eu son heure de gloire. Il venait de rentrer au Japon au bout de vingt ans d'exil. J'étais réticent, mais j'accédai à sa demande. J'avais en effet été autrefois invité dans le restaurant new-yorkais de cet *itamae* et je n'avais pas été particulièrement impressionné par son art, malgré mon indulgence au regard des difficultés qu'il devait rencontrer pour s'approvisionner.

S'il avait gagné de l'argent chez les Américains, il avait perdu le sens du détail qui fait toute la différence. L'approximation avait remplacé la minutie et la précision : la planche à découper sur laquelle il préparait son *neta* n'était pas systématiquement essuyée ; des grains de riz restaient collés à l'extrémité de ses doigts ou dans la paume de sa main entre deux compressions de sushis ; enfin, il posait ses couteaux face tranchante tournée vers les clients, ce qui, plus qu'un sacrilège, est une irrévérence inadmissible.

Son commerce n'a pas résisté à la perte de sa dextérité. Il a fermé au bout d'un an.

Le petit monde des *sushiya* est particulièrement cruel. Ainsi, Kyûbei, vénérable institution installée dans le non moins respectable Hôtel Okura, a-t-il été évincé au bout de cinquante-cinq années de bons et loyaux services lors de la reconstruction de l'établissement. L'indignation de ses fidèles clients n'y a rien fait.

À l'inverse, le jugement peu averti de l'étranger peut couler un *sushiya* réputé au Japon. Un excellent *itamae* d'un *sushiya* de Ginza fut invité par un riche entrepreneur chinois qui avait ses habitudes à son comptoir à ouvrir un établissement à Londres. L'investissement fut fait, la réussite ne fut pas au rendez-vous en Angleterre, car les prix étaient trop élevés. L'*itamae* a été emporté par le mirage britannique, y compris à Tokyo. On avait d'ailleurs pressenti sa chute lorsqu'il avait quitté la sympathique ruelle commerçante de son quartier historique pour l'exubérance du centre de Tokyo. Ses prix avaient enflé, sa tête aussi.

La célébrité ne fait pas bon ménage avec le sushi.

La publicité non plus.

Je pense notamment à ce restaurant de sushis qu'un documentaire américain ayant fait le tour de la planète a rendu mondialement célèbre du jour au lendemain. Les trois étoiles attribuées par le *Guide Michelin* ont fait le reste. Toute la gent couronnée et snob de la Terre s'y est retrouvée, stars d'Hollywood, gourous de la sphère digitale, chefs d'État. Voulant forger ma propre opinion mais me méfiant de mes partis pris en matière de sushis, j'y suis allé une fois en compagnie d'une personne faisant autorité dans le monde de la gastronomie, mon ami Alain Ducasse.

Nous sommes repartis fort dépités.

Certes, la boule de riz confectionnée par le vieux chef, bien que compacte, fondait dans la bouche et le *neta* était de grande qualité, mais je connais d'autres *sushiyas* qui ne le cèdent en rien à cette perfection. Par ailleurs, la vitesse de dégustation exigée, vingt pièces en vingt minutes, ne permet pas d'apprécier toute la délicatesse de chaque mets. À peine un sushi est-il posé sur le plateau posé devant soi que le suivant arrive. Certes, le meilleur « instant » pour déguster un sushi est celui où il vient juste d'être composé, mais le stakhanovisme ne laisse aucun répit entre deux bouchées. La notice explicative du restaurant en question postée sur Internet est teintée d'une arrogance fort peu japonaise, entretenue sur place par l'attitude particulièrement déplaisante du fils de l'*itamae* :

« Soyez à l'heure, n'arrivez pas en retard » est-il écrit en substance, ce qui peut se concevoir, car la courtoisie japonaise la plus élémentaire impose une ponctualité que les nombreux étrangers composant une bonne partie de la clientèle ne respectent pas toujours. Mais plus loin on vous enjoint de vous « concentrer sur votre repas » et d'éviter toute conversation. On vous dit aussi qu'on ne vous servira pas de saké, seulement du thé vert, tout cela pour respecter le plus pur « style d'Edo ». Cette mise en scène transpire un marketing de pacotille à peine déguisé sous le masque de la tradition.

Vous aurez compris que je ne retournerai pas dans ce *sushiya* deux fois.

L'histoire du sushi remonte au Japon à plus de mille deux cents ans, à l'époque de Nara au VIIIe siècle. Il s'agissait à l'origine de conserver le poisson dans une décoction de sel et de riz fermenté. Ce *narezushi* n'était pas consommé tel quel, et le riz qui avait joué son rôle de conservateur était jeté. Une des maisons qui fabriquait le *narezushi* à cette époque dans la ville de Yoshino de la préfecture de Nara, Tsurube sushi, existe encore. Elle est dirigée par le 49e descendant du fondateur. Elle est réputée pour son *oshizushi* de truite saumonée *ayu*. C'est un sushi constitué de deux couches de riz entre lesquelles le poisson est pressé dans un moule. C'est la plus ancienne forme de sushi existant encore.

Tanizaki Jun'ichirō, dans son *Éloge de l'ombre*[1], partage une recette dont on peut imaginer qu'il l'avait obtenue de Tsurube sushi :

« Faites cuire du riz avec du saké, à raison d'un *gô* de saké pour un *shô* de riz. Vous versez le saké dans la marmite quand l'eau se met à bouillir. Quand le riz est cuit à point, vous le laissez refroidir complètement, puis vous le pressez en boulettes entre vos mains saupoudrées de sel. Les mains ne doivent conserver à ce moment-là aucune trace d'humidité. Tout le secret est là : presser les boulettes rien qu'avec du sel. Puis vous coupez en tranches fines du saumon salé, vous étendez les tranches sur les boulettes que vous enveloppez une à une dans les feuilles de kaki, la surface en dedans. Vous aurez pris soin, au préalable, d'essuyer avec une serviette bien sèche les feuilles et le saumon afin d'en extraire toute trace d'humidité. Cela fait, dans un baquet à sushis, ou dans une boîte à riz dont vous aurez méticuleusement séché l'intérieur, vous disposez les boulettes de façon qu'il ne subsiste entre elles le moindre interstice, puis vous posez dessus un couvercle fermant hermétiquement, sur lequel vous placez une lourde pierre, comme si vous mettiez des légumes à confire. Les sushis préparés de la sorte le soir, vous pourrez les manger dès le lendemain matin, et c'est ce jour-là qu'ils auront le plus de saveur, mais vous pouvez les consommer encore le deuxième ou le troisième jour. Au moment de les manger, vous les aspergez de vinaigre dans lequel ont macéré des feuilles de poivre d'eau. »

1. *Éloge de l'ombre*, traduction de René Sieffert, Éd. Verdier, p. 81-82.

Plus tard apparut le *namanare*, du poisson cru enrobé de riz avec lequel il était consommé. Cet ancêtre du sushi perdura du premier quart du XIVe siècle jusqu'à la fin du XVIe siècle.

La forme de sushi actuelle *nigirizushi* est apparue à la période d'Edo au XVIIe siècle. Elle fut inventée par un certain Hanaya Yohei vers la fin de cette époque dans la capitale d'Edo. Ses diverses variantes, *makizushi*, *chirashizushi* et autres *temakizushi* ont suivi peu après. Un vinaigre de riz inventé en 1804 par le fondateur de la société Mitsukan améliorera encore le goût de ces en-cas aussi appelés « *hayazushi* », qu'on pouvait consommer sur place achetés sur des étals de rue *yatai*.

Ils étaient deux fois plus gros que la taille que nous connaissons. Ils furent coupés en deux pour une ingestion plus facile, raison pour laquelle on les sert depuis par paires.

On consomme généralement les sushis à la main en les prenant délicatement afin que le riz ne s'émiette pas. Plutôt que les tremper dans la coupelle de sauce de soja, il est recommandé de passer sur le *neta* une lamelle de gingembre mariné, condiment que l'on croque entre deux sushis pour annihiler le goût du précédent avant de savourer le suivant, humecté de cette sauce. Au Japon, il n'est pas correct de mélanger le raifort *wasabi* à la sauce de soja. D'ailleurs, le sushi en étant déjà imprégné en quantité adéquate sous le *neta*, il n'est pas nécessaire d'en ajouter. En clôture du repas, il est recommandé de manger une tranche d'omelette. Les Japonais vous diront que c'est à sa qualité qu'on reconnaît vraiment un honorable *sushiya :* elle doit être cuite dans une casserole rectangulaire en fines couches superposées juste avant d'être servie. Si elle est bien faite, elle est moelleuse, légèrement sucrée avec un soupçon d'arrière-goût de crevette ; onctueuse au palais, elle fond naturellement dans la bouche.

Un moyen divertissant de manger des sushis à condition de ne pas rechercher l'excellence est le *kaitenzushi*, où des coupelles chargées de sushis, de couleurs différentes pour repérer ce que le client a mangé au moment d'établir la facture, tournent sur un tapis roulant au milieu d'un comptoir. Il y a à Shibuya une variante amusante de *kaitenzushi* sous la forme d'un train Shinkansen qui livre à votre table chacune de vos commandes.

Bien entendu, les puristes vous diront que ces aliments industriels bon marché ne méritent pas l'appellation de « sushis », pas plus que ces barquettes bourrées de conservateurs qu'on achète dans les *konbinis*. J'ajouterai que les avatars occidentalisés que sont les *California rolls* et autres combinaisons végétariennes fantaisistes sont à mon goût une insulte au raffinement japonais.

Mais il est vrai que je suis devenu, comme les étrangers qui ont vécu trop longtemps au Japon, plus impérialiste que l'empereur…

Syndrome d'Amélie Poulain (Le)

En 2001 sort le film du réalisateur Jean-Pierre Jeunet *Le Fabuleux Destin d'Amélie Poulain* qui, après avoir raflé une impressionnante collection de Césars, envahit le Japon. La jeune actrice Audrey Tautou, avec ses grands yeux noirs, ses cheveux couleur jais et son air candide qui n'effraient pas, y fait un malheur. La description pastel d'un

Paris idéal, avec ses habitants bienveillants, aimables et gouailleurs, le bar qui sent bon le café-croissant du matin et l'encaustique, la baguette de pain coincée sous le bras des accortes ménagères, le béret posé résolument de travers sur la tête des enfants en culotte courte, la blouse grise immuable de l'épicier du coin, cet empilement de clichés comme sortis d'un album de Robert Doisneau, enchantent les cohortes de Japonaises, jeunes ou moins jeunes, qui trouvent dans ce film un exutoire à leur morne environnement dans lequel la bienséance exige que les émotions soient gommées et qui ne laisse pas de place aux élans de sentimentalité.

Dépassant probablement les intentions de Jean-Pierre Jeunet, *Amélie Poulain* devient un formidable outil de propagande utilisé sans vergogne par les instances officielles du tourisme français. Les agences de voyages locales proposent des « packages » de trois ou cinq jours dans les pas de la jeune actrice et dans son Montmartre idéalisé, qui bientôt remplissent les avions de la Japan Air Lines et d'Air France de Japonaises de tous âges en mal de romantisme.

Elles partent donc à la conquête de cette butte incroyablement exotique qui fleure bon la rose, la légèreté, l'insouciance, où tout le monde est beau et gentil, les petits matins délicieusement brumeux et les fins de journée arrosées d'un divin ballon de vin blanc siroté aux notes guillerettes d'un accordéon-guinguette qui finit par entraîner la foule dans la danse. Une plongée en direct dans les toiles d'Utrillo, de Renoir et de Monet, en quelque sorte.

Dès leur arrivée à Roissy, les choses ne se passent pas tout à fait comme elles l'avaient imaginé :

Le taxi dans lequel elles montent est d'une propreté douteuse, le rottweiler lové sur le siège avant sent mauvais et leur fait peur, le chauffeur de taxi mal rasé les accueille d'un borborygme agressif et leur fait répéter trois fois l'adresse de leur hôtel, qu'elles ne parviennent pas à prononcer, s'empêtrant dans les « r » qu'elles roulent trop et les « l » qu'elles mouillent.

Si elles ne sont pas attaquées par un motard qui brise la vitre à coups de marteau pour s'emparer de leur sac imprudemment posé sur la banquette à côté d'elles dans le tunnel enfumé Saint-Denis de l'A1, elles seront dévalisées à un moment ou l'autre de leur séjour dans le métro ou rue de Rivoli par ces gamines si *kawaii*[1] avec leur jupe à volants et les anneaux dorés à leurs oreilles, dignes héritières d'Esméralda (tout le monde a lu Victor Hugo au Japon).

Quand par chance elles ne sont pas détroussées, proies faciles, car craintives, naïves et dont le sac contient toujours de larges sommes d'argent en liquide, elles auront le loisir de se faire bousculer dans la rue par de rogues passants pressés qui ne prendront pas la peine de s'arrêter si elles ont la mauvaise idée de demander leur chemin.

Ne sachant pas slalomer entre les obstacles, elles glisseront à un moment ou l'autre sur un étron délicatement laissé en souvenir de son passage par un de nos chers compagnons à quatre pattes à moins qu'elles ne se prennent les pieds dans un sommier crevé ou une poubelle renversée.

Bref, nulle part elles ne rencontreront Amélie, l'affable épicier Lucien ou Mme Suzanne, l'accorte propriétaire du bar-tabac du film.

Alors, elles entrent en dépression nerveuse, désemparées par l'écart entre la réalité et la vision idéale de Paris que leur a donné le film, passant sans transition de leur Japon aseptisé où les chauffeurs de taxi ont des gants blancs et ouvrent la portière du passager au moyen

1. Voir l'entrée « *Kawaii* ».

d'un levier sans quitter leur siège, où la probabilité de retrouver un porte-monnaie ou un sac égarés est proche de 100 %, où les gens qui promènent leur chien ont un sac à crottes, une pelle pour ramasser les déjections et une bouteille d'eau pour rincer le trottoir, où le passant sollicité fera toujours l'effort de renseigner dans un anglais approximatif l'étranger perdu, voire l'accompagnera à sa destination en lui offrant un ticket de métro, au Pays des Horreurs, telles des Alice effarouchées.

C'est le syndrome d'Amélie Poulain, autrement appelé « syndrome de Paris ».

Dans le meilleur des cas, nos midinettes japonaises s'enferment dans leur chambre d'hôtel jusqu'au jour béni de leur retour vers la civilisation.

Mais il arrive qu'il faille les hospitaliser. Là, un psychiatre japonais du centre hospitalier Sainte-Anne, le Pr Ota Hiroaki, le premier à avoir détecté cette pathologie en 1986 et qu'il décrira dans une revue de psychiatrie en 2004, les accueille. Il lui est arrivé d'en interner plus de dix par an.

Les cas les plus graves sont rapatriés sanitaires en urgence, victimes d'état dépressif, de symptômes psychosomatiques graves, de bouffés délirantes, voire de crises d'une violence extrême, comme cette jeune Japonaise qui avait tout cassé dans sa chambre d'hôtel et n'avait finalement pu être maîtrisée que grâce à l'intervention de pas moins de sept agents de sécurité.

Il n'existe pas de statistiques permettant de mesurer la taille de ce phénomène cependant suffisamment important pour qu'il ait fait la une des journaux japonais au début des années 2000 et l'honneur d'une émission sur M6. Il n'a rien à envier, le lyrisme en moins, au syndrome de Stendhal que l'auteur du *Rouge et le Noir* ressentit en 1817 en sortant de la basilique Santa Croce à Florence.

T

T

Takada Kenzõ (高田賢三)
– Le couturier de la joie (1939-2020)

L'organisation des Jeux olympiques au Japon a parfois des conséquences autant inattendues que positives.

Ce fut le cas pour Takada Kenzõ qui put réaliser un long voyage décisif pour son avenir en France grâce à une somme d'argent rondelette versée par le gouvernement japonais en compensation de la destruction, pour les besoins structurels des Jeux olympiques, de l'immeuble où il habitait à Tokyo.

Diplômé de la prestigieuse école de mode Bunka Fukusõ Gakuen, gagnant d'un concours de mode en 1961, il avait déjà commencé à travailler « à l'abattage » pour un grand magasin en dessinant quarante robes par mois lorsque cette manne inattendue tomba dans son escarcelle.

Il décida alors de réaliser son rêve et de se rendre en France. Il prit un bateau cabotant d'escale fleurie en escale fleurie, Hong Kong, Saigon, Bombay, avant de débarquer à Marseille. Il arriva finalement le 1er janvier 1965 dans un Paris qu'il trouva lugubre.

Il commença par y gagner chichement sa vie en vendant des croquis de vêtements à différentes maisons de mode.

Et puis, en 1970, la chance lui sourit quand on lui offrit pour une somme dérisoire un espace dans la galerie Vivienne. Sa première collection réalisée avec des étoffes chinées au marché Saint-Pierre à Montmartre était audacieuse, colorée et teintée de beaucoup d'humour. Aidé d'amis, sans suffisamment d'argent pour réaliser un défilé de mode digne de ce nom, il fit défiler une copine dont il peignit le visage en vert, créant ce qu'on appellerait de nos jours un sacré « buzz ». Puis il décora sa petite boutique d'une jungle florale inspirée du *Rêve* du Douanier Rousseau. Il la baptisa « Jungle Jap », terme qui déclencha un tollé chez les Nippo-Américains quand il se rendit aux États-Unis. Il fallut l'intervention de la Cour suprême américaine pour qu'il garde le droit d'utiliser le terme *Jap*.

Les créations de Takada, fraîches et joyeuses, exubérantes et fleuries, reflétant son caractère jovial et enjoué plurent immédiatement. Très rapidement, il put ouvrir d'autres boutiques, dont son magasin phare place des Victoires. En 1978, il fit de nouveau parler de lui en organisant un show extravagant sous une tente de cirque, avec une cavalcade de cavalières vêtues de combinaisons transparentes clôturée par son arrivée, juché sur le dos d'un éléphant.

Les parfums qu'il imagina par la suite reflètent également son tempérament espiègle et optimiste : *King Kong*, *Ça sent beau*, *Le monde est beau*, *Flower*.

Takada s'est retiré des affaires après avoir vendu sa maison en 1993 à un grand groupe de luxe. Il continua cependant à travailler entre Paris, où il habitait un superbe hôtel particulier dont l'intérieur était d'inspiration japonaise, une magnifique maison à Phuket en Thaïlande et Tokyo.

J'ai souvent croisé Kenzō *san* au cours de ma carrière. La dernière fois, ce fut dans un avion entre Tokyo et Paris fin 2019. Nous avions prévu de dîner ensemble à Paris et il devait venir à Kamakura, car il était curieux de voir notre pavillon de thé.

Mais un destin funeste en a décidé autrement puisque la Covid-19 l'a emporté avant que nous puissions le faire.

Son gentil sourire et sa bonne humeur me manquent.

Takarazuka Kagekidan (宝塚歌劇団) – Music-Hall à la japonaise

La rumeur disait de Kobayashi Ichizō qu'il pouvait se rendre d'Osaka à Kobe, distantes l'une de l'autre d'une trentaine de kilomètres, sans jamais quitter les terres de ses entreprises, d'autant qu'il fonda aussi la compagnie ferroviaire Hankyu pour relier les deux villes. Afin d'attirer les passagers, il imagina de créer un grand magasin au terminus d'Osaka, des zones résidentielles et un parc d'attractions ainsi qu'une équipe de base-ball professionnel avec un stade tout le long de la ligne.

Mais il lui manquait encore quelque chose pour mieux séduire la clientèle féminine.

Une soirée aux Folies-Bergère lors d'un voyage à Paris, vers 1910, lui donna l'idée de fonder une revue de music-hall. Estimant que le *kabuki* était vieux jeu et ayant constaté que les chansons et les spectacles de danse étrangers devenaient populaires, il choisit un registre de comédies musicales basé sur des histoires occidentales fortement mélodramatisées, telles que *Le Comte de Monte-Cristo*, *Madame Butterfly*, *Carmen*, *Les Frères Karamazov* ou *La Chartreuse de Parme*. Par ailleurs, il décida qu'il était temps de faire remonter sur les planches le sexe féminin, qui en avait été banni depuis 1629 pour atteinte aux bonnes mœurs.

Il créa en 1913 une compagnie composée exclusivement de femmes. Il choisit, pour installer l'école qui serait chargée de former les artistes, une ville thermale située à équidistance des deux terminus de sa ligne de chemin de fer appelée Takarazuka, dont la troupe prit le nom. La compagnie Takarazuka Kagekidan était née.

La première revue eut lieu en 1914. Au bout de dix ans, le spectacle drainait suffisamment d'audience pour que Kobayashi construise un théâtre réservé aux « takarasiennes », ainsi que les jeunes femmes avaient été baptisées en référence explicite aux Parisiennes.

Ce sont des femmes qui interprètent tous les rôles. Très tôt au cours de leur formation, les étudiantes sont séparées en deux groupes, celui qui joue exclusivement les rôles masculins *otokoyaku* et celui consacré aux rôles féminins *musumeyaku*, sans possibilité de changer ultérieurement. Les artistes sont retenues pour l'un ou l'autre des groupes en fonction de divers critères, dont la taille, l'allure générale ou la profondeur de la voix. Une fois choisies pour entrer dans le rôle d'*otokoyaku*, les jeunes filles sont obligées de couper leurs cheveux à la garçonne et d'adopter les formes de langage masculin.

Les *otokoyaku* ne sont en effet pas des femmes jouant des rôles masculins : elles adoptent l'identité masculine sous une forme idéalisée, comme au théâtre *kabuki* l'acteur *onnagata* incarne le cœur de la femme. Le propos est de faire rêver un public quasi exclusivement féminin en lui offrant la fiction de ce qu'il désire. Les *otokoyaku* ont ainsi l'obligation contractuelle de rester célibataires afin de ne pas briser l'image de prince charmant qu'elles personnifient auprès de leurs fans et n'ont pas le droit, dans la vie civile, de porter des vêtements féminins. Cette androgynie imposée est ambiguë mais nécessaire, selon les propos d'une « takarasienne », pour habiter sans défaillance leur rôle masculin.

Afin de comprendre la trouble attirance des femmes pour le sous-entendu saphique, il faut se rappeler la tradition homo-érotique et la nature subversive de la femme dans le théâtre traditionnel japonais.

L'engouement des spectatrices pour les *otokoyaku* serait moins une attirance pour leur représentation de la sexualité masculine que pour un trouble érotisme féminin. Il est vrai que les thèmes lesbiens sous-jacents se retrouvent toujours sur la scène du Takarazuka par le simple fait que ce sont des femmes qui jouent tous les rôles. Très tôt dans l'existence de la troupe, cet aspect transparaissait au travers des lettres d'amour envoyées aux *otokoyaku*. Certaines furent publiées, provoquant en 1921 des protestations contre « le symbole d'amour anormal » que représentait le Takarazuka. En réponse à ces critiques, la direction durcit les conditions de vie des actrices, leur interdisant par exemple toute relation avec leurs admiratrices.

Dans les scenarii des comédies de Takarazuka, l'homme est systématiquement mis en valeur. Il est le héros, obligatoirement séduisant, courageux et follement romantique, capable de dépasser le besoin machiste de s'imposer ou de dominer, parangon d'un mâle qu'on ne croise que fort rarement dans la vie « réelle ».

Cet idéal gommant sur la scène le rapport de domination de l'homme sur la femme est cependant une illusion dans la réalité du fonctionnement de Takarazuka. La hiérarchie reflète en fait celle imposée par la société japonaise, dans laquelle le sexe masculin a la prééminence : la « top star » au sommet de l'échelle est l'*otokoyaku*, la *musumeyaku* formant le duo avec lui devant se contenter d'être en retrait, au point que lorsque son alter ego décide de prendre la retraite, elle a obligation de partir également.

La troupe Takarazuka, au lieu d'avoir été créée pour émanciper les actrices de la pression qu'exerçait la société japonaise sur les femmes, avait en fait été fondée sur un principe fondamentalement patriarcal appliqué au travers d'une structure rigide destinée à faire d'elles, quand elles quitteraient la troupe, des « épouses modèles et des mères avisées » selon le souhait de Kobayashi. Le slogan de la troupe n'est-il d'ailleurs pas « Pureté, droiture et beauté » ?

Il est, par contre, intéressant de noter que l'orchestre, composé indifféremment de femmes et d'hommes, peut être dirigé par des chefs d'orchestre femmes. En fait, il semblerait que le propos originel du fondateur de la troupe ait fait long feu, car les actrices se sont très tôt émancipées d'un retour discipliné au rôle attendu d'elles dans la société en poursuivant des carrières artistiques indépendantes une fois révolu leur temps au sein de Takarazuka.

L'école de musique de Takarazuka est une des plus concurrentielles au monde. La sélection est draconienne : quarante adolescentes seulement sont retenues parmi les milliers qui tentent leur chance chaque année. Avant de pouvoir rejoindre la troupe, elles doivent suivre un programme impitoyable de deux années au cours desquelles

elles peuvent être éliminées à tout moment. La discipline est de fer, l'éducation spartiate. La première année, les élèves doivent faire le ménage des locaux tous les jours. Notre amie Daichi Mao, une des « Top Star » les plus fameuses de l'histoire de la troupe, m'expliquait récemment que son père, qui avait suivi une carrière militaire, d'abord réticent à laisser sa fille de 14 ans embrasser une carrière artistique qu'il jugeait dévoyée, fut convaincu par la discipline toute militaire de l'école.

Les matières enseignées sont au nombre de vingt en première année, puis de dix-huit la seconde, couvrant un vaste éventail : théorie de la musique, solfège, piano, tambour et fifre, batterie, ballet classique, danse de jazz, danse moderne, claquettes, danse japonaise *nihon buyo*, gymnastique, cours de chant incluant les genres de l'opéra, du jazz, le *popular*, le *kayokyoku*, la « chanson », et bien sûr divers cours d'art dramatique et de culture générale.

C'est à la fin de la première année que les élèves sont dirigées vers l'une ou l'autre des deux branches. Puis, à la fin de leur parcours scolaire, elles entrent dans une des cinq troupes du Takarazuka : *Hana* (« Fleur »), *Tsuki* (« Lune »), *Yuki* (« Neige »), *Hoshi* (« Étoile ») ou *Sora* (« Cosmos »).

Elles signent alors un contrat de sept ans qui peut être prolongé.

Un star system intransigeant accompagné de la hiérarchie traditionnelle de prévalence de la séniorité en vigueur dans la société japonaise s'applique alors dans la lente ascension des jeunes femmes vers le pinacle.

Notre amie Mao fut choisie pour être *otokoyaku* dans la troupe Tsuki, qu'elle intégra en 1973. Elle y gravira tous les échelons jusqu'à en devenir la « Top Star ». Depuis qu'elle a quitté le Takarazuka Kagekidan, en 1985, elle poursuit une riche carrière d'actrice au théâtre, à la télévision et au cinéma.

C'est à elle que je me suis adressé il y a quelques années pour tenter d'obtenir, pour un couple de photographes italien humaniste travaillant avec délicatesse et poésie sur des sujets tels que la transmission du savoir ou les nomades, l'autorisation de réaliser un véritable reportage sur le Takarazuka Kagekidan. Elle m'a présenté au directeur, qui a opposé à ce projet une fin de non-recevoir courtoise mais définitive. Depuis la création de la revue, jamais les organisateurs n'ont autorisé autre chose que des photos officielles des artistes et des spectacles. L'école et les coulisses restent hors d'atteinte. Les actrices, les manutentionnaires, l'orchestre observent d'ailleurs depuis toujours un mutisme absolu.

Il faut impérativement savoir préserver le rêve.

Ce rêve, chaque année deux millions et demi de spectateurs viennent s'en abreuver. Ce sont en grande majorité des femmes de tous âges et de toutes conditions sociales. Elles sont souvent membres du fan-club d'une des actrices. Elles portent un foulard, voire une veste, aux couleurs de leur héroïne et brodé de son nom. La discipline des fans est aussi stricte que celle de Takarazuka. Elles attendent l'actrice à la sortie du théâtre en silence et lui font une haie d'honneur quand elle passe, s'accroupissant et se levant pour former une sorte de vague qui rappelle la ola dans les stades de football mais en moins bruyant. Le fan-club joue aussi le rôle de manager de l'actrice, qu'il suit tout au long de sa carrière, y compris lorsqu'elle a quitté la troupe. Il lui arrive ainsi de préparer son *bento*, d'organiser un moyen de transport si elle doit se déplacer, bref de faire tout son possible pour lui rendre la vie plus facile.

J'ai assisté plusieurs fois à un spectacle de Takarazuka, invité au temple originel dans la ville de Takarazuka comme au théâtre Takarazuka de Tokyo par une connaissance membre active du fan-club d'une « Top Star » ou par Daichi Mao. À Takarazuka, le hall du théâtre est grandiose, avec un double escalier inspiré de celui de l'Opéra Garnier menant vers la salle de spectacle. D'immenses portraits des stars présentes et passées sont suspendus autour de la mezzanine. Dans le théâtre, la scène se prolonge sur les côtés par deux coursives *hanamichi* typiques du *kabuki*, rapprochant le public des actrices. Les décors sont éblouissants, les effets de scène spectaculaires, les éclairages remarquables, les costumes somptueux. L'orchestre *live* rend le spectacle encore plus féerique. Le professionnalisme millimétré n'a rien à envier aux comédies musicales de Broadway.

Un spectacle nécessite la présence sur scène de pas moins de 60 à 70 actrices. Les histoires remaniées pour adhérer au style propre au Takarazuka sont inspirées de romans, de comédies musicales ou de pièces à forte coloration romantique. L'eau de rose et les bons sentiments sont déversés à flots ininterrompus. C'est kitsch à souhait.

On retrouve sur scène dans un scintillant pêle-mêle Manon Lescaut, James Dean, Angélique, Gatsby le Magnifique, Tom Jones, Zorro, la marquise de Merteuil, le Petit Prince de Saint-Exupéry, Roméo et Juliette et Marie-Antoinette.

Cette dernière, dans la comédie musicale inspirée du *manga La Rose de Versailles*, jouée pour la première fois en 1974, a fortement influencé l'orientation des scenarii vers des romances plus ambiguës dans la veine des *shōjo mangas* sibyllins pour filles dans lesquels la frontière entre camaraderie et amitié amoureuse reste volontairement floue.

Le clou de la soirée est la parade des stars qui descendent un immense escalier, vêtues d'une parure tout de strass, de plumes et de paillettes et coiffées de tiares extravagantes clignotant de mille feux. L'apothéose est la revue finale, un french cancan endiablé dans la plus pure tradition parisienne quelque peu incongrue qui enflamme une audience restée jusque-là plutôt sage et réservée.

Tanizaki Jun'ichirō (谷崎潤一郎) – Écrivain (1886-1965)

Lire Tanizaki, c'est dans la plupart des cas soulever le voile que nous jetons sur les zones d'ombre de nos passions ; c'est nous forcer à porter notre regard, que nous détournons habituellement par convention, honte ou effroi, sur nos misérables petits tas de secrets. Les romans de Tanizaki agissent comme un miroir reflétant pêle-mêle nos trahisons ou autres infidélités, cruautés et perfidies.

Quand j'ai découvert l'œuvre de Tanizaki Jun'ichirō, je sortais tout juste de l'adolescence, autrement dit de l'innocence. Ma courte vie ne m'avait pas encore offert l'occasion de tricher ou de tromper, de ressentir la jalousie ni d'éprouver de résipiscence. J'étais donc aux antipodes de cet entomologiste des faiblesses humaines. Il aura fallu une récente relecture de son œuvre romanesque pour y découvrir quelques pans de mon existence dont je peux difficilement tirer quelques fiertés.

Lors de ma première lecture des ouvrages du romancier, j'étais encore dans la découverte émerveillée du Japon et de sa civilisation. J'avais été frappé par ce qui me paraissait être le fol exotisme des relations entre les êtres humains, la pudeur des sentiments et une gestuelle minimaliste pour les exprimer. Par exemple, dans un de ses romans[1], une Japonaise, devant l'effusion de sa voisine allemande retrouvant son mari après une catastrophe naturelle, est choquée qu'il « l'embrasse étroitement sans respect humain », cependant que « l'essentiel de l'état conjugal réside dans les soins minutieux et intimes d'une épouse pour son mari[2] ». Je compris qu'au Japon l'amour doit être sobre, dépouillé, voire inexprimé et que toute démonstration extérieure est une gêne. Quel ne fut pas mon étonnement en découvrant le poids des usages sur les comportements. Je compris ainsi le choc déstabilisant entre tradition et modernité qu'avait subi la société japonaise alors que les deux mondes se chevauchaient encore dans la première partie du XXe siècle. Tanizaki semble d'ailleurs avoir été lui-même soumis à cette oscillation entre le Japon d'autrefois et le nouveau, tantôt avocat d'une modernisation des mœurs et de l'abandon des coutumes, tantôt apologue des beautés du Japon traditionnel et de ses valeurs.

Paru en 1941, son roman *Les Quatre Sœurs* (dans le titre original *Sasameyuki*, « Bruine de neige ») met en scène quatre jeunes femmes d'une grande famille, dépeignant ce conflit entre le poids des traditions et l'attirance vers une vie s'en affranchissant. Il décrit l'antagonisme entre la difficulté de préserver le prestige d'une grande famille au passé ancestral et la dure réalité d'une situation

1. Dans *Les Quatre Sœurs*.
2. Dans *Le Goût des orties*.

déclinante. Ce dilemme se manifeste douloureusement lors de tractations maintes fois avortées en vue d'un mariage arrangé de la troisième sœur vieillissante Yukiko, sur lequel se penchent avec constance sa sœur aînée et son mari, dépositaires de la responsabilité du clan. Entre les partis qui ne sont pas considérés à la hauteur de la renommée pourtant affaiblie de la famille, une importune tache de mélanine qui va et vient sur la paupière de la jeune femme au moment de rencontres cruciales et le comportement erratique de la cadette, Taeko, tentée par une occidentalisation polluante, les rencontres *omiai* échouent les unes après les autres.

La jeune Taeko représente en contraste l'archétype de la jeune Japonaise qui secoue le joug et tente de vivre sa vie à sa guise, papillonnant d'un prétendant à l'autre, se faisant faire un enfant sans être mariée, capable de gagner sa vie et rêvant d'aller étudier la couture à Paris. Elle bouscule les conventions, méprise le qu'en-dira-t-on, accepte la répudiation.

Le roman fourmille de descriptions des traditions émouvantes du Japon, la chasse aux lucioles, l'art de déguster un poisson *ikizukuri*, le choix minutieux d'un kimono adapté à une situation donnée. Quand on referme ce livre, on sait presque tout des rituels qui rythment la vie au Japon, ces choses attendrissantes qui ont disparu ou sont en passe d'être effacées.

On retrouve le thème de la modernisation effrénée qui bouscule les valeurs morales de l'ancien Japon dans de nombreux autres romans de Tanizaki, comme *Le Goût des orties* paru en 1928, dont le titre est tiré d'un proverbe[1]. Cette histoire à l'autobiographie prémonitoire

1. « À chacun ses goûts. Certains insectes aiment les orties. » (Tous les goûts sont dans la nature.)

frôle par ailleurs les frontières d'une certaine immoralité que l'écrivain franchira allègrement dans sa vie privée : deux ans après sa publication, il poussa en effet sa première épouse, Chiyo, de dix ans plus jeune que lui, dans les bras d'un ami, le poète Satō Haruo, allant jusqu'à annoncer son divorce et le remariage de sa femme dans un faire-part signé des trois noms. Un article de journal signalera la « cession de l'épouse de Tanizaki à Satō ». Les critiques littéraires, qui n'ont jamais trop su dans quelle case classer cet écrivain iconoclaste, étiquettent l'auteur d'impudent et de masochiste.

Le roman décrit l'histoire d'un couple qui ne s'aime plus mais n'a pas le courage de divorcer, autant par convention que pour ne pas froisser son entourage. Indécis, tous deux sont incapables de « choisir entre le chagrin d'un moment et la douleur d'une vie entière ». Ils mènent une vie « moderne » chacun de leur côté : le mari Kaname accepte la liaison de son épouse Misako avec son amant Aso, alors que lui-même s'est entiché d'une belle prostituée eurasienne. Il ressent la désolation de la maison quand elle n'est pas là. Il semble hésiter entre trois types de femmes : la femme *moga* (contraction de *modern girl*) émancipée, symbolisée par la prostituée Louise, la femme japonaise classique d'une beauté discrète qu'il idéalise, enfin la femme équilibrée qui suit l'évolution de son époque mais est un peu fade, sans doute le portrait de son épouse.

À l'opposé d'un cousin qui est passé par un divorce et encourage le mari au passage à l'acte, le père de Misako tente de la convaincre de ne pas divorcer, car « qu'un couple soit mal assorti n'a pas du tout d'importance. Après tout, le temps n'arrange-t-il pas tout ? ».

Le vieillard personnalise le déchirement ressenti à l'effondrement de la « dignité des choses anciennes ». Il a choisi pour maîtresse une jeune femme traditionaliste qui s'initie aux arts d'autrefois. Il fustige l'attitude des femmes modernes, la musique de jazz, les WC blancs impudiques, les éclairages brutaux ; il regrette la pénombre pensive, le théâtre *bunraku* de l'île d'Awaji, qui a gardé son authenticité, et « tout ce que cela représente de patient et d'obscur ».

Le Goût des orties exprime merveilleusement l'engouement des Japonais pour la flânerie, la contemplation de détails apparemment insignifiants, le temps qui passe. La retenue et la pudeur des sentiments y sont exprimées admirablement.

On entre de plain-pied dans le monde plus pesant de Tanizaki avec *Svastika*, également publié en 1928. Ce roman est écrit sous la forme d'une lettre qu'une jeune femme, Sonoko, envoie à un écrivain, peut-être un ancien amant. Elle conte l'histoire de ses amours saphiques avec une autre jeune femme mariée, Mitsuko, qu'elle a rencontrée dans un atelier de peinture. Elle-même a un amant, escroc efféminé et impuissant qui fait signer un serment aux deux jeunes femmes afin que l'amour triangulaire qu'il vit avec elles ne disparaisse jamais par la faute d'un des trois. Mitsuko et Sonoko ont par ailleurs comploté pour que le mari de cette dernière accepte leur relation homosexuelle. Sonoko ne pense-t-elle pas « [qu'] aimer un homme en cachette de [son] mari aurait été mal, mais quelle importance qu'une femme s'éprenne d'une autre femme ? » Et elle ajoute, parfaitement immorale : « Un mari n'a pas le droit de critiquer l'intimité qui se développe entre deux femmes. »

Les affres de l'amour, beauté et laideur entremêlées, la spirale infernale de toute passion charnelle dans laquelle les protagonistes sont tour à tour manipulés et manipulateurs, dévorés par la jalousie, emportés par le sadisme et le masochisme, sont contées avec un réalisme froid, qui se contente de décrire sans porter de jugement, signature de l'auteur qu'on retrouvera dans tous ses autres romans.

Deux amours cruelles, paru en 1933, traduit en français par Kiku Yamata[1], aborde le sujet de la soumission. La première nouvelle, « L'Histoire de Shunkin », n'est pas sans rappeler un moment douloureux de la jeunesse de Tanizaki, traité comme un domestique dans une famille dont il était le précepteur des enfants et chassé pour avoir eu une aventure avec une employée de la maison. Shunkin, aveugle depuis son enfance, d'une grande beauté et musicienne virtuose, voit un apprenti de sa riche famille, Sosuke, attaché à son service. Il sera son souffre-douleur. Devenue professeur renommé de *shamisen*, elle le traite avec une grande brutalité et un sadisme raffiné, l'humiliant et y trouvant du plaisir. Elle deviendra pourtant sa maîtresse et aura même un enfant de lui, qu'elle répudiera. S'ils vivent en fait maritalement, elle refuse de le considérer comme tel : il est et restera son esclave sa vie durant. Une vengeance détruira la beauté de Shunkin, qui n'apparaîtra plus jamais en public. Afin que sa maîtresse ne subisse pas l'humiliation d'être vue de lui défigurée, Sosuke se perce les pupilles et devient à son tour aveugle. Quand il annonce à Shunkin qu'il s'est crevé les yeux, elle demeure silencieuse. « Sosuke, jamais par la suite, ne devait connaître une félicité égale à celle de ces quelques minutes silencieuses. » De ce jour, Shunkin laissera son amour pour son domestique s'exprimer et ils vivront jusqu'à leur mort en totale harmonie.

Si la seconde nouvelle est un conte plus doux, comme en contrepoint de la cruauté de la précédente, elle n'en est pas moins amère, mettant en scène un homme qui épouse la sœur moins belle d'une jeune femme mariée qu'il aime

1. Voir l'entrée « Yamata Kiku ».

passionnément afin de rester à ses côtés. Quand l'épouse apprend cet amour, que sa sœur connaît et partage depuis le décès de son mari mais sans qu'il n'ait jamais été consommé, elle exige par respect pour elle que leur couple reste chaste à jamais. C'est ainsi que cet étrange ménage à trois tenté un moment par un *shinjû*[1] qu'il ne commettra jamais finira sa vie.

D'un éclectisme narratif tendu par une écriture irréprochable, Tanizaki publiera deux romans sous la forme d'un journal écrit à la première personne par les protagonistes. *La clef : La confession impudique* (1956) se présente comme deux journaux intimes d'un couple. Ils ne sont évidemment pas censés connaître ce que l'autre écrit, mais en fait chacun sait parfaitement qu'il est lu par son partenaire. Ils se livrent à ce jeu pervers et intrigant dont la détermination est de dévoiler les sentiments qui les animent et qu'ils ne peuvent exprimer directement, engoncés dans la pudeur et la réserve de leur éducation japonaise traditionnelle.

Le mari est un homme vieillissant épuisé par l'appétit sexuel de sa femme plus jeune que lui d'une douzaine d'années. Il va découvrir en lisant le journal de son épouse, Ikuko, qu'en réalité elle n'a jamais, en vingt ans de mariage, apprécié leurs étreintes. Il va photographier des parties du corps de sa femme, assouvissant ainsi ses fantasmes et déclenchant une « passion violente que suscite la jalousie, l'exacerbation des pulsions sexuelles obtenues grâce au spectacle inépuisable de [sa] femme nue ».

De son côté, Ikuko est le produit d'une éducation rigoureuse dont la « manière d'opérer est trop routinière, trop traditionnelle, trop formaliste, dépourvue de variété » et qui « pour les choses courantes de la vie [est] passive,

1. Double (ou dans ce cas triple) suicide.

pleine de retenue » mais se découvre exigeante lorsqu'il s'agit du plaisir charnel. Pourtant, elle éprouve lors d'une des séances que lui fait subir son mari le « comble de la douleur physique et de la jouissance » en imaginant qu'elle est dans les bras du fiancé de sa fille.

Ce roman peut laisser une impression de malaise s'il est lu au premier degré. On peut n'y voir que la dégradation d'une femme soumise aux jeux pervers et malsains de son époux qu'elle accepte pourtant de subir, associée à la névrose monomaniaque croissante qui les envoûte. Au-delà de l'esprit de provocation qui anima certainement Tanizaki lorsqu'il écrivit ce roman, il faut cependant lire entre les lignes une parabole du tragique dilemme qui le préoccupait, celui du déchirement intime qu'il vivait sans doute lui-même entre le souhait de la préservation d'une esthétique traditionnelle des relations entre les hommes et les femmes et la réalité d'une société emportée dans le maelström du changement survenu depuis l'après-guerre. Et quiconque a vécu avec une Japonaise de « bonne éducation » saura que peu de choses ont changé dans la relation ambiguë que ces femmes entretiennent avec le sexe.

En 1961, Tanizaki publie *Le Journal d'un vieux fou*. Dans ce roman probablement inspiré des propres déboires de santé de l'écrivain survenus l'année précédente, le narrateur est donc un vieillard aigri, égoïste, pervers, sans pudeur, qui décrit sa décrépitude et les soins qui lui sont prodigués avec force détails.

Adepte de tous les plaisirs de la chair toute sa vie, fétichiste, il n'occulte nullement s'être livré à des pratiques douteuses en décrivant son expérience homosexuelle avec un acteur de *kabuki* « pourvu de magnifiques organes que sa technique vous faisait oublier ». Malgré sa déchéance physique, il reste obsédé par le sexe et recherche auprès de sa belle-fille, une ravissante ancienne danseuse de music-hall, le frisson érotique. Consciente de pouvoir gagner beaucoup en liberté financière, Satsuko consent à céder aux caprices du vieillard qu'elle monnaye de plus en plus cher. Elle-même perverse, elle trouve une délectation sulfureuse à ces plaisirs défendus et à la soumission de son beau-père, qu'elle tourmente avec une infinie cruauté. Elle alimente ses fantasmes en laissant apparaître d'infimes parties de son corps ; elle l'invite à l'essuyer au sortir de sa douche, mais le griffe et le rabroue quand il se permet d'effleurer son épaule de ses lèvres.

Tanizaki atteint dans ce roman le summum de son art. Le texte est nerveux, sans superflu pour dépeindre les situations les plus scabreuses. Il est impérial dans son mépris de la morale et des bonnes mœurs, son dédain pour le qu'en-dira-t-on, son esprit provocateur, en deux mots, sa majestueuse liberté.

J'ai gardé pour la fin de cette occurrence l'essai sur la conception japonaise du beau qu'il écrivit en 1933, tenu pour son chef-d'œuvre : *L'Éloge de l'ombre*. Il faut lire cet opuscule magistral d'à peine soixante-dix pages dans la traduction lumineuse de René Sieffert.

D'entrée de jeu, Tanizaki exprime l'antagonisme irréconciliable entre les valeurs occidentales et l'esthétique japonaise en décrivant la difficulté extrême d'installer électricité, eau et gaz dans les intérieurs traditionnels japonais. L'intégration harmonieuse de ces éléments du progrès aux maisons japonaises demande des efforts surhumains pour éviter les compromissions disgracieuses. J'ai moi-même vécu ce combat lorsque nous avons construit le pavillon de thé de notre demeure. Nous dûmes faire preuve de trésors d'imagination pour que les bouches de chauffage, les prises et les interrupteurs électriques indispensables, les radars de sécurité ne viennent polluer l'harmonie des pièces. J'ai sacrifié au confort qu'offre la lumière en décidant de ne pas équiper le pavillon de plafonniers, mais j'y ai gagné ces ombres indispensables à la vénusté des intérieurs japonais dont Tanizaki fait l'éloge.

C'est d'ailleurs en l'encourageant à la relecture de cet essai que j'ai pu convaincre l'entrepreneur chargé du chantier de sacrifier la facilité de réalisation et la simplicité d'utilisation à la beauté du résultat.

Il faut lire l'opuscule de Tanizaki ligne à ligne pour saisir la délicatesse du *wabi-sabi*[1] qui s'exprime dans la douceur de la patine des matériaux et des objets en opposition à la vulgarité brutale des choses qui brillent, carrelages, murs chaulés ou peints, métaux trop polis. L'auteur fait une description truculente et cocasse des lieux d'aisance traditionnels comparés aux toilettes occidentales purement fonctionnelles qui empêchent la méditation et la « paix de l'esprit », alors que les cabinets japonais, « lieux d'ultime bon goût », sont « l'endroit le mieux fait pour goûter la poignante mélancolie des choses » et pour « se complaire dans la

1. Voir l'entrée « *Wabi-sabi* ».

satisfaction d'ordre psychologique » chère à Natsume Sôseki[1].

Tanizaki nous apprend également que les Japonais ne ressentent « aucune répulsion à l'égard de ce qui est obscur » et qu'ils s'y « résignent comme à l'inévitable », en s'exclamant pour finir : « Si la lumière est pauvre, eh bien qu'elle soit ! »

Tout passe au crible du regard acéré de l'auteur :

— Les choix architecturaux qui permettent de traquer la lumière plutôt que la pénombre, telles la véranda *engawa* et les avancées des toitures, « parasols » en opposition aux simples « couvre-chefs » que sont les toits occidentaux ; les *shōjis*, qui absorbent « mollement » la lumière ; l'alcôve *tokonoma*, qui finit « d'épuiser » la clarté ; la taille des pièces d'autrefois et la hauteur des plafonds où stagnait comme un brouillard une obscurité effrayante.

— La terne beauté des laques parfois rehaussées de poudre d'or afin de susciter dans l'ombre des « résonances inexprimables » ; leur douceur au toucher ; la trouble beauté des jades qui « emprisonnent dans leur masse des lueurs fuyantes et paresseuses » ; la patine des objets qu'on n'efface surtout pas, car elle est au cœur du *sabi*, ce sentiment de quiétude qui émane des choses anciennes, usées, qui ont vécu.

— Le plaisir que procure la contemplation d'une soupe au *miso* dans un bol de laque, la perception du liquide et de sa chaleur quand on le prend et la satisfaction qu'elle offre avant même qu'on ait goûté le breuvage ; les grains de riz dans un récipient qui brillent comme des perles et diffusent une « irremplaçable générosité » ; l'opacité rassurante des friandises au *yōkan* servies avec le thé.

1. Voir l'entrée « Natsume Sôseki ».

— La lueur des chandelles qui donne du volume aux ténèbres, dont j'ai expérimenté la magie lors d'une expérience étonnante[1] vécue chez un de mes amis à Kyoto ; l'utilisation excessive des projecteurs qui brutalisent une scène de théâtre *nô* et aplatissent la splendeur des costumes ; les lampions colorés qui empêchent de contempler la Lune ; les éclairages dans les hôtels qui créent une insupportable chaleur supplémentaire au plus fort de l'été ; ceux dans les maisons qui projettent une lumière crue. J'avais été choqué, lors de mon tout premier voyage au Japon, de découvrir que les lustres, suspensions et plafonniers chez l'habitant, dans les salons, salles à manger et jusque dans les chambres, étaient équipés de tubes au néon diffusant une lumière blafarde qui écrase les reliefs. Je n'avais vu ces tubes au néon utilisés dans notre pays que dans les bureaux, les entrepôts ou à la rigueur les cuisines.

— La carnation des Japonais comparée à celle des Blancs ; les artifices traditionnels du maquillage et de la couleur des vêtements des femmes pour faire ressortir le « pigment obscur tapi au fond de leur peau » ; un long développement sur l'esthétique de la femme japonaise qui aide à mieux décrypter dans ses romans le type d'héroïne préféré de l'auteur.

Je recommande au lecteur d'abandonner séance tenante la lecture de ce dictionnaire pour se précipiter sur celle de *L'Éloge de l'ombre*, dont le texte est un bijou ciselé, chaque mot et chaque image étincelant de précision. Pour le savourer comme il se mérite, je conseillerais d'éteindre toutes les lampes électriques et de le lire dans la pénombre.

Tanizaki est mort comme il a vécu, superbement non conformiste, inclassable, indifférent aux critiques comme

1. Voir l'entrée « *Obi* ».

aux louanges, sélectionné plusieurs fois pour le prix Nobel de littérature dans les années 1960 mais ne l'ayant jamais obtenu, sans doute s'interrogeant jusqu'à son dernier souffle sur la question de l'idéal féminin japonais, mesurant encore l'écho insoutenable de l'arrivée tonitruante de la modernité dans son pays et murmurant à nos oreilles que jadis est préférable à naguère.

Sur sa tombe dans un temple de Kyoto est gravé le fameux caractère 寂 (*sabi*), ultime éloge à cette pénombre mélancolique qu'il vénérait.

Tiffany – Essai sur la pavane amoureuse des jeunes Japonais

Le nom de cette maison de joaillerie américaine fondée en 1837 évoque irrésistiblement un certain petit déjeuner qui révéla la plus gracieuse actrice de la grande époque d'Hollywood, Audrey Hepburn.

Pour les étudiants japonais de la fin des années 1980, c'était plutôt la couleur de la petite boîte renfermant ses bijoux, le fameux *bleu Tiffany*, qui portait leur convoitise au paroxysme. Il faut dire que c'était pour ces débutants inexpérimentés et peu sûrs de leur charme naturel un formidable appât pour tenter de capturer les ravissantes carpes chatoyantes qui se mouvaient dans les étangs des campus huppés.

À cette belle époque de la bulle économique où l'argent était facile, ces jeunes gens dont les aînés n'auraient jamais osé franchir le seuil d'un hôtel de luxe n'hésitaient pas à passer la soirée de Noël, propice à toutes les escapades romantiques, au Hilton, à l'Impérial, voire à l'Okura de Tokyo ou encore au Royal d'Osaka. Des « packages » furent donc opportunément imaginés par ces établissements qui offraient le scénario suivant pour la somme à l'époque rondelette de 100 000 yens :

— Un dîner dans leur meilleur restaurant, avec un menu français et de préférence une lumière tamisée et les chandelles obligatoires sur la table ;

— Une nuitée dans une chambre au-dessus de la taille standard ;

— Une bouteille de champagne attendant dans un seau à glace, pouvant contribuer à faire tomber les éventuelles digues de résistance ;

— Un bouquet de roses d'un blanc virginal, trophée que la jeune fille conquise ramènerait chez elle.

Mais cela ne suffisait pas à convaincre les jouvencelles pour accepter de sacrifier leur innocence. Elles exigeaient en prime une *Blue Box* contenant un pendentif en argent à la mode, le *Tiffany Open Heart*, qu'elles pourraient triomphalement exhiber, trophée incontestable de ce rite de passage quasi obligé pour ne pas faire figure de cruche boutonneuse dédaignée. Le prix calculé selon une martingale marketing très élaborée se situait juste en dessous de 100 000 yens.

Tout cela finissait par coûter beaucoup plus cher que deux ou trois heures dans un *love hotel*[1] mais avait un autre panache, et la première extase en valait bien le sacrifice financier.

Il y eut ainsi durant deux ou trois années un rush d'une clientèle jamais auparavant croisée dans les allées

1. Voir l'entrée « *Love hotels* ».

des magasins de luxe. Des bataillons de jeunes gens qui n'avaient pas encore 20 ans, habillés en *stajum* (« stadium jumper ») de la marque en vogue Vans, se précipitaient dans les boutiques Tiffany pour acheter l'*Open Heart*. À l'approche de Noël, les queues devant les vitrines du joaillier new-yorkais étaient constantes. Il y avait une telle demande que les ruptures de stock étaient, hélas, fréquentes. Alors, les garçons qui n'avaient pas été assez prévoyants passaient commande en implorant les vendeuses tout en pleurant parfois à chaudes larmes de leur délivrer un certificat qu'ils pourraient exhiber en attendant que la précieuse *Blue Box* et son contenu soient de nouveau disponibles.

L'ensemble n'assurait cependant pas toujours le succès. De nombreuses jeunes filles autant astucieuses que manipulatrices pouvaient accepter dans la même soirée de Noël l'invitation de deux, voire trois soupirants aux charmes desquels elles n'avaient aucune intention de succomber, avant de rejoindre le véritable élu de leur cœur. On appelait ces jeunes benêts des « *asshii* » ou des « *messhii* ». Les *asshii*, du mot *ashi*, « jambe », étaient les garçons crédules qu'il suffisait d'appeler pour qu'ils se précipitent avec une voiture pour véhiculer la donzelle qu'ils convoitaient ; les « *messhii* », de *meshi*, « repas », étaient les galants transis avec lesquels on acceptait de dîner mais sans jamais leur donner quelque espérance de suite.

Le scénario était immuable. Étonnamment et bien que l'artifice fût connu, il y avait toujours des nigauds pour tomber dans le panneau :

La première partie se déroulait comme prévu, sur fond de minauderies de la friandise convoitée dignes du meilleur *kabuki*. Le garçon qui avait emprunté la voiture de papa passait prendre la jeune fille sur son trente et un, il l'emmenait à l'hôtel qu'il avait choisi pour son aventure sentimentale. Durant le dîner, elle était enjouée quoique paraissant un peu soucieuse, ce qui à la lueur des bougies donnait encore plus de charme à un minois délicatement maquillé. Attendri, le godelureau lui tendait entre la bûche de Noël et les mignardises la fameuse boîte bleue enrubannée de bolduc blanc que la madrée déballait illico pour s'assurer qu'il n'y avait pas tromperie sur la marchandise. Puis elle s'éclipsait quelques minutes pour aller, prétendait-elle, passer un coup de téléphone à la maison (il n'y avait pas à cette époque bénie de portables), car « Maman ne se sentait pas bien quand je suis sortie ». Elle revenait le visage défait et, pour les meilleures comédiennes, une petite larme s'écoulant délicatement, pour annoncer qu'il lui fallait rentrer de toute urgence chez elle. Elle partait alors précipitamment sur une vague promesse de retrouvailles, parfois un baiser furtif qui ne prêtait aucunement à conséquence. Elle s'en allait retrouver le garçon suivant pris dans les rets de son vénéneux charme. Bien entendu, elle n'omettait pas d'emporter la précieuse boîte bleue. Le malheureux prétendant restait esseulé à ruminer son infortune devant les reliefs du repas et la perspective d'une nuit tristement solitaire.

La moisson des *Open Heart* achevée, la matoise revendait les bijoux en surplus soit au clou soit à des copines moins chanceuses, faisant ainsi œuvre de charité ! Elle en gardait évidemment un qu'elle portait ostensiblement au cou, ce qui lui permettait de garder bien au chaud une future option « *asshii* » et/ou « *messhii* ». Le ou les amoureux éconduit(s) qu'elle croisait à l'université sauvaient la face et gardaient un espoir, aussi infime fût-il.

Le pendentif *Open Heart* était en effet d'un design passe-partout pratique et symboliquement efficace, dont son concepteur n'avait jamais imaginé à quel point il rendrait d'infinis services à toute une génération de Japonaises…

Tõdai-ji (東大寺) – Nara

Quelques chiffres sont nécessaires pour se faire une idée de la majesté du temple Tõdai-ji à Nara et du Bouddha de bronze qu'il abrite :

Le Daibutsu-den, la salle du Grand Bouddha, dont la reconstruction lancée à la suite d'un incendie fut achevée en 1709, mesure 57 mètres de long, 50 de large et 47 de hauteur. Il a longtemps été le plus grand édifice en bois au monde, même s'il faut préciser que le bâtiment original construit au VIIIe siècle était 30 % plus grand.

Comme son nom l'indique, il abrite un imposant Bouddha de bronze. Celui-ci mesure 15 mètres de haut, son visage 5,33 mètres de long, ses yeux 1 mètre de largeur, son nez 50 centimètres, et le lobe de ses oreilles 2,50 mètres ; il a des épaules de catcheur d'une envergure de 28 mètres. Il pèse 500 tonnes. Sa fabrication nécessita huit fonderies et trois années de travail fournies par quelque 350 000 forgerons. Il était à l'origine recouvert d'un placage doré, en l'occurrence un alliage d'or et de mercure dans la proportion de 375 kilos d'or pour 2 tonnes de mercure vaporisé sur la statue. La pollution mercurielle a nécessité récemment des travaux d'assainissement importants.

Le halo qui ceinture la statue fait 27 mètres de circonférence. Il est composé de 16 images chacune de

2,4 mètres. Sa fabrication aurait nécessité 16 tonnes d'or majoritairement importées et une petite quantité provenant d'une mine locale miraculeusement découverte dans l'est du Japon.

Quarante-huit piliers de cinabre laqué de 1,50 mètre de diamètre et de 30 mètres de long soutiennent le plafond au-dessus du Bouddha.

Depuis 1964, le 7 août de chaque année, on procède à la cérémonie *Ominugui* de dépoussiérage du Grand Bouddha. Cent vingt moines et quelques invités vêtus de blanc et chaussés de sandales de paille, assis dans des nacelles d'osier suspendues au plafond au moyen de poulies, ou encore debout sur les bras, les genoux, dans la paume des mains ou assis sur la tête de la statue, l'époussettent au moyen de plumeaux bigarrés. Nettoyer la poussière accumulée dans les 960 boucles de bronze de sa coiffure n'est pas une mince affaire. Un de mes amis, fils d'un prêtre d'un temple périphérique du Tōdai-ji, m'a promis de m'obtenir dans un avenir proche une place de dépoussiéreur.

Le Tõdai-ji est le résultat de la volonté du 45e empereur, Shõmu, qui régna entre 724 et 749. Shõmu était un fervent croyant. Très vite, il avait encouragé la construction d'un réseau de temples, de monastères et de couvents dans toutes les provinces du pays. Souhaitant asseoir un État centralisé fondé sur le bouddhisme, il décida à Nara, sa capitale, la construction d'un temple qui chapeauterait l'ensemble. En 743, il proclama la construction de l'édifice et d'une statue colossale du bouddha *Vairocana*, un choix qui n'était pas anodin, car c'est un bouddha placé au centre de l'Univers. L'empereur Shõmu entendait par là symboliser l'importance de l'empereur et du bouddhisme dans la dynamique de l'État. Il retint l'école Kegon, qui prônait un modèle d'État centralisé consolidé par le bouddhisme.

En 746, un premier bâtiment fut achevé sur le site retenu.

Entre 747 et 752, les travaux de la salle du Daibutsuden et de fabrication de la statue de bronze furent conduits. Des travaux de terrassement majeurs, l'installation de l'étang du Miroir, la construction des enceintes et des bâtiments annexes, pagodes, quartiers des moines, lieux de prière et greniers à riz, se poursuivirent au-delà de 752, grevant sérieusement les réserves de l'État.

Bien que les aménagements du site ne fussent pas encore terminés, le rituel d'ouverture des yeux *kaigen* du bouddha lui conférant son pouvoir spirituel eut lieu en 752. La cérémonie qui dura plusieurs jours fut grandiose : plus de dix mille moines japonais, chinois et indiens ainsi que de nombreux membres de la cour impériale y assistèrent. Un des trois moines qui avaient présidé au suivi des travaux, un Indien du nom de Bodhisena, dessina lui-même les iris des yeux de la statue au moyen d'un pinceau relié par des cordons à l'empereur.

Mais le *Daibutsu* ne sera achevé qu'en 957 avec la pose des dorures.

Le Tõdai-ji a subi de nombreux revers de fortune au fil des siècles.

En 855, suite à un tremblement de terre, la tête du bouddha fut décapitée. En 1180, il fut incendié lors de la guerre civile qui opposait les deux grands clans Taira et Minamoto. Cette destruction causa un immense traumatisme au sein de la population tant le prestige du Tõdai-ji était demeuré important malgré toutes les vicissitudes dont il avait été victime.

En 1567, un nouvel incendie majeur se produisit lors d'une autre guerre. Oda Nobunaga[1] projeta une restauration majeure qu'il ne put cependant mener à bien. Ce ne fut finalement que sous le shogunat du cinquième *shõgun* Tokugawa en 1707 que la reconstruction du bâtiment actuel fut achevée.

Ce nouveau Tõdai-ji n'a que 7 baies encadrées de 8 piliers au rez-de-chaussée et 5 baies à l'étage supérieur contre primitivement 11 et 9 autrefois. L'ouvrage original était rectangulaire et d'une hauteur de 86 mètres. Il était encadré de deux pagodes monumentales de sept étages de 100 mètres de hauteur aujourd'hui disparues. De même de l'ancien quartier des moines, du réfectoire, de la salle de lecture et de la bibliothèque qui se trouvaient derrière le Daibutsu-den.

Le visiteur pénètre dans le périmètre du temple par l'imposante porte sud *nandaimon*. L'enceinte du cloître intérieur qui donne accès au Daibutsu-den est 230 mètres plus loin. Passé la porte *chûmon* de ce cloître, il faut encore parcourir plus de 100 mètres d'une allée de dalles

1. Voir l'entrée « Sandai Bushõ ».

blanches pour arriver au bâtiment qui abrite le Daibutsu. L'approche est impressionnante.

Parmi les rituels du Tōdai-ji, il en est un particulièrement spectaculaire. Il s'agit de la « cérémonie du second mois » *Shuni-e*, autrement appelée *Mizutori*, la « cérémonie du puisage de l'eau », dans le Nigatsu-dō, un bâtiment situé sur la pente d'une colline non loin du Daibutsu-den. Depuis l'an 752, entre le 1er et le 14 mars, la cérémonie s'est déroulée pas moins de mille deux cent cinquante fois. C'est un rite de purification des péchés. Il débute par une période de méditation, de repentance et de prières prononcées six fois par jour.

Comme son nom ne l'indique pas, la purification se fait tous les soirs au moyen d'un rituel *Otaimatsu* où le feu joue un rôle essentiel.

En effet, chaque soir, dix torches géantes de 6 à 8 mètres pesant de 40 à 70 kilos bourrées de branches de pin sont transportées sur le balcon du Nigatsu-dō, où elles sont allumées l'une après l'autre, faisant tomber durant une vingtaine de minutes une pluie d'étincelles censée chasser les mauvais esprits sur la foule des pèlerins. Le dernier jour du festival, toutes les torches sont allumées simultanément, embrasant la nuit d'une pluie d'étincelles.

On se demande par quel miracle ce bâtiment de bois n'a jamais pris feu.

Dans la nuit du 12 au 13 mars, entre 1 h 30 et 2 h 30, les moines descendent au pied du Nigatsu-dō pour puiser dans le puits du temple l'eau de source sacrée dont on est censé croire qu'elle ne jaillit que cette nuit-là. En fait, elle provient d'un temple situé sur la mer du Japon. Elle est ensuite transférée en offrande à la déesse Kannon dans deux jarres, une contenant l'eau du festival de l'année précédente et l'autre qui contient un peu de l'eau puisée lors des mille deux cent cinquante festivals passés.

L'arrivée du printemps est symbolisée par une charmante coutume : le 27 février, environ cinq cents fleurs artificielles sont attachées à un camélia situé derrière le Tōdai-ji comme si l'arbuste avait déjà fleuri. À l'ouverture du festival le 1er mars, les fleurs sont détachées de l'arbre et placées au pied de la déesse Kannon dans le Nigatsu-dō.

Les fleurs sont confectionnées le 23 février durant la période consacrée à la méditation appelée « *Korobekka* ». Les pétales et le cœur des fleurs de camélia sont découpés dans des feuilles de papier *washi* qui ont été au préalable teintes dans l'atelier du maître teinturier de Kyoto Yoshioka Sachio[1], célèbre pour n'utiliser que des colorants naturels : jaune vif obtenu à partir d'une décoction de pétales de gardénia, rouge de carthame profond et feuilles de *washi* d'un blanc pur.

Les pistils jaunes puis les pétales, trois rouges et deux blancs, sont collés au moyen d'une glu passée au pinceau sur un noyau de 3 centimètres de long à cinq facettes taillé dans des branches de camélia. Toutes les fleurs devant être rigoureusement identiques, c'est un travail qui demande beaucoup de rigueur. Il débute dans la nuit, car les cinq cents fleurs doivent être achevées au plus tard à midi. De jeunes apprentis moines sont chargés de cette tâche.

Invité par maître Yoshioka, j'ai eu le privilège d'assister par une froide soirée de février à la fabrication des fleurs. Elle est habituellement réalisée à huis clos.

Vingt moines étaient agenouillés en cercle dans une vaste pièce à tatamis autour d'une myriade de pistils jaunes et de pétales rouges et blancs éparpillés sur les nattes. Un bol de colle était posé devant chacun d'eux. Ils s'en humectaient l'index qu'ils passaient sur le pétale à fixer. La fleur terminée, ils la posaient debout dans des plateaux ronds au

1. Voir l'entrée « Yoshioka Sachio ».

centre de la pièce. D'autres moines un peu à l'écart découpaient les bandes de pistils et les pétales ovales dans les feuilles de *washi* d'environ 40 centimètres de long sur 20 de large. Ce chatoiement contrastait avec le silence auquel les moines doivent s'astreindre durant la période *Korobekka*.

C'est probablement l'un des moments les plus poétiques et touchants que j'ai vécu au cours de ma vie au Japon.

Tora *san* (寅さん) – C'est dur d'être un homme ! (男はつらいよ！)

Un peu de Bourvil, un zeste de Fernandel, un soupçon de Louis de Funès ne font pas tout à fait un Tora *san*.

Tora *san* est probablement le personnage le plus populaire du cinéma japonais. Homme du peuple gouailleur et fort en gueule, vagabond aux pieds ailés, cœur d'artichaut qui s'amourache de la première jolie frimousse croisée, tendre naïf, rêveur impénitent ramené implacablement sur terre par la dure réalité de la vie, il est l'archétype de ces hommes du peuple insouciants que l'on croisait encore dans les années 1970 au détour d'une venelle dans les quartiers populaires de Tokyo.

C'est l'héritier moderne des portefaix espiègles qui parsemaient les chemins de la route du Tokaido sur les estampes d'Hiroshige et de ce peuple marginal et libre comme l'air qui composa à l'époque d'Edo une communauté de petites gens dure à la tâche et prompte de repartie.

Tora *san* (« Monsieur Tigre ») est le diminutif de Kuruma Torajirō. Orphelin depuis sa plus tendre enfance, Tora *san* a pourtant une famille, son port d'attache dans le quartier populaire de Katsushika tout à l'est de Tokyo : une demi-sœur mariée et leur fils, un vieil oncle et une tante qui le recueillent à chacun de ses retours. On l'accueille à chaque fois avec joie, mais l'accumulation de ses maladresses finit par indisposer et causer de violentes disputes. Il claque alors la porte et reprend la route.

La série *Tora san* fait d'abord son apparition en 1968 sur la chaîne de télévision Fuji avec vingt-six épisodes. Elle s'arrête en 1969 avec la mort du héros par une morsure de serpent. L'arrêt des aventures de Tora *san* suscite un tel tollé que la société de production cinématographique Shōchiku reprend aussitôt l'histoire et l'acteur Atsumi Kiyoshi. Elle confie la réalisation des films au réalisateur Yamada Yōji, qui en réalisera la quasi-totalité.

Quarante-huit films seront produits entre 1969 et 1995, un au printemps et l'autre au Nouvel An *Oshōgatsu* de chaque année, en créant ainsi la série cinématographique la plus prolifique au monde. Les histoires de Tora *san* ne se sont arrêtées qu'avec la mort de son acteur fétiche, Atsumi Kiyoshi, en 1996.

Le scénario est toujours le même : camelot ambulant, Tora *san* arrive dans une ville où il ne connaît personne pour écouler sa bimbeloterie. Il rencontre une « *Madonna* », une ravissante jeune femme désespérée qu'il invite à lui rendre visite à Tokyo. De retour à Katsushika, il se heurte aux siens et se querelle avec eux. Entre-temps, la jeune femme lui rend visite. Il en tombe amoureux mais ne parvient pas à la séduire et elle finit dans les bras d'un autre. Le cœur brisé, il repart pour de nouvelles aventures. Tora *san* a ainsi sillonné tout le Japon du nord au sud, d'île en île, au milieu des rizières, le long des côtes, de bourg en bourg, jusqu'à d'hypothétiques cités portuaires perdues au bout d'une presqu'île. Grâce à lui, on fait à chaque épisode un charmant voyage dans le Japon véritable.

La musique des films du genre musical *enka* au phrasé musical lancinant accompagne à merveille les errances mélancoliques et les états d'âme de Tora *san*.

Tora *san* est toujours accoutré de la même manière : il est coiffé d'un galurin en feutre beige informe, ceint ses reins d'une ceinture de laine *haramaki*. Une amulette porte-bonheur *o-mamori* est pendue à son cou, il est chaussé de sandales *setta* et porte toujours la même veste défraîchie à carreaux dont il n'enfile pas les manches. Il a souvent un cure-dents fiché entre les lèvres. Il traîne en permanence une valise en cuir bouilli.

L'acteur Atsumi Kiyoshi a une bonne bouille ronde, des yeux en tirelire, un gros grain de beauté sous son sourcil gauche et des rouflaquettes. Il est représenté immuablement sur les affiches avec un doux sourire. Né en 1928, il débuta sa carrière d'acteur dans les sketchs entrecoupant les numéros de strip-tease du cabaret Furansu-za[1]. Son rôle-titre de Tora *san* en a fait une vedette incontournable du cinéma japonais.

Je ne connais aucun Japonais qui n'adule pas Tora *san*. Il est le demi-frère attendrissant qu'on aimerait voir arriver inopinément chez soi par un soir d'automne sous une pluie battante, chapeau ruisselant, apportant en offrande un paquet de boules *dango* aux haricots sucrés. Il éveille la nostalgie d'un monde qui s'efface enfouie dans le cœur de tout Japonais.

J'ai à la maison toutes les cassettes des films de Tora *san*. En visionner un épisode ne peut que vous réconcilier avec l'humanité.

Tõryanse (通りゃんせ) – Comptine

Charmante ritournelle mélancolique connue de tous les Japonais.

Les paroles seraient à l'origine un dialogue entre un passant et un garde posté à un octroi contrôlant l'accès au chemin menant au sanctuaire Tenjin, dans l'enceinte du château d'Odawara. Une fois l'an, le commun des mortels était autorisé à se rendre au sanctuaire pour remercier les dieux quand un enfant atteignait l'âge de 7 ans.

1. Voir l'entrée « Inoue Yasushi ».

Les paroles en sont les suivantes (traduction en toute liberté par l'auteur de ce *Dictionnaire amoureux*) :

Tōryanse tōryanse	« Passez donc, passez donc ! »
Koko wa doko no hosomichi ja ?	« Quel est ce chemin bien étroit ? »
Tenjin-sama no hosomichi ja	« C'est l'étroit chemin du sanctuaire Tenjin. »
Chotte tōshite kudashanse	« Permettez-moi de l'emprunter. »
Goyō no nai mono tōshasenu	« Ceux sans raison ne peuvent passer ! »
Kono ko no nanatsu no oiwai ni	« Pour célébrer la septième année de cet enfant, »
Ofuda wo osame ni mairimasu	« Nous apportons nos offrandes. »
Iki wa yoiyoi, kaeri wa kowai	« À l'aller, c'est aisé, mais le retour est laborieux[1] ! »
Kowai nagara mo	« Il est certes laborieux, »
Tōryanse, tōryanse	« Mais passez donc, passez donc ! »

La mélodie débute ainsi :

1. Autre interprétation du mot *kowai*, qui signifie « terrifiant, effrayant ».

Jusqu'au début du XXIe siècle, la mélodie retentissait à tous les carrefours lorsque le feu passait au rouge. Elle faisait partie du paysage sonore urbain, au même titre que la cloche à deux tons des passages à niveau. Et puis un jour, un fonctionnaire a décidé que les paroles de la fin étaient une insulte aux personnes non voyantes, et cette douce mélodie a été remplacée par un stupide « *Cui Cui* » métallique.

Il n'y a pas que la France qui a le privilège des crétins.

Tsuji Hitonari (辻仁成) – Musicien, écrivain, cinéaste

Ce devait être en 2006 ou 2007. Alors que je dînais en compagnie de mon épouse au comptoir du restaurant de *teppanyaki* Aida à Paris, sortit de la salle à manger privative un homme à la silhouette ascétique, un visage au profil en lame de couteau encadré de cheveux raides mi-longs sous un chapeau trilby en feutre, vêtu de noir, chaussé de lourds brodequins. Il avait tout du look d'un rockeur. Je lui attribuais une petite quarantaine d'années.

Ma femme me chuchota à l'oreille :

« C'est l'écrivain Tsuji Hitonari ! »

Puis le chef Aida nous présenta. Il venait de s'installer à Paris, où il vit toujours.

Ce fut le début d'une relation qui, de conférences communes à la Maison franco-japonaise à une interview publiée sur son site Internet Design Stories, ne cesse de se poursuivre de nos jours encore.

De fait, de chanteur de rock il n'en avait pas que le look : cela avait été la première carrière de cet artiste protéiforme. En 1985, le groupe de rock ECHOES, dont il était le vocaliste, avait sorti un tube, « ZOO », vendu à plus de 1 million d'exemplaires. Sa voix un peu cassée épousait parfaitement cette jolie ballade à la mélodie mélancolique typique des années 1980, reprise depuis par différents artistes.

Mais le destin de Tsuji était ailleurs. Délaissant un temps le micro et la scène, il s'orienta vers l'écriture. Les milieux littéraires japonais reconnurent d'emblée en lui un des auteurs prometteurs de la « Génération du Néant ». En 1989, il reçut même un couronnement littéraire pour son premier roman, *Pianissimo*.

En 1997, il devient le 116e récipiendaire du prestigieux prix littéraire Akutagawa[1], pour son quatorzième roman *La Lumière du détroit* (*Kaikyo no hikari*). Depuis cette distinction, il fait désormais partie de l'élite littéraire japonaise.

La même année, il publie *Le Bouddha blanc* (*Hakubutsu*), dont la traduction française se verra décerner le prix Femina étranger en 1999. Il est le premier auteur japonais à l'avoir reçu.

Très fécond, il en est à ce jour à une cinquantaine d'ouvrages publiés – dont les plus connus sont disponibles en traduction française (*Dahlia*, *En attendant le soleil*, *L'Arbre du voyageur*, *La Promesse du lendemain*). Il appartient à ce petit cercle très envié qui le classe dans la catégorie des auteurs traduits en plus de vingt langues et au tirage dépassant 10 millions d'exemplaires. Le magazine *Lire* l'a reconnu en 2005 comme l'un des cinquante écrivains mondiaux les plus prometteurs.

En parallèle à sa carrière d'écrivain, délibérément éclectique, Tsuji Hitonari s'est également consacré au cinéma.

1. Voir l'entrée « Akutagawa Ryūnosuke ».

Il produit des films dont il est souvent son propre scénariste/réalisateur/compositeur/acteur dans un registre qui ne pouvait être que narcissique ! Plusieurs de ses œuvres ont été sélectionnées, remarquées et primées en festival.

Un de mes amis qui s'était présenté à lui en se recommandant de moi lors d'un concert qu'il donnait à Paris avec son groupe Zamza N'Banshee fut contacté par lui pour tenir un rôle de barman dans un film autoréalisé au moyen d'un des premiers appareils photo numériques, *Paris Tokyo Paysage*, dans lequel une autre de mes amies, par ailleurs productrice, Chantal Perrin et une de mes connaissances, le cuisinier Dominique Bouchet, jouaient un rôle plus substantiel.

Dans l'œuvre de Tsuji Hitonari, j'ai eu un coup de cœur pour les deux romans qui ont assis sa notoriété internationale.

La Lumière du détroit est l'histoire d'un gardien de prison qui retrouve, parmi les prisonniers dont il a la charge, un ancien camarade d'enfance qui avait fait de lui son souffre-douleur selon le scénario d'une de ces traditionnelles persécutions *ijime*[1] d'écoliers qui trop souvent se terminent tragiquement. Le jeu pervers auquel se livrent les personnages de l'intrigue baigne malgré la morne tristesse du pénitentiaire dans une étonnante clarté exprimée au travers de la pureté cristalline hivernale de l'île d'Hokkaido, la réverbération aveuglante de la neige, le soleil qui miroite à la surface de la mer du détroit de Tsugaru entre Aomori et Hakodate. Toute cette « lumière » adoucit la dépravation, la malice, les renoncements, les lâchetés et les trahisons. Ne serait-elle pas une allégorie de la conscience bouddhique que l'on retrouve dans l'œuvre de Tsuji, que l'on croise de manière inattendue comme

1. Voir l'entrée « *Ijime* ».

dans cette litanie des principes du milieu carcéral que les prisonniers doivent respecter :

> « Obéir, le cœur plein de sincérité.
> Demander pardon, le cœur plein de repentir.
> Exprimer sa reconnaissance, le cœur plein d'humilité.
> Rendre service, le cœur plein de bonne volonté.
> Remercier, le cœur plein de gratitude » ?

Cette conscience bouddhique se retrouve dans le très beau roman *Le Bouddha blanc*, où sont repris et approfondis plusieurs des thèmes du livre précédent.

Huis clos dans une petite île de la baie d'Ariake de l'île de Kyushu, c'est l'histoire d'un petit groupe d'amis d'enfance autour de Minoru, armurier de son état, personnage largement inspiré de la vie du propre grand-père de l'auteur. Ils vont tous ensemble grandir, franchir le cap de l'âge adulte, asseoir leur existence, mourir aussi. On y croise tout un foisonnement d'êtres vivants et de spectres, un groupe rival d'enfants d'une autre île combattu avec une constance digne de *La Guerre des boutons*, un jeune soldat revenu de la guerre de Mandchourie auréolé du prestige de l'uniforme, un passeur de bac sur une rivière dangereuse qui évoque le Styx, le préposé à la crémation des morts dont c'est « le rôle d'être ici pour veiller au départ de l'âme ».

Minoru est courageux, résilient, bienveillant à l'égard de son entourage. Il reste fidèle au serment d'amour qu'il a fait à la jeune fille qui avait suscité ses premiers émois, mais il en épouse une autre, qui lui donne ses enfants, à laquelle il voue une tendresse protectrice inaltérable.

Minoru s'interroge sur le sens du passage sur Terre, la mort qui rend la vie absurde, cette vie elle-même qu'il questionne : « Porter en soi ce doute : "Pourquoi suis-je ici ?", c'était cela même, la vie. » Le réel et le surréel se télescopent en permanence dans son esprit. Sujet à des phénomènes de déjà-vu qui iront s'atténuant avec l'âge, il demande à chacun de ses enfants « d'où ils viennent », hanté par l'éventualité de la réincarnation. Des fantômes lui rendent visite, qui lui sont familiers : celui de son amante d'une nuit qui lui rappelle que « la vie est faite d'oublis », dont celui de sa mère qui de son vivant était victime d'un strabisme « surtout parce qu'elle regardait depuis trop longtemps à la fois dans le passé et le présent ». Sans oublier les visions de ce Bouddha blanc indulgent qui l'accompagne dans ses moments de doute.

Son obsession de la solitude des morts est poignante. Elle me rappelle cette tristesse absurde qui m'avait saisie lorsque, à l'enterrement de mon père dans la nouvelle zone encore peu occupée du cimetière où il repose, je l'imaginais seul, souffrant de froid et de peur au fond de son caveau.

C'est ce tourment qui donnera à Minoru l'idée de réunir les morts oubliés dans les tombes éparpillées dans son île en réalisant à partir de leurs ossements broyés en poudre une statue du Bouddha blanc, projet qu'il réalisera sur le tard avant de lui-même mourir.

Le Bouddha blanc est un roman nostalgique, tendre et mélancolique, une petite musique lancinante et émouvante sur les questions de la raison d'être et du sens de la vie, qui me rappelle les paroles poignantes de cette chanson d'un groupe de rock britannique des années 1960, The Moody Blues, « Melancholy Man ».

Le rockeur Tsuji Hitonari ne m'en voudra certainement pas de cette comparaison quelque peu triviale.

Tsukiji (築地)
– Feu le marché aux poissons

Un demi-siècle après le déménagement des Halles de Paris à Rungis, le marché aux poissons emblématique de Tsukiji a subi un sort semblable : fin 2018, il a été transféré sur une ancienne friche industrielle à Toyosu, une presqu'île excentrée dans la baie de Tokyo ; précédemment occupée par une centrale à gaz, site dangereusement pollué, ce qui a exigé plusieurs années de nettoyage intensif. Ainsi, le mythique marché aux poissons se retrouve désormais dans un complexe de bâtiments impersonnels.

Tsukiji, ouvert en 1935, était situé sur un terrain gagné sur la mer longeant la rivière Sumida au début du XVIIe siècle dans le quartier central de Chuo-ku. Le complexe avait été construit en forme de quartier d'orange afin d'offrir un plus large accès aux trains de marée via des quais situés sur le rayon extérieur de la halle. Il était divisé en deux secteurs, le marché intérieur réservé à quelque neuf cents grossistes et le marché extérieur accueillant des magasins d'accessoires de cuisine et de restauration ainsi que des petits restaurants de sushis.

Le marché intérieur était lui-même subdivisé en deux parties, celle réservée au négoce du thon et celle pour les autres catégories de produits de la mer proposant un peu moins de cinq cents espèces. La criée débutait à 5 heures du matin et s'achevait vers 10 heures. La plus intéressante était celle du thon. Les négociants étaient coiffés de casquettes affublées de leur licence épinglée sur la visière. Ils déambulaient dans les allées le long desquelles les thons étaient alignés sur des claies de bois. Une fois qu'ils avaient jeté leur dévolu sur un lot, ils rejoignaient les autres acheteurs qui se pressaient autour d'un commissaire-priseur juché sur une caisse, lequel lançait les enchères en secouant vivement une clochette. La négociation se déroulait dans un langage de signes ésotérique et de hochements de tête parfaitement hermétique qu'un jeune ami qui m'accompagnait décryptait pour moi. Il venait d'ouvrir un minuscule restaurant de sushis dans le sous-sol d'un immeuble de Ginza et avait loué une chambrette dans les combles de la halle[1].

Il nous arrivait d'aller déguster sur le pouce quelques tranches de thon *ōtoro* accompagnées d'une coupe de saké avant qu'il aille se recoucher une ou deux heures.

Lorsque les séances de négoce touchaient à leur fin, des petits triporteurs typiques au volant posé horizontalement sur le bloc-moteur se faufilaient adroitement entre les stalles, emportant leur chargement vers les camionnettes de livraison. Leur ballet donnait au site un petit air de jeu vidéo *Super Mario*.

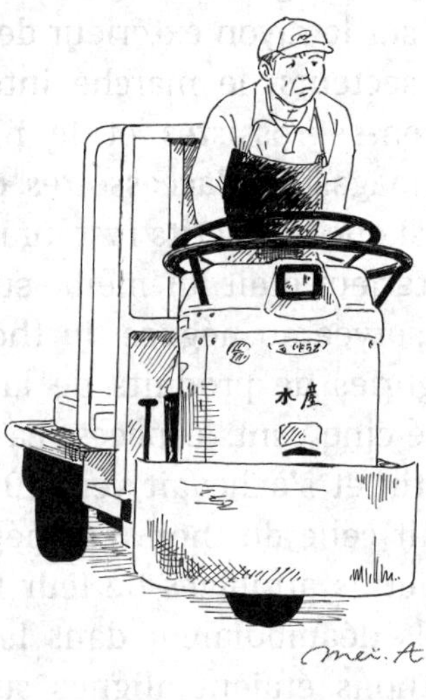

1. Voir l'entrée « Sushi ».

La criée du thon était autrefois un spectacle étonnant. L'atmosphère était électrique. Les enchères atteignaient des niveaux ahurissants, comme cette vente du 5 janvier 2013 d'un thon de 222 kilos pour la somme de 1,4 million d'euros. Mais l'accès à la halle dut être sévèrement limité à cause de l'indélicatesse des visiteurs étrangers. Pour ceux qui comme moi avaient connu l'âge d'or, c'était devenu bien tristement une attraction de foire insupportable par la faute du tourisme de masse.

Tsukiji était le plus grand marché aux poissons au monde, offrant une variété de produits de la mer allant de minuscules sardines à des thons de plus de 300 kilos, des algues séchées ou encore de la chair de baleine, activité des pêcheries japonaises mises au ban de la communauté internationale. Plus de 1 600 tonnes de produits de la mer étaient négociées chaque jour, 700 000 tonnes par an pour une valeur de 5 milliards de dollars.

En 2017, le feu vert pour le déménagement de la halle aux poissons à Toyosu fut enfin donné. Mais comme personne n'avait jamais véritablement réfléchi à ce qu'on ferait des 23 hectares d'espace en plein cœur de la cité une fois qu'ils seraient libérés, le gouverneur de Tokyo Koike Yuriko convoqua début 2018 une commission d'experts chargée de lui soumettre des propositions. Pour une raison que je n'ai jamais bien comprise, elle me demanda de me joindre à cette auguste assemblée. Elle-même ancienne journaliste de télévision rompue aux exercices médiatiques, Mme Koike convoqua la presse à la première séance de travail du groupe. Nous passâmes sur toutes les chaînes de télévision aux nouvelles du soir.

Moins d'une semaine plus tard, je recevais au bureau une délégation des « Tsukiji Okami no Kai », l'association des propriétaires de commerces, venue me supplier d'intercéder en leur faveur.

Le moins qu'on puisse dire est que les propositions intelligentes et originales ne fusaient pas vraiment autour de la table. Il avait fallu subir une longue lecture sur l'historique minutieux du site par un docte professeur puis de fort ennuyeux rapports d'experts ânonnant des conclusions que nous connaissions tous : le site était insalubre, infesté de plus de cinq mille rats et, au prochain séisme, la halle menaçait de s'écrouler. Mais Tsukiji demeurait le tout dernier vaste espace disponible au cœur de Tokyo. Le seul projet sur la table était de transformer le site en un vaste hub afin de transporter les athlètes depuis le village olympique vers les différents stades éparpillés dans la capitale et ses environs. Encore faut-il préciser qu'après 2020 rien n'avait été prévu !

Disposant comme tous mes collègues des plans et des relevés topographiques du terrain, je les confiai à une jeune architecte de notre entreprise spécialisée en urbanisme et lui demandai de m'aider à élaborer un aménagement original qui serait à la fois résidentiel, attractif pour les visiteurs et doterait la ville d'installations lui faisant cruellement défaut tout en préservant l'esprit de Tsukiji.

Nous conçûmes un ensemble d'habitations de haut luxe faisant face à la baie, dont la vente aux enchères permettrait de financer la partie publique. Nous nous étions inspirés des rizières en terrasses de l'île de Kyushu. Les appartements en espaliers donnaient sur de vastes plans de verdure avec en prime un embarcadère pour des navettes fluviales permettant de desservir en quelques minutes les centres névralgiques de Tokyo.

Un grand parc devait couvrir la partie faisant face à la ville. Il était doté d'un potager qui produirait des produits labélisés « Tsukiji » évoquant le vaste marché aux légumes qui jouxtait l'ancienne halle.

À la lisière de la ville, une allée rappelant les rues commerçantes du vieil Edo historique aurait accueilli les restaurants de produits de la mer et les boutiques traditionnelles de Tsukiji.

Enfin, un vaste complexe à demi enterré doté de grands espaces événementiels, d'installations sportives, d'un musée dédié aux activités ichthyiques du quartier compléterait l'ensemble.

Notre collaboratrice réalisa un superbe dossier que je présentai un jour devant la commission. On m'écouta poliment, on prit des notes, puis on classa notre projet sans suite !

À ce jour, je crains qu'on ne sache toujours pas ce qu'on va faire des 23 hectares de Tsukiji. Les cinq mille rats, eux, continuent à prospérer !

Tsunami (津波) – Traduction inutile

Le 11 mars 2011 à 14 h 46 heure locale, un séisme se déclenche dans le Pacifique à 370 kilomètres des côtes du Tohoku, au nord-est de Tokyo. Son épicentre est éloigné d'à peine 130 kilomètres de Sendai, la principale ville de cette région. Son foyer est à seulement 30 kilomètres de profondeur. Sa magnitude est de 9,0. Il dégage une énergie mille fois supérieure à celle du tremblement de terre d'Haïti de 2010, l'équivalent de huit mille bombes d'Hiroshima. Sous son effet, l'île principale du Japon se déplace de 2,4 mètres vers l'est, les zones côtières s'enfoncent de 20 à 84 centimètres, la vitesse de rotation de la Terre sur son axe s'en trouve elle-même légèrement accélérée.

C'est la septième secousse la plus puissante jamais enregistrée dans le monde.

Un géologue japonais, professeur à l'université du Tohoku à Sendai, la décrit ainsi :

« Le choc du séisme fut extrêmement puissant. Je me sentis comme un petit pois secoué et tournant sur une assiette plate. »

Et pourtant ce tremblement de terre fait relativement peu de dégâts, le Japon étant probablement le pays le mieux préparé au monde avec une qualité de constructions parasismiques élevée et une population affranchie et éduquée afin de se protéger au mieux.

Mais le pire reste à venir :

Dans les dix minutes qui suivent la troisième secousse, un tsunami survient, touchant les côtes du Japon sur un front de plus de 600 kilomètres avec des vagues dont certaines atteignent une hauteur estimée à plus de 30 mètres par endroits qui s'engouffrent jusque 10 kilomètres à l'intérieur des terres. Un pic de 39 mètres sera même enregistré dans la petite ville de Miyako de la préfecture d'Iwate.

Rien ne résiste à cette puissance cataclysmique : toutes les routes, les voies ferroviaires, les ouvrages d'art sont emportés ; les lignes électriques sont rompues et leurs fils fouettent le sol, dont les étincelles déclenchent des incendies ; les éclairages publics tordus barrent les routes ; les panneaux routiers sont déchiquetés ; l'asphalte des chaussées est comme dépecé. Les bateaux de pêche jonchent chaotiquement les quais des ports, fracassés contre les hangars ; des navires de fort tonnage d'une hauteur d'un immeuble de six étages sont propulsés à plus de 1 kilomètre du rivage, leurs immenses hélices d'airain battant vainement l'air ; les voitures, les camions, les bétonnières, les autocars sont culbutés avec leurs occupants dedans, tournoient au gré des flots et se retrouvent juchés sur la terrasse de bâtiments de cinq étages ou renversés contre un mur, parfois intacts, mais le plus souvent broyés ; la Vague monstrueuse se joue des citernes des dépôts de carburants comme des coquilles de noix, dont le contenu se répand à la surface de la mer et s'enflamme à son tour en une nappe destructive qui se propage à une vitesse effarante, éclairant à la nuit tombante ce paysage de désolation d'une lueur orangée sinistre. De nombreux navires atteints par cet incendie liquide brûleront toute la nuit, voguant tels des vaisseaux fantômes au-dessus des rizières.

L'eau s'engouffre dans les immeubles en béton, des petits centres commerciaux, des gares, des bâtiments administratifs, des cinémas, des écoles, des hôpitaux, des hospices. Les gens se sont réfugiés sur les terrasses, mais trop souvent la Vague finit par également submerger ces constructions et emporte les malheureux avant que les hélicoptères des pompiers et de l'armée aient pu tenter de les sauver.

Les habitations sont renversées, fracassées, réduites à l'état de débris ou jetées apparemment intactes par-dessus d'autres pour se retrouver posées de guingois au beau milieu d'une avenue ; les vitres explosent sous la pression de l'eau ; le mobilier, les ustensiles de cuisine, les sanitaires, des jouets d'enfants, des livres, des albums de photos sont pillés par l'océan qui emporte son butin vers d'autres horizons.

En l'espace de quelques courtes heures, de nombreux bourgs et tous les ports de la région seront purement et simplement balayés, effacés de la surface de la Terre : Kesennuma, Miyake, Ishinomaki, Minami Sanriku, Ichinoseki, Rikuzen-Takata, Onagawa et tant d'autres cités ; la litanie est interminable. Les énormes digues censées protéger les plus exposées n'ont servi à rien ; elles ont explosé, leurs tétrapodes de béton armé ont été jetés ici et là tels des osselets. Parfois ces remparts dérisoires ont retenu la Vague en élevant le niveau de l'eau encore plus haut !

Un peu plus tard dans la soirée, on apprend que la centrale nucléaire de Fukushima[1] a été gravement endommagée, frappée par une vague de 15 mètres de hauteur alors qu'elle a été conçue pour résister à une secousse de magnitude 8 et à un tsunami de 6 mètres. Ses réacteurs pourraient entrer en fusion. En fait, on découvrira plus tard que l'un d'entre eux, le numéro 1, a fondu trois heures à peine après le séisme. Les trois autres suivront dans les soixante-douze heures.

1. Voir l'entrée « Fukushima ».

Notre monde effaré et désorienté tourne instantanément son attention vers ce nouveau Tchernobyl, qui pourrait bien empoisonner nos vies au sens premier du terme. Oubliés, les 74 enfants de la petite école Õkawa à Kamaya et leurs 10 professeurs emportés faute d'avoir pu quitter les lieux à temps, oubliés, les 8 000 habitants sur les 17 000 recensés que perdra une petite ville de la côte.

L'inimaginable dévastation et les pertes humaines colossales seront au bout du compte le fait de cette vague mortifère, les rejets radioactifs de Fukushima n'ayant officiellement à ce jour provoqué qu'un seul décès et quatre maladies.

Le bilan par le fait du tsunami du 11 mars 2011 est toujours, dix ans plus tard, difficilement chiffrable mais s'élèverait à près de 16 000 morts auxquels s'ajoutent 10 000 disparus et 6 000 blessés. Plus d'un demi-million de personnes ont dû être déplacées.

Le Japon, faut-il le rappeler, est un archipel. Au cours de sa longue histoire, il a dû affronter un nombre impressionnant de tsunamis principalement localisés dans la région du Tohoku. Sur les quarante-huit officiellement enregistrés dans le monde depuis le début de notre ère, 25 % furent japonais. Le premier est relevé dans les annales du pays le 3 février 1605. Il fera 5 000 morts. Depuis cette date, onze autres tsunamis ont été enregistrés. Le plus mortel fut celui du 15 juin 1896 avec 27 000 morts ou disparus, précisément dans le Tohoku. Dans l'archipel des Ryûkyû, le 21 avril 1771, une vague dévastatrice aurait atteint 85 mètres. J'ai rencontré parmi les réfugiés de la petite ville portuaire de Kesennuma une très vieille dame qui avait, jeune fille, vécu le tsunami du 2 mars 1933. Toute sa famille avait été emportée. Elle n'avait survécu que parce qu'elle était allée prier dans un sanctuaire situé au sommet d'une colline qui surplombait son village.

On trouve dans l'arrière-pays du Tohoku des bornes de pierre remontant au début du XVIIe siècle qui exhortaient la population à ne pas construire en dessous de l'endroit où elles avaient été posées. J'ai repéré une de ces stèles sur une éminence située à 5 kilomètres de la côte derrière la ville de Minami Sanriku. Elle s'y trouvait à 60 mètres au-dessus du niveau de la mer.

La mémoire collective des habitants de la région est peuplée de récits rapportant les expériences des aïeux. Des comptines rappellent l'attitude à observer en cas de séismes risquant de provoquer un tsunami. Ainsi de cette ritournelle que me chanta en patois local une petite fille : « *Inochi tendenko ! Inochi tendenko !* », qui pourrait se traduire par « En cas de tsunami, sauve-toi sans jamais te retourner ! ».

Vers la mi-avril 2011, souhaitant évaluer l'aide que notre entreprise pourrait apporter aux sinistrés du Tohoku, je me suis rendu avec deux collaborateurs japonais dans la zone sinistrée. La circulation avait péniblement été rétablie et nous avions obtenu l'autorisation de nous y rendre à condition d'apporter nos propres vivres et de coucher dans notre véhicule. Nous sommes venus en train au plus près que nous le pouvions de la zone dévastée, à la gare d'Ichinoseki, située à environ 50 kilomètres de la côte. Là, nous louâmes un minivan 4 x 4 afin de pouvoir passer les ponts de fortune et les longues portions de routes souvent sans revêtement, très abîmées par le séisme.

Notre objectif était de nous rendre à Kesennuma, important port construit autour de l'étroite baie du même nom s'enfonçant profondément dans les terres, connu pour ses activités de pêche du thon (*maguro*), de bonite (*katsuo*), de maquereau (*sanma*) et de requin (*same*) prisé pour ses ailerons mais aussi pour sa chair servant à confectionner les pâtés *kamaboko*. Par la topographie et la confluence de deux rivières prenant en tenaille les installations portuaires, un important chantier naval et plusieurs quartiers d'habitations, la Vague s'était engouffrée avec une violence inouïe dans l'étroit goulot pour submerger en quelques minutes l'ensemble de la ville.

Nous arrivâmes en début d'après-midi au lycée de garçons situé sur une colline surplombant la cité engloutie. Son gymnase abritait plus de mille huit cents personnes, principalement des femmes, des enfants en bas âge et des vieillards, les hommes étant partis à la recherche de proches ou allés fouiller dans les décombres de leurs demeures afin de tenter de récupérer quelques souvenirs que la Vague n'aurait pas emportés. Une grande effervescence régnait devant le lycée : l'armée japonaise venait d'installer un bain public de campagne et pour la première fois depuis un mois les réfugiés allaient pouvoir prendre un bain. Des lignes téléphoniques avaient également été mises en place. Les gens faisaient la queue pour téléphoner. Des lignes électriques avaient enfin pu être tirées, apportant l'éclairage et le chauffage qui avaient cruellement fait défaut alors qu'en ce début de printemps tardif il avait fait très froid.

Nous rencontrâmes le responsable de l'abri. Il nous entraîna dans un grand hangar attenant au gymnase, en ouvrit les vantaux et nous montra la montagne de vêtements, de couvertures, de sacs de riz et d'autres aliments empilés jusqu'au plafond.

« Voilà ce dont nous ne voulons plus ! Il y a trop de tout. Vous êtes bien les premiers à nous demander ce qui nous manque. »

En nous raccompagnant dans le gymnase, il ajouta :

« La ligne de vie vient d'être rétablie. Les besoins vitaux sont enfin satisfaits. Maintenant, il va falloir s'occuper des âmes de ces gens, surtout des femmes. C'est votre métier, n'est-ce pas, de vous occuper des femmes ? »

C'est ainsi que nous mîmes en place le programme « *Smile in Tohoku* » dans le but de prodiguer aux réfugiées des soins de la peau, des séances de maquillage et de coiffure, toutes choses bonnes pour un moral à reconstruire, d'abord dans les abris précaires puis, au fur et à mesure qu'ils étaient construits, dans les logements temporaires.

Ainsi, de mai 2011 à septembre 2016, avons-nous envoyé 23 expéditions de 900 volontaires en équipes de 15 à 40 personnes qui visitèrent 130 abris et habitations temporaires afin de prodiguer soins et réconfort à plus de 2 500 femmes.

Avec le recul, notre approche peut paraître futile, mais nous contribuâmes à rendre leur dignité à ces femmes qui avaient tout perdu. Comme elles avaient vécu plus d'un mois sans chauffage et sans aucune possibilité de se laver, leur peau était terriblement abîmée par la rudesse du climat hivernal de la région ; cette occupation avec l'équipe de nos volontaires fut un baume inespéré et fort apprécié.

Ainsi, nous nous sommes rendu compte des vertus thérapeutiques de nos visites pour leur équilibre mental. En effet, nos maquilleuses ont, entre autres qualités, celle de savoir entretenir une conversation avec la personne qu'elles maquillent. De surcroît, elles sont souvent jolies, enjouées, raffinées. Elles surent avec tact et douceur amener les sinistrées, des êtres fracassés par la tragédie, à se confier à elles. Les habitants originaires du Tohoku sont par nature taiseux, discrets et pudiques.

D'autres caravanes de volontaires furent organisées, telle celle des généreux cuisiniers français du Japon qui se rendirent de nombreuses fois dans le Tohoku.

Mon premier voyage dans la zone dévastée fut un choc terrible.

Aucune des images que j'avais vues à la télévision n'était parvenue, malgré leur violence, à véhiculer la plus infime partie de la tragédie qui s'était véritablement produite.

Je fus d'abord frappé par l'odeur abominable qui émanait du cœur de la terre et des détritus. Cela sentait le varech, la pourriture marine, le sel et l'iode, un condensé d'océan en putréfaction. La Vague n'était pas venue seule : le sol était jonché de poissons morts. J'ai même trouvé au fond de la pièce à tatamis d'une maison un requin à demi décomposé qui devait bien mesurer 2 mètres. Avec sa gueule ouverte et son regard vitreux, quoique figé il restait menaçant.

Puis, alors que je me tenais sur la jetée de Rikuzen-takata, près du « pin du miracle » (*kiseki no ipponmatsu*), unique spécimen resté debout sur le sol jonché d'une forêt de 70 000 arbres, je fus saisi par le silence sépulcral qui enveloppait les ruines de cette ville où vivaient naguère plus de 23 000 âmes. Elle avait été anéantie. Seules les structures de quelques constructions en béton se détachaient sur le ciel gris. Le quadrillage des rues était à peine perceptible. Le ciel était vide d'oiseaux. Aucun ressac n'était perceptible. L'océan derrière moi semblait lui-même s'être tu, comme abasourdi d'avoir été si cruel.

Tandis que je déambulai gorge serrée entre les gravats, je trouvai, posé sur le muret carrelé de ce qui avait été une salle de bains, un petit ourson en peluche jaune dont le regard suppliant m'a tiré les larmes qui embuaient mon regard depuis un long moment. Alors, comme dans un songe, j'ai cru entendre la fantomatique rumeur de la cité avant qu'elle ne fût broyée : le timbre de la cloche du passage à niveau que je traversai et le fracas du train dont les wagons étaient renversés un peu plus loin ; la ritournelle pour aveugles d'un feu rouge abattu en travers de mon chemin ; les cris des enfants dans la cour d'une école où, allez savoir pourquoi, la Vague avait épargné un panneau de basket-ball intact, son filet encombré d'algues et de débris. En traversant cette apocalypse le cœur lourd d'un immense chagrin, j'ai enfin réalisé toute l'horreur d'un tsunami : il emporte, noie et ensevelit les corps, mais il engloutit également tout ce qui faisait le quotidien des victimes, les sédiments de leur passé, leur mémoire. Il ne reste rigoureusement rien.

Imaginez donc ce vide et tout ce qui avec vous a disparu :
Les petits drames qui broyaient votre cœur ;
Les bonheurs, les amitiés, les haines que vous ressentiez ;
Les querelles avec ce voisin que vous n'aimiez pas ;
Ce gentil coiffeur qui depuis votre enfance vous coupait les cheveux ;
La ruelle que vous parcouriez quotidiennement ;
Le supermarché où vous alliez faire vos courses ;

L'arrière-cour où vous aviez embrassé une jeune fille pour la première fois et l'arbre sur lequel vous aviez gravé vos deux noms ;

La pierre tombale de vos ancêtres ;

Le seuil rassurant de cette maison que vous franchissiez deux fois par jour...

Imaginez que TOUT, absolument tout ce qui constituait votre personnalité, vous enveloppait, vous protégeait, toute cette somme de grandes et de minuscules choses, ait disparu en une fraction de seconde.

Alors, peut-être ressentirez-vous comme moi-même ce matin-là le vertige du tsunami.

Un an exactement après la catastrophe du 11 mars 2011, pour rendre leur voix à toutes ces âmes disparues dont j'avais entendu le murmure à Rikuzentakata, j'ai publié un roman, *L'Océan dans la rizière*[1], dont la traduction japonaise est parue quelques mois plus tard. Si les deux personnages principaux sont fictifs, toutes les anecdotes consignées dans cet ouvrage sont rigoureusement authentiques.

Je cite notamment cette courageuse jeune employée de la mairie de Minami Sanriku, Endo Miki, 24 ans, qui refusa de quitter son poste et continua à exhorter les habitants à s'enfuir par le système d'alerte aux catastrophes naturelles de la ville jusqu'à ce que, à son tour, elle soit emportée par la Vague. Son corps fut retrouvé plusieurs jours plus tard dans un arbre à 3 kilomètres de la mairie.

À la sortie du livre, je me suis rendu chez ses parents à Minami Sanriku, accompagné de mon éditrice japonaise, afin de leur remettre un exemplaire de l'ouvrage.

1. Le Seuil, mars 2012.

En ce triste après-midi d'automne, je me recueillis devant la photo de la jeune fille au joli sourire posée devant l'autel des ancêtres. Il me sembla entendre sa voix calme et posée qui répétait inlassablement dans les haut-parleurs de la ville cette phrase que nous avions tous entendue à la télévision le 11 mars 2011, avant qu'elle ne se taise brutalement comme les 26 000 autres victimes du tsunami :

> « *Tadaima, Miyagi ken nai ni 10 metoru ijyō no tsunami ga oshiyosete imasu. Tadachi ni takadai e hinan shite kudasai !* »

> « Un tsunami de plus de 10 mètres est en train de se développer dans la préfecture de Miyagi. Évacuez immédiatement vers les hauteurs ! »

Alors, je compris vraiment la raison pour laquelle ma tendresse pour ce pays et son peuple est si grande.

V

Ugetsu monogatari (雨月物語) – Contes de pluie et de lune

Recueil de contes fantastiques publié en 1776 qui consacra le genre d'une nouvelle littérature romanesque, les *yomihon*, « livres de lecture », à la charnière de deux périodes littéraires majeures de l'époque d'Edo, les fictions de l'écrivain Ihara Saikaku et les drames de Chikamatsu Monzaemon suivis des grandes sagas populaires de Kyokutei Bakin.

Les *yomihon* s'adressaient à un public très érudit nourri aux classiques japonais et chinois, notamment les fictions de la période Ming. Les neuf contes de l'*Ugetsu monogatari* s'inspirent d'ailleurs des histoires fantastiques des *Contes en mouchant la chandelle* de l'écrivain chinois Qu You, remontant au XIVe siècle. La réinterprétation de ces contes mêle habilement aux origines chinoises des événements, des personnages et des références littéraires purement locaux.

Bien que chaque histoire gravite autour de péripéties supranaturelles, l'auteur ne s'éloigne jamais bien loin du monde réel. La fiction est utilisée pour ranimer toute l'esthétique ancestrale de la culture japonaise. Dans le même temps, les émotions et les passions humaines sont explorées sous un angle moral qui est évoqué avec subtilité. Les fantômes viennent hanter les vivants pour leur expliquer à quel point ils ont souffert de leurs comportements immoraux. Dans le conte « La Maison dans les roseaux », par exemple, un mari qui a abandonné son épouse tombe en rentrant chez lui sur son spectre qui lui fait comprendre à quel point son infidélité avait pu faire souffrir la jeune femme.

Le terme *ugetsu* revêt dans l'esprit des Japonais un sens particulier. C'est la « lune des pluies », cinquième lune du calendrier d'autrefois, correspondant au mois de la saison des pluies de mousson du *Baiu* (梅雨), une période propice aux manifestations surnaturelles : il vient de pleuvoir, la Lune est à demi cachée sous un voile de brume, sa pâle clarté illumine le paysage d'une lumière blafarde, temps idéal pour les apparitions.

Il émane de chacun des contes de l'*Ugetsu* un charme exotique envoûtant. On a l'impression d'évoluer dans des paysages d'estampes tracés d'un coup de pinceau à l'encre de Chine, zébrés de pluie, où la Lune se reflète dans de sombres étangs que traverse une mystérieuse barque manœuvrée par une silhouette recouverte d'un manteau de paille, le visage caché sous un chapeau conique. Les personnages sont mus par des sentiments étrangers à un esprit cartésien, tel cet homme qui, emprisonné à tort et empêché d'aller voir un ami, se suicide afin que son fantôme puisse s'échapper de sa cellule et remplisse à sa place sa promesse qu'il lui avait faite.

La vie de l'auteur des *Contes de pluie et de lune* est en elle-même digne d'un roman d'Ihara Saikaku. Akinari naquit en 1734 à Osaka dans le quartier de plaisirs de Sonezaki d'une courtisane et d'un père inconnu. Sa mère l'abandonna alors qu'il n'avait que 4 ans. Il fut alors recueilli et adopté par un marchand de papier et d'huile qui lui donna son nom, Ueda. Ses parents adoptifs prirent grand soin de lui lorsqu'il contracta une variole qui lui laissa plusieurs doigts paralysés, au point qu'on jugea qu'il ne pourrait jamais tenir un pinceau. Il y parvint toutefois au prix d'efforts et d'opiniâtreté mais ne fut jamais, à son grand désespoir, un calligraphe émérite.

Il passa sa jeunesse dans une certaine oisiveté, mais, comme le rappelle fort opportunément son traducteur René Sieffert, il était peu enclin à se fondre dans une existence de désœuvrement, car il « détestait le vin, le tabac, les littérateurs et les riches ».

Entraîné par une mère adoptive raffinée, il se cultiva en lisant de nombreux auteurs classiques et en composant des *haïkaï*[1].

En 1760, il épousa une jeune femme intelligente et attentionnée. Un an plus tard, son père décéda, l'obligeant à se retrouver à la tête de son importante affaire. Il s'y consacra honnêtement bien que cette vie ne lui convînt pas.

L'incendie qui détruisit sa maison en 1771 décida d'une nouvelle orientation professionnelle d'Ueda Akinari. Il consacra plusieurs années à l'étude de la médecine, qu'il se mit à exercer avec une probité rare pour l'époque. Dans le deuxième conte de l'*Ugetsu*, « Le Rendez-vous aux chrysanthèmes », il dépeint sa vision du rôle du médecin qui, au-delà d'appliquer des traitements adéquats, se devait d'observer des valeurs d'empathie humaine à l'égard de ses patients. S'il parvint à gagner sa vie décemment en exerçant la médecine, il n'était cependant pas très heureux. Conscient de l'état rudimentaire de la science médicale, il avait le sentiment d'une grande ignorance qui ne lui permettait pas de prodiguer correctement les soins appropriés à ses patients.

---

1. Voir l'entrée « *Haïku* ou *haïkaï* ».

Il compensait ses frustrations professionnelles en consacrant ses loisirs à l'étude et la publication régulière de commentaires sur les textes anciens, des poèmes et déjà des contes. En 1776, il publia ainsi deux premiers recueils dans le style en vogue des *ukiyo-zōshi*, les « récits du monde flottant ». Il y dépeignait le monde dans lequel il avait évolué dans sa jeunesse avec un humour décapant.

Bien qu'il y excellât, ce genre ne lui convenait qu'à demi.

Il avait vraisemblablement travaillé assez tôt à l'idée d'un genre littéraire nouveau qu'il inaugura brillamment après dix années d'un dur labeur avec son *Ugetsu monogatari*.

Bénéficiant de l'immense savoir accumulé à la lecture des classiques chinois et japonais, Akinari choisit neuf sujets mettant en scène différentes variétés de fantômes, excepté Inari le dieu-renard, auquel il vouait un culte personnel, son père lui ayant raconté qu'il devait sa guérison de la variole à l'intervention du célèbre renard.

Ayant définitivement abandonné la médecine en 1788, Ueda Akinari se consacra pleinement à son travail littéraire lequel, malgré de nombreuses nouvelles publications, ne lui permit de vivre que chichement le reste de sa vie. Il s'installa à Kyoto en 1795, où il vécut jusqu'à sa mort en 1809.

Unagi (うなぎ) – Anguille

Lors de mon premier voyage au Japon, dès le lendemain de mon arrivée, fin juillet 1972, le fils de la famille qui m'hébergeait m'invita à déjeuner.

« Aujourd'hui est le *Doyo no Ushi no Hi*[1]. C'est le jour où nous mangeons traditionnellement des *unagi* ! », me dit-il.

Il m'emmena dans un restaurant du quartier de Nihonbashi situé à l'angle de la grande avenue de Ginza et d'une ruelle, en face de Takashimaya, l'élégant grand magasin qui fournit la famille impériale depuis des temps immémoriaux. C'était une maison ancestrale de quatre étages, toute de guingois. Les caractères du nom du restaurant rehaussés à la feuille d'or, Mikuniya, étaient sculptés sur grande enseigne verticale en bois accrochée à la façade. Une inscription gravée en alphabet *hiragana*[2] et peinte en noir longeait les trois caractères : « うなぎ » (*Unagi*). Je ne pouvais bien entendu pas déchiffrer cet ensemble, mais la première lettre « う » représentait une anguille stylisée, la partie supérieure terminée en forme de tête avec deux yeux ronds, la virgule au-dessus représentant vaguement une nageoire. C'est ainsi que je compris que nous allions déguster de l'anguille.

1. Selon l'ancien calendrier lunaire, il y avait douze jours, chacun portant le nom d'un des douze animaux du zodiaque chinois.
2. Voir l'entrée « Écriture ».

À gauche de l'entrée se trouvait une petite pièce donnant directement sur la rue avec un comptoir bas sur lequel trônait un brasero rectangulaire. Un cuisinier assis sur un tabouret derrière l'étal faisait cuire sur ses grilles des filets de poisson enfilés sur des brochettes de bambou en agitant un large éventail pour attiser les braises. La graisse de la chair tombait en grésillant sur le charbon de bois incandescent. Une épaisse fumée blanche odorante se répandait jusque l'autre côté de la ruelle vers l'entrée latérale du magasin. Plus sûrement que n'importe quelle astuce publicitaire, cette odeur reconnaissable entre mille annonce la présence d'un établissement d'*unagi* dans un quartier !

On nous fit monter au troisième étage. Chaussures retirées, nous nous assîmes devant une table basse sur des coussins posés sur les tatamis. Nous étions presque au coude-à-coude avec la table voisine. Au bout d'un moment, on nous apporta des boîtes de laques carrées superposées et deux bols de soupe. Dans la boîte inférieure se trouvait un épais lit de riz blanc, dans la supérieure trois filets d'anguille, dont la peau moirée luisante de la graisse du poisson se détachait de la chair. La soupe était un bouillon clair dans lequel nageaient le foie du poisson et d'autres organes non identifiés qui ne m'inspiraient guère confiance. Imitant mon ami, je posai les filets d'anguille sur le riz, les arrosai copieusement d'une sauce brune de consistance épaisse dont il m'apprit que c'était de la sauce de soja mélangée à du *mirin*, un assaisonnement d'alcool de riz sucré et je saupoudrai abondamment le tout de poivre *sanshō*, aux vertus digestives reconnues lorsque l'on absorbe des aliments riches.

J'ai immédiatement adoré ce plat plutôt canaille. Il offre des sensations gustatives nulle part ailleurs retrouvées. La chair du poisson fond dans la bouche. L'*unagi* sauvage de plus en plus rare encore pêchée au Japon offre un imperceptible goût de terre qui la distingue des anguilles d'importation, lourdes d'un arrière-goût pâteux de vase ; sa chair est sensiblement plus grasse et donc moins sèche. L'amertume rêche que laisse le *sanshō* sur la langue, qui anesthésie les papilles quelques instants, se marie admirablement avec l'onctuosité sucrée de la sauce ; celle-ci détrempe le lit de riz sur lequel reposent les filets ; la saveur glutineuse du riz en est étonnamment rehaussée.

Je suis retourné souvent depuis 1972 au restaurant Mikuniya. Les propriétaires ont toujours vaillamment résisté aux offres extravagantes pour le rachat de la portion de terrain minuscule qu'occupait depuis des temps immémoriaux la vieille baraque de bois située dans le triangle d'or de Tokyo. Ils l'ont démolie pour la remplacer par un *pencil building* plus moderne dans les années 1980 de la bulle économique. Puis, pendant les importants travaux qui ont duré près de quatre ans dans les années 2010 pour remodeler tout le pâté d'immeubles adjacent, le *noren* du restaurant s'est exporté deux rues plus loin aux frais des promoteurs immobiliers. De nos jours, Mikuniya est enclavé dans le nouveau centre commercial que Takashimaya a ouvert fin 2018. La famille ayant gardé son droit du sol, le restaurant a retrouvé son emplacement original, au pied de quarante étages de verre et d'acier. Mais on ne sent plus le fumet des filets d'anguille en train de griller d'autrefois, en sortant du métro ou devant le grand magasin.

C'est tout à fait regrettable.

L'anguille est censée donner des forces pour passer le lourd été japonais sans dommages, ainsi que le souligne le slogan inventé par le pharmacologue et inventeur

Hiraga Gennai (1729-1779) pour aider un restaurateur à promouvoir son restaurant d'*unagi*. Cette réclame a d'ailleurs fait l'objet du tout premier dépôt de droits d'auteur du Japon :

Doyo no Ushi no Hi
Unagi no Hi.
Shoku sureba,
Natsumake suru koto nashi.

« Le jour du Bœuf (du mois) de la canicule
(est) le jour de l'*unagi*.
En manger,
C'est résister à (l'ardeur de) l'été. »

Au Japon, l'habitude de manger de l'*unagi* remonte à plus de cinq mille ans. On a trouvé des arêtes d'anguille dans des monticules remontant à la période du Jõmon (-14000/-300). Dès le XIIe siècle, les pêcheurs faisaient griller les filets d'*unagi* qu'ils mangeaient marinés dans une décoction de sel, de vinaigre et de pâte de *miso*. Le plat préparé dans sa forme actuelle dite « *kabayaki* » est très apprécié depuis l'après-guerre.

Le poisson est tranché en longueur, éviscéré, désossé avant que ses filets soient grillés. La préparation diffère quelque peu dans la région du Kantõ et dans celle du Kansai. Dans l'ouest du Japon, il est tranché dans sa partie ventrale pour être vidé, puis il est cuit sans avoir été plongé dans la sauce du *kabayaki*. Dans le Kantõ en revanche, il est ouvert et vidé par la partie dorsale, car les *samouraïs* considéraient qu'éviscérer une anguille depuis le ventre était une référence néfaste au suicide rituel du *seppuku*.

La préparation de l'anguille est spectaculaire. Tirée du vivier d'eau douce, elle est clouée par la tête sur la planche à découper avant d'être promptement éventrée puis éviscérée. Il y avait autrefois un petit restaurant d'*unagi* sur le chemin que mes fils empruntaient pour se rendre à l'école. Lorsque j'y accompagnais mes garçons, nous nous arrêtions quelques minutes pour regarder le cuisinier qui procédait à cette préparation sur le trottoir devant son établissement. Sa dextérité était fascinante.

On consomme l'anguille de préférence cuite et rarement crue, car son sang contient des ichtyotoxines qui peuvent causer des difficultés respiratoires sévères et des nausées. La cuisson détruit ces toxines. Quelques cuisiniers au Japon sachant parfaitement vider le poisson de son sang le servent toutefois en sashimis, mais la chair peut être particulièrement caoutchouteuse alors qu'elle fond dans la bouche lorsqu'elle est cuite.

La surconsommation de l'*Anguilla japonica* a mis en danger la population d'anguilles d'eau douce naturelles. De plus de 200 tonnes par an dans les années 1960, la pêche de jeunes anguilles au Japon a chuté de 90 %. Le ministère de la Pêche et de l'Agriculture a décidé en 2014 d'enregistrer l'*Anguilla japonica* dans la liste des espèces en danger. Les tentatives de pisciculture ont à ce jour donné peu de résultats tangibles. En fait, les biologistes marins en savent encore assez peu sur ces poissons fragiles qui, s'ils meurent généralement après le frai, peuvent pourtant vivre jusque 80 ans, comme cela a été constaté dans un aquarium japonais, ou bien rester sans se nourrir jusque vingt-deux mois.

Il est de plus en plus rare de pouvoir manger de l'*unagi* pêchée localement. La plupart des restaurants ont dû se tourner vers la production d'anguilles d'élevage chinoise, coréenne ou taïwanaise. La chair de ces poissons est plus molle, se délite et a un goût de vase prononcé. Seule la véritable *Anguilla japonica* pêchée au Japon a cette finesse incomparable qui la fait reconnaître entre mille. Seuls trois ou quatre restaurants à Tokyo, guère plus à Nagoya, peuvent s'enorgueillir de servir de ces anguilles, qu'ils se procurent directement auprès de pêcheurs du lac Hamanaka avec lesquels ils travaillent depuis plusieurs générations. Mikuniya est l'un d'eux dans la capitale.

Mais ne comptez pas sur moi pour vous donner le nom des autres…

V

Vermeer, Johannes (passions japonaises)

Johannes Vermeer n'est pas un peintre ni un calligraphe japonais. Il a pourtant une place parfaitement légitime dans ce dictionnaire, car il illustre à merveille et de façon émouvante comment les Japonais vivent une passion souvent monomaniaque.

Chaque homme au Japon que vous rencontrerez pour vos affaires, lorsque vous le questionnerez sur son passe-temps favori, répondra invariablement « le golf ». Ce n'est pas tout à fait faux, car la majorité de la population masculine dans la force de l'âge joue au golf, mais ce n'est pas non plus tout à fait vrai. Si vous avez la chance de passer le premier cercle conventionnel derrière lequel se cache tout Japonais qui se respecte, de percer sa carapace de pudeur et d'atteindre son pré carré, vous découvrirez alors de bien curieuses passions, la taille des *bonsaïs*[1], la fabrication de modèles réduits de voitures des années 1920, ou qu'il collectionne les boutons de guêtre des armées

1. Voir l'entrée « Bonsaï ».

napoléoniennes. Sa connaissance dans son domaine de prédilection est encyclopédique. Rien de ce qui est écrit, dit, récemment découvert sur le sujet ne lui échappe. S'il pratique un sport, il en possède les équipements dernier cri.

Les Japonais ne plaisantent pas avec leur violon d'Ingres.

Dans le courant des années 1980, je me rendais assez souvent dans un petit restaurant de sushis qui ne payait pas de mine, caché dans une ruelle donnant sur l'avenue Mejiro, pas très loin du sanctuaire Ōtori derrière le temple Kishibojin. Le chef qui officiait derrière son comptoir était un petit bonhomme trapu d'une cinquantaine d'années. Il œuvrait pratiquement seul, aidé d'un seul assistant d'un âge incertain aussi taciturne que lui.

Le décor du restaurant était à l'image de son propriétaire, spartiate, à l'exception, sur le mur faisant face aux clients, d'un tableau accroché, solitaire et magnétique, dans un magnifique cadre comme s'il s'agissait de l'original exposé dans un musée. C'était une reproduction de *La Dentellière* du peintre flamand du XVIIe siècle Johannes Vermeer.

Que pouvait bien faire dans cet endroit cette jeune fille attentive penchée sur son ouvrage ?

Intrigué au plus haut point, je n'osais cependant pas demander au chef pourquoi il avait mis là cette bien étrange intrusion occidentale, alors qu'une vue d'Amano Hashidate[1] ou une estampe d'Hiroshige aurait paru plus adéquate. Sans trop savoir pourquoi, j'avais le sentiment qu'en lui posant la question je risquais de m'immiscer par effraction dans la sphère de sa vie privée. Pourtant, au bout de quelques mois, quand il m'a semblé que nos

1. Un des « Trois paysages du Japon » avec Matsushima et Miyajima.

laconismes respectifs avaient créé un début de complicité, un soir que j'étais le seul client, je décidai enfin de satisfaire ma curiosité.

Chaque parole de notre dialogue est ancrée en ma mémoire, tant le moindre détail de ce que me raconta le chef était ciselé dans la précision.

Je me risquai donc à une approche sibylline :

« *La Dentellière* ! Savez-vous qu'elle se trouve dans tous les manuels scolaires de mon pays ? »

Sans lever la tête de sa planche à découper, il répondit simplement :

« Huile sur toile collée sur un panneau d'un format de 24 centimètres par 21, numéro d'inventaire MI 1448, exposée au musée du Louvre à Paris, peinte entre 1669 et 1670. Elle est signée, ce qui est rare... », marmonna-t-il.

Je fus désarçonné.

« Pardon ? »

Sans se soucier de répondre à mon ébahissement, il reprit son monologue.

« Johannes Vermeer. Date de naissance inconnue, mais on sait qu'il a été baptisé à la nouvelle église de Delft le 31 octobre 1632. Il épouse Catharina Bolnes le 20 avril 1653. Il aura avec elle onze enfants... On pense qu'il a peint quarante-cinq peintures, dont seulement trente-sept sont conservées. Cela signifie qu'il n'a peint que deux à trois toiles par an avant de mourir à l'âge de 43 ans. Ce n'est pas beaucoup, n'est-ce pas ?

— Comment savez-vous tout cela ?

— Il y a bien longtemps, j'ai vu *La Dentellière* dans un journal, dit-il en pointant son couteau vers l'image accrochée derrière lui. Je suppose que mon œil a été attiré par la douceur du front de la jeune fille et la radiance de son chemisier jaune. Ce n'est pas une couleur de vêtement très courante au Japon. Avant cette rencontre, je n'avais jamais vraiment été intéressé par l'art occidental. »

J'ai regardé plus attentivement le tableau. Malgré la cruauté des néons du restaurant, la pâle lumière d'une journée que j'ai imaginée brumeuse inondant par la droite la jeune femme attentive penchée sur son ouvrage nimbait la scène d'une paisible beauté.

« J'ai acheté cette reproduction le jour même, je l'ai fait encadrer et l'ai accrochée à ce mur. Peut-être pour combler une absence… C'est ridicule, n'est-ce pas ? Au bout de quelques jours, un désir irrépressible de voir l'original m'a saisi, comme si cette fille dans mon dos me sommait d'aller à sa rencontre. C'était un appel impérieux qui ne souffrait pas qu'on l'ignore. Alors, je me suis renseigné. J'ai appris que le tableau se trouvait à Paris, au musée du Louvre. Je n'avais jamais été attiré par les voyages. Vous comprenez, je n'en avais pas la possibilité avec la modestie de mon commerce et encore moins les finances. J'ai économisé jour après jour jusqu'à avoir de quoi me rendre en France. J'ai fermé mon restaurant cinq jours, la première fois depuis son ouverture par mon grand-père. C'était il y a quinze ans. »

Il s'est tu un moment, attentif sur son plan de travail. Je remarquai le mimétisme étonnant entre sa posture et celle de la dentellière, la tête penchée, le regard aux paupières baissées concentré sur ce qu'il faisait, les mains expertes de la jeune fille tenant les fils à broder et l'aiguille et celles du chef en train d'ôter délicatement avec une pince à épiler les quelques arêtes d'un filet de *hamo*[1] qu'il n'avait pu hacher aussi menu qu'il le souhaitait.

Sans me regarder, continuant son minutieux travail, il se remit à parler.

1. Congre.

« À peine arrivé à Paris, je me suis précipité au Louvre et je me suis rendu dans la petite salle où se trouve *La Dentellière*. Je me suis planté devant elle et je suis resté là, pénétré d'une langueur étrange. Je n'entendais plus le brouhaha de la foule autour de moi, je ne sentais plus les bousculades, la chaleur, les odeurs. J'avais l'impression d'être entré dans le tableau, baigné de la même lumière hivernale que la jeune fille, de sentir sous mes doigts le grain de son chemisier, d'entendre sa respiration tranquille dans le silence de la pièce, le bruit ténu des fils faisant leur chemin au travers de l'étoffe qu'elle brodait. Lorsque je suis enfin sorti de ma torpeur, j'ai constaté que j'avais passé près de trois heures, immobile devant *La Dentellière*.

» Ayant lu dans un guide que le Louvre possédait un autre tableau, *L'Astronome*, je suis allé le voir dans une autre pièce. J'ai eu le même choc. Cette clarté filtrée par le vitrail de la fenêtre devant le sujet, tombant de la gauche, éclairant le globe céleste posé sur la table de travail, me fascinait. J'observai chaque détail du tableau :

La concentration extrême du savant absorbé dans sa tâche, sa main posée sur la sphère, sans doute pour la faire tourner ;

Son front auréolé de cette luminosité qui ne vient pas seulement de la lumière du jour ;

L'intimité sereine de la scène, comme une bulle inatteignable et un peu mystérieuse ;

L'ambiance, la lumière, la paix.

Toutes ces choses, me semble-t-il, n'existent pas au Japon. Pas comme cela. »

Pour la première fois depuis qu'il avait commencé à parler, il leva les yeux et planta son regard dans le mien. Un regard qui s'efforçait d'être neutre, vide d'émotion mais dans lequel je sentis une vibration.

« Ce jour-là, j'ai décidé que je consacrerais ma vie à Vermeer et que je ferais tout mon possible pour voir tous ses tableaux existant sur Terre. Tous, sans exception… Enfin, tous ceux qu'on peut voir, car l'un d'eux, *La Jeune Fille assise au virginal*, appartient à une collection privée. Trente-six tableaux éparpillés dans huit pays, la France, Monaco, l'Allemagne, l'Autriche, les Pays-Bas, la Grande-Bretagne, l'Irlande et les États-Unis.

— Combien en avez-vous vu à ce jour ?

— Vingt-trois. Tous ceux qui sont en Europe, où je me suis rendu sept fois. Je suis allé aux Pays-Bas la seconde fois, à La Haye et au Rijksmuseum d'Amsterdam, puis à Delft, où en fait il n'y a aucun tableau de Vermeer. J'ai visité l'endroit où il habitait avec sa famille. À la place de sa maison, il y a une église. Ensuite, je me suis rendu en Allemagne, à Berlin, à Francfort, et même à Dresde en Allemagne de l'Est avec un visa spécial que j'ai eu beaucoup de difficultés à obtenir. Il y a dans le musée de cette ville deux toiles de Vermeer, *La Liseuse à la fenêtre* et *L'Entremetteuse*. »

Il s'essuya les mains, disparut un moment dans la cuisine de préparation cachée derrière un rideau. Quand il revint, il tenait entre ses bras un énorme classeur et des catalogues d'exposition qu'il posa sur le comptoir. Il tira de cette pile un dépliant du musée de Dresde, qu'il étala devant moi.

« Savez-vous pourquoi il y a tant de draperies, de rideaux, de tentures, de tapis utilisés comme des nappes sur les tables dans l'œuvre de Vermeer ? », dit-il en pointant son doigt sur *La Liseuse*.

J'avouai mon ignorance.

« On pense que c'est parce que son père, Reynier Janszoon, entre autres métiers, était tisserand et que le petit Johannes avait été marqué par les pièces d'étoffe et les rouleaux de soie précieuse qui l'entouraient. »

Il pointa son doigt sur une autre page du dépliant :

« Et regardez ce personnage en haut à gauche de *L'Entremetteuse*, celui qui porte une faluche d'artiste. On prétend que ce pourrait bien être Vermeer lui-même. Ce serait le seul autoportrait disponible du peintre… »

J'ai longuement regardé ce tableau. Le doux et paisible visage de la jeune fille dont la main d'un spadassin passablement éméché recouvre le sein contrastait avec la tonitruance crue de la scène. Son chemisier jaune semblait absorber la lumière au contraire de celui de *La Dentellière* qui la renvoyait, éclaboussant tout le tableau de son rayonnement.

« Il vous reste donc treize tableaux à voir ? lui demandai-je enfin.

— C'est exact. Tous ceux qui sont aux États-Unis. Je prévois un premier voyage à Washington. Il y a quatre toiles à la National Gallery of Art. Je devrais fermer une bonne semaine. Vous comprenez, comme je sais que je ne les verrai qu'une fois, une seule fois dans ma vie, je passe une journée complète devant chacun des tableaux. »

Dans les années suivantes, j'ai été plusieurs fois confronté à une devanture close, l'enseigne du restaurant de sushis retirée, avec sur la vitre une pancarte indiquant « Fermé pour cause de poursuite de rêve ». Les clients non informés devaient se demander ce que cette pancarte insolite pouvait bien vouloir dire. Moi, je savais qu'il courait les musées de la planète, qu'il se figeait devant un tableau dans lequel il se laissait aspirer, insensible à la suspicion que ne devait pas manquer de susciter sa silhouette transformée en statue de sel pendant toute la durée d'ouverture de l'établissement jusqu'à, imaginais-je, ce qu'un gardien courroucé vienne le sortir de son hypnose pour lui signifier qu'on fermait.

Il réalisait ainsi sa passion en poursuivant, littéralement, son rêve autour du monde.

Ainsi, après Washington, il repartit cinq ans plus tard pour New York, où il passa une autre longue semaine au Metropolitan Museum. Il en revint un peu dépité. Sur les cinq Vermeer qui y sont exposés, il n'avait pu en voir que trois, les deux autres, *La Femme au luth* et *Jeune Femme à l'aiguière*, ayant été prêtés pour une exposition à l'étranger.

« Il faudra que j'y retourne quand ils seront revenus ! », me dit-il après ce voyage.

« Plus que six ! me dit-il lorsque je me glissai sur mon siège par un soir de novembre bien froid. J'ai mis suffisamment d'argent de côté pour retourner aux États-Unis en mars prochain. Je repasserai au Metropolitan, puis j'irai à la Frick Collection où se trouvent trois tableaux. J'en profiterai pour me rendre à Boston au musée Isabella Stewart Gardner pour voir *Le Concert*. *Le Concert*, c'est le tableau que je veux admirer en dernier. Il y a sur cette toile une jeune fille qui joue du clavecin. Elle est de profil. Bien que son visage soit plongé dans la pénombre et qu'elle soit concentrée sur son jeu, on devine qu'elle est fort belle, comme un ange pur et lumineux. Elle aussi porte un chemiser de couleur jaune et une ample jupe de taffetas écrue qui accrochent une lumière prodigieuse. Ses bras sont fins et d'une blancheur de brume, la retenue de sa chevelure en un chignon compliqué souligne sa nuque. »

Il se tut un moment, le regard perdu dans les veines du bois de son comptoir. Puis il posa ses mains devant lui et, se penchant vers moi, il murmura :

« Elle me rappelle quelqu'un que j'ai perdu par négligence lorsque j'étais jeune. En fait, toutes les jeunes femmes peintes par Vermeer me l'évoquent. Leur beauté est inaccessible ; elles sont inatteignables ; leur monde est clos sur une paisible intimité, sur un secret que personne ne peut percer.

Voilà, monsieur, sans doute la véritable raison pour laquelle je parcours le monde. Pour trouver autre chose derrière tous ces Vermeer. »

Gêné par cette soudaine confidence, je plongeai mon nez dans mon verre de saké. Quand je le relevai et que je regardai le chef, son visage était lisse et impénétrable comme l'eau d'un lac profond en hiver.

Le 19 mars de l'ère Heisei, autrement dit le soir du 19 mars 1990, une date que je n'ai pas oubliée, je me rendis au restaurant. Je savais que le chef prévoyait de partir à la fin de la semaine suivante pour son ultime rencontre avec les tableaux de Vermeer pour boucler son rêve et peut-être, enfin, fermer la sourde blessure de sa jeunesse. Je voulais lui souhaiter bon voyage.

Lorsque j'arrivai devant le restaurant, je constatai que le *noren* n'était pas en place. J'ai cru qu'il était parti plus tôt que prévu, mais je vis de la lumière et je devinai au travers des carreaux givrés de la porte coulissante la silhouette du chef qui vaquait derrière son comptoir. Je toquai à la vitre. Il vint m'ouvrir et sans un mot d'accueil il repartit derrière son comptoir, le dos bougon. Quand il finit par se retourner, je vis que quelque chose n'allait pas. Son visage était fermé, verrouillé, son regard sans éclat, hermétique.

« *Taishō*[1], vous allez bien ? me suis-je risqué. Vous partez bientôt, n'est-ce pas ?

— Je ne pars plus.

— Un empêchement ?

— Non. Ce n'est pas la peine… Je ne pars plus. Plus jamais. »

1. « Chef ».

Sur cette réponse laconique, il me tendit le journal du soir plié à la page « Culture » et il pointa son doigt sur un article en bas de colonne. Le titre disait :

« Disparition mystérieuse d'une œuvre d'art à Boston ».

Suivait un court article indiquant qu'une peinture du musée Isabella Stewart Gardner, une huile sur toile de 72,5 × 64,7 centimètres intitulée *Le Concert*, peinte par Johannes Vermeer entre 1664 et 1667 et, fait assez rare, signée, avait été subtilisée dans la nuit du 18 mars. Les voleurs entrés sans effraction apparente avaient réalisé un travail d'orfèvre. On suspectait qu'une commande avait été passée[1]. Au bas de l'article, il y avait une minuscule reproduction du tableau que j'ai contemplée, n'osant m'adresser au chef dont je sentais la détresse sur mes épaules.

Quand enfin je relevai la tête, il me regarda. Son regard était éteint, perdu à jamais pour les vivants, me sembla-t-il.

Sans presque remuer les lèvres, d'une voix si basse qu'il me fallut tendre l'oreille pour l'entendre, il me dit :

« Que voulez-vous, il ne faudrait jamais aller à la recherche des fantômes disparus… »

Puis il posa ses mains sur le plan de travail et il me demanda :

« Que voulez-vous que je vous serve, ce soir ? »

La Dentellière, derrière le chef, imperturbable et muette pour l'éternité, continuait à tirer le fil de sa dentelle…

1. *Le Concert* n'a jamais été retrouvé, ajoutant un mystère à celui des trente-deux jeunes filles peintes par le maître de Delft, dont personne ne sait qui elles étaient. Le public ne peut donc voir dans le monde que trente-cinq peintures de Vermeer.

W

Wabi-sabi (侘び寂び) – La frustration plaisante de l'inachevé

Il ne me reste pas beaucoup de temps pour rédiger cette occurrence car les textes doivent partir en « fabrication » chez l'imprimeur sous 24 heures, à peine quelques minutes pour écrire sur ce *wabi-sabi* que le lecteur a trouvé éparpillé ici et là dans cet ouvrage.

Quelques minutes pour tenter de mettre des mots sur un concept dont je ne suis pas moi-même certain d'en avoir sondé toute la profondeur.

Rendu au terme de mon labeur, l'idée saugrenue m'est venue de poser à mon entourage japonais cette question :

« Qu'est-ce que le *wabi-sabi* représente pour vous ? »

Je les ai tous plongés dans un embarras profond.

Une première réponse a jailli spontanément, tellement attendue :

« *Muzukashii !* (C'est difficile ! »).

Puis un cube Rubik de substantifs tous azimuts a fusé : fugacité, fragilité, imperfection, anomalie, impermanence, asymétrie, rugosité, simplicité, rusticité, patine, usure, rouille (un autre *sabi* – 錆), fraîcheur, économie, austérité, modestie, intimité, mélancolie, sérénité, détachement, solitude, tranquillité, vide, désolation.

Un ami a cité le professeur d'art Richard J. Powell, pour qui le *wabi-sabi* est « l'authenticité reposant sur trois simples réalités : rien ne dure, rien n'est fini, rien n'est parfait ».

Un autre a parlé du style de l'architecte d'intérieur Axel Vervoordt qui joue d'un minimalisme rustique en utilisant des matières rêches et des teintes neutres.

Un des grands prêtres du sanctuaire Hachiman de Kamakura a cité en exemple l'antagonisme entre le *sei* (聖) et le *zoku* (俗), le saint et le profane.

Mon épouse a évoqué le vague émoi qui la saisit au moment où le pétale d'une fleur tombe, annonciateur de la mort proche de celle-ci. Puis elle a sorti de notre collection de bols de cérémonie du thé un des plus modestes, dont le bord ébréché et une fêlure telle une balafre au milieu d'un visage ont été réparés selon le procédé *kintsugi*[1] en me disant simplement : « Le *wabi-sabi,* ce sont les anomalies qui ajoutent de la rareté aux choses et les rendent ainsi plus belles. »

Interrogeant ma mémoire, j'y ai trouvé cet instant fugace lorsque, dînant dans un *ryõtei*[2] célèbre de Tokyo, on me servit en fin de repas une seule fraise coupée en deux posée sur une coupelle de laque. Sa couleur rouge vif tranchait sur le noir vibrant de la laque. Son goût exquis me fit regretter qu'il n'y en n'eût qu'une. Puis je compris que c'était précisément cela, l'essence du *wabi-sabi* : le souvenir exquis que je garderais du frugal moment de bonheur de cette dégustation.

---

1. Procédé de réparation des céramiques au moyen de laque saupoudrée d'or, d'argent ou de platine.
2. Restaurant traditionnel.

Et me voilà donc, les jambes dans le *kotatsu*[1] de notre demeure de Kamakura, dans cette pièce à tatamis où j'ai écrit tant de lignes. Dehors, une pluie battante rend la verdure de notre jardin subitement plus lumineuse ; elle en est devenue comme fluorescente.

Je laisse mon esprit flâner entre les branches du grenadier volontairement non taillé qui cette année porte tant de fruits, sur les taches de sang des fleurs du *sarusuberi* éparpillées sur le gazon, au-delà de la barrière symbolique de bambous mal équarris et plantés de guingois, où un délicat tapis de mousses folâtre librement entre les racines des érables.

Je médite sur cette douce tristesse accompagnée du soulagement de la tâche accomplie qui flotte en moi devant ce *Dictionnaire amoureux* dont je sais à quel point il reste inachevé, imparfait et à tout jamais incomplet.

Je savoure enfin l'humble bonheur de cette soudaine légèreté sur mes épaules tandis que mon cœur est lourd du remord de l'échec.

Et je me laisse bercer par le temps qui passe, symbole de la vacuité de toute chose.

Washi (和紙) – Papier japonais

À la différence du papier fabriqué à partir de pulpe de bois que nous connaissons en Occident, le *washi* (littéralement « papier japonais ») est confectionné avec des fibres tirées du lin, du chanvre, de l'écorce de l'arbuste

1. Voir l'entrée « *Kotatsu* ».

ganpi, ou pour une qualité inférieure de celles des buissons de *kōzo* (« mûrier à papier »).

Unique au Japon, il est répertorié par l'UNESCO au titre de Patrimoine culturel immatériel.

Grâce aux longues fibres qui le composent, le *washi*, bien que fin et souple, est particulièrement résistant et a une longue durée de vie. On dit qu'il peut se conserver plus de mille ans.

Le plus vieux document en *washi* est un registre dans lequel sont enregistrées des naissances depuis l'an 296. Il se trouve dans le Shōsō-in, la maison du trésor du Tōdai-ji, le grand temple de Nara.

Il est cité dans le *Kojiki*, « Chronique des temps anciens », comme étant présent au Japon depuis 285. Sa production intensive débute dès le VIIIe siècle.

Il est donc utilisé depuis plus de dix-sept siècles pour toutes sortes de fonctions : dans le domaine artistique, base des estampes ou des rouleaux de calligraphie ; pour des objets usuels tels qu'ombrelles, éventails, origami, jouets ; pour confectionner des kimonos, des *futons*[1], des objets de culte et même des statues de Bouddha ; dans l'architecture traditionnelle pour les *shōjis* et les *fusuma* dont la taille est immuable ; pour la correspondance, avec des qualités différentes selon qu'il était destiné pour les hommes qui écrivaient en *kanji*[2] sur un papier plus épais ou pour les femmes qui utilisaient l'écriture phonétique *hiragana* sur un papier moins lisse, légèrement ridé, plus fin – le manuscrit original du *Dit du Genji* de Murasaki Shikibu fut rédigé sur cette qualité de *washi* ; ou bien encore pour les billets de banque durant l'ère Meiji ou des membranes de haut-parleurs au XXe siècle.

1. Voir l'entrée « *Futon* ».
2. Voir l'entrée « Écriture ».

Mais il est trop fragile pour l'imprimerie et, à l'ouverture du pays au monde au XIXe siècle, le papier dit « occidental » *yōshi* l'a largement supplanté.

La fabrication du *washi* fait partie de ces miracles de l'artisanat japonais. Elle est longue, complexe, délicate, laborieuse, pénible et totalement manuelle.

Il faut tout d'abord faire bouillir les plantes afin de faciliter l'épluchage des écorces et de n'en garder que les fibres. Après séchage, il faut de nouveau mettre ces fibres à bouillir dans une eau mélangée à de la cendre pour un lessivage éliminant amidon et matières colorantes. Enfin, elles sont plongées dans un cours d'eau claire afin de les débarrasser de la cendre et des impuretés et achever de les décolorer. L'eau doit être aussi pure et froide que possible pour éviter le développement de bactéries qui les décomposeraient. De plus, le froid les contracte, les rendant plus résistantes.

La pulpe est alors passée un nombre de fois important sur un tamis qu'on agite afin de répartir le plus uniformément possible les fibres.

Il y a plusieurs sortes de *washi,* car on peut le fabriquer virtuellement à partir de n'importe quels arbres, plantes ou graminées. Quatre types dominent :

Le *ganpishi*, légèrement brillant et doux au toucher, utilisé principalement pour les livres et la confection d'objets ;

Le *kōzogami*, à la résistance proche d'une étoffe, qui peut être imperméable à l'eau s'il est correctement traité. On l'utilise notamment pour fabriquer les ombrelles ;

Le *mitsumatagami*, au grain ivoire fin, qui sert pour la calligraphie et fut utilisé pour imprimer les billets de banque ;

Le *sugiharagami*, à base de fibres tirées du cèdre du Japon, qui donne un papier très fin, translucide quand il n'est pas coloré.

Jusque dans les années 1940, on dénombrait 16 000 ateliers de fabrication. Ce nombre a drastiquement diminué. Selon un rapport du METI[1], il restait en 2013 moins de 60 unités de production de *washi*. Sur les dix dernières années de statistiques disponibles, une diminution de 40 % des ateliers de fabrication et une baisse de plus de 50 % du chiffre d'affaires ont été enregistrées.

Comme toutes les industries traditionnelles japonaises, confites dans leur mécanique répétitive traditionnelle, juste soucieuses de la transmission du savoir-faire du maître, les métiers du *washi* n'ont pas su innover, transformer leur technique ni imaginer de lucratifs nouveaux débouchés.

Tous ? Non, pas tout à fait.

Une personne a fait souffler un vent de fraîcheur sur cet artisanat. Elle a bousculé ses règles, modernisé les procédés, imposé une nouvelle esthétique, ce qui lui a offert de nouvelles perspectives et ouvert des débouchés inédits, y compris à l'étranger.

Cette personne est une de mes grandes amies. C'est une belle jeune femme vive et élancée aux cheveux coupés court, Horiki Eriko.

Née en 1962 à Kyoto, Eriko décida d'entrer dans la vie active au plus tôt pour offrir à sa vie le plus d'expériences possible. Au lieu d'aller à l'université, elle rejoignit directement après ses études secondaires une banque dans laquelle elle gravit les échelons un à un.

1. Ministère de l'Économie, du Commerce et de l'Industrie.

Quatre ans plus tard, elle fut approchée par un client qui lui demanda de le rejoindre pour s'occuper de la comptabilité de la société de *washi* qu'il venait de créer. Un jour qu'elle visitait un des ateliers dans le cadre de ses fonctions, elle assista au labeur des artisans. Fascinée, elle se mit à apprendre le métier auprès d'eux à ses heures perdues puis à les aider. L'entreprise fit, hélas, faillite deux ans plus tard. Ne voulant pas que tous les efforts fournis disparaissent et que les ouvriers se retrouvent sans travail, elle parvint à convaincre un grossiste en kimonos de reprendre les activités de la défunte entreprise et de lui en confier la responsabilité. C'était en 1987. Elle traversa divers orages et son patron fut plusieurs fois à deux doigts de supprimer cette activité qui restait désespérément déficitaire.

Elle le persuada cependant de la laisser persévérer.

Elle se lança alors dans des opérations de promotion effrénées du *washi*, confiant le matériau à des artistes et des designers afin d'obtenir une large couverture de presse. Petit à petit les affaires se développèrent et, en l'an 2000, elle put voler de ses propres ailes en fondant sa société, Horiki Eriko Associates.

D'un artisanat désuet, elle a transformé le *washi* en art.

L'artisanat traditionnel confinait la fabrication du *washi* à des petites tailles immuables – au maximum l'unité de surface traditionnelle des tatamis, 1,80 × 0,90 mètre – selon des motifs et des coloris ennuyeux. Grâce à sa candeur et à son ingénuité, Eriko se lança dans des expériences inédites. Elle eut l'idée révolutionnaire de réaliser des vastes surfaces de papier, jusque 15 mètres de longueur. Elle créa les outils appropriés, grands bacs en inox peu profonds, larges tamis équipés de systèmes de poulies et de cordes pour les déplacer, les immerger dans l'eau, afin d'étaler et de remuer la pulpe dessus plus aisément. Malgré tout cela, il faut une dizaine d'ouvriers et d'artistes pour réaliser une seule de ses grandes pièces de *washi*.

Elle rencontra d'innombrables complications d'ordre technique. Par exemple, sur de si grandes surfaces, la pulpe se constellait de bulles d'air. Elle trouva un moyen de les éliminer : dans le même temps qu'elle remuait le tamis, quand elle repérait la formation d'une bulle, elle en aspirait l'air au moyen d'une paille. Par ailleurs, elle dut revoir les concentrations de pulpe, les larges feuilles de papier ayant tendance à se déchirer sous leur propre poids.

Comme ces larges tailles lui permettaient de laisser libre cours à son imagination, elle procéda à des inclusions : des tiges, des éteules, artistiquement déployées ou torsadées en lignes géométriques ou au contraire aléatoires, des semis de matières végétales chatoyant aux contre-jour, des superpositions de tons différents, des jeux d'opacité et de transparence. Elle provoqua des « accidents » volontaires, des trous, des protubérances, des tourbillons. Elle étudia le moyen de renforcer la durabilité de ses créations en les glissant entre deux parois de verre dont elle travailla la composition avec des maîtres verriers afin d'éviter les reflets. Comprenant que la lumière donne vie au *washi*, elle apprit à jouer des jeux entre la clarté et l'ombre. Elle collabora avec de grandes marques, comme Baccarat avec lequel elle créa un lustre mariant cristal et papier.

Son showroom high-tech en plein centre de Kyoto est un émerveillement : les panneaux de ses réalisations glissent sur des rails, illuminés par transparence par des spots de couleurs et d'intensités différentes. On a l'impression d'évoluer au cœur d'une lanterne magique.

Grâce à toutes ces audaces, de nouveaux débouchés se sont offerts à elle.

Son papier pouvait dorénavant être utilisé pour des sculptures, des grands luminaires, des vitraux, en panneaux ou sur de larges surfaces murales, en transparence ou en opacité.

On trouve ses réalisations par exemple dans les aéroports de Narita et d'Haneda, sur les grands vantaux des salons de réception de la résidence de l'ambassade de France à Tokyo, dans le lobby de l'hôtel Peninsula de Hong Kong et de celui de Tokyo, l'Intercontinental à Osaka, illuminant le centre commercial de Nagoya de ses immenses montgolfières.

Elle a récemment collaboré avec Yo-Yo Ma à la réalisation d'un décor de 14 mètres de long sur 4 de haut pour sa tournée mondiale de concerts « Route de la Soie ».

En 2018, devant rénover la salle du restaurant Beige Alain Ducasse au sommet de la tour de notre entreprise, avec l'accord de l'architecte Peter Marino j'ai demandé à Eriko d'imaginer des partitions amovibles placées entre les tables pour réaliser des alcôves intimes, des grands paravents en zig et zag pour isoler deux espaces et de petits panneaux en bas des larges baies vitrées donnant sur l'avenue de Ginza afin de cacher la vue peu esthétique sur les toits chargés des machineries et des tuyauteries de conditionnement d'air de l'immeuble en face du nôtre. Les panneaux blonds rappelant une des couleurs favorites de Gabrielle Chanel pris en sandwich entre deux parois de verre sont illuminés par des rails de LED placés à leur base. Le soir, l'effet est féerique. Les partitions semblent flotter, irréelles, entre les tables. La lumière qui en émane est douce et flatteuse aux visages, un peu comme la flamme d'une bougie. La modernité de l'ensemble est étonnante, d'une élégante sobriété. La touche est japonaise sans exotisme exagéré.

Un jour, retrouvant l'arbre généalogique de sa famille, Eriko découvrit qu'un de ses ancêtres avait été un artisan de *washi*. Elle fut à peine étonnée, tant elle avait eu le sentiment d'être « appelée » lorsqu'elle avait vu pour la première fois les ouvriers travailler le *washi* dans l'entreprise qui l'employait.

Le destin est facétieux.

Xénophobie (外国人排斥)
– *Gaikokujin haiseki*

La lettre « x » n'existant pas en langue japonaise, il s'en est fallu de peu que ce dictionnaire soit orphelin d'une occurrence sous ce graphème.

La xénophobie du Japon m'a sauvé.

Cette phobie se définit comme « ce qui est hostile à l'étranger ». En japonais, le mot se compose d'idéogrammes sans ambiguïté :

外国人 : *Gaikokujin* = « étrangers », littéralement « gens en dehors du pays » ;

排斥 : *Haiseki* = « exclusion, expulsion ».

La xénophobie japonaise est donc purement et simplement l'exclusion, l'expulsion de l'étranger sans s'embarrasser de passer par la case « hostilité ».

Soyons honnêtes, les Japonais ne sont pas racistes, du moins pas comme leurs voisins chinois qui ne supportent pas une couleur de peau différente de la leur, méprisent d'autres comportements que les leurs, ne daignent pas porter leur regard sur une autre culture que la leur et répriment systématiquement les religions venues d'ailleurs.

D'autres penseront que la nuance entre racisme et xénophobie est tellement ténue que l'un ne va pas sans l'autre. Trop subtils et courtois pour manifester une aversion manifeste à l'encontre des étrangers, les Japonais ont délibérément choisi d'être xénophobes plutôt que racistes.

C'est une attitude plus intellectuelle donc moins facile à déceler.

Il faut reconnaître que l'étranger a longtemps été source d'ennuis au Japon :

— Les voyageurs revenus de Chine au VIe siècle ramenant dans leurs bagages le bouddhisme qui bouscula l'animisme truculent du shintoïsme avant qu'un *modus vivendi* fût trouvé, permettant aux deux confessions de cohabiter pacifiquement ;

— L'armada mongole de Kubilaï Khan qui par deux fois tenta d'envahir cet insolent groupuscule d'îlots aux marges de l'Empire, une première fois en 1274 avec 23 000 soldats et 800 navires repoussés par miracle, puis une seconde fois au printemps 1281 avec deux armadas, celle de l'Est composée de 40 000 marins sur 900 vaisseaux et celle du Sud avec 160 000 soldats sur plus de 3 000 navires, toutes deux détruites par un typhon salvateur ;

— Les évangélisateurs portugais au XVIe siècle avec leur doctrine trop facile à adopter, à l'origine de la fermeture *sakoku* du Japon durant 280 années ;

— Les bateaux noirs du commodore Perry en 1853 et en 1854 qui forcèrent le Japon à s'ouvrir au monde ;

— La défaite de la guerre du Pacifique avec l'occupation des troupes américaines sur une terre restée inviolée depuis vingt siècles.

La xénophobie ici se manifeste avec délicatesse, on serait tenté de dire avec raffinement. La définition de celui qu'on « expulse » et « exclut » est claire : c'est le *gaijin* (外人), l'homme (*hito*, 人) venu de l'extérieur (*gai* ou *soto*, 外). Le *gaijin*, c'est celui qui ne peut comprendre la langue, les coutumes, la culture japonaises quels que soient les efforts produits pour les assimiler.

Par ailleurs, le *gaijin* est repérable entre tous dans ce pays d'une homogénéité dérangeante, avec sa chevelure blonde qui le fait ressembler à une drôle de poupée, ses taches de rousseur *sobakasu* jugées disgracieuses, ses yeux bleus « qui donnent mal au cœur » et son odeur qu'il masque de parfums écœurants. C'est comme un clou qui dépasse tellement que plutôt que de tenter de l'enfoncer, il est préférable de l'arracher et de le [re]jeter.

Un vieux prêtre français vivant au Japon depuis plus de soixante ans me glissa un jour le conseil suivant :

« Petit, le matin quand tu te lèves, n'omets jamais de te regarder dans la glace pour te rappeler que tu ne pourras jamais prétendre être japonais. Ceux qui l'oublient vivent misérablement. Ils ne comprennent pas pourquoi ils ne sont pas assimilés, car il n'y a aucune manifestation visible de leur éviction ! »

La xénophobie intelligemment tempérée au quotidien apparaît au grand jour aussitôt qu'un étranger prétend s'immiscer dans la culture locale :

+ Expliquez à un ami japonais pourtant bienveillant que vous avez construit un pavillon de thé, il lèvera un sourcil dubitatif et en fera la visite avec condescendance. Il lui sera difficile d'admettre que les nombres d'or de l'architecture traditionnelle puissent avoir été assimilés par leur ami étranger et qu'il ait compris l'esprit *wabi-sabi*.

+ Osez écrire un roman autour de protagonistes japonais, on vous lira « avec mépris » (si on vous lit), car il est évident que vous ne pouvez exprimer leurs sentiments correctement.

+ Demandez une explication sur un comportement que vous ne comprenez pas à votre épouse japonaise, elle vous répondra inévitablement qu'il est inutile de vous l'expliquer, car un étranger ne pourra jamais comprendre (« *setsumei shite mo gaijin wa zettai rikai dekinai* »).

Et bien évidemment tout ceci n'est rien comparé à la xénophobie administrative.

Enfin, signalons cet alphabet *katakana*[1] inventé pour exprimer les mots ou les concepts empruntés à l'étranger ! Bien que patiemment japonisés, ils n'en restent pas moins aux frontières de l'acceptable !

1. Voir l'entrée « Écriture ».

Y

Yabusame (流鏑馬) – Tir à l'arc à cheval

(Ou comment marier deux disciplines *a priori* incompatibles)

Prenez un cheval lancé au grand galop sur une piste en terre battue de 255 mètres de long.

Mettez dessus un cavalier qui doit tirer trois flèches sur trois minuscules cibles dans le laps de temps particulièrement court de cette course.

Vous avez le *yabusame*, discipline inventée à l'époque de Kamakura par le *shōgun* Minamoto no Yoritomo afin d'entraîner ses *samouraïs* aux techniques de tir à l'arc. Il intima l'ordre à un de ses vassaux, Ogasawara Nagakiyo, de créer une école de tir à l'arc. Ma bonne ville de Kamakura est donc le berceau de cette discipline. Son trente-deuxième descendant, Ogasawara Kiyomoto, supervisé par le *sōke*[1] de la famille, son père Kiyotada, dirige toujours l'école. Il me faut toutefois signaler qu'il

1. Chef de clan, chef de famille.

existe une autre école créée au IXe siècle par Minamoto Yoshiari, l'école Takeda.

Plutôt qu'un simple art martial, le *yabusame* est une discipline spirituelle au même titre que le *kyûdo*, cet autre art martial du tir à l'arc, réclamant comme lui une concentration et un contrôle de soi rigoureux proches de la pratique du zen[1]. Il est pratiqué au printemps et à l'automne dans l'enceinte du sanctuaire Tsurugaoka Hachiman à Kamakura ou celle du Shimogamo jinja à Kyoto.

Mais il ne faut surtout pas confondre ce rituel sévèrement codifié à forte connotation religieuse avec les activités du « Sports *yabusame* » qui trouvent leur apothéose lors d'un championnat du monde tapageur, lequel ne se déroule pas dans les enceintes sacrées des sanctuaires. Il y a autant de différence entre un cavalier voué à ce *yabusame* sportif et un cavalier participant aux compétitions dans l'enceinte des sanctuaires qu'entre un champion de rock'n'roll de *college* américain et une danseuse étoile du Bolchoï.

Il y a quelques années, j'ai eu l'honneur de diriger la parade solennelle précédant le concours d'automne au sanctuaire Hachiman. Vêtu du riche costume de brocard des *bugyõs,* les gouverneurs chargés d'administrer le Japon pour le compte du shogunat à l'ère Tokugawa, huché sur un de ces chevaux trapus utilisés pour la compétition, j'ai caracolé sur la piste de la course devant les édiles locaux et les ambassadeurs étrangers invités. C'était la toute première fois en plus de mille ans qu'un *gaijin* menait cette cérémonie solennelle. Si les déités du sanctuaire furent surprises, elles ne le montrèrent pas. Quant à moi, je me tirai suffisamment honorablement de ma tâche pour ne pas avoir à me faire *seppuku*.

1. Voir l'entrée « *Za zen* ».

Un de mes amis résidant à Kamakura appartient à l'école Ogasawara, très rigoureuse dans ses critères de sélection. Jean Donnadieu, français travaillant chez Nissan, est le seul étranger à pratiquer le *yabusame*. Il est venu du polo, sport qu'il a assouvi de longues années alors qu'il était chez Hermès ; faut-il y voir une relation de cause à effet ! Il m'a un jour expliqué la différence fondamentale entre la pratique de cet art très anglo-saxon quoique originaire de la Perse antique et celle du *yabusame*.

Au polo, le cavalier est très mobile. Tendu sur les étriers, son corps bouge librement de droite à gauche et d'avant en arrière. C'est le haut du corps qui ajuste constamment l'équilibre. Dans le *yabusame*, il faut au contraire descendre le point d'équilibre le plus bas possible sur la selle afin que « tout bouge sauf le corps » et que le cavalier paraisse statique tout en faisant un avec l'animal.

Un bon cavalier de polo ne fait pas nécessairement un excellent cavalier de *yabusame* et la posture seule ne saurait établir la différence. Il faut s'habituer aux selles, aux étriers japonais, au lourd vêtement chamarré, à la coiffe, aux chevaux et à la manière de les diriger. L'apprentissage est donc long et fort douloureux.

Le *yabusame* est l'art équestre sublimé.

Comme pour tout art martial japonais où le succès se joue sur un moment très bref, la concentration doit être instantanée, particulièrement au moment où le cavalier lâche les rênes et laisse le cheval suivre sa course pour prendre la flèche dans le carquois, bander son arc et tirer en criant « *In-yo* » (陰陽, « Obscurité et lumière ») sur la minuscule cible ou la calebasse en terre cuite qui en éclatant si elle est touchée éparpille une myriade de confettis de toutes les couleurs. Tout comme pour le *kyûdo*, viser la cible n'assure pas de la toucher. Il faut en fait « devenir » la flèche en tendant tout son être vers le centre de la cible.

Jean poursuit tous les samedis son entraînement bien qu'il soit un des cavaliers émérites de la Ogasawara-ryû. Nul doute qu'il pourrait rejoindre la légende de ce *samouraï* du clan des Genji, Nasu no Yoichi qui à la fin de la bataille navale de Yashima[1], alors que les survivants du clan Heike réfugiés sur des navires narguaient leurs vainqueurs en les défiant de toucher un éventail qu'ils avaient fixé en haut d'un mât, l'abattit d'une seule flèche.

Yakyū (野球) – Base-ball

Un ami me demandait récemment quel est le sport le plus populaire au Japon. Quand je lui répondis sans hésitation que c'était le base-ball, il répliqua :

« Je vois ! Les Américains le leur ont imposé pendant l'occupation après la Seconde Guerre mondiale ! »

Eh bien non. Ce sport est en fait arrivé bien plus tôt, dès l'ouverture du pays au monde moderne au début de l'ère Meiji, exactement en 1871, donc à peine vingt-six ans après que les règles modernes du jeu avaient été édictées dans son pays d'origine. Un jeune professeur américain du nom de Horace Wilson, enseignant l'anglais à l'école Dai Ichiban Chugaku, l'ancêtre de la prestigieuse université de Tokyo, Tōdai, apprit à ses élèves à jouer au base-ball. Cela aurait pu n'aller guère plus loin qu'un divertissement

1. La bataille de Yashima eut lieu le 22 mars 1185. La prouesse de Nasu no Yoichi est célèbre.

d'écoliers, mais en fait ce sport devint assez rapidement populaire. En 1878, un ingénieur des chemins de fer qui a étudié un temps aux États-Unis, Hiraoka Hiroshi, crée la première équipe de base-ball digne de ce nom, le Club athlétique de Shimbashi. En 1896, à la grande surprise des Japonais eux-mêmes, l'équipe de la Dai Ichiban Chugaku bat l'équipe américaine du Club des Étrangers de Yokohama à plate couture par un score de 29 à 4, et la même année, lors de sa première participation à un tournoi officiel, le Japon réalise le score impressionnant de 32 à 9 contre l'équipe américaine.

Les Japonais découvrent qu'ils peuvent battre les diables d'étrangers dans une de leurs propres spécialités !

À dater de ce jour, le base-ball prend son véritable essor au Japon. De sport d'université il s'élargit aux lycées et en 1915 le tournoi national interlycées *kōkō yakyū* est lancé. Rapidement, des équipes d'entreprises s'y mettent et en 1927 se joue le premier tournoi intervilles à Tokyo. La Ligue professionnelle de base-ball est créée dans la foulée en 1930. Réalisant l'engouement du peuple japonais, les grands quotidiens se lancent dans sa promotion : le journal *Yomiuri* avec son équipe les Giants, tandis que son rival l'*Asahi* s'approprie le sponsor du tournoi interlycées, finissant d'ancrer la popularité de ce sport dans la société japonaise. Elle ira en s'élargissant avec l'apparition des médias modernes, radio puis télévision. De nos jours, il n'y a pas un journal télévisé qui n'y consacre de longues minutes dans sa rubrique des sports en traquant le moindre match dans tout le pays. Le tournoi interlycées, en mars et au mois d'août, occupe tout l'espace médiatique. C'est en effet là que se jouent des enjeux bien plus importants que l'obtention de la prestigieuse coupe par une école de province parfois obscure se retrouvant sous les feux de la rampe : les meilleurs joueurs adolescents au visage couvert d'acné juvénile, auréolés d'une soudaine gloire nationale, ont le choix entre rejoindre une université prestigieuse, une entreprise possédant une équipe ou directement la Ligue professionnelle. Les tractations des propriétaires et des *coaches* des Lions des grands magasins Seibu, des Giants du journal *Yomiuri*, des Hawks de Softbank, des Golden Eagles de l'Amazon japonais Rakuten ou encore des Carps de la ville d'Hiroshima pour attirer les jeunes prodiges sont des feuilletons à rebondissements dignes des meilleures séries de Netflix qui tiennent en apnée des pans entiers de la population avec négociations tenues secrètes, échanges de dernière minute, voire coups de Jarnac.

Les grands entraîneurs américains suivent tout cela avec intérêt afin de repérer la prochaine perle japonaise qui rejoindra les meilleures équipes du continent tels le légendaire Suzuki Ichiro, « Ichiro », qui a joué pour les Yankees de New York, les Mariners de Seattle et les Marlins de Miami ou le non moins fameux Matsui Hideki, dit « Godzilla ».

On pourrait se demander pourquoi la greffe du base-ball a pris aussi vite pour devenir un élément incontournable du paysage japonais entre mille activités sportives occidentales bien plus excitantes que cet ersatz du cricket, pratiquement aussi ennuyeux que son aîné et qui n'a pas fait beaucoup d'émules en Occident, à part Cuba et quelques satellites américains.

Une explication avancée par les Japonais eux-mêmes est que le base-ball, contrairement à de nombreux sports occidentaux (football, rugby, volley-ball, etc.) où deux équipes dont chaque élément participe d'une stratégie et de tactiques globales s'affrontent, est principalement un duel entre deux individus, le *pitcher*, « le lanceur », et le *batter*, « le frappeur ». Accessoirement, dans le même camp que le lanceur se trouve, derrière le frappeur, le *catcher*, « le receveur », mais on laissera ce dernier de côté pour la simplicité de la démonstration.

Leur préférence pour cette forme de rencontre viendrait du fait que le pays ne connut pratiquement plus de batailles rangées après l'ère Sengoku, l'époque des provinces en guerre. Jusqu'à l'ouverture du pays au monde près de trois cents ans plus tard, il n'y aura en effet plus que quelques escarmouches insignifiantes ici et là entre groupes, et la majorité des disputes seront plutôt des duels individuels. Les Japonais avaient donc perdu la science et la dynamique des chocs de bloc à bloc et pris goût pour une approche plus fine et plus rouée des affrontements. Le base-ball où le lanceur va user de stratagèmes, de feintes et de ruses subtils pour lancer sa balle contre le frappeur a donc séduit un peuple peu belliqueux, plus enclin aux rencontres raffinées reposant sur l'observation des forces et des faiblesses de l'adversaire qu'aux brutaux chocs frontaux de deux blocs antagonistes.

Pour ma part, j'ai une autre explication qui n'est cependant pas antinomique de la première. Je l'ai imaginée en observant le rythme des arts martiaux et des sports traditionnels japonais, *judo*, *aïkido*, *karaté*, *kendo* ou le *sumo*, puis en me rendant un jour à un tournoi interécoles auquel le journal *Asahi* m'avait invité au fameux stade Kōshien de Nishinomiya. Ne connaissant pas les règles absconses du jeu, je trouvai la cadence du jeu particulièrement ennuyeuse : il ne se passait rigoureusement rien sur la pelouse et le triangle de sable du stade pendant de fort longs moments. On se demandait si les joueurs, parsemés d'une façon qui m'apparaissait parfaitement aléatoire, voire illogique, plantés tels des piquets ici et là sur la vaste surface, où il était impossible de discerner qui était contre qui, ne se morfondaient pas eux-mêmes dans leur inaction. On en voyait même une majorité mâcher nonchalamment un chewing-gum. La rumeur de la foule dans les gradins, les battements de tambour et les coups de sifflets des fanfares de supporteurs, tout cela finissait par engourdir l'esprit et rendre indolent.

Soudain, avant qu'on comprenne trop ce qui avait pu engendrer le mouvement, tous ces petits bonshommes en casquette se mettaient à courir dans tous les sens sans qu'on puisse discerner après qui, après quoi, vers où et dans quel but. Puis, tout aussi soudainement, ces aimables petits soldats de plomb arrêtaient de s'agiter et l'attente reprenait jusqu'à ce que se répète sur la pelouse un nouveau remue-ménage semblable au précédent qui durait quelques courtes secondes, tout aussi inattendu et inexplicable. Les ovations déchaînées des spectateurs indiquaient pourtant à chaque fois qu'il s'était passé quelque chose, mais quoi ?

On aura deviné à cette description particulièrement inique du déroulement typique d'une rencontre de base-ball ma mauvaise foi à l'encontre de ce sport, dont j'avouerai que je ne me suis jamais donné la peine d'en étudier les règles. Mais cette observation quelque peu cynique m'aura permis de mieux appréhender les raisons profondes de la réussite surprenante de ce sport au Japon.

D'abord dérouté par la cadence syncopée du match, alternance de longues périodes d'observation, peut-être de réflexion, en tout cas d'inaction, et d'engagements *flash*, de concentrés d'actions courtes particulièrement rapides déterminant le cheminement vers la victoire, j'ai fini par réaliser que le base-ball fonctionne exactement au même rythme que le *kendo* ou le *sumo* : les adversaires se jaugent, se mesurent du regard, se toisent pendant de longs moments avant de se précipiter l'un contre l'autre en un contact intense, de la brièveté de l'éclair, lors duquel tout se joue.

J'ai alors compris que tous ces sports sont parfaitement adaptés à la constitution originelle des Japonais, autrefois de petite taille et peu résistants à cause de leur régime alimentaire à base de riz, avec quelques légumes mais fort peu de poisson et pas de viande, donc peu riche en protéines permettant l'effort prolongé que réclame, par exemple, le football.

Ils ont donc trouvé dans le base-ball le rythme syncopé offrant les plages de récupération convenant à leurs capacités physiques.

Si vous flânez le dimanche dans le quartier résidentiel de n'importe quelle ville au Japon, il y a de fortes chances pour que vous croisiez un papa lançant inlassablement à son enfant une balle que celui-ci, affublé d'un gant de base-ball trop grand pour sa menotte, rattrape. C'est le

Catch Ball, jeu auquel rêvent de jouer, avec le fils qu'ils auront, tous les pères en puissance.

Alors vous aurez compris que le rugby, même si lors de la Coupe du monde de 2019 l'équipe japonaise fut gratifiée d'un parcours plus qu'honorable, n'est pas près de détrôner le base-ball au Japon…

Yakuza (やくざ)

Voici au moins un mot qu'il n'est pas nécessaire de traduire en français. Le très célèbre cinéaste Kitano Takeshi[1] a suffisamment popularisé la figure du gangster japonais dans ses films *Sonatine* ou *Hana-bi* pour qu'il soit compréhensible tel quel en France.

L'étymologie du terme proviendrait de l'univers des joueurs professionnels chez lequel *ya-ku-za*, littéralement « huit-neuf-trois », désignait une combinaison perdante au jeu. Il a pris sa signification actuelle au tournant du XXe siècle.

À l'ère Tokugawa[2] au début du XVIIe siècle, quand les villes connurent un essor inégalé dans le monde, une économie marchande accompagnée de la généralisation de la monnaie se mit en place dans cette mouvance. Les jeux d'argent, interdits dans le Japon contemporain, se développèrent considérablement avec la passion viscérale des Japonais pour toutes sortes de joutes accompagnées de paris, y compris dans les arts nobles comme la Voie du

---

1. Voir l'entrée « Kitano "Beat" Takeshi ».
2. Voir l'entrée « Sandai Bushō ».

thé ou celle de l'encens. Le monde de la criminalité s'empara très vite de cette activité fort lucrative des joueurs professionnels, les *bakuto*.

Comme le décrit le journaliste Philippe Pons dans son excellent ouvrage *Misère et crime au Japon du* XVIIe *siècle à nos jours*[1] traitant du sujet, le pouvoir shogunal eut bientôt recours à la voyouterie pour encadrer le flux de main-d'œuvre de plus en plus conséquent dont il avait besoin pour les grands travaux de construction des villes, à commencer par l'expansion d'Edo. Ainsi, la collusion de la mafia japonaise avec le pouvoir politique du XXe siècle est-elle la lointaine descendante de cette pratique.

Petit à petit, cette délinquance se structura autour d'un système épousant les structures claniques du Japon. Elle se recrutait parmi les innombrables individus que la rigidité des castes avait déclassés, rejetés ou tout simplement ignorés, *mushukunin* (« sans domicile ») et autres *hinin* (« non-humains »).

Plutôt en marge qu'au ban de la société, ils suscitaient une admiration craintive dont Philippe Pons nous explique avec clarté la genèse :

« Le *yakuza*, défiant la loi, c'est-à-dire l'ordre des puissants, incarnait l'antipathie du petit peuple à l'encontre de ses maîtres. [...] Le truand cristallisait par son comportement déviant une somme de refus individuels, voire des aspirations à l'insoumission. »

C'est un fait que les Japonais portent au fond de leur cœur un désir de déviance secrète que la rigidité de l'emprise sociale ne leur permet pas d'exprimer. Ceci explique la sympathie non avouée ou tout au moins la tolérance de la société japonaise pour les mouvances atypiques telles que les *yakuzas*, les bandes de motards rebelles *bōsōzokus*

1. Gallimard, NRF.

ou pour des groupes autant pittoresques qu'inoffensifs, tels que les « pousses de bambou », *Takenoko zoku*, des années 1980 ou plus tard les jeunes filles *Gothuloli* (Lolitas gothiques).

Tous ces individus revendiquent leur appartenance à leur *tribu* en se conformant à sa liturgie. Ils se positionnent clairement dans leur case sur l'échiquier de la société, par exemple en adoptant les codes vestimentaires propres à leur groupe. Dans le cas des *yakuzas*, cette appartenance se traduit par le fort sentiment d'un destin partagé dont on ne peut plus s'échapper.

Aussi les *yakuzas* développèrent au fil du temps leur propre éthique, leurs codes, leurs rites et bien évidemment leur esthétique. Ils empruntèrent certains traits à la classe des guerriers, car des *rōnins*, *samouraïs* errants sans maître, avaient rejoint leurs rangs. Ainsi se forgea la légende de loyauté, d'honneur et d'endurance à laquelle la filmographie a largement contribué.

Les valeurs qui animent les *yakuzas* se retrouvent étonnamment dans celles régissant la société japonaise :

— Une hiérarchie rigide basée sur la relation *oyabun-kobun* (« chef-subalterne ») qui n'est pas sans rappeler celle entre le *sempai* et le *kōhai* (« aîné » et « cadet ») en université ou dans l'entreprise, supposant respect, obéissance et loyauté du subordonné ou du puîné mais également une obligation de protection et de responsabilité dans l'autre sens. Cette interdépendance tisse des liens de nature personnelle extrêmement forts, car c'est une sorte de parenté ou de fraternité choisie ;

— Le concept d'adoption, qui dans la société civile donne, par exemple, au gendre ayant pris le nom de sa femme priorité sur le fils qui a quitté le foyer familial, qui a tranché les liens (*En wo kiru*) ;

— La prévalence de la collectivité sur l'individu ;

— L'endurance *Gaman* ;

— Le rituel de l'échange des coupes de saké devant un témoin *nakōdo* lors de la cérémonie d'intégration d'un nouveau membre au groupe lui-même rappelle celui appelé « *San San Kudo* » des mariages *shintô*.

Finalement, ces marginaux sont terriblement conformistes !

Bien entendu, certains de leurs rites les démarquent sérieusement du commun des mortels. Ainsi de la pratique du tatouage *irezumi*, qui souligne la rupture avec la société, ou le fameux *yubitsume*, l'amputation de l'auriculaire en signe de contrition, pour réparer une faute ou effacer une offense, pratique relativement courante à l'époque d'Edo. En effet, la section des doigts rendait l'usage du sabre difficile et accentuait la dépendance à l'*oyabun*. Ce folklore encore courant dans les années 1970, quand environ 50 % des *yakuzas* étaient amputés d'une voire de deux phalanges et 80 % d'entre eux étaient tatoués, a pratiquement disparu de nos jours.

Dans les années délétères de révoltes et de désordres sociaux qui précédèrent l'avènement de l'ère Meiji, les bandes de hors-la-loi commencèrent à s'organiser, naviguant entre les fidèles à l'ordre shogunal et ceux soutenant le mouvement réformateur. Après la réforme de Meiji, visés par les autorités qui les considéraient comme un danger, les *bakuto* rejoignirent les rangs d'agitateurs politiques qu'ils accompagnèrent dans leurs tentatives de déstabilisation du pouvoir.

C'est à la fin du XIXe siècle et au début du XXe que se produira le glissement progressif du gangstérisme au service du régime pour réprimer les syndicats naissants, encadrer le nouveau prolétariat ouvrier et en profiter pour prendre le contrôle des filières de travail chargées de recruter la main-d'œuvre pour les usines.

Des organisations liées à l'extrême droite comme la Société de l'Océan noir « *Genyōsha* » ou la fédération Kokuryûkai, qui regroupait soixante mille vauriens de tous acabits, se formèrent à cette époque. Dans les années 1930-1940, ce nationalisme exacerbé fut utilisé par le pouvoir militariste en Asie, plus particulièrement en Chine et en Corée. Ainsi, de nombreux *yakuzas* s'enrichiront durant l'occupation de ces deux pays tout en servant les militaires, s'auréolant ainsi d'un patriotisme qui leur sera bien utile au lendemain de la guerre. Ils seront notamment utilisés par les autorités d'occupation américaines comme informateurs, voire pour faire le coup de poing contre les mouvements d'obédience communiste. Évidemment, ils se lancèrent dans le contrôle du marché noir et reprirent leur commerce antérieur du racket, des jeux et le contrôle du marché du travail.

Certains de ces voyous connaîtront une seconde vie proche du camp conservateur au pouvoir, tels que Kodama Yoshio[1], qui avait accumulé une fortune en Chine et dont une partie de son trésor de guerre servira à financer la création du Parti libéral-démocrate, le PLD, ou Sasakawa Ryōichi qui s'offrit une opportune rédemption et se refit un virginité en créant la Fondation Sasakawa pour la paix, forte dans les années 1980 d'un budget annuel de 500 millions de dollars, dans laquelle il recyclait l'argent des paris des courses de hors-bord sur lesquels il prélevait une importante dîme.

Au lendemain de la guerre, cependant, des bandes d'origine chinoise ou coréenne avaient profité de la faiblesse de la police démantelée par les Américains pour occuper le terrain de la délinquance. Dans le même

1. Voir l'entrée « Maeno Mitsuyasu ».

temps, une nouvelle génération de voyous, les *gurentai*, fit son apparition. Au lieu des activités traditionnelles spécialisées dans le jeu ou le marché des ouvriers et des journaliers, les *gurentai* trafiquaient les amphétamines, géraient la prostitution des rues et son corollaire, la pornographie. Ils étaient plus violents mais également moins structurés que leurs aînés, qui les absorbèrent petit à petit. Ils furent notamment utilisés par les anciens pour reconquérir les positions perdues au bénéfice des Chinois et des Coréens. En de nombreuses occasions, ces groupes prirent la défense de postes de police attaqués par ces étrangers à Kobe, Kyoto, Osaka ou Tokyo. Ces faits d'armes seront à l'origine de la collusion entre police et voyous. Ainsi, par exemple, les *yakuzas* s'étaient-ils préparés à assurer aux côtés de la police de l'aéroport au centre-ville, la sécurité du président Eisenhower lors de sa visite prévue en 1960[1] en fournissant 18 000 *yakuzas* et 14 000 autres sbires dans leur mouvance.

1. Visite finalement annulée.

J'ai été à la fin des années 1970 le témoin bien involontaire de la clémence de la police japonaise pour certaines des activités considérées non nocives des *yakuzas*.

Je venais de fonder la branche japonaise de la société Givenchy. Nous étions alors préoccupés par l'afflux des contrefaçons de sacs et d'articles de maroquinerie réalisés dans une toile grossièrement siglée du logo de la marque. Aidé d'un cabinet spécialisé, j'étais parvenu à tracer l'origine de ce tissu. Il était fabriqué dans un atelier de la région de Kobe tenu par une branche d'un des syndicats locaux. Un peu inconscient, j'avais rôdé autour du bâtiment malgré les préventions de mon enquêteur et j'avais réussi à prendre à la sauvette quelques photos. Bien naïvement, j'apportai le dossier que nous avions ainsi constitué à la police de la ville. Un commissaire m'accueillit fort civilement, m'écouta courtoisement et après m'avoir félicité pour la qualité de mon japonais, il ajouta :

« Puisque vous savez où cette toile est fabriquée, il ne vous reste plus qu'à aller négocier un contrat ! »

Malgré mon insistance à réclamer une intervention pour confisquer la marchandise dans le cadre de la loi sur les contrefaçons, je reçus une fin de non-recevoir qui m'obligea à engager une lourde et coûteuse procédure dont l'issue resta des plus incertaines.

C'est dans la mouvance de l'après-guerre et du relèvement économique progressif du Japon que naquirent les grandes associations de gangsters comme la fameuse Inagawa-kai dans le Kantõ, la Sumiyoshi-kai ou le Yamaguchi-gumi, dans l'ouest du pays, et une kyrielle d'autres organisations dont le nombre culminera à 5 300 en 1963, fortes de quelque 184 000 membres.

Dirigés par de fortes personnalités, ces groupes élargiront rapidement leur champ d'activités non seulement au contrôle des dockers, mais également à la promotion des spectacles. La célèbre chanteuse Misora Hibari, par exemple, fut lancée par Taoka Kazuo, le charismatique troisième chef du Yamaguchi-gumi, qu'il dirigea du lendemain de la guerre à son décès en 1981. Cette collusion avec le monde du spectacle perdure encore de nos jours.

Si Taoka fut sans contestation un des chefs de gang les plus emblématiques, parvenant à faire d'une petite bande chétive ne comptant qu'une vingtaine de membres en 1946 un groupe puissant de plus de dix mille soldats dans les années 1970, d'autres personnalités se sont imposées dans le paysage des truands, comme Inagawa Kakuji, qui parvint à la même époque à *contrôler* un vaste territoire englobant Tokyo et Yokohama. Ce dernier s'attacha à créer un climat de paix entre les groupes rivaux en nouant des alliances notamment avec Taoka et d'autres *oyakata* et en imposant aux siens la règle de ne jamais importuner les gens ordinaires.

Le Japon lui doit peut-être la non-ingérence de la pègre dans la vie quotidienne des citoyens. Elle apporta même parfois au contraire sa contribution pour les secourir et suppléer ainsi aux défaillances des autorités.

Ce fut le cas à Kobe après le grand tremblement de terre de 1995 lors du chaos qui s'ensuivit. Les autorités japonaises ayant été incapables d'organiser les secours efficacement, les *yakuzas* suppléèrent à leur carence.

Un de mes cousins japonais habitant sur les hauteurs de Kobe tenta, quelque vingt-quatre heures après le séisme, d'aller chercher de l'eau et des denrées de première nécessité. Son vélo creva dans les rues jonchées de débris dont l'asphalte était crevassé. C'est alors que des voyous chevauchant de grosses motos équipées de pneus de cross se réclamant du Yamaguchi-gumi l'encerclèrent.

Ils le prirent en passager et l'accompagnèrent au travers de la ville dévastée et en proie aux flammes jusqu'à un centre de ravitaillement tenu par les truands. Puis ils le raccompagnèrent chez lui et aidèrent sa famille à remettre de l'ordre dans sa maison. Ils revinrent plusieurs jours de suite avec des vivres qu'ils ne firent jamais payer. Ils disparurent aussi soudainement de l'existence de ce cousin qu'ils y étaient apparus lorsque la ligne de vie fut enfin rétablie.

Ma belle-mère pharmacienne qui possédait plusieurs officines dans le quartier populaire d'Asakusa reçut un jour à la fin des années 1960 la visite de jeunes racketteurs qui lui proposèrent leur protection contre rétribution. Elle les renvoya sans ménagements du haut de son 1,50 mètre et de ses 35 kilos. Quelques jours plus tard, l'*oyakata* du district apparut accompagné de ses acolytes. Elle s'attendait à ce qu'il se livrât à une séance d'intimidation, mais c'est le contraire qui se produisit. L'*oyakata* s'inclina devant elle et lui dit :

« Madame, vous avez du courage ! Respect ! Ces deux garçons vont tout de même assurer votre sécurité, mais nous ne réclamerons pas de rémunération pour nos services ! »

Elle déclina poliment l'offre et ne fut plus jamais ni visitée ni inquiétée.

Hélas, les *yakuzas* ne sont pas les chevaliers blancs que décrivent trop souvent les films qui insistent sur le *Jingi*, ce code de l'honneur romanesque du milieu qu'on leur prête.

La branche des usuriers qui a prospéré dans les années 1980 de la bulle économique n'était pas tendre avec les emprunteurs qui ne pouvaient rembourser leur dette. Visites inopinées aux épouses, attente des enfants à la sortie de l'école, manifestations devant les maisons accompagnées de vociférations dans des mégaphones, intimidations plus brutales étaient (et sont encore) légion. Les tragiques *yonige* (« disparitions de nuit »), suicides et autres stratagèmes pour échapper à ces tourments furent et restent nombreux. Nous avons tous entendu parler de familles qui se sont évanouies du jour au lendemain, abandonnant leur maison ou leur appartement en l'état. J'ai eu connaissance de plusieurs histoires de personnes prises dans les rets de voyous, un cuisinier ici, un consultant là, une amie pourtant bien sous tous rapports ailleurs, généralement tombés entre les mains de *sarakins (salaryman kinyû*, « le prêt aux salariés ») sans foi ni loi auxquels ils avaient emprunté des sommes qu'ils ne pouvaient rembourser ou d'hommes d'affaires véreux avec lesquels ils avaient monté des combines ou des trafics dont ils ne parvenaient plus à se dépêtrer.

Les parents déjà âgés d'une de mes amies, issus d'une célèbre famille de *samouraïs* ayant donné à la nation de remarquables administrateurs à l'ère Meiji, qui possédaient un immeuble cossu dans Tokyo dont ils habitaient l'étage supérieur, reçurent un soir la visite d'un gang. L'*oyakata* brandit sous leur nez la reconnaissance de dette de leur fils qui, incapable de rembourser son important emprunt, s'était enfui. On donna à ce pauvre couple deux heures pour signer le legs de leur immeuble au profit du groupe, pour rassembler leurs affaires et pour dégager. Ruinés, détruits, ils ont fini leur vie chez un membre de leur famille dans une petite île de l'archipel. Leur fils n'a jamais réapparu, même s'ils reçurent sporadiquement des signes de vie de sa part.

Une autre de mes connaissances dut quitter précipitamment le Japon avec son compagnon. Celui-ci, galeriste de son état, avait imprudemment vendu à un puissant *oyakata* une toile de maître qui se révéla être un faux. Je fus alerté de la disparition soudaine de cette amie par des relations d'affaires auxquelles je l'avais présentée puis par le propriétaire de son appartement inquiet de n'avoir aucune nouvelle de sa locataire depuis plusieurs semaines. Angoissés à l'idée qu'elle ait pu avoir un malaise fatal, nous avions visité son appartement en compagnie de la police, que nous avions prévenue. La jeune femme paraissait l'avoir quitté la veille, si ce n'était que les denrées dans le réfrigérateur étaient moisies, les meubles recouverts d'une couche de poussière et qu'une cigarette tombée du cendrier avait fini de se consumer sur la table du salon, en auréolant le bois d'une brûlure.

Nous apprîmes des années plus tard que le couple avait dû s'enfuir jusqu'en Amérique latine pour échapper à la vindicte du voyou lésé.

Profitant de la bulle économique des années 1980, les *yakuzas* transhumèrent vers une forme de criminalité beaucoup plus subtile en se coulant dans le monde des affaires. Ils établirent des structures couvrant leurs activités illégales dans tous les domaines, l'immobilier, la construction, le marché boursier et jusque dans les grandes entreprises au travers de sociétés-écrans. Ainsi se superposa au business plutôt « petit bras » du recouvrement de créances des *sarakin* laissé aux voyous de moindre envergure celui des manipulations de colossales sommes d'argent brassées en toute connaissance d'honorables banquiers ou hommes d'affaires, entraînant parfois des entreprises fort respectables dans de retentissantes faillites, comme Itoman, société d'Osaka plus que centenaire manipulée par de grands voyous qui laissa en 1991, lorsqu'elle sombra, une ardoise de plus de 700 milliards de yens (5,7 milliards d'euros).

La collusion entre le monde des affaires et les *yakuzas* se poursuivit dans une semi-légalité, comme par exemple au travers des *sõkaiyas*, groupes de voyous détenant un petit nombre d'actions souvent vendues sous le manteau par les entreprises à des cotations défiant toute concurrence, ce qui leur permettait de s'enrichir tout en rendant service aux assemblés générales d'actionnaires en intimidant par leur présence les porteurs d'actions récalcitrants qui auraient pu poser des questions gênantes aux membres du conseil d'administration. Dans les années 1990, on considère que plus d'un quart des grandes entreprises entretenaient une relation avec une *sõkaiya* qui en échange d'actions et d'une rétribution ponctuelle assurait la bonne tenue des assemblées, aidant à évacuer de l'ordre du jour les questions embarrassantes, occupant tout le temps de parole, bloquant des résolutions inopportunes ou au contraire recourant à l'intimidation pour faire passer celles jugées importantes par le conseil.

Les grandes *sõkaiyas* avaient des pouvoirs considérables, comme j'en fis l'expérience au début de ma carrière professionnelle au Japon.

Je venais de reprendre la direction du modeste bureau de représentation d'un grand nom de la parfumerie française. Mon rôle consistait à épauler l'agent local et à développer nos affaires sur le marché japonais.

Nous avions identifié comme un débouché majeur les ventes d'articles détaxés à bord de la compagnie aérienne nationale, alors que les voyages à l'étranger à la suite de la disparition du contrôle des changes explosaient. Lister un parfum à bord des avions de cette compagnie revenait à assurer des ventes annuelles de vingt mille pièces minimum, une quantité largement supérieure à nos ventes sur tout le territoire japonais !

Le service des achats de cette compagnie aérienne restait, hélas, sourd à mes sollicitations. À peine m'annonçais-je au téléphone que mon interlocuteur me raccrochait au nez. Il faut dire que seuls cinq articles de parfumerie avaient droit de cité à bord : un parfum de la marque japonaise Shiseido ; l'indétrônable *N° 5* de Chanel ; *L'Air du temps* de Nina Ricci dans son flacon Lalique ; *Calèche* d'Hermès ; et *1000* de Jean Patou, « le parfum le plus cher du monde ». La marque que je représentais étant douzième sur le marché local, nous n'avions aucune chance de remporter un appel d'offres, à condition qu'il y en eût un…

Un jour, je m'ouvris de mon insuccès à une connaissance. Cette personne m'assura pouvoir m'aider. Un de ses amis d'enfance avait ses entrées auprès de la compagnie aérienne en question. Elle ajouta qu'il était le président de la plus importante société dans son secteur d'activités, les *sõkaiyas*.

Je venais d'arriver au Japon et je n'avais aucune idée de ce que pouvait être une *sõkaiya*. J'acceptai donc un peu imprudemment de rencontrer ce personnage providentiel. Rendez-vous fut pris pour un dîner dans un *ryõtei*[1] renommé du quartier de Ginza.

Le soir dit, alors que nous attendions l'arrivée de notre hôte, mon ami me souffla :

« Ne soyez pas surpris, il est, comment dire… particulier. Mais nous nous sommes connus à l'école communale de notre village dans le Shikoku. Nous sommes montés ensemble à Tokyo pour faire nos études supérieures et nous ne nous sommes jamais quittés depuis. Je me porte garant de lui. »

1. « Restaurant ».

Ces paroles me parurent bien mystérieuses. Je compris la mise en garde lorsque la voiture du fameux ami se gara devant l'entrée du restaurant. C'était une énorme berline d'une marque étrangère qu'on ne voyait encore que rarement dans les rues de Tokyo. Elle était blanche, avec des vitres fumées et des calandres dorées. Le chauffeur et un autre jeune homme, tous deux intégralement vêtus de noir, d'une maigreur ascétique trompeuse, le crâne rasé, bondirent hors du véhicule, en firent le tour et tandis que le chauffeur scrutait la ruelle son compagnon ouvrirent la portière du passager. Apparut alors une authentique caricature du *yakuza* : grand et fort pour un Japonais de sa génération, les cheveux courts soigneusement frisés par une *punch pãma* (« permanente »), il portait un costume trois-pièces crème. Une cravate voyante dont je reconnus la marque au ramage typique était tenue par un clip orné d'un rubis. Il était chaussé de chaussures blanches vernies. Une montre en or massif au poignet et des lunettes noires d'aviateur cachant son regard bien que la nuit fût tombée complétaient la panoplie. Par son look, il ne pouvait que revendiquer clairement son appartenance à son clan.

Ses acolytes l'encadrèrent jusqu'au seuil du restaurant. Il aboya un ordre rauque auquel ils répondirent d'un bref grognement en le saluant et ils restèrent plantés devant l'entrée jusqu'à ce que nous ayons disparu dans la bâtisse.

Il ôta ses lunettes au moment où nous échangeâmes nos cartes de visite. Au contraire des Japonais qui évitent habituellement le contact visuel et préfèrent se plonger dans une étude minutieuse de la carte qu'on vient de leur tendre, il planta un regard froid dans le mien et me dit :

« Je n'ai accepté de vous rencontrer que parce que c'est mon vieil ami qui me l'a demandé. Je n'aime pas approcher les étrangers. Ils sont souvent source d'ennui. Vous parlez remarquablement notre langue, paraît-il. Je dois dire que c'est un bon point ! Vous comprendrez peut-être mieux qui je suis véritablement. Nous, les Japonais, ne sommes pas simplement ce que l'apparence laisse percevoir. »

Le dîner abondamment arrosé de saké se déroula selon les règles : de compassé et lourd de silences au début, il devint décontracté puis franchement joyeux quand les *geishas* partagèrent jeux et devinettes avec nous. Je fus scruté, décortiqué au travers d'un bombardement de questions saugrenues. Il s'agissait cependant de bien plus que de l'habituelle et insatiable curiosité des Japonais. On me sonda, on me soupesa, on me jugea. L'examen s'acheva apparemment à la satisfaction de notre interlocuteur. Sur un geste impérieux de sa part, les *geishas* et les servantes s'éclipsèrent derrière les multiples parois coulissantes et nous entrâmes dans le vif du sujet. La promesse que l'affaire serait promptement suivie me fut faite sur un « Ces gens ont parfois besoin qu'on leur rappelle les règles de la courtoisie ! ».

Les traditionnels présents échangés, nous raccompagnâmes notre hôte à sa voiture devant laquelle ses gardes du corps l'attendaient. Comme le véhicule disparaissait au coin de la rue, mon entremetteur susurra : « Vous lui avez beaucoup plu. C'est rare ! » Je rentrai chez moi dans un état second. J'avais la curieuse impression de sortir d'un film dont j'aurais été l'un des acteurs.

Ma femme apprécia moins mon rapport de la soirée. On n'aime pas, au Japon, les gens qui passent de l'autre côté du miroir. Chacun est supposé rester à la place que la société lui a dévolue.

L'appel du service des achats de la compagnie aérienne ne se fit pas attendre. Je fus invité à soumettre l'article que je souhaitais présenter. Un contrat fut promptement signé pour l'année fiscale à venir. Personne dans notre profession ne comprit jamais comment un blanc-bec fraîchement entré dans le métier était parvenu à faire référencer à bord de la compagnie aérienne la plus convoitée au monde une marque qui était encore à l'époque relativement confidentielle sur le marché japonais.

J'ai bien sûr rappelé le président de la *sōkaiya* pour le remercier et lui demander la commission qu'il souhaitait toucher en retour de l'immense service qu'il m'avait rendu. Il m'annonça un chiffre ridiculement bas et ajouta :

« Vous m'avez été présenté par S. Comme vous l'avez compris, nous sommes intimement liés depuis notre enfance. Soyez rassuré, vous aider n'a créé aucune obligation. Invitez-moi de temps en temps à dîner dans un bon restaurant français de la ville et nous serons quittes ! »

Je m'acquittai donc plusieurs années de suite de ma dette en conviant mon nouvel ami haut en couleur dans les meilleurs restaurants français de Tokyo. Il arrivait dans son étincelante berline allemande. Ses impassibles gardes du corps l'accompagnaient jusqu'à la table, jetaient un rapide coup d'œil alentour et ressortaient l'attendre devant l'établissement. Les autres clients nous regardaient avec curiosité, les femmes, me semblait-il, avec crainte et les commis qui nous servaient paraissaient peu rassurés. Il était pourtant courtois, disert sans jamais accaparer la conversation qui tournait autour de sujets variés, mais on sentait sous sa peau le frémissement permanent de la brutalité et que le contrarier n'était pas une option. Il contrôlait son naturel mais ne le chassait pas.

Après le dîner, il m'emmenait dans un célèbre club de Tokyo où l'on côtoyait des hommes politiques, des chefs d'entreprise ayant pignon sur rue et des grands commis de l'État japonais. Je rentrais chez moi chargé de menus présents, généralement des confiseries pour les enfants. Ma femme les prenait du bout des doigts avec un air dégoûté, comme si ces offrandes de chocolats et de *taiyaki*[1] risquaient de déclencher d'extravagantes exigences en retour.

J'ai cru que cette relation serait immuable. Cet encanaillement sans grand danger avec un seigneur de la pègre locale flattait mon idiote vanité. Cependant, lors d'un de ces dîners, il m'en signifia la fin.

« Il n'est pas très raisonnable que vous continuiez à fréquenter un type comme moi. C'est donc la dernière fois que nous nous voyons. »

Comme je m'apprêtais à protester, il m'arrêta d'un geste.

« Croyez-moi, cela vaut mieux pour nous deux. »

Il me tendit une carte sur laquelle étaient notés plusieurs numéros de téléphone.

« Gardez-la précieusement. Si vous ou un membre de votre famille avez un jour un ennui de quelque nature que ce soit avec qui que ce soit, appelez un de ces numéros, donnez votre nom et nous réglerons le problème. »

Alors qu'il me disait cela, j'imaginai que le problème en question pourrait bien finir au font de la baie de Tokyo, les pieds pris dans une chape de ciment…

J'appris plus tard par notre ami commun la raison de cette brusque rupture. Il semblait que la police commençait à se demander ce qu'un jeune étranger responsable d'une honorable entreprise pouvait bien fricoter avec un *yakuza* ayant pignon sur rue.

Plusieurs années ont passé. Un jour, alors que je traversai le hall d'un grand hôtel de Tokyo, on m'interpella. C'était

1. Gâteaux fourrés à la pâte de haricots rouges en forme de daurade.

lui. Il m'invita à prendre un thé. La trouble aura qui émanait de sa personne n'avait pas changé. Lorsque nous nous installâmes à notre table, le vide se fit comme par magie autour de nous. On aurait dit le reflux soudain d'une marée.

Nous eûmes alors la conversation la plus surréaliste qu'on puisse imaginer.

Il avait su que j'avais rejoint mon nouvel employeur depuis quelques mois. Il m'en félicita.

« Au moins, dit-il en riant, vous n'aurez jamais besoin de mon aide pour que ces malotrus du service achat répondent à vos appels ! »

Une loi interdisant les *sōkaiyas* ayant été promulguée quelques mois plus tôt, je lui demandai comment il voyait l'avenir. Il soupira.

« Il va nous falloir trouver des alternatives. Ce ne sera pas facile. Il est hors de question de toucher aux activités comme la prostitution ou la drogue. Je trouve cela immoral ! Nous nous convertirons donc sans doute dans la finance ! Grâce à nos activités passées, nous avons acquis quelques compétences dans ce domaine. »

Je ne l'ai plus jamais revu, mais j'imagine qu'il réalisa sa reconversion avec succès en surfant sur la bulle spéculative des années 1990 dans laquelle de nombreuses organisations mafieuses s'étaient engouffrées.

J'avais touché au travers de cet homme le haut du panier des *yakuzas*. Il n'était pas tatoué, il ne manquait à ses doigts aucune phalange. Il n'en respectait pas moins les règles de conduite strictes de son milieu, une éthique dictée par un code de l'honneur intransigeant, basé sur le *giri* et le *ninjyō,* le devoir et les sentiments. Cette ombrageuse loyauté se manifestait en fait à l'égard de son ami d'enfance. Elle se traduisit par ricochet par le caractère sacré qu'il donna à notre relation, allant jusqu'à m'offrir une protection au cas improbable où j'aurais eu des démêlés avec qui que ce fût, voyous ou autorités légales.

Mon *en*, mon « destin », avait croisé le sien. J'en étais donc devenu une partie infime qui méritait son attention bien qu'elle fût périphérique ou précisément parce qu'elle l'était. Je baignais donc dans sa bienveillance, dont il n'attendait ni ne souhaitait aucune réciprocité, ce qui aurait pu briser le fragile équilibre de son amitié avec son ami et aurait sans doute créé une contrainte que je ne valais sans doute pas. Bien qu'il m'eût rendu un service insigne en usant de son influence auprès de l'administration arrogante de la compagnie aérienne avec laquelle il était en affaires, il ne considérait pas que cela méritât que je devienne son obligé.

Peut-être s'agissait-il en fait de sa part de la condescendance que les Japonais manifestent parfois à l'égard des étrangers, incapables de percer la complexité et le fragile équilibre des relations humaines au Japon. J'étais donc sans doute une sorte d'ectoplasme transparent avec lequel aucune parentèle n'était possible, aucune allégeance nécessaire, dans la mesure bien sûr où notre relation d'affaires s'était bornée au fait qu'il ne m'avait rendu ce service que pour manifester son attachement à son ami d'enfance.

Dans un sens, le *gaijin* se situe comme le *yakuza* à la marge de la société japonaise, dans un monde flottant parallèle. Mais c'est également une valeur négligeable.

J'ai plusieurs années plus tard constaté l'insignifiance de mon statut d'étranger chez les *yakuzas* lors d'un incident mineur : alors que je m'apprêtais à traverser une rue du quartier de Ginza à un passage pour piétons, une grosse limousine noire me refusa le passage et faillit me renverser. Sans réfléchir, je tapai du plat de la main sur le coffre pour manifester mon ire quand je passai derrière la voiture. Trois voyous en costume sombre jaillirent de l'automobile comme un seul homme. Je me dis que j'allais passer un mauvais quart d'heure. La foule des passants commençait d'ailleurs à s'écarter prudemment. Les trois *yakuzas* m'encadrèrent, mais quand ils virent mon visage ils s'exclamèrent :

« あら ! 外人だ ! » (« Zut ! C'est un *gaijin* ! »), et ils s'engouffrèrent dans leur voiture aussi vite qu'ils en étaient sortis. Un ami commissaire de police auquel je fis un jour part de cette anecdote m'expliqua que : « Cela ne leur aurait rien rapporté de se compliquer la vie avec un étranger. »

Je ne recommanderais cependant à personne, *gaijin* ou pas, d'aller se frotter au monde des *yakuzas*.

Pour ceux qui souhaiteraient approfondir au-delà des inévitables films de Kitano leur connaissance des *ninkyō eigas* ou *gokudō Eigas*, les films de *yakuzas*, je recommanderais :

— La série de cinq films des années 1970 *Jingi naki tatakai* (*Batailles sans noblesse*, du réalisateur Fukasaku Kinji) ;

— *Bakuchi Uchi Sōchō tobaku* (*Le Jeu présidentiel*, 1968) de Yamashita Kōsaku ;

— *Bakuto Retsuden* (*Biographies des joueurs*, 1968) d'Osawa Shigehiro ;

— *Fuyu no hana* (*Fleurs d'hiver*, 1978) de Furuhata Yasuo avec Takakura Ken, qui joue aussi dans la série de dix-huit films *Abashiri bangaichi* (*Abashiri sans adresse*, 1965-1967) de Ishii Teruo ;

— Ou encore les films mettant en scène les femmes du milieu : *Hibotan Bakuto* (*La Joueuse à la pivoine rouge*, 1968) de Kōsaku Yamashita ou la série *Gokudō no onna-tachi* (*Les Femmes du milieu*, années 1980-1990) et *Kagerō* (*Mirage de chaleur*, 1991) de Gosha Hideo.

Yamashita Tsutomu (山下勉) – *alias* Stomu Yamashta

Fils du directeur de la Philharmonie de Kyoto, Yamashita Tsutomu débuta sa vie musicale dès l'âge de 13 ans comme percussionniste dans cet orchestre. Après avoir étudié la musique à l'université de Kyoto, il compléta sa formation à la Juilliard School of Music à New York, puis au Berklee College of Music à Boston, reconnu comme le plus important institut d'enseignement de musique contemporaine au monde.

Son éblouissante performance en 1969 lors d'un concert de l'orchestre de Chicago sous la direction du chef d'orchestre Ozawa Seiji à la fin de laquelle il fut longuement ovationné assit sa renommée mondiale.

Non seulement virtuose des instruments de percussion, Yamashita est aussi adulé comme compositeur. Il a été un précurseur dans la fusion entre le rock occidental et les rythmes et percussions traditionnels japonais.

En 1971, il crée le Red Buddha Theatre, dont il est concomitamment le producteur, directeur et compositeur des spectacles et partitions musicales. Il entraîne sa troupe au début de l'été 1972 pour une longue tournée européenne débutant à Londres pour se poursuivre à Paris, où elle donnera plusieurs représentations entre août 1972 et janvier 1973.

C'est à l'automne 1972 que j'ai eu le privilège d'assister à un des spectacles du Red Buddha Theatre, au Carré Thorigny de Silvia Monfort.

Cette salle était à l'époque logée dans un ancien entrepôt de ferrailleur en plein cœur du Marais. L'endroit était parfaitement hétéroclite pour un adolescent tout juste débarqué de Casablanca qui n'avait alors fréquenté que les scènes fort conventionnelles du théâtre municipal de la Ville Blanche et la salle de la FOL, la Fédération des œuvres laïques. Il s'agissait en fait d'un hangar des plus sommaires sous un haut plafond nu bardé d'arcs-boutants métalliques le soutenant, dont les murs médiocrement chaulés laissaient apparaître ici et là des bardeaux de fer rouillé et des pans de briques. Le sol était en ciment grossier craquelé par endroits sur lequel était posé un plancher à peine surélevé qui servait de scène, sans rideau, le tout éclairé par des spots accrochés comme des vautours sur des perches qui ployaient sous leur poids. Des chaises pliantes dont on avait l'impression qu'elles avaient été posées à la va-vite et de manière aléatoire en un vague arc de cercle sinueux constituaient le parterre sommaire des spectateurs. Tout cela était bien sûr savamment agencé pour créer une ambiance un peu foutraque estudiantine post-soixante-huitarde en vogue à l'époque. C'était éminemment sympathique et peut-être avant-gardiste.

Mon souvenir est un peu estompé, mais je revois en revanche très précisément le beau visage slave de Silvia Monfort auréolé de sa célèbre chevelure blonde, qui accueillait les spectateurs.

Le spectacle, intitulé *Métempsychose* si ma mémoire n'est point trop défaillante, était une satire rugueuse du Japon de l'après-guerre lancé dans sa course éperdue d'animal économique. Il était composé d'une succession de tableaux sous forme de pantomimes endiablées symbolisant les travers de la société des années 1960-1970. Par exemple, la journée d'un *salaryman* de *shōsha* harcelé par son chef de section ; les fameuses manifestations ultraviolentes de la ligue étudiante Zengakuren anarchiste et communiste contre « tout ce qui est pour et pour tout ce qui est contre », comme le disait si bien Pierre Dac ; ou encore un voyage sur la ligne circulaire

Yamanote dans un wagon bondé surchauffé où les passagers étaient représentés par des pantins désarticulés, bousculés, secoués, malmenés, qui tombaient les uns sur les autres aux arrêts et se redressaient miraculeusement aux départs, se chevauchaient aux portes tandis qu'une nouvelle vague propulsée par les pousseurs s'encastrait dans le wagon en un maelström de bras et de jambes.

Le visage des acteurs de toutes ces scènes était camouflé sous des masques divers, de singes grimaçants, de monstres issus du folklore local *Kappa* ou *Tengu,* de ceux ovales un peu inquiétants du théâtre *nô* avec la fente de leur regard et le rictus figé des lèvres entrouvertes sur la laque noire de leurs dents serrées.

Les airs composés par Yamashita accompagnaient chaque séquence. Aux instruments habituels des formations de rock, guitare et basse électriques, orgue électronique, batterie, s'ajoutaient des percussions d'orchestres classiques agrémentés d'instruments japonais traditionnels tels que le *kokiriko*, fait de lames de bois reliées par une corde qu'on agite pour produire un rythme, le *hyōshigi*, ces deux bouts de bois dur claqués l'un contre l'autre utilisés habituellement dans le théâtre *nô* ou le *kabuki*, divers tambours, le *kakko* bicéphale, le *taiko*, le *tsuzumi* et des gongs *shōko* de tailles diverses.

De même, l'auteur-compositeur incorporait aux techniques scénographiques délibérément modernes des éléments des arts de la scène populaires empruntés au *kabuki*, au *nô*, au *bunraku*.

Ainsi, le spectacle était dynamique, rapide, nerveux, soutenu par cette musique explosive aux sonorités à la fois familières et déconcertantes. C'était un peu comme découvrir des saveurs en apparence contradictoires mais qui ensemble offraient une harmonie gustative étonnante.

Au-delà du dépaysement suscité par ce mode d'expression underground d'une efficacité redoutable pour faire passer au spectateur un message de révolte, j'étais quelque peu désemparé par la critique acerbe d'une société japonaise décrite comme névrosée, dévitalisée, apathique, encalminée dans un carcan de règles et de conventions rigides jusque dans la contestation étudiante la plus déchaînée.

Lors de mon premier voyage initiatique au Japon de cinq semaines l'été précédent, j'avais certes été comme tout visiteur encore aujourd'hui enchanté par la courtoisie, le charme, le sourire de ce peuple, mais j'avais également été happé par sa joie de vivre, son énergie si communicative, sa fraîcheur un peu naïve et sa confiance en l'avenir qui contrastait tant avec la grisaille ronchonne, négativiste et délétère de la France des années soixante-huitardes.

Sans que je puisse à l'époque en mesurer toute l'importance le spectacle de Yamashita Tsutomu venait de soulever le tout premier voile de l'impressionnant millefeuille culturel que représente l'âme japonaise.

Après bientôt un demi-siècle d'immersion dans leur histoire, j'ai eu grandement le loisir de mieux appréhender l'infinie complexité d'un peuple qui ajoute sans jamais retrancher : au Japon, on n'efface ni ne supprime rien, on empile.

Yamata Kiku (キク。ヤマタ) – Écrivain (1897-1975)

Par un beau matin de fin d'automne à Kamakura, alors que comme tout bon citoyen japonais je balayais les feuilles mortes devant notre demeure dans notre ruelle, vêtu d'un *samue*, ce vêtement de travail des moines dans les temples, un monsieur d'un certain âge qui promenait son chien s'est approché. Alors que je le saluai en japonais, il me répondit dans un français parfait :

« Ah ! C'est vous l'original qui venez d'acheter cette maison ! Toute la ville en a entendu parler ! »

Comme je m'étonnai de sa maîtrise irréprochable de notre langue, il me répondit :

« Je m'appelle Yamada. Ma grand-mère était française. Elle s'appelait Kiku Yamata. On la surnommait "la Japolyonnaise". Elle était écrivain. »

À ma grande honte, je dus avouer mon ignorance, car je n'avais jamais entendu prononcer son nom.

Fort poliment, il m'expliqua alors que son arrière-grand-père, Yamada Tadazumi, diplomate de carrière, avait été nommé dans les années 1890 consul général du Japon à Lyon, alors capitale de la soie en France. Les soyeux lyonnais ayant noué avant même l'ouverture du Japon au monde d'étroits liens commerciaux avec ce pays, c'était un poste important. Il eut le coup de foudre pour une jolie jeune Lyonnaise qu'il épousa.

De cette union naquit Kiku, née le 15 mars 1897. Elle rentra au Japon avec ses parents en 1908.

Kiku entra dans la prestigieuse école du Sacré-Cœur où elle poursuivit ses études et fit rapidement ses débuts en écriture en publiant des articles dans un quotidien japonais et dans la revue française *Extrême-Orient*.

Au décès de son père, en 1923, elle rentre en France avec sa mère et continue ses études à la Sorbonne. Cette jeune femme gracieuse en kimono, qui maîtrise parfaitement la langue de Molière, devient immédiatement la coqueluche des cercles littéraires parisiens qui ne connaissent ce bien étrange pays que par les récits du capitaine de vaisseau Pierre Loti[1]. Elle y côtoiera nombre d'auteurs célèbres parmi lesquels André Maurois, Jean Cocteau ou encore Paul Valéry.

En 1925, elle publie son premier roman, *Masako*, lancé à grand renfort de publicité par son éditeur qui fait afficher dans toutes les grandes librairies de la capitale des photos de la jeune femme en kimono. Le roman rencontrera une forte notoriété.

Il n'est pas usurpé de dire que Kiku devient l'ambassadrice de la culture japonaise en France en y introduisant, par exemple, l'art floral *ikebana*.

En 1927, elle publie un deuxième ouvrage, *Le Shōji*, recueil de nouvelles décrivant un Japon mélancolique et vertueux, puis l'année suivante la première traduction de ce chef-d'œuvre de la littérature médiévale japonaise, le *Dit du Genji*.

1. Voir l'entrée « Loti, Pierre ».

En 1929, mandatée par son éditeur parisien, elle retourne au Japon et elle séjournera dans sa famille à Kamakura.

Au début des années 1930, le Japon perd son image romanesque à cause de l'invasion brutale de la Mandchourie par les troupes japonaises. Déçue par le pays de son enfance, Kiku écrit en 1937 un roman amer intitulé *Mille cœurs en Chine*.

Cependant elle revient au Japon en 1939 quelques jours avant l'agression de la Pologne par l'Allemagne nazie. Résidente à Kamakura, elle est arrêtée en 1944 par la Gestapo locale Tokkõ (Tokubetsu Kõtõ Keisatsu), pour ses idées jugées trop libérales et ses amitiés avec la communauté étrangère. Elle passera trois mois en prison. Elle rentre finalement en Europe dix ans plus tard.

Elle publie en 1953 deux nouveaux romans, *Trois Geishas* et surtout *La Dame de beauté*, finaliste du prix Femina.

L'œuvre de Kiku Yamata est originale en ce qu'elle a apporté sur la femme japonaise un éclairage précieux fort éloigné de l'image mièvre du *Madame Chrysanthème* de Loti. Elle a également révélé la tension entre la part occidentale et orientale qui déchire les enfants issus des unions entre deux cultures aussi éloignées l'une de l'autre. Je vis cette difficulté avec mes propres enfants qui incessamment doivent se livrer à un exercice d'équilibriste afin de permettre à leurs deux identités de coexister en relative harmonie.

M. Yamada est devenu un ami. Il y a quelques années, il m'a prêté une des premières épreuves du roman de Kiku annotée de sa main, *Le Mois sans Dieux*.

Cette rencontre m'a permis de découvrir cette bien séduisante Japolyonnaise qui repose désormais dans un petit cimetière près du village d'Anières dans la banlieue de Genève.

Yatai (屋台)
– Gargote en plein air

1975. Je venais de prendre ma fonction d'attaché de presse adjoint à l'ambassade de France à Tokyo depuis quelques mois.

Une amie m'avait transmis un filon lucratif : tous les mercredis après ma journée de travail, je me rendais dans un quartier industriel excentré de la ville où se trouvait le siège social d'Hitachi, grosse entreprise spécialisée dans la fabrication de turbines. Je donnais entre 19 heures et 22 heures des cours de français à cinq ingénieurs qui se préparaient à séjourner en Algérie afin d'y installer des centrales électriques. Pour le médiocre professeur improvisé que j'étais comme pour mes élèves, c'était tout à la fois éprouvant et fastidieux ; d'autant que ceux-ci n'avaient aucun don pour les langues étrangères. En revanche, c'était outrageusement bien payé.

Je sortais de ces séances de professorat dans une salle de réunion enfumée épuisé et surtout affamé ; mes élèves, eux, retournaient à leur bureau pour travailler.

J'avais repéré à l'orée d'un terrain vague proche du parking où je garais ma voiture une sorte de baraque construite d'un assemblage hétéroclite de bouts de bois. En y regardant mieux, on comprenait qu'il s'agissait d'une carriole surmontée d'un auvent. Ses roues étaient cachées par deux bancs de planches à peine équarries sur lesquels étaient disposés six coussins *zabuton* au tissu usé. Un comptoir patiné large d'à peine 20 centimètres courait sur le pourtour de la charrette. Un long rideau de couleur indigo fixé tant bien que mal à l'auvent descendait jusqu'à mi-hauteur. Sur cette enseigne de coton flottant au vent, le *noren*, des caractères calligraphiés indiquaient qu'il s'agissait d'une gargote ambulante servant des nouilles *rāmen*. Deux lampes à pétrole diffusaient une vacillante lumière. Le bâti central de la carriole était occupé par deux gros brûleurs au gaz sur lesquels étaient posées d'imposantes marmites desquelles s'échappait une vapeur blanche. Ses volutes faisaient un halo qui donnait une fausse impression de chaleur.

Le maître des lieux était un vieillard chenu au visage tout fripé. Un fin duvet blanc semblait flotter à la surface de son crâne ceint d'une cordelette torsadée *hachimaki*. Il portait une veste matelassée *dotera* dont les manches étaient retenues par une cordelette afin de ne pas le gêner dans ses mouvements. Une grosse écharpe était nouée à son cou. Une clope éteinte ne quittait jamais les commissures de ses lèvres. Il officiait devant ses marmites et ses poêles en maniant ses baguettes, ses passoires et ses égouttoirs avec la majesté d'un chef d'orchestre.

Ma toute première visite un soir particulièrement froid de janvier créa un moment de confusion. Trois clients étaient attablés, des ouvriers vêtus du blouson gris souris arborant l'emblème de l'entreprise, une turbine stylisée. J'étais sans nul doute le premier étranger à venir m'accouder au comptoir. Ils se serrèrent en silence pour me faire une place au bout du banc.

« *Rōmaji menu, no !* » (« Pas de menu en alphabet »), me dit alors le cuisinier en pointant du doigt deux feuilles plastifiées retenues par un anneau accroché à l'un des piliers de l'auvent. Il ajouta, puisant dans tout le vocabulaire anglais dont il disposait :

« *Food here, gaijin san no like.* »

Il fit une courte pause et conclut, comme à regret :

« *Maybe no like.* »

Je répondis en japonais que je pouvais parfaitement lire le menu en ajoutant que j'adorais les nouilles puis, tout en me frottant les mains pour me réchauffer, je passai commande.

L'ambiance se fit soudain plus légère : le cuisinier était rassuré, la vie ordinaire du microcosme douillet de son établissement pouvait reprendre sa monotonie nonchalante.

Les ouvriers qui s'étaient tus pour écouter mon bref échange avec le gargotier engagèrent la conversation. Ils me tendirent un verre à moutarde qu'ils remplirent d'autorité de saké chaud et la formule magique « *Kampai !* » retentit.

Le large bol fumant débordant de *miso rãmen*[1] de ma commande fut posé devant moi. Je saupoudrai le plat de poivre et je puisai dans un grand pot de plastique à l'aide de pincettes posées à cet usage sur le comptoir des lamelles d'ail mariné que je déposai à la surface du brouet. Le cuisinier qui avait suivi mon manège hocha la tête en signe d'appréciation.

« Il y a aussi du gingembre, si vous voulez », dit-il en faisant glisser en ma direction un autre pot.

Le *gaijin san* aimait sa nourriture, tout allait donc pour le mieux.

Assis sur ce banc, engoncé dans mon manteau, réchauffé par le saké, le nez planté au-dessus du bol fumant, je dînai pour la première fois de ma vie dans un *yatai*.

1. Nouilles dans un bouillon à base de pâte de *miso*.

Ma visite hebdomadaire au marchand de nouilles après mon cours devint rituelle. J'avais fini par intégrer les habitués. J'avais même désormais ma place attitrée au milieu d'un des deux bancs. Si par hasard elle était occupée, le cuisinier faisait se déplacer le cuistre qui l'avait usurpée. Il voulait que je sois assis au centre de sa gargote. À l'heure tardive à laquelle j'arrivais, la clientèle se résumait aux employés des ateliers d'Hitachi qui tournaient en trois-huit, parfois une fille accompagnée d'un client qui sortait d'un bar proche. Eux aussi s'étaient habitués à ma présence. Le bouche à oreille avait fonctionné, car ils me donnaient tous du *sensei* (« professeur ») en m'offrant de partager avec eux un flacon de saké. Il m'arrivait aussi de commander un plat de pâtés farcis *gyōza* que je faisais passer à la ronde.

L'ambiance était cordiale. Les clients me faisaient participer à leurs conversations comme si j'étais un des leurs. Ils commentaient généralement l'actualité et s'intéressaient à l'appréciation que j'en avais. Le *yatai* tenait un peu la place de nos cafés du commerce. Sans doute le fait d'être accoudés côte à côte à un comptoir favorise-t-il les échanges et les épanchements.

Si mon japonais gagna en fluidité, en expressions savoureuses ou autres jeux de mots *dajare*, ce fut assurément grâce à mes visites à ce *yatai* durant toute l'année où je dispensais mes cours.

Assis sur le banc étroit de cette gargote dont les pans du *noren* me battaient le dos, dans la promiscuité de mes voisins de comptoir, alors que je plongeais mes baguettes dans le bol fumant pour y puiser les nouilles en humant l'odeur poivrée et lourde de relents gras de la soupe, je me sentais comme dans un cocon, protégé. J'avais en outre le sentiment que ces courts moments participaient infiniment mieux de ma connaissance du Japon profond que les efforts que j'aurais pu effectuer en d'autres lieux. Je baignais là dans une ambiance populaire qui me convenait plus que l'atmosphère élégante et ouatée de la société francophone que nous rencontrions à l'ambassade. J'étais immergé dans le petit peuple du monde du travail en côtoyant les véritables préoccupations d'un Japon industrieux et courageux. De surcroît, je me sentais comme adopté, intégré, même si ce ressenti était quelque peu exagéré.

Mais j'avais l'impression de prendre le véritable pouls du Japon dans ce minuscule espace confiné.

Le *yatai* est le lointain descendant des étals de nourriture qu'on trouvait déjà aux abords des sanctuaires bouddhistes entre le Ve et le VIIe siècle. Au XVIIe siècle, des charrettes de colporteurs proposant des nouilles au sarrasin émergèrent, puis les échoppes en plein air servant de la nourriture proliférèrent plus tard dans les grandes cités comme Edo[1] et Osaka afin de répondre aux besoins

1. Nom de la capitale Tokyo jusque 1868.

de la masse de charpentiers, journaliers et autres ouvriers qui participaient à la construction de ces villes. C'est cependant à l'ère Meiji (1868-1912) que les véritables *yatai* sous leur forme mobile prirent leur essor. Ils étaient encore nombreux pendant la guerre et jusqu'au début des années 1960 quand les autorités décidèrent pour des raisons sanitaires de réglementer la profession. Ces petites échoppes dans les grandes métropoles commencèrent alors à décliner jusqu'à leur disparition quasi définitive.

Dans les années 2010, je fis partie à la demande du maire de l'arrondissement de Chuo-ku au centre de Tokyo d'un comité chargé d'élaborer des recommandations pour rendre ce quartier d'affaires plus attractif aux peu nombreux habitants permanents et afin d'attirer plus de touristes. Alors que nous échangions des idées sur la manière de mieux animer l'avenue centrale Chuō dōri de Ginza, un professeur d'urbanisme suggéra de créer des cafés terrasses « à la française » ou « à l'italienne ».

Je pris alors la parole :

« Je croyais que nous étions au Japon ! Si on lançait plutôt un festival de *yatai* qu'on ferait venir de tout le pays ? »

Ma suggestion fut accueillie par un silence désapprobateur et on passa au point suivant de l'ordre du jour.

Seule la ville de Fukuoka dans le Kyushu possède encore un hub de *yatai*, les opérateurs ayant créé une association pour se protéger. Malgré ces efforts et l'assistance de la mairie qui a compris l'importance des *yatai* pour attirer les touristes, le nombre de ces gargotes est passé de 450 dans les années 1960 à moins de 100 en 2018. Heureusement consciente du problème, la préfecture a émis quatorze nouvelles licences en 2019.

Les *yatai* de Fukuoka sont alignés le long des rivières Nakagawa et Hakatagawa qui traversent la ville dans le quartier de plaisirs de Nakasu et à Tenjin proche du port et du marché aux poissons.

Une tradition de notre entreprise était de célébrer la nouvelle année en organisant pour tous nos collaborateurs de grandes réceptions dans un hôtel prestigieux de chacune des villes où nous avions un bureau. Nous commencions par Tokyo puis descendions vers l'ouest en suivant la ligne du train super express Shinkansen et nous faisions des haltes successives d'une nuit chacune à Nagoya, Osaka et Fukuoka où notre périple prenait fin au bout d'une semaine d'un marathon épuisant.

Épuisante, cette caravane l'était, car à la soirée officielle qui se terminait sagement vers 21 heures succédait une série de happenings passablement arrosés. La *nijikai* (deuxième soirée) était obligatoirement un passage de deux à trois heures dans un *karaoké* ; la *sanjikai* (troisième soirée) était une visite dans le bar de prédilection d'un collaborateur local ; pour la *yojikai* (quatrième soirée), nous nous retrouvions dans un autre bar dont une de nos vendeuses pouvait être une fidèle cliente ; selon affinités, il pouvait y avoir une *gojikai* (cinquième soirée), voire une sixième au point du jour dans un dernier bar. Le nombre des participants diminuait au fil de la nuit et seul un petit groupe d'irréductibles, dont les filles n'étaient pas les dernières, parvenait à la halte ultime. Je mettais un point d'honneur, seul étranger, à accompagner nos fêtard-e-s jusqu'au bout de la nuit à chacune des stations de ce sympathique parcours. Lorsque j'arrivais à Fukuoka, j'étais au bout du rouleau, mais il n'était pas question de déroger au rituel, d'autant plus que la brigade de jeunes femmes de cette région était la plus délurée.

J'y sacrifiais donc de bonne grâce, car il y avait une récompense : le dernier carré se rendait bras dessus, bras dessous en braillant une dernière chanson *enka* vers 4 heures du matin dans un *yatai* du quartier de Nakasu pour déguster un *nagahama rāmen* puissamment épicé et aillé qui avait la vertu d'effacer nos gueules de bois et de me projeter quinze à vingt ans en arrière dans le petit *yatai* de Tokyo où j'avais fait mes toutes premières armes de *salaryman* japonais.

La pudeur et la galanterie m'interdisent de conter ce qui pouvait se passer quand nous rentrions à l'hôtel…

Yoshioka Sachio (吉岡幸雄) – Maître teinturier (1946-2019)

J'ai rencontré Yoshioka Sachio dans le cadre de l'émission de télévision de la NHK[1] consacrée au codex de couleur de l'époque de Heian (794-1185). Un beau visage lisse aux pommettes saillantes sous un grand front dégarni encadré d'une élégante chevelure grisonnante, il arborait toujours un sourire paisible et parlait sans précipitation, de cette voix douce des gens qui ne ressentent pas le besoin de s'imposer. Il portait certes le kimono mais le plus souvent une tunique de soie grège teinte par ses soins et boutonnée jusqu'au col.

Il affichait cette allure tranquille de ceux qui ont rencontré la sagesse.

Il représente pour moi, avec quelques autres personnes de l'archipel que j'ai eu le privilège de côtoyer et dont j'ai eu l'honneur d'être l'ami, l'archétype de l'artisan modeste, sage et posé mais d'une détermination de fer et sans concession dans l'exercice de son art. Tout son être s'épanouissait au travers de ses réalisations.

1. Voir l'entrée « Aizome ».

Il représentait la cinquième génération d'une vieille famille de teinturiers de Kyoto remontant à l'époque d'Edo, la maison Somenotsukasa Yoshioka.

Mais avant de succéder à son père, Yoshioka Sachio avait connu une autre vie. Diplômé de la faculté de littérature de la prestigieuse université Waseda de Tokyo, il avait travaillé dans une grande entreprise japonaise. En 1973, il avait même créé sa propre maison d'édition de livres d'art. Mais, à 42 ans, appelé par son père, il prit la succession de l'entreprise familiale.

Son atelier est situé dans une banlieue calme de Kyoto, derrière son domicile abrité d'une opulente glycine. Dans la véranda, des lais d'étoffes en train de sécher qui flottent lascivement accueillent le visiteur, une explosion de couleurs vives et profondes, des mauves tendres ou des parmes plus soutenus, des oranges éclatants, des jaunes mordorés ou citron, des rouges écarlates, des verts émeraude, des bleus indigo.

C'est un ravissement surtout lorsqu'un rayon de soleil zèbre cette palette de couleurs.

L'atelier se compose de deux parties bien distinctes, la première où l'on procède à l'extraction des colorants et l'autre où l'on teint les étoffes. En hiver, le froid est intense, accentué par l'eau des bassins de rinçage qui déborde sur le sol cimenté. L'été, c'est une étuve.

C'est là que Yoshioka *sensei* créait d'infinis arcs-en-ciel de couleurs naturelles servant à teindre les étoffes les plus précieuses, aidé dans l'atelier de trois ou quatre fidèles compagnons et de sa fille Sarasa, devenue la sixième du nom après le décès de son père.

Il disait que chaque teinturier doit « penser » sa couleur, car les recettes sont difficiles à transmettre ; chacun doit trouver la sienne propre. Il expliquait également que seules les teintures extraites de plantes offrent une véritable impression d'opulence et de profondeur. Ainsi, nul rouge n'est plus ardent que le rouge de carthame tiré des pistils du safran au bout d'un processus particulièrement complexe. Ils sont cueillis en été et mis à sécher pour être traités en hiver avec une eau de source très froide puis passés plusieurs fois dans une solution alcaline, car c'est le seul moyen d'obtenir le vermeil soutenu caractéristique des rouges japonais. De même, nul bleu « impérial » *aizome* des jeunes aristocrates de l'an 1000 n'est plus intense que l'indican, ce glucoside obtenu à partir des feuilles de l'indigotier, ni aucun jaune plus vif que celui extrait des herbes de pampa. Ne disait-il pas qu'il pouvait créer n'importe quelle couleur à partir des feuilles, des racines, des fleurs et des écorces de plantes et d'arbres.

Lorsqu'il prit la succession de son père en 1988, maître Yoshioka décida d'abandonner les teintures synthétiques et de ne se consacrer qu'aux colorants tirés de matières naturelles. Il lui fallut retrouver des procédés ancestraux bien oubliés. Il y parvint à force d'obstination et au bout de longues recherches dans de vieux documents remontant au xe siècle comme le *engishiki* ou encore en étudiant des fragments de textiles anciens conservés dans les temples de Kyoto. Il s'associa avec des fermiers pour faire pousser des plantes dont on extrait de la racine les pigments de ses colorants, comme la couleur pourpre tirée de la *murasakisō*, le grémil des champs.

Sa quête ultime était de pouvoir reproduire toutes les couleurs du codex vieux de plus de mille ans cités dans le *Dit du Genji*[1]. Le codex répertoriait 466 nuances de couleurs obtenues à partir de teintures tirées de plantes.

Il y était parvenu.

---

1. Voir l'entrée « Murasaki Shikibu ».

Yukata (浴衣) – Kimono d'été

Imaginez…

Un été au Japon.

La terre, gorgée des pluies du *Tsuyu* (梅雨), cette mousson qui détrempe les sols au mois de juin.

Le ciel, un acier chauffé à blanc.

Les cigales haussent le ton. Leur stridulation change soudain d'octave. Elle annonce l'acmé de la chaleur.

« 39 degrés », lisez-vous au thermomètre.

Le sol exhale des bouffées d'humidité aux senteurs entêtantes.

« 95 % », dit votre hygromètre.

Liquide est l'air. Liquide devient votre corps.

Ce devrait être insupportable.

Pourtant, vous vous sentez en harmonie avec ce climat amniotique.

Vous êtes assis en tailleur sur la coursive *engawa* de votre maison.

Votre seule activité est d'agiter mollement votre éventail en contemplant le jardin.

La clochette *fūrin*[1] (風鈴) accrochée sous l'auvent frémit au passage d'un doux zéphyr. C'est un soupir, une caresse dont l'économe parcimonie évoque un bref songe de fraîcheur.

Et vous sentez votre corps en harmonie avec la touffeur.

Car vous portez un *yukata*.

Son étoffe de coton à même votre peau vous offre une infinie sensation de bien-être.

1. Voir l'entrée « *Fūrin* ».

Ce n'est pas un vêtement, c'est un soupir de vêtement.
Il est là, mais il n'est pas là.
Il vous enveloppe sans vous envelopper.
Ce n'est pas vous qui le portez, c'est lui qui vous adopte.
Il suit vos formes, il accompagne vos mouvements.
Votre peau est moite, mais il ne s'en offusque pas.
Ses manches béantes, l'échancrure de son col accueillent le moindre coulis d'air dont la parcimonie accentue la sensation de fraîcheur.

Revêtez-le en toute occasion, il vous portera !

Frais repassé, il vous attendra au sortir du bain dans l'auberge où vous passerez la nuit. Vous pourrez dormir avec, il vous protégera des frissons de l'aube.

Resserrez sa ceinture au lever, tirez sur ses pans et vous ne serez pas ridicule si le petit déjeuner vous attend dans une salle à manger bondée, car tous les autres sont également en *yukata*.

Vous ne serez nullement indécent si vous sortez avec pour aller admirer un feu d'artifice dans la baie de Kamakura, pour satisfaire vos dévotions au sanctuaire et quand vous reprendrez votre train pour rentrer à Tokyo. N'oubliez pas alors d'enfiler votre éventail entre vos reins et le nœud de votre ceinture.

Peu importe les circonstances, il n'est jamais déplacé. Sobre, indigo, blanc cassé, chatoyant ou fleuri, de coton ou de lin, que sa ceinture soit étroite ou large, le nœud qui le tient fermé simple ou compliqué, il est toujours seyant, voire sémillant.

Quand les jeunes femmes se promènent, un camélia de satin piqué dans leurs cheveux relevés, le *yukata* souligne le délicat spectacle de leur nonchalance. Il accompagne discrètement leur doux déhanchement, suggère le satin d'un sein, se tend sur la fermeté d'une cuisse, bée sur la fraîcheur d'une nuque et si subrepticement entre deux pas se soulève un pan de ce vêtement d'azur, alors l'imagination s'embrase.

Sachez enfin que si d'aventure un de ces ravissants cadeaux s'offrait à vous, en refaire à l'aube l'emballage est autrement plus simple que si la belle portait un kimono. L'honneur sera sauf, car le retour au domicile assuré en toute dignité.

C'est peut-être un des avantages majeurs du *yukata* !

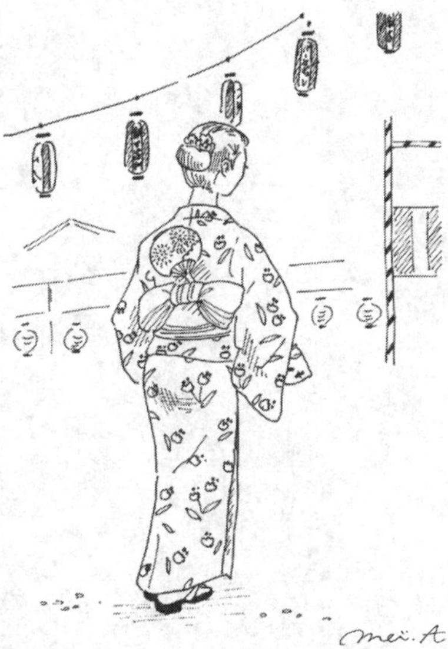

Z

Zabo, Daniel – Caricaturiste

C'est un petit opuscule de quatre-vingts pages tout couturé d'avoir été souvent compulsé, dont les pages tiennent ensemble grâce à de larges bandes de Scotch. Sur la couverture, une photo d'un jeune homme de profil, au long nez grimaçant une sorte de sourire. Devant lui, le dessin d'un masque de *nô* qui lui ressemble à s'y méprendre. Dessous, le titre, *Kamikaze par Zabo* et l'accroche suivante dont le texte original est en anglais :

« Un caricaturiste français porte un regard satirique sur le Japon d'aujourd'hui. »

Le livre est édité dans une maison fondée en 1930 par un certain John Weatherhill, plus particulièrement active dans les années 1970, quand le monde redécouvrait le Japon, en passe de devenir le « Troisième Grand[1] ». Le prix de l'ouvrage, imprimé au dos, indique « ¥540 » ou « $1.95 ». C'était l'époque bénie où il suffisait de 1 dollar pour acheter 280 yens (de nos jours, on ne touche qu'environ 105 yens).

La première publication de *Kamikaze* remonte à 1966. Celle qui est entre mes mains est la huitième édition, imprimée

1. Ouvrage du journaliste Robert Guillain.

en 1973, année où mon père a acheté le livre lors d'un de ses nombreux voyages à Tokyo comme pilote de ligne, exactement le 20 décembre, c'est noté en dessous de son *ex-libris*.

Daniel Zabo, diplôme des Beaux-Arts en poche, est parti promener sa grande carcasse ici et là en Asie durant huit années, dont deux au Japon. Il a rapporté de cette errance de délicieuses historiettes croquées en quelques coups de crayon aussi alertes que bien vus, offrant ainsi au lecteur ses étonnements, ses déboires et autres déconvenues – surtout avec les femmes – et ses bévues d'espèce de Grand Duduche mâtiné de Gaston Lagaffe, ainsi qu'il se caricature lui-même.

Un dessin humoristique se suffit ordinairement à lui-même ; il n'est jamais aisé à traduire en mots. Je vais néanmoins tenter de relever le défi afin de vous transmettre un peu de l'humour de Zabo, certes caustique, cependant jamais dépourvu d'une grande tendresse.

Commençons par le sujet de l'exquise politesse japonaise avec une histoire en quatre sketchs :

— Numéro 1 : deux hommes se saluent. L'un tient à la main une boîte, l'autre porte une sacoche en bandoulière.

— Numéro 2 : éloignés d'une vingtaine de mètres, ils se saluent toujours.

— Numéro 3 : le premier homme n'est plus qu'une vague silhouette sur l'horizon. Celui au premier plan a sorti de la boîte des jumelles qu'il pointe sur l'autre.

— Numéro 4 : l'homme au premier plan s'incline une nouvelle fois. On devine que la silhouette sur la ligne d'horizon fait de même…

Une autre histoire de courtoisie en trois images :

— Numéro 1 : une vieille dame salue depuis le wagon d'un train une femme en kimono restée sur le quai.

— Numéro 2 : les portes fermées, le train se met en branle ; la vieille dame salue toujours l'autre femme qu'on voit au travers de la fenêtre du wagon.

— Numéro 3 : le train roule en rase campagne. Une vache est en train de brouter. La vieille dame la salue…

Enfin ce dessin tout simple de deux hommes s'inclinant profondément tout en souriant : au-dessus de chacun, une bulle représentant leurs pensées, sous forme d'images de dragons, d'affreux masques grimaçants de démons de théâtre *nô*, de sabres s'entrechoquant, d'ectoplasmes effrayants et de poupées de paille transpercées de clous…

Passons aux mésaventures des étrangers avec les Japonaises par ce récit en deux images :

— Sur la première, Zabo est assis à une table de café en face d'une ravissante Japonaise vêtue à l'occidentale. Il lui propose de lui enseigner le français. Dans une bulle au-dessus de sa tête, il se voit déjà l'enlacer et l'embrasser passionnément. Elle lui répond : « Et moi, je vais vous apprendre le japonais. »

— Sur la seconde, une légende : « *Trois semaines plus tard* ». L'homme et la femme sont assis à la même table de café, sur laquelle est posée une pile de dictionnaires et d'ouvrages de grammaire ; la jeune femme cette fois habillée d'un kimono, visage concentré, pointe son index sur ses notes tandis que le pauvre étranger, cœur brisé, se dit : « Je ne comprendrai jamais les Japonaises »…

Une bande dessinée sur une page raconte cruellement la naïveté des étrangers face au faux angélisme des Japonaises, dont la liberté des mœurs en dit plus que bien des discours :

— Au milieu de la page, un court narratif :

« *Hazukashii, mot usuel signifiant "je suis embarrassé(e), honteux(se), gêné(e)"* »

— Une première bulle en haut à gauche montre un jeune étranger assis sur une banquette de métro entreprenant une conversation avec une sage jeune fille en jupe et blouse strictes, chignon relevé, jambes pudiquement serrées, qui tient son sac à main sur les genoux. Il lui propose d'aller prendre un thé. Elle lui répond en rougissant : « *Hazukashii* ! Je ne vous connais même pas ! »

— La deuxième bulle au centre supérieur de la page montre les deux jeunes gens en conversation au téléphone. Le garçon fait une mauvaise tête tandis qu'elle lui dit : « Ma mère dit que je ne devrais pas sortir avec un étranger, mais bon, d'accord pour samedi, dans trois semaines. »

— La troisième bulle en haut à droite montre le garçon dépité, un bouquet de fleurs pendant au bout du bras ; elle est venue accompagnée de trois autres jeunes filles qu'elle présente : « Voici des amies étudiantes ! »

— La bulle numéro 4 au milieu de la page montre le jeune couple dans un bar. Il lui offre un verre. Elle répond, de nouveau rougissante : « Un whisky ? Ce n'est pas bien ! *Hazukashii !* »

— La bulle numéro 5 représente une scène dans un cinéma. Le jeune homme s'approche pour embrasser sa compagne. Elle le repousse en lui disant : « Embrasser est mal ! *Hazukashii !* »

— On arrive enfin à une séquence plus intime dans une chambre, intitulée « Enfin, au bout de trois longs mois ». Le garçon en *yukata* effeuille la jeune fille en entonnant « Je t'aime, un peu, beaucoup, à la folie… ». Elle a les bras croisés sur sa poitrine dénudée, son visage est couleur écrevisse. Bien entendu, elle s'exclame : « *Hazukashii !* »

— La dernière bulle montre le jeune homme en train de se faire administrer une piqûre de pénicilline par un médecin en blouse blanche. Il est à son tour tout rouge et murmure : « Docteur, *Hazukashii !* »…

Enfin, pour clore cette entrée, une caricature particulièrement politiquement incorrecte pour l'époque sous le titre « Quelques problèmes rencontrés par les touristes » :

Une ravissante jeune femme japonaise devant un grand dadais de *marine* américain en uniforme lui dit : « Je suis libre demain. Nous allons avec des amis à une *party*. OK ? »

L'image suivante montre la jeune femme tenant par la main son *marine* américain en uniforme au milieu d'une foule qui défile portant des pancartes sur lesquelles sont écrits des slogans tels que « Paix au Vietnam ! », « *US out of Vietnam* », « US, arrêtez les bombardements au Nord Vietnam » !

Je ne saurais trop recommander ce charmant ouvrage tant le talent de Zabo traverse les décennies ; il figure d'ailleurs en bonne place sur mes étagères, car c'est un de mes bréviaires favoris pour aider les amis étrangers de passage au Japon à aborder l'étonnant Japon !

Za zen (座禅)

« Disposez un siège de nattes dans un endroit approprié, tranquille et pur, et posez un coussin par-dessus. Puis asseyez-vous les jambes croisées, le pied droit sur la cuisse gauche, le pied gauche sur la cuisse droite. Revêtez la robe et la ceinture, mais non trop serrées, et maintenez leur symétrie. Mettez ensuite la main droite, la paume en dessus, sur le mollet de la jambe gauche, le dos de la main gauche dans la paume de la main droite et tenez les pouces de façon que leurs extrémités se touchent. Assis de cette manière, gardez le corps droit, sans le pencher à droite ni à gauche, ni l'incliner en avant ou en arrière.

Que les oreilles dépassent à peine la ligne des épaules, et que le nez soit dirigé vers l'abdomen. Appliquez la langue contre la voûte du palais, serrez les lèvres et les dents. Les yeux doivent rester ouverts, et l'haleine passer sans encombre par les narines.

La position du corps étant ainsi établie, exhalez profondément votre haleine ; puis, après examen de votre attitude, balancez légèrement le corps à droite et à gauche.

Ensuite, livrez-vous à la contemplation de ce qui dépasse l'intellect. »

Le moine philosophe Dōgen (1200-1253), fondateur de l'école Sōtō du bouddhisme *zen* au Japon, explique de cette manière la posture idéale pour pratiquer la méditation. Il ajoute :
« Mangez et buvez modérément. Abandonnez toute activité et cessez toute affaire en cours. Ne pensez ni en bien ni en mal. Ne pesez ni le pour ni le contre. Annihilez toute pensée consciente ainsi que le mouvement de la réflexion et des idées. »

Ainsi promeut-il une pratique *hi-shiryō* sans penser, selon laquelle on est simplement conscient des choses telles qu'elles sont, au-delà de l'effort de ne pas penser. C'est une forme ascétique et épurée du *zen*, en contraste avec son aînée *Rinzai* introduite à l'époque de Kamakura et considérée comme le « bouddhisme des *bushi* », qui prône une pratique plus dynamique.

Comme pour de nombreuses autres disciplines dans ce pays en apparence homogène mais en fait férocement clanique, la différence au-delà des principes philosophiques sur lesquels reposent les deux écoles est subtile en pratique :

— Dans le *zen* Sõtõ, les pratiquants tournent le dos à l'allée centrale de la salle de méditation *zendo* et sont assis face au mur, tandis que dans l'école *Rinzai* ils sont assis de part et d'autre de cette allée et donc face à face.

— Le Sõtõ invite « juste à s'asseoir » alors que le *Rinzai* propose aux disciples de concentrer la méditation sur une de ces apories *kõan* volontairement absurdes ou paradoxales, impossible à résoudre par un raisonnement intellectuel structuré. Un exemple de *kõan* célèbre est celui proposé par le moine Hakuin Ekaku (1686-1769) qui redonna de la vigueur au *zen Rinzai* déclinant :

« Deux mains applaudissent et il y a un bruit. Quel est le son d'une main ? »

Le *zen* est pratiqué quotidiennement par les moines ou les nonnes, le matin et le soir, en plusieurs périodes de 30 ou 50 minutes entrecoupées d'une marche méditative d'une dizaine de minutes dite « *kinhin* ». Un enseignement de *zen* peut durer plusieurs semaines à raison de 6 heures ou plus de méditation. Le disciple mange et dort dans la salle *zendo*. Sous l'estrade de tatamis sur laquelle il s'assied pour méditer se trouve un placard dans lequel il range son *futon* ainsi que quelques objets personnels. Dans la journée, il vaque à diverses occupations dans l'enceinte du temple, telles que l'entretien des jardins ou le ratissage et le nettoyage des allées. Bien entendu, les salles du monastère ne sont ni chauffées en hiver ni pourvues d'air conditionné en été. Un moine me confia un jour que la saison la plus pénible pour lui était l'été quand il faut supporter stoïquement les piqûres des nuées de moustiques. En hiver, il faut se concentrer doublement pour ne pas tomber dans la somnolence de l'engourdissement provoqué par le froid.

J'ai fort peu pratiqué le *za zen* et surtout pour accompagner des visiteurs étrangers. Mon lieu favori est le temple Engaku-ji qui pratique cette forme de *zen Rinzai* invitant au partage méditatif plutôt qu'à l'enfermement plus austère d'autres écoles. Ma modeste expertise m'a permis d'adopter quelques « trucs » pour une expérience valorisante :

— Il est certes plus difficile de se concentrer lorsque l'on fait face à d'autres disciples qu'en ayant un mur impersonnel devant soi, mais il suffit de baisser le regard paupières mi-closes à environ 2 mètres devant soi et de fixer un point, par exemple une fissure dans la terre battue du sol, pour que l'effet soit identique. Au bout d'un moment, l'imperfection perd sa consistance et s'estompe dans les limbes de l'esprit.

— Sans posture stable, inutile de tenter l'exercice, car on passera son temps à essayer de maintenir son équilibre. Il faut donc une assise sur laquelle la gravité n'offre d'autre prise que le sentiment que le corps est « planté » dans le sol. Pour ma part, je me représente une tige traversant non ma colonne vertébrale, mais allant du sommet de mon crâne au coccyx en passant par l'œsophage, l'estomac et les intestins. J'imagine alors que toutes mes cellules tentent de s'amasser autour de ce noyau comme de la grenaille de fer vers un aimant. Cette compacité des chairs assure un étonnant sentiment de stabilité. Aucune oscillation du corps ne vient perturber l'esprit.

— La conscience de la respiration joue le rôle le plus important. Un maître me dit un jour :

« Nous respirons sans que nous ne prenions part à cette activité vitale. Il convient de décomposer ce mécanisme pour que la conscience se libère de toute pensée parasite. La meilleure méthode est d'imaginer que c'est la dernière fois de votre vie que vous allez inspirer, puis expirer. » Je recommande de ne pas remplir les poumons à satiété et de faire une courte pause avant d'expirer le plus silencieusement et le plus longuement possible. Une fois un rythme confortable adopté, il convient de s'y tenir.

— Le plus difficile est évidemment de faire taire les voix de nos pensées. On ne vide jamais son esprit, mais on peut lui offrir un champ dématérialisé, par exemple en choisissant un mot le plus abstrait possible dont on imagine qu'il circule dans les méandres du cerveau.

— Lorsque l'on prend conscience de sa perte de concentration, il est d'usage de demander au maître de la séance en s'inclinant légèrement au moment où il passe devant soi l'administration sur chaque épaule d'un coup de bâton *keisaku* dont le propos est d'accompagner la revitalisation du processus. Il ne faut pas hésiter à le réclamer une ou deux fois au cours de la séance.

Assister à une cession de *zen* dans un temple bouddhiste donne une idée de la spiritualité particulièrement élevée dont tout procède au Japon. C'est la grammaire structurelle des concepts qui accompagnent toute discipline, le *Ichi-go Ichi-e*[1], le *wabi-sabi*[2], le *Mono no aware*[3] et tant d'autres piliers de la pensée japonaise.

Zodiaque chinois (signes du) – *Jûnishi* (十二支)

Parmi les nombreux emprunts que les Japonais doivent à la Chine, il y a le calendrier chinois commençant le premier jour de l'année lunaire dit « *Genkareki* » arrivé dans les bagages du bouddhisme vers les années 600.

Ce calendrier dit *Eto* suit un rythme sexagésimal divisé en cinq cycles de douze années. Chaque cycle quinquennal est associé aux cinq éléments vitaux : le fer, l'eau, le bois, le feu et la terre. De plus, un bestiaire zodiacal est attaché à chacune des douze années. Ces douze animaux sont appelés les *Jûnishi.*

Le Japon a bien entendu adopté le calendrier grégorien à l'avènement de Meiji (en 1872) mais, si on ne fête plus le Nouvel An chinois, on garde cependant la symbolique des animaux. En un aimable mélange des genres tellement naturel chez les Japonais, nul n'oubliera de disposer sur une étagère dans l'entrée de sa demeure, chaque 1er janvier, le petit animal en papier

1. Voir l'entrée « *Ichi-go Ichi-e* ».
2. Voir l'entrée « *Wabi-sabi* ».
3. Voir l'entrée « *Mono no aware* ».

mâché représentant le signe de l'année lunaire. Les petites plaques de bois *ema* qui accompagnent la flèche *Hamaya*[1] destinée à transpercer les mauvais sorts qu'on achète en début d'année dans les sanctuaires ainsi que les cartes de vœux sont bien évidemment ornées de l'animal zodiacal.

Au Japon, l'année de la naissance est importante, car la personnalité de la personne née sous tel ou tel signe est influencée par les traits de caractère de l'animal y correspondant. Les éléments vitaux sont également déterminants : une personne née l'année du Tigre d'eau pourra avoir un tempérament radicalement différent de quelqu'un qui serait né l'année du Tigre de terre. On prétend par exemple que les filles nées l'année du Cheval de feu sont d'un caractère si impétueux qu'elles pourraient s'avérer extrêmement dangereuses pour l'homme qu'elles épouseront. Cette superstition est à ce point ancrée dans la croyance populaire que le taux de natalité chute considérablement, comme en 1966, dernière année du *Hinoeuma*, lorsque la natalité est tombée de 2,14 à 1,58 pour remonter l'année suivante spectaculairement. Pour mémoire, la prochaine *Hinoeuma* sera 2026. Par ailleurs, les douze premières années d'un nouveau cycle de soixante ans sont considérées comme étant exceptionnelles. Enfin, tous les douze ans, l'année de son propre signe est censée porter chance. C'est l'année *Toshi-otoko* pour les hommes et *Toshi-onna* pour les femmes.

Il faut donc scruter avec une grande attention l'année de naissance de son partenaire avant de l'épouser, car outre les spécificités de chacune, certains animaux

1. Voir l'entrée « *Hamaya* ».

sont plus compatibles que d'autres. Cela peut rendre les choses encore plus complexes quand on sait que les Japonais pensent que le groupe sanguin[1] exerce également une influence non négligeable sur le caractère. Ajoutez à toute cette salade astrale une pincée d'influence occidentale avec ses douze signes du zodiaque et vous obtiendrez un méli-mélo inextricable.

Heureusement, il existe des spécialistes pour dresser les cartes astrales tenant compte de tous ces différents paramètres.

Voici quelques précieuses indications pour chacun des douze animaux du zodiaque chinois. Les mettre en doute serait une erreur impardonnable. Se les rappeler pourra éviter de cuisantes déconvenues.

Année du Rat	« *Nezumi* »	(子) :	Candide, travailleur mais peu fiable
Année du Buffle	« *Ushi* »	(丑) :	Patient, prudent mais crédule
Année du Tigre	« *Tora* »	(寅) :	Puissant, concentré mais arriviste
Année du Lapin	« *Usagi* »	(卯) :	Optimiste, curieux mais lâche
Année du Dragon	« *Tatsu* »	(辰) :	Créatif, généreux mais vaniteux
Année du Serpent	« *Mi* »	(巳) :	Adaptable, intellectuel mais flexueux
Année du Cheval	« *Uma* »	(午) :	Amical, impétueux mais poltron
Année de la Chèvre	« *Hitsuji* »	(未) :	Gentil, souple mais buté

1. Voir l'entrée « Groupes sanguins ».

Année du Singe	« *Saru* »	(申) :	Rationnel, de jugement sûr mais roué
Année du Coq	« Tori »	(酉) :	Intuitif, minutieux mais vaniteux
Année du Chien	« *Inu* »	(戌) :	Sincère, responsable mais excité
Année du Cochon	« *Inoshishi* »	(亥) :	Volontaire, fonceur mais brouillon

Désormais, à vous de jouer !

Remerciements

Outre mes deux amis Christophe Ono-dit-Biot et Mathieu Laine à la genèse de cette folie, dont je ne sais trop si je dois les vouer aux gémonies ou les remercier, il me faut saluer Jean-Claude Simoën, tantôt bourreau tenant l'arc dont les flèches me transperçaient tel le saint Sébastien de Guido Reni cher à Mishima Yukio, tantôt thuriféraire tonitruant m'assurant que mon dictionnaire serait magnifique. Il est devenu mon indéfectible compagnon d'espiègleries, de saintes colères et de savantes digressions culturelles sans lequel mon univers serait moins coloré. Alain Boudouyre, le patient calligraphe qui cent fois posa sa mine sur le papier pour illustrer mes caprices, a toute ma reconnaissance. Ma fille cadette 愛 (*Mei*), Amélie, a apporté la finesse de son pinceau à d'autres illustrations qui me tenaient à cœur. Elle est ainsi devenue ma petite sœur en créativité. Quant à mon épouse, Naoko, elle s'est pliée aux recherches parfois farfelues que je lui imposais avec sa bonne humeur, sa placidité et ce sourire que seul celui de *la Joconde* peut lui disputer.

Il y a également tous ces amis japonais, quelques Français, qui se sont patiemment prêtés au jeu de mes questions saugrenues et parfois embarrassantes. Ils sont, hélas, trop nombreux pour que je puisse tous les citer ici, mais ils savent que je pense à eux.

Lorsque nous avions construit l'immeuble de notre entreprise sur la prestigieuse avenue de Ginza, j'avais exigé du maître d'œuvre que le nom de toutes les personnes ayant contribué peu ou prou à son édification soit gravé sur une plaque visible au public. Elle comporte deux mille patronymes.

J'aurais aimé formuler la même requête auprès de Plon, ma maison d'édition. Faute de connaître tous les protagonistes ayant participé à ce projet, je remercierai donc celles et ceux que j'ai côtoyés au fil de l'élaboration de cet ouvrage et les prierai de transmettre aux autres protagonistes l'expression de ma gratitude : la directrice des éditions Plon Céline Thoulouze, le directeur éditorial Grégory Berthier-Saudrais, l'éditrice Marie-Laure Nolet, la charmante assistante d'édition Cécile Kilburg qui a patiemment recueilli mes corrections et suivi mes indications pour positionner les illustrations dans les occurrences, la directrice des services de presse Charlotte Ajame et son bras droit Clémentine Duguay, la responsable de l'incontournable marketing digital Marion Vasseur, le directeur commercial et marketing Grégoire Arseguel et la responsable des relations libraires et Salons Alix de Cazotte.

Je souhaite enfin exprimer ma profonde gratitude à la fée qui s'est amicalement penchée sur le berceau de ce dictionnaire, Michèle Benbunan, directrice générale d'Editis, rencontrée grâce à un ami, son époux, avec laquelle il n'a pas fallu plus d'un rapide déjeuner pour qu'une connivence affectueuse se noue.

Seuls, nous ne sommes rien, avec chacun, nous devenons un petit quelque chose…

Richard Collasse

Table

« Celui qui sait se tait » 7

Abe Kōbō (安部公房) – Écrivain (1924-1993) 15
Abe Sada (阿部定) – Impératrice de la passion 19
Aizome (藍染) – Indigo 24
Akihabara (秋葉原) – Le champ des feuilles d'automne 29
Akutagawa Ryūnosuke (芥川龍之介) – Écrivain (1892-1927) 33
Alien (エイリアン) – Extraterrestre 37
Amados (雨戸) – Volets 40
Amakusa (天草) – Les îles 44
Anchorage 47
Araki Nobuyoshi (荒木経惟) dit Arāki – Photographe (1940-) 52
Asanuma Inejiro (浅沼稲次郎) – Homme politique (1898-1960) 54

Ban Shigeru (坂茂) – Architecte (1957-) 61
Bars (バー) 65
Bata Kusai (バタ臭い) – Pue le Beurre 73
Benedict, Ruth – Anthropologue américaine (1887-1948) .. 74
Bento (お弁当) – *Lunch box* 76
Bonsaï (盆栽) – Arbres nains 85
Bouvier, Nicolas – Écrivain voyageur suisse (1929-1998) ... 90
Bruits et sons 99

Chanoyu (茶の湯) ou *sadō* (茶道) – La cérémonie du thé, la Voie du thé 111
Chawan (茶碗) – Bols dans tous leurs états 128
Chindonya (チンドン屋) – Hommes et femmes-sandwichs 133
Chirac, Jacques (1932-2019) 137

Daibutsu (大仏) – Le Grand Bouddha 147
Daruma (達磨) – Culbuto 149
Dazai Osamu (太宰治) – Écrivain (1909-1948) 153
Deguchi nashi (出口なし) – *Huis clos* (Sartre) 160
Démographie 162
Dogeza (土下座) – Prosternation ou le *kowtow* japonais 167

Écriture – un casse-tête chinois... à la japonaise 173
Empire des signes (L') de Roland Barthes 181
Endō Shûsaku (遠藤周作) – Écrivain (1923-1996) 185
Engawa (縁側) – Coursive 192
Enjo-kōsai (援助交際) – Rapport subventionné 194
Enka (演歌) – Blues japonais 199
Enyûkai (園遊会) – Fête de jardin 203

Fabre, Jean-Henri Casimir (1823-1915) 215
Fugu (河豚) – Poisson-globe ou poisson-ballon 218
Fuji san (富士山) – Le mont Fuji 225
Fukushima Daiichi (福島第一) – Comment gérer un accident nucléaire 230
Fūrin (風鈴) – Clochette 239
Furoshiki (風呂敷) – Baluchon 242
Futon (布団) – Literie 246

Gaiatsu (外圧) – Pression étrangère 251
Geisha (芸者) 253
Ghosn, Carlos – Caillou dans les tabis du Japon (1954-) ... 278
Giri, *ninjō*, *on*, *gimu* (義理, 人情, 恩, 義務) – Le conflit entre devoirs et émotions 292

Giuglaris, Marcel – Journaliste et écrivain (1922-2010).... 296
Groupes sanguins – *Ketsuekigata* (血液型)...................... 303

Hachikō (ハチ公) – Symbole de loyauté (1923-1935)...... 307
Hagoromo (羽衣) – Une introduction
au théâtre *nô* 310
Hai ! (はい !) – Oui ! (Mais non !).............................. 316
Haïku ou *haïkaï* (俳句) 317
Hamaya (破魔矢) – La flèche à embrocher
les démons.. 331
Hanko (ハンコ) – Le sceau 334
Hara Setsuko (原節子) – Actrice de cinéma
fétiche d'Ozu (1920-2015).. 340
Hearn, Lafcadio *alias* Koizumi Yakumo (小泉八雲)
(1850-1904) 344
Hibachi (火鉢) – Chaufferette....................................... 350
Hi no yōjin ! (火の用心) – Attention au feu !.................. 352
Hirayama Ikuo (平山郁夫) – Peintre (1930-2009)........... 356
Hiroshima, Nagasaki (広島 – 長崎)
– L'horreur nécessaire ?.. 361
Hô Hokekyô… Hoo Hokekkyô… – Le chant du rossignol 369
Honorable Partie de campagne (L').............................. 371

Ichigensan Okotowari (一見さんお断り)
– Refus du client inconnu.. 385
Ichi-go Ichi-e (一期一会) – L'instant unique 389
Ihara Saikaku (井原西鶴) – Romancier (1642-1693) 391
Ijime (イジメ) – Ijime 398
Ikebana (生け花) (aussi appelé *kadō* – 華道)
– La Voie des fleurs.. 401
Ikizukuri (活き造り) – Plus vif que mort ! – et *ikejime*
(活け締め) – Mort à vif !... 408
Inalco – Institut national des langues
et civilisations orientales 410
Inoue Hisashi (井上ひさし) – Écrivain (1934-2010) 414
Inoue Yasushi (井上靖) – Écrivain (1907-1991).............. 417
Irori (囲炉裏) – Âtre 418

Ise Jingû (伊勢神宮) – Le grand sanctuaire d'Ise 422
Ishiguro Kazuo (サー．カズオ．イシグロ)
– Écrivain britannique (1954-).. 428

Jikokuhyō (時刻表) – Horaire des transports 433

Kakigōri (かき氷) – Glace « râpée » 439
Kamakura (鎌倉) – La cité hybride...................................... 441
Kamikaze (神風) – Unités d'attaque spéciales
« Vent divin ».. 453
Kashimashii (姦しい) – Bruyant, assourdissant............... 458
Kawabata Yasunari (川端康成) – Écrivain (1899-1972) ... 460
Kawaii (可愛い) – Nunuche 469
Keikan (警官) – Policier.. 473
Keiko (佳子) – La tentation de la France 475
Kentō shimasu (検討します) – Ou l'art de l'esquive........... 477
Kiku (菊) – Chrysanthème... 479
Kimono (着物) 485
Kissaten (喫茶店) – Cafés 490
Kitano « Beat » Takeshi (北野 ビート たけし)
– Comédien, réalisateur (1947-) 498
Koban (交番) – Îlotage 507
Koizumi Jun'ichirō (小泉純一郎)
– Homme d'État (1942-).. 512
Koke-dera [Kōinzan Saihoji] (苔寺–洪隠山西芳寺)
– Le temple des Mousses 518
Kokeshi (こけし) – Poupées de bois 526
Konbini (コンビニ) – Supérette.. 531
Kotatsu (炬燵) – chauffage (fort peu) central 536
Kotowaza (諺) – Proverbes et expressions diverses 538
Kurabu (クラブ) – Club 545
Kurosawa Akira (黒澤明) – Cinéaste (1910-1998)........... 555
Kyabakura (キャバクラ) – Cabaret.................................... 563
Kyokujitsushō (旭日章) – Ordre du Soleil levant 569
Kyoto (京都) – Vraie fausse capitale du Japon................... 576
Kyotographie – Premier Festival international
de photographie au Japon 591

Londres, Albert (1884-1932) 601
Loti, Pierre – Officier de marine et romancier
(1850-1923) 606
Love hotels (ラブホテル) – qui ne sont pas
des maisons de passe 614
Lunes de miel (Drôles de…) (ハネムーン) 620

Maeno Mitsuyasu (前野光保) – Le dernier *kamikaze* 627
Mai Nambã (マイナンバー) – My Number 631
Mangas et animés (漫画 – アニメ) 633
(Mille et une) Manières de compter ou comment
faire compliqué ce qui pourrait être simple 661
Maraini, Fosco – Ethnologue, photographe,
amoureux du Japon (1912-2004) 666
Matsui Morio (松井守男) – peintre (1942-) 669
Matsuri (祭り) – Festival 677
Meiji Ishin (明治維新) – La restauration de Meiji
(1868, etc.) 689
Mishima Yukio (三島由紀夫) – Écrivain (1925-1970) 697
Miyake Issey (三宅一生) – Styliste de mode (1938-) 717
Mizuage (水揚げ) – Rite de passage 720
Mnouchkine, Ariane – Théâtre du Soleil 722
Momota Yûzô (桃田有造)
– Le dandy parfait (1923-2007) 728
Mono no aware (もののあはれ) – La fugacité des choses ... 731
Moréchand, Françoise
– Marianne de la République au Japon 731
Mori Arimasa (森有正)
– Professeur à l'Inalco (1911-1976) 738
Mori Hanae (森英恵)
– Grande dame de la haute couture (1926-) 740
Murakami Haruki (村上春樹) – Écrivain (1949-) 742
Murasaki Shikibu (紫式部)
– Femme écrivain (973 ?-1014 ?) 749

Nakamura Tetsu (中村哲)
– Médecin, humaniste (1946-2019) 763

Nakane Chie (中根千枝) – Anthropologue (1926-) et la « japonitude ».. 767
Naoko (奈緒子) – Mon Trésor vivant 770
Narita rikon (成田離婚) – Narita divorce......................... 774
Natsume Sôseki (夏目漱石) – Écrivain (1867-1916)............ 779
Natto (納豆)... 787
Netsuke (根付) – Figurines 788
Nihonshu (日本酒) – Alcool de riz – Le saké 792
Nikon (ニコン) – Fabricant d'appareils photo 796
Nure ochiba (ぬれ落ち葉) – Feuille morte mouillée 800

Obake (お化け) – Fantômes dans tous leurs états 805
OBAO – Bain mousse 813
Obi (帯) – Ceinture de kimonos 819
Ôe Kenzaburô (大江健三郎) – Écrivain (1935-) 824
Ofuro (お風呂) – Le Bain 830
Ohenro (お遍路) – Le pèlerinage de l'île de Shikoku 838
Ohya Masako (大屋政子) – Excentricité au Japon 844
Omiai (お見合い) – Voir, rencontrer (et plus si affinités)... 853
Omikuji (御神籤) et autres *uranai* (占い) – Oracles et bonne aventure 857
Omiyage (お土産) – Cadeaux 862
Onigiri (おにぎり) – En-cas indispensable 871
Onoda Hiroo (小野田寛郎) – Le dernier samouraï (1922-2014)................................... 874
Onomatopées (擬音語) 881
Opportunisme (日和見主義 – *Hiyorimi shugi*) 884
Oshima Nagisa (大島渚) – Cinéaste (1932-2013)............ 886
Otaku (オタク) – problème social majeur 892
Ozu Yasujirõ (小津安二郎) – Cinéaste (12/12/1903-12/12/1963) 894

Pornographie (ポルノ).. 903
Précision (精度) – *Seido* 912
Purikura (プリクラ) – Print Club 914

Quarante-sept *rōnins* (Les) – (四十七人浪人)
Dénommés en japonais : 赤穂浪士 « akōrōshi »............... 919
QyuQyuQyu (999).. 925

Ransel (ランドセル) – Sac à dos d'écolier(ière) 935
Ringisho (稟議書) – Processus décisionnaire.................... 939
Ryakugo (略語) – Abréviations 942
Ryû Chishû (笠智衆) (1904-1993).. 945

Sakura (桜) – Le cerisier 951
Sandai Bushō (三大武将) – La triade guerrière 959
Séguret (haut Vaucluse)... 971
Sei Shônagon (清少納言) – Dame de cour,
écrivain (965 ou 966-1017 ou 1025)...................................... 975
Seiza (正座) – Sorte de torture 983
Sen no Rikyû (千利休)
– Un maître du marketing (1522-1591) 986
Sento (銭湯) – Bain public 991
Shamisen (三味線)... 1003
Shichi Fukujin (七福神) – Les sept divinités du bonheur 1005
Shimada Haruo (島田晴雄) – Économiste…
peintre et chanteur 1009
Shinjuku Gyo-en (新宿御苑) (Parc de)
– Ou comment l'impossible devient possible
au Japon 1018
Shintoïsme (神道) – La Voie des esprits 1031
Shirokiya (Incendie du grand magasin) – (白木屋大火)... 1045
Shishi odoshi (ししおどし) – Effraie-sangliers
(ou cerfs) 1047
Shōtengai (商店街) – Allée commerçante........................ 1048
Shunga (春画) – Estampes érotiques................................ 1058
Soap land (ソープランド) – Honorable boxon 1065
Sodai gomi (粗大ごみ) – Objet encombrant 1072
Superstitions (de quelques…) – *Meishin* (迷信) 1074
Sushi (寿司, 鮨, 鮓 ou tout simplement すし).................... 1079
Syndrome d'Amélie Poulain (Le) 1090

Takada Kenzō (高田賢三) – Le couturier de la joie (1939-2020) 1097
Takarazuka Kagekidan (宝塚歌劇団) – Music-Hall à la japonaise.. 1100
Tanizaki Jun'ichirō (谷崎潤一郎) – Écrivain (1886-1965)... 1107
Tiffany – Essai sur la pavane amoureuse des jeunes Japonais 1119
Tōdai-ji (東大寺) – Nara.. 1123
Tora *san* (寅さん) – C'est dur d'être un homme ! (男はつらいよ！).. 1129
Tōryanse (通りゃんせ) – Comptine 1132
Tsuji Hitonari (辻仁成) – Musicien, écrivain, cinéaste 1134
Tsukiji (築地) – Feu le marché aux poissons 1139
Tsunami (津波) – Traduction inutile 1144

Ugetsu monogatari (雨月物語) – Contes de pluie et de lune 1157
Unagi (うなぎ) – Anguille 1160

Vermeer, Johannes (passions japonaises) 1169

Wabi-sabi (侘び寂び) – La frustration plaisante de l'inachevé 1181
Washi (和紙) – Papier japonais 1183

Xénophobie (外国人排斥) – *Gaikokujin haiseki* 1193

Yabusame (流鏑馬) – Tir à l'arc à cheval 1199
Yakyū (野球) – Base-ball 1202
Yakuza (やくざ).. 1208
Yamashita Tsutomu (山下勉) – *alias* Stomu Yamashta.. 1228
Yamata Kiku (キク。ヤマタ) – Écrivain (1897-1975) 1232
Yatai (屋台) – Gargote en plein air 1235
Yoshioka Sachio (吉岡幸雄) – Maître teinturier (1946-2019) 1242
Yukata (浴衣) – Kimono d'été 1245

Zabo, Daniel – Caricaturiste 1251
Za zen (座禅).. 1255
Zodiaque chinois (signes du) – *Jûnishi* (十二支) 1260

Remerciements 1265

DANS LA MÊME COLLECTION

Ouvrages parus

Philippe ALEXANDRE
Dictionnaire amoureux de la politique

Albert ALGOUD
Dictionnaire amoureux de Tintin

Claude ALLÈGRE
Dictionnaire amoureux de la science

Metin ARDITI
Dictionnaire amoureux de la Suisse
Dictionnaire amoureux de l'esprit français

Pierre ASSOULINE
Dictionnaire amoureux des écrivains et de la littérature

Jacques ATTALI
Dictionnaire amoureux du judaïsme

Alain BARATON
Dictionnaire amoureux des jardins
Dictionnaire amoureux des arbres

Christophe BARBIER
Dictionnaire amoureux du théâtre

Jean-Baptiste BARONIAN
Dictionnaire amoureux de la Belgique

Alain BAUER
Dictionnaire amoureux de la franc-maçonnerie
Dictionnaire amoureux du crime

Olivier BELLAMY
Dictionnaire amoureux du piano
Dictionnaire amoureux de Chopin

Yves BERGER
Dictionnaire amoureux de l'Amérique (épuisé)

Laurent BINET et Antoine BENNETEAU
Dictionnaire amoureux du tennis

Adam BIRO
Dictionnaire amoureux de l'humour juif

Patrice BLANC-FRANCARD
Dictionnaire amoureux du jazz

Denise BOMBARDIER
Dictionnaire amoureux du Québec

Éric BOUHIER
Dictionnaire amoureux de San-Antonio

Hervé BOURGES
Dictionnaire amoureux de l'Afrique

Jean-Claude CARRIÈRE
Dictionnaire amoureux de l'Inde
Dictionnaire amoureux du Mexique

Jean DES CARS
Dictionnaire amoureux des trains
Dictionnaire amoureux des monarchies

Michel DEL CASTILLO
Dictionnaire amoureux de l'Espagne

Antoine DE CAUNES
Dictionnaire amoureux du rock

Patrick CAUVIN
Dictionnaire amoureux des héros (épuisé)

Jacques CHANCEL
Dictionnaire amoureux de la télévision

Malek CHEBEL
Dictionnaire amoureux de l'Algérie
Dictionnaire amoureux de l'islam
Dictionnaire amoureux des Mille et Une Nuits

Jean-Loup CHIFLET
Dictionnaire amoureux de l'humour
Dictionnaire amoureux de la langue française

Catherine CLÉMENT
Dictionnaire amoureux des dieux et des déesses

Richard COLLASSE
Dictionnaire amoureux du Japon

André COMTE-SPONVILLE
Dictionnaire amoureux de Montaigne

Gérard DE CORTANZE
Dictionnaire amoureux des Sixties

Xavier DARCOS
Dictionnaire amoureux de la Rome antique
Dictionnaire amoureux de l'école

Bernard Debré
Dictionnaire amoureux de la médecine

Jean-Louis Debré
Dictionnaire amoureux de la République

Alain Decaux
Dictionnaire amoureux d'Alexandre Dumas

Didier Decoin
Dictionnaire amoureux de la Bible
Dictionnaire amoureux des faits divers

André Deledicq et Mickaël Launay
Dictionnaire amoureux des mathématiques

Jean François Deniau
Dictionnaire amoureux de la mer et de l'aventure

Bertrand Dicale
Dictionnaire amoureux de la chanson française

Alain Duault
Dictionnaire amoureux de l'opéra

Alain Ducasse
Dictionnaire amoureux de la cuisine

Jean-Paul et Raphaël Enthoven
Dictionnaire amoureux de Marcel Proust

Nicolas d'Estienne d'Orves
Dictionnaire amoureux de Paris

Vladimir Fédorovski
Dictionnaire amoureux de Saint-Pétersbourg

Dominique Fernandez
Dictionnaire amoureux de la Russie
Dictionnaire amoureux de l'Italie
(deux volumes sous coffret)
Dictionnaire amoureux de Stendhal

Franck Ferrand
Dictionnaire amoureux de Versailles

Luc Ferry
Dictionnaire amoureux de la philosophie

Élisabeth de Feydeau
Dictionnaire amoureux du parfum

Jean-Louis Fournier
Dictionnaire amoureux du Nord

José FRÈCHES
Dictionnaire amoureux de la Chine

Max GALLO
Dictionnaire amoureux de l'histoire de France

René GUITTON
Dictionnaire amoureux de l'Orient

Claude HAGÈGE
Dictionnaire amoureux des langues

Hervé HAMON
Dictionnaire amoureux des îles

Daniel HERRERO
Dictionnaire amoureux du rugby
Dictionnaire amoureux de l'Ovalie

HOMERIC
Dictionnaire amoureux du cheval

Francis HUSTER
Dictionnaire amoureux de Molière

Gilles JACOB
Dictionnaire amoureux du Festival de Cannes

Daniel JOUANNEAU
Dictionnaire amoureux de la diplomatie

Serge JULY
Dictionnaire amoureux du journalisme
Dictionnaire amoureux de New York

Alain JUPPÉ
Dictionnaire amoureux de Bordeaux

Christian LABORDE
Dictionnaire amoureux du Tour de France

Jacques LACARRIÈRE
Dictionnaire amoureux de la Grèce
Dictionnaire amoureux de la mythologie (épuisé)

André-Jean LAFAURIE
Dictionnaire amoureux du golf

Pierre et Olivier DE LAGARDE
Dictionnaire amoureux du patrimoine

Mathieu LAINE
Dictionnaire amoureux de la liberté

Jack Lang
Dictionnaire amoureux de François Mitterrand

Gilles Lapouge
Dictionnaire amoureux du Brésil

François Laroque
Dictionnaire amoureux de Shakespeare

Michel Le Bris
Dictionnaire amoureux des explorateurs

Bernard Lecomte
Dictionnaire amoureux des papes

Anne Lehoërff
Dictionnaire amoureux de l'archéologie

Nicole Le Douarin
Dictionnaire amoureux de la vie

Jean-Yves Leloup
Dictionnaire amoureux de Jérusalem

Pierre Lemaitre
Dictionnaire amoureux du polar

Évelyne Lever
Dictionnaire amoureux des reines

Paul Lombard
Dictionnaire amoureux de Marseille

Peter Mayle
Dictionnaire amoureux de la Provence

Michel Meyer
Dictionnaire amoureux de l'Allemagne

Christian Millau
Dictionnaire amoureux de la gastronomie

Richard Millet
Dictionnaire amoureux de la Méditerranée

François et Valentin Morel
Dictionnaire amoureux de l'inutile

Pierre Nahon
Dictionnaire amoureux de l'art moderne et contemporain

Alexandre Najjar
Dictionnaire amoureux du Liban

Henri Pena-Ruiz
Dictionnaire amoureux de la laïcité

Gilles Perrault
Dictionnaire amoureux de la Résistance

Jean-Christian Petitfils
Dictionnaire amoureux de Jésus

Loïck Peyron
Dictionnaire amoureux de la voile

Jean-Robert Pitte
Dictionnaire amoureux de la Bourgogne

Bernard Pivot
Dictionnaire amoureux du vin

Gilles Pudlowski
Dictionnaire amoureux de l'Alsace

Yann Queffélec
Dictionnaire amoureux de la Bretagne
Dictionnaire amoureux de la mer

Christiane Rancé
Dictionnaire amoureux des saints

Alain Rey
Dictionnaire amoureux des dictionnaires
Dictionnaire amoureux du diable

Pierre Rosenberg
Dictionnaire amoureux du Louvre

Jean-Marie Rouart
Dictionnaire amoureux de Jean d'Ormesson

Élisabeth Roudinesco
Dictionnaire amoureux de la psychanalyse

Marcel Rufo
Dictionnaire amoureux de l'enfance et de l'adolescence

Ève Ruggieri
Dictionnaire amoureux de Mozart

Danièle Sallenave
Dictionnaire amoureux de la Loire

Elias Sanbar
Dictionnaire amoureux de la Palestine

Jérôme Savary
Dictionnaire amoureux du spectacle (épuisé)

Jean-Noël SCHIFANO
Dictionnaire amoureux de Naples

Alain SCHIFRES
Dictionnaire amoureux des menus plaisirs (épuisé)
Dictionnaire amoureux du bonheur

Robert SOLÉ
Dictionnaire amoureux de l'Égypte

Philippe SOLLERS
Dictionnaire amoureux de Venise

Michel TAURIAC
Dictionnaire amoureux de De Gaulle

Frédéric THIRIEZ
Dictionnaire amoureux de la montagne

Denis TILLINAC
Dictionnaire amoureux de la France
Dictionnaire amoureux du catholicisme
Dictionnaire amoureux du Général

Trinh Xuan THUAN
Dictionnaire amoureux du ciel et des étoiles

André TUBEUF
Dictionnaire amoureux de la musique

Jean TULARD
Dictionnaire amoureux du cinéma
Dictionnaire amoureux de Napoléon

Mario VARGAS LLOSA
Dictionnaire amoureux de l'Amérique latine

Hubert VÉDRINE
Dictionnaire amoureux de la géopolitique

Dominique VENNER
Dictionnaire amoureux de la chasse

Jacques VERGÈS
Dictionnaire amoureux de la justice

Pascal VERNUS
Dictionnaire amoureux de l'Égypte pharaonique

Frédéric VITOUX
Dictionnaire amoureux des chats

Olivier WEBER
Dictionnaire amoureux de Joseph Kessel

Jean-Michel Wilmotte
Dictionnaire amoureux de l'architecture

Denis Zervudacki
(sous la direction de)
Dictionnaire amoureux de l'entreprise et des entrepreneurs

À paraître

Metin Arditi
Dictionnaire amoureux d'Istanbul

Rokhaya Diallo
Dictionnaire amoureux du féminisme

Benoît Duteurtre
Dictionnaire amoureux de la Belle Époque

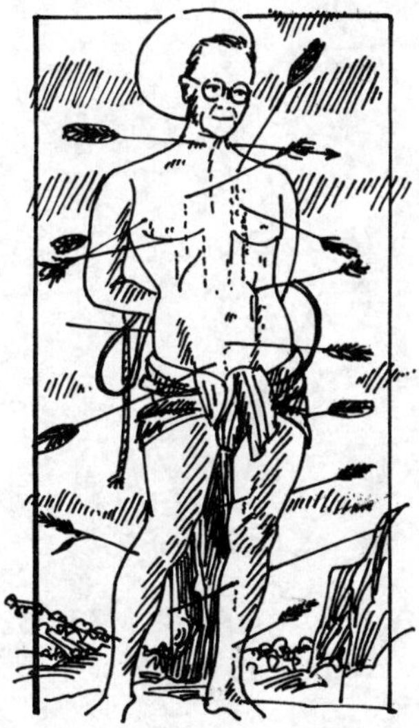

Achevé d'imprimer en novembre 2022
par Normandie Roto Impression s.a.s.
61250 Lonrai
N° d'impression : 2205885
Imprimé en France